U0901214

中国人口年鉴

（1987）

中国社会科学院人口研究所
《中国人口年鉴》编辑部　编

中国　北京

1988

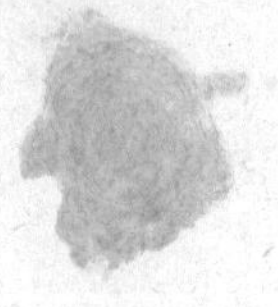

《中国人口年鉴》编辑委员会

张法瑛　中国人口情报中心
张庆五　中国公安大学
张纯元　北京大学人口研究所
张敏才　中国人民解放军北京军区计划生育办公室
李泊溪　国务院技术经济社会发展研究中心
李慧京　国家计划委员会计划经济研究所
杨一星　国家民族事务委员会政法司
杨子慧　中国社会科学院人口研究所
沈体瑞　公安部三局
周贝隆　国家教育委员会教育规划研究室
武海波　民政部计财办公室
桂凤英　国家体委计划处
曾祥集　文化部计财司

《中国人口年鉴》编辑部

编辑部主任： 杨子慧

责 任 编 辑： 杨子慧　孙淑清　汪正鸣　郭汉英　王跃生　徐　莉
宋黎明　朱　犁

编 辑 说 明

《中国人口年鉴》1987年本，根据前两册的编辑情况和各界专家学者以及广大读者的建议与要求，经本“年鉴”编辑委员会第三届会议讨论通过，在编辑体例、内容选编、编辑方式和其他一些问题上作了适当的调整和改动。现将有关问题说明如下：

（一）内容结构。本“年鉴”的内容结构定型为“要要文献”（部分）、“综述与概况”、“人口普查”、“人口统计”、“计划生育”、“调查报告”、“中国人口与世界人口对比”、“人口机构”（部分）、“重要论著索引”（部分）和“中国人口大事记”10个部分；另加“附录”部分，包括“插图”、“英文目录”、以及必要收入的其他有关内容。

为了突出本“年鉴”资料工具书的性质，有的部分作了适当调整。如第Ⅱ部分“综述与概况”，就是1987年本所拟定的，前两册为“综述与专论”。调整以后，本部分仍保留各省、自治区、直辖市的人口综述；专论文章大部分撤销，只保留了全国性有关概况资料。撤下来的专论文章改由中国社会科学院人口研究所主办的《中国人口科学》杂志（双月刊）陆续发表。

“人口普查”，收编了从未公开发表过的分省（到县、旗、州级）的第三次人口普查的家庭户规模、类别，分年龄组婚姻，按年龄及活产子女数分组的15—64岁妇女人数，按年龄及存活子女数分组的15—64岁妇女人数，按年龄分组的生育胎次状况，按文化程度分组的生育胎次和按职业分组的生育胎次状况等资料，同时收编了全国县市的17项人口普查数据。目的旨在为读者提供更广泛、更深层次的研究资料。至此，第三次全国人口普查的主要资料已基本上公诸于世。西藏没有调查婚姻、生育、死亡三个项目，有关表中不包括西藏数字。

“人口机构”，由于变动较为频繁、部分机构尚在筹建中，为此，1987年本连同新建单位和前两册已收录的一并编入，但项目仍不齐全，有待机构调整基本结束后再行编入。

“重要论著索引”（部分），收录了香港、台湾省的一些专家学者发表的论著篇目。限于资料来源不畅，难以尽兴，也有待今后改进。

“附录”部分新增录了在中国召开的人口方面的主要国际会议综述。4幅人口插图转引自国务院人口普查办公室、中国科学院地理所编制，中国统计出版社1987年6月出版的《中国人口地图集》。

（二）编辑体例、方式。1987年本采取了统一编排页码以及各部分为单元独立编排数据表号码的方式，更便于编排和读者查找。

（三）1987年本负责各部分编辑工作的有：Ⅰ江天水、沙吉才；Ⅱ杨子慧；Ⅲ孙兢新；Ⅳ王维志；Ⅴ张法瑛、肖振禹；Ⅵ马侠；Ⅶ刘国平；Ⅷ、Ⅸ、Ⅹ熊郁。邹平、肖宝玉、司秀、秦莉、卢继英、王晓筠、何淙等同志参加了有关部分收集资料和编辑工作。

（四）为加强“年鉴”的业务指导，根据实际工作需要，客观上也由于人事变动，本“年鉴”编委会作了适当变动和充实：伍宇峰同志辞去副主编职务，但仍为编委；刘甘粟同志不再任编委；增选沈体瑞、张法瑛、杨子慧同志为编委。

本“年鉴”自创办以来，不断得到编委单位，国家机关有关研究机构，各省自治区直辖市的公安、统计部门、计划生育委员会、党校、社会科学院、卫生系统，高等院校有关所(系)，广大专家学者和实际工作者，港澳和海外的专家学者，以及新闻、出版界的热情关注和支持，不断得到广大读者的鼓励和信赖，我们再次表示衷心的感谢，并希望继续得到帮助和指正。

《中国人口年鉴》编辑部　　1987年11月

目　录

第Ⅰ部分　重要文献（部分）

第Ⅱ部分　概况与综述

第Ⅲ部分　人口普查

第Ⅳ部分　人口统计

第Ⅴ部分　计划生育

第Ⅵ部分　调查报告

第Ⅶ部分　中国人口与世界人口对比

第Ⅷ部分　人口机构（部分）

第Ⅸ部分　重要论著索引（部分）

第Ⅹ部分　人口活动大事记

附　　录

插　　图

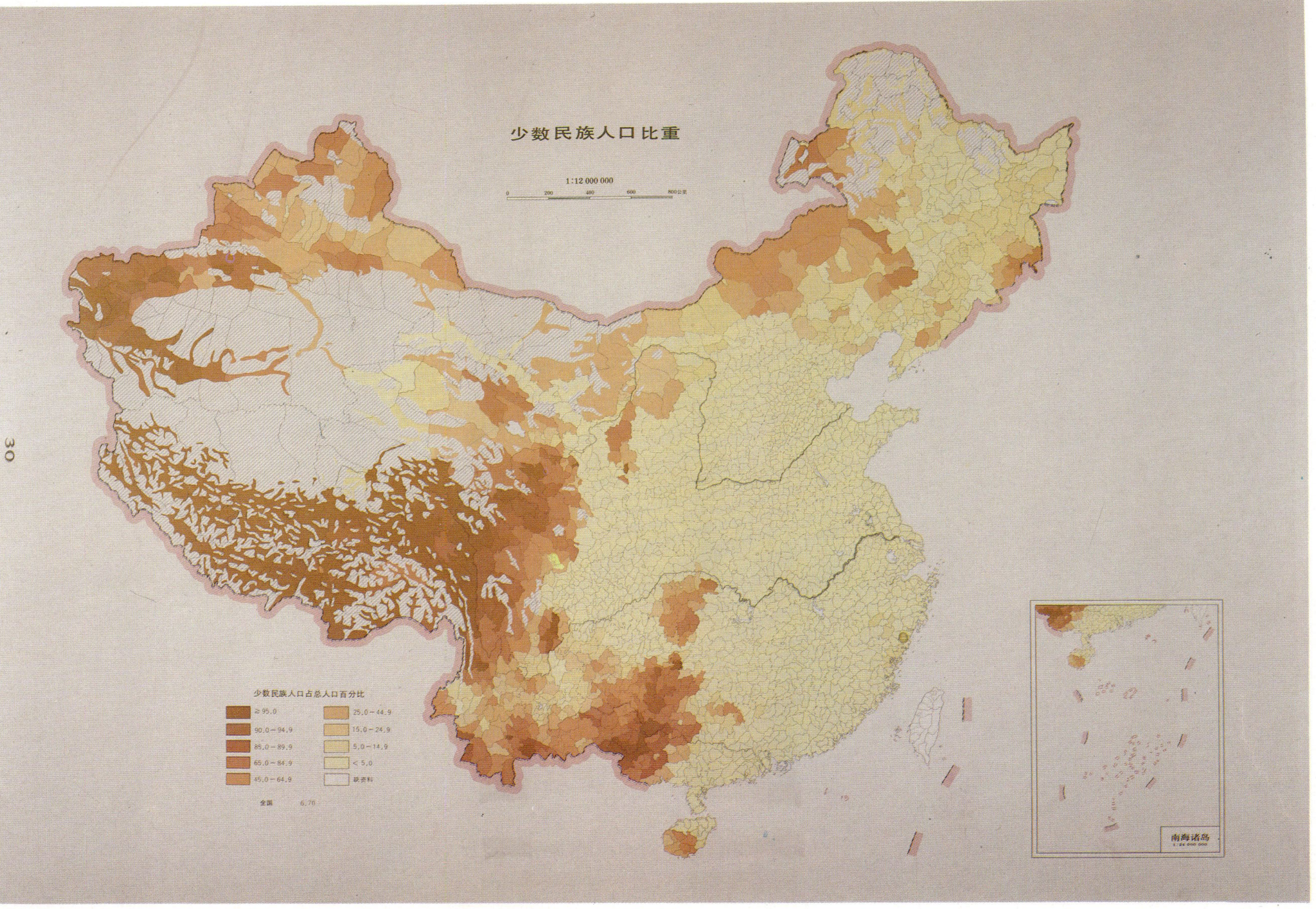
少数民族人口比重
1:12 000 000
0 200 400 600 800公里
少数民族人口占总人口百分比
≥95.0
90.0—94.9
85.0—89.9
65.0—84.9
45.0—64.9
25.0—44.9
15.0—24.9
5.0—14.9
< 5.0
缺资料
全国 6.70
南海诸岛

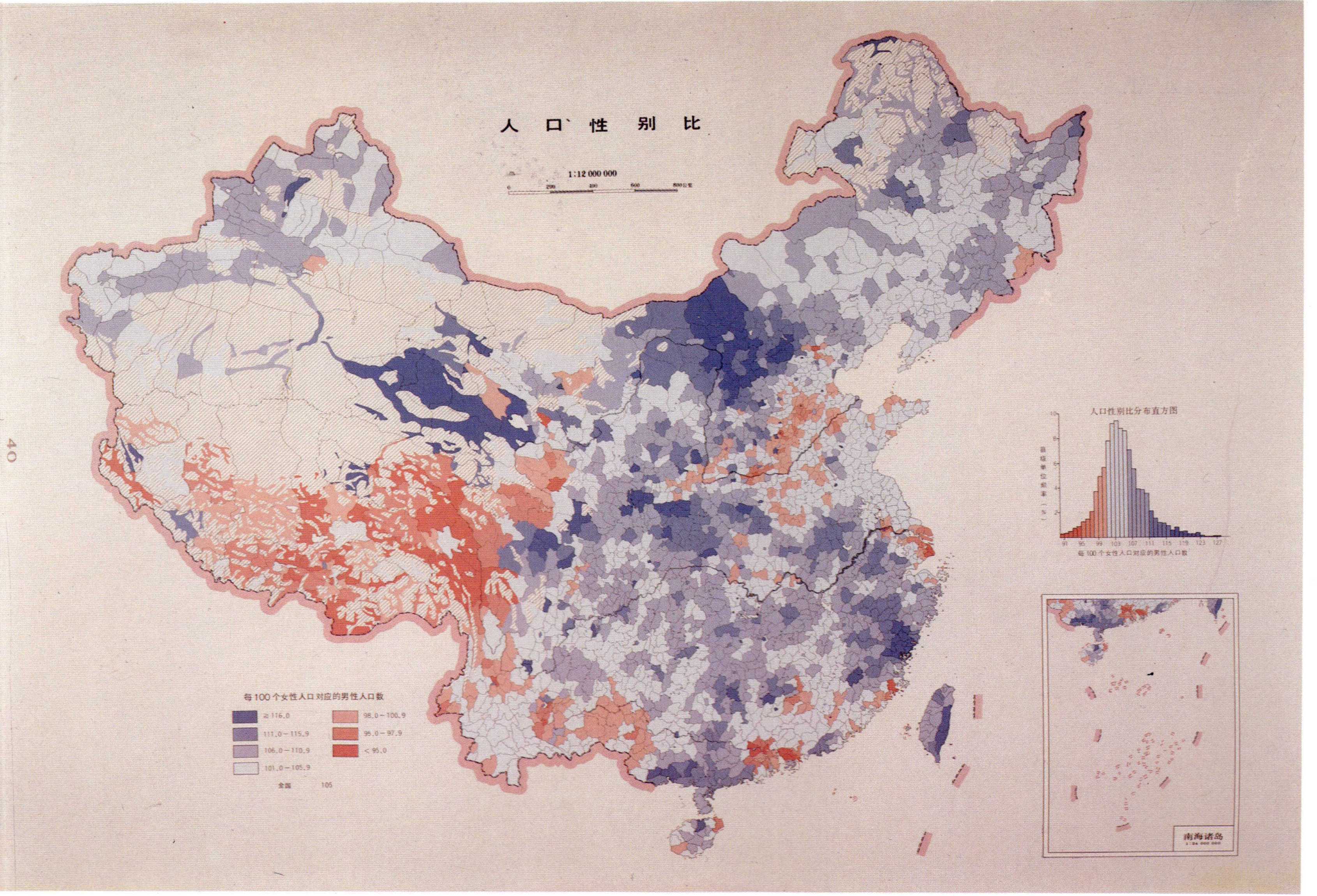
人口性别比
1:12 000 000
0 200 400 600 800公里
人口性别比分布直方图
县级单位频率（%）
10
8
6
4
2
91 95 99 103 107 111 115 119 123 127
每100个女性人口对应的男性人口数
每100个女性人口对应的男性人口数
≥116.0
111.0—115.9
106.0—110.9
101.0—105.9
98.0—100.9
95.0—97.9
<95.0
全国 105
南海诸岛

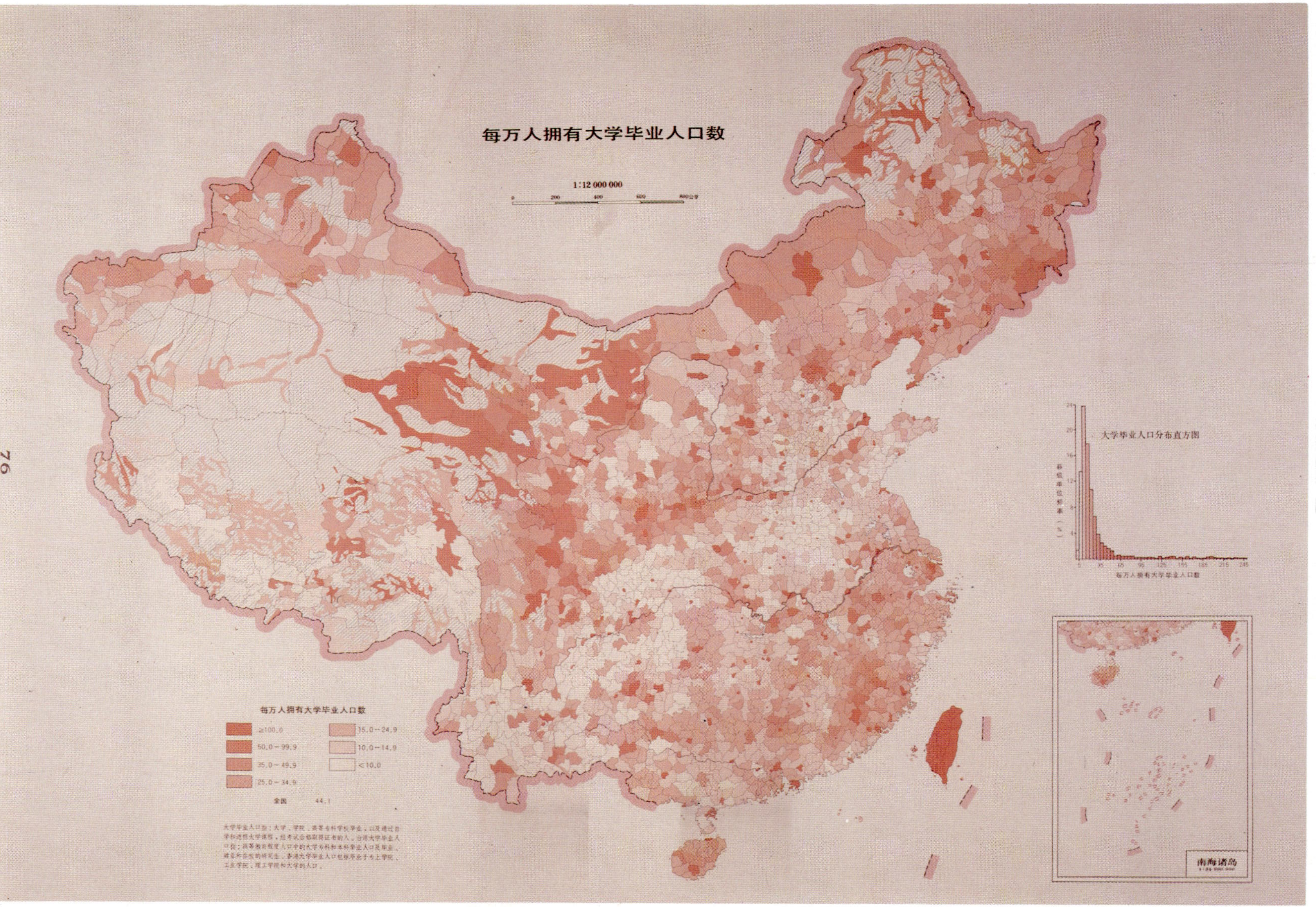
每万人拥有大学毕业人口数
1:12 000 000
0 200 400 600 800公里
大学毕业人口分布直方图
县级单位频率（%）
每万人拥有大学毕业人口数
每万人拥有大学毕业人口数
≥100.0
50.0~99.9
35.0~49.9
25.0~34.9
15.0~24.9
10.0~14.9
<10.0
全国 44.1
大学毕业人口指：大学、学院、高等专科学校毕业，以及通过自学和进修大学课程，经考试合格取得证书的人。台湾大学毕业人口指：高等教育程度人口中的大学专科和本科毕业人口及毕业、肄业和在校的研究生。香港大学毕业人口包括毕业于专上学院、工业学院、理工学院和大学的人口。
南海诸岛

科学研究
和综合技术服务业人口构成及其比重

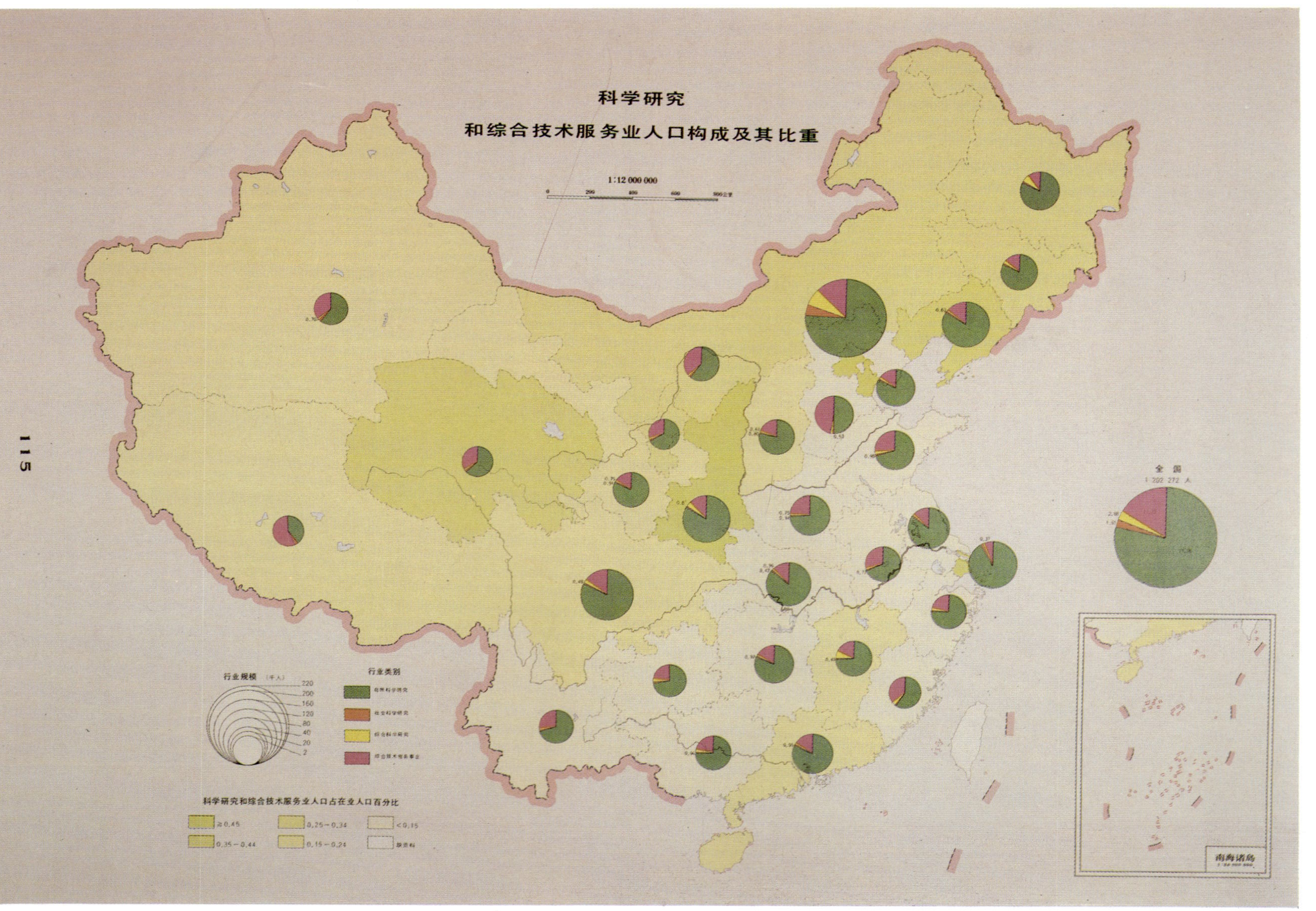

第 I 部分

重要文献（部分）

一、人口政策与规划

中共中央关于计划生育工作的指示(摘要)*

(1984年4月13日)

中共中央批转国家计划生育委员会党组《关于计划生育工作情况的汇报》，要求各级党组、党委参照执行。

中央认为，计划生育是我国的基本国策，是关系到中华民族兴旺发达的大事。过去几年的计划生育工作取得了很大的成绩，今后要继续大力抓紧抓好。抓紧抓好的标志是发扬成绩，克服缺点，解决问题。

要把计划生育政策建立在合情合理、群众拥护、干部好做工作的基础上。这是计划生育工作的过硬功夫。根据我国当前的实际情况，为到本世纪末把我国人口控制在12亿，要继续提倡一对夫妇只生育一个孩子。同时要进一步完善当前计划生育工作的具体政策：在农村有控制地把口子开得稍大一些，按照规定的条件，经过批准，可以生2胎；坚决制止大口子，即严禁生育超计划的2胎和多胎；严禁徇私舞弊，对在生育问题上搞不正之风的干部要坚决予以处分；对少数民族的生育政策，可以考虑，人口在1千万以下的少数民族，允许一对夫妇生育2胎，个别的可以生育3胎，不准生4胎，具体规定由民族自治地方的人大和政府，有关的省、自治区，根据当地实际情况制定，报上一级人大常委会或人民政府批准后执行。

中央强调，要大力提倡优生学，宣传生命科学，特别是在少数民族地区和偏僻山区，要大力宣传婚姻法，宣传近亲结婚的害处，防止近亲结婚。

必须大力加强计划生育的科学技术工作。国内的研究成果和先进经验，要认真推广；国外的先进技术、器械和优良药品、工具要下决心引进；从事计划生育工作干部的科学知识水平，要努力提高。避孕要采取综合措施。要培训好计划生育技术人员队伍，不断提高他们的技术业务水平，保证手术质量，严防手术事故的发生，使采取节育措施的人民群众有安全感。这是关系人民生命安危的大事，一定要特别重视。

计划生育经费要使用得当，要用来做扎扎实实的工作，而不要用于作表面文章。要讲求实效，不要搞形式主义。

要以顽强的精神进行深入细致的思想教育工作。要表扬积极响应党的号召，自觉实行计划生育的个人；表扬落实党的政策，注意工作方法，既能完成人口计划，又能巩固党群关系、促进安定团结的集体。要重申不搞强迫命令的有关规定，并严格遵照执行。

中央要求，各级党委要进一步加强对计划生育工作的领导，要“两种生产”一起抓，督

* 转自《中国卫生年鉴》(1985年)

促计划生育部门和有关部门，坚决贯彻执行中央的指示，及时地研究新情况、解决新问题，把计划生育工作抓紧抓好。在农村体制改革中，要健全基层计划生育的组织机构，配备、充实得力干部，统筹解决不脱产人员的生活补贴。计划生育部门要经常向党委反映情况，提出建议，提供信息，当好党委参谋。各有关部门要通力协作，努力完成国家规定的各地人口规划。

把计划生育工作纳入社会主义精神文明建设轨道

——在全国计划生育先进集体、先进个人表彰大会上的讲话

（1986年3月1日）

万　里

全国计划生育先进集体、先进个人表彰大会开幕了。我代表党中央、国务院对这次大会的召开表示热烈的祝贺！向在计划生育事业中艰苦工作、开拓进取作出优异成绩的先进集体和先进个人致以崇高的敬意！向在全国各地计划生育战线上工作的全体同志致以亲切的慰问！

我国是世界上人口最多的发展中国家，又是一个社会主义国家。实行计划生育，是我国的一项基本国策。在社会主义现代化建设中，党和政府把计划生育工作放在特别重要的地位，作为社会主义物质文明和精神文明建设的重要内容，作为总体规划的重要组成部分。这就是说，既要求经济、社会各项事业的发展必须有计划按比例地进行，又要求有计划地控制人口的增长，使人口的发展同经济、社会的发展相适应，同资源利用、生态平衡和环境保护相协调。过去我们对这一点重视不够，吃过很大的苦头。党的十一届三中全会以后，通过拨乱反正，计划生育工作进入了一个新的阶段，正在逐步走上健康发展的轨道。我们胜利地完成了“六五”计划规定的控制人口增长的任务。这不但对加快我国当前的四化建设，振兴经济，促进人口发展与经济、社会发展相适应，不断提高人民物质文化生活水平，逐步建立一个合理的人口年龄结构，具有重要意义，而且对稳定世界人口增长的趋势，产生了有益的影响。在解决人口问题方面，我国也作出了自己的贡献。

近一两年，计划生育工作有了新的进展。主要表现在认真纠正了一些地方曾经出现的强迫命令现象，把动员群众实行计划生育同帮助群众排除忧虑、解决实际困难、普及科学技术知识结合起来，计划生育政策、避孕节育措施和工作方法都不搞“一刀切”，努力做到实事求是，在合情合理上下功夫。由于生育政策不断完善，工作作风有了改进，干群关系也得到改善，安定团结的局面更加巩固。总的来说，“六五”期间，我国50年代第一个人口生育高峰的周期性影响已平稳通过，人口过快增长的势头已得到控制，无论是对当前的社会主义现代化建设，还是对今后人口再生产的良性循环，都是有利的。在计划生育的实践中，涌现出大批响应党的号召，把个人利益服从国家利益，带头实行计划生育和做好计划生育工作的先进

个人和先进集体。这次会议应当充分肯定他们的功绩，总结、推广他们的经验，使“七五”期间的计划生育工作做得更好，取得更明显的社会效益。

当前有一个值得特别重视的问题，就是我们一些同志对实行计划生育的长期性和艰巨性的认识还不巩固。有的同志认为经济发展了，生育政策还要完善，人多生点没有关系，放松了对计划生育工作的领导，致使有的地方出现人口失控的情况。应当看到，计划生育工作存在着严重的不平衡和许多薄弱环节。“七五”期间正处在新的生育高峰期。我国人口多，基数大，年龄结构比较轻，人口数量将继续增长。这是个大趋势。人口增加多了，就业必然发生困难，孩子进托儿所、上学等都会增加困难。现在之所以没有发生大问题，没有引起社会波动，主要因为我们高就业低效率。随着经济政策的深入，工厂技术改造的发展，劳动生产率将大大提高，就业问题还会出现。因此，决不能因为经济持续稳定发展，就放松计划生育；也不能因为人口增长速度逐年下降，就忽视计划生育；更不能因为人民生活水平有了提高，就否定计划生育在整个国民经济中的重要地位。我们一定要把计划生育纳入社会主义精神文明建设的轨道，作为一个长期的战略方针，放在应有的重要位置，采取更加切实的措施，坚持不懈地抓下去。要教育干部、群众改变传统的旧思想，移风易俗，把远大理想与社会主义实践结合起来，树立新的伦理道德观念，树立有计划地生育孩子的新生育观，不断改进我们的工作，不断开创计划生育工作的新局面。

做好计划生育工作，关键在于实事求是，因地制宜。我国幅员辽阔，各地人口状况不同，计划生育工作的基础不同。因此，不能要求各地同时实行同一种办法，而应由各省、自治区、直辖市根据中央确定的人口计划指标和工作原则，从本地的实际出发，通过试点把政策和计划逐步地结合起来，确定自己的实施方案。总的原则是不同情况要区别对待，城市与农村要有所不同；人口密度较大、剩余劳力较多、资源相对不足的经济发达的地区与资源比较丰富、劳力相对不足的深山区、深海捕鱼区、林区、牧区以及边境地区也要有所不同；少数民族地区，尤其是对人数特别少的民族应当有更多的灵活性。既要严格控制人口增长，又要坚持文明作风办文明事，不损害群众的利益。要进一步克服强迫命令，推广有效的为群众服务的形式和方法。加强节育科学技术工作，保证避孕药具的供应，满足群众的需要。

为了从根本上提高计划生育工作的水平，要提倡学习一点人口理论和避孕节育、优生优育的科学知识，并大力做好这方面的宣传和普及工作。我国经济文化落后，传统观念是多子多福，多生劣育曾经是普遍现象，给我们民族的发展带来了不利的影响。实行计划生育以后，情况有了改变，但是优生优育的问题还没有引起高度重视。应当了解，严重的遗传性疾病对子孙后代遗害无穷。出现一个先天性呆傻的孩子，双亲痛苦，家庭受牵累，又给社会增加负担。因此，应当避免近亲结婚，预防异常胎儿的出生，阻断遗传病的延续。现在，对独生子女溺爱的现象相当普遍，一些当爸爸妈妈的，还有爷爷奶奶，只宠着孩子，不进行教育，只知道买东西给孩子吃，要什么买什么，别的考虑很少。这样下去，我们的第三代会成为什么样子？健康状况又会怎么样？因此，要提倡学一点教育学，学一点心理学，学一点营养学，宣传机构也应把此作为经常宣传工作内容之一，把孩子抚育好，管理好，真正做到健康成长。这是今后计划生育工作中应当加强的一个重要方面。

计划生育工作是全党的一件大事，是一项伟大的社会系统工程。各级党委和政府都要把它提到重要的议事日程上来。计划生育委员会、卫生部应当团结协作，切实抓好这项工作，各级卫生部门都应该认识到，抓好计划生育工作是责无旁贷的。其它各个部门，特别是工、青、妇和宣传、文教、医药、化工、财政、民政、计划、统计、物资、政法、科研、工商管理等部门都负有重要的责任，必须大家一起动手，积极支持、互相配合，保证“七五”期间人口计划的胜利完成，在实施计划生育这项基本国策中，迈出新的步伐，创造新的业绩！

中华人民共和国国民经济和社会发展第七个五年计划（节录）

（1986年4月12日）

第四十七章 人 口

坚定不移地严格控制人口的增长，是关系到中华民族兴旺发达和我国社会主义现代化事业全局的大事。“七五”期间，全国进入婚、育年龄的青年人数将处于高峰时期，必须坚持实行计划生育，切实控制人口的增长。1990年末，全国人口总数控制在11.13亿人以内。

主要政策措施是：

（1）各地区、各部门要继续把计划生育工作放在重要的地位，大力抓紧抓好。计划生育部门要根据各地不同情况，进行分类指导。

（2）继续提倡晚婚晚育和一对夫妇只生育一个孩子。农村中有实际困难的夫妇，可以按计划生育两个孩子；少数民族夫妇，一般可以生育两个孩子，个别可以生育三个孩子。所有地区都要做好宣传教育工作和节育服务工作，严禁超计划的二胎和多胎生育。

（3）加强思想政治工作，破除封建思想和落后意识，普及避孕节育、优生优育和妇幼保健等科学知识，进一步提高广大群众实行计划生育的自觉性。

（4）加强计划生育科学技术的研究和成果推广，保证避孕药具的生产与供应。坚持避孕为主的方针，提倡综合的避孕措施。

（5）巩固和健全县计划生育宣传服务站，做到计划生育工作制度化、经常化。提高计划生育干部的素质和工作质量，保证计划生育各项任务的完成。

计划生育可使中国更快发达起来

（1986年4月23日）

邓小平

中央中央顾问委员会主任邓小平会见日本前首相福田纠夫时说：“中国对人口增长实行严格控制，是从我们的切身利益出发的。我们力争在本世纪内把人口控制在12亿。这是中国的重大战略决策。

国外有些人希望中国不实行计划生育，这是想让中国永远处于贫困状况。我们认为，实行计划生育可以使中国更快地发达起来。

中共中央批转《关于“六五”期间计划生育工作情况和“七五”期间工作意见的报告》的通知(摘要)

（1986年5月9日）

“六五”期间，我国的计划生育工作取得了很大的成绩。广大干部积极贯彻执行党中央、国务院关于计划生育的方针、政策，做了大量艰苦的工作，在控制人口增长，改进工作作风，密切党群关系，促进安定团结和社会主义建设方面都有明显的效果。

“七五”期间正值人口生育高峰，各级党委和政府务必高度重视，继续加强对这项工作的领导，切不可掉以轻心，疏忽大意。人口的增长必须严格控制。一定要把计划生育工作放在非常重要的地位，坚持不懈地抓下去。要认真总结经验，克服缺点、解决问题，不断完善生育政策。目前，全国各地生育水平差别很大，城市绝大多数群众已做到一对夫妇生一胎，今后的重点是把农村计划生育工作搞好，特别是对于目前处于后进状态的地区和单位，必须采取有效措施，把计划生育工作搞上去。实行计划生育、控制人口过快增长的关键，是从实际出发，制订出经过教育，绝大多数群众能够接受的有利于控制人口增长的政策。计划生育工作部门要加强调查研究和科学测算工作，使生育政策和措施日臻完善。要切实加强计划生育干部队伍的建设，健全组织机构，提高干部素质。要选拔坚决执行党的方针政策、作风正派、懂得业务、热爱这项工作的干部，充实和加强各级计划生育工作部门的领导。各级党委和政府要注意督促卫生、民政、计划、财政、医药、工商等部门和工会、共青团、妇联组织，把搞好计划生育工作作为自己的重要任务之一，提供必要的人力、物资和技术条件，配合计划生育工作部门共同完成“七五”计划规定的人口控制指标。

仍提倡一对夫妇生一个孩子

（1986年12月2日）

赵 紫 阳

国务院总理赵紫阳对29个省、市、自治区的负责同志说：计划生育工作要继续抓紧，不能动摇。

我们国家人口基数大，现在又面临着新的生育高峰，如果人口增长太快，四化就会发生困难。严格控制人口增长，本世纪内控制在12亿左右，这个基本方针不能动摇。当然，人口从严控制，也会带来一些这样或那样的问题，如人口老化、独生子女教育等。但是，只要我们对可能产生的问题做到心中有数，采取措施是可以解决的。

计划生育工作要统一认识，稳定政策。几年来，计划生育的政策更加完善、更加符合实际了。提倡一对夫妇只生育一个孩子，仍然是主要的。农村中也要普遍这样提倡。但对确有实际困难的，可以有计划的安排生两个孩子。计划生育政策得到广大群众的支持，要长期执行下去，至少十几年不变。完善政策的目的是为了更好地控制人口增长，并不是说计划生育工作可以不认真去做了，各级干部都要正确理解，正确执行。计划生育工作存在一些实际困难，各级党委和政府要予以重视，认真帮助解决。

中国的计划生育工作情况（摘要）

——在全国计划生育工作会议上的讲话

（1986年12月1日）

国家计划生育委员会主任　王　伟

一、计划生育工作的进展情况

我国的计划生育工作正处在探索规律的过程，正在逐步深入；党的十一届三中全会以来，从指导思想到实践进入了一个新的阶段。中央、国务院把这项工作确定为基本国策，《宪法》、《婚姻法》作了明确的规定。计划生育工作由点到面，由城市到农村，由汉族地区到少数民族地区逐步展开。随着人口指标的确立，方针政策的制定，全面工作的开展，广大干部和群众的经验日益丰富，在服务全局、实事求是、群众路线的思想指导下，计划生育工作不断推向前进。

人口理论方面的拨乱反正，端正了对我国人口问题的认识。经过多年的计划生育实践，群众的生育观念正在发生变化。在那些经济和文化发展比较快，计划生育政策贯彻执行得好，社会主义精神文明建设也搞得好的城市和农村，早婚早育、多生劣育的盲目生育逐步为晚婚晚育、少生优生的计划生育所代替。

在各级党委和政府的领导下，由于全社会的努力，我国的人口过快增长逐步得到了控制。1985年与1970年相比，人口出生率由33.43‰降到17.80‰，自然增长率由25.83‰降到11.23‰。我国的人口发展正由盲目增长向有计划的增长转变。解放以后第一个人口高峰时期出生的人口，在“六五”期间没有形成新的出生高峰，人口太多与经济和社会各项事业发展的矛盾逐步缓和，对下一个世纪的人口发展也将产生好的影响。

计划生育还是一个新事物，工作难度很大，没有现成的样板，我们是在一步一步地探索着前进，开始积累了一些适合我国国情、行之有效的经验。主要是：（一）计划生育工作要服务全局，围绕经济建设这个中心，在为实现共同理想而奋斗的过程中，实行“两种生产”一起抓，两个“力争”同步进行。（二）计划生育是一个大的社会系统工程，要在国家指导下，全社会支持，各部门协作，团结广大群众做好工作。（三）深入进行计划生育精神文明建设，为群众提供宣传、避孕、节育、优生、优育等多种服务。亲近群众，引导群众，提高群众的思想觉悟和知识水平，促进群众生育观念的更新。（四）全面执行计划生育政策，把各项工作落实到基层，争取好的社会效益，既有效地控制人口增长，又能密切党群关系，促进安定团结，促进社会主义四化建设。

当前计划生育工作中存在的问题主要是：由于各种原因，有的地方工作抓得不紧了，计划生育工作还处在不巩固的状态。各地的生育水平差别很大，还有不少后进地区和薄弱环节，各级计划生育部门不充实，基层组织不健全，群众生育观的改变还需要一个长期过程。因此，我们一定要继续努力，把工作抓紧抓好。

二、我国的人口现状和发展趋势

1985年末，我国大陆人口总数已达到104 532万，约占世界总人口的21%，同1949年的54 167万比较，将近翻了一番。虽然我国自然资源丰富，一些工农业产品的总产量名列世界前几位，但由于人口基数大，按人口一平均就明显地落后了。我国的国民生产总值在世界上占第8位，但人均只有400美元，属于低收入国家。

解放后，我国人口的年平均递增率1950—1958年为22.58‰，1962年—1975年为22.97‰，人口翻一番的时间是31年。1969年我国人口突破八亿大关，1974年突破9亿大关，1981年突破10亿大关。“六五”期间年平均递增11.54‰，按这个增长速度，人口翻一番的时间将是61年。实行计划生育以来，我国人口增长速度已经明显放慢，但仍在11‰以上，仍高于各发达国家。“六五”期间平均每年仍净增1165.4万。

我国14岁以下人口占33.6%，65岁以上老年人口占4.9%，人口的年龄结构开始由年轻型进入成年型。这一年龄结构预示着：（1）今后有一个庞大的人群进入结婚生育年龄，在一个较长的时期内人口出生率将处于较高的水平上。（2）人口高龄化的过程将加快。由于60年代的高出生率和70年代以来出生率的迅速下降，少年儿童人口比例迅速降低，到2000年老年人口比例可能上升到7%左右，到2030年前后可能继续上升到20%左右。我国人口高龄化的速度同发达国家比，将会快得多。

总之，党中央提出到本世纪末把我国人口总数控制在12亿左右，这个任务是相当艰巨的。在人口发展过程中，优生优育和未来人口结构合理化，也是需要抓紧研究解决的大事。

三、计划生育政策与执行情况

我们的计划生育政策经历了一个不断完善的过程。1973年全国第一次计划生育工作汇报会提出了“晚、稀、少”的要求，国务院1975年121号文件、中央1978年69号文件都肯定了。1979年提出提倡一对夫妇只生育一个孩子，1980年9月25日，中共中央以《公开信》的形式正式向全国全体共产党员和共青团员发出了这一号召。

十一届三中全会以来，中央对计划生育政策作出了明确的规定。这些规定在《公开信》、1982年11号文件、1984年7号文件中已经阐明。这个政策就是提倡晚婚、晚育、少生、优生。国家干部和职工、城镇居民除特殊情况经过批准者外，一对夫妇只生育一个孩子；农村普遍提倡一对夫妇只生育一个孩子，照顾有实际困难的夫妇生育二胎，严禁计划外二胎和多胎。少数民族也要实行计划生育，1000万以下的民族一般可以生育二胎，个别的可以生三胎，不要生四胎。

1986年5月中央的13号文件中，又一次指出“要注意总结经验，克服缺点，解决问题，不断完善生育政策”。“实行计划生育，控制人口过快增长的关键，是从实际出发，制定出经过教育，绝大多数群众能够接受的有利于控制人口增长的政策。”对于中央制定的计划生育政策，各地是认真执行的。经过几年的实践证明，凡是工作抓得紧，全面贯彻执行这个政策的地方，社会效益是好的。这个政策已在群众中有了一定基础，应当坚决继续贯彻执行。

1984年下半年，各地从实际出发进行了完善具体生育政策的试点。在12月份召开的试点工作交流会上，我们即指出："中央7号文件讲的政策，我们要注意全面贯彻。不要因为某地试点，就把提倡生育一个孩子忘了；一说完善政策，就把有效地控制人口忘了。提倡一对夫妇只生育一个孩子，今后还要继续提倡。严格控制人口增长速度仍然是我们面临的重要战略任务。"我们要求各地在试点工作中，要坚持四条原则：一是明确试点是为了争取好的社会效益，既要完成人口规划又要密切党群关系；二是试点地方要具备领导力量强，基层组织健全，工作中对多胎和晚婚晚育等达到一定的要求；三是要有搞好测算，制定方案，培训干部，动员群众，然后实施等步骤；四是试点方案的确定、推广和停止试验都要经过上级审查同意。

各省、自治区、直辖市现行的生育政策规定要稳定下来。个别地方试行生二胎的地方，要抓紧搞好工作，继续大力提倡一对夫妇生育一个孩子，切实把多胎生育降下来。继续提倡晚婚晚育，进行法制宣传，严格婚姻登记，进行婚前教育，防止早婚，以利民族素质的提高和有效地控制人口。继续大力提倡一对夫妇只生育一个孩子，在提倡上狠下功夫，充分做好思想工作，特别是在那些一胎比例低的地方，要巩固地提高一孩户在育龄夫妇中的比例。在有利于控制人口，完成人口计划的条件下，根据提高一孩比例和降低多胎和计划外二胎的情况，对计划内二胎可以在适当加大间隔情况下安排适当的比例。

四、关于"七五"期间和到2000年的人口指标

国民经济和社会发展第七个五年计划提出，到1990年末，我国人口总数控制在111 300万以内，人口自然增长率平均每年控制在12.4‰左右。"七五"期间的人口增长数和平均人口增长率都高于"六五"期间。我们主要是考虑到：（一）当前全国平均的实际生育水平虽已接近更替水平，今后再象过去十多年那样的速度下降难度较大。（二）新进入婚育年龄的妇女人数增多，"七五"期间将有6 200万女性人口进入婚育期，比"六五"期间多1 000万；进入生育峰值年龄的女性人口约5 800万，比"六五"期间多1 700万。

关于到本世纪末的人口指标，1982年我们根据各地提出的计划，经过平衡和多次征求意见，并经国家计委审查后，将全国12亿人口指标作了初步分配。当时照顾了少数民族地区和边远省份。1984年，对各省的人口指标作了调整，将原留下的机动数全部分配下去，我们认为，各地在执行时，指导思想要明确，应当考虑到：(一)紧紧围绕中央提出的总任务、总目标、总要求、总方针，实现到本世纪末工农业总产值翻两番，人民生活达到小康水平到下一世纪中叶经济接近发达国家水平这两大步的战略任务，我国必须抓紧抓好计划生育工作，严格控制人口增长，努力使人口增长同经济和社会发展相适应，同资源利用、生态平衡、环境保护相协调。（二）制定人口指标，既要考虑当前，又要想到今后，要给下个世纪创造一个合理的人口年龄结构，保持男女性别的平衡，各地对国家同意的人口指标要从实际情况出发实行计划调节，避免人口增长的大起大落。（三）各地必须充分考虑计划生育工作的现状与基础，制定经过努力可以完成的人口提标。既要有效地控制人口，又要密切党群关系，促进安定团结，促进社会主义建设，把争取好的社会效益作为最高准则，既要防止强迫命令，又要防止放松领导，撒手不管。

五、今年的人口增长情况

今年上半年人口出生呈回升趋势，但多孩率继续下降。今年上半年统计汇总的出生人数比去年同期增长10.9%。估计今年出生人口2 000万左右。

人口出生回升的主要原因是：

（一）进入生育年龄的妇女人数增加，使人口出生数相应增多。受年龄结构变动因素影响，1986年比1985年预计多出生约100多万人。

（二）初婚人数增多，一孩出生人数相应增加。据统计，1985年全年初婚人数878.5万对，比1984年增加81万对。今年上半年初婚人数485.7万对，比去年同期增加24.5万对。

（三）晚婚比例下降，早婚比例上升，增加了出生人数。近几年，全国晚婚率逐步下降，已从1980年的87.5%下降到1985年的55.2%。目前，早婚现象比较普遍。根据国家统计局进行的抽样调查，陕西近几年在法定婚龄以前结婚的妇女约占1/5。估计全国农村早婚的比例在15%左右。早婚的结果，是早育、再育和多育增加。

有控制地照顾有实际困难的农民夫妇生育两个孩子，正按各地政策规定逐步落实，今年上半年计划内出生的二孩人数也有增加，约占出生二孩总数的2/3。

人口出生回升中，有一些是计划外出生。全国城市的人口增长是按计划的，而且比较稳定，问题主要发生在部分农村。在那里有的是长期处于后进状态，计划外生育较多，不少地方超过30%；有的是工作放松了；有的虽然规定照顾有实际困难的夫妇生育两个孩子的面小，但工作抓得不紧，计划外出生人数仍然较多。另外，由于对增加很快的流动人口的计划生育管理还缺乏经验，这部分人的生育还处在半失控或失控状态。

六、关键是继续抓紧抓好各项工作

实践证明，就是有合理的指标，又有好的政策，如果不加强工作，也达不到控制人口增长的目的。因此，我们要统一思想，真正把计划生育工作放在非常重要的地位，继续落实好中央制定的计划生育的方针政策，严格控制人口的增长，保证“七五”人口规划的实现，争取到本世纪末，将全国人口总数控制在12亿左右。

（一）要切实加强领导。当前，要注意解决干部中存在的认识问题。要联系实际，引导和帮助干部充分认识控制人口的重大意义、长期性和艰巨性、“七五”期间人口发展的严峻形势、计划生育工作的方针政策、工作中的成绩和问题，使广大干部做到思想统一，信心坚定，精神振奋，工作扎实，并长期坚持下去。

要经常了解本地区的人口指标和生育政策的执行情况，干部和群众的思想动态与实际困难，工作中的新经验和新问题，及时传播经验，及时解决问题，更好地统帅全局。

领导要关心干部，特别是要关心艰苦奋斗在基层的同志们，帮助他们发扬成绩，解决他们工作中存在的问题。

为了实现“七五”计划和到2000年的人口目标，提高人口素质，一定要在财力物力方面给予保证。

考虑到计划生育是一项社会系统工程，要加强和健全各级计划生育委员会机构，稳定计划生育工作队伍，并提高他们的素质。

（二）大力开展精神文明建设。几年来，计划生育精神文明建设取得了一些成绩。主要是，“四有教育”在群众中逐步展开，人口理论知识、计划生育政策和避孕节育、优生优育等科学知识在群众中逐步普及，人们的生育观念逐步发生变化，越来越多的群众把实行计划生育作为应尽的义务，自觉地按照计划生育的政策办事；一大批计划生育的先进人物，先进集体涌现出来；计划生育职工队伍全心全意为人民服务的思想，用文明作风推进文明事业的风气正在逐步形成。计划生育是社会主义精神文明建设的一个重要内容。它是人们在认识社会和人口的客观发展规律，掌握科学技术知识的基础上，对人口生产进行调节而采取的自觉行动。各级计划生育部门都要按照《中共中央关于社会主义精神文明建设指导方针的决议》精神，总结本地经验，学习外地经验，切实把精神文明建设贯彻到基层，进一步做好工作。

（三）加强优生优育工作。党中央国务院多次提出，优生优育是关系到人民群众健康和民族素质、国家未来的大问题，是计划生育工作中非常重要的一项内容，全社会和有关部门都负有责任帮助计划生育部门把这件大事管好。目前，全国约有2000万患有遗传性和先天性疾病的病人，每年约有40至80万出生缺陷儿降生。我国儿童身体素质的多数指标，如身高、体重、胸围等都低于美国、日本等发达国家儿童的水平。近亲婚配率在一些地方还比较高，多生劣育现象在一些地区特别是少数民族地区还相当普遍。一些家庭溺爱独生子女，对他们心理素质产生了不利影响。所有这些都说明加强优生优育工作，提高人口素质已成为紧迫的问题。为此，要大力宣传有关优生优育的法规和科学知识。凡已有优生优育规定的，可选择一些地方试点，取得经验，积极推广。要采取开办家长学校、改进托幼教育、动员全社会关心等方式，加强对学前儿童的教育，使他们的身心健康成长。中央决定卫生部会同计生委、中国科学院等有关部门制定优生条例，将从法律上保证优生优育的实施。

（四）要按照法律办事，也要受到法律的保护。多年来，计划生育工作是遵循各级的法规办事的，这是本质和主流。实行计划生育，要在加强社会主义民主、法制的基础下进行，《宪法》、《婚姻法》、《继承法》中关于婚姻、计划生育及保障妇女儿童权益的规定，以及各省、自治区、直辖市人民代表大会通过的、人民政府颁布的计划生育法规，这些法规体现着人民的意志和利益，保障群众在计划生育中的合法权利和义务，限制不合法的行为，打击各种破坏活动。要经常进行有关计划生育法规的宣传教育，要使干部加强法制观念，懂得执行政策就是遵守法规，用文明作风办文明事业，成为执行政策的模范；使群众懂得实行计划生育要依法办事，自觉地遵守法规，不早婚，不抢生，不超生。在处理计划生育干部作风问题时，要有利于计划生育工作，有利于安定团结，领导上要承担责任，不能打击干部和群众的积极性。对于任意打骂计划生育干部和妨碍执行公务的也要进行处理。对于无照取环牟取私利，损害妇女身心健康的骗子，要坚持打击。各地可以对现行的自行规定的计划生育法规，进行一次检查，不符合中央有关方针政策和法规精神的，应经一定程序改过来；不足的，进行必要的补充，使有关法规更完善，使计划生育更有效地进行。

（五）加强基层工作和计划生育工作网的建设。这是一项不可忽视的基础建设。我们要把思想工作、精神文明建设、人口规划、计划生育政策、药具供应、技术服务等等，都一一落实到基层，使基层充满活力，建立有专人负责的经常工作，发挥群众志愿组织特别是计划生育协会的作用，形成文明健康科学的舆论力量，创造一个良好的环境，激发干部和群众的积极性，自觉实行计划生育。工作不落实到基层，人口增长就得不到有效控制。为此，区、乡等基层组织应有计划生育专职干部。村、居民小组等应有兼职的计划生育服务员，并合理解决他们的报酬。

（六）帮助后进地区改变工作面貌。目前，农村计划生育工作的后进面还不小。后进地区工作的加强，会大大减少多胎，减少计划外生育，降低人口出生率。如果不迅速改变后进地区的工作面貌，在那些地方，有可能把几年来中央在农村实施正确政策得到的经济成就，被增长的人口所抵消。计划生育工作后进的地方，大都是经济文化落后的地方。改变后进地区的计划生育工作面貌要同经济开发和脱贫致富结合起来。要改变后进，关键是帮助那些地方的领导提高认识，重视和全面加强计划生育工作，并逐步把基层经常工作建立起来。要依靠和发扬本地区的积极因素，改变面貌。领导机关要对后进地区进行具体指导，坚持两三年，工作质量一定会有大的提高，一定会出现新的面貌。

二、婚姻和家庭

婚姻登记办法

（1985年12月31日国务院批准
1986年3月15日民政部发布）

第一条 根据《中华人民共和国婚姻法》的有关规定，为保障婚姻自由、一夫一妻、男女平等的婚姻制度的实行，保护婚姻当事人的合法权益，防止违反婚姻法的行为，制定本办法。

第二条 男女双方自愿结婚、离婚或复婚，必须依照本办法进行婚姻登记。

依法履行登记的婚姻当事人的合法权益受法律保护。

第三条 办理婚姻登记的机关，在农村是乡、民族乡、镇人民政府，在城市是街道办事处或区人民政府、不设区的市人民政府。

第四条 男女双方自愿结婚的，必须双方亲自到一方户口所在地的婚姻登记机关申请结婚登记。申请时，应持本人居民身份证或户籍证明、所在单位或村民委员会（居民委员会）出具的写明本人出生年月和婚姻状况（未婚、离婚、丧偶）的证明。离过婚的申请再婚时，还应持离婚证件。

第五条 婚姻登记机关经审查了解，对符合婚姻法和本办法规定的，应准予登记，发给《结婚证》；对不符合婚姻法和本办法规定的，不予登记，并向当事人进行婚姻法的宣传教育。

申请结婚的当事人，因受单位或他人干涉不能获得所需证明时，婚姻登记机关查明确实符合婚姻法和本办法规定的，也应准予登记，发给《结婚证》。

第六条 申请结婚的男女双方或一方有下列情形之一的禁止结婚，不予登记：

（一）未到法定结婚年龄的；

（二）非自愿的；

（三）已有配偶的；

（四）属于直系血亲和三代以内旁系血亲的；

（五）患麻风病或性病未治愈的。

第七条 男女双方自愿离婚，并对子女抚养和财产处理达成协议的，必须双方亲自到一方户口所在地的婚姻登记机关申请离婚登记。申请时，应持居民身份证或户籍证明和《结婚证》。婚姻登记机关查明情况属实，应准予登记，发给《离婚证》，收回《结婚证》。

男女一方要求离婚，或双方要求离婚但对子女抚养和财产处理未达成协议的，婚姻登记机关不予受理。

第八条 离婚后，男女双方自愿恢复夫妻关系的，必须双方亲自到一方户口所在地的婚姻登记机关申请复婚登记。婚姻登记机关按照结婚登记程序办理登记，发给《结婚证》，收回《离婚证》。

第九条 申请结婚、离婚或复婚登记的男女双方，对婚姻登记机关必须了解的情况，应如实提供。

婚姻登记机关发现婚姻当事人有违反婚姻法的行为，或在登记时弄虚作假、骗取《结婚证》的，应宣布该项婚姻无效，收回已骗取的《结婚证》，并对责任者给予批评教育。触犯刑律的，由司法机关依法追究刑事责任。

第十条 婚姻登记机关应按照档案管理规定，保管好婚姻登记档案。

婚姻登记机关可以根据婚姻登记档案向丢失《结婚证》或《离婚证》的当事人出具《夫妻关系证明书》或《解除夫妻关系证明书》。上述两种证明书同《结婚证》或《离婚证》具有同等法律效力。

婚姻登记机关也可以根据婚姻登记档案向需要了解情况的公安、司法等机关出具婚姻当事人依法登记结婚（离婚、复婚）的证明。

第十一条 《结婚证》、《离婚证》、《夫妻关系证明书》、《解除夫妻关系证明书》的式样，由民政部统一制定；由省、自治区、直辖市人民政府统一印制；由县、市辖区或不设区的市人民政府加盖印章。

《结婚证》、《夫妻关系证明书》须贴男女双方像片，并加盖婚姻登记专用章（钢印）。

婚姻登记机关颁发《结婚证》、《离婚证》或出具《夫妻关系证明书》、《解除夫妻关系证明书》时，收取工本费。

第十二条 婚姻登记机关的登记员，应由经县级以上的民政部门进行业务培训、考核合格并取得婚姻登记员证书的人员担任。

婚姻登记员在办理结婚登记中，如有依法应准予登记而不给登记或依法不准登记而给予登记的行为，应视情节轻重给予批评教育或行政处分；触犯刑律的，由司法机关依法追究刑事责任。

第十三条 民族自治地方的婚姻登记，如果本办法某些规定不适用，可以根据本办法的原则，结合当地民族婚姻的具体情况，制订某些变通的或补充的规定，并报上级人民政府和民政部、国家民族事务委员会备案。

第十四条 中国公民同外国人的婚姻登记，华侨同国内公民、港澳同胞同内地公民的婚姻登记，分别按照《中国公民同外国人办理婚姻登记的几项规定》和《华侨同国内公民、港澳同胞同内地公民之间办理婚姻登记的几项规定》办理。

第十五条 本办法自发布之日起施行，1980年11月11日发布的《婚姻登记办法》同时废止。

民政部有关负责人
就新《婚姻登记办法》答记者问

（1986年3月15日）

问：为什么要修订1980年的《婚姻登记办法》？

答：1980年9月，五届人大三次会议通过新婚姻法以后，同年10月经国务院批准、11月由民政部发布了《婚姻登记办法》。《婚姻登记办法》的施行，对保证婚姻法的贯彻，维护公民婚姻自由的合法权益，巩固社会主义婚姻家庭关系，起了重要作用。近几年来，随着党的对外开放、对内搞活经济的一系列方针政策的贯彻执行，婚姻登记工作出现了许多新情况和新问题，1980年的《婚姻登记办法》已不适应形势发展的需要，主要是：

1、有些单位或基层组织把计划生育同贯彻婚姻法对立起来，不给已经达到婚姻法规定结婚年龄的婚姻当事人出具婚姻状况证明；有些婚姻当事人因受家庭干涉，取不到申请结婚登记必须的户籍证明。这就侵犯了婚姻法规定的公民结婚自由的合法权益，损害了法律的尊严，干扰了婚姻登记机关依法办事。原《婚姻登记办法》对符合婚姻法关于结婚规定但取不到必须证件的当事人的结婚登记，没有规定怎样处理。

2、婚姻当事人在《结婚证》、《离婚证》丢失后，因出国、继承等特殊原因，需要婚姻登记机关出具婚姻关系证明，原《婚姻登记办法》没有规定婚姻登记档案管理和出证制度。

3、在对外开放、对内搞活经济的同时，不可避免地带来一些资产阶级自由化思想的侵蚀。不登记就结婚、早婚和其它违犯婚姻法的行为在一些地方增多了；有些地方用宗教仪式代替婚姻登记；少数地方，解放后已经绝迹的性病又出现了。针对这种情况，婚姻登记工作必须进行相应改革，不仅要继续坚持反对封建主义、反对包办买卖婚姻，而且要坚持反对资产阶级自由化思想的侵蚀。

4、《婚姻登记办法》的贯彻落实，最终要经过婚姻登记人员来实现，因此必须大力提高婚姻登记员的素质。目前，有的婚姻登记机关没有专人负责，有的承办人员本身就不甚懂法，自然谈不上严格执法；有的婚姻登记人员不坚持原则，甚至收受贿赂，贪赃枉法。在《婚姻登记办法》中，有必要对婚姻登记人员的条件提出明确的要求，对婚姻登记人员的违法行为规定相应的处理办法。

问：新的《婚姻登记办法》同1980年的办法相比，有哪些变化？

答：同1980年的《婚姻登记办法》相比，新的《婚姻登记办法》主要增加了以下内容：

1、明确了婚姻登记机关的执法地位。新办法规定，婚姻登记机关经审查了解，对符合婚姻法和《婚姻登记办法》关于结婚规定的，准予登记，发给《结婚证》；对不符合规定的，不予登记，并向当事人进行婚姻法的宣传教育；对因受单位或他人干涉不能获得所需证件的，也应受理，婚姻登记机关经查实符合规定，准予登记，发给《结婚证》。

2、规定了婚姻登记档案管理和出证制度。新办法第十条明确规定，婚姻登记机关应按照档案管理的规定，保管好婚姻登记档案。丢失《结婚证》或《离婚证》的当事人因出国、继承等原因，要求婚姻登记机关出具婚姻关系证明时，婚姻登记机关经核对婚姻登记档案可以向当事人出具《夫妻关系证明书》或《解除夫妻关系证明书》。这两种证明书同原《结婚证》、《离婚证》具有同等法律效力。婚姻登记机关也可以根据婚姻登记档案向需要了解情况的公安、司法等机关出具当事人依法登记的婚姻（结婚、离婚、复婚）证明。

3、规定了对违法婚姻的处理办法。

4、对婚姻登记人员的条件作了明确规定。新办法第十二条规定，婚姻登记机关的婚姻登记员，应由县级以上民政部门进行业务培训，考核合格并取得婚姻登记员证书的人员担任。对婚姻登记人员的违法行为也规定了处理办法。

问：怎样贯彻新的《婚姻登记办法》？

答：新的《婚姻登记办法》发布后，各级民政部门和婚姻登记机关，除了自身认真学习领会、吃透精神以外，应结合本地实际情况，抓好以下几项工作：

1、搞好宣传教育。要在当地党委和政府的领导下，积极与宣传、司法、妇联、共青团、工会、卫生、计划生育等部门密切配合，运用多种形式和典型事例，扎扎实实地宣传婚姻法和《婚姻登记办法》。通过宣传教育，做到人人知法、守法，做到各部门、各单位都能配合婚姻登记机关做好婚姻登记工作。

2、县级以上民政部门要抓紧对婚姻登记人员进行培训、考核、发证，整顿婚姻登记干部队伍。对不合格的人要坚决予以撤换；今后，婚姻登记员变动工作时，新接替工作的人员也必须经过培训、考核、发证，否则，不能担任这项工作。

3、对1980年新婚姻法颁布以来的婚姻登记工作进行一次全面的检查和清理。已经清理过的，应巩固工作成果。还未清理的，应结合新办法的宣传、贯彻，加快工作步伐。清理中，对无配偶的男女，没有到婚姻登记机关登记就以夫妻关系同居的，要区别情况，妥善处理。对现已符合婚姻法规定的结婚条件的，在给予批评教育后，准予办理结婚登记。对现在仍未达到结婚条件的，由单位或基层组织责令双方暂时分居，待符合结婚条件后办理婚姻登记手续。

4、各地民政部门和婚姻登记机关要加强调查研究。在贯彻执行《婚姻登记办法》的过程中，要注意发现新问题，研究新情况，总结经验，运用法律手段，健全婚姻登记制度。在总结实践经验的基础上，各地可结合本地实际情况，制订或完善《实施细则》。

中华人民共和国民法通则（摘录）

（1986年4月12日第六届全国人民代表大会第四次会议通过）

第五章　民事权利

第四节　人　身　权

第九十八条　公民享有生命健康权。

第一百零一条　公民、法人享有名誉权，公民的人格尊严受法律保护，禁止用侮辱、诽谤等方式损害公民、法人的名誉。

第一百零二条　公民、法人享有荣誉权，禁止非法剥夺公民、法人的荣誉称号。

第一百零三条　公民享有婚姻自主权，禁止买卖、包办婚姻和其他干涉婚姻自由的行为。

第一百零四条　婚姻、家庭、老人、母亲和儿童受法律保护。

三、人口管理

中华人民共和国居民身份证条例实施细则

（1986年11月3日国务院批准1986年11月28日公安部公布）

第一章　总　　则

第一条　依照《中华人民共和国居民身份证条例》第十九条的规定，制定本细则。

第二条　居民身份证式样和制证工艺以及申领居民身份证应当填写的《常住人口登记表》和居民身份证编号工作使用的《居民身份证编号顺序码登记表》，由公安部制定。

第三条　居民身份证为聚酯薄膜密封、单页卡式，由公安机关统一负责印制、颁发和管理。

省、自治区、直辖市公安厅（局）可根据需要设立证件制作中心或制证点，并报公安部备案。

第四条　户口登记机关负责办理公民申领、换领、补领居民身份证的日常工作。

第五条　颁发居民身份证是户口管理制度的一项重要工作，应当贯彻方便群众、科学管理的原则。

第二章　申　　领

第六条　年满16周岁的中国公民，应当向常住户口所在地的户口登记机关履行申领居民身份证的手续。

公民年满16周岁时，在从生日起计算的30天内申领居民身份证。

第七条　回国定居的华侨，回内地定居的香港、澳门同胞，回大陆定居的台湾同胞，年满16周岁的，在办理户口登记手续的同时申领居民身份证。

第八条　在中国境内定居的外国人和无国籍人被批准加入中华人民共和国国籍，年满16周岁的，在办理户口登记手续的同时申领居民身份证。

第九条　被判处拘役、有期徒刑以上刑罚的人和被劳动教养的人以及被羁押的人，没有领取居民身份证的，在被释放或者被解除劳动教养后，申领居民身份证。

被判处管制或独立适用刑罚附加刑的人，以及被判处拘役、有期徒刑宣告缓刑的人，可以申领居民身份证。

第十条　公民申领居民身份证，需填写《常住人口登记表》，交验户口簿，交近期标准相片两张。

第三章　换领、补领

第十一条　公民的常住户口在本市各市辖区的行政区域之间和本县行政区域内迁移变动的，可以不换领居民身份证。

公民的常住户口迁出本市市辖区和本县行政区域的，在迁入地办理户口登记手续的同时换领居民身份证。

第十二条　被征集服现役的公民，在办理户口注销手续时，应当交回居民身份证。退出现役回原户口所在地定居的公民，如果居民身份证有效期未满的，可继续使用；有效期已满的，应当申报换领新证。退出现役不回原户口所在地定居的公民，向现居住地户口登记机关申报换领新证，新证使用原编号。

第十三条　公民出境定居的，在办理注销户口手续时，应当交回居民身份证。

第十四条　公民领取居民身份证后因犯罪被拘留或者被逮捕的，其居民身份证由执行拘留、逮捕的公安机关收缴归入本人案卷。当被判处刑罚或者被批准劳动教养时，其居民身份证由人民法院或者批准劳动教养的机关交执行刑罚或者劳动教养的机关保存。在被释放或者被解除劳动教养时，由执行刑罚或者劳动教养的机关将居民身份证发还本人。

被释放或者被解除劳动教养的人，回原户口所在地定居，居民身份证有效期未满，可继续使用；有效期已满，申报换领新证。不回原户口所在地定居的，向现居住地户口登记机关申报换领新证。

第十五条　公民应当在居民身份证有效期满之日的三个月前申报换领新证，户口登记机关应当在旧证有效期满前将新证发给本人。

第十六条　公民的居民身份证污损、残缺不能辨认时，应当申报换领新证。

第十七条　公民需要变更居民身份证登记的内容，在履行申请变更手续的同时申报换领新证。

第十八条　公民遗失居民身份证时，应当立即向公安机关报告。从报告之日起三个月仍未找到的，应当申报补领新证。

补领新证后找回原证的，应当将原证交给户口登记机关。

第十九条　凡申报换领、补领新证的，需重新填写《常住人口登记表》，交近期标准相片两张。申报换领新证的，户口登记机关发给新证的同时收回旧证。申报补领新证的，原证作废。

第四章　使　　用

第二十条　公民在办理下列事务，需要证明身份时，可以出示居民身份证：

（一）选民登记；

（二）户口登记；

（三）兵役登记；

（四）婚姻登记；

（五）入学、就业；

（六）办理公证事务；

（七）前往边境管理区；

（八）办理申请出境手续；

（九）参与诉讼活动；

（十）办理机动车、船驾驶证和行驶证，非机动车执照；

（十一）办理个体营业执照；

（十二）办理个人信贷事务；

（十三）参加社会保险，领取社会救济

（十四）办理搭乘民航飞机手续；

（十五）投宿旅店办理登记手续；

（十六）提取汇款、邮件；

（十七）寄卖物品；

（十八）办理其他事务。

第二十一条 除公安机关依法对被告人采取强制措施可以扣留居民身份证外，其他任何单位和个人不得扣留公民的居民身份证或者作为抵押。

第五章 签 发

第二十二条 居民身份证的签发机关是县公安局、不设区的市公安局和设区的市的公安分局。签发居民身份证的具体手续，由户口登记机关办理。

第二十三条 《常住人口登记表》内有关公民申报的项目，经核对无误，由本人或者代理人签名后，作为签发居民身份证的凭据。

第二十四条 居民身份证有效期限自签发之日起计算。

第二十五条 户口登记机关应当在受理公民申领、换领、补居民身份证手续后的三个月内发给证件。

第六章 编号（略）

第七章 管理（略）

第八章 查 验

第四十条 公民应当随身携带并妥善保管居民身份证。

第四十一条 公安机关在下列情况下，有权查验公民的居民身份证：

（一）追捕逃犯、侦破案件中，遇有形迹可疑或被指控有违法犯罪行为的人需要查明身份时；

（二）维护铁路、公路、水运、民航等公共场所治安秩序以及巡逻执勤中，对有违反治安管理行为的人需要查明身份时；

（三）对各种灾害事故和突发性事件进行现场调查时；

（四）办理户口登记手续和核查户口时。

第四十二条 户口登记机关应当结合日常管理工作定期查验居民身份证。

第四十三条 公安人员依法执行公务需要查验公民的居民身份证时，应当首先出示自己的工作证件。

第九章 附 则

第四十四条 公民第一次领取居民身份证，免交证件工本费。

公民申报换领新证，应当交纳证件工本费。

公民丢失居民身份证申报补领新证，交纳相当于证件工本费二倍的费用。

第四十五条 证件工本费由财政部根据制证成本核定。

公民交纳的证件工本费作为地方预算收入全部上缴国库。

第四十六条 本细则自公布之日起施行。

中国公民因私事往来香港地区或者澳门地区的暂行管理办法

（1986年12月3日国务院批准，1986年12月25日公安部公布）

第一章 总 则

第一条 根据《中华人民共和国公民出境入境管理法》第十七条的规定，制定本办法。

第二条 本办法适用于内地公民因私事往来香港地区（下称香港）或者澳门地区（下称澳门）以及港澳同胞来往内地。

第三条 内地公民因私事前往香港、澳门，凭我国公安机关签发的前往港澳通行证或者往来港澳通行证从指定的口岸通行；返回内地也可以从其他对外开放的口岸通行。

指定的口岸：往香港是深圳，往澳门是拱北。

第四条 港澳同胞来往于香港、澳门与内地之间，凭我国公安机关签发的港澳同胞回乡证或者入出境通行证，从中国对外开放的口岸通行。

第二章 内地公民前往香港、澳门

第五条 内地公民因私事前往香港、澳门定居，实行定额审批的办法，以利于维护和保持香港和澳门的经济繁荣和社会稳定。

第六条 内地公民因私事前往香港、澳门，须向户口所在地的市、县公安局出入境管理部门提出申请。

第七条 有下列情形之一的，可以申请前往香港、澳门定居：

（一）夫妻一方定居香港、澳门，分居多年的；

（二）定居香港、澳门的父母年老体弱，必须由内地子女前往照料的；

（三）内地无依无靠的老人和儿童须投靠在香港、澳门的直系亲属和近亲属的；

（四）定居香港、澳门直系亲属的产业无人继承，必须由内地子女去定居才能继承的；

（五）有其他特殊情况必须去定居的。

第八条 有下列情形之一的，可以申请短期前往香港、澳门：

（一）在香港、澳门有定居的近亲属，须前往探望的；

（二）直系亲属或者近亲属是台湾同胞，必须由内地亲人去香港、澳门会亲的；

（三）归国华侨的直系亲属、兄弟姐妹和侨眷的直系亲属不能回内地探亲，必须去香港、澳门会面的；

（四）必须去香港、澳门处理产业的；

（五）有其他特殊情况，必须短期去香港、澳门的。

第九条 内地公民因私事申请前往香港、澳门，须回答有关的询问并履行下列手续：

（一）交验户口簿或者其他户籍证明；

（二）填写申请表；

（三）提交所在工作单位对申请人前往香港、澳门的意见；

（四）提交与申请事由相应的证明。

第十条 本办法第九条第四项所称的证明是指：

（一）夫妻团聚，须提交合法婚姻证明，以及配偶在香港、澳门有永久居住资格的证明；

（二）去香港、澳门照顾年老体弱父母或者无依无靠的老人、儿童投靠香港、澳门亲属，须提交与香港、澳门亲属关系及其在香港、澳门有永久居住资格的证明；

（三）继承或者处理产业，须提交产业状况和合法继承权的证明；

（四）探望在香港、澳门亲属，须提交亲属函件；时间急迫的，应尽可能提交与申请事由相关的说明或者证明；

（五）会见台湾亲属或者会见居住国外的亲属，须提交亲属到达香港、澳门日期的确切证明。

第十一条 公安机关出入境管理部门受理的前往香港、澳门的申请，应当在六十天内作出批准或者不批准的决定，通知申请人。

第十二条 经批准前往香港、澳门定居的内地公民，由公安机关出入境管理部门发给前往港澳通行证。持证人应当在前往香港、澳门之前，到所在地公安派出所注销户口，并在规定的时间内前往香港、澳门。

经批准短期前往香港、澳门的内地公民，发给往来港澳通行证。持证人应当在规定时间内前往并按期返回。

第十三条 内地公民申请去香港、澳门，有下列情形之一的，不予批准：

（一）属于《中华人民共和国公民出境入境管理法》第八条规定情形的；

（二）不属于本办法第七条和第八条规定情形的；

（三）编造情况、提供假证明，欺骗公安机关出入境管理部门的。

第三章　港澳同胞来内地

第十四条　港澳同胞来内地，须申请领取港澳同胞回乡证。港澳同胞回乡证由广东省公安厅签发。

申领港澳同胞回乡证须交验居住身份证明、填写申请表。

不经常来内地的港澳同胞，可申请领取入出境通行证。申领办法与申领港澳同胞回乡证相同。

第十五条　有下列情形之一的，不发给港澳同胞回乡证或者入出境通行证：

（一）被认为有可能进行抢劫、盗窃、贩毒等犯罪活动的；

（二）编造情况，提交假证明的；

（三）精神病患者。

第十六条　港澳同胞驾驶机动车辆来内地，应当按照广东省人民政府有关规定申请行车执照，驾驶人员还须向广东省公安厅出入境管理处申请驾驶港澳机动车辆来往内地的许可。

第十七条　港澳同胞短期来内地，要按照户口管理规定，办理暂住登记。在宾馆、饭店、旅店、招待所、学校等企业、事业单位或者机关、团体及其他机构内住宿的，应当填写临时住宿登记表；住在亲友家的，由本人或者亲友在二十四小时内（农村可在七十二小时内）到住地公安派出所或者户籍办公室办理暂住登记。

第十八条　港澳同胞要求回内地定居的，应当事先向拟定居地的市、县公安局提出申请，获准后，持注有回乡定居签注的港澳同胞回乡证，至定居地办理常住户口手续。

第四章　出入境检查

第十九条　内地公民往来香港、澳门以及港澳同胞来往内地，须向对外开放口岸或者指定口岸的边防检查站出示出入境证件，填交出境、入境登记卡，接受查验。

第二十条　有下列情形之一的，边防检查站有权阻止出境、入境：

（一）未持有往来港澳通行证件、港澳同胞回乡证或其他有效证件的；

（二）持有伪造、涂改等无效的往来港澳通行证件或者港澳同胞回乡证，冒用他人往来港澳通行证件或者港澳同胞回乡证的；

（三）拒绝交验证件的。

具有前款第二项规定的情形的，并可依照本办法第二十六条的规定处理。

第五章　证件管理

第二十一条　港澳同胞回乡证由持证人保存，有效期十年，在有效期内可以多次使用。超过有效期或者查验页用完的，可以换领新证。申请新证按照本办法第十四条规定办理。

第二十二条　前往港澳通行证在有效期内一次使用有效。往来港澳通行证有效期五年，可以延期二次，每次不超过五年，证件由持证人保存、使用，每次前往香港、澳门均须按照本办法第六条、第八条、第十条的规定办理申请手续，经批准的作一次往返签注。经公安部特别授权的公安机关可以作多次往返签注。

第二十三条 港澳同胞来内地后遗失港澳同胞回乡证，应向遗失地的市、县或者交通运输部门的公安机关报失，经公安机关调查属实，出具证明，由公安机关出入境管理部门签发一次有效的入出境通行证，凭证返回香港、澳门。港澳同胞无论在香港、澳门或者内地遗失港澳同胞回乡证，均可以按照本办法第十四条规点重新申请领取港澳同胞回乡证。

第二十四条 内地公民在前往香港、澳门之前遗失前往港澳通行证、往来港澳通行证的，应立即报告原发证机关，并由本人登报声明，经调查属实的，重新发给证件。

第二十五条 港澳同胞回乡证持证人有本办法第十五条规定情形之一的，证件应予以吊销。

吊销证件由原发证机关或其上级机关决定并予以收缴。

第六章　处　　罚

第二十六条 持用伪造、涂改等无效的或者冒用他人的前往港澳通行证、往来港澳通行证、港澳同胞回乡证、入出境通行证的，除可以没收证件外，并视情节轻重，处以警告或五日以下拘留。

第二十七条 伪造、涂改、转让前往港澳通行证、往来港澳通行证、港澳同胞回乡证、入出境通行证的，处十日以下拘留；情节严重，构成犯罪的，依照《中华人民共和国刑法》的有关条款的规定追究刑事责任。

第二十八条 编造情况，提供假证明，或者以行贿等手段，获取前往港澳通行证、往来港澳通行证、港澳同胞回乡证、入出境通行证，情节较轻的，处以警告或五日以下拘留；情节严重，构成犯罪的，依照《中华人民共和国刑法》的有关条款的规定追究刑事责任。

第二十九条 公安机关的工作人员在执行本办法时，如有利用职权索取、收受贿赂或者有其他违法失职行为，情节轻微的，可以由主管部门酌情予以行政处分；情节严重，构成犯罪的，依照《中华人民共和国刑法》的有关条款的规定追究刑事责任。

第七章　附　　则

第三十条 本办法由公安部组织实施，负责解释。

第三十一条 本办法自公布之日起施行。

中华人民共和国公民出境入境管理法实施细则

（1986年12月3日国务院批准，1986年12月26日公安部、外交部、交通部公布）

第一章 总 则

第一条 根据《中华人民共和国公民出境入境管理法》第十九条的规定，制定本实施细则。

条二条 本实施细则适用于中国公民因私事出境、入境。所称“私事”，是指：定居、探亲、访友、继承财产、自费留学、就业、旅游和其他私人事务。

第二章 出 境

第三条 居住国内的公民因私事出境，须向户口所在地的市、县公安局出入境管理部门提出申请，回答有关的询问并履行下列手续：

（一）交验户口簿或者其他户籍证明；

（二）填写出境申请表；

（三）提交所在工作单位对申请人出境的意见；

（四）提交与出境事由相应的证明。

第四条 本实施细则第三条第四项所称的证明是指：

（一）出境定居，须提交拟定居地亲友同意去定居的证明或者前往国家的定居许可证明；

（二）出境探亲访友，须提交亲友邀请证明；

（三）出境继承财产，须提交有合法继承权的证明；

（四）出境自费留学，须提交接受学校入学许可证件和必需的经济保证证明；

（五）出境就业，须提交聘请、雇用单位或者雇主的聘用、雇用证明；

（六）出境旅游，须提交旅行所需外汇费用证明。

第五条 市、县公安局对出境申请应当在30天内，地处偏僻、交通不便的应当在60天内，作出批准或者不批准的决定，通知申请人。

申请人在规定时间内没有接到审批结果通知的，有权查询，受理部门应当作出答复；申请人认为不批准出境不符合《中华人民共和国公民出境入境管理法》的，有权向上一级公安机关提出申诉，受理机关应当作出处理和答复。

第六条 居住国内的公民经批准出境的，由公安机关出入境管理部门发给中华人民共和国护照，并附发出境登记卡。

第七条 居住国内的公民办妥前往国家的签证或者入境许可证件后，应当在出境前办理户口手续。出境定居的，须到当地公安派出所或者户籍办公室注销户口。短期出境的，办理临时外出的户口登记，返回后凭护照在原居住地恢复常住户口。

第八条 定居国外的中国公民回国后出境，凭有效的中华人民共和国护照或者有效的中华人民共和国旅行证或者其他有效出境入境证件，无需办理签证。

第三章 入 境

第九条 定居国外的中国公民短期回国探亲、访友、投资、经商、旅游等，凭有效的中华人民共和国护照或者有效的中华人民共和国旅行证或者其他有效入境出境证件入境，无需办理签证。

第十条 定居国外的中国公民要求回国定居的，应当在入境前向中国驻外国的外交代表机关、领事机关或者外交部授权的其他驻外机关提出申请，也可由本人或者经由国内亲属向拟定居地的市、县公安局提出申请，由省、自治区、直辖市公安厅（局）核发回国定居证明。

第十一条 定居国外的中国公民要求回国工作的，应当向中国劳动人事部门或者聘请、雇用单位提出申请。

第十二条 定居国外的中国公民回国定居或者回国工作抵达目的地后，应当在30天内凭回国定居证明或者经中国劳动人事部门核准的聘请、雇用证明到当地公安局办理常住户口登记。

第十三条 定居国外的中国公民短期回国，要按照户口管理规定，办理暂住登记。在宾馆、饭店、旅店、招待所、学校等企业、事业单位或者机关、团体及其他机构内住宿的，应当填写临时住宿登记表；住在亲友家的，由本人或者亲友在24小时内（农村可在72小时内）到住地公安派出所或者户籍办公室办理暂住登记。

第四章 出境入境检查

第十四条 中国公民应当从对外开放的或者指定的口岸出境、入境，向边防检查站出示中华人民共和国护照或者其他出境入境证件，填交出境、入境登记卡，接受查验。

第十五条 有下列情形之一的，边防检查站有权阻止出境、入境：

（一）未持有中华人民共和国护照或者其他出境入境证件的；

（二）持用无效护照或者其他无效出境入境证件的；

（三）持用伪造、涂改的护照、证件或者冒用他人护照、证件的；

（四）拒绝交验证件的。

具有前款第二、三项规定的情形的，并可依照本实施细则第二十三条的规定处理。

第五章 证件管理

第十六条 中国公民出境入境的主要证件——中华人民共和国护照和中华人民共和国旅行证由持证人保存、使用。除公安机关和原发证机关有权依法吊销、收缴证件以及人民检察院、人民法院有权依法扣留证件外，其他任何机关、团体和企业、事业单位或者个人不得扣留证件。

第十七条 中华人民共和国护照有效期5年，可以延期二次，每次不超过5年。申请延期应在护照有效期满前提出。

在国外，护照延期，由中国驻外国的外交代表机关、领事机关或者外交部授权的其他驻外机关办理。在国内，定居国外的中国公民的护照延期，由省、自治区、直辖市公安厅(局)及其授权的公安机关出入境管理部门办理；居住国内的公民在出境前的护照延期，由原发证的或者户口所在地的公安机关出入境管理部门办理。

第十八条 中华人民共和国旅行证分一年一次有效和二年多次有效两种，由中国驻外国的外交代表机关、领事机关或者外交部授权的其他驻外机关颁发。

第十九条 中华人民共和国入出境通行证，是入出中国国（边）境的通行证件，由省、自治区、直辖市公安厅（局）及其授权的公安机关签发。这种证件在有效期内一次或者多次入出境有效。一次有效的，在出境时由边防检查站收缴。

第二十条 中华人民共和国护照和其他出境入境证件的持有人，如因情况变化，护照、证件上的记载事项需要变更或者加注时，应当分别向市、县公安局出入境管理部门或者中国驻外国的外交代表机关、领事机关或者外交部授权的其他驻外机关提出申请，提交变更、加注事项的证明或者说明材料。

第二十一条 中国公民持有的中华人民共和国护照和其他出境入境证件因即将期满或者签证页用完不能再延长有效期限，或者被损坏不能继续使用的，可以申请换发，同时交回原持有的护照、证件；要求保留原护照的，可以与新护照合订使用。护照、出境入境证件遗失的，应当报告中国主管机关，在登报声明或者挂失声明后申请补发。换发和补发护照、出境入境证件，在国外，由中国驻外国的外交代表机关、领事机关或者外交部授权的其他驻外机关办理；在国内，由省、自治区、直辖市公安厅（局）及其授权的公安机关出入境管理部门办理。

第二十二条 中华人民共和国护照和其他出境入境证件的持有人有下列情形之一的，其护照、出境入境证件应予以吊销或者宣布作废：

（一）持证人因非法进入前往国或者非法居留被送回国内的；

（二）居住国内的公民持护照、证件招摇撞骗的。

护照和其他出境入境证件的吊销和宣布作废，由原发证机关或其上级机关作出。

第六章 处　罚

第二十三条 持用伪造、涂改等无效证件或者冒用他人证件出境、入境的，除可以没收证件外，并视情节轻重，处以警告或者五日以下拘留。

第二十四条 伪造、涂改、转让出境、入境证件的，处十日以下拘留；情节严重，构成犯罪的，依照《中华人民共和国刑法》的有关条款的规定追究刑事责任。

第二十五条 编造情况，提供假证明，或者以行贿等手段，获取出境入境证件，情节较轻的，处以警告或者五日以下拘留；情节严重，构成犯罪的，依照《中华人民共和国刑法》的有关条款的规定追究刑事责任。

第二十六条 公安机关的工作人员在执行《中华人民共和国公民出境入境管理法》和本实施细则时，如有利用职权索取、收受贿赂或者有其他违法失职行为，情节轻微的，由主管部门酌情予以行政处分；情节严重，构成犯罪的，依照《中华人民共和国刑法》的有关条款的规定追究刑事责任。

第七章 附 则

第二十七条 中国公民因公务出境和中国海员因执行任务出境管理办法，另行制订。

第二十八条 本实施细则自公布之日起施行。

中华人民共和国外国人入境出境管理法实施细则

（1986年12月3日国务院批准，1986年12月27日公安部、外交部公布）

根据《中华人民共和国外国人入境出境管理法》(以下简称《外国人入境出境管理法》)第三十三条的规定，制定本实施细则。

第一章 入 境

第一条 外国人入境，应当向中国的外交代表机关、领事机关或者外交部授权的其他驻外机关申请办理签证。

外国人持有中国国内被授权单位的函电，并持有与中国有外交关系或官方贸易往来国家的普通护照，因下列事由确需紧急来华而来不及在上述中国驻外机关申办签证的，也可以向公安部授权的口岸签证机关申请办理签证：

（一）中方临时决定邀请来华参加交易会的；

（二）应邀来华参加投标或正式签订经贸合同的；

（三）按约来华监装出口、进口商检或参加合同验收的；

（四）应邀参加设备安装或工程抢修的；

（五）应中方要求来华解决索赔问题的；

（六）应邀来华提供科技咨询的；

（七）应邀来华团组办妥签证后，经中方同意临时增换的；

（八）看望危急病人或处理丧事的；

（九）直接过境人员由于不可抗拒的原因不能在24小时内乘原机离境或需改乘其他交通工具离境的；

（十）其他被邀请确实来不及在上述中国驻外机关申请签证，并持有指定的主管部门同意在口岸申办签证的函电的。

不属上述情况者，口岸签证机关不得受理其签证申请。

第二条 公安部授权的口岸签证机关设立在下列口岸：北京、上海、天津、大连、福州、厦门、西安、桂林、杭州、昆明、广州（白云机场）、深圳（罗湖、蛇口）、珠海（拱北）。

第三条 根据外国人来中国的身份和所持护照的种类，分别发给外交签证、礼遇签证、公务签证、普通签证。

第四条 签发普通签证时，根据外国人申请来中国的事由，在签证上标明相应的汉语拼音字母：

（一）D字签证发给来中国定居的人员；

（二）Z字签证发给来中国任职或就业的人员及其随行家属；

（三）X字签证发给来中国留学、进修、实习6个月以上的人员；

（四）F字签证发给应邀来中国访问、考察、讲学、经商、进行科技文化交流及短期进修、实习等活动不超过六个月的人员；

（五）L字签证发给来中国旅游、探亲或因其他私人事务入境的人员，其中9人以上组团来中国旅游的，可以发给团体签证；

（六）G字签证发给经中国过境的人员；

（七）C字签证发给执行乘务、航空、航运任务的国际列车乘务员、国际航空机机组人员及国际航行船舶的海员及其随行家属。

第五条 外国人申请签证须回答被询问的有关情况并履行下列手续：

（一）提供有效护照或者能够代替护照的证件；

（二）填写签证申请表，交近期二寸半身正面免冠照片；

（三）交验与申请入境、过境事由有关的证明。

第六条 本实施细则第五条（三）项所说的有关证明是指：

（一）申请D字签证，须持有定居身份确认表。定居身份确认表由申请人或委托其在中国的亲属向申请定居地的市、县公安局出入境管理部门申请领取；

（二） 申请Z字签证，须有中国聘雇单位的聘请或雇用证明，或被授权单位的函电；

（三）申请X字签证，须有接受单位或主管部门的证明；

（四）申请F字签证，须有被授权单位的函电；

（五）申请L字签证，来华旅游的，须有中国旅游部门的接待证明；

（六）申请G字签证，须持有前往国家（地区）的有效签证。如果申请人免办前往国家（地区）的签证，须持有联程客票；

（七）申请C字签证，按协议提供有关的证明。

外国人来中国定居或者居留一年以上的，在申请入境签证时，还须交验所在国政府指定的卫生医疗部门签发的，或者卫生医疗部门签发的并经过公证机关公证的健康证明书。健康证明书自签发之日起6个月有效。

第七条 下列外国人不准入境：

（一）被中国政府驱逐出境，未满不准入境年限的；

（二）被认为入境后可能进行恐怖、暴力、颠覆活动的；

（三）被认为入境后可能进行走私、贩毒、卖淫活动的；

（四）患有精神病和麻疯病、艾滋病、性病、开放性肺结核病等传染病的；

（五）不能保障其在中国期间所需费用的；

（六）被认为入境后可能进行危害我国国家安全和利益的其他活动的。

第八条 外国人持有联程客票并已定妥联程座位搭乘国际航班从中国直接过境，在过境城市停留不超过24小时，不出机场的，免办过境签证；要求离开机场的，须向边防检查站申请办理停留许可手续。

第九条 国际航行船舶在中国港口停泊期间，外国船员及其随行家属要求登陆，不出港口城市的，向边防检查站申请登陆证，要求在陆地住宿的，申请住宿证。有正当理由需要前往港口城市以外的地区，或不能随原船出境的，须向当地公安局申请办理相应的签证。

第二章　入出境证件检查

第十条 外国人抵达口岸，必须向边防检查站缴验有效护照和中国的签证、证件，填写入出境卡，经边防检查站查验核准加盖验讫章后入境。

第十一条 外国航空器或者船舶抵达中国口岸时，其负责人负有下列责任：

（一）机长、船长或代理人必须向边防检查站提交机组人员、船员名单和旅客名单；

（二）如果载有企图偷越国境的人员，发现后应立即向边防检查站报告，听候处理；

（三）对于不准入境的人员，必须负责用原交通工具带走，对由于不可抗拒的原因不能立即离境的人，必须负责其在中国停留期间的费用和离开时的旅费。

第十二条 对下列外国人，边防检查站有权阻止入境或出境：

（一）未持有效护照、证件或签证的；

（二）持伪造、涂改或他人护照、证件的；

（三）拒绝接受查验证件的；

（四）公安部或者国家安全部通知不准入境、出境的。

第十三条 外国人出境，须缴验有效护照或者其他有效证件，以及准予在中国停留的签证或者居留证件。

第十四条 被签证机关指定通行口岸的外国人和外国人的交通工具，必须从指定的口岸入、出境。

第十五条 对于本实施细则第十二条所列被阻止入境的外国人，如不能立即随原交通工具返回，边防检查站可以采取必要的措施限制其活动范围，并令其乘最近一班交通工具离境。

第三章　居　　留

第十六条 持标有D、Z、X字签证的外国人，必须自入境之日起10日内到居住地市、县公安局办理外国人居留证或外国人临时居留证。上述居留证件的有效期即为准许持证人在中国居留的期限。

外国人居留证，发给在中国居留一年以上的人员。

外国人临时居留证，发给在中国居留不满一年的人员。

持标有F、L、G、C字签证的外国人，可以在签证注明的期限内在中国停留，不需办理居留证件。

第十七条 外国人申请居留证件须回答被询问的有关情况并履行下列手续：

（一）交验护照、签证和与居留事由有关的证明；

（二）填写居留申请表；

（三）申请外国人居留证的，还要交验健康证明书，交近期二寸半身正面免冠照片。

第十八条 外国人居留证有效期可签发一年至五年，由市、县公安局根据外国人居留的事由确定。

对符合《外国人入境出境管理法》第十四条规定的外国人，公安机关可以发给一年至五年长期居留资格的证件；有显著成效的可以发给永久居留资格的证件。

第十九条 根据中国政府同外国政府签定的协议免办签证的外国人，需在中国停留30日以上的，应于入境后按本实施细则第十六、十七条申请居留证件。

但是，《中国人入境出境管理法》第三十四条规定的外国人，不适用前款的规定。

第二十条 外国人在签证或居留证件有效期满后需继续在中国停留或居留，须于期满前申请延期。

外国人在中国居留期间，如果发现患有本实施细则第七条第四项规定的疾病，中国卫生主管机关可以提请公安机关令其提前出境。

第二十一条 在外国人居留证上填写的项目内容（姓名、国籍、职业或身份、工作单位、住址、护照号码、偕行儿童等）如有变更，持证人须于10日内到居住地公安局办理变更登记。

第二十二条 持外国人居留证的人迁出所在市、县，须于迁移前向原居住地的公安局办理迁移登记，到达迁入地后，须于10日内向迁入地公安局办理迁入登记。

定居的外国人申请迁移，须事先向迁入地公安局申请准予迁入的证明，凭该证明按前款规定办理迁移登记。

第二十三条 由于维护国家安全、社会秩序或其他公共利益的原因，市、县公安局可以限制外国人或外国机构在某些地区设立住所或办公处所；已在上述限制地区设立住所或办公处所的，必须在市、县公安局迁移通知书指定的期限内迁至许可的地区。

第二十四条 在中国定居的外国人必须每年一次在指定的时间到居住地的公安局缴验外国人居留证。

公安局认为必要时，可通知外国人到出入境管理部门缴验外国人居留证，外国人应按通知指定的时间前往缴验。

第二十五条 在中国居留或停留的年满16周岁以上的外国人必须随身携带居留证件或者护照，以备外事民警查验。

第二十六条 在中国出生的外国婴儿，须于出生后一个月内，由其父母或代理人持出生证明向当地公安局申报，办理登记手续。

第二十七条 外国人在中国死亡，其家属或监护人或代理人须于3日内持死亡证明向当地公安局申报并缴销死者的居留证件或签证。

外国人非正常死亡，有关人员或发现者应当立即向公安机关报告。

第二十八条 《外国人入境出境管理法》第十九条所称的中国政府主管机关是指中华人民共和国劳动人事部。

第四章 住宿登记

第二十九条 外国人在宾馆、饭店、旅店、招待所、学校等企业、事业单位或者机关、团体及其他中国机构内住宿，应当出示有效护照或者居留证件，并填写临时住宿登记表。在非开放地区住宿还要出示旅行证。

第三十条 外国人在中国居民家中住宿，在城镇的，须于抵达后24小时内，由留宿人或本人持住宿人的护照、证件和留宿人的户口簿到当地公安机关申报，填写临时住宿登记表；在农村的，须于72小时内向当地派出所或者户籍办公室申报。

第三十一条 外国人在中国的外国机构内或在中国的外国人家中住宿，须于住宿人抵达后24小时内，由留宿机构、留宿人或者本人持住宿人的护照或居留证件，向当地公安机关申报，并填写临时住宿登记表。

第三十二条 长期在中国居留的外国人离开自己的住所临时在其他地方住宿，应当按本实施细则第二十九、三十、三十一条规定申报住宿登记。

第三十三条 外国人在移动性住宿工具内临时住宿，须于24小时内向当地公安机关申报。为外国人的移动性住宿工具提供场地的机构或个人，应于24小时前向当地公安机关申报。

第五章 旅 行

第三十四条 外国人前往不对外国人开放的市、县旅行，须事先向所在市、县公安局申请旅行证，获准后方可前往。申请旅行证须履行下列手续：

（一）交验护照或居留证件；

（二）提供与旅行事由有关的证明；

（三）填写旅行申请表。

第三十五条 外国人旅行证的有效期最长为一年，但不得超过外国人所持签证或居留证件的有效期限。

第三十六条 外国人领取旅行证后，如要求延长旅行证有效期、增加不对外国人开放的旅行地点、增加偕行人数，必须向公安局申请延期或者变更。

第三十七条 外国人未经允许，不得进入不对外开放的场所。

第六章 出 境

第三十八条 外国人应当在签证准予停留的期限内或者居留证件的有效期内出境。

第三十九条 持有外国人居留证件的人，在其居留证件有效期内出境并需返回中国的，应当在出境前按本实施细则第五、六条有关规定向当地公安机关申请办理返回中国的签证。

持有居留证件的外国人出境后不再返回中国的，出境时应向边防检查站缴销居留证件。

第七章　处　　罚

第四十条　对非法进入中国境内的外国人，可以处500元以上、2000元以下的罚款，或处3日以上、10日以下的拘留，也可以并处限期出境或驱逐出境；情节严重，构成犯罪的，依法追究刑事责任。

第四十一条　对违反本实施细则第十一条规定，拒绝承担责任的交通工具负责人或其代理人，可以处500以上、2000以下的罚款，或处3日以上、10日以下的拘留。

第四十二条　对违反本实施细则第十六、十九、二十、二十一、二十二、二十三条规定，非法居留或者违反居留管理规定的外国人，可以处警告或100元以上、500元以下的罚款，或处1日以上、3日以下的拘留；情节严重的，并处限期出境。

第四十三条　对违反本实施细则第二十四、二十五条规定，不按要求缴验居留证，不随身携带护照或者居留证件，或者拒绝民警查验证件的外国人，可以处警告，或处20元以上、50元以下的罚款；情节严重的，并处限期出境。

第四十四条　对未经中华人民共和国劳动人事部批准私自谋职的外国人，在终止其任职或就业的同时，可以处200元以上、1000元以下的罚款；情节严重的，并处限期出境。

第四十五条　对违反本实施细则第四章规定，不办理住宿登记或者不向公安机关申报住宿登记或者留宿未持有效证件外国人的责任者，可以处警告，或处10元以上、50元以下的罚款。

第四十六条　对违反本实施细则第三十四、三十六、三十七条规定，未经批准前往不对外国人开放地区旅行的外国人，可以处警告，或处30元以上、100元以下的罚款；情节严重的，并处限期出境。

第四十七条　对伪造、涂改、冒用、转让签证、证件的外国人，在吊销或没收原签证、证件的同时，可以处500元以上、2000元以下的罚款，或处3日以上、10日以下的拘留，也可以并处限期出境；情节严重，构成犯罪的，依法追究刑事责任。

第四十八条　由于不可抗拒的原因而违反《外国人入境出境管理法》及本实施细则的，可免予处罚。

外国人无力缴纳罚款的，可以改处拘留。

第四十九条　本章规定的各项罚款、拘留处罚，也适用于协助外国人非法入境或出境、造成外国人非法居留或停留、聘雇私自谋职的外国人、为未持有效旅行证件的外国人前往不对外国人开放的地区旅行提供方便的有关责任者。

第五十条　被处罚人对公安机关的罚款、拘留处罚不服的，在接到通知之日起15日内，可以通过原裁决机关或者直接向上一级公安机关申诉，上一级公安机关自接到申诉之日起3日内作出最后裁决。被处罚人也可以直接向当地人民法院提起诉讼。

第五十一条　本章规定的处罚，由公安机关执行。

第八章　其他规定

第五十二条　外国人申请各项签证、证件的延期或者变更，须履行下列手续：

（一）交验护照和签证、证件；

（二）填写延期申请表或者变更申请表；

（三）提供与延期或者变更事由有关的证明。

第五十三条 外国人申请各项签证、证件或者申请签证、证件延期、变更，必须按规定缴纳签证、证件费。

各项签证、证件的收费标准，由公安部和外交部另行制定。

同中国政府订有签证费协议国家的人员，按有关协议执行。

第五十四条 不满16周岁的外国少年儿童，与其父母或监护人使用同一护照的，随其父母或监护人来中国时，可以不单独办理入境、过境、居留、旅行手续。

第五十五条 外国人所持中国的签证、证件如有遗失或损坏，应当立即向当地公安局出入境管理部门报告，申请补领或换发。遗失外国人居留证的，须在当地政府报纸上声明作废。

第五十六条 本实施细则涉及的各种签证、证件和申请表的式样，由公安部和外交部另行制定。

第五十七条 本实施细则自公布之日起施行。

公安部出入境管理局局长就两个出入境管理法的有关问题答记者问

（1987年2月1日）

问：外国人入境出境管理法和中国公民出境入境管理法从2月1日起就要实施了。请谈谈外国人入境出境管理法在适应对外开放方面有哪些规定？

答：主要有四个方面。一、给有些外国人入境以必要的方便。法的第六条规定：外国人入境，应当向中国的外交代表机关、领事机关或者外交部授权的其他驻外机关申请办理签证。在特定情况下，依照国务院规定，外国人可以向中国政府主管机关指定口岸的签证机关申请办理签证。事实上，从1985年初起，在上海、北京、天津、厦门、福州等一部分重要入出境口岸已经实行口岸签证。口岸签证只是我驻外机构签证的一种补充。二、方便外国人出境，取消出境签证。外国人出境，我们一直规定要办出境签证。这种做法，对一些外国人很不方便，与国际通常做法也不大一致。所以，这次立法时作了改变，在法第二十二条中作了“外国人出境，凭本人有效护照或者其他有效证件”的规定。三、放宽旅行限制。外国人在我国内旅行，我们长期采取申请旅行证的制度。为了适应开放形势，我们从1982年起开始改变做法，确定了29个对外开放地区，外国人去这些地区不要再办旅行证了，到1985年底增加到107个，从今年2月1日起又增加到244个。这样，我国大部分城市、名胜古迹、游旅胜地，都可以自由前往了，这也是一个很大的放宽。今后还要继续增加开放地区。四、给在中国投资的外国人以永久居留资格。为了给在中国投资的外国人以优待，法第十四条作了给在中国投资、与中国企事业单位进行合作的外国人以长期居留或永久居留资格的规定。对这类外国人还将在入出中国国境上给以优待。

以上说的是放宽的部分，当然这个法里也有许多加强对外国人入境、出境、居留、旅行管理的条文，还有要求外国人必须遵守中国法律，不得危害中国国家安全，损害社会公共利益，破坏社会公共秩序的条文。这些规定是一个主权国家所必不可少的。

问：对于中国公民出入境的管理，与过去相比，是不是也有很大的放宽？

答：是的。过去很长一个时期，我们对中国公民出境入境的管理限制很严，特别是出境管理。这个问题在中央领导同志的关心下，现在已经基本上得到了解决和克服，大大放宽了公民因私出国的限制，公民自费出国探亲访友、定居、留学、就业等都可以得到批准。为了保证公民出国能够及时得到批准，我们还规定了公安机关在受理申请后必须在规定的时间内作出批准或者不批准的决定。这些做法，现在都已经写入中国公民出境入境管理法，如总则里，把“保障中国公民出入中国国境的正当权利和利益”，作为制定这个法的宗旨。在出境一章里，规定了公民因私事申请出境除不能批准的5种人外，都可得到批准；公安机关对公民的出境申请，要在规定的时间内作出批准与否的决定，然后通知申请人。这个“规定的时间”多长呢？根据目前各地公安机关的工作状况，我们规定的时限是：出国申请一般不能超过30天，偏僻和交通不便的地方最长也不能超过60天；对于去香港、澳门的申请，因为核实情况费时，审批时限是60天内。对于因急事要求出境的申请，要求随时审批，不得影响出境。以上规定的出境审批时间跟过去比是大大缩短了，但是总的说，仍然是比较长的，随着工作的改进和效率的提高，今后还要进一步缩短。

问：最近从一些报刊上获知，在因私事出国放宽以后，少数出国公民因为拿不到外国签证，采取非正常途径非法进入目的地国，造成一些不良影响，可否谈一谈这方面的情况。

答：可以。我们批准出国的公民，绝大多数都能够按照正常的途径办妥目的地国签证后合法出国，但确有少数人采取非法方式出国。例如，浙江温州地区和福建福州市部分县的一些公民，因为按正当途径拿不到前往国的签证，就采取非法手段出国，有的高价买外国的假护照、假签证，蒙混出境；有的采取合法去第三国再迂回非法进入目的地国；有的落入了境外偷渡集团的圈套，上当受骗，流落异乡；有的在非法越境时被外国移民局截获，或被拘留，或被遣返。有些国家因为这些公民的非法进入，对有正当理由前往的我国公民也拒绝签证，影响了公民的正常出境。对这种情况，我们历来反对，最近我们加强了对因私出国人员的教育，一些报刊上也发表了消息、评论，要求他们不仅要遵守我国的法令，还要遵守外国的入出境法规，切不可心存侥幸，去非法偷渡。同时加强了出境检查，对没有前往国签证的或持用假签证的，阻止出境。对于与境外偷渡集团相勾结的不法分子加强进行调查，一经查明，依法严肃处理。

问：现在因私出国是放宽了，但因私去香港澳门仍然很严，这是什么原因？

答：香港、澳门是两个特别地区，地窄人稠，容量有限。为了有利于香港和澳门的经济繁荣和社会稳定，国务院决定单程去港澳定居的采取定额审批的办法，并且确定原则上不再增加名额。因此，只能批准那些最需要、最迫切的人去。

问：那么短期双程去的，并不会增加港澳人口，是否应当宽一点才对？

答：是的。实际上，近年来，双程名额已经增加了一倍，但是因为申请人多，仍很紧张，今后我们将进一步放宽并逐步增加名额。

鉴于香港、澳门的特殊情况，所以在中国公民出境入境管理法里规定：“中国公民往来香港地区或者澳门地区的管理办法，由国务院有关部门另行制定。”这个管理办法正在加紧制定中。

四、人口素质

中华人民共和国义务教育法

（1986年4月12日第六届全国人民代表大会第四次会议通过）

第一条 为了发展基础教育，促进社会主义物质文明和精神文明建设，根据宪法和我国实际情况，制定本法。

第二条 国家实行九年制义务教育。省、自治区、直辖市根据本地区的经济、文化发展状况，确定推行义务教育的步骤。

第三条 义务教育必须贯彻国家的教育方针，努力提高教育质量，使儿童、少年在品德、智力、体质等方面全面发展，为提高全民族的素质，培养有理想、有道德、有文化、有纪律的社会主义建设人才奠定基础。

第四条 国家、社会、学校和家庭依法保障适龄儿童、少年接受义务教育的权利。

第五条 凡年满6周岁的儿童，不分性别、民族、种族，应当入学接受规定年限的义务教育。条件不具备的地区，可以推迟到7周岁入学。

第六条 学校应当推广使用全国通用的普通话。

招收少数民族学生为主的学校，可以用少数民族通用的语言文字教学。

第七条 义务教育可以分为初等教育和初级中等教育两个阶段。在普及初等教育的基础上普及初级中等教育。初等教育和初级中等教育的学制，由国务院教育主管部门制定。

第八条 义务教育事业，在国务院领导下，实行地方负责，分级管理。

国务院教育主管部门应当根据社会主义现代化建设的需要和儿童、少年身心发展的状况，确定义务教育的教学制度、教学内容、课程设置，审订教科书。

第九条 地方各级人民政府应当合理设置小学、初级中等学校，使儿童、少年就近入学。

地方各级人民政府为盲、聋哑和弱智的儿童、少年举办特殊教育学校（班）。

国家鼓励企业、事业单位和其他社会力量，在当地人民政府统一管理下，按照国家规定的基本要求，举办本法规定的各类学校。

城市和农村建设发展规划必须包括相应的义务教育设施。

第十条 国家对接受义务教育的学生免收学费。

国家设立助学金，帮助贫困学生就学。

第十一条 父母或者其他监护人必须使适龄的子女或者被监护人按时入学，接受规定年限的义务教育。

适龄儿童、少年因疾病或者特殊情况，需要延缓入学或者免予入学的，由儿童、少年的父母或者其他监护人提出申请，经当地人民政府批准。

禁止任何组织或者个人招用应该接受义务教育的适龄儿童、少年就业。

第十二条 实施义务教育所需事业费和基本建设投资，由国务院和地方各级人民政府负责筹措，予以保证。

国家用于义务教育的财政拨款的增长比例，应当高于财政经常性收入的增长比例，并使按在校学生人数平均的教育费用逐步增长。

地方各级人民政府按照国务院的规定，在城乡征收教育事业费附加，主要用于实施义务教育。

国家对经济困难地区实施义务教育的经费，予以补助。

国家鼓励各种社会力量以及个人自愿捐资助学。

国家在师资、财政等方面，帮助少数民族地区实施义务教育。

第十三条 国家采取措施加强和发展师范教育，加速培养、培训师资，有计划地实现小学教师具有中等师范学校毕业以上水平，初级中等学校的教师具有高等师范专科学校毕业以上水平。

国家建立教师资格考核制度，对合格教师颁发资格证书。

师范院校毕业生必须按照规定从事教育工作。国家鼓励教师长期从事教育事业。

第十四条 全社会应当尊重教师。国家保障教师的合法权益，采取措施提高教师的社会地位，改善教师的物质待遇，对优秀的教育工作者给予奖励。

教师应当热爱社会主义教育事业，努力提高自己的思想、文化、业务水平，爱护学生，忠于职责。

第十五条 地方各级人民政府必须创造条件，使适龄儿童、少年入学接受义务教育。除因疾病或者特殊情况，经当地人民政府批准的以外，适龄儿童、少年不入学接受义务教育的，由当地人民政府对他的父母或者其他监护人批评教育，并采取有效措施责令送子女或者被监护人入学。

对招用适龄儿童、少年就业的组织或个者人，由当地人民政府给予批评教育，责令停止招用；情节严重的，可以并处罚款、责令停止营业或者吊销营业执照。

第十六条 任何组织或者个人不得侵占、克扣、挪用义务教育经费，不得扰乱教学秩序，不得侵占、破坏学校的场地、房屋和设备。

禁止侮辱、殴打教师，禁止体罚学生。

不得利用宗教进行妨碍义务教育实施的活动。

对违反第一款、第二款规定的，根据不同情况，分别给予行政处分，行政处罚；造成损失的，责令赔偿损失；情节严重构成犯罪的，依法追究刑事责任。

第十七条 国务院教育主管部门根据本法制定实施细则，报国务院批准后施行。

省、自治区、直辖市人民代表大会常务委员会可以根据本法，结合本地区的实际，制定具体实施办法。

第十八条 本法自1986年7月1日起施行。

关于《中华人民共和国义务教育法（草案）》的说明

——1986年4月2日在第六届全国人民代表大会第四次会议上

国务院副总理兼国家教育委员会主任　李　鹏

各位代表：

去年五月《中共中央关于教育体制改革的决定》提出了要制订义务教育法的要求。国家教育委员会经过调查研究，比较广泛地听取了各省、区、市，教育部门和社会各方面的意见，拟订了《中华人民共和国义务教育法（草案）》（以下简称《草案》）。《草案》经国务院提交人大常委会审议。根据人大常委会第14次会议和第15次会议审议的意见，对原来的《草案》又作了修改，形成现在提交大会审议的《草案》。现在，我受国务院的委托，对这个《草案》作如下说明：

一、关于制订义务教育法的必要性

建国以来，我国的中小学教育有了很大的发展，从根本上改变了旧中国基础教育事业极为落后的状况。在旧中国，只有20％的学龄儿童能够入学，现在，90％以上的学龄儿童都能够入学。初中教育有了更大的发展，初中校数由4千多所增加到近7.6万所，增加了17倍，初中在校学生数由80多万人增加到近4000万人，增加了46倍。但是，总的看来，我国的基础教育仍然比较薄弱，不能适应宏伟的社会主义现代化建设的需要。相当一部分农村地区至今尚未普及小学教育，许多适龄儿童特别是女儿童没有受完规定年限的小学教育，致使青壮年中的文盲、半文盲仍在继续产生；许多中小学教师缺乏应有的培训，师资的文化业务素质达不氙国家要求的现象还相当普遍；相当一部分中小学的校舍破旧失修，教学设备和文体设施严重缺乏。这种状态不能不影响到教学质量的提高。在一些城镇和乡村，初中学生中途就业或从事劳动的情况比较突出；一些企业招用学龄儿童、少年的现象时有发生。基础教育种种落后的状况，不能不引起党和政府以及社会上广大有识之士的关注和焦虑，一致认为，这种状况同全国人民建设富强、文明、民主的社会主义现代化国家的宏伟目标形成了尖锐的矛盾。因此，我们国家迫切需要制订义务教育法，以法律为依据，在全国有步骤地实行义务教育。这既是进行社会主义物质文明和精神文明建设的需要，也反映了广大人民群众的愿望。

《义务教育法》的颁布和贯彻执行，将标志着我国普及基础教育工作进入了一个新阶段。经过坚持不懈的努力，到本世纪末，我国绝大多数地区的适龄儿童和少年将受到九年的学校教育，我国各民族的科学文化素质将提高到一个新的水平。它不仅为各类专门人才的培养奠定良好的基础，而且为“两个文明”建设创造必要的前提条件，促使教育“面向四化、面向世界、面向未来”并将对今后的社会发展和科技进步产生深远的影响。因此，制订和贯彻执行《义务教育法》，是关系国家和民族未来的一项具有战略意义的重大措施。

二、关于义务教育的性质

义务教育，是依照法律规定，适龄儿童和少年必须接受的，国家、社会、学校、家庭必须予以保证的国民教育。实行义务教育，既是国家对人民的义务，也是家长对国家和社会的义务。国家和社会要提供条件使每个中国儿童和少年受到法律规定年限的教育，家长也要保证自己的子女接受这种教育。《草案》第四条规定："国家、社会、学校和家庭依法保障适龄儿童，少年接受义务教育的权利"。第十五条规定："地方各级人民政府必须创造条件，使适龄儿童、少年入学接受义务教育"。在《草案》其他条款中，还分别对国家、社会、学校、家庭所应承担的义务作出了具体规定。

义务教育具有强制性质。因此，在《草案》中对不履行应承担的各项义务的行为，规定了适当的强制性措施。《草案》第十五条规定："除因疾病或者特殊情况，经当地人民政府批准的以外，适龄儿童、少年不入学接受义务教育的，由当地人民政府对其父母或者其他监护人批评教育，并采取有效措施责令送子女或者被监护人入学"，"对招用适龄儿童、少年就业的组织或者个人，由当地人民政府给予批评教育，责令停止招用；情节严重的，可以并处罚款、责令停止营业或者吊销营业执照"。目前，有些家长出于眼前的、暂时的经济利益，使自己的适龄子女中途退学参加生产劳动或就业，或者由于封建思想影响，使女儿童和少年中途退学；有些组织或个人出于眼前的利益，招用适龄少年就业。这些行为妨碍了儿童、少年正当的接受教育的权利，不利于国家和民族的发展，也不利于儿童、少年和家庭的长远利益。因此，规定这些强制性措施是保证义务教育实施的必要手段。在使用这些强制性措施时，首先应重在批评教育，对那些经批评教育仍不改正，情节严重的少数人和单位，要采取必要的处罚措施。

三、关于义务教育的入学年龄

同建国初期相比，我国的经济、文化、科学技术水平和人民生活水平都有了很大提高。这些，都对我国儿童的智力和身体的发展产生了良好影响，为儿童的智力发展创造了有利条件。根据上述情况并从我国教育事业长远发展着眼，《草案》第五条规定："凡年满六周岁的适龄儿童，不分性别、民族、种族，应当入学接受规定期限的义务教育"。但是，应当说明，目前，在我国绝大多数地区，小学的入学年龄为7周岁。如要求在短期内全部过渡到6周岁入学，师资、校舍、设备和经费等条件都不具备。尤其是在农村，在尚未普及小学教育的情况下，面临的困难更大。各地应从实际出发，创造必要的条件，使小学的入学年龄逐步过渡到6周岁，步子必须稳妥，过渡时要注意衔接，以免造成在一个学年两个年龄的儿童同时进入学校的情况。因此《草案》第五条还规定"条件不具备的地区，可以推迟到7周岁入学"。

四、关于义务教育的学制

《草案》第二条规定要根据当地的"经济、文化发展状况，确定推行义务教育的步骤"。目前，我国小学和初中的学制年限有"六、三"制、"五、四"制、"五、三"制和九年一贯制等多种形式。多种学制并存，是我国现存的实际情况。在农村，小学和初中的学制年限多为“五、三”制，在师资、校舍、设备和经费都存在较大困难的情况下，勉强在短期内过渡为“五、四”制，实际上并不利于广大农村普及初中教育。因此，在实施九年制义务教育过程中，应允许“五、三”制作为一种过渡性学制在一定时期内存在。

但是，从长远来看，我国小学和初中应该有一个基本的学制。基本学制的确定是一个比较复杂的问题，需要根据儿童、少年身心发展的特点和教育规律，以及社会经济发展的需要等多种因素，在调查研究的基础上，经过周密论证，然后加以确定。所以，《草案》没有就这个问题明确加以规定，而授权“由国务院教育主管部门制定”。

关于初级职业技术学校是否作为实施九年义务教育的一种学校形式，是同学制有关的另一个问题，在审议过程中多数同志同意，在初中适当增设一些职业技术教育课程，适合我国特别是农村经济发展的需要。至于独立设置的初级职业技术学校是否作为实施九年义务教育的一种学校形式，则有不同意见。国外的作法也不相同。因此，《草案》未就这个问题明确加以规定。可以在总结现有初级职业技术学校经验的基础上，由国家教育委员会或省、自治区、直辖市在实施细则或实施办法中加以确定。

五、关于贯彻党的教育方针

《草案》第三条规定：“义务教育必须贯彻国家的教育方针，努力提高教育质量，使儿童、少年在品德、智力、体质等方面全面发展，为提高全民族的素质，培养有理想、有道德，有文化、有纪律的社会主义建设人才奠定基础”。这是实行九年制义务教育的一条重要指导思想。所有中小学都应该认真贯彻这一规定，当前要有效地减轻学生的学习负担，防止和纠正片面追求升学率的偏向。在中小学教育中，应当贯彻德、智、体、美全面发展的方针，适当进行劳动教育，使青少年儿童受到比较全面的基础教育。在不断提高语文、数学等科目的教学水平的同时，还要注意加强音乐、美术、体育等科目的教育，培养中小学生的高尚情操和品质，为中小学生的文化素养和身心健康的全面发展打下良好的基础。各地教育部门正在采取具体措施解决这方面的问题。例如，在已经普及初中的地区，将逐步实行小学和初中就近入学，取消小学升初中的统一考试；进一步修订教学大纲和教学计划，提高教育质量，减轻学生负担；改革和加强思想品德和政治教育等等。希望全社会都来关心和支持中小学的改革，促进儿童和少年的全面发展。

在这里，我还要讲一讲推广全国通用的普通话问题。我国地域辽阔，存在各种地方方言。为了便于思想和文化的交流，促进经济和社会的发展，非常有必要推广和使用全国通用的普通话。同时，我国又是一个多民族的国家，必须尊重各少数民族的语言。所以《草案》第六条规定：“学校应当推广使用全国通用的普通话”，“招收少数民族学生为主的学校，可以用少数民族通用的语言文字教学”。这个规定，同《宪法》和《民族区域自治法》的规定的精神是一致的。

六、关于实行九年制义务教育的步骤

我国是一个10亿人口的大国，各地经济、文化发展又很不平衡。实行九年制义务教育，必须坚持实事求是、因地制宜的方针，不能搞一刀切，也不要脱离实际地去追求高指标。从这个总的指导思想出发，全国大致可以分为三类地区。第一类地区是经济、文化比较发达的地区，要求在1990年左右基本实现九年制义务教育。第二类地区是经济、文化中等发展程度的地区，要求1990年左右基本普及初等义务教育，同时积极创造条件，在1995年左右实现九年制义务教育。第三类地区是经济、文化不发达的地区，要随着经济的发展，争取在本世纪末大体上普及初等义务教育。

以上三类地区的划分，是就全国范围而言的。事实上，每个省、自治区内，经济、文化的发展也是不平衡的。在经济、文化发达的省内，也有经济、文化不发达的地区和县；而在经济、文化不发达的省内，也有经济、文化发达的地区和县。甚至在一个县内发展也是不平衡的。因此，每个省，每个市，乃至每个县，都要坚持从实际出发，区分不同类型的地区，提出切合实际的奋斗目标，有步骤地实施。《草案》把确定各地推行九年制义务教育的具体步骤、办法和实现期限的权力，交给省、自治区、直辖市，在第二条中明确规定："省、自治区、直辖市根据本地区的经济、文化发展状况，确定推行义务教育的步骤"。

七、关于基础教育由地方负责和鼓励社会力量办学

随着我国经济体制的逐步改革，近几年来，我国中小学的管理体制也进行了改革，取得了明显的效果。《中共中央关于教育体制改革的决定》明确了把发展基础教育的责任交给地方，即在国务院领导下，实行地方负责，分级管理的原则。《草案》第八条对此作出了明确规定。中小学的管理权限适当下放以后，克服了过去集中过多，统得过死的弊端，调动了各级地方政府办学的积极性。应该指出，地方的繁荣、兴旺，社会的安定团结，精神文明的建设都同发展基础教育有着密切关系。各地方政府都应把发展基础教育放在重要的位置上。随着地方的经济发展，应当提倡把更多的资金用于教育事业，这既是地方政府对当地人民群众应尽的义务，也是进一步发展当地经济的需要。

我国普及初等教育的一条重要经验是坚持"两条腿走路"的办学方针。实行义务教育国家负有重要的责任，但不可能完全由国家包下来。所以《草案》第九条规定："国家鼓励企业、事业单位和其他社会力量，在当地人民政府统一管理下，按照国家规定的基本要求，举办本法规定的各类学校"。企业、事业单位和其他部门办学，同本单位的基本利益是一致的，不应视为不合理负担。职工和农民群众在自愿、量力的原则下捐资助学，应予以鼓励。

八、关于义务教育阶段免收学费

免收学费，是实施义务教育的一项重要措施，也是世界各国，特别是经济比较发达的国家，目前在实行义务教育时所采取的一项政策。《草案》第十条规定："国家对接受义务教育的学生免收学费"，这项规定，将为适龄儿童和少年接受义务教育提供更好的条件。

至于是否征收少量杂费，问题比较复杂，原则上应该逐步作到免收杂费，但应视当地政府财政状况逐步实施，可由省、自治区、直辖市人民政府按实际情况在实施办法中决定。

九、关于实施义务教育的经费和办学条件

增加必要的事业费和基建投资，逐步改善办学条件，是实施义务教育的重要保证。从我国的国情出发，教育费用必须实行多渠道筹措的方针。为了保证实施义务教育所需要的费

用，《草案》第十二条规定："国家用于义务教育的财政拨款的增长应当高于财政经常性收入的增长，并使按在校学生人数平均的教育费用逐步增长"，"地方各级人民政府按照国务院的规定，在城乡征收教育事业费附加，主要用于实施义务教育"。教育经费作到"两个增长"，是中央关于教育体制改革的决定提出的。实现这"两个增长"，中央财政是一个方面，地方财政是一个方面，两个方面都要予以支持和保证。在"七五"期间，国家财政用于教育的事业费将达到1166亿元，比"六五"期间增长72%，已高于同期财政计划增加的比例。要作到按在校学生人数平均的教育费用逐年增长，不但要靠中央靠地方各级政府的努力，还要靠社会各方面的资助。当前在控制基建规模时，国务院同意对办中小学和师范的基建可以不纳入控制指标。这是对自筹资金办教育的一种鼓励政策，是从政策上支持各种社会力量为实施义务教育的一项重要措施。

十、关于义务教育的师资

建设一支数量足够、质量合格、结构合理并相对稳定的师资队伍，是实施义务教育的关键所在。加强师范教育培养各级学校的合格师资队伍，是我国教育事业的战略问题，必须引起各方面足够的重视并从财力和物力上给予支持。《草案》第十三条规定："国家采取措施加强和发展师范教育，加速培养、培训师资，有计划地实现小学教师具有中等师范学校毕业以上水平，初级中等学校的教师具有高等师范专科学校毕业以上水平"。当然，实现这个目标要根据本地区实际情况分阶段实现，切不可不顾条件一哄而起、搞形式主义。

我国现有750多万小学和初中教师，他们为人民的教育事业作出了巨大贡献。为了适应九年制义务教育的需要，一方面要发展和改革师范教育，培养和补充新师资。另一方面必须采取多种形式、多渠道抓紧对现有师资的培训、提高工作。通过函授和电视教育开展在职培训，是一种有效的方法。我们将利用电视卫星专门开设教育频道，为中小学教师培训提供服务。培训现有小学和初中教师，应该先着重实行教什么学什么、缺什么补什么的原则，逐步建立正规的学习制度。经过考核合格的，可分别授予相当于中等师范学校，高等师范专科和大学的各种学历证书。

逐步提高中小学教师的社会地位和经济待遇，吸引优秀人才到中小学任教，是稳定和提高教师队伍的根本措施。为此《草案》第十四条规定："社会应当尊重教师。国家保障教师的合法权益，采取措施提高教师的社会地位，改善教师的物质待遇，对优秀的教育工作者给予奖励"。去年，发表了《中共中央关于教育体制改革的决定》，庆祝了建国以来第一个教师节，提高了中小学教师的工资待遇，尊师重教的社会风气得到了发扬。今后，应该继续贯彻"少讲空话，多办实事"的精神，切切实实为改善教师工作条件和生活条件解决一些实际问题。特别对民办教师，他们在比较艰苦的条件下坚持工作，为人民的教育事业作出了贡献。今后，无论在什么地方，在政治待遇和社会地位上，包括晋升职务、推选先进，对民办教师和公办教师要一视同仁。

全社会尊重教师，对教师提出了更高的要求，教师要不断提高自己的思想水平和文化、业务水平，既要教书，又要育人。广大教师真正作到为人师表，才能不辜负党、国家和人民的重托。人民教师是光荣的岗位，国家对教师应有严格的要求。《草案》第十三条规定："国家建立教师资格考核制度，对合格教师颁发资格证书"。所以，《义务教育法》的颁布和执行，将为广大教师创造出更好的条件，也对教师提出了更高的要求。教师应该在贯彻执行《义务教育法》的过程中，起到模范带头作用。

《草案》对实行义务教育的各项重大问题都作了原则规定，但不可能规定得十分具体。所以《草案》第十七条规定："国务院教育主管部门根据本法制定实施细则，报国务院批准后施行"，"省、自治区、直辖市人民代表大会常务委员会可以根据本法，结合本地区的实际，制订具体实施办法"。这就要求我们要发扬改革的精神，通过实践，不断地总结经验，使我国的义务教育逐步完善起来。

各位代表，制定义务教育法是关系国家和民族未来的大事，同广大工人、农民、知识分子、解放军以及千家万户都有密切关系。《草案》虽然比较广泛地征求了各方面的意见，经过反复修改，还会有不够完善的地方，欢迎各位代表继续提出修改意见。

中共中央关于社会主义精神文明建设指导方针的决议

（中国共产党第十二届中央委员会第六次全体会议

1986年9月28日通过）

中国共产党第十二届中央委员会第六次全体会议，根据党的第十二次全国代表大会关于在建设物质文明的同时努力建设社会主义精神文明的战略决策，以及一九八五年党的全国代表会议的精神，根据我国全面改革发展的要求，回顾和讨论了几年来精神文明建设的成就和面临的问题。全会认为，适应新的形势，进一步明确社会主义精神文明建设的指导方针，加强这方面的工作，对于保证社会主义现代化建设事业的顺利发展，具有重大的现实意义和长远意义。

一、社会主义精神文明建设的战略地位

我国社会主义现代化建设的总体布局是：以经济建设为中心，坚定不移地进行经济体制改革，坚定不移地进行政治体制改革，坚定不移地加强精神文明建设，并且使这几个方面互相配合，互相促进。全党同志必须从这个总体布局的高度，正确认识社会主义精神文明建设的战略地位。

以马克思主义为指导的社会主义精神文明是社会主义社会的重要特征。在社会主义时期，物质文明为精神文明的发展提供物质条件和实践经验，精神文明又为物质文明的发展提供精神动力和智力支持，为它的正确发展方向提供有力的思想保证。社会主义精神文明建设，是关系社会主义兴衰成败的大事。

十一届三中全会以来，随着拨乱反正的胜利和全面改革的展开，随着物质文明建设的发展，社会主义精神文明建设取得了重大进展。我们党解放思想，坚持实事求是的思想路线，

发挥马克思主义的科学精神和创造活力，对社会主义的认识突破一系列僵化观念而提高到新的水平；全国安定团结，民主法制逐步健全，广大干部和群众的积极性显著提高；群众性的精神文明建设活动广泛展开，积累了许多新鲜经验；尊重知识，尊重人才的社会风尚开始树立，教育科学文化日趋繁荣；党的优良传统在发扬，党风和社会风气在好转。这是主流。同时必须看到，精神文明建设在许多方面同社会主义现代化建设、同改革和开放的形势不相适应，对精神文明建设的重要性还缺乏足够的认识，实际工作中指导方针的问题还没有完全解决，党内和社会上一些严重的消极现象还有待我们用很大努力去消除。全面地估计精神文明建设的现状，充分地认识加强精神文明建设的紧迫性和长期性，才能坚持不懈地把这方面工作抓上去，否则就会贻误全局。

改革是社会主义制度的自我完善和发展。它的全面展开，是近几年来我国形势发生巨大变化的一个重要标志。全面改革和对外开放给社会主义事业带来强大活力，对精神文明建设是巨大的促进。随着社会主义商品经济的发展和社会主义民主政治的完善，人们的思想意识、精神状态发生深刻的变化，同时也对精神文明建设提出新的更高的要求。能不能适应这种要求，形成有利于社会主义现代化建设和全面改革的舆论力量、价值观念、文化条件和社会环境，有力地抵制资本主义和封建主义的腐朽思想，防止种种迷失方向的危险，振奋起全国各民族人民的巨大热情和创造精神，用几代人的努力建设起社会主义现代化强国，这是一个历史性的重大考验。应当相信，我们有党的正确领导，有马克思主义的指引，有社会主义的基本经济制度和基本经济政策，有人民民主政权和社会主义法制，尤其是有广大人民对社会主义建设和改革的坚决拥护，只要在大力推进物质文明建设的同时不断加强社会主义精神文明建设，就一定能够达到实现社会主义现代化的目的。

总之，社会主义精神文明建设的战略地位，决定了它必须是推动社会主义现代化建设的精神文明建设，必须是促进全面改革和实行对外开放的精神文明建设，必须是坚持四项基本原则的精神文明建设。这就是社会主义精神文明建设的基本指导方针。

二、社会主义精神文明建设的根本任务

社会主义精神文明建设的根本任务，是适应社会主义现代化建设的需要，培育有理想、有道德、有文化、有纪律的社会主义公民，提高整个中华民族的思想道德素质和科学文化素质。

人的素质是历史的产物，又给历史以巨大影响。在社会主义条件下，努力改善全体公民的素质，必将使社会劳动生产率不断提高，使人和人之间在公有制基础上的新型关系不断发展，使整个社会的面貌发生深刻的变化。这是我国社会主义现代化事业获得成功的必不可少的条件。

精神文建设，包括思想道德建设和教育科学文化建设两个方面，渗透在整个物质文明建设之中，体现在经济、政治、文化、社会生活的各个方面。加强精神文明建设，不单是思想文教部门的任务，而且是各条战线和一切部门的任务，是全党全军和全国各族工人、农民、知识分子和其他劳动者、爱国者的共同的长期的任务。

在我国社会主义改造基本完成以后，党在长时期内的重大失误，就是没有把工作重点转移到经济建设上来，仍然坚持以阶级斗争为纲，轻视教育科学文化建设，极端夸大意识形态领域的阶级斗争，直到发生“文化大革命”那场内乱。我们党总结历史经验，明确指出现阶

段我国社会的主要矛盾是人民日益增长的物质文化需要同落后的社会生产之间的矛盾；阶级斗争在一定范围内仍将长期存在，但已经不是主要矛盾，我国社会存在的矛盾大多数不具有阶级斗争的性质。加强精神文明建设，就要牢记历史教训，正确处理社会主义社会的各种矛盾，坚持对思想性质的问题采取讨论的方法、说理的方法、批评和自我批评的方法，就是说，用教育和疏导的方法去解决；坚持一切着眼于建设，把注意力集中到团结人民、充分发挥人民的社会主义积极性和创造精神上来，集中到满足人民的文化和精神需要上来，集中到加强思想道德建设和教育科学文化建设上来，归根到底，集中到促进社会生产力的发展上来。

近代世界和中国的历史都表明，拒绝接受外国的先进科学文化，任何国家任何民族要发展进步都是不可能的。闭关自守只能停滞落后。我们坚持摒弃维护剥削和压迫的资本主义思想体系和社会制度，摒弃资本主义的一切丑恶腐朽的东西，但是必须下大决心用大力气，把当代世界各国包括资本主义发达国家的先进的科学技术、具有普遍适用性的经济行政管理经验和其他有益文化学到手，并在实践中加以检验和发展。不这样做就是愚昧，就不能实现现代化。对外开放作为一项不可动摇的基本国策，不仅适用于物质文明建设，而且适用于精神文明建设。

中华民族是有悠久历史和文化的伟大民族，在古代文明史上长期处于世界的前列。在近代，由于封建制度的腐朽和帝国主义的侵略而落后了。辛亥革命、五四运动和中国共产党领导的人民大革命，带来中国历史的巨大变化。新中国的成立，在社会主义基础上开始了伟大的中国文明的复兴。自从我们国家以党的十一届三中全会为标志进入了新的历史发展时期，更赋予这个复兴以新的强大生机和活力。这个复兴，不但将创造出高度发达的物质文明，而且将创造出以马克思主义为指导的，批判继承历史传统而又充分体现时代精神的，立足本国而又面向世界的，这样一种高度发达的社会主义精神文明。

三、用共同理想动员和团结全国各族人民

建设有中国特色的社会主义，把我国建设成为高度文明、高度民主的社会主义现代化国家，这就是现阶段我国各族人民的共同理想。到本世纪末，要使我国经济达到小康水平；到下世纪中叶，接近世界发达国家水平。这个共同理想，集中了我国工人、农民、知识分子和其他劳动者、爱国者的利益和愿望，是保证全体人民在政治上、道义上和精神上团结一致，克服任何困难，争取胜利的强大的精神武器。为了实现这个共同理想，一切有利于建设四化、振兴中华、统一祖国的积极思想和精神，一切有利于民族团结、社会进步、人民幸福的积极思想和精神，一切用诚实劳动争取美好生活的积极思想和精神，都应当加以尊重、保护和发扬。这样，才能在团结一切可能团结的力量来建设社会主义的问题上，真正克服长期造成严重危害的狭隘观点，使共产党员和非共产党员，马克思主义者和非马克思主义者，无神论者和宗教信仰者，国内同胞和国外侨胞，总之，使全体劳动者和爱国者，都紧密地团结起来，积极地行动起来，为实现共同理想而奋斗。

我们党的最高理想是建立各尽所能、按需分配的共产主义社会。无论过去、现在和将来，这个最高理想都是我们共产党人和先进分子的力量源泉和精神支柱。而建设有中国特色的社会主义，则是实现最高理想的必经阶段。对于我们共产党人来说，为建设有中国特色的

社会主义而奋斗，也就是为党的最高理想而奋斗。如果在这个现实斗争中不忠诚、不热情，那就是有意无意地背离党的最高理想，就不是一个自觉的共产主义者。因此，共产党员、共青团员和先进分子都要同广大工人、农民、知识分子一道，把共同理想同各行各业、各个地方、各个集体的发展目标和建设任务结合起来，同各自的岗位职责和人生追求结合起来，立志建设，立志改革，艰苦奋斗，勤俭建国，脚踏实地干事业。在我们时代，荣誉属于为建设祖国、保卫祖国而坚韧不拔，压倒一切困难，做出卓越贡献和光辉榜样的人们。

社会主义现代化建设的成就越大，广大人民群众对实现共同理想的信念就越坚定。要善于运用建设和改革的现实成就和群众的切身经验，进行生动的理想教育。同时要采取多种形式，帮助广大干部和群众特别是青年逐步深入地理解马克思主义世界观和社会发展规律，理解我们民族的光辉历史和革命传统，理解百多年来我们民族的深重灾难和反帝反封建的英勇斗争，理解当代世界的进步、矛盾和人类的前途，以提高民族的自尊心、自信心和自豪感，把理想建立在科学基础之上。

我们的爱国主义是和国际主义紧密联系在一起的。中国的发展进步是世界发展进步的一部分。我国人民在同世界各国人民的交往中，要坚持和平友好、平等互利、互相支持、互相学习。中国社会主义现代化建设的胜利，是对反对霸权主义、维护世界和平、争取人类进步事业的贡献。

四、树立和发扬社会主义的道德风尚

社会主义道德建设的基本要求，是爱祖国、爱人民、爱劳动、爱科学、爱社会主义。要使“五爱”在社会生活的各个方面体现出来，在全国各民族之间，工人农民知识分子之间，军民之间，干部群众之间，家庭内部和邻里之间，以至人民内部的一切相互关系上，建立和发展平等、团结、友爱、互助的社会主义新型关系。

道德是经济基础的反映，而不是脱离历史发展的抽象观念。我国还处在社会主义的初级阶段，不但必须实行按劳分配，发展社会主义的商品经济和竞争，而且在相当长历史时期内，还要在公有制为主体的前提下发展多种经济成份，在共同富裕的目标下鼓励一部分人先富裕起来。在这样的历史条件下，全民范围的道德建设，就应当肯定由此而来的人们在分配方面的合理差别，同时鼓励人们发扬国家利益、集体利益、个人利益相结合的社会主义集体主义精神，发扬顾全大局、诚实守信、互助友爱和扶贫济困的精神。社会主义道德所要反对的，是一切损人利己、损公肥私、金钱至上、以权谋私、欺诈勒索的思想和行为，而决不是否定按劳分配和商品经济，决不能把平均主义当作我们社会的道德准则。同时必须指出，社会主义是向共产主义高级阶段前进的历史运动。我们社会的先进分子，为了人民的利益和幸福，为了共产主义理想，站在时代潮流前面，奋力开拓，公而忘私，勇于献身，必要时不惜牺牲自己的生命，这种崇高的共产主义道德，应当在全社会认真提倡。共产党员首先是领导干部，尤其要坚定不移地身体力行。总之，在道德建设上，一定要从实际出发，鼓励先进，照顾多数，把先进性的要求同广泛性的要求结合起来，这样才能连接和引导不同觉悟程度的人们一起向上，形成凝聚亿万人民的强大精神力量。

在我们社会的各行各业，都要大力加强职业道德建设。首先是党和国家机关的干部，要公正廉洁，忠诚积极，全心全意为人民服务，反对官僚主义、弄虚作假、利用职权谋取私利。

还要加强那些直接为广大群众日常生活服务的部门的职业道德建设，反对和纠正带有行业特点的不正之风。在我们社会里，人人都是服务对象，人人又都为他人服务。我们社会对人的关心，社会的安宁和人们之间关系的和谐，是同各个岗位上的服务态度、服务质量密切相关的。

在社会公共生活中，要大力发扬社会主义人道主义精神，尊重人，关心人，特别要注意保护儿童，尊重妇女，尊敬老人，尊敬烈军属和荣誉军人，关心帮助鳏寡孤独和残疾人。要遵守公共秩序，讲文明礼貌。要提倡人人爱护公共财物，保护环境和资源，自觉履行对国家和社会的义务。在国家安全受到威胁，社会公共安全受到危害的时候，要挺身而出，英勇斗争。

在广大城乡要积极开展移风易俗的活动，提倡文明健康科学的生活方式，克服社会风俗习惯中还存在的愚昧落后的东西。婚嫁丧葬中的陋习要改革，封建迷信要破除。这种改革，要在尊重健康民俗的前提下，在自愿基础上，由群众自己来进行，共产党员、共青团员要率先倡导。

社会主义道德作为人类文明中道德发展的新境界，它必然要批判地继承人类历史上一切优良道德传统，并要同各种腐朽思想道德作斗争。封建道德在我国影响很深，今天我们社会关系中残存的宗法观念、特权思想、专制作风、拉帮结伙、男尊女卑等，本质上都是封建遗毒的反映。由于半殖民地社会历史条件而产生的奴化思想，以及资本主义的腐朽思想，在我国也有很深影响，并且往往同封建腐朽思想相结合。因此，从社会生活各方面克服这些腐朽思想道德的影响，是艰巨的长期的工作。

五、加强社会主义民主、法制、纪律的教育

高度民主是社会主义的伟大目标之一，也是社会主义精神文明在国家和社会生活中的重要体现。在人类历史上，在新兴资产阶级和劳动人民反对封建专制制度的斗争中，形成民主和自由、平等、博爱的观念，是人类精神的一次大解放。马克思主义批判地继承资产阶级的这些观念，又同它们有原则的区别。从根本上说，资产阶级民主是为维护资本主义制度服务的。社会主义在消灭阶级压迫和剥削的基础上，为充分实现人民当家做主，把民主推向新的历史高度开辟了道路。我国社会主义发展中的主要历史教训，一是没有集中力量发展经济，二是没有切实建设民主政治。十一届三中全会以来，我们党强调没有民主就没有社会主义现代化，强调民主要制度化法律化，强调党必须在宪法和法律的范围内活动，切实推进党和国家政治生活的民主化、经济管理的民主化、整个社会生活的民主化。近来中央着重提出政治体制改革，就是要在坚持党的领导和人民民主专政的基础上，改革和完善党和国家的领导制度，进一步扩大社会主义民主，健全社会主义法制，以适应社会主义现代化建设的需要。这是一项非常复杂的工作，中央将经过充分调查研究，作出部署，有领导有步骤地进行。

民主和法制、纪律不可分。社会主义法制，体现人民意志，保障人民的合法权利和利益，调节人们之间的关系，规范和约束人们的行动，制裁和打击各种危害社会的不法行为。不要社会主义民主的法制，决不是社会主义法制；不要社会主义法制的民主，决不是社会主义民主。只有大力加强以宪法为根本的社会主义法制，加强劳动纪律和工作纪律，同实际生活中种种压制和破坏民主的行为作斗争，才能推进并保证经济建设和全面改革的顺利发展，维护

国家的长治久安。搞资产阶级自由化，即否定社会主义制度、主张资本主义制度，是根本违背人民利益和历史潮流，为广大人民所坚决反对的。

加强社会主义民主和法制的建设，根本问题是教育人。要从小学开始，在进行理想、道德、文明礼貌等教育的同时，进行民主、法制和纪律的教育。要在全体人民中坚持不懈地普及法律常识，增强社会主义的公民意识，使人们懂得公民的基本权利和义务，懂得与自己工作和生活直接有关的法律和纪律，养成守法遵纪的良好习惯。公民都要遵守宪法，党员还要遵守党章。在法纪面前人人平等，绝不允许有任何超越法律和纪律的特殊人物，这应当成为我国政治和社会生活中不可动摇的准则。

人民民主专政是保护人民、保卫四化的强有力武器。要依法打击一切破坏我国社会主义制度的敌对分子，依法惩处经济罪犯和其他刑事罪犯，依法禁止和取缔卖淫、吸毒、赌博、传播淫秽录像书刊等危害人民的违法犯罪行为。

六、普及和提高教育科学文化

教育科学文化既是物质文明建设的重要条件，也是提高人民群众思想道德觉悟水平的重要条件。当今世界，科学越来越成为推动历史进步的革命力量，成为代表一个民族文明水平的重要标志。我们进行现代化建设，应当更加自觉地依靠科学，发扬尊重科学、追求知识的精神，努力在全民族范围扎扎实实地组织教育科学文化的普及和提高。

教育、科学、文学艺术、新闻出版、广播影视、卫生、体育、文物、图书馆、博物馆等各项文化事业，都有各自的重要作用。要从我国地域辽阔、经济文化发展不平衡的实际出发，争取使这些事业获得一个大的发展。尤其是教育和科学，作为整个社会主义现代化建设的战略重点，如果得不到应有的发展，不但精神文明建设上不去，经济建设也将没有后劲。国家要从政策上、资金上保证这些事业的发展，并且鼓励社会各方面力量支持这些事业。各地都要制订文化事业发展的具体规划，并象完成经济建设任务一样，确保完成文化建设任务。

我国文化事业的社会主义性质，要求必须把社会效益作为最高标准。要努力提高精神产品质量以满足群众的广泛需要，并且进行文化管理体制的改革，改善经营管理，促进文化事业的蓬勃发展。

教育科学文化工作者在精神文明建设中担负着光荣艰巨的使命，应当认识时代和人民的要求，努力提高自己的思想道德素质和业务素质。各级领导机关，要通过多种途径，引导和组织知识分子同人民群众创造新生活的丰富实践结合起来，广泛吸收他们参与各方面建设和改革工作的咨询和决策；对有突出贡献的人才和重点工作，从条件上给予有力支持；对优秀精神产品和优秀工作者给予精神和物质奖励，特别要办好若干种代表我们民族科学文化水平的、被视为崇高荣誉的奖励。尊重知识、尊重人才，在我们各方面实际工作中仍是有待进一步解决的重大课题。知识分子地位的真正提高和作用的充分发挥，工人农民知识分子的亲密团结和共同奋斗，是现代化建设必定成功的可靠保证。

七、马克思主义在精神文明建设中的指导作用

坚持以马列主义、毛泽东思想为指导，是我国社会主义现代化事业的根本，也是社会主义精神文明建设的根本。作为工人阶级的科学世界观和全人类精神文明的伟大成果的马克思

主义，是社会主义事业和党的领导的理论基础，是社会主义意识形态的最重要的组成部分，对整个精神文明建设起着重大的指导作用。我们的理想建设、道德建设、文化建设、民主法制观念建设，都离不开马克思主义的指导，离不开马克思主义的理论建设。

马克思主义是在历史和科学的前进中不断丰富和发展的科学，它并没有结束真理，而是在实践中不断地开辟认识真理的道路。中国和世界已经和正在发生的巨大变化，一方面证明马克思主义的伟大生命力，一方面要求我们运用马克思主义的基本原则和基本方法，创造性地解决新问题。新时期我国马克思主义理论工作的任务，就是要从经济、政治、文化、社会各方面，研究社会主义现代化建设和全面改革的新情况、新经验、新问题，探索建设具有中国特色的社会主义的规律；同时要研究当代世界的新变化，研究当代各种思潮，批判地吸取和概括各门科学发展的最新成果。只有从实际出发，以实践作为检验真理的唯一标准，勇于突破那些已被实践证明是不正确的或不适合变化了的情况的判断和结论，而不是用僵化观念来裁判生活，马克思主义才能随着生活前进并指导生活前进。这既是坚持马克思主义，又是发展马克思主义，两者统一在革命和建设的实践之中。离开实践的观点，发展的观点，创造的观点，就谈不上坚持马克思主义。把马克思主义当作僵死的教条，是错误的；否定马克思主义的基本原则，认为马克思主义"过时"而盲目崇拜资产阶级某些哲学和社会学说，也是错误的。

社会主义在实践中，现代化建设和全面改革是极其复杂的创新事业，没有也不可能有现成的答案，理论上和工作上的不同意见是会经常发生的。必须坚决执行"百花齐放、百家争鸣"的方针，支持和鼓励以科学研究为基础的大胆探索和自由争论，使马克思主义的理论研究大大活跃起来，使各项决策建立在更加民主和科学的基础之上。政策和计划的决定，要遵守民主集中制原则。学术和艺术问题，要遵守宪法规定的原则，实行学术自由，创作自由，讨论自由，批评和反批评自由。这样做的目的，是正确发挥马克思主义对学术和艺术的指导作用，造成科学文化发展所必需的安定团结的环境和民主和谐的气氛，使它们更好地为人民服务、为社会主义服务。

党员干部尤其是领导干部和从事意识形态工作的干部，要带头认真学习马克思主义。没有认真的学习，坚持和发展就无从谈起。在群众特别是青年中，也必须积极倡导学习马克思主义。要把马克思主义基本原理的教育同党的路线方针政策和形势教育、革命传统教育结合起来，同各种历史文化科学知识的学习结合起来，同群众的思想状况结合起来，克服忽视马克思主义理论学习的倾向，克服学习内容脱离实际和形式呆板单调的缺点。

八、党组织和党员在精神文明建设中的责任

工人阶级是我国的领导阶级。工人阶级的先锋队中国共产党，是领导我国社会主义现代化建设的核心力量。各级党组织和广大党员在精神文明建设中的责任，一是加强自身的精神文明建设，特别是搞好党风；二是以模范行动和艰苦工作，组织和推动全社会的精神文明建设。

党风问题是关系党的生死存亡的问题。我们党作为领导全国政权的政党，党员干部是全心全意为人民服务，还是做官当老爷，以权谋私，凌驾于人民之上作威作福，成为党风建设中一个特别重大的问题。十一届三中全会以来，通过拨乱反正和全面整党，在恢复和发扬党

的理论联系实际，密切联系群众和自我批评的优良作风方面，取得了显著成效。但是必须指出，反对不正之风的斗争是长期的，一定要坚决持久地进行下去，贯穿于改革、开放和现代化建设的全过程。建设好的党风，思想教育很重要，制度建设也很重要。必须努力改革和完善党的组织制度和工作制度，严格执行党的纪律，建立和健全党内监督制度和人民监督制度，使各级领导干部得到有效的监督。

共产党员首先是领导干部，应当随时随地在人民群众中做模范：做努力工作、好学上进的模范，做不尚空谈、多干实事的模范，做坚持改革、勇于开拓的模范，做维护群众利益、带领群众勤劳致富的模范，做遵纪守法，同不正之风和违法犯罪行为作斗争的模范。一句话，做两个文明建设的模范。党组织应当经常讨论和检查党员起模范作用的问题，表扬先进，督促后进。

在新形势下坚持两个文明一起抓，是全党面临的新课题。从中央到基层的各级党组织，必须用更多的时间和精力来加强对精神文明建设的领导。要努力摸索规律，研究政策，组织和协调各方面力量，扎扎实实地做好工作，不搞形式主义。

思想政治工作是经济工作和其他工作的有力保证。要努力适应新时期的需要，开创思想政治工作的新路子。无论从事哪方面工作的干部，都要做人的工作。领导干部要经常到工人、农民和知识分子中间去，同群众一起商量解决人们普遍关心的各种思想问题和实际问题。要建设好一支精干的思想政治工作队伍，关心和帮助他们的工作，鼓励他们不断提高思想和业务水平，以热情为群众服务的行动和卓有成效的工作来赢得群众信任，充分发挥思想政治工作的作用。

本决议着重解决新形势下进一步明确精神文明建设指导方针的问题。各部门、各地方、各单位的党组织应当把中央的指导方针同自己的实际情况结合起来，作出具体实施的规划和安排。中央将在这方面加强指导。

中国人民解放军是保卫祖国的钢铁长城和建设祖国的重要力量，是一支有高度思想觉悟、良好道德品质和严格组织纪律的军队，对全民族有巨大的精神影响。军队要加强自身的精神文明建设，积极参加全国精神文明建设。有关这方面的工作，由中央军委按照决议精神和军队的特点作出部署。

全会号召党的所有组织和全党同志，认真学习讨论这个决议，提高认识，统一思想，切实加强社会主义精神文明建设的工作，把两个文明建设和全面改革的伟大事业推向前进。

五、劳动就业与保险

中华人民共和国国民经济和社会发展第七个五年计划(节录)

(1986年4月12日)

第四十八章　劳　动

第一节　城乡劳动力安排

“七五”期间，劳动就业面临着一些新情况：一是新成长劳动力数量比较多；二是随着城市经济体制改革的深入展开和企业组织结构的进一步调整，现有企业将有一部分富余人员需要重新安置工作；三是随着农村产业结构的进一步调整和劳动生产率的不断提高，种植业需要的劳动力将进一步减少，大量富余劳动力需要转移到农村其他产业。必须统筹兼顾，开辟多种渠道，努力做好城乡劳动力的安排工作。

(一)农村劳动力安排

继续贯彻“离土不离乡”的方针，通过大力发展林业、牧业、渔业以及乡镇企业，吸收农村富余劳动力。到1990年农村劳动力结构将发生如下变化：种植业劳动者占农村劳动者总数的比重由1985年的65%下降到50%左右；林牧副渔业劳动者的比重由15%上升为20%；农村工业和建筑业劳动者的比重由12%上升到18%；运输、商业等劳动者的比重由8%上升到12%。

(二)城镇劳动就业

五年内，城镇需要就业的劳动力共3000万人左右。要广开生产门路，特别是大力发展集体经济和个体经济，发展第三产业，争取到1990年底，使城镇需要就业的劳动力基本上得到就业。

到1990年，全民所有制单位职工人数占城镇就业总人数的比重由1985年的69.9%降到67.2%；城镇集体所有制单位职工人数所占比重由26.6%上升到27.8%；城镇个体劳动者所占比重由3.5%上升到5%。

(三)主要政策和措施

(1)在城镇继续贯彻执行“在国家统筹规划和指导下，实行劳动部门介绍就业，自愿组织起来就业和自谋职业相结合”的方针，通过多种渠道安排劳动力就业。

(2)进一步放宽政策，扩大就业领域。继续在社会地位、经济政策、物质条件等方面创造良好的环境，鼓励集体经济、合作经济和个体经济的的发展。采取国家、集体、个体一齐上的方针，加快发展第三产业。

（3）继续控制全民所有制单位增加职工，严格控制增加行政、事业编制。企业单位要在整顿劳动组织、加强劳动纪律的基础上，实行严格的定员定额制度，积极推行科学的劳动组织和现代化管理方法，提高劳动生产率。新建、扩建单位需要的人员，要充分利用现有企业、事业单位的富余人员和国家统一分配的人员，尽量减少从社会上招收职工。

（4）加强职业技术培训，提高劳动力素质。对要求就业的人员要坚持“先培训、后就业”的原则，逐步做到经过就业训练考核合格后，再择优录用。对企业富余的职工，要进行转业训练，为重新安置创造条件。军队要进一步加强军地两用人才的培养。

（5）进一步改革劳动计划体制和劳动人事制度。要在国家计划指导下，灵活调剂劳动力，促进人才的成长和合理使用。根据生产和工作的特点，实行多种用工形式和灵活的工时制度，积极推行劳动合同制和聘任制，有些工作可以实行非全日工作制和家庭工制度。进一步办好劳动服务公司，充分发挥它在统筹安排、管理和调节社会劳动力，进行就业前培训，指导和组织待业人员就业和安置企业富余人员的作用。

第二节　劳动保护

各地区、各部门、各企业要坚持“安全第一、预防为主”的方针，有步骤有重点地改善职工劳动条件和劳动环境，切实搞好劳动安全卫生防护措施，努力消除事故隐患和职业病危害，大力降低职工事故伤亡率和职业病发病率。主要措施是：

（1）在改造、改建、扩建老企业和建设新企业的同时，必须搞好劳动安全卫生设施的建设。落实安全生产责任制。

（2）健全劳动保护立法，实行国家监察、行政管理和群众监督相结合的劳动保护工作体制。

（3）加强劳动安全卫生监察机构，完善检验、检测手段。

（4）加强劳动保护的科学研究和情报信息工作，发展检验检测技术，搞好重点行业安全装置和尘毒治理的技术评价与推广应用工作。

在提高劳动效率和工作效率的前提下，逐步建立职工休假制度。

国营企业实行劳动合同制暂行规定

（1986年7月12日国务院发布）

第一章　总　则

第一条　为改革国营企业（以下简称企业）的劳动制度，增强企业活力，充分发挥劳动者的积极性和创造性，保障劳动者的合法权益，促进社会主义现代化建设，特制定本规定。

第二条　企业在国家劳动工资计划指标内招用常年性工作岗位上的工人，除国家另有特别规定者外，统一实行劳动合同制。用工形式，由企业根据生产、工作的特点和需要确定，可以招用五年以上的长期工、一年至五年的短期工和定期轮换工。不论采取哪一种用工形式，都应当按照本规定签订劳动合同。

企业招用一年以内的临时工、季节工，也应当签订劳动合同。

第三条 劳动合同制工人与所在企业原固定工人享有同等的劳动、工作、学习、参加企业的民主管理、获得政治荣誉和物质鼓励等权利。

第二章 招收录用

第四条 企业招用劳动合同制工人，应当在当地劳动行政主管部门指导下，贯彻公开招收、自愿报名、德智体全面考核、择优录用的原则。由企业向当地劳动行政主管部门办理录用手续。对重新就业的工人，企业应当注重实际技能的考核，经过考核合格的，优先录用。

第五条 对劳动合同制工人，应当建立《劳动手册》制度。

《劳动手册》由劳动人事部统一制发。

第六条 企业招用劳动合同制工人，应当订明试用期。试用期为3个月至6个月，由企业根据不同工种具体确定。

第三章 劳动合同的订立、变更、终止和解除

第七条 企业与被招用的工人签订劳动合同时，必须遵守国家政策和法规的规定，坚持平等自愿和协商一致的原则，以书面形式明确规定双方的责任、义务和权利。劳动合同一经签订，就受到法律保护，双方必须严格遵照执行。

第八条 劳动合同的内容应当包括：

（一）在生产上应当达到的数量指标、质量指标，或应当完成的任务；

（二）试用期限、合同期限；

（三）生产、工作条件；

（四）劳动报酬和保险、福利待遇；

（五）劳动纪律；

（六）违反劳动合同者应当承担的责任；

（七）双方认为需要规定的其他事项。

第九条 劳动合同期限、由企业和工人协商确定。劳动合同期限届满，应即终止执行。由于生产、工作需要，在双方完全同意的条件下，可续订合同。

轮换工的劳动合同，期限届满时必须终止。

第十条 企业经上级主管部门批准转产、调整生产任务，或者由于情况变化，经合同双方协商同意，可以变更合同的相关内容。

第十一条 劳动合同制工人因生产、工作需要，或按照国家有关规定，需要跨地区转移工作单位时，经有关地区劳动行政主管部门协商同意，并办理户口和退休养老基金的转移手续，可以与所在企业解除劳动合同，与所需单位签订劳动合同。

第十二条 在下列情况下，企业可以解除劳动合同：

（一）劳动合同制工人在试用期内，经发现不符合录用条件的；

（二）劳动合同制工人患病或非因工负伤，医疗期满后不能从事原工作的；

（三）按照《国务院关于国营企业辞退违纪职工暂行规定》，属于应予辞退的；

（四）企业宣告破产，或者濒临破产处于法定整顿期间的。

第十三条 劳动合同制工人被除名、开除、劳动教养，以及被判刑的，劳动合同自行解除。

第十四条 劳动合同制工人在下列情况下，企业不得解除劳动合同：

（一）劳动合同期限未满，又不符合第十二条规定的；

（二）患有职业病或因工负伤并经劳动鉴定委员会确认的；

（三）患病或非因工负伤，在规定的医疗期内的；

（四）女工在孕期、产假和哺乳期间的；

（五）符合国家规定条件的。

第十五条 在下列情况下，劳动合同制工人可以解除劳动合同：

（一）经国家有关部门确认，劳动安全、卫生条件恶劣，严重危害工人身体健康的；

（二）企业不能按照劳动合同规定支付劳动报酬的；

（三）经企业同意，自费考入中等专业以上学校学习的；

（四）企业不履行劳动合同，或者违反国家政策、法规，侵害工人合法权益的。

第十六条 任何一方解除劳动合同，必须提前一个月通知对方，方可办理解除劳动合同的手续。

解除劳动合同，企业应当报请上级主管部门和当地劳动行政主管部门备案。

一方违反劳动合同，给对方造成经济损失的，应当根据其后果和责任大小，予以赔偿。

第十七条 企业解除劳动合同，应当征求本企业工会的意见。

第四章 在职和待业期间的待遇

第十八条 劳动合同制工人的工资和保险福利待遇，应当与本企业同工种、同岗位原固定工人保持同等水平，其保险福利待遇低于原固定工人的部分，用工资性补贴予以补偿。工资性补贴的幅度，为劳动合同制工人标准工资的15%左右。

劳动合同制工人的奖金、津贴、保健食品、劳动保护用品、口粮补差和物价补贴等待遇，应当与所在企业同工种原固定工人同等对待。

第十九条 重新就业的劳动合同制工人，仍从事原工种的，经考核合格后，按照原工资等级支付工资；改变工种的，试用期间的工资按照不低于二级工工资标准支付，试用期满后考核定级。

第二十条 劳动合同制工人患职业病或因工负伤，以及女工孕期、产假和哺乳期间，应当与所在企业同工种的原固定工人同等对待。

第二十一条 劳动合同制工人患病或非因工负伤，按其在本单位工作时间的长短，给予3个月至一年的医疗期。在本单位工作20年以上的，医疗期可以适当延长。在医疗期内，其医疗待遇和病假工资所在企业原固定工人同等对待。医疗期满后因不能从事原工作被解除劳动合同的，由企业发给相当于本人标准工资3个月至6个月的医疗补助费。

第二十二条 劳动合同制工人因工或因病死亡的丧葬补助费、供养直系亲属抚恤费、救济费，应当与所在企业原固定工人同等对待。

第二十三条 劳动合同制工人因合同期满或属于第十二条（二）项和第十五条规定情况，解除劳动合同时，企业应当按照其在本企业工作年限，每满一年发给相当于本人标准工资1个月的生活补助费；但是，最多不超过12个月的本人标准工资。

按照第十二条（三）项规定被解除劳动合同的，或按照第十三条规定自行解除劳动合同的，以及自行离职的，不发给生活补助费。

第二十四条 劳动合同制工人，其公休假、婚丧假、探亲假、上下班交通费补贴、取暖和防暑降温补贴等，应当与所在企业原固定工人同等对待。

第二十五条 劳动合同制工人待业期间，按照国家规定领取待业救济金和医疗补助费。

第五章 退休养老期间的待遇

第二十六条 国家对劳动合同制工人退休养老实行社会保险制度。退休养老基金的来源，由企业和劳动合同制工人缴纳。退休养老金不敷使用时，国家给予适当补助。

企业缴纳的退休养老基金，在缴纳所得税前列支，缴纳的数额为劳动合同制工人工资总额的15%左右。由企业开户银行按月代为扣缴，转入当地劳动行政主管部门所属的社会保险专门机构在银行开设的“退休养老基金”专户。对逾期不缴者，按照规定加收滞纳金。

劳动合同制工人缴纳的退休养老基金数额为不超过本人标准工资的3%。由企业按月在工资中扣除，向当地劳动行政主管部门所属的社会保险专门机构缴纳。

退休养老基金存入银行的款项，按照城乡居民个人储蓄存款利率计息，所得利息转入退休养老基金项下。

第二十七条 劳动合同制工人的退休养老待遇包括：退休费（含国家规定加发的其他补贴、补助）、医疗费和丧葬补助费、供养直系亲属抚恤费、救济费。

劳动合同制工人退休后，按月发给退休费，直至死亡。退休费标准，根据缴纳退休养老基金年限长短、金额多少和本人一定工作期间平均工资收入的不同比例确定，医疗费和丧葬补助费、供养直系亲属抚恤费、救济费，参照国家有关规定执行。

对缴纳退休养老基金年限比较短的工人，其退休养老费用可以一次发给。

第二十八条 劳动合同制工人退休养老工作，由劳动行政主管部门所属的社会保险专门机构管理，其主要职责是筹集退休养老基金，支付退休养老费用和组织管理退休工人。

第六章 组织管理

第二十九条 劳动合同制工人在企业工作期间，由企业负责管理；在待业期间，由当地劳动行政主管部门所属的劳动服务公司负责管理。

第三十条 劳动行政主管部门有监督、检查劳动合同履行情况的责任和权力。

第三十一条 劳动合同双方发生劳动争议时，应当协商解决；协商无效的，可以向当地劳动争议仲裁委员会申诉，由劳动争议仲裁委员会仲裁；对仲裁不服的，可以向当地人民法院起诉。

第七章　附　　则

第三十二条　国家机关、事业单位和社会团体在常年性岗位上招用的工人，应当比照本规定执行。

第三十三条　本规定第四、五章不适用矿山、建筑、装卸、搬运行业从农村招用的户、粮关系不变的劳动合同制工人，以及从城镇招用的临时工、季节工，他们的劳动报酬、保险福利待遇，按照国家有关规定执行。

第三十四条　省、自治区、直辖市人民政府可以根据本规定制订实施细则，并报劳动人事部备案。

第三十五条　本规定由劳动人事部负责解释。

第三十六条　本规定自1986年10月1日起施行。

国营企业招用工人暂行规定

（1986年7月12日国务院发布）

第一章　总　则

第一条　为了改革国营企业（以下简称企业）招工制度，保证招工质量，提高工人队伍素质，适应社会主义现代化建设事业发展的需要，特制定本规定。

第二条　企业招用工人，必须在国家劳动工资计划指标之内，贯彻执行先培训后就业的原则，面向社会，公开招收，全面考核，择优录用。

第三条　企业招用工人，必须实行劳动合同制。

第二章　面向社会，公开招收

第四条　企业招用工人，应当公布招工简章，符合报考条件的城镇待业人员和国家规定允许从农村招用的人员，均可报考。

第五条　企业招用工人，应当张榜公布经过考核合格者名单，公开录用。

企业不得以任何形式进行内部招工，不再实行退休工人“子女顶替”的办法。

第三章　德智体全面考核，择优录用

第六条　企业招用工人，必须具备的基本条件是：年满16周岁，身体健康，具有初中以上文化程度，现实表现好。

第七条　企业招用工人，实行德智体全面考核，其考核内容和标准，可以根据生产、工作需要有所侧重。招用学徒工人，侧重文化考核；直接招用技术工人，侧重专业知识技能考核；招用繁重体力劳动工人，侧重身体条件考核。

第八条 企业招用工人、凡适合妇女从事劳动的工种，应当招用女工。

第九条 企业招用工人，应当规定试用期。在试用期内发现不符合招工条件的，企业可以解除劳动合同，由原户口所在地负责接收。

第四章 组织管理

第十条 企业招工工作，应当在地方人民政府的领导下，由劳动行政主管部门负责管理。其主要职责是：审批下达招工计划，执行招工政策，确定招工地区，审查招工简章，对招工工作进行监督和检查。

第十一条 企业招用工人，应当向当地劳动行政主管部门办理录用手续，并按照《国营企业实行劳动合同制暂行规定》签订劳动合同。

第十二条 企业招用工人，应当在城镇招收。需要从农村招收工人时，除国家规定的以外，必须报经省、自治区、直辖市人民政府批准。

第十三条 企业招用工人，必须严格按照本规定执行。凡违反本规定招收的工人，一律无效，情节严重的，应当追究有关人员的行政责任。

第五章 附　　则

第十四条 国家机关、事业单位和社会团体招用工人，应当比照本规定执行。

第十五条 省、自治区、直辖市人民政府可以根据本规定制定实施细则，并报劳动人事部备案。

第十六条 本规定由劳动人事部负责解释。

第十七条 本规定自1986年10月1日起施行。

国营企业辞退违纪职工暂行规定

（1986年7月12日国务院发布）

第一条 为加强国营企业（以下简称企业）劳动纪律，提高职工队伍素质，增强企业活力，促进社会主义建设，特制定本规定。

第二条 企业对有下列行为之一，经过教育或行政处分仍然无效的职工，可以辞退：

（一）严重违犯劳动纪律，影响生产、工作秩序的；

（二）违反操作规程，损坏设备、工具，浪费原材料、能源，造成经济损失的；

（三）服务态度很差，经常与顾客吵架或损害消费者利益的；

（四）不服从正常调动的；

（五）贪污、盗窃、赌博、营私舞弊，不够刑事处分的；

（六）无理取闹，打架斗殴，严重影响社会秩序的；

（七）犯有其他严重错误的。

符合除名、开除条件的职工，按照《企业职工奖惩条例》的规定执行。

第三条 企业辞退职工应当征求本企业工会的意见，并报企业主管部门和当地劳动人事部门备案。

第四条 企业对被辞退的职工应当发给辞退证明书。被辞退的职工可以持辞退证明书到本人户口所在地的劳动部门办理待业登记。

被辞退的职工在待业期间的管理和待业救济金、医疗补助费的发放，按照《国营企业职工待业保险暂行规定》办理。

第五条 被辞退的职工对企业作出的辞退处理不服的，可以在收到辞退证明书之日起的15日内，向当地劳动争议仲裁委员会申诉，由劳动争议仲裁委员会仲裁；对仲裁不服的，可以向当地人民法院起诉。

第六条 被辞退的职工无理取闹、纠缠领导，影响生产、工作和社会秩序的，由公安部门按照《治安管理处罚条例》的有关规定处理。

第七条 省、自治区、直辖市人民政府可以根据本规定制定实施细则，并报劳动人事部备案。

第八条 本规定由劳动人事部负责解释。

第九条 本规定自1986年10月1日起施行。

国营企业职工待业保险暂行规定

（1986年7月12日国务院发布）

第一章 总 则

第一条 为适应劳动制度改革的需要，促进劳动力合理流动，保障国营企业（以下简称企业）职工在待业期间的基本生活需要，特制定本规定。

第二条 本规定适用于：

（一）宣告破产的企业的职工；

（二）濒临破产的企业法定整顿期间被精减的职工；

（三）企业终止、解除劳动合同的工人；

（四）企业辞退的职工。

第二章 职工待业保险基金的筹集和管理

第三条 职工待业保险基金的来源：

（一）企业按照其全部职工标准工资总额的1%缴纳的待业保险基金（缴纳所得税前列支）；

（二）职工待业保险基金存入银行后，由银行按照国家规定支付的利息；

（三）地方财政补贴。

第四条 职工待业保险基金由省、自治区、直辖市统筹使用。不敷使用时，由地方财政补贴。

职工待业保险基金的预算、决算和财务管理办法，由劳动人事部会同财政部制订。

第五条 职工待业保险基金，由企业开户银行按月代为扣缴，转入所在市、县主管职工待业救济机构在银行开设的"职工待业保险基金"专户。

第三章 职工待业保险基金的使用

第六条 职工待业保险基金的开支项目：

（一）宣告破产的企业职工和濒临破产的企业法定整顿期间被精减的职工，在待业期间的待业救济金；

（二）宣告破产的企业职工和濒临破产的企业法定整顿期间被精减的职工，在待业期间的医疗费、死亡丧葬补助费、供养直系亲属抚恤费、救济费；

（三）宣告破产的企业离休、退休职工和濒临破产的企业法定整顿期间被精减而又符合离休、退休条件职工的离休、退休金；

（四）企业辞退的职工和终止、解除劳动合同的工人，在待业期间的待业救济金和医疗补助费；

（五）待业职工的转业训练费；

（六）扶持待业职工的生产自救费；

（七）待业职工和职工待业保险基金的管理费。

第七条 待业救济金，以职工离开企业前两年内本人月平均标准工资额为基数，按以下办法发放：

（一）宣告破产的企业职工和濒临破产的企业法定整顿期间被精减的职工，在宣告破产和宣告濒临破产法定整顿期以后，工龄在五年和五年以上的，最多发给24个月的待业救济金，其中：第1至12个月，每月为本人标准工资的60%至75%，第13至24个月，每月为本人标准工资的50%；工龄不足五年的，最多发给12个月的待业救济金，每月为本人标准工资的60%至75%。

（二）终止、解除劳动合同的工人，在扣除已发给本人的生活补助费的月份后，按照本条（一）项规定领取待业救济金。

（三）企业辞退的职工，按照本条（一）项规定领取待业救济金。

第八条 宣告破产的企业职工和濒临破产的企业法定整顿期间被精减而又符合离休、退休条件职工的离休、退休金的支付办法为：

（一）在社会保障制度建立前，已实行退休金社会统筹的地区，按照统筹办法办理；未实行退休金社会统筹的地区，暂在待业保险基金中按照原规定的标准支付。

（二）距法定离休、退休年龄不足5年的职工，在待业期间符合离休、退休条件的，其离休、退休待遇按本条（一）项规定办理。已享受离休、退休待遇的，不再领取待业救济金。

第九条 发生下列情况之一的，停止享受待业救济待遇：

（一）领取待业救济金超过第七条（一）项规定期限的（其中符合社会救济条件的，按照有关规定领取社会救济金）；

（二）已重新就业（包括从事个体劳动）的；

（三）无正当理由，两次不接受有关部门介绍就业的；

（四）待业期间受劳动教养或被判刑的。

第十条 以非法手段获取待业救济待遇的，应当追回其全部非法所得的救济金。

第十一条 职工待业救济基金在保证用于第六条（一）、（二）、（三）、（四）项的前提下，可以用于转业训练和建立培训设施，扶持待业职工进行生产自救，开辟就业门路。

第四章 管理机构

第十二条 待业职工和职工待业保险基金的管理，由当地劳动行政主管部门所属的劳动服务公司负责，其职责是：

（一）负责待业职工的登记、建档、建卡、组织管理工作；

（二）负责职工待业保险基金的管理和发放工作；

（三）负责待业职工的就业指导、就业介绍工作；

（四）组织待业职工的转业训练、扶持、指导生产自救和自谋职业。

第十三条 各地劳动服务公司应当设立专职机构或配备专管理职人员，管理待业职工和职工待业保险基金。所需人员编制，由省、自治区、直辖市人民政府根据精简原则，列为事业编制。其经费可在职工待业保险基金的管理费中列支。

第五章 附 则

第十四条 省、自治区、直辖市人民政府，可以根据本规定制定实施细则，并报劳动人事部备案。

第十五条 本规定由劳动人事部负责解释。

第十六条 本规定自1986年10月1日起施行。

六、 设市标准与城乡建设

国务院批转民政部关于调整设市标准和市领导县条件报告的通知

（1986年4月19日）

国务院同意民政部《关于调整设市标准和市领导县条件的报告》，现转发给你们试行。

各地要认真总结设市和市领导县工作的经验，搞好规划，合理布局，严格按条件办理。应成熟一个搞一个，有计划有步骤地发展中小城市，促进城乡经济的发展。

民政部向国务院关于调整设市标准和市领导县条件的报告

（1986年2月3日）

近年来，由于城乡经济的蓬勃发展，城镇的产业结构和人口结构发生了很大变化。现行的设市标准和市领导县条件，已不适应城乡变化了的新情况。为了适应城乡经济发展的需要，贯彻“控制大城市规模，合理发展中等城市，积极发展小城市”的方针，我部会同国家体改委、城乡建设环境保护部、劳动人事部、公安部、国家统计局等有关部门，进行了广泛的调查研究，并多次征求了各省、自治区、直辖市的意见，建议对1983年提出试行的设市标准和市领导县条件作如下调整：

一、非农业人口（含县属企事业单位聘用的农民合同工、长年临时工，经工商行政管理部门批准登记的有固定经营场所的镇、街、村和农民集资或独资兴办的第二、三产业从业人员，城镇中等以上学校招收的农村学生，以及驻镇部队等单位的人员，下同)6万以上，年国民生产总值2亿元以上，已成为该地经济中心的镇，可以设置市的建制。少数民族地区和边远地区的重要城镇，重要工矿科研基地，著名风景名胜区，交通枢纽，边境口岸，虽然非农业人口不足6万、年国民生产总值不足2亿元，如确有必要，也可设置市的建制。

二、总人口50万以下的县，县人民政府驻地所在镇的非农业人口10万以上、常住人口中农业人口不超过40%、年国民生产总值3亿元以上，可以设市撤县。设市撤县后，原由县管辖的乡、镇由市管辖。

总人口50万以上的县，县人民政府驻地所在镇的非农业人口一般在12万以上、年国民生产总值4亿元以上，可以设市撤县。

自治州人民政府或地区（盟）行政公署驻地所在镇，非农业人口虽然不足10万、年国民生产总值不足3亿元，如确有必要，也可以设市撤县。

三、市区非农业人口25万以上、年国民生产总值10亿元以上的中等城市(即设区的市)，已成为该地区政治、经济和科学、文化中心，并对周围各县有较强的辐射力和吸引力，可实行市领导县的体制。一个市领导多少县，要从实际出发，主要应根据城乡之间的经济联系状况，以及城市经济实力大小决定。

四、有关设市的审批手续，仍按《国务院关于行政区划管理的规定》（国发〔1985〕8号）办理。

以上报告如无不妥，请批转各地试行。

中华人民共和国国民经济和社会发展第七个五年计划(节录)

（1986年4月12日）

第二十一章　城乡建设

第一节　城市发展方针

继续贯彻执行“控制大城市规模，合理发展中等城市，积极发展小城市”的方针，切实防止大城市人口规模的过度膨胀，有重点地发展一批中等城市和小城市。以大城市为中心，水陆交通干道为依托，形成规模不等、分布合理、各有特色的城市网络。1990年我国设市城市发展到400多个，建制镇发展到10 000多个。

继续做好城市规划，加强城市建设的法制管理。“七五”期间，各省（自治区）要编制省域城镇布局规划，各市要编制市域城镇布局规划，各县要编制县域城镇布局规划，以指导城市的综合开发和各项建设，保证城市的协调发展。各城市都要按照国家和地方颁布的城市规划与建设的有关法规，切实加强城市建设的管理。

第四节　乡村建设

“七五”期间，农村新建住宅30亿平方米。村镇公共建筑和生产性建筑也将有新的发展。

为了促进乡村建设的健康发展，要着重抓好以下工作：

（一）完善村镇规划，抓好乡村建筑设计。村镇规划要因地制宜，合理布局，节约用地，经济适用，改善生活，防治污染，实现经济效益、社会效益和环境效益的统一。乡村房屋建筑设计既要有时代感，又要保持和发扬好的传统风格、地方特色和民族特色。

（二）以建设和发展集镇为重点，带动全国村镇的建设发展。对于集镇及其住宅和公共设施，要实行综合开发建设，调动和发挥各方面的建设积极性。

（三）村镇建设要根据地域、经济和技术条件的差异，因地制宜，量力而行，区别对待，分类指导，不搞一刀切和一哄而上。

（四）通过多层次、多途径和多种方式，迅速培养一大批中、高级村镇建设专门人才。

（五）建立健全法规制度，逐步形成一套村镇建设管理的经济技术法规体系。

七、人口调查

1986年人口变动情况抽样调查方案

一、调查目的

为了准确、及时地掌握全国人口变动情况，为党和政府部门提供可靠的人口信息资料，进行本年度的人口变动情况抽样调查。

二、调查对象

以户为单位，既调查家庭户，也调查集体户。单身独居的，也作为一个家庭户。一个家庭中有两个户口本的，按两个户来对待。农村户和居民户混住的地方，被抽中的是村民小组，则只调查农村户，不调查居民户，抽中的是居民小组，则只调查居民户，不调查农村户。家庭户和集体户的人口包括：

（一）有常住户口的人口（含办理集镇自理口粮落户的常住人口)。这些人不论外出时间长短，一律在常住户口所在地登记。被抽中的是劳改和劳教单位，则按这些单位所提供的资料，视为有常住户口的人登记。

（二）在本户居住未落常住户口的人口。包括持迁移证、出生证和释放证等城乡均未落常住户口的人，在现住地登记。

（三）户口情况不明的人口（是指原户口所在地是否已注销户口情况不详，已定居一年以上的人）。在现住地的流入人口，在现住地登记。

调查对象不包括现役军人和人民武装警察。

三、调查内容

姓名、与户主的关系、1月1日0时和12月31日24时在户状况、户口登记状况、性别、出生年月、文化程度、婚姻状况、初婚年月、育龄妇女生育子女总数和存活子女总数、育龄妇女1986年的生育胎次以及自然变动情况、迁移情况等14项按人填报的项目和8项按户填报的项目，合计22个项目。重点是调查1986年人口自然增长和总人口增长的情况。

四、调查的组织、方法和注意事项

（一）本抽样调查，要在当地政府的领导下，采取以统计部门为主，在有关部门和基层组织的协助下，派人到抽中的农村村民小组、城市居民小组，进行逐户调查的方法。根据国务院办公厅给各省、市、自治区人民政府的通知（国办发〔1983〕71号文件）的要求，公安、计划生育等各有关部门要密切合作。抽中的县、市的各有关单位要具体协助。

（二）为使调查工作顺利进行，各地区有关部门和调查员，要反复向选中单位的干部说明这次抽样调查的意义，取得他们的积极支持，并做好群众的宣传教育工作，如实反映情况。

（三）调查人员深入基层调查期间，可根据需要吸收当地干部和群众积极分子参加。

（四）调查工作完毕后，应即进行认真复查，可采取群众议查，侧面调查（如走访医院，走访接生员）等方法，力求把调查误差消灭在基层。

复查中应着重对以下问题进行检查：

1. 超计划生育的出生人口是否有漏登现象。

2. 出生后不久即死亡的婴儿是否有漏登现象。

3. 是否有溺婴、弃婴而未如实报告的现象。

4. 是否有到外地生小孩或以其它方式隐瞒出生人口的现象。

5. 对新生婴儿（不论是否申报户口）的出生时间是否有移前或错后现象（着重年初或年底），防止漏登和错登。

（五）调查资料要以村民小组或居民小组为单位，加上封面和封底后，装订成册。

（六）按规定的时间和手工汇总表样式，整理汇总上报。

（七）为了保证全国调查资料的范围、分类和计算方法的统一性，各地区必须严格按照抽样调查办法的规定进行。要建立调查工作的质量责任制。调查人员要对自己所调查的县（市、区）和村民小组(居民小组)的调查质量负责。如发现调查不实情况，应当返工重做。

五、调查样本单位的确定

（一）为了使调查资料有沿续性，能进行跟踪比较，使这项调查工作便于组织，便于培训，国家和各省、自治区、直辖市都不再重新抽选各级样本单位，仍然采用1985年的调查样本单位和规模进行调查。

（二）1986年这项调查登记结束之后，要进行调查登记质量抽查。总人口数不到3 000万的省（自治区、直辖市），抽一个县（市、市辖区），超过3 000万的省（自治区），抽二个县（市、市辖区）。每个被抽中的县（市、市辖区）抽一个村民小组（民居小组）。村（居）民小组作为最基层的抽查单位。质量抽查汇总结果，各省、自治区、直辖市于1987年2月15日前报送国家统计局人口统计司。

（三）为了提高本省样本单位代表性，各省、自治区、直辖市扩大样本单位时，参考1985年国家设计的方法，设计本省扩大的样本。

六、调查时间和数据处理

本调查于1987年1月份进行，调查1986年度的人口变动情况。

调查资料采取以下两种方法进行数据处理：

1986年人口变动情况抽样调查表

表号：国统基73表
制表机关：国家统计局
文号：（86）统人口字254号

本户住址 ______省、自治区/直辖市 ______县/市（区）______乡/镇、街道 ______村委员/居委员 ______村民小组/居民小组　集体户名称 ______

（一）户别	（二）本户编号	本户1986年总人口数		本户1986年人口变动情况				备注：
1.家庭户 2.集体户		（三）1月1日0时	（四）12月31日24时	（五）出生人口	（六）死亡人口	（七）迁入人口	（八）迁出户口	
		合计____ 男____ 女____	合计____ 男____ 女____	合计____ 男____ 女____	合计____ 男____ 女____	合计____ 男____ 女____	合计____ 男____ 女____	

每个人都填报							6岁及6岁以上的人填报	15岁及15岁以上的人填报		15岁至49岁育龄妇女生育情况		1986年人口变动情况			
一、姓名	二、与户主的关系	三、1月1日在户状况	四、12月31日在户状况	五、户口登记状况	六、性别	七、出生年月	八、文化程度	九、婚姻状况	十、初婚年月	十一、生育子女总数和存活子女总数	十二、86年生育胎次	十三、自然变动情况：出生	十三、自然变动情况：死亡	十四、迁移情况：迁入	十四、迁移情况：迁出
	1.户主 2.配偶 3.子女 4.孙子女 5.父母 6.祖父母 7.其他亲属 8.非亲属	1.在本户 2.不在本户	1.在本户 2.不在本户	1.有常住户口的人口 2.未落常住户口的人口 3.已定居一年以上，户口情况不明的流入人口（包括所生子女）	1.男 2.女	（____周岁） ____年 ____月	1.大学毕业 2.大学肄业或在校 3.高中 4.初中 5.小学 6.不识字或识字很少	1.未婚 2.有配偶 3.丧偶 4.离婚	____年 ____月	生过（活产） ____个 其中：现在存活 ____个	0.未生 1.第一胎 2.第二胎 3.第三胎 4.第四胎 5.第五胎及五胎以上	1.已登户口 属第____胎 2.未登户口 其母亲出生年份 ____年	1.已销户口 2.未销户口 死亡时间 ____月	1.外省迁入 2.本省迁入	1.迁往外省 2.迁往本省
	2.配偶 3.子女 4.孙子女 5.父母 6.祖父母 7.其他亲属 8.非亲属	1.在本户 2.不在本户	1.在本户 2.不在本户	1.有常住户口的人口 2.未落常住户口的人口 3.已定居一年以上，户口情况不明的流入人口（包括所生子女）	1.男 2.女	（____）周岁 ____年 ____月	1.大学毕业 2.大学肄业或在校 3.高中 4.初中 5.小学 6.不识字或识字很少	1.未婚 2.有配偶 3.丧偶 4.离婚	____年 ____月	生过（活产） ____个 其中：现在存活 ____个	0.未生 1.第一胎 2.第二胎 3.第三胎 4.第四胎 5.第五胎及五胎以上	1.已登户口 属____第胎 2.未登户口 其母亲出生年份 ____年	1.已销户口 2.未销户口 死亡时间 ____月	1.外省迁入 2.本省迁入	1.迁往外省 2.迁往本省
	2.配偶 3.子女 4.孙子女 5.父母 6.祖父母 7.其他亲属 8.非亲属	1.在本户 2.不在本户	1.在本户 2.不在本户	1.有常住户口的人口 2.未落常住户口的人口 3.已定居一年以上，户口情况不明的流入人口（包括所生子女）	1.男 2.女	（____）周岁 ____年 ____月	1.大学毕业 2.大学肄业或在校 3.高中 4.初中 5.小学 6.不识字或识字很少	1.未婚 2.有配偶 3.丧偶 4.离婚	____年 ____月	生过（活产） ____个 其中：现在存活 ____个	0.未生 1.第一胎 2.第二胎 3.第三胎 4.第四胎 5.第五胎及五胎以上	1.已登户口 属____第胎 2.未登户口 其母亲出生年份 ____年	1.已销户口 2.未销户口 死亡时间 ____月	1.外省迁入 2.本省迁入	1.迁往外省 2.迁往本省
	2.配偶 3.子女 4.孙子女 5.父母 6.祖父母 7.其他亲属 8.非亲属	1.在本户 2.不在本户	1.在本户 2.不在本户	1.有常住户口的人口 2.未落常住户口的人口 3.已定居一年以上，户口情况不明的流入人口（包括所生子女）	1.男 2.女	（____）周岁 ____年 ____月	1.大学毕业 2.大学肄业或在校 3.高中 4.初中 5.小学 6.不识字或识字很少	1.未婚 2.有配偶 3.丧偶 4.离婚	____年 ____月	生过（活产） ____个 其中：现在存活 ____个	0.未生 1.第一胎 2.第二胎 3.第三胎 4.第四胎 5.第五胎及五胎以上	1.已登户口 属____第胎 2.未登户口 其母亲出生年份 ____年	1.已销户口 2.未销户口 死亡时间 ____月	1.外省迁入 2.本省迁入	1.迁往外省 2.迁往本省
	2.配偶 3.子女 4.孙子女 5.父母 6.祖父母 7.其他亲属 8.非亲属	1.在本户 2.不在本户	1.在本户 2.不在本户	1.有常住户口的人口 2.未落常住户口的人口 3.已定居一年以上，户口情况不明的流入人口（包括所生子女）	1.男 2.女	（____）周岁 ____年 ____月	1.大学毕业 2.大学肄业或在校 3.高中 4.初中 5.小学 6.不识字或识字很少	1.未婚 2.有配偶 3.丧偶 4.离婚	____年 ____月	生过（活产） ____个 其中：现在存活 ____个	0.未生 1.第一胎 2.第二胎 3.第三胎 4.第四胎 5.第五胎及五胎以上	1.已登户口 属____第胎 2.未登户口 其母亲出生年份 ____年	1.已销户口 2.未销户口 死亡时间 ____月	1.外省迁入 2.本省迁入	1.迁往外省 2.迁往本省

申报人________　调查员________　填报日期____月____日　户主姓名（超过五人的户从第二页起注明）　本户共____页，第____页　本册第____页

（一）手工汇总：对这次调查的主要项目，先进行简易手工快速汇总和手工汇总。具体步骤如下：

1．村民小组（居民小组）调查完毕后，即由调查人员进行手工汇总。

2．手工快速汇总是为了保证国家发表公报。各省、自治区、直辖市统计局按手工快速汇总（国家样本）的项目要求，必须在1987年1月25日前，用传真、电报或电话等手段快速上报国家统计局人口统计司。

3．调查人员将抽中县（市、区）的村民小组（居民小组）的手工汇总数字〔分列乡（街道）、村（居）民小组〕，于1987年1月底逐级报送省、自治区、直辖市统计局。各省、自治区、直辖市应于1987年2月15日前将汇总表报送国家统计局人口统计司。

4．国家统计局将各省、自治区、直辖市的手工快速汇总和手工汇总数字进行汇总。

（二）机器汇总：由国家计委电子计算中心和省电子计算站对全部调查资料进行数据处理。

1．编码：由调查员经过培训后直接进行编码工作（见编码说明），于1987年1月15日前完成。1987年1月底前，省、自治区、直辖市统计局将编好码的调查表送省、自治区、直辖市电子计算站。

2．录入和机器汇总：由国家计委电子计算中心和省计算站负责进行，统计局人口处要派人协同电子计算站搞好数据处理有关工作。省、自治区、直辖市电子计算站将编辑好的磁带于1987年2月底前送国家计委电子计算中心。国家计委电子计算中心于1987年3月中旬将汇总结果送交国家统计局。

附：1986年人口变动情况抽样调查表

《1986年人口变动情况抽样调查表》填写说明

一、调查表的填写方法

（一）调查员在开始登记前，应先编制《调查底册》，并向户口登记机关了解各户人口变动情况，供掌握参考。调查登记过程中，一定要注意检查被抽中的样本单位是否有被遗漏或重复的户。

（二）为了提高人口变动情况抽样调查的质量，避免出生、死亡等有变动的人口被遗漏或重复，调查员登记时，首先要问清本户1986年末人口、全年增减变动人口和本户1986年初人口。由近及远地摸清本户一年内的人口变动数字，修正《调查底册》数字，并将核实情况在“备注”栏注明，然后按调查表的内容逐项询问。

（三）调查员必须按申报人的回答逐项填写。如申报人的答案与调查员所了解到的情况有出入，调查员要采取适当的方法（如询问在场的基层干部）加以核对，然后填写。《户口簿》只供调查登记时参考，不得照抄。

（四）调查表的填写顺序。先填写按人登记的项目，再填写按户登记的项目。填写按人登记的项目时，表内第一人应先填户主，然后填户主的配偶、子女和其他亲属。

（五）调查表采用两种填写方法：

1．在标准答案中据情圈填。

2．用文字或数字填写。

印有标准答案的共11个项目：即“与户主的关系”“1月1日0时在户状况”、“12月31日24时在户状况”、“户口登记状况”、“性别”、“文化程度”、“婚姻状况”、“86年生育胎次”、“自然变动情况”栏中的“出生”和“死亡”、“迁移情况”栏中的“迁入”和“迁出”、“户别”。

用文字或数字填写的共12个项目：即“姓名”、“出生年月”、“初婚年月”、“生育子女总数和存活子女总数”、自然变动情况项中的出生婴儿“属于第几胎”及“其母亲出生年份”和“死亡时间”、本户编号、“本户1986年总人口数”栏的两项和“本户1986年人口变动情况”栏的四项。

姓名项填写的文字应竖写，其余项目填写的数字应横写。

每个项目下边的小方格是用于编码的，调查员在登记时暂不填写。在登记和复查、逻辑审查完毕，以村民小组（居民小组）为单位装订成册后再编填。

每张表可填写五人。超过五人的户，可按人数需要，增添调查表，并将各页左上角粘在一起，自第二页起（即超过五人的户所增添的调查表）在右下角本户页数前注明户主姓名，以防散乱，发生差错。

调查的集体户，大于99人的可视为两户以上填写。

每户的调查表都应填写本户共几页，每册的页数（本册的页数待装订后再按顺序编填）。“本户住址”及按户登记的项目，只在本户第一页填写，第二页及第二页以后都不填。

填写必须使用钢笔，字迹一定要端正清楚，不得潦草模糊，不得用同音异体字。简化字必须按照国家公布的《简化字总表》书写，阿拉伯数字必须按“1 2 3 4 5 6 7 8 9 0”的正体书写，不得用自由体书写。

（六）调查表填写差错的更改方法。如果文字或数字书写错误，横行书写的，用双横线划去，在划线的上方另填；竖行书写的，用双竖线划去，在划线的右侧另填。例如：本户有4人，错写为5人，应改正如下：4 ~~5~~ ，又如把李四错写成张三，改正如下：李四 ~~张三~~ 。圈填错误的，应将错圈序码连同该项文字答案用双横线划去，另外据情圈填。例如：性别项中，将女错圈成为男，应改正如下：~~①男~~ ②女。

（七）调查员每登记完一户，要向申报人宣读，进行核对。核对无误后，申报人和调查员在表的左下方签名或盖章。

（八）有的群众为了保守个人和家庭情况的秘密。对调查表中某些项目的情况，不愿让其他人知道，如未履行结婚手续而同居的；未婚先育的；从小领养的孩子等，调查员应负责为申报人保密。

二、调查表各个项目的填写说明

（一）按人登记项目的填写

1．“基本情况”栏的填写

（1）“姓名”——按申报的姓名填写。

（2）“与户主的关系”——户内第一人圈①户主。其余人口，按他（她）与户主的关系圈填。申报人不是户主，不要误圈为与申报人的关系。如申报人是户主的儿子，在填报户主的“配偶”时，不要按申报人的称呼，误圈为“父母”。“父母”包括公婆和岳父母。“祖父母”包括外祖父母、曾祖父母。兄弟姐妹、姑母、表弟等其他亲属圈填序码“7”。保姆、同学、同事、未婚儿媳等非亲属圈填序码“8”。

（3）“1月1日0时在户状况”——按年初在户或不在户的实际情况，据情圈填。

（4）“12月31日24时在户状况”——按年末在户或不在户的实际情况，据情圈填。

（5）“户口登记状况”——根据本人现有户口状况，据情圈填。

（6“）性别”——按男或女据情圈填。

（7）“出生年月”——按公历填写。只知农历的就按农历填写，可以不作换算。不满一周岁的，填0周岁，但是必须按公历填写，只知农历的要换算成公历。出生年月和周岁年龄，用阿拉伯数字填写。

计算周岁年龄公式：周岁年龄＝1986年-出生年份。

（8）“文化程度”——6周岁及6周岁以上人口，按本人最高学历或现有的文化水平所相当的学历圈填。“大学毕业”的人，是指有大学毕业文凭的人。研究生圈填“大学毕业”。“大学在校”的人是指在经国家教委批准的大学（包括夜大、电大、职工大学等）里学习的人。高中以下文化程度不分毕业、肄业和在校。不能阅读通俗书报，不能写便条的，圈填“不识字或识字很少”。

（9）“婚姻状况”——15周岁及15周岁以上人口，按实际情况，据情圈填。

（10）“初婚年月”——15周岁及15周岁以上人口，婚姻状况圈填有配偶、丧偶和离婚的人才填报。初婚年月指一生中第一次实际结婚的时间，不论已领取结婚证或未领取结婚证都按实际同居生活时间计算。

2.“15岁至49岁育龄妇女生育情况”栏的填写

（11）“生育子女总数和存活子女总数”——15周岁至49周岁的育龄妇女填报。这个项目，包括两个内容：一是这位妇女共生过几个子女，即活产婴儿的总数（包括活产不久死亡的婴儿）；二是这位妇女生过的子女中，到1986年12月31日24时存活的有几个。生过（活产）子女和现在存活的子女，都是指亲生子女，不包括前妻留下的子女和过继的子女，原则上也不包括领养的子女。有的妇女，对领养关系一直保密的，可作为本人生育的子女和现在存活的子女填报。

（12）“1986年生育胎次”——15周岁至49周岁的育龄妇女圈填。生育胎次，是指1986年内这位妇女生育的活产婴儿，是她生育的第几胎。一胎生两个以上婴儿，按生一胎计算，但应在备注栏注明。育龄妇女当年未生育的，包括未婚的妇女，均圈填“0”。生育五胎及五胎以上的，均圈填“5”。

3.“1986年人口变动情况”栏的填写

（13）“自然变动情况”：

“出生”——当年出生的活产婴儿（含出生后随即死亡的）都应填报。已落常住户口的婴儿，在户口所在地登记。未落常住户口的包括本年超计划生育和无户口人员所生的婴儿，由现住地登记。本年在外地出生并已在外地落常住户口后迁入的婴儿，现住地只作迁入登记，不作出生登记。本年在外地出生，在外地未落常住户口的婴儿，在现住地作出生登记。本年出生后，已在本地落常住户口迁出的婴儿，本地作出生和迁出登记。在本地出生，但在本地未落常住户口，到外地居住的婴儿，在本地不作为调查对象。

出生婴儿是否登记户口，据情圈填。

出生婴儿“属于第几胎”，指其母亲在生育的全部活产婴儿中，此婴儿是属于第几胎，对领养的子女，因领养关系需保密的，可根据申报人申报的胎次进行填写。

“其母亲出生年份”指婴儿母亲的出生年份。对领养的子女，因领养关系需保密的，可根据申报人申报的其母亲出生年份填写。

凡填写此项的婴儿，其“出生年月”栏必须是1986年出生的。

活产婴儿是指：胎儿脱离母体时（不管怀孕月数），有过呼吸、心脏跳动、脐带博动或随意肌收缩等任何一种生命现象。

“死亡”——当年死亡的人口（包括出生后随即死亡的）都应填报，有常住户口死亡的人，在户口所在地登记；未落常住户口的人口的户口情况不明并定居一年以上的流入人口的死亡，在死亡地登记。未落常住户口死亡的人，不圈填“已销户口”和“未销户口”，编码为0，但是必须填写死亡时间。

死亡人口的填报应严格注意0岁死亡人口不要遗漏，以下几种情况在调查时应注意询问。

①当年出生后，随即死亡的婴儿；

②当年在外地出生，在外地未落常住户口，在现住地死亡的婴儿；

③父母或家庭已迁往外地，但当年在本地出生，未落常住户口就死亡的婴儿；

④当年在外地出生、随父母或其他亲属迁往本地途中或到达本地未落户口之前死亡的婴儿。

（14）“迁移情况”——凡1986年内迁入本户或迁出本户的人口都要登记。迁入本户的人口，按照外省迁入还是本省迁入，据情圈填；迁出本户的人口，按照迁往外省还是迁往本省，据情圈填。转业、复员军人已落常住户口的，按“外省迁入”登记；转业、复员军人在本户居住未落常住户口的，按外省迁入未落常住户口的人登记。因参军注销户口的，按“迁往外省”登记。被逮捕、劳改、释放、解教的人员，要根据实际情况，分别作省内、省外迁入或迁出登记。1986年内迁入后又迁出或迁出后又迁入的，应同时圈填迁入和迁出情况。

全户迁出和全户死亡以及全户人户分离的户，按人登记的项目，可以根据当地公安部门掌握的情况登记，或者用议查的方式，按了解的情况进行登记。

1986年迁移的育龄妇女，其生育情况应在迁入地登记。

（二）按户登记项目的填写

1．“户别”据情圈填家庭户或集体户的序码。

2．“本户编号”，以村（居）民小组为单位装订成册后，按户的顺序编填码号。

3．“本户1986年总人口数”栏的填写

“1月1日0时”和“12月31日24时”栏，按人记录的年初和年末情况填写合计数与男、女数。

4．“本户1986年人口变动情况”栏中“出生人口”、“死亡人口”、“迁入人口”、“迁出人口”各项按人记录的合计数及男女数据情填写。没有变动的项目均填“0”，不要漏填。

三、调查表的复查审核

调查指导员要组织调查员对填完的调查表认真进行复查、议查，并亲自抽10%的户进行查验。重点是总人口有无重漏，出生，死亡人口有无重漏。审查按户登记的项目时，必须做到逻辑审查无误，应该平衡的数字达到平衡。在复查审核无误，装订成册后，进行编码、过录并填写封面。

人口变动情况抽样调查宣传提纲

1978年1月份要在全国各省、自治区、直辖市进行新的一轮人口变动情况抽样调查。为什么要搞人口变动情况抽样调查？什么是人口变动情况抽样调查？怎样进行人口变动情况抽样调查？调查的要求和项目都有哪些？每个人应该如何对待这次人口变动情况抽样调查？现在向大家谈谈这些问题。

一、为什么要搞人口变动情况抽样调查

根据国务院办公厅（国办发〔1983〕71号文件）的规定，我国每年进行一次人口变动情况抽样调查。因为全国和各地区的人口，在不断发展和变动，有出生，有死亡，有迁入，有迁出。因此，国家为了制定国民经济和社会发展计划，制定人口规划，不但要进行人口普查，还要通过经常性人口统计和人口变动情况抽样调查掌握人口的变动情况。近几年来，随着经济体制改革的不断深入，人口流动不断增大，给以户口登记为基础的经常性人口统计提出了更高的要求。为了查清人口变动情况，我国已经进行了4次人口变动情况抽样调查，都获得了较为准确的人口数据。为我国发表统计公报、制订人口规划提供了可靠的人口数据。胡耀邦同志在党的十二大报告中明确指出："我国经济和社会的发展中，人口问题始终是极为重要的问题。实行计划生育是我国的一项基本国策。"通过人口变动情况抽样调查，查清自然增长率，了解我国计划生育这一基本国策的执行情况，为拟定今后的人口发展计划提供可靠资料。

二、什么是人口变动情况抽样调查

人口抽样调查是人口调查的一种方法，是我国人口统计工作的重要组成部分。人口调查，主要有三种方法：（1）人口普查；（2）经常性人口统计；（3）人口抽样调查。人口抽样调查，就是从全部人口中，抽选出一部分人口作为样本，对他们进行调查，然后根据这部分人口的基本情况和变动情况来观察、分析全国或某一地区人口的情况。这好比医生从体检的人身上抽出几滴血进行化验，来了解这个人全部血液的情况；农村中用小面积粮食的亩产量来推算大面积粮食的亩产量；工厂中用一小部分产品的合格程度来推算全部产品的合格

程度一样。虽然内容不同，但基本道理是一样的。

这次调查就是用抽样的方法，重点了解1986年人口出生、死亡、迁入、迁出等变动情况，因此，叫做人口变动情况抽样调查。

三、如何进行人口变动情况抽样调查

（一）人口变动情况的调查内容

1. 按人登记的项目：姓名、与户主的关系、1月1日0时在户状况、12月31日24时在户状况、户口登记状况、性别、出生年月、文化程度、婚姻状况、初婚年月、育龄妇女生育子女总数和存活子女总数、育龄妇女1986年的生育胎次、自然变动情况和迁移情况。

2. 按户登记的项目：户别、本户编号、本户1986年年初和年末总人口、本户1986年出生人口、死亡人口、迁入人口和迁出人口。

（二）调查的标准时间

1986年人口变动情况是指从1月1日0时至12月31日24时的人口变动情况。

为什么要规定统一的标准时间，强调“0时”和“24时”呢？因为，从全国来看，每时每刻都有一定数量的出生、死亡和流动人口。如果不规定个标准时间，调查的情况就不准确了。

（三）调查登记办法

以户为单位调查登记，采取由居民申报，调查员填写的方法。调查员一般应到户访问登记，登记时调查员要按照调查表逐人逐项询问清楚。居民要如实地申报每个项目。

四、人口变动情况抽样调查与现行政策规定的界限有什么区别

人口变动情况抽样调查项目的登记范围与国家现行政策法令规定的界限，有的不完全一致。为了防止一些人可能产生的误解和顾虑，这里先向大家说清楚。调查如同照像一样，是什么样就照成什么样，要如实地反映实际情况，以便给国家建设和安排人民生活提供真实可靠的资料。而国家规定的法律和现行政策，是每个公民必须遵循的行动规范，是要坚决贯彻执行的，它与调查项目的登记范围是两码事。例如：关于婚姻状况，15周岁及15周岁以上的人都要填报，妇女生育状况，规定调查15周岁至49周岁的育龄妇女。这是因为实际有人未到法定结婚年龄（男22周岁、女20周岁）而结婚生育。如果按法定结婚年龄调查登记，这些人的婚姻和生育状况就会被遗漏。当然，在人口变动情况抽样调查时，这些人的情况如实登记了，并不等于他们已达到了法定的结婚年龄。

五、应当怎样对待这次人口变动情况抽样调查

人口变动情况抽样调查是国家大事，参加这次抽样调查的每个公民都应当以认真负责的态度，积极支持和参加。在调查登记时，每一户、每一个人都要如实申报，不漏报和重报一个人，也不要错报一个项目。我们一定要实事求是，一是一、二是二，不要多报或漏报人口，从我国已经进行过的4次人口变动情况抽样调查来看，大家是支持这项调查的，合作是

好的，但是，也有个别人或个别地区为了表示计划生育工作做得好而少报了出生人口，也有的为了入托、上学、结婚、就业、退休等原因，多报或少报年龄，影响了调查的准确性。因此，在这里需要向大家讲明白，人口变动抽样调查并不是为了解决某户中所存在的具体问题，也不会因为如实申报而受到什么影响。如果过去由于种种原因多报或漏报了人口，这次应当如实申报，政府对此是欢迎的。

人口变动情况抽样调查与人口普查不同，不是全面调查，而是抽选部分县、市中的部分村民小组、居民小组的家庭户或集体户调查登记。进行调查登记的农村村民小组、城市居民小组和个人，每个单位代表近2000个单位，每个人代表2000多个人。一个人登记错了，就相当于2000多个人登记错了。因此，每个参加登记的公民是光荣的，同时对国家也负有很大的责任。

我国人民是国家的主人，具有高度的政治觉悟，对国家大事向来是关心的。我们相信，在广大人民群众的热情支持和积极参加下，认真宣传、贯彻、执行“统计法”，坚持实事求是的原则，如实准确申报，这次人口变动情况抽样调查工作一定能够顺利完成。

第Ⅱ部分

概况与综述

一、概 况

1986年中国人口发展状况

孙兢新

1986年是"七五"计划的第一年，在这一年中，我国人口增长情况如何，具有哪些特点，是人们十分关心的问题。

一、1986年是近年来中国人口自然增长率最高的一年

根据国家统计局对大陆29个省、自治区、直辖市413个县（市）的人口抽样调查，1986年全国人口出生率为20.77‰，死亡率为6.69‰，自然增长率为14.08‰。1986年人口自然增长率没有达到国民经济和社会发展计划规定的指标。人口自然增长率比1985年上升了2.85个千分点，是近四年来人口自然增长率上升幅度最大的一年。

由于人口自然增长率上升，1986年全国总人口大幅度增长。按照抽样调查的数据推算，1986年底全国总人口为106 008万人，比1985年底的总人口净增1 476万人。与1985年净增1164万人相比，1986年多增加了312万人。

调查资料表明，1986年我国人口增长主要有以下两个特点：

第一，各胎次出生人口同时增长。根据抽样调查资料推算，在1986年出生的2 178万人中，一胎为1 098万人，比1985年增加172万人；二胎为692万人，比1985年增加137万人；三胎以上为388万人，比1985年增加24万人。从增长幅度来看，二胎增长幅度最大，为24.68%。

第二，市、镇、县出生人口均有增长，镇出生人口增长幅度最大。根据抽样调查资料计算，1986年全国城市人口出生率为15.6‰，县为21.9‰，与1985年相比分别上升了1.5和2.73个千分点；镇的出生率为20.8‰，上升了4.4个千分点。镇的二胎和多胎生育增长幅度更大，1986年全国镇的二胎生育占镇总生育人数的32.19%，比1985年上升了5.6个百分点；全国镇的三胎以上生育占镇总生育人数的15.09%，比1985年上升了2.6个百分点。一些地区镇的二胎率和多胎率与农村接近，甚至高于农村。据河北省人口变动抽样调查资料计算，1986年镇的二胎率为48%，比农村二胎率高7个百分点；多胎率为14%，与农村持平。

二、1986年中国人口增长出现回升的原因

1986年，我国人口为什么大幅度增长。这是值得分析研究的问题。1986年全国出生人口为2 178万人，比1985年多出生333万人。1986年出生人数和人口自然增长率都呈回升的趋势。

出生人口增长过快的原因是多方面的。根据对调查资料的分析，主要有以下几个方面。

第一，由于人口年龄结构变化，育龄妇女人数增加较多。

从1962年开始的第二次生育高峰期出生的人口，到1986年已陆续进入了婚育年龄，抽样调查数据反映，1986年全国15—49岁育龄妇女占总人口的比例由1985年的26.37%，上升到27.19%，上升了0.82个百分点。全国育龄妇女总数比1985年增加了725万人。但是，应该指出，由于1959至1961年三年生育低谷期出生的人口在1986年时正值25—27岁的生育高峰年龄，这个年龄段的女性人口减少，在一定程度上缓和了育龄妇女总数增加对出生人口增长的影响。若按1985年生育水平推算，受人口年龄结构变化的影响，同1985年相比，1986年多出生了117万人，大约占1986年多出生人口的35%。

第二，由于婚育年龄提前，晚婚比率下降。

据民政部门统计，1986年全国登记结婚882.3万对，在1985年比1984年已增加50.7万对的基础上，又继续增加了53.2万对，连续两年递增6.5%。1986年结婚人数增加较多的原因，一是由于年龄结构的变化，使近几年来，进入婚龄的人口显著增加。根据人口普查资料推算，当年进入婚龄的人口数，1982年为1 526万人，1983年为1 903万人，1984年为2 010万人1985年为2 558万人，1986年为2 522万人。1985年和1986年呈明显高峰状态；二是由于近几年关于晚婚的宣传有所削弱，平均初婚年龄有所降低。近三年来，我国女性平均初婚年龄逐年下降，1984年为23.8岁，1985年为22.8岁，1986年降至22岁，三年下降了1.8岁。同期，女性晚婚（指23岁以后结婚）比重由1984年的69%，下降到1985年的54%，又进一步下降到1986年的39%；三是不按婚姻法规定的年龄结婚的早婚现象有所增多。调查材料反映，在法定结婚年龄（20岁）以前结婚的妇女比重逐年增加，由1984年的2.86%，1985年的6.14%，上升到1986年的11.42%。农村不到法定年龄结婚的所占比例更高，达到15—20%。随着妇女初婚年龄的下降，平均初育年龄也逐年下降，由1984年的23.9岁，下降到1985年的23.5岁，又降至1986年的23.2岁。

早婚早育的直接后果是低年龄组生育人数增加，使15—20岁年龄组的妇女提前进入了婚育期，妇女生育期延长。同时，由于生育盛旺期延长，势必使一胎生育上升，并助长了多胎生育。调查资料反映，1986年一胎生育率为38.71‰，比1985年的32.6‰上升了6.11个千分点。据推算，由于这一因素变化的影响，同1985年相比，1986年多出生人口达116万人，大约占1986年多出生人口的35%。

造成早婚、早育的原因是多方面的。一是群众文化素质较低，青少年过早地失学。据陕西省的调查，目前小学毕业能升入初中的只有50%左右，初中毕业能升入高中的只有40%左右。13—16岁的青少年过早地失学，是造成早婚的一条重要原因；二是农村实行联产承包责任制后，不少家长想让子女早结婚早生孩子，甚至强迫15岁左右的少女从婚。从调查结果看，许多农村妇女早婚是属于包办婚姻的；三是法制观念不强。调查表明，大部分早婚属于事实婚姻，未进行正式登记。有的结婚数年后才补办结婚登记手续，有的一直不进行登记。

第三，由于二胎和多胎生育上升。

最近几年，中央对农村计划生育工作一直坚持“普遍提倡一对夫妇只生育一个孩子，照顾有实际困难的夫妇生育二胎，严禁计划外二胎和多胎生育”的政策。然而，一些地方在完善具体生育政策的过程中，对计划外二胎和多胎生育控制不够有力；同时，在一些地区抢生、超生等因素也刺激了计划外二胎和多胎生育。因而，1986年出现了二胎生育大幅度增长，多胎生育人数也有增无减，总人口增长幅度大的新情况。调查资料表明，1986年二胎生育率比1985年上升了4.24个千分点；多胎生育率比1985年上升了0.23个千分点。据推算，受二胎和多胎生育率上升的影响，同1985年相比，1986年多出生人口100万，大约占1986年多出生人口的30%。

多胎生育的多少，不仅影响着今天的人口增长，而且也决定着人口的未来发展，从近几年的人口抽样调查资料看，1981年以来，我国人口多胎生育的比例虽有所下降，但到1986年全国农村30—49岁的已婚妇女中，已经生三个以上孩子的妇女，仍然高达62.5%；在30—34岁的已婚育龄妇女中，已经活产三个以上孩子的也已达到40.7%。这个事实说明，农村仍有40%左右的妇女生育三个以上孩子。

造成多胎生育的原因是多方面的。一是目前农村生两个孩子实际上已经比较普遍，但绝大多数人并不满足于只要两个孩子，尤其是有女无儿户更是不肯罢休，哪怕是已有五、六个女孩，也不死心，非生个男孩不可。据广西壮族自治区调查，在生育多胎的妇女中，因为有女无儿想生个男孩而继续生育的大体占38%。从调查情况看，目前“养儿防老”，既是旧观念，又是实际问题。当前一些地区无儿无女和有女无儿的老人尽管由国家和集体赡养，但往往具体落实不够。二是在农民中“儿女双全”、“多子多福”的旧观念仍有很大影响。这是造成多胎生育的另一个原因。据广西调查已有两个以上男孩的夫妇，想要女孩的大体占12%；有男有女还想要一个男孩的大体占9.4%；认为子女越多越好的大体占8%。三项合计大体占29%。三是一些地区卫生技术人员不足，服务质量较差，这也是造成多胎生育的一个重要原因。在调查中反映，因为节育失败而造成多胎生育的大体占13%，害怕做手术出问题而多胎生育的占7%，两项合计占20%。因此，造成多胎生育的原因既有传统习惯和道德观念方面的问题，也有生活中的实际困难；既有心理上的作用，也有社会经济上的原因。因此，要想刹住多胎生育应当采取社会的、经济的以及医疗卫生和宣传教育等综合治理的措施。

上述分析表明，在影响1986年出生人口增长的几个因素中，受年龄结构变化的影响作用占35%，而婚育年龄提前和生育政策执行中引起的影响占65%。

三、中国面临人口迅速增长的严峻形势

对于1986年和今后几年我国人口迅速增长的形势，一定要高度重视，切不可掉以轻心。统计资料表明，1987年我国人口将继续增长。据测算，1987年我国15—49岁育龄妇女人数将比1987年增加730万人左右。在育龄妇女中，21—29岁的妇女生育能力最强，对出生人口影响也最大。从1982年以来的人口生育状况看，每年21—29岁妇女所生的孩子约占当年出生孩子总数的75—80%。1987年21—29岁的妇女人数将为8 640万人，比1986年的8 320万人，增加320万人。据此，1987年生育水平如果保持在1986年的水平上，预计我国可能要出生2 300万人。这意味着，在1986年出生人口大幅度增长的基础上，还将再多出生120万人。

据测算，今后十几年，我国进入婚育年龄的人口将继续增加。如果生育状况仍保持在1986年的水平上，我国人口势必将突破“七五”计划指标和2000年的人口控制目标。同时“七五”计划规定的人均粮食产量也将难以达到。“七五”计划规定：“1990年末，我国人口总数控制在11.13亿人以内”，“粮食总产量达到45 000万吨，人均粮食产量为800斤”。1984年，我国粮食总产量达到了40 731万吨，创历史最高水平。与此同时，由于认真执行了计

划生育政策，1984年全国人口自然增长率仅为10.81‰，是近二十年来的最低水平。从而使人均粮食产量提高到791斤，比1952年增长37%，比1981年增长21%。自1985年以来，粮食生产出现了新情况，产量下降幅度较大。1985年全国粮食总产量为37 911万吨，比1984年减少了2 820万吨，减产6.9%。尽管1986年粮食总产量有所回升，达到了39 109万吨，比1985年增加了1 198万吨，但仍比1984年减少4%。由于1986年全国人口增长大幅度回升，致使1986年人均粮食产量由1984年的791斤，减少到743斤，减少48斤，下降6.1%。如果1986年以来的人口增长过快的势头得不到控制，那么，到1990年我国按人口平均的粮食产量还会继续下降。我们的出路只有在大力发展粮食生产的同时，降低人口的生育水平。

人口问题，是当今世界的重大战略问题，也是我国的一个战略问题。这个问题解决得好不好，关系着我国现代化建设能否得到成功。严格控制人口增长，实行计划生育是我国必须长期坚持的一项基本国策。1986年我国人口大幅度回升，给我们一个值得注意的信号，它告诉我们，在庞大的生育群进入结婚生育年龄的时候，再加上较高的生育水平，未来我国人口增长的趋势值得引起严重注意。我们必须继续坚定不移地控制人口过快地增长，对此丝毫也不能放松。一方面，我们应在稳定政策的基础上，实行有效措施，真正把计划外二胎和多胎生育控制住；另一方面，要加强晚婚晚育的教育，尽可能推迟第一胎生育的时间，加大计划内二胎生育的间隔，以缓解人口年龄构成变化的影响。此外，要把工作重点放在农村，那里是我国控制人口的难点所在。同时，对镇的人口管理工作也应注意加强，使镇的人口出生率控制在一定的水平上。

（作者工作单位：国家统计局）

1986年中国人口消费水平变化的特点

卢春恒

1986年我国国民经济摆脱了“过热”状态，逐步走上了正常发展轨道。工农业生产蓬勃发展，市场交换进一步扩大，文化教育和各种服务事业都有新的发展，在此基础上，我国人口的消费水平和消费结构也发生了一些新的变化。

1986年中国人口消费的基本情况

全国人口消费水平比上年提高10%。1986年全国国民收入完成7 770亿元，比上年增加765亿元，扣除价格变动因素实际增长7%。全国居民的平均消费水平为450元，比上年增长1%，扣除物价因素后实际增长4%，增长幅度是近几年较低的。这一方面是因为我国国民经济克服了超高速增长后，国民收入的增长速度有所放慢；另一方面，因为1986年人口增长过快，全年人口增长率达到14.08‰，是近四年来增长率最高的一年，出生人数比1985年增加了

300多万。

1986年城镇居民人均收入828元，比上年增加143元，增长20.9%，扣除生活费价格指数后实际增长13%。主要是职工平均工资增长，1986年全国职工平均工资为1 332元，比上年增加184元，增长16%，其中全民所有制职工平均工资1 419元，增长17%，集体所有制职工平均工资为1 093元，增长12.9%；另一方面，就业人数增加，1986年全国共增加就业519万人。

1986年全国农业居民人均年收入达到424元，比上年增加26.5元，增长6.7%，扣除物价因素后实际增长3.2%。从农民收入来源看，从乡镇企业得到的收入虽然增长较快，但家庭经营仍然是农民收入的主要来源。1986年农民家庭经营收入人均345.9元，比上年增长7.9%，从集体得到的收入为35.9元，比上年增长7.5%，其中，从乡镇企业得到的收入为21.6元，比上年增长17.2%。在家庭经营收入中，来自农林牧副渔经营收入增长5.4%；来自工业、建筑经营收入增长28%；来自商业、饮食服务业收入增长13%。从收入水平看，高收入户增加，部分地区的贫困户也增加，应引起重视。

近年来，消费品价格不断上涨。价格上涨对居民生活水平影响有多大，这是大家关心的问题。据统计，1986年社会商品零售物价比上年上涨6%，上涨幅度比1985年的8.8%下降了2.8个百分点。其中，农村零售物价上涨了5%，比上年的7%下降了2个百分点，城市零售物价上涨了7%，比上年的12.2%下降了5.2个百分点；生活服务价格上涨了7%左右。各类商品价格上涨幅度不同，对居民生活影响大小也不一样。据统计，1986年食品价格上涨了7%，其中副食品上涨8%，粮食上涨8%。由于食品价格上涨，城乡居民全年约多支出140亿元；穿的商品价格平均上涨了3.5%，因而居民多支出25亿元；用的商品价格平均上涨了3%，因而居民多支出67亿元。总之，由于物价上涨，全国居民一年多支出254亿元。其中，城镇居民约支出110亿元，加上服务项目价格上涨共多支出约121亿元，平均每人60元，一个四口之家，一年多支出240元。尽管如此，由于收入增长更快，所以从总体来看，我国人口的生活水平还是有所提高，但不同收入水平的人情况不完全一样。从全国来看，仍有一部分人生活困难，甚至收入下降。据对北京、上海、天津及部分省会城市的调查，1986年约有20%的家庭收入比上年减少。其中有8%的家庭是由于人口变动而造成收入下降；有6%的家庭是由于退休、病假、脱产学习以及企业经营不善等原因，收入减少；另外，还有8.6%的家庭由于物价上涨影响，实际收入下降。在农村，据对6万多户农民家庭的调查，人均收入在200元以下的困难户虽然由1985年的12%，下降为11.3%，但由于自然灾害的影响，年收入100元以下的户，由1985年的0.9%上升为1.1%。

1986年我国人口的消费结构，也发生了一些变化。据对全国6万多农户的调查，1986年人均消费支出为356.95元，比上年增长12.5%，扣除物价上涨因素后实际增长8.3%。从消费结构上看，用于吃的、穿的、烧的比重下降，用于用的、住的消费比重上升。1986年农民消费支出中，用于食品方面的支出占56.4%，比上年下降了1.4个百分点；用于穿衣方面的支出占9.5%，比上年下降了0.4个百分点；用于烧的支出占5.2%，比上年下降了0.5个百分点；用于住的支出占14.4%，比上年上升了2个百分点；用于用的支出占11.5%，比上年上升了0.1个百分点。在食品中，主食消费86.5元，比上年增长4%，人均消费粮食259公斤，与上年持平，其中细粮212公斤，增加3.4公斤；副食品消费82.6元，增长13.2%；鱼、虾、肉、禽、蛋、奶等高蛋白食品消费量为18.3公斤，增加2公斤；卷烟、酒、水果的消费量都有大幅度增加。1986年全国农村商品零售额比上年增长13.5%，其中，用的商品零售额增长17%，人均购买用品消费支出41元，比上年增长13.7%，每百户农民购买电视4.74台，收录机1.99台；全国农村穿的商品零售额增长9%，人均购买穿衣消费支出33.74元，增长7.7%，每人每年平均购买成衣1.08件，比上年增长11.3%。购买化纤、尼龙、毛线等商品的支出增长幅度都是两位数。农民收入提高了，农村出现了持续的建房热，1986年农民购买水泥增长了2.5倍，玻璃增长了2.3倍，钢材增长了2.5倍，年末人均住房面积15.3m²，比上年增加0.59m²。

1986年城镇居民人均生活费支出799元，比上年增长18%，扣除物价上涨因素后实际增长10.9%。从消费结构上看，吃的、烧的所占比重分别为52.2%和1.6%，比上年分别下降了0.1个百分点，穿的比重为14.1%，比上年下降了0.5个百分点；而用的和文化生活支出的比重，分别为24.1%和8%，比上年分别上升了0.4和0.3个百分点。从统计资料来看，在城镇居民中，由于收入水平、消费结构不同，物价上涨对他们的影响也不一样。根据106个城市、140个县镇的调查，不同收入水平的居民，食品消费的结构不同，食品支出在全部消费支出中的比重不同，食品价格上涨对他们的影响不一样。

下面的统计资料表明，不同收入水平的居民，食品支出占总消费支出的比重有明显差别，食品价格上涨对他们的影响也大不一样。在这种情况下，低收入户在食品价格上涨后，出现了抑制消费的趋势，据统计，约有10%的低收入户，1986年消费的蔬菜和禽蛋比上年分别下降1.2公斤和0.12公斤。

	低收入户	高收入户	高收入户为低收入户倍数
蔬菜（公斤）	128.3	167.8	1.31
猪肉（公斤）	14.04	23.4	1.67
牛羊肉(公斤)	2.04	3.96	1.94
家禽（公斤）	2.52	6.12	2.43
蛋　（公斤）	5.88	11.16	1.90
鱼　（公斤）	6.12	11.28	1.84

	低收入户	中等收入户	高收入户
每人每年用于食品的支出（元）	330	460	652
食品支出占比重(%)	61.2	54.0	47.4
食品价格上涨每人多支出金额（元）	22.16	30.89	43.81
多支出金额占生活消费　%	4.1	3.6	3.2

有趣的是，由于物价上涨，使人们的消费欲望出现了新的变化。统计资料表明，物价上涨刺激了一部分中等收入户购买耐用消费品的愿望。

	中等偏下户	中等户	中等偏上户	高收入户	最高收入户
彩色电视机	10.5	0.9	2.1	−6.7	4.2
电冰箱	87.0	70.7	51.2	35.6	15.0
录音机	46.8	3.8	8.1	−1.0	−2.0
照相机	143.4	92.2	111.0	58.0	29.2
电风扇	13.1	14.7	9.2	−3.7	19.9

1986年消费水平变化的特点

一、农民收入由超常规增长转入常规稳定增长，东部、中部、西部地区收入差别有扩大的趋势。

近几年来，农村经济体制改革深入发展，以家庭承包为主体的经营承包责任制，极大地调动了8亿农民的生产积极性，农业生产连年全面大幅度增产，农民收入提高的幅度也相当大。随着时间的推移，农业生产的这种超常规增长，逐渐转入常规增长，农民收入的增长速度也转入正常。1984年与1978年相比，农民收入增长了1.4倍，平均每年递增16%（已扣除价格因素），1985年又比1984年增长11.8%，扣除价格因素后增长8.4%，1986年比1985年增长6.7%，扣除价格因素的实际增长3.2%，增长速度明显放慢。这里除了自然条件影响以外，主要是前几年超常规增长之后，农民收入开始转入正常增长。党中央、国务院早就指出，发展农业生产，一靠政策，二靠科学。今后农业生产的发展，农民收入的提高，除了要继续改善和深化农村改革以外，就是要在改善农业生产条件，提高科学种田水平上下功夫。

由于历史和自然条件的影响，我国东部、中部、西部农业生产的发达程度很是不同，呈现出明显的阶梯状，农民收入也有明显差异。值得注意的是，这个差距有扩大的趋势。1986年，我国东部地区农民人均收入496元，比上年增长7.1%，高于全国平均水平。其中增长10%以上的有上海（增长15.6%）、江苏（13.9%）、辽宁（13.9%）、广东（13%）、天津(12.6%)、浙江(11.2%)、山东(10.6%)等省、市。中部地区农民人均收入为397元，比上年增长2.3%，低于全国平均增长速度，其中山西、内蒙两个地区还比上年降低3.6%；西部地区农民收入328元，比上年增长1.9%，比东部、中部都低，其中西藏自治区人均收入比上年下降2.6%。东、中、西三个地带人均收入之比，1985年为1∶0.84∶0.69，1986年这个比例变为1∶0.8∶0.66。这个问题应引起重视。中部、西部地区应加快有计划商品经济的发展，同时东部地区人口稠密，生产技术水平较高，人均耕地少，应有计划地向西部地区传输技术，大力提倡人口由东向西移动。

二、农民消费支出的增长超过了人均收入的增长，对生产的投入慢于生活消费的投入。

1986年农民消费支出为356.96元，比上年增加40元，增长12.5%。而同一年，农民人均收入比上年只增加24元，增长6.7%。造成这种状况的原因，一方面是农民收入转入常规增长以后，速度有所放慢；另一方面部分农民受高消费、消费超前等错误宣传影响，没有量入为出，挖了积蓄。这种情况在短期内不会有多大影响，长时间如此，就值得忧虑了。诚然，这几年农民收入有了很大提高，一部分农民对某些中高档消费品有了购买的欲望，同时也由于其他条件的变化，使农民有了实现这种消费愿望的可能，但是对这种消费需求不可估计太乐观，更不能盲目加以推广和宣传。因为实际上在我国农村一部分地方已开始出现了购买耐用品的浪费现象，有的农民买了洗衣机，因为没有自来水感到不便，只好当米缸来用；有的地区电力供应不好，停电时间比供电时间长，供电质量差，有了电视机不能收看，或收看质量太差，造成浪费。与此形成鲜明对照的是，农民用于生产投入的增长却慢于生活消费的增长。1986年农民用于生产投入的支出人均为149元，比上年增加9.2元，增长6.6%，大大低于用于消费支出的增长幅度，生产投入占全部支出的比重比上年下降了1个百分点.应该看到，这几年农业生产的发展，主要是靠政策调动了农民的生产积极性，而农民对生产的投入增长不快，其原因除了担心政策多变以外，主要是广大农民对长远利益、当前利益和积累与消费的关系认识不清，处理不当。今后要增强农业后劲，对农业增加投入的主体应该是8亿农民，国家对农业的投资，大部分要用于大型项目，对整体来讲只能起示范和辅助作用。因而，逐步引导农民增加对生产的投入是保证我国农业生产持续增长的关键所在。

三、城市居民收入持续增长，中小城市快于大城市。

1986年，我国城镇居民人均收入828元，比上年增长20.9%。从1986年城镇居民人均收入水平上看，城市越大收入水平越高，从增长速度上看，恰恰相反，大城市人均收入增长速度较低，而中小城市则增长较快。如下表：

城市规模	1986年人均收入(元)	比上年增长%
100万人口以下	980	19.9
50—100万人口	888	18.7
20—50万人口	864	19.4
20万人口以下	819	21.5
县城非农业居民	717	22.6

人均收入超过千元的城市逐年增加，1984年只有深圳一个，1985年上海、广州、佛山也都超过了千元，1986年达到14个，它们是深圳、北京、上海、广州、无锡、南通、常州、杭州、宁波、厦门、佛山、湛江、肇庆、乌鲁木齐等。其中沿海开放城市居多。

从上表可以看出，大城市的人均收入高于中小城市，但从居民平均居住面积上看，情况恰恰相反。据国家统计局和城乡建设部全国城市住房普查资料，全国城市人均居住面积为6.1m²，城市越大人均居住面积越小。

	20万人口以下	20—50万人口	50—100万人口	100万人口以上
人均居住面积（m²）	6.65	6.08	6.19	5.86

从地域上看，南方城市人均住房面积高的居多，住居面积低的，多集中在东北三省。人均住房面积超过7m²的有，浙江省的城市平均为7.04m²、江苏为7.07m²、湖南为7.11m²、四川为7.11m²、福建7.19m²、河北7.10m²；人均住房不到5m²的有，黑龙江省4.98m²、吉林省4.93m²、辽宁省4.71m²。东北地区人均住房面积低的原因，一是欠账太多，二是城市人口比重大，三是住房造价高，而用于建房的投资偏少。值得注意的是，人均住房面积不足4m²的人口，占城市人口的25.7%。

四、城镇居民生活消费中对集市贸易的依赖程度加大。

随着城镇中集市贸易的发展和蔬菜副食品价格的放开，城镇居民生活消费中，特别是食品消费中对集市贸易的依赖程度明显加大。1986年城镇居民用于食品消费的支出为419元，占全部生活费支出的比重与上年比较，虽然只下降了0.1个百分点，但购买食品的来源却发生了较大的变化。据106个城市140县城的抽样调查，1986年居民从集市上购买的食品人均支出152.28元，比上年增加23.76元，增长29.7%。分品种看，人均从集市上购买蔬菜109公斤，增长6.3%；猪肉9.6公斤，增长31.1%；家禽2.64公斤，增长15.8%；鲜蛋4.2公斤，增长12.9%；鱼类4.68公斤，增长14.7%；瓜果26.3公斤，增长29.6%。从集市购买食品的比重明显上升（见右表）。

	1984年	1985年	1986年
从集市购买食品的比重(%)	16.8	33.9	36.4
其中：蔬　菜	41.7	71.1	73.5
猪　肉	13.3	43.9	51.6
牛羊肉	31.0	50.0	52.2
家　禽	55.0	70.4	68.8
鲜　蛋	30.2	54.4	59.3
虾　鱼	35.0	57.6	57.4

从城市规模来看，城市大，对集市贸易依赖程度小；城市小，对集市贸易依赖程度大。1986年不同规模的城市，对集市贸易依赖程

度如下：

城市规模	100万人口以上	50—100万人	20—50万	20万人以下	县城
对集市依赖程度（%）	21.9	32.7	39.3	45.8	47

这种情况生动地证明了城镇居民对集市的欢迎，同时，又由于集市贸易价格上涨幅度大，且不够稳，影响居民生活消费，因而，如何稳定集市价格，对居民生活也是很重要的。

几个需要研究解决的问题

近两三年，随着工农业生产的发展，全国人口的消费水平有了较大提高，这是大多数人亲身体验到的。但也出现了一种怪现象：生活改善了，人们的意见反而更多了。这是为什么？我认为除了宣传上的某些片面性，分配过程中的某些不合理现象以外，还有一些与消费有关经济政策问题，也需要认真研究解决。

一、消费水平的提高应该与生产的增长相适应。

“六五”期间从整体来看，消费基金的增长与生产的增长大体上相适应。问题是，从1984年下半年起，出现了积累和消费同时大幅度膨胀，使国民经济出现了少有的“过热”状况和工业生产的超高速发展。随着国家采取一系列调整措施，国民经济逐步从过热转为正常发展，但消费基金的过快增长，却没有得到有效的控制。近三年来，城乡居民收入和社会集团购买力，分别递增24%和22.7%，超过了同期国民收入的增长，出现了市场供应相对不足，购买力大量节余，1986年末全社会节余购买力约为3 330亿元，比1983年末的1 450亿元，增加1880亿元，增长一倍多，相当于8个月的社会商品零售额。社会购买力的实现程度逐年下降，1986年为86%，比1983年的91.2%下降了5.2个百分点。

社会有支付能力的购买力增长过快，主要表现为：

（一）工资增长过快。全民所有制工业职工工资总额，扣除物价因素后，平均每年增长13%，超过了同期工业生产的增长速度。职工平均工资每年递增9.5%，超过了同期劳动生产率的增长速度。

（二）工资以外的各种收入增长过快。这里有几种情况，一是劳保福利补贴1985年达100多亿元，退休职工费用140亿元；二是其他各种收入，包括个体劳动者收入，估计1985年100亿元左右，存款利息50亿元左右，拆迁、职工退休再谋职业、在职职工谋求第二职业、收受回扣、债券利息等估计也近100亿元。这些工资以外的收入，占全部收入的比重由25%上升为33%。

（三）社会集团购买力增长过快。目前，消费基金增长过快已成为国民经济潜在的不稳定因素，有必要加以控制。从企业来讲，要推行各种形式的经营承包责任制，把企业生产经营成果与工资挂钩，并实行定额承包，控制工资盲目增长，对农民则应大力提倡增产增收，而不要把更多的希望寄托在农产品提价上；对工资以外的各种收入，则应该通过适当的政策加以控制，使之既能调动积极性，又不致于使其收入增加失去控制。

二、调整价格要注意研究居民的承受能力。

近三年，零售物价指数连年上涨，1984年为2.8%，1985年为8.8%，1986年为6%。虽然城乡居民收入增长超过了物价上涨的幅度，但在人们心理上却留下了很深的印记，再加上日用品价格上涨而国家未予补贴，引起了强烈反应和一定的恐惧心理，以至在一些地区连续出现枪购风潮。我们说收入增长超过了物价上涨，主要就总体而言，但分类来看，不同收入水平的居民受物价上涨影响程度不同，他们的承受能力也不同，特别是有相当一部分人，由于各种原因收入没有增长或增长较少，不抵物价上涨造成的影响，这就造成了这部分居民实际生活水平下降。因而，在调整价格时，要精确计算居民的承受能力，使绝大多数居民，在价格调整的情况下仍能保持年年生活水平有所提高，不可操之过急，同时宣传部门也要经常进行价格知识的宣传，使人们认识到价格调整的重要意义和积极作用，逐步增强对价格变动的承受能力。

三、积极调整产品结构，正确引导消费，大力疏通流通渠道，不断满足居民消费需求。

近几年随着工农业生产的发展和消费结构的变化，生产结构相应发生了较大变化。客观地说，变化之快，调整幅度之大，是相当可观的。以日用电器产品为例，近几年我国从无到有，由小到大，增长之快，在世界上是少有的。但一些名牌产品仍远远满足不了居民消费需求，出现了一方面某些产品大量积压，另外一些产品又严重供不应求的状况。解决这个矛盾要从三方面入手。

其一是积极调整产品结构。这是矛盾的主要方面。但也应该看到调整产品结构，一需要技术，二需要资金，三需要时间。不能设想一个早上或一、二年，我们的产品结构就可以调整得完善了。特别从目前我国情况来看，这三个方面都不可能在短时间内有根本性的变化，资金不足，技术进步不快，外汇短缺，是一个长期问题。因而，对调整产品结构，一要抓紧，二不能要求过急。要解决生产与需求的矛盾，还必须做其它工作。

其二是正确引导消费。如上所述，近年来我国消费增长过快，再加上结构不够合理，以及引导不力，使我国相当大一部分消费者过早地把支付能力投向日用电器方面，加剧了产需矛盾。要解决这个问题，除了积极调整产品结构，从宏观上控制消费过快增长以外，就是要正确引导消费。对城市居民，一方面要引导大家把节余的资金储蓄起来支援国家建设；另一方面可以考虑改革住房办法，使居民把一部分购买力存起来，用于住房方面；第三，也可以考虑对少数供求矛盾特别尖锐，短期内调整产品结构也不会有大进展的产品，适当提高价格，调节供求关系。

其三是大力疏通流通渠道。我国居民的需求是多层次的，许多产品在城市滞销，而在农村却很适销，问题是商品下乡渠道不够畅通，一些产品售后服务工作跟不上，也限制了农村市场的开发。农村是一广阔市场，把这盘棋搞活了，我国目前供求矛盾的状况可以大大缓解，反过来又可以促进生产的发展，进一步满足消费的需要。

（作者工作单位：国家统计局）

1987年中国1%人口抽样调查方案设计

沈益民

遵照国务院关于今后每十年进行一次全国人口普查，两次普查中间进行一次人口抽样调查的批示，1987年我国将进行一次1%人口规模的抽样调查。这是继1982年第三次全国人口普查以后，又一次大型的人口调查。为了认真搞好这次人口抽样调查，国家统计局在邀请各有关部门和专家学者进行座谈研究并广泛听取意见的基础上，经过试点，制定了《1987年全国1%人口抽样调查方案》、《1987年全国1%人口抽样调查抽样设计方案》，以及人口抽样调查表的填写说明、有关地址编码、调查员的选调和培训、登记和复查、手工汇总、质量检查、编码、调查资料的包装运送和管理，计7项工作细则等一整套调查方案。本文拟就1987年全国1%人口抽样调查的调查目的和项目、调查对象和标准时间、抽样设计、调查方法和组织领导以及数据处理等几个方面，阐述如下：

一、调查目的和项目

人口情况是国情国力的重要方面。人口普查和两次普查间的简易普查（或称小普查）所获得的人口资料，是国家制定和检查国民经济和社会发展计划的重要依据。1987年全国1%人口抽样调查的主要目的：一是为了查清1982年人口普查以来的五年间我国人口增长，人口地区分布和人口性别、年龄、民族、文化、产业结构等社会经济构成的变化情况；二是获得最新的生育率和有关因素的信息，以观察人口数量的变化，预测人口发展趋势；三是在死亡率，尤其是成人死亡率方面获得较可靠的信息，以研究提高我国的人口素质；四是获得人口迁移流动信息，了解经济体制改革对此带来的影响；五是为将于1990年进行的第四次全国人口普查做一些必要的准备和探索。

为了与1982年的人口状况进行对比，这次1%人口抽样调查保留了1982年人口普查的全部调查项目，同时增加了反映人口迁移状况和死亡人口特征等有关项目。

这次调查设计了《1987年全国人口抽样调查表》和《死亡人口登记表》两种调查表式。全国人口抽样调查表有26个调查项目，死亡人口登记表有9个登记项目。主要项目如下：

（一）为了获得近一年半人口出生、死亡和自然增长状况资料，在按户填报的项目中设计了：

本户1986年上半年出生人数；

本户1986年下半年出生人数；

本户1987年上半年出生人数；

本户1986年上半年死亡人数；

本户1986年下半年死亡人数；

本户1987年上半年死亡人数。

当前正面临60年代生育高峰期出生的人口开始进入生育旺盛年龄，加之有些地区对控制人口增长的工作有所放松，因此，切实查清当前的人口自然增长情况，是这次抽样调查的一项重要任务。近一年半的出生、死亡人数，分为三个半年填报，既可以获得1986年全年的数据，也可以获得调查前一年（1986年下半年和1987年上半年）的数据。

（二）为了获得当前人口婚姻生育状况资料，在按人填报的项目中，除保留15岁以上人口填报的“婚姻状况”项目外，还增加了“初婚年龄”的项目。同时，保留了15—64岁的妇女填报的“生育和存活子女总数”的项目，以便与五年前资料进行对比。在育龄妇女填报的“1986年1月1日至1987年6月30日生育状况”的项目中，包括了生育胎次和所生婴儿的性别等内容。

（三）为了获得近五年中的人口迁移资料，新设计了“在本地居住时间”以及迁入本地不满五年的人填报的“最近一次从何地迁来”和“迁移原因”三个项目。设计这些项目，是为了获得1982年以来五年中每一年的人口迁移状况，包括省际迁移和城乡之间（市、镇、县之间）的迁移，以及迁移原因。这些信息，对于我们了解近五年来由于社会经济结构和经济体制改革所带来的人口分布和人口经济构成的变化将是十分重要的。

（四）为了获得当前年龄、民族、文化、产业构成等各项人口构成资料，以便观察1982年以来五年间的变化情况，在按人填报的项目中，保留了性别、年龄、民族、文化程度、行业、职业、不在业人口状况等项目。

（五）为了获得有关死亡人口方面较多的信息，新设计的《死亡人口登记表》中包括：死者所在户编号，死者姓名、性别、民族、出生年月、死亡年月、文化程度、婚姻状况，以及死者生前从事的主要职业等9个项目，以便对死亡人口进行较为详细的分析，为提高我国人口素质、延长预期寿命、改善医疗保健提供可靠信息。而1982年全国人口普查对死亡人口的调查，仅登记了死者的性别和年龄，获得的信息较少。

二、调查对象和标准时间

1987年全国1%人口抽样调查的对象，是被抽地区中具有中华人民共和国国籍的人。这次调查，采取按常住人口登记的原则。调查时以户为单位进行登记。具体地说，应在本户调查登记的人口，包括以下三种情况：

（一）常住本市、镇、县，并已在本市、镇、县登记了常住户口的人（包括外出不满半年的人）；

（二）居住在本市、镇、县，常住户口在外地，已离开户口登记地半年以上的人；

（三）调查时住在本市、镇、县，由于各种原因，户口待定（没有登记常住户口）的人。

这次调查方案的设计，对调查对象的确定，与1982年人口普查相比，有一个明显的不同点，即将常住的界线由一年改为半年。抽样调查表的《填写说明》指出：“凡在本地居住从事流动性作业或流动性服务业的人口，只要调查时已离开户口登记地半年以上，就应进行调查登记，不能遗漏。同时，凡在调查时，已离开本地连续半年以上，户口在本地的人，就不应进行调查登记，以免重复。”为什么改为“半年”呢？大家知道，随着经济体制的大变革，农村中有不少富余劳动力连续数月外出从事经商、服务或者转向工业、建筑业。尽管一年中他们有时回家，却多数时间外出劳动。将“常住”的界线改为半年，可以更好地反映人口变动的状况。如果仍然保持原来的一年的界线，人口变动的许多实际情况就不可能反映出来。

调查的标准时间为7月1日0点，距上次人口普查的时间正好五年，便于数据的对比和分析。青海、新疆少数提前登记的牧区，都以标准时间的人口状况进行校正。

三、抽样设计

这次人口抽样调查，要求调查结果不仅对国家一级有代表性，对各省、自治区、直辖市也要有代表性。所以，在选择全国样本总含量时，先确定满足省级样本代表性的平均样本数量。

为了使各项统计指标的样本推算值达到预定的精确度，以精度要求最高的人口死亡率作为确定样本数量的依据。

人口死亡率：p＝6.35‰（1982年人口普查数）

机　率　度：t＝2（把握程度为95％）

误　差　率：r＝5.5％（p在6‰与6.7‰之间）

省级简单随机抽样的平均样本数量为：

$$n=\frac{t^2}{r^2}\cdot\frac{q}{p}\,(q=1-p)=\frac{2^2\times0.99365}{(0.055)^2\times0.00635}=21\text{万人}$$

省级整群抽样的平均样本数量为：

n(省)＝n·deff＝21万×1.7（经验数据）＝35.7万人

全国样本总含量约占全国总人口的1％，即1000多万人口。这1000多万人的样本在29个省、自治区、直辖市的分配，采取按人口开方比例分配的办法。样本最少的是青海和宁夏，为10万人；最多的是四川，为64万多人。西藏自治区作为特殊情况，只调查5000人。

这次调查采取分层、三阶段、整群抽样的方法。

（一）分层：以地理、经济条件和人口规模等作为分层的依据，如城市和农村；山区和平原；农业区和牧业区；城区和郊区等，对全国的县、市进行分层。

（二）三阶段：

第一阶段，河北等26个省、自治区抽取县、市。北京等3个直辖市抽取街道、镇、乡。第一阶段的抽样工作，在国家统计局统一组织下，由各省、自治区、直辖市统计局负责进行。

第二阶段，河北等26个省、自治区被抽中的县、市抽取2—8个乡、镇、街道；北京等三个直辖市被抽中的街道、镇、乡抽取2—6个居民委员会、村民委员会和集体户单位。

第三阶段，河北等26个省、自治区被抽中的乡、镇、街道抽取村民委员会、居民委员会和集体户。最终样本单位的整群规模，按概率比例计算的规模加以控制。

上述第二、三阶段的抽样工作，在被抽中的县、市（乡、镇、街道）协助下，由省、自治区、直辖市统计局负责进行。

四、调查方法和组织领导

这次调查，在国务院和省、自治区、直辖市人民政府领导下进行。大部份省、自治区、直辖市和被抽中县、市，在各级人民政府的领导下，组织各有关部门成立了人口抽样调查领导小组，从组织上保证调查的顺利进行。国家统计局和省、自治区、直辖市统计局负责调查的组织实施工作。

调查登记方法，采用由调查员逐户访问登记（或设立登记站），调查指导员负责指导、检查，并请基层干部和群众积极分子担任陪调员，协助做好宣传和调查的组织工作。调查员由县、市人口抽样调查领导小组从机关、企事业单位及社会上选调和招聘，经过严格培训和考试合格后录用。为了确保调查质量，减少调查误差，对调查的原始资料，建立了层层把关、短线反馈的严格质量检查制度。调查员对填写的每份调查表格，当天进行认真复核，发现差错，立即纠正。指导员对调查员经过复核送交的调查表，全部进行检查，发现差错和疑问，退回调查员重新调查核实。调查登记工作，在1987年7月10日以前完成。调查登记的复查工作，在7月15日以前完成。复查的方法，除由调查员每天进行自查外，再由指导员组织调查员进行互查。对户数、人口以及出生、死亡、迁移等数字，请群众代表议查。复查中发现的差错和疑问，都进行实地核查，据实改正。

五、数据处理和公布

（一）手工汇总。1%全国人口抽样调查的几项主要数字，先进行手工汇总。被抽中县、市人口抽样调查领导小组为一级手工汇总单位，于1987年8月10日以前完成上报；省、自治区、直辖市人口抽样调查领导小组为二级手工汇总单位，于1987年8月31日以前完成上报。国家统计局于1987年9月15日以前，完成全国手工汇总工作上报国务院，经国务院审批后公布。

（二）机器汇总。人口调查表经过复查无误后，逐项进行编码。编码工作，经过省、自治区、直辖市人口抽样调查领导小组验收合格后，交付录入。由国家统计局计算中心和各省、自治区、直辖市统计局计算站负责全部调查资料的录入、编辑和制表工作。数据处理的全过程，强调质量第一，严格按有关细则办事。国家统计局人口统计司负责对全国机器汇总表进行审核验收，经国家统计局审批后公布。

（作者工作单位：国家统计局人口统计司）

中国农业剩余人口转移与小城镇建设

王 向 明

近几年，在改革、开放形势下，我国农业剩余人口转移的进程和小城镇建设的进程都在日益加快。这个过程的现状、趋势和出现的问题如何？农业剩余人口究应如何适度地向小城镇转移？这是本文拟探讨的主要问题。

农业剩余人口的转移

农村经济体制的改革和商品经济的发展，使农业中积蓄、隐蔽的大量多余劳力脱离出来。1986年，全国农村从事工、建、运、商等非农产业的劳力达到7 522万人，比1981年的1 917万人增加了5 605万人，增加了2.9倍，平均每年增长23.8%；比1985年的6 714万人增加了808万人，增加了12%。非农产业劳力占农村劳力总数的比重，已由1981年的5.9%、1985年的18.1%提高到1986年的19.8%。80年代以来，我国农村劳力总数增加很快，1986年比1981年共增加6 619万人，同期转移到非农业部门的劳力约占增加劳力的85%。这说明农业劳力向非农产业的转移大大缓和了农业劳力过剩的现象，但是农业中早已过剩的劳力还有待进一步的转移。据国家统计局对773个县2 468个乡（镇）1 153.6万农户的抽样调查，全国农村剩余劳力还约占农村劳力总数的15.7%，即约6 000万人，这仍是十分庞大的待转移的劳动力队伍。

1986年农村非农产业劳力增长速度和规模有所减慢，这一年比上年只增加808万人，只相当于上年增加数（3 030万人）的26.7%，这是猛增之后适当调整的结果。

从劳力转移的方向看，首先是工业，在1981年至1986年期间共增加2 256万人；其次是建筑和勘探业增加960万人；再次是运输、邮电和商业、饮食服务业分别增加396万人和532万人（见表1）。

农业劳力向非农产业的转移正加速农村就业结构的改变，从1981年到1986年，第一产业就业人数的比重由94.1%降为80.2%；第二产业就业人数由3.8%上升为11.7%；第三产业就业人数由2.1%上升为8.1%。

分地区观察，一个突出的现象是工业较多、商品经济较发达地区农业劳力转移速度较快，规模较大，农村产业结构和就业结构的变化也较大。按各地国民经济分行业的劳动人数计算，我国东部、中部和西部三大地区农业劳力转移的比例就有很大的差异。东部沿海地区非农产业劳力占总劳力数的比重达46.4%，仅就8个沿海省而论，这个比重为42.9%，其中工业较发达地区如辽宁、江苏、浙江达45—65%；中部地区这个比重为32.2%；西部地区这个比重只达29.1%。其中云南、贵州、西藏只达20%左右。（见表2）

表1　　　　　　　　中国农村劳力就业结构的变化　　　　　　　　单位：万人

	1981年	1984年	1985年	1986年	1986/1981%
劳力总数	32 227	35 368	37 065	37 990	117.8
一、农业（农林水利气象）	30 310	31 685	30 351	30 468	100.5
二、非农产业	1 917	3 683	6 714	7 522	112.0
工　业	883	1 034	2 741	3 139	114.5
建筑与勘探	349	811	1 130	1 309	115.8
运输、邮电	110	316	434	506	116.6
商业饮食服务	126	422	552	658	119.2
科研文教卫生	384	411	445	455	102.2
机关团体	35	74	93	117	125.8
其　它	30	615	1 319	1 338	4460.0

表2　　　　中国东、中、西三大地区农业与非农产业劳力比例　　　　单位：万人

	劳力总数	农业劳力	非农产业劳力	工业劳力	非农产业劳力占总数%	工业劳力占总数%
东部地区	19 727.5	10 570.2	9 157.3	4 395.0	46.4	22.3
其中：8省	17 928.7	10 245.7	7 683.0	3 611.6	42.9	20.1
其中　辽宁	1 766.0	633.9	1 132.1	603.2	64.1	34.2
江苏	3 393.6	1 744.3	1 649.3	873.8	48.6	25.7
浙江	2 302.5	1 275.9	1 026.6	560.2	44.6	24.3
中部地区	24 322.9	16 491.3	7 831.6	3 369.2	32.2	13.9
西部地区	5 822.3	4 126.1	1696.2	588.2	29.1	10.0
其中　云南	1 694.3	1 319.8	374.5	123.5	22.1	7.3
贵州	1 335.1	1 058.3	276.8	104.7	20.7	7.8
西藏	105.7	85.5	20.2	2.9	19.1	2.7

资料来源：根据《中国统计年鉴》(1986)有关数字计算。

我国农业劳动生产率是最低的，所以农业劳力的转移有利于社会劳动生产率的提高。就东、中、西三大地区比较，非农劳力比重较大的东部地区平均社会劳动生产率大大高于中部和西部地区。1985年东部地区每个劳力每年的平均社会总产值达3 565元，比中部地区的平均值2 134元高67%，比西部的平均值1 924元高85%。东部地区各业的劳动生产率也都高于中部和西部地区。每个地区内部，非农产业，特别是工业的劳动生产率都大大高于农业（见表3）。

经济较发达地区有较好的条件促使农业劳力向非农业部门转移，而转移的结果也有利于城乡经济的发展。这是一种良性循环，而经济不发达地区则处于较不利的地位。这是宏观上要求东、中、西三大地区经济缩小差距争取平衡发展应该研究的重要问题，要改变这种状况

表3　　中国东、中、西三大地区社会劳动生产率的比较（1985年）

	每个劳力年平均社会总产值(元)	每个农业劳力年平均产值(元)	每个非农业劳力年平均产值(元)	每个工业劳力年平均产值(元)
东部沿海地区	3 564.7	1 656.8	5 767.1	9 201.3
中部地区	2 133.9	1 034.1	4 430.8	7 505.3
西部地区	1 924.4	827.5	4 591.8	8 050.6

资料来源：根据《中国统计年鉴》（1986年）有关数字计算。

必须使欠发达地区的经济加快发展并相应加速农业多余劳力的转移，否则地区之间经济发展的不平衡现象有可能加剧。

小城镇发展及其吸收的农业人口

近几年，我国小城镇的人口有了迅速的增长。从1980年到1986年，镇的总人口由5 693万人增加到20 369万人，即增加3.58倍，平均每年增长23.7%，其中非农业人口由4 415万人增加到5 962.8万人，即增加35.5%，平均每年增长5.2%。分年观察，总人口增加幅度有的年份过大，非农业人口的增长则比较稳定，但是无论总人口或非农业人口1984年以后都有了较快的增长，特别是1984年增长最快，这一年总人口增加7 216万人，即增长1.16倍，非农业人口增加745万人，即增长16.6%（见表4）。

表4　　1980年以来镇人口数的变化

年份	镇总人口数(万人)	非农业人口数(万人)	占总人口的%	增长速度%（比上年）	
				总人口	非农业人口
1980	5 693	4 415	77.6	102.5	103.3
1981	5 839	4 492	76.9	102.6	101.7
1982	6 214	4 579	73.9	106.4	101.9
1983	6 231	4 483	71.9	100.3	97.9
1984	13 447	5 228	38.9	215.8	116.6
1985	17 057	5 271	33.5	116.6	109.4
1986	20 369	5 981	29.4	119.4	104.5

1984年镇的人口增加很猛，主要是由于从这一年起国家调整了镇的建制标准，同时在发展小城镇的方针指导下，适当放松了镇的人口管理，特别是许多地区在镇管村的体制下，村的大量农业人口纳入镇的人口统计之中，夸大了镇的实际人口数。这反映在镇总人口中非农业人口比重的不正常下降上。从表4可以看到：这个比重1980年为77.6%，1984年猛降到38.9%，1986年进一步下降到29.4%。如果消除这种因素，按镇的总人口为其非农业人口的1.428倍计算(即镇人口中的非农业人口按70%计算），则1986年镇的总人口只达8 500多万人。

从比较能反映实际情况的非农业人口的变化来看，1984年以来，镇人口的增长速度和规模也是在此以前的三十多年中所未见的。1984年到1986年期间，镇的非农业人口共增加1 498万人，平均每年增加近500万人，即年增长率为10.1%，这也是过去罕见的较高的增长速度（在1961年到1979年期间镇的非农业人口平均每年只增加42万人，年增长率只达1.1%，实际有的年份没有增长，甚至下降）。这是农村改革、开放带来的变化。它是符合我国经济现代化和人口城镇化的要求的。

近几年镇的人口增长快于建制市的人口的增长。按非农业人口计算，1981年到1986年，市人口增加30.4%，而镇人口增加35.5%。总的说，中小城市和镇人口的增长快于大城市和特大城市①（见表5）。

表5　　不同规模城市人口的变化　　单位：万人

按非农业人口分组	1981年		1984年		1985年		1986年		86/81
	个数	人口	个数	人口	个数	人口	个数	人口	%
总　计	229	9 378	295	11 037	324	11 820	347	12 228	130.4
10万以下	49	332	69	465	77	513	92	617	185.8
10万—30万	103	1 906	137	2 430	150	2 678	159	2 837	148.9
30万—50万	31	1 200	39	1 482	45	1 696	42	1 598	133.2
50万—100万	28	2 038	30	2 213	30	2 192	31	2 237	109.8
100万—200万	11	1 442	12	1 583	14	1 817	15	1 951	135.3
200万以上	7	2 461	8	2 864	8	2 930	8	2 988	121.4

80年代以来，镇在人口迅速增加中究竟吸收了多少农业人口？缺少完整的统计数字，但是，下面有关的数字有助于对此作粗略的估算：根据户口主管部门的统计，1984年全国集镇自理口粮户共59.28万户，1986年已增加到454.3万户。一些省增长较快，如湖北增加112万户；安徽、广东、四川、浙江增加45—60万户；江苏、河北、吉林、江西增加10—15万户。按农村户平均规模估算，全国镇自理口粮人口估计在1 800万人以上。

另据统计，1984年乡办工业人数为1 879.2万人，占乡村两级工业人数的48.8%；1985年乡办工业人数增加到2 111.4万人，占乡村两级工业人数的52.7%。当前乡办工业基本上集中在小城镇，村办工业少数集中在小城镇或集镇，大多数散在农村。这就是说，小城镇集中的乡村工业人口已超过半数并且这个比例正在日益增高。近六年中镇增加的非农业人口虽然还少于市，但是，随着乡镇工业和乡镇企业的发展，镇在市镇非农业人口的增加数中所占的份额有可能逐步提高。当前散在农村的非农业人口，比如上述村办工业的近两千万人将会随新建小城镇的增加（集镇扩大为小城镇）或村办工业向乡镇办工业的转化或村办工业向小城镇集中而成为镇的人口。这是小城镇人口增加不可忽视的潜流。

此外，与此有关的一个事实不容忽视，即市镇人口中未包括的流动人口的增长。近年流动人口，特别是大中城市和小城镇的流动人口增加很快。据户籍主管部门的调查、估算，1982年全国每天流动人口约有3 000万人，1985年增加到4 000万人左右。北京、上海、天津、沈阳、长春、哈尔滨、南京、广州、武汉、西安10大城市公安部门1984年3月下旬所

①100—200万人口城市的人口增长也很快，远远超过50—100万人口城市和200万人口以上城市，这可能与50—100万人口城市中有一部份升级有关。

统计的一日人口流动量共计438.3万人，占城市人口的14%。按此比率推算，全国城镇流动人口约达2 000万人，另外全国农村地区估计至少也有流动人口2 000多万人。

流动人口的增加是与商品流通的扩大密切相关的，两者成正比例的增长。1986年全国城乡集市贸易成交额达890亿元，比上年增加26%。据此推断，当前全国城镇流动人口数要超过上述1985年3月调查所得的一日流动量。这些流动人口有相当大的一部份在城市居住时间在半年或一年以上。1985年上海市流动人口调查，居民户、集体户中居住一年以上的占27%；北京市1985年调查，流动人口中居住半年以上的约占一半。他们实际上已离土离乡，逐渐变成变相的常住人口，只是由于城市户籍管理很严，才未能成为常住人口，只要城市户籍管理稍有放松，他们就会成为城镇人口的增补者。

以上情况说明，改革开放促进农业人口加速转移和城乡人口加速流动的势头方兴未艾，正确引导使之保持合理的速度和规模，是一个很值得重视和研究的问题。

农业人口向小城镇转移的适度问题

小城镇，从总体上说，是吸收农业多余人口最宽广的场所。但是，农业人口以什么样的速度和规模向小城镇转移则是一个涉及农业现代化、农村工业化和人口城镇化多方面内容的复杂问题，转移不足或过量转移都不利于充分合理利用农村劳力，也不利于城乡经济的发展。这里有一个值得认真研究的适度问题。

农业人口向小城镇转移，怎样才叫适度？从转移的目的及其经济、社会效果等基本要求来看，这里所说的适度转移，我认为，应是有利于加强农业基础，促进工农业平衡发展，适应乡镇工业合理发展和农村产业结构合理调整的转移。下面作进一步的考察和探讨。

首先，农业人口向小城镇的适度转移应是有利于加强农业这个国民经济基础并促进农业与工业平衡发展的转移。农业多余人口向城镇的转移有两种性质完全不同的类型：一是在工业发展和农业机械化水平与劳动生产率逐步提高的条件下出现的农业剩余人口向城镇各种非农产业的转移；二是在农业停滞、萎缩、城乡收入差距增大的条件下出现的农业多余人口为着就业向城镇的盲目转移。这里所说的适度转移，当然只能是第一种类型的转移。这种转移是以作为国民经济基础的农业日益得到加强为前提的。农业物质技术基础的加强才能腾出日益增多的劳力从事非农产业的经营，并有能力为脱离农业的劳力提供必要的生产生活资料。这样，农业与工业及其它非农产业之间，在劳力、产品、劳务等方面，才能供求相应，在发展中趋向平衡，从而相互促进。否则，供求脱节，失去平衡，转移的农业人口只能滞留城镇成为“盲流”，或者辗转流徙，最后还得返回农村故里。不但转移的目的不能实现，而且会造成巨大的损失和浪费。

从支配农业人口转移的经济动机来看，由于农业在各业中属于劳动生产率和收入最低的部门，非农产业的较高的劳动生产率和较高的收入不能不成为吸引农业劳力的强大的力量；这种吸力也往往造成农业劳力的过量转移，或者使文化较高或有一技之长的劳力过量转移，而使从事农业的劳力或者数量不足或者质量下降。近年在一些乡镇企业发达地区（如珠江三角洲），本地劳力过多地转到乡镇企业而招徕外地农村劳力代耕的现象的出现，以及一些地区农业劳动力中老弱妇女的比例增高的现象的出现，都是上述问题的反映。此外，有些地区的兼业农民在副业收入超过本业的条件下，往往放松粮食生产，不愿精耕细作，甚至任耕地退化或荒芜，这也是上述问题的反映。农业人口适度转移是必须排除这些现象的。否则，就谈不上任何意义上的适度。

我国在鼓励农业多余人口合理转移时是注意到防止上述那些问题出现的，为此，许多地区在乡镇企业收入中提取一定的份额作为支农资金，在1981年到1985年的五年中这项资金即约达60亿元。这种政策措施就是为了稳住农业必要的劳力和加强农业的物质技术基础。它们收到了一定的效果，但并不能完全杜绝上述那些削弱农业的现象的出现（上述那些现象有的也是在乡镇企业大力支援农业的地区出现的）。问题的关键在于当前农业劳动生产率和收入水平低，是由自然条件、技术条件以及政策等多种因素造成的，它与非农产业的差距大而且改变现状不易。以1985年为例，农村劳力年平均社会产值为1 670元，其中每一农业劳力年平均产值只有1 178元，而工业每一劳力年平均产值为6 276元。农业劳力年平均产值只相当于工业劳力的18.9%；相当于建筑业、交通运输业和商业饮食服务业的22—28%。各业之间劳动生产率的这种差异正是农业劳力向非农产业流动的强大动力，也是其经济合理性的依据。但是，也必须同时看到，这里也潜伏了"弃农从工"、"弃农经商"等削弱农业的威胁。预见到这种消极影响，未雨绸缪地采取各种政策措施，是鼓励农业劳力适度转移时不可忽视的。在发展乡镇企业时以其一部分收入支援农业是应采取政策的组成部分，但仅靠这种支援远远不够，最重要的是要采取综合性的政策措施，提高农业的经济效益，这不仅包括改善农业生产经营的各种条件，而且包括提高农业劳动者的文化科技水平以及调整直接和间接影响农业生产经济效益的有关政策。总之，要使农业的生产经营在国民经济各部门中具有自己的优势和吸引力，在专业化、商品化、社会化过程中发挥其特有的功能，要使耕地向能手集中，发挥农业的规模经济效益，以便农业多余劳力的转移能与高效率、高效益的农业发展并行不悖，相得益彰。

第二，农业人口向小城镇的适度转移应是适应乡镇工业合理发展的转移。乡镇工业所在的城镇是工业型的小城镇，也是大多数小城镇发展的物质基础，乡镇工业发展所需要的劳力应从农业多余劳力中得到满足。反过来说，农业多余劳力的很大一部分也要从乡镇工业的发展中得到就业机会。所以农业人口向小城镇转移的合理的速度和规模不能脱离乡镇工业合理发展的需要。

乡镇工业是我国工业的重要组成部分，它的生产是为了满足农业生产、农村建设、城乡人民生活、大工业分工协作要求以及出口等需要。无论是生产资料生产还是消费品生产都是与全社会两大部类产品的生产密切联系的，它们在劳力方面，燃料、动力、原材料方面，资金方面和市场方面，与国民经济各部门存在着千丝万缕的联系，它们的过量发展或发展不足都会影响社会两大部类产品的比例以及消费与积累的比例，从而影响国民经济的平衡发展。农业劳力向乡镇工业的过量转移或转移不足，不仅影响各部门劳力分配比例的合理性，而且也间接影响与劳动力流动相联系的生产资料的分配和流动，所以农业劳力向乡镇工业、向小城镇转移的适度问题必须以国民经济平衡发展的要求来评定。1984年一些地区乡镇工业的过热发展和随之而来的农业人口向小城镇的过快转移，就是超越适度的反映。这一年乡办工业总产值比上年增长40%，镇总人口比上年增长1.16倍，非农业人口增长16.6%。乡办工业的过热发展引起燃料动力和一些原材料缺口加大，供应紧张，也使许多乡办企业资金紧缺，运转不灵，结果不得不进行调整，这种乡镇工业发展中的盲目性而招致农业人口向小城镇过量转移的盲目性，是农业人口适度转移应加避免的。

这里有一个复杂的难题，即必须从国民经济平衡角度进行宏观指导的乡镇工业实际上其经济活动基本上处于市场调节的范围，计划指导与市场调节如何结合尽量减少盲目性是一个很不易解决的问题。近几年的实践证明，乡镇工业积累资金的使用和投资方向上的盲目性往往是投资失控、基建战线过长的重要原因，其消费资金的使用也会成为消费资金膨胀的因素。可见，农业人口的适度转移，既需要从国民经济平衡的角度来评价，还需要注意政策的协调和宏观指导各项杠杆的结合运用。例如人口政策与有关经济政策的协调，经济手段、立法手段以及宣传教育手段的结合运用，以求实现宏观计划的目标。这里，对自发性和盲目性的控制与引导是不可缺少的。

第三，农业人口的适度转移应是适应农村产业结构合理调整的转移。产业结构的变化是以生产力的发展水平为基础的，第三产业的发展是以第一和第二产业劳动生产率和生产水平的提高为前提的，在我国由于第一和第二产业生产力水平低，第三产业的比重很小而且地区之间也不平衡，沿海经济较发达地区第三产业的比重就明显高于内地和边远地区。按1985年国民经济分行业劳动人数计算，东部地区第三产业劳动者占社会总劳动人数的比重达10.3%，高于中部地区的平均比重14.6%和西部地区的平均比重25.3%。随着改革、开放、搞活的总方针的执行和四个现代化进程的加快，各地第三产业的比重正在迅速提高。从农业多余人口的转移来看，除了大部份转入第二产业中的工业生产，也有日益增多的人转入第三产业。所以第三产业的发展也将是农业剩余劳力的重要出路。农业劳力向第三产业转移也有个适度问题，过犹不及都会影响到农业劳力转移的经济效果。三十多年来我国正反两方面实践的经验证明，农业人口向第三产业的转移必须注意防止两种偏向：一是忽视第三产业的发展，50年代到70年代，我国长期强调物质生产而对为物质生产和人民生活服务的第三产业未予以应有的重视，结果人民的生活不便，物质生产也受到不良的影响，这个偏向在80年代已经在改革、开放、搞活的总方针下得到纠正。二是脱离第一、第二产业的基础来发展第三产业，这个偏向现在尚未形成，但也值得提起注意。近几年第三产业有了较快的发展，这对搞活经济和扩大就业都起了很大作用，应该加以肯定。但是，有一些人在强调发展第三产业时，往往以发达国家第三产业占很高比重来论断我国发展第三产业的必要性。近年迅猛发展起来的流通领域和服务业，以及一些盲目发展起来的集体和个体经济是应该引起重视的问题。农业多余劳力的向外转移，包括向第三产业转移，其最终目的在于使全社会的劳动资源得到更充分合理的利用，从而取得发展生产力和提高人民生活的目的。脱离第一、第二产业为发展第三产业提供的条件和提出的要求，农业劳力向第三产业的转移，就不可能为实现上述目标服务。

农业人口向小城镇转移的适度问题还涉及小城镇建设水平及其对人口的承受力问题，前面所谈的农业人口转移要适应乡镇工业合理发展和农村产业结构的合理调整，实际上是适应小城镇发展对农业人口转移的需要；这只是问题的一面；另一面则是小城镇各项建设可以吸收容纳农业人口的能力问题，小城镇也是生产力和人口相对集中的地区，它的基础设施和市政建设能否与生产力和人口增长相适应，不能不是农业人口适度转移应加认真考虑的问题。近几年有些地区迅猛发展起来的小城镇往往由于缺少规划和资金，草率上马，因陋就简，甚至任乡镇企业污染环境，造成公害。这都不符合农业人口适度转移的要求。

农业人口的适度转移是一个应该研究其量的规定性的问题，转移的速度和规模虽不存在什么固定的模式，但是，一定条件下(人口条件和经济条件)需要转移和可能转移的人口是有一个适度的量或区间量的。这个合理的量可以根据农村和小城镇双方在经济和人口方面供求平衡的要求来探讨。这是一个很复杂的问题，但不是不能探索的问题。

（作者工作单位：中国社会科学院人口研究所）

中国人口动态估计的方法与结果

蒋正华　李　南

一、中国人口数据来源及可靠性

1949年以前，中国没有全国性的人口统计数据，当时政府的内政部、海关和邮局从各自不同的目的出发曾对全国人口数作过估计，但都没有经过全面调查的出生率和死亡率数据，1910年与1948年的两次人口普查也由于各种原因只调查了部分省市就中途停止，因此，可以说在1949年前没有比较可靠的人口动态资料。1953年是中国第一次全国性的现代化人口普查，由于组织工作严密，此次普查总的来说可靠性较高。第一次全国人口普查的主要目的是为普选作准备，因而项目较少，集中在年龄、性别、民族等最基本的特征上，在当时缺乏经验的情况下，调查项目的集中保证了这些数据的可靠性，除了西藏等地较少数地区外，占总人口96%以上的人口均经过直接访问，并有当地群众的协助，获得被访问者的充分合作。普查数据经过检验，联合国综合指数为20.9，玛叶指数为1.16，韦伯指数为102.5，说明1953年的普查中年龄、性别报告数据是可靠的。1964年举行了第二次全国人口普查，在前一次的基础上增加了3个调查项目，成为9项，但仍然没有出生和死亡的数据。由于有了前一次的经验，在年龄、性别等方面的报告完全性、准确性均有更高质量。利用这一次人口普查的数据与1953年人口年龄、性别结构比较可以看出，这两次普查绝大部分年龄区都十分吻合，只有在1953年普查时14岁到17岁的年龄显然少报，而18岁的人口显然多报，其原因是不难解释的，因为1953年的普选规定，凡年满18岁者具有公民权，可以参加选举，这就造成14到17岁的人口倾向于高报为18岁。在农村地区，由于过去就有报虚岁的习惯，这一现象的发生更为普遍。1964年年龄性别数据经检验联合国综合指数为19.72，玛叶指数为0.41，韦伯指数为101.9。1982年人口普查数据质量之高现已为国际人口学界、统计学界所公认，无需再作讨论。总的来说，这三次口普查质量是高的，特别是人口年龄、性别的报告是完全可以信赖的，从全国范围来看，三次普查的完全性也十分接近。故本文以此作为一项基本数据用以估计其他人口参数。

出生率和死亡率只是从1954年起才有正式的记录，在此之前的数据均是估计值。历次人口普查中，只有在1982年才列出了出生与死亡的调查项目。与人口年龄报告准确性相比，出生与死亡的报告误差较大，其中尤以出生报告误差较为显著。死亡登记的时间序列数据波动很大，其中虽包含了各个不同时期漏报的干扰，但其总的趋势是反映真冲变化的，可以在本文中作为参考数据使用。另外由于1982年普查的高质量，本文使用1982年死亡报告求得1981年生命表做为一项基本数据用于估计。1982年普查所得的按龄死亡数据可靠性较高，这一点在普查后的复查中得到证实，也可以从普查中采取的种种严密措施得到间接的说明。

中国的国际迁移很少，即使在迁移量最大的一些时期，估计净迁移率也不超过万分之二或三，许多集体迁移的人群中年龄分布也比较分散，对全国人口及其年龄构成的影响不大，可以忽略。

各种抽样调查也从不同角度提供了有关人口动态参数的资料，但它与登记数据相比具有不同的复盖范围，因此不具备可比性，只能利用来作为各种局部地区数据的对比，对全国性资料提供一类间接性的评价信息，在评价时也还必须考虑到抽样误差的影响。

根据以上情况，本文采用三次普查人口年龄、性别数据进行适当而必要的、最小量的调整后作为一项基本数据，1982年按龄死亡登记作为一项基本数据，1953—81年历年粗死亡率作为参考数据进行估计。

二、估计方法

利用1953、1964、1982年人口普查全国年龄、性别报告数据，1982年人口普查取得的上一年死亡资料可以辩别出这三次普查年之间各年的总和与分性别的按龄留存率，进而得到各年的人口年龄、性别结构，总和的与分性别的完全生命表，进而再得到各年的出生率与死亡率。其方法如下：

（一）求得1981年生命表：

从1982年人口普查资料可以得到1982年中按年龄和性别的人口数据以及1981年死亡人口的性别、年龄结构，分别以 P_{am}^{1982}、P_{aF}^{1982}、D_{am}^{1981}、D_{aF}^{1982} 表示1982年中男、女性a岁人数和1981年男、女性a岁死亡人数，于是1981年生命表可由自修正迭代程序求得。迭代过程为，首先注意假设一个按龄留存率SR_a^0作为迭代初值，于是1981年中a岁人口数的零次迭代值可由

$$P_a^{1981\cdot 0} = P_{a+1}^{1982} / SR_a^0 \qquad (1)$$

求得，由此得到1981年a岁死亡率一次迭代值

$$m_a^1 = D_a^{1981} / P_a^{1981\cdot 0} \qquad (2)$$

根据这一组按年龄别死亡率，即可建立起一个生命表，并从生命表参数求出留存率的一次迭代值$SR'a$：

$$SR_a^1 = L_{a+1}^1 / L_a^1 \qquad (3)$$

将SR^1a代入(1)式以取代SR_a^0即可求得$P_a^{1981\cdot 1}$，依次类推可以建立起第二个生命表求得第三次迭代值SR_a^2等等。这一迭代过程进行到第n次迭代得到的$P_a^{1981\cdot n}$与第n+1次迭代所得到 的$P_a^{1981\cdot n+1}$之差小于给定值ε（ε≪1）时：

$$\left| P_a^{1981\cdot n+1} - P_a^{1981\cdot n} \right| \leqslant \varepsilon \qquad (4)$$

则迭代停止，求得了1981年分年龄别的年中人口，同时也得到了第n次迭代产生的生命表，这一生命表即是1981年生命表。以上过程可分别对求解得到分性别的生命表和1981年人口，迭代解法已由作者证明是收敛的，其解存在且唯一。有关这一方法的详细论述见参考资料，

（二）建立参数估计模型。

若已有两个普查年的人口年龄数据和其中一年的生命表（例如、从上一年推出的1981年中人口年龄构成和生命表，再加上1964年人口年龄构成即可作为参数估计的基本数据）则可写出人口分年龄数P(a)和$Pa_1(a+n_1)$以及n_1年的留存率$SPn_1(a)$数列，按以上指示，迁移可以忽略时：

$$Pn_1(a+n_1)=P(a)\prod_{j=0}^{n_1-1}SR_j(a+j) \quad (5)$$

$$\ln\frac{Pn_1(a+n_1)}{P(a)}=\sum_{j=0}^{n_1-1}\ln SR_j(a+j) \quad (6)$$

令 $T(a)=\ln\frac{Pn_1(a+n_1)}{P(a)} \qquad Rj(a+j)=\ln[SR_j(a+j)]$

则有 $T(a)=\sum_{j=0}^{n_1-1}R_j(a+j) \quad (7)$

附录中证明，在两次普查年间任何一年生命表函数SR(a)的变换R(a)可表示为

$$\hat{R}_j(a)=\left(\sum_{l=0}^{n_2}C_{jl}\left(\frac{a}{100}\right)\right)R^*(a) \quad (8)$$

式中$R^*(a)$是基准生命表$SR^*(a)$的变换。n_2的取法也在附录中给出，最高人口年龄本文中取为100岁。现在，我们希望确定参数C_{jl}，使各年生命表确定后，使后一次人口普查各年龄人口倒推到前一次人口普查时刻相应年龄人口与普查统计数误差最小，即

$$\min|Pn_1(a+n_1)-P(a)\prod_{j=0}^{n_1-1}\widehat{SR}_j(a+j)| \quad (9)$$

式中$\widehat{SR}_j(a+j)$为j年a+j岁人口的生命表留存率估计值。由于一致逼近在数字上不易实现，（9）式改为另一种2次型目标函数而将一致性要求留待下步进行：

$$F(C_{je})=\sum_{a=0}^{100-n_1}\left(T(a)-\sum_{j=0}^{n_1-1}\hat{R}_j(a+j)\right)^2$$

$$=\sum_{a=0}^{100-n_1}\left[T(a)-\sum_{j=0}^{n_1-1}\left(\sum_{l=0}^{n_2}C_{jl}\left(\frac{a+j}{100}\right)^l R^*(a+j)\right)\right]^2 \quad (10)$$

本文原用前二阶矩，目标函数为

$$F(C_{j0},C_{j1})\sum_{a=0}^{100-n}\left[T(a)-\sum_{j=0}^{n_1-1}\left(C_{j0}+C_{j1}\left(\frac{a+j}{100}\right)R^*(a+j)\right)\right]^2 \quad (11)$$

令（11）最小，即可解得两次普查年间各年的参数Cjo、Cj_1。双参数模型于是可写为

$$\begin{cases}\min\limits_{c} F(c)=\min\limits_{c}\left[\frac{1}{2}C^T(A^TA)C-I^T\bar{A}^TC\right] \\ S.t.\ \left[C_{j0}+C_{j1}\left(\frac{a+j}{100}\right)\right]>0\end{cases} \quad (12)$$

式中符号详见附录。

（三）参数模型求解。

附录中证明了式（12）所表示的是一个凸规划问题，约束条件保证了留存率为正且小于1，由于式（12）的约束为开集，一般说来可能无解，因此将问题改为

$$\begin{cases}\min\left[\frac{1}{2}C^T(A^TA)C-I^T\overline{A^T}C\right] \\ S.t\quad C_j\geqslant 0\quad C_{j1}\geqslant 0\end{cases} \quad (13)$$

若取后一次普查为标准表，在留存率不大于标准表对应留存率假定下，还可将约束写为

$$S.tCjo\geqslant 1\quad Cj_1\geqslant 0$$

这是一个典型凸规划问题，最优解存在且唯一。但在约束起作用时，最优解必在约束集边界达到，因此本文不求其最优解，而是按附录中方法先找一个C的经验初值CB，然后求以上问题的对CB的最小偏离最优解。CB先由历年的死亡率按近似方法求出，再作经验校正，校正的死亡率不少于已知的各年死亡率，如不满足，重新校正。

（四）一致优化。

由于（13）的解并不满足（9）式要求,即按（13）中求得的各年生命表倒推时各年龄上误差分布不一致，需进行一致优化，这里的目标函数为

$$\min_{\overline{SR}}\left[\alpha(T(a)-\Pi\overline{SR})^2+(1-\alpha)\Sigma(\overline{SR}-\hat{SR})^2\right]$$

其中α为权系数，但并不是人为地给定，而是由对一致误差的要求确定，这将在附录中说明。一致优化公式为：

$$\overline{SR}_k(i+k)=\sqrt[n]{\frac{1-E/TS_i}{1-R_{2i}/TS_i}}\cdot\hat{SR}_k(i+k) \quad (14)$$

符号说明与推导过程见附录。

这里的一致优化过程可使各年龄上的误差一致地小于预先给定的任意正数E，E越小对$\hat{SR}$的修正越大，数E不能过小使$\overline{SR}$对$\hat{SR}$偏离太大从而使最终生成的生命表与标准表相比过于奇异。由于1982年普查年龄报告误差为6.15‰，要求E<6.15‰并无意义，本文中对1964—81年E=7‰，对1953—64年E=10‰，一致优化的结果$\overline{SR}$即是各年生命表中的留存率函数，可由$\overline{SR}$按一般人口学方法生成各年生命表，再求出各年按龄别人口数。

（五）解的修正。

由于人口普查选取的标准时刻为7月1日，按以上所得到的人口年龄结构均相应于年中时刻，而各年生命表也是本年7月1日至下一年7月1日间生命表，由此算出的各年出生率与死亡率也均为本年7月1日到下一年7月1日间的出生率与死亡率，这样的生命表与出生率、死亡率不是按公历年计的值，因而与《中国统计年鉴》和其他资料不具备可比性，必须进行适当的修正。按照常用的人口学方法，我们认为一年内各年龄死亡人数是均匀分布的，按生育率抽样调查的结果，受到中国婚俗及其他因素的影响，上半年出生人数约为全年出生人数的46%，下半年出生人数约占全年出生人数的54%。这样，由于1981年全年出生人数已有人口普查所得到的

数据，可从1980年起向1953年逐年推出修正后的按公历年计出生人口数，并由此得到各年出生率。按龄死亡率则可由算术平均加以修正，得出各年死亡率及总和与分性别的生命表。本文口径与《中国统计年鉴》一致，即包括大陆29个省、市、自治区。

三、计算结果

利用本文的方法可以取得从1953年到1981年每年的总和及分性别生命表，分性别和年龄别的人口年龄构成，每年出生婴儿数，出生率及死亡率；1953年以前的出生率及死亡率亦可作出估计，但其误差无法估计。表1与2中分别列出了本文作者对历年出生率、死亡率的估计，并与班尼斯特、卡洛和科尔的估计数作了对比。1980年以后的统计年鉴数字已通过各种资料的分析由统计部门作了校正，从本文提出的方法来说，看1982年以后的数据需从下一次人口普查结果中取得原始资料，因此不进行分析。

表2　　中国历年人口出生率（1953—1980）

年份（公元年）	《中国统计年鉴》数(‰)	本文作者估计数(‰)	出生漏报率(%)	班尼斯特估计数(‰)	卡洛估计数(‰)	科尔估计数(‰)
1953	37.00	39.56	6.47	42.24	40.87	43.1
1954	37.97	39.39	3.60	43.44	41.91	44.4
1955	32.62	37.32	12.59	43.04	41.37	41.3
1956	31.90	35.92	11.19	39.89	38.28	40.2
1957	34.03	36.84	7.63	43.25	41.45	41.1
1958	29.22	31.77	8.03	37.76	36.22	37.7
1959	24.78	27.86	11.06	28.53	27.24	28.3
1960	20.86	24.24	13.94	26.76	25.65	25.2
1961	18.02	25.03	28.01	22.43	21.70	22.3
1962	37.01	39.65	6.66	41.02	39.79	40.9
1963	43.37	46.23	6.19	49.79	48.69	47.3
1964	39.14	43.63	10.29	40.29	39.82	40.7
1965	37.88	39.51	4.13	38.98	38.77	39.7
1966	35.05	36.54	4.08	39.83	39.52	38.3
1967	33.96	34.85	2.55	33.91	33.34	34.1
1968	35.59	37.78	5.80	40.96	40.35	39.1
1969	34.11	37.50	9.04	36.22	35.75	36.5
1970	33.43	35.84	6.72	36.98	36.38	37.2
1971	30.65	33.75	9.19	34.87	34.32	33.5
1972	29.77	31.51	5.52	32.45	31.69	32.4
1973	27.93	29.95	6.74	29.85	29.46	30.1
1974	24.82	27.25	8.92	28.08	27.91	27.1
1975	23.01	24.64	6.62	24.79	24.65	25.3
1976	19.91	22.84	12.83	23.05	23.14	22.5
1977	18.93	21.40	11.54	21.04	21.08	21.5
1978	18.25	21.20	13.92	20.73	20.81	21.2
1979	17.82	20.49	13.02	21.37	21.57	20.9
1980	18.21*	18.91	3.70	17.63	—	18.5

* 1980年公布的出生率已经过对登计数修正。

从表1可见，中国的出生登记完全性比较好，即使在出生漏报率最高的1961年也只有28.01%，一般均在10%以下。很大一部分的出生漏报是属于出生后不久死亡，既不报出生，又不报死亡而造成的。由于这一原因造成的漏报率，对死亡报告影响极大，是造成表2中50年代许多年死亡漏报率达到40%左右的主要原因，而对出生漏报率影响较小，这显然是由于两者的基数不同所致。60年代以后，出生和死亡的漏报率大大下降，表明了我国统计工作在不断的完善。1963年以前的死亡漏报经过第二次全国人口普查前的户口整顿，得到了补正，此后的

表 2　　　　　　　　中国历年人口死亡率（1953—1980）

年　份 （公元年）	«中国统计年鉴»数（‰）	本文作者估计数（%）	漏报率（%）	班尼斯特估计数（‰）	卡洛估计数（‰）	科尔估计数（‰）
1953	14.00	20.70	32.37	25.77	18.99	25.5
1954	13.18	23.78	44.58	24.20	17.96	29.1
1955	12.28	22.54	45.52	22.33	22.31	22.4
1956	11.40	21.52	47.03	20.11	16.85	20.8
1957	10.80	20.53	47.[illegible]9	18.12	13.24	19.0
1958	11.98	20.06	40.28	20.65	15.98	20.4
1959	14.59	26.91	45.78	22.06	9.20	23.3
1960	25.43	31.58	19.47	44.60	40.76	38.8
1961	14.24	24.38	41.59	23.01	27.03	20.5
1962	10.02	17.83	43.80	14.02	18.28	13.7
1963	10.04	16.35	38.59	13.81	21.22	13.0
1964	11.50	14.93	22.97	12.45	20.82	13.5
1965	9.50	13.04	27.15	11.61	10.26	11.1
1966	8.83	11.62	24.01	11.12	12.27	10.4
1967	8.43	10.40	18.94	10.47	9.14	9.9
1968	8.21	9.91	17.15	10.08	12.38	9.6
1969	8.03	9.54	15.83	9.91	8.91	9.4
1970	7.60	8.80	13.64	9.54	8.02	8.9
1971	7.32	8.23	11.06	9.24	7.73	8.6
1972	7.61	7.68	0.91	8.85	9.09	8.9
1973	7.04	7.54	6.63	8.58	6.39	8.3
1974	7.34	7.50	2.13	8.32	9.61	8.6
1975	7.32	7.43	1.48	8.07	7.62	8.6
1976	7.25	7.38	1.76	7.84	9.21	8.5
1977	6.87	7.22	4.85	7.65	7.76	8.1
1978	6.25	6.93	9.81	7.51	7.37	7.3
1979	6.21	6.74	7.86	7.61	8.33	7.3
1980	6.34	6.46	1.86	7.65	—	7.3

报告经过这次整顿后质量大有提高。第二次人口普查前进行的户口整顿中发现应销户口未销者共约800万人，按本文估计1963年前全部死亡人口漏报约为600万人（不计出生后不久死亡、未登记户口者）；由于户口整顿中还发现200万人的漏登，故总的漏报情况与本文估计十分接近，这既说明那次户口整顿是很成功的，也说明了本文方法的正确性。从1976年以后，出生漏报现象比较严重，这与当时的实际情况是吻合的。1980年以后，统计工作进一步完善，利用了抽样调查等多种方式修正了公布的数据，因此《中国统计年鉴》公布的出生率、死亡率估低的现象甚少。

与科尔、班尼斯特、卡洛等人所得结果比较，本文作者所作的估计更加切合历次人口普查各年龄人口、历年出生率、死亡率变化趋向的特征。与历年所发生的各种事件相印证，也更符合当时的实际情况。例如，三年经济困难时期人口死亡率的变化，从1959年就有较大的上升，而并不如其他三名学者估计的那样集中在1960年。在困难时期非正常死亡总人数约为1700万人，这与从其他资料所作的估计比较一致，要比国外一些学者的估计低得多。本文方法的可靠性还由各年总人口的估计、出生人数、死亡人数与其他来源的资料比较说明，此处从略。

四、后记

本文的初步结果曾由国务院人口普查办公室和中国人口学会与西安交通大学人口研究所联合召开专家会议进行了讨论，国家统计局、公安部、国家计划生育委员会、中国科学院、中国社会科学院、中国人民大学、北京经济学院、航天部、中国人口丛书总编会等单位和有关部门的专家学者就本文的方法及结果提出了许多宝贵的意见，对本文的最后修改定稿很有益处，作者谨向上述单位及参加专家会议的同志们致谢。

（作者工作单位：西安交通大学人口研究所）

附录　计算方法

（一）最小二乘估计。

1.表示方法

由于该估计参数多于已知约束数，本文建立了适合最小二乘法而又具有原参数与表示出参数前n阶矩相等意义的表示方法：

若f(x)与g(x)为(a、b)上定号可积函数f(x)、$g_1(x)>0$

$$|f(x)-g(x)|=|\Delta g(x)|\ll 1 \tag{1}$$

$$\hat{f}(x)=\left(\sum_{i=0}^{n}C_i x^i\right)g(x) \tag{2}$$

则可选Ci使f(x)与$\hat{f}(x)$进n阶矩相等.

命　$F(C^i)=\int_a^b[(f(x)-\hat{f}(x))^2/g(x)]dx \qquad i=0\sim n$

$$\frac{\alpha F}{\alpha C_i}=-2\left[\int_a^b(f(x)-\hat{f}(x))x^i dx\right]=0$$

则　$\int_a^b x^i f(x)dx=\int_a^b x^i\hat{f}(x)dx$　　(3)

由(3)与(2)有：

$AC=B$　　(4)

其中　$A=(a_{ij})_{n'\times n'}$　　$C=(C_j)_{n'\times 1}$　　$B=(b_j')_{n'\times 1}$　　$n'=n+1$

$$a_{ij}=\int_a^b x^i x^j g(x)dx \qquad b_j=\int_a^b x^j f(x)dx$$

$$C_0=\frac{1}{A}\begin{vmatrix}\int_a^b f(x)dx & a_{01}\cdots a_{0n}\\ \vdots & \\ \int_a^b x^n f(x)dx & a_n\cdots a_{nn}\end{vmatrix}$$

又　$f(x)=g(x)+\triangle g(x)$

$$C_0=1+\frac{1}{A}\begin{vmatrix}\int_a^b\Delta f(x)dx\cdots\cdots a_{0n}\\ \vdots \qquad\qquad \vdots\\ \int_a^b x^n\Delta g(x)dx\cdots a_{nn}\end{vmatrix}=1+\Delta_0 \qquad |\Delta_0|\ll 1$$

同理有

$$C_i=\frac{1}{A}\begin{vmatrix}a_{00}\cdots a_{0\,i-1}\cdot\int_a^b\Delta g(x)dx_1\cdots a_{0n}\\ \cdots\\ a_{n0}\cdots a_{n\,i-1}\cdot\int_a^b x^n\Delta g(x)dx_1\cdots a_{nn}\end{vmatrix}=\Delta_i \qquad |\Delta_i|\ll 1,\quad i\geqslant 1$$

权 $C_0 \approx 1 \quad |C_i| \ll 1 \quad i \geqslant 1$

$$\sum_{i=0}^{n} C_i x^i > 0$$

权$f(x)$与$\hat{f}(x)$同号、定号、对(3)式$i=0$时，可取$\alpha \neq 0$使

$$\alpha \int_a^b f(x)dx = \alpha \int_a^b \hat{f}(x)dx$$

于是$\alpha f(x)$与$\widehat{\alpha f}(x)$为某种概率分布密度且具有相等的前n阶距、广义地称$f(x)$与$\hat{f}(x)$有 相 等的前n阶矩。

当取〔a、b〕=〔0，1〕时，$C_i(i \geqslant 1)$为同阶小量，但x^i为x^j的高阶小量（$i>j$），权（2）具有低阶近似性质，且在区间左边移之右边近似程度更好。

2.参数估计模型

设已知h年与$h+n_1$年人口按龄分布$P(i)$与$Pn_1(i)$；$h+n_1$年按龄留存 率 $SRn_1(i)$，$i=0\sim99$无迁移。则

$$P_{n1}(i+n_1) = P(i)\prod_{j=0}^{n_1-1} SR_j(i+j)$$

$$\ln\frac{P_{n1}(i+n_1)}{P(i)} = \sum_{j=0}^{n_1-1} \ln(SR_j(i+j))$$

命 $T(i) = \ln\dfrac{P_{n1}(i+n_1)}{P(i)} \qquad R_j(i+j) = \ln(SR_j(i+j))$ 则

$$T(i) = \sum_{j=0}^{n_1-1} R_j(i+j)$$

由于R_j满足1条件，可知

$$\hat{R}_j(i) = \left[\sum_{l=0}^{n_2} C_{jl}\left(\frac{i}{100}\right)^l\right] R^*(i) \tag{5}$$

其中$R^*(i) = \ln[SRn_1(i)]$

于是目标函数为

$$F(C_{jl}) = \sum_{i=0}^{100-n_1} \left[T(i) - \sum_{j=0}^{n_1-1} \hat{R}_j(i+j)\right]^2 \frac{1}{T(i)}$$

$$\hat{R}_j(i+j) = \left[\sum_{l=0}^{n_2} C_{jl}\left(\frac{i+j}{100}\right)^l\right] R^*(i+j)$$

其中独立参数为C_{jl}共$n_1(n_2+1)$个，约束$100-n_1$个

当 $n_1(n_2+1) = 100-n_1$时

$$T(i) = \sum_{j=0}^{n_1-1}\left[\sum_{l=0}^{n_2} C_{jl}\left(\frac{i+j}{100}\right)^l\right] R^*(i+j) \qquad i=0,\ (100-n_1)$$

或有解，这时增加C_{j1}个数已无必要；或无解，这时应减少C_{j1}个数。权$100-n_1$为C_{j1}个数上限；即估计精度上限。C_{j1}个数越多，1中表示精度越高，但此精度受估计年间隔n_1限制，n_1越大，估计精度上限越小。

$$(n_2+1)\leqslant\left[\frac{100}{n_1}-1\right]$$

例：64～81　$(1+n_2)max=4$

53～64　$(1+n_2)max=8$

即对于1964～81年,估计精度上限为4阶矩。

在本文中，为计算方便，仅考虑前两阶矩$n_2+1=2$，即双参数估计。

此时目标函数为：

$$F(C_{j0},\ C_{j1})=\sum_{i=0}^{100-n_1}\left[T(i)-\sum_{j=0}^{n_1-1}\left(C_{j0}+C_{j1}\left(\frac{i+j}{100}\right)\right)R^*(i+j)\right]^2\frac{1}{T(i)}$$

命　$\frac{\alpha F}{\alpha C_{j0}}=\frac{\alpha F}{\alpha C_{j1}}=0$　　有：

$$\sum_{j=0}^{n_1-1}\left(\sum_{i=0}^{100-n_1}\frac{R^*(i+j)R^*(i+k)}{T(i)}\right)C_{j0}+\sum_{j=0}^{n_1-1}\left(\sum_{i=0}^{120-n_1}\left(\frac{i+j}{100}\right)\right.$$

$$\left.\frac{R^*(i+j)R^*(i+k)}{T(i)}\right)C_{j1}=\sum_{j=0}^{100-n_1}R^*(i+k)$$

$$\sum_{j=0}^{n_1-1}\left[\sum_{i=0}^{100-n_1}\left(\frac{i+j}{100}\right)\frac{R^*(i+j)R^*(i+k)}{T(i)}\right]C_{j0}+\sum_{j=0}^{n_1-1}\left(\sum_{i=0}^{100=n_1}\left(\frac{i+j}{100}\right)\right.$$

$$\left.\frac{2R^*(i+j)R^*(i+k)}{T(i)}\right)C_{j1}=\sum_{i-0}^{100-n_1}\left(\frac{i+j}{100}\right)R^*(i+k)$$

命　$\overline{A}_{1j}^T=\frac{1}{\sqrt{T(i)}}[R^*(j),\ R^*(j+1),\ \cdots R^*(j+100-n_1)]$　　$\overline{A}_j^T=\sqrt{T(i)}\ A_{1j}^T$

$A_{2j}^T=\frac{1}{\sqrt{T(i)}}\left[\ \left(\frac{j}{100}\right)R^*(j+1)\cdots\ \right]$　　$A_{2j}^T=\sqrt{T(i)}\ A_{2j}^T$

$I^T=(1,1,\cdots1)$

$C^T=(C_{10}\cdots C_{n_1-1,0};C_{11}\cdots C_{n_1-1,1})$

$A=(A_{11},A_{12}\cdots A_{2n_1-1})\ A=(A_{11},A_{12}\cdots A_{2,n_1-1})$

则以与方程写为

$$A^TAC=I^T\overline{A}^T \tag{6}$$

或$\nabla F(C)=A^TAC-I^T\overline{A}^T$

$H(F(C))=A^TA$

可证当秩$(A)=2(n_1-1)$时，A^TA实对称不定：

①显然A^TA实

②$(A^TA)^T=A^TA$，A^TA对称

③设$X=AY$　$Y\neq 0$　秩$(A)=2(n_1-1)$　　$\therefore X\neq 0$

则$Y^TA^TAY=X^TX>0$

权F(C)严格凸.

这样，由(6)解出的Co满足

$$F(Co)\leqslant F(C)$$

当进行双参数估计时，以上讨论逐条都成立，权双参数模型为

$$\begin{cases}\min\limits_{C}F(C)=\min\limits_{C}(\frac{1}{2}C^T(A^TA)C^T-I^T\overline{A}^TC)\\ S\cdot t\left(C_{j0}+C_{j1}\left(\frac{i+j}{100}\right)\right)>0\end{cases}$$

S・t为使SR<1的自然约束.

3.计算

由于以上问题中S・t为开集，可能无解，权将问题改为

$$\begin{cases}\min\limits_{C}(\frac{1}{2}C^TA^TAC-I^T\overline{A}^TC)\\ S\cdot t\,C_{j0}\geqslant 0\quad C_{j1}\geqslant 0\end{cases}$$

这是典型凸规划，最优解存在唯一。当约束起作用时，最优解必在约束界面达到，这可能使某个$C_{j。}=0$，不合题意。权具体解时先求得C的经验初值$C_。$求对$C_。$的最小偏离最优解；当对$C_。$的偏离大于对F（c）的优化时，停止。

(1)$C_。$解法如下：先命$C_{j1}=0$，对第j年、i岁死亡率近似写成

$$m_{ji}\approx 1-SR_j(i)=1-SR^*(i)^{C'_{j0}}\approx 1-(1-m_i^*)^{C'_{j0}}$$

由于$m_i^*\ll 1$，对m_i^*展开

$$(1-m_i^*)^{C_{j0}'}\approx 1-C'_{j0}m_j^*$$

$$m_{ji}\approx C'_{j0}m_i^*$$

命由$h+n_1$前推各出生集团人数不变、则：

$$CDR_j=\frac{\sum\limits_{k=0}^{100-n_1+k}m_{jk}P_{h+n1}(k)}{\sum\limits_{k=0}^{100-n_1+k}P_{h+n1}(k)}=C'_{j0}\frac{\sum\limits_{k=0}^{100-n_1+k}m_k^*\ P_{h+n1}(k)}{\sum\limits_{k=0}^{100-n_1+k}P_{h+n1}(k)}$$

由此可求得$C'_{j。}$，对$C'_{j。}$得出的过程中的假定进行经验校正，即得$C_{j。}$，校正原则为离$h+n_1$越近校正量越小。

(2)迭代：

$\nabla F_k=A^TAC_k-I^T\overline{A}^T$　k为迭代步数

当$C_{j1}=0$　$\nabla F_{jk}>0$时，命$\nabla \overline{F}_{jk}=0$
则$\nabla \overline{F}_k$为可行梯度。

命$F(C_{k+1})=F(C_k \to \lambda \nabla \overline{F}_k)$

$$\frac{dF}{d\lambda}=0$$

有最优步长　$\lambda_k=\dfrac{\nabla \overline{F}_k^T \nabla \overline{F}_k}{\nabla \overline{F}_k^T A^T A \nabla \overline{F}_k}>0$

取　$\min\limits_{i}(C_i-\lambda_k \nabla \overline{F}_{ik})=C_j-\lambda_k \nabla \overline{F}_{jk}$

$$\overline{\lambda}_k=\begin{cases}\lambda_k & C_j-\lambda_k \nabla \overline{F}_{jk}\geqslant 0\\ \dfrac{C_j}{\nabla \overline{F}_{jk}} & C_j-\lambda_k \nabla \overline{F}_{jk}<0\end{cases}$$

可知$0<\overline{\lambda}_k\leqslant \lambda_k$，$\overline{\lambda}_k$为最优可行步长.

当停止准则生效时停止，得C_k为双参数最小偏离最优估计值.

（二）一致优化估计

由于（一）中最小二乘方法的结果不能达到误差均匀分布的效果，权还需将结果误差均匀化，即进行一致优化估计。这里的误差指由$h+n_1$年$j+n_1$岁人口用估计求的逐年各留存率得出h年j岁人口与已知的这个人口的相对误差。

一致优化的方法是在各相对误差满足要求的前提下对最小二乘估计得出的$SR_j(i+j)$进行最小修正，得优化的$\overline{SR}_j(i+j)$模型如下：

$$\min F(\overline{R})=\min[(T_i-\sum_j \overline{R}_j(i+j))^2\alpha+(1-\alpha)\sum_j(\overline{R}_j(i+j)-R_j(i+j))^2] \quad (1)$$

其中$\alpha\in(0.1)$，α不涉及人为选择，以下推导将予确定，α越小，对SR的修正越大.

命　$\dfrac{\alpha F}{\alpha R}=0$　有

$$-\alpha[T_i-\sum_j R_j(i+j)]+(1-\alpha)[R_k(i+k)-R_k(i+k)]=0$$

$$k=0\sim n_2-1 \quad n=n_2-1$$

整理后有

$$\Lambda\overline{R}=\alpha T_i I+(1-\alpha)R \qquad \Lambda=\begin{pmatrix}1 & & \alpha\\ & \ddots & \\ \alpha & & 1\end{pmatrix} \quad (2)$$

可证　$\Lambda^{-1}=\begin{pmatrix}x & & y\\ & \ddots & \\ y & & x\end{pmatrix}$

$$x=\frac{-(n-2)\alpha-1}{(n-1)\alpha^2-(n-2)\alpha-1},\quad y=\frac{\alpha}{(n-1)\alpha^2-(n-2)\alpha-1} \quad (3)$$

由（2）　$\overline{R}=\Lambda^{-1}(\alpha T_i I+(1-\alpha)R)$　　即：

$$\overline{R}_k(i+k)=[x+(n-1)y]\alpha T_i+(1-\alpha)(x-y)R_k(i+k)+(1-\alpha)y\sum_j R_j(i+j) \quad (4)$$

命 $Ti-\sum_{j}R_j(i+j)=R_{1i}$

$$\Delta=Ti-\sum_{j}\bar{R}_j(i+j)$$ （Δ将由所要求相对误差E确定）

则由(3)、(4)有

$$\bar{R}_k(i+k)=R_k(i+k)-y(1-\alpha)R_{1i} \quad (5)$$

对(4)中k求和并由(3)有：

$$\Delta=-\frac{(\alpha-1)^2}{(n-1)\alpha^2-(n-2)\alpha-1}R_{1i} \quad (6)$$

代入(5)

$$\bar{R}_k(i+k)=R_k(i+k)-\frac{\alpha}{\alpha-1}\Delta \quad (7)$$

(6)可写为

$$R_{1i}=\left(1-\frac{\alpha}{\alpha-1}n\right)\Delta \qquad \frac{R_{1i}}{\Delta}=1-\frac{\alpha}{\alpha-1}n$$

命 $f(\alpha)=1-\frac{\alpha}{\alpha-1}n$

则 $f(\alpha)\in C'_{(0,1)}$

$$f'(\alpha)=\frac{n}{(\alpha-1)^2}>0$$

$$f(0)=1 \qquad f(1)=+\infty$$

故当 $1<\frac{R_{1i}}{\Delta}<+\infty$ 则有唯一解 $\alpha_0\in(0,1)$ 使 $\frac{R_{1i}}{\Delta}=1-\frac{\alpha_0}{\alpha_0-1}n$

α_0的存在条件为

$$1<\frac{R_{1i}}{\Delta}<+\infty \quad (8)$$

当(8)满足时，有

$$\frac{\alpha_1}{\alpha_0-1}=\frac{1}{n}\left(1-\frac{R_{1i}}{\Delta}\right)$$

代入(7)

$$\bar{R}_k(i+k)=R_k(i+k)-\frac{1}{n}(\Delta-R_{1i}) \quad (9)$$

设（一）中结果的相对误差为R_{z1}，总和留存率为TS_1则

$$R_{2i}=[P_{i+N2}-P_i\prod_{j}SR_j(i+j)]/P_i=TS_i-\prod_{j}SR_j(i+j)$$

$$E=TSi-\prod_{j}\overline{SR}_j(i+j)$$

$$\ln\left(1-\frac{R_{2i}}{TS_i}\right)=\ln\frac{1}{TS_i}+\ln\prod_{j}SR_j(i+j)=-T_i+\sum_{j}R_j(i+j)=-R_{1i} \quad (10)$$

同理

$$-\Delta=\ln\left(1-\frac{E}{TS_i}\right) \tag{11}$$

代入（9）

$$\overline{R}_k(i+k)=R_k(i+k)-\frac{1}{n}\ln\left(\frac{1-\frac{R_{2i}}{TS_i}}{1=\frac{E}{TS_i}}\right) \tag{12}$$

即：

$$\overline{SR}_k(i+k)=\sqrt[n]{\frac{1-E/TS_i}{1R_{2i}/TS_i}}\cdot SR_k(i+k) \tag{13}$$

条件(8)为

$$1<\frac{\ln(1-R_{2i}/TS_i)}{\ln(1-E/TS_i)}<+\infty \tag{14}$$

其中$0<TS_i<1$，可知（14）成立的必要条件为

$$E\cdot R_{zi}>0$$

设　$R_{zi}>0$　可解得　$1_n(1-R_{zi}/TS_i)>1_n(1-E/TS_i)$，　$R_{zi}>E$

同理当　$R_{zi}<0$时　　$R_{zi}<E$

故(8)成立的主要条件为

$$ER_{zi}>0 \qquad |E|<|R_{zi}|$$

由于E可取的与R_{zi}同号，权(15)不成立仅为$|E|\geqslant|R_{zi}|$的情况，成时不用修正。(15)

中国人口婚姻变动研究

顾　鉴　塘

人口婚姻变动是研究人口婚姻状况的重要依据之一，也是反映一国一地区人口与社会经济发展、人口与国家政策法令的制定变化、居民生活习俗及宗教道德规范、人口自身过程等变动的重要参数。

反映人口婚姻变动常用的统计指标有结婚率和离婚率以及再婚率等。结婚率和离婚率，亦称粗结婚率和粗离婚率。指的是某年结婚数（包括初婚、再婚与复婚数）；或某年离婚数（在我国，指由各级民政部门办理的离婚数与各级法院判决、调解的离婚数之和）与年平均人口数之比，通常用千分比表示。再婚率则是指男子或女子的再婚人数与男子或女子的丧偶和离婚的人数之比。本文将结合社会经济发展现实，着重对我国解放以来人口的结婚和离婚的变动情况进行考察研究。

一

在转入正文之前，有必要对本文所用资料来源作一简单介绍。

写作本文，引用了50—80年代有关年份全国及各省市自治区的婚姻资料，其基本来源有三：1.中华人民共和国内务部1953—1956年结婚、离婚情况统计表；2.中华人民共和国民政部1978—1985年全国婚姻登记情况表；3.中华人民共和国最高人民法院有关部门若干年来全国判决、调解离婚件数的统计。计算结婚率和离婚率的人口数，取自中央和各级地方户口管理与统计部门的人口登记资料。

上述资料，对于深入研究中华人民共和国建国近38年来的人口婚姻变动情况来说，并不十分充分，特别是，大量的婚姻资料缺少人口分年龄的分类统计，这就给问题的深入分析带来了许多局限。但是，虽然数量不足，分类不细，却仍能为我们勾划出38年来我国人口婚姻变动的总趋势与轮廓。着重需要指出的应当是：一些资料，主要是50年代民政部门的婚姻资料，统计数字不甚完全，据其计算出的数据主要只能用作分析问题与反映其时趋势的参考。70年代末至80年代民政部提供的婚姻资料，比较翔实可靠，当然，也发现了其中一些数字与一些省市自治区民政部门掌握的数字不尽一致，有的差别甚至还较大，但总的说来，仍不失为一份内容全面系统、数据确凿的资料，如实反映了我国婚姻登记变动的现实情况。至于由法院提供的离婚数字，虽然年代跨度大（50—80年代），但其准确与可靠性却是毋庸置疑的，这些数字与民政部门近十年来的离婚数字之和，便是我国近十年来离婚变动情况的真实写照。

以下，我们即根据上述资料，分析我国人口的婚姻变动情况及其地区差异。

二

我国人口的婚姻变动，自建国以来至今的数十年中，经历了几个不同的发展时期。

首先，具有极其重要意义的变化发生在中华人民共和国建国之初至50年代中期这一段时间里。当时，全国刚刚解放，历史上遗留下来的封建主义的婚姻家庭制度仍然广泛流行。包办强迫、买卖婚姻也相当普遍。例如，据山西省50多个县的不完全统计，自1949年1月至10月，由于封建主义婚姻家庭制度的迫害，发生妇女死亡事件464起①。山西省人民法院1950年1月7日的一份报告中说：“如晋南洪洞、赵城等16县，7至9月份，就有因男人或翁婆虐待而被迫害至死的妇女25人之多；河津、万泉两县半年来有29个妇女被逼上吊、跳井自尽寻死；又如文水7至9月份及太谷等县11月份统计，共发生命案24件中，就有14个妇女遭到同等命运”。以上触目惊心的事例说明，如果不从根本上改革封建主义的婚姻家庭制度，那么，广大人民，尤其是广大妇女的彻底翻身求解放只能是一句空话，也就势必会严重影响新中国的革命和建设事业。正是在这种情况下，中华人民共和国成立后仅6个多月，1950年4月13日，中央人民政府委员会第七次会议就通过了《中华人民共和国婚姻法》，并决定自同年5月1日起公布施行。

1950年婚姻法的颁布实施，有力打击了封建主义的婚姻家庭制度，大批男女群众，特别

①见《新婚姻法基本知识》，人民出版社，1980年。

是深受封建制度压迫的妇女群众，获得了婚姻自由和男女平等的权利。但是，由于封建主义统治在我国年深日久，包办、强迫与买卖婚姻在我国许多地方，尤其在广大农村，婚姻法颁布以后很长一段时间，仍然大量存在，全国各地有不少妇女因婚姻问题而被杀或自杀。为此，中共中央和政务院又于1952年11月和1953年2月连续发出三个重要文件，明确规定了贯彻婚姻法运动的任务、方针、方法和各项具体的政策界限，从而保证了婚姻法的坚决贯彻，有力坚持了广大人民，尤其是男女青年争取婚姻自由和改善婚姻家庭关系的合理要求。

解放初期我国婚姻家庭关系中发生的这种深刻变化，反映在人口的婚姻变动和婚姻家庭关系的变化上，有如下几个基本特点：

（一）随着婚姻法的深入贯彻和婚姻登记制度的健全，结婚率和离婚率也逐年上升，并于50年代中期达到高峰。

（二）建国初期整个人口群中丧偶和离婚人口的高百分比，使得这一时期的再婚和复婚人口，尤其是妇女再婚人口在结婚登记中占有很大比重。

（三）自主婚姻显著增加，民主和睦家庭大量涌现，社会风气有了很大改变。

关于后两点，问题是比较清楚的。例如，北京市前门区再婚人口在登记结婚人口中所占比重，1951年时为32.4%，1953年为30.9%；该区再婚妇女占再婚者的比重，1951年时为43.9%，1953年为48.4%①。天津市1951年再婚人口占结婚登记数的29.1%②。湖南省1952年28个县市登记结婚的人数中，再婚人数占6.2%③。贵州省贵阳市1953年女性再婚人数与结婚人数之比高达1∶2.8④。又据全国50年代初期对437个县的不完全统计，其时寡妇改嫁者达23 567人，占全部结婚登记男女的2.8%⑤。全国复婚数在结婚登记中占的比重则大体为：1953年0.58%，1954年1.38%，1955年1.08%，1956年1.01%⑥。

在婚姻自主方面，据11个大城市1954年上半年的统计，符合婚姻法规定结婚的已占97.6%⑦。河北省1954年上半年关于婚姻登记的一份报告中说："在结婚登记方面，申请的绝大多数都是双方自主自愿，符合婚姻法的规定……因包办、买卖等原因不予批准的已经很少。据本年第二季度统计，申请结婚登记中，批准登记的占93.88%，未准登记的占6.12%"⑧。内蒙古自治区同年的一份报告中则说："自1953年春大张旗鼓地贯彻婚姻法运动以来，婚姻登记制度在农区已普遍建立，并为广大人民群众所遵守。据6市、10旗、11县、9镇共29个单位的报告，1—6月份不完全的统计……制止了包办强迫婚姻90起，不够婚龄要求结婚的490起和其它非法婚姻118起……在婚姻登记过程中结合进行了婚姻法的宣传教育工作，积极支持了不少青年男女争取婚姻自由的斗争，改善了群众的婚姻关系和家庭关系"⑨。广东省民政厅在同年的一份报告中也指出："不合理的婚姻逐渐得到解决，民主和睦、团结生产的新家庭相继出现，社会风气也有了很大转变"⑩。

以上情况生动表明，在婚姻法的实施过程中，我国旧的带有浓厚封建色彩的婚姻家庭关系受到了巨大的冲击，民主和睦新型的婚姻家庭关系开始建立起来了。这一巨大而深刻的变

①据《北京人口》，中国财政经济出版社，即出。

②据《天津人口》，中国财政经济出版社，即出。

③据《湖南人口》，中国财政经济出版社，即出。

④据《贵州人口》，中国财政经济出版社，即出。

⑤⑥⑦⑧据中华人民共和国内务部全国结婚离婚数字统计及所附有关资料。

⑨⑩ 据中华人民共和国内务部全国结婚离婚数字统计及所附有关资料。

化也就是导致形成上述第一个基本特点——建国初期和中期我国结婚率和离婚率的持续高涨（见表1，表2）的最主要的一个原因。此外，战争结束，社会生活安定，由此而出现大批因战争推迟的补偿性婚姻也是造成50年代初期—中期我国人口婚姻发生剧烈变动的原因之一。

表1　　中国部分地区50年代初期的婚姻变动*

地区别	批准的结婚数（对）	批准的离婚数（对）	结婚数与离婚数之比
北京市	31 554	5 047	6.3∶1
天津市	15 997	685	23.4∶1
华北区（7县）	4 536	2 078	2.2∶1
西北区（17县3市）	4 374	3 023	1.4∶1
华东区（100多县市）	197 600	88 844	2.2∶1
中南区（12县2市）	22 785	18 612	1.2∶1
东北区（39县1市）	31 511	16 197	1.9∶1
重庆市	13 173	2 467	5.3∶1
合计	321 530	136 953	平均:2.3∶1

资料来源：据中华人民共和国内务部社会司50年代初期全国不完全的结婚离婚数字统计表加工整理。

*表中数字统计的时间约为1950年5月—1952年6月，离婚数仅包括由民政部门办理的数字。

表2　　中国1953—1956年的婚姻变动

年份	结婚				离婚			
	初婚和再婚(对)	复婚(对)	合计(对)	结婚率(‰)	民政(对)	法院(对)	合计(对)	离婚率(‰)
1953①	216 542	1 269	217 812	2.37	85 544	—	—	—
1954②	1 988 298	27 818	2 016 116	3.38	308 712	447 234	755 946	1.27
1955	252 4909	27 677	2 552 586	4.19	507 777	391 309	899 086	1.48
1956③	2 364 444	24 027	2 388 471	3.86	243 415	311 737	555 152	0.90

资料来源：据中华人民共和国民政部、中华人民共和国最高人民法院提供的资料计算。

①结婚、离婚数为河北、黑龙江、青海、福建、浙江、上海6省市数字。

②结婚数中缺内蒙古自治区数字，民政办理的离婚数中缺内蒙古和天津市数字。

③结婚数和民政部门办理的离婚数的数据均不完全。

50年代中期后，1957年起，全国大部分地区男女在相当程度上已取得了婚姻自主权，新型的婚姻家庭关系建立起来了，结婚数趋于稳定，并保持在一个相当的水平上。同时，离婚数减少，离婚率随之下降。但是，这一时期持续的时间很短，紧接着，在50年代末60年代初，国家经济发展遭到严重挫折，社会政治生活也因频繁的政治运动而失去了往日的安定和宁静，这些情况不能不对我国人口的婚姻变动产生影响：经济困难、生活状况恶化，导致在全国范围内结婚率趋于下降；同时，物质生活的困难又增加并激化了家庭内部的矛盾，许多家庭解体了，离婚数量上升了。北京市1957年时结婚率为11.93‰，1959年骤降为6.27‰，1962年情况开始好转，结婚率上升为9.36‰；① 天津市1957年时结婚率为8.09‰，1958年降为

①据《北京人口》，中国财政经济出版社，即出。

6.35‰，1959年降为6.34‰，1960年再降为5.56‰，1961年达到最低点1.11‰，只是到了1962年，经济开始回升，出现补偿性结婚高潮，结婚率猛然上升到9.15‰①；山西省太原市1956年结婚率为7.64‰，1958年为4.56‰，1960年为5.43‰，1962年因经济好转，补偿性结婚增多而使结婚率增高至12.54‰②。至于这一时期内离婚数量的上升，仅据全国各级法院判决、调解的离婚数量的变动，便可窥见其大致趋势（见表3）。

表3　中国1957—1963年经法院判决与调解的离婚数量的变动

年份	离婚数（对）	比上年增减（%）
1957	261 058	—
1958	181 696	－30.40
1960	159 098	－12.44
1961	300 840	＋89.09
1962	360 725	＋19.91
1963	303 140	－15.96

资料来源：中华人民共和国最高人民法院

国民经济困难时期过后，60年代中后期和70年代的婚姻变动情况，因数据的不足，给研究和分析问题带来了困难。然而，根据现有资料，以下三点情况却是可以肯定的：

第一，各地区补偿性结婚高峰在时间上是有先后的，高峰过后，结婚率又跌落到一个较低的水平，尔后又回升，但一般不会超过补偿性高峰时达到的水平。其原因主要在于：60年代后期，十年动乱开始后，国家提倡的晚婚晚育政策受到了严重干扰，不少青年刚刚进入婚龄就结婚了，结婚率也因此而上升到了一个比较高的水平。然而，这一水平较之补偿时期的结婚率水平仍有一段差距，那是因为后者集中了以往几个年份理应完婚，却由于经济困难等原因延迟完婚的大批婚龄人口之故。进入70年代，50年代结婚生育高峰时出生的大批人口进入了婚龄期，然而，此时国家已开始实行计划生育政策，同时，大批知识青年上山下乡，这样，就缓解了男女青年的结婚高峰，整个70年代我国的结婚率水平处于一种平稳而持续向上的发展阶段（见表4）。

表4　中国部分地区60—70年代的结婚率　（‰）

地区别＼年份	1960	1961	1962	1963	1964	1965	1966	1972	1973	1974	1975	1976	1977
天津市	5.56	1.11	9.15	4.99	2.78	3.48	3.74	4.88	4.98	4.69	5.50	6.19	7.24
山西省太原市	5.43	—	12.54	—	2.32	—	—	—	—	6.73	—	5.49	—
上海市	—	—	—	—	—	—	—	—	—	—	—	6.77	7.46
江苏省	—	—	--	—	—	—	—	—	—	4.11	5.30	5.68	6.33

资料来源：据《天津人口》、《山西人口》、《上海人口》、《江苏人口》（中国财政经济出版社，即出）提供的数据整理计算。

第二，主要由于人口年龄构成和人口数量增长的影响，60年代中后期和70年代我国人口的结婚数较之50年代成倍增长③，且其速度远超过了同期全国总人口的增长速度，这就使得我国60年代中后期的结婚率水平明显高于50年代，而70年代的结婚率水平又要高于60年代。

①据《天津人口》，中国财政经济出版社，即出，提供的数据计算。

②据《山西人口》，中国财政经济出版社，即出，提供的数据计算。

③中华人民共和国民政部提供的一份材料说，全国每年平均结婚对数，50年代为200多万对，60年代为400万对，70年代为600万对。

第三，与50和60年代相比，整个70年代我国的离婚水平处于建国以来最低的水平。江苏省在1962—1964年时由法院判决与调解的离婚数分别为13 636、13 767和11 994对，到1974年已猛跌到2 982对，1975年跌至2 754对，1976年为2 643对，1977年为2 776对，1978年为3 097对，1979年增至3 871对，均与60年代水平相差甚远①。天津市1973—1979年的离婚率水平摆在0.21‰—0.24‰之间摆动，相比之下，60年代最低者为0.31‰，最高者为0.95‰，自然就更不必言及50年代离婚高峰时期的水平了②。就全国而伦，各级人民法院判决、调解的离婚总数，1977年时为109 722对，1978年为114 865对，1979年为126 358对③，较之1961—1963年的每年30余万对（见表3），显然也差距甚大。需要指出的是，我国70年代离婚数量如此少，离婚率如此低，情况并不正常。它完全不是说，在那动乱的岁月中，人民群众中存在的婚姻纠纷大幅度减少了，相反，它却在很大程度上反映了文化革命时期我国人民正常的民主生活遭到践踏，法制遭到粗暴破坏，人民群众中存在的大量民事案件（婚姻纠纷是其中最主要者）长期处于无处投诉、无人管理的状况。而这种状况，一旦国家政治经济形势发生根本变化，就会以异乎寻常的力量和速度表现出来——这些，我们将在下边作进一步的说明。

三

1976年“四人帮”的被粉碎，特别是1978年底中国共产党十一届三中全会的召开，标志着我国走上了新的历史发展时期。这一时期开始至今不过十年光景，党却已通过拨乱反正，建立和健全法制，落实各项政策，实现了工作重点转向现代化经济建设的战略转移，开创了建国以来最好的政治和经济建设局面。社会安定繁荣进步，人民生活在短期内获得了很大改善与提高。我国社会生活这种巨大而深刻的变化，当然还有人口发展自身在这一时期的诸多不同点，自然会在人口婚姻变动上得到反映，并使之表现出与前几个阶段明显不同的特点：

第一，结婚数量之巨，为建国以来所仅见，引起结婚率的大幅度增长，结婚率连续多年保持在一个较高的水平上，其势头至今有增无减。

第二，较之70年代，离婚数急剧上升，离婚率明显升高，但并未超过60年代，自然也未达到50年代的相应水平。

第三，再婚和复婚在结婚登记中所占比重有较大下降。

以下，依次考察70年代末至1985年我国人口的婚姻变动情况。首先，全国婚姻登记资料表明，70年代末起，随着国家社会政治经济形势持续稳定地向前发展，人民生活水平的迅速提高，人口总量，尤其是人口总量中进入婚龄的人口数量成倍增长。我国结婚数到1978年已突破了600万大关，1979年又增至636万，1980年猛增至719万。1981年，由于同年1月1日起颁布施行的新婚姻法将最低法定结婚年龄明确规定为男22周岁，女20周岁，较国家70年代以来提倡的男女晚婚年龄提前3—4岁，同时许多地方晚婚教育有所放松，而大批大龄未婚知识青年经落实政策在这前后也由农村回到了城市，这一切都使得这一年的结婚数达到了建国以来的最高水平——1040万对，相应地，结婚率也达到了最高点——10.47‰。1981年结婚高峰过后，1982年全国结婚数下降至835万，结婚率则保持在8.29‰的高水平。1983—1984

①据《江苏人口》，中国财政经济出版社，即出。

②据《天津人口》（中国财政经济出版社，即出）提供的数据计算整理。

③据中华人民共和国最高人民法院提供的数据。

年间，结婚数在764万—783万之间，但到了1985年，60年代补偿性生育期出生的大批人口进入了婚龄，结果，这一年结婚数**又猛增**至近880万，结婚率高达8.45‰，成为仅次于1981年的第二个结婚高峰年（见表5）。

表5　　中国1978—1985年的婚姻变动

年份	结婚				离婚			
	初婚和再婚(对)	复婚(对)	合计(对)	结婚率(‰)	民政(对)	法院(对)	合计(对)	离婚率(‰)
1978	5 998 171	19 752	6 017 924	6.29	170 449	114 865	285 314	0.30
1979	6 330 538	32 140	6 362 678	6.57	192 894	126 358	319 252	0.33
1980	7 166 528	31 332	7 197 860	7.34	180 378	160 620	340 998	0.35
1981	10 370 592	32 579	10 403 171	10.47	186 891	202 262	389 153	0.39
1982	8 306 615	48 307	8 354 922	8.29	210 930	216 654	427 584	0.42
1983	7 592 269	49 544	7 641 813	7.49	197 088	220 980	418 068	0.41
1984	778.4万	50 000	783.4万	7.61	19.9万	25.5万	45.4万	0.44
1985	8 750 208	32 939	8 783 147	8.45	195 951	—	—	—

资料来源：据中华人民共和国民政部，中华人民共和国最高人民法院提供的资料计算。

其次，对离婚资料的考察表明，这一期间我国的离婚数和离婚率（见表5）有如下一个明显特点，即从绝对数值看，无论是离婚数还是离婚率似乎显得并不算高。以处于该时期高峰的1984年的离婚数和离婚率与我国60年代初期的同类数值相比（见表3），可明显看出，1984年由法院判决、调解的离婚数要低于1961—1963年的水平，而1961—1963年的离婚率也肯定要大大高出1984年的水平（1961—1963年间因缺少民政办理的离婚数据，故难以算出离婚率，然若仅以法院办理的离婚案件计算，则1961—1963年已分别达到0.46‰、0.54‰和0.44‰的水平了，而1984年的总的离婚率水平仅为0.44‰），这是一个方面；另一方面，若从离婚数和离婚率的上升速度及增长幅度看，1978—1984年间的变化却是惊人的。离婚数从1978年的28.5万，上升到1984年的45.4万，年均上升速度8.07%，增长幅度达59.3%。相比之下，我国1957—1963年间由法院判决、调解的离婚数，其上升速度仅为2.52%，增长幅度仅达16.1%；在离婚率上，由1978年的0.30‰连续上升到1984年的0.44‰，年均递增速度高达6.59%，上升幅度达到46.7%。

近年离婚率的骤然增高和持续增长的原因是多方面的。首先，它是我国进入新时期后社会主义法制建设不断得到完善和加强的反映。1980年新婚姻法把夫妻感情是否确已破裂作为准予离婚或不准予离婚的原则界限，这就使得相当一部分感情确已破裂的夫妻解除了痛苦的婚姻关系，解决了一批多年来久拖未离的离婚案件。其次，离婚数中，相当一部分是由于当事人缺乏正确的恋爱婚姻观，处理婚姻大事很不慎重，或以貌取人，或以物取人，或图其他条件，婚前相互了解很不够，缺乏感情基础，造成轻率结婚，又轻率离婚。第三，近年来，少数人在资产阶级腐朽思想的侵袭下，充当第三者，破坏他人的家庭关系，是这一时期离婚数上升的重要原因之一。据统计，我国有些地区因此类原因而离婚者占到离婚数的15—25%以上。第四，虽然解放已近40年，但干涉婚姻自由、包办强迫、买卖婚姻等现象在我国并未绝迹，因此种原因婚姻家庭关系不巩固而离婚的也占有一定比重；还有不少人夫权思想严重，重男轻女，动辄打骂甚至虐待妻子，致使家庭破裂，夫妻离异。第五，其它一些原因，如一方生理有缺陷，或有难治的恶疾；一方犯罪被判刑劳动改造；双方均系再婚，矛盾多，关系难以和谐等。

最后，关于近年来再婚和复婚在结婚登记中所占比重下降问题，原因应当是清楚的：除了社会政治经济等客观因素，再婚比重下降主要与人口的丧偶率和离婚率的高低有关，复婚比重下降则与离婚率的高低有关。如前所述，解放初期直至60年代中期，我国人口的离婚率要高于70年代以来的水平，而丧偶率则主要由于人民健康水平的提高和生活的逐渐安定富裕，70年代以来一直要低于50—60年代的水平（虽然缺少丧偶率的数据，但从我国男女平均预期寿命已由1957年的农村57岁，城市64岁提高到1981年的全国平均67.9岁；人口死亡率已由1952年的17‰、1957年的10.8‰持续下降到1985年的6.6‰，便可看出30多年间我国丧偶率下降趋势之大概），这样就使得近年来我国再婚和复婚的比重一直较低。1985年，全国再婚人数为504 839人，仅占登记结婚总人数的2.88%；复婚32 939对，占登记结婚数的0.38%①。

四

近年的结婚率与离婚率动态表明，全国29个省市自治区在水平上有明显的高低之分（见表6）。

在全国范围比较，北京、天津、上海三个直辖市、华北诸省区、东北诸省、西北的陕西、宁夏、新疆三省区，以及山东省，近年来结婚率都处于较高和相当高的水平，一些年份有的省、市甚至超出全国平均水平近1倍或1倍以上；位于华东的多数省份、西南诸省、西北的甘肃、青海省，以及广西壮族自治区，几年来结婚率处于较低甚至相当低的水平，许多年份一些省区的结婚率不及全国平均水平的半数；除广西自治区之外的中南各省及浙江省，几年来结婚率处于中等水平。

离婚率方面，北京、上海两直辖市、华北诸省区、东北诸省、西北的宁夏、新疆、青海三省区水平普遍较高，其中山西、青海二省水平比全国平均水平高1倍左右，新疆水平为全国平均水平的十几倍。其原因与当地居民长期形成的婚姻习俗，以及传统的宗教观念、男女地位的不平等等有直接关系。如据1982年人口普查，新疆自治区20以下—29岁组的离婚人口占了全部离婚人口总数的41%，可见离婚之普遍，从而形成了异乎寻常的高离婚率。华东诸省、中南一些省份及西南的四川、西藏二省区，是全国离婚率最低的地区，有的省区甚至不足全国离婚水平之半数。其余的如天津市、西北、西南和中南部分省区，离婚率在全国范围内居于中等水平。

综上所述，全国有1/3的省市区几年来结婚率与离婚率在高水平同步摆动，1/5的省区几年来结婚率离婚率在低水平同步摆动，其余不足半数的省市自治区结婚率离婚率摆动的水平是不同步的。

各地区结婚率与离婚率的不同的动态水平，归根结底，是与各地区自然地理条件和经济发展情况的差异、人口发展过程的不同特点、居民和民族的不同习俗以及他们在文化思想意识、宗教、道德观念和行为规范等方面表现出的差别密切相关的。需要着重指出的是，由于结婚率完全是根据在民政部门依法登记的结婚数计算而得的，因此，一个地方婚姻登记工

①据中华人民共和国民政部提供的数据计算。

表6　　1979—1983年全国及各省市自治区的结婚率和离婚率　　（%）

地区别	1979		1980		1981		1982		1983	
	结婚率	离婚率	结婚率	离婚率	结婚率	离婚率	结婚率	离婚率	结婚率	离婚率
全　国	6.57	0.33	7.34	0.35	10.47	0.39	8.29	0.42	7.49	0.41
北　京	15.69	0.40	16.94	0.45	22.44	0.58	14.84	0.59	12.74	0.57
天　津	12.25	0.22	15.50	0.31	23.89	0.38	15.29	0.40	13.81	0.43
河　北	8.34	0.36	9.85	0.39	12.03	0.44	9.84	0.46	8.38	0.44
山　西	8.90	0.69	8.70	0.65	11.60	0.73	10.43	0.77	8.85	0.75
内蒙古	6.98	0.32	6.84	0.39	9.01	0.45	9.38	0.51	8.76	0.48
辽　宁	8.20	0.34	10.87	0.40	21.01	0.50	11.95	0.57	9.26	0.55
吉　林	6.52	0.27	7.36	0.47	13.19	0.59	10.78	0.59	9.70	0.63
黑龙江	6.86	0.40	7.28	0.47	11.39	0.56	10.32	0.67	8.07	0.62
上　海	11.52	0.27	14.83	0.29	24.51	0.43	16.61	0.46	12.67	0.50
江　苏	5.77	0.13	5.85	0.16	10.17	0.21	7.48	0.24	5.68	0.21
浙　江	5.79	0.22	6.73	0.22	12.04	0.26	9.24	0.27	6.96	0.25
安　徽	3.34	0.18	4.15	0.18	4.85	0.23	5.76	0.23	4.73	0.21
福　建	3.43	0.19	4.54	0.21	7.28	0.25	5.76	0.25	5.55	0.25
江　西	4.00	0.33	4.60	0.32	6.43	0.33	6.46	0.35	5.22	0.30
山　东	8.25	0.19	9.67	0.22	12.80	0.27	9.46	0.28	9.00	0.28
河　南	6.89	—	7.27	0.31	11.20	0.32	7.93	0.34	8.38	0.35
湖　北	7.24	0.27	7.49	0.26	9.69	0.32	8.11	0.35	7.72	0.34
湖　南	6.80	0.24	7.17	0.29	9.69	0.34	8.77	0.39	7.76	0.38
广　东	7.50	0.19	7.28	0.25	8.81	0.28	6.84	0.31	7.53	0.29
广　西	6.14	0.38	5.63	0.34	7.18	0.39	7.05	0.37	6.30	0.37
四　川	6.20	0.20	7.42	0.22	10.91	0.30	7.41	0.30	6.42	0.27
贵　州	2.63	0.33	3.26	0.38	3.33	0.38	3.35	0.40	3.22	0.36
云　南	3.13	0.31	4.71	0.32	6.38	0.37	5.79	0.39	6.39	0.40
西　藏	1.52	0.17	3.10	0.34	1.57	0.19	2.28	0.14	3.38	—
陕　西	7.24	—	8.24	0.39	11.76	0.43	9.13	0.44	9.72	0.45
甘　肃	5.04	0.37	7.19	0.37	7.93	0.39	7.63	0.38	8.20	0.38
青　海	5.47	—	6.63	0.75	5.37	0.84	5.66	0.80	6.14	0.83
宁　夏	7.23	0.42	9.08	0.41	8.41	0.47	9.67	0.50	7.82	0.46
新　疆	8.82	4.28	8.86	3.98	9.77	3.40	11.82	4.16	12.44	4.13

资料来源：据中华人民共和国民政部，中华人民共和国最高人民法院提供的资料计算。

作质量如何，也就直接影响到结婚率水平的高低。近几年，这样一个事实是应当引起注意的：在一些地方，特别是农村，不少人仍然不十分懂得要求结婚的男女双方必须亲自到婚姻登记机关进行结婚登记这样一个法律程序；不十分懂得。男女双方在符合法定结婚条件的前提下，只有办理了结婚登记、领取结婚证后，婚姻关系才得到国家的确认，并受到法律的保护。其结果，近些年不登记就同居的人数在我国一些地方不是减少了，而是增加了，有些地方结婚登记率下降到30%左右①。那些结婚率过分低的地区，不登记的事实婚姻往往也比较

①据中华人民共和国民政部提供的材料。

多。如江苏省，据初步调查，1981年全省未登记的事实婚姻共25 129对①，占同年结婚登记数的4.1%。该省有的地方不登记而同居的甚至高达50—70%，一些地区登记结婚的只占30%②。就是在结婚率较高的地区，这种不登记的事实婚姻也是存在的，全国不少省、市、自治区都发现有这种情况。尤应引起关注的是，未登记的事实婚姻中，相当大的部分属于未达结婚年龄的早婚人口，对这部分人口，如不认真管理，做好工作，势必影响计划生育的正常开展，因此，需要认真对待。

在评价一地区离婚率水平高低的问题时，同样也不能不充分认识到这样一个事实，即离婚在相当程度上与法律规定及执法人员掌握现定的宽严程度和他们的认识水平及思想文化素质有密切关系。目前，在相当范围内，尤其在广大农村，在相当程度上仍存在着离婚难的问题，也就是说，保障离婚自由这一我国已婚公民的法定的民主权利，在许多地方还有待进一步完善和加强，在离婚率过低的一些地区，这方面的问题也就往往更加突出些。推而广之，在我国现今并不高的离婚率的背后，潜在着某种动因，一旦客观条件起某种变化，这种动因就会释放出来，从而使离婚数增多，离婚率升高。总之，考察一个地区人口离婚的总的水平和趋势，一定要结合当地的具体情况，对具体问题作具体分析，才能得出比较符合实际的客观结论。

（作者工作单位：北京经济学院人口经济研究所）

中国人口的国际迁移

陈树森　张映秋

“凡有海水所到的地方就有华侨”。这句话描绘了早在国际交通工具以航运为主的时代，海船所至华侨随之的景象。也是我国人口国际迁移流量大、流向广的生动写照。据有关资料估计，目前散居世界各地的华侨、华人约有二千多万人，其中已取得侨居国国籍的约占80%以上。由此可见，我国人口国际迁移数量之多、分布之广，在侨居国落地生根之深为世界各国所仅见。这一特点的形成和发展过程，是我们研究人口机械变动的重要课题，本文拟就如下几个方面对本课题有关问题作概要的阐述。

一、中国人口国际迁移的一般原因和过程

据史籍所载，早在唐朝以前，我国就已经有人侨居国外。但是，我国人口国际迁移的早期历史，是从事商务旅行、外交访问和宗教活动者居多，这些人有的去而不归，留寓于外国，但为数并不多。而我国人口国际迁移流量大，流向广则是始于19世纪中叶至20世纪30年代的事情。形成这一时期大量移民的因素很多。根据开创研究人口迁移理论的英国人口学家拉文斯坦（E·G·Ravenstein）的分析，导致迁移决定和迁移过程的因素大致如下四个方面：1、与迁出地有关的因素；2、与迁入地有关的因素；3、各种介入障碍；4、个人因

①②据《江苏人口》，中国财政经济出版社，即出。

素①。从上述拉氏的"迁移规律"结合国内外当时的情况来分析我国人口国际迁移的原因大致如下几个方面：

（一）迁出地因素——内因。

1．经济因素。经济因素是导致人口迁移的主要动因。求生存或改善生活条件是旧中国人口国际迁移最主要的因素。鸦片战争后，中国沦为半封建半殖民地社会，自给自足的自然经济解体，城乡广大农民和小手工业者纷纷破产，不少地方"年不足供三月粮"，加之地方官府的压榨和豪绅的高利盘剥，贫苦大众啼饥号寒不绝于野，大批贫苦农民和城乡小手工业者，为了谋求生路，不得不抛妻弃子、背井离乡到海外另谋生计，时人"过番谋生"的情景，在东南沿海各地"县志"多有记载。从南洋大学"新加坡华族村史调查小组"对新加坡某地9个民族聚居村落从1900—1955年间南来的200户华侨"口述"南来动机的整理材料如表1）可见一斑。从表1来看，因"经济原因"而到南洋者共98人，占49%，如将投亲靠友的29人也视作走投无路而投亲靠友列入"经济困难"一类的话，那么，因家乡生活困难而出洋者就有127人，占63.5%。再对照1934年9月—1935年4月间，陈达先生在粤东与闽南进行的实地调查，905户中因经济压迫出洋者633人，占69.95%；南洋有亲属者176人，占19.45%，因天灾的仅有31人占3.43%……②由此可见，经济困难确是移民的重要因素。

表1　　南来动机

类　别	户数	%
1. 经济困难	98	49
2. 亲戚关系	29	14.5
3. 地方不安	23	11.5
4. 寻求发展	21	0.5
5. 逃壮丁	4	2
6. 家庭不和	2	1
7. 行为不好	2	1
8. 其　他	19	9.5
合　计	200	100

资料来源：《星马的开发与闽粤移民》，载《南洋文摘》，第11卷，第11期，1970年11月20日第732页。

2．政治因素。所谓政治因素就是由于受国内战乱的影响或对国内统治阶级不满，以及逃避统治阶级的迫害而迁居国外。由于这些原因而被迫移居国外，自唐朝以来史书不乏记载，到了明末清初更为突出。清康熙元年，清政府为了切断东南沿海人民对郑成功的接济（郑把荷兰人从台湾赶跑以后，不少闽、粤人民移居台湾，把台湾作为"反清复明"的基地）而下诏"濒海各县居民内迁五十里"，毁掉庄稼，烧掉村庄，激起沿海人民的极大愤怒，于是东南沿海人民纷纷从水路到越南、日本，菲律宾，泰国、印度尼西亚等地，其中到越南的人数最多。太平天国和曾经占据厦门的双刀会（小刀会）的失败，辛亥革命前多次武装起义的失败；1927年第一次国内革命战争的失败等几次革命低潮的出现；以及1985年"甲午战争"的失败、腐败的清政府把台湾割让给日本等等，都先后造成一批批不堪忍受迫害和不愿当亡国奴的仁人志士流亡海外。但是，应当指出政治因素不是我国人口国际迁移经常起作用的因素，因为上述政治原因延续时间上有局限性，动乱过后，移民即停，甚至有一部分移民在事过境迁后即返回原藉，因而这类移民所占比例不大，在人口国际迁移史上不占重要地位。

（二）迁入地因素——外因。

①参阅埃弗雷特·李《人口迁移理论》，廖莉琼，温应乾摘译。载《南方人口》，1987年第2期。

②陈达：《南洋华侨与闽粤社会》，第48页，商务印书馆，1939年。

1．经济因素。1833—1870年，英、法、美、荷和西班牙等国先后废除奴隶制，奴隶解放的结果，意味着廉价劳动力的需求量增加，随着19世纪中叶“自由”资本主义逐步向帝国主义过渡，世界资本主义列强为了适应其开发殖民地经济，榨取巨额剩余价值的需要，不惜采取诱骗和胁迫手段竞相来华招工。鸦片战争后，英国侵占我香港，强迫清政府开放沿海通商口岸，这些口岸遂成了帝国主义列强进行经济掠夺的据点。我国东南沿海地区，尤其是福建、广东两省广大破产的城乡劳动者便首当其冲成为它们的“猎获”对象，成为契约移民。在东南亚、美洲、澳洲、南非和印度洋上的留尼旺等地都有这些“契约华工”的足迹。在1847—1874年间，从厦门、广东、香港、澳门等地输送到古巴、秘鲁、智利及桑威奇群岛（夏威夷群岛）等地的“契约华工”就有25—50万人之多①。据新加坡海峡殖民政府统计，在1881—1930年的五十年间，经由新加坡转运到其他地方去的“契约华工”约五百万之多②。“契约华工”大都在矿山和种植园从事最累最重的活，从表2关于海峡殖民地“契约华工”职业分类情况可窥见一斑：

表2　海峡殖民地“契约华工”职业分类表　（单位：人）

职业＼年份	1905	1906	1907	1908	1909	1910	1911	1912
矿　工	4 474	9 738	13 304	12 359	7 601	4 805	4 974	2 717
农业工人	5 200	5 454	8 137	4 497	5 820	18 862	17 064	7 574
一般非熟练工人	2 912	1 790	2 330	1 667	1 320	1 221	710	2 920
伐木工	871	1 462	1 037	766	610	626	764	1 205
机械工	503	574	637	719	243	450	23	410
家务、商店雇工	305	245	403	167	123	59	1 933	35
水手、捕鱼工人	127	48	328	268	239	196	314	143
其　它	182	53	83	74	115	96	40	30
合　计	14 574	19 346	26 159	20 517	16 071	26 315	25 822	15 034

资料来源：（日）山田秀雄编：《美帝国的经济结构》，新评论出版，1986年，第515页。

应当指出的是，“契约华工”从转运地到目的地的途中，由于经不起非人的虐待和在航程百多天挤迫在闷热的船舱以致疫病流行等折磨而死的人数多得惊人，死亡率高则达50%，少则15%。例如，1850年，运往秘鲁的740人中，有247人死亡（33%）；1856年，运往古巴的289人中，有132人死亡（45%）；1847—1847年10年间，从香港运送古巴的23928人中死于半路海上的，即达3342人，死亡率平均约14%③。而因劳动时间过长，劳动强度过大，过着奴隶般非人生活而死于疫病或被殴打至死者更是不计其数。

同时，随着1849年美国加利福尼亚州金矿的发现，以及1851年澳洲的维多利亚和新南威尔士州等地相继发现金矿以后，都为我国海外大量移民提供了新的机会，19世纪50年代至90年代，大批华人从厦门、香港和新加坡移民澳洲，人数约在8—10万左右④。

①（日）井出季太和：《华侨》，株式会社六商会出版部，1942年8月30日再版，第33页。

②援引自华金山编写：《福建华侨史话》，1983年10月，第12页。

③同①，第34—35页。

④林金枝：《华侨、华人移居澳大利亚史略》，载《华侨历史学会通讯》，1985年4月号，第8页。

2．社会因素：我国人口国际迁移流向着流量大、流向广的趋势发展的初期，正处于西方资本主义国家为了修筑铁路，开发矿山，拓殖种植园，为掠夺殖民地的丰富资源而需要大量廉价劳动力的时候。为了吸引大批劳动力，当时许多迁入地的政府大都对新移民实施开放政策，即出现了一个相对稳定的自由移民时期。迁入地政府的移民政策，对于人口的机械变动（人口的迁入和迁出），无疑会产生积极的影响，对于华侨社会的形成提供了一个较为宽容的社会条件。例如，在美国1882年实施第一个排华法案至1943年最后撤销排华法案的前后，移民的入口数字起伏就比较大。从1848年最初到美国的3个中国移民迄至1882年国美排华法案实施前的35年间，中国移民超过20万人①。从1940到1970年的30年间，华人移民数是：1941—1950年为16709人；1951—1960年为24226人；1961—1970年则为96702人②。

同时，在迁入地的各种华侨社团组织对华侨社会的形成和发展也起着一定的促进作用。在华侨、华人聚居的地方多半建立起以姓氏组成的“宗亲会”：由有着共同的方言、习惯的同乡组成的“同乡会”；由从事同样职业的华侨、华人结合的各种“同业公会”等各种社团组织，而其势力最为强大、历史最为悠久的则是“同乡会”，其中最为有名的是“五大帮”（见表3）。

表3　东南亚各国华侨乡帮的势力分布　（%）

乡帮 / 国别	福建帮	广府帮	潮州帮	客家帮	海南帮	其他
泰国	10	8	60	10	10	2
马来西亚*	30	26	11	22	9.5	5.5
新加坡	40	18	23	1		18
印度尼西亚	55	15	10	20		
菲律宾	80	20				
越南	8	41	37	11	3	
柬埔寨	6	15	67	5	7	
缅甸	50					50

*原文如此，合计数超过100%。

资料来源：（日）李国卿根据黄天爵：《华侨经济问题》一书（1963年版）材料编制，载（日）李国卿：《华侨资本的形成和发展》，郭梁、金永勋译，福建人民出版社，1984年，第20页。

据不完全统计，迄至1963年6月底，全世界的华侨团体总数达7200个③。这些“非同族必至戚非其至戚必其同乡”体现着血缘、地缘和业缘的华侨社会组织，虽然带有浓厚的封建色彩，但它们对团结华侨、维护华侨利益，帮助新来迁移者起着积极的作用。曾到广州市参观访问的美国洛杉矶华人同源会访问团团长张子峰先生就谈到，由祖籍广东番禺、中山、开平、新会、南海、台山等七邑土生美藉华人组成的，成立于1912年的同源会（指凡同源、同种、同族、同言的炎黄子孙都是一家人）多年来在服务侨胞，维护华人利益，

①（泰）《中华日报》，1975年11月22日，第10版。

②见吴元黎主编：《美国华人经济现况》，台湾正中书局印行，1985年，第69页。

③同表3资料来源，第24页。

为华人排忧解难方面做了不少为华人所称道的好事①。正是类似这些华侨、华人社团所起的作用，而使我国海外移民根深叶茂的重要的社会因素，是世界其他移民所无法比拟的。

（三）个人素质与心理因素。

迁移者个人素质与心理状态是影响迁移行为的重要因素。中华民族以刻苦耐劳著称于世，东南沿海地区具有沟通海外交通之便，与世界各国交往的历史尤为久远；人们认识和了解外部世界比较深；生于斯长于斯的东南沿海人民饱受政治上和经济上的压迫，富有移居海外的冒险心理；他们掌握了各种传统手工艺术并长于经商之道。迁移者这些素质都使其具有很强的适应性。

此外，我国与南洋水陆相接，海上交通迄至19世纪中叶汽轮未有之前，乘木结构的青头船、红头船可趁季候风（每年10月至次年3月有东北季候风、6月至9月有西南季候风）每年由向南亚地区与我国南方往返一次，交通堪称方便。广东省地处祖国南疆，水陆路同东南亚各国往来尤为方便，广东省为我国华侨人数最多的省份，交通地便利是其因素之一，据有关资料估算，广东省迁往世界各地定居的华侨，华人和华商共约1，400万人，占全国华侨总数的66.5%。平均每5个广东人中，就有一个人侨居国外。①

综上所述，我国人口国际迁移是由于迁出地的内因、迁入地的外因和移民自身素质等诸因素共同作用的结果，也是自然、历史和经济诸要素综合作用的结果。

二、移民者的特征

迁移者的迁移动机、迁移过程和迁移形式的特点，无疑对迁移者的主要特征造成直接的影响。历史上我国迁移者的特征是：移民性别构成以男性青壮年劳动者为主，以文盲或受教育程度极低的人为主。1934年太平洋国际学会在我国著名侨乡潮汕地区澄海县一个带有乡镇特色的古港口樟林埠进行社会调查，对500名据分析是男性移民离乡时的年龄调查结果，发现16—30岁占80.8%，50岁以上一个也没有，15岁以下只占8.2%（表4）。年轻者有较高迁移率的原因，可以从个人和社会两个方面去探讨。年轻人劳动力强、有应变能力、又有乡亲老移民的牵引、加之担负着赡养妻儿父母的社会责任，个人成败和家庭存亡兴衰荣辱命运休戚相关，艰苦奋斗追求发展是侨乡人民的重要意识观念。年轻移民浪迹异邦，境况较好者仍以返回故里完婚，但许多长期无力携带家眷，有的一去音信渺茫，有的与当地人民水乳交融，娶当地女子为妻而安居乐业。迁移者性别构成的这种特点，不仅使该地区当时人口性别比失调，而且对后来人口发展也有所影响。从我国三次人口普查资料看来，广东省主要侨乡台山县和澄海县人口性比例不平衡的现象直至60年代仍明显可见（表5）。

男性青年主要以劳工为主。樟林地区500名移民中出国前的职业为农民、店员和工人的占53.8%；出国后从事以上三种职业者占68.6%（表6）。移民有的从事个体劳动，有的在同乡或亲友开办的商店或工厂任职。他们经过一段时间的实践，当商情较熟悉之后，为求前途发展，往往离职独立经营。他们从小本生意起步，资本逐年增加，扩大经营规模，有的甚至成为富商大户。

①吴郁文主编：《广东省经济地理》，新华出版社，1985年北京，第73页。

表4　500侨民离家时年龄统计

年龄组（岁）	人数	%
10岁以下	6	1.2
11—15	35	7.0
16—20	221	44.2
21—25	121	24.2
26—30	12	12.4
31—35	27	5.4
36—40	21	4.2
41—45	3	0.6
46—50	4	0.8
总　计	500	100.00

资料来源：陈国梁、卢明合编：《樟林社会概况调查》，国立中山大学社会研究所丛书，1936年，第20页。

男性青壮年劳动力为主要迁移者虽是普遍现象，但个别地区也有大量女性青壮年劳动者迁移国外的，其中具有典型意义的首推广东省顺德县的"自梳女。"顺德县是珠江三角洲一个殷实大县，经济发达，封建礼教森严。年轻女子为了反抗封建婚姻，抵制封建宗法社会压迫，常以自梳形式（梳起发髻为已婚标志）表示终身不嫁，利用当地农工商贸多种经营发达的有利条件，自寻经济独立。其中不少三五结伴，向新加坡等地迁移。从近期调查资料得知，顺德县沙头乡现有19名归侨全部都是自梳女；全县316名女归侨，已婚者只有17名，其余多数为自梳女。她们迁移国外时的年龄多在15—34岁。顺德县15—34岁出国的女子占84%，沙头乡占63%。沙头乡19名自梳女回国时的年龄60—69岁的5名；70—79岁的10名；80岁以上的3名，无一人是60岁以前回国的，这种现象同她们在国外的职业有关。自梳女被称为"妈姐"，她们无家庭子女牵挂，善于家务，许多人具有名扬海外的顺德传统烹调手艺，是理想的家庭女佣。从事女佣工资收入微薄，必须毕生出卖劳力，勤俭积蓄防老，直至丧失劳力才返回故里。她们出国前多数靠工农业劳动为生。顺德县三百多名女归侨出国前的职业，除一名尼姑外，劳工占69名，其余均为农民。沙头乡19名归侨出国从事种桑耕田的12名，缫丝做工者5名，从商者2名①。

表5　澄海、台山与全国人口性比例比较（女=100）

地区＼年份	1953	1964	1982
澄海县	90.30	96.33	100.45
台山县	88.50	99.08	105.52
全　国	106.00	105.50	106.30

资料来源：根据全国第一、二、三次人口普查资料编制。

表6　500个移民出国前后的职业比较

职业	在乡时人数	%	在南洋时人数	%
经商	22	4.4	38	7.6
务农	62	12.4	1	0.2
店员	106	21.2	192	38.4
工人	101	20.2	150	30.0
小贩	69	13.8	38	7.6
教师	7	1.4	3	0.6
读书	72	14.4	0	0
行医	2	0.4	0	0
其他	0	0	32	6.4
失业	59	11.8	46	9.2
总计	500	100.0	500	100.0

资料来源：同表4，第20页。

迁移者孤身在外能够生存发展，除了靠本人艰苦奋斗之外，也离不开乡亲和同业团体的帮助。乡土观念浓厚是中国移民意识观念的特征，反映血缘关系和地缘关系的华侨宗亲会和同乡会从小到大，有很长的历史。这些团体提倡互助精神，以敦睦宗谊和乡谊为宗旨。同宗同乡者以亲人相待，对新客、贫穷、孤寡者，或遇疾病，丧亡，天灾人祸等不幸同侨，都予

①顺德县移民资料见陈印陶，地方调查报告，载《南方人口》1987年第2期，第39—43页。

以资助救济。随着移民经济境况的改善，又有商会和同业公会等机构建立，参加者互通情谊，合作协调，诚实守信，从而在社会上取得信誉和地位。

时代发展，社会变迁，上述历史上移民的性别比、年龄和文化程度等特征在二次大战后都有所改变，例如，根据美国1960年人口普查的结果，当地华侨、华人男女性比例略趋平衡，其中男性占57.1%，女性占42.9%①。当然，这时的华侨人口是包括当地出生的华裔在内，但不可否认在一定程度上反映了女性移民增长的趋势。近年来的变化尤其明显。当前迁移原因多是为了继承产业、夫妻团聚、亲人重逢、男婚女嫁、求学谋职、奉侍病老亲属等等。澄海县1981—1985年移民共1 305人，其中男性723人，女性582人，性别比为124；男性占55.4%，女性占44.6%，迁移者性比例趋于平衡②。其次，迁移者受教育程度有所提高，中学以上占48.51%（大专占2.3%、高中占20.77%，初中占25.44%），小学占35.32%，文盲只占16.17%③。而1934年对樟林地区500个移民文化程度分析，其中有132人文盲，占26.4%，其余只受初等教育④。澄海县当前迁移者的年龄分布，适龄劳动力（即男16—59岁，女16—54岁）占70.96%，其中16—45岁占44.91%，可见青壮年迁移者虽占很大比重，但比以前已有所降低⑤。上述澄海县近年来的移民特征，无疑有广泛的代表性，但也不可避免存在一定的局限性，因为从移民文化程度情况来看，明显未能反映出大城市移民文化教育情况。

三、华侨、华人在世界上分布情况

我国人口何时迁离疆土，侨居异域而最早为移民者，因文献记载不详尚难以考证，但始于秦汉以至近代我国人口国际迁移的情况，史不绝书是无容置疑的事，形成人口迁移流，当是19世纪中叶以后才出现。在我国近代史上，同时出现了“契约移民”和“自由移民”两种类型的移民。

“契约移民”是“自由”资本主义向垄断资本主义过渡时期的产物，是西方殖民主义者一手造成的。从1843年7月14日西印度委员会作出输入中国契约移民的决定后，当年就从海峡殖民地运进“契约华工”1 000人到英属毛里求斯岛；1847年西班牙一公司就运进800名”“契约华工”到古巴；1852年7月则有8 000—15 000名“契约华工”运到哈瓦那；同年8月25日有2 025名苦力从中国运到南美。自从1849年加利福尼亚州发现金矿以后，从中国运送到那里的“契约华工”逐年增多，1849—1868年的20年间从三藩市（旧金山）上岸的“契约华工”就有108 471人，而1851年澳洲的维多利亚和新南威尔士州即所谓新金山发现金矿以后，仅1853年就有1 000名“契约移民”到这里来⑥。而这些66契约移民”大多被欺骗和胁迫下船运到目的地后，被送到“猪仔馆”，再转手贩卖给种植园主等雇主，“猪仔馆”的主人每转手卖出一名劳工往往可牟利四、五倍之多。1874年，当时清政府总理衙门（外交部）派员到古巴的苦力收容所和大农场视察，在听取1 726名契约华工诉苦时收到有1 665人

---

①（美）宋李瑞芬：“美国华人的历史和现状”，商务印书馆，1984年，第304页。

②③⑤廖莉琼，温应乾：“《澄海县近年迁移者特征看潮汕侨乡国际迁移趋势》，载《人口研究》，1986年第6期。

④见表4注。

⑥同116页①，第32—33页。

签名的85份申诉书，从申诉书中得知其中80%的人是被拐骗到这里的①。契约劳工移民制从1914年6月30日以后逐步废除，直到1916年才完全废止，“契约移民”也就随着“契约劳工移民制”的废止而在移民史上完成其使命。

“自由移民”则是历史传统的延续，通过以戚引戚，以族引族，以乡引乡的关系资助出洋谋生，“自由移民”迁移流的流量和流向的变化是随着迁出地和迁入地各个时期政治、经济的发展变化而变化的，其中尤以迁出地和迁入地的移民政策的变化影响最大。由于自然、历史、经济诸因素的制约，移民的流量和流向在各个时期或在地区上的差别往往十分悬殊。例如，亚洲，尤其是东南亚是华侨、华人最集中的一个地区，非洲尽管是仅次于亚洲的第二大洲，地域辽阔，自然资源丰富，但华人向来较少涉足于该地区。美洲地区的华人数字与亚洲比较起来相差颇大，但在五大洲中仅居次席，比欧洲、大洋洲及非洲的华人人数要多得多。

目前，在亚洲23个国家和地区中，华侨、华人总数约有19,844,000多人，占全世界109个国家和地区华侨、华人总数22,180,000多人的89.4%②。其中以印度尼西亚（600万）、马来西亚（453万）、泰国（450万）、新加坡（192万）、菲律宾（100万）为最多，越南则因大批驱赶华侨出境而使华侨、华人数由200万减至目前的70万。

华侨旅居美国已有一百多年的历史，华侨与华人中90%以上是广东人，其中大多数是来自广东的台山、开平、恩平和新会县（俗称四邑）。目前，北美、中美及南美28个国家和地区的华侨、华人总数约有170多万。占全世界华侨、华人总数的7.67%，美国华人有100万，占美洲地区华人总数的一半以上，近几年来，我国新移民迁入美国的人数约有10多万，加拿大占第二位，人数是4.5万。中美洲12国的华人人数约5.34万人，人数虽少，但几乎每个中美洲国家和地区均有华人的足迹。

据史料所载，1845年第一艘中国商船首航欧洲，到1864年，法国圣路易岛上已有中国人开设的澡堂。欧洲虽然是个富裕地区，但直到第一次世界大战前，华人到该地区谋生的人还不多，华人第一次大规模到欧洲是在第一次世界大战期间。当时英、法、俄等国为了应付战争，曾招募23万华工到欧洲从事军工劳役，在公路、铁路、矿山、码头、工厂、船坞、农田，军械军火库及草料场等地方工作，战后有一小部分华工留寓欧洲。到本世纪五、六十年代，香港农业不景气新界数万农民为谋生计而迁居英国。70年代中期以后，印支半岛连年战乱，天灾人祸使印支华人惨遭劫难，形成举世怵目的百万人的“难民潮”，据不完全统计，仅移居法国的印支华人难民就达八、九万人。目前，包括苏联及东欧波兰等国在内的欧洲25个国家中，华侨、华人总数约38万人，占世界华侨、华人总数的1.71%。英国的华人最多有15万人；法国居次为11万人。人数1万至5万的有比利时、西德、荷兰。人数1 000至8 000的有瑞典、苏联、丹麦、西班牙、意大利、奥地利及爱尔兰。

分布在大洋洲的澳大利亚、新西兰及南太平洋诸岛国的华侨、华人人数17.5万人，占世界华侨、华人总数的0.78%。其中澳大利亚12万人，新西兰1.6万人，近年来南太平洋诸岛国独立后，经济在发展中，放宽移民条例，吸引着大批华人前往谋生就业。

非洲虽说是仅次于亚洲的世界第二大洲，但却是华人人数最少的一个洲。在该洲23个国

①同116②页，第36页。

②有关世界五大洲国家和地区华侨、华人数字均引自文星：《五洲华人分布简况》，载香港《华人》月刊，1986年11月号，第18—19页。

家和地区中，华侨、华人总数约有7.7万多人。以毛里求斯（3万人）为最多，留民旺岛次之，马达加斯加位居第三。但马达加斯加是目前非洲地区华人仍保留我国国籍人数最多的地区，据马达加斯加1975年人口普查统计年报公布的数字，保留中国籍的华侨有4 039人。

四、华侨、华人与祖国的关系

一百多年来，华侨、华人在风云变幻的世界五大洲定居，不断发展，其开拓进取精神为世人所瞩目。他们走过了漫长的坎坷路程，在明末清初时，他们被统治者视为的“贱民”、“弃民”；在国民党旧中国，由于国势衰败，海外华侨被视为“海外孤儿”，在迁入地备受凌辱和欺侮。但是，由于他们乡土意识观念浓厚，有着一颗赤诚的爱国心，虽身处异域，却对家乡和祖国魂牵梦绕，在我国各个历史转折时期，他们一片赤子之心始终与祖国命运息息相通。海外华侨对孙中山先生领导的辛亥革命运动的有力支援和在抗日救亡运动中与国人同仇敌慨的种种义举，丰碑永留史册。华侨投资祖国创办实业、捐资兴学育才、造福桑梓的业绩，国人有口皆碑。

广大海外华侨从各个方面积极支持孙中山的革命事业，从宣传孙中山的民主革命思想、筹款、输送武器弹药，联络和掩护革命同志到回国参加武装起义都表现出极大的热情，仅辛亥革命那年，“南洋华侨所输于革命之资，可五六百万元”①。不少华侨回国投身革命，仅黄花岗起义殉难的86人中，注明为华侨身份的就有27人，其中14人为越南华侨②。广大海外华侨支持的革命事业所表现出的革命热情和实际行动，当年孙中山赞誉“华侨是革命之母”，华侨是当之无愧的。

当日本帝国主义为实现其“大东亚共荣圈”的迷梦，侵略铁蹄蹂躏祖国疆土和凌辱祖国同胞的时候，从1931年“九·一八”事变到1937年“七·七芦沟桥事变”以后的全面抗日战争期间，广大海外侨胞组织各种华侨抗日救亡团体，开展抗日救亡活动，如发动捐款，开展抵制日货运动、组建抗日游击队回国参加抗日斗争等。其中由著名爱国侨领陈嘉庚先生领导的“南侨总会”对祖国的抗日账款工作作出了巨大贡献，迄至1941年太平洋战争爆发，仅“南侨总会”捐款每年达1.6亿元，相当于抗战经费的三分之一③。最为感人的是广大穷苦华工和中下层华侨节衣缩食，捐款助战的款项几近每月工资的10%—15%。有钱出钱、有力出力的爱国热情感人至深。

华侨投资祖国创办实业有着优良传统，据初步统计，1862—1949年间，华侨投资国内企业总额约7亿元，其中投资广东企业的金额约3.9亿元，占全国总额的55%④。据不完全统计，仅1978年至1982年的四年间，广东省以合作经营、来料加工、补偿贸易等方式，吸引华侨回国投资额达7亿多美元。⑤

捐资兴学育才，造福桑梓也是广大爱国华侨的优良传统。著名爱国华侨陈嘉庚先生捐资兴学育才，堪称一代楷模，从1894年冬起至他去世前数十年如一日，毁家兴学慷慨解囊，福

---

①援引黄绮文：“辛亥革命与南洋华侨资产阶级”，载《华侨历史学会通讯》，1985年第1期第15页。

②黄铮：“孙中山与越南华侨”，载《华侨历史》，1986年，第4期，第22页。

③刘南迅：“华侨史从形成到科学”，载《侨史学报》1985年第2期，第5页。

④黄广云：华侨与广东地区辛亥革命运动”，载《华侨论文集》，第二辑，第300页。1982广东年华侨历史学会。

⑤同119①，第81页。

建厦门大学从创办之始几十年来一直在陈老先生的资助关怀下发展，广育英才。党的十一届三中全会以来五年间，广东潮汕地区旅外华侨、港澳同胞共捐赠人民币二亿二千一百多万元，支援家乡兴办各种公益事业，李嘉诚先生捐资二亿四千多万港元巨资兴办汕头大学，堪称八十年代兴学育才典范①。

对于海外华侨拳拳赤子之心，国人感同身受，感怀至深，而对归国华侨或海外华侨，身处逆境极需关怀之时，国人亦极表关切之情，创设于1929年8月23日、活动逾20年之久的岭东华侨互助社(1934年改名为岭东南洋华侨互助社，总社设在汕头市)便是为归国华侨和海外侨胞排忧解难，使华侨在三十年代初的恶劣环境中求生存、谋发展中起着互助自救的作用，例如，互助社对失业被迫归国的侨胞，发给归国贫侨证明，凡持有证明者，由办事处凭证发给基本伙食费和回家乘坐车船免费证，当时得到这种照顾的贫侨不下1万人。1929年越南华侨被驱逐出境者达2，600多人，被拘禁者数百人，互助社对遭受迫害的难侨寄予深切的同情，经常发出慰问信，给予热诚鼓励②。新中国成立后，对华侨侨居国极端民族主义分子煽起排华浪潮，驱赶华侨出境，造成大批“难侨”流离失所，当海外华侨身处逆境的时候，祖国是他们的强大靠山。政府多次派出船只，接回一批批“难侨”，并妥善安排他们的生活，充分体现了祖国人民和华侨忧戚与共，患难相济的鱼水之情。

综观上述，不难看出，我国人口国际迁移历史源远流长，流量大，流向广这一特点的形成，是有其特定的自然、历史、社会和经济诸因素的影响，华侨、华人在社会，政治以及经济诸方面对中国以至侨居国所发挥的积极作用具有其历史和现实的深远意义。

（作者工作单位：中山大学东南亚历史研究所）

中国黄土高原人口概况

李慕真

黄土高原是一个特殊的地理单元，所在地区以覆盖着深厚的黄土著称。黄土高原主要位于黄河中游和海河上游地区，它的范围东起太行山、西至日月山、南止秦岭、北达阴山，包括山西、宁夏全部、陕西的关中和陕北、甘肃、青海东部、内蒙南部、河南西部等7个省区，总面积约67.8万平方公里，占全国总面积的7%，1985年人口8 198万余人，占全国总人口的7.9%，是国内具有战略意义的地区之一。在历史上黄河流域是中华民族的摇篮，曾是古代中国政治、经济、文化和人口的中心，有过灿烂辉煌的过去；在现代黄土高原是中国重要的能源重化工基地，这里的煤炭资源极为丰富，保有储量约占全国的75%以上，仅山西和内蒙南部、陕西北部即占全国保有储量的60%以上，1984年黄土高原地区原煤产量为33 156万吨，占全国原煤产量的42%，全国80%以上的商品煤是由这里提供的；在严重缺水的中国北方，

①庄义青、洪松森：华侨与潮汕关系述略”，载《汕头大学学报》，人文版，1985年2月，第43页。

②岭东华侨互助社的活动详情可参阅张映秋：“《岭东华侨互助社的建立和发展》载中山大学东南亚历史研究所》东南亚历史学刊》第3期1986年12月，第53—61页。

黄土高原地区依靠黄河梯级开发的优势，水电供应也是充裕的；黄土高原的矿产如钒、钍、铝、铁和一些金属非金属矿均较丰富。所有这些有利的条件，在四化建设过程中，为黄土高原地区工矿业的发展提供了广阔的前景。

但是，黄土高原的自然环境也有不利的一面，从气候上看，这里是从半干旱气候向干旱气候过渡地带，也是从森林草原向干草原、荒漠草原的过渡地带，降雨量少，植被稀疏，生态环境极为脆弱。长期以来由于黄土高原地区人口的不断增长，对环境压力也越来越大，滥垦滥牧的后果破坏了生态平衡，造成大面积水土流失，使完整的黄土高原成为塬、墚、峁密布，沟谷纵横的破碎局面。大量表土流失的结果，不仅使黄河的含沙量增大，而且耕地的肥力和生产水平也大为降低，人们为了维持生活就要更高的向环境索取，扩大开荒破坏植被，造成黄土高原生态环境的恶性循环，所以综合治理黄土高原的水土流失，合理开发利用这里的各种资源，就成为我国四化建设中的重要课题，引起了广泛的关注。

人口是黄土高原最活跃而重要的因素之一，一方面人口增长对环境形成一定压力，另一方面人口又是建设和治理黄土高原的主要动力，所以如何控制这一地区的人口数量，减少对环境的压力，同时提高人口素质，以适应建设需要，不仅是综合治理黄土高原的重点，也是改革开放把黄土高原经济搞上去的迫切要求。

黄土高原的人口特点和主要问题，概括起来有以下几个方面。

一、人口数量大、增长迅速

黄土高原是我国人口较多的地区之一，据不完全统计①，1985年黄土高原地区有8 198万人，占全国总人口的7.9%，人口密集程度仅次于东部沿海各省。在黄土高原人口的地区构成中，以山西、陕西人口数量最多，均在2 000万人以上，其次是甘肃、内蒙，青海，宁夏由于原来人口基数小，在黄土高原地区人口也是最少的。黄土高原所属各省区范围内的人口数量及比重详见下表。

表1　　1985年黄土高原人口的地区构成　　(万人，%)

地　区	黄土高原地区总人口	占全国总人口比重	占全区总人口比重	占该省、区总人口比重
山　西	2 625.5	2.5	32.0	100.0
宁　夏	414.6	0.4	5.1	100.0
陕　西	2 158.7	2.1	26.3	71.9
内　蒙	732.5	0.7	8.9	36.5
甘　肃	1 373.4	1.3	16.8	67.3
青　海	307.2	0.3	3.7	75.4
河　南	586.1	0.6	7.2	7.6
总　计	8 198.0	7.9	100.0	—

资料来源：根据1985年人口统计资料计算。

黄土高原人口的显著特点之一，是增长速度较快，从第二、三次人口普查资料看，黄土

① 黄土高原的具体界线，还要在实地考查基础上确定。

高原各省区人口增长情况是，在7个省、区中有5个省区两次普查期间人口增长速度，高于全国的平均水平，特别是宁夏和青海两省区的增长速度更为全国之冠，内蒙、甘肃、河南等省区人口增长速度也高于全国，这就决定了黄土高原人口的增长速度比全国为快。

表2 1964—1982年黄土高原所在各省区人口增长情况①

地　区	1982比1964年增长（%）	年平均增长（%）
全　国	45.2	2.1
宁　夏	84.8	3.5
青　海	81.6	3.4
内　蒙	56.3	2.5
甘　肃	54.9	2.5
河　南	47.9	2.2
山　西	40.4	1.9
陕　西	39.2	1.9

资料来源：根据第二、三次人口普查资料计算。

山西、陕西两省区人口增长速度，1964—1982年虽较全国为低，但从具体情况分析，增长速度还是快的。例如山西省人口增长速度，虽然在1964-1982年低于全国，而从1949-1984年情况分析，山西人口从1949年的1 280.9万人，增长到1984年的2 600.3万人，增长了103%，高于全国同期87.5%的增长幅度，山西人口增长高峰主要在1964年以前。陕西境内的黄土高原，包括关中和陕北两大区域，1964年共有人口1465.6万人，1982年为2065.0万人，1982年比1964年增长40.9%，大于全省的增长幅度，特别是铜川、咸阳、渭南、延安等地人口的增长幅度，不但大于全省也大于全国。内蒙境内的黄土高原，1949年只有242万人，1985年达到732万人，增加了两倍多，平均年增长3.12%，仅次于宁夏和青海。所以黄土高原地区人口增长较快的现象是比较突出的。近年来全区人口又从1982年的7 710.9万人，增长到1985年的8 198.0万人，增长了6.3%，增长速度也是快的。

黄土高原地区人口增长较快的原因，主要来自人口的自然增长和迁移增长。从自然增长看，如宁夏1982年的出生率为28.95‰，死亡率为5.82‰，自然增长率达到23.13‰，高于全国和其它省区水平。从总和生育率来看，1981年宁夏的总和生育率为4.09，城镇为1.9，农村为4.8；陕西榆林地区为3.17，延安地区为2.99。尤其是农村和经济条件较差的地区，人口的出生仍未能得到有效的控制。

黄土高原也是迁入人口较多的地区，例如山西省1950-1960年期间净迁入人口为134.8万人，平均每年净迁入为12.3万人，最多的一年为21.3万人，1965-1982年全省净迁入人口为70.97万人，平均每年净迁入4.2万人，解放后33年来，除1961-1964年由于建设下马，平均每年净迁出5.3万人外，其余年份均是迁入大于迁出，共计迁入181.5万人，平均每年迁入5.5万人。宁夏也是迁入人口较多的地区，1950-1985年36年中，除1961-1963年迁出大于迁入外，其它年份均是迁入大于迁出，总计迁入62万人，占同期人口增长总量的20%。陕西黄土高原地区人口的迁移情况，以1983年为例，当年迁入45.4万人，迁出为43.7万人，净迁入人口1.7万人，多数年份也是迁入大于迁出。迁入人口最多的是内蒙的黄土高原地区，这个地区从1949-1985年，净迁入人口为115.9万人，占同期人口增长总量的23.6%，是明显的人口迁入地区，其中迁入人口较多的有包头市（占迁移人口总量的39.8%）、呼和浩特市(占26.4%)、巴彦淖尔盟（占17.8%）、乌海市（占11.6）等。此外青海、河南等省黄土高原地区迁入人口也较多。仅甘肃省内黄土高原地区近年来人口的迁出大于迁入，如1980-1984年合计迁入人口为15.4万人，迁出人口为17.5万人，平均每年净迁出只有几千人，对全区迁移人口影响不

① 表上均为全省、区数字。

黄土高原人口分布图
比例尺 1:40000000
80 40 0 40 80 120 160 200公里

大。所以黄土高原地区是人口迁入地区，大量的人口迁入也加快了人口的增长速度。

二、人口的地区分布极不平衡

黄土高原相对来说，是人口比较密集的地区，根据1982年人口普查时统计，黄土高原地区的人口数量分布及密度分布如表3及图。

表3　　　　1982年黄土高原地区人口分布

地　区	全省、区人口（万人）	全省人口密度（人/KM²）	黄土高原人口（万人）	黄土高原人口密度（人/KM²）
山　西	2529.1	162	2529.1	162
宁　夏	389.6	59	389.6	59
陕　西	2890.4	141	2065.0	152
甘　肃	1956.9	43	1209.0	121
内　蒙	1927.4	16	703.3	50
青　海	389.6	5	293.7	113
河　南	7442.4	446	533.4	245
总　计	17525.4	—	7723.1	113.7

黄土高原地区的人口分布，以山西、陕西、河南交界地带的人口数量最多、密度最大，即以西安、洛阳、太原为顶点的三角地带，人口最为密集；其次是陕西的渭河流域、山西汾河各地，兰州、西宁附近，及黄河的前、后套地区人口都比较稠密；而内蒙的伊克昭盟、陕西北部、甘肃东北部、宁夏中部等地区人口都比较稀少，河南省内的黄土高原虽然人口密度在200人以上，但在该省内部还是人口最稀少的地区。各省区内部人口密度差异极为悬殊，例如陕西境内黄土高原地区的兴平（890人）、武功（851人）、高陵（618人）、临潼(581人)人口密度均在500人以上，而陕北的黄龙县只有21人，志丹县23人。山西境内人口密度最高的长治县为591人，高平、介休、新绛曲沃等均在400人以上，最稀的右玉(46人)、石楼(44人)、岢岚（36人）则只有30-40人。内蒙境内黄土高原人口，也主要集中于呼市、包头和后套地区，而伊克昭盟等地，每平方公里只有几个人。但总的来看，黄土高原地区的人口密度较大，有些地区已经超过了环境的承载能力。

三、市镇人口比重较大

由于工矿业的发展，在黄土高原地区形成了许多重要城市，其中100万人口以上的特大城市有西安、太原、兰州等三个，50万人口以上的城市有阳泉、长治、运城、榆次、临汾、西宁、咸阳、渭南、呼和浩特、大同、洛阳、包头等，另外，还有大量中小城市，为这一地区人口城镇化发展提供了较好条件。根据1982年统计，黄土高原地区市镇人口所占比重如表4。

1985年以后，城镇化又有了新的发展，黄土高原所在各省区，市、镇人口成倍增长，山西市镇人口已占省总人口的56.5%，宁夏为35.2%，陕西为38.9%，但其中非农业人口比重

表4　　1982年黄土高原地区市镇人口比重　　（万，人%）

地　区	全省市镇总人口	占省总人口比重	黄土高原市镇人口	占该区人口比重
山　西	531.5	21.0	531.5	21.0
宁　夏	88.0	22.5	88.0	22.5
陕　西	549.1	19.0	456.2	22.3
甘　肃	300.2	15.3	217.7	18.0
内　蒙	55.6	28.9	278.1	39.5
青　海	79.8	20.5	59.1	20.9
河　南	1 077.7	14.5	125.0	23.5
总　计	3 181.9	18.2	1 755.1	22.8

资料来源：根据1982年统计资料计算。

也有上升，有些是由于行政区划分扩大引起的，还不能真正代表这一地区城镇化的实际水平。

表5　　1985年黄土高原各省区市镇人口情况①

地　区	市镇总人口（万人）	其中非农业人口（%）	市人口（万人）	其中非农业人口（%）	镇人口（万人）	其中非农业人口（%）
山　西	1 482.9	33.0	638.0	52.0	844.9	18.9
宁　夏	146.5	50.9	113.3	50.7	33.1	52.0
陕　西	1 167.0	41.1	540.1	55.3	629.9	28.9
内　蒙	870.1	59.9	534.8	64.6	335.3	52.3
甘　肃	771.2	33.5	524.4	40.8	246.9	28.3
青　海	137.7	68.1	66.0	84.6	71.8	52.8
河　南	1 440.0	50.7	882.3	56.4	557.8	41.6
全　国	37 820.5	46.4	21 187.8	55.8	16 633.2	34.4

①　以上均为全省数字。

资料来源：根据1985年市、镇人口统计资料计算。

从以上各省区市镇非农业人口比重来看，山西、陕西、河南、甘肃等省都比较低，这是因为镇的增加而使农业人口比重上升的结果，宁夏、内蒙、青海等省区，新设镇相对少些，因而非农业人口比重较高，所以对各省区人口城镇化水平还要做具体分析。

但是，黄土高原人口城镇化发展是不可阻挡的潮流，现在每平方公里的市镇人口密度，全国平均20人，黄土高原地区为21.5人，已经高于全国，同时，各省区黄土高原内的市镇人口比重，均高于本省区的平均水平，说明那里的城镇化速度和水平高于所在省区，有的还高于全国水平。今后随着黄土高原工矿业的发展，人口城镇化还会出现新的势头，例如随着煤矿的开发将形成许多新的工矿居民点，在有丰富煤炭资源基础上，冶金、电力也还会有较大发展。在山西、陕西和内蒙交界地带，将要兴建一些大的工业基地，以煤炭为原料的重化工业有着广阔的前途，何况小煤窑、乡、村办企业大量兴起，这些都是黄土高原人口城镇化的有利因素。

四、人口的文化素质还需要进一步提高

黄土高原地区人口的文化程度，一般来说较西南、西北许多省区为高，新中国建立以来各项教育事业均有较大发展，但与建设需要相比仍有不小差距。以山西省为例，1982年有各种文化水平的人口1738.4万人，占总人口（6岁以上）的68.7%，但文盲和半文盲人口仍有456.8万人，占全省12岁以上人口的24.4%。虽然较全区水平为高，但仍不能满足建设的需要。

表6　　1982年山西各种文化程度与全国比较　　(%)

地　区	小学以上文化程度	大　学	高　中	初　中	小　学	文盲、半文盲①
全　国	58.7	0.6	6.4	17.2	34.4	31.9
山　西	68.7	0.6	7.4	21.8	38.8	24.4

① 文盲、半文盲占12岁及以上人口比重。

宁夏人口的文化水平也比较高，据1982年资料统计，每万人中大学文化程度为70人，高于全国（60人）的水平，高中597人，初中1836人，也高于全国（1760人），小学程度3008人，都是高于或近于全国水平。但文盲及半文盲人口，仍占12岁及以上人口的43.0%，这与四化建设是不相适应的。

陕西的教育事业比较发达，但主要集中在西安市，所以陕西省内黄土高原人口的文化程度情况，关中优于陕北。以1982年每万人拥有各种文化程度人数看，大学程度关中为55.6人，陕北仅25人，高中及初中人数关中2 967人，陕北2 143人，小学程度关中6 561人，陕北5 088人，文盲、半文盲人口关中2 056人，陕北3 191，陕北地区的文化素质更亟待提高。

甘肃省境内黄土高原人口的文化程度情况，陇西优于陇东，因为甘肃的一些较大城市，大多分布于陇西地带，所以影响两个地区文化程度上的差别。

表7　1982年甘肃黄土高原地区各种文化程度人口占全省比重　(%)

文化程度	占全省人口比重	黄土高原地区占全省各类文化程度比重		
		合计	陇东	陇西
大学毕业	0.4	74.86	8.11	66.75
大学肄业	0.1	85.35	4.98	80.37
高　中	6.2	66.09	12.39	53.70
初　中	12.2	64.00	15.84	48.16
小　学	27.7	61.20	16.03	45.17
文盲半文盲	35.0	63.97	49.50	14.47

内蒙境内的黄土高原地区，人口的文化水平不但高于内蒙全区，也超过全国水平，特别是大学和高中文化程度，每万人拥有的人数黄土高原地区为101人和775人，全区为57人及

745人，而全国为60人及663人。但文盲及半文盲人口比重仍达32.78%，其中呼和浩特市为26.28%，伊克昭盟更高达46.44%。

黄土高原地区高等文化程度人口比重较大，一方面是由于各地区解放后高教事业的发展，造就了大量人材，另一方面也由于国家对黄土高原地区的大力支援，抽调和分配了较多的大学生，投入各项建设事业，提高了具有高等文化程度人口的比重，但黄土高原所在各区文盲人口的比重相当高，是应特别重视的问题。

表8　1982年文盲半文盲人口占各省区人口比重　(%)

地区	文盲半文盲率	男	女
全国	31.87	19.15	45.23
山西	24.35	15.97	32.46
宁夏	43.04	29.48	57.59
陕西	33.21	22.31	44.01
甘肃	48.05	32.66	64.65
内蒙	31.08	21.68	41.48
青海	46.81	31.38	62.77
河南	36.96	23.36	50.96

(以上均为全省数字)

解决黄土高原人口问题的途径，本着控制人口数量，提高人口素质的国策，应着重抓以下三方面的措施：

1.加强计划生育工作，控制出生，特别是超生多育比重大的地区，更应深入进行计划生育宣传。因为出生多、人口增长快的地区，大多是生活比较困难，自然环境比较艰苦的地区，有些还要国家救济，如果不控制人口数量，不但会给环境带来更大的压力，也会增加国家的负担，而且所有的水土保持措施，也都不易持久的。事实证明这里已不是地广人稀的地区，有的地区人口增长已经超过了环境的承载能力，到了非控制不可的时候了。当然这一地的少数民族人口比重大，所以计划生育工作更要深入细致才能收到更好效果。

2.提高人口素质，主要包括文化素质和身体素质两个方面。在文化素质方面重点是普及小学、中学教育，在普遍提高人口的文化水平基础上，重点培养本地区所需要的中级和高级专门人材，特别是在青少年一代，要降低和扫除文盲，以更好承担起这里繁重的建设任务。从身体素质来看，除了优生优育加强营养外，还要大力消除各种地方病对人民的危害，在这里大骨节病、克山病和甲状腺都比较多，不但影响人们健康，而且对智力也有一定影响。所以提高人口素质也是亟待解决的问题。

3.在工矿业生产发展的基础上，加快黄土高原地区城镇化的步伐，也是解决黄土高原人口问题的措施之一。这样做的主要目的是在提高人民生活水平的基础上，使农村人口逐渐向城镇迁移，以减少对土地的压力，使一部分陡坡耕地退耕还林还牧，以保持水土。同时还可提高人口的文化、身体素质，也有利于计划生育工作的进行。黄土高原地区城镇较多，市镇人口比重大，是加速人口城镇化的有利条件，不过也要有领导、有步骤的进行，结合黄土高原综合治理措施进行，使之成为开发治理黄土高原的组成部分和必然结果。

（作者工作单位：北京经济学院人口经济研究所）

中国青藏高原各民族人口概况

张天路

由于青藏高原（以下简称高原）地理环境的独特性和过去社会制度、宗教、婚姻等的特殊性，长期以来成为国内外许多人士所向往、关注的地区，特别是人口学界更希望知道这里的各民族人口，在这样的社会、自然条件下过去的生息繁衍状况，现在的人口构成（包括民族构成、年龄性别构成、文化构成等）、人口发展、婚姻、生育、死亡等方面的特点和变化。本文主要利用1982年人口普查资料，尽量对以上人口状况进行实事求是的阐述和分析。

一、高原人口的民族构成及其变化

1982年高原主要居住着藏、汉、回、土、羌、撒拉、蒙古、彝、门巴、满和珞巴等民族，其他还有哈萨克、纳西、东乡、壮等31个民族。

(一)高原人口的民族构成的发展变化。从几个主要聚居在这里的民族来看，1982年比1964年的人口绝对数都有所增加，但由于增长的幅度大小不同，故在总人口中所占比重便有升有降。藏族是高原地区人口最多、比重最高的民族，1964年为234.4万多人，占总人口的49.8%，到1982年时人口增长到327.5万人，但占总人口的比重下降为42%，这是因为其他民族的人口比重上升的缘故（见表1）。如汉族、回族、土族、羌族、撒拉族和蒙古族人口的比重都明显上升。

至于各地区的藏族人口、除四川阿坝藏族自治州的比重有所上升外，其他如西藏、青海省等地则都有所下降。汉族人口比重上升者有西藏、甘肃藏族自治州，其余三个地区都表现为下降。回族人口则除四川甘孜藏族自治州保持平衡状态外，其他各个地区均明显升高。羌族的主要分布地区—四川阿坝州和甘孜州，都高幅度上升。

(二)高原各民族人口增长较快，人口翻一番的年限较短。人口翻一番的时间比全国的33年缩短8年。其中快于此速度的仅有青海省(见表2)。高原藏族人口增长比其他各民族都要慢一些，但翻一番的时间也已缩短为37年，就是说如果今后仍按照第二个人口普查年间的速度增长，到2019年的藏族人口便可能增加到1 558万多人。高原各民族人口中增长最快的要算羌族、撒拉族和蒙古族，尤其是珞巴族更快，如果按照此速度发展，分别于1999年，2000年、1999年和1994年人口就要增加一倍。汉族人口增长也较快，人口翻一番的时间也较短，但其人口除自然变动因素外，还有更为重要迁移变动因素，例如西藏自治区的汉族人口，1964年为3.67万多人，1980年达到高峰（12.24万人），以后由于净迁出人口的增多、到1984年底便下降为7.63万人。

其他各省、区、州的人口增长最快的要算青海省，其次为甘南藏族自治州，其余地区的增长幅度都快于全国平均水平。

表1　　1964年、1982年青藏高原人口的民族构成状况

民族	总计				西藏自治区				青海省			
	1964		1982		1964		1982		1964		1982	
	人数	%	人数	%	人数	%	人数	%	人数	%	人数	%
合计	4 709 908	100.0	7 791 250	100.0	1 251 225	100.0	1 892 393	100.0	2 145 604	100.0	3 895 695	100.0
藏族	2 344 232	49.8	3 641 544	46.7	1 288 663	96.6	1 786 544	94.4	422 644	19.7	753 897	19.4
汉族	185 845	39.5	3 189 241	40.9	36 717	2.9	91 720	4.9	1 316 233	61.3	2 359 909	60.6
回族	315 785	6.7	591 318	7.6	1 195	…	1 788	0.1	280 026	13.1	533 859	13.7
土族	696 84	1.5	129 787	1.7	18	…	52	…	69 296	3.2	129 194	3.3
羌族	48 627	1.0	99 517	1.3	—	—	1	…	11	…	16	…
撒拉族	30 284	0.5	61 366	0.8	—	—	—	—	29 796	1.4	60 981	1.6
蒙古族	25 064	0.5	51 681	0.7	54	…	116	…	24 928	1.2	50 454	1.3
彝族	9 920	0.2	16 765	0.2	—	—	36	…	9	…	70	…
门巴族	3 788	0.1	6 193	0.1	3 788	0.3	6 193	0.3	—	—	—	—
满族	4 547	0.1	3 522	…	17	…	95	…	645	…	3 034	0.1
珞巴族	712	…	2 023	…	712	…	2 023	0.1	—	—	—	—
哈萨克族	875	…	1 500	…	—	—	5	…	874	…	1 495	…
纳西族	305	…	1 494	…	6	…	851	…	6	…	15	…
东乡族	233	…	804	…	—	—	—	—	160	…	651	…
壮族	536	…	890	…	—	—	61	…	523	…	770	…
其他	832	…	2 277	…	54	…	496	…	626	…	1 338	…

民族	甘南藏族自治州				四川阿坝藏族自治州				四川甘孜藏族自治州			
	1964		1982		1964		1982		1964		1982	
	人数	%	人数	%	人数	%	人数	%	人数	%	人数	%
合计	323 095	100.0	515 454	100.0	483 673	100.0	725 335	100.0	506 311	100.0	762 373	100.0
藏族	146 274	45.3	230 550	44.7	197 259	40.8	316 117	43.6	369 377	73.0	554 469	72.7
汉族	152 950	47.3	247 666	48.0	227 063	46.9	301 762	41.6	125 488	24.8	188 184	24.7
回族	22 779	7.1	35 761	6.9	10 983	2.3	18 675	2.6	802	0.2	1 235	0.2
土族	369	0.1	539	0.1	—	—	2	…	1	…	—	—
羌族	1	…	9	…	48 261	10.0	98 400	13.6	354	…	1 091	0.1
撒拉族	487	0.2	384	0.1	1	…	1	…	—	—	—	—
蒙古族	66	—	48	…	10	…	39	…	6	…	24	…
彝族	1	…	1	…	12	…	26	…	9898	2.0	16 632	2.2
门巴族	—	—	—	—	—	—	—	—	—	—	—	—
满族	38	…	215	…	43	…	129	…	16	…	49	…
珞巴族	—	—	—	—	—	—	—	—	—	—	—	—
哈萨克族	1	…	—	—	—	—	—	—	—	—	—	—
纳西族	—	—	—	—	2	…	6	…	291	…	622	…
东乡族	73	…	150	…	—	—	3	…	—	—	—	—
壮族	2	…	15	…	10	…	37	…	1	…	7	…
其他	54	…	112	…	22	…	138	…	75	…	93	…

资料来源：根据有关地区1964、1982年人口普查资料编制。

注："其他"是指人数很少的其他民族人口加总数，不含未定民族人口。

表2

1964—1982年高原各民族人口增长百分比

民族	总计			西藏自治区			青海省			甘南藏族自治州			四川阿坝藏族州			四川甘孜藏族州		
	增长率	年平增长率	人口倍增时间(年)	增长率	年平增长率	人口倍增时间(年)	增长率	年平增长率	人口倍增时间(年)	增长率	年平增长率	人口倍增时间(年)	增长率	年平增长率	人口倍增时间(年)	增长率	年平增长率	人口倍增时间(年)
合计	65.4	2.8	25	51.2	2.3	30	81.6	3.4	21	59.5	2.6	27	50.0	2.3	30	50.6	2.3	30
藏族	39.7	1.9	37	38.6	1.8	39	78.4	3.3	21	57.6	2.6	27	60.3	2.7	26	50.1	2.3	30
汉族	71.6	3.0	23	149.8	5.2	13	79.3	3.3	21	61.9	2.7	26	32.9	1.6	44	50.0	2.3	30
回族	87.3	3.5	20	49.6	2.3	30	90.6	3.6	19	57.0	4.3	16	70.0	3.0	23	54.0	2.4	29
土族	86.3	3.5	20				86.4	3.5	…				…	…	…			
羌族	104.7	4.1	17				…	…	17				103.9	4.0	18			
撒拉族	102.6	4.0	18				104.7	4.1	18									
蒙古族	106.2	4.1	17				102.4	4.0										
彝族	69.0	3.0	23															
门巴族	63.5	2.8	25	63.5	2.8	25										68.0	2.9	24
珞巴族	184.1	6.0	12	184.1	6.0	12												
其他	42.5	2.0	35															

资料来源：根据表1资料编制。

高原的经济、文化都比全国更为落后，人口增长这样快，很可能出现新的人口压力。

二、各族妇女婚姻的特点

在经济、社会（包括宗教、风俗等）条件的制约和影响下，高原各民族妇女的婚姻状况具有以下特点：

(一)多种多样的婚姻形式。青藏高原各民族妇女的婚姻形式普遍都已发展到一夫一妻为主阶段，但同时有的民族地区过去还残存着“一妻多夫”、“一夫多妻”“戴天头”等婚姻形式。这些婚姻形式的存在，主要与经济或宗教等因素有关，比如实行“一妻多夫”婚，过去主要是为了怕因分家而引起财产分散、社会地位下降，从而采取几兄弟共妻的作法，“一夫多妻”婚只流行在土司、贵族或部落酋长间。“戴天头”为过去青海土族中残存的一种婚俗，即女子长到15岁，由父母作主在除夕日与老天爷举行婚礼，戴上已婚妇女的头饰，此后，她即可以与任何来访的男子同居。这种婚俗的存在主要与大量男子当了喇嘛，相当数量的婚龄妇女“过剩”有关。

(二)各民族妇女未婚比例高低悬殊。妇女未婚比例的高低，特别是终身不婚比例，对生育率有着明显的影响。50岁以上妇女未婚比例最低的为汉族、土族和羌族，都在0.5%左右（见表3）；以藏族为最高，除阿坝县和甘肃碌曲县都在10%左右，其余地区都在20%以上；青海的蒙古族妇女终身不婚的比例也高达12%以上，虽然她们也可能偶尔过着无定配偶的两性生活，也有一定的生育行为，但毕竟她们的生育率比正式配偶妇女要低得多，据调查非婚妇女的终身生育率仅为2.0①。

15-19岁年龄组各民族妇女的未婚比例相差也很明显，最低者为青海的撒拉族和回族，表明她们早婚状况还较突出；未婚比例最高者不是汉族，而是藏族妇女，除阿坝县、玛曲县和碌曲县外，其余都在90%以上。

青藏高原各民族妇女的平均初婚年龄，一般地都有不同程度的提高，但藏族妇女都例外地不断下降，如拉萨市和乃东县60岁及以上妇女的平均初婚年龄分别为24.8岁和24岁，而30岁及以下分别下降为20.6岁和21岁②；拉萨城关区妇女平均初婚年龄，由1978年的25.5岁，下降为1982年、1983年和1984年的23.8岁、23.3岁和23.1岁。作者认为婚龄下降是一种好的转变，表明各个年龄组妇女的未婚比例在不断下降所致。

(三)各民族妇女离婚比例有高有低。这里采用的离婚比例，仅指1982年7月1日普查时点尚处于离婚状态者，不包括那些原来离婚后已经再婚的妇女。因此，既不能完全反映其全部离婚比例状况，更不能作为计算离婚率的指标。从表3看出，第三次人口普查时点的50岁以上妇女离婚比例最高者为藏族和蒙古族，其次为回族和撒拉族，最低者为羌族、汉族和土族。一般来说离婚比例高者，其生育率也会相应的低一些，但如离婚后，仍然过着无定配偶的两性生活，则对生育率的影响也会小一些。

15-29岁年龄组的各民族妇女离婚比例，例如回族、蒙古族、撒拉族和甘肃的藏族为最高，羌族、土族和汉族为最低。

---

① 《民族研究》1984年，第2期。

② 《西藏民族学院学报》，1984年，第4期。

③ 根据《拉萨城关区民政局资料》整理。

表3　　1982年各民族地区妇女的未婚、离婚状况

地　　区	未婚、离婚状况	15—19	20—24	25—29	30—39	40—49	50—59	60+
青海玉树藏族自治州	未　婚	91.80	50.08	23.62	18.14	19.14	20.18	20.77
	离　婚	0.33	1.97	2.94	3.11	3.35	4.04	3.68
青海河南蒙古族自治县	未　婚	82.14	34.95	10.76	10.62	9.54	12.68	16.93
	离　婚	0.62	4.44	6.12	4.64	5.14	5.27	7.67
青海化隆回族自治县	未　婚	69.28	10.60	1.59	1.45	2.21	2.93	3.94
	离　婚	1.65	4.72	3.04	1.96	1.70	2.47	2.26
青海乐都县（汉族）	未　婚	87.21	23.73	1.93	0.48	0.39	0.38	0.43
	离　婚	0.08	0.41	0.67	0.32	0.35	0.31	0.39
青海循化撒拉族自治县	未　婚	64.50	12.24	2.93	2.27	2.76	5.83	5.93
	离　婚	1.31	4.41	3.73	2.23	2.87	3.19	2.89
青海互助土族自治县	未　婚	82.16	11.98	1.18	0.70	0.51	0.61	0.53
	离　婚	0.11	0.71	0.51	0.35	0.32	0.56	0.45
四川德格县（藏族）	未　婚	95.45	65.79	39.68	25.50	21.45	21.86	22.65
	离　婚	0.08	2.31	3.40	4.37	4.93	0.38	3.66
四川石渠县（藏族）	未　婚	92.25	53.94	29.11	18.88	17.39	19.60	23.48
	离　婚	0.25	1.76	3.06	2.72	3.12	6.03	3.89
四川阿坝县（藏族）	未　婚	86.58	32.56	11.72	9.20	10.36	14.50	10.95
	离　婚	0.21	3.49	3.12	5.03	5.90	4.35	3.13
四川茂汶羌族自治县	未　婚	95.75	35.20	2.82	0.76	0.23	0.25	0.50
	离　婚	—	0.21	0.64	0.63	0.40	0.58	0.21
甘肃玛曲县（藏族）	未　婚	77.58	31.27	12.14	11.06	19.35	22.17	22.64
	离　婚	1.29	2.77	3.62	2.85	5.80	7.35	3.63
甘肃碌曲县（藏族）	未　婚	71.96	30.77	8.13	7.17	9.18	6.98	11.04
	离　婚	2.54	5.31	6.93	7.03	8.06	9.97	7.48

资料来源：根据《1982年人口普查资料》编制。

三、各民族人口的生育、死亡特点

（一）大多数民族妇女的生育率由低到高。人口学界普遍认为：一个地区或民族生育率较低与文化程度、城镇化水平、第三产业人口的比例较高，以及经济收入达到相当高的水平等因素有着紧密的联系，一般说来这些结论具有普遍意义。但在分析论证青藏高原的某些民族地区妇女的低生育率和转变状况时，则不完全适用。比如60-64岁年龄组藏族和蒙古族妇女的终身生育仅为2.70-3.95（见表4），而回族、汉族、土族和羌族则分别高达5.62-6.91。而且随着年龄组的不断降低，其生育率便相应地升高。直到1981年15-49岁年龄组妇女的总和生育率，藏族和蒙古族分别上升到5.28-6.36，回族上升到6.35，撒拉族上升为6.60。但也有的民族，如汉族、土族和羌族15-49岁年龄组妇女的总和生育率分别下降到3.55-5.37。

藏族和蒙古族的终身生育率和总和生育率为什么由低向高转变？绝对不是由于文化程度、城镇化水平、经济收入水平不断降低所致，而是由于解放后对这些民族实行了“人丁兴旺”政策、宗教信仰自由政策，不断提高其物质文化生活水平，积极改善医疗卫生条件，促使妇女的高不育率随着年龄组的降低而逐渐下降。例如青海玉树藏族自治州和四川阿坝县

表4　　　　　　　　1981年各民族妇女的生育率

民族地区		15—49岁育龄妇女总和生育率	不同出生队列妇女终身生育率			未育妇女比重（%）		
			50—54岁(1927—1931)	55—59岁(1922—1926)	60—64岁(1917—1921)	40—49	50—59	60—64
青海省	全　省	3.87	6.18	5.79	5.53	3.11	6.70	9.50
	玉树藏族自治州	6.36	4.07	3.60	3.55	8.52	15.53	19.18
	河南蒙古族自治县	6.26	5.13	3.82	3.95	10.83	16.81	15.71
	化隆回族自治县	6.35	65.6	5.90	5.62	3.59	6.00	8.98
	循化撒拉族自治县	6.60	5.60	4.78	4.55	5.37	11.58	16.53
	乐都县（汉族）	3.55	7.25	6.98	6.91	1.99	3.55	3.52
	互助土族自治县	4.96	7.26	7.38	6.81	2.13	3.42	4.58
	同仁县（藏族）	5.07	2.74	3.16	3.23	12.16	25.73	27.58
四川省	甘孜藏族自治州	4.63	4.38	4.04	4.01	8.55	12.72	14.51
	德格县（藏族）	5.28	3.83	3.46	3.19	8.75	12.29	17.51
	石渠县（藏族）	6.24	4.07	3.48	3.40	9.15	14.10	17.42
	阿坝藏族自治州	4.42	5.07	4.97	4.85	5.68	9.70	10.99
	阿坝县（藏族）	5.51	3.00	2.84	2.70	13.59	21.49	23.34
	茂汶羌族自治县	5.37	6.44	6.32	6.08	1.79	2.86	4.03
西藏自治区	拉萨市城关区	4.95①	4.20		3.67	—	—	—
	乃东县	4.51①	4.86		3.58	—	—	—
甘肃省	玛曲县（藏族）	5.69	3.89	2.78	3.13	11.78	16.58	19.79
	碌曲县（藏族）	5.77	3.89	3.59	3.69	12.45	19.82	21.99

资料来源：根据《1982年人口普查资料》编制

注：①为40-49岁妇女累计生育率

（藏族）妇女的不育率，分别由60-64岁的19.18%降为50-59岁的8.52%和由23.34%降为13.59%；青海河南蒙古族自治县也由15.71%降为10.83%。虽然比汉族的3.52-1.99%和羌族的4.03-1.79%还高得多，但不育率的降低确实成为促使藏族、蒙古族、回族和撒拉族妇女生育率升高的重要因素之一。

(二)有些民族地区非婚生育妇女比例有所变化。从1982年人口普查资料中的"人口按年龄分组的婚姻状况"和"按年龄及活产子女数分组的15-64年妇女人数"的两项资料交叉分析得出有些民族地区按年龄分组的非婚生育妇女比例的变化状况（见表5）。

这里的已婚妇女，包括人口普查婚姻汇总表中的有配偶、丧偶和离婚三个项目，是与未婚者相对而言。

表5中的各年龄组非婚生育比例的变化状况很不一样，很难看出有什么规律，比如四川阿坝县除30-39岁年龄组有0.97%的非婚生育妇女外，其余各个年龄组的已婚妇女人数都大于生育妇女人数，按这样的假设，便都属于在婚生育；又如非婚生育峰值年龄，青海玉树藏族自治州和青海达日县均发生于30-39岁年龄组，甘肃玛曲县发生于40-49岁年龄组，青海河南蒙古族自治县和四川石渠县则都发生于20-29岁年龄组；而青海河南蒙古族自治县和甘肃碌曲线的40-59岁年龄组没有发现非婚生育妇女，39岁以下才开始出现。

(三)大多数民族地区都属于高生育率模式。从图1、图2看出，除青海乐都县（汉族）为低生育率模式，青海互助土族自治县基本上属于低生育率模式，其余各个少数民族地区都属于

表5　　1982年某些民族地区非婚生育妇女比例的变化

地　　区	婚姻、生育状况	15—19岁	20—29岁	30—39岁	40—49岁	50—59岁
青海玉树藏族自治州	已婚妇女（人）	777	6 706	9 482	8 119	6 027
	生育妇女（人）	532	7 270	10 867	9 182	9 378
	非婚生育妇女占生育妇女%	—	7.57	12.75	11.62	5.50
青海达日县（藏）	已婚妇女（人）	107	796	1 882	797	560
	生育妇女（人）	89	847	979	847	604
	非婚生育妇女占生育妇女%	—	6.02	9.91	5.90	7.28
青海河南蒙古自治县	已婚妇女（人）	202	743	943	844	613
	生育妇女（人）	230	913	1 017	832	584
	非婚生育妇女占生育妇女%	12.17	18.62	7.28	—	—
四川石渠县（藏族）	已婚妇女（人）	187	1 907	2 501	2 276	1 694
	生育妇女（人）	158	2 230	2 847	2 503	1 810
	非婚生育妇女占生育妇女%	—	14.48	12.15	9.07	6.41
四川阿坝县（藏族）	已婚妇女（人）	255	2 001	2 348	2 111	1 651
	生育妇女（人）	101	1 845	2 371	2 035	1 516
	非婚生育妇女占生育妇女%	—	—	0.97	—	—
甘肃玛曲县（藏族）	已婚妇女（人）	296	1 102	1 279	917	709
	生育妇女（人）	129	1 081	1 374	1 050	760
	非婚生育妇女占生育妇女%	—	—	7.42	14.50	7.09
甘肃碌曲县（藏族）	已婚妇女（人）	387	998	1 308	1 138	831
	生育妇女（人）	127	891	1 336	1 097	732
	非婚生育妇女占生育妇女%	—	—	2.14	—	—

高生育率模式，主要表现为生育峰值高、生育率水平分布宽，比如生育峰最高的为四川茂汶羌族自治县、青海循化撒拉族自治县和青海河南蒙古族自治县，分别为0.3238、0.3239和0.3253。0.1生育率水平宽度多达6个（五岁组）的为青海河南蒙古族自治县，5个的有青海玉树藏族自治州、四川石渠县、青海化隆回族自治县、青海循化撒拉族自治县和四川茂汶羌族自治县。生育峰值年龄都集中在25-29岁年龄组。

特别需要指示的，15-19岁年龄组的生育率除四川茂汶羌族县最低（0.0067）外，其余都在0.026以上，青海乐都县（汉族）也高达0.034，青海河南蒙古族自治县更高达0.1051，表明高原各民族妇女的早婚、早育状况颇为突出。

图形曲线还显示出，45-49岁年龄组生育率除青海乐都县和青海互助土族自治县较低以外，其余各民族地区都比较高，最高者（0.0565）为四川石渠县，表明生育年限拉得长，生育胎次多。

(四)各民族人口死亡率的差异。高原各民族地区人口死亡率一般都高于内地，最低的死亡率为7.0‰，最高的青海达日县高达25.5‰。

更突出的是婴儿死亡率还相当高，最低者（47.3‰）为四川茂汶羌族自治县，位于湟水

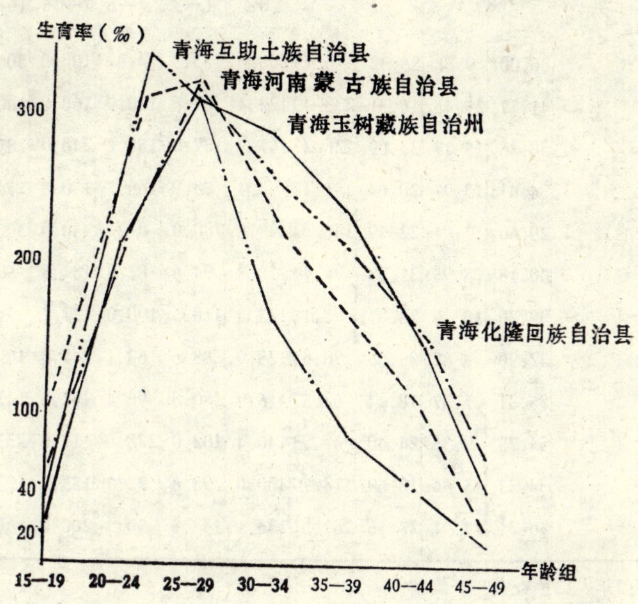

图1　1981年几个民族地区的妇女年龄别生育率

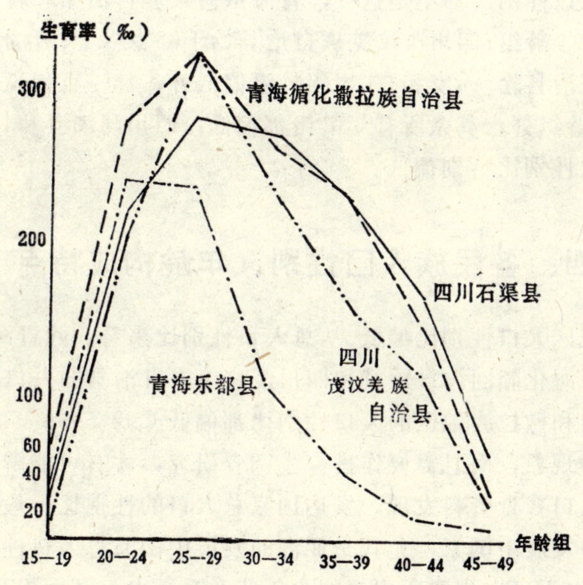

图2　1981年几个民族地区的妇女年龄别生育率

流域海东地区的乐都县（汉族）也高到62.6‰，婴儿死亡率在100‰以上者有青海河南蒙古族自治县、四川阿坝县、四川石渠县、青海玉树藏族自治州和甘肃的玛曲县、碌曲县，特别是青海达日县更高达238.3‰（见表6）。婴儿死亡率如此之高可能与当地卫生状况、自然环

表6　　1981年几个地区的人口自然变动状况　　(‰)

地　　区	出生率	死亡率	自然增长率	婴儿死亡率	年龄别死亡人口性别比（女=100）							
					0	1—3	4—6	7—15	16—25	26—49	50—64	65+
青海玉树藏族自治州	36.00	9.68	26.32	116.15	200.0	133.3	4/0	100.0	300.0	42.1	87.5	84.6
青海达日县（藏）	41.77	25.46	16.31	238.30	122.4	67.6	120.0	160.0	100.0	57.6	63.3	38.9
四川石渠县（藏）	38.26	15.17	23.09	126.27	107.5	137.0	188.2	240.0	85.0	88.1	104.4	126.4
四川阿坝县（藏）	34.61	13.97	20.64	161.20	94.1	88.9	166.7	150.0	150.0	312.7	195.5	67.0
青海河南蒙古族自治县	29.60	7.01	22.59	146.04	138.6	700.0	0/2	50.0	300.0	200.0	50.0	84.6
青海循化撒拉族自治县	40.18	8.95	31.23	94.49	178.5	94.6	81.8	181.8	58.3	70.6	84.8	58.1
青海化隆回族自治县	39.20	10.39	28.81	97.15	123.4	110.5	100.0	123.7	91.4	65.8	124.7	94.3
青海互助土族自治县	32.90	9.82	23.08	96.85	123.9	88.6	63.1	147.8	100.0	100.0	109.9	103.9
青海乐都县（汉）	25.31	7.07	18.24	62.57	116.9	80.8	96.4	152.0	142.3	113.4	96.6	99.6
四川茂孜羌族自治县	34.75	9.35	24.40	47.33	140.4	102.0	228.6	117.6	233.3	106.5	137.9	75.4
甘肃玛曲县（藏）	34.33	15.64	18.69	173.19	100.0	93.8	72.7	133.3	100.0	68.4	190.0	42.6
甘肃碌曲县（藏）	36.71	14.01	22.16	167.31	132.1	133.3	50.0	200.0	66.7	66.7	160.0	41.5

资料来源：根据《1932年人口普查资料》编制

境和风俗习惯有关。

各民族年龄别死亡人口性别比也表现出了高原人口特点。例如全国死亡人口性别比，除1-3岁年龄组偏低(95.1)外，其余各年龄组都高达113-146，到了65岁以上时才偏低(96.6)；但高原各民族地区死亡人口性别比却不是这样，青海玉树藏族自治州和青海达日县死亡人口性别比偏低始于26岁以后年龄组；四川茂汶羌族自治县始于65岁以上；有的则是时而偏高时而偏低；而青海互助土族自治县除1-3岁和4-6岁年龄组偏低外，都一直偏高；青海循化撒拉族自治县除0岁和7-15岁年龄组外，其余所有年龄组都偏低；四川阿坝县和甘肃玛曲县突出异常表现在婴儿和幼儿死亡性别比特别偏低。

四、各民族人口性别、年龄构成特点

(一)大多数民族地区人口性别比偏低。从总人口性别比来看，除青海乐都县（汉族）、青海互助土族自治县、青海化隆回族自治县和四川茂汶羌族自治县的人口性别比在105左右外，其余所有藏族、蒙古族和撒拉族地区的人口性别比都偏低（92.5-99.4）（见表7），这又属于人口学上一个特殊的现象，而且需要作进一步调查研究，才有可能解释得清楚的问题。因为根据许多国家多次人口普查资料发现，发达国家总人口的性别比一般偏低，大多在86-95之间。与此相反，许多发展中国家，尤其是亚洲的发展中国家总人口性别比却都偏高（104-121）。有人认为这是由于高出生率所引起的少年儿童系数大，从而提高了总人口性别比的结果；而发达国家的少年儿童系数小，起着降低总人口性别比的作用。如果采用这一论点来解释我国上海1982年总人口性别比(99.3)偏低，是有说服力的，因为上海1982年的少年儿童系数只有18.6%；但同样运用这一论点来分析西藏及其他藏、蒙古、撒拉等族地区总人口的性别比偏低问题，却容易得出相反的结论，因为这些地区的少年儿童系数都相当的大。西藏

表7　1982年青藏高原各民族人口性别比

年龄别	西藏自治区	西藏那曲地区	西藏山南地区	青海玉树藏族自治州	四川石渠县（藏）	四川阿坝县（藏）	青海河南蒙古族自治县	青海达日县（藏）	青海乐都县（区）	青海互助土族自治县	青海化隆回族自治县	青海循化撒拉族自治县	四川茂汶羌族自治县	甘肃玛曲县（藏）	甘肃碌曲县（藏）
合计	97.76	97.45	96.84	92.51	97.93	96.34	99.12	98.16	104.58	104.96	104.05	99.35	105.52	99.84	93.45
0	99.42	99.45	102.77	99.62	100.22	100.62	96.72	99.31	103.69	99.26	107.32	97.75	107.45	91.91	92.72
0—4	101.86	100.81	101.99	101.15	99.88	104.75	111.36	100.50	104.29	101.15	103.72	101.92	102.07	101.52	97.00
5—9	102.14	103.55	100.64	103.05	104.66	103.28	106.14	105.36	105.30	104.07	106.48	104.05	107.19	101.85	95.43
10—14	101.01	98.91	101.84	98.19	101.22	102.69	105.59	99.25	105.58	104.02	105.25	106.18	107.07	102.14	106.86
15—19	100.16	102.06	101.77	106.55	105.39	99.95	103.36	114.65	101.37	101.91	100.42	106.08	105.64	109.85	105.86
20—24	100.03	102.22	99.35	105.72	109.58	104.11	107.88	117.65	104.62	113.96	115.72	90.38	103.87	121.50	94.87
25—29	103.26	106.92	98.36	102.31	111.72	108.51	112.24	107.73	98.05	106.43	104.66	98.10	105.88	123.35	116.11
30—34	102.64	106.78	96.42	101.44	102.99	94.57	105.59	100.54	100.75	104.47	105.52	103.02	115.17	116.71	93.27
35—39	99.45	102.68	97.39	101.93	98.58	96.53	101.29	108.82	105.54	104.64	99.78	99.29	102.79	109.09	98.56
40—44	100.90	100.55	97.50	88.38	101.96	101.20	88.26	91.34	110.55	113.32	113.45	100.89	108.53	107.23	96.76
45—49	98.65	94.33	93.35	75.91	93.05	96.01	100.71	94.55	112.01	111.02	111.61	95.44	118.60	112.92	101.91
50—54	92.24	90.19	92.00	70.54	98.33	108.11	92.58	82.10	110.31	107.90	102.94	98.60	108.26	86.28	87.34
55—59	88.11	86.28	84.91	58.27	80.82	87.08	74.26	79.81	107.14	102.35	92.45	85.14	106.45	75.58	69.02
60—64	82.37	78.74	79.54	53.26	74.55	86.36	62.45	62.28	111.93	106.53	92.17	80.10	104.72	61.74	65.40
65+	65.07	62.07	70.72	38.32	56.79	50.16	47.64	41.86	104.63	102.63	84.22	66.76	86.37	37.63	36.59

资料来源：根据有关地区人口普查资料编制。

总人口性别比偏低并非偶然，而是长期如此，近年来还有所升高。如1952年为94.19，1958年、1959年和1960年分别为94.27、94.37和94.30，1965年95.36、1970年94.49，1975年94.94，1980年95.52，1982年上升到97.84，1984年为96.48①。

0岁组婴儿性别比偏低的地区更多一些，这也是一个需要进一步调查研究的问题。因为世界许多国家的出生婴儿性别比一般都在104-107之间，由于新生男婴死亡往往高于女婴，即使如此，0岁组婴儿性别比很可能保持在100以上。只有发生下面两种情况之一，才有可能降到100以下，即第一，出生婴儿性别比低于104或低于100，但还没有这方面的可靠资料；第二，婴儿死亡性别比很高。

性别比偏低开始的年龄组有早有晚。西藏、青海玉树藏族自治州、四川石渠县、四川阿坝县和青海循化撒拉族自治县，基本上开始于35-39岁年龄组，这未免早了一些；青海化隆回族自治县和四川茂汶羌族自治县则分别始于50-59岁年龄组和65岁以上年龄组，特别是后者开始得很晚；而青海互助土族自治县和青海乐都县的年龄别性别比一直偏高，甚至65岁以上还分别高达102.6和104.6，表明老年组人口还处于男多于女的状态，这又是与人口学原理相逆悖的现象，有必要作进一步调查分析。

(二)大多数民族地区为年轻型人口。按照国际上通用的划分人口年龄构成的标准来衡量高原各民族地区人口年龄构成状况，可以看出，由于解放以来特别是六十年代中期以来高出生率、高自然增长率的结果，使得1982年大多数民族地区已表现为年轻型人口。其中最年轻者为青海循化撒拉族自治县，在8.3万多人口中便有46%的少年儿童，即有3.8万多0—14岁人口；年龄中位数小到16.8岁，就是说有将近4.2万人口在这个年龄界线以下，也即属于1965年左右诞生并存活下来的人口。少年儿童系数在44%以上的还有青海化隆回族自治县、青海达日县和青海玉树藏族自治州；年龄中位数在18岁以下的则还有青海化隆回族自治县、青海互助土族自治县、青海达日县和青海玉树藏族自治州（见表8）。

表8　　1982年各民族地区人口年龄构成　　(%)

	西藏自治区	西藏山南地区(农)	西藏那曲地区(牧)	青海玉树藏族自治州	四川石渠县(藏)	四川阿坝县(藏)	青海达日县(藏)	青海乐都县(汉)	青海互助土族自治县	青海化隆回族自治县	青海循化撒拉族自治县	四川茂汶羌族自治县	甘肃玛曲县(藏)	甘肃碌曲县(藏)
少年儿童系数(0—14岁)	36.61	36.52	38.37	45.00	42.13	37.79	44.22	41.98	42.40	44.35	46.02	42.54	41.81	39.67
老年人口系数(65+)	4.59	4.13	5.43	3.87	5.17	6.62	4.71	2.93	2.77	3.00	3.70	4.18	4.64	4.91
老少比	12.58	11.31	14.16	11.63	8.15	5.71	9.39	14.33	18.07	14.82	12.44	10.18	11.10	12.38
年龄中位数（岁）	20.47	20.29	20.36	17.24	19.35	22.92	17.58	18.03	17.81	17.11	16.77	18.45	17.78	19.62

资料来源：根据有关地区人口普查资料编制。

也有几个民族地区属于靠近年轻类型的成年型人口，其中少年儿童系数最低的为西藏山南地区，年龄中位数最高的为四川阿坝县。

不论是年轻型人口或成年型人口的民族地区，今后一段时期内人口生育高峰都将是非常可观的。比如年轻型人口的青海循化撒拉族自治县的妇女人数，0-14岁年龄组（18870人）超过15-29岁年龄组（9761人）的93.3%；四川阿坝县0-14岁年龄组(8119人)也超过15-29岁年

① 《西藏经济概况》，西藏自治区统计局，1985年。

注：都为年末数。

龄组（4471人）的81.6%。生育妇女的猛增，即使两个年龄段的每个妇女的平均活产子女数相同，所生育孩子的数量势必将按妇女增长的比例相应的增多。

五、高原人口文化素质与现代化建设的尖锐矛盾

由于文化科学素质，既是各民族高度精神文明建设的基础，又是高度物质文明建设的巨大生产力，因此各民族人口文化科学素质的高低，直接关系到社会主义现代化建设的进度与民族繁荣事业的发展。高原人口文化素质状况解放后虽然有较大的发展，但与社会主义现代化建设的需要极不适应。

(一)文化程度构成低而不协调。每千人所拥有的大学程度人口，除青海全省高于全国平均水平（6.0）外，其他所有民族地区都很低，甚至四川石渠县和青海互助土族自治县还在1.7‰以下。

特别突出的是各级文化程度人口比例表现得很不协调，其中以中等文化程度人口比例太低尤为显著，例如高中程度比例最高的青海乐都县（汉族）、青海全省和四川阿坝藏族自治州，也仅在47-51‰之间（见表9），比北京市（192.2‰）和上海市（203.5‰）低得多，而最低的西藏山南地区、西藏自治区和四川石渠县，更低到7.8-12.7‰之间；初中程度人口比例最低的西藏那曲地区（21.7‰）和四川石渠县（29.5‰），与上海（280.4‰）、北京（316.9‰）相比，差别何等的悬殊！中等文化程度人口比例太低所带来的不良后果，一是发展大学教育的后劲不足，学生来源供不应求，据了解西藏大学近年来统考招生，即使把录取分数线降得较低，也难于完成招生计划；二是中等技术力量极端缺乏，成为高原地区经济

表9　　1982年青藏高原人口的文化构成

地区	大学	高中	初中	小学	文盲、半文盲占12岁以上人口的%		
					合计	男	女
西藏自治区	3.76	12.12	36.10	163.00	73.16	61.53	84.33
其中：那曲地区	2.62	8.38	21.68	112.82	79.84	67.50	91.65
山南地区	2.62	7.76	32.09	258.53	80.50	67.80	92.20
青海省	8.09	51.22	139.73	256.73	46.81	31.87	62.77
其中：玉树藏族自治州	2.55	16.80	37.89	137.26	73.10	55.38	88.61
河南蒙古族自治县	3.06	15.26	53.45	194.84	65.52	47.74	82.22
乐都县（汉族）	4.09	47.17	138.61	295.98	46.53	27.75	66.10
互助土族自治县	1.68	20.14	91.45	257.61	58.21	38.11	79.47
化隆回族自治县	2.09	18.90	58.95	120.65	74.81	59.01	91.17
循化撒拉族自治县	2.69	24.88	60.92	155.86	68.60	47.92	88.60
四川阿坝藏族自治州	4.85	50.83	116.38	291.04	46.71	34.15	61.33
其中：阿坝县（藏族）	3.54	25.84	66.26	226.75	64.32	45.29	82.10
四川甘孜藏族自治区	3.56	35.20	72.35	184.03	64.00	51.49	76.35
其中：石渠县（藏族）	1.50	12.69	29.50	97.84	81.12	68.42	93.27
甘肃甘南藏族自治州	3.66	41.08	71.46	166.46	66.09	49.94	82.64
其中：玛曲县（藏族）	5.91	35.73	56.53	140.18	68.36	50.06	86.39
碌曲县（藏族）	5.25	36.55	61.44	288.01	52.80	37.62	66.67

资料来源：根据《1982年人口普查资料》编制。

腾飞的“肠梗阻”症状之一。看来大多数民族地区已经重视发展小学教育，小学程度人口比例有所提高。

(二)文盲率还相当的高。1982年时，12岁及以上人口的文盲、半文盲，西藏高达73.2%，青海为46.8%，比全国平均水平（31.9%）高约半倍到一倍多，比上海（16.7%）、北京（15.0%）高约二倍到三倍多。

少数民族高度集中居住的地区文盲率更高，最高的西藏山南地区和四川石渠县，分别为80.5%和81.1%，其次为回族和撒拉族地区还高达71.4%和68.6%，蒙古族和土族地区为65.5%和58.2%，最低者要算汉族地区，但亦高达46.5%（见表10）。高原人口文盲率具有

表10　1982年几个民族地区的文盲、半文盲状况　(%)

年龄别	西藏那曲地区(牧区)			西藏山南地区(农区)			青海玉树藏族自治州			四川石渠县(藏族)			四川阿坝县(藏族)			青海河南蒙古族自治县			青海乐都县(汉族)		
	合计	男	女	合计	男	女	合计	男	女	合计	男	女	合计	男	女	合计	男	女	合计	男	女
总计	79.8	67.5	91.3	65.2	53.5	76.4	73.1	55.4	88.6	81.2	68.4	93.3	64.3	45.3	82.1	65.5	47.7	82.2	46.5	27.8	66.1
12	89.3	86.3	81.8	44.3	37.9	50.9	78.0	73.6	82.3	84.0	30.2	87.6	35.9	28.3	44.0	56.1	44.5	67.6	20.3	8.8	32.2
13	87.1	83.3	90.8	41.9	34.8	49.2	75.6	69.0	82.4	83.3	79.5	87.3	38.7	30.9	46.8	61.4	51.5	70.8	20.1	8.7	32.2
14	85.0	80.8	89.3	43.3	35.1	51.2	74.4	66.6	81.8	84.3	81.3	87.4	43.1	34.7	51.9	59.9	52.6	68.7	21.8	7.1	36.6
15—19	79.2	71.5	87.0	44.6	35.5	53.8	65.3	53.5	77.9	82.3	75.8	89.2	48.2	35.1	61.3	57.2	45.7	69.1	39.7	15.0	65.6
20—24	70.6	57.9	83.6	53.6	42.2	65.0	60.3	45.4	76.1	80.9	71.8	90.9	59.6	46.6	73.2	55.3	39.0	72.9	54.8	27.0	82.0
25—29	65.4	49.4	82.5	56.3	43.3	69.0	67.0	49.0	85.3	79.3	69.4	90.1	64.2	48.5	81.3	61.3	45.3	79.2	54.8	31.8	77.9
30—34	69.7	51.7	88.9	58.4	42.5	73.7	68.0	47.5	88.8	77.4	65.0	90.1	63.8	48.0	78.7	54.8	34.0	76.8	45.4	23.4	68.6
35—39	75.4	59.0	92.3	71.7	56.3	86.7	69.1	47.2	91.3	76.4	60.3	92.2	67.6	46.3	88.1	55.5	30.8	80.4	57.7	37.4	80.1
⋮	⋮	⋮	⋮	⋮	⋮	⋮	⋮	⋮	⋮	⋮	⋮	⋮	⋮	⋮	⋮	⋮	⋮	⋮	⋮	⋮	⋮
60+	93.6	85.5	99.2	93.6	85.9	99.3	91.2	75.7	98.0	89.0	72.2	99.5	85.0	62.0	99.2	93.3	30.3	100.0	86.6	75.0	99.2

年龄别	青海互助土族自治县			青海化隆回族自治县			青海循化撒拉族自治县			四川茂汶羌族自治县			甘肃玛曲县(藏族)			甘肃碌曲县(藏族)		
	合计	男	女	合计	男	女	合计	男	女	合计	男	女	合计	男	女	合计	男	女
总计	58.2	38.1	79.5	71.4	59.6	83.9	68.6	47.9	88.6	50.8	33.3	69.2	68.4	50.1	86.4	66.8	45.6	75.8
12	36.2	17.3	54.9	70.2	57.2	83.6	59.5	40.1	80.8	25.8	13.9	38.8	72.6	64.3	80.7	56.2	48.9	63.9
13	37.8	19.8	56.2	70.4	57.6	84.2	61.0	39.7	81.0	25.5	12.6	49.7	68.7	61.3	75.9	53.5	46.3	61.0
14	38.2	21.0	56.1	67.9	50.7	85.1	58.1	37.7	80.3	24.8	12.2	38.4	68.0	59.2	76.8	51.7	44.1	59.8
15—19	39.8	19.3	60.8	68.4	49.8	89.9	54.7	32.0	78.8	25.1	9.2	41.8	59.1	45.7	73.9	44.5	35.4	54.2
20—24	54.5	29.3	83.2	77.2	60.8	94.5	63.9	40.5	85.1	38.9	18.9	59.7	58.0	44.9	73.9	45.9	34.3	28.2
25—29	66.1	41.6	92.2	75.0	57.8	93.2	74.2	57.4	90.7	48.5	26.4	71.8	62.8	44.5	85.3	56.9	42.0	73.3
30—34	65.5	43.9	88.0	74.8	58.3	91.2	71.8	53.4	90.8	50.4	30.2	73.6	66.3	49.1	86.4	60.8	45.1	77.9
35—39	54.3	31.2	78.6	78.7	65.9	93.1	68.3	47.8	88.7	53.7	32.7	75.3	62.9	42.7	85.0	59.4	43.3	75.9
⋮	⋮	⋮	⋮	⋮	⋮	⋮	⋮	⋮	⋮	⋮	⋮	⋮	⋮	⋮	⋮	⋮	⋮	⋮
60+	88.1	77.1	99.5	91.4	82.1	99.6	90.8	78.5	99.6	88.7	78.3	98.5	91.3	72.0	100.0	89.7	73.9	99.1

几个明显的特点：

第一，旧社会的文盲率高得惊人。旧社会的文盲率高到何等程度？过去一直缺乏定量统计，普遍采用推论的大概估计。这里则采用1982年人口普查时60岁以上人口的文盲状况作为旧社会的定量数字，因为60岁以上人口，在1949年全国大陆解放时和1960年西藏民主改革完成时，都已成长到27岁和38岁以上。按这个设想去考察旧社会各民族人口的文盲状况应该说说比较合符实际。据表10反映，文盲者在90%以上的相当普遍，其中以西藏山南地区和青海河南蒙古族自治县为最高，分别为93.6%和93.3%；相对说来最低者为四川阿坝县（85.0%）和青海乐都县（86.6%）。

第二，女性文盲率突出的高。不论从总人口或年龄别来看，女性文盲率不仅比男性高得多，而且高得惊人。例如女性总人口文盲率，除个别民族地区较低以外，绝大多数民族地区都在82-93%之间；60岁以上女性的文盲率更高到98-100%；特别应该引起高度重视的是藏、回、撒拉等族地区的12-14岁女性文盲率更高达80-92%。女性文盲率，特别是新文盲率如此的高，对于各民族妇女谋求政治上的真正平等、经济上的真正独立、文化上的真正翻身，在社会各方面发挥半边天的真正作用，都是很难实现的。

第三，认真重视新文盲问题的解决。所谓新文盲是指解放后，尤其是指民主改革后产生的文盲人口。由于青藏高原解放和民主改革都比内地要晚一些，所以计算新文盲的口径（指年龄上限）也应该与内地有所区别。这里按12-34岁计算，34岁是1948年出生的人口，1950年才2岁，1960年（高原民主改革最后完成时点）已经12岁，如果当时采取紧急有效的措施，这部分人口是可以学到一些文化知识的。但是高原各民族的12-34岁人口文盲率有的较高，有的很高。例如西藏山南地区的文盲总数和新文盲数，分别为118 713人和53 009人，新文盲占总文盲人数的44.7%，12-34岁的总人数为104 883，新文盲占同龄人口的50.5%；四川石渠县（藏族）文盲总数和新文盲人数分别为28 970人和15 241人，新文盲占总文盲人数的52.6%，12-34岁的总人数为44 281人，新文盲占同龄人口的34.4%；青海河南蒙古自治县的新文盲占总文盲人数的50.9%，占同龄人口的57.6%；青海化隆回族自治县的新文盲占总文盲人数的60.1%，占同龄人口的71.1%；汉族聚居的青海乐都县的新文盲率也很可观，即新文盲占文盲总人数的48.0%，占同龄人口的35.0%。表明这些民族地区的人口增长虽然很快，但新文盲的发展更快，因此，出现了新文盲人口接近甚至超过旧文盲数，12-34岁人口中的文盲人数占同龄人口的2/3，甚至超过2/3。人口的生产与教育发展严重地不相适应，给这里的物质文明建设和精神文明建设将带来极其严峻的不良后果。出路只有一条，及时调整人口的生产与发展教育序列，使之互相协调、相互促进。

（作者工作单位：北京经济学院人口经济研究所）

中国云南大理白族自治州人口的性别比

王洪林　魏蓉城

内容提要

就1982年人口普查时云南大理白族自治州的性别比进行了分析，发现：（1）大理白族自治州总人口的性别比（99.85）比全国（106.3）低；0—4岁、5—9岁与10—14岁的少年儿童的性别比（102.19、103.69与103.22）也比全国的（107.15、106.24与106.13）低。（2）白族的性别比特别低（95.31），其0—14岁的儿童性别比为102.77，15—34岁的青年的性别比为94.00；彝族的性别比也较低，其0—14岁的儿童性别比为101.45；汉族0—14岁的儿童性比则为103.37。（3）"大跃进"与"国民经济暂时困难"时期出生的人(20—24岁）性别比特别低，仅为95.81，并且按城、乡，民族，及县分别统计时均有同样趋势。这一情况在全国人口性别比统计中也得到证实。作者估计，这可能是当时自然流产增多及其他原因，致使男性的死亡率增高造成的。（4）大理白族自治州解放以来总人口性别比不断增高：1953年为93.82；1964年为95.93；1982年为99.85；而1985年为99.93。（5）城镇人口的性别比（114.51）较农村的（98.70）高得多，这与全国各地区相同。

一个人群的性别比与该人群的婚姻、就业、人口控制等各个方面有密切的关系。对于少数民族自治地区的人口性别比的调查分析文章，目前尚不多见。由于人类长期遗传过程中自然选择的结果，一个人群的性别比在自然状态下一般处于极其微妙的平衡状态，但有时由于某些自然因素或社会因素的作用，可使性别比失调（Cavalli-Sforza and Bodner, 1971）。这是一个值得重视的问题。

大理白族自治州所辖下关市、大理、漾鼻、祥云、宾川、弥渡、南涧、巍山、永平、云龙、洱源、剑川、鹤庆等十二县一市（现原大理县与下关市合并为大理市，县级）。全州居住有32个民族，但其中人口在5.5万以上的仅有汉、白、彝等三个民族。1982年7月1日全国人口普查时，全州共有人口2 713 533人。

为了弄清解放以来大理白族自治州人口性别比的变化，及城乡之间、民族之间、不同民族年龄组之间的差异，我们对1982年7月1日人口普查时全州人口构成、全州不同年份的性别比、全州不同年龄组的性别比、城市与农村的性别比、人口在5.5万以上的民族的性别比等进行了分析，并与1953年、1964年人口普查时的性别比进行了比较。

一、结　果

（一）人口构成。

从人口构成金字塔（图1）可以看出，20—24岁这一年龄的人口特别少，这充分反映了在1958年至1962年这一“大跃进和国民经济暂时困难”时期中人口出生率锐减。这一情况与全国是一致的。

其次，可以看到0—4岁组的人口比10—14岁组的人口明显减少了；而5—9岁组的人口比10—14岁组的人口稍多，反映了1973—1977年间人口增长最快。但总的还是反映了近几年来实行计划生育所取得的成绩，并且也和全国情况相似。

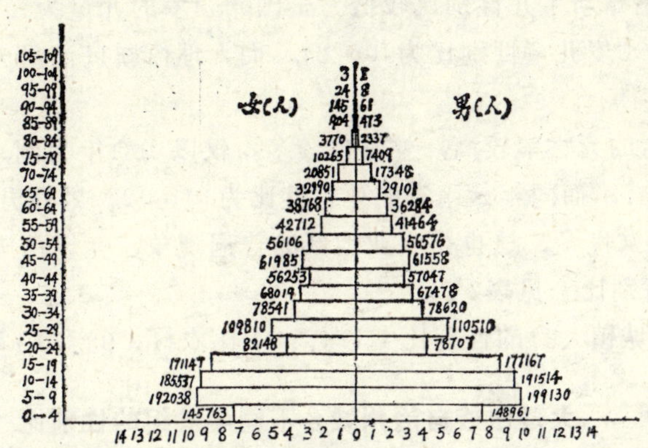

图1　年龄构成

从整体看，大理白族自治州人口构成金字塔的底部相当宽，属于年轻型。5—19岁人口占了全部人口的40.93‰。人口年龄中位数为19.3岁，说明全部人口中，19.3岁以上的人口和19.3岁以下的人口各占一半。全部人口的平均年龄为26.04岁。

（二）不同年份的性别比。

从表1可以看出，解放以来，大理白族自治州在人口逐年增长的同时，性别比也有明显的变化。1964年的总人口的性别比（95.93）比1953年（93.82）高2.11；1982年的性别比（99.85）比1964年的高3.92。其原因主要可能是：（1）解放后出生率增高，同时新生儿及儿童的死亡率大大降低，由于新生儿及儿童的性别比较高，而低龄组人口占总人口比例增加使总人口性别比升高。（2）新生儿性别比也在升高，1964年0岁、1岁新生儿性比分别为99.96、101.14，1982年分别比1924年上升2.41、1.29，而1985年出生人口性别比103.48，比1982年0岁人口上升1.11。据全国1/10抽样统计结果，0—2岁的性别比在107以上；3—12岁在106以上，而15—22岁在106以下①，也表明新生儿及儿童的性别比较高。另外，据文献报

表1　　大理白族自治州不同年份的性别比

年　份	总人口（人）	性别比	0岁		1岁	
			人口（人）	性别比	人口（人）	性别比
1953	1 466 419	93.82	*—	—	*—	—
1964	1 714 978	95.93	75 651	99.96	80 651	101.14
1982	2 713 533	99.85	55 646	102.37	48 144	102.43

*1953年0岁、1岁人口在州、省有关部门现已无据可查

①本文中全国1/10抽样数据均引自Third national census: Age distribution of china's population · Beiew, 1984, Vol, 27, 3, 20—22。

道，新生儿第一、二胎的性别比较高，而目前新生儿中第一、二胎的比例比过去增加了，这可能使新生儿及儿童增多对总人口性别比上升产生明显作用。是否还有其他原因，有待探讨。

另外，我们还注意到，大理白族自治州1982年总人口性别比（99.85）之所以比全国（106.3）和云南省（102.8）都显著要低，原因至少有以下两个方面：

1. 大理白族自治州新生儿性别比较低。全国0—4岁的儿童为107.15，而大理白族自治州为102.19；全国5—9岁儿童性别比为106.24，而大理白族自治州为103.69，尤其白族的性别比较低（详见下文）。

2. 男性在出生后的死亡率较高，外流也较多。仅以1981年为例，出生性别比为104.49，可死亡性别比为108.45，而同年云南省的死亡性比为101.02。另外男性人口外流（升学、参军、出外工作等）比女性多，这也是农业地区的普遍现象，尤以白族、汉族外流较多。

（三）城乡的性别比（见表2）。

大理白族自治州城镇人口的性别比（114.51）比农村（98.70）要高得多，说明目前在干

表2　大理白族自治州城乡不同年龄组的性别比

女=100

地区	0—4岁		5—9岁		10—14岁		15—19岁		20—24岁		25—29岁	
	人数	性别比	人数	比别性	人数	性别比	人数	性别比	人数	性别比	人数	性别比
城镇	14 323	103.31	22 061	104.88	24 506	104.27	24 786	101.23	15 046	99.95	19 141	109.44
农村	280 401	102.14	369 107	103.62	352 545	103.15	317 528	99.92	145 809	95.39	201 179	99.84

地区	30—43岁		35—39岁		40—44岁		45—49岁		50—54岁		55—59岁	
	人数	性别比	人数	性别比	人数	性别比	人数	性别比	人数	性别比	人数	性别比
城镇	16 504	129.22	15 311	131.88	13 589	149.66	13 347	161.18	10 522	154.59	6 832	123.05
农村	140 657	97.16	120 186	95.69	99 711	96.24	110 186	93.75	102 160	96.56	77 344	95.07

地区	60—64岁		65—69岁		70—74岁		75—79岁		80—84岁		85—90岁	
	人数	性别比	人数	性别比	人数	性别比	人数	性别比	人数	性别比	人数	性别比
城镇	5 641	111.43	4 487	93.07	2 936	75.39	1 430	57.14	630	51.14	179	25.14
农村	69 441	92.27	57 604	87.84	35 263	83.88	16 244	73.64	5 477	63.30	1 198	57.42

地区	90—94岁		95—99岁		100—104岁	
	人数	性别比	人数	性别比	人数	性别比
城镇	30	20.00	9	80.00	1	0
农村	176	46.07	23	21.05	3	50.0

部和工人中男性比女性多得多，这是在今后招干招工及培养人才方面值得注意的问题。

在0—14岁的儿童、少年中，城镇的性别比(104.26)高于农村（103.04），但经统计学检验，$x^2=1.99$，$P>0.05$。说明城镇与农村之间，这一差异不显著。在0—4岁的儿童中，城镇的性别比（103.31）也略高于农村（102.14），在统计学上这一差异也未达到显著水准（$x^2=0.44$，$P>0.05$）。不过，还不能完全排除城镇新生儿性别比高于农村的情况，因为我们最近对新生儿性别比进行调查中发现，昆明市新生儿性别比（106.6）较各县城镇（104.4）略高，而县城镇又比农村（102.4）略高。

城镇从15—19岁这一龄组开始，性别比明显下降，由101.23降至99.95，但从25—29岁组起，性别比又急剧上升，直至45—49岁这一龄组达161.18，而从65岁开始又明显下降，到90—94岁组降为20.00；而在95—99岁高龄组，性别比又突然上升到80.00，以后又突降为0（男为0，女为1）。上述情况充分反映了目前大理白族自治州男性职工已占优势的特点，但这一优势比云南经济较发达的玉溪地区的城镇还不算突出。也反映了大理白族自治州在解放以后妇女的地位提高了，有较高比例的妇女进入城镇参加工作，因为大理白族自治州城镇较玉溪地区城镇人口多95 304人，所占比重（7.8%）还大0.6%。而从65岁以后性别比又明显下降说明城镇职工是解放后，特别是1955年至1966年这段时间才大量增加的，其次是男性寿命比女性短。

农村人口中，性别比从15岁开始下降，其中20—24岁组性别比特别低（95.39），这主要是由于有较多的男性参军，上大学、就业或外出做工、经商等原因造成的。但是，在全州人口中该年龄组的性别比同样特别低，说明还有其他更重要的原因，即1958—1962年出生的新生儿性别比特别低（详见下节）。而从25—29岁这组开始，性别比又回升，但都在100以下，直到65—69岁龄组以上又突然下降。这说明农村人口中，女性是占绝对优势的。

（四）不同年龄组的性别比（表2）。

在大理白族自治州全部人口中，0—14岁各组性别比在102.19—103.69之间。新生儿和儿童的性别比大于100，这是世界上绝大多数人群的普遍规律。而实际上，大理白族自治州0—14岁儿童、少年的性别比（103.11）比全国的（106.45）还是低的。

在15—19岁组，性别比降至100.01，这主要是由于男性在儿童、少年时期死亡率比女性高造成的。青少年性别比较新生儿、儿童低，这也是世界上绝大多数人群的普遍现象。

20—24岁组，性别比突降幅较大，降至95.81，这是令人注目的。而全国1/10抽样结果，18岁性别比为102.54，19岁为99.49，20岁是97.25，21岁是99.05，而17岁以下和22岁至57岁各年龄组性别比都在105以上，可见全国人口中20岁前后性别比也有急降的情况。这说明“大跃进”和“国民经济暂时困难”时期在全国范围内曾出现性别比下降的现象，与大理白族自治州的情况基本符合。为什么全国范围内“大跃进”和“国民经济暂时困难”时期出生的人性比特别低？食物不足、疲劳、紧张等是否影响新生儿性别比？这些都是非常值得探讨的课题。

从25—29岁组开始，性别比又回升，并至55—59岁龄组在100上下徘徊。性别比在25—34岁之间有一定回升，也许与妇女在生育年龄中死亡率高于男性有关。全国1/10抽样统计中，32岁以上组性别比同样回升，直至53岁一直在109以上，而且40岁—44岁组性别比在各组中最高，达114.18。而大理州也有类似之处，40—44岁组性别比在从青年到老年组中也是最高的。

55—59岁以后，人群中女多于男，并且随年龄增长，性别比越来越低，平均每5岁下降8左右，直到100—104岁组，性别比降为33.33。这说明男女之间寿命的差距，比云南省玉溪地区的要小些。女性的平均寿命要高于男性，这是世界上各人群的普遍规律。

可见，大理白族自治州各年龄组性别比的变化，基本上是与世界上多数人群性别比变化情况相符的，但与全国和一些国家相比，新生儿和儿童性别比较低，这是不同之点，值得深入探讨。而另一点与全国一致又值得探讨的是，“大跃进”及“国民经济暂时困难”时期出生的人的性别比特别低。

（五）不同民族的性别比（表3、表4）。

对全州人口在5.5万以上汉、白、彝等三个民族的性别比按年龄分组进行了统计，而且每一个民族只统计其人口占90%以上的区（镇）或乡。

白、彝两个民族所统计的基本上是农村人口。汉族869 432人中，有城镇人口5 0633

表3　　**大理白族自治州不同民族各年龄组的性别比**

地区	总计		0—4岁		5—9岁		10—14岁		15—19岁		20—24岁	
	人数	性别比	人数	性别比	人数	性别比	人数	性别比	人数	性别比	人数	性别比
汉	869 432	99.73	87 059	102.37	132 303	104.50	125 733	102.89	111 311	100.91	49 384	96.05
白	518 777	95.31	56 229	102.49	72 118	102.85	72 236	102.92	65 728	98.32	31 478	92.16
彝	85 798	100.66	8 025	97.71	8 748	102.22	7 475	104.68	7 377	102.44	3 462	91.91

地区	25—29岁		50—54岁		30—34岁		35—39岁		40—44岁		45—49岁	
	人数	性别比	人数	性别比	人数	性别比	人数	性别比	人数	性别比	人数	性别比
汉	71 079	101.97	34 719	99.88	49 904	99.36	43 793	94.90	33 754	98.19	37 199	96.61
白	42 137	93.93	22 200	91.45	29 898	87.03	25 065	89.87	21 691	90.22	24 016	88.12
彝	4 591	108.30	2 573	99.15	3 093	103.09	2 578	107.23	2 176	107.14	2 642	100.76

地区	55—59岁		60—64岁		65—69岁		70—74岁		75—79岁		80—84岁	
	人数	性别比	人数	性别比	人数	性别比	人数	性别比	人数	性别比	人数	性别比
汉	26 824	99.18	23 589	91.56	21 406	89.87	12 749	84.98	5 980	75.42	2 048	62.93
白	16 184	91.62	14 891	88.30	12 380	83.05	7 637	76.09	3 506	66.16	1 131	50.20
彝	1 990	96.25	1 995	91.48	1 190	85.94	752	82.97	376	88.00	124	82.35

地区	85—90岁		90—94岁		95—99岁		100—104岁	
	人数	性别比	人数	性别比	人数	性别比	人数	性别比
汉	517	58.59	68	54.55	10	11.11	3	50.00
白	222	47.02	26	23.81	4	33.33	0	0
彝	24	41.18	6	20.00	1	0	0	0

表4　大理白族自治州不同民族0—34岁青少年的性别比

民族	0—14岁				15—34岁	
	男	女	合计	性别比	男	女
汉	175 409	169 686	345 095	103.37	140 860	140 818
白	101 663	98 920	200 583	102.77	82 003	87 238
彝	12 211	12 037	24 248	101.45	9 348	9 175

民族	15—34岁		0—34岁			
	合计	性别比	男	女	合计	性别比
汉	281 676	100.03	316 269	310 504	626 773	101.86
白	169 241	94.00	183 666	186 158	369 824	98.66
彝	18 523	101.89	21 559	21 212	42 771	101.64

人，而这些人口基本上仅都是来自附近农村，所以合在一起统计其性别比是基本合理的，同时，由于城镇人口只占所统计人口的5.8%，所以上述城镇与农村新生儿性别比差异不至于对结果有什么影响。

在按民族分析不同年龄组的性别比时，可看出性别比随年龄变化：儿童、少年的性别比高于100，至成年后性别比下降至100以下，特别是白族更为突出，在中年组（特别是彝族）性别比又有所上升，从50—54岁开始，性别比基本呈直线下降。但各民族间有明显差异。

白族从15—19岁以后，性别比一直低于100，且低于该民族的总人口性别比（99.31）。其原因主要是由于成年男性向外流动比较多，如参军、升大学、就业等。这说明白族是文化较发达的民族，与汉族有相似之处。但其突出的一点可能是儿童中男性死亡率明显高于女性，因为其0—4岁组性别比高于汉族0.12；5—9岁性别比却低于汉族1.65（见表3）。

彝族从25—29岁组开始，至45—49岁组，性别比回升，超过该民族总人口性别比(100.66)，其原因是成年男性向外流动不大，加上妇女因生育等原因死亡率可能高于男性而使性比回升。而其突出的特点是新生儿性别比较低(0岁的性别比为101.45)，儿童中女性的死亡率可能高于男性，5—9岁的性别比为102.22。这与云南省玉溪地区彝族相似。

汉族从20—24岁组开始（25—29岁组除外），性别比一直低于其总人口性别比(99.73)，其原因类似白族，即人口"外流"中男性多于女性，而其新生儿性别比较全国低，0—4岁组性别比为102.37。

值得注意的现象是，0—14岁儿童、少年组，汉、白、彝三个民族的性别比分别为103.37、102.77、101.45，相互差异不大，其中彝族较低。但比起全国1/10抽样的106.45都低。而15—34岁的青年组中白族性别比特别低，仅为94.00；彝族最高，为101.89；汉族次之，为100.03，都低于全国的105.29。整个0—34岁青少年组，白族最低，性别比仅为98.66，汉、彝两民族分别为101.86、101.64（见表4）。

二、讨　　论

影响性别比的有遗传因素和环境因素。遗传因素是自然因素，而环境因素中，则有自然因素（如水质、疾病等）与社会因素（如战争、社会制度、统计的准确性、人口流动等）两大类。这些因素互相联系，互相影响，是错综复杂的。

本研究所观察到的性别比的各种差异与变化中，既有社会因素（如城乡性别比差异和某一龄组由于参军、上大学等"外流"）造成的，也有遗传因素的作用。如大理州的人口性别比是目前云南仅有的人口性别比低于100的三个地、州之一；同时，白族人口性别比较其他民族低；又如城乡新生儿性别比差异的出现，其原因是否单是社会因素？能说与遗传因素无关？都值得进一步研究。

新儿性别比超过100，至成年时逐渐下降，或者接近男女平衡，在生育年龄时女性死亡率较高而至性别比有所回升，到老年时因男性寿命较女性短而使性别比急剧下降。这种变化趋势的出现，主要是遗传因素（包括男女所具有的性染色体不同等）所造成的。但环境因素，如生活习惯、环境条件、社会制度等，也有重要的影响。

在本研究中所观察到的性别比差异与变化中有如下几点事实值得注意和有待深入研究：

1．20—24岁（"大跃进"及"国民经济暂时困难"时期出生的人）性别比特别低。

2．0—4岁、5—9岁及10—14岁的儿童、少年的性别比较全国低。其中，彝族新生儿性别比更低。

3．白族的性别比特别低（95.31），尤其15—34岁组性别比为最，只有94.00。

"大跃进"和"国民经济暂时困难"时期出生的人的性别比低是全国性的，造成这一情况的原因只能从这一时期与之前、后比较中来探究，且可排除胎次、父母年龄、人群(种族)、家族、遗传的多态性、饮水的硬度、怀孕的季节等等许多自然因素对性别比可能造成的影响。有关文献资料表明，流产的死胎(极早流产除外)性别比相当高，因此流产与死胎率高则性比低（Matsuyama，1973；Visaria，1967）。我们认为，这一时期，全国性的营养不良、"大炼钢铁"与"大跃进"造成的过度疲劳、休息不够及生活不安定等，使自然流产及死胎率增高，至使新生儿性别比下降和男性新生儿死亡率增高，很可能是这一时期性别比低的主要原因。从人口金字塔可以看到，这一时期出生人数也大为减少，这与当时妊娠率低和自然流产与死胎率增高是很有关系的。

大理白族自治州9岁以下的儿童性别比低，与白、彝等民族出生性别比有关，但占全州总人口53.61%的汉族的0—9岁的新生儿性别比（103.65）也低于全国平均水平，且仅高于全州0—9岁组（103.05）的0.60。因此，这几个事实可以分别作为一个独立存在的事实看待。

世界上不同人群新生儿性别比差别相当大，例如南朝鲜1936年报道为113.11，1968年报道高达115.35；巴基斯坦1968年人口普查为113.85；澳大利亚1976年人口普查为104.20。白人中新生儿性别比一般在104至107之间；而黑人中则比白人低，很少超过103（Visaria，1967;Ashcroft,1970）。我国第三次人口普查10‰抽样统计为107.52，在世界各个人群中是偏高的。

对于不同人群中新生儿性别比不同的原因，许多学者曾作过研究。Lyster认为，水质的软硬可影响新生儿活婴的性别比，水质硬则男婴增多(Lyster， 1970a；Lyster，1970b)Allan则报道父母ABO，Rh等血型可能与子女性别比有关（Allan，1972）。有人发现，父母结合球蛋白的同功酶类型与子女性别有关（Brackenridge，1973）。Drew等1978年提出乙型肝炎病毒与性别比可能有关，父母HBs（＋），其子女中男婴比例较高，而母亲HBs（－）则子女中女婴比例较高（Drewetal，1978）。Mussalli则报道子女少的家庭男婴比例高（Mussalli，1970）。且胎次早，父、母年龄轻，生男婴的可能性更大，而实际上影响最大的是父亲的年龄（Edwards，1962；Caughley，1971；Novitski，1953；Novitski and Sandler，1956；Teitelbaumleta，1971）。白族性别比特别低，彝族的新生儿性比也较低，整个大理白族自治州性比较全国低，这是很值得研究的。作者认为，社会因素的影响不是主要的，而自然因素中的遗传因素与环境因素的影响可能是主要的，需作具体深入的研究才可得出结论。

（作者工作单位：王洪林　云南玉溪地区科委
魏蓉城　云南大学生物系）

参 考 文 献

(1) 王洪林：《出生性比初探》，云南省遗传学会论文集第三集，1984年10月，P19—23。

(2) 王洪林、杜若甫：《云南玉溪地区人口的性比》，人类学报，第五卷第二期，1986年5月，P143—152。

(3) Matsuyama. T.,1973. The recent increase of sex yatio atio at birth and relatcd factors in Japan (Abstract). *Asian Medical J*, 16 (6) : 370
Visaria, P. M , 1967.Sex ratio at birth in territories with a relatively complete registration. *Eugen·Quart*, 14: 132—142.

(4) 中国社会科学院青少年研究所：《中国1982年青少年人口数据资料》，1984年版。

(5) 沈益民：《近三十年世界人口普查和人口概况》，群众出版社，1983年版

(6) Ashcroft, M. T, 1970. Sex ratio of Guyanese of African and East Indian origin. *Human Biol*, 42: 280—283.

(7) Lyster, W. R, 1970a. Sex ratio and hard Water·*Sci.J* , 6 (11) : 61—63. Lyster, W.R., 1970b.sex ratio in the Australian Capital Territory. *Human Biol.*, 42 : 670—678.

(8) Allan. T. M, 1972. ABO and Rh blood groups in relation to sex ratio of sibs. *Human Hered.*, 22 : 578—583.

(9) Brackenridgn, C. J, 1973. Sex ratio of Haptogbin heterozygotes in relation to parental phenotypes. *Human Hered.*, 23 : 543—547.

(10) Drew, J.S, W T London. E D Lustbader, J E Hesser and B S Blumberg. 1978. Hepatitis B virus and sex ratio of offspring. *Science*, 201 : 687—692.

(11) Mussalli, N. G. 1970.Primary sex-ratio and size of family.*The Lancet*, (1) : 42.

(12) Edwards.A. W.F., 1962. Genetics and the human Sex yatio. in *Advances in Genetics*, ed by E. W. Caspari and J. M. Thoday, *Academic Press*, 11 : 239—272.

(13) Novieski, E, 1953. The dependence of secondary sex ratio in humans on the age of the father. *Science*, 117 : 531—533

(14) Novitski, E, and L. Sandler, 1956. The relationship between parental age, bireh order and the Secondary sex ratio in humans.*Annals of Hum. Genetics*, 21 : 123—131.

(15) Teitelbaum, M. S., N.Mantel, and C. R. Stark, 1971. Limited dependence of the human Sex ratio on birth order and parental age. *Am, J.Hum. Genet*, 23 : 271—280.

中国的对外开放与劳务输出

薛　江

劳务输出从19世纪发展至今，已有近百年的历史，成为国际间的经济合作不可缺少的方式之一。

1978年以前，劳务输出在我国一直被视为禁区。改革开放以来，我国的劳务输出才冲出昔日闭关锁国的状况，开始成为对外经济合作领域中又一项新兴事业。

世界劳务市场的现状和发展趋势

第二次世界大战结束，北美、西欧各国开始医治战争创伤，发展各自的国民经济。70年代中东、北非产油国利用巨额石油收入，进行大规模的经济建设，实施雄心勃勃的社会发展计划，都标志着世界劳务合作事业进入大发展的高峰期。迄今为止，已发展到相当的规模。据估计，全球劳务市场的临时流动劳工有2 000—3 000万人，每年创汇达数千万美元，占世界贸易总额的很大比例。依区域布局来分，劳务市场大致可分如下几个：一是以北美、西欧等工业发达国家为代表的劳务市场；二是中东、北非新掘起的产油国劳务市场；三是广大第三世界国家的劳务市场。前两者在国际劳务市场占了举足轻重的地位。

北美劳务市场是一个老的市场，主要指美国与加拿大。每年有近1 000万流动的外藉劳工。多来自至墨西哥等中南美国家，以及菲律宾等亚洲国家。仅美国的加利福尼亚一个州的亚洲移民即占64%，拉美移民为35%。洛杉矶市就有200万墨西哥人，是世界上除墨西哥城外，墨西哥人最多的城市。

西欧劳务市场也是一个较老的市场，约有600—700万外藉劳工，其中西德200余万，1982年曾高达400余万，主要来自土耳其、西班牙、葡萄牙、意大利等国，仅土耳其人就有100余万；法国有200余万，1982年曾达360余万，主要来至北非、西非、印支等前法属殖民地国家；比利时30余万，1982年时达80余万，主要来自非洲法语国家及希腊等国；瑞士50余万，1982年曾达90余万，主要来自邻近的意大利、南斯拉夫等国；瑞典70余万，1982年曾达40余万。

在西欧、北美各国的外藉劳工，大多数从事繁重的建筑、筑路、城市卫生环境保护业、及以各种服务业为主的第三产业。

中东、北非产油国劳务市场是60—70年代才掘起的一个潜力巨大的市场。沙特、科威特、阿联酋、伊拉克、阿曼、卡塔尔、巴林、阿尔及利亚、利比亚等国，由于本国地广人稀以及大兴土木进行建设的需要，吸收了500—600万的外藉劳工，主要来自亚洲的印度、巴基斯坦、菲律宾及临近的阿拉伯非产油国。特别是阿联酋、科威特、卡塔尔、巴林等国，外藉劳工几乎占本国人口的一半以上，是当今世界重要的外藉劳务聚结地。

劳务输入的另一个市场，即亚非拉广大发展中国家。一是这些国家间的劳务相互流动，如向中美的哥仑比亚、委内瑞拉及南美的智利、巴西、阿根廷、秘鲁等流动；如从马里、几内亚、赤道几内亚等国流向加蓬、科特迪瓦、喀麦隆、尼日利亚等国；二是前殖民地国家与前殖民地宗主国之间由于在文化、语言及经济利益等方面的原因，仍有许多前宗主国的教师、医生、顾问、工程技术人员、农艺师等技术劳务在当地工作。他们与流入发达国家的外藉劳务不同，大都享受高薪金、高待遇，其人数远不及上述劳务市场的外藉劳工多。

除此以外，苏联东欧近几年来，由于出生率下降，人口老化，劳务市场也呈现紧张状况，急需输入大量的外藉劳务，以弥补本国劳动力之不足。但因这些国家收入水平低，又无外汇支付，再加上社会制度、思想意识等政治因素，一直不能引起世界劳务输出国的兴趣，还远算不上是一个够格的国际劳务市场。

发展中国家的劳务输出国，主要是埃及、巴基斯坦、印度、土耳其、南斯拉夫、菲律宾、墨西哥等国。这些国家的劳务输出不但缓解了本国的就业困难，而且成为弥补本国国际收支赤字的主要外汇来源。根据世界银行及有关资料（1984年的统计）列出的表1，足以清楚地说明这几个主要劳务输出国的有关情况。

表1　　世界主要劳务输出国情况

国　别	人　口（万人）	在国外劳工（万人）	出口总值（亿美元）	劳工侨汇收入（亿美元）	侨汇收入占出口收入（%）
埃　及	450	350	52.86	39.63	74.97
巴基斯坦	9 240	220	25.92	25.67	99
土耳其	4 840	250	71.34	18.20	25.52
印　度	74 920	120	94.37	26.59	28.18
南斯拉夫	2 300	100	102.55	34.27	34
葡萄牙	1 020		52.08	21.57	67.24
菲律宾	5 340	120	53.91	10*	
南朝鲜	4 010	16.3**	292.48		
北也门	780	120	0.09	10.12	

*：为1981年数字。**：为1983年人数。

当今国际劳务市场的发展和演变直接受世界经济及政治形势的影响。

从60年代起，由于世界经济的几次萧条和油价上涨等因素，曾使北美、西欧等工业发达国家的劳务市场数次受到巨大影响。各劳务输入国经济发展缓慢，经济形势不景气，失业人数增多，因此外藉劳工常常首当其冲，成为经济萧条的牺牲品。各国都纷纷制定许多限制与排除外藉劳工、保护本国劳务的利益的法令和措施。如西欧共同体曾在“墨西决议”和“罗马条约”中规定多余劳务仅限在其成员国之间流动，并力图成立排他性的共同体一体化劳务市场。仅在1974—1975年就减少了外藉劳工百余万人。再以西德为例，仅在1983—1984年内就迁返土耳其劳工10余万人。尽管如此，但由于西欧生活水平较高，工资福利待遇较好以及外藉劳务较本国劳务价廉等因素，每年仍有不少的土、希、南等国的劳务通过各种途径源源流入西欧市场，有许多是非法入境的“地下黑工”。

在中东、北非这个当今世界的另一大劳务市场上，由于近年来油价一跌再跌，产油国经济受到巨大的冲击，加之经济建设的高峰期基本已过和美元比价下跌等因素，这个市场也呈现萎缩，劳务需求大大下降。不但劳务价格下跌，雇用条件日趋苛刻，竞争愈加激烈，没有专门技术的普通劳务不断受到解雇或驱赶回国的威胁，如1985—1986年沙特、阿联酋、科威特、利比亚等国，一个普通外藉劳务月工资由200美元降至了100—150美元，技术劳务的月工资由500美元左右，降至300美元左右。1985年以来，海湾产油国每年解雇外藉劳工百万以上，仅沙特一国，就迁返40万，并计划在1990年前再解雇65万外藉劳工。因此埃及、印度、巴基斯坦、北也门、突尼斯等国的劳工已有不少被解雇回国。可想而知，留下来的必然卷入更为激烈的竞争之中。

但随着1986年底石油价格的逐步回升，预计中东、北非劳务市场的不景气状况会得到一定程度的缓解。但由于大规模的兴建基础设施的黄金时代基本已过，普通劳务市场已基本饱和，估计不会再出现70年代大批外藉劳工蜂拥而入的情景。

然而由于石油收入的逐步增加，还有不少新项目兴建，对已建成项目的维护与管理等多种需要，对工程师、会计师、企业管理人员、教师、医生及护士等技术性劳务还是十分需要的。

中国劳务输出的特点

我国的劳务输出起步很晚。从1979年起，在短短的几年内，在中央的关怀和领导下，已取得了令人鼓舞的成绩。到1986年底，除由国际承包工程带出的劳务外，共签订劳务合同1 744项，合同总金额11.1172亿美元，完成营业额为7.8004亿美元，连同承包工程带出国的劳务共派出20余万人次，目前尚在国外的人员44 818人，其中从事国外承包工程的25 551人，单纯从事劳务合作的18 345人。我国的劳务输出在愈加艰难的国际劳务市场上已占有一席之地。目前我国从事国际劳务合作的公司，除西藏、青海外，已有68家，其中中央部属的35家，各省市自治区、计划单列市属的33家。他们大都自筹资金，白手起家，在当今世界经济不景气和劳务市场萎缩的逆境中，奋力拼搏，为发展我国国际劳务合作做贡献。

但我国是一个人力资源十分丰富的人口大国，就其劳务输出的人数，创汇金额等来说，是十分不相称的，与世界几个主要劳务输出国相比，还有很大的差距。目前我国劳务输出有如下特点：

一、起步已晚，在逆境中前进

我国的国际劳务合作事业，由于长期受闭关锁国的限制，错过了50—60年代西方工业发达国家以及中东、北非产油国60—70年代对劳务大量需求的大好时机，仅仅赶上中东、北非劳务市场的发展的尾声。这时的世界各主要劳务市场是：北美、西欧对一般劳务的需求量已基本饱和；亚非拉广大发展中国家，如南亚、黑非州、拉美国家，由于本国劳动资源丰富，一般劳务价格低廉，且严格限制一般外藉劳务流入；中东、北非产油国虽地广人少，有巨大的石油财富，但对外藉劳务的需求已接近饱和。最为突出的例子是，在80年代初，科威特、阿联酋外藉劳务竟已占本国劳动力的70%；沙特占43%，阿曼占52%，巴林39%；伊拉克，卡塔尔、阿尔及利亚、利比亚外藉劳务所占的比例也十分可观。所有到过中东和北非产油国的人都有同感，从机场到旅馆、餐厅、商店……；从服务业到工矿企业，无不碰到衣着、肤色、面孔各异的印、巴、菲及来自其他阿拉伯国家的外藉人。甚至在当地的阿拉伯富豪或中产阶级家中，所雇的佣人也全部是外藉人。我国的劳务输出，就是在这样的形势下，走出国门，起步发展的。

两伊战争的爆发，使在伊的外国承包商与劳务纷纷撤离，为我国的承包劳务的发展提供了极好的机会。我国的劳务输出以此为基础，逐步向中东、北非其它产油国发展。但在油价下跌，产油国劳务市场呈现严峻的局面下，我国公司凭借多年来在援外工作中积累起来的经验和信誉，依靠我国劳务特有的成建制的队伍，严格的自己管理自己的制度，信守合同，价格合理，守纪律能吃苦，合约期满全部撤回等优势，仍赢得了雇主的欢迎与好评，在处于逆境的劳务市场上稳步前进。

二、高度集中于中东地区国家，特别是伊拉克

我国的国际劳务合作开始发展，正值中东、北非产油国大规模建设的后期，承包工程应时进入了这些市场。仅在1983—1985年，我国共向伊拉克、科威特、阿联酋等中东国家就派出100 812人次，占我国这3年在国外从事承包劳务总人数的74.56%。再以劳务合同、合同金额及完成营业额为例，这3项内，我国在中东签订合同321项，合同金额2.8981亿美元，完成营业额3.6049亿美元，分别占我国这3年数额总和的31.04%，61.2%及82.62%。由此可看出，中东在我国的劳务合作中占举足轻重的地位。再以伊拉克为例，1983—1985年共派出53 676人次，占我国这3年外派总人数的39.55%，共签订劳务合同230项，合同金额2.0079亿美元，完成营业额3.113亿美元。伊拉克在我国这三项中所占比例分别是22.24%，39.87%及71.35%（见表2）。

三、我国的劳务输出多以成建制派出

我国的劳务输出因社会制度不同和组织劳务输出的做法不同，而有别于世界大多数劳务输出国。我国的劳务输出是由全国68家从事承包劳务的国际公司与外国业主签订承包工程和劳务合同后，成批派出的。完成合约后，又回到国内原单位工作。没有留在国外等待时机，再找工作，或成为移民在当地长期干下去的可能。因此，我国输出的劳务实际人数仅为当年在国外工作的人数。这种做法虽不会给劳务输入国带来移民的压力，但实际输出的劳务人数是十分有限的。至于通过私人途径输出的劳务，如经亲友介绍或投亲靠友，自行出国谋职就业的零散劳务廖廖无几。

四、我国的出国劳务大都不是单纯为了谋生

我国劳务输出，除组织劳务输出的做法与世界劳务输出国不同外，劳务本人在国外工作的目的也不相同。各公司与国外业主签约后，就在国内有关的全民或集体所有制企业内物色人选，进行招聘，审查合格后，派往国外受雇于业主。因要赚取利润的关系，公司对出国劳务采用包下来的办法。在国内要向劳务所在企业支付高于在本人3倍以上的工资，用以支付出国劳务在国外期间的国内工资、福利待遇以及补偿企业的损失。在劳务出国时，还需支付制装费、公证费、出国交通费及其他杂费；在国外期间，劳务的食宿、医疗、保险、生活零用等费用，也全由公司包了下来。因此，出国劳务一般无后顾之忧。出国期间，国内照例有工资福利，养家糊口有保证。在国外，劳务本人所得的零用费、加班费及奖金等外汇收入，都用来购制电视机、冰箱、洗衣机、录相机等高档家用电器产品。对劳务个人而言，在国外工作所得仅是国内收入的补充，是实现家庭电器化的捷径。因此一旦工作两、三年期满，家庭所需物品购齐，一般人就不再愿在国外干下去了，回国之后，仍在原单位继续工作。这也是我国劳务不能在国外保持相对稳定的原因之一。

表2　　中国在中东、伊拉克劳务输出比较

项目		1883	1984	1985
合同总数		180	396	458
其中中东	合同数	46	133	142
	占合同总数%	25.56	33.59	31.00
其中伊拉克	合同数	32	97	101
	占合同总数%	17.78	24.49	22.05
合同金额（万美元）		12 524	19 936	14 901
其中中东	金额（万美元）	7 014	12 743	9 224
	占合同总金额%	56	63.92	61.9
其中伊拉克	金额（万美元）	5 452	7 781	6 846
	占合同总金额%	4.53	39.03	45.59
完成营业额（万美元）		13 588	12 836	17 208
其中中东	金额（万美元）	12 065	10 378	13 605.3
	占营业总额%	92.77	80.85	79.06
其中伊拉克	金额（万美元）	11 655	8 353	11 122
	占营业总额%	85.77	65.07	64.63
派出人次		30 719	49 467	55 535
其中中东	人次	24 943	37 782	38 087
	占派出总人次%	81.2	76.38	68.59
其中伊拉克	人次	14 743	18 039	20 895
	占派出总人次%	47.99	36.47	37.62

而世界其他劳务输出国则相反，他们的出国劳务多是为生活所迫，由职业介绍所招募到异乡谋生，借以养家糊口，出国期间在国内不仅没有单位支付工资，而且还需在出国前向招募者支付一定金额的介绍费、手续费、签证费等，回国后也没有就业保证。他们在国外一切费用都由已负担，除按政府法令需向国内汇回一定数额的外汇养家外，所得全部归已。因此他们一般愿在国外尽可能多赚钱，尽量长期干下去，为回国后的退路做准备。当然如有可能，也将家属或子女等接到国外，长期生活下去。

五、在我国的劳务输出中，由承包工程带出的劳务占很大比例

我国的劳务输出的另一特点是，由承包工程带出的劳务在整个劳务输出中占有很大的比例，几乎等于我国在国外劳务人数的一半（见表3）。

这一方面是因为只要情况许可，我国的承包工程所需劳务尽量由国内选派，由承包工程带动输出的；另一方面是承包工程单位与劳务输出单位常为一个企业，将国内的管理、技术人员及劳务一齐派往国外，在使用与管理方面，有许多便利的缘故。

表3　　我国从事国际承包工程劳务比较

年份	我国在国外人数	从事海外承包工程	
		人　数	占我国在国外劳务人数%
1983	30 971	13 056	42.16
1984	49 975	21 910	43.84
1985	54 264	30 640	56.46
1986	44 818	25 551	57.00

中国劳务输出的发展战略

“七五”计划曾指出，“要努力提高经营能力，积极开拓业务，使对外承包工程和劳务合作有一个更大的发展”。面对这一艰巨目标，我国劳务输出的战略措施应当是：

一、开拓西欧、北美等工业发达国家劳务市场

近年来，西洲、北美等工业发达国家从油价下跌中受益非浅，经济稳步增长，劳务市场也出现了较好的势头。因此除巩固中东市场外，开发这一新市场有着十分重要的意义。在西欧、北美等工业发达国家，劳务价格昂贵，工资较高。据有关资料，西德、瑞士、瑞典、挪威、比利时等国，制造业工人的平均时工资高达12美元以上，月工资达2 000美元以上。一般从事服务业等第三产业的人员，月工资也在1000美元以上。美国、加拿大的制造业或者第三产业的工人工资也不低于西欧诸国。就连离美国本土偏远的关岛的建筑工人月工资也在1000美元以上。在工资较低的法国，从事服务业人员的一般月工资也在4 000法郎以上，也高于中东地区同行业人员的工资水平。

其次是西欧、北美诸国人口老化，严重缺乏青壮年劳力。西欧诸国，战后人口增长缓慢，西德、法国等甚至出现了人口停止增长或负增长的趋势。由于工资收入增加，人民福利水平提高，再加医疗卫生及社会保险的保障，人均寿命逐年提高，死亡率下降，造成人口结构变化，人口老化。这已成为工业发达国家共同关心的社会问题，据一些人口组织调查，1950—1984年间，美国男性平均寿命从65岁延长至74岁，妇女的平均寿命也从65岁延长到74岁。目前60岁以上的老人在总人口中占16%以上，到2030年将增到24%。法国60岁以上的老人有1000万（其中85岁以上的50万），占总人口的1/5，到2000年将超过1/4，85岁以上老人将增至100万，非劳动人口将大于从业人口。因此，西欧、北美诸国缺乏青壮年劳力的状况比比皆是，每年不得不允许外藉移民和劳工流入本国，以弥补本国劳动力之不足。自然邻近收入较低的地区或国家的劳动力便以各种渠道流入这些市场。西欧、北美的国家，旅馆、餐厅的服务员，车站、机场的搬运工等，几乎都为外藉劳工或移民所垄断，甚至建筑业、筑路、采矿、农业与农产品加工业，外藉人也比比皆是。目前美国每年正式吸收的移民达100万人，其中华人5万。就是对外藉人控制严格的日本，法务省也在研究，今后将对外藉劳工实行门户开放的政策，以缓解普通劳力之不足。除此之外，西欧、北美、日本等国的劳务市场，劳动所得是硬通货，不象一些第三世界国家劳务所得很难汇兑出境。

谈起开拓西欧、北美等市场，也需要对这些国家的失业有较透彻的分析。这些国家的政府一直为较高的失业率所困扰。但只要进行深入的社会调查，就不难发现，当今的西德、瑞士、挪威、瑞典、丹麦、法国、加拿大、美国、澳大利亚和日本等国，已发展成高消费、高福利的工业化国家。许多青年人对职业的选择十分挑剔，总想在工资待遇高、又体面的“白领”行业中谋职，而对体力劳动较重的建筑、筑路、伐木、园林、采矿、城市环保及脏累的服务业等所谓“蓝领领”行业的工作，尽管工资高，也不屑一顾。甚至有的青年人宁肯失业）领取以维持基本生活水准的失业救济金，也不愿在“蓝领”阶层中工作。因此“蓝领”行业的本国劳动力常常出现供不应求的局面，只好以外藉劳工补充。这也是这些行业中外藉人所占比例高的缘故。

二、发展我国特有的烹饪、中医、保健气功以及多种类别的服务业人员输出

我国的烹饪术是中华民族文明与智慧的结晶，它以其悠久的传统和精湛的技艺为世界所瞩目，以中餐馆命名的餐馆几乎遍及世界各主要城市。仅以阿姆斯特丹为例，就有数千家之多。如果将我国闲散劳力，经过烹饪和外语培训，成为合格的厨师，派往国外餐馆，其潜力是十分可观的。我国天津某饮食公司向日本餐馆派出12名厨师，每人月薪25万日元，一年的外汇收入竟可与该公司4000余名职工一年创造的产值相抵。

除此之外，发展我国闻名中外的养身气功，保健武术，神奇的中医学与针灸术、推拿按摩术，体育教练等人材，同时大力发展包括清洁工、服务员、园林工，甚至包括保姆的服务行业的人员输出，其影响与潜力都是不可估量的。

三、大力发展海员外派业务

海员是一种国际性的行业。菲律宾是当今世界上向外船提供海员最多的国家，目前已有5万多海员在外国的4 000余艘船上工作，平均每年向国内汇回1.23亿美元。发达国家的船主为获取廉价海员，也常到菲、南朝鲜、泰及港澳、台等地招募海员。外派船员整船包，一般27人一船，年工资可达30万美元；初级技术人员与水手半船包，一般14—15人，年薪达14万余美元。船长及轮机长等高级船员工资相当于一般水手的6—7倍。我国某公司1985年外派船员17批，265人，合同金额186万美元。另一公司1985年仅三项外派船员合同，就创汇75万美元。其创汇率是不容忽视的。据有关统计，我国现有海员77万人，其中运输船员23万人，在现有人员中经过必要的外语训练后，至少可外派船员1万名左右。如再将一些待业青年进行专门培训，外派潜力是十分巨大的。随着外派船员的发展，还可开拓外派飞行员、空中服务员等方面的业务，以广开门路，发展我国的劳务输出事业。

四、发展智力型及技术型的劳务输出

随着科技的发展和劳务市场的不断变化，各国对智力型、技术型的劳务需求不断扩大。拉美、中东、西欧、北美及日本以及第三世界国家对智力型、技术型的劳务需求量都很大。中东产油国每年用于对建成的设施的经营管理与维护的技术服务，比原项目投资还多。仅以沙特为例，1986—1990年第四个五年计划期间用于这项的投资达500亿美元，占民用投资的20%。又如近年来，欧美、日本随着计算机的迅速发展及普及应用，对计算机软件及程序编写人员的需求逐年增加，普遍存在供不应求的现象。有人统计，供需比例竟高达1∶7。在日本尚需60余万这类人员，而目前仅有12万；美国近期缺少10万，到1990年将需100余万。因此，不失时机地培养这方面的技术人材，将既懂外文，又懂企业管理和科学技术的各类人材输往国外，是以质取量的创汇捷径，其潜力远非普通劳务所能比。

五、继续利用我国当前的优势，以国外承包工程，合营企业、援外项目带动劳务输出

我国从解放以来，对外提供了数以千计的援助项目，其经济效益大都不十分理想，有许多已成为受援国的经济负担。如果我国能在项目建成后，以提供技术服务留下部分企业管理和技术人员受聘于受援国，协同受援国长期地管理或维护已建企业，不仅可巩固经援成果，提高我在受援国中的信誉，而且也是我国劳务输出的一种新形式。这不仅对提供援助和受援双方在经济上都有利，而且也是发展南南合作的良好形式之一。

除此之外，利用一切途径，继续以国外承包工程、兴办合营企业、娱乐中心、中国城、中国园林等带动劳务输出，都是发展劳务输出的可取途径。

六、利用现有优势，继续发展成建制的劳务输出

目前我国进行劳务输出的主要方式是与外国雇主签约后，成批地派出，以后定期轮换或约满后如不续约，则全部回国。这一形式虽有一定的局限性，但由于我国的劳务在外多实行自己管理自己，严格的集体生活，因此不会给当地的社会安全带来任何危害，也不可能成为移民，因此深受一些劳务输入国的赞赏。在当前利用这种优势继续发展成建制的劳务输出，乃是我国劳务输出中最为重要的手段之一。

中国劳务输出面临的主要问题及解决办法

要想大幅度地发展我国的劳务输出，并非易事。尚需排除许多障碍，克服重重困难，在人力、财力、物力上投资，才能在对外开放的原则下，逐步将这项业务开展起来。目前我国劳务输出面临的主要问题及其解决办法是：

一、资金不足影响了大规模发展劳务输出

我国对外承包工程面临的最大问题是资金问题。从1979年对外开展承包工程以来，承包工程一直设有被正式列入国家的拨款与信贷计划之内。资金问题影响了承包工程的发展，因而承包工程也不能带动大量劳务输出。因此，解决承包工程的资金问题，与扩大对发展劳务输出有直接关系。另外，要发展劳务输出，在国内要举办多种类型和专业的培训中心和学校，发展职业教育，培训劳务输出所需的各类人材，也需要资金。

解决这一问题的根本办法是，打破旧的习惯做法，把每年用于经援的拨款，做为国际合作基金，按援外，承包工程，海外合营企业，劳务输出等项分摊使用，才是彻底解决资金问题的长久之计。

二、由政府出面，与劳务输入国签订双边或多边劳务合作协定

为了给大规模的劳务输出创造有利条件，根据印、巴、菲等劳务输出国的经验，我国政府应与包括美国，加拿大、澳、新、日本及西欧国家在内的劳务输入国以及中东产油国，通过双边谈判，就劳务输入数量、签证、税收、个人所得结汇，劳务人员在当地的活动范围以及权利等达成协议，缔结协定。甚至可与接受移民的国家签订移民协定。

政府出面谈判与缔约，不但可排除障碍，保护我国公民的合法权益，也可为我国大规模劳务输出和移民打开大门，并且可以使劳务输入国在国家安全、社会安定等方面得到担保，解除不必要的顾虑。

三、加强技术与外语培训，提高劳务素质

目前我国虽有十分丰富的人力资源，但学有专长、能直接招来外派就能胜任工作的却不多。再说即使学有专长的人，因不懂外语也常失去竞争力。印、巴、菲等国劳务与我国相反，一般能说英语，没有语言障碍。除此之外，他们特别注意出国劳务的职业培训，如巴基斯坦政府设有培训局，主管技术培训及设置各种培训中心和短训班。这些都是值得我们借鉴的。

为了适应目前国际劳务输出的需要，为大量输出劳务作准备，应大力兴办各种成人职业教育和培训，除强化外语训练外，应对输出的所需专业进行培训。多培养造就在国外工资收入较多，劳务条件较好的智力型、技术型劳务，改变我国劳务出口的单一结构。在此同时，应尽量利用现有的学校与设备，开设多种专业的长、短训练班。我国有的公司已开始注意这方面的工作。如大连公司投资70万元委托大连海运学院和海运学校培训高中级外派船员。这是一项有远见的智力投资。只有这样肯花血本，才能为我国的劳务输出准备一支强大的后备军。

四、转变对劳务输出的思想认识

要想顺利发展大规模的劳务输出，还需端正社会上存在的许多不正确认识。从对外关系上讲，劳务输出对发展国际合作与交流，增进各民族间的相互了解与友谊，对加强南南合作是十分有利的。对国内建设而言，它可为四化建设创汇开发人力资源，开拓就业门路，缓解就业矛盾，促进劳动力结构更新，为更多的人提供直接学习和掌握国外先进的生产技术和管理经验的机会，对扩大视野，提高劳动生产率都有不可估量的影响。劳务输出绝不是单纯出卖劳动力，更不是人口输出，也不应看作是让更多的人在国外接受资本家的剥削或榨取剩余价值。它应和外贸、旅游一样，是为国创汇和积累建设资金的涉外事业。

五、简化出国手续，促进劳务出口

我国劳务输出面临的另一问题是出国审批手续仍然十分繁杂，不能与日益发展的对外开放政策相适应。因此应简化出国手续，改革繁琐的审批手续。只要国际经济合作公司下达任务书，负责选派出国劳务的所在单位同意，就可直接到省市外办办理护照。对由国外回国的劳务人员应允许本人保管护照。如有效期需延长时，只要派出单位证明，就可办理延长手续。对通过个人渠道出国的劳务，也应一视同仁，简化繁琐的审批手续，为他们创造方便。

六、改革劳务输出的管理层次

目前我国从事劳务输出的是全国68家国际合作公司，它们大多没有可供输出的劳务，而只是有权对外开展劳务输出的一个中间性公司。一旦与国外签订劳务合作合同，便向拥有所需劳务的企业出资借调，除向本人支付国外费用和来往交通费用外，还需向劳务所在单位支付数倍于本人工资的费用。劳务本人回国后仍回原单位工作。劳务派出单位无外汇收入，对派人的积极性不高，因此出现以次充好，或是不按工作需要，机会均等轮流出国，或者是向签约单位索取高价……。这无形中降低了出国劳务的素质，并提高了出国劳务的成本。

七、改革用工制度，降低劳务成本

我国目前输出的劳务的工资待遇多采用国内外工资福利待遇都由公司下来的办法，再加中间层次多，管理费用高，因此劳务成本也相应提高。在当前国际劳务价格普遍下降的情况下，大大削弱了我国劳务的竞争能力。如果能提高出国劳务的国外工资待遇，但国内停薪留职，并需向国内所在单位交付一定数额的管理费与补偿费，也许成本会低于目前的水平。或者招聘社队企业或民工，国内不发工资，国外收入，除扣还出国服装费，介绍费和管理费外，全部归已。但需按规定定期定额地向国内汇回外汇换取人民币养家费，为国做创汇贡献等等方式。

总之，只有降低劳务成本，才能提高竞争力，而要想降低劳务成本，只有改革目前的用工制度。

八、开展多渠道的劳务输出，鼓励个人出国谋职或定居

目前我国从事劳务输出的部门和渠道比较单一，主要是各国际合作公司。我国有数以千万计的华侨旅居国外，他们与国内有千丝万缕的联系，应该利用这些渠道，发展各种劳务输出，甚至可以利用外贸及其他涉外经济活动，推动劳务输出。除此之外，还应鼓励个人出国谋生和定居，并尽可能为他们提供方便，使我国的劳务输出勃勃蓬蓬的发展。

九、制定劳务输出及移民法规，成立劳务输出管理机构

世界劳务输出国，一般都有有关劳务输出及移民的法规。我国也以此为借鉴，制定适合我国国情的法规。与此同时，还应成立专门机构，加强对输出劳务和移民的管理，统筹全国的劳务输出工作。

综上所述，如能将上述的主要问题尽快解决，我国的劳务输出是会得到更快的发展，成为为社会主义祖国创汇的重要支柱之一。

（作者工作单位：对外经济贸易部政策研究室）

经济体制改革与流动人口

张庆五

近几年体制改革，对外开放，经济搞活，国内流动人口急剧增加，对经济发展起着积极促进作用。但由于流动人口来势过猛，流量大，范围广，不仅给铁路、公路、水运和民用航空带来巨大的压力，也给城镇管理、社会秩序带来不少问题，成为引人关注的社会问题。

应当怎样看待现实生活中的流动人口问题，如何进一步研究探索流动人口的规模，特点和规律，它与经济体制改革，生产建设和社会生活的关系如何，是什么原因促使国内人口大量流动的等等，本文拟就这方面的情况和问题，谈些个人的理解和认识。

流动人口的定义与统计范围

流动人口是一个复杂的动态概念，如何根据我国的实际情况，确切地表述流动人口的科学含义，适当确定它的研究对象和统计范围是首要问题。

何谓流动人口？目前人口学界有各种各样的解释。有的把流动人口划入人口迁移变动的范畴，作为人口迁移的总体；有的相反，将人口迁移划入流动人口的领域。还有的将流动人口狭义地理解为“劳动输出人口”，“失业人口”，也有的称之为“从事经济活动的外来人口”等等。当然，这些看法作为学术理论上的不同见解，可以继续探讨下去。但现在要对流动人口总量进行测定和对其内部结构进行某些定量分析的时候，又必须对它的概念含义作出科学的解释。否则，含义不清，定义不一，必然导致统计口径上的差异，影响流动人口数据资料的搜集和使用，难以进行比较分析，也无法运用资料论证问题。

现在看来，人口迁移与流动人口，应当视为两个不同的概念，二者既有区别，又有联系，不应混而为一。这是因为：第一，人口迁移，在我国是一个法定的概念。按照《中华人民共和国户口登记条例》第七条的规定，公民迁出本户口管辖区，办理户口迁出手续，注销户口，到迁入地落户的才叫迁移变动。即按国家人口统计报表制度，每个年度所作的迁出、迁入统计。如把不涉及户口迁移变动的流动人口，划入法定的人口迁移总体是欠妥的。第二，构成人口迁移变动的基本要素：一是办理了户口迁移变动手续，二是涉及常住户口居所的迁移变动，三是跨越一定的行政区划范围。而流动人口的临时外出，并不涉及户口住所的变动，把它排除在迁移变动之外，也是合乎情理的。第三，人口迁移变动的过程表现为：迁出——迁入——落户的单程移动；而流动人口的过程是：外出——滞留暂住——复归，具有双程往返的特征。这与迁移人口也有明显的不同。第四，从迁移人口的类型来看，主要是因工作调动、家属投靠、招工、录取学生与分配、参军与复员等等；而流动人口的主体部分大多从事务工、经商、社会服务等经济活动的人和探亲、治病旅游的人等等。而且人口迁移量与流动人口的流动量相差悬殊，现在全国每年的迁移人口不到1 800万人，平均每天才有5万人，只占全国流动人口1‰。由此可见，若把流动人口划入人口迁移变动的总体是值得商榷的，也不符合我国的实际。

研究国内流动人口的含义，阐述流动人口这个概念的基本思想，应当以我国现行户口登记制度的基本原则为依据。构成流动人口的基本要素：①应以户籍所在地的住所为主要标志；②空间位置上的移动，要以一定的行政区划为范围；③流动的本身应具有离别复归、双程往返的特征。这样说来，我国流动人口的定义，应该是指公民临时离开户籍所在地，跨越一定的辖区范围，前往他地不时往返的人口。由于流动人口是个复杂的动态概念，在流动过程中又表现出不同的形态。因此，从流动人口的状态来考察，又可区分为以下四种类型：

一、在路途往返行程中的在途人口；

二、过往中转或到达目的地临时住宿旅店、招待所的旅客人口；

三、在城镇居民家中或机关团体暂住的，按照国家规定的暂住人口登记制度登记的暂住人口；

四、在城镇务工、经商长期居留的，已实行寄住人口登记制度的寄住人口。

为此，本文所论述的流动人口，从流出地说，是指临时外出的人口，包括离开户籍所在地较久尚未返回的人口。从流入地说，是临时暂住的人口，也包括一批人在本地长期居住，但尚未落户的人口。从流动状态上，又可分为在途流动的人口、滞留暂住的人口和寄住人口。但为了宏观考察的需要，并未包括当时往返的赶集、赶庙会的人口，也排除了市内“钟摆式”流动的人口。

中国流动人口的规模

现在国内每天有多少流动人口？由于我国历年的人口统计报表制度和已举办的三次全国人口普查均未对此作过全面的调查统计，缺乏直接的数据资料，难以准确地进行定量分析，这里只能根据近几年出现的一些新的情况，从部分地方户口管理部门接触到的有关资料，大体估量国内流动人口的规模和趋势。

全国第三次人口普查之后，曾对1982年的人口流动量作过一次测算，那时全国每天流动的人口约有3 000万人。当时的依据，一是按1982年全国铁路、公路、水运、民用航空的客运量计算，平均每天在途流动的人口达1 170余万人，约占全国总人口1.17%。二是当年第三次全国人口普查统计，全国离开户口常住地外出一年以上的有636.5万人，尚未落上正式户口的无户口人员有475.5万人，合计1 112万人。以上两项共计2 282万人，如再加上当时的暂住人口数，对全国3000万流动人口的测算数有点偏低。近几年，全国流动人口有着更大的发展。

从近两年的情况分析，国内经常流动的人口，估计已上升到5 000万人左右。主要的依据：①据1985年全国统计的客运量，平均每天在途流动的人有1 550余万人。②据1985年北京、天津、上海、沈阳、长春、哈尔滨、南京、广州、武汉、西安等10大城市统计，共有流动人口438.3万人，占10市人口3 158.6万人的13.9%。如按此比例计算，全国城市中的流动人口当有1 660余万人。③据江苏、浙江对10个县城集镇的调查，共有暂住人口85 537人，占10城镇人口365 495人的23.4%。如按暂住人口占集镇人口20%的比例计算，全国集镇当有暂住人口1 200万人。④农村地区暂住人口，据福建对连江、福清、闽侯、罗源、闽清、长乐、平潭、同安等8县调查统计，共有暂住人口28 995人，占8县人口388.2万人的0.75%。再据湖北对汉阳、武昌、黄陂、新洲4县调查统计，共有暂住人口23 252人，占4县人口268.7万人的0.86%。如按0.8%的比例计算，全国农村地区当有暂住人口650万人。以上四项合计，全国当有流动暂住人口4 960万人。这一数字，还可以其他资料来验证，据河北丰宁县、陕西山阳县、河南林县、浙江永嘉县等5县调查，1985年5县农民外出务工、经商的人共有166 448人，占5县总人口331.8万人的5.02%。如按农民外出占农村人口5%的比例计算，全国当有外出农民4 000万人；再加城镇的外出人口，对全国5 000万人流动人口的测算数并不过高，较为接近实际。

流动人口的特征

流动，是流动人口最基本的特征。流动人口的流向是流动人口根据自己外出的原因和意愿，以及对对方的引力作用，而流向某一地区的人口群体所形成的一种趋向。如对这些流动人口在某一时点加以调查统计，即为流动人口的流量。在一般情况下，流动人口的流向与流量是互为条件的，如流动人口涌入同一方向（地区）的人愈多，表明它的流量愈大。也只有一定的流量才能构成流向。从流向与流量的特点分析，我国流动人口具有下列特征。

一、距离越近，流量愈大。通常情况下，也可以说，地区之间的人口流动量，相距越远流量愈弱。1985年，上海对旅店业的调查，在47 869名旅客中，来自毗邻地区江苏省的占29.5%，浙江省占14.8%，均高于其它省份。1986年北京调查，来自河北省的流动人口占27.4%，辽宁省占6.6%，山东省占6.2%，三省合占40%以上，大多是从事农副商品经济的人。

二、大城市流动人口的比重偏高。反映了流动人口与城市的功能作用密切相关。1986年统计，北京、天津、上海、武汉、杭州五大城市有流动人口335.4万人，占五市人口15%。而在江苏的无锡、常州市，吉林的通化、吉林、四平、浑江市，福建的福州、厦门市，河南的义马市和湖南常德市等10个中小城市的流动人口291 707人，只占10市人口282.2万人的10.3%。主要是因大城市具有政治、经济、文教、科研等多种功能，对流动人口具有强大的吸引力，所以大城市的流动人口比重偏高。

三、小集镇流动人口的比重明显偏大。近两年，据江苏省对丹阳、靖江城关镇、常熟虞山镇的调查，据浙江省建德、嘉善、武义、江山、仙居、义乌6县对7个镇的调查，10镇共有暂住人口85 537人，占10镇人口365 495人的23.4%，主要由于近几年农村商品经济蓬勃发展，处在城乡结合部的小城镇又是农副产品进城，城市工业品下乡的中枢，特别是随着集市贸易的繁荣昌盛，必然导致小集镇流动人口的大量云集。

四、经济发达地区的人口流动量大。我国地区辽阔，地区之间经济发展上的不平衡是促使人口流动的重要因素。地区之间，人口流动的流向，既有经济不发达区向经济发达地区的流动，经济发达地区之间的流动，也有经济发达地区向落后地区流动。但比较起来，以经济不发达地区的人口向经济发达地区的流动量偏高。比如农村人口向城市的流动，农业区人口向工业区的流动，边远地区人口向内地的流动等等。除经济因素外，当然在某种特定条件下，政治、文化、科技等方面的因素，有时也会发生重要影响。一般说来，经济发达地区人口向经济不发达地区的流动，多受自然资源的开发，或交通、基建等重点工程建设的影响，而且流动人口的素质较高，工程技术和劳务人员较多。随着国家建设、边疆开发事业的发展，流动人口的这种流向将会呈现上升的趋向。

五、名胜古迹、避暑胜地、风景游览区的流动人口急剧增多，尤其旅游季节，这些地区的流动人口处于高峰值。

流动人口增长原因

在我国社会主义制度下，流动人口的形成与发展，不仅是一个社会过程，更重要的其主体部分是经济过程。它既是社会生产发展的客观要求，也是商品经济发展的结果。尤其在现阶段多种经济成分并存的情况下，地区之间、城乡之间的人口流动，在很大程度上受着多种经济形态、多种经营方式、多种流通渠道、多种需求的制约和影响。

首先，经济体制改革，促使流动人口随着商品经济的发展而迅猛增长。这是因为：（1）农村调整产业政策，积极发展商品经济，开展多种经营，走综合发展的道路。由于农村人多地少，又不允许大量农民迁入城市，要妥善安排农村剩余劳动力，唯一可行的办法是广开生产门路，发展乡镇企业，扩大农副产品加工业和各种服务行业，使大量剩余劳动力就地转移，离土不离乡。但是，任何事物的发展，都有两个侧面在不同方向上起作用。在农村发展二次产业固然可使大批剩余劳动力转移到乡镇企业，稳定在广大农村。但还要看到，乡镇企业的迅速发展，又会引发相当数量的流动人口投入商品生产、流通领域，诸如销售产品的推销人员、生产方面的采购人员和企业管理业务技术人员等等，形成各种不同身份的流动人口奔波四方。1985年江苏无锡调查，市郊三县乡镇企业就有近三万名供销人员经常在外流动。（2）从商品流通领域来考察，我国社会主义制度下的商品经济，商品的使用价值和价值，在生产领域中生产，通过流通才能实现。马克思就曾讲过：“流通和生产本身一样必要，从而流通当事人也和生产当事人一样必要。”①因此，流动人口在商品流通领域的作用不容忽视。从事商品流通的“当事人”与从事商品生产的“当事人”一样，对发展商品经济都是必不可少的。不仅有助于商品流通时间的缩短，有助于市场的扩大，而且在生产、分配、流

① 马克思《资本论》2卷第144页，1957年人民出版社。

通、消费各个环节之间起着积极的中介作用。事实上，商品交换离不开从事商品流通的“当事人”。社会商品越丰富，流通领域越扩大，交换越频繁，要求从事商品流通的“当事人”也要随着流通过程产品数量的增长而增加。这是因为，农村商品经济发展，品种增多，产量增加，要求商品流通领域占用的人力相应增加，而且随着农村社会分工和专业化程度的提高，离开土地从事商品经营的专业户越来越多，也会促使他们中相当多的人转入流通领域，投入流动人口的行列。（3）农村集镇贸易和城市农贸市场兴旺发达，使城乡之间、地区之间，定期或不定期地形成一股强大的人口流，从四面八方云集城市和集镇，既为农贸市场提供了物质基础，缓解了城市副食供应，他们又以带回头货的形式将城市工业品幅射下乡，进一步促进了城乡物资交流。由此可见，大量流动人口伴随农副产品进入商品流通领域的结果，必然加大城乡人口的流动量。

第二，经济体制改革，也促使流动人口随着国家生产建设的迅速发展而激增。流动人口与生产建设、经济发展有密切联系。流动人口进入生产建设领域，对生产力的发展和生产布局的变化，交通运输网络的形成，自然资源的开发，农村集镇的发展，城市建设和第三产业的兴起都起到重要作用。同时，生产建设的发展对流动人口的规模、流向、流程和流量也有一定影响。这是因为国家经济建设在不断加快和扩大再生产的同时，要求投入生产建设的人，既要随着国家重点建设地区的转移而移动，也要适应经济发展的需要而相应增加。诸如开发边疆，修筑铁路、公路、开拓矿产资源，以及沿海特区的建设事业等等，对内地剩余劳动力和科技人员都有相当大的吸引力。尤其城市建设规模不断扩大，各项基本建设、建筑维修等用工越来越多，城市施工队伍不能满足城市建设发展的需要，城市工业生产所需的体力劳动者日感紧缺，以致经常吸引愈来愈多的农业剩余劳动力投入城市建设。武汉市1975年吸收农民工参加建筑维修的有3.1万人，到1985年增加到10余万人，但建筑业仍感劳力紧张。上海市1985年统计，外地施工队伍前往参加建设的达15万人。北京市1986年进入建筑业的流动人口占流动人口总量的20%以上①。从现在看，城市生产，市政建设对周围地区的辐射力，对农村剩余劳动力的吸引力，仍有发展上升的趋势。

应当看到，人是社会生产力的基本要素之一，生产力与生产关系的变革和发展，必然引起人口过程的变动和发展。人口流动是经济体制改革的客观要求，随着经济体制改革的深入发展，国民经济各部门不断扩大生产规模，实施技术改造，行业调整，机构改组，第三产业不断扩大，尤其在原有科技力量分布不平衡的情况下，势必导致一部分科技人员与劳动力跨地区、跨行业的合理流动。特别是随着我国人事劳动制度的改革，劳动力市场的开放，劳动服务公司和人才交流中心的建立，劳动合同制的广泛实施，企业人事自主权的扩大，自荐、推荐、招聘、任聘与自由选择职业等等，都会引发一些在业人口的流动，使他们走上能够发挥其专业特长的就业岗位，开创新的生产领域，推动社会再生产的发展。

第三，体制改革，经济发展，促使更多的流动人口流向社会生活的各个领域。尤其近期国民经济蒸蒸日上，社会安定，城乡人民物质文化生活水平迅速提高，诸如参观游览的，旅行结婚的，度假过节的，家属投靠亲属团聚的，以及为社会生活帮工服务的等等，都对加大人口流量产生重要影响。首先是随着我国对外开放，国际间的经济文化交流不断扩大，来自海外的旅游观光、访问者大量增多。1985年，我国共接待国外游客、华侨和港澳、台湾同

① 《瞭望》周刊，1986年第50期第18页

胞共达1 783万人次，比1978年增加9倍还多①。伴随而来的是国内旅游热潮兴起，有越来越多的国内游人观光名胜古迹。据有关部门统计，1981年到1986年，来北京旅游的人数翻了三番。最多的一天，北京接待外来旅游者达115万人②。1984年北京的主要旅游点所接待的国内外8 000万游人中，国内旅游者占97%③。可见旅游观光成了人们精神生活中的一种需求，也是国内政治经济形势发展的必然趋势。二是党的十一届三中全会以后，政通人和，人们的交往更加密切，探亲访友，度假团聚的日益增多。由于我国地域辽阔，国家职工和城市居民很多来自祖国各地，每年因亲属分居投靠、职工探亲、学生度假的人口流动量很大。每逢寒暑假期，特别是春节前后，外出务工、经商、办事的纷纷赶回原籍与家人团聚，形成全国规模的人口大流动，势不可挡，节前节后两次高峰，给交通路线的客运带来全面紧张。三是随着农村经济改革、开放，农民收入增加，生活改善，愈来愈多的农民温饱有余后的消费结构逐渐向高层次、多样化发展。一些有技术专长的木工、瓦工、缝纫、照相、电器修理等各种能工巧匠，适应农村兴建住宅，添制家具陈设，美化生活的需要，纷纷深入广大农村，从事劳务帮工等各项流动服务。过去统计，仅浙江农村就有上百万手工匠人和其他劳动服务者流向全国各地，也反映了农村流动人口增加的现状。此外，农村能工巧匠进入城市从事手工业生产和修理服务的也有相当大的数量，弥补了城市服务行业之不足，起到拾遗补缺的作用。

流动人口提出的新课题

应当看到，我国流动人口激增是顺应历史潮流，符合社会主义商品经济发展规律的现象，对社会主义建设事业的发展有着不可低估的积极作用，是我国社会主义兴旺发达的象征。人口流动在农村和城市呈现出不同的流向和特点。从农村说，随着产业结构的变化，农业生产力的提高，大量农村剩余劳动力从种植业中分离出来，是当代农业发展的必然趋势，故来自农村的流动人口面广量大，来势较猛。从城市说，作为一个地区的政治、经济、文化中心，既是商品交流的物资集散地，又是现代科技文化的中心，对周围农村具有强大的幅射力，而城市建设各方面又对农村剩余劳动力具有极大的吸引力。所以当前的人口流动，在城市和农村两种不同作用力上起着汇流的作用，形成一股强大的人口流，猛烈冲击着我国交通运输，城市服务和集镇管理等各个方面，自然带来一些新的问题。

一、流动人口激增，给铁路、公路、水运和民用航空的客运带来沉重压力，使国内各种交通设施不能适应流动人口增长需要的矛盾十分突出，给流动人口购买各种车、船、机票造成很大困难。特别是节假日和旅游高峰季节，许多城市不得不采取一些特殊办法疏散滞留暂住的流动人口。而且随着生产发展，经济搞活，客运量还要持续上升，使有限的各种交通工具承受客运的能力与乘客超额运量的矛盾更加突出。

二、流动人口激增，给城市公用设施、社会服务造成过重负担。近几年，许多城市面临的投宿难、就餐难、乘车难的状况长期不得缓解，给流动人口极大不便。这方面较突出的是大城市的旅店业不能满足流动人口的需要，致使一些旅客不得不到浴室、理发店去投宿，甚至有的露宿车站、码头。可见亟待发展中小型旅店，以满足大多数收入较低的旅客的要求。

① 1986年《中国人口资料手册》第54页

② 《瞭望》周刊，1986年第51期第19页。

③ 1985年1月8日《中国旅游报》

三、在流动人口中，也难免藏污纳垢，有极少数不法分子改名换姓，隐匿身份，混杂其中为非作歹，甚至有的流窜作案，危害社会治安。据辽宁省1985年末统计，在暂住人口中发现的不法犯罪分子，占暂住人口的2.16‰。尽管他们在流中人口中只占极少数，但他们对社会造成的危害及不良后果，应当引起足够的重视。

由于流动人口的形成是各种社会因素的综合反映，情况相当复杂，涉及各个方面，研究解决这方面的管理问题，需要多方面采取相应措施。譬如，铁道交通等有关部门，如何继续采取积极疏导的方针，加强干线建设，改善交通设施，有效地提高客运能力，努力为旅客提供优质、方便、安全、正点的服务条件，使线路四通八达，使行者畅通无阻的问题及早得以解决；市政管理和城建部门如何根据流动人口的特点，充分考虑他们的各种需求，搞好城市规划，改进服务设施，通盘考虑农贸市场与小商品市场的合理布局，有利于分散流动人口的高度集聚，减少市中心区的人口压力。旅店业留宿旅客的工作有待于归口管理。目前大的宾馆、国营旅店、大小单位招待所、集体旅店、个体小客店存在着分散经营、多头领导、放任发展的状态，不利于城市旅店业的规划和发展，也不利于掌握旅店流动人口的情况。我国旅店业历来是个特种服务行业。现在连公安部门都无法掌握这个行业留宿旅客的变动情况，发生问题也难以及时处理。散居街道、单位的暂住人口，目前大多城市采取登记、发证的办法，加强了治安管理。但由于申报暂住人口的制度与户主失去制约关系，加之工作上缺乏严密措施，以致相当一部分的暂住人口不到户口登记机关申报登记，使这项工作松散无力。公安部门如何根据流动人口散居临时工棚、租赁私房、落脚民宅、单位的不同特点，有针对性的采取多渠道、多层次、多方式的具体管理办法，还有待于认真研究。现在看来，很有必要充分发挥经济杠杆对流动人口的调节作用。随着体制改革，开放搞活，对流动人口也不宜局限于行政管理，而应当把行政、经济、法制等多种手段结合起来，有效地发挥各自的特有作用，才能收到服务、疏导、管理的综合效益。

（作者工作单位：中国公安大学）

二、1986年各省、自治区、直辖市人口发展状况分析

1986年北京市人口发展状况分析*

杜午禄　杨子慧

1986年末，北京市有常住人口971.2万人，比1985年末增加13.3万人，年增长率为1.4%。其中自然增加7.1万人，占增加人口的53.4%；迁移增加6.2万人，占增加人口的46.6%。1986年内，北京市加强了对暂住人口的管理工作，年末登记的暂住人口共61.2万人，比1985年末增加30万人，其中有一部分是属于过去没有申报暂住户口的人数。如将暂住人口计算在内，实际在北京市居住的人口总规模已经达到1 032万人。此外，尚有近百万的流动人口进出北京。根据人口增长趋势分析，中央书记处批复北京常住人口规模控制在1 000万左右的目标，预计在1988年即将突破。

一、人口的构成

1986年末的北京市常住人口中，男性495.5万人，占51%；女性475.7万人，占49%。人口的性别比为104.2，比1982年人口普查时的性别比102.4提高了1.8。究其原因，主要是近几年随着经济体制的改革，迁入人口中从事经济活动的人口较多，而这些迁入人口中男性多于女性，致使人口性别比有所提高。

全市常住人口中，城市人口有586.8万人，占60.4%，比1985年的57.9%增长2.5%；农业人口有384.4万人，占39.6%，比1985年的39.9%减少0.3%。原因是郊区农民有一部分转为城市户口，而迁入人口中92%都是迁入到市区的城市居民，因此城市人口显著增加，农业人口略有减少。

1986年北京市人口年龄结构呈成年型，与1982年人口普查时比较，少儿人口比重明显下降，老年人口比重上升，老少比也明显提高（见表1）。

表1　1986年北京市人口年龄结构　（%）

年龄别	年轻型	成年型	老年型	1982年	1986年
0—14岁	40以上	30—40	30以下	22.4	19.9
65岁及以上	5以下	5—10	10以上	5.7	6.5
老少比	15以下	15—30	30以上	25.2	32.4
年龄中位数	20岁以下	20—30岁	30岁以上	27.2岁	29.7岁

0—14岁少儿人口比重下降2.5%，而65岁及以上的老年人口比重则上升0.8%；人口老少比由1982年的25.2提高到1986年的

*　文内凡未注明资料来源的表格和数字均由北京市统计局提供。

32.4，增长了7.2%；人口年龄中位数比1982年提高了2.5岁达到29.7岁。这种底部和顶端的反方向发展变化，表明北京市的人口年龄结构正在迅速向老年型过渡，预计将于1990年以前迈入老年型人口类型的大门，并将继续向人口老龄化较高水平发展。

1986年北京市的人口再生产类型虽仍属稳定型（见表2）。从表2看出，1986年与1982年相比，0—14岁和15—49岁组的人口比重都有所下降，而50岁及以上人口所占比重却明显上升。按照国际通用标准分析，北京市目前的人口再生产类型已接近减少型，这与实行计划生育、提倡只生育一个孩子有密切的关系。但今后能否继续向减少型转化，尚难确定。由于迁移人口年龄构成的影响，60年代生育高潮的影响，以及城乡控计划生育工作差异的影响，未来全市人口的增长变动趋势还有待研究，如控制不力，很有可能向增长型转化。

表2　1986年北京市人口再生产类型（按国际标准）　　（%）

年龄别	增加型	稳定型	减少型	1982年	1986年
0—14岁	40	26.5	20	22.4	19.9
15—49岁	50	50.5	50	59.8	58.3
50岁及以上	10	23.0	30	17.8	21.8

二、人口的地区分布

1986年北京市的常住人口中，4个城区有239.4万人，比1985年增长0.4%；6个近郊区有357万人，比1985年增长2.7%，远快于城区和远郊区；9个远郊县有374.8万人，比1985年增长0.8%。由于北京城市建设的重点逐步移向近郊，因此近郊区人口在最近几年增长迅速。近郊区人口占全市人口的比重由"六五"计划初期1981年的34.1%，上升到1986年的36.8%，绝对量增加了50多万人。1986年与"六五"初期的1981年相比，北京市的人口分布有了显著的变化（见表3）。

表3　　1986年北京市人口分布情况　　（万人）

	人口数		增长（%）	比重（%）	
	1981年	1986年		1981年	1986年
全市常住人口合计	900.8	971.2	7.8	100	100
城　区	235.8	239.4	1.5	26.2	24.6
近郊区	306.8	357.0	16.4	34.0	36.8
远郊县	358.2	374.8	4.6	39.8	38.6

从表3可以看出，北京市近郊区人口增长速度是最快的。1981年—1986年的5年间全市共增加人口70.4万，其中有71.3%在近郊区。近郊区人口占全市人口的比重显著上升，其中海淀、朝阳两个区的人口都已超过115万，一个区的人口就已赶上一个特大城市的人口规模。

北京市的人口密度亦随着城市人口总量的增长而日益稠密。1986年，全市人口密度为每平方公里578人，比1985年增加10人。其中4个城区每平方公里为27491人，比1985年增加294人；6个近郊区每平方公里为1347人，比1985年增加40人；9个远郊县每平方公里为266人，比1985年也增加了2人。市区人口最稠密的街道每平方公里高达5.6万人，在世界上也是屈指可数的。

三、人口的自然变动

（一）人口出生率呈回升趋势。

1986年北京市人口变动的一个特征是，人口出生率自1982年起连续下降三年后又开始呈回升趋势。根据人口变动情况抽样调查资料，1986年全市人口出生率为15.82‰，比1985年的15.45‰上升0.37‰。分地区观察，城区近郊区仍属下降趋势。人口出生率回升主要是远郊县农村的人口出生率显著上升所致（见表4）。

表4　1984年北京市人口出生率变动情况　（‰）

	1985年	1986年	1986年比1985年
全　市	15.45	15.82	+0.37
城近郊区	13.95	12.57	−1.38
远郊县	17.78	20.46	+2.68

表4表明，1986年城近郊区的人口出生率与远郊县的人口出生率发生了不同趋势的变化，且差别日益扩大。城近郊区人口出生率继续下降，由1985年的13.95‰下降为12.57‰，而远郊县的人口出生率则由1985年的17.78‰上升到20.46‰，两者的极差也由1985年的3.83‰扩大为7.89‰，扩大了一倍多。远郊县人口出生率回升的主要原因是：

1．二胎率和多胎生育明显上升，超计划生育增多，改变了历年来多胎生育下降的趋势（见表5）。1986年远郊县二胎及多胎生育比重明显上升，1985年二胎生育占27.3%，1986年上升到占36.4%；多胎生育由占1.9%上升到4.1%，而一胎生育比重则明显下降。这种比重变化是在农村一胎生育的绝对数比1985年还多生0.5万人的情况下出现的，1986年全市一胎出生人数为12.4万人，比1985年多出生0.3万人，二胎出生1.8万人，比1985年多出生0.5万人，其中农村一胎出生增加0.5万人，二胎出生也增加0.5万人，全市多胎出生比1985年增加30.2%，全部在农村。说明农村二胎及多胎率上升趋势是十分明显的。

表5　1986年北京市生育胎次比重变化　（%）

	全　市		城近郊区		远郊县	
	1985年	1986年	1985年	1986年	1985年	1986年
一胎率	84.5	77.5	95.8	98.0	70.8	59.5
二胎率	14.3	20.2	3.5	1.7	27.3	36.6
三胎率及以上	1.2	2.3	0.7	0.3	1.9	4.1

资料来源：根据市计划生育委员会统计报表。

2．结婚人数增加，早婚早育现象增多。据民政部门统计，1985年全市结婚对数为13.4万对，比1984年增加2.1万对；而1986年结婚对数为14.3万对，比1985年又增加0.9万对。主要是60年代人口出生高峰期出生的人口已进入婚龄育龄期，预计今后数年内结婚人数仍将有所增加。与此同时，农村的早婚、早育现象又有抬头。根据对延庆县的抽样调查，1986年全县有生育能力的育龄妇女中，年龄最小的是19岁，在19岁至22岁生育的就占20%。另据调查，延庆、密云等县还出现了21岁妇女一年内就生育两胎的现象；生育第三胎的最小年龄是26岁。很明显，这与农村放松计划生育工作有关。

由于育龄妇女的初婚年龄提前，促使早育现象增多。北京市1984年女性初婚年龄为26.3

岁，1985年为25.1岁，1986年更提前到24岁。初婚年龄前移，必然造成初育年龄前移和育龄期延长，加重了计划生育工作的难度。

3．育龄妇女生育率回升。1985年全市育龄妇女总和生育率为1.250，1986年为1.253，比1985年上升了0.003；总生育率为52.4‰，比1985年的48.07‰上升了3.7‰。育龄妇女生育水平的回升主要是农村地区育龄妇女生育率大幅度回升所致（见表6）。

表6　育龄妇女总生育率变化情况（‰）

	总生育率		1986年比1985年
	1985年	1986年	
全　市	48.07	52.07	＋4.0
城近郊区	42.76	41.32	－1.44
远郊县	56.58	68.51	＋11.93

农村地区妇女总生育率由1985年的56.58‰上升到1986年的68.51‰，提高了11.93‰。而远郊县育龄妇女人数占全市育龄妇女总数的40%，其生育率水平的大幅度上升，必然影响到全市出生率的提高。

当前北京市人口的年龄构成中，婚育人群比重较大，全市育龄妇女人数约有290万人，比1982年人口普查时的274万人增加了16万人，这对人口出生率回升将产生直接影响，然而农村少数地区计划生育工作出现失控现象，也是一个主要原因，应该引起高度重视。

（二）人口死亡率稳定在低水平。

进入80年代后，北京市人口死亡率一直保持相对稳定，已达到世界较低的死亡率水平。1986年的人口死亡率为5.3‰，与1985年基本持平，其中婴儿死亡率已降到14‰以下。在此情况下，人口出生率回升，必然使人口的自然增长率亦相应回升。

四、人口的迁移变动

（一）人口的迁移增长仍是北京人口增加的重要因素。

北京市的人口迁移，一直是城市人口增加的一个重要因素。尽管有关部门对迁入人口进行了严格控制，但人口迁移增长趋势仍未改变。1986年迁入北京的人口总量达到10.3万人，比1985年增加0.3万人，迁出人口总量为4.1万人，比1985年增加0.3万人，人口迁移净增加6.2万人，与1985年基本持平。

在迁入人口中属于工作调动的，如招工、外地大中专学生分配和复员退伍军人安置就业等，共计4.9万人，占迁入人口总量的47.6%；随军随干家属0.9万人，占8.7%；高校录取外地学生2.5万人，占24.3%；其他探亲、结婚、出国返回，退休回京等共2万人，占19.4%。

在迁出人口中，由于工作调动、随军随干家属外迁、大中专学生毕业分配等原因到外地工作的共2.3万人，占31.7%；其他探亲、结婚等迁出的有0.5万人，占12.2%。

（二）流动人口日益增加，已成为北京人口的重要组成部分。

北京市人口迁移流动的另一特点是流动人口大量增加，长期暂住人口日益增多。随着国民经济的发展，城市经济体制改革的深入，对外开放对内搞活政策的逐步落实，使进入北京市区的流动人口与日俱增，加之北京又是联系国内外的纽带，是国际交往中心，闪烁着东方文明光辉的名胜古迹吸引着国内外众多的旅游者，现代化的交通条件又为流动人口大量进出北京提供了方便。目前，日进出北京的流动人口总量已接近百万人次，在京暂住的人口已达到61万人。流动人口相当城近郊区常住人口的12.6%，平均每10个城市常住居民中就有一个流动人口。来京从事经济活动的已跃居第一位，占流动人口总量的一半，改变了历来以探亲、旅游、开会为主的结构，说明随着城市经济体制改革的深入发展，北京流动人口构成也发生了显著的变化。北京市的流动人口来自全国28个省、市、自治区和遍及世界各大洲的140多个国家和地区。

北京的流动人口已成为城市人口的一个重要组成部分，对城市建设、经济发展、文化交流、信息构通都起了积极的作用，但同时也给城市管理增加了很大压力。北京目前出现的乘车难、住宿难、吃饭难、看病难等等，都与流动人口大量激增有关。大量流动人口与已呈高密度的城市常住人口汇集在一起，给城市设施、治安管理、人民生活安排亦带来一定影响。因此，加强对流动人口的管理与疏导，也是北京人口问题中一个需要解决的重要问题。

五、计划生育取得成就，但城乡发展不平衡，农村仍待加强

1986年全市计划生育工作取得一定成绩，但城乡发展极不平衡，农村个别地区计划生育工作领导不力，计划外二胎和多胎生育十分严重。

（一）全市已婚育龄妇女普遍采取了节育措施。

1986年全市有偶育龄妇女为173.5万人，比1985年增加6.6万人。实际采取节育措施的有151.1万人，占87.1%，比1985年提高了1.8%，其中采取放环、男扎、女扎等长效节育措施的有90.4万人，占已采取节育措施人数的59.8%；服用口服避孕药的有28.4万人，占已采取节育措施人数的18.8%。城市和农村的节育率分别达到88.3%和86%。

（二）独生子女领证比重有所上升。

全市领取独生子女证的比重有所上升。1986年全市已婚育龄妇女有173.5万人，其中已生育有一个孩子的有92.5万人，领取独生子女证的有85.3万人，占已婚育龄妇女人数的49.2%，比1985年上升1.9%；占已生育有一个孩子的育龄妇女人数的92.2%。

（三）结婚人数增加，晚婚率有所下降。

1986年全市结婚对数为14.3万对，比1985年增加0.9万对，主要是60年代初生育高峰期出生的人口已陆续进入婚龄。1986年全市初婚人数为27.4万人，比1985年增加1.6万人。初婚人数中，男性晚婚率为69.5%，比1985年下降5.8%；女性晚婚率为69.5%，与1985年基本持平。城市和农村的结婚年龄仍有较大差别，1986年域市男性晚婚率为67.9%，农村男性晚婚率为17.9%；域市女性晚婚率为82.8%，农村女性晚婚率为49.4%，城市青年晚婚较多。但近几年全市晚婚率都有显著下降，如1980年本市男性晚婚率为82.2%，女性晚婚率为92.4%。1986年与1980年相比，分别下降了32.9%和22.9%。原因是1981年新婚姻法实施和1986年新婚姻登记办法公布后，对晚婚宣传工作有所放松，特别是农村的晚婚率偏低，还有不少早婚现象，因此在当前农村经济改革的新形势下，计划生育工作如何跟上，需要进一步研究，制定出适合新形势特点的管理办法。

（作者工作单位：杜午禄　北京市统计局；杨子慧　中国社会科学院人口研究所）

1986年天津市人口发展状况分析

郭秀兰　高艾玲

近几年来，天津市人口一直呈上升趋势，1981年～1986年平均每年递增1.42%。特别是1986年天津市人口增加较多。其主要原因是60年代中期生育高峰期出生的人口近几年已陆续进入结婚生育期，即开始进入了新的生育高峰期，致使全市近期人口增长速度加快，人口年龄结构也将发生变化。

一、天津市人口增长状况

1986年末，天津市常住人口达814.97万人，比1985年增加10.17万人，增长了1.26%。如与前几年下降趋势相比，1986年人口增加略有回升趋势（见表1）。

表1　　1980年～1986年全市总人口变化情况

年　份	1980	1981	1982	1983	1984	1985	1986
总人口（万人）	748.91	760.32	774.92	785.28	795.52	804.80	814.97
比上年增加（%）	—	11.41	14.60	10.36	10.24	9.28	10.17

由于城乡之间条件差异较大，人口的增长速度也不尽相同。1986年天津市市辖区年末人口达543.78万人，比1985年增加8万人，增长1.49%，比1980年增长10.43%。其中市内6个区人口为339.59万人，比1985年增加5.61万人，增长了1.68%；市辖县人口1986年末达到271.19万人，比1985年增加2.17万人，增长了0.81%。农业人口增长快于非农业人口：1986年末全市农业人口为367.92万人，比1985年增加8.81万人，增长了2.45%，比“六五期间”平均每年的递增速度高出2.29%。1986年全市非农业人口为447.05万人，比1985年增加1.36万人，仅增长了0.31%，比“六五期间”平均每年递增速度还减少了2.26%。

二、人口增长的特点

（一）市辖区人口增长过快。

随着城市经济的开放、搞活和经济、政治体制改革的深入进行，农村劳动力有可能向城市转移，致使市辖区人口将继续增加。1986年市内6个区和滨海3个区分别比上年增加了5.6万人和1.16万人，分别增长了1.68和1.42%，比1980年增加了36.94万人和9.06万人，增长速度均在12%以上，超过了同期全市人口增长幅度。6年间平均递增速度均在1.9%左右，如按这个增长速度测算：1987年全市市辖区人口预计将达到554万人左右，有可能突破1987年市辖区人口控制计划指标。由于“七五”时期人口增长正处于新的高峰期，估计1990年天津市人口将有一个新的突破。所以，天津市控制人口增长的任务仍很艰巨。

（二）人口出生率回升，自然增长速度加快。

1986年天津市共出生12.1万人，比上年增加0.98万人，人口出生率为15.02‰，比1985年增长1.04‰。与近几年相比，1986年出生人口有所回升（见表2）。

表2　1980～1986年出生人口及出生率状况

年份＼项目	出生人口(人)	出生率(‰)
1980	98 936	13.29
1981	135 076	17.90
1982	153 873	20.07
1983	133 732	17.16
1984	123 885	15.69
1985	111 732	13.98
1986	121 518	15.02

表2中的数字表明：天津市人口出生率呈波浪型发展，从1980年低谷值13.29‰上升到1982年高峰值20.07‰，而后又呈下降趋势，直至1985年降到13.98‰。1986年又回升到15.02‰。估计今后几年，随着育龄妇女人数的大量增加，人口出生率还将继续上升。按16‰的比率推算，1987年全市将预计出生12.35万人，1990年预计出生13万人左右。

由于近几年死亡人口数趋于平稳状态，死亡率基本保持在5‰——6‰之间。所以人口自然增长率基本随出生人口变动而上下波动。按照市人口控制计划指标要求，1987年全市应将人口自然增长率控制在10‰之内。要想完成此项指标任务，就必须下大力狠抓计划生育工作。

（三）初婚年龄提前，二胎和多胎增多。

妇女初婚、生育年龄的变化与人口增长有着密切的关系。1986年天津市15岁——49岁育龄妇女人数为236.5万人，比1985年增加2.6万人，占女性人口的59.1%，与1981年所占比重相同（见表3）。

表3　历年育龄妇女人数及所占比重

年份＼项目	育龄妇女人数(万人)(15岁～49岁)	占女性人口总数比重(%)	年份＼项目	育龄妇女人数(万人)(15岁～49岁)	占女性人口总数比重(%)
1957	117.5	45.8	1982	223.7	58.6
1962	129.5	44.2	1983	227.1	58.7
1975	185.0	54.0	1984	230.3	58.8
1978	204.0	57.7	1985	233.9	59.0
1980	217.5	59.0	1986	236.5	59.1
1981	221.4	59.1			

表3数字表明，天津市育龄妇女人数所占比重经过了二个高峰阶段。第一个阶段是1957年——1981年，25年间育龄妇女人数所占比重由45.8%上升到59.6%；第二个阶段是1982——1986年，由58.6%上升到59.1%。显然，第二阶段仅用了5年时间育龄妇女比重就回升到59.1%，其主要原因是受1963年——1966年生育高峰期出生人口的影响。今后几年内，天津市育龄妇女人数还将持续增长。如将1986年育龄妇女数按年龄向后移算，预计1990年全市育龄妇女人数将达到240万人。

1984年以来，由于全市施行了计划生育包干制，各区、县（主要是农村）遵照计划生育政策，“大处管住，小处放活”的要求，解决了确有困难的夫妇生育两个孩子的问题。但也出现了一些抢生、强生二胎的现象。1986年天津市一胎率和多胎率下降，二胎率呈上升趋势（见表4）。

表4 1981—1986年胎次分布情况

年份＼项目	一胎率	二胎率	多胎率
1981	82.0	14.3	3.7
1982	88.2	9.5	2.2
1985	89.4	10.2	0.3
1986	88.9	10.9	0.2

为了实现1987年市人口控制计划将多胎率控制在0.2%左右的要求，天津市规定市区基本杜绝多胎，郊区控制在0.2%以下，各县控制在0.5%以下。同时，采取有效节育措施，估计多胎率会有明显下降。

（四）少年儿童比重下降，人口趋向老化

人口年龄是反映人口年龄结构变化的重要标志。1986年天津市少年儿童占总人口比重呈下降趋势，由1980年的23.9%，下降到21.7%，下降了2.2%。其中男性少年儿童所占比重为22.1%，略高于少年儿童总数所占比重的水平。女性比重为21.4%，比1980年下降了2.2%（见表5）。

表5 1980--1996年少年儿童占总人口比重 单位：%

年份＼项目	少年儿童比重（0岁～14岁）	男性	女性	年份＼项目	少年儿童比重（0岁～14岁）	男性	女性
1980	23.90	24.20	23.60	1984	22.84	23.16	22.51
1982	23.94	24.26	23.61	1985	22.20	22.50	21.80
1983	23.33	23.65	23.00	1986	21.70	22.10	21.40

表5数字表明，由于计划生育工作广泛深入地开展，全市出生人口得到了有效控制，致使少年儿童比重有所下降。

人口老龄化速度较快。按照国际统一标准60岁及60岁以上人口占总人口10%以上即为人口老龄化地区。1986年天津市老年人口已达78.7万人，比1985年增加2.8万人增长3.69%。按国际统一标准计算，天津市1986年老龄人口占总人口比重已达9.7%。其中女性已达9.9%，已接近老龄化社会的边缘（见表6）

从表6可以清楚地看出，天津市老龄人口增长较快，仅6年时间就从1980年的8.6%增加到1986年的9.7%。如按此速度推算，老龄人口比重1990年将突破10%，老年人口数将达到91万人。2000年将达到13%左右，老年人口将达到130万人左右。老龄化是非常值得重视和研究的问题。

表6 1980--1986年老龄人口占总人口的比重 单位%

年份＼项目	老龄人口比重	其中	
		男性	女性
1982	8.6	8.5	8.7
1982	8.7	8.6	8.8
1983	8.9	8.8	9.1
1984	9.2	9.0	9.3
1985	9.4	9.2	9.6
1986	9.7	9.4	9.9

（作者工作单位：天津市统计局）

1986年河北省人口发展状况分析

郝增培　李岚

1986年是河北省人口数量变动较大的一年，也是河北省历史上第三个人口生育高峰的第一年。

一、总户数、总人口

根据省统计局1986年人口变动情况抽样调查推算，年末全省总人口为5 627万人，比上年增加79.51万人，增长1.43%。其中非农业人口占13.9%，比上年增长3.26%；农业人口占86.1%，比上年增长1.14%。

1986年河北省行政区划有所变动，撤销5个县，新设5个地辖市。17个城市辖区内的人口达1 046.07万人，比上年增加311.5万人，增长42%；镇的人口为967.08万人，比上年减少46.6万人，下降4.6%；县的人口比去年减少5%。市、镇、县人口占全省总人口的比重分别由上年的13%、18%和69%变化为19%、17%和64%。其中市人口比重上升，镇人口比重略降，县人口比重下降较多。

二、出生、死亡

据1986年人口变动情况抽样调查，全省人口出生率为20.42‰，死亡率为6.12‰，自然增长率为14.30‰，分别比1985年上升3.38‰、0.63‰和2.75‰。出生率是近几年较高的一年。1982年以来各年的出生率分别为25.08‰、17.91‰、16.73‰、17.04‰和20.42‰。1986年人口出生率是在上年回升的基础上又一次大幅度的回升，超过了1983年的水平。按出生率推算，全年出生约113万多人，比上年多出生19万人。分城镇、农村看，与上年相比，城镇出生率回升不足2‰，农村回升了4‰多。可见河北省出生率的大幅度回升，主要是农村人口的出生率上升幅度较大。

1986年人口出生率大幅度上升的主要原因是：

（一）婚育年龄人群增大。1960年开始的三年困难时期过后，出现了补偿性的人口生育高峰，从1963年起持续了11年之久，目前这个生育高峰出生的人相继进入婚育年龄。根据1982年人口普查和近两年的人口变动抽样调查推算，全省1986年15—49岁的育龄妇女人数为1 510万人左右，比1985年增加40多万人，增长2.7%。结婚是生育的前提，婚龄人口大量增加，成为生育的潜在力量。据调查分析，1986年全省初婚人数130多万人，比1985年增加40万人。仅因结婚人数增加，1986年出生婴儿就比上年增加了10 000多人。

（二）晚婚年龄控制有所放松，早婚人数增多，婚龄提前。据调查，以前晚婚晚育坚持较好的城市，婚龄控制有所放松。对于农村，晚婚晚育不仅不易实现，坚持法定年龄结婚难度也很大。有的县法定婚龄前结婚的占11%以上。

（三）生育政策的调整。近几年来，河北省在山区、坝上、矿山等地逐步地放松了对二胎生育的控制，使二胎人数大增，这是1986年人口出生率回升的原因之一。

三、迁入、迁出

据人口变动情况抽样调查，1986年河北省人口迁入率为19.9‰，迁出率为22.9‰，净迁出率为3‰，属于净迁出型。与上年相比，人口迁入率、迁出率和净迁出率分别上升7.9‰、9.6‰和1.7‰。市、镇、县的迁移趋势不同，县、镇人口迁出大于迁入，迁出分别是迁入的1.2和1.3倍；市人口迁移趋势相反，迁入大于迁出，迁入是迁出的1倍左右。主要是由于近年来实行对外开放、对内搞活的经济政策，县、镇人口中的农村人口到城镇经营非农业生产活动的增多。从迁移人口的性别构成看，全省人口迁入、迁出的性别构成均为女性高于男性。分市、镇、县看，市男女迁移比例基本持平，镇男性迁移比例略高于女性，县的女性迁移比例大大高于男性。女性迁移，多数是由于结婚后女到男家落户，这种情况又多发生在农村。再从迁移人口的年龄构成看，15—34岁人口在迁移人口中所占比重最大，进一步反映出经济搞活后对人口流动的影响。

四、婚　　姻

据1986年人口变动情况抽样调查，全省15岁及15岁以上的人口中，未婚人口占26.2%、有配偶占67.2%、离婚占0.4%、丧偶占6.2%，与前几年相比变化不大。表明全省人口的婚姻关系是稳定的，造成婚姻解体的原因主要是丧偶，离婚比例很小，这表明家庭幸福和社会安定。

分年龄、性别看，35岁以前结婚的最为普遍，未婚率仅为5%，未婚人口几乎全部为男性。女性结婚较男性普遍，在30岁以前几乎全部完婚。从20岁以前结婚的早婚情况看，早婚比例男性为1%，女性为2%。

河北省人口初婚的月份分布有一定规律性。分年代观察，不论在哪个时代结婚的人，一年12个月中结婚比例较高的均为上半年的前两个月和下半年的后三个月，结婚比例均在10%以上。但是这几个月的结婚比例大小随时间的推移也有变化，1月份结婚的比例是上升的，12月份结婚比例上升最多，目前已占结婚人数的23%。可见人们越来越习惯于把结婚的日子安排在元旦、春节的前后。

五、生　　育

据人口变动情况抽样调查，1986年妇女总和生育率为2.31，比1985年的2.0增加0.31。一胎率为46%，比上年下降4%；二胎率为41%，比上年上升3%；多胎率为13%，比上年上升1%。一胎率的下降主要是二胎率的上升所致。

分市、镇、农村看（见表1），城市一胎率比去年虽有下降，但仍保持在90%左右的水

表1　1985年、1986年妇女生育胎次率

	1985年			1986年		
	一胎率	二胎率	多胎率	一胎率	二胎率	多胎率
市	92	6	2	89	9	2
镇	44	40	16	38	48	14
县	48	40	12	45	41	14

平上。城市今后的主要任务应放在巩固已有的成绩，使一胎率不再下降和提高人口素质等工作上。值得注意的是，镇的一胎率低于农村，二胎率高于农村。与1985年相比，镇的一胎率下降6%；二胎率上升8%，两种胎次率下降、上升幅度比农村大的多。在中小城镇目前发展较快的形势下，镇的计划生育工作应予特别重视。

据1986年人口变动情况抽样调查，全省妇女的平均活产子女数为2.34个，平均存活子女数为2.29个，与1985年相比变化不大。在有1个及1个以上的存活子女中，现有1孩的占27.9%、有二孩的占34.7%、有3孩及以上的占37.4%。

六、人口性别、年龄构成

1986年末，河北省男性人口占总人口的比重为51.4%，女性人口占48.6%，性别比为105.8，略高于1982年104.8的水平，与1985年相比没有变化，说明全省人口性别比正常。分市、镇、县看，1986年市、镇、县的人口性别比分别为110.2、107.4、104.2。相比之下，市人口性别比较高，这是由于工业化程度较高的城市从业人员中男性多于女性所致。

从人口年龄结构看，1986年全省0—14岁的少年人口占总人口的27.3%，15～64岁劳动年龄人口占66.7%，65岁及以上的老年人口占6.0%，年龄中位数为24.9岁。从以上划分人口年龄构成类型的这几项指标看，河北省人口年龄构成类型是介于年轻型和成年型之间的一种类型。表明河北省在今后很长一段时间内劳动力资源是充裕的，老年人的抚养还不会成为社会的主要问题，但是对人口的控制、对青少年的抚养教育的任务仍是非常艰巨的。

七、户规模

1986年全省每户（包括集体户）平均人口4.06人，比上年略有减少。分市、镇、县看，每户平均人口市为3.77人，镇为4.01人，县为4.16人。与上年相比，除县的户规模略有下降外，市与镇户规模变化不大。如与1982年相比，市、镇、县每户平均人口均有减少，市每100户减少了22人，镇每100户减少了5人，县每100户减少了17人，市的户规模减少幅度最大。

从家庭户规模看，据1986年人口变动情况抽样调查，家庭户的平均规模为4人，与上年相比变化不大。从家庭户规模的构成看，1人户占7.6%、2人户占11.3%、3人户占20.1%、4人户占25.8%、5人户占18.1%、6人户占8.8%、7人户占4.6%、8人及以上户占3.7%。与上年相比，除4人户增加了1.2%、6人户减少了0.4%以外，其余变化不大。与1982年相比，2人户以下、6人户以上的比例均有所下降，3、4、5人户的比例均有上升，其中3、4人户比例上升较大，分别上升了1.9%和3.4%。分市、农村看，市家庭户规模减少，即由平均每户4人减少到每户3人，农村家庭户规模则变化不大。影响家庭户规模变化的根本原因是人口自然增长率的变化和家庭结构的变化。由于城市的人口出生率不断降低和核心家庭的增多，致使市的家庭户规模缩小。而在农村，则由于仍保持较高的人口出生水平，几代同堂的联合家庭多于城市，其家庭户规模必然高于城市。

（作者工作单位：河北省统计局）

1986年山西省人口发展状况分析

和振德　范新明

一、人口总量的变化

（一）总人口的变动。

1985年末，山西省总人口为2 626.51万，男性人口1 378.75万，女性人口1 247.76万。986年末，总人口增加到2 655.07万，净增28.56万人，增长1.09%；男性人口1 393.49万，净增14.54万，增长1.05%；女性人口1 261.78万，净增14.02万，增长1.12%，女性人口增长速度快于男性。。

（二）总户数的变化。

1985年，山西省总户数为631.69万，其中，集体户为3.5万，家庭户628.19万，家庭户户均人口3.97人。1986年末，全省总户数为647.94万，其中集体户数为3.5万，家庭户为644.44万。家庭户户均人口3.91人，其中非农业人口家庭户户均人口3.42人，农业人口家庭户户均4.02人。全省户均人口1986年比1985年减少0.06人，家庭户规模呈下降趋势。

（三）人口自然变动。

1985年，山西省人口出生率为17.32‰，死亡率为6.36‰，自然增长率为10.96‰。1986年，全省人口出生率为19.10‰，死亡率为6.48%，自然增长率为12.62‰。与1985年相比，1986年人口出生率上升1.78‰，自然增长率上升1.66‰，人口自然增长有较大幅度的回升。

二、人口构成的变化

（一）人口性别构成的变化。

1985年山西省总人口中，男性人口比重为52.49%，女性人口比重为47.51%，性别比（以女为100）为110.50。1986年，全省男性人口比重为52.48%，女性人口比重为47.52%，性别比为110.42，比1985年略有下降，但性别比仍居全国29个省、市、自治区之首。

虽然1986年全省人口性别比变化不大，但全省城市人口性别比却变化不小，10个城市的人口性别比1985年为115.52，1986年为114.26，下降1.26，其中省会太原市性别比下降2.16；阳泉市性别比下降7.97，下降幅度最大，主要原因是煤矿井下工人家属转户所致。

（二）农业人口与非农业人口结构的变化。

1985年，山西省农业人口为2 099.03万，非农业人口527.49万，农业人口与非农业人口的比例（以非农业人口为1）为3.98。1986年，全省农业人口为2 102.86万，非农业人口为552.21万，农业人口与非农业人口比例为3.81。与1985相比，1986年农业人口增加3.83万，增长0.18%；非农业人口增加24.72万，增长4.69%。农业人口增长速度低于全省总人口

1.09%的增长速度，非农业人口增长速度比全省总人口增长速度高3倍多。

（三）城镇人口（指市镇非农业人口）的变化。

1985年，山西省城镇人口为489.71万，占全省总人口的18.64%。1986年，城镇人口为521.29万，占全省总人口的19.63%，与1985年相比，城镇人口增加31.58万人，增长6.45%。

（四）人口年龄构成的变化。

根据第三次人口普查统计，1982年山西省人口年龄构成如下：0—14岁少年儿童比重为33.4%，15—64岁劳动年龄人口比重为61.7%，65岁及以上老年人口比重为5.0%，老少比为15.0%。根据有关资料推算，1986年，山西省0—14岁少年儿童比重为28.3%，15—64岁劳动年龄人口比重为66.3%，65岁及以上老年人口比重为5.3%。老少比为18.6%。与1985年相比，1986年少年儿童人口比重下降，劳动年龄人口和老年人口比重上升。对照国际人口类型划分标准，山西省人口结构已由1982年的年轻型进入成年型。

（五）经济活动人口结构的变化。

经济活动人口结构有产业结构和所有制结构两个方面。

1. 产业结构的变化。1985年，山西省经济活动人口为1 172.07万，占全省总人口的44.6%。其中第一产业人口为576.57万，占经济活动人口的49.2%；第二产业人口为344.64万，占经济活动人口的29.4%；第三产业人口为250.87万，占经济活动人口的21.4%。1986年，山西省经济活动人口为1 205.22万，占总人口的45.4%。其中第一产业人口572.38万，占经济活动人口的47.5%，第二产业人口358.54万，占经济活动人口的29.8%；第三产业人口274.3万，占经济活动人口的18.2%。与1985年相比，1986年经济活动人口增加33.15万，增长2.8%，第一产业人口减少4.19万，减少0.7%；第二产业人口增加13.90万，增长4.0%；第三产业人口增加23.43万，增长9.3%。第一产业人口呈减少趋势，第二、第三产业人口大幅度增加。

2. 所有制结构的变化。1985年，山西省全民所有制职工291.49万，占经济活动人口的24.9%；城镇集体所有制劳动者85.27万，占经济活动人口的7.3%；城镇个体经济劳动者8.18万，占经济活动人口的0.7%；农村集体经济劳动者787.13万，占经济活动人口的67.2%。1986年，山西省全民所有制职工304.44万，占经济活动人口的25.3%；城镇集体经济劳动者88.98万，占经济活动人口的7.4%；城镇个体劳动者11.50万，占经济活动人口的1.0%；农村集体经济劳动者800.30万，占经济活动人口的66.4%。与1985年相比，1986年全民所有制增长4.4%，城镇集体所有制劳动者增长4.4%，城镇个体劳动者增长40.6%；农村集体经济劳动者增长1.7%，四种所有制形式中，除农村集体经济劳动者比重下降外，全民所有制、城镇集体所有制，城镇个体经济劳动者比重均有上升。

三、人口变化的趋势及特点

（一）人口自然增长率的大幅度回升预示着第三次生育高峰的到来。

1983——1985年，山西省人口自然增长率稳定在10.5‰——11.0‰之间，1986年人口自然增长率回升到12.62‰，而1986年人口死亡率并无明显变化，说明人口自然增长率的回升是由于人口出生率变化所致。

人口出生率回升的主要原因，一是建国后第二次生育高峰的周期性影响。山西省建国后经历了两个人口生育高峰，第一次生育高峰在1950至1960年，第二次生育高峰在1962年至1975年。近年来的育龄妇女生育资料表明，山西省育龄妇女生育峰值年龄在23—27岁之间，每年生小孩的妇女中，这5个年龄组的妇女占到50%以上。1985年起，第二次生育高峰期出生的妇女人群将陆续通过生育峰值年龄。由于人口发展的惯性作用，使山西省又面临一个新的生育高峰。二是农村实行生产责任制后，计划生育、控制人口增长工作出现一些新情况、新问题，由于思想认识和相应的措施未能及时跟上，使农村中二胎和多胎生育有所上升。山西省农村人口占全省总人口的80%以上，农村人口生育水平决定着全省的生育水平。山西省统计局1986年1%人口变动情况抽样调查表明，1986年山西省农村中二胎生育较多，个别地方失控，多胎生育严重，使全省育龄妇女总和生育率回升到2以上。三是从客观原因看，人口再生产是受经济发展水平及社会的各种因素所制约。山西省有58%的县位于山区丘陵地带，人口密度小，经济、文化、卫生不发达，增加了控制人口增长的难度。

出生率的高低决定于育龄妇女群体的规模和育龄妇女生育水平的高低。根据年龄推算，山西省育龄妇女占总人口的比重从现在起到1995年将呈增长趋势，如保持1986年育龄妇女的生育水平，山西省将出现第三次生育高峰。

（二）经济活动人口结构正在变化之中。

随着经济体制改革，山西省经济活动人口正进行着相应的运动。1986年，山西省经济活动人口的变化有以下特点：

1. 农村剩余劳动力向城镇流动。城乡经济发展的差异，促使农村剩余劳动力流向经济、政治、文化比较发达的城镇。1986年山西省经济活动人口增长2.8%，城镇经济活动人口增长5.2%，农村经济活动人口增长1.7%，农村经济活动人口的增长低于全省增长速度，而城镇经济活动人口增长速度是农村的3倍。农村经济活动人口比重比1985年下降0.8%。

2. 第一产业人口流入第二、第三产业。农村经济体制的改革提高了农业生产的经济效益，同时也产生了大量的过剩劳动力。这些劳动力正迅速转移到第二、第三产业。1986年，山西省第一产业人口减少4.19万，而第二和第三产业人口分别增加13.90万和23.43万，从增长速度看，第二产业增长4.0%，第三产业增长9.3%，第三产业增长速度快于第二产业。

（三）经济发展的差异促进了人口的迁移流动。

由于经济发展速度和开发时间的不同，增大了城镇和乡村、贫困山区和生产条件好的平川乡村的收入与生活上的差异程度，因而促进了人口迁移流动的速度。按可比口径，山西省1986年城镇人口增加28.81万，增长1.9%，其中城市增长2.4%，镇增长1.6%。贫困山区人口也大量迁往生产条件较好的乡村。根据山西省农村经济调查队对8县42个贫困山村的调查，1982年以来，已有13.7%的农户陆续迁往生产和生活条件较好的乡村。这种带有自发性的人口迁移对经济的发展有何影响？应当如何管理？尚有待观察研究。

（作者工作单位：山西省统计局）

1986年内蒙古自治区人口发展状况分析

陈玉亭　陈智军

1986年是内蒙古自治区人口变动较大的一年。由于第二次生育高峰（1963—1972）的周期性延续，从1986年开始进入婚育年龄的妇女人数明显增加，这对内蒙古自治区人口发展状况产生了直接的影响。现以全区1986年人口变动情况抽样调查资料和1986年人口统计资料为依据，对全区1986年人口发展状况作一简要分析。

一、人口总量及人口结构的变化

据人口变动情况抽样调查资料，1986年全区人口出生率为17.93‰，死亡率为5.86‰，自然增长率为12.07‰。这些指标均低于“六五”期间自治区人口的年平均增长率，也低于1986年全国平均水平。

以此资料推算，1986年全区总人口共增加了22.44万，其中自然增长24.4万；机械增长为－1.96万，到1986年底全区总人口达2030.3万，年增长率为1.1%，低于“六五”期间人口增长速度。

全区家庭户数量继续增加，但户规模缩小。随着社会经济的发展，家庭户规模逐渐缩小，复合式大家庭逐渐被核心家庭所代替。1986年全区家庭户户均人口为4.33人，比1982年和1984年分别减少了0.18人和0.25人，变化趋势基本符合一般规律。但兴安盟和哲里木盟两个蒙古族人口较集中的地区，家庭户规模却有所增加，这与少数民族习俗有密切的关系。同时，全区8人以上的户仍占家庭户总数的11.6%。

性别结构的变化表现在性别比下降。1982年全区人口性别比高达109，居全国首位；1986年人口性别比下降为107.7，其中市镇性别比为105.4，低于乡村人口109.0的水平。全区性别比虽然有所下降，但在全国仍属于性别比较高的省份之一。

年龄结构呈现少年儿童比重下降，劳动年龄人口和老年人口比重上升的趋势。1986年全区少年人口系数为29.9%，比1985年降低了0.96%；15—64岁人口比重，即劳动年龄人口比重为66.1%，老年人口系数达到3.95%与1985年相比分别提高了0.92%和0.03%，与“六五”期间各年人口年龄构成变化幅度基本相同。由于近年来各年龄组人口变化率稳定，所以少年人口比重大致按直线下降，而劳动年龄人口比重和老年人口比重则按直线上升，但变化率存在一定差别。

城乡人口结构也发生了显著变化，1986年市镇人口增加了57万，而乡村人口减少了34万。这说明1986年乡村转入市镇的人口数远远大于乡村出生人数，使得乡村人口增长出现负值。1986年市镇人口增长速度为6.54%，是继1984年市镇人口大幅度增长后的又一次较大幅度的增长，到1986年底市镇人口占总人口比重达到了45.68%。由于市镇人口的增加，非农业人口也比1985年增加了13.7万，增长率达到2.4%，大大高于全区人口增长率。

少数民族人口迅速增加，使少数民族人口占总人口的比重发生了较大变化。汉族人口占总人口的比重下降，少数民族人口比重上升。与1985年相比，1986年汉族人口比重降至83.05%，而少数民族人口上升为16.95%。

二、人口变化的特点及原因

（一）出生率开始回升，但幅度较小。1986年人口出生率为17.93‰，略高于1985年17.24‰的水平，但低于“六五”期间全区人口的年平均出生率。全区1981—1986年人口自然变动曲线如图1。

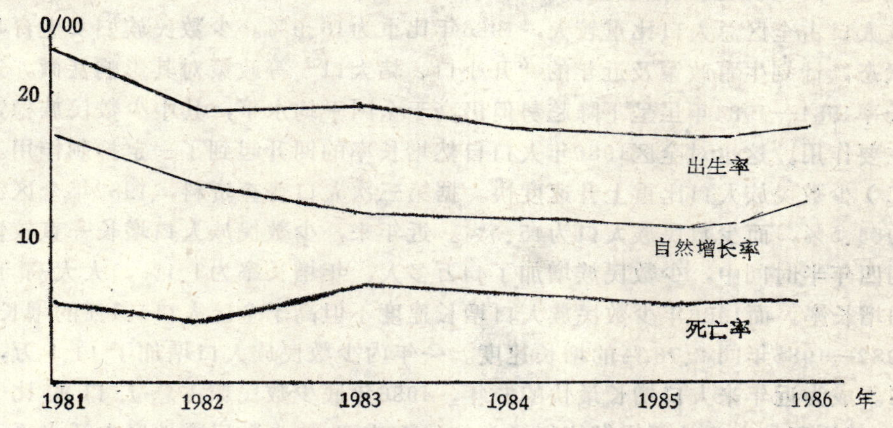

图1　1981—1986年内蒙古自治区人口自然变动曲线

从图1可以看出，内蒙古自治区“六五”期间人口出生率、自然增长率呈下降趋势；死亡率变化较为平稳，曲线在6‰左右摆动。到1985年，全区人口出生率和自然增长率都达到了解放以来的最低水平17.24‰和11.5‰。1986年人口出生率和自然增长率曲线开始回升；但幅度较小，仅比1985年提高了0.6‰，因此1986年自然增长率低于全国平均水平。原因是：

1．由于第二次生育高峰的周期性影响及惯性作用，那个时期出生的女性人口现在已开始陆续进入婚育年龄，使育龄妇女人数明显增加，1986年全区育龄妇女比1985年增加了约22.7万。育龄妇女占总人口的比重也由26.37%上升为27.53%，生育峰值年龄（20—29岁）的妇女也比1985年增加了5.1万，比重上升为9.87%。因此，育龄妇女人数的较大幅度增加是全区人口出生率和自然增长率回升的主要因素。

2．1986年全国育龄妇女人数占总人口的27.19%，内蒙古自治区为27.5%，按照育龄妇女占总人口比重推算，1986年内蒙古自治区较之全国人口出生率应该高，然而，实际出生率低于全国水平。即是说，虽然有回升，但回升幅度较小，其原因大致可归纳为以下几点：①多胎生育率下降幅度较大。从全区妇女生育胎次构成中可以发现，1986年全区妇女各胎比重与1985年相比有明显变化，主要表现在一胎率、二胎率上升，而多胎率下降（见表1）。如表1所示，1985年多胎出生人数占出生人数的20.5%，但1986年下降到16.3%，下降幅度较大。若按1985年多胎生育水平计算，1986年多胎生育人数减少了15万，在一定程度上

表1 全区1984—86年妇女生育胎次比重表 单位：%

年份	合计	一胎	二胎	三胎及以上
1984	100.00	51.2	27.2	21.6
1985	100.00	48.5	31	20.5
1986	100.00	53.30	31.37	16.32

缓解了人口回升势头。②初婚年龄稳定。目前我国妇女初婚后3年内生育的人数约占当年初婚妇女人数的90％左右，可见初婚年龄是决定生育水平的一个重要标志。内蒙古自治区近年来妇女平均初婚年龄一直稳定在22岁，其中农村妇女为21岁，市镇为23岁。这有异于全国近年初婚年龄提前的情况，避开了第二个生育高峰峰顶出生的妇女与第一个生育高峰出生的妇女同时生育的重叠生育现象，这对减慢人口回升速度起到了一定的作用。而全国由于初婚年龄的提前，这种重叠生育状况会有发生。这是人口回升速度较全国平均水平低的原因之一。③少数民族妇女生育率高，但比较稳定。由于内蒙古自治区是少数民族地区，少数民族人口占全区总人口比重较大，1986年比重为16.9％。少数民族妇女生育基本保持自然生育状态，计划生育政策及近年的“开小口、堵大口”等政策对其影响甚微。这就使全区自然增长率1981—1984年虽呈下降趋势但仍高于全国平均水平，其中少数民族稳定的高出生率起着主要作用。这也对全区1986年人口自然增长率的回升起到了一定抑制作用。

（二）少数民族人口比重上升速度快。据第三次人口普查资料，1982年全区汉族人口占总人口的84.5％，而少数民族人口为15.5％。近年来，少数民族人口增长一直较快，1982—1986年的四年半时间中，少数民族增加了44万多人，年增长率为3.1％，大大高于全区人口1.16％的增长率。而1986年少数民族人口增长速度不但高于全区人口1.1％的增长率，同时也高于1982—1985年间2.76％的增长速度。一年内少数民族人口增加了14.3万，增长速度为4.34％。成为近年来人口增长最快的一年，1986年底少数民族占总人口的比重达到了16.95％。其原因是由于认真贯彻执行了党的民族政策，使少数民族地区生活水平不断提高，医疗卫生条件日趋完善，死亡率迅速下降，加之计划生育政策基本不涉及少数民族人口，少数民族妇女生育率较高而且基本稳定，造成少数民族人口基数不断增加，同时绝大多数少数民族与汉族通婚所生子女以少数民族人口计算，这样也加快了少数民族人口比例的上升，从而使全区各民族人口占总人口的比重发生了显著变化。

另外，从内蒙古自治区与全国1981—1986年人口增长率比较（见图2）可以看出，自然增长率曲线回升点，内蒙古自治区区较全国滞后一年，并且1985—1986年回升幅度与全国1984

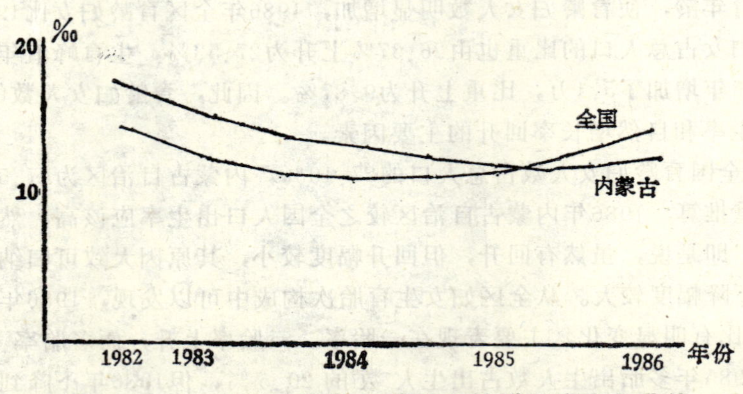

图2 1982—1986全国与内蒙古自然增长率变化曲线

一1985年回升幅度基本一致，这也是内蒙古自治区1986年人口变动情况的特点之一。全区1984、1985、1986年妇女平均初婚年龄分别为21.7、21.8和22.1岁，呈稳定略有提高趋势，而全国这3年的平均初婚年龄却明显提前，分别为23.8、22.8和22.0岁。如前所述，初婚年龄是低年龄组生育人数增加的主要原因。由于全区年龄结构与全国基本一致，这种初婚年龄变化的不同向性，可能是内蒙古自治区人口回升较全国滞后一年的主要原因。

三、人口发展趋势

根据全区人口年龄构成资料推算，从1986年开始，第三次生育高峰已经到来，它是第二次生育高峰的周期性延续。当时出生的人口现在已陆续进入婚育峰值年龄。由于这批人基数较大，因此出生率回升是不可避免的。预计今后10年中每年将有25万左右的育龄妇女进入生育峰值年龄，“七五”、“八五”期间每年进入生育峰值年龄的妇女将比“六五”期间多7万人左右。因此，在1993年以前为了避免出生人口数量猛增，需要抓紧计划生育工作。如果这期间生育控制不力，将出现生育妇女人数多与生育率高相遇的现象，导致两个高峰的重叠，形成更大的生育峰值，使得人口年龄结构出现新的畸形。

（作者工作单位：内蒙古自治区统计局）

1986年辽宁省人口发展状况分析

曹景椿

1986年是我国第七个五年计划的第一年，是我省人口发展比较突出的一年。年末总人口达到3 727.2万①，全年共出生552 680人，比计划少生5.1万，人口出生率比计划低1.6‰，一胎率达到81.3%，均较好地完成了计划要求。全省现有一个孩夫妇有3 183 155对。其中有9 117对符合生二胎的要求，但是他们自愿表示终生只要一个孩。在新形势下，计划生育又得到了新的进展，取得了新的成果。

一、人口发展的特点

1986年辽宁省人口自然变动情况与“六五”期间或相近年份相比，有明显的变化。

（一）出生人口上升幅度较大，计划外出生有所增加。1986年全省共出生552 680人，比1985年多生了112 731人，增长幅度为25.6%，是1981年以来，出生人口较多的一年。人口出生率从1985年的11.98‰上升到14.91‰，比1985年提高2.93‰。自然增长率从1985年的6.83‰上升到9.87‰，比1985年提高3.04‰，妇女总和生育率从1985年的1.37上升到1986年的1.40。

1986年所以多出生112 731人，主要是农村人口的增长（见表1）。

①辽宁省计划生育统计数字。

表1　　1986年辽宁省城、乡人口变化状况

	1986年比1985年出生增长数	一胎增长		二胎增长		多胎增长	
		人　数	%	人　数	%	人数	%
全　　省	112 731	49 617	44.0	62 259	55.2	855	0.8
城　　市	39 406	22 698	57.6	16 549	42.0	159	0.4
农　　村	73 325	26 919	36.7	45 710	62.3	696	1.0
农村比城市＋%	33 919	4 221	20.9	29 161	20.3	537	0.6

1986年全省计划外出生3 779人，占出生总数的0.68%，比1985年上升0.1%，人数增加1 220人，增长的比例为47.7%。全省13个市中，有11个市均有不同程度的增加。计划外出生胎次分布如表2所示。

表2　1986年辽宁省计划外出生胎次

年　度	计划外出生数	其　中		
		一胎	二胎	多胎
1986年	3 779	37	2 883	859
1985年	2 559	30	2 162	367
1986比1985＋－%	＋47.7	＋23.3	＋33.3	＋134.1

从表2可见，计划外生育的各胎次均有增加，但增加最多的是多胎，增长了1.34倍。

1986年全省出生人口上升幅度较大，计划外出生有所增加，但是，其中绝大部分仍属计划内出生，1986年全省计划生育率高达99.3%。

（二）二胎，多胎比重上升，一胎比重下降。1986年全省出生的55.3万人中，计划内二胎和多胎为99 567人，占出生总数的18.02%，与去年同期相比，增长了164.3%。计划内二胎为98 575人，多胎为992人，分别占二胎，多胎总数的99%和1%。按城乡划分，城市为22 795人，占22.9%，农村为76 772人，占77.1%。

1986年各胎次出生数与去年同期相比，一胎增长12.4%，二胎增长1.59倍，多胎增长86%。一胎率1986年为81.3%，比1985年的90.86%下降了9.56%。

1986年比1985年多生的112 731人中，按生育胎次分，一胎49 617人，二胎62 259人，多胎855人。分别占增加总数的44%，55.2%和0.8%。也就是说，在增加的出生人口中，有一多半是二胎和多胎生育造成的。

从计划内二胎比重上升的情况分析，1986年占主要成分的是农民双方是少数民族的，全年生了39 236人，占计划内二胎的39.8%；其次是农村独女户，全年出生32 483人，占计划内二胎的33%，这两项加在一起就占72.8%，其余14种情况（城乡合计）允许生二胎的只占27.2%。

从计划内多胎比重上升的因素分析，1986年共出生计划内多胎992人，从原因看以再婚（一方初婚，有两个孩子的，可以再生一个）为主，占76.9%；按胎次分，以三胎为主，占87.6%（见表3）。

综上所述，1986年辽宁省出生人口中，二胎、多胎比重上升，一胎比重下降，主要反映出辽宁省现有一孩夫妇基数大，照顾生二胎的对象多的实际情况。但也必须注意，今后如何继续大力提倡一对夫妇只生一个孩子，仍然是一项重要任务。

（三）育龄妇女婚育年龄前移。据省统计局的统计和各种典型调查表明，全省妇女的平

表3　　影响计划内多胎比重上升的同素

计划内多胎出生数	按指标原因分			按胎次分		
	再婚	节育措施失效	其他	三胎	四胎	五胎以上
992	76.3	184	45	869	91	32
%	76.9	18.6	4.5	87.6	92	3.1

均初婚年龄和初育年龄近几年急剧下降。30多年来，随着城乡广大劳动群众物质、文化生活水平的提高，以及晚婚晚育、计划生育宣传教育工作的普遍开展，女性初婚年龄不断提高，"六五"期间达到26岁左右的最高水平。但近年来，由于婚姻法最低结婚年龄的更改和一些地区晚婚晚育教育工作的削弱，女性初婚年龄又大大的下降了。

典型调查资料表明，"七五"初期比"六五"初期女性平均初婚年龄下降5.1岁，结婚的峰值年龄下降6岁，妇女的初婚年龄大大提前（见表4）。

表4　　妇女初婚年龄分布

年份	初婚年龄分布（%）				平均初婚年龄（岁）	初婚峰值年龄（岁）
	20岁以下	20～22岁	23～25岁	26岁以上		
1981	—	0.8	15.1	84.1	27.8	28
1982	—	5.0	37.9	57.1	26.4	26
1983	—	11.2	48.8	40.0	25.4	23
1984	0.6	34.2	51.3	13.9	23.7	22
1985	1.8	53.5	38.7	6.0	22.9	22
1986(1—8月)	4.6	49.6	40.3	5.5	22.7	22

从表4可见，22岁以前结婚的比重，1981年仅占0.8%，到1985年上升到55.3%，23—24岁年龄组结婚的比重也由6.6%上升到36.1%。相反，25岁以上年龄组的结婚比重却由92.6%猛降到13%。1986年进一步下降，从典型调查资料看，1986年1～8月的109名初婚妇女中，23岁以前结婚的是94名，占初婚总数的86.2%，24岁以后结婚的只有15名，仅占13.8%；其平均初婚年龄为22.7岁，比1985年下降0.2岁。

随着结婚年龄的提前，早婚现象也较为严重，特别是农村，尤其是交通不便的偏僻落后的地区更为普遍，法定结婚年龄以前就结婚和非婚同居不是个别现象，而且是一种发展的趋势。据调查，"六五"初期15～19岁结婚的比例仅为0.4%～0.9%，1985年上升到1.9%，而1986年竟上升到4.9%。

随着女性初婚年龄的前移，妇女的初育峰值年龄也必然降低。1986年与1985年比较，22—23岁年龄组的妇女初育比例由44.8%提高到59%。统计表明，辽宁省妇女的初育峰值年龄仍呈下降趋势。高年龄组的初育比例在逐渐下降，而低年龄组的初育比例在逐渐上升。

婚育年龄的提前，必将带来一系列人口和社会问题。因为，即使控制每个妇女的生育数量，也将迭加出新的人口出生高峰，应当引起足够的重视。在严格控制人口增长的同时，必须大力提倡晚婚晚育。

（四）流动人口数量逐步增大，人口迁移的特点仍属迁入型。从人口机械变动看，辽宁省一直是迁入型。在“六五”期间，每年省际迁移人数达25万多，其中迁往省外的有10万，省外迁入的有15万，平均每年净迁入5万人。1986年据公安部门的统计，省外迁入740 302人，迁出省外690 350人，净迁入有49 952人，比1985年略有减少，与“六五”期间的平均数持平。

1986年全省有120—190万流动人口，其中80%是省内流动人口。这部分人口虽然不增减全省总人口，但他们在发展商品生产和商品流通方面起了重大作用，有利于各地的社会经济发展。据调查分析，辽宁省流动人口的数量和规模，将随着城乡经济改革、开放、搞活和商品经济的进一步发展而有增无减，这也是辽宁省经济社会发展的一大优势。

（五）死亡率较为稳定，总人口死亡率降到历史最低水平。全省人口死亡率一直处于全国较低水平。这是由于辽宁省的特殊省情和各种历史条件所决定的。“六五”时期，辽宁省总人口死亡率为5.2‰，这是从建国初期的9‰的基础上逐步降下来的。1986年全省人口死亡率进一步降到5.08‰，为历史最低水平。

人口死亡率的降低，说明经济发达，人民身体素质好，医疗事业先进，但就降低人口自然增长率而言，却要付出更大的努力。

二、人口发展变化的基本成因

1986年是辽宁省人口发展变化比较显著的一年，构成这些显著变化的原因是：

（一）由于人口再生产周期性的影响，育龄人群增大，这是人口回升的基本原因。60年代初高峰期出生的大量人群，已经进入婚育期了。1963年全省出生128万人，是前几年的一倍，而这批人从1985年起就进入婚育的峰值年龄。1986年全省初婚人数为43.4万对、86.7万人，出生人口数量不可避勉的呈现回升趋势。1986年出生人口从1985年的43.5万增加到55.2万，我们无法摆脱人口生育高峰的巨大压力，只能顺应潮流，在减缓人口生育高峰方面施以一些影响。

（二）调整生育政策的影响。在社会主义制度下，妇女婚育年龄的变化除受人口年龄结构以及历史形成的婚姻状况的影响之外，最重要的是政策的影响。1985年10月份，辽宁省在放宽16种人可以生二胎的基础上，进一步决定全省农村实行独女户有计划的安排生二胎，以及以往农村双方都是少数民族夫妇可以生二胎的政策，使全省积累多年的一孩夫妇，在较大，较广的范围内开始生二胎和三胎。生育规律表明，第一胎生育的70%是分布在结婚的当年或第二年。因此，1985年在较大范围内的政策调整而增加的婚育人群，也正是在1986年和1987年生第二胎或第三胎。实践也证明，1986年比1985年多生的12万多人口中，56%是各项人口政策调整后出生的人口。

国家的生育政策，直接影响、制约着人们的婚育行为，70年代的计划生育政策及晚婚晚育的宣传教育，使得女性婚育年龄大大提高。近几年，由于法定结婚年龄的降低，不仅使人口的平均初婚年龄降低，也促进大龄未婚人口加速成婚，加速生育。因此，为了有效地控制人口，平缓人口生育高峰，是要制定一个合适而稳定的生育政策，而且还要加强法制和晚婚晚育的宣传教育。

（三）计划生育工作必须时时抓紧抓好，不能放松。计划生育工作的特殊难度，决定了它必须时时抓，处处抓，抓住不放，稍有放松就会出现反复和回升。从辽宁省来看，有的对调整和完善计划生育政策认识不足，理解不深，一度产生畏难情绪而放松领导；由于一度对农村经济体制改革，开放和所谓减轻农民负担的片面理解，部分地区把农村村民组一级的计划生育工作者撤掉，因而削弱了对基层计划生育工作的领导和监督，结果也造成人口局部的一度回升，加之在改革开放中，对出现的新的人口问题认识不足，管理不善，在调整政策过程中，有的组织不健全，手续不完备，把关不严，也出现了一些“歪口子”，个别地方不按政策办事，造成较多的计划外出生。

（四）已婚育龄妇女节育措施不落实，节育率有所下降。1986年已婚育龄妇女为697.6万人，采取各种节育措施的有604.8万人，节育率为86.7%，比1985年下降了2.1%。

表5　　辽宁省育龄妇女节育措施落实情况

年　度	已婚育龄妇女数(万)	采取节育措施人数(万)	节育率%	分项节育率%					
				男扎	女扎	上环	用药	用具	其他
1986年	697.6	604.8	86.7	0.34	29.14	46.78	5.3	4.49	0.62
1985年	661.3	567.4	88.8	0.42	31.31	47.47	5.3	3.40	0.92
1986比1985＋－%	＋5.5	＋3.0	－2.1	－19.0	－6.9	－1.5	0	＋32.1	－32.6

节育率下降和可靠节育措施比例降低、无措施人数增多，1986年比1985年增加3.4万人，增长一倍多。1986年全省有16万育龄夫妇应落实节育措施而未落实。1985年到1986年两年生一胎的育龄妇女共85万人，而这两年放节育环的有58.6万人，说明生一胎后相当一部分人不落实节育措施。所有这些都不利于当前的人口控制，而且还为将来的盲目生育，造成潜在的危险。

综上所述，辽宁省1986年的出生人口较去年有较大幅度的增长，其主要原因是育龄人群的增大，但同时必须看到，也有一半增加的出生人口是完善政策、允许农村一部分独女户生育二胎和育龄妇女提前生育造成的。“七五”期间正值新的生育高峰，必须密切注视人口增长的趋势，切实有计划地安排好生二胎的人数，以稳定高峰时期的生育水平。

（作者工作单位：辽宁省计划生育委员会）

1986年吉林省人口发展状况分析

叶连友

1986年是我国人口发展变化比较大的一年，也是吉林省人口发展变化比较大的一年。这一年人口发展为什么会有这样的变化，这种变化具有什么新特点，以及这种变化给我们什么启示，为了真实地、察观地反映这一年人口发展情况，根据我们所调查研究的结果介绍如下，供有关方面研究参考。

一

1986年末，吉林省总人口数量已经发展到2 315.3万人，比1985年净增加人口数量1.73万人，其中出生人口31.6万人，死亡人口12.4万人，自然增加人口19.2万人，净迁出省外人口1.9万人。这种情况同上一年比较有很大变化。近三年来吉林省总人口数量发展变化比较情况见表1。

表1　三年来吉林省总人口数量变化比较　　单位：万人

年　份	总人口数量	出生人口数量	死亡人口数量	自然增加人口数量
1984	2 284.5	27.0	12.1	14.9
1985	2 298.0	27.3	12.2	15.1
1986	2 315.3	31.6	12.4	19.2

资料来源：根据《吉林社会经济统计年鉴1987》编制

从表1总人口数量发展变化可以比较清楚地看出，吉林省从1984年至1986年三年来总人口数量不但逐年都有增长，而且1986年是比较突出的一年。

如果我们再从人口增长率方面来看，情况也是这样（见表2）。

表2　吉林省三年来人口自然增长率比较　　单位：‰

年　　份	平均人口(万人)	人口出生率	人口死亡率	人口自然增长率
1984	2 277.0	11.8	5.3	6.5
1985	2 291.3	11.9	5.3	6.6
1986	2 306.7	13.7 (18.7)	5.4 (5.7)	8.3 (13.0)

注：括号内数字为省统计局人口处抽样调查数。

资料来源：根据《吉林社会经济统计年鉴1987》编制。

从表2可以看出，吉林省从1984年至1986年三年的人口自然增长率不但是逐年增长的，而且1986年这一年增长的幅度是比较突出的。如果从省统计局人口处抽样调查数字来看，那么情况就更为突出了。

所以，无论从总人口数量变化来看，还是从人口自然增长率情况来看，1986年吉林省人口发展变化都是比较突出的一年。

二

1986年吉林省人口发展变化不但比较突出而且同相近几年比较还具有自己的特点。这些特点归纳起来，主要有以下几个方面：

第一，人口总量增长幅度比较大。如前所述，近三年来人口总量是逐年增长的，1984年末吉林省人口总量为2 284.5万人，1985年末人口总量为2 298万人，比1984年净增加人口数量

13.5万人；1986年末人口总量发展到2 315.3万人，比1985年净增加人口数量为17.3万人。仅就1986年和1985年两年人口净增加数量相比较，1986年就纯增加人口3.8万人，这同1985年与1984年两年纯增加人口数量1.5万人相比较增长幅度大一倍多。由此可见，1986年人口总量增长的幅度是比较大的一年。

第二，人口自然增长率变化比较突出。如前所述，吉林省近三年来人口自然增长情况，不但自然增加的人口数量比较突出，而且人口自然增长率发展变化也比较突出。如1984年吉林省自然增加人口数量为14.9万人，人口自然增长率为6.5‰；1985年人口自然增加数量为15.1万人，人口自然增长率为6.6‰；而1986年人口自然增加数量达19.2万人，人口自然增长率为8.3‰（省人口处抽样调查数字为13‰）。由此可见，这几年情况相比较，1986年吉林省人口自然增长率发展变化是比较大的一年。

第三，同人口自然增长变化相联系的，人口出生情况变化突出，而人口死亡状况变化不大。如前所述，三年来吉林省人口出生的数量和人口出生率都是逐年增加和增长的。如1984年出生人口为27万人，人口出生率为11.8‰；1985年出生人口为27.3万人，人口出生率为11.9‰；1986年出生人口数量为31.6万人，人口出生率为13.7‰。由此可见，这几年吉林省人口出生率是逐年增长的，而1986年人口出生数量比上年多出生人口4.3万人，人口出生率比上年高1.8‰，是最为突出的一年。但是，从人口死亡状况来看，1984年吉林省死亡人口为12.1万人，人口死亡率为5.3‰；1985年死亡人口为12.2万人，人口死亡率为5.3‰；1986年死亡人口为12.4万人，人口死亡率为5.4%。虽然死亡人口数量略有增长，人口死亡率也略有增长，但从总体上分析这几年吉林省人口死亡状况变化不大。

第四，从人口机械变动情况来看，净迁往省外人口数量明显增长。根据吉林省近三年来总人口数量的增长情况和人口自然增长情况，可以推算出人口机械变动的情况（见表3）。

表3　　吉林省三年来人口变动总情况　　单位：万人

年份	年末总人口数量	比上年净加人口	自然增长情况			人口机械变动（+/−）
			出生人口数量	死亡人口数量	自然增加人口	
1984	2 284.5	15.0	27.0	12.1	14.9	0.1
1985	2 298.0	13.5	27.3	12.2	15.1	−1.6
1986	2 315.3	17.3	31.6	12.4	19.2	−1.9

资料来源：根据《吉林社会经济统计年鉴1987》编制

从表3看出，1985年和1986年连续两年人口机械变动都是净迁出年份，而且净迁往省外的人口数量不断加大。所以说，吉林省人口净迁往省外数量明显增长，也是1986年人口变动的一个特点。

第五，从人口结构变化情况来看，吉林省1986年人口的性别结构没有变化，人口的城乡结构和人口的农业和非农业结构都有明显的变化（见表4）。

从表4数字的比较看出，吉林省从1984年至1986年三年人口变动的性别结构没有变化，而人口的城乡结构和农业与非农业的结构都有明显的变化。即市镇人口占总人口的比重，由1984年的55%上升到1986年的63.5%；相反，县（不含镇）的人口占总人口的比重却由1984年的45%下降到1986年的36.5%。农业人口占总人口的比重由1984年的64.9%，下降到1986

表4　　吉林省三年来人口结构发展变化比较　　单位：%

年度	总人口	按性别划分		按市、镇、县(不含镇)划分		按农业、非农业划分	
		男性	女性	市镇	县(不含镇)	农业	非农业
1984	100	51.2	48.8	55.0	45.0	64.9	35.1
1985	100	51.2	48.8	61.9	38.1	63.6	36.4
1986	100	51.2	48.8	63.5	36.5	63.0	37.0

资料来源：根据《吉林社会经济统计年鉴1987》编制

年的63%，相反，非农业人口占总人口的比重却由1984年的35.1%上升到1986年的37%。这充分说明，人口城镇化速度加快，农业人口向外农业产业转移的速度加快，这是社会生产力发展的必然趋势。所以我们说，1986年人口发展在人口结构方面有着明显的变化，这是吉林省人口发展的一个显著特点。

三

为什么1986年吉林省人口发展同相近几年比较起来具有这些变化特点呢？根据我们的调查研究和初步占有的资料分析，这不是偶然的，而是存在着客观和主观两方面的原因的。这些原因归纳起来主要有以下两点：

首先，从客观方面分析，人口再生产周期性规律在起作用。吉林省人口发展史告诉我们五十年代人口生育高峰和六十年代人口生育高峰出生的人群，现在正处于周期性的生育高峰时期，这种人口自然增长的趋势是势不可挡的，尽管我们的计划生育工作做得很有成绩，但是只能缓解人口自然增长的势头，而不能完全控制住人口增长的客观趋势，这是客观人口再生产发展规律起作用的结果。再比如，人口结构的变化，人口城镇化、农业人口向非农产业人口转移的趋势，都是受客观人口发展规律和社会经济发展规律作用的结果。这种作用是不以人们的主观意志为转移的。

其次，从我们的主观方面来看，应该承认我们的工作做得不太够，不太好，这也是造成人口发展变化比较大的重要原因。有些同志对我国实行计划生育的重要意义以及它的长期性、艰巨性缺乏足够的认识，致使有些地区人口失控，出生率回升。有的地方基层工作薄弱，基层干部理论、业务素质较差，队伍不稳定，制度政策措施不配套不健全。所有这些工作中的问题，是吉林省1986年人口发展变化比较突出的另一重要原因。

（作者工作单位：吉林省社会科学院）

1986年黑龙江省人口发展状况分析

宋　杰

1986年是黑龙江省经济体制改革不断深入的一年，也是人口发展变化比较突出的一年。1986年底，全省总人口为3 385万人，比1985年增加了28万人，增长率为0.99%。人口密度为每平方公里75人，1986年比1949年人口密度增加3.4倍。

1986年黑龙江省人口发展与“六五”期间或上年相比，有较明显变化，出现了新的特点。

一、人口出生率回升

据1986年人口变动抽样调查，黑龙江省人口出生率自1984年起连续下降两年之后，又开始呈上升趋势。1986年出生人数为55.3万，出生率为16.31‰，比1985年的15.04‰上升了1.27‰；死亡人数为18.5万，死亡率为5.45‰，比1985年的4.76‰增长了0.69‰；自然增长人口为36.9万，自然增长率为10.86‰，比1985的10.28‰增长了0.58‰。人口出生率、死亡率、自然增长率都较1985年有所增长，其中人口出生率出现上升趋势更为明显（见表1）。

表1　　1981—1986年黑龙江省人口变化情况

年份	年末总人口（万人）	出生人口		死亡人口		自增人口	
		人数（万人）	出生率‰	人数（万人）	死亡率‰	人数（万人）	自增率‰
1981	3 250	63.0	19.52	15.6	4.82	47.4	14.70
1982	3 283	50.6	15.51	15.9	4.87	34.7	10.64
1983	3 306	57.8	17.54	20.5	6.20	37.3	11.34
1984	3 331	48.2	14.4	15.6	4.67	32.7	9.77
1985	3 357	50.6	15.04	16.0	4.76	34.6	10.28
1986	3 385	55.4	16.31	18.5	5.45	36.9	10.86

资料来源：据历年人口变动抽样调查资料推算，1981年为《计划生育年报》数据。

1986年黑龙江省人口出生率回升的主要原因是：

（一）育龄妇女，特别是20—29岁育龄妇女人群扩大。随着人口年龄结构的变化，黑龙江省第二次人口生育高峰所形成的较大的年轻人口群，已陆续进入结婚生育的行列。育龄妇女的增加，是出生人口增多的重要原因。据1983—1986年抽样调查资料，育龄妇女占总人口的比重平均为27.9%，较1982年人口普查时的26.5%上升了1.4%，其中20—29岁女性人口占育龄妇女的比重平均为35.3%。从绝对数看，平均比1982年增加近20万人。这一年龄组人数的增加，必将对出生率回升产生直接的影响。

（二）初婚、初育年龄提前。1983年以来，人口变动抽样调查资料说明，女性的平均初婚年龄已由1982年人口普查时的22.6岁下降到21.6岁，并且基本稳定在21.5岁左右。初婚年龄的提前，必然导致初育年龄的提前，不仅缩短了生育替代间隔，而且延长了妇女的整个生育期，对控制人口增长是不利的。自1984年以来初婚年龄明显下降，必然带来1986年人口出生率回升。因为，全省妇女初婚生育状况是，婚后当年生育的占7.15%，第二年生育的占47.22%，第三年生育的占20.99%。由此可见，75%以上的妇女在婚后两年左右都已完成了第一胎生育。

（三）早婚、早育现象增加。根据1986年人口变动抽样调查资料，全省未到法定婚龄（男22周岁，女20周岁）结婚的人口占同年龄组（男21周岁，女19周岁）人口的比例由1985年的2.44%上升到1986年的6.33%，上升了3.8%。其中男性人口由2.88%上升到7.34%，上升了4.46%；女性人口由1.80%上升到4.86%，上升了3.06%。从育龄妇女生育状况来看，

15—19岁早婚妇女生育婴儿的比例，由1985年的3.65%上升到1986年的4.1%。说明全省大约有2—3万是早婚生育的孩子。

（四）二胎和多胎生育上升。1985年二胎生育已有明显增加，1986年较1985年又呈新的上升趋势，说明计划生育政策调整后，生育二胎的人数增加。根据省计划生育委员会统计，1986年出生率较1985年增加1.67‰，其中一孩率为79.28%，比1985年下降6.91%。计划生育政策允许的计划内二孩率为18.04%，比1985年上升5.58%；计划外二胎率为11.02%，比1985年上升5.00%，多胎率2.68%，比1985年上升1.34%。计划生育率由1985年的92.67%下降到1986年的86.31%，下降了6.36%。很明白，计划内二胎、计划外二胎，以及多胎都在增加，这是人口出生率回升的又一个重要原因。

二、死亡率的变化

黑龙江省人口死亡率一直低于全国的平均水平。70年代以后，人口死亡率进一步下降，基本稳定在5‰左右，城市死亡率也低于农村。但1985年以后，城市人口死亡率却高于农村，且有上升趋势，这是死亡率变化出现的一个新特点（见表2）。

表2　1981—1986年黑龙江省分市、县人口的出生率、死亡率、自增率比较

年份	出生率 ‰		死亡率 ‰		自增率 ‰	
	市	县	市	县	市	县
1981	12.09	13.41	4.80	4.84	7.29	8.57
1982	15.78	16.17	4.92	5.32	10.86	10.85
1983	15.32	18.04	5.36	6.39	9.96	11.65
1984	13.23	15.79	3.99	5.30	9.24	10.49
1985	13.39	16.05	5.22	4.29	8.17	11.76
1986	13.95	17.43	5.92	5.22	8.00	12.21

资料来源：据历年人口变动抽样调查资料推算。

从表2中看出，1984年以前城市死亡率低于农村。1985年以后城市人口死亡率出现高于农村的趋势，1986年市的人口死亡率为5.95‰，县为5.22‰，市高于县0.7‰。这一方面说明黑龙江省农村经济文化有了较快的发展，卫生保健水平有了较大的提高；另一方面也说明城市人口结构中老年人口较多。

三、城镇人口迅速增长

近年来，城镇人口规模急剧扩大。1981年城镇人口为1 279万，占全省总人口的39.37%；1984年城镇人口增加到1 716万，占全省总人口的51.36%；到1986年底，城镇人口突破2 000万，占全省总人口的61.17%，1986年比1981年增长了160.28%（见表3）。就是说，全省近2/3的人口是城镇人口。这样的增长速度是建国30多年来所没有的。如果按照目前的速度发展，到2000年，黑龙江省人口城市化水平将达到或超过世界发达国家的水平。

表3　　1981—1986年黑龙江省城乡人口状况

年份	城镇人口		农村人口	
	人数（万人）	占总人口的比重%	人数（万人）	占总人口的比重%
1981	1279.6	39.37	1970.5	60.63
1982	1310.3	39.91	1972.8	60.09
1983	1433.4	43.22	1883.2	56.78
1984	1715.9	51.36	1625.0	48.64
1985	1961.2	58.25	1405.6	41.75
1986	2076.5	61.17	1318.1	38.83

资料来源：根据历年公安年报和人口变动抽样调查资料推算。

造成城镇人口急剧增长的主要原因有两个：一是城镇规模不断扩大。近年来小城镇发展特别快。1982年全省有城镇119个，1983年为124个，1984年猛增到230个，1986年达到375个；二是一部分原来以农业为主的县，近年来随着经济体制改革，工商业大发展，工业产值大幅度增长，再加上非农业人口增加，具备了建市条件，由建制县改为建制市。因此，黑龙江省城镇人口迅速增加在很大程度上是一种人为的结果，并没有反映城市化的真实情况。这是黑龙江省近年来人口城市化过程中出现的新问题，值得认真研究。

四、人口净迁出仍保持较高水平

在80年代以前，黑龙江迁移人口主要以迁入为主，迁入一直大于迁出。这也是黑龙江省建国以来总人口急剧增长的主要原因之一。80年代以来，黑龙江省人口迁移发生了明显变化，出现了人口迁出大于迁入的新特点。1981—1986年，由省外迁入黑龙江的人口为76万，每年平均为12.5万，1983年后虽然仍呈增长趋势，但迁往外省人口也在不断增加，6年共迁出人口122万，每年平均迁出20.3万人，迁出迁入相抵后，6年净迁出46万人，平均每年净迁出在7.5万人以上。其中1984年迁往外省的人口达到高峰，全省迁出人口26.1万，净迁出15.8万人。此后的两年里，迁出人口虽有所下降，但仍在20万以上（见表4）。

表4　　1981—1986年黑龙江省人口迁移情况

年份	人口迁入（万人）		人口迁出（万人）		净迁出（万人）
	省内迁入	省外迁入	迁往省内	迁往省外	
1981	64.1	14.1	61.6	17.5	3.4
1982	53.5	17.9	44.9	19.8	1.9
1983	94.6	10.6	104.4	17.7	7.1
1984	20.1	10.3	19.0	26.1	15.8
1985	65.9	11.1	74.2	21.1	10.0
1986	86.0	12.1	125.4	20.1	8.0

资料来源：省公安厅统计年报。

黑龙江省人口迁移由过去的迁入型转变为迁出型，这是人口迁移史上的一个转折。出现这种现象的原因是：（一）最主要的是经济原因。党的十一届三中全会以后，特别是由于经济体制改革的进行，全国的经济发生了根本好转，历史上人口稠密，经济比较落后，劳动大众生活贫困，人口迁移量较大的山东、河北等省份，城乡经济有了较大的发展，群众生活也有明显提高，加上人们“落叶归根”的乡土观念，因而出现了大量反迁移现象。（二）大量科技人员外流，出现了“雁南飞”的现象。黑龙江省经济发展速度和人均生活水平低于全国的许多省、市，在目前政策允许人才流动的情况下，大量技术人员流向南方许多省、市，特别是经济开发区。（三）许多50年代迁入城市的人口到80年代初期已进入退休年龄，退休后陆续返回原藉安度晚年的也不在少数。

此外，随着商品经济和农村联产承包责任制的不断深入发展，黑龙江的省内迁移量也在逐年增加。省内迁入和迁出人口，1981年分别为61.4万和61.6万，1986年省内迁移呈猛增，迁入为86.0万，比1981年增加了34.4%，迁出为125.4万，比1981年增加了103.5%。

通过对1986年黑龙江省人口发展状况的分析，可以看出：黑龙江省人口再生产的类型已基本完成了从高出生、低死亡、高自然增长向低出生、低死亡、低自然增长的转变，人口发展正朝着有利于经济社会发展的方向过渡。但是，也应看到，1986年人口出生率出现回升，这是第三次人口生育高峰即将来临的明显信号。随着生育高峰的到来，黑龙江省进入法定结婚年龄的妇女在2000年以前，平均每年将达38.7万人。其中“七五”期间为210万，平均每年为42万；“八五”期间为210万，平均每年为42万，其规模几乎相当于60年代同龄妇女的2倍以上，并分别比“六五”期间同龄妇女人数多10%和16%。在1997年以前，全省每年的出生人口将高于50万，如果控制不力，将有可能突破60万。因此，必须引起高度重视，继续加强对控制人口工作的领导，切不可掉以轻心，疏忽大意。人口的增长必须严格控制，一定要把计划生育工作放在非常重要的地位，坚持不懈地抓下去，继续提倡晚婚晚育和“一对夫妇只生一个孩子”，严格控制二胎生育，进一步减少和杜绝多胎生育，仍是本世纪末以前黑龙江省计划生育工作的一项艰巨任务。

（作者工作单位：中共黑龙江省委党校）

1986年上海市人口发展状况分析

刘明浩

上海是我国最大的城市，也是世界上人口最多的城市之一。建国30余年来，上海在控制城市人口增长方面取得了成效，全市人口由1949年的773.14万人（按现行区划）发展到1986年末的1 232.33万人，37年中人口增长59.4%，平均每年递增1.27%，低于全国同期增长5.7%和平均每年递增1.83%的水平。

一、上海人口的简单回顾

为便于了解1986年上海人口发展的状况，有必要对建国以来上海人口的发展作一简单的回顾。

建国以来上海人口的发展，从统计数字显示，可以整理归纳为四个阶段：

（一）1949—1957年为高速增长阶段，8年净增人口236.5万人，平均每年递增3.4%。主要原因是这一时期内的人口增长处于无政府状态，特别是1954年，自然增长率高达45.6‰。

（二）1958—1968年为缓慢增长阶段，11年净增人口99.4万人，平均每年递增0.9%。这是上海最早响应党和政府“控制人口、节制生育”号召，积极开展计划生育工作的结果。其中，1963年前后也曾出现过生育小高峰，当年出生人口32万余人，自然增长率达23.3‰；1965年以后，出生率显著下降。

（三）1969—1976年处于10年动乱期间，但上海的计划生育工作坚持不渝。这一时期内，人口自然增长率最高的1969年仅为10.1‰，而且出现1974年、1975年连续两年自然增长率3.4‰的低谷。加之百万名知识青年上山下乡，导致8年中净减人口27.7万人，平均每年递减0.3%。可视为政策性压缩阶段。

（四）1977年以来，由于历史的原因和人口自身发展的内在规律，上海人口在经历70年代的低谷期没出现新的回升。截止1986年的10年中，净增人口151万人，平均每年递增1.3%。其中，70年代末期，由于大批知识青年按政策回城，人口主要表现为机械增长：1978—1980年的3年中，净进入人口近50万人，使全市21—30岁青年人口激增；进入80年代，主要是自然增长率的回升，这是返城知青经过就业—积蓄—筹备的过程后，大多于1981年前后结婚，加之新婚姻法的颁布，使一部分农村男女青年结婚年龄提前。导致80年代人口出生率的回升。

二、1986年上海人口状况

1986年是执行“七五”计划的第一年。上海市八届五次人代会讨论通过的《关于上海市国民经济和社会发展第七个五年计划的报告》中指出：“‘七五’期间，继续抓紧抓好计划生育工作……，使每年人口自然增长率控制在6‰左右，还要严格控制人口，尤其是中心城区人口的机械增长。”这一人口自然增长率指标，远低于全国“七五”计划提出的平均每年控制在12.4‰的要求。从第一年的执行情况看：本年度末上海人口为1 232.33万人，比上年增长1.29%，与“六五”期间年均增长率相比又上升了1‰。其中，自然增长率由上年的6.05‰上升到8.0‰，上升了近2‰；人口的机械增长率由上年的4.3‰上升到5.2‰。

1986年上海人口发展速度高于“六五”期间，有多种因素。

（一）人口的自然增长。1986年人口的自然变动，既有自然规律，又有政策因素（见表1）。与“六五”期间相比较（见表2），可以明显看出，1986年的人口自然增长低于80年代初

表1　上海市1986年人口自然变动　单位：人/‰

	出生		死亡		自然增长	
	人数	率	人数	率	人数	率
全市	177 460	14.49	79 332	6.49	98 128	8.00
市区	104 492	14.84	46 702	6.63	57 790	8.21
郊县	72 968	14.02	32 630	6.27	40 338	7.75

期，却高于相邻的上两年，整个水平略低于“六五”期间的8.8‰。

表2　上海市“六五”期间人口自然变动　　单位：万人/‰

年份	出生		死亡		自然增长	
	人数	率	人数	率	人数	率
1981	19.38	16.8	7.44	6.5	11.94	10.3
1982	21.68	18.5	7.35	6.3	14.33	12.2
1983	18.30	15.4	8.19	6.9	10.11	8.5
1984	16.38	13.7	7.82	6.5	8.56	7.2
1985	15.43	12.7	8.10	6.7	7.33	6.0

1986年人口自然增长回升的原因：

1．初婚年龄有所提高。根据中央有关政策以及本市老龄化发展较快的现实，市计划生育办公室在调查研究的基础上报请市政府同意，将原来执行的晚婚年龄适当放宽（由男性27岁、女性25岁放宽到男性25岁、女性23岁），加之人们的心理因素，未婚青年惟恐随着物价政策的调整导致结婚费用的增加；执行部门立足于婚姻法，亦不愿过于勉强，这就带来了上年结婚人数的突增（见表3）。从近几年女性初婚年龄变化（见表4），也可明显看出提前的趋势（据川沙县调查，女性初婚年龄提前0.65岁）。

表3　　上海市近年来结婚登记情况　　单位：万对

年　份	1981	1982	1983	1984	1985
全　市	28.25	19.42	15.00	14.12	18.24
市　区	14.75	13.19	9.45	9.17	11.78
郊　县	13.50	6.23	5.55	4.95	6.46

表4　　女性小于23周岁结婚的比重　　单位：%

年　份	1981	1982	1983	1984	1985	1986
23周岁前结婚比重	21.8	24.8	16.1	22.8	23.2	25.5

此外，一个不容忽视的因素是，上海市60年代初曾出现过出生人口的小高峰，1961—1964年累计出生人口达106万人，现今这批人已经进入婚育期；有些已到生育的峰值年龄(27岁)，这对出生率的回升产生了影响。

2．计划外生育出现上升趋势。上海市计划生育工作的开展早于全国各省市，20余年来已有了较好的基础，一胎率和计划生育率持续上升，充分证明了计划生育工作的成效（见表5）。由表5可见，从中央计划生育政策“开小口子”以来，计划生育率出现了下降趋势。

上海市计划生育工作系统，曾在川沙县对“开小口子”政策进行试点。摸底资料表明，所产生的直接影响不是太大。但问题在于，由于政策的松动，大量的组织教育工作一时不能

表5　　上海市近年胎次率及计划生育率　　单位：%

年　份	一 胎 率	二 胎 率	三胎及以上率	计划生育率
1980	80.14	19..9	0.27	91.42
1981	88.92	10.92	0.16	92.73
1982	92.19	7.68	0.13	92.47
1983	96.56	3.39	0.05	96.96
1984	98.53	1.44	0.03	99.06
1985	98.14	1.84	0.02	99.37
1986	97.03	2.94	0.03	99.12

适应，在人们心理上造成的间接影响是巨大的，导致计划外生育的增加。从川沙县的摸底情况看，1986年符合“开小口子”生育第二胎的约1 700人，其中有约1/4表示不愿再生育第二胎，但计划外生育却比上年同期（1—5月）增长近一倍。这充分说明，在政策性的调整过程中，加强宣传教育工作是多么的重要。今后，随着这一政策的全面贯彻实施，这一问题必须引起计划生育工作部门以及社会各有关方面的高度重视，以免由于“开小口子”调整政策而带来的冲击波，使工作陷于被动。

3．一胎率下降，二胎、多胎率回升。全国各人口科学学术性刊物中，诸多有识之士一再强调我国计划生育工作的重点在农村。当前，农村经济体制改革已见成效，农户收益增长，经济活跃。由于政策的调整，农村强烈要求增加劳动力的意向十分明显。从上海市情况看，全市各郊县生育胎次构成较上两年有明显的变化（见表6）。

表6　上海郊县胎次率变化　单位：%

年份	一 胎 率	二 胎 率	三胎及以上率
1983	92.40	4.49	0.11
1984	96.85	3.10	0.05
1985	96.10	3.88	0.02
1986	94.08	5.88	0.04

另据上海市深入的生育力调查资料，农村育龄妇女要求生育第二胎的意愿高于城市（见表7）；已有一个孩子的独生子女领证率却低于城市（见表8）。可以预见，随着“开小口子”政策在郊县农村的全面实施，二胎及以上的比例将仍会上升。

（二）人口的机械增长。1986年本市人口机械增长较之前几年有了新的回升。

表7　　妇女平均希望子女数　　单位：人

地区别	已有孩子数						合计（平均数）
	0	1	2	3	4	5及以上	
全　市	1.6	1.6	2.0	2.3	2.5	2.8	1.8
城	1.5	1.6	1.9	2.2	2.3	2.5	1.7
乡	1.6	1.7	2.0	2.3	2.6	2.9	3.0

建国以来，上海市人口机械变动的特点是频率高、幅度大。共经历了3次大的迁出和4次大的迁入高潮，总迁移人口达1 990万余人次（迁入966万人次，迁出1 024万人次），约为全市现有人口的1.6倍。1978年以来，除70年代末知青返城的特殊因素外，整个“六五”期间

表8　　独生子女领证情况　　单位：%

地区别	已有二孩及以上	独生子女领证情况			
		已 领	准备领	未决定	不 领
全 市	40.0	50.9	6.9	1.4	0.8
城	28.6	59.8	9.5	1.4	0.7
乡	54.4	39.6	3.4	1.6	1.0

曾出现过相对的平稳（见表9）。1985年随着城市体制改革的逐步深入，以及对外开放、对

表9　　上海市人口机械变动（市外）　　单位：人

年份	全市			其中：市区		
	迁 入	迁 出	净迁入	迁 入	迁 出	净迁入
1981	106 678	58 936	47 742	73 408	41 287	32 121
1982	84 930	53 352	31 578	58 928	37 773	21 155
1983	115 225	80 639	34 586	80 718	56 001	24 717
1984	101 554	77 523	24 031	79 950	60 806	19 144
1985	111 360	58 790	52 570	85 309	43 528	41 781
1986	126 703	62 938	63 765	101 746	49 019	52 727

内搞活和商品经济的发展，上海市人口机械变动出现了新的增长趋势。1986年又在1985年净迁入人口已经增长的基础上再次上升21.3%，净迁入人口达6万余人，约占年度增长人口的40%。

分析1986年净迁入人口增加的原因，除正常性因素之外，主要是因经济发展的需要，批准了3个成建制的建筑施工安装单位在上海市安家落户，总量达2.6万余人，使“工作调动”及随迁家属人数比上年增加2.78万人，增长2.85倍（见表10）。

表10　　市区迁移人口原因的比较　　单位：人

	1986年			1985年			86比85增长%
	迁 入	迁出	净增加	迁 入	迁 出	净增加	
总　　计	121 994	56 838	65 156	84 324	40 518	43 806	48.7
其　中：							
干部工作调动	6 118	750	5 368	4 519	811	3 708	44.8
工人工作调动	30 929	2 182	28 747	6 180	2 610	3 570	7.1(倍)
子女顶替工作	5 893	33	5 860	2 187	13	2 174	1.7(倍)
随干、随工家属	3 853	354	3 499	2 932	441	2 491	40.5
投靠亲属	8 508	3 630	4 878	11 672	2 555	9 117	−46.5
录取学生	24 892	2 151	22 741	16 167	835	15 332	48.3
大中专毕业生分配	6 618	14 562	−7 944	3 791	5 679	−1 888	
复员、转业、服兵役	4 466	1 631	2 835	6 320	1 172	5 148	−44.9
落实政策	1 264	298	966	1 022	85	937	3.1
逮捕、释放、劳教、解教	18 932	15 469	3 463	18 753	16 740	2 013	72.0

三、上海市人口几个值得注意的问题

综观1986年上海人口状况，人口的出生率和自然增长率虽有所回升，但与全国各省市相比，仍处于较低水平。但机械变动人口将会持续增长一个时期；流动人口量较大，这将给上海城市人口的控制带来压力。

已由国务院批准的《上海市城市总体规划方案》计划在本世纪末将全市人口控制在1 300万人左右。如何达到这一预期目标，还存在着几个值得注意的问题。

（一）一胎率下降的问题不容忽视。如上所述，本年度一胎率有所下降，二胎、多胎率略有上升。预计“开小口子”政策的全面实施，除符合政策的以外，势必对计划外生育的上升产生影响。因此，从现在起必须加强这方面的教育，密切注意胎次生育率的变化趋势，防患于未然。

（二）人口的机械增长必须严加控制。上海市劳动、人事、公安等部门预测，“七五”期间将是上海市人口机械增长的高峰期。因此，必须及早制定科学合理的人口迁移政策，严格控制城市人口的机械增长，做到既有利于上海经济、社会事业的发展，有利于人才的合理流动和更好地为改革、开放、搞活服务，又要防止上海市人口的盲目膨胀。上海市有关部门已经拟定《关于控制本市人口机械增长若干问题的试行规定》，报请市政府批准颁发。同时建议将人口机械增长控制指标纳入年度经济和社会发展计划；建立市级控制人口机械增长的联席会议制度等一系列措施。但从总的发展趋势看，“七五”期间至本世纪末以前，上海市人口的机械变动仍将是迁入大于迁出；进入90年代，有可能出现人口机械增长率高于人口自然增长率的现象。

（三）流动人口问题。上海是我国最重要的工业基地之一，也是我国最大的港口和重要的经济、科技、贸易、金融、信息、文化中心，由此，吸引大量流动人口，势在必然。一般认为，上海每天流动人口量达130万人以上；车站、码头、机场每天客流量总计在30万人以上。这些流动人口，大多为经济活动人口，无疑对沟通全国各地信息、活跃上海经济起到有益的作用。但与此同时，也给上海城市建设、交通和治安管理、人民生活的安排带来压力。如何比较确切地掌握按季节变化的各个时期的人口流动量，以及与此相适应的各项管理工作，仍是上海市人口问题的一大薄弱环节。

此外，还有人口的老龄化问题。上海市老龄化具有发展快、水平高的特点。由于上海市开展计划生育工作早于全国，效果较好，在比较短的时期内完成了由解放初期的高出生、高死亡、低增长到低出生、低死亡、低增长的过渡，因此老龄化程度发展快也是必然。1953年第一次人口普查时，全市65岁及以上人口只占1.97%，到第三次普查时已上升到7.43%（见表11）。

表11　　上海市65岁以上人口占总人口比重　　单位：%

年份	1953 第一次人口普查	1964 第二次人口普查	1973	1978	1982 第三次人口普查	1985	预测		
							1990	1995	14.13
比重	1.97	3.60	5.93	7.30	7.43	8.40	9.99	11.94	14.13

近年来，西方发达国家已深感人口老龄化的消极作用，正加紧研究，并采取有效政策和措施。对上海市来说，这一问题已是面临的现实，必须及早引起重视。

（作者工作单位：上海市统计局）

1986年江苏省人口发展状况分析

丁贻声

一、总人口增长和自然增长

（一）1986年总人口增长较快。1986年末江苏省总人口为6 269.90万人，其中男性3 199.18万人，女性3 070.72万人，性别比为104；比1985年增加56.42万人，增长0.91%。1986年增加的人数和增长率均超过“六五”时期的后3年（见表1）。

表1　1983—1986年江苏省人口增长情况　　单位：万人

年　份	年末人数	比上年增加人数	比上年增长%
1983	6 134.99	46.05	0.76
1984	6 171.43	36.44	0.64
1985	6 213.48	42.05	0.68
1986	6 269.90	56.42	0.91

在全省11个市中，1986年人口增长速度高于全省平均水平的，有徐州、淮阴、连云港、南京、苏州、无锡和常州市，前3个市的人口增长速度一直是高于全省平均水平，后4个市主要是生育高峰和计划生育工作完善的影响，造成人口增长速度加快（见表2）。

表2　1986年全省各市人口增长情况　　单位：万人

地　区　别	1986年初人口	比上年增加人数	比上年增长%
全　省	6 269.90	56.42	0.91
南京市	471.61	5.84	1.25
无锡市	395.46	4.51	1.15
徐州市	715.41	7.85	1.11
常州市	309.74	2.87	1.94
苏州市	540.37	5.26	0.98
南通市	749.07	4.35	0.58
连云港市	305.27	4.64	1.54
淮阴市	913.14	9.34	1.03
盐城市	730.65	5.02	0.69
扬州市	891.21	4.96	0.56
镇江市	247.97	1.78	0.72

（二）人口出生率、自然增长率是近4年来最高的一年。1986年全省出生人数为82.38万人，比1985年增加15.27万人，出生率为13.20‰，比1985年上升2.36‰，出生率均超过“六五”时期后3年的水平。1986年全省死亡人数为36.19万人，死亡率为5.80‰，与1985年基本持平。自然增长人数为46.19万人，比1985年增加15.43万人，自然增长率为7.40‰，比1985年上升2.43‰，自然增长率均超过“六五”时期后3年的水平。“六五”时期后3年和1986年人口自然增长情况（见表3）。

表3　1983—1986年自然变动情况　单位：万人

年份	出生		死亡		自然增长	
	人数	‰	人数	‰	人数	‰
1983	73.17	11.97	36.39	5.95	36.78	6.02
1984	64.09	10.42	36.32	5.90	27.77	4.52
1985	67.11	10.84	36.35	5.87	30.76	4.97
1986	82.38	13.20	36.19	5.80	46.19	7.40

出生率分地区观察，在11个市中，1986年出生率最高的是连云港市，为15.51‰；其次是苏州和无锡市，分别为14.55‰、14.31‰。1986年出生率与1985年比较上升幅度大的，除了苏州、无锡市分别上升4.18‰、4.11‰外，还有镇江市上升3.47‰，南通市上升3.17‰，常州市上升2.96‰。这一特点也与往年不同，过去出生率高的地区，一直在苏北经济发展水平较低的徐、淮、盐、连地区。而1986年经济发达的苏州、无锡、常州市出生率上升了（见表4）。

表4　1986年各市人口出生情况单位：万人

地区别	出生人数	出生率（‰）	出生率与上年比较±（‰）
全省	82.38	13.20	+2.36
南京市	5.92	12.62	+2.30
无锡市	5.63	14.31	+4.11
徐州市	9.70	13.64	+1.47
常州市	4.03	13.08	+2.96
苏州市	7.82	14.55	+4.18
南通市	9.58	12.83	+3.17
连云港市	4.70	15.51	−0.10
淮阴市	11.28	12.43	+1.40
盐城市	9.84	13.51	+1.27
扬州市	10.55	11.87	+2.66
镇江市	3.33	13.46	+3.47

在总人口增长中，除了自然增长外，省际迁移变动占有一定比重。1986年江苏省从省外迁入人数为15.53万人，迁往省外人数为10.76万人，迁入大于迁出4.77万人。江苏省经济比较发达，地理条件也较优越，近十年来一直是迁入大于迁出的省份。由于江苏省在全国各省、自治区中人口密度最高，因而对于迁入采取了一定的控制措施，1986年迁入大于迁出数比1985年减少0.71万人。

二、妇女初婚年龄和总和生育率

（一）妇女初婚人数增加。1986年江苏省女性初婚人数为64.19万人，比1985年增加9.00万人。23岁及以上结婚的晚婚人数为41.16万人，晚婚率为64.12%，比1985年下降了3.80%。

从女性初婚年龄构成看，不到法定婚龄而结婚的，以及低于晚婚年龄而结婚的人数逐年增加，说明近年来女性初婚年龄在提前（见表5）。

表5 女性分年龄组初婚情况

单位：人

年龄组	1986年		1985年	
	人 数	%	人数	%
总 计	641 884	100.0	551 895	100.0
20周岁以下	5 029	0.78	3 535	0.64
20周岁	37 404	5.83	25 751	4.66
21周岁	68 984	10.75	50 921	9.23
22周岁	118 884	18.52	96 843	17.55
23周岁及以上	411 583	64.12	374 845	67.92

不到法定婚龄而结婚的女性人数逐年增加，是个严峻的问题。有些地区不到法定婚龄而结婚的人数比重超过2%，甚至超过3%。早婚必然带来早育，影响计划生育政策的贯彻。

（二）育龄妇女人数增多，总和生育率上升。1986年江苏省共有15—49岁育龄妇女1 663.40万人，比1985年增加113.47万人，人占总口的比重为26.53%，比1985年提高1.59%。15—49岁已婚育龄妇女1 134.38万人，比1985年增加64.13万人，占总人口的比重为18.09%，比1985年提高0.87%。1986年江苏省育龄妇女及已婚育龄妇女占总人口的比重均比1985年有所上升，新婚人数大量增加，因而进入婚育期的女性人口增加，而退出育龄期的妇女较少。这样使江苏省妇女生育人数增加，妇女总和生育率由1985年的1.24，上升到大约1.26。

（三）计划生育及生育孩次的变化。计划内生育情况：1986年江苏省计划内生育人数为76.84万人，比1985年增长23.95%，其中一孩出生人数为70.02万人，比1985年增长19.67%；二孩出生人数为6.75万人，比1985年增长101.22%；照顾特殊情况出生人数为0.07万人，比1985年减少45.97%。

计划外生育情况：1986年江苏省计划外出生人数为5.55万人，比1985年增长8.37%，其中计划外二孩出生人数为4.91万人，比1985年增长11.37%，计划外多孩出生人数为0.63万人，比1985年减少10.39%。

从上述情况看，出生人口增长较快的原因：

1．1986年出生人口增长幅度较大，主要是受60年代第二次人口生育高峰的影响，近几年进入婚育期的女性人口大量增加。1986年全省育龄妇女人数的增长，尤其是已婚育龄妇女人口的增长，对人口出生影响更大，因为计划内一孩出生人数1986年比1985年增加了11.51万人。

2．结婚人数增加，由于新婚姻法的实施，达到法定结婚年龄就结婚的人数增加，还有一部分青年男女未达结婚年龄而结了婚，这样初婚年龄趋小，使晚婚率下降，1986年晚婚率为64.12%，比1985年降低3.80%。

3．在完善生育政策中，照顾部分有实际困难的群众再生育的人数比1985年增加，1986年计划内二孩及照顾特殊情况出生的人数为6.81万人，比1985年增加3.34万人，增长96.25%。同时，由于各种原因，计划外生育人数有所增加，1986年比1985年增加出生人数4 284人，但比重下降了0.90%。

三、人口结构的变化

（一）城市化水平有了明显提高。1986年江苏省城镇人口为2 095.49万人，比1985年增加463.23万人，增长29.02%，从而使城镇人口占总人口的比重，由1985年的25.69%，上升为1986年的32.85%。

1986年国家新批准设置了仪征、张家港两个市，江苏省市的个数达到了15个。1986年末城市人口为1 117.34万人，比1985年增加150.70万人，其中有133.62万人是新增加两个市的人数，而原有13个市共增加17.08万人。

1986年新批准建制镇85个，使江苏省建制镇的个数达到271个。1986年末镇人口为942.15万人，比1985年增加312.64万人，其中1986年新批准的建制镇85个，其年末人数为273.34万人，扣除这一因素，原建制镇自身增加人口为39.30万人。

由于执行了政策、开放、搞活的经济政策和发展小城镇的方针，1986年末江苏省集镇自理口粮的常住人口达15.60万人，比1985年增加1.08万人。这部分人口原来居住在农村，现在他们来到集镇务工、经商，搞建筑、交通运输等行业，其中从事工业生产的有7.05万人，商业服务业有2.70万人，建筑业有1.39万人（还有2.85万人是被抚养人口），这些人到集镇从事各种经济活动，增加了集镇人口，促进了小集镇的进一步繁荣。

人口城市化过程同经济发展水平有密切联系，经济水平高，发展速度快的地区，城市化水平亦高。江苏省城市化水平高的地区中，苏州市城镇人口占总人口的比重达65.78%，南京市占55.18%，镇江市占41.51%，无锡市占39.43%。

（二）人口年龄结构的变化。江苏省近年来人口年龄结构变化的特点是：少年人口比重下降，青壮年及老年人口比重上升，抚养系数下降。

据1985年7月1日全省千分之一人口抽样调查资料，几个重要年龄组的人口年龄构成及其变动情况见表6：

表6　　1985年1‰人口抽样调查人口年龄构成

年龄组	1985年人1‰口抽样调查		1982年人口普查比重（%）
	人口数（人）	比重（%）	
总人口	61 890	100.00	100.00
0—14岁人口	15 150	24.48	28.98
其中：不满周岁	759	1.28	1.83
学龄前儿童（1—6岁）	5 544	8.96	9.50
少年儿童（7—14岁）	8 847	14.29	17.65
15—49岁人口	34 896	56.38	54.10
其中：青年（15—25岁）	14 230	22.99	21.99
育龄妇女（15—49岁）	17 311	27.97	26.14
劳动年龄人口	37 432	60.48	58.20
其中：男（16—59岁）	19 447	31.42	30.95
女（16—54岁）	17 985	29.06	27.25
50岁及以上人口	11 844	19.14	16.92
其中：65岁以上人口	4 209	6.80	5.55

1．0—14岁少年儿童人口比重下降。1985年1‰人口抽样调查少年儿童人口占人口比重为24.48%，比1982年人口普查时下降4.50%，其中不满周岁的婴儿下降0.55%，1—6岁的学龄前儿童下降0.54%，7—14岁少年儿童下降3.36%，这是整个年龄结构中下降幅度最大的

年龄组。说明70年代以来实行计划生育，出生人口显著减少。

2．青壮年人口比重增加。1985年1‰人口抽样调查，15—49岁人口占总人口的比重为56.38%，比1982年人口普查时上升了2.28%，其中15—25岁青年上升1.00%；15—49岁育龄妇女上升了1.83%。

3．劳动年龄人口比重增加，人口抚养系数下降。1985年1‰人口抽样调查表明，男性16—59岁和女性16—54岁的劳动年龄人口占总人口的比重为60.48%，比1982年人口普查时上升2.28%。人口总负担系数1985年1‰人口抽样调查为65.34%，比1982年人口普查时的71.84%下降6.50%，其中老年人口负担系数1985年1‰人口抽样调查为20.93%，比1982年人口普查上升2.75%；而少年人口负担系数1985年1‰人口抽样调查为44.41%，下降了9.25%。

4．老年人口比重增加。1985年1‰人口抽样调查，江苏省65岁及以上老年人口占总人口的比重为6.80%，比1982年人口普查时的5.55%上升1.25%。

从上述人口年龄结构的变化情况，对照国际通用的人口年龄构成划分标准可以看出，江苏省人口年龄类型，已从增加型向稳定型阶段过渡。

（三）三次产业结构的变化。据1985年1‰人口抽样调查资料，江苏省第一产业农林牧渔业农业人口占56.23%，与1982年人口普查时的第一产业占66.17%比较，下降9.94%。

1985年1‰人口抽样调查第一产业在业人口为20 412人，推算全省1985年7月1日第一产业在业人口为2 041万人，与1982年人口普查时的2 300万人比较，3年来已转移农业劳动力260万人。

第一产业内部结构也有变化，农业在业人口减少，林业、渔业得到加强。据1985年1‰人口抽样调查，农业在业人口占54.28%，比1982年人口普查时下降10.37%；林业在业人口占0.41%，比1982年上升0.14%；渔业在业人口占1.48%，比1982年上升0.65%。

农业劳动力的调整，促使江苏省第二、三产业得到了加强和发展。

第二产业，据1985年1‰人口抽样调查，在业人口占31.47%，比1982年人口普查时的24.06%上升7.41%。主要是第二产业中制造业和建筑业发展较快，其中建筑业在业人口占4.54%，比1982年上升1.42%；制造业在业人口占25.84%，比1982年上升6.28%。

第三产业，据1985年1‰人口抽样调查，在业人口占12.30%，比1982年人口普查时的9.77%上升2.53%。在第三产业中，发展较快的有商业、饮食业、物资供销及仓储业，其在业人口占4.79%，比1982年上升1.84%；其次，住宅、公用事业管理和居民服务业在业人口占0.83%，比1982年上升0.28%；交通运输、邮电通讯业在业人口占2.19%，比1982年上升0.15%。

江苏省第二、第三产业的发展，主要是适应近年来改革、开放，搞活经济的新形势。第一，乡镇工业近年来有较快的发展，乡镇（包括村办）工业的产值1985年比1982年增长185.65%；第二，为了贯彻改革、开放、搞活经济的政策，允许农民到集镇务工、经商，江苏省小城镇建设近年来有了相当规模的发展；第三，在城市和集镇大力发展第三产业，首先是开放集市贸易，增设商业网点，发展饮食业，旅游业和交通运输业；其次是发展科学技术和教育事业，新建和扩建了一些学校和科研单位；再次，发展了金融、保险、信息、通讯、广告、咨询、法律、公证等行业。

（四）家庭户规模进一步缩小。据1985年江苏省1‰人口抽样调查资料表明，家庭户平均每户人数为3.72人，其中城市家庭户平均每户人数为3.18人；县及县以下农村家庭户平均每户人数为3.84人。与1982年人口普查资料比较，家庭户平均每户人数为3.91人，平均每户人数下降0.19人，其中城市平均每户人数下降0.21人，县及县以下农村平均每户人数下降0.14人。

按户规模进行分组，1985年1‰人口抽样调查与1982年人口普查比较见表7。从表7可以看出，1人户、5人户、6人户、7人及以上户，所占比重下降，特别是6人户、7人及以上户所占比重的下降速度更快。2人户、3人户、4人户所占比重上升。1982年人口普查时4人户在整个家庭户中所占的比重最高，为22.45%。1985年1‰人口抽样调查中3人户所占比重最高，为23.67%，4人户次之，为23.23%。从这里可以看到，更多的大家庭正在被小家庭所代替。

表7　家庭户规模变化情况

户规模	1985年人口抽样调查		1982年人口普查比重(%)
	户数	比重(%)	
合　计	16 652	100.00	100.00
1 人 户	1 788	10.74	11.04
2 人 户	2 098	12.60	11.50
3 人 户	3 942	23.67	19.39
4 人 户	3 869	23.23	22.45
5 人 户	2 723	16.35	17.62
6 人 户	1 300	7.81	10.13
7人及以上户	932	5.60	7.87

家庭户规模进一步缩小，其原因：一是农村和城市青年男女结婚后，大多数青年具有与父母分居的愿望，因为建立新的小家庭经济上独立，生活上比较自由。二是广大农村自推行生产承包责任制后，农业生产和乡镇工业有了很大发展，农民比过去富裕了，建了不少新住房；城市的工矿企业、事业单位、机关等近年来新建了不少宿舍楼，在住房方面具备了分居的条件。三是已婚的家庭独生子女户增多。因此，使近年来家庭户规模进一步缩小。

（作者工作单位：江苏省统计局）

1986年浙江省人口发展状况分析

张仲如　鲁本坤

一

1986年，是浙江省人口增长速度明显回升的一年。“六五”期间，全省平均每年增加38.6万人，年平均增长率为9.91‰。1986年末，全省总人口由1985年末的4 029.56万人，发展到4 070.07万人，相当于增加了一个40万人口的市；年增长率回升到10.05‰，比1985年的9.13‰，提高了0.92‰。

1986年全省总人口的增加，固然有迁移变动的因素，但主要是自然增长。在上述增加的40.51万人口中，属于自然增加的有34.64万人，占85.51%；属于省际迁移净增的1.38万人，占3.41%；还有4.49万人，占11.08%，大多是属于过去在外地寄养、漏报，1986年补报的人口。

人口的自然增长，取决于出生人数和死亡人数的增减。从浙江省的情况看，近几年来死亡人数比较稳定，每年均在24万人上下。而出生人数，特别是1986年的出生人数，增加幅度较大（见表1）。

表1　浙江省人口自然变动情况

年份	出生		死亡		自然增长	
	人数(万人)	‰	人数(万人)	‰	人数(万人)	‰
1984年	49.80	12.52	23.82	5.99	25.98	6.53
1985年	50.59	12.61	24.25	6.05	26.34	6.57
1986年	58.34	14.41	23.70	5.85	34.64	8.56

从表1可以看出，1986年死亡人数比前两年略有减少，而出生人数则比前两年分别增加了8.54万人和7.75万人。出生率由1984年的12.52‰、1985年的12.61‰，上升到1986年的14.41‰。很显然，导致1986年人口自然增长率上升的原因，主要是出生人数的增加。

二

浙江省出生人数的增加，原因是多方面的。

第一，人口再生产周期性的影响。从1962年开始，浙江省就出现了第二次生育高峰。1962—1966年，出生人数每年都高达100万人左右。1967—1971年，平均每年出生的人数，仍保持在88万人左右。现在，第二次生育高峰期出生的1 960多万人（其中女性人口约945万人），除了极少死亡的以外，都已到了15周岁以上，因而育龄妇女大大增加。根据1982年的人口普查资料推算，1986年已突破1 100万人。育龄妇女占总人口的比重，由1975年（据绍兴等10个县调查）的22.74%、1982年的25.65%，上升到1986年的27%。1982—1986年，平均每年进入育龄妇女队伍的有44.08万人，退出育龄妇女队伍的有17.67万人，更替比为2.49∶1。这样差额悬殊的新旧交替，使生育旺盛期的育龄妇女群规模逐年扩大。1986年20—29岁的育龄妇女超过了400万人，分别比1984年、1985年增长4.72%和1.83%。育龄妇女、特别是生育旺盛期育龄妇女的增加，对浙江省人口的出生具有重大的影响。

第二，结婚人数增加，平均初婚年龄提前。随着新进入育龄妇女队伍的人数的增加，新婚人数也逐年增多。据省计划生育委员会统计，1984年新婚育龄妇女为28.16万人，1985年为35.13万人，1986年更上升到45.07万人。已婚育龄妇女占育龄妇女总数的比重，1984年为66.31%，1985年为67.60%，1986年上升为69.34%。女性平均初婚年龄1982年为22.6岁，1985年为22.4岁，1986年为22.36岁。根据27个市、县对27个村（居民区）的调查，早婚现象还程度不同地存在。1984年，未到法定年龄结婚的妇女占当年初婚人数的6.09%，1985年占9.42%，1986年1—8月占5.31%。这除了某些地方落后的风俗习惯以外，也不排除有些人认为早结婚、早生育，将来安排生育二胎的时间也可以提前，即所谓“一步主动，步步主动”。由于结婚人数的大幅度增加，使规模日益扩大的育龄妇女队伍，由增加出生人口的可能性变成现实。

第三，生育率的回升。自从70年代加强计划生育工作以来，浙江省育龄妇女的生育率。

虽然有些波动，但基本保持下降的趋势。但从1986年开始，已在低水平的基础上出现了比较明显的回升。一般生育率由1984年的46.98‰，1985年的46.84‰，上升到1986年的53.04‰。总和生育率1984年为1.54，1985年为1.40，1986年回升到1.72，接近于1980年的水平。根据浙江省计划生育委员会的统计，近几年来育龄妇女的生育胎次分布也有明显变化，特别是二孩率显著上升（见表2）。

表2　　浙江省育龄妇女生育状况

年份	一孩			二孩			三孩		
	人数	%	其中计划外生育人数	人数	%	其中计划外生育人数	人数	%	其中计划外生育人数
1984	335 773	68.67		107 370	21.96		45 846	9.37	
1985	337 464	70.62	8 438	121 683	25.46	74 184	18 774	3.92	17 922
1986	400 805	69.52	6 068	152 731	28.22	77 323	13 018	2.26	11 633

资料来源：据省计划生育委员会统计，出生数略低于人口统计年报，此处未作调整。

从表2可以看出，3年来一孩率基本接近，多孩率有所下降，二孩率逐年上升。就1986年来说，全年有77 323个计划外出生的二胎，占出生人口总数的13.4%。其中符合照顾条件、生育间隔不满4年的3 1214人；不符合照顾条件的46 109人，更值得注意的是，在这46 109人中，属于生下第一个男孩后而超生的有37 969人，占不符合照顾条件出生的82.35%，占计划外二孩数的49.10%。由此看来，把好计划外二孩出生这一关和杜绝多胎生育，是当前人口控制的突出重点。

生育率的回升，有多方面的因素，诸如育龄妇女人数的增加，计划生育政策的调整，社会、经济水平的限制，旧的传统观念的影响等等。从表2所列数据来分析，可以作些粗线条的划分，把不同胎次、计划内外的出生人数，归属于不同的增加原因。我们认为，1986年出生的属于第一孩次的400 805人中，除了计划外出生的、早育的6 068人外，其余394 737人，即占出生人口的68.46%，既非调整计划生育政策所致，也非计划生育工作放松之故，应属于人口再生产周期性的影响。1986年计划内出生的二孩85 408人，占当年出生人口数的14.81%，则主要是属于调整计划生育政策所致；当然，计划内出生的多孩1 385人，占当年出生人口的0.24%，也当属于此列。1986年计划外出生的二孩77 323人（占13.41%）和多孩11 633人（占2.02%），则属于超生、抢生。这也是计划生育工作中的一个迫切需要解决的问题。这种超生、抢生的现象，目前尚在发展。与上述现象相仿佛的是，随着商品经济的发展，外出人口大量增加。有的全家外出，一去几年，回来时新增加了两三个孩子。户籍管理部门对这些孩子，既不能作为当年出生人口，也没有依据作省外迁入人口，只好权作省内迁入，补报户口。因而每年人口年报的“四项变动”总是平衡不了，省内迁移栏中迁入大于迁出。

三

近几年的人口发展，有几个共同性的特征：

第一，户规模逐年缩小。1984年平均每户3.84人，1985年平均每户3.73人，1986年继续下降到3.63人。这主要是：①户数的增长快于人数的增长，1986年全省户数比1985年增长3.8%，而人数增长为1%；②年龄结构的影响，第二次生育高峰期出生的人口大部分长大成人，成家立业，从父母家里分离出来；③近几年来，城乡住宅条件改善，为分家单独立户创造了条件；④为方便工作、生产、从事各种经济活动而迁移另行立户。

第二，市镇人口大幅度增加。1986年全省市镇人口1 779.6万人，分别比1984年的1 017.84万人和1985年的1 534.15万人，增加了74.84%和16%。市镇人口占总人口的比重，分别由1984年的25.49%、1985年的38.07%，上升到1986年的43.72%。市镇人口的增加，是生产力发展、商品经济繁荣的必然结果。为了适应形势发展的需要扩大大城市的幅射力，形成大城市、中小城市和镇密切结合的城乡一体化的布局，经国务院和省人民政府批准，全省新增设了不少建制市、镇。1986年全省共有14个市、473个镇，比1984年增加了5个市、256个镇；比1985年增加了3个市、18个镇，从而大大增加了市镇人口。

第三，少年儿童比重下降，老年人口比重上升。1986年全省少年儿童占总人口的比重，由1982年的29.30%，下降到24%；65岁及以上老年人口占总人口的比重，由5.76%上升到6.41%。按照我国关于劳动年龄人口划分口径计算，少年儿童负担系数为39.35%，比1982年人口普查时降低14.83%；老年人口负担系数为18.67%，比1982年上升0.72%。年龄中位数为26岁，比1982年增加1.4岁。浙江省人口年龄结构表明，1986年浙江省人口再生产已属于成年型。

（作者工作单位：浙江省统计局）

1986年安徽省人口发展状况分析

王哉茂

1986年，安徽省人民在各级党和政府领导下，认真贯彻执行改革、开放、搞活的方针，深入进行经济体制改革，国民经济和社会发展取得了可喜成效，胜利完成了“七五”时期头一年的各项计划指标。人口和经济发展息息相关，人口增长速度加快，增长率明显回升，将给经济发展带来影响，控制人口增长工作不能放松。

一、人口增长速度加快

1986年人口统计年报资料表明，全省年末总人口为52 117.1万人，其中男性2 714万人，女性2 503.1万人，性别比为108.42（以女性为100）。与上年相比，总人口增加61万人，这是1982年以来增长最快的一年。以1981年为106，1982年为100.7；1983年为100.7；1984年为100.9；1985年为101.10；1986年为101.18。在新增加的61万人口中，男性增加32万人；女性增加29万人，分别比上年增长1.19%和1.13%。

1986年，全省有合肥、芜湖、蚌埠、淮南、马鞍山、淮北、铜陵、安庆8个省辖市，下辖14个县。另外为开发旅游事业，将闻名中外的旅游胜地黄山脚下的太平县，改设为黄山市，作为徽州地区管辖的县级市。全省划分为阜阳、宿县、滁县、六安、宣城、巢湖、徽州、安庆8个地区，下属8个市、52个县。全省总人口中，市人口(含辖县)为1 335.3万人；地区人口为3 881.8万人，与上年相比，市人口增长1.36%，地区人口增长1.13%。1986年市人口增长快于地区，主要是由于省内人口的迁移流动和区划变动(见表1)。

表1　地、市人口数

	1986年人口(万人)	1985年人口(万人)	增长率(%)	下辖市县个数		1986年人口(万人)	1985年人口(万人)	增长率(%)	下辖市县个数
总　　计	5 217.1	5 155.8	1.18	74	地区人口小计	3 881.8	3 838.4	1.13	60
市人口小计	1 335.3	1 317.4	1.36	14	阜阳地区	1 110.1	1 094.5	1.14	11
合 肥 市	353.0	348.7	1.23	3	宿县地区	446.3	438.8	1.70	6
芜 湖 市	218.8	216.8	0.95	4	滁县地区	350.6	347.6	0.88	7
蚌 埠 市	263.2	259.7	1.32	3	六安地区	576.3	569.2	1.26	7
淮 南 市	163.5	161.1	1.45	1	巢湖地区	403.4	402.8	0.14	5
马鞍山市	97.1	95.9	1.21	1	宣城地区	223.4	221.8	0.70	5
淮 北 市	139.2	136.8	1.78	1	徽州地区	163.8	162.6	0.79	9
铜 陵 市	56.4	54.0	4.35	1	其中：黄山市	15.0	14.0	1.28	—
安 庆 市	44.1	43.4	1.75	—	安庆地区	592.9	587.1	0.98	10

二、人口分布仍不平衡

人口密度高是安徽省人口特点之一。1982年全国人口普查时，全省每平方公里人口为357人，1986年增加到372人，除京、津、沪3大城市以外，人口密度之高，在全国列第5位。全省人口分布极不平衡，城市稠密，农村稀疏；平原稠密，山区稀少。全省8个省辖市，除淮南市以外，每平方公里人口密度均在1 000人以上，最高是安庆市，高达5 210人；淮北市为4 169人；芜湖市为4 146人；铜陵市为3 030人；合肥市为2 050人；蚌埠市为1 556人；马鞍山市为1 334人；淮南市为931人。全省66个县，人口最稠密的是临泉县，每平方公里人口为792人；最稀少的是石台县为67人，两者相差10倍以上。从全省人口地理分布情况来看，平原人口比较集中，山区人口稀疏。1986年淮北平原的人口密度为535人，比1982年的509人增加26人，增长5.10%，而在皖西、皖南山区，人口密度为170人，比4年前增加5人，增长3.03%，密度差为3∶1。

全省82个市县，分布在淮北平原的有24个，1986年末人口为2 060.1万人，占全省人的39.5%；中部丘陵有18个市县，人口为1 356.4万人，占26%；沿江圩区有20个市县，人口为1 142.1万人，占21.9%；皖西、皖南山区有20个市县，人口为658.6万人，占12.6%。由于平原和丘陵地区人口增长速度较快，占全省人口的比重也在增加，而圩区和山区人口的发展则较缓慢，比重有所下降(见表2)。

表2　人口地理分布变化

	1982年		1986年	
	人口数(万人)	比重(%)	人口数(万人)	比重(%)
全　省	4 966.6	100.0	5 217.1	100.0
淮北平原	1 945.0	39.16	2 060.0	39.49
中部丘陵	1 287.6	25.93	1 356.4	26.00
沿江圩区	1 097.2	22.09	1 142.1	21.89
皖西皖南山区	636.8	12.82	658.6	12.62

三、城镇人口增加很快

1986年全省城镇人口达到1 527.0万人，比上年增加552万人。城镇人口的比重由1978年的12.33%、1980年的13.35%、1985年的18.91%，猛增到1986年的29.27%。人口城市化步伐加快的主要原因是：（一）经济改革和开放政策的逐步贯彻，促进了农村商品经济的发展，大批农民进城开店办厂，务工经商。1986年自理口粮进城镇落户的农民有61万多人，其中从事工业生产的占19.98%；经营商业服务业的占30%；从事施工建筑业、交通运输业的占9.98%；被抚养人口进城的占1/3。（二）农村多种经营发展的需要。在人口比较集中的区乡所在地，改乡设镇。1986年全省有建制镇373个，比上年的127个增加246个；镇人口由1985年的328万人激增到725万人，增长1.29倍。农村小城镇的发展不仅有效地解决了农村剩余劳动力的就业出路，也限制了农业人口盲目流入城市，有利于避免城市人口过分膨胀而造成的种种“城市病”。（三）为适应经济发展的需要，1986年经国务院批准拥有111万人口的阜阳地区的亳县改为亳州市。至此，全省城市人口达772万人，比上年增加125万人，增长19.3%。城市人口比重由上年的12.74%，提高到14.80%。城市增加为16个。

1986年全省人口数中，非农业人口为756万人，占14.50%，比上年增加32.44万人，增长4.4%。非农业人口增加的主要原因是：自然增长占11.23%；迁入增长占37.07%；招工、招生、政策允许家庭进城落户的占32.05%，因土地征用而转为非农业人口的占19.35%（见表3）。

表3　　市、镇、县人口构成变化表　　单位：万人

	1986年			1985年		
	合计	比重(%)	其中:非农业人口	合计	比重(%)	其中:非农业人口
总计	5 217	100.00	756	5 156	100.00	724
市	772	14.80	388	647	12.55	374
镇	754	14.45	259	328	6.36	304
县	3 691	70.75	109	4 181	81.09	146

四、人口自然增长率回升

据人口变动抽样调查资料，1986年全省人口出生率为17.89‰，死亡率为6.58‰，人口自然增长率为11.31‰。自然增长率比上年增长1.07‰，出生率比上年增长2.88‰，这是近4年来增长最快的一年。按1985年末总人口5 156万人计算，全年出生92万人，比上年多生12万人，减去死亡人口，全年净增58万人。人口增长快的主要原因是：（一）受人口再生产惯性的影响，1962年—1972年，正处在第二个生育高峰，年平均人口出生率高达40.9‰，平均每年出生144万人，11年共出生1 586万人。到1986年，这一时期出生的人口已陆续进入婚育期，从而导致出生人口的增加。抽样调查资料还表明，1986年生育第一胎的80%以上的育龄妇女本身是1962年以后出生的，而上一年只占65%。（二）早婚早育导致出生人数的增加。

据抽样调查资料，女性平均初婚年龄逐年提前，1983年为23.54岁，1984年为23.52岁，1985年为22.89岁，1986年为22.0岁。妇女早婚率仍较高，1983年为2.30%，1984年为2.25%，1985年为2.43%，1986年仍有2%左右。早婚现象主要发生在农村。早婚导致早育，1986年生育第一胎的妇女中，22岁及22岁以下妇女占46%，其中最年轻的只有17岁。仅20岁以前早婚生育,全省一年就多出生6万多人。（三）有些地方对计划生育工作放松。二胎出生比重大，多胎生育仍占一定比率，1986年一胎率为46.10%，二胎率为36.17%，多胎率为17.73%(见表4）。

表4　胎率变化情况表　　单位：%

	1981年（普查数）	1984年	1985年	1986年
一胎率	37.42	53.47	50.28	46.10
二胎率	28.23	23.80	32.86	36.17
多胎率	34.35	22.73	16.86	17.73

从表4可以看出，二胎率从1985年开始回升，多胎率1986年也略有回升。分城乡看，多胎率主要发生在农村,高达19.18%，城市已基本杜绝多胎生育。说明当前农村有些地方出现失控现象。应引起重视，采取切实有效措施，深入宣传计划生育政策，严格控制计划外生育，不断提高城乡群众搞好计划生育的自觉性，确保人口增长同经济增长协调发展。

（作者工作单位：安徽省统计局）

1986年福建省人口发展状况分析

罗家璋

1986年福建省人口增长，比1982年人口普查虽有降低，但速度仍然是快的。人口结构比较年轻，生育旺盛期的育龄妇女人群大，死亡率较稳定，出生率有抬头的趋势。

一、总户数　总人口

1986年福建省总户数为7 2254户，农村占57.8%，市镇占42.2%。如按实际计算，农村则占86.05%，市镇只占13.95%。每户平均4.78口，同1982年人口普查每户平均4.85人比较，家庭户规模变化不大。分城乡看，农村4.94人大于市镇3.79人，在乡村中，最大是农村4.98人，其次是镇郊农村4.90人，最小是市郊区农村4.76人；在城镇中，镇的居民户家庭规模最大4.28人，其次市郊区镇居民户3.60人，市区最小3.55人。随着“四化”建设的发展，城乡家庭户规模都有缩小的趋势（见表1）。

根据抽查的1986年总人口345 143人，经推算，1986年末全省总人数27 611 440人，同第三次人口普查比较,四年半增加1 738 523人,增长了6.72%，年平均增长率为1.46%，同第二、三两次人口普查18年间年平均增长率2.44%比较，增长速度明显是降低了（见表1）。

从人口分布上看，农村人口占总人口60.25%，市镇人口占39.75%，同第三次人口普

表 1　**1986年总人口、总户数**

	总户数(户)	占总户数比重(%)	1986年总人口(人)			平均每户人口数(人)	占总人口比重(%)		
			总人口	男	女		人数	男	女
总　计	72 250	100	345 143	175 337	169 806	4.78	100	100	100
一、市、镇合计	30 488	42.20	137 205	68 508	18 697	4.50	39.75	39.07	40.46
1、市	13 746	19.02	57 195	28 562	28 633	4.16	16.57	16.29	16.86
市区	6 033	8.35	21 418	10 742	10 676	3.55	6.21	6.13	6.29
郊区	7 713	10.67	35 777	17 820	17 957	4.64	10.36	10.16	10.57
其中居委会	787	1.09	2 836	1 407	1 429	3.60	0.82	0.80	0.84
村委会	6 926	9.59	32 941	16 413	16 528	4.76	9.54	9.36	9.73
2、镇	16 742	23.17	80 010	39 946	40 064	4.78	23.18	22.78	23.60
其中居委会	3 261	4.51	13 964	7 008	6 956	4.28	4.05	4.00	4.10
村委会	13 481	18.66	66 046	32 938	33 108	4.90	19.13	18.78	19.50
二、农村	41 764	57.80	207 938	106 829	101 109	4.98	60.25	60.93	59.54

查农村占78.82%，市镇占21.18%比较，表面上看，占总人口18.57%的人口从农村转向城镇，市镇人口则从占总人口21.18%提高到39.75%。但这种变化实际上有相当部分是由县改市和镇的范围扩大所引起的，它包括了市郊区的农村和镇郊农村。如按实际计算，则农村人口占88.93%，市镇人口只占11.07%。

表 2　**城乡人口结构变化状况**

	1953年人口普查		1964年人口普查		1982年人口普查		1986年	
	人数(人)	%	人数(人)	%	人数(人)	%	人数(人)	%
总　计	12 846 252	100	16 757 223	100	25 872 917	100	345 143	100
一、市、镇合计	2 188 750	17.04	34 162 280	20.39	5 480 122	21.18	137 205	39.75
1、市	856 245	6.67	2 006 284	11.97	3 311 248	12.80	57 195	16.57
市区	679 749	5.30	1 173 329	7.00	1 595 623	6.17	21 418	6.21
郊区	176 496	1.37	832 955	4.97	1 715 625	6.63	35 777	10.36
其中居委会							2 836	0.82
村委会							32 941	9.54
2、镇	1 332 505	10.37	1 409 996	8.41	2 168 874	8.38	80 010	23.18
其中居委会							13 964	4.05
村委会							66 046	19.13
二、农村	10 656 502	82.96	13 340 943	79.61	20 392 795	78.82	207 938	60.25

从总人口的分布上看性别比也进一步趋向合理。经过了四年半，无论城市和农村性别构成、性别比都更趋于正常状态。1982年的性别比105.92，比解放初期1950年108.33降低了2.41，而1986年的性别比103.26，比1982年又降低了2.66（见表4）。

表4　　城乡人口性别构成状况

	1986年总人口			1982年人口普查		
	性别构成（%）		性别比（女=100）	性别构成（%）		性别比（女=100）
	男	女		男	女	
总计	50.80	49.20	103.26	51.44	48.56	105.92
一、市、镇合计	49.93	50.07	99.72	52.52	47.48	110.59
1. 市	49.94	50.06	99.75	51.61	48.39	106.65
市区	50.15	49.85	100.62	52.92	47.08	112.40
郊区	49.81	50.19	99.23	50.39	49.61	101.58
其中：居委会	49.61	50.39	98.46			
村委会	49.82	50.18	99.30			
2. 镇	49.93	50.07	99.71	53.90	46.10	116.92
其中：居委会	50.19	49.81	100.75			
村委会	49.87	50.13	99.49			
二、农村	51.38	48.62	105.66	51.15	48.85	104.70

二、人口构成状况

（一）人口的性别构成。抽查的1986年总人口中，男性175 337人，占50.80%，女性169 806人，占49.20%，性别构成基本接近，较1982年人口普查性别构成男性占51.44%，女性占48.56%更为合理（见表1）。

表3　　分年龄性别构成变化状况

年龄(岁)	1986年	1982年人口普查	1964年人口普查	1953年人口普查
总计	103.26	105.92	107.79	106.38
0	106.84	106.01	105.58	107.69
1	109.97	106.85	107.32	108.57
2	107.67	106.06	108.19	113.29
3	107.75	106.39	109.54	117.36
4～6	108.06	106.00	111.84	120.61
7～12	106.05	106.26	110.92	130.77
13～17	105.93	106.28	119.41	122.84
18～34	101.12	106.32	119.61	108.44
35～54	109.95	118.85	104.68	96.74
55岁以上	88.05	85.00	69.70	69.22

（二）人口的年龄构成。1.福建省人口年龄构成已由年轻型逐渐进入成年型。1987年少年儿童人口系数33.15%，老年人口系数4.92%，老少比14.82%，年龄中位数22.40岁，比1982年人口普查都有了提高。少年儿童系数和年龄中位数都已跨进了成年型，老年人口系数和老少比也接近于成年型（见表5）。

表5　　　　　　　　人口年龄构成

	国际通用人口年龄类型标准			福建省人口年龄状况			
	年轻型人口	成年型人口	老年型人口	第一次普查	第二次普查	第三次普查	1986年
少年儿童(0—14岁)系数(%)	40以上	30—40	30以下	35.78	42.30	36.50	33.15
老年(65岁以上)系数(%)	5以下	5—10	10以上	3.21	3.15	4.38	4.92
老　少　比　(%)	15以下	15—30	30以上	9.24	7.45	12.00	14.82
年 龄 中 位 数　(岁)	20以下	20—30	30以上	22.33	19.60	20.68	22.40

1953年，福建省人口年龄类型介于年轻型与成年型之间。由于解放后出生人口激增，使1964年人口年龄类型转为年轻型；由于七十年代开始注意抓计划生育，控制人口增长取得一定的成绩，少年儿童系数由1964年的42.30%降到1982年36.50%，又降到1986年33.15%。人口年龄中位数有所提高，由1964年19.60岁，提高到1982年20.68岁，又进一步提高到1986年22.40岁，具有成年型人口的特征。

2.用桑德巴尔人口再生产类型标准衡量，福建省人口再生产已逐渐进入了稳定型。

表6　　　　　　　　人口再生产类型变化状况

	国际通用人口再生产类型标准			福　建　省　人　口　状　况			
	增加型	稳定型	减少型	第一次普查	第二次普查	第三次普查	1986年
0～14岁人口　(%)	40	26.5	20	35.8	42.3	36.5	33.15
15～49岁人口　(%)	50	50.5	50	51.1	45.6	49.3	51.43
50岁以上人口　(%)	10	23.0	30	13.1	12.1	14.2	15.42

建国以来，福建省人口再生产基本上是增加型，1982年出现向稳定型转化的趋势，1986年又前进了一步，但同稳定型标准的差距还相当大。由于60年代生育高峰的影响，有可能出现新的生育高峰，由于人口发展惯性作用，今后还会有一段时期保持增加型的发展趋势。

3.各年龄组的人口状况。根据抽查的1986年总人口推算1986年末全省总人口2761.14万人，同1982年人口普查比较，增长了6.72%，各年龄组人口占总人口的比重也相应发生了变化（见表7）。

首先，婴幼儿比重稳定在1982年的水平上略有回升，这反映了计划生育工作取得了一定的成绩。

其次，学龄前儿童占总人口的比重由1982年7.4%续继下降到6.23%，小学学龄儿童占总人口的比重由1982年15.6%续继下降到13.11%，但由于总人口基数大，还有相当大的人群需要就学。初中、高中适龄人口占总人口的比重，虽保持在1982年的水平上略有下降，但绝对数还是在增加的。

第三，劳动适龄人口占总人口比重为54.90%，较1982年52.7%高2.2个百分点；男性兵役年龄人口比重由1982年的4.8%提高到5.41%；人口平均预期寿命69.71岁，同1981年68.49岁比较，五年间提高了1.22岁（见表8）。老年人口的比重也随之上升。

表7　　各年龄人口占总人口的比重

	人口数（人）				占总人口（%）			
	第一次普查	第二次普查	第三次普查	1986年	第一次普查	第二次普查	第三次普查	1986年
总　人　口	12 845 252	16 757 223	25 872 917	345 143	100	100	100	100
0～3岁婴幼儿	1 689 494	2 167 188	2 123 274	30 874	13.2	12.9	8.2	8.95
4～6岁学龄前儿童	939 027	1 459 080	1 921 800	21 515	7.3	8.7	7.4	6.23
7～12岁小学学龄儿童	1 497 403	2 750 630	4 044 540	45 235	11.7	16.4	15.6	13.11
13～15初中适龄人口	726 286	1 032 430	1 942 961	35 478	5.7	6.2	7.5	7.38
16～18岁高中适龄人口	776 582	831 542	1 885 599	24 451	6.0	5.0	7.3	7.08
劳动适龄人口合计	7 014 166	8 163 264	13 640 408	189 476	54.6	48.7	52.7	54.90
男16～59岁	3 668 931	4 440 261	7 362 994	99 953	28.6	26.5	28.5	28.96
女16～54岁	3 345 235	3 723 003	6 277 414	89 523	26.0	22.2	24.3	25.94
退出劳动年龄人口合计	965 435	1 182 887	2 199 918	32 607	7.5	7.1	8.5	9.45
男60岁以上	278 393	351 015	775 682	11 722	2.2	2.1	3.0	3.40
女55岁以上	687 042	831 872	1 424 236	20 885	5.3	5.0	5.5	6.05
65岁以上老年人口	424 644	528 273	1 133 160	16 981	3.31	3.15	4.38	4.92
18～22岁男性兵役年龄人口	643 529	655 333	1 237 810	18 677	5.0	3.9	4.8	5.41

表8　人口预期寿命变化状况

	1986年	1981年	增　加
总人口平均预期寿命（岁）	69.71	68.49	1.22
男　（岁）	67.26	66.24	1.62
女　（岁）	72.30	70.74	1.56

退出劳动年龄人口占总人口比重9.45%，比1982年的8.5%提高0.95%。65岁以上老年人口占总人口的4.92%，比1982年的4.38%提高了0.54%，其中：男性提高0.25%，女性提高0.29%。

老年人口在1964年到1982年18年间年平均增长4.33%，超过同期总人口年平均增长率（2.44%），而近四年半老年人口年平均增长4.11%。大大地超过了总人口年平均增长2.44%的速度。从占总人口的比重上看，女性大于男性，女性占2.92%，男性占2.00%；从增长速度上看，男性快于女性，1964年到1982年18年间，年平均增长速度，男性5.06%，女性3.89%，而近四年半年平均增长速度，男性4.48%，女性3.86%，使老年人口在总人口中的比重不断提高（见表9）。

表9　　65岁以上人口占总人口比重

	总人口（人）				占总人口（%）			
	第一次普查	第二次普查	第三次普查	1986年人口	第一次普查	第二次普查	第三次普查	1986年
总人口	12 845 252	16 757 223	25 872 917	345 143	100	100	100	100
65岁以上人口	424 644	528 273	1 133 160	16 981	3.31	3.15	4.38	4.92
男	143 315	186 663	453 769	6 910	1.12	1.11	1.75	2.00
女	281 329	341 610	679 391	10 071	2.19	2.04	2.63	2.92

从老年人口分布上看，市、镇老年人口相对高于农村（见表10）。65岁以上老年人口，

表10　　　65岁以上老年人口的分布状况

	1986年65岁以上人口　(人)			占65岁以上人口　(%)		
	合　计	男	女	人　数	男	女
65岁以上人口总计	16 981	6 910	10 071	100	40.69	59.31
一、市、镇合计	7 370	2 692	4 678	43.40	15.85	27.55
1. 市	3 303	1 245	2 058	19.45	7.33	12.12
市　区	1 264	503	761	7.44	0.96	4.48
郊　区	2 039	742	1 297	12.01	4.37	7.64
其中居委会	87	33	54	0.51	0.19	0.32
村委会	1 952	709	1 243	11.50	4.18	7.32
2. 镇	4 067	1 447	2 620	23.95	8.52	15.43
其中居委会	745	281	464	4.39	1.66	2.73
村委会	3 322	1 166	2 156	19.56	6.86	12.70
二、农村	9 611	4 218	5 393	56.60	24.84	31.76

农村占56.60%，市镇占43.40%。如按实际计算，农村占87.66%，低于农村人口占总人口的比重88.93%，而市镇则占12.34%，高于市镇人口占总人口的比重11.07%，说明了市镇老年人口相对高于农村。

三、人口自然变动状况

1986年人口出生率21.85‰，比1981年低0.25个千分点，比1985年（据扩大样本的人口变动抽样调查资料）的20.23‰，高1.62个千分点。

从出生率分布的情况上看，1986年除农村维持在原有23‰的较高水平上外，无论城市和市郊区、镇郊农村，出生率都有回升的势头（见表11）。

表11　城乡别生育率比较

	1985年	1986年
总　　计	20.23	21.85
一、市、镇合计	15.08	19.84
1. 市	13.91	18.27
市区	10.75	12.76
郊区	19.51	21.58
其中：居委会		13.48
村委会		22.28
2. 镇	15.80	20.97
其中：居委会		16.19
村委会		21.98
二、农村：	23.75	23.18

注：1985年系指1985年省扩大样本的人口变动抽样调查资料。

从1962年初到1973年底，12年间年平均出生率高达36.61‰，现在，这个时期出生的人口已陆继进入结婚、生育时期，这是福建省解放后出生率最高、持续时间最长的一个时期。它不仅影响着当前出生率的回升，而且还将会对福建省今后十余年的人口发展起到重要的影响。

从出生率的分布上看，农村最高23.18‰，其次郊区21.58‰，再次镇20.97‰，市区最低12.76‰，镇郊、市郊区农村也高于镇和市郊区镇。由此可以看出控制人口增长过快的工作重点仍然在农村。

1986年福建省育龄妇女总和生育率2.32，比1981年的2.69，下降了0.37。1986年平均初婚年龄男24.27岁，女21.76岁，比1982

年人口普查时分别下降了0.52岁和0.23岁。1986年15—49岁育龄妇女占总人口的比重，由1982年人口普查的23.49%上升为25.16%，提高了1.67个百分点，其中20—29岁生育旺盛期的妇女占育龄妇女总数的36.46%，比1982年的34.92%，高1.54个百分点，特别是15—19岁的育龄妇女占育龄妇女总数的22.68%，比重甚大，加上多胎生育还占有相当的比重，这对今后控制人口的增长都有很大的压力。

1986年有生育的育龄妇女，生第一胎的占47.88%，生第二胎的占31.86%，生第三胎及三胎以上的占20.26%。同1981年比较，生第一胎的上升了6.98%，生第二胎的上升了2.08%，生第三胎及三胎以上的下降了9.05%，多胎率虽有下降，但所占的比重还是很大的(见表12)。

胎次结构的变化也受到六十年代生育高峰期出生的育龄妇女进入婚龄、生育期的影响。18～24岁组育龄妇女的初婚人数增加，提高了一胎率，涉及到二胎率的上升，导致多胎率的下降。据1986年人口变动抽样调查（省扩大了样本量）的资料，18～24岁育龄妇女初婚人数占15岁及15岁以上妇女初婚人数的88.67%；1986年该组的育龄妇女占15岁及15岁以上妇女的比重由1982年的21.11%上升到23.08%。因此，做好18～24岁这一年龄组育龄妇女的工作，对贯彻中央“普遍提倡一对夫妇只生一个孩子，严格控制二胎，坚决杜绝三胎”的方针、政策有着特殊的意义。

表12　　1986年福建省育龄妇女生育胎次的分布

	胎	次			占总胎次的比重（%）			
	合　计	一　胎	二胎	三胎以上	合　计	一胎	二胎	三胎以上
总　　计	7 425	3 555	2 366	1 504	100	47.88	31.86	20.26
一、市、镇合计	2 667	1 425	854	388	35.92	19.19	11.50	5.23
1. 市	1 018	658	271	89	13.71	8.86	3.65	1.20
市区	260	240	20	—	3.50	3.23	0.27	—
郊区	758	418	251	89	10.21	5.63	3.38	1.20
其中居委会	38	28	9	1	0.51	0.38	0.12	0.01
村委会	720	390	242	88	9.70	5.25	3.26	1.19
2. 镇	1 649	767	583	299	21.21	10.33	7.85	4.03
其中居委会	219	135	62	22	2.95	1.82	0.83	0.30
村委会	1 430	632	521	277	19.20	8.51	7.02	3.73
二、农村	4 758	2 130	1 512	1 116	64.08	28.69	20.36	15.03

从生育胎次的分布上看，1986年生育的总胎次中，农村占64.08%，市镇占35.92%；如按实际计算，则农村占93.04%，市镇只占6.96%。农村生育的胎次中，一胎占45.63%，二胎占32.93%，三胎及三胎以上占21.44%；市镇生育的胎次中，一胎占77.95%，二胎占17.60%，三胎及三胎以上占4.45%。在三胎及三胎以上的胎次中农村占98.47%，市镇只占1.53%。在多胎生育的胎次中农村最高，占15.03%，其次镇郊农村，占3.73%，市郊区农村占1.19%，市区则基本上杜绝了多胎生育。因此，控制、杜绝多胎生育的工作重点也仍然在农村(见表12)。

1986年人口死亡率为5.64‰，其中0～64岁占2.92‰，65岁以上老年人占2.72‰，65岁以上老年人死亡人数占亡总人数的48.21%，将近半数，同1981年死亡率5.9‰比较，低0.26个千分点（见表13）。

男性死亡率3.13‰，女性2.51‰，前者较高，主要是由0至64岁组引起的，男性1.88‰，

表13　　1986年福建省人口死亡状况

	平均人数（人）	死亡人数（人）			死亡率（‰）		
		合计	男	女	合计	男	女
总计	342 368	1 931	1 072	859	5.64	3.13	2.51
0～64岁人数	325 739	1 000	612	388	3.06	1.88	1.19
65岁以上人数	16 630	931	460	471	55.98	27.66	28.32

女性1.19‰，死亡的人数男性占61.20%，女性占38.80%。

65岁以上老年人死死率最高，为55.98‰，其中男性27.66‰，女性28.32‰。占65岁以上人口12.48%的80岁以上高龄人口，其死亡人数占死亡总人数的14.40%，占65岁以上的死亡人数的29.86%。该比重均超过了该组人口占总人口及占65岁以上人口的比重(见表14)。

表14　　65岁以上死亡人口占死亡总人数的比重

	死亡人数（人）			占死亡人数比重（%）		
	合计	男	女	合计	男	女
死亡总人数	1 931	1 072	859	100	55.52	44.48
0～64岁死亡人数	1 000	612	388	51.79	31.70	20.09
65岁以上死亡人数	931	460	471	48.21	23.82	24.39
其中80岁以上死亡人数	278	89	189	14.40	4.61	9.79

由于人口年龄结构还比较年轻，人民生活和卫生事业逐年改善，寿命延长，老年人占总人口的比重虽有提高，但80岁以上高龄人口的比重比较低，在65岁以上老年人口中只占12.48%，在总人口中只占6.14‰，故还未导致死亡率的回升。

由于地理环境、卫生设施、经济条件、文化程度等诸因素的不同，死亡率的分布也随诸因素的变化而变化，按城乡别计算出来的指标，是诸因素变化的综合反映（见表16）。

表15　　城乡别死亡率

	平均人数（人）	死亡人数（人）	死亡率（‰）
总计	342 378	1 931	5.54
一、市、镇合计	126 239	769	5.64
1、市	56 822	293	5.16
市区	21 324	84	3.94
郊区	35 498	209	5.89
其中居委会	2 820	5	1.77
村委会	32 678	204	6.34
2、镇	79 417	476	5.98
其中居委会	13 894	81	5.90
村委会	65 523	394	6.01
二、农村	206 139	1 162	5.64

从死亡率的分布上看，农村和市镇均等；按实际计算，农村5.78‰，市镇则为4.50‰。

1986年人口自然增长率16.21‰，同1981年人口自然增长率16.20‰比较，基本持平，同1985年人口变动抽样调查（省扩大了样本量）的资料自然增长率14.12‰比较，提高了2.09个千分点。

（作者工作单位：福建省统计局）

1986年江西省人口发展状况分析

李　宗　宜

人口数量增长速度加快，人口增长率回升，是江西省1986年人口发展中的最大特点。

1949—1985年，全省人口每年平均增长2.73%。这期间的1966—1970年，5年中平均每年增长3.18%；此后，人口增长速度逐渐减缓，1981—1985年平均为1.14%。80年代以来，各年度人口增长率的状况是：1981年为1.03%；1982年为1.34%；1983年为1.07%；1984年为1.07%；1985年为1.16%；1986年为1.41%。

在1981—1986年的6年中，江西省人口超计划增长23万余人，其中仅1986年就超计划出生了9.53万人，比1985年多生了2.15万人。据全省5%人口出生率抽样调查资料，1986年人口出生率为17.12‰，比上年上升0.41‰；死亡率为5.17‰，比上年下降0.7‰；自然增长率为11.95‰，比上年上升1.05‰。总和生育率为1.96，比上年上升0.01。1986年末，全省总人口达35 093 518人。

30多年来，江西省人口由自发地迅猛增长逐步到有控制地减速增长，人口再生产正由传统型向现代型转变，全省人口增长率的高峰已经越过。这是全省各级政府有计划地控制人口增长、有效地推行计划生育工作的结果。但是，人口增长率越过高峰后趋向下降，并不意味着人口数量增长的停止。问题在于今后10余年中，全省人口数量的变动，是加速增长还是减速增长。现状不允许人们盲目乐观。当前江西省人口发展的事实表明，全省人口增长率在趋向下降的过程中，有时还会回升，形成新的人口出生浪潮。

我国是发展中的社会主义国家，对待人口数量增长，必须做到人口增长与经济和社会的发展相适应，有计划地控制人口增长，实行计划生育。当前，在出现婚育高峰的人口条件下，在生产力水平不高的物质条件下，在深入开展体制改革的社会条件下，实行计划生育，控制人口增长，有利的因素虽然不断地增加，但实际工作的艰巨性和复杂性，也是有目共睹的。因此，对全省1986年人口增长率出现回升的现象，有必要进行多角度、多层次的分析，以便发扬成绩，改进方法，更好地贯彻国家的人口政策和人口计划。

概括分析，1986年江西省人口增长率回升，主要是受下列三个因素的影响：

一、受人口年龄构成的影响，出现婚育高峰，人口增长率回升

某一时期的人口年龄构成，是由相应年数前出生人口规模及以后人口死亡水平决定的。

本世纪60年代的前几年，是江西省人口出生的高峰期。1962—1966年，全省人口出生率一直保持在37—39‰的高水平上。这5年全省共出生4 085 275人，平均每年出生817 055人。这一批人到80年代，相续进入了结婚和生育阶段。他们的婚育行为，对1986年全省人口数量的增长产生了直接的影响（见表1）。

表1　江西省人口年龄构成（1985年同1982年对比）　%

年份	合计	0—14岁	15—24岁	35—49岁	50—59岁	60岁及以上
1982	100	48.80	19.50	27.78	6.66	7.26
1985	100	34.19	22.12	28.69	6.96	8.04

1982—1985年间，由于贯彻了国家的人口生育政策，推行计划生育工作，全省的人口年龄构成发生了明显的变化。总人口中，少年儿童人口的比重在下降，青壮年和老年人口的比重均有不同程度的上升。婚龄人口的比重由1982年的61.20%增加到1986年的65.81%，提高了4.61%，全省婚龄人口的规模扩大了。

观察江西省人口的年龄结构同结婚人口规模的关系时，我们不应忽视构成初婚人口的主要部分——20—24岁这一部分的男女人口。这个年龄组的人口在全省总人口中的比重，1985年（占10.01%）比1982年（占7.58%）有显著的增长。20—24岁的青年男女，已达到或即将达到法定结婚年龄的下限，意味着结婚人数在增加，结婚率将上升。事实也正是如此。据全省人口生育统计材料，1986年初婚女性人口有248 721人，占全省总人口的0.71%；加上其配偶计算，1986年全省人口中有1.42%的人完成初婚。由此可以认为，这一年江西省人口的结婚率是14.2‰。若再加上当年再婚人口数（据本省婚姻登记材料，近几年再婚人数大约相当于当年结婚人数的2—8%），则1986年江西省人口结婚率会更高。

近些年，在江西省的农村地区，虽然婚姻登记的工作抓得比较紧，但是人们也会发现一些已达法定婚龄的男女以及还不足法定婚龄的男女，并未到国家指定的婚姻登记机关办理结婚登记手续，即已事实成婚。这部分已结婚的男女人口，尚未包括在上述结婚率计算的结婚人口数中，若把这些事实姻婚的人口也计算进来，1986年全省人口结婚率将会更高。

此外，依据婚姻登记数据所计算的全省人口结婚率，也明显呈上升趋势（见表2）。

表2　1981—1986年江西省人口结婚率变动状况

年　份	1981	1982	1983	1984	1985	1986
结婚率　‰	12.78	12.82	12.33	13.15	13.51	13.30

我国人口再生产的过程表明，生育总是紧随于结婚之后。这几年，初婚妇女生第一胎的峰值年份集中于结婚的第二年。1985年全省出现高于上年的结婚率，那么，1986年全省出现高于上年的出生率，也就不足为奇了。

正是总人口中婚育人群的扩大，才影响到了1986年江西省人口增长率的回升。

二、受生产力水平不高的影响，控制人口增长的一些措施不易立竿见影，人口增长率回升

80年代以来，江西省农村已由推行生产责任制的第一个改革，深入发展到调整产业结构的第二个改革，推动了农村商品经济的发展，促进了农民生活的改善。

在生产力水平不高的条件下，推行各项改革措施，帮助农民在获得温饱之后继续向小康水平迈进，这是经济和社会发展的好势头。就人口意义而言，这个阶段，也正是农村人口结婚生育的空前适宜时机。众所周知，农村中机械化水平低下时，农业生产主要靠人力，靠增加活劳动的投入量来扩大家庭的经营效果。这个阶段，青年农民对结婚（增加现实劳动力）和生育（生产未来劳动力）抱有热切的期望，对孩子的经济价值看得很重，农村中晚婚晚育很难有大幅度的提高。此时，控制人口增长的某些行政措施也已不易达到预期的效果。所以，尽管道理讲得不少，务实的农民仍很难放弃自己的"小算盘"。再加上当前农村中还缺乏足够的物质和经济基础实行社会保障措施，要做到老有所养，实行社会养老，困难还很多。农民指望用家庭的力量，依赖自己的孩子（主要是男孩）来养老。这些年来，相当多的农村青年在养儿防老思想支配下超计划生育，致使江西省人口中晚婚率下降，1986年初婚妇女中，23周岁以后结婚者只占21.94%，比上年下降6.09%。农村平均初婚年龄（20.9岁）比全省平均水平（21.4岁）低0.5岁。在这种情况下，早育和不按规定的生育间隔而生育的人群有所增多，计划外二孩生育率相当高（全省计划外二孩占二孩出生数的85.51%）。控制人口增长的措施未能完全抑制住农村中的早婚早育，全省的人口增长速度加快了。

江西省和全国一样，在经济体制改革的推动下，商品经济发展很快，人口在城乡之间的流动增加了，城镇和集镇吸引来的农村人口日益增多。在江西，当政府适当放宽了一些农村人口进城进镇的政策之后，有一部分农民进入集镇或城镇，成为自理口粮的常住人口，从事非农业的经济活动，并在此生育和抚养后代。1986年底，全省226个集镇中的这类户数占集镇全部户数的7.29%，这类人数占集镇全体人口的4.9%。

处于城乡之间的镇，其生产和消费更相似于城市，这里的居民比农民更易于接受现代观念。居住于集镇和城镇的人口，有低于农村的生育水平，又有高于农村的素质要求。但是，江西省大部分的镇目前经济文化水平并不高，进镇的农民虽然职业和居住地发生了变动，但他们中的许多人仍保持着一定程度的农村生活方式和生育观念，集镇的户籍管理和生育管理还存在某些疏漏之处，这就使进镇的农民有可能隐脱于人口生育管理之外自生自育，出现超生。在进镇的农民中，有相当数量的人未落常住户口。据1986年全省人口统计，他们中超计划生育的婴儿竟占到全部未落常住户口人员的35.34%。这些情况说明，生产力水平不高，限制了某些控制人口增长措施的影响范围和社会效力，这是影响江西省1986年人口增长率回升的又一个因素。

三、受传统生育观念的影响，人口增长率回升

人类自身的繁衍是受一定生育观念影响的社会行为。人们的生育观念，是周围政治、经济、文化、伦理道德观念共同影响的产物。当前，江西省农业经济比重还不小，农村人口数量

多，以手工劳动为基础的自给、半自给的传统农业经济，仍在相当一部分农村地区存在。近年来，为了控制人口增长，实施人口计划，政府进一步完善了计划生育政策，在堵大口子的同时，又开了部分照顾生二胎的小口子。这时，一些生育意愿特别强烈的人便产生了错觉。不仅农村的独女户要求再生孩了，就连多女户和有儿有女户也都想再生孩子。从育龄妇女生育情况看，1986年，全省妇女一般生育率为69.19%。全省人口的计划外生育率明显提高。与1985年相比，1986年全省已婚育龄妇女的节育率下降1.67%，一孩率下降0.72%、多孩率上升0.33%。这一年，农村中一孩、二孩、多孩比例分别为46.88%、33.90%、19.22%。

在完善生育政策的过程中出现人口增长率回升，这一事实进一步告诉人们，传统生育观念的存在，对控制人口有计划的增长，具有多么大的影响力。为了使计划生育工作健康持久地开展下去，为了使控制人口增长的计划不致落空，必须进一步破除传统的生育观念，不断地用科学的人口理论武装全省城乡人民的头脑，才能有效地降低人口增长的速度。使人口发展同经济发展相协调。

（作者工作单位：江西省社会科学院）

1986年山东省人口发展状况分析

费世宏

一、人口变动状况

据山东省统计局1986年国民经济统计公报：1986年全省人口出生率为19.9‰，死亡率为7.28‰，自然增长率为12.62‰。人口自然增长率比1985年的8.48‰上升了4.14‰。据统计数字推算，1986年度全省出生人口为154.5万人，死亡人口为56.5万人，自然增长人口为98.0万人，加之省外净迁入的9.1万人，1986年全省总人口净增107.1万人。同1985年净增的73.8万人相比，1986年多增加了33.3万人，成为自1974年以来，总人口净增最多的一年(见表1)。

表 1　几个年份的人口增长情况　单位：万人

年　份	1974年	1976年	1978年	1980年	1982年	1984年	1985年	1986年
净增加	89.4	75.2	75.3	78.6	99.5	71.1	73.8	107.1
自然增加	100.3	84.4	87.6	76.4	91.0	59.1	65.1	98.0
省外净迁入	—10.9	—9.2	—12.3	2.2	8.5	12.0	8.7	9.1

从而使1986年全省总人口达到了7 818万人，比1985年递增了1.39%，高于“六五”时期年平均递增1.01%的速度。

二、育龄妇女生育状况

据抽样调查统计，1986全省已婚妇女的总和生育率为4.57，比上年的3.70升高23%。若从年龄组已婚妇女生育率看（见表2），1986年已婚妇女生育水平的提高关键在于低年龄组

表 2　　**1986年育龄妇女生育情况（同1985年比较）**

年龄组（岁）		总和	15—19	20—24	25—29	30—34	35—39	40—44	45—49
已婚生育率（‰）	1986年	4.57	294.7	346.6	159.6	83.2	27.9	1.6	0
	1985年	3.70	240.0	279.6	150.1	50.4	14.8	4.7	0.7
差　值（+/－）		0.87	54.7	67.0	9.5	32.8	13.1	−3.1	−0.7
变化幅度（%）		24	23	24	6	65	88	−194	−100

（15—24岁）和中年龄组（30—39岁）的生育率上升，特别是30—40岁组和35—39岁组的生育率均比上年的同组水平高出2／3以上。同时低年龄组的生育率较之往年有所上升，这一变动表明了育龄妇女在生育年龄上明显提前。据资料统计，从1983年以来全省初育年龄不断下降，到1986年全省育龄妇女的平均初育年龄降为23.3岁，比1983年度下降了2.2岁。

另外，据抽样调查统计，1986年全省出生人口达154.5万人，其中一胎率为55.1%，比上年下降6.1%；二胎率为33.3%，多胎率为11.6%，它们分别比去年上升4.2%和1.9%。由此，全省出生人口比上年多38.5万人，在这多出生的人口中，一胎、二胎、多胎的婴儿比例为1：2.6：0.6。如果再从胎次年龄分布上看，1986年生育二胎的妇女大部分集中在25—34岁组，并且25—29岁组的二胎生育率要高于30—34岁组，其中25—29岁组生育的二胎婴儿数要比30—34岁组多4.3%；同时这两个年龄组的二胎生育率比“六五”时期的1981年分别上升了3.46‰和31.44‰（见表3）。

表3　1981—1986年二胎生育率分年龄组比较　　‰

年　份	1981	1982	1983	1984	1985	1986
25—29岁组二胎生育率	66.17	47.05	40.68	42.7	53.07	69.63
30—34岁组二胎生育率	25.69	17.19	18.55	19.1	22.7	57.13

三、城镇人口变动状况

1986年全省的行政区划比上年有较大变动，有3个建制县改为市建制；同时，镇数由上年的608个减少到597个，其中新增加15个城镇；撤消了已改建市的26个镇。

据统计，1986年全省市人口为2 068.7万人，其中农业人口占70.4%，非农业人口占29.6%。全省市人口比上年增长了12%，超过了总人口的增长速度，特别是其中的农业人口比上年增长15.9%，而非农业人口较上年增长了3.6%，造成这类较大幅度增长的主要原因是行政区划变动的结果。同时镇人口也由1985年的2 241.1万人增加到2 380.5万人，其中农业人口占88.2%，非农业人口占11.8%。全省镇人口的年增长速度为6.2%。由于市、镇人口的大量增加，使全省的城镇人口比重由1985年的45.4%上升为57.2%，人口城市化水平居全国的中上游。随着城市化的发展，全省1986年新增加了35个1万人口以下的镇，13个1—2万人口的镇，减少了59个2万人口以上的镇(见表4)。这种向小城镇化方向发展的趋势，有利于经济体制的改革，有利于农业生产的现代化和农产品商品率的不断提高，使农村剩余劳动力解放出来，

表4　山东省1985—1986年城镇发展变化情况　　单位：个

按人口数分组	1万以下	1—2万	2—3万	3—4万	4—4万	5—10万	10万以上
1985年	4	52	173	170	109	98	2
1986年	39	65	141	151	102	97	2

除一部分从事林、牧、副、渔业的多种经营外，另一部分则进入小城镇从事第二、三产业，这样对大量的农业人口流向大城市起到截流作用。

四、人口大幅度增长的原因

据统计推算，1986年全省育龄妇女生育率为70.53‰，比上年的55.12‰上升了15.41‰。其中受生育水平因素影响比1985年提高14.95‰；受年龄构成因素影响比1985年只提高0.46‰。因为1986年正处在1962年开始的第二次生育高峰期出生的人口相继进入婚育年龄的最初阶段，所以年龄构成的因素还没有显示出较大的影响力。造成1986年全省出生人口增加、生育率回升的主要原因：一是育龄妇女的平均初育年龄大大提前；二是因调整计划生育政策，二胎生育增加较多。

值得重视的是，育龄妇女尤其是21—29岁的妇女生育能力最强，对出生人口的影响最大。从现在起到1995年前后，全省正处在一个新的生育高峰期，平均每年约有2 243万名育龄妇女，而且平均年龄都在29岁左右，年龄构成轻；同时大量独生子女户的育龄夫妇开始进入26岁以上的年龄组，这使人口控制的任务更加艰巨。面对这一现实，应当继续大力提倡晚婚晚育，继续提倡一对夫妇只生一个孩子。

（作者工作单位：山东省统计局）

1986年河南省人口发展状况分析

张胜生　　张曼平

1986年是解放以来河南省人口发展中第三次生育高峰的前锋，是河南省人口发展中的重要年份之一。根据1986年人口变动情况抽样调查结果分析其发展的主要状况如下。

一、全省人口抽样调查概况

1986年人口变动情况抽样调查共调查24个县、市、区，40个乡（街道），237个村民(居民)小组。经电子计算机汇总，总户数为8 115户，年平均人口35 858人，年初为35 649人，其中男18 030人，女17 619人；年末36 066人，其中男18 249人，女17 817人。全年共出生706人，其中男395人，女311人。出生性比例为127，出生率为19.69‰。全年死亡235人，其中男127

人，女108人，死亡率为6.55‰。出生、死亡相抵，1986年抽样调查净增人口471人，自然增长率13.14‰。比1985年高出将近3‰。用此自然增长率推断全省，总人口为7 848万人，突破全省人口计划36万人，比1985年净增102万人，这是近几年来净增人口最多的一年。全省迁入人口867人，迁出人口826人。总和生育率达2.39。

二、1986年自然增长率出现大幅度回升

1982年抽样调查自然增长率为14.87‰，1983年为11.56‰，1984年为10.1‰。然后开始回升，1985年为10.28‰，到1986年出现了较大幅度的回升，为13.14‰。回升的主要原因，一是受人口再生产的周期影响，1962年至1973年间生育高峰期出生的人口，相继进入婚育期，仅1986年进入婚育期的女性人口即有96万多人，育龄妇女人数由1985年的1 999万增加到1986年的2 062万人，二是计划内二胎照顾增加，计划内二胎的规定又新扩大了照顾面。三是计划外二楼增多，多胎仍然控制不住。据1986年抽样调查，出生婴儿706人中，一胎371人，占52.5%；二胎252人，占35.7%；多胎83人，占11.8%。与1985年相比，一胎率下降，二胎率上升7.7%。据抽样调查户口登记状况看，出生婴儿已报户口的63.2%，未报户口的占6.8%。未报户口的这部分大多是计划外出生。

三、人口增长的主要方面在农村

据1986年人口变动情况抽样调查，全省出生率为19.69‰，比1985年高2.78‰。其中农村1986年出生率为20.57‰，比上年高3.12‰；而城市出生率则有所下降，由1985年的11.04‰下降到1986年的9.6‰。从出生婴儿胎次的城乡分布看，二胎和多胎出生人数基本上分布在农村。全省二胎252人，其中农村249人，占98.8%，城市只有3人。多胎83人，全部分布在农村。

四、总人口性别比正常，出生性别比偏高

1986年人口抽样调查年末总人口为36 066人，其中男18 249人，女17 817人，总人口性别比为102.43属正常范围。分市、县看，市总人口性别比为112.57，较为偏高。这是因为抽中的城市调查点属重工业性质，男性人口较多所致（如焦作市马村因是煤矿，调查人口全部是男性）。由于农村剩余劳动力流入城市，县总人口性别比略微偏低，为101.33。

全省出生婴儿性别比为127.30，市出生婴儿性别比为100，县出生婴儿性别比为129.12，以全省及市、县出生婴儿性别比看，市出生婴儿性别比正常，全省以及县出生婴儿性别比偏高。

五、全省平均初婚年龄城市高于农村

据1986年抽样调查，全省平均初婚年龄为22.8岁，城市女性人口平均初婚年龄在23—26岁之间，农村女性人口平均初婚年龄在21—23岁之间，城市的平均初婚年龄高于农村2—3

岁。

从1986年分年龄已婚妇女初婚年龄分布情况看，近几年来早婚比例有所增加，20—24岁组已婚妇女在20及20岁以前结婚的占本年龄组已婚妇女的19.16%；25—29岁组已婚妇女在20及20岁以前结婚的占本年龄组已婚妇女的13.64%。也就是说，20—24岁组已婚妇女的早婚比例，比25—29岁组已婚妇女的早婚比例高出5.52%。

六、育龄妇女的生育胎次分布

分年龄育龄妇女1986年生育胎次分布，第一胎主要分布在19—35岁的育龄妇女中，一胎最集中的年龄是20—28岁，高峰年龄是24岁；第2胎主要分布在19—40岁的育龄妇女中，2胎最集中的年龄是23—34岁，高峰年龄也是24岁；多胎主要分布在23—46岁的育龄妇女中，多胎最集中的年龄是28—36岁，高峰年龄是31岁。

七、年龄别生育率提高

据1986年人口抽样调查，年龄别生育率普遍提高（见表）。

1985年、1986年分年龄组生育率情况

‰

年 龄 组	15—19岁	20—24岁	25—29岁	30—34岁	35—39岁	40—44岁	45—49岁
1985年生育率	2.76	139.70	172.96	65.30	10.84	0.53	0.14
1986年生育率	3.19	165.73	176.63	93.58	23.57	2.65	1.41

从以上资料看，20—24岁组、30—34岁组上升较为明显，20—24岁组，1986年比1985年上升26.03‰，30—34岁组比1985年上升28.28‰。20—24岁组生育率上升较高的主要原因是由于平均初婚年龄提前，早育年龄也随之提前，从而使生育高峰由25—29岁组向20—24岁移动。30—34岁组生育率升高的原因主要是由于2胎或三胎的育龄妇女人数增加并集中在这个年龄组所致。另外，20岁以下和35岁以上的育龄妇女年龄别生育率也有所提高，这说明早婚早育和多胎现象仍然存在，并有所发展。

1986年人口调样调查计算结果，育龄妇女总和生育率达2.39，比1985年的1.98回升0.41，已经接近1982年2.4的水平。

八、家 庭 户 规 模

以1986年人口抽样调查户规模情况看，1—2人户占全部家庭户的16%，3—5人户占全部家庭户的58%，6人以上户占全部家庭户的26%。平均户规模4.4人。城市户平均每户3.4人，农村户平均每户4.6人。

以户规模的比例看，3—5人户占家庭户规模比例最高，其家庭成员关系主要是户主、配偶及子女组成。可见，核心家庭是现今的主要家庭结构。

九、人口的机械变动

1986年人口抽样调查，全省迁入人口878人，其中外省迁入108人，占总迁入人口的12.3%，省内迁入770人，占总迁入人口的87.6%；全省迁出人口932人，其中迁往外省的145人，占总迁出人口的15.16%，迁往本省的787人，占总迁出人口的84.4%。从迁入迁出情况看，迁出范围主要在本省，省内流动人口占85%左右。

从分年龄迁移情况看，迁移最多的是20—24岁组的女性人口，占总迁移人口的35%，这个年龄组的女性人口正值结婚年龄，这是人口迁移的主要原因之一。

除上述九个方面的分析以外，以1986年抽样调查情况看，河南省的婚姻结构稳定，死亡率几年来一直保持在6‰左右，青壮年人口比重逐步上升，人口的总负担系数明显减小，尤其是城市少年儿童比重迅速下降，人口控制已见成效。全省人口素质正逐步提高，由普及初等教育逐渐过渡到普及中等教育，文盲率正逐步降低，从1982年的36.7%下降到1986年的30.3%，但应该引起注意的是6—11岁不在校儿童还占一定比例。

总之，从全省人口状况看，1986年河南省人口发展进入了一个新时期。这个发展状况提示我们：坚定不移地贯彻执行计划生育这一基本国策仍是摆在全省人民面前的一项重大任务。

（作者工作单位：河南省统计局）

1986年湖北省人口发展状况分析

程祖培　　刘明扬

1986年是“七五”计划的第一年，也是湖北人口发展情况比较突出的一年。从人口统计年报和人口变动情况抽样调查资料都可以看出，这一年人口发展具有与往年明显不同的特点。

一、总人口增长较快，自然增长幅度较高

根据统计年报，1986年底全省总人口已达到4 989.02万人，比1981年增加248.67万人，增长5.25%；比1985年的4 930.97万人增加58.05万，增长1.18%。“六五”期间，全省总人口增加了246.52万人，平均每年增加49.3万人，年增长率为1.03%。1986年人口增长幅度与“六五”期间比较，无论是绝对量还是增长比率都要高。

省内各行政区划的人口减长不平衡。从16个地、市、州人口增长幅度看，有两个比较鲜明的特点：一是城市人口增加快，8个省辖大、中等城市，有7个市的增长幅度都在1%以上，生增人口20.61万，占全省增加人口总数的35.5%；二是山区人口增加快，6个含山较多的地区，有5个地区的人口增长幅度都在1%以上，共增加人口19.57万，占全省增加人口总数的

33.71%。二者合计共增加人口40.18万，占全省新增人口总量的69.22%，而其它4个地、市人口增长的数量不到全省新增人口的31%（见表1）。

表1　　1986年湖北省各地区人口增长情况

地　区	总人口（万人）		增　长　情　况	
	1985年	1986年	增长量(万人)	增长幅度(%)
全　　省	4 930.97	4 989.02	58.05	1.18
武汉市	611.52	619.96	8.44	1.38
市区	339.60	349.26	9.66	2.84
黄石市	118.23	120.73	2.50	2.12
市区	45.19	46.00	0.81	1.79
十堰市	33.26	33.85	0.59	1.77
沙市市	27.17	27.73	0.56	2.06
宜昌市	41.05	41.84	0.79	1.92
襄樊市	592.03	598.23	6.20	1.05
市区	42.12	44.16	2.04	4.84
鄂州市	90.68	92.20	1.52	1.68
荆门市	102.15	102.93	0.78	0.76
黄冈地区	593.16	601.08	7.92	1.34
孝感地区	487.89	493.27	5.38	1.10
咸宁地区	288.98	292.03	3.05	1.06
荆州地区	1 005.20	1 014.27	9.07	0.90
郧阳地区	271.26	273.92	2.66	0.98
宜昌地区	324.30	327.97	3.67	1.13
鄂西自治州	337.12	341.38	4.26	1.26
神农架林区	6.96	7.63	0.67	9.63

资料来源：1985年各地区人口按1986年行政区划作了调整。

湖北省1986年人口增加较多，主要是出生率上升使自然增长率增高。根据公安年报资料，该年度省除迁入的人口为10.42万，迁出的为8.66万，净迁入人口为1.76万，仅占新增总人口的3.03%。而当年人口变动情况抽样调查资料表明，全年人口出生率达到22.38‰，比1985年的19.95‰上升了2.43‰；自然增长率达到13.23‰，比1985年的12.33‰上升了0.9‰。

湖北省人口出生率的自然增长率回升主要有以下几个原因：

（一）育龄妇女人数增加，由于1962年以后至70年代初生育高峰期出生的人口相继进入婚育期，1986年，全省育龄妇女总数已达1 385.6万人，比1985年的1 325.7万人增加40.1万，其中21—29岁生育旺盛期的妇女达420.8万人，即使按照1985年的生育率水平不变，全年也要多出生3万多人。据预测，育龄妇女的这种增长趋势将持续到2030年左右，因此，在今后几十年的时间内，全省都面临着人口高增长的压力。

（二）婚、育年龄提前。人口变动情况抽样调查资料表明，1985年湖北省平均初婚年龄为24.34岁，1986年已提前到23,34岁，提前了1岁。咸宁市、大冶县等地的典型调查资料也表明，1986年的晚婚率约比1985年降低6%左右。产生这种状况的原因，一方面是由于实行生产责任制后，个体农户对劳动力的需要；另一方面，也由于近两年行政体制改革、人事调整，使计划生育工作中出现了某些薄弱环节，一部分人便抢时间结婚生孩子。

由早婚导致的早育和出生人口增加的现象也是很明显的。1981年，全省生育峰值年龄为25—29岁，随着婚龄的提前，生育年龄也逐渐提前。1986年，不仅生育峰值年龄已基本推向20—24岁，15—19岁低龄妇女的生育率也由1981年的4.18‰上升到12.91‰，提高了2倍。按1986年抽样调查的资料推算，当年全省新生婴儿中，15—19岁妇女生育的孩子约占3.8%。与1981年的生育率比较，仅这个年龄组就多出生2.4万人。湖北省各年龄组育龄妇女生育率变动情况见图1：

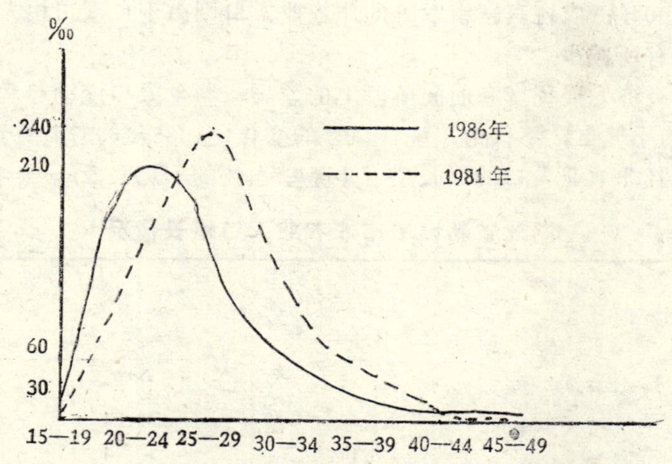

图1　各年龄组育龄妇女生育率变动曲线

（三）多胎率上升，1985年初“为独女户开口子”的计划生育政策进行试点以后，对全省的影响较大。除独女户和少数民族地区照顾生二胎以外，一部分多女户也要求照顾；而一部分“独男户”，也以“男女都一样”为借口，提出“独女户能生，独男户也应该生”。使部分基层干部的思想发生了动摇，对抢生、超生的现象控制不力，致使多胎率有较大幅度的上升。从近两年人口变动情况跟踪调查的资料可以看出，1986年由于新增育龄妇女虽然使一胎率由1985年的50%上升到50.85%，但是二胎率由34.1%下降到32.2%，多胎（三胎及以上）率由1985年的15.9%上升到16.95%。受这一因素的影响，全省大约比1985年多出生0.9万人。

二、城乡人口变动大，非农业人口增加

1986年，湖北省城乡人口的数量和比重发生了历史上少有的变化。市（不含县）、镇总人口由1985年的1 882.90万猛增至2 356.91万，增加474.01万，增长幅度达25.17%；县（不含镇）人口由1985年的3 048.07万下降至2 632.11万，减少了415.96万，下降13.65%。城乡人口占总人口的比重已分别由1985年的38.19%和61.81%改变为1986年的47.24%和52.76%。

市、镇之间人口的增长情况也有很大的差异。1986年底，全省城市人口共1 628.47万，比1985年的1 163.60万增加464.87万，增长39.95%；镇（县辖镇）人口为728.44万，比1985年的719.30万增加9.14万，增长1.27%，两相比较，城市人口的增长幅度约为镇的31倍。

产生上述情况及其差异的原因，主要是行政区划变动所致。1986年，国家批准将湖北省的麻城、应城，浦圻、石首、沔阳、利川等6个县改建制市（其中沔阳县更名为仙桃市），使城市人口增加了451.64万，占城市新增人口总数的97.15%，占市镇新增人口的95.27%，而这6个新城市1985年所含的39个镇70.74万人也随着转入了城市，致使按集镇口径统计的人口数量增长较慢。若按可比口径计划，则城市人口增长幅度为1.20%；镇人口增长幅度为12.32%，镇人口的增长幅度为市人口的10倍以上。同时，城镇人口增长也与经济建设发展、农村人口转移有关。1986年，全省非农业人口达到1 080.45万，比1985年的1 048.42万增加32.03万，增长幅度为3.06%，其中城市非农业人口由1985年的885.96万增加到939.10万，增长53.14万，增长嗝度为6.00%；农村县辖镇以外的非农业人口则由于自理口粮人口返回农村和向城镇流动，比1985年有所减少。

各县、市由于经济发展程度和时间阶段上的差异，城乡人口变动趋势和幅度明显的不同。6个由县改设的小城市，不仅由于统计口径的变化使1985年的374.9万农村人口全部转入了城市的范畴，而且非农业人口的增长速度也是相当快的（见表2）。

表2　湖北省新设城市非农业人口增长情况

城市名称	非农业人口总数（万人）		非农业人口增长	
	1985年	1986年	增加人数（万人）	增长幅度（%）
合计	37.43	57.11	19.68	52.58
麻城市	5.26	7.10	1.84	34.98
应城市	4.80	8.14	3.34	69.58
蒲圻市	10.27	10.65	0.38	3.70
石首市	4.14	7.29	3.15	76.09
仙桃市	11.16	20.14	8.98	80.47
利川市	1.80	3.79	1.99	110.56

其次，过去一些较落后的山区县近年来城镇人口也有较大的增长。如位于大别山南麓的罗田县，1985年城镇人口为6.68万，1986年增加到7.53万，增长12.73%，其中非农业人口由1985年的2.41万增加到1986年的3.58万，增长48.55%；位于同一地区的英山县1985年城镇人口为4.29万，1986年已增长到5.29万，增长23.31%，其中城镇非农业人口由1985年的1.65万增长到1986年的2.61万，增长58.18%。而过去有些城镇人口比重较大的县，近年来由于自理口粮人口减少，不仅城镇人口增长缓慢，非农业人口也比上年明显减少。如毗邻襄樊市的襄阳县，1985年城镇非农业人口为10.66万，1986年减少到10.31万，下降3.28%。

三、年龄中位数稍有下降，婚姻构成和家庭规模比较稳定

1986年较多的新生人口使湖北人口的年龄结构进一步年轻化。根据近两年抽样调查资料计算，1985年人口年龄中位数为24.7岁，1986年降低到24.1岁，下降了0.6岁；少年儿童（0—14岁）比重由26.78%上升到28.48%，提高了1.7%；老年人口(60岁及以上)所占的比重由9.67%下降到9.04%，下降了0.63%（见表3）。

各地区由于出生率、死亡率和迁移情况的差别，人口年龄分布具有不同的特征。大、中

表3　　湖北省各年龄人口比重　　(%)

年龄组(岁)	1985年	1986年	年　龄　组	1985年	1986年
合　计	100.00	100.00	20—29	18.98	18.73
0—4	7.80	9.90	30—39	14.87	14.55
5—9	8.62	8.44	40—49	9.26	9.12
10—14	10.36	10.14	50—59	8.21	7.98
15—19	12.24	12.10	60岁及以上	9.67	9.04

城市城区生育政策贯彻执行较好，对人口控制较严，因此，儿童所占的比重小，仅为18.99%，其中0—4岁婴儿占6.37%。同时，由于吸收了较多的外来青、中年人口，所以老年人口的比重也不高，只占9.81%。小城市和平原县由于农村人口多，出生率也相对高一些，因此，少年儿童所占的比重也较高，为28.16%，其中0—4岁婴幼儿占9.39%。又由于这类地区农村的青年和中年人口进城工作学习或务工经商的人较多，因此，老年人口所占的比重也较大，为10.11%。而丘陵和山区则由于土地面积大，居住分散，经济和文化也不如城市和平原地区发达，不仅出生率较高，农村劳动力向外转移的人也较少，因此，少年儿童所占的比重较前两类地区更高，为31.77%，其中0—4岁婴幼儿为11.40%；老年人口所占的比重则较低，为9.81%。

与人口的数量和年龄变动情况相比，人口的婚姻结构变动较小。1986年抽样调查的结果表明，15岁以上的人口中，有配偶的比重占64.76%，比1982年的62.54%提高了2.22%。主要原因是15—24岁人口的结婚率比1982年提高了9.07%。丧偶和离婚独居的人口分别只占7.4%和0.66%，与1982年的7.5%和0.62%的比重十分接近，说明全省人口的婚姻状态比较稳定。

家庭规模的变动也不大，按抽样调查资料计算，1986年户均人口为4.06人，仅比1983年初的4.10人降低0.04人。

（作者工作单位：湖北省统计局）

1986年湖南省人口发展状况分析

周光复

1986年湖南省的人口发展。与"六五"期间相比，发生了明显变化。由于生育高峰的冲击及群众生育观的复杂性、工作上的不适应性，使部分地区的人口出生出现了失控、半失控状态。此外，婚育年龄的提前，总和生育率上升，人口结构发生变动，等等；这一系列人口现象都是值得认真研究和思考的。

一

根据省国民经济和社会发展统计公报，1986年末全省总人口为5 699.5万人，比上年末增加77万人，对照湖南省1986年的计划人口控制目标，超计划增长19万人，总人口增长率为

1.37%。总人口数量与前几年相比，呈现明显的大幅度增长趋势。如1985年比1984年增加64.68万人，增长1.16%；1984年比1983年只增加51.89万人，增长0.9%，幅度都低于1986年。1986年人口迅速增加的主要原因，是人口出生率较大幅度的回升。根据省统计局人口变动情况抽样调查，1986年湖南省人口出生率为19.9‰。比1985年的18.16‰上升了1.74‰。按人口出生率推算，1986年人口出生数为113.42万人，相当于一个大城市的人口数量。1986年人口死亡率却出现了下降趋势，由1985年的6.47‰下降到6.3%，下降了0.17‰。按人口死亡率推算，1986年全省死亡人数为35.9万人。一方面人口出生率上升，另一方面人口死亡率下降，这就形成了人口自然增长率的较大幅度增长。1986年湖南省的人口自然增长率达13.6‰，比1985年的11.69‰上升了1.91‰。按人口自然增长率推算，1986年湖南省自然增长人口为76.46万人。很明显，从人口总数、人口出生、人口自然增长等各项指标来看，湖南省的人口发展都显示出大幅度回升，出现了人口增长的失控现象。

这些问题，是怎样发生的呢？有客观原因，也有主观原因。首先，60年代的生育高峰出现了周期性的循环。1986年进入婚育人群的人口数量达100万之多，这主要是60年代中期出生的人口。由于人口再生产规律的影响，历史上的生育高峰，在经历一个生育周期之后，会再度出现。如果控制人口增长的措施不力，新的生育高峰势头将更加凶猛。

其次，群众中尤其是农民的生育愿望和动机较为复杂。根据湖南省衡阳市对6县1市2区的30多个乡镇的调查，农民的生育意愿一般仍倾向于早婚、早育、多生和生男孩，从超计划外生育动机来看，就多达16种，占调查人数的比重分别为："一个孩子养不大"占24.59%；"劳力少难富"占14.03%；"人少受欺"占11.59%；"有女无儿"占9.76%；"养儿防老"占7.32%；"保持平衡"占5.08%；"传宗接代"占4.88%；"使长辈满意"占4.27%；"不会避孕"占3.86%；"奖罚不兑现"占3.46%；"怕上手术台"占2.64%；"不超生吃亏"占2.44%；"减轻下代负担"占1.83%；"有钱养得起"占1.22%；"怕骂假积极"占1.22%；"独子不好养"占0.81%。其中，前8种动机共占81.57%。当然，生育动机的复杂性与农村现阶段生产发展水平、传统观念影响、计划生育政策的执行状况、手术质量和人们各方面的心理因素有关。这些因素，是造成湖南农村"普遍生两胎加多胎"的重要原因。

第三，对计划生育政策的片面理解、思想工作的放松以及节育手术质量差，是1986年人口大幅度回升的主要原因。在我国现阶段，行政干预对控制人口增长起着举足轻重的作用。在制定和执行计划生育政策过程中，有的把完善政策，"开小口子"，理解为可以普遍生两胎，有的任意放宽政策，把小口子扯成大口子，不敢理直气壮地宣传提倡一对夫妇生育一个孩子，造成生育失控。这几年，随着农村推行生产责任制，实行干部选聘合同制，乡村干部的精力主要集中在生产上，无心思抓好计划生育。计划生育的工作难度，以及机构改革中各个方面对干部的需要，使得一批经过专门培训、素质较高的计划生育专职干部改作其他工作，造成计划生育干部队伍素质下降。比如，湖南省桃江县，1979年招收的50名经过培训的专干，于1984年以来提拔担任县副局级以上干部的有29人，调到其它单位工作的有14人，离职读书的3人，现实际只剩14人。桃江县现有的58名专干，其中干部只有17人，职工27人，还有14人是临时合同工。这就直接影响到计划生育工作的质量和成效。多年来，节育手术对控制人口增长起了重大作用，但部分地方因手术质量问题，影响了计划生育的开展。

上述分析表明，1986年的人口失控，使湖南省在主客观方面都面临着严峻的形势。"七五"期间，将会出现新的生育高峰。5年内，湖南省进入婚育年龄的女性总数将达350万人，比“六五”期间高出35%。在人口基数大的情况下，如按1986年的人口增长水平持续下去，到2000年，湖南省将增加人口1 152万人，总人数将达6 851万，等于增加14个大县。人均耕地将由1986年的0.88亩减少到0.74亩，人均减少0.14亩；从人均纯收入和口粮水平来看，需要增加收入51亿元、增产粮食69亿斤，才能维持现在的消费水平。这样快的人口增长速度，是国情和省情所不能允许的，本世纪末的“小康水平”也将成为一句空话。因此，加强领导，加强人口理论教育和宣传，采取措施有力地控制人口增长，是湖南省人口发展实际状况提出的客观要求。

二

人口增长，直接与妇女初婚年龄、总和生育率、生育孩次率密切相关。据省统计局1‰抽样调查，1986年湖南省妇女初婚年龄为21.6岁，低于1982年第三次人口普查时的21.8岁，距离晚婚年龄的水准较远，据部分地区调查，农村早婚现象较为普遍。湖南益阳地区对农村1983——1985三个年度的650对初婚夫妇的调查表明，早婚的比例占26.6%，湖南南县对11个村1986年的新婚登记调查表明，早婚比重占18.1%。早婚带来的直接后果是早育。如前所指的益阳地区650对夫妇中，早育比重占23.9%。在偏僻贫困的山区，这种现象更严重。湖南江永县兰溪瑶族乡，1986年出现了17岁的女孩生孩子的现象。19岁以下育龄妇女生育子女的比例占7.8%，早育比重高达59.5%。又据省统计局1985年对10个县（市）20个村的调查，未到晚育年龄生育的比重占被调查人数的41.36%，她们的生育峰值年龄为23岁，这个年龄妇女的生育数占全部生育数的20%。农村妇女生育起点年龄早、生育期长，既增加了人口失控的因素，又增加了控制人口的艰巨性。1986年的早婚早育现象，也是造成人口失控和大幅度回升的重要原因。

早婚早育现象的形成，既与中国传统的封建思想有关，又与人们的文化水平、文明程度有关。从益阳地区的650对初婚夫妇调查中发现，早婚早育比重高低直接受文化程度高低的制约。具有高中文化程度的，早婚比重占13.9%，女性早育比重占4.9%；而小学文化程度的，早婚比例则高达30.8%，女性早育高达35%。调查表明，文化程度较高的初婚育龄夫妇，有一定的抱负和较强的事业心，较易接受新的生育观念。文化水平较低的男女青年，知识贫乏，与外界接触少，易于接受旧的传宗接代观念。益阳地区调查的650对男女青年中，具有高中文化程度，有传宗接代观念的男女分别占29%和41%；而只有小学文化水平的男女却分别占87.4%和82.7%。可见，提高群众尤其是农民的文化素质，不仅对控制人口增长，而且对实行优生优育，提高整个中华民族的人口素质都是极其有益的。

根据省统计局1‰人口抽样调查，1986年的总和生育率为2.25，与1985年接近。但孩次率的变化却比较明显，据省计划生育委员会提供的资料，全省一孩率由1985年的62.27%下降到1986年的61.48%；二孩率由1985年的30.6%上升到1986年的31.25%；多孩率由1985年的7.13%上升到1986年的7.2%。如将1986年的孩次率与1985年和“六五”期间比较，出现一孩率由逐年上升的趋势转为下降；二孩率和多孩率则由逐年下降转为上升。这正是1986年较大范围地生育二胎加多胎的佐证，也是人口失控的主要原因之一。二胎加多胎生育现象的出现，与生育政策不稳定，相当一部分群众产生不信任感，担心政策变化，抢生超生孩子有关。当然，也受到经济因素的内在影响。在农村以手工劳动和体力劳动为主的生产力水平条件下，推行生产责任制后，刺激了家庭对劳动力特别是男劳力的需求，劳动力成为致富的主要手段，农民普遍要求多生孩子。据湖南衡南县的三塘镇、茶市区、硫市镇的17个村1 058户的调查，想生两个孩子的比例占68.6%，想生3个孩子的占19.47%；想生4个孩子的占8.79%，还有想生5个孩子的。由于农村消费水平较低，增加人口对家庭经济的压力不大，一部分农民追求生男孩和增加劳动力。在这种情况下，如果放松工作，就是计划生育基础较好的先进地区也会掉下来。如湖南衡东县扬桥区，1986年前一直是先进单位，受过全国的表彰。由于领导者思想上出现了骄满情绪，一些行之有效的制度流于形式，计划生育工作明显被动。1986年与1985年相比，一孩率下降6.92%，二孩率上升6.87%，多孩率上升0.19%，人口出生率上升6.47%。计划生育的规律将表明，一年放松，三年难翻身。

三

人口结构，是人口发展状况的标志之一，它对今后的人口再生产有直接的影响，对国民经济的发展也有重要作用。

从人口的性别结构来看，湖南省1986年与1985年和“六五”期间差不多，没有发生明显变化。1986年的性别比为108.7，1985年也是108.7，“六五”期间，人口性别比基本上都处于108左右。1986年男性人口占总人口的比重为52.08，女性人口占总人口的比重为47.92，与1985年的男女人口比重分别为52.1和47.9相一致。

从人口年龄构成来看，湖南省1986年与1982年第三次人口普查相比，变化却很大。据省统计局按1982年数据预测，0——14岁人口，1982年为33.94%，1986年下降到23.38%；15——64岁人口，1982年为61.1%，1986年上升到66.21%；65岁及以上人口，1982年为4.96%，1986年则上升到10.41%，形成稳定型人口年龄结构。一方面经济活动人口增加，有利于生产力发展，另一方面老年人口比重加大，也不算太高，这正是一种经济起飞型的人口年龄结构。

从人口的城乡构成来看，湖南省1986年与1985年和“六五”期间相比，变化也较明显。1986年，湖南市镇人口占总人口的比重为34.75%，比1985年的30.6%，高出4.15%，比“六五”期间的平均水平19.36%高出15.39%。乡村人口比重则明显下降，由1985年的69.4%下降到1986年的65.25%，下降了4.15%。如果与“六五”期间的平均水平80.64%相比较，则下降了15.39%。这是一个可喜的现象，它反映了湖南的社会生产力水平在向前发展。这一变化的发生，是推行生产责任制后农村剩余劳动力迅速转移到城市和小城镇，尤其是小城镇的蓬勃兴起带来的。

从人口的家庭规模来看，据省统计局1‰抽样调查资料计算，1986年与1982年第三次人口普查相比较，湖南省的家庭规模在缩小。全省家庭的平均规模已由1982年的4.35人下降到1986年的4.01人。如从不同规模家庭构成状况分析，大家庭比重明显缩小，小家庭比重明显上升。湖南4人户以下的家庭，1986年比1982年有所上升，5人户以上的家庭在下降。按抽样调查资料，1986年1人户占9.8%，比1982年的8.67%上升了1.13%；2人户1986年占12.25%，比1982年的11.25%上升1%；3人户1986年占19.28%，比1982年的15.79%上升3.49%；4人户1986年占23.06%，比1982年的20.15%上升了2.91%；5人户1986年占19.7%，比1982年的20.2%下降0.5%；6人户1986年占9.16%，比1982年的13.09%下降3.93%；7人户1986年占4.04%，比1982年的6.87%下降2.83%；8人及以上户1986年占2.67%，比1982年的4.18%下降1.51%。这些数据，反映了一种符合规律性的现象，即大家庭向小家庭的演变是必然的。

值得注意的是，湖南省在短短4年的时间就发生了这样明显的变化，不能不与经济体制改革带来的家庭分化密切相关。这种变化，将会对今后的人口再生产带来积极的影响，从长远看，是有利于控制人口增长的。

面对1986年人口增长回升的严峻形势，加强领导，重视人口理论的研究和宣传，保持生育政策的相对稳定性，提高节育手术质量，从严控制人口增长，强调优生优育，提高人口素质，长期不懈地抓下去，都是必不可少的对策。

（作者工作单位：湖南省人口研究所）

1986年广东省人口发展状况分析

彭　发　强

广东省1986年末总人口为6 346万人，占全国总人口5.99%。其中男性3 269万人，女性3 077万人。人口密度为每平方公里299人。

由于优越的地理环境和自然条件，近百年来，广东一向是经济文化比较发达的省份，人口发展比较快。1949年为3 000万人。1953年全国第一次人口普查时为3 277万人，占全国总人口5.64%，人口数在全国各省、市、自治区中，居第6位；1964年全国第二次人口普查时为4 045万人，占全国总人口5.85%，人口数上升为全国第5位；1982年全国第三次人口普查时5 930万人，仍然居第5位；1983年以后，人口数跃居全国第4位。广东省人口发展状况，对全国人口的发展有重要影响。

近30多年来，广东省人口发展状况，大致与全国发展趋势相似。但人口增长高峰期比全国持续时间要长，下降幅度也比不上全国。尤其是1962年开始的第2次人口增长高峰期，广东省持续10年之久，每年人口粗出生率都在30‰以上，人口自然增长率在25.89‰—33.99‰之间。略高于同时间全国人口自然增长率23.33%—33.33‰的水平。1970年以后，控制人口增长的工作开始逐年取得一些成效，广东省人口粗出生率从1972年逐年下降，到1977年，人口粗出生率下降到20.98‰，自然增长率下降到15.01%。1978年以后，人口出生率与自然增长率开始回升，至1981年，广东省人口出生率和自然增长率分别回升到24.99‰和19.45‰，比全国同年人口出生率20.91‰和人口自然增长率14.55‰分别高4.08‰与4.9‰。1982年以后，计划生育工作取得显著成效，广东省人口出生率与自然增长率大幅度下降，从1982年至1985年，广东省人口出生率分别为23.24‰、21.15‰、20.90‰和20.70‰；人口自然增长率分别为17.3‰、14.83‰、14.69‰和14.37‰。但仍高于全国平均水平。1986年广东省人口出生率和自然增长率又显著回升。分别回到22.25‰和16.47‰，较全国同年人口出生率20.77‰，自然增长率14.08‰分别高1.48‰和2.39‰。

人口出生率高，是受育龄妇女人数增加和生育率高这两个因素影响的。前者受过去人口增长高峰惯性影响，是不以人们意志为转移的，当然，实行晚婚晚育，可以起延缓作用，但这些人中的绝大部分还是要生育的；后者受生育胎次增加的影响，取决于控制人口增长的政策和执行政策的效果，取决于广大干部和人民群众遵守政策的程度。广东省历年人口出生率高的原因，有时受前一个因素影响，有时受后一个因素影响，而有时却是两个因素共同作用的结果。1986年广东省人口出生率比1985年显著回升，对39个县、市（区）的342个村(居)民小组近6万人的人口变动情况抽样调查结果，1986年末育龄妇女人数为14661人，占调查总人口57 913人的25.3%，比1985年末育龄妇女人数（14 388人）占总人口的比重25.1%仅增加0.2%（按照1982年人口普查资料年龄核算得出的全省1986年末育龄妇女人数为1 601万人，占总人口25.2%，1985年末育龄妇女人数为1 563万人，占总人口25%。可见,抽样调查的育龄妇女占总人口的比重，与1982年人口普查分年龄组推算的数字完全吻合）。育龄妇女占总人口的比重没有增加的原因，是由于1983年至1986年间，每年进入育龄（15周岁）的妇女分别为70万人，72万人、71万人和70万人。同时期每年进入法定婚龄(20周岁)的妇女也保持70万人左右不变。即是说1983年以来，新增加的育龄妇女人数，近几年都没有什么变化。显然，1986年人口出生率回升,是生育率高的因素形成的。1986年育龄妇女生育率为87.3‰。比1985年的79.1‰高出8.2‰，仅由于这个因素影响，使1986年多出生13万人。即是说，如果1986年育龄妇女按照1985年的生育率水平生育，则人口出生率不仅不会上升，而且还略低于1985年。

1986年生育率高的原因，主要在多胎生育，按人口变动情况抽样调查资料对比情况见表1。

分析分年龄组的育龄妇女生育率与总和生育率的变化,也可以进一步说明这个问题。1986年与1985年比较，除15—19岁组生育率略有下降外，其余各个年龄组生育率都上升。尤以34岁以后3个年龄组上升幅度较大。这些高年龄组妇女的生育，绝大多数属于多胎生育,这将导致人口再生产和家庭规模的扩大。分年龄组生育率见表2。

表1　1986年与1985年胎次率变化状况比较

	1985年(%)	1986年(%)	增减数
一胎率	42.37	38.28	−4.09
二胎率	33.82	30.86	−2.96
多胎率	23.81	30.86	+7.05

表2　1986年育龄妇女分年龄组生育率变化状况

年龄组(岁)	1985年(‰)	1986年(‰)	增长率
15—19	11.1	8.7	−2.4(−21.6%)
20—24	146.1	161.4	15.3(10.3%)
25—29	193.9	212.5	18.6(9.6%)
30—34	88.0	95.3	7.3(8.3%)
35—39	31.6	35.5	3.9(12.3%)
40—44	9.9	15.5	5.6(57.6%)
45—49	2.5	3.4	0.9(36%)
总和生育率	2.4155	2.6615	0.246(10.18%)

综上所述，导致1986年人口出生率高，主要是上面提到的后一个因素的影响。因此，1986年出现的人口出生率回升，很可能是暂时的现象。

广东省1987年及以后人口发展趋势，从目前的人口年龄构成分析，预计在1990年以前,人口出生率和自然增长率将在1986年水平左右摆动。因为今后这几年内,每年新增加的育龄妇女人数虽然略有下降,但进入平均初婚、初育年龄的妇女,将维持1986年70万人左右的水平。因此，要降低人口出生率，主要靠降低生育率，即靠做好计划生育工作,减少多胎生育,如果计划生育工作稍有放松，人口出生率与自然增长率不但不会下降，甚至还会再次回升。

广东省的人口死亡率，建国30多年以来，历年都较全国低。1949年全国人口死亡率为20‰，广东省为15‰；1960年全国为25.43‰，广东省为15.09‰，（这一年，全国人口自然增长率为−4.57‰，广东省人口自然增长率为3.63‰）；1971年全国为7.32‰，广东省为

5.52‰；1981年全国为6.36‰，广东省为5.54‰；1986年全国为6.69‰，广东省为5.78‰。

广东省人口死亡率低，是经济、社会发展比较快的结果。特别是1979年以来，广东省经济、社会获得飞跃发展，人民的物质和文化生活水平不断提高，医疗卫生事业日益进步，人口平均寿命延长。1982年全国第三次人口普查时，广东省人口平均预期寿命为71.29岁，比全国同年人口平均预期寿命68.9岁高2.39岁。1982年全省共有百岁以上老人459人，百岁老寿星之多，仅次于新疆，居全国第二位，其中女性394人，男性65人。据省人口普查办公室1986年初对人口普查时97岁以上老人追踪调查结果，1985年全省百岁以上老人增加到501人，3年内增加42人，增长9.15%。其中女性442人，男性59人，最长寿者达114岁。百岁老寿星最多的是珠江三角洲地区，属于或大部分属于珠江三角洲地区的佛山、广州、江门、深圳、珠海5市(含所属县)的人口占全省总人口27.1%，而百岁以上老人却占全省百岁以上老人的40.3%。特别是佛山市所属南海县，1985年有百岁以上老人21人，每百万人口中有百岁老人24.8人，为全省之冠。这正是随着改革开放深入进行，经济日益飞跃发展，社会安定，呈现人寿年丰的新气象。

（作者工作单位：广东省统计局）

1986年广西壮族自治区人口发展状况分析

曾　敏

广西壮族自治区地处祖国南疆，又是全国5个少数民族自治区中人口密度最大、少数民族人口最多的一个。人口发展状况如何，关系重大。1986年随着广西社会经济的发展，广西人口的数量、构成、婚姻、生育，以及人口的文化素质等状况，又发生了明显的变化。

一、人口数量变化情况及原因

（一）1986年净增人口72.93万，总人口增长速度加快。

根据有关部门统计，1986年末，广西总人口为3 945.88万人，约占全国总人口的3.72%左右，在各省、自治区、直辖市中居第11位；比1985年末增加72.93万人，增长1.88%；与1985年净增人口67.12万人相比，多增加5.81万人，增长速度比1985年的1.76%上升了0.12%，也高于全国1.4%的平均水平。由于广西人口增长速度快，人口数在全国总人口中的比重也逐年上升（见表1）。

（二）人口总量变化在民族和地区之间的差异。

1、少数民族人口增长快于汉族。广西是个多民族地区，境内聚居着壮、汉、苗、瑶、侗、仫佬等20多个民族。人口在1万以上的有9个，人口在1 000万以上的有汉族和壮族。1986年汉族人口增加39.86万人，增长1.69%，低于全区平均增长速度；少数民族人口增加33.07万人，增长2.19%，高于全区平均水平。少数民族人口增长最快的是满族，增长37.5%，其次是水族和仫佬族，分别增长27.27%和14.04%。

少数民族人口迅速增长有两个原因：一是因为广西现行的生育政策对少数民族适当放宽，

人口在1 000万以下的少数民族均可生育两个孩子，个别的可以生3个，这是少数民族人口增长快的直接原因。二是因为广西近年来对少数民族实行一系列的优惠政策，有些人更改自己原来的民族成份，这也是促使少数民族人口增长的重要原因。

表1 广西人口数在全国总人口中的比重

年份	全国总人口（万人）	广西总人口（万人）	广西人口占全国总人口%
1981	100 072	3 613	3.61
1982	101 541	3 684	3.63
1983	102 495	3 733	3.64
1984	103 604	3 806	3.67
1985	104 532	3 876	3.70
1986	106.008	3 946	3.72

2、各地区之间人口增长速度差异大，分布不平衡。在广西现有的13个地、市中，1986年人口增长速度高于全区的有北海、南宁、柳州、梧州4市和玉林、钦州两地区。增长速度最快的是北海市，为2.26%，其次是南宁市，为2.25%，最低是梧州地区，为1.43%（见表2）。

表2 1986年广西各地、市人口增长情况

地区别	1985年人口数（万人）	1986年人口数（人万）	增加人数（万人）	增长速度（%）
全区总计	3 872.95	3 945.88	72.93	1.88
南宁市	229.46	234.62	5.16	2.25
柳州市	142.88	145.93	3.05	2.13
桂林市	110.92	112.96	2.04	1.84
梧州市	80.16	81.71	1.55	1.93
北海市	17.59	17.99	0.4	2.26
南宁地区	491.24	499.55	8.31	1.69
柳州地区	337.79	343.83	6.04	1.79
桂林地区	308.93	313.56	4.63	1.50
梧州地区	308.05	312.47	4.42	1.43
玉林地区	781.71	798.95	17.24	2.21
百色地区	326.03	331.21	5.18	1.59
河池地区	331.86	338.01	6.15	1.85
钦州地区	406.33	415.11	8.78	2.16

城市人口增长快，主要是受迁移人口的影响。北海是新开放的城市，迁入人口多（主要是区内迁入），1986年北海增加的0.4万人中，迁移增加占49.93%。南宁市是广西壮族自治区的政治、经济和文化教育的中心，每年都有大量人口迁入（多数为区内迁入），1986年迁移增加的人口占南宁市净增人口的37.09%。玉林和钦州两地区人口增长快则是因为两地区一直保持着较高的生育水平。

（三）人口的自然变动和迁移变动情况。

人口总量的增加或减少，受人口迁移变动和自然变动的影响。1986年广西迁移变动人口为100.12万人，其中区内迁移变动为90.39万人，省（区）际之间的迁移只有9.73万人。区内迁移只能引起区内城乡之间、地区之间人口数量的增减，对全自治区人口总量的变动没有影响。在省（区）际之间迁移的9.73万人中，迁出区外的是5.31万人，迁入区内的是4.43万人，迁出大于迁入。说明广西1986年增加的人口纯属自然增殖。也即1986年人口出生率和自然增长

率的高低，决定着广西人口总量变化的规模和速度。人口抽样调查结果表明，1986年广西人口出生率为27.08‰，死亡率为6.68‰，自然增长率为20.4‰。与全国抽样调查的“三率”相比，广西的人口出生率和自然增长率分别比全国平均水平高6.31‰和6.32‰。与1985年相比，出生率、死亡率和自然增长率均有所回升（见表3、表4）。

表3　1986年人口自然变动情况(‰)

	出生率	死亡率	自然增长率
全　国	20.77	6.69	14.03
广　西	27.08	6.68	20.40
广西比全国	+6.31	−0.01	+6.32

表4　1685年和1986年广西人口自然变动情况比较　(‰)

项目／时间	人口出生率	人口死亡率	人口自然增长率
1985年	25.51	5.60	19.91
1986年	27.08	6.68	20.40
1986年比85年增减情况	+1.57	+1.08	+0.49

（四）影响人口总量发展变化的原因。

1、育龄妇女人群增大。由于受60年代生育高峰的影响，育龄妇女人群不断增大。1982年第三次人口普查时，广西的育龄妇女是833万人，5年来，陆续进入育龄妇女人群的有244万多，退出育龄妇女人群的有77万多，进入多于退出。因此，育龄妇女人群不断增大。1986年末，广西有育龄妇女980万人，比1982年增加了147万人，增长17.65%

2、女性初婚人数增多，早婚早育现象普遍。根据人口抽样调查数据推算，1986年女性初婚人口约48万人，比1985年增加12万人左右，增长32.7%，其中未满20岁结婚的约9万多人，占19.65%，比1985年的16.36%上升了3.29%。初婚的最小年龄是15岁，结婚人数最多的是20岁，其次是21岁和22岁，3个年龄组占初婚人数的49.4%。由于早婚现象比较普遍，女性平均初婚年龄由1982年的22.7岁下降至1986年的21.52岁，下降了1.18岁。

人口抽样调查资料表明，早婚已经导致早育和多生。1986年平均初育年龄为23.23岁，比1985年的23.48岁下降了0.25岁，比1981年的24.94岁下降1.71岁。19岁以下（含19岁）生育的妇女占1986年生育妇女人数的2.3%，比1985年增加0.93%。就是说，1986年广西未到法定结婚年龄就已结婚并生育的妇女约有2—2.5万人，为了有效地控制人口增长，必须继续提倡晚婚晚育。

3、计划外二胎生育多，多胎生育比重大。根据人口抽样调查，1986年出生的1265个婴儿中，属于一胎生育的425人，一胎率为33.6%；二胎生育337人，二胎率为26.64%；三胎及三胎以上的多胎生育503人，多胎率为39.76%。与全国抽样调查数相比，一胎率和二胎率分别比全国少17.65%和4.84%，多胎率比全国（17.27%）多22.49%。在二胎生育的337人中，间隔不到4年的占96.62%，其中不到1年的占3.45%。按照多胎率的比例推算，全区1986年多胎生育的婴儿是29—40万人（29万是按公安统计的出生人数推算的，40万是按抽样调查的出生人数推算）。因此，必须采取有力措施，严格控制多胎和计划外二胎生育，以确保人口计划的完成。

二、人口构成的变化

（一）人口的性别构成。性别比构成情况是前一时期人口再生产的结果，又是后一时期人口再生产的重要条件。在广西1986年的总人口中，男性人口为2 044.36万人，占51.81%；女性1 901.52万人，占48.19%，性别比为107.51（以女性为100）。在全国各省、自治区、直辖市中属较高水平，并呈上升趋势（见表5）。

表5　　广西人口性别构成

年　份	总人口(万人)	男(万人)	女(万人)	性别比（以女性为100）
1982	3 684.11	1 902.34	1 781.77	106.76
1983	3 732.93	1 930.30	1 802.63	107.08
1984	3 805.83	1 969.48	1 836.35	107.25
1985	3 872.95	2 005.24	1 867.71	107.36
1986	3 945.88	2 044.36	1 901.52	107.51

出生婴儿性别比更高，根据有关部门统计，1986年广西出生的73.91万人中，男婴40.08万人，女婴33.83万人，出生婴儿性别比高达118.47。高于全区平均水平的有北海市、桂林、玉林和钦州3个地区，其中最高的是钦州地区，为137.49，比全区高18.99；其次是玉林地区，为128.78，比全区高10.28；最低的是柳州地区，为107.14，最高和最低的地区相差30.55。尤其值得关注的是，出生婴儿性别比最高的地区，也是人口自然增长速度最快的地区。这种极不正常的现象，应引起各级领导和有关部门的高度重视。

（二）人口的年龄构成。人口年龄是影响人口自然增长率和人口再生产的重要因素，也是国家进行行政管理和社会经济决策的重要依据。随着广西社会经济的发展、人口政策的实施、以及人口平均寿命的延长，人口年龄结构也发生了变化。1986年与1982年第三次人口普查时相比，少年儿童人口在总人口中的比重有所下降，劳动年龄人口和老年人口比重有所上升（见表6）。

表6　　广西人口年龄构成

年　份	在总人口中的比重　%			年龄中位数	老　少　比
	0—14岁	15—64岁	65岁以上		
1982年	37.39	57.51	5.1	19.98	13.68
1986年	35.45	58.85	5.7	21.50	16.07

从表6还可以看出，人口年龄中位数也由1982年的19.98岁上升至1986年的21.50岁，上升了1.52岁。广西的人口年龄构成正处于由年轻型向成年型的缓慢过渡之中，还未接近老年型。因此，在今后一段较长的时间内，仍要大力控制人口增长，进一步调整口人年龄结构，使人口发展与国民经济发展相适应。

（三）人口的城乡构成。1982年第三次人口普查时，广西的市镇人口为430.71万人，仅占总人口的11.21%，大大低于全国20.55%的水平。1986年末，广西有11个市、244个镇，市镇总人口为1 506.55万人（不含市辖县），占总人口的38.17%，与1982年第三次人口普查时相比，市镇人口增加了1 075.54万人，增长了2.5倍。但必须指出，不是广西人口城市化速度进展快，而是由于行政区划变动所致。1986年与1982年相比，市增加4个，镇增加152个，但在市镇人口中，绝大多数是农业人口，非农业人口仅占市镇人口的26.32%。如果按可比口径与1985年相比，1986年市镇人口只比1985年增加23.3万人，增长1.57%，低于全区总人口的增长速度。原因之一是因为市镇控制人口增长比农村有成效，人口的出生率和自然增长率比农村低。同时，广西的商品经济不发达，也直接影响了人口城市化的进程。加速城市化的进程，是促进城乡物资交流，调整产业结构，安排劳动就业，加速经济发展的必不可少的战略措施，

三、家庭、婚姻、生育情况的变化

（一）家庭规模呈缩小趋势，但几代同堂的家庭结构仍占一定比重。家庭是组成人类社会机体的细胞，家庭规模的大小和构成如何，对生产和生活都有直接影响。广西1986年末总户数为782.66万户，比1985年的756.9万户增加了25.76万户；平均每户5.04人，与1982年第三次人口普查时相比，平均每户减少了0.21人，与1985年相比，平均每户又减少了0.08人，表明广西家庭规模呈缩小趋势。但总的来说，广西的家庭规模仍然比较大，而且城乡之间又有很大的差别。农村的家庭规模均比城市大，最小的是北海市，平均每户3.95人，最大的是百色地区，平均每户5.53人，相差1.58人。

家庭结构以两代户为主，其次是三代户，两代户和三代户共占88%，比第三次人口普查时的82%上升了6%，说明广西的家庭结构是由大家庭向小家庭，由联合家庭向直属家庭和核心家庭转化，但农村几代同堂的家庭仍占一定比重（约5%左右）。

在农村，家庭既是一个消费单位，也是一个生产单位，家庭规模大一些，有利于生产上的分工合作，几代同堂方便于照顾老年人。在城市、家庭规模还是小一些为好，这样可以避免生活上的互相依赖，减少一些不必要的矛盾。

（二）人口的婚姻关系稳定。人口抽样调查结果，在15岁及15岁以上的人口中，1986年末未婚人口占30.62%；有配偶人口占61.44%；丧偶人口占7.26%；离婚人口占0.68%，与1982相比，几乎没有什么变化（见表6）。

表6　　15岁及15岁以上人口的各种婚姻状况　　（%）

年份	合计	未婚	有配偶	丧偶	离婚
1982年	100.0	30.83	60.88	7.65	0.64
1986年	100.0	30.62	61.44	7.26	0.68

离婚率很低，说明广西人口的婚姻状况是非常稳定的。

（三）育龄妇女生育水平仍较高。1986年以来，广西有育龄妇女980万人，占总人口的24.84%，占女性人口的51.54%。人口抽样调查资料表明，1986年广西育龄妇女的一般生育率为117.49‰，总和生育率为3.83，与1981年的4.12相比，减少0.29，但在全国仍属于最高水平之列。

广西是个少数民族地区，经济文化都比较落后，生产力水平也很低，人口状况比较复杂，尽管城乡都有剩余劳动力，农村妇女也很能干，大多数都是家庭的主要劳动力，但绝大多数人由于受"儿女双全"、"多子多福"和"重男轻女"旧思想、旧观念的影响，仍想早育和多

生，特别想多生男孩。同时，广西的计划生育工作起步较晚，近年来各级党政领导对计划生育工作也比较重视，但目前仍然处在时紧时松的状况，还没有象先进省份那样深入人心。

四、人口科学文化素质的变化

人口的科学文化素质是反映人口素质的重要指标。随着广西经济和教育事业的发展，人口的科学文化素质又有了一定的提高。1986年广西在校的大学生为3.38万人，比1985年的3.05万增加了0.33万人，增长10.82%；中等专业学校的在校学生为5.5万人，比1985年的5.1万人增加了0.4万，增长7.84%；普通初中在校学生105.21万人，比1985年增加9.71万人，增长极10.17%；小学在校学生544.3万人；学龄儿童入学率由1985年的95.2%上升到1986年95.6%。学前教育和盲、聋、哑教育有所加强。成人教育蓬勃发展，职工、农民中参加文化技术学习的人数增多，教育质量也有所提高。科技队伍也进一步扩大，1986年全民所有制单位有自然科学技术人员19.07万人，比1985年增加0.96万人，增长5.3%；有社会科学技术人员24.24万人，比1985年增加0.28万人，增长1.17%。但也必须看到，广西的人口文化素质仍然是比较低的，各种文化程度人口在总人口中的比重除小学以外，其余均低于全国平均水平。不能满足“四化”建设的需要，这是广西经济和教育落后的集中表现，也是经济落后的主要原因。因此，在严格控制人口数量的同时，必须大力发展教育事业，尽快提高人口素质。

（作者工作单位：广西壮族自治区统计局）

1986年四川省人口发展状况分析

罗启蒙　陈善星

近两年来，四川人口数量的增长较快，根据人口变动抽样调查，1986年人口出生率为20.52‰，死亡率为6.87‰，自然增长率为13.65‰。按此推算，1986年出生人口为209万，死亡人口为70万，生死相抵后自然增长为139万，年末人口为10 327万，突破年计划30万，人口增长势头之猛，数量之大是近10年所未有过的。它给四川的经济发展和人民生活的提高造成极大冲击，成了各级领导和全社会都十分关注的重大问题。

一、人口发展的“大落”“大起”

从历史上看，1963年四川人口自然增长率为37.28‰，是全国罕见的高增长率。此后开始下降，1984年降到了3.7‰，下降到最低点。1985年人口自然增长率又开始回升，达到8.18‰，比1984年增长4.48‰，1986年更上升到13.65‰，比1985年增长5.47‰。

与全国人口增长情况相比，1981年以来，四川与全国的人口自然增长率如表1所示。

从表1看到，全国人口自然增长率，最低为1984年的10.81‰，最高为1981年的14.55‰，相差3.74‰，1986年回升较大，但也没有回升到1981年的水平，情况相对稳定。四川人口自然增长率最低为1984年的3.70‰，最高为1986年的13.65‰，相差9.95‰，1986年已经回升到1981

表1　1981—1986年四川省人口自然增长率同全国比较　(‰)

年　度	1981	1982	1983	1984	1985	1986
全　国	14.55	14.49	11.54	10.81	11.23	14.08
四　川	10.93	8.96	6.05	3.70	8.18	13.65
全国与四川比±	3.62	5.53	5.49	7.11	3.05	0.43

年的水平，并超过2.72‰，尤其是1985、1986两年出现跳跃式增长。四川人口自然增长率在一个较长时期一直低于全国水平，前5年差距一直保持在3.05‰以上，1986年仅差0.43‰，反映出四川人口增长幅度已经接近全国平均水平，人口发展由“大落”转变为“大起”的特征十分突出。

此外，1981年以来，四川人口死亡率相对平稳，一直维持在7‰左右，对人口增长变化影响不大。

二、人口大幅度增长的原因

根据人口变动抽样调查资料推算，1986年比1985年增加人口55.98万。除去因死亡率下降0.35‰，相应增加3.18万外，还有52.8万是由出生人口增加造成的。

（一）婚育妇女数量增多，新的生育高峰已经到来。将1983年及以后一些年份进入法定结婚年龄（20岁）和退出育龄的妇女进行比较（见表2）。

表2　进入婚龄与退出育龄妇女人数比较　（单位：万人）

年　度	1983	1984	1985	1986	1987	1988	1989	1990	1991	1992	1993	1994	1995	1996
进入婚龄人数	116	132	121	129	117	127	147	143	154	143	141	143	130	110
退出育龄人数	39	36	42	45	43	46	47	51	51	54	59	54	57	61
出入相抵增加人数	77	96	79	84	74	81	100	92	103	89	82	89	73	49

可以看出，从1983年到1996年，每年进入结婚年龄的妇女人数都大于退出育龄妇女人数，14年平均每年进入法定结婚年龄的妇女有132万，而平均每年退出生育年龄的妇女仅为49万，前者是后者的2.7倍，必然造成育龄妇女人群日益增大。

伴随着婚育妇女数量增长而来的是妇女构成的年轻化。1986年末，15—49岁的育龄妇女全省有2 809.74万，比1985年增加111万。年龄结构也发生了变化。处于生育旺盛年龄的20—24岁妇女为595.38万，所占比重比1985年增加2.47%，增加人数90.16万。随着生育高峰的发展，妇女的年龄构成将越来越年轻。

当前生育高峰具有两个特点，一是在这个高峰中，育龄妇女人数大大高于60年代的生育高峰期。1964年人口普查表明，当时15—49岁的妇女共有1 590万，仅为1986年的56.59%。再将1986年同1964年10—23岁女性人口作以下曲线进行比较（见图1）。从图1可以看到，在新的生育高峰中处于生育旺盛期的妇女人数将是60年代生育高峰时期的两倍。二是在今后10余年中，四川省处于生育旺盛期的妇女比重仍高于全国水平。由于四川人口约占全国1/10，

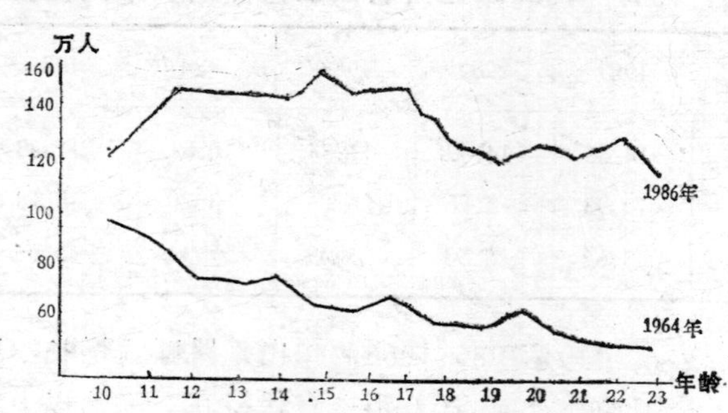

图1　四川省1986年妇女人数同1964年比较曲线

用1986年10—23岁全国1/10的女性人口和四川省女性人口作一对比（见表3）。

表3　四川省10—23岁年龄组妇女人数同全国十分之一妇女人数比较

（单位：万人）

年　龄	10	11	12	13	14	15	16	17	18	19	20	21	22	23
四　川	110	130	143	141	143	154	143	147	127	117	129	121	132	116
全国十分之一	99	105	116	121	122	132	128	137	118	110	124	119	123	137
四川比全国十分之一多的人数	11	25	27	120	21	22	15	20	9	7	5	2	9	−21

以上四川女性除23岁组外，其余各年龄组都比全国1/10的女性人口多。所有这些都证明四川省正面临着一个历史上从未有过的、高于全国水平的、持续时间为10年以上的新的生育高峰期。

（二）生育率提高。四川1986年育龄妇女一般生育率和总和生育率基本上恢复到1981年的水平（见表4）。

表4　四川省1981—1986年妇女一般生育率和总和生育率　　（‰）

年　度	1981	1983	1984	1985	1986
一般生育率	72.58	49.88	41.58	57.10	74.74
总和生育率	2.488	1.566	1.361	1.821	2.312

与人口自然增长率的变化类似，1984年是生育率变化的转折点。在此之前，一般生育率和总和生育率是下降趋势，在此之后是上升趋势。

影响生育率上升的原因，首先是一胎率下降，二胎率增长（见表5）。

1984年以前一胎率上升，二胎率、多胎率下降，1984年以后一胎率下降，二胎率上升，多胎率有升有降。1986年一胎率与1981年接近，二胎率为1981年以来最高水平，多胎率仍保持相当比重。此外，分年龄组的胎次生育率也发生了很大变化（见表6）。

1986年同1983年相比，除反映出20—24岁、25—29岁两个年龄组的一胎率下降，二胎率

表5　　四川省1981—1986年分胎次生育率情况　　（%）

年度	1981	1983	1984	1985	1986
一胎率	56.42	66.96	76.00	61.85	58.56
二胎率	24.11	22.03	17.86	27.20	32.49
多胎率	19.46	11.01	6.14	10.95	8.95

表6　　分年龄组胎次生育率比较　　（%）

年龄	一胎		二胎		多胎	
	1983	1986	1983	1986	1983	1986
15—19	95.45	95.89	4.55	4.11	—	—
20—24	89.7	83.91	9.87	14.80	0.43	1.29
25—29	64.24	61.51	29.51	32.02	6.25	6.46
30—34	24.22	34.70	32.92	45.17	42.86	20.13
35—39	17.39	10.59	8.7	32.66	73.91	56.75
40—44	—	3.53	—	13.51	100.00	82.95
45—49	—	2.74	—	7.32	100.00	89.94

和多胎率上升的问题之外，更值得注意的是1986年二胎率、除15—19岁组外，都是上升。尤其是30岁以上的高龄产妇比重上升很快。这表明1986年有许多原来生过一胎曾经不打算再生孩子的妇女又重新进行生育。

再就是妇女婚育年龄提前。一方面，妇女初婚年龄提前。据调查，江油县德胜(平坝)、含增（山区）、梓潼县的潼江（丘陵）3个乡，1986年1—8月妇女平均初婚年龄为20.93岁。新都县桂湖乡妇女平均初婚年龄1981年为23.07岁，1984年为21.22岁，1986年1—4月为21.16岁，根据人口变动抽样调查，四川省20—24岁生育第一胎的妇女占全部生育第一胎人数的比重，1981年为36.5%，1983年为45%，1985为80%，1986年为82%，逐年增高。而平均生育第一胎的年龄却由1983年的24.35岁下降到22.4岁，生育峰值年龄为22岁。

另一方面，农村不到法定结婚年龄就结婚、生育的现象有增多的趋势。据永川县农调队1986年在15个乡的抽样调查，36个村民小组的89名结婚女青年，有42%未到法定年龄。宜宾县高场乡有早婚女青年169人，约占这个乡1986年16—19岁女青年的20%。芦山县双石乡1986年不到20岁怀孕的妇女占怀一孩妇女人数的50%。省计生委汇总了5个地、市的调查材料，1986年不到20岁就同居、生育的女性人数，约占全部生育一胎妇女的15%，根据人口变动的情况抽样调查，1983年以来，15—19岁妇女生育率呈上升趋势，1983年为3.2‰，1984年为8.28‰，1986年为12.5‰。

综上所述，育龄妇女增多，年龄结构年轻化，加之生育率提高，必然使人口大幅度增长，反映在实际中大致可分为三个方面。一是育龄妇女数量增加和结构变化，带来的多出生的人口，根据育龄妇女数量、一般生育率、年龄别生育率推算，1986年大约有16.1万。二是计划内二胎和三胎出生人数的增加。据四川省计划生育委员会统计，1986年比1985年增加19.41万人，其中二胎为19.28万。这集中反映了完善生育政策中的问题。三是计划外生育、按照1986年15—19岁妇女生育率推算，不到法定结婚年龄就生育的有8.44万，又据四川省计划生育委员会统计，1986年计划外二胎比1985年增加7.55万，多胎1.18万，计划外生育共计17.17万。此三项总共52.68万，这个数字与人口变动抽样调查推算的1986年比1985年多出生的52.8万人口基本吻合。

三、严格控制人口增长的对策探讨

（一）认清形势，因势利导。生育高峰和出生低谷的出现是人口自身发展规律运动的结果。不以人们意志为转移。生育高峰使人口增长速度加快，出生低谷能降低人口发展速度。“六五”间期，人口控制工作抓得很紧，自然增长率低，取得了很大成绩，这是无可否认的事实。但是，决不能忽视出生低谷对于缓解人口增长速度的作用，因此对“六五”期间的控制人口增长的成绩既不能低估，也不能过高估计。前些时候报纸上曾经宣传过人口生育高峰在“六五”期间平稳通过。说明对于面临的生育高峰的严峻形势还缺乏足够的思想准备。当务之急应是面对现实，正视问题，既要看到形势的严峻，又要有因势利导树立逐步缓解生育高峰的信心。因此需要深入分析研究新情况和新问题，把人口自身发展规律带来的、政策允许的和工作失误带来的人口增长情况加以区别，从而弄清增加的人口，那些是可以避免的，那些是不可以避免的，针对实际情况采取切实可行的措施，使计划生育工作真正落到实处。

（二）严格控制人口增长，稳定计划生育政策。中共中央〔84〕7号文件和中共中央〔86〕13号文件是我国现行人口政策的依据。贯彻落实两个文件精神，既合国情又顺民心，是正确发展计划生育工作，完成计划规定的人口控制目标的基本方针。四川省地域辽阔，情况复杂，各地经济、自然条件差异大，人口数量居全国第一，分布很不均衡。实行分类指导的方法，符合四川省实际，群众拥护，并取得了显著的成绩。但是，分类指导是一种工作方法，决不能取代统一的政策。

四川省委1984年7月公布的照顾生育的13条规定，是依据中共中央〔84〕7号文件精神，从四川实际出发，吸取以往的经验，按照分类指导的方法，制定并逐步完善的政策。只有根据“13条”对各地政策进行认真清理，把全省的照顾生育规定统一起来，才能保证各地真正严格执行省里确定的人口计划指标，确保全省人口控制目标的实现，

（三）采取切实可行的措施，把人口大幅度增长的势头控制下去。中共中央〔86〕13号文件指出：“七五”期间正值人口生育高峰，人口的增长必须严格控制。因此，必须采取有力措施，控制住四川人口大幅度增长的势头。对育龄妇女数量增多，构成年轻化形成的生育高峰，只能通过提倡晚婚晚育和一对夫妇只生一个孩子去加以缓解。要进一步加强各级党委和政府对计划生育工作的领导，广泛深入持久的开展宣传教育，加快计划生育的立法工作，保证计划生育工作的健康发展。

（作者工作单位：四川省统计局）

1986年贵州省人口发展状况分析

吕　左

进入80年代以来，贵州省人口猛增的势头得到了控制，“六五”时期的后3年全省人口自然增长率已降到8—9%之间，为控制人口数量，提高人口素质作出了贡献。但是由于人口结构变动，对人口政策的认识及计划生育管理等方面的原因，1986年全省人口又出现了明显回升。

一、人口自然变动状况

据贵州省公安厅1986年底人口统计年报，全省人口已突破3 000万大关，达到3 007.99万人，比1985年的2 967.91万人增加40.80万人。增长了1.35%，同“六五”时期相比，年平均增长率高出0.37%，年平均增长人数超出11.86万人。1986年全省出生49.16万人，出生率为16.45‰；死亡19.12万人，死亡率为6.4‰；自然增长30.04万人，自然增长率为10.05‰。同1985年相比，出生人数增加5.05万人，出生率升高0.31‰；自然增长人数增加5.01万人，自然增长率升高1.47‰，其变化较为明显（见表1）。

表1　　贵州省人口变动情况　　（单位：万人，‰）

年　份	总户数(万户)	总人口	出生人口	死亡人口	自然增长人口	出生率	死亡率	自然增长率
1981	566.38	2 826.78	62.71	20.83	41.88	22.38	7.43	14.95
1982	576.93	2 875.21	58.18	21.66	36.52	20.41	7.59	12.81
1983	587.25	2 901.45	43.44	20.08	23.36	15.04	6.95	8.09
1984	596.18	2 931.85	42.85	19.20	23.65	14.69	6.58	8.11
1985	614.17	2 967.91	44.11	18.81	25.30	14.95	6.37	8.58
1986	634.59	3 007.99	49.16	19.12	30.04	16.45	6.40	10.05

资料来源：① 1981—1982年数据来自贵州省统计局1981、1982年《国民经济统计资料》；1983—1985年数据来自贵州省统计局1983、1984、1985年《贵州统计年鉴》。

② 1986年数据来自贵州省公安厅1986年《人口统计年报》。

另据贵州省统计局1986年7月1日对56个乡（街道办事处），100个村民小组（居民小组），2 761户城乡住户，13 835人的抽样调查资料推算，全省总人口为3 025.86万人，出生率为24.11‰，死亡率6.05‰，自然增长率为18.06‰，比1985年抽样调查的人口出生率、死亡率和自然增长率分别高出3.78‰、0.14‰和3.64‰。几年来已经下降的人口自然增长率又回升到1981年的水平。将此抽样调查数据与公安厅年报数据比较，除死亡率略低外，总人口、出生率、自然增长率等项指标都明显高于经常统计（见表2）。

表2 贵州人口变动抽样调查状况1982—1986年 （单位：万人，‰）

年 份	总户数	总人口	出生人口	死亡人口	自然增长人口	出生率	死亡率	自然增长率
1982	3 248	15 054	362	153	209	24.24	10.25	13.99
1983	3 524	16 874	350	154	196	20.81	9.16	11.65
1984	3 441	17 459	328	127	201	18.85	7.30	11.55
1985	2 702	13 631	275	80	195	20.33	5.91	14.42
1986	2 761	13 835	331	83	248	24.11	6.05	18.06

资料来源：① 1982—1985年数据来自贵州省统计局、贵州省人口普查办公室《人口变动情况抽样调查资料汇编》（1982—1985）。

② 1986年数据来自贵州省统计局《统计资料》，1987年3月6日。

从公安厅年报和省计划生育委员会的《计划生育工作简报》统计资料所反映的1986年9个地、州、市的人口自然变动状况中，明显显示出出生率、自然增长率等几项指标在1985年基础上都有所回升。上升幅度较大的是遵义地区，比1985年的人口自然增长率6.91‰升高了2.47‰（省计划生育委员会统计为2.43‰）。有6个地、州、市的人口自然增长率均升高1.5‰以上，就是控制人口一直较好的贵阳市也升高了2.23‰。（见表3）。

表3 省、地、州、市人口变动状况 （单位：人，‰）

地 区	总人口(万人)	出生人口	死亡人口	自然增长人口	出生率	死亡率	自然增长率	自然增长率比1985年增+，减－
全 省	30 079 945	491 662	191 203	300 419	16.45	6.40	10.05	+1.47
贵阳市	1 402 906	19 695	7 616	12 079	14.17	5.47	8.71	+2.23
六盘水市	2 247 236	36 080	13 314	22 766	16.17	5.96	10.22	+0.33
遵义地区	5 779 908	88 823	35 004	53 819	15.46	6.09	9.38	+2.47
铜仁地区	3 078 465	48 983	21 601	27 382	16.01	7.06	8.95	+1.5
黔西南州	2 307 312	41 383	17 548	23 835	18.07	7.68	10.39	+0.81
毕节地区	5 509 144	88 067	32 052	56 015	16.11	5.87	10.24	+0.24
安顺地区	3 217 143	51 454	20 150	31 304	16.09	6.31	9.78	+1.94
黔东南州	3 457 646	70 355	23 436	46 919	20.49	6.82	13.67	+1.51
黔南州	3 080 185	46 722	20 482	26 290	15.28	6.69	8.59	+2.21

资料来源：前三项来自1986年贵州省公安厅人口年报，后五项由作者自己计算。

1986年全省少数民族人口已达934.2万人，在全省总人口中所占的比重已由1982年人口普查时的26%，上升到31.05%。

贵州省人口发展变化主要是自然变动，省内的迁移主要是由婚姻及工作调动等引起的，省外迁移的数量也很少。1986年由外省迁入39 345人，由贵州向外省迁出43 269人，迁出大于迁入3 924人，对整个人口变动影响不大。

以上各种统计资料表明，1986年贵州省人口已出现普遍回升，值得重视。

二、育龄妇女生育状况

据全省人口变动抽样调查，占抽样调查总人数23.95%的15—49周岁的3 314名育龄妇女中，1986年生孩子的有320人，其中一孩率为32.8%，比1985年降低了1.9%；二孩率为26.7%，比1985年升高了2.0%；多孩率达40.6%，同1985年的40.7%基本一致。

据省计划生育委员会的《计划生育工作简报》资料，1986年全省计划生育率为70.62%，比1985年高出2.2%，计划外多孩人数达105 227人，比1985年增加4 384人，计划外多孩率虽然比1985年低了1.5%，但仍高达21.86%。全省9个地、州、市中，计划外多孩率在20%以上的还有5个地、州、市，最高的毕节地区为29.85%。在86个县（市、区、特区）中，还有30个县的计划外多孩率在20—30%之间，有15个县超过30%，最高的黄平县达39.43%。1986年省计划生育委员会对13个县26个乡的仡佬族进行了婚育率典型调查，已婚育龄妇女的节育率为66.92%，未落实节育措施的占33.08%，在1985年所生的693个婴儿中，一孩率占23.83%，二孩率为28.14%，多孩率高达46.03%。这些情况说明，一孩率降低，二孩率上升，多孩生育普遍存在，是贵州省1986年各地人口明显回升的重要原因。

三、人口构成状况

（一）人口性别构成。

1986年全省3 007.99万人中，男性为1 541.74万人，占51.25%，女性为1 466.25万人，占48.75%；性别比为105.15。同1985年相比，男女人口在总人口中的比重没有什么变化，性别比仅上升0.07。9个地、州、市的人口性别构成变化也不大，仅贵阳市和六盘水市的人口性别比稍高一些，分别为109.33和107.59，黔西南州人口性别比低一些，为101.58（见表4）。

（二）人口的地区分布。

贵州全省土地面积为17.61万平方公里，1986年3 007.99万人在各地、州、市分布的基本情况是，占土地面积为6.99%的贵阳市和六盘水市，其人口占全省总人口的12.13%；遵义、毕节、安顺、铜仁4个地区的土地面积占全省51.42%，人口占全省总人口的58.53%；黔西南、黔东南、黔南3个自治州的土地面积占全省的41.62%，人口占全省总人口的29.4%。2个市和4个地区人口所占全省的比重超过土地面积占全省的比重，3个自治州人口占全省人口的比重低于土地面积占全省的比重。贵阳市的人口密度最大，每平方公里为114人。总的情况是，3个自治州人口密度大大低于全省每平方公里171人的密度，两个市和4个地区人口密度除铜仁地区和全省水平一致外，其他各地、市都大大高于全省人口密度。两个市的人口密度大，3个自治州的人口密度小，4个地区介于二者之间。在贵州境内黔中、黔北、黔西北人口较集中，黔东南、黔西南、黔南人口较分散（见表4）。

（三）人口的城乡构成。

1986年全省市镇人口为904.77万人，占全省总人口的比重由1985年的29.46%提高到30.08%，升高了0.62%。在全省市镇人口中，贵阳市等5个市的人口数为496.21万人，占市镇人口的54.84%，镇人口为408.56万人，占45.16%，同1985年相比，市人口和镇人口分别

表4　　省、地、州、市人口数（1986年末）

地　区	总户数（万户）	总人口(万人)			占总人口的%		性别比（女=100）	各地区人口占总人口的%	人口密度（人/平方公里）
		合　计	男	女	男	女			
总　计	634.60	3 007.99	1 541.74	1 466.25	51.25	48.75	105.15	100	171
贵 阳 市	32.57	140.29	73.27	67.02	52.23	47.77	109.33	4.66	585
六盘水市	49.95	224.72	116.47	108.25	51.83	48.17	107.59	7.47	227
遵义地区	123.04	577.99	296.10	281.89	51.23	48.77	105.04	19.22	188
铜仁地区	68.72	307.85	158.65	149.20	51.53	48.47	106.33	10.23	171
黔西南州	47.42	230.73	116.27	114.46	50.39	49.61	101.58	7.67	137
毕节地区	116.35	550.91	280.88	270.03	50.98	49.02	104.02	18.37	206
安顺地区	66.52	321.71	164.47	157.25	51.12	48.88	104.59	10.7	216
黔东南州	70.37	345.76	178.59	167.18	51.65	48.35	106.82	11.49	114
黔 南 州	63.65	308.02	157.04	150.98	50.98	49.02	104.13	10.24	118

资料来源：　前四项来自1986年贵州省公安厅人口统计年报，后五项由作者自己计算。

升高了1.63%和5.35%。

从全省城乡人口构成变化上看，由于市镇人口在总人口中的比重上升，乡村人口数占总人口的比重已呈逐年下降的趋势，已经从1981年的81.29%下降到1986年的69.92%，与1985年相比，1986年乡村人口降低了0.54%。此种变化表明，农村人口在不断地向城镇转移，在经济全面好转及其发展过程中，人口城镇化水平在不断提高（见表5）。

（四）农业人口与非农业人口构成

1986年全省农业人口为2 643.57万人，比1985年增加34.53万人，占总人口的87.89%，比1985年下降了0.2%；非农业人口为364.42万人，比1985年增加了5.55万人，占全省总人口的12.12%，比1985年升高了0.2%，农业人口在总人口中仍占着绝对的优势。

表5　　省、地、州、市人口构成(1986年)　　（单位：万人，%）

地　区	市镇人口		乡村人口		农业人口		非农业人口	
	人口数	占总人口比重	人口数	占总人口比重	人口数	占总人口比重	人口数	占总人口比重
全　省	904.77	30.08	2 103.23	69.92	2 643.58	87.89	364.42	12.11
贵 阳 市	140.30	100	0	0	48.70	34.72	91.59	65.28
六盘水市	224.72	100	0	0	189.41	84.29	35.31	15.71
遵义地区	104.34	18.05	473.55	81.95	518.33	89.68	59.66	10.32
铜仁地区	46.63	15.15	261.21	84.85	284.01	92.26	23.83	7.74
黔西南州	32.35	14.02	198.38	85.98	214.63	93.02	16.10	6.98
毕节地区	77.20	14.01	473.72	85.99	520.11	94.41	30.81	5.59
安顺地区	74.76	23.24	246.95	76.76	276.90	86.07	44.82	13.93
黔东南州	119.64	34.60	226.13	65.40	317.18	91.73	28.58	8.27
黔 南 州	84.84	27.54	223.18	72.46	274.30	89.05	33.72	10.95

资料来源：第一项、七项数据见贵州省公安厅1986年《人口统计年报》，其余各项作者自己计算。

在9个地、州、市中，非农业人口比重高的是贵阳市，为65.28%(农业人口占34.72%)，同1985年比较，也只升高了0.31%。有4个地、州非农业人口在总人口中的比重低于10%，毕节地区最低，只占5.59%（农业人口占94.41%），同1985年相比，所占比重基本没有发生变化。尽管几年以来，农村经济已逐步向商品经济发展，农业人口转为非农业人口的速度仍然很慢（见表5）。

四、家庭规模和婚姻状况

全省人口变动抽样调查的2 761个家庭户，1986年末总人口为13 835人，平均每户5.01人，比1985年每户平均减少0.3人。根据1986年公安厅年报统计，全省总户数为634.59万户，每户平均4.7人，比1985年每户平均减少0.1人。两种资料计算结果表明，1986年贵州省家庭规模有所缩小，但变化是极其微小的。

根据计划生育委员会《计划生育工作简报》统计的婚姻状况，1986年全省晚婚率为47.66%，比1985年降低了1.04%。在9个地、州、市中晚婚率最高的是贵阳市，为70.27%，最低的是黔东南州，只有39.10%，1986年同1985年相比，全省晚婚率下降的有6个地、州、市，上升的只有黔东南、黔西南两个自治州和毕节地区。黔南州上升幅度最大，为8.9%。在全省86个县、市、区、特区中，晚婚率最高的是贵阳市南明区，为79.25%，最低的黔东南州三穗县，为15.89%。1986年晚婚率下降的有46个县、市、区、特区，兴仁县下降幅度最大，为36.04%；晚婚率上升的40个县、市、区、特区中，上升幅度最大的荔波县和晴隆县，超过16%。1985年全省人口变动抽样调查，在15—19岁年龄组的1 735人中，有配偶的有98人，占5.65%(其中男35人，女63人)，1984年生孩子的有13人。省计生委对13个县26个乡仡佬族的初婚调查，在占被调查总人口19.94%的6 498名育龄妇女中，已婚育龄妇女3 682人，占总人口的11.24%，其中15—19岁的占33.86%，20—29岁的占48.72%，30—49岁的占17.42%。1985年初婚165人中，年龄15—19岁的32人，占19.39%，初婚峰值年龄才22岁。这些情况说明，当前在贵州省各民族中，早婚、早育现象十分普遍，晚婚率不高，而且呈下降趋势，必然会促使人口的增长。

五、人口发展变化的原因

人口的发展变化是一个客观的过程，贵州人口的发展变化主要是自然变动。1986年贵州省人口增长出现明显的回升，其主要原因是：

第一，受人口再生产周期的影响。解放以来，贵州人口发展史上曾出现两次生育高峰，特别是60年代初到70年代中期的第二次生育高峰，持续十几年之久，影响极为深远，自1985年以来，这次生育高峰中出生的人已开始陆续进入婚育期，带来了第三次生育高峰。据第三次人口普查资料反映的人口年龄结构，1986年全省处于20—29岁的妇女就有244.25万人，他们正处在婚育的旺盛期，全省1985年比1984年增加新婚人数2.1万对，1986年比1985年又增加2万对，因此1986年出生的一孩人数就增加1.8万多人。受人口再生产周期影响所产生的第三次人口生育高峰，将持续到1996年以后，这是贵州人口发展过程中的一个严峻事实。

第二，认识上的原因。近两年来，根据国家进一步完善计划生育政策的精神，全省各级计划生育组织做了很多工作，但是有的干部则认为计划生育可以放松了，在实践中他们则越出了中央17号文件和贵州省16号文件的规定，随意开了“口子”，明确允许农业人口中的汉族普遍生二孩，或默许生二孩，或把计划外生二孩的也列为计划内生育。一些地方报表上统计的计划内二孩超过省里16号文件“开口子”范围的20%左右，1986年计划内二孩就增加15 242人，造成一孩率下降，二孩率上升。

第三，早婚，早育现象严重，多孩率高。一些农村不仅早婚现象严重，而且早育现象也严重。19岁以下妇女有两个孩子的比例达5.48%，甚至有三孩的。

全省的多孩生育一直较严重，近几年来由于工作上的努力，多孩率也呈逐年下降趋势，但1986年仍在21%以上，多孩绝对数也比1985年增加了4 384人。个别县多孩率高达39%，全省抽样调查的多孩率为40.6%，这是致使人口增长的一个重要原因。

第四，节育率低，计划外怀孕补救率低。全省428.6万名已婚育龄妇女，应节育未落实任何措施的达110万人，占1/4以上，计划外怀孕的就有321 037人次。计划外怀孕出生的小孩占44.04%。六盘水市计划外怀孕出生的小孩仅5孩以上的就占了24.33%。

由于上述因素的影响，致使1986年人口明显回升。当然，如果工作抓得较紧，情况定会好得多。控制人口数量，提高人口素质是我国一项长期的战略任务，需要整个社会都来协同职能部门把这项工作抓好。

（作者工作单位：贵州大学人口研究中心）

1986年云南省人口发展状况分析

张 建 华

1986年云南省人口发展变化的主要特点是：总人口增长加快，出生人数和出生率大幅度上升，死亡率稳中略降。妇女初婚年龄提前，早婚生育增加，总和生育率上升。同时一孩率上升，二孩率稳定在较高水平上，但多孩生育数仍在增加。人口年龄结构逐渐向成年型过渡，育龄妇女在总人口中的比重不断提高，人口性别比缓慢上升，城镇人口和非农业人口大量增加。家庭户平均每户人数有所减少，但家庭规模趋于中型化（3～5人的家庭户比重上升）。

一、1986年人口变动情况

（一）总人口增长情况。1986年末，云南省总人口为3 455.6万人。比1985年末增加49.4万人.是1982年第三次人口普查以来4个年份中人口增加最多的一年。比1985年人口增加数多增5.5万人，比“六五”时期平均每年增加46.6万人的水平高出2.8万人。1986年云南省总人口增长率为1.45%，比1985年的增长率高0.14%。比“六五”时期平均增长率高0.02%（见表1）。

表1　　1981—1986年云南省总人口增长情况

年　份	年末人口数(万人)	比上年增加(万人)	年增长率(%)
1981	3 222.8	49.4	1.56
1982	3 283.1	60.3	1.87
1983	3 319.1	36.0	1.20
1984	3 362.3	43.2	1.30
1985	3 406.2	43.9	1.31
“六五”平均	3 318.7	46.6	1.43
1986	3 455.6	49.4	1.45

资料来源：人口数字为公安年报数。

从表1数据可以看出：80年代初期，云南省总人口增长较快。1983至1985年，增长速度减慢。1986年又出现较快的增长。1986年云南省总人口增长较快的主要原因，是由于出生人口大量增加所致，迁移影响不大。

（二）出生人数和出生率。1986年，云南省共出生89.3万人，比1985年多出生16.4万人，出生率为26.03‰，比1985年上升4.48‰。1986年的出生人数和出生率，是80年代以来最多和最高的一年，也是上升幅度最大的一年。出生人数比“六五”时期平均每年出生数多13.9万人，出生率也比“六五”平均22.91‰高3.12‰（见表2）。

表2　1981—1986年云南省人口出生和出生率变化情况

年　份	1981	1982	1983	1984	1985	“六五”平均	1986
出生人数(万人)	81.1	77.4	77.8	67.8	72.9	75.4	89.3
出生率(‰)	25.36	23.80	23.57	20.29	21.55	22.91	26.03

资料来源：1981年为人口普查数，1982—1986为抽样调查数。

1981年以来，云南省人口出生率曾一度出现下降趋势，1984年下降到较低水平，1986年在1985年有所回升的基础上又出现较大幅度的回升。这种趋势如果继续发展下去，由于逐年增大的人口基数和较高出生率的共同作用，云南省出生人口在几年内必将连续突破90万和100万大关，成为云南历史上出生人口数量最多的时期。

（三）死亡人数和死亡率。1986年，云南省共死亡27.1万人，死亡率为7.87‰。死亡人数和1985年持平，死亡率比1985年下降0.16‰（见表3）。

80年代以来，云南省死亡率总的来说呈逐步下降趋势。1986年和“六五”时期相比，死亡人数减少1.6万人，死亡率降低0.85‰。

（四）自然增长人数和自然增长率。1986年，云南省自然增长人数为62.2万人，自然增

表3　　　1981—1986年死亡人数和死亡率

年　份	1981	1982	1983	1984	1985	"六五"平均	1986
死亡人数（万人）	27.5	32.1	30.3	26.5	27.2	28.7	27.1
死亡率(‰)	8.60	9.88	9.19	7.92	8.03	8.72	7.87

资料来源：1981年为人口普查数，1982—1986为抽样调查推断数。

长率达到18.16‰。自然增长人数比1985年增加16.5万人，自然增长率比1985年上升了4.64‰，比"六五"平均水平上升3.97‰（见表4）。

表4　　　1981—1986年云南省人口自然增长情况

年　份	1981	1982	1983	1984	1985	"六五"平均	1986
自然增长人数（万人）	53.6	45.3	47.5	41.3	45.7	46.7	62.2
自然增长率(‰)	16.76	13.92	14.38	12.37	13.52	14.19	18.16

资料来源：1981年为人口普查数，1982—1986为抽样调查推断数。

由于80年代以来云南省死亡人数每年相对稳定在28万人左右，因此，人口自然增长情况主要取决于出生人数和出生率的变化情况。

二、育龄妇女生育状况

（一）初婚年龄和早婚早育情况。

妇女婚期的早迟，直接影响生育率的高低。解放以来，云南省各民族旧的婚姻习俗和生育方式有了较大的改变，但是，早婚现象仍很普遍。特别是新婚姻法贯彻以来，早婚还有所抬头，并在全省具有普遍性。未到国家法定结婚年龄就已结婚的人数不断增多，早婚率（男15～21岁十女15～19岁已婚人数占相应年龄组人数的比重）一直高达7～8%，平均初婚年龄有所下降（见表5）。

表5　　　早婚早育和平均初婚年龄状况

年　份	平均初婚年龄（岁）	女性初婚年龄（岁）	早婚人数（万人）	早婚率（%）	早婚妇女生育率（‰）
1982	23.45	22.08	29.82	6.71	15.32
1983	23.10	21.65	32.19	7.32	19.07
1984	22.94	21.03	33.76	7.16	13.75
1985	22.57	21.05	39.93	8.15	18.46
1986	22.68	21.16	37.75	7.58	22.91

资料来源：1982年为人口普查数，1983—1986年为抽样调查推断数。

与1982年第三次人口普查数相比较，1986年云南省男、女平均初婚年龄都下降了近1岁。1986年早婚人数男女合计38万人，比1982年增加8万人．早婚妇女生育率也由1982年的15.32‰

提高到22.91‰。1986年出生的89.3万婴儿中，属于早婚妇女所生的有4.35万人，占出生人数的4.87%。1986年全省出生率大幅度回升，其中早婚早育是一大影响因素。

（二）已婚育龄妇女总和生育率的变化。

1986年，云南省已婚育龄妇女总和生育率为3.04，比1985年上升0.39。是自1982年以来变化幅度最大的年份（见表6）。

表6　云南省1981—1986年总和生育率

年　份	1981	1982	1983	1984	1985	1986
总和生育率	3.79	3.39	3.01	2.62	2.65	3.04

资料来源：1981年为人口普查数，1982—1986年为抽样调查数。

1981年后，云南省已婚育龄妇女总和生育率曾出现逐年下降趋势，1984年已降至2.62，之后开始出现回升，1986年回升幅度增大。由于总和生育率指标不受妇女年龄构成的影响，因此1986年总和生育率的上升直接反映出云南省育龄妇女生育水平的提高，并且提高的幅度是较大的。

（三）妇女生育孩次的变化。

1986年，云南省妇女一孩率为40.16%，二孩率为30.90%，多孩率为28.94%（其中5孩及以上为7.66%）。自第三次人口普查后生育孩次的变化情况见表7。

表7　1981—1986年生育孩次变化情况

年　份	一孩率（%）	二孩率（%）	多孩率（%）	
			三孩及以上	其中5孩及以上
1981	28.32	22.24	49.44	22.31
1982	34.86	23.58	41.56	17.26
1983	38.13	24.92	36.95	13.74
1984	39.98	26.45	33.57	11.07
1985	37.98	31.10	30.92	10.77
1986	40.16	30.90	28.94	7.66

资料来源：1981年为人口普查数，其余年份为抽样调查数。

自1981年以来，云南省妇女生育孩次的变化特点是：一孩率除1985年外逐年上升，多孩率逐年下降，其中5孩以上下降幅度较大；二孩率1981—1984年缓慢上升，1985年大幅度上升至31%，1986年保持了这一水平。一孩率的上升和多孩率的下降反映出全省计划生育工作，特别是控制多胎生育的工作收到了一定的成效。但一孩率的上升中有早婚生育这一因素的影响，二孩率在1985年大幅度上升后保持在较高水平上，反映出调整生育政策后，允许生二胎的人数相应增多。另外，多胎生育仍占出生人数的30%，多胎生育状况仍未得到根本改变、这也是导致出生率回升的一个重要因素。就云南省的人口控制工作来说，降低多胎生育的潜力是很大的。

三、人口结构的变化

（一）人口年龄构成。

1986年，云南省人口年龄中位数为20.8岁，平均年龄为25.9岁，分别比1985年上升0.4岁和0.3岁，比1982年第三次人口普查数上升1.4岁和1.1岁，其它年龄构成指标如表8。

表8　　云南省人口年龄及其他构成

年份	年龄中位数（岁）	平均年龄（岁）	1～14岁少儿比（%）	65岁及以上老年比（%）	劳动力系数（%）	育龄妇女占总人口（%）	0岁组占人口（%）
1986	20.8	25.8	35.93	4.68	52.18	25.43	2.49
1985	20.4	25.6	36.98	4.64	51.53	24.87	2.07
1982	19.4	24.8	37.1	4.50	50.07	22.97	2.46

可以看出，云南省人口的年龄结构已逐渐由年轻型向成年型过渡。从1982年7月第三次人口普查到1986年末的4年半中，云南省人口年龄中位数和平均年龄都有不同程度的上升，同时0～14岁少年儿童占总人口的比重有所下降，老年比、劳动年龄人口比重、育龄妇女比重也都在上升。已婚育龄妇女绝对数1986年已达878万人，比1982年的746万人增加132万人，从1982年至1986年，平均每年增加29.3万人，而且这种状况将持续至90年代中期。可以看出，这一因素将在较长时间内引起人口出生率上升。从表8还可看出，0岁组人口占总人口的比重，1986年比1985年上升了0.42%，这从另一个角度反映出1986年云南省出生人数明显增加的实际情况。

（二）人口性别构成。

1986年，云南省总人口性别比为103.14，出生婴儿性别比为105.73，均属正常。但比1982年第三次人口普查时总人口性别比102.78高0.36，出生婴儿性别比比1981年的106.17低0.44。和1964年第二次人口普查数相比，1986年总人口性别比比1964年上升了3.28，出生婴儿性别比上升了4.83，说明云南省在20多年的人口发展过程中，人口性别比缓慢上升，而且出生婴儿性别比上升的幅度大于总人口性别比上升幅度。关于出生婴儿性别比上升，其原因之一是在出生人数统计中，女婴漏报数增多的缘故；总人口性别比上升，除男性平均寿命提高快于女性这一正常因素外，还受到婴儿性别比上升的影响。

（三）人口的城乡构成。

1.市、镇、县人口的变化

1986年，云南省市人口（不含市辖县）为548.29万人，比1985年增加9.25万人，增长1.72%，高于总人口增长1.45%的速度。

1986年，云南省镇人口为452.19万人，比1985年增加89.77万人，增长24.77%，大大高于总人口增长速度。其原因是在全省范围内新设的乡级镇增加，另外是有部分乡合并于镇当中，从而扩大了镇的规模和范围，使得镇人口大量增加。

1986年，云南省县人口为2 455.16万人，比1985年减少49.59万人。

从市、镇、县人口的增减变化看，1986年云南省市、镇、县人口的结构发生了较大的变化。市人口由1985年占总人口的15.83%上升至15.87%，上升0.05%；镇人口比重由10.64%上升为13.09%，上升2.45%；县人口比重由73.54%下降至71.05%，下降了2.49%。这种变化表明随着经济体制改革的不断深入和乡镇企业的进一步发展，乡村人口开始大量向城镇转移，这种转移必然加速云南省人口城市化的进程。

2、农业人口和非农业人口的变化。

1986年云南省总人口中，农业人口为3 050.46万人，比1985年增加39.18万人，增长1.30%，非农业人口为405.18万人，比1985年增加10.24万人，增长2.59%，增长速度比农业人口快一倍。从结构变化看，农业人口由1985年占总人口的88.41%下降至1986年的88.28%，下降0.13%，非农业人口比重由11.59%上升至11.72%，同样上升0.13%。这一状况表明人口的行业结构正逐渐发生变化。但农业人口仍占绝对优势的局面还没有得到根本改变，第二、三产业还不发达，表明云南省经济和技术仍很落后。

（四）少数民族人口增长变化情况。

1986年，云南省汉族人口为2 344.68万人，比1985年增加23.61万人，增长1.02%，少数民族人口为1 110.96万人，比1985年增加25.82万人，增长2.38%，比汉族人口增长快一倍以上。占总人口的比重已由1985年的31.86%上升至1986年的32.15%。

少数民族人口增长过快的原因，除了少数民族本身自然增长速度高于汉族外，大量是由于恢复和更改民族成份所致。

（五）家庭户规模的变化。

1986年，云南省家庭户平均每户人数为4.96人，比1985年的5.06人减少0.1人，比1982年人口普查时的5.20人减少0.26人，家庭户规模总的来说呈逐渐缩小的趋势。

但从各种人数的家庭户比重看，1—2人的小家庭户占整个家庭户的比重有所下降，3～5人的中型家庭户比重上升，6人以上的大家庭户比重也在下降（见表9）。

表9　　家庭户规模变化情况

年份	家庭户平均每户人数	占家庭户总数的 %		
		1～2人户	3～5人户	6人及以上户
1986	4.96	12.31	49.38	38.31
1985	5.06	12.34	47.93	39.73
1982	5.20	12.36	45.02	42.62

资料来源：1982年为人口普查数，1985、1986年为抽样调查数。

表9反映出，自1982年以来的4年多时间里，云南省家庭户结构呈现出大家庭和小家庭户比重下降，中型规模的家庭户比重上升，即家庭户的分布呈中间大、两边小的状况。

四、人口大幅度增长的原因

（一）人口生育高峰的影响。

1962年及以后生育高峰期出生的人口，开始陆续进入婚育年龄，使15—49岁育龄妇女在总人口中的比重不断上升。1986年，云南省育龄妇女人数比1985年增加近30万人。按照1986

年育龄妇女一般生育率101.71‰计算，全省1986年将多出生3万人，出生率相应上升1‰。

（二）早婚早育对出生人数的影响

按照上述对早婚人数的推算，1986年云南省早婚妇女为19万人，早婚生育率为22.91‰。这一因素的影响将使出生人数增加4.3万人，引起人口出生率上升1.5‰。

（三）生育政策放宽，二胎增加对出生人口的影响

云南省大部分农村地区的生育政策是普遍生二胎，生育间隔控制在3～4年。近两年来基层计划生育工作有所放松，计划外二胎生育大量增加。部分城市中，一方是少数民族者也允许生二胎，另一方是计划内生育二胎的群众害怕生育政策变动，间隔期未满就抢生二胎，使得1985年二胎率大幅度上升，1986年仍然维持在这一较高水平上。受这一因素的影响，全省将多出生5万人，出生率上升1.7‰。

（四）多胎生育数增加对出生人口的影响

多胎生育在云南省边疆地区、高寒山区和一些少数民族聚居区仍很普遍。1981年以来，多胎率虽有下降，但近两年仍保持在30%的高水平上，部分地区多胎率还高达60%以上。一年内生育两个孩子和生育12胎的妇女在调查中仍有发现。由于多胎的影响，全省约多出生4万人，出生率相应上升1.3‰左右。

由于以上4个主要因素的共同作用，使得云南省1986年人口出生率大幅度回升。其中二胎生育数增加对出生人数的影响最大。

（五）人口大幅度增长对经济发展的影响

由于人口的大幅度增长，对经济和社会的发展影响很大。云南是个缺粮省，每年都要从外省调进大量粮食。人口大量增加的结果，减少了人均粮食占有量，加大了调入量，增加了财政支出，影响本省经济的发展。按近两年每年增加50万人、每人每年消耗原粮600斤的水平计算，由于人口的增长，每年要增产3亿斤粮食才能保证人均粮食占有量不下降。而1986年在人口大幅度增长的同时，全省粮食产量因自然灾害而大幅度减产，使人均粮食有很大下降（见表10）。

表10　　1986与1982年人口增长和粮食生产情况

年　份	总人口	粮食总产量	人均粮食	省外调入	财政补贴
1982	3 283万人	189亿斤	576斤	8亿斤	1亿元
1986	3 456万人	174亿斤	503斤	12亿斤	2亿元以上
1986比1982增或减	+173万人	−15亿斤	−73斤	+4亿斤	+1亿元以上

1982—1986年的4年中，全省人口增加173万人，粮食产量减少15亿斤，使得人均粮食占有量下降73斤，比1982年人均粮食减少12.7%。为此，我们认为从国家和人民群众的根本利益出发，经济发展水平较低的省、区，控制人口增长的工作应当进一步抓紧，一刻也不能放松。对山区、边疆和少数民族地区，也应大力宣传和全面开展计划生育和控制人口的工作。但生育政策应区别于内地和汉族，并要长时期相对稳定。各项措施要切实保证。只有将过快增长的人口控制住，同时使经济有较快的发展，才能保证到本世纪末云南省工农业总产值“翻两番”和人均收入达到800美元战略目标的实现。

（作者工作单位：云南省统计局）

1986年陕西省人口发展状况分析

罗经耀

1986年是"七五"计划的第一年，也是1962年开始的第二个生育高峰期出生的人口相继进入婚育年龄的开始。这一年，陕西省人口发展的特点是什么？出现这些特点的原因有哪些？它将会产生怎样的影响？应采取哪些相应的对策？本文拟就这些问题作一些初步的分析。

一、1986年陕西省人口发展特点

人口变动抽样调查结果表明，1986年陕西省人口发展具有下述几个主要特点：

（一）出生率和自然增长率上升幅度大。据抽样调查资料推算，1986年陕西省总人口为3 046万人，比1985年的3 002万人增加44万人，增长1.46%。"六五"时期，陕西省人口平均每年递增34.2万人，年平均增长率为1.21%，增长速度相对比较稳定。1986年与"六五"时期相比，人口增长速度明显加快。

一般来说，人口总量增减变动是人口自然变动和迁移变动交叉作用的结果。70年代后期以来，陕西省人口迁移变动趋缓，净迁移率比较稳定，人口总数的增长主要是自然变动的结果。抽样调查资料表明，1986年陕西省人口出生率为23.0‰，比1985年上升3.17‰；死亡率为6.34‰，与1985年基本一致；自然增长率为16.66‰，比1985年上升3.09‰。据初步推算，1986年全省出生人口为69.5万人，比1985年多生了10.3万人。自然增长人口为50.3万人，比1985年多增加了9.8万人（见表1）。

表1　　人口自然变动情况

年份	年末人口（万人）	出生		死亡		自然增长	
		人数（万人）	率(‰)	人数（万人）	率(‰)	人数（万人）	率(‰)
1981	2 865	57.9	20.35	20.2	7.11	37.7	13.24
1985	3 002	59.2	19.83	18.7	6.26	40.5	13.57
1986	3 046	69.5	23.00	19.2	6.34	50.3	16.66

（二）初婚年龄下降。1986年陕西省人口抽样调查中，对15岁以上的23 229人进行了初婚年龄调查。根据调查数计算的平均初婚年龄如表2、图1。

从表2、图1中可以看出，1980年以来陕西省人口的平均初婚年龄呈下降趋势。7年间平均下降了0.8岁，峰值初婚年龄下降了1岁。分性别看，男、女下降的幅度基本一致。

初婚年龄的变化，与晚婚率和早婚率的变化直接相关。晚婚率愈高，平均初婚年龄就愈大；反之，早婚率愈高，平均初婚年龄就愈小。根据上述人口不同年度的初婚年龄资料计算，晚婚率与早婚率的变化情况见表3、图2。

表2　1980—1986年初婚年龄　（岁）

年份	平均初婚年龄			峰值初婚年龄
	合计	男	女	
1980	23.7	24.8	22.7	24
1981	23.5	24.6	22.5	24
1982	23.5	24.5	22.6	22
1983	22.9	24.1	21.9	23
1984	23.1	24.2	22.1	22
1985	23.0	24.0	22.1	23
1986	22.9	24.0	22.0	23

资料来源：1981年为普查资料，其他两年为抽样调查资料。

表3　1980—1986年晚婚率与早婚率　（%）

年份	晚婚率			早婚率		
	合计	男	女	合计	男	女
1980	45.55	43.43	47.51	14.09	13.13	14.96
1981	42.28	39.05	45.13	18.99	16.83	20.89
1982	37.80	34.45	40.75	16.55	17.68	15.56
1983	32.40	32.75	32.08	19.49	21.35	17.79
1984	30.32	30.33	30.32	17.77	19.82	15.96
1985	31.02	31.03	31.01	19.43	23.82	15.36
1986	27.14	27.24	27.07	17.45	19.46	15.37

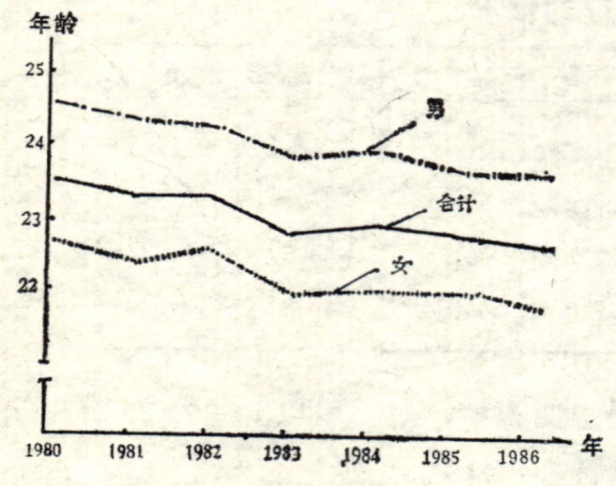

图1　1980—1986年平均初婚年龄变动曲线

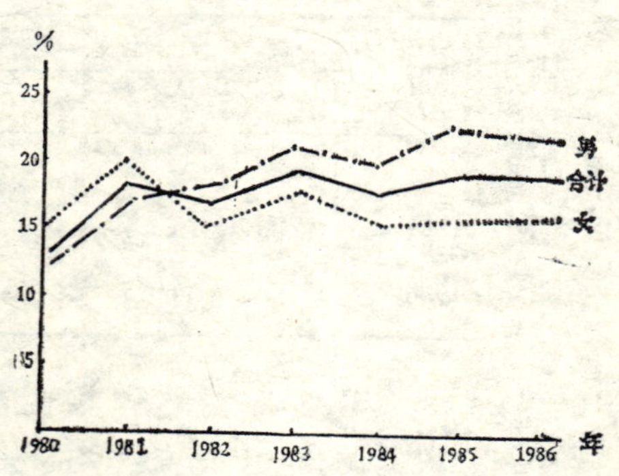

图2　1980—1986年早婚率变动曲线

70年代以来，由于大力提倡晚婚晚育，历史上遗留下来的早婚现象有了显著改变。从表

3、图2可知，近几年以来，陕西省人口晚婚率出现大幅度下降，已从1980年的45.6%下降到1986年的27.1%，7年间下降了18.5%。与此同时，早婚率却明显上升。1980年早婚率为14.1%，1983年和1985年高达19.5%以上，1986年虽比这两个年份略有降低，但比1980年仍高出3.4%。

（三）育龄妇女比重增加，生育率回升。

根据抽样调查的年龄构成资料推算，1986年陕西省15—49岁育龄妇女人数为828.9万人，占总人口的27.4%，与1981年和1985年相比，人数分别增加102.3万和33.4万，比重分别上升1.8%和0.9%。其中，20—29岁生育旺盛期妇女人数分别增加43.5万和37.6万，比重分别上升1%和1.1%

从育龄妇女生育状况看，1986年有了3个明显的特点：一是一胎率下降，二胎率上升。抽样调查表明，1986年一胎生育率为41.85%，比上年下降1.8%，比1981年下降8%；二胎率为38.4%，比上年上升0.8%，比1981年上升12.3%。又据典型调查，1986年1—8月份长安县韦兆乡共出生203个婴儿，其中一胎仅占37%，二胎高达51%，三胎及三胎以上占12%。多胎生育比去年同期增长一倍。二胎和多胎生育率的提高，除一部分属于计划生育政策"开口子"允许外，大部分是超计划生育的结果。二是平均初育年龄提前。据抽样调查资料计算，1980—1986年的7年间，陕西省育龄妇女平均初育年龄提前了2.6岁，一般生育率上升4.17%，总和生育率的变化特点是两头高，中间略低。1981年新婚姻法颁布实施，致使育龄妇女几个年龄组同时进入婚龄，新婚人数开始大量增加，随后相对稳定，1986年又出现新的回升，一般生育率和总和生育率分别比上年提高11.36‰和0.19（见表4）。三是生育峰值年

表4　　1981、1985、1986年各项生育率指标

	平均初育年龄(岁)	生育峰值年龄(岁)	一般生育率(‰)	总和生育率(个)
1981	26.9	25	77.61	2.40
1985	25.7	23	70.42	2.21
1986	24.0	24	81.78	2.40

龄提前，低年龄组生育率提高。从5岁年龄分组资料观察，1981、1985和1986年3个年份，生育峰值年龄都在25—29岁组，但从单岁组来看，生育峰值年龄已从25岁移到23岁和24岁，明显提前（见表4）。20—24岁组生育率与25—29岁组比较，1981年相差87.22‰，1985年相差26.37‰，而1986年仅相差8.13‰。由此可见，生育峰值年龄变化方向是向低年龄组移动，且峰顶宽度有加大的趋势。15—19岁组生育率，1981年和1985年在4.46—4.66‰之间波动，变化不大；1986年上升到5.89‰，提高1.3‰左右。低年龄组妇女生育水平提高，表明1986年早婚早育人口比重增加。35—39岁及以上3个年龄组的生育率，1981年以来呈现下降趋势。这说明高年龄组育龄妇女的生育率已基本得到了控制，这是计划生育工作取得的一个重要成果（见表5、图3）。

二、人口大幅度增长的原因

人口增长变化受多种因素的影响，除人口本身的因素外，又受社会、经济、文化、政策、风俗习惯等影响。1986年陕西省出生人口出现大幅度增长的趋势是上述诸因素综合作用

表5　1981、1985和1986年年龄别生育率　(‰)

年龄 年份	15—19岁	20—24岁	25—29岁	30—34岁	35—39岁	40—44岁	45—49岁
1981	4.46	139.83	227.05	72.88	24.10	8.82	1.98
1985	4.66	166.15	192.52	52.76	20.71	3.59	2.45
1986	5.89	177.15	185.68	82.64	18.50	3.64	1.34

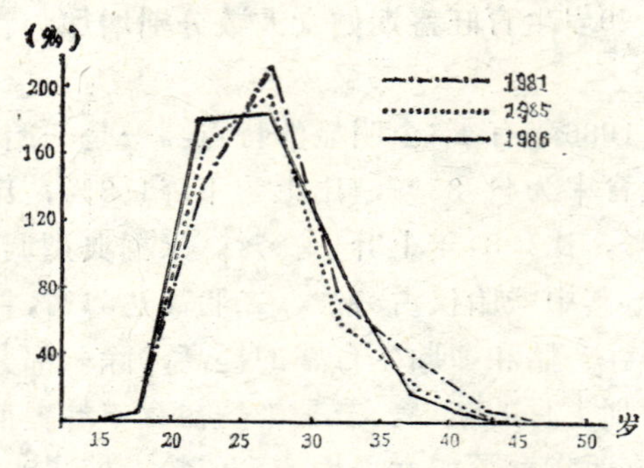

图3　1981年、1985年、1986年年龄别生育率曲线

的结果。主要原因有以下几个方面：

（一）人口再生产周期性的影响。育龄妇女人数，尤其是21岁至29岁处于生育旺盛期的妇女人数是影响出生的一个重要因素。1958--1961年，陕西省人口处于生育低谷，平均每年出生47.9万人，比1954—1957年第一次生育高峰期每年少生5.4万人。1962—1972年，出现11年生育高峰期，平均每年出生76.4万人，比1958—1961年低谷期每年多出生28.5万人。这批庞大的人口群近年已相继进入婚育年龄，致使育龄妇女人口比重大幅度增加。据初步计算，1986年陕西省育龄妇女人数比1985年增加19万多人，占总人口的比重提高0.93％。其中，21—29岁生育旺盛期的妇女增加了12.5万人，占育龄妇女人口的比重提高2.38％。

（二）计划生育政策部分调整后，人口控制工作有所放松。典型调查表明，农村只有一个孩子的育龄妇女中，有96.6％的人希望再生，已有两个孩子还想再生的占65.6％，已有3个孩子的也有31.2％的人希望再生。1984年计划生育政策做了部分调整，允许“农村独女户有间隔的生育第二胎”。这一政策实施后，产生了两种不同的结果：一方面满足了部分群众的生育愿望，解决了他们的实际困难；另一方面也激发了很多群众的生育要求，为农民多育愿望的实现创造了客观条件。在这种形势下，计划生育工作的难度加大了，加之新的措施跟不上去，不少地区程度不同地出现了人口失控现象，致使生育率大幅度提高。

（三）农村落后的生产方式为传统生育观念的继续存在提供了条件。农村“多子多福”、“重男轻女”的观念比较重。这种观念在落后的生产方式下，对人们的生育行为仍然起着一定的支配作用。计划生育政策“开小口子”后，政策对生育行为的制约作用削弱了。同时，受生产力发展水平的限制，农民在一家一户为生产单位、个体经营的条件下，容易看到目前家庭人手多、劳动力多所带来的好处。特别是男孩子就显得更加重要，不仅可以“顶门立户”，而且在生产劳动中是一个重要的角色。长安县韦兆乡2 133名育龄妇女中，99％的人认为“农村一个家庭户最好有两个男孩子，最少也必须有一个。”这是农村多胎生育的一个重要因素。

农村实行生产责任制以后，对计划生育工作的影响又因各地工作开展程度的不同而各异。地处秦岭山区的洛南县八里桥乡，由于计划生育工作比较扎实，进行有效的综合治理，严格控制多胎生育，结果一般生育率反比关中平原的长安县韦兆乡低11.2‰。

三、人口大幅度增长对今后人口发展的影响和对策

据年度控制计划，1986年年末，陕西省总人口应为3 038.9万人，计划比上年净增37.1万人。而实际上人口自然增长率比年度计划(11‰)高出5.66‰，总人口超过年度计划7.1万人。

据有关部门预测，1987—1990年陕西省育龄妇女人数平均每年将增加17.9万人，进入婚育年龄的人数平均每年将增加2.1万人。如果按照1986年生育水平计算，1990年人口自然增长率将突破20‰，总人口将会达到3 215万人左右，超过“七五”计划控制指标约32万人，可见，1986年人口大幅度增长不仅突破了年度控制计划，而且将影响整个“七五”期间人口增长的控制。

“七五”期间处于新的人口生育高峰的前期，这一时期能否控制住人口过快增长，对未来人口发展影响极大。据初步测算，如果按照1986年人口增长速度发展下去，陕西省总人口在1996年就有可能突破3 450万。到2000年可能达到3 620万人。这样，人口控制的总目标就难以实现，两个“翻番”的经济建设目标也会因此受到严重影响。

为了控制和缓解从1986年开始的第三次生育高峰的发展，削弱它对未来人口发展产生的强大影响，应采取坚决果断的措施和相应的对策，制止人口过快增长的势头。

（一）坚定不移地继续执行提倡一对夫妇只生一个孩子的政策，严格控制“开口子”的范围，将生育高峰期妇女生育水平控制在最低限度，使第二次生育高峰在它的第一个再生产周期内得到缓解。

（二）从全局出发，经济、教育、医疗、就业等各方面配合，制定一套有效的人口政策，严格控制，长期执行。

（三）从基层着手，大力开展社会宣传和个人家庭教育，尽最大努力破除旧的传统观念，加速社会主义新观念的建立。

（四）实行有效的社会政策，严禁计划外二胎和多胎生育。通过政策教育和法制观念的强化，杜绝早婚早育现象，保障妇女儿童身心健康。

（五）普及避孕节育、优生优育等科学知识，提供多种避孕药具和技术咨询指导，开展系列化服务活动，迅速扭转计划生育工作的被动局面。

（六）随着经济的发展，建立并逐步完善社会福利保险制度，排除独生子女父母的后顾之忧，做好老、弱、病、残的社会救济工作，逐步实现“老有所依，老有所养”。

（七）加速农业现代化的步伐，活跃农村文化生活，尽快改变当前农村落后的生产方式和单调的生活习惯，根除农民多育观念得以继续存在的经济基础和社会条件。

可以预见，随着计划生育工作的进一步深入开展，政策和措施的不断完善，广大群众实行计划生育的积极性和自觉性的不断提高，陕西省人口发展速度将会控制在计划要求的范围之内。

（作者工作单位：陕西省统计局）

1986年宁夏回族自治区人口发展状况分析

宋传升

1986年，是宁夏经济社会发展比较好的一年，也是近10年来增加人口最多的一年。在这一年里，全区工农业总产值增长了10.9%，总人口增长了2.34%。由于经济和社会的发展，使人口数量和人口结构都出现了一些新变化和新特点。从1986年起，已进入第三个生育高峰期，预计这一峰期将持续15年以上，是一个值得注意的重要问题。

一、人口的发展状况

（一）总人口根据公安部门的人口年报统计，1986年末，宁夏自治区总人口为4 243 331人，比1985年末的4 146 215人净增加了97 116人，净增率是2.34%。这是从1977年后的近10年来人口绝对量增加最多的一年。也是从1982年以后人口发展速度最快的一年(见表1）。

表1　近10年宁夏人口发展情况　（人）

年份	年末总人口	当年净增人口	净增率(%)	年份	年末总人口	当年净增人口	净增率(%)
1977	3 467 069	87 807	2.6	1982	3 932 404	96 633	2.5
1978	3 555 828	88 759	2.6	1983	3 990 540	60 736	1.5
1979	3 641 361	85 533	2.4	1984	4 068 670	78 130	2.0
1980	3 737 169	95 808	2.6	1985	4 146 215	77 545	1.9
1981	3 833 771	96 602	2.6	1986	4 243 331	97 116	2.3

从表1数字看，似乎差别量并不太大，但其趋势是明显的。近年来，在人口统计上越来越困难，超生不报，死亡不销的现象经常发生。根据年报质量验收结果，总人口漏报率为3.73‰，最高的达29.8‰，漏报的越多，就越能证明1986年是近10年来人口增加最多的一年了。

（二）自然变动状况。鉴于1986年常规统计的自然变动数据误差过大，本文所使用的自然变动数字，都是按照抽样调查资料推算的，并结合做了一些调查验证，基本上能代表宁夏的真实情况（见表2）。

按照推算，1986年宁夏总共出生人口103 553人，比1985年多生了34 176人，增长46.78%，是从1982年后出生人数最多的一年，当年共死亡20 973人，增长31.62%，自然增长82 580人，增长51.20%，也均是1982年后最多的一年。

以此计算，1986年宁夏人口出生率是24.69‰，比1985年的17.18%增加了7.51‰；死亡率是5.00‰比1985年的3.88‰增加了1.12‰；自然增长率是19.69‰，比1985年的13.30‰增

表2　　　　1986年宁夏人口自然变动情况

指标别	单位	1985年	1986年	1686比1985年 (+) (−)
出生人数	人	70 552	103 553	+34 176
死亡人数	人	15 934	20 973	+6 214
自然增长人数	人	54 618	82 580	+27 962
出生率	‰	17.18	24.69	+7.51
死亡率	‰	3.88	5.00	+1.12
自然增长率	‰	13.30	19.69	+6.39

加了6.39‰。

以上说明，1986年宁夏的出生人数和自然增长人数均有较大增加。这个增加正和1983至1985年出生人数的减少一样，都不是暂时的偶然现象，而是客观规律的反映，都是与宁夏育龄妇女的年龄构成有直接关系的（见表3）。

表3　　　　宁夏1982年0—49岁女性人口数

数岁	人数	岁数	人数	岁数	人数	岁数	人数	岁数	人数
49	12 740	39	20 391	29	28 415	19	52 274	9	56 268
48	13 626	38	20 872	28	31 743	18	49 247	8	54 364
47	14 385	37	20 357	27	33 458	17	49 968	7	52 652
46	14 750	36	21 377	26	33 861	16	48 372	6	55 747
45	14 722	35	21 748	25	32 716	15	47 279	5	48 339
44	16 813	34	19 647	24	31 064	14	50 115	4	47 490
43	17 628	33	21 055	23	22 813	13	58 728	3	48 221
42	18 350	32	26 182	22	24 557	12	54 790	2	51 963
41	17 034	31	26 521	21	20 266	11	54 105	1	47 871
40	18 012	30	28 423	20	31 450	10	52 248	0	54 365

从表3中可见，从49岁往下到0岁逐渐增多，几乎呈直线上升趋势。

同样，按照1982年普查资料，宁夏妇女的平均生育峰值年龄是24岁（包括多胎生育在内）。就是说1982年普查时，是以表3中的24岁组妇女生育为主，加之那时的计划生育控制不严，所以出生人数较多。接下来1983—1985年的3年，是轮着表3中的23—21岁组妇女生育为主，由于这3岁组的妇女人数都特别少，又加上这几年的计划生育工作抓得较紧，所以这3年的出生人口数出现了明显下降趋势。到了1986年，该轮着表3中的20岁组妇女生育为主，20岁组比21岁组妇女多1.12万人，同时这两年计划生育工作又有些放松，以及政策允许开了一些小口子，所以出生人数自然要比前几年多。这是宁夏人口现象综合作用的结果，也是宁夏人口进入第三个生育高峰期的开始。

从表3中还可以看出，自19岁组到6岁组妇女在1987年到2000年间为主生育年龄，这14个岁组的妇女人数最少的为47 279人，最多的是58 728人，平均每年的一胎生育人数是52583

人。即使在这些年内各岁组的妇女人数都会自然减少一些，但又以每年的迁入人口作一些补充，所以变动不会太大。这样如果按照宁夏现行的“一二三”人口生育政策①，一个不超生，每年至少也要平均生育10万人以上。就是说，从1986年起开始的宁夏第三个生育高峰期，将要一直持续到2000年，或者还要长一些。由此看来，这是一个值得认真注意的重要问题，如果工作的好，到2000年宁夏总人口可望控制在560万人上下，若稍有疏忽，全区总人口超过600万人将是可能的。

(三)迁移变动情况。1986年，宁夏人口的迁移变动出现了与往年不同的异常现象：区外迁入人口减少，迁往区外人口增多，因而净迁入人口大大减少。1986年全区共从区外迁入33 666人，比1985年的41 359人，少迁入了7 693人，减少了18.60%；迁往区外的19 130人，比1985年的18 432人，增加了698人，增长了3.79%。这是近16年来迁出人口最多的一年（见表4)。

表4　　1986年宁夏人口迁移变动情况　　(单位：人)

	1985年	1986年	1986年比1985年增(+) 减(-)	1986年为1985年的%
迁入人口	41 359	33 666	－7 693	81.40
迁出人口	18 432	19 130	＋ 698	103.79
净迁入人口	22 927	14 536	－8 391	63.40

1986年迁入人口虽然比1985年减少，但仍属于近年来迁入较多的年份。这主要是因为，自从经济开放和搞活以后，引进了部分外省区的人才及其亲属，也解决了部分原有外省籍职工亲属的入户问题，但随着外省籍职工家属入宁团聚问题的逐步解决，如果宁夏没有新的国家的重点建设项目，迁入的人口数将有继续下降的趋势，而迁出的人口数也将会继续增多。

宁夏人口迁出数量增多的原因是多方面的，据有关部门分析：一是知识外流，特别是一些中青年知识分子，经过在宁夏的实践锻练，多数都成熟了，但由于宁夏地域小，容量小等原因，不少人才得不到充分发挥，因而被经济发展快的省区不断聘走；二是老年返馈，即宁夏的干部、职工和科技人员退休后到外省区养老，或开辟第二职业；三是人才支援，即国家和各兄弟省市区每年通过高等学校招生考试从宁夏录取走几千人，但统一分回来者很少，尤其重点大学的学生更是廖廖无几；四是劳务输出，这几年宁夏对阿拉伯国家以援助建设为形式的劳务输出是成功的，很受这些国家的欢迎。以上各点虽然迁出的人口都不太多，但这与“宁夏有天下人，天下无宁夏人”的时代相比，已发生了根本性的变化。

二、人口结构的变化

随着宁夏经济、社会和人口数量的发展变化，1986年宁夏的人口结构也出现了许多新特点和新变化，仅以1986年和1985年相比，其差异就显得十分明显，主要表现在：

(一)户增长快于人增长，户规模继续缩小。1986年内，全区总人口增长了2.34%，总户数增长了3.89%，户数比人数多增长了1.55%。这就是说，随着60年代第二次生育高峰时期出生的人口逐渐成家立业，随着计划生育以来出生人数的减少，同时随着社会主义新型家

① 宁夏“一二三”人口生育政策是：城市汉民每对夫妇生一胎，城市少数民族，川区全部农民和山区的汉族农民生二胎，山区的少数民族生三胎。

庭关系的建立和完善，宁夏的家庭规模也在逐渐缩小。

解放初，宁夏的户均人口是5.60人，70年代是5.4人，1980年是5.33人，1982年是5.23人，1984年是5.17人，1986年又降到5.05人，预计在第三个生育高峰期内，如果自治区的计划生育政策不变，这一规模将还会有所下降，城市将逐渐过渡到4人家庭。

(二)男性增长快于女性，性别比完全正常。1986年比1985年男性人口增长了2.37%，女性人口增长了2.31%，男性比女性多增长了0.06%，因而使男女性别比从1985年的106.39，上升到1986年的106.46，上升了0.07%，比1982年人口普查的106.2，高了0.26%。这一变化，一是与迁入人口的性别比有关，二是与出生人口的性别比有关，并且主要是发生在城市。

（三）城镇人口增加，农村人口减少，城镇化水平提高。1986年末全区城镇人口达到1 698 152人，比1985年末净增加了233 620人，增长了15.95%。1986年增加的城镇人口是当年全区净增加总人口的2.4倍。与此同时全区农村人口由1986年的268 683人，下降到2 545 179人，净减少了136 504人，下降了5.09%。造成这一变化的原因，一是随着社会经济的发展，一部分农村人口进城从事第二、三产业，使城镇化水平有了提高；二是乡改镇，将乡村人口划成了城镇人口。1986年末全区城镇人口已占总人口的40.02%，但其中农业人口占了一半以上，吴忠市的农业人口占76%，青铜峡市占81.9%，贺兰县的镇农业人口占了75%。说明宁夏的城镇尚属新兴的待发展城镇，潜力很大。

（四）非农业发展快于农业，城乡二、三产业人口有较大发展。1986年末全区非农业人口达到910 758人，比1985年末净增加了78 307人，占当年全区净增加总人口的80.63%，比上年末增长了9.1%。同期全区农业人口达到3 332 573人，仅比上年增加了18 809人，增长了0.57%。这一方面说明1986年宁夏城镇的社会经济有了较快发展，同时也说明1985年全区在农村剩余劳动力的转化方面做出了成绩，城乡第二、三产业人口有了发展。

（五）回族和其他少数民族人口增长快，党对少数民族生育照顾政策见效。1986年末，宁夏汉族人口达到2 856 089人，比1985年净增加了58 662人，增长了2.1%；回族人口达到1 373 102人，增加了35 541人，增长2.66%；其他少数民族人口共达14 140人，增加了2 913人，增长了25.95%，由于回族和其他少数民族人口的增长速度均快于汉族，1986年全区汉族人口比重继续下降，回族和其他少数民族比重上升（见表5）。

表5　1986年宁夏人口民族构成　（%）

	合计	汉族	回族	其他少数民族
1985年	100	67.47	32.26	0.27
1986年	100	67.31	32.36	0.33
增(+)减(-)	-	-0.16	+0.10	+0.06

这一结构变化充分说明，党对少数民族人口生育的照顾政策已取得明显效果。这无疑会促进民族团结，达到民族昌盛。

（六）贫困山区人口增长减慢，人口分布趋向合理。从地区增长的对比来看，1986年主要出现了两个特点：

第一，从农村往城市流动。1986年银川市人口增长了3.77%，石咀山市增长了2.79%，均大大快于全区的总增长速度。而两个市的郊县却低于总速度。贺兰县、平罗县增长均不到1%，这是农村向城市转移的一个明显象征。

第二，从南部往北部流动。主要表现在生育政策较宽的固原地区总人口只增长了2.03%，而银南地区却增长了2.71%，大大快于固原地区的增长速度和全区总速度。这说明南部的固原地区的人口正在向中部的银南地区和北部的银石西市转移，均符合当前宁夏经济发展的合理流向和国土开发的总体规划。将来随着宁南新灌区的开发和吊庄工作的深入，这一趋势将会继续相当时期。

（作者工作单位：宁夏回族自治区统计局）

附表1　　1986年宁夏分市、县人口变化

	人口数（人）			速度	构成	
	1985年	1986年	1986年比1985年+/−	1986比1985年增长%	1985年	1986年
全区总计	4 146 215	4 243 331	+97 116	2.34	100	100
银川市	718 918	736 300	+17 382	2.42	17.34	17.35
银川市	396 869	411 827	+14 958	3.77	9.57	9.71
永宁县	160 062	162 103	+2 041	1.28	3.86	3.82
贺兰县	161 987	162 370	+383	0.24	3.91	3.83
石嘴山市	575 891	586 386	+10 495	1.82	13.89	13.82
石嘴山市	317 442	326 290	+8 848	2.79	7.66	7.69
平罗县	239 267	240 469	+1 202	0.51	5.77	5.67
陶乐县	19 182	19 627	+445	2.27	0.46	0.46
银南地区	1 417 122	1 456 575	+39 453	2.71	34.18	34.33
吴忠县	224 364	230 646	+6 282	2.72	5.41	5.44
青铜峡县	194 556	198 222	+3 666	0.85	4.69	4.67
中卫县	261 746	266 247	+4 501	1.69	6.31	6.27
中宁县	186 570	189 239	+2 669	1.41	4.50	4.46
灵武县	191 643	197 157	+5 514	2.80	4.62	4.65
盐池县	124 935	131 236	+6 301	4.80	3.01	3.09
同心县	233 308	243 828	+10 520	4.31	5.63	5.75
阿左旗						
固原地区	1 434 284	1 464 070	+29 786	2.03	34.59	34.50
固原县	392 951	402 851	+9 900	2.46	9.48	9.49
海原县	263 202	269 958	+6 756	2.50	6.35	6.36
西吉县	331 416	337 934	+6 518	1.93	7.99	7.96
隆德县	166 810	169 037	+2 227	1.32	4.02	3.98
泾源县	84 680	85 346	+666	0.78	2.04	2.01
彭阳县	195 225	198 944	+3 719	1.87	4.71	4.69

附表2 1986年宁夏总人口变化状况

	人数（人）			构成比（%）		1986年为1985年%
	1985年	1986年	1986比85+/−	1985年	1986年	
一、总户数	808 315	839 798	＋31 483	—	—	103.89
二、总人口数	4 146 215	4 243 331	＋97 116	100	100	102.34
户均人口数	5.13	5.05	－0.08	—	—	98.44
三、男性人口	2 137 278	2 188 013	＋50 735	51.55	51.56	102.37
女性人口	2 008 937	2 055 318	＋46 381	48.45	48.44	102.31
性别比（女为100）	106.39	106.46	＋0.07	—	—	100.07
四、农业人口	3 313 764	3 332 573	＋18 809	79.92	78.54	100.57
非农业人口	832 451	910.758	＋78 307	20.08	21.46	109.41
五、城镇人口	1 464 532	1 698 152	＋233 620	35.32	40.02	115.95
乡村人口	2 681 683	2 545 179	－136 504	64.68	59.98	94.91
六、汉族人口	2 797 427	2 856 089	＋58 662	67.47	67.31	102.10
回族人口	1 337 561	1 373 102	＋35 541	32.26	32.36	102.66
其他少数民族人口	11 227	14 140	＋2 913	0.27	0.33	125.95
七、川区人口	2 353 688	2 404 197	＋50 509	56.77	56.66	102.15
山区人口	1 792 527	1 839 134	＋46 607	43.23	43.34	102.60

1986年新疆维吾尔自治区人口发展状况分析

董永茂

一、人口规模与人口结构

1986年底，新疆总人口为13 836 399人，比1985年增加了22.5万人，增长率为1.65%。1986年新疆人口密度每平方公里为8.34人。

（一）人口年龄结构。

以1982年第三次人口普查资料为基础，运用年龄移算法推算出1986年的分年龄人口资料同1982年的普查资料对比，可以看出新疆人口年龄结构有以下变化：

1、少年儿童人口比重明显下降，老年人口比重略有上升，成年人口比重增加很快，人口年龄结构接近成年型。1986年与1982年相比较，1986年新疆少年儿童人口比重下降了6%，成年人口比重上升了5.72%，人口年龄中位数提高了1.25岁（见表1）。

与国际上通用的划分人口年龄结构类型的标准相对照，新疆人口年龄结构正由年轻型向成年型过渡（见表2）。

2、成年人口比重上升，负担少年儿童系数及社会负担系数下降。新疆社会负担系数已由1982年的76.20%降到1986年的60.05%，4年下降了16.15%。负担少年儿童系数由1982年的69.71%降到1986年的53.71%，4年下降了16%，同期负担老年人口系数仅下降了0.15%。因为社会负担系数等于负担老年人口系数与负担少年儿童系数之和，所以新疆社会负担系数在近几年中下降，是由于负担少年儿童系数降低形成的（见表3）。

表1　新疆人口年龄结构的变化（单位：%）

年　份	0-14岁人口比　重	65岁以上人口比重	老少比	年龄中位数（岁）
1982	39.56	3.68	9.31	19.50
1986	33.56	3.96	11.80	20.75

资料来源：据1982年人口普查及1983—1986年新疆维吾尔自治区人口统计资料计算。

表2　新疆人口年龄结构同国际通用划分人口年龄结构类型标准比较

	新疆人口年龄结构			国际通用划分人口年龄结构类型标准①		
	1964年	1982年	1986年	年轻型人口	成年型人口	老年型人口
少年儿童人口比重(%)	37.99	39.56	33.56	40以上	30—40	30以下
老年人口比重(%)	4.18	3.68	3.96	5以下	5—10	10以上
老　少　比(%)	11.00	9.31	11.80	15以下	15—30	30以上
年龄中位数(岁)	20.10	19.50	20.75	20岁以下	20—30	30岁以上

3、人口年龄结构变化的原因。1982—1986年期间，新疆人口年龄结构变化的主要原因是60年代末、70年代初新疆人口发展经历了高出生和高自然增长，这个时期出生的人到1986年都进入婚育年龄，因为这批人不仅数量多，占总人口比重大，而且正值人生中死亡率最低，存活率很高的阶段，所以使1986年的15—64岁人口比重增大。例如，1982年人口普查资料中，新疆11—14岁人口为143.10万，占总人口的10.94%，占0—14岁人口的27.65%，到1986年这批人进入15—64岁队列时，使其总数增加为142.56万，占总人口的10.39%，占15—64岁队列人口的16.64%。

（二）人口性别结构。

表3　新疆社会负担系数（单位：%）

年　份	社会负担系数	负担少年儿童系　　数	负担老年人口系　　数
1982年	76.20	69.71	6.49
1986年	60.05	53.71	6.34

资料来源：据1982年人口普查及1983—1986年新疆维吾尔自治区人口统计资料计算。

表4　新疆人口性别比（女性人口＝100）

	1985年	1986年
全部人口	104.89	104.93
城市人口	105.63	105.36
镇　人　口	107.19	105.36
农村人口	104.34	104.59

资料来源：据1985年、1986年新疆维吾尔自治区人口统计资料计算。

① 引自《人口手册》第173—175页，刘洪康等主编，1981年出版。

1986年新疆男性人口为7 084 626人，女性人口为6 751 773人，性别比指标为104.93（以女性人口为100），性别比处于平衡状态，与1985年相比，人口性别比稍有增大。如对城乡人口性别结构分别进行观察，则可以看出仅有镇的人口性别比变化较大，由1985年的107.19降到1986年的105.36，降低了1.83（见表4）。

性别比指标在新疆各地区间有明显差别。新兴的石油城市克拉玛依市最高，1986年性别比为113.03，这是因为石油工业的劳动强度大，生活环境艰苦，对男劳动力的需求相对较多所致。1986年巴音郭楞蒙古自治州和阿克苏地区的人口性别比也都高于107。这两个地区解放以来移民人数多，迁入人数中男性青壮年所占比例大，是导致其人口性别比略高于其他地区的主要原因。和田地区人口性别比指标最低，1986年为101.99。这个地区是新疆最边远的地区之一，基本上处于封闭的自然经济状态，人口再生产长期以来受外界影响很小，因而有利于保持人口性别平衡（见表5）。

表5　新疆性别比的变化

	1981年	1982年	1983年	1984年	1985年	1986年
乌鲁木齐市	104.98	104.59	104.52	103.58	105.04	104.93
克拉玛依市	121.40	118.74	116.77	114.73	114.99	113.03
石河子市	104.14	104.06	103.69	103.18	104.02	104.46
昌吉回族自治州	105.58	105.12	104.28	104.06	105.06	105.42
伊犁哈萨克自治州	105.60	106.02	105.30	104.78	104.76	104.93
博尔塔拉蒙古自治州	108.56	106.28	105.99	104.48	104.65	104.26
吐鲁番地区	104.00	104.28	104.17	103.30	103.43	103.56
哈密地区	105.39	105.66	104.69	103.81	103.86	102.86
巴音郭楞蒙古自治州	107.21	107.28	106.54	107.98	108.55	108.70
阿克苏地区	104.88	107.19	105.19	106.04	106.78	107.17
克孜勒苏柯尔克孜自治州	100.50	101.87	102.24	103.24	101.43	102.06
喀什地区	103.35	104.65	104.00	104.41	104.27	104.19
和田地区	103.01	103.22	102.75	102.86	102.28	101.09
全　疆	104.92	105.43	104.70	104.65	104.89	104.93

资料来源：据1976—1984年、1985年、1986年新疆维吾尔自治区人口统计资料计算。

由表5中还可以看出克拉玛依市的性别比在近几年中有所降低；巴音郭楞蒙古自治州的性别比略有上升；其他地区的性别比指标变动很小，人口性别比较为平衡、稳定。

（三）家庭规模。

1986年底新疆总户数为315.04万户，比1985年增加了5.42万户，增长率为17.49%；比1981年增加了15.86万户，年平均递增10.38%。

家庭户平均规模指标，是反映人口总体中平均每个家庭户中拥有的人口数。新疆家庭户规模①在近几年中变化不大，平均每户人数在4.35~4.45间波动。

① 对人口家庭户规模及家庭结构分析研究，应使用家庭户资料，但我国现行统计中，总户数包括集体户和家庭户，不易将二者区分开来，再者集体户占总户数比重很小，如1982年人口普查中，新疆集体户仅占0.37%。因此，以总户数代替家庭户资料，来进行家庭户规模和家庭结构的分析研究，基本上能保证其科学性。本文中的家庭户规模就是以总户数计算的。

新疆家庭户规模的地区差别表现在：家庭户规模是南疆小于北疆①；农业区小于牧区②。据1986年新疆维吾尔自治区人口统计资料计算，南疆每个家庭户平均有4.21人，北疆每个家庭户平均有4.57人。农业区户均人口为4.04人，牧业区户均人口为5.93人。形成这一差别的主要原因是：第一，占南疆总人口80%以上的维吾尔族，长期以来其生产活动以农业为主，种植业的分散经营使维吾尔族家庭形成了儿女娶嫁后即分门立户的传统。一般家庭是由直系亲属组成。北疆的哈萨克族、蒙古族多从事畜牧业。由于逐水草而居的游牧生活，单门独户难以抵抗自然灾害和猛兽侵袭，所以常常是血缘关系和社会关系密切的几家人在一起放牧，结成比较稳固的社会或家族、网络。例如，解放前哈萨克族的家庭虽是以夫妇为基础的小家庭制，但另立门户的子女一般都在父母的毡房周围，经过几代就形成了一个“阿吾勒”（哈语，意指最小的血缘集团，通常是由较密切血缘关系的成员组成）。第二，北疆人口死亡率普遍低于南疆。第三，南疆的维吾尔族离婚率高于北疆的少数民族。原有家庭分裂后，在尚未组建新家庭时，就可能导致家庭数目增多，家庭规模缩小。

新疆城乡家庭规模大小以农村、市、镇为序。1986年镇平均每户4.10人，市平均每户4.24人，农村平均每户4.56人。

（四）人口城乡结构。

1986年新疆有15个市、115个镇，市辖区人口为442.12万，镇辖区人口为170.81万，城镇辖区人口比1985年增加了33.92万，增长率为5.86%。

1980—1986年期间，新疆城镇人口增长很快，由1980年的283.38万增长到1986年的372.79万，增长了89.41万，年平均递增4.68%。这一阶段城镇人口迅速增加的直接原因是建制市、镇数量的大幅度增加。1982年人口普查时，新疆仅有8个市、64个镇，1986年底，新疆已有15个市、115个镇。城镇建设加快，城镇人口猛增是近期城市经济改革及乡镇企业大力发展的结果。

（五）民族结构。

新疆人口的民族构成及其变化可以概述为以下几点：

1、民族众多。1982年人口普查时，新疆有47个民族，其中维吾尔族、汉族，哈萨克族、回族、柯尔克孜族和蒙古族这6个民族人口占全疆总人口的99%，是新疆人口的主体部分。

2、1986年新疆的少数民族③人口比1985年增长了2.27%；汉族人口仅增长了

表6 新疆人口的民族构成 （单位：%）

民族	各民族人口比重		各民族人口1986年比1985年增长
	1985年	1986年	
维吾尔族	46.24	46.48	2.17
汉族	39.30	38.93	0.69
哈萨克族	7.25	7.30	2.37
回族	4.41	4.42	2.03
柯尔克孜族	0.91	0.91	2.17
蒙古族	0.91	0.93	3.85
其他民族	0.98	1.03	6.16
合计	100	100	1.65

资料来源：据1985年、1986年新疆维吾尔自治区人口统计资料计算。

① 南疆指天山南部的巴音郭楞蒙古自治州、阿克苏地区，克孜勒苏柯尔克孜自治州，喀什地区、和田地区。北疆指天山北部的乌鲁木齐市、石河子市、克拉玛依市，伊犁哈萨克自治州、昌吉回族自治州及博尔塔拉蒙古自治州。下文相同。

② 克孜勒苏柯尔克孜自治州和博尔塔拉蒙古自治州以牧业为主，喀什地区、和田地区以农业为主，因此，本文中以前两者为牧业区的代表，后两者为农业区代表计算家庭户平均规模。

③ 在新疆指除汉族以外的其他所有民族。

0.69%。

3、汉族人口占全疆总人口比重在近几年中不断下降。1986年汉族人口比重为38.93%，比1985年下降了0.37%；比1982年下降了1.46%。少数民族人口比重在近几年中持续上升（见表6）。

二、人口增长

（一）人口自然增长。

1986年新疆出生28.19万人，比1985年的出生人数26.78万多1.41万，增长率为5.27%。

1986年新疆人口出生率为20.54‰，比1985年高出0.74‰。与“六五”期间各年份比较，变化不大。新疆1981年、1982年的出生率分别为21.09‰和21.16‰，高于1986年的水平；1983、1984年的出生率分别为19.31‰和19.76‰，低于1986年的水平。

新疆人口出生率的民族和地区差别表现在：少数民族人口出生率高于汉族，1986年少数民族人口出生率为26.29‰，汉族为11.59‰，前者比后者高出一倍以上；北疆人口出生率低于南疆，1986年北疆人口出生率为15.76‰，南疆为25.40‰，前者比后者低近10‰；北疆各地、州的少数民族人口出生率比南疆各地、州少数民族要低，1986年的统计资料表明前者在15—25‰之间，后者在25—35‰之间；新疆汉族人口出生率有所上升。1986年新疆汉族人口出生率比1985年提高了2.27‰，同期新疆少数民族人口出生率降低了0.36‰。可见，1986年新疆人口出生率高于1985年是因为汉族人口出生率提高的缘故（见表7）。

表7　　1986年新疆人口出生率　　(‰)

民族	北疆							东疆			南疆						全疆
	合计	乌鲁木齐市	克拉玛依市	石河子市	昌吉回族自治州	伊犁哈萨克自治州	博尔塔拉蒙古自治州	合计	吐鲁番地区	哈密地区	合计	巴音郭楞蒙古自治州	阿克苏地区	克孜勒苏柯尔克孜自治州	喀什地区	和田地区	
汉族	11.73	9.87	7.59	8.34	13.00	13.28	15.56	11.78	13.42	11.23	10.98	11.10	9.33	16.97	12.41	14.04	11.59
少数民族	22.42	19.68	22.43	18.84	20.25	23.29	23.36	26.21	26.85	24.46	28.03	23.72	25.47	32.41	26.97	32.87	26.29
总人口	15.76	12.42	11.07	8.74	14.76	18.75	18.38	20.11	24.14	15.60	25.40	16.92	22.13	31.68	25.86	32.30	20.5

资料来源：据1986年新疆维吾尔自治区人口统计资料计算。

1986年新疆汉族人口出生率上升的主要原因有两个：第一，1986年新疆维吾尔自治区人民政府和各级计划生育管理部门在中央13号文件精神指导下，经过充分考虑后，按照不同地区的社会经济环境和人口条件制定不同的生育政策。例如，对靠近乌鲁木齐的个别农村地区以及各地的城镇汉族人口，仍坚持以提倡生一胎为主；对距离乌鲁木齐较远的农村地区的汉族则适当放宽了生育政策，一般情况下都允许生二胎，个别特殊情况还照顾生三胎，这样就使新疆汉族人口出生率较比1983、1984和1985年略有上升。第二，受人口再生产周期的影响。1962—1964年新疆人口出生率在30‰以上，在这个生育高峰期出生的汉族婴孩，到1986年都已进入婚育年龄，对汉族人口再生产施加影响，导致再次出现生育高峰。

1986年新疆死亡人口为84,155人，比1985年的死亡人数86,453少2,298人。1986年新疆人口死亡率为6.31‰，比1985年降低了0.26‰。从1964年以来，新疆人口死亡率一直呈下降趋势，1986年为最低。

新疆人口死亡率的民族和地区差别表现在：少数民族人口死亡率高于汉族，1986年新疆少数民族人口死亡率为8.20‰，汉族为2.90‰，前者比后者高出近两倍；南疆各地、州人口死亡率普遍高于北疆，1986年南疆各地、州人口死亡率一般在7‰以上，北疆一般在4‰以下；南疆各地、州少数民族人口死亡率高于北疆少数民族，1986年南疆少数民族人口死亡率为10.02‰，北疆少数民族为4.67‰，前者比后者高出一倍多；城镇人口死亡率低于农村，1986年新疆城市人口死亡率为3.96‰，镇人口死亡率为5.74‰，农村为7.42‰（见表8）。

表8　　1986年新疆人口死亡率　　（‰）

民族	北疆							东疆			南疆						全疆
	合计	乌鲁木齐市	克拉玛依市	石河子市	昌吉回族自治州	伊犁哈萨克自治州	博尔塔拉蒙古自治州	合计	吐鲁番地区	哈密地区	合计	巴音郭楞蒙古自治州	阿克苏地区	克孜勒苏柯尔克孜自治州	喀什地区	和田地区	
汉族	2.98	3.21	1.65	3.71	2.93	2.84	2.07	2.80	2.87	2.78	2.65	2.77	2.80	2.16	2.19	2.46	2.90
少数民族	4.67	3.98	2.81	3.62	4.26	4.98	3.87	5.58	5.61	5.52	10.02	5.70	9.33	7.69	10.86	11.01	8.20
总人口	3.61	3.41	1.92	3.70	3.25	4.01	2.72	4.41	5.05	3.69	8.88	4.12	7.98	7.43	12.20	10.76	6.13

资料来源：据1986年新疆维吾尔自治区人口统计资料计算。

新疆是一个多民族的大杂居、小聚居的地方。南疆人口的绝大部分是维吾尔族和柯尔克孜族，而北疆人口的主体是汉族，哈萨克族、回族和蒙古族。因此，新疆人口死亡率的地区差别，实质上是民族差别。据调查，新疆维吾尔族和柯尔克孜族的死亡率分别为12.72‰和14.96‰，蒙古族和哈萨克族的死亡率分别为7.39‰和6.78‰①，前两个民族的人口死亡率明显高于后两个民族，其主要原因是：第一，南疆经济生活条件落后于北疆，农业生产采取粗放的种植经营，收入低。维吾尔族的肉蛋奶食用远比哈萨克和蒙古族少，因此，营养不良患者多，人们抵抗疾病能力差。第二，南疆交通不发达，经济文化落后，医疗卫生条件也比北疆差，一些流行传染疾病不能及时控制和治疗。第三，维吾尔族和柯尔克孜族的生育率很高，在妇幼保健条件较差的情况下，婴幼儿及产妇死亡率很高。

1986年新疆自然增长人数为19.78万人，比1985年的自然增长人数18.13万多1.65万，增长率为9.06%。自然增长率为14.14‰，比1985年提高了1‰。

新疆人口自然增长率的民族和地区差别表现在：汉族人口自然增长率低于少数民族，1986年汉族人口自然增长率为8.69‰，少数民族为18.09‰，后者比前者高出一倍多；南疆人口自然增长率高于北疆，1986年南疆人口自然增长率为16.52‰，北疆为12.14‰；东疆和南疆少数民族人口自然增长率高于北疆少数民族，1986年东疆少数民族人口自然增长率为20.63‰，南疆为18.01‰，北疆为17.75‰；人口自然增长率高低以镇、农村、城市为序，1986年镇人口自然增长率为16.40‰，农村为15.61‰，市为10.48‰（见表9）。

（二）人口机械增长。

1986年新疆区外迁入人数为4.53万，迁入率为3.30‰，比1985年的迁入率3.54‰降低了

① 引自《新疆肿瘤死因回顾调查资料集》第64页1979年。

表9　　1986年新疆人口自然增长率　　(‰)

民族	北疆							东疆			南疆						全疆
	合计	乌鲁木齐市	克拉玛依市	石河子市	昌吉回族自治州	伊犁哈萨克自治州	博尔塔拉蒙古自治州	合计	吐鲁番地区	哈密地区	合计	巴音郭楞蒙古自治州	阿克苏地区	克孜勒苏柯尔克孜自治州	喀什地区	和田地区	
汉族	8.75	5.89	5.94	4.63	10.07	10.44	13.49	8.98	10.55	8.45	8.33	8.33	6.53	14.81	10.22	11.58	8.69
少数民族	17.75	15.70	19.62	15.22	15.99	18.31	19.49	20.63	21.24	18.94	18.01	18.02	16.14	24.72	16.11	21.86	18.09
总人口	12.15	9.01	9.14	5.04	11.50	14.74	15.66	15.70	19.0[illegible]	11.92	16.52	12.80	14.15	24.25	13.66	21.55	14.41

资料来源：据1986年新疆维吾尔自治区人口统计资料计算。

0.24‰；1986年新疆迁出区外的人数为8.81万，迁出率为6.42‰，比1985年的迁出率7.69‰降低了1.27‰。其特点是：迁出人数多于迁入人数，1986年净迁出新疆的人数为4.28万①；迁出区外人数中生产建设兵团占很大比例，1986年新疆净迁出人数中生产建设兵团占66.82%；迁出区外人口中石河子市、伊犁哈萨克自治州和阿克苏地区占很大比例，1986年新疆净迁出人口中石河子市占16.31%，伊犁哈萨克自治州占33.54%，阿克苏地区占16.88%，这3个地、州合计共占66.73%；占全疆平均人口1.71%的人口在1986年迁入城镇，其中23.55%迁入城市，其余迁入镇。

近几年新疆生产建设兵团迁出区外人数远远超出区外迁入人数的主要原因是：第一，许多解放初期进疆开拓垦区的老职工，老干部退休、离休后，思乡心切，希望叶落归根而纷纷返回故土。第二，生产建设兵团近几年在开放和改革过程中理解政策，执行政策有所失误，导致管理混乱，经济发展不景气，使干部和职工在生产和生活上遇到了重重困难，于是一部分人就设法迁回内地。

三、人口再生产

目前新疆是增长型的人口再生产，增长势头很猛。1986年新疆育龄妇女人数为365万②，比1982年增加了49万，增长了15.5%。1986年新疆结婚对数为147 565对③，比1981年增加了2.75万对，增长了22.94%，年平均递增4.22%。1986年新疆妇女总和生育率为2.63233，粗再生产率为1.28457，净再生产率为1.28142，高于更替水平④，

新疆汉族的人口再生产类型与少数民族迥然不同。1986年新疆汉族妇女总和生育率为1.26194，低于更替水平，而少数民族妇女总和生育率为3.78609，比汉族高出两倍。

新疆维吾尔自治区计划生育统计表明：多胎率相当高，1986年新疆多胎率为44.61%，高于一胎率和二胎率，1986年多胎率比1984年提高了8.99%；新疆多胎生育主要发生在农村，1985年新疆农村多胎率为49.29%，比镇高出12.44%，比城市高出29.46%（见表10）。

① 指1986年迁出区外人数减去区外迁入数之差。

② 据1982年人口普查资料推算。

③ 资料来源于新疆维吾尔自治区民政统计。

④ 人口统计中把综合生育率为2.1，粗再生产率为1.05，净再生产为1作为更替水平。

表10 新疆人口生育胎次率统计 （单位：%）

	一胎率			二胎率			多胎率		
	1984年	1985年	1986年	1984年	1985年	1986年	1984年	1985年	1986年
全疆	39.40	32.55	32.89	24.98	22.56	22.50	35.62	44.89	44.61
其中 市	75.78	62.45	—	13.13	17.72	—	11.09	19.83	—
镇	48.94	39.64	—	20.88	23.51	—	30.18	36.85	—
农村	33.95	27.63	—	26.87	23.08	—	39.18	49.29	—

资料来源：新疆维吾尔自治区1984年、1985年、1986年计划生育统计资料。

（作者工作单位：新疆财经学院）

1986年台湾省人口发展状况分析*

郑启五

一、人口与人口密度

1986年全省共有人口19 454 610人，比1985年增加196 557人。其中男性人口首次突破千万大关，达10 086 389人，比1985年增加92 098人。女性人口9 368 221人，比1985年增加104 459人。性别比为107.7。

人口密度每平方公里已达540人，是我国人口密度最大的省份之一。台北市人口密度每平方公里高达9 461人，高雄市8 596人，而东部的花莲县和台东县每平方公里只有77人。市县城乡间人口的分布更加不平衡，使当局推行的各区域均衡发展的政策受到影响。农村人口的外流阻碍了农村地区的发展，又使人口进一步外流，形成恶性循环；农村人口涌入城市，使城市人口密度有增无减，带来交通、饮水、垃圾处理、污水排放等一系列的社会环境问题。

二、人口增长率和自然增长率

全年人口增长率为10.21‰，比1985年下降2.7‰。其中12月份的人口增长率仅有5.23‰，比1985年同期的19.19‰锐降13.96‰。

全省15岁以上已婚女性理想子女数和生育子女数分别由1985年的3.01人和3.43人，下降至1986年的2.96人和3.42人。

全年人口自然增长率为11.03‰，比1985年的13.22‰下降了2.19‰，提前实现了当局要求在1989年以前把自然增长率降到12.5‰的目标。

---

*本文资料参见：① “中华民国统计周报”，1987年4月号，第18－22页。
② 台湾“中央日报”，1987年2月6日第三版。
③ 台湾“中央日报”1986年12月12日。
④ 新华社编《台港澳情况》，1987年2月10日，第42－34页。

全年出生人口总数308 187人，比1985年的 345 053人减少了 36 866人，出生率由上年的18.03‰下降至15.92‰。由于台湾省死亡率近年基本平稳，1980年以来一直浮动于4.75‰～4.89‰之间。因而出生率较大幅度的下降是造成全省人口增长率和人口自然增长率明显下降的主要原因。

影响人口增长率下降的一些不利因素继续存在，表现在重男轻女未完全根除；婚前怀孕被迫结婚生育的不少；生育间隔期偏短；年轻妇女理想子女数依然偏高，等等。

三、生育率持续下降的原因

台湾省家庭计划研究所在1986年进行的一项研究，以12 516人为抽样调查的对象，得出有偶妇女生育率下降79%是因为妇女实行避孕的结果。同时该研究所另一项报告指出，全省各地各阶层妇女的避孕率，在不同教育程度或在城乡不同地区，均无差别。调查资料显示，在1965年时，高中以上文化程度的妇女实行避孕的比例约为不识字妇女的3倍，但到了1976年已非常接近，这几年则无差别，均高达90%左右。1965年时，大城市妇女的避孕率约为农村妇女的两倍，但到了1985年，农村、城镇、与大城市之间，均无不同。

四、结婚率与离婚率①

全省结婚率的下降是影响生育率下降的第二个要素。80年代以来结婚率逐年持续下降，1986年为7.52‰，比1985年的8.03‰，又下降了0.51‰。其中台北、高雄、基隆、新竹、台中、嘉义、台南7大城市结婚率较低，对7大城城的生育率有较大影响；而乡村地区结婚率较高，对生育率下降的影响较小。部分原因是大城市中的女性受教育程度较高，晚婚及单身者较多。

与结婚率持续下降成反比的是离婚率的持续上升。1986年的离婚率为1.16‰，比1985年的1.11‰，又增加了0.05‰。全年离婚对数22 381对，平均每月高达1 865对。离婚率的上升引起了众多的青少年问题和其它社会问题。

五、年龄结构

全省0—4岁年龄组有1 772 033人，比1985年减少88 712人；5—9岁年龄组有2 015 618人，比1985年减少13 615人。据有关部门统计分析，由于年龄结构的改变，全省学龄人口在未来每年平均减少近5万人，这将使升学竞争和就业的压力逐年得到缓解。

全省75—79岁年龄组的老年人口为172 105人，比1985年增加8 726人；80岁以上年龄组为116 122人，比1985年增加5 426人。老年人口逐年增加，老人的安养问题日渐突出。全省70岁以上的老人中75%患有一种或多种慢性疾病，神经系统的老年失智症、中风引起的多梗塞失智症等等，都使老人根本无法照顾自己，因此给家庭带来了沉重负担。

1986年全省死亡人口94 712人，比1985年增加了2 701人。因而死亡率亦由1985年的4.18‰上浮至4.89‰。

（作者工作单位：厦门大学台弯研究所）

① 台湾省结婚率（即粗结婚率）所反映的是某一年份中的结婚对数。该省的结婚率是用年结婚的对数除以年中人口的总数进行计算的，离婚率的算法亦同。即1986年全省平均每千人口中有7.52对夫妻结婚。

澳门人口发展状况分析

朱云成　（澳门）黄就顺

中葡两国经过多次会谈，于1987年3月草签了关于澳门问题的联合声明，宣布将于1999年12月20日由中华人民共和国对澳门恢复行使主权。到本世纪末，我国对澳门行使主权后，将设立一个"澳门特别行政区"。这个未来的"特别行政区"的人口发展状况如何？它对澳门经济和社会发展有些什么影响？这是国内外人士普遍关注的问题之一。

一、澳门人口发展

澳门的原始聚落出现于何时？目前尚未见有史书记载。据国内现有史书记载，称南宋末期13世纪70年代，宋军曾在澳门一带抗元军，此后居民始增。由此可见，宋时澳门已有人定居是毫无疑问的了。至于葡人进入澳门季节性定居时间，史学家认为始于明嘉靖32年（公元1553年），作为与国人通商之处①。

澳门最早的一次人口调查始于1839年4月。（清道光19年）。两广总督林则徐曾派人作过调查，当时查明该地计华民1 772户，男女7 033丁口；西洋夷人720户，男女5 612丁口，英咭唎国夷人57户②，合计人口当有13 101人③。葡国对澳门所作的最早一次全面详细的人口调查始于1878年12月31日，调查结果共59 959人，其中葡人4 431人，中国人55 450人，外国人78人。在所统计的人口中，包括水上居民8 935人。调查范围还包括了凼仔和路环岛，该地有葡人85人，中国人8 082人，两次调查相隔39年。澳门总人口增加了358%，年平均增长9.18%。人口迅速增加的主要原因，除因为葡人占澳门以后，商业贸易迅速发展，国人迁入甚多，及出生人口增加外，可能还与第一次和第二次调查的范围不同有关，第一次调查是否也包括了凼仔和路环岛的人口？另外对水上居民是否漏统？如果这两次人口统计范围口径不一致，第二次调查范围大于第一次调查，其结果也会使人口数量出现剧增。

本世纪以来至70年代末，澳门进行过多次人口统计，其人口增长见（表1）。

从表1可见，本世纪澳门总人口呈增长趋势，但在40年代和50年代出现两次人口减少时期，这与第二次世界大战后，抗日战争初期迁到澳门躲避战火的中国内地居民纷纷迁回内地香港有关，故人口减少。50年代正值解放后第一个五年计划期间，国内生活安定，经济较快恢复和发展，一部分澳门华人回国定居或升学，有的迁往其他国家，一度又出现人口负增长情况。从60年代初至70年代末，属澳门人口较稳定上升时期，这时期人口增加的原因有二：一是本地人口自然增长约占总人口增加量的1/3；二是迁入人口大量增加，约占总人口增

① 参看：黄鸿钊："澳门早期历史概述"载《濠境》1987年第1期。

② 据何大章，缪鸿基合著：《澳门地理》第55页，1946年6月广东省文理学院出版。

③ 英咭唎人57户，按每户8人推算共456人。

表1　澳门1910—1980年人口发展

统计年份	总人口（人）	环比发展速度(%)(以前一个统计数为100)	各时期年平均增长(%)
1910	74 866	100	—
1920	83 984	112.18	1.22
1927	157 175	187.15	12.45
1939	245 194	156.00	4.67
1950	187 772	76.58	-2.13
1960	169 299	90.16	-0.98
1970	248 636	146.86	4.69
1980	268 300	107.91	0.79

资料来源：除1980年外各年总人口数据见黄汉强主编《澳门经济年鉴》1983年第12页，1985 年《澳门年鉴》的修正，澳门华侨报1983年10月出版。

加量的2/3，其中以迁入人口增长居优势。迁入人口中，以内地广东、福建两省的华人为多。特别是1979年前的两三年，从大陆迁入澳门总共达8万人之多。

进入80年，澳门人口增长更快，主要是国内实行开放、改革和搞活的政策后，大陆内地人口投亲靠友移居澳门较多，加上出生人口剧增，人口年增长速度很快（见表2）。

表2　澳门1980—1986年人口增长

年份	总人口(人)	环比增长速度(%)
1980	268 300	100
1981	295 300	110.06
1982	321 500	108.87
1983	342 700	106.59
1984	371 500	109.57
1985	408 500	108.79
1986	426 400	104.38

资料来源：《1935年澳门经济年鉴》，澳门统计普查司出版。

从表2可见，自1980—1986年间，澳门总人口净增约15.8万人，增加了59%，年递增率均超过8%，最高达10.06%。在最近6年净增加总人口中，自然净增只有29 921人，占19%，净迁入达128 179人，占81%，迁入者多数是从大陆通过合法或非法途径来澳的中国人。

值得指出的是进入80年代后，澳门人口的自然增长虽在总人口增长中不占重要地位，但人口自然增长的绝对量较70年代有较大幅度增长。据澳门政府统计，1970—1979年的10年间，出生数（按活产统计）合计达26 440人。同期死亡人数为13 286人，10年自然净增为13 154人。而1980—1985年的6年内，人口出生数达33 647人，比70年代10年出生数还多7 207人，同期死亡人数共8 974人，人口净增24 673人，比70年代人口自然净增量高87.6%，可谓澳门面临一个新的出生高潮。可见，80年代澳门人口发展是在迁入高潮和出生高潮背景下出现的。

二、澳门人口性别、年龄构成

（一）性别构成

澳门人口统计调查资料最早出现的分性别统计，开始于19世纪30年代。葡人曾于1830年对澳门的外国人（包括葡人）分性别作过统计，当时估计有4 628名外国人，其中白种男人1 202人，男奴隶350名和其他种族男人38名，合计外国人中的男性人口1 590人；外国人中白人女性2 149人，女奴隶779人，其他种族女性110人，合计3 038人。（上述统计还未包括葡国军人和修道士，其中多为男性）。男性占总人口的34%，女性占66%，性别比（以女性为100，以下同）为52，即使加上军人和修道士，估计仍是男少女多。其原因可能与外国商人携带女仆、女奴较多有关。

本世纪以来，澳门人口性别构成男少女多情况已有改变，据1939～1985年统计，澳门人口的性别状况男女数量比较接近，但波动性大，男略多于女（见表3）。

表3 澳门1939—1985年人口性别构成

年份	总人口		男性		女性		性别比（以女性为100）
	人数(人)	总人口构成(%)	人数(人)	占总人口比重(%)	人数(人)	占总人口比重(%)	
1939	245 194	100	124 081	50.6	121 113	49.4	102.45
1950	187 772	100	98 948	52.7	88 824	47.3	111.40
1960	169 299	100	83 897	49.6	85 402	50.4	98.24
1970	248 636	100	127 703	51.4	120 923	48.6	105.60
1985	241 729	100	122 990	50.9	118 739	49.1	103.58

资料来源：1950、1970、1985年《澳门统计年鉴》。

上表显示，澳门在第二次世界大战前夕，总人口的性别结构，男女数量比较平衡，性别比为102.45。在第二次世界大战期间，人口迁移流动量较大，战后又由于国内解放战争之缘故，在解放前夕，流入不少大陆的男性人口，故使总人口中男性人口急剧增加。50年代总人口性别比出现急剧下降，男性人口比重大大减少，出现女多男少的现象，其原因有三，一是50年代所生婴儿中女婴比重高，据1955年～1960年统计，所生存活性别比只有89.84。最低的1956年只有88.48；二是男性人口死亡数超过女性，1955～1960年澳门死亡之人口性别比为111.15；三是有不少男性到海外谋生或升学。60年代人口性别构成中，男性比重增大，超过了女性人口数。1970年性别比上升到105.60，其原因是由于大陆男性人口大量迁入引起的。因60年代所生婴儿性别比仍女多男少，死亡人口性别比也是男多女少，因此只能从大量男性人口迁入澳门来解释。70年代以来，澳门总人口性别结构变动很小，摆动在103—106之间，男略多于女。

（二）年龄构成

按照联合国通用的年龄结构类型划分标准来衡量，1986年澳门的人口年龄结构属成年型，但是其中0—14岁人口占总人口的比重已降到24.74%，已走到老年型人口结构类型标准，其他三项指标，即65岁及以上人口占总人口比例（6.0%），老少比系数（24.25%）和年龄中位数（27.43岁），尚属成年型标准。澳门人口年龄结构这一转折性变化是在最近十几年中形成的。1960和1974年澳门人口的年龄结构如下：0—14组人口分别占38.68%和37.56%，65岁及以上人口占5.11%和4.68%，尚属年轻型刚步入中年型的过渡性人口年龄结构类型。只是由于60年代末和70年代期间人口出生率和死亡率迅速降低，澳门人口从高出生、高死亡向低出生低死亡转变，其年轻人口比重急剧下降，特别是从大陆迁入大量中青年人口，促使澳门人口年龄结构在80年代初，发生了较大变化，即进入了成年型的成熟阶段，具体表现在1981年0—14岁组人口已降至22.50%，比1970年减少15.06%，已显露出老年型人口的特征，但15—64岁组人口比1970年增加13.04%，65岁及以上人口的比重也比1970年提高了2.12%，年龄中位数比1970年提高了6.12岁，由此可见，这3个指标都显示出澳门人口已进入成年型的成熟阶段。这种人口年龄结构类型趋势至1986年仍维持不变，但具体指标有一些小的波动，这种波动主要是大量中青年劳动年龄人口增加和出生人数剧增造成的（见表4）。

表4　1960—1986年澳门人口年龄结构变化　（%）

年龄	0—14岁	15—64岁	65岁及以上	老年人口与少年人口之比例	年龄中位数(岁)
1960	38.68	56.21	5.11	13.21	24.20
1970	37.56	56.76	4.68	12.46	18.92
1981	22.50	70.80	6.80	30.22	25.05
1986	24.74	69.26	6.00	24.25	27.43

资料来源：① 根据澳门政府统计局的统计数计算所得。
② 据1985年《澳门统计年鉴》。

澳门人口年龄变化，对本地经济和社会发展将有重大影响。首先，是由于大量增加了适龄劳动人口(15—64岁人口)，使澳门有充足的劳动力资源，为发展各类产业提供了有利条件。特别是廉价的劳动力，提高了澳门第二产业产品在国际市场上的竞争能力。同时大大降低了适龄劳动人口的负担系数，有利于较快提高人民的生活水平。其次，少年人口比重大大减少，降低了澳门人口的再生产速度，使今后澳门人口自然增长趋势放慢，有利于减轻本地的人口压力，也有利于普及中等教育事业，提高人口素质。第三，今后的人口老化速度将加快，对老年人口的福利事业的需求将急剧增加，在制定社会发展规划中必须早作安排。

三、澳门的劳动人口

1981年澳门开展第10次人口普查，取得较全面的9岁以上人口就业状况资料，但是由于缺乏过去的可靠资料，只得从静态角度概述澳门劳动人口的一些特点。

澳门于1981年统计的劳动人口共127 359人，非劳动人口为114 370人，劳动人口与非劳动人口之比例为100：89.8，劳动人口占总人口的比重高达52.69%，超过同年香港（50.2%），比西方发达国家或发展中国家均高得多，西方发达国家一般占40～45%，发展中国家占30～40%。澳门劳动人口所占比重高的原因，首先是由于其年龄结构中适龄劳动人口所占比重高，按国际适龄劳动人口划分标准，15～64岁组人口占总人口比重，1981年澳门占70.8%，略低于香港（73.2%），全世界同期平均占59%，发达地区和发展中地区分别占65%和57%。澳门人口中适龄劳动人口所占比重大，是因为其人口年龄结构中年轻人口（0—14岁）占总人口比重与世界发达国家接近，而老年人口（65岁及以上）则大大低于发达国家。而与发展中国家比较，情况又与上述相反，即年轻人口比重大大低于发展中国家，而老年人口比重略高于发展中国家。其次是因为澳门适龄劳动人口中就业比重较大，其中妇女参加经济活动的比重较高。1981年澳门适龄劳动人口的就业率约为72%，这个比例略低于西德、英国、法国等西欧发达国家70年代的水平，但大大低于当时的许多发展中国家（一般占80～90%）。在男女总人口中，劳动人口分别占的比例：1981年澳门分别为65.1%和39.8%，香港分别为59.6%和35.8%，而70年代初发达国家分别为60%左右和30%左右，发展中国家分别为55%左右和20%左右。可见澳门妇女参加就业的比重大大超过其他国家，澳门妇女就业比例高与当地的产业结构和社会背景有关。

在澳门的非劳动人口中，学生和家庭妇女居多，1981年分别占非劳动人口总数的39%和46%。15岁以下和6岁以上的儿童基本上都是在校学生，不在校的不到1 500人，占该年龄组人口的4.4%，但17岁及其以上的青年则以就业居多。

澳门劳动人口的行业结构以第二、三产业为主，第一产业很不发展，这是西方经济发达地区劳动人口构成的一般特点。1987年普查，澳门第一产业的劳动人口仅占全部劳动人口的6.03%，第二、三产业分别占53.72%和40.23%，若与同期香港比较，第一、二产业比重比香港（分别为2.1%和44.5%）略高，第三产业比香港（占47.1%）略低。

澳门劳动人口职业构成的特点是以从事机械操作、服务行业和商业者居多。这三种职业的人数分别占就业人口总数的55.7%，16.8%和9.2%。专业技术人员少，只占3.8%，而香港同期占6.4%。专业技术人员少，是澳门现代经济发展中的一个重大弱点。若不大力加强专业技术人员的培养和引进，是难以维持和发展澳门加工工业在国际市场的竞争力的。

澳门劳动人口另一个特点是文盲少，受过高等教育的人口也少。1981年文盲占澳门劳动人口的10%，占总人口的5%；而受过高等教育的分别占2%和1%；受过中等教育的劳动人口居多占60%强。澳门劳动人口的文化水平还不及国内大陆的一些城市，如北京、天津、上海3城市，1982年大学文化程度的人口分别占总人口的4.9%、2.3%和3.5%。与世界上经济发达国家相比，澳门的差距就更大了。如日本1975年大学毕业的职工已占全部职工的33%。要稳定和促进澳门的繁荣，提高职工的文化素质是一个重大的发展战略问题。

四、澳门人口分布

本世纪以来，澳门人口空间分布的集聚程度越来越高，这种分布集中趋势在半岛部分表现非常突出。澳门地域分为4个组成部分：澳门半岛部分，占陆地总面积的36%，凼仔岛占22%，路环岛占42%，另有近岛的广大水域。1910年这4个地区的人口分别占全澳门总人口的66%、5.5%、1.8%和26.3%（水域居民）；到1981年，占总人口比重分别为91.1%、2.1%、1.6%和5.1%（水域居民）。可见71年来，半岛部分人口占全澳门总人口的比重增加了25%，人口越来越集中，而凼仔、路环和水域的居民所占比重不断减少。就各部分地域的人口绝对量来看，这种集中趋势也表现得很清楚，同期半岛部分人口增加了3.6倍，凼仔岛增加0.3倍，路环岛增加0.4倍，水域居民则减少30%。人口向半岛地区集中的主要原因，是因为该地有发展各种产业的有利条件，如半岛的港口背靠大陆，有方便的交通，可与内陆广大腹地联系，原材料、生活资料供应有保证，特别是淡水的供应条件较好，这是凼仔、路环岛所不及的。产业发展和集聚，带来了人口的集聚，同时人口集聚的过程，使消费市场不断扩大，也反过来促进产业的集聚。

1981年澳门半岛人口密度每平方公里已达45 011人，比凼仔岛的人口密度（1 604人/平方公里）高27倍，比路环岛的人口密度（639人/平方公里）高69倍。澳门属世界高人口密度的地区之一，每平方公里有16 363人，超过香港人口密度(5 232人/平方公里，1986年)，主要是由于半岛部分人口密度特别高所致。

在澳门半岛部分人口分布也很不平衡。人口最稠密的地段是半岛西部临海与珠海市湾仔相望的花王堂堂区，这里历来是澳门的主要商业区，人烟最为稠密，1981年人口密度每平方公里达68 606人。其次是半岛南端的风顺堂区，人口密度为53 582人。人口密度最稀的地区位于半岛中部的望德堂区，这里地势起伏较大，人口较稀疏。另一人口较稀疏的地区是位于半岛北部的花地码堂堂区，该区陆上邻广东省珠海市的拱北区，有公路相通，这是由澳门去内地的陆上唯一通道。70年代人口增加很快，它占半岛总人口的比重，由1970年的18%上升到1981年的26%，在此期间，人口绝对数由4万人增至6.28万人，增加了一半以上。主要是因为内地迁来的华人多集居在该地。

（作者工作单位：朱云成　中山大学人口研究所
黄就顺　澳门）

第 Ⅲ 部分

人 口 普 查

一、1982年各省、自治区、直辖市家庭户的规模

表1　北京市家庭户的规模

地区别	合计	1人户	2人户	3人户	4人户	5人户	6人户	7人户	8人及以上户
全市	2 337 261	237 857	351 173	541 983	520 897	355 612	190 582	84 873	54 284
市辖区	1 432 006	140 392	222 627	349 419	325 222	214 585	107 908	44 735	27 118
东城区	172 754	18 494	28 076	42 584	37 909	24 479	12 354	5 228	3 630
西城区	203 713	21 200	33 750	50 808	45 794	28 694	13 951	5 823	3 693
崇文区	117 474	13 501	18 597	27 413	23 852	17 733	9 459	4 155	2 764
宣武区	145 582	15 229	22 888	34 928	31 606	21 719	11 135	4 895	3 182
朝阳区	261 565	26 180	39 781	61 767	61 983	40 538	19 576	7 608	4 132
丰台区	143 495	10 565	18 452	33 337	33 041	24 854	13 638	5 964	3 644
石景山区	56 304	4 647	8 381	12 998	12 031	9 391	5 090	2 287	1 479
海淀区	251 043	24 529	41 619	66 627	60 940	33 773	15 095	5 560	2 900
门头沟区	61 509	5 395	8 448	12 902	13 304	10 595	6 449	2 841	1 575
燕山区	18 567	652	2 635	6 055	4 762	2 809	1 161	374	119
县	905 255	97 465	128 546	192 564	195 675	141 027	82 674	40 138	27 166
昌平县	99 059	11 908	16 769	22 750	21 085	14 441	7 504	3 016	1 586
顺义县	123 510	15 911	19 012	27 368	27 611	17 516	9 487	4 172	2 433
通县	138 281	14 968	19 377	31 944	31 366	20 223	11 288	5 421	3 694
大兴县	98 066	7 850	11 704	18 969	21 158	17 034	10 427	5 900	5 024
房山县	148 661	14 744	20 160	31 431	33 727	24 263	13 679	6 312	4 345
平谷县	83 728	8 802	11 693	17 024	18 072	13 509	8 010	3 890	2 728
怀柔县	56 746	6 441	7 993	11 231	11 137	8 702	5 946	3 168	2 128
密云县	94 163	9 391	12 534	18 862	18 948	15 386	10 237	5 281	3 524
延庆县	63 041	7 450	9 304	12 985	12 571	9 953	6 096	2 978	1 704

表2

天津市家庭户的规模

地区别	合计	1人户	2人户	3人户	4人户	5人户	6人户	7人户	8人及以上户
全市	1 914 039	179 550	245 562	422 465	416 328	300 753	187 119	95 270	66 992
市辖区	1 307 765	130 178	172 014	310 502	292 626	198 488	114 694	54 319	34 944
和平区	137 725	13 623	19 578	33 901	32 440	19 535	10 235	4 870	3 543
河东区	125 623	12 849	16 697	31 144	28 764	18 366	9 910	4 518	3 375
河西区	132 118	13 060	17 730	33 624	31 766	19 074	9 633	4 375	2 856
南开区	138 186	14 583	18 154	33 177	31 505	20 693	11 494	5 089	3 491
河北区	150 923	14 872	19 613	36 742	35 118	22 794	12 460	5 644	3 680
红桥区	141 660	15 911	19 058	33 954	31 815	20 785	11 753	5 153	3 231
塘沽区	94 340	8 194	13 419	26 142	21 435	13 935	7 129	2 802	1 284
汉沽区	40 084	3 887	6 564	11 542	8 880	5 423	2 484	911	393
大港区	58 194	5 325	7 774	14 300	12 860	9 010	5 066	2 383	1 476
东郊区	65 348	5 785	7 541	12 610	13 299	11 430	7 902	4 148	2 633
西郊区	72 454	7 739	8 206	14 153	14 828	12 143	8 431	4 303	2 651
南郊区	80 936	7 903	9 055	15 504	14 879	13 385	10 359	5 934	3 917
北郊区	70 174	6 447	8 625	13 709	15 037	11 915	7 838	4 189	2 414
县	606 274	49 372	73 548	111 963	123 702	102 265	72 425	40 951	32 048
宁河县	67 664	5 813	8 135	13 653	13 785	10 767	7 964	4 307	3 240
武清县	166 680	15 456	20 665	28 214	33 815	29 006	20 106	11 149	8 269
静海县	102 150	10 008	12 578	19 549	20 158	16 771	11 986	6 495	4 605
宝坻县	119 255	7 741	14 251	19 373	24 053	20 949	15 205	9 298	8 385
蓟县	150 525	10 354	17 919	31 174	31 891	24 772	17 164	9 702	7 549

表3　河北省家庭户的规模

地区别	合计	1人户	2人户	3人户	4人户	5人户	6人户	7人户	8人及以上户
全省	12 317 209	1 058 404	1 417 306	2 256 649	2 631 476	2 232 718	1 381 848	763 674	575 134
石家庄市	264 494	28 070	39 712	71 564	61 784	37 315	16 281	6 136	3 632
唐山市	347 185	38 546	51 336	93 575	79 639	46 319	22 547	9 242	5 981
邯郸地区	1 410 667	129 296	164 990	246 939	280 409	247 541	162 204	97 428	81 860
邯郸市	199 921	25 654	31 980	49 174	41 046	27 611	14 869	6 088	3 499
大名县	114 491	8 069	10 999	14 513	19 151	20 713	16 812	11 798	12 436
魏县	120 529	5 662	10 456	15 527	20 728	23 158	18 536	13 387	13 075
曲周县	64 862	4 766	7 153	10 032	12 293	12 071	8 022	5 348	5 177
丘县	35 892	2 727	4 605	6 303	6 692	6 402	4 522	2 668	1 973
鸡泽县	37 580	2 525	3 958	5 463	6 842	7 062	4 895	3 422	3 413
肥乡县	52 947	3 581	5 859	8 924	10 836	10 360	6 128	3 915	3 344
广平县	40 098	2 606	4 335	6 479	7 976	7 551	5 175	3 214	2 762
成安县	62 264	4 616	7 472	11 504	12 721	11 240	7 101	4 186	3 424
临漳县	92 361	6 323	8 989	14 685	18 793	17 147	12 088	7 571	6 765
磁县	107 682	9 386	11 102	17 217	21 487	19 590	13 343	8 379	7 178
武安县	140 425	17 632	17 713	27 947	31 900	23 332	13 017	5 960	2 924
涉县	86 156	13 070	12 219	17 248	17 941	14 056	7 416	2 961	1 245
永年县	142 123	13 789	15 791	23 455	29 198	25 671	16 292	10 021	7 906
邯郸县	63 479	4 609	6 584	11 067	13 195	11 935	7 473	4 736	3 880
馆陶县	49 857	4 281	5 775	7 401	9 610	9 642	6 515	3 774	2 859
邢台地区	1 121 521	92 250	123 968	186 108	229 070	211 096	132 397	39 111	67 521
邢台市	74 293	8 304	13 762	20 201	15 720	9 126	4 436	1 764	980
邢台县	85 145	7 359	9 791	15 883	18 512	15 856	9 040	5 057	3 647
沙河县	79 644	7 839	9 323	16 287	16 734	13 351	8 040	4 683	3 387
临城县	33 917	2 150	3 430	6 381	7 276	6 597	4 115	2 253	1 715
内丘县	43 258	2 341	4 088	7 536	9 224	8 967	5 393	3 086	2 623
柏乡县	30 883	2 118	2 869	4 756	6 536	6 233	3 857	2 357	2 157
隆尧县	80 154	5 544	7 657	11 307	16 303	16 222	10 659	6 563	5 899
任县	49 199	2 834	4 564	6 878	10 191	10 153	6 579	4 015	3 985
南和县	47 433	2 508	3 951	6 027	9 358	9 897	6 520	4 465	4 707
宁晋县	124 765	11 373	13 827	17 970	23 255	24 029	16 458	10 018	7 835
南宫县	88 669	8 509	9 633	15 370	20 074	15 757	9 244	5 355	4 727
巨鹿县	58 810	5 678	5 943	7 960	10 466	10 960	8 023	5 085	4 695
新河县	32 228	3 537	3 737	5 171	6 268	5 546	3 810	2 362	1 797
广宗县	43 347	2 726	4 248	6 241	8 601	8 884	5 723	3 517	3 407
平乡县	41 572	2 728	3 883	5 496	7 654	8 033	5 444	3 974	4 360
威县	97 264	7 928	11 380	15 390	19 466	18 792	11 416	7 027	5 865
清河县	56 668	4 624	5 765	8 681	12 052	11 241	7 042	4 020	3 243
临西县	54 272	4 150	6 117	8 573	11 380	11 452	6 598	3 510	2 492
石家庄地区	1 363 081	122 432	155 987	252 658	301 879	252 936	145 086	76 993	55 110

表3 （续1）

地区别	合计	1人户	2人户	3人户	4人户	5人户	6人户	7人户	8人及以上户
束鹿县	133 131	15 697	17 737	28 521	31 034	22 341	10 346	4 724	2 731
晋县	101 009	9 467	14 033	20 036	21 682	18 463	10 075	4 603	2 650
深泽县	50 834	4 545	6 258	9 879	13 401	9 868	3 963	1 881	1 039
无极县	91 967	7 362	10 200	16 358	21 376	19 342	9 810	4 753	2 766
藁城县	135 815	8 764	14 731	26 379	30 388	25 659	15 105	8 520	6 269
赵县	98 448	8 999	11 029	16 468	20 660	18 914	11 769	6 312	4 297
栾城县	61 634	4 447	5 654	10 447	13 803	11 264	7 194	4 446	4 379
正定县	108 678	9 082	12 779	22 557	24 508	18 382	10 908	5 944	4 518
新乐县	73 421	5 149	7 271	11 347	15 934	15 102	9 470	5 320	3 828
高邑县	30 092	1 555	2 709	5 793	7 013	5 743	3 479	2 037	1 763
元氏县	63 906	4 511	5 950	9 670	13 209	12 996	8 432	4 935	4 203
赞皇县	41 065	3 131	4 653	7 759	8 909	7 839	4 621	2 412	1 741
井陉县	69 411	8 276	7 925	11 662	13 835	12 762	8 170	4 049	2 732
获鹿县	64 215	6 265	7 534	12 822	14 761	10 956	6 018	3 307	2 552
平山县	101 979	11 179	12 149	19 146	21 805	18 277	10 604	5 223	3 596
灵寿县	58 453	5 730	6 618	11 171	13 057	10 438	5 826	3 272	2 341
行唐县	79 023	8 273	8 757	12 643	16 504	14 590	9 296	5 255	3 705
保定地区	1 887 513	152 919	205 961	99 463	400 405	365 687	229 462	130 343	103 273
保定市	33 729	18 388	22 638	35 246	29 515	17 642	6 996	2 238	1 066
易县	105 217	9 595	10 748	15 868	21 132	19 599	13 822	8 125	6 328
满城县	78 364	5 580	7 530	12 749	17 483	15 372	9 462	5 687	4 501
徐水县	96 128	5 889	9 442	13 569	20 709	19 068	12 783	7 660	7 008
涞源县	57 882	7 165	7 817	10 430	11 309	9 783	6 386	3 275	1 717
定兴县	90 947	5 680	8 767	11 951	17 708	18 185	12 628	8 353	7 675
完县	59 676	5 234	6 343	9 392	13 251	11 897	7 297	3 821	2 441
唐县	96 108	9 752	9 812	13 791	19 738	19 059	11 834	6 622	5 500
望都县	46 711	3 083	4 766	7 785	10 948	9 596	5 499	2 928	2 106
涞水县	65 467	4 620	7 342	11 877	14 839	12 567	7 508	3 991	2 723
涿县	94 433	7 040	10 897	15 375	20 270	17 856	11 393	6 393	5 209
清苑县	119 469	6 974	11 898	17 989	25 816	24 467	15 671	9 218	7 436
高阳县	57 303	4 483	6 545	9 139	12 831	11 034	6 825	3 917	2 529
安新县	74 011	4 889	8 027	11 437	15 346	15 398	9 359	5 409	4 146
雄县	57 190	3 231	5 940	8 429	11 439	12 182	7 886	4 691	3 392
容城县	41 382	2 890	4 353	6 027	8 747	8 305	5 363	3 062	2 635
新城县	80 526	3 788	7 576	11 760	16 517	16 558	11 072	6 853	6 402
曲阳县	90 009	8 211	8 827	11 916	17 526	18 610	12 306	7 023	5 590
阜平县	44 785	5 202	5 172	7 359	9 313	8 159	5 268	2 626	1 686
定县	195 548	16 415	19 728	26 116	39 995	39 495	25 720	15 155	12 924
安国县	75 306	6 721	8 376	11 340	16 979	14 552	8 890	4 643	3 805
博野县	45 076	2 578	4 648	7 132	10 534	9 511	5 187	3 029	2 457
蠡县	82 246	5 511	8 769	12 786	18 460	16 792	10 307	5 624	3 997
张家口地区	1 039 332	133 964	144 954	221 547	213 781	174 926	97 847	38 208	14 105
张家口市	167 984	20 772	27 964	47 119	36 937	22 190	9 251	2 796	955

表3

（续2）

地区别	合计	1人户	2人户	3人户	4人户	5人户	6人户	7人户	8人及以上户
张北县	92 417	9 862	11 804	17 933	19 291	18 679	9 944	3 668	1 236
康保县	69 257	7 539	9 382	15 062	14 132	12 207	7 020	2 927	988
沽源县	52 054	3 982	6 049	11 163	11 035	10 059	5 947	2 660	1 159
尚义县	44 364	4 240	6 167	9 361	8 755	8 004	4 905	2 151	781
蔚县	112 780	20 651	16 039	19 929	21 998	18 369	10 678	3 840	1 276
阳原县	64 526	9 963	8 705	11 465	12 469	11 248	6 942	2 760	974
怀安县	59 430	8 285	8 262	11 740	11 509	9 723	6 311	2 676	924
万全县	49 443	6 302	7 057	11 119	11 033	8 378	3 884	1 228	442
怀来县	72 498	9 545	10 354	15 252	14 245	11 496	7 176	3 116	1 314
涿鹿县	79 450	11 314	10 629	16 093	17 224	13 347	7 217	2 643	983
宣化县	78 549	11 244	10 616	15 999	15 136	13 896	7 804	2 939	915
赤城县	66 515	6 951	7 977	12 775	13 572	11 707	7 939	3 734	1 860
崇礼县	30 065	3 314	3 949	6 537	6 445	5 623	2 829	1 070	298
承德地区	785 943	57 127	70 920	139 807	155 574	144 599	105 576	63 010	49 330
承德市	82 361	11 365	12 009	20 973	16 112	11 479	6 195	2 721	1 507
青龙县	101 713	5 767	8 929	17 386	21 921	21 160	14 174	7 249	5 127
宽城县	44 453	2 512	3 946	7 833	9 701	9 130	6 130	3 093	2 108
兴隆县	64 070	4 598	6 221	12 127	14 114	12 473	7 882	4 151	2 504
平泉县	85 441	5 025	6 835	14 270	16 844	16 088	12 305	7 873	6 201
承德县	95 859	6 117	7 803	17 169	17 996	17 520	13 463	8 694	7 097
滦平县	63 567	4 459	5 426	11 748	11 598	10 733	9 127	5 826	4 650
丰宁县	73 008	4 998	6 352	11 744	14 279	13 538	10 222	6 612	5 263
隆化县	79 980	6 700	6 633	12 461	15 137	14 047	11 465	7 410	6 127
围场县	95 491	5 586	6 766	14 096	17 872	18 431	14 613	9 381	8 746
唐山地区	1 514 679	117 590	186 541	313 522	347 098	259 172	157 157	81 197	52 402
秦皇岛市	112 922	13 571	17 835	33 964	24 656	14 090	6 015	2 037	754
丰润县	143 502	10 347	17 205	28 250	34 563	25 897	14 917	7 557	4 766
丰南县	136 855	11 072	19 062	29 775	31 900	21 895	12 798	6 355	3 998
滦县	108 994	8 019	13 133	20 164	23 124	18 870	12 527	7 798	5 359
滦南县	122 499	7 824	16 290	24 056	27 905	21 432	13 502	7 102	4 388
乐亭县	115 145	10 474	15 707	25 966	28 304	18 120	9 641	4 434	3 499
昌黎县	121 275	10 646	15 810	23 762	29 094	21 247	12 142	5 566	3 008
抚宁县	117 964	9 103	13 632	26 343	26 741	19 615	12 329	6 150	3 551
卢龙县	85 447	5 750	9 605	17 206	19 599	15 231	9 777	5 026	3 253
迁安县	122 584	8 127	13 513	24 346	26 803	21 745	14 458	7 860	5 732
迁西县	73 662	5 848	7 982	14 071	16 357	13 490	8 705	4 327	2 882
遵化县	132 627	10 064	13 717	24 846	30 437	24 025	15 581	8 471	5 486
玉田县	121 203	6 745	13 050	20 273	27 615	23 515	14 765	8 514	6 726
廊坊地区	629 854	38 356	64 766	108 813	137 582	120 616	78 738	45 192	35 791
廊坊市	39 214	3 024	5 333	10 021	8 522	5 933	3 426	1 724	1 231
三河县	70 607	4 620	7 582	12 459	15 504	12 969	8 380	4 848	4 245

表3 （续完）

地区别	合计	1人户	2人户	3人户	4人户	5人户	6人户	7人户	8人及以上户
大厂回族自治县	22 333	2 900	2 494	4 306	5 052	3 589	2 164	1 074	754
香河县	57 791	4 408	6 331	10 305	13 037	10 475	6 481	3 759	2 995
安次县	66 701	3 328	5 664	9 908	14 144	13 479	9 466	5 855	4 857
永清县	62 378	2 831	5 415	8 580	11 973	12 680	9 279	6 172	5 448
固安县	67 746	3 373	6 732	10 567	14 908	13 777	9 041	5 254	4 094
霸县	92 627	5 629	9 564	16 691	21 202	18 242	11 412	5 806	4 081
文安县	88 089	4 339	8 910	15 173	18 165	15 167	9 676	5 151	3 508
大城县	70 368	3 904	6 741	10 803	15 075	14 305	9 413	5 549	4 578
沧州地区	1 156 396	75 509	122 169	192 930	249 904	220 594	142 014	85 185	68 091
沧州市	62 011	6 309	8 407	15 272	13 298	9 207	5 175	2 462	1 881
沧县	115 513	6 450	10 572	17 258	24 582	23 527	14 445	9 653	9 026
河间县	130 608	7 005	13 154	19 036	27 560	27 466	17 322	10 403	8 662
肃宁县	56 745	3 426	5 808	8 280	12 853	11 404	7 308	4 237	3 429
献县	94 484	5 637	9 079	13 694	20 259	19 358	12 771	7 660	6 026
交河县	96 339	8 208	9 741	14 743	20 158	18 403	12 325	7 281	5 480
吴桥县	56 058	3 707	6 229	9 918	12 820	10 749	6 735	3 552	2 348
东光县	67 584	5 590	7 910	12 246	14 787	11 957	7 497	4 569	3 028
南皮县	65 776	3 700	6 368	10 528	14 520	12 918	8 899	5 199	3 644
盐山县	69 744	3 623	7 005	10 746	14 121	13 828	9 169	6 037	5 215
黄骅县	85 325	4 821	9 797	16 631	18 990	15 361	9 589	5 600	4 536
孟村回族自治县	29 968	1 608	2 900	4 504	6 250	5 638	4 117	2 688	2 263
青县	67 013	4 593	6 559	11 502	13 627	11 687	8 520	5 643	4 882
任丘县	123 108	8 794	14 807	22 428	28 375	22 322	13 831	7 430	5 211
海兴县	36 120	2 038	3 833	6 144	7 704	6 769	4 311	2 861	2 460
衡水地区	796 544	72 345	86 002	129 723	174 351	151 917	92 539	51 629	38 038
衡水市	24 567	4 509	3 608	6 217	5 208	2 927	1 223	529	346
衡水县	41 423	4 462	4 809	6 928	8 927	7 541	4 615	2 438	1 703
冀县	79 885	8 907	9 508	14 589	17 469	13 819	8 470	4 145	2 978
枣强县	73 255	5 975	7 681	10 862	15 034	14 106	9 430	5 667	4 500
武邑县	63 248	6 113	6 440	9 415	12 798	12 354	7 883	4 638	3 607
深县	116 031	12 411	13 139	18 207	25 994	22 441	12 150	6 483	5 206
武强县	38 614	2 730	3 646	5 757	8 801	7 648	5 062	2 924	2 046
饶阳县	54 980	3 936	6 200	9 158	13 015	11 067	6 226	3 244	2 134
安平县	63 009	4 677	7 787	11 560	16 341	12 243	5 953	2 879	1 569
故城县	82 896	5 926	7 936	12 916	17 794	16 516	10 779	6 297	4 732
景县	96 699	8 529	9 201	14 528	19 935	18 681	12 621	7 632	5 572
阜城县	61 937	4 170	6 047	9 586	13 035	12 574	8 127	4 753	3 645

表4

山西省家庭户的规模

地区别	合计	1人户	2人户	3人户	4人户	5人户	6人户	7人户	8人及以上户
全省	5 891 455	599 165	709 013	1 014 469	1 203 378	1 073 948	684 863	365 784	240,835
太原市	496 534	56 386	49 837	84 552	104 300	89 260	58 855	30 397	22 947
太原市区	389 213	43 777	36 864	66 434	83 141	70 771	46 149	23 585	18 492
清徐县	54 754	5 679	5 738	9 404	11 280	9 552	6 580	3 715	2 806
阳曲县	33 069	5 005	4 608	5 576	6 079	5 280	3 561	1 914	1 046
娄烦县	19 498	1 925	2 627	3 138	3 800	3 657	2 565	1 183	603
大同市	225 061	24 266	27 192	45 574	49 366	39 246	23 611	10 471	5 335
阳泉市	103 866	15 970	11 958	17 301	20 765	16 572	11 149	5 780	4 371
长治市	94 095	9 248	10 443	17 979	21 718	17 392	10 016	4 503	2 796
雁北地区	577 849	73 691	80 316	103 317	111 668	99 507	62 470	30 840	16 040
阳高县	60 122	8 054	8 976	11 170	11 405	9 463	6 073	3 230	1 751
天镇县	40 984	4 677	5 364	6 714	7 633	7 089	4 890	2 837	1 780
广灵县	36 641	5 779	5 126	6 030	6 636	6 376	4 063	1 766	865
灵丘县	47 814	6 479	7 104	9 301	9 095	7 748	4 742	2 319	1 026
浑源县	67 453	8 640	9 047	11 516	12 126	11 465	7 690	4 412	2 557
应县	59 010	7 031	7 959	10 828	11 772	10 285	6 684	3 091	1 360
山阴县	45 215	5 305	6 441	8 195	9 649	8 268	4 507	1 865	985
朔县	56 514	7 355	7 775	9 909	10 938	9 781	6 189	3 044	1 523
平鲁县	32 775	2 879	4 365	5 629	6 248	6 110	4 038	2 215	1 291
左云县	25 825	4 264	3 430	4 650	4 928	4 453	2 498	1 071	531
右玉县	22 286	2 377	3 153	4 096	4 431	4 037	2 592	1 095	505
大同县	36 937	4 530	4 849	6 478	7 336	6 481	4 177	2 014	1 072
怀仁县	46 273	6 321	6 727	8 801	9 471	7 951	4 327	1 881	794
忻县地区	652 407	88 636	98 669	129 432	139 168	108 787	56 183	22 026	9 506
忻县	107 329	17 196	16 876	23 975	23 448	15 264	7 213	2 482	875
定襄县	53 356	8 152	8 802	12 295	12 182	7 671	3 027	945	282
五台县	76 792	8 824	11 256	14 835	16 925	13 469	7 354	2 945	1 184
原平县	107 980	15 848	16 703	21 808	24 064	18 285	7 754	2 544	974
代县	49 456	7 913	7 510	10 495	10 777	7 837	3 463	1 091	370
繁峙县	51 355	6 227	7 164	9 521	11 067	9 605	4 797	1 991	983
宁武县	32 829	4 193	4 438	5 635	6 479	5 852	3 732	1 669	831
静乐县	31 716	3 458	4 220	5 139	6 045	5 938	3 957	1 962	997
神池县	21 405	2 314	3 252	3 987	4 459	4 005	2 028	963	397
五寨县	23 331	2 929	3 444	4 644	5 100	4 036	2 153	761	264
岢岚县	17 680	2 419	2 640	2 898	3 101	2 850	2 061	1 086	625
河曲县	31 552	3 987	5 052	5 906	6 854	5 664	2 897	940	252
保德县	25 360	2 475	3 789	4 100	4 294	4 323	3 339	1 817	1 223
偏关县	22 266	2 701	3 523	4 194	4 373	3 988	2 408	830	249

表4 （续1）

地区别	合计	1人户	2人户	3人户	4人户	5人户	6人户	7人户	8人及以上户
吕梁地区	601 901	64 189	79 908	98 917	112 392	103 050	72 799	42 297	28 349
汾阳县	69 026	6 881	8 680	11 271	12 268	11 570	8 557	5 434	4 365
文水县	65 155	7 835	8 095	11 055	12 912	10 970	7 436	4 173	2 679
交城县	47 598	5 242	5 306	7 631	9 497	8 426	5 658	3 397	2 441
孝义县	66 748	7 052	8 709	10 887	12 339	11 037	8 012	4 977	3 735
兴县	47 198	3 799	6 296	8 019	8 839	8 360	6 108	3 531	2 246
临县	106 360	12 368	14 825	17 078	19 708	18 222	13 053	7 028	4 078
柳林县	48 771	4 893	6 869	7 622	8 690	8 532	5 816	3 569	2 780
石楼县	17 960	1 638	2 756	3 101	3 104	3 088	2 160	1 303	810
岚县	28 403	2 310	3 402	4 496	5 511	5 265	3 965	2 226	1 228
方山县	26 059	3 313	4 131	4 457	4 647	4 211	2 961	1 555	784
离石县	33 860	3 619	4 690	5 946	6 631	5 901	3 923	2 035	1 115
中阳县	24 189	2 603	3 457	4 022	4 597	4 219	2 818	1 605	868
交口县	20 574	2 636	2 692	3 332	3 649	3 249	2 332	1 464	1 220
晋中地区	768 491	105 514	100 184	129 933	143 152	121 857	84 978	49 085	33 788
榆次市	63 590	7 293	7 496	12 228	13 601	10 681	6 704	3 332	2 255
榆社县	27 962	3 468	3 670	4 471	4 495	4 223	3 399	2 343	1 893
左权县	35 882	4 262	4 622	6 239	7 046	6 041	4 185	2 232	1 255
和顺县	29 545	3 234	3 692	5 030	5 548	5 139	3 566	1 994	1 342
昔阳县	59 651	7 775	8 107	10 676	12 184	9 935	6 312	3 067	1 595
平定县	75 740	10 486	9 912	12 793	14 291	12 593	8 306	4 535	2 824
盂县	64 458	9 046	8 936	12 111	12 859	9 834	6 388	3 320	1 964
寿阳县	57 620	11 820	8 425	9 111	9 442	8 184	5 664	3 124	1 850
榆次县	31 970	4 114	3 632	5 150	6 109	5 421	3 702	2 229	1 613
太谷县	55 485	6 100	6 676	9 705	10 827	9 290	6 276	3 731	2 880
祁县	51 700	7 110	6 479	8 675	10 078	8 181	5 527	3 234	2 419
平遥县	97 746	14 388	13 170	15 185	16 529	14 709	11 189	7 217	5 356
介休县	68 366	8 625	8 554	11 028	12 272	10 622	8 367	5 203	3 695
灵石县	48 776	7 793	6 813	7 531	7 871	7 004	5 393	3 524	2 847
晋东南地区	939 821	84 090	114 404	161 739	204 070	185 259	106 500	52 783	30 973
长治县	63 121	3 630	6 120	10 184	15 346	13 473	8 190	3 937	2 241
潞城县	37 048	3 186	3 905	5 784	7 548	7 531	4 859	2 582	1 653
屯留县	45 976	3 355	4 857	6 648	8 927	9 425	6 314	3 650	2 800
长子县	68 370	5 347	7 699	11 071	14 538	14 359	8 462	4 396	2 498
沁水县	49 593	3 951	6 934	9 354	11 123	10 335	4 878	2 067	951
阳城县	92 370	8 196	12 948	19 021	23 083	17 683	7 560	2 772	1 107
晋城县	136 626	13 486	17 698	24 066	30 434	27 681	13 766	6 252	3 243
高平县	92 325	5 438	9 542	17 042	23 156	19 089	10 334	4 847	2 877
陵川县	52 799	4 585	5 980	8 234	10 576	10 703	7 069	3 618	2 034
壶关县	57 225	4 259	6 518	9 799	12 755	11 909	6 794	3 352	1 839
平顺县	38 095	3 913	4 609	6 567	7 810	7 565	4 287	2 137	1 207
黎城县	36 972	4 946	5 282	6 921	7 367	6 354	3 693	1 678	731
武乡县	48 526	6 698	6 968	7 619	8 605	7 949	5 575	3 118	1,994

表4 （续完）

地区别	合计	1人户	2人户	3人户	4人户	4人户	6人户	7人户	8人及以上户
襄垣县	49 159	5 232	6 358	7 761	9 507	9 232	6 104	3 105	1 860
沁县	37 380	4 279	4 790	6 141	6 940	6 219	4 441	2 629	1 941
沁源县	34 236	3 589	4 199	5 527	6 355	5 752	4 174	2 643	1 997
临汾地区	654 118	41 909	68 130	107 381	132 633	126 872	86 283	51 887	39 023
临汾市	40 990	3 158	4 842	8 789	9 707	7 371	3 969	1 843	1 311
侯马市	31 277	1 680	3 388	5 836	7 172	5 879	3 670	2 056	1 596
曲沃县	36 402	2 187	3 175	5 222	7 203	7 087	5 436	3 443	2 649
翼城县	56 330	4 273	5 650	8 947	11 734	10 972	7 451	4 334	2 969
襄汾县	81 886	4 491	7 450	12 610	16 695	16 708	11 829	7 073	5 030
临汾县	66 298	3 736	6 547	10 781	13 610	13 454	9 107	5 280	3 783
洪洞县	114 826	5 842	11 662	18 963	23 977	23 060	15 319	9 265	6 738
霍县	40 275	1 986	4 453	6 918	8 447	8 090	5 141	2 939	2 301
古县	17 021	1 868	2 070	2 785	3 193	2 902	2 048	1 248	907
安泽县	16 851	2 537	2 040	2 561	2 982	2 560	1 922	1 243	1 006
浮山县	25 553	1 610	2 669	4 190	5 247	5 199	3 383	1 906	1 349
吉县	17 999	1 388	2 209	2 980	3 303	3 377	2 336	1 406	1 000
乡宁县	31 780	2 012	3 114	4 784	5 713	6 147	4 502	3 033	2 475
蒲县	15 903	1 023	1 659	2 391	2 822	2 847	2 199	1 540	1 422
大宁县	11 441	949	1 650	1 981	1 898	1 898	1 481	891	693
永和县	11 059	864	1 514	1 921	2 068	2 058	1 216	787	631
隰县	17 154	1 341	1 912	2 697	3 160	3 118	2 220	1 482	1 224
汾西县	21 073	964	2 126	3 025	3 702	4 145	3 054	2 118	1 939
运城地区	777 312	35 266	67 969	118 344	164 146	166 146	112 019	65 715	47 707
运城县	85 683	5 409	8 193	13 246	17 204	17 034	11 655	7 364	5 578
永济县	66 143	2 560	5 316	9 941	13 649	13 881	9 788	6 200	4 808
芮城县	61 618	2 275	5 406	9 286	12 979	13 268	8 832	5 254	4 318
临猗县	91 733	4 409	7 311	12 773	19 732	20 372	13 864	8 010	5 262
万荣县	74 975	3 847	7 490	11 399	16 114	16 765	10 445	5 643	3 272
新绛县	50 767	2 168	4 048	7 549	10 666	10 938	7 709	4 435	3 254
稷山县	51 637	1 976	4 111	7 562	11 144	11 355	7 793	4 434	3 262
河津县	48 226	1 722	4 458	7 085	10 129	10 897	7 128	4 068	2 739
闻喜县	63 373	2 291	5 254	10 152	14 071	13 584	8 931	5 193	3 897
夏县	55 199	1 817	4 246	8 120	11 536	12 410	8 251	4 960	3 859
绛县	46 869	2 354	4 294	7 854	10 256	9 629	6 468	3 576	2 438
平陆县	40 905	2 449	3 833	6 065	7 950	7 959	5 992	3 728	2 929
垣曲县	40 184	1 989	4 006	7 312	8 716	8 054	5 163	2 850	2 091

表5

内蒙古自治区家庭户的规模

地区别	合计	1人户	2人户	3人户	4人户	5人户	6人户	7人户	8人及以上户
全区	4 187 564	330 092	381 933	628 017	785 446	796 456	597 236	357 295	311 089
呼和浩特市	298 215	32 812	35 237	54 981	68 671	60 455	30 214	10 833	5 012
呼和浩特市区	181 397	17 484	21 496	37 065	44 266	35 492	17 094	5 938	2 562
土默特左旗	75 568	9 909	8 595	11 181	15 431	16 274	8 780	3 447	1 951
托克托县	41 250	5 419	5 146	6 735	8 974	8 689	4 340	1 448	499
包头市	375 639	34 994	39 916	63 595	82 572	77 803	47 654	19 789	9 316
包头市区	247 253	17 169	25 091	43 691	57 004	53 766	31 817	12 506	6 209
土默特右旗	74 865	10 179	8 742	11 434	15 068	14 637	9 436	3 914	1 455
固阳县	53 521	7 646	6 083	8 470	10 500	9 400	6 401	3 369	1 652
乌海市	55 395	4 639	4 043	7 994	12 584	11 890	8 022	3 956	2 267
乌海市区	55 395	4 639	4 043	7 994	12 584	11 890	8 022	3 956	2 267
呼伦贝尔盟	467 609	23 894	39 134	70 742	85 019	85 115	69 838	47 193	46 674
海拉尔市	36 693	2 076	4 187	7 262	7 431	6 579	4 567	2 580	2 011
满洲里市	24 155	984	2 595	5 101	5 149	4 213	3 024	1 888	1 201
布特哈旗	75 553	2 743	5 511	10 325	13 621	14 401	11 467	8 287	9 198
阿荣旗	58 974	2 964	4 266	7 619	10 717	11 846	9 239	6 022	6 301
莫力达瓦达斡尔族自治旗	53 149	3 808	3 869	7 030	9 249	9 535	8 126	5 487	6 045
喜桂图旗	80 745	4 486	8 185	13 324	14 279	13 916	12 033	7 827	6 695
额尔古纳右旗	13 104	568	1 091	2 303	2 585	2 380	1 919	1 256	1 002
额尔古纳左旗	31 441	1 166	2 076	4 274	5 398	5 602	5 353	3 842	3 730
鄂伦春自治旗	54 010	2 264	4 221	8 143	9 649	9 498	8 316	5 961	5 958
鄂温克族自治旗	17 870	971	1 476	2 500	3 227	3 281	2 508	1 824	2 083
新巴尔虎右旗	6 061	614	453	752	994	1 042	860	625	721
新巴尔虎左旗	7 577	569	562	1 011	1 290	1 378	1 204	750	813
陈巴尔虎旗	8 277	681	642	1 098	1 430	1 444	1 222	844	916
兴安盟	252 561	10 088	16 438	29 235	38 695	43 621	41 923	31 658	40 903
乌兰浩特市	36 778	1 643	3 850	5 946	7 285	6 480	5 203	3 194	3 177
科尔沁右翼前旗	69 726	2 782	3 843	7 244	10 387	12 260	12 191	9 302	11 717
科尔沁右翼中旗	32 303	1 577	1 579	2 951	3 986	4 782	5 240	4 450	7 738
扎赉特旗	58 447	1 476	3 287	6 434	8 214	9 779	9 690	7 900	11 667
突泉县	55 307	2 610	3 879	6 660	8 823	10 320	9 599	6 812	6 604
哲里木盟	474 390	27 480	33 013	58 880	74 885	83 220	76 035	55 502	65 375
通辽市	52 973	3 521	6 669	11 730	10 612	9 276	5 871	3 097	2 197
通辽县	73 097	3 666	5 070	9 558	12 304	13 222	11 815	8 522	8 940
科尔沁左翼中旗	81 222	6 029	5 047	7 991	10 727	13 702	13 557	10 270	13 899
科尔沁左翼后旗	66 088	3 773	3 862	6 841	9 801	11 832	11 348	8 624	10 007
开鲁县	62 718	3 635	3 755	7 103	10 389	11 620	10 611	7 383	8 222
库伦旗	26 376	1 093	1 557	2 748	3 853	4 667	4 513	3 522	4 423
奈曼旗	65 971	2 434	3 993	7 489	10 757	11 821	11 190	8 423	9 864

表5 （续1）

地区别	合计	1人户	2人户	3人户	4人户	5人户	6人户	7人户	8人及以上户
扎鲁特旗	45 945	3 329	3 060	5 420	6 442	7 080	7 130	5 661	7 823
昭乌达盟	755 780	35 307	56 448	109 555	145 451	152 213	118 785	73 600	64 421
赤峰市	67 011	4 029	7 663	13 991	13 629	12 745	8 415	3 795	2 744
阿鲁科尔沁旗	49 894	2 442	3 705	6 949	9 173	9 843	7 773	5 121	4 889
巴林左旗	63 039	2 304	4 260	8 982	12 177	13 318	10 375	6 316	5 307
巴林右旗	28 271	1 240	2 224	4 021	4 903	5 158	4 332	3 039	3 354
林西县	48 476	2 830	3 840	8 535	10 410	9 560	6 757	3 883	2 661
克什克腾旗	47 882	2 582	3 615	7 291	9 960	10 221	7 048	4 074	3 091
翁牛特旗	80 714	3 262	4 964	10 460	15 562	16 979	13 405	8 203	7 879
赤峰县	100 418	4 135	7 094	13 554	19 151	20 521	16 630	10 486	8 847
喀喇沁旗	73 004	3 562	5 248	10 011	14 141	15 354	11 643	7 135	5 910
宁城县	97 802	4 444	7 061	13 260	17 869	18 578	15 856	10 708	10 026
敖汉旗	99 269	4 477	6 774	12 501	18 476	19 937	16 551	10 840	9 713
锡林郭勒盟	174 885	17 781	15 704	24 106	30 350	32 062	25 053	15 822	14 007
二连浩特市	1 556	66	167	306	381	328	196	76	36
阿巴哈纳尔旗	21 487	2 066	1 965	3 229	3 956	4 010	3 151	1 826	1 284
阿巴嘎旗	8 234	930	673	1 136	1 510	1 464	1 232	693	596
苏尼特左旗	5 994	813	505	749	963	1 040	862	566	496
苏尼特右旗	13 468	1 469	1 252	1 971	2 380	2 399	1 988	1 164	845
东乌珠穆沁旗	10 532	1 052	687	1 290	1 692	1 881	1 585	978	1 367
西乌珠穆沁旗	12 106	1 294	717	1 335	1 761	2 088	1 882	1 419	1 610
太仆寺旗	47 396	4 352	5 014	7 176	8 962	8 948	6 076	3 887	2 981
镶黄旗	5 802	740	479	783	1 014	1 092	855	472	367
正镶白旗	14 542	1 678	1 456	1 828	2 189	2 627	2 099	1 428	1 237
正蓝旗	14 394	1 348	1 123	1 695	2 277	2 580	2 258	1 536	1 577
多伦县	19 374	1 973	1 666	2 608	3 265	3 605	2 869	1 777	1 611
乌兰察布盟	764 694	91 599	88 454	128 521	144 658	140 799	96 663	49 257	24 743
集宁市	39 241	3 818	4 865	8 300	8 627	7 367	4 251	1 487	526
武川县	40 750	5 789	4 641	6 051	7 538	7 768	5 256	2 591	1 116
和林格尔县	42 514	5 146	5 016	6 759	8 734	8 788	5 077	2 099	895
清水河县	27 010	2 595	3 630	4 833	5 194	4 898	3 403	1 672	785
卓资县	58 864	7 991	6 677	9 258	11 516	11 597	7 306	3 140	1 379
化德县	36 346	3 117	3 999	6 531	6 646	7 054	4 804	2 708	1 487
商都县	77 567	7 847	9 245	13 682	13 502	13 781	10 412	5 942	3 156
兴和县	65 713	5 688	7 133	11 048	12 542	11 790	8 960	5 435	3 117
丰镇县	73 117	9 624	8 676	12 668	14 464	13 096	8 653	4 040	1 896
凉城县	60 473	10 235	7 058	9 572	11 127	10 626	7 167	3 383	1 305
察哈尔右翼前旗	66 444	8 146	7 361	11 955	12 146	11 602	8 445	4 554	2 235
察哈尔右翼中旗	55 171	6 729	6 823	8 968	10 347	10 299	7 117	3 349	1 539
察哈尔右翼后旗	48 580	5 681	5 373	7 749	8 792	8 410	6 335	3 895	2 345
达尔罕茂明安联合旗	26 374	3 842	2 868	4 073	5 138	4 827	3 128	1 599	899
四子王旗	46 530	5 351	5 089	7 074	8 345	8 896	6 349	3 363	2 063

表5 （续完）

地区别	合计	1人户	2人户	3人户	4人户	5人户	6人户	7人户	8人及以上户
伊克昭盟	241 815	20 587	26 032	35 863	45 019	47 051	33 516	19 201	14 346
东胜县	24 250	1 919	2 755	4 075	4 974	4 598	3 097	1 604	1 228
达拉特旗	62 542	5 419	6 800	9 380	12 039	12 531	8 745	4 611	3 017
准格尔旗	51 110	4 952	6 431	8 281	9 727	9 888	6 509	3 249	2 073
鄂托克前旗	10 608	609	657	1 122	1 512	1 993	1 798	1 390	1 527
鄂托克旗	21 503	2 318	2 074	2 790	3 930	4 031	3 038	1 817	1 505
杭锦旗	27 239	2 061	2 594	3 651	4 876	5 332	4 054	2 593	2 078
乌审旗	17 316	1 497	1 545	2 325	3 058	3 133	2 520	1 663	1 575
伊金霍洛旗	27 247	1 812	3 176	4 239	4 903	5 545	3 755	2 274	1 543
巴彦淖尔盟	293 209	24 824	24 426	40 335	52 590	57 078	45 141	27 673	21 142
临河县	72 972	4 755	5 703	10 407	13 785	14 221	11 542	7 129	5 430
五原县	49 667	4 200	4 241	6 685	8 420	9 801	8 065	4 784	3 471
磴口县	20 823	1 903	1 809	3 174	3 963	4 139	2 868	1 702	1 265
乌拉特前旗	63 663	6 672	5 530	8 800	11 761	12 611	9 154	5 329	3 806
乌拉特中旗	24 163	2 343	2 095	3 258	4 118	4 670	3 656	2 249	1 774
乌拉特后旗	8 676	1 279	784	1 172	1 607	1 325	1 119	728	662
杭锦后旗	53 245	3 672	4 264	6 839	8 936	10 311	8 737	5 752	4 734
阿拉善盟	33 372	6 087	3 088	4 210	4 952	5 149	4 392	2 811	2 683
阿拉善左旗	24 722	4 294	2 219	3 025	3 629	3 856	3 334	2 199	2 166
阿拉善右旗	5 092	1 087	484	610	713	744	674	402	378
额济纳旗	3 558	706	385	575	610	549	384	210	139

表6

辽宁省家庭户的规模

地区别	合计	1人户	2人户	3人户	4人户	5人户	6人户	7人户	8人及以上户
全省	8 535 937	591 323	945 814	1 832 877	1 887 755	1 554 759	955 079	470 693	297 637
沈阳市	1 274 170	90 917	150 695	297 206	301 345	229 348	122 593	51 986	30 080
沈阳市区	1 000 591	69 383	118 934	246 168	239 001	174 868	90 316	38 358	23 563
新民县	153 782	11 764	16 854	26 775	33 473	31 919	19 857	8 773	4 367
辽中县	119 797	9 770	14 907	24 263	28 871	22 561	12 420	4 855	2 150
大连市	1 154 256	86 437	141 897	270 712	262 047	196 916	110 723	51 889	33 635
大连市区	390 021	29 225	56 212	110 719	93 060	60 385	26 451	9 358	4 611
金县	159 601	14 871	22 220	43 482	38 140	25 152	11 009	3 459	1 268
新金县	183 553	13 550	20 675	37 354	41 130	32 775	20 607	10 444	7 018
复县	221 860	18 236	25 528	43 255	46 341	40 947	25 856	13 221	8 476
长海县	17 480	1 024	2 017	4 078	3 927	3 090	1 839	875	630
庄河县	181 741	9 531	15 245	31 824	39 449	34 567	24 961	14 532	11 632
鞍山市	600 702	32 596	67 561	134 115	134 987	112 791	66 984	31 396	20 272
鞍山市区	284 108	12 056	31 032	67 506	62 071	52 930	31 645	15 174	11 694
台安县	83 587	6 316	9 344	17 211	17 442	15 466	10 122	5 080	2 606
海城县	233 007	14 224	27 185	49 398	55 474	44 395	25 217	11 142	5 972
抚顺市	495 878	37 868	52 046	105 883	104 852	90 821	57 443	28 079	18 886
抚顺市区	289 393	19 009	32 052	67 779	61 423	52 984	31 775	14 670	9 701
抚顺县	53 799	4 199	5 715	11 000	12 125	10 361	6 179	2 753	1 467
新宾县	71 415	6 509	6 187	12 420	15 312	13 521	9 052	4 838	3 576
清原县	81 271	8 151	8 092	14 684	15 992	13 955	10 437	5 818	4 142
本溪市	324 297	18 802	34 783	71 517	64 543	61 060	39 443	19 844	14 305
本溪市区	188 316	8 835	23 412	47 918	37 965	34 292	20 866	9 439	5 589
本溪县	71 774	5 786	6 363	13 568	14 559	13 524	9 321	4 989	3 664
桓仁县	64 207	4 181	5 008	10 031	12 019	13 244	9 256	5 416	5 052
丹东市	593 654	35 275	55 809	115 342	133 202	113 932	72 558	38 393	29 143
丹东市区	139 903	9 855	18 621	37 518	32 421	22 897	11 249	4 437	2 905
凤城县	133 177	8 181	11 985	24 087	29 123	26 361	17 421	9 393	6 626
岫岩县	102 393	5 272	7 753	16 907	22 504	20 949	14 732	8 172	6 104
东沟县	128 338	6 914	10 799	23 262	30 369	25 235	16 242	8 755	6 762
宽甸县	89 843	5 053	6 651	13 568	18 785	18 490	12 914	7 636	6 746
锦州市	1 100 523	82 591	132 323	245 134	246 626	195 237	117 434	53 973	27 205
锦州市区	147 573	9 333	21 125	41 865	34 015	23 379	11 206	4 376	2 274
锦西县	187 844	15 257	23 815	42 056	41 035	32 053	19 745	9 097	4 786
兴城县	113 006	7 866	12 543	24 001	23 461	20 395	13 688	7 186	3 866
绥中县	130 282	8 705	14 515	27 525	28 734	23 880	15 620	7 431	3 872
锦县	150 435	11 322	17 329	31 289	34 259	27 781	16 896	7 825	3 734
北镇县	120 325	9 332	14 175	25 992	28 344	21 845	12 776	5 390	2 471

地区别	合计	1人户	2人户	3人户	4人户	5人户	6人户	7人户	8人及以上户
黑山县	149 364	12 255	17 261	33 000	33 231	26 474	15 939	7 430	3 774
义县	101 694	8 521	11 560	19 406	23 547	19 430	11 564	5 238	2 428
营口市	664 864	56 429	78 384	150 611	143 983	114 060	68 579	33 157	19 661
营口市区	108 419	9 733	14 421	28 841	23 770	17 700	8 854	3 470	1 630
营口县	144 821	10 077	16 529	32 057	32 764	26 285	15 796	7 177	4 136
盘山县	101 697	9 453	12 016	23 851	20 894	16 588	10 685	5 285	2 925
大洼县	112 684	11 472	13 085	26 426	23 711	17 918	10 705	5 614	3 753
盖县	197 243	15 694	22 333	39 436	42 844	35 569	22 539	11 611	7 217
阜新市	380 999	20 268	33 753	71 721	79 984	74 982	53 545	28 735	18 011
阜新市区	149 041	6 002	14 777	34 815	31 835	28 441	18 844	9 054	5 273
阜新蒙古族自治县	147 703	9 087	11 525	22 789	30 269	29 714	22 277	13 056	8 986
彰武县	84 255	5 179	7 451	14 117	17 880	16 827	12 424	6 625	3 752
辽阳市	397 289	28 842	49 824	88 647	89 635	72 158	40 780	18 305	9 098
辽阳市区	114 926	7 087	15 864	31 527	26 286	18 829	9 580	3 899	1 854
辽阳县	165 122	12 586	19 892	33 566	36 349	30 724	18 525	8 782	4 698
灯塔县	117 241	9 169	14 068	23 554	27 000	22 605	12 675	5 624	2 546
铁岭地区	796 644	62 624	81 282	148 067	171 036	151 289	99 299	51 862	31 185
铁岭市	55 226	4 396	7 922	15 402	12 257	8 445	4 386	1 657	761
铁法市	33 985	1 843	3 861	7 262	7 866	6 299	4 005	1 885	964
铁岭县	95 358	7 372	9 999	16 730	20 928	19 277	12 029	5 880	3 143
开原县	150 412	12 033	16 448	31 305	32 437	27 852	17 441	8 360	4 536
西丰县	78 910	6 241	7 551	15 366	16 595	14 617	9 888	5 186	3 466
昌图县	216 040	19 725	20 368	34 466	44 048	41 404	28 626	16 441	10 962
康平县	66 439	3 891	5 660	11 030	13 646	13 004	9 689	5 757	3 762
法库县	100 274	7 123	9 473	16 506	23 259	20 391	13 235	6 696	3 591
朝阳地区	752 661	38 674	67 457	133 922	155 515	142 165	105 698	63 074	46 156
朝阳市	49 978	2 611	6 522	12 160	11 827	8 698	4 860	2 067	1 233
朝阳县	148 135	7 058	12 361	23 776	29 976	28 559	12 642	14 088	10 675
建平县	106 028	5 759	8 685	18 342	20 696	20 121	15 935	9 406	7 084
凌源县	117 910	5 240	9 729	20 728	24 331	21 942	17 064	10 477	8 399
喀喇沁左翼蒙古族自治县	80 191	4 342	7 082	13 677	16 642	15 387	11 084	6 891	5 086
建昌县	114 154	5 899	10 163	19 532	23 644	21 323	16 428	9 856	7 309
北票县	136 265	7 765	12 915	25 707	28 399	26 135	18 685	10 289	6 370

表7 吉林省家庭户的规模

地区别	合计	1人户	2人户	3人户	4人户	5人户	6人户	7人户	8人及以上户
全省	5 073 551	363 152	472 180	897 873	1 026 988	929 677	678 605	393 370	311 706
长春市	1 280 497	82 636	117 154	224 705	273 524	236 999	168 358	97 408	79 713
长春市区	423 797	31 397	48 440	97 184	98 777	74 908	41 073	18 979	13 039
榆树县	236 548	12 632	18 219	34 963	47 878	45 726	36 431	22 490	18 209
农安县	200 855	9 461	14 125	27 860	40 354	38 444	31 594	20 463	18 554
九台县	170 473	14 278	15 771	26 466	33 842	30 406	23 558	14 191	11 961
德惠县	160 542	8 266	12 747	23 061	33 230	30 106	24 024	15 298	13 810
双阳县	88 282	6 602	7 852	15 171	19 443	17 409	11 678	5 987	4 140
吉林市	903 012	72 512	84 097	163 081	184 400	166 785	116 860	65 182	50 095
吉林市区	253 697	11 765	26 498	61 583	58 432	46 210	27 486	12 827	8 896
永吉县	167 575	15 268	14 648	26 461	33 440	31 437	22 821	13 266	10 234
舒兰县	142 150	14 008	11 946	21 220	26 364	26 014	20 311	12 103	10 184
磐石县	123 480	11 050	11 093	19 359	25 200	24 061	16 806	9 209	6 702
蛟河县	119 410	11 202	11 338	19 404	23 441	21 812	16 086	9 356	6 771
桦甸县	96 700	9 219	8 574	15 054	17 523	17 251	13 350	8 421	7 308
四平地区	901 028	66 721	89 266	172 309	183 600	163 557	115 009	64 186	46 380
四平市	84 748	4 247	10 588	21 984	18 306	14 646	8 601	3 999	2 377
辽源市	181 109	16 874	18 921	34 780	35 675	32 181	21 981	11 941	8 756
怀德县	199 761	13 690	19 233	38 193	41 694	36 361	25 734	14 206	10 650
梨树县	170 683	12 373	16 354	32 446	34 670	30 683	22 391	12 904	8 862
伊通县	99 199	7 471	9 071	17 027	20 761	19 248	13 103	7 202	5 316
东丰县	87 729	6 875	8 180	15 100	17 872	16 064	11 927	6 776	4 935
双辽县	77 799	5 191	6 919	12 779	14 622	14 374	11 272	7 158	5 484
通化地区	729 540	65 226	71 328	124 098	136 995	128 620	97 793	57 673	47 807
通化市	86 469	6 574	10 540	19 870	17 694	14 574	9 494	4 596	3 127
浑江市	157 384	16 313	17 064	27 010	27 498	26 135	20 605	12 567	10 192
海龙县	118 496	8 659	11 473	20 956	23 770	22 360	16 050	8 758	6 470
通化县	55 294	5 357	4 605	8 391	9 990	9 576	7 807	4 899	4 669
柳河县	75 795	6 620	6 564	11 257	14 402	13 562	10 608	6 612	6 170
辉南县	85 891	8 264	8 092	14 751	17 416	15 415	11 052	6 065	4 836
集安县	44 121	3 413	3 716	6 541	8 012	7 625	6 184	4 087	4 543
抚松县	61 191	5 081	5 262	8 850	10 866	11 616	9 522	5 883	4 111
靖宇县	27 915	3 009	2 654	3 849	4 588	4 779	4 071	2 651	2 314
长白朝鲜族自治县	16 984	1 936	1 358	2 623	2 759	2 978	2 400	1 555	1 375
白城地区	832 102	46 968	71 309	134 981	154 444	151 366	124 712	79 710	68 612
白城市	65 285	4 485	8 541	15 474	13 409	10 985	6 632	3 344	2 415
扶余县	194 840	11 163	16 034	33 962	39 993	36 464	27 879	16 506	12 839
洮安县	105 015	7 187	8 705	15 567	17 859	18 565	16 663	10 924	9 545
长岭县	98 966	4 000	7 373	14 107	17 667	18 352	16 383	11 164	9 920

表7 （续完）

地区别	合计	1人户	2人户	3人户	4人户	5人户	6人户	7人户	8人及以上户
前郭尔罗斯蒙古族自治县	113 919	6 979	9 232	17 826	20 984	19 697	16 906	11 563	10 732
大安县	81 665	3 891	7 367	12 428	14 542	15 154	12 780	8 212	7 291
镇赉县	60 976	3 193	5 008	9 149	11 537	11 597	9 357	6 156	4 979
通榆县	63 487	3 154	5 163	8 880	9 862	11 533	10 876	7 210	6 809
乾安县	47 949	2 916	3 886	7 588	8 591	9 019	7 236	4 631	4 082
延边朝鲜族自治州	427 372	29 089	39 026	78 699	94 025	82 350	55 873	29 211	19 099
延吉市	42 140	2 213	4 067	10 589	10 785	7 640	4 124	1 719	1 003
图们市	21 664	950	1 939	4 819	5 322	4 199	2 496	1 144	795
延吉县	73 305	4 366	6 603	13 653	18 222	14 676	9 028	4 292	2 465
敦化县	102 493	8 711	10 078	17 118	19 989	19 121	14 085	8 007	5 384
和龙县	54 365	3 384	4 804	9 930	11 940	10 718	7 408	3 788	2 393
汪清县	59 159	4 316	5 362	9 855	11 727	11 573	8 540	4 690	3 096
珲春县	33 307	2 267	2 942	6 048	7 368	6 414	4 366	2 291	1 611
安图县	40 939	2 882	3 231	6 687	8 672	8 009	5 826	3 280	2 352

表8 **黑龙江省家庭户的规模**

地区别	合计	1人户	2人户	3人户	4人户	5人户	6人户	7人户	8人及以上户
全省	7 145 239	361 327	637 827	1 228 642	1 495 277	1 394 773	1 010 551	577 728	439 114
哈尔滨市	605 782	32 522	65 917	139 033	145 299	110 730	62 855	29 294	20 132
齐齐哈尔市	288 971	13 527	35 040	64 696	63 921	53 143	32 573	15 764	10 307
鸡西市	171 285	8 644	16 804	31 259	34 991	31 989	24 344	14 053	9 201
鹤岗市	131 598	9 947	14 009	24 437	24 963	22 267	17 729	10 725	7 521
双鸭山市	83 871	2 894	7 379	14 513	15 984	15 180	12 975	8 638	6 308
大庆市	164 898	4 039	17 113	38 417	40 653	31 517	18 156	8 577	6 426
伊春市	263 951	10 615	26 023	48 925	50 599	48 933	39 146	23 414	16 296
伊春市区	174 617	6 742	18 154	34 022	33 701	31 907	25 227	14 909	9 955
铁力县	75 340	3 214	6 781	12 588	13 979	14 155	11 803	7 302	5 518
嘉荫县	13 994	659	1 088	2 315	2 919	2 871	2 115	1 203	823
松花江地区	1 175 209	70 382	95 803	178 667	243 686	232 230	173 787	101 189	79 465
阿城县	125 986	6 730	10 788	22 398	27 879	24 863	17 639	9 280	6 409
宾县	124 144	6 830	8 904	17 797	25 905	24 485	19 191	11 515	9 517
呼兰县	131 581	6 862	11 216	19 877	28 710	27 197	19 467	10 619	7 633
双城县	147 164	7 246	11 516	21 931	31 271	29 585	22 419	13 133	10 063
五常县	185 803	11 629	15 798	27 646	36 663	35 831	27 938	16 948	13 350
巴彦县	132 188	6 444	9 031	17 799	25 649	26 475	21 253	13 263	12 274
木兰县	55 008	3 707	4 620	8 391	11 135	10 825	8 077	4 655	3 598
通河县	50 498	3 565	4 720	8 075	10 404	9 688	7 047	4 078	2 920
尚志县	128 140	11 618	11 528	20 606	26 749	23 856	16 826	9 613	7 344
方正县	41 600	1 870	3 214	6 328	8 557	8 517	6 201	3 757	3 156
延寿县	53 097	3 881	4 468	7 818	10 764	10 908	7 729	4 328	3 201
嫩江地区	949 231	49 560	76 568	144 750	190 669	186 386	144 434	87 491	69 373
龙江县	117 900	5 914	9 252	17 023	23 151	23 318	18 707	11 589	8 946
讷河县	148 770	7 844	12 271	22 455	30 955	29 155	22 261	13 549	10 280
依安县	99 129	4 788	7 314	14 344	19 542	18 676	15 418	10 132	8 915
泰来县	65 075	2 940	5 313	10 164	12 543	12 561	9 896	6 184	5 474
甘南县	80 966	4 619	7 006	12 941	17 358	16 248	11 940	6 396	4 458
杜尔伯特蒙古族自治县	45 225	2 214	3 276	6 750	8 786	8 212	6 780	4 684	4 513

表8 （续1）

地区别	合计	1人户	2人户	3人户	4人户	5人户	6人户	7人户	8人及以上户
富裕县	58 960	3 806	5 053	9 815	12 744	11 330	8 199	4 589	3 424
林甸县	47 811	2 360	3 500	7 081	9 434	9 102	7 383	4 768	4 183
克山县	103 708	5 907	8 926	16 435	20 867	21 503	15 693	8 547	5 830
克东县	59 946	4 000	5 598	9 369	11 639	12 121	8 724	5 015	3 480
拜泉县	121 741	5 168	9 059	18 363	23 650	24 160	19 433	12 038	9 870
绥化地区	1 216 150	50 984	88 943	171 507	242 540	247 194	193 004	118 708	103 270
海伦县	167 297	8 075	12 270	22 292	32 238	34 837	27 384	16 439	13 762
肇东县	156 788	7 857	11 988	21 385	31 537	31 103	24 670	15 094	13 154
绥化县	155 026	5 611	12 800	25 259	34 189	33 894	22 087	12 053	9 133
望奎县	99 074	4 082	6 827	13 472	20 074	20 746	16 040	9 429	8 404
兰西县	90 618	3 033	5 950	11 232	16 848	18 063	15 510	10 317	9 665
青冈县	88 921	3 388	5 752	12 146	16 009	17 595	14 570	9 853	9 608
安达县	90 811	4 861	7 205	13 143	18 635	17 444	13 479	8 322	7 722
肇源县	85 653	3 317	5 843	11 637	16 202	17 316	14 188	9 200	7 950
肇州县	76 923	2 195	5 028	10 468	15 643	15 460	12 677	8 009	7 443
庆安县	72 379	2 986	5 360	10 417	14 554	14 619	11 486	7 104	5 853
明水县	68 725	3 320	4 897	9 677	13 495	13 259	11 099	7 045	5 933
绥棱县	63 935	2 259	5 023	10 379	13 116	12 858	9 814	5 843	4 643
合江地区	943 687	42 603	85 507	164 011	197 051	188 446	135 152	76 034	54 883
佳木斯市	124 465	5 369	15 282	28 895	27 044	22 381	14 019	6 899	4 576
七台河市	55 570	2 565	5 074	9 755	12 023	10 257	7 271	4 631	3 994
富锦县	83 685	2 954	7 260	12 929	17 307	17 212	12 778	7 339	5 906
桦南县	89 235	4 161	6 777	12 994	17 426	18 128	14 360	8 651	6 738
依兰县	78 804	4 757	6 592	11 762	15 969	15 443	11 699	7 187	5 395
勃利县	74 775	3 813	6 418	12 172	15 815	14 589	10 835	6 316	4 817
集贤县	88 520	2 624	7 210	15 132	18 826	18 811	13 546	7 419	4 952
桦川县	48 746	2 388	4 003	7 510	10 206	10 464	7 245	4 086	2 844
宝清县	90 026	2 915	7 376	15 406	19 150	19 354	13 441	7 254	5 130
汤原县	72 663	5 615	6 901	11 597	15 132	14 018	10 141	5 620	3 639
绥滨县	36 861	1 283	3 221	6 073	7 774	7 650	5 670	3 098	2 092
萝北县	42 327	1 700	3 709	7 867	8 510	8 879	6 319	3 330	2 013
同江县	23 991	889	2 267	4 793	4 709	4 661	3 393	1 932	1 347
饶河县	25 328	1 225	2 630	5 237	5 396	5 002	3 276	1 630	942
抚远县	8 691	345	787	1 889	1 774	1 597	1 159	642	498
牡丹江地区	733 102	44 017	70 094	131 743	156 437	144 321	98 612	52 997	34 881
牡丹江市	142 516	8 603	17 313	34 459	31 991	25 579	14 633	6 306	3 632

表8 （续完）

地区别	合计	1人户	2人户	3人户	4人户	5人户	6人户	7人户	8人及以上户
绥芬河市	4 623	390	491	897	882	828	595	333	207
宁安县	91 648	6 918	8 890	14 997	19 358	17 816	12 515	6 777	4 377
海林县	94 229	6 124	8 608	15 176	19 646	18 219	13 622	7 844	4 990
穆棱县	61 354	3 331	4 694	9 127	12 974	12 312	9 249	5 621	4 046
东宁县	39 423	2 596	3 636	6 626	7 504	7 584	5 655	3 422	2 400
林口县	89 279	5 172	7 094	13 167	19 243	17 838	13 218	7 728	5 819
鸡东县	61 364	2 920	5 049	10 232	12 526	12 564	9 314	5 277	3 482
密山县	87 366	5 048	7 884	14 956	18 451	18 022	12 329	6 477	4 199
虎林县	61 300	2 915	6 435	12 106	13 862	13 559	7 482	3 212	1 729
黑河地区	333 593	18 569	30 996	51 508	70 030	64 481	45 888	24 930	17 191
黑河市	15 420	820	1 518	3 418	3 794	3 006	1 726	730	408
北安县	97 438	5 401	9 581	17 362	19 129	18 924	13 901	7 770	5 370
嫩江县	99 586	4 432	8 796	18 137	21 880	19 649	13 898	7 549	5 245
德都县	71 721	3 238	6 343	13 011	14 517	13 923	10 478	5 947	4 264
爱辉县	16 651	1 565	1 460	3 034	3 616	3 190	2 169	1 011	606
逊克县	18 188	1 484	1 847	3 519	4 024	3 265	2 128	1 145	776
孙吴县	14 589	1 629	1 451	3 027	3 070	2 524	1 588	778	522
大兴安岭地区	83 911	3 024	7 631	15 176	18 454	17 956	11 896	5 914	3 860
加格达奇区	22 548	749	1 952	4 402	5 170	4 641	3 043	1 543	1 048
松岭区	6 498	226	524	974	1 221	1 436	1 111	600	406
新林区	11 473	266	1 049	1 820	2 391	2 726	1 876	886	459
呼中区	10 317	311	850	1 716	2 379	2 315	1 504	724	518
呼玛县	9 021	722	948	1 811	2 150	1 718	937	445	290
塔河县	14 276	403	1 247	2 476	3 155	3 300	2 152	976	567
漠河县	9 778	347	1 061	1 977	1 988	1 820	1 273	740	57

表9　　上海市家庭户的规模

地区别	合计	1人户	2人户	3人户	4人户	5人户	6人户	7人户	8人户及以上户
全市	3 127 065	321 423	444 483	769 372	774 133	469 121	217 978	85 754	44 751
市辖区	1 626 857	147 440	228 849	377 756	373 493	268 812	137 595	58 972	33 940
黄浦区	165 878	17 183	25 828	39 261	37 262	25 578	12 433	5 286	3 044
南市区	192 148	21 479	29 131	42 591	41 269	30 484	16 031	6 989	4 174
卢湾区	135 643	15 153	21 903	31 730	28 980	20 358	10 435	4 512	2 572
徐汇区	128 058	9 977	17 630	32 085	31 373	20 626	9 957	4 084	2 326
长宁区	101 848	7 862	13 281	24 221	24 124	17 477	9 111	3 763	2 009
静安区	138 081	12 918	20 435	33 033	31 533	21 574	11 208	4 710	2 670
普陀区	139 149	9 634	17 478	31 883	32 507	25 062	13 261	5 931	3 393
闸北区	166 860	16 654	22 859	36 804	36 855	28 264	14 912	6 666	3 846
虹口区	203 678	19 505	28 553	46 917	46 626	33 431	17 229	7 302	4 115
杨浦区	196 079	13 750	23 635	43 570	46 940	36 031	18 914	8 239	5 000
吴淞区	40 539	2 496	5 449	10 517	10 759	6 732	2 864	1 089	633
闵行区	18 896	829	2 667	5 144	5 265	6 195	1 237	401	158
县	1 500 208	173 983	215 634	391 616	400 690	200 309	80 383	26 782	10 811
上海县	149 265	9 950	17 833	42 353	38 590	24 300	11 167	3 713	1 379
嘉定县	138 205	13 166	18 721	37 450	37 044	19 217	8 838	2 793	976
宝山县	106 683	8 002	11 948	25 921	28 572	17 570	9 034	3 564	2 072
川沙县	178 305	17 308	24 034	48 058	45 935	25 597	11 540	4 063	1 770
南汇县	198 133	29 521	33 421	54 810	51 021	22 144	5 714	1 181	321
奉贤县	144 122	20 221	21 534	40 191	42 626	15 131	3 458	783	178
松江县	125 931	12 574	14 821	27 154	36 149	20 611	9 481	3 657	1 484
金山县	125 248	10 118	14 554	28 899	37 765	20 406	8 807	3 295	1 404
青浦县	120 157	15 345	15 629	28 358	33 226	16 967	7 114	2 524	994
崇明县	214 139	37 778	43 139	58 422	49 762	18 366	5 230	1 209	233

表10

江苏省家庭户的规模

地区别	合计	1人户	2人户	3人户	4人户	5人户	6人户	7人户	8人及以上户
全省	15 066 423	1 663 725	1 732 895	2 920 498	3 382 173	2 654 824	1 526 262	726 564	459 482
南京市	947 634	105 032	120 763	205 893	225 262	160 039	79 121	31 801	19 723
南京市区	557 779	60 646	80 469	144 972	134 547	83 194	35 888	12 349	5 714
江宁县	180 235	21 056	18 233	28 990	44 961	36 054	18 263	7 637	5 041
江浦县	65 265	9 220	6 676	9 762	13 703	12 283	7 649	3 578	2 394
六合县	144 366	14 110	15 385	22 169	32 051	28 508	17 321	8 237	6 574
无锡市	232 090	29 469	41 686	65 671	53 715	28 018	9 729	2 718	1 084
徐州市	189 540	19 233	25 686	51 695	41 517	29 242	14 663	5 377	2 127
常州市	134 739	17 925	29 140	39 897	28 682	12 713	4 297	1 389	696
苏州市	188 241	23 175	30 395	50 960	44 797	24 931	9 796	3 085	1 102
南通市	94 845	13 063	15 174	24 673	19 619	11 220	5 352	2 663	3 081
连云港市	105 937	13 991	15 120	25 029	20 981	16 400	8 999	3 663	1 734
徐州地区	1 744 086	142 523	171 944	278 424	351 241	333 623	241 682	137 755	86 885
丰县	182 660	11 817	17 468	25 590	35 184	38 495	27 396	15 853	10 857
沛县	195 663	15 666	20 335	29 243	39 358	40 321	27 059	14 877	8 804
铜山县	330 631	31 231	33 499	53 154	69 432	61 246	43 971	24 040	14 058
睢宁县	212 365	14 537	19 688	29 355	40 832	41 324	33 088	20 003	13 538
邳县	257 310	15 676	21 377	40 092	52 343	50 194	37 511	23 135	16 982
新沂县	172 026	17 003	16 823	27 807	34 521	30 658	23 140	13 559	8 515
东海县	201 675	18 918	21 281	36 066	41 503	37 944	25 616	13 273	7 074
赣榆县	191 756	17 684	21 473	37 117	38 068	33 441	23 901	13 015	7 057
淮阴地区	2 046 116	142 436	176 978	285 634	392 561	403 259	306 224	189 149	149 875
清江市	59 047	7 524	8 221	13 545	12 064	9 056	5 096	2 164	1 377
淮阴县	160 681	12 179	12 914	19 538	29 978	31 111	25 938	16 107	12 916
灌云县	189 625	15 140	19 747	31 226	37 230	33 860	25 168	15 770	11 484
灌南县	118 169	7 193	10 603	17 695	24 177	22 827	16 941	10 917	7 816
沭阳县	268 296	15 235	20 781	34 925	51 425	52 845	42 101	27 519	23 465
宿迁县	199 252	14 852	18 618	26 783	37 641	39 995	30 671	18 246	12 446
泗阳县	182 900	9 006	13 378	20 172	31 064	36 340	31 484	21 702	19 754
涟水县	175 664	9 975	14 979	24 273	33 858	34 258	26 931	17 501	13 889
泗洪县	180 857	10 435	14 665	21 192	31 348	36 460	29 926	19 844	16 987
淮安县	250 858	21 826	21 014	35 482	51 752	53 534	35 073	18 856	13 321
洪泽县	87 569	7 071	7 183	12 868	16 702	18 305	12 824	6 990	5 626
盱眙县	96 693	4 808	7 246	14 421	19 629	19 476	14 721	8 878	7 514
金湖县	76 505	7 192	7 629	13 514	15 693	15 192	9 350	4 655	3 280

表10 （续1）

地区别	合计	1人户	2人户	3人户	4人户	5人户	6人户	7人户	8人及以上户
盐城地区	1 702 329	161 863	181 430	318 391	373 824	327 841	197 974	90 926	50 080
响水县	104 274	7 221	11 063	20 136	22 191	18 935	13 287	7 169	4 273
滨海县	215 814	17 131	21 854	36 653	46 754	41 788	28 972	14 541	8 121
阜宁县	218 577	19 665	19 378	30 681	45 441	44 991	31 696	16 391	10 334
射阳县	220 196	16 129	24 348	43 449	46 986	42 406	27 342	12 772	6 764
建湖县	176 953	18 092	17 711	31 621	40 361	34 895	20 668	8 749	4 856
盐城县	293 451	28 718	31 391	55 576	66 322	58 396	32 083	13 694	7 271
大丰县	181 304	19 035	22 433	40 809	37 606	32 016	18 119	7 580	3 706
东台县	291 760	35 872	33 252	59 466	68 163	54 415	25 807	10 030	4 755
扬州地区	2 215 964	286 986	241 636	389 351	503 169	420 868	218 032	93 794	62 128
扬州市	89 785	16 750	16 580	23 583	18 523	9 314	3 485	1 071	479
泰州市	52 796	11 355	10 311	14 303	10 325	4 506	1 528	364	104
兴化县	377 888	53 882	38 902	72 316	83 791	75 505	35 204	12 937	5 351
高邮县	196 250	22 079	19 120	30 993	45 528	41 253	22 015	9 595	5 667
宝应县	211 394	22 727	20 695	35 710	49 677	45 914	22 822	8 917	4 932
靖江县	147 256	13 971	14 597	26 910	37 924	28 843	14 672	6 465	3 874
泰兴县	311 437	30 502	30 181	44 885	66 785	62 448	39 457	19 930	17 249
江都县	262 518	36 386	30 024	45 615	61 224	48 193	24 087	10 075	6 914
邗江县	154 386	21 055	15 576	26 736	36 481	28 518	14 783	6 532	4 705
泰县	284 107	41 452	30 830	47 306	65 105	52 424	26 905	11 819	8 266
仪征县	128 147	16 827	14 820	20 994	27 806	23 950	13 074	6 089	4 587
南通地区	1 895 624	252 166	256 237	425 067	424 492	294 328	149 400	61 207	32 727
海安县	243 317	29 521	27 009	49 636	59 570	43 028	20 577	8 956	5 020
如皋县	325 027	27 356	33 493	55 514	77 081	65 158	37 277	16 986	12 162
如东县	297 114	41 544	40 608	64 721	66 028	46 130	23 202	9 740	5 141
南通县	420 849	64 368	57 345	96 109	93 550	61 899	30 229	11 751	5 598
海门县	281 490	41 226	43 511	69 650	60 929	37 703	18 886	7 060	2 525
启东县	327 827	48 151	54 271	89 437	67 334	40 410	19 229	6 714	2 281
镇江地区	1 751 999	229 830	199 984	355 677	410 338	306 104	158 055	60 716	31 295
镇江市	95 954	14 450	17 188	26 344	20 530	11 062	4 313	1 392	675
丹徒县	130 863	15 339	14 469	26 295	32 873	23 203	11 828	4 468	2 388
武进县	341 070	38 773	38 181	70 866	90 029	59 643	28 128	10 046	5 404
丹阳县	201 200	26 543	22 221	42 785	48 278	34 575	16 725	6 565	3 508
句容县	133 759	14 150	13 423	23 521	31 972	26 552	14 876	5 988	3 277
金坛县	133 116	17 738	15 345	28 169	29 119	23 554	12 206	4 792	2 193

表10 （续完）

地区别	合计	1人户	2人户	3人户	4人户	5人户	6人户	7人户	8人及以上户
溧水县	90 936	11 750	9 430	14 600	18 693	18 683	11 032	4 377	2 371
高淳县	105 161	18 710	11 947	15 891	21 595	19 640	11 180	4 235	1 963
溧阳县	178 165	25 547	18 508	31 304	37 548	32 981	19 732	8 236	4 309
宜兴县	269 992	35 776	30 924	60 212	62 153	44 945	22 921	8 829	4 232
扬中县	71 783	11 054	8 348	15 690	17 548	11 266	5 114	1 788	975
苏州地区	1 817 279	226 024	226 722	404 136	491 975	286 238	122 938	42 301	16 945
江阴县	267 897	29 585	31 451	56 144	72 207	47 494	21 031	6 974	3 011
无锡县	274 805	34 197	32 341	56 243	81 823	44 084	17 661	5 992	2 464
沙州县	215 804	28 387	27 533	56 383	51 594	30 422	14 493	5 065	1 927
常熟县	294 065	43 957	43 166	68 948	81 755	37 469	13 513	4 068	1 189
太仓县	127 346	17 919	21 519	30 968	32 616	14 758	7 072	1 958	536
昆山县	145 229	17 710	16 833	32 410	39 362	24 055	9 559	3 762	1 538
吴县	305 372	32 890	34 145	68 762	84 461	53 250	21 654	7 390	2 820
吴江县	186 761	21 379	19 734	34 278	48 157	34 706	17 955	7 092	3 460

表11

浙江省家庭户的规模

地区别	合计	1人户	2人户	3人户	4人户	5人户	6人户	7人户	8人及以上户
全省	9 558 560	1 133 862	1 119 754	1 572 614	2 093 078	1 780 075	1 036 770	501 490	320 917
杭州市	1 282 632	121 555	154 636	249 368	304 029	233 836	127 760	57 067	34 381
杭州市区	308 123	28 283	44 773	75 497	78 892	47 162	21 627	7 910	3 979
萧山县	262 314	28 503	30 139	51 091	60 347	47 314	25 766	11 444	7 710
桐庐县	84 932	7 592	9 593	16 244	20 253	16 416	8 916	3 948	1 970
富阳县	124 729	12 089	14 632	18 722	26 052	24 045	15 367	8 302	5 520
临安县	115 106	11 501	14 153	22 885	29 226	20 529	10 572	4 262	1 978
余杭县	184 298	15 729	18 857	30 236	42 033	37 074	22 479	10 858	7 032
建德县	108 106	10 919	12 933	20 348	25 840	21 198	10 317	4 232	2 319
淳安县	95 024	6 939	9 556	14 345	21 386	20 098	12 716	6 111	3 873
宁波市	284 779	44 842	50 289	70 549	66 307	35 002	13 009	3 643	1 138
宁波市区	142 570	22 568	27 170	37 235	32 592	15 731	5 315	1 464	495
镇海县	142 209	22 274	23 119	33 314	33 715	19 271	7 694	2 179	643
温州市	1 315 868	115 889	130 434	171 714	244 691	271 526	188 549	110 293	82 772
温州市区	120 502	7 522	12 338	23 007	31 159	24 369	12 909	5 747	3 451
瓯海县	101 651	5 885	7 668	12 359	19 902	24 005	15 935	9 198	6 699
洞头县	24 592	2 427	2 286	3 106	4 379	4 528	3 863	2 336	1 667
乐清县	199 181	20 999	19 076	23 731	36 313	43 044	29 805	15 975	10 238
永嘉县	159 683	16 943	17 451	19 811	25 698	28 681	22 708	15 089	13 302
瑞安县	209 463	13 005	17 055	24 589	40 740	48 125	33 007	18 935	14 007
平阳县	151 375	11 852	16 194	20 134	28 651	32 993	21 206	12 082	8 263
苍南县	198 575	13 950	18 567	25 091	33 694	40 804	30 714	19 697	16 058
文成县	78 431	12 406	9 909	9 959	12 379	13 187	9 846	5 845	4 900
泰顺县	72 415	10 900	9 890	9 927	11 776	11 790	8 556	5 389	4 187
嘉兴地区	1 277 230	129 543	140 646	215 021	306 826	244 027	138 344	63 867	38 956
湖州市	233 421	23 647	27 680	39 144	57 016	43 940	24 959	10 848	6 187
嘉兴市	173 834	20 395	20 918	33 799	42 714	30 597	15 505	6 412	3 494
嘉善县	96 391	13 217	12 920	20 738	23 641	15 469	6 747	2 505	1 154
平湖县	109 626	10 732	11 554	19 865	27 914	21 036	10 881	4 782	2 862
海宁县	137 107	11 326	13 702	22 809	33 498	27 214	15 512	7 703	5 343
海盐县	78 327	7 325	7 747	14 200	19 976	14 892	9 022	3 836	2 329
桐乡县	134 253	10 660	12 838	17 804	31 867	28 309	17 408	8 990	6 377
德清县	86 314	8 520	8 527	12 208	19 237	17 108	11 053	5 786	3 875
长兴县	131 129	13 195	14 180	18 878	29 559	26 979	16 305	7 570	4 463
安吉县	96 828	10 526	10 580	15 576	21 404	18 483	11 952	5 435	2 872
宁波地区	1 039 113	156 434	140 625	198 869	245 615	170 473	82 587	31 297	13 213
慈溪县	252 797	39 475	35 333	51 201	62 417	40 407	16 840	5 333	1 791
余姚县	207 639	29 426	27 715	40 659	52 536	33 976	15 316	5 627	2 384
奉化县	122 230	17 865	16 465	23 431	29 266	20 422	10 111	3 506	1 164
象山县	122 941	18 268	14 294	20 336	27 776	22 366	12 313	5 315	2 274

表11 （续完）

地区别	合计	1人户	2人户	3人户	4人户	5人户	6人户	7人户	8人及以上户
宁海县	130 412	18 312	15 049	19 211	24 704	23 565	16 358	8 384	4 829
鄞县	203 094	33 088	31 769	44 031	48 916	29 737	11 650	3 132	771
绍兴地区	995 087	137 069	119 893	175 334	223 191	180 139	97 273	40 996	21 192
绍兴市	283 118	41 041	34 558	48 440	61 272	51 156	28 268	11 879	6 504
上虞县	180 000	23 167	21 241	32 103	42 103	33 473	17 221	6 969	3 723
嵊县	189 638	29 191	25 217	34 478	43 655	32 584	15 959	6 104	2 450
新昌县	107 391	16 229	13 741	18 738	23 982	18 746	10 276	4 084	1 595
诸暨县	234 940	27 441	25 136	41 575	52 179	44 180	25 549	11 960	6 920
金华地区	1 478 909	191 537	167 883	213 785	312 593	298 127	168 515	77 293	49 176
金华市	208 534	28 964	25 559	31 204	45 437	41 246	22 074	8 920	5 130
衢州市	228 301	24 420	26 751	35 032	47 909	44 440	27 290	13 439	9 020
兰溪县	146 999	21 218	16 674	19 597	30 278	32 189	15 627	6 725	4 691
永康县	116 318	17 864	13 403	15 804	23 578	25 064	12 941	5 195	2 469
武义县	77 572	11 536	8 995	11 635	18 451	14 626	7 622	3 050	1 657
东阳县	226 733	29 663	26 504	34 893	51 573	44 840	24 070	10 317	4 873
义乌县	145 491	22 369	16 808	21 393	31 946	28 351	14 953	6 146	3 525
浦江县	83 735	11 820	8 664	11 615	17 397	18 696	9 827	3 746	1 970
常山县	61 599	5 641	6 042	7 810	10 858	11 828	8 920	5 640	4 860
江山县	114 124	11 954	11 298	15 042	21 433	22 148	15 597	9 020	7 632
开化县	69 503	6 088	7 185	9 760	13 733	14 699	9 594	5 095	3 349
丽水地区	512 340	68 882	56 425	66 149	90 074	89 432	66 224	40 988	34 166
丽水县	73 862	11 256	8 820	11 392	15 579	13 002	7 863	3 660	2 290
青田县	98 840	13 094	10 188	11 566	15 153	16 391	13 594	9 652	9 203
云和县	55 839	6 221	5 985	7 032	8 991	9 377	7 538	5 435	5 260
龙泉县	54 832	7 041	5 929	6 757	9 553	9 340	7 319	4 819	4 074
庆元县	34 799	3 413	2 930	3 781	5 755	6 303	5 302	3 720	3 595
缙云县	96 560	15 499	11 377	12 841	17 111	17 690	11 846	6 225	3 971
遂昌县	48 874	5 918	5 568	6 450	9 303	9 033	6 252	3 593	2 757
松阳县	48 734	6 440	5 628	6 330	8 629	8 296	6 510	3 884	3 017
台州地区	1 127 641	136 517	124 990	162 247	234 984	217 471	137 495	70 179	43 758
椒江市	37 422	4 729	4 651	5 941	7 719	7 047	4 134	1 992	1 209
临海县	231 042	23 443	24 164	29 750	43 285	45 947	32 302	18 837	13 314
黄岩县	249 803	32 740	29 033	37 767	54 819	48 101	27 933	12 488	6 922
温岭县	245 847	32 173	28 271	38 523	57 398	46 083	25 891	11 223	6 285
仙居县	94 979	11 085	10 589	14 070	19 471	17 646	12 362	6 404	3 352
天台县	116 499	17 299	12 589	16 119	22 350	22 450	14 379	7 261	4 052
三门县	71 677	5 739	6 913	9 067	12 586	14 160	10 747	7 001	5 464
玉环县	80 372	9 309	8 780	11 010	17 356	16 037	9 747	4 973	3 160
舟山地区	244 961	31 594	33 933	49 578	64 768	40 042	17 014	5 867	2 165
定海县	86 380	11 886	12 241	17 190	22 430	14 043	5 779	2 030	781
普陀县	77 620	8 066	9 914	14 793	21 766	13 819	6 137	2 241	884
岱山县	59 981	9 700	9 214	13 213	15 214	8 448	3 129	864	199
嵊泗县	20 980	1 942	2 564	4 382	5 358	3 732	1 969	732	301

表12

安徽省家庭户的规模

地区别	合计	1人户	2人户	3人户	4人户	5人户	6人户	7人户	8人及以上户
全省	10 470 792	826 827	939 092	1 314 924	1 813 771	2 055 082	1 636 412	1 052 498	832 186
合肥市	355 262	37 207	38 105	58 667	72 291	62 085	42 007	24 995	19 905
合肥市区	198 069	21 248	25 251	42 010	48 694	33 620	16 431	6 838	3 977
长丰县	157 193	15 959	12 854	16 657	23 597	28 465	25 576	18 157	15 928
芜湖市	218 922	20 078	24 888	37 634	45 423	41 239	27 238	13 971	8 451
芜湖市区	114 593	11 029	15 709	25 949	28 570	19 308	9 217	3 364	1 447
芜湖县	104 329	9 049	9 179	11 685	16 853	21 931	18 021	10 607	7 004
蚌埠市	131 077	14 298	14 006	23 065	27 215	23 255	15 456	8 190	5 592
淮南市	326 127	31 798	29 972	46 682	57 851	59 064	47 579	29 875	23 306
淮南市区	216 949	21 406	19 836	32 687	39 461	38 024	30 985	19 117	15 433
凤台县	109 178	10 392	10 136	13 995	18 390	21 040	16 594	10 758	7 873
马鞍山市	84 946	8 103	10 202	18 559	20 029	15 562	8 152	2 987	1 352
淮北市	263 472	17 798	24 877	34 290	44 236	50 293	39 312	27 871	24 795
淮北市区	89 419	7 951	11 978	16 259	17 406	16 459	10 501	5 573	3 292
濉溪县	174 053	9 847	12 899	18 031	26 830	33 834	28 811	22 298	21 503
铜陵市	108 320	6 355	10 122	17 373	20 704	21 842	16 444	9 161	6 319
铜陵市区	42 201	1 655	4 377	9 283	10 098	8 550	5 123	2 086	1 029
铜陵县	66 119	4 700	5 745	8 090	10 606	13 292	11 321	7 075	5 290
安庆市	96 895	9 594	10 870	17 242	20 236	17 741	11 813	5 891	3 508
阜阳地区	2 139 016	124 347	177 206	245 419	346 309	439 105	363 138	247 413	196 079
阜阳市	37 756	3 494	3 894	6 298	7 536	7 011	4 928	2 674	1 921
阜阳县	233 200	14 537	19 932	27 008	39 596	48 583	39 116	25 815	18 613
临泉县	269 167	12 251	19 839	29 305	42 290	53 587	48 078	35 006	28 811
太和县	237 279	13 231	20 246	27 952	38 904	50 464	40 669	26 870	18 943
涡阳县	199 783	10 913	17 778	22 706	31 001	38 947	32 780	23 722	21 936
蒙城县	171 628	9 882	13 008	18 598	26 270	33 316	29 050	21 814	19 690
亳县	225 265	13 850	19 102	26 186	39 692	50 386	38 705	22 590	14 754
阜南县	211 927	12 064	15 359	20 616	29 317	40 575	39 964	29 257	24 775
颍上县	228 793	13 991	20 297	28 329	38 521	49 416	36 508	23 672	18 059
界首县	116 808	7 442	10 240	15 005	21 764	25 934	18 575	10 970	6 878
利辛县	207 410	12 692	17 511	23 416	31 418	40 886	34 765	25 023	21 699
宿县地区	1 239 849	85 084	107 874	144 038	200 178	233 115	192 733	142 889	133 938
宿州市	44 522	6 214	5 572	7 148	8 119	6 978	4 880	2 958	2 653

表12

（续1）

地区别	合计	1人户	2人户	3人户	4人户	5人户	6人户	7人户	8人及以上户
砀山县	139 353	7 805	15 089	19 224	24 638	28 047	20 681	13 716	10 153
萧县	201 763	13 351	21 999	27 138	35 020	40 004	29 477	19 662	15 112
宿县	197 179	17 028	16 695	20 572	30 163	36 247	30 583	23 600	22 291
灵璧县	154 551	8 244	11 510	16 848	25 605	29 447	25 138	19 121	18 638
泗县	122 194	5 499	8 357	12 715	19 484	23 085	20 752	16 160	16 142
怀远县	187 680	14 669	14 027	19 909	27 598	33 454	29 702	23 440	24 881
五河县	102 041	5 942	7 765	11 356	16 109	18 976	16 675	12 824	12 394
固镇县	90 566	6 332	6 860	9 128	13 442	16 877	14 845	11 408	11 674
滁县地区	720 891	67 196	59 429	87 436	118 722	134 605	112 189	76 958	64 356
天长县	110 944	8 606	9 437	14 335	19 678	23 772	17 328	10 019	7 469
来安县	86 877	5 557	7 669	12 127	16 047	17 849	13 219	8 171	6 238
滁县	77 859	7 467	7 213	11 798	14 522	13 911	11 072	6 876	5 000
全椒县	81 142	6 847	6 922	10 565	14 686	16 495	13 541	7 395	4 691
定远县	141 253	14 238	10 181	14 096	19 941	24 594	23 069	18 658	16 476
凤阳县	115 769	14 399	9 526	12 361	16 460	19 595	17 671	13 458	12 299
嘉山县	107 047	10 082	8 481	12 154	17 388	18 389	15 989	12 381	12 183
六安地区	1 370 324	136 738	126 280	168 729	234 186	264 278	209 935	131 268	98 910
六安市	36 844	4 615	7 960	7 919	6 942	4 854	2 586	1 240	728
六安县	281 482	30 469	27 164	34 073	47 358	55 751	43 814	26 084	16 769
寿县	222 883	22 819	19 609	25 508	35 679	42 493	34 367	23 363	19 045
霍丘县	268 875	21 920	23 264	32 540	43 641	51 879	43 066	29 472	23 093
肥西县	181 790	20 804	16 624	22 134	31 798	35 977	28 370	16 027	10 056
舒城县	190 552	18 692	17 102	25 517	36 467	37 989	29 048	15 720	10 017
金寨县	118 339	13 063	8 643	12 090	19 417	22 112	18 255	12 368	12 391
霍山县	69 559	4 356	5 914	8 948	12 884	13 223	10 429	6 994	6 811
宣城地区	847 701	74 386	78 714	103 919	151 466	174 380	136 419	77 021	51 396
宣城县	156 381	14 043	14 374	17 917	26 761	32 773	26 518	14 958	9 037
郎溪县	63 699	5 891	6 358	7 067	9 485	12 097	11 080	6 939	4 782
广德县	95 177	8 085	7 962	10 635	15 778	18 653	16 242	10 254	7 568
宁国县	76 143	5 646	7 774	11 032	16 340	15 883	10 568	5 451	3 449
当涂县	132 560	11 578	11 704	16 408	24 422	29 549	21 304	10 604	6 991
繁昌县	89 293	8 378	8 091	11 527	15 468	17 528	14 498	8 445	5 358
南陵县	104 122	8 900	9 912	12 135	18 415	22 792	17 248	9 119	5 601
青阳县	54 319	3 903	4 719	7 087	10 194	10 576	8 209	5 357	4 274
泾县	76 007	7 962	7 820	10 111	14 603	14 529	10 752	5 894	4 336
巢湖地区	1 031 056	82 937	92 102	124 900	183 319	214 345	167 745	98 170	67 538
肥东县	187 017	12 711	14 998	21 461	30 081	34 471	29 651	22 228	21 416
庐江县	215 090	15 857	18 591	25 830	39 747	45 525	34 976	20 824	13 740
无为县	262 292	21 399	23 086	29 884	43 231	56 471	46 977	26 186	15 058

表12 （续完）

地区别	合计	1人户	2人户	3人户	4人户	5人户	6人户	7人户	8人及以上户
巢县	158 842	14 837	16 620	22 283	30 150	32 033	23 361	12 397	7 161
含山县	79 786	6 346	7 333	10 081	14 876	16 747	12 290	7 207	4 906
和县	128 029	11 787	11 474	15 361	25 234	29 098	20 490	9 328	5 257
徽州地区	396 022	39 867	46 418	59 308	81 579	71 761	49 798	27 737	19 554
屯溪市	24 359	2 575	3 778	5 172	5 649	3 839	2 055	852	439
绩溪县	41 027	3 366	6 262	7 257	8 790	7 212	4 522	2 255	1 363
旌德县	33 074	3 092	4 369	4 777	6 752	6 187	4 105	2 182	1 610
歙县	133 988	14 720	14 972	19 662	28 180	24 263	17 031	9 393	5 767
休宁县	55 620	5 018	5 188	7 480	12 088	11 009	7 603	4 128	3 106
黟县	20 960	2 664	2 539	3 151	4 331	3 651	2 322	1 296	1 006
祁门县	35 847	3 335	3 927	4 681	6 409	6 321	5 107	3 359	2 708
太平县	29 100	3 269	3 301	4 234	5 343	5 147	3 850	2 198	1 758
石台县	22 047	1 828	2 082	2 894	4 037	4 132	3 203	2 074	1 797
安庆地区	1 140 912	71 041	88 027	127 663	190 027	232 412	196 454	128 101	107 187
怀宁县	132 363	7 998	9 564	13 703	22 198	28 061	24 010	14 852	11 977
桐城县	146 778	11 283	11 637	16 354	25 877	33 258	25 148	13 979	9 242
枞阳县	166 476	8 275	12 766	18 536	25 201	32 160	29 458	21 373	18 707
潜山县	100 671	5 837	7 508	11 344	18 327	22 499	17 138	10 247	7 771
太湖县	97 560	7 213	7 921	11 022	16 760	19 221	16 025	10 186	9 212
宿松县	128 967	8 974	9 993	13 243	20 132	24 609	22 894	15 956	13 166
望江县	99 571	5 375	7 136	11 228	16 984	21 066	18 250	11 352	8 180
岳西县	69 444	3 595	4 721	7 820	12 496	13 699	11 146	7 542	8 425
东至县	94 258	7 118	8 214	11 137	14 861	16 918	14 999	10 718	10 293
贵池县	104 824	5 373	8 567	13 276	17 191	20 921	17 386	11 896	10 214

表13 福建省家庭户的规模

地区别	合计	1人户	2人户	3人户	4人户	5人户	6人户	7人户	8人及以上户
全省	5 142 142	395 065	423 216	630 890	879 237	945 799	754 340	517 597	595 998
福州市	386 563	43 914	47 049	71 585	82 214	62 824	38 313	20 538	20 126
福州市区	275 958	32 320	37 121	57 286	62 435	43 439	23 572	10 928	8 857
闽侯县	110 605	11 594	9 928	14 299	19 779	19 385	14 741	9 610	11 269
厦门市	197 867	13 671	17 111	28 316	39 942	38 741	26 803	15 404	17 879
厦门市区	112 436	8 977	11 541	16 361	25 706	21 875	12 883	6 381	5 712
同安县	85 431	4 694	5 570	8 955	14 236	16 866	13 920	9 023	12 167
建阳地区	515 959	40 564	42 186	64 228	86 889	92 695	78 619	54 605	56 173
南平市	80 116	5 933	7 426	11 372	13 919	14 175	11 599	7 895	7 797
顺昌县	41 993	3 023	3 328	4 978	7 100	8 087	6 894	4 246	4 337
建阳县	60 033	5 238	5 255	7 756	10 101	10 448	8 530	6 157	6 603
建瓯县	86 873	6 079	6 187	10 351	14 453	15 821	14 010	9 979	9 993
浦城县	77 368	7 223	7 303	9 882	13 173	13 654	11 313	7 678	7 142
邵武县	51 652	3 824	4 186	6 824	9 252	9 417	7 750	5 220	5 179
崇安县	36 189	3 488	2 852	4 117	6 149	6 438	5 508	3 731	3 906
光泽县	26 108	2 034	1 883	2 894	3 967	4 785	4 206	2 908	3 431
松溪县	25 812	1 941	2 088	3 216	4 164	4 537	3 907	2 953	3 006
政和县	29 760	1 781	1 678	2 838	4 611	5 333	4 902	3 838	4 779
宁德地区	699 745	77 965	68 824	83 461	110 799	122 588	99 903	68 673	67 532
宁德县	67 042	9 143	7 717	7 815	8 974	10 053	9 053	6 835	7 452
连江县	106 306	8 146	8 711	13 224	18 002	19 169	16 428	11 592	11 034
罗源县	43 579	4 118	3 922	5 092	7 063	7 549	6 874	4 810	4 151
福鼎县	99 095	11 612	11 177	12 660	17 104	18 668	13 321	8 195	6 358
霞浦县	88 939	10 180	8 993	10 985	14 274	16 045	12 322	8 359	7 781
福安县	107 486	16 107	11 824	12 529	16 174	17 555	14 351	9 645	9 301
古田县	70 827	5 887	5 985	8 430	11 745	12 958	10 649	7 176	7 997
屏南县	28 122	2 459	2 204	3 153	4 046	4 731	4 232	3 239	4 058
寿宁县	39 491	3 906	3 091	4 109	6 059	7 352	5 900	4 367	4 707
周宁县	30 208	3 456	2 786	3 213	4 481	5 368	4 419	2 974	3 511
柘荣县	18 650	2 951	2 414	2 251	2 877	3 140	2 354	1 481	1 182
莆田地区	887 187	57 877	68 969	108 371	155 682	167 120	129 486	89 922	109 760
闽清县	52 279	4 568	5 004	7 187	9 764	9 752	6 719	4 530	4 755
永泰县	59 098	5 949	5 369	7 235	9 733	9 735	8 053	5 968	7 056
长乐县	124 574	13 491	12 179	17 502	23 014	23 768	16 798	10 109	7 713
福清县	182 632	13 219	14 633	22 655	32 595	34 568	26 612	18 064	20 286
平潭县	55 387	3 268	4 516	7 456	9 533	10 503	8 608	6 248	5 255
莆田县	263 191	9 674	16 457	28 747	43 609	48 676	39 863	29 170	46 995
仙游县	150 026	7 708	10 811	17 589	27 434	30 118	22 833	15 833	17 700
晋江地区	924 923	62 576	66 447	102 012	156 452	177 256	140 375	97 917	121 888

表13 （续完）

地区别	合计	1人户	2人户	3人户	4人户	5人户	6人户	7人户	8人及以上户
泉州市	83 495	6 200	7 184	12 095	17 092	15 705	11 111	6 718	7 390
惠安县	181 630	9 921	13 035	22 197	32 606	35 849	25 895	19 435	22 692
晋江县	197 298	16 192	14 187	20 875	33 282	38 948	31 296	20 485	22 033
南安县	198 964	12 284	12 814	19 862	32 720	39 286	31 204	21 465	29 329
安溪县	133 700	7 379	8 650	12 380	19 338	23 996	21 683	16 269	24 005
永春县	84 749	7 157	6 931	9 765	14 629	16 124	12 379	8 254	9 510
德化县	45 087	3 443	3 646	4 838	6 785	7 348	6 807	5 291	6 929
龙溪地区	692 618	43 155	48 413	76 428	114 824	132 244	107 855	76 546	93 153
漳州市	63 987	5 443	6 199	9 366	13 064	12 386	8 232	4 781	4 516
龙海县	144 858	9 824	10 936	17 794	27 495	29 677	22 234	13 467	13 431
云霄县	61 423	4 189	3 940	6 290	9 156	10 729	9 258	7 534	10 327
漳浦县	117 138	5 832	7 409	11 581	17 449	22 724	19 373	14 457	18 313
诏安县	88 329	6 574	6 240	9 580	14 024	16 091	13 719	10 438	12 163
长泰县	28 190	1 013	1 666	3 139	4 902	5 947	4 637	3 129	3 757
东山县	29 493	1 958	2 114	3 099	4 472	5 371	5 007	3 562	3 910
南靖县	52 982	2 592	3 239	5 265	8 812	10 320	8 734	6 031	7 989
平和县	80 732	4 352	5 152	7 775	11 820	14 532	12 793	10 087	14 221
华安县	24 986	1 378	1 518	2 539	3 630	4 467	3 868	3 060	4 526
龙岩地区	420 113	28 448	31 275	44 896	64 117	74 598	66 712	49 619	60 448
龙岩市	74 048	6 496	8 208	11 800	15 037	13 315	8 780	5 383	5 029
长汀县	65 423	3 584	3 932	5 864	8 781	10 637	10 561	8 565	13 499
永定县	68 301	4 081	4 192	6 222	9 663	12 595	11 931	9 112	10 505
上杭县	69 893	4 466	4 483	6 244	9 978	13 330	12 612	8 902	9 878
武平县	51 750	2 934	3 241	4 601	6 895	9 103	8 813	7 173	8 990
漳平县	41 174	2 909	3 299	4 622	6 326	7 133	6 307	4 847	5 731
连城县	49 524	3 978	3 920	5 543	7 437	8 485	7 708	5 637	6 816
三明地区	417 167	26 895	32 942	51 593	68 318	77 733	66 274	44 373	49 039
三明市	44 475	5 039	5 191	8 809	9 291	7 579	4 379	2 159	2 028
明溪县	18 240	1 070	1 258	1 922	2 775	3 478	2 891	2 063	2 783
永安县	52 443	3 802	5 501	8 354	9 221	9 027	7 054	4 620	4 864
清流县	22 971	1 158	1 533	2 508	3 574	4 341	3 915	2 781	3 161
宁化县	52 923	2 301	2 896	5 429	8 477	10 270	9 431	6 392	7 727
大田县	51 326	3 056	3 981	5 234	7 238	9 554	9 009	6 418	6 836
尤溪县	64 987	4 312	5 771	7 753	10 381	12 230	10 477	7 081	6 982
沙县	41 638	2 745	3 134	4 811	6 836	7 558	6 639	4 723	5 192
将乐县	24 309	1 214	1 241	2 252	3 587	4 575	4 474	3 032	3 934
泰宁县	20 693	1 012	1 167	2 218	3 215	4 150	3 777	2 446	2 708
建宁县	23 162	1 186	1 269	2 303	3 723	4 971	4 228	2 658	2 824

表14

江西省家庭户的规模

地区别	合计	1人户	2人户	3人户	4人户	5人户	6人户	7人户	8人及以上户
全省	6 493 092	475 866	531 637	783 172	1 075 522	1 121 877	942 174	706 814	856 030
南昌市	510 988	39 768	48 361	75 480	97 685	90 914	66 181	43 494	49 105
南昌地区	238 198	19 673	27 847	45 798	54 282	43 601	25 114	12 224	9 659
南昌县	173 495	13 231	12 433	17 942	27 014	30 205	26 799	20 118	25 753
新建县	99 295	6 864	8 081	11 740	16 389	17 108	14 268	11 152	13 693
景德镇市	120 848	16 700	13 478	20 724	22 672	18 727	13 507	8 111	6 929
萍乡市	231 927	13 688	16 838	25 316	39 344	44 901	35 390	24 567	31 883
九江市	87 157	10 673	10 060	16 167	18 346	15 082	9 234	4 431	3 164
赣州地区	1 172 960	59 275	81 595	125 320	182 991	198 802	179 952	144 673	200 352
赣州市	68 099	6 402	7 078	11 118	12 895	11 213	7 866	5 130	6 397
赣县	76 071	3 981	4 812	7 504	11 242	12 454	11 404	9 561	15 113
南康县	116 543	5 406	8 422	13 084	19 050	20 014	18 070	13 973	18 524
信丰县	91 143	2 906	4 989	9 583	15 315	15 628	14 785	11 998	15 939
大余县	41 353	2 172	3 356	4 848	6 675	7 135	5 968	4 638	6 561
上犹县	43 036	2 489	3 187	4 540	6 333	7 158	6 850	5 318	7 161
崇义县	29 421	19 51	2 356	3 085	4 183	4 682	4 300	3 590	5 274
安远县	43 366	1 460	2 168	3 760	6 137	7 360	7 063	6 093	9 325
龙南县	41 242	1 893	2 820	4 120	6 330	6 766	6 484	5 292	7 537
定南县	26 687	1 258	1 586	2 474	3 703	4 745	4 480	3 520	4 921
全南县	28 388	1 077	1 921	3 205	4 922	5 019	4 418	3 357	4 469
宁都县	108 939	6 009	9 225	12 657	17 757	18 335	16 114	12 704	16 138
于都县	114 701	5 094	6 790	11 195	17 612	20 011	18 301	14 736	20 962
兴国县	97 069	5 151	7 014	9 923	14 319	16 272	15 124	12 357	16 909
瑞金县	79 555	3 324	5 074	7 761	12 189	13 669	12 192	10 196	15 150
会昌县	56 496	2 492	3 332	5 341	8 413	9 822	9 175	7 597	10 324
寻乌县	38 439	2 059	2 533	3 459	4 903	6 012	6 008	5 306	8 159
石城县	39 951	1 690	2 505	4 293	6 271	7 164	6 296	4 984	6 748
广昌县	32 461	2 461	2 427	3 370	4 742	5 343	5 054	4 323	4 741
宜春地区	1 047 523	92 666	101 214	136 752	175 273	173 853	142 229	104 556	120 980
宜春市	31 341	2 199	3 247	4 783	6 352	5 747	3 760	2 363	2 890
丰城县	184 691	12 415	14 763	22 003	29 505	31 635	27 558	21 090	25 722
高安县	128 873	10 309	13 343	17 749	23 501	23 674	18 139	11 968	10 190
清江县	88 420	6 982	8 307	10 957	14 549	15 050	12 897	9 273	10 405
新余县	117 178	7 142	10 475	18 751	23 132	20 131	15 336	11 125	11 086
宜春县	112 328	8 680	10 078	12 729	17 029	17 749	15 484	12 367	18 212
奉新县	50 604	7 185	5 574	6 279	7 271	7 414	6 412	4 865	5 604
万载县	77 701	7 264	7 632	9 471	12 024	11 404	9 969	7 972	11 965
上高县	60 245	7 358	6 438	8 430	10 249	9 860	7 809	5 284	4 817
宜丰县	53 902	7 556	6 409	7 321	8 521	8 559	6 656	4 524	4 356

表14 （续1）

地区别	合计	1人户	2人户	3人户	4人户	5人户	6人户	7人户	8人及以上户
分宜县	53 039	5 003	5 477	6 785	9 232	8 339	6 565	5 250	6 388
安义县	37 150	3 182	3 378	4 503	5 926	6 464	5 451	4 013	4 233
靖安县	25 293	2 930	2 933	3 475	4 020	3 924	3 182	2 294	2 535
铜鼓县	26 758	4 461	3 160	3 316	3 962	3 903	3 011	2 168	2 577
上饶地区	1 293 972	89 165	101 701	150 819	217 139	229 779	193 122	144 861	167 386
上饶市	31 552	2 847	3 522	5 823	6 796	5 737	3 620	1 817	1 390
鹰潭市	21 760	2 113	2 094	3 288	4 236	4 136	2 946	1 627	1 320
上饶县	127 332	7 405	9 464	13 198	19 993	22 404	19 596	15 496	19 776
广丰县	116 257	9 505	9 607	14 171	18 709	19 018	16 789	12 638	15 820
玉山县	93 635	7 974	8 256	11 528	16 105	16 992	14 050	9 566	9 164
铅山县	67 392	6 109	5 408	7 448	11 083	11 133	9 651	7 352	9 208
横峰县	30 886	1 928	2 507	3 660	5 476	5 532	4 583	3 413	3 787
弋阳县	58 509	4 544	4 810	6 953	10 340	9 817	8 806	6 433	6 806
贵溪县	86 139	6 522	6 135	9 181	13 906	15 513	13 560	10 302	11 020
余江县	58 833	4 148	5 070	8 180	11 036	11 217	8 872	5 781	4 529
余干县	121 084	5 948	8 701	13 017	20 292	22 283	18 556	15 044	17 243
波阳县	191 731	7 576	11 498	18 628	29 321	34 779	29 606	25 373	34 950
万年县	57 213	2 671	4 975	7 480	11 193	11 373	8 753	5 755	5 013
乐平县	120 004	7 804	10 254	14 802	19 769	20 550	17 752	13 382	15 691
德兴县	55 263	6 604	4 973	7 452	9 822	9 510	7 379	4 792	4 731
婺源县	56 382	5 467	4 427	6 010	9 062	9 785	8 603	6 090	6 938
吉安地区	731 215	50 616	58 377	84 108	112 675	117 023	104 295	85 754	118 367
吉安市	38 859	4 990	4 388	6 685	7 352	6 061	4 313	2 534	2 536
吉安县	97 224	6 331	7 322	10 368	14 508	15 840	14 087	11 813	16 955
吉水县	75 752	4 742	5 972	8 493	11 532	12 384	10 975	9 261	12 393
峡江县	26 268	1 943	2 307	3 223	4 389	4 055	3 551	2 981	3 819
新干县	48 181	4 099	4 277	5 695	7 914	7 296	6 747	5 390	6 763
永丰县	58 440	3 853	4 703	6 492	9 019	9 034	8 147	7 101	10 091
泰和县	74 134	5 388	5 521	7 764	9 996	10 710	10 484	9 017	15 254
遂川县	78 043	6 630	6 344	8 091	10 161	11 373	11 178	9 523	14 743
万安县	40 017	2 713	3 202	4 215	5 280	5 877	5 493	4 922	8 315
安福县	60 036	3 478	4 719	7 038	9 263	9 977	9 023	7 377	9 161
永新县	73 859	2 919	4 826	8 541	12 863	13 606	11 359	9 171	10 574
莲花县	38 639	1 732	2 972	4 984	7 291	7 507	5 975	4 207	3 971
宁冈县	12 516	908	986	1 323	1 717	1 882	1 733	1 535	2 432
井冈山县	9 247	890	838	1 196	1 390	1 421	1 230	922	1 360
抚州地区	658 595	53 581	49 424	72 844	105 266	117 219	101 575	76 415	82 271
抚州市	35 566	4 332	3 531	5 123	6 482	6 321	4 534	2 632	2 611
临川县	122 900	9 037	9 381	13 412	20 223	22 870	19 406	14 357	14 214
南城县	48 819	4 081	3 649	5 509	7 890	8 698	7 958	5 827	5 207
黎川县	38 261	3 932	2 550	3 765	5 308	6 583	6 230	4 866	5 027
南丰县	41 542	3 503	2 805	4 034	6 016	6 787	6 571	5 593	6 233

表14 （续完）

地区别	合计	1人户	2人户	3人户	4人户	5人户	6人户	7人户	8人及以上户
崇仁县	47 348	4 316	3 568	5 358	7 827	7 731	6 519	5 357	6 672
乐安县	53 345	3 890	4 159	5 562	7 811	8 850	8 089	6 305	8 679
宜黄县	36 303	3 683	3 080	4 207	5 903	6 098	5 328	3 991	4 013
金溪县	43 693	3 913	3 373	4 711	6 918	7 483	6 556	5 153	5 586
资溪县	18 851	2 666	1 363	1 912	2 937	3 264	2 627	1 936	2 146
进贤县	109 042	7 142	7 849	11 461	16 253	20 038	17 326	13 335	15 638
东乡县	62 925	3 086	4 116	7 790	11 698	12 496	10 431	7 063	6 245
九江地区	637 907	49 734	50 589	75 642	104 131	115 577	96 089	69 952	75 593
九江县	50 039	3 009	3 651	5 482	7 922	9 202	8 264	5 994	6 515
瑞昌县	62 250	2 853	4 566	8 189	10 669	10 608	9 429	7 333	8 603
武宁县	61 978	4 909	4 896	7 532	10 107	11 867	8 717	6 516	7 434
修水县	125 852	9 843	10 969	14 819	19 257	22 235	18 924	13 976	15 829
永修县	64 774	6 204	5 520	7 877	10 733	10 796	9 558	6 721	7 365
德安县	29 142	2 707	2 340	3 522	4 802	4 909	4 017	3 081	3 764
星子县	34 542	1 964	2 521	3 898	5 610	6 429	5 215	3 939	4 966
都昌县	107 773	10 710	8 272	11 611	16 995	20 704	16 501	11 372	11 508
湖口县	47 548	4 322	4 178	6 732	9 351	8 856	6 876	4 246	2 987
彭泽县	54 009	3 213	3 576	5 980	8 685	9 971	9 188	6 774	6 622

表15

山东省家庭户的规模

地区别	合计	1人户	2人户	3人户	4人户	5人户	6人户	7人户	8人及以上户
全省	17 335 083	1 381 445	1 964 483	3 196 698	3 678 805	3 163 520	2 086 676	1 133 187	730 269
济南市	797 670	76 021	93 354	161 351	177 300	137 309	80 394	40 423	31 518
济南市区	340 572	41 141	47 601	81 279	78 444	51 319	23 219	9 376	8 193
历城县	139 260	10 524	13 400	24 677	29 703	25 941	17 822	9 590	7 603
章丘县	205 736	15 322	20 521	36 577	45 692	38 826	24 911	13 549	10 338
长清县	112 102	9 034	11 832	18 818	23 461	21 223	14 442	7 908	5 384
青岛市	1 010 879	84 287	110 486	196 428	226 066	185 243	118 094	55 910	34 365
青岛市区	296 222	28 257	38 225	67 456	67 287	50 856	25 915	11 148	7 078
崂山县	162 820	15 625	17 787	35 941	36 477	27 599	17 342	7 791	4 258
即墨县	222 911	16 517	21 919	37 404	50 606	42 726	29 817	14 731	9 191
胶南县	179 522	12 456	17 651	30 527	40 119	35 373	24 395	11 781	7 220
胶县	149 404	11 432	14 904	25 100	31 577	28 689	20 625	10 459	6 618
淄博市	546 722	54 793	74 684	121 979	123 230	89 596	49 349	21 781	11 310
枣庄市	610 120	60 267	59 373	97 663	118 094	111 719	83 841	48 498	30 665
枣庄市区	274 160	27 401	29 028	44 319	51 881	48 386	36 305	22 187	14 653
滕县	335 960	32 866	30 345	53 344	66 213	63 333	47 536	26 311	16 012
烟台地区	2 279 672	215 494	326 260	541 890	544 999	359 272	187 323	72 837	31 597
烟台市	105 151	9 852	18 269	31 876	25 098	13 470	4 852	1 352	382
威海市	59 615	6 365	10 603	17 483	13 608	7 734	2 898	721	203
福山县	75 603	7 678	10 930	17 530	17 782	12 180	6 368	2 278	857
蓬莱县	126 767	13 059	19 358	31 180	28 726	19 005	10 146	3 829	1 464
黄县	143 092	15 360	20 494	36 347	31 855	20 607	11 223	4 845	2 361
招远县	139 632	15 463	17 777	29 366	32 591	23 659	13 060	5 327	2 389
掖县	212 676	22 445	29 293	45 683	45 905	34 224	20 604	9 407	5 115
莱西县	157 502	11 967	17 911	32 318	37 396	28 233	17 767	8 039	3 871
莱阳县	193 162	13 435	23 122	36 327	44 734	36 661	23 493	10 155	5 235
栖霞县	163 671	14 726	21 381	34 919	39 322	28 004	15 947	6 639	2 733
海阳县	175 020	13 219	23 406	40 286	41 264	30 784	16 810	6 633	2 618
乳山县	159 066	12 534	20 726	35 884	43 597	26 343	13 097	4 953	1 932
牟平县	146 686	12 855	20 419	36 114	37 104	23 615	11 377	3 905	1 297
文登县	199 582	20 599	32 801	55 571	50 806	26 956	9 909	2 373	567
荣成县	212 663	25 084	37 991	58 384	53 200	26 490	8 989	2 086	439
长岛县	9 784	853	1 779	2 622	2 011	1 307	783	295	134
潍坊地区	2 065 892	149 874	211 914	394 535	446 851	383 977	259 168	137 696	81 877
潍坊市	89 594	7 848	12 793	23 883	21 630	13 416	6 165	2 456	1 403
益都县	177 125	14 001	17 143	34 007	36 805	33 189	22 834	12 125	7 021
安丘县	218 456	14 381	18 775	40 381	47 860	42 123	29 686	15 759	9 491

表15

（续1）

地区别	合计	1人户	2人户	3人户	4人户	5人户	6人户	7人户	8人及以上户
寿光县	210 377	17 489	22 354	39 570	44 343	38 422	26 545	13 628	8 026
临朐县	177 284	13 071	17 958	36 367	40 804	31 211	20 714	11 052	6 107
昌乐县	115 316	7 226	10 491	21 261	26 055	22 055	15 134	8 206	4 888
昌邑县	152 816	13 404	18 463	30 077	32 991	27 666	16 754	8 586	4 875
高密县	171 957	10 924	16 694	28 863	35 589	32 902	23 882	13 703	9 400
诸城县	209 598	10 702	16 727	37 413	46 087	42 782	29 909	16 287	9 691
五莲县	117 560	8 919	13 287	26 539	26 657	21 729	12 664	5 547	2 218
平度县	283 127	21 557	31 303	50 387	56 639	51 727	37 298	21 323	12 893
潍县	142 682	10 352	15 926	25 787	31 391	26 755	17 583	9 024	5 864
惠民地区	1 216 060	86 674	140 186	224 427	256 084	227 839	145 460	80 217	55 173
惠民县	126 893	7 096	14 847	22 514	27 730	25 179	15 394	8 145	5 988
滨县	99 597	8 127	14 708	20 815	19 976	15 955	10 209	5 747	4 060
阳信县	85 751	6 374	9 473	13 299	16 748	16 666	11 807	6 548	4 836
无棣县	87 479	5 637	10 300	16 010	17 658	16 545	10 871	6 330	4 128
沾化县	101 254	8 873	13 464	19 827	20 354	18 718	11 116	5 917	2 985
利津县	66 099	4 303	6 672	12 065	13 777	13 307	8 612	4 707	2 656
广饶县	116 575	9 495	12 926	21 493	23 591	21 018	14 111	8 383	5 558
博兴县	111 942	9 181	12 114	19 909	22 864	20 766	13 935	7 920	5 253
桓台县	102 993	8 831	10 336	18 167	23 025	18 602	12 471	6 787	4 774
邹平县	140 216	8 634	13 740	22 575	29 028	28 059	18 226	10 858	9 096
高青县	79 274	4 479	8 394	12 914	17 491	16 190	10 650	5 271	3 885
垦利县	97 987	5 644	13 212	24 839	23 842	16 834	8 058	3 604	1 954
德州地区	1 250 119	83 328	139 394	206 350	263 996	247 591	160 790	88 124	60 546
德州市	64 697	6 575	8 380	15 365	14 876	10 696	5 339	2 353	1 113
陵县	119 009	7 191	12 282	18 196	24 484	24 028	17 221	9 705	5 902
平原县	92 711	5 755	10 583	15 903	19 709	18 792	11 959	6 231	3 779
夏津县	103 651	8 415	14 850	19 729	21 535	18 955	11 229	5 806	3 132
武城县	72 723	5 004	8 871	13 055	15 233	14 013	8 881	4 716	2 950
齐河县	131 922	10 355	14 376	18 951	26 637	25 889	17 878	10 159	7 677
禹城县	92 059	6 093	9 968	14 048	18 766	18 676	12 203	7 150	5 155
乐陵县	117 327	7 350	12 892	18 046	25 054	24 729	15 557	8 226	5 473
临邑县	90 375	4 561	9 204	13 533	17 674	17 818	12 894	7 972	6 716
商河县	114 354	6 537	11 696	17 938	24 820	23 211	11 938	8 519	6 695
济阳县	101 706	5 513	10 171	16 028	21 779	20 706	13 866	7 512	6 131
宁津县	94 019	6 520	10 038	16 296	21 425	18 764	11 594	5 910	3 472
庆云县	55 566	3 459	6 080	9 262	12 004	11 314	7 231	3 865	2 351
聊城地区	1 007 245	73 501	118 362	158 898	206 067	198 350	129 863	73 747	48 457
聊城县	155 246	12 411	17 962	26 380	32 220	28 809	19 406	10 706	7 352
阳谷县	132 822	7 468	14 050	19 697	28 030	27 579	18 636	10 739	6 623
莘县	159 245	9 994	16 534	21 977	30 397	32 622	22 178	14 219	11 324

表15 （续2）

地区别	合计	1人户	2人户	3人户	4人户	5人户	6人户	7人户	8人及以上户
茌平县	108 458	7 923	13 313	16 531	22 195	21 901	14 041	7 834	4 720
东河县	80 781	5 199	9 473	11 895	16 252	16 514	10 839	6 287	4 322
冠县	137 609	11 158	17 142	20 926	26 929	27 139	17 653	10 142	6 520
高唐县	96 458	8 258	13 277	17 141	20 586	17 809	10 772	5 465	3 150
临清县	136 626	11 090	16 611	24 351	29 458	25 977	16 338	8 355	4 446
泰安地区	1 313 627	94 367	141 086	246 159	281 795	242 705	158 880	89 128	59 507
泰安市	295 158	23 556	32 406	57 871	64 734	52 355	34 037	18 606	11 593
莱芜县	247 870	19 587	34 325	58 855	50 954	39 064	24 741	13 450	6 894
新泰县	220 194	16 924	23 496	40 045	45 668	41 262	27 524	15 941	9 334
宁阳县	150 909	9 901	12 367	23 240	31 426	29 186	21 508	12 955	10 326
肥城县	182 847	11 276	16 628	31 357	41 678	36 692	22 971	12 684	9 561
东平县	107 039	5 301	8 762	15 180	23 268	23 495	15 029	8 735	7 269
平阴县	78 899	6 021	8 466	12 716	16 755	15 127	10 260	5 587	3 967
新汶县	30 711	1 801	4 636	6 895	7 312	5 524	2 810	1 170	563
济宁地区	1 231 768	93 266	114 924	194 291	246 517	238 633	171 917	99 754	72 466
济宁市	54 014	7 833	7 385	12 587	11 523	8 227	4 176	1 559	804
济宁县	113 812	6 761	9 358	17 153	23 768	23 231	17 054	9 794	6 693
兖州县	109 655	9 495	11 301	20 287	22 972	20 079	13 234	7 104	5 183
曲阜县	116 242	7 566	10 107	20 511	25 766	23 649	15 178	7 962	5 503
泗水县	114 063	9 107	11 404	18 969	24 651	22 702	14 941	7 830	4 459
邹县	186 815	15 251	17 771	31 741	34 395	34 404	26 293	15 702	11 258
微山县	108 283	9 578	8 991	13 644	19 948	20 681	17 104	10 602	7 735
鱼台县	69 878	4 250	5 697	9 767	13 844	14 526	10 283	6 362	5 149
金乡县	101 276	6 670	9 245	13 908	20 725	21 287	14 736	8 640	6 065
嘉祥县	140 711	10 172	14 837	22 184	27 405	26 752	20 699	11 637	7 025
汶上县	117 019	6 583	8 908	13 540	21 520	23 095	18 219	12 562	12 592
临沂地区	2 447 503	206 698	272 325	445 010	504 867	430 055	310 835	177 254	100 459
临沂县	297 644	27 210	34 317	51 698	58 024	51 504	37 343	22 815	14 733
郯城县	165 914	9 862	14 060	24 862	33 444	33 977	25 018	14 539	10 152
苍山县	210 787	13 956	20 335	35 113	44 751	41 755	29 068	16 130	9 679
莒南县	206 412	19 526	25 978	40 572	40 642	34 125	24 559	13 727	7 283
日照县	218 933	17 330	23 308	42 271	47 397	39 482	27 545	14 374	7 226
莒县	219 960	20 726	25 800	41 074	45 285	36 388	26 601	15 737	8 349
沂水县	233 384	21 201	29 060	44 513	53 398	40 469	26 122	12 994	5 627
沂源县	130 689	12 468	16 898	28 851	26 711	20 241	14 072	7 775	3 673
蒙阴县	106 653	9 292	12 846	22 646	21 341	16 743	12 636	7 285	3 864
平邑县	188 186	15 032	19 020	34 586	38 543	32 917	25 218	14 513	8 357
费县	169 467	13 804	18 112	28 100	33 101	29 283	23 183	14 573	9 311
沂南县	178 892	16 036	20 240	30 995	37 869	31 222	22 692	12 934	6 904
临沭县	120 582	10 255	12 351	19 729	24 361	21 949	16 778	9 858	5 301

表15 （续完）

地区别	合计	1人户	2人户	3人户	4人户	5人户	6人户	7人户	8人及以上户
菏泽地区	1 557 806	102 875	162 135	207 717	282 939	311 231	230 762	147 818	112 329
菏泽县	203 921	13 594	23 093	29 074	37 347	38 754	28 838	18 563	14 658
曹县	230 512	14 970	23 001	29 801	40 038	45 209	34 546	23 306	19 641
定陶县	101 097	7 255	10 161	12 910	18 811	20 204	14 914	9 493	7 349
成武县	100 853	6 786	9 240	12 197	18 735	21 237	14 712	9 800	8 146
单县	189 053	11 794	18 537	23 719	33 184	38 491	29 278	19 214	14 836
巨野县	145 529	10 508	16 118	20 906	27 648	28 060	20 876	12 876	8 537
梁山县	150 073	9 166	15 145	21 077	28 202	30 906	21 758	13 640	19 179
郓城县	191 993	14 332	21 978	26 427	35 898	38 365	27 132	16 610	11 251
鄄城县	131 164	7 261	13 519	17 917	24 131	27 788	20 693	12 222	7 633
东明县	113 611	7 209	11 343	13 689	18 945	22 217	18 015	12 094	10 099

表16 河南省家庭户的规模

地区别	合计	1人户	2人户	3人户	4人户	5人户	6人户	7人户	8人及以上户
全省	15 304 584	981 008	1 365 583	2 124 115	2 724 592	2 870 116	2 242 851	1 522 212	1 474 107
郑州市	415 563	29 575	40 162	75 909	89 268	76 051	49 547	28 144	26 907
郑州市区	302 865	21 181	30 363	59 720	68 504	55 635	33 637	17 788	16 037
荥阳县	112 698	8 394	9 799	16 189	20 764	20 416	15 910	10 356	10 870
开封市	140 748	13 110	15 298	28 492	30 669	24 799	15 068	7 563	5 749
洛阳市	215 802	19 213	21 909	41 617	48 128	40 655	23 743	11 745	8 792
平顶山市	88 884	7 126	8 680	16 635	17 679	15 467	11 204	6 675	5 418
安阳市	115 594	12 573	14 570	22 728	23 928	20 491	11 826	5 586	3 892
鹤壁市	63 564	5 201	6 013	10 768	12 010	11 420	8 563	5 283	4 306
新乡市	115 698	12 475	13 133	22 729	25 046	19 863	11 456	5 866	5 130
焦作市	99 194	8 869	9 656	17 067	18 463	17 476	13 182	7 693	6 788
安阳地区	1 589 062	111 057	159 174	228 645	295 674	296 452	217 333	142 000	138 727
林县	196 569	18 075	22 809	37 688	44 725	33 398	20 115	10 972	8 787
安阳县	211 704	19 784	21 353	34 188	39 891	36 352	26 779	17 395	15 962
汤阴县	74 312	5 338	7 240	11 205	13 613	13 064	10 107	6 624	7 121
淇县	42 086	2 815	3 785	6 388	7 796	7 732	5 784	3 889	3 897
浚县	109 369	7 178	10 092	14 298	18 350	20 094	16 192	11 332	11 833
濮阳县	214 440	13 258	22 406	31 612	42 479	40 818	29 741	18 527	15 599
滑县	192 311	12 911	19 028	23 006	31 296	36 999	28 645	19 576	20 850
清丰县	108 829	7 185	11 077	14 526	19 692	20 349	15 470	10 087	10 443
南乐县	74 549	4 854	7 195	9 170	12 518	13 619	11 072	7 584	8 537
内黄县	116 466	7 183	11 066	15 881	21 624	23 275	16 260	10 668	10 509
长垣县	118 282	5 963	10 285	13 179	19 939	24 618	17 810	12 575	13 913
范县	75 358	3 837	7 543	9 746	12 900	14 552	11 612	7 958	7 210
台前县	54 787	2 676	5 295	7 758	10 851	11 582	7 746	4 813	4 066
新乡地区	1 130 135	68 435	96 659	159 800	209 852	208 964	158 693	107 841	119 891
沁阳县	72 467	4 362	5 715	10 408	13 700	13 697	10 680	6 829	7 076
博爱县	67 821	4 977	5 259	7 989	11 382	12 163	10 295	7 334	8 422
济源县	106 545	5 378	9 808	17 985	22 113	20 426	14 204	8 830	7 801
孟县	59 416	4 812	5 640	8 824	11 927	10 996	7 810	4 879	4 528
温县	65 030	4 465	5 276	8 886	12 303	11 736	9 108	6 181	7 075
武陟县	97 768	5 984	8 046	12 245	16 564	17 225	14 172	10 534	12 998
修武县	45 461	2 571	3 645	6 313	8 228	8 364	6 591	4 469	5 280
获嘉县	58 345	3 178	4 738	7 881	10 292	10 399	8 083	6 087	7 687
新乡县	68 318	3 958	5 951	9 594	12 911	12 285	9 165	6 218	8 236

表16 （续1）

地区别	合计	1人户	2人户	3人户	4人户	5人户	6人户	7人户	8人及以上户
辉县	132 365	8 170	12 012	23 929	26 932	24 733	17 197	10 198	9 194
汲县	81 113	5 966	7 448	12 397	15 056	14 332	10 800	7 462	7 652
原阳县	94 495	5 275	8 129	11 957	16 615	17 704	13 779	9 777	11 259
延津县	71 739	4 101	6 418	8 795	12 480	13 133	10 384	7 342	9 086
封丘县	109 252	5 238	8 574	12 597	19 349	21 771	16 425	11 701	13 597
商丘地区	1 266 825	71 932	125 930	187 309	228 473	249 179	182 482	120 186	101 344
商丘市	40 752	4 187	4 706	7 666	7 818	7 096	4 610	2 501	2 168
虞城县	174 227	10 023	17 588	25 783	32 144	33 972	24 370	16 219	14 128
商丘县	180 682	9 271	16 452	25 725	33 692	36 589	26 679	17 311	14 963
民权县	123 974	7 010	11 889	18 324	20 666	22 844	18 269	12 857	12 115
宁陵县	89 448	4 163	8 407	12 647	15 562	18 200	12 771	8 906	8 792
睢县	127 599	7 132	13 744	21 850	23 932	24 367	17 058	10 707	8 809
夏邑县	176 061	10 228	19 189	26 860	31 694	35 101	24 965	15 809	12 215
柘城县	146 405	8 124	14 106	21 666	27 229	29 624	21 162	13 738	10 756
永城县	207 677	11 794	19 849	26 788	35 736	41 386	32 598	22 128	17 398
开封地区	1 124 929	59 136	94 139	154 464	196 565	205 231	164 956	118 624	131 814
杞县	162 316	8 436	15 346	24 151	29 837	30 191	23 102	15 854	15 399
通许县	87 994	4 795	7 581	12 503	15 773	15 917	12 358	9 163	9 904
尉氏县	130 025	6 681	10 073	17 806	23 188	23 440	19 120	13 897	15 820
开封县	110 981	5 945	9 645	15 506	19 811	20 438	16 226	11 569	11 841
中牟县	97 422	3 806	7 103	11 701	16 121	17 187	15 072	11 553	14 879
新郑县	95 150	5 538	7 732	12 962	15 815	16 353	13 829	10 375	12 546
巩县	124 877	7 572	10 947	17 492	22 801	23 846	17 591	11 731	12 897
登封县	91 864	3 846	6 906	11 475	15 245	16 546	14 325	10 746	12 775
密县	115 298	7 335	9 840	15 676	18 892	20 184	17 290	12 213	13 868
兰考县	109 002	5 182	8 966	15 192	19 082	21 129	16 043	11 523	11 885
洛阳地区	1 310 623	70 795	113 136	193 477	238 928	243 778	192 784	131 092	126 633
三门峡市	32 250	3 093	3 588	6 316	6 787	5 525	3 426	1 983	1 532
义马市	12 665	756	1 458	2 230	2 486	2 324	1 646	1 015	750
偃师县	138 477	7 245	11 112	20 313	26 596	26 046	19 911	13 580	13 674
孟津县	80 326	4 681	6 892	11 797	15 430	15 470	11 868	7 371	6 817
新安县	88 669	4 175	7 610	12 800	15 957	16 751	13 362	9 300	8 714
渑池县	55 713	2 697	4 764	8 133	10 145	10 345	8 356	5 812	5 461
陕县	61 826	2 914	5 745	9 782	11 674	11 833	8 935	5 844	5 099
灵宝县	120 338	5 318	10 044	18 132	22 984	23 836	18 040	11 699	10 285
伊川县	108 444	4 472	8 016	13 684	18 901	20 048	16 853	12 555	13 915
汝阳县	68 897	4 793	6 184	9 821	11 604	11 928	10 108	7 242	7 217
嵩县	90 976	5 427	7 716	13 561	15 863	16 346	13 551	9 371	9 141
洛宁县	79 026	3 775	6 654	11 843	15 056	15 760	12 073	7 626	6 239
卢氏县	69 359	4 805	6 657	10 561	12 515	12 804	9 923	6 466	5 628
栾川县	52 516	2 857	4 331	8 427	9 200	9 701	8 046	5 144	4 810
临汝县	147 963	9 452	14 276	22 455	25 790	25 502	20 496	14 532	15 460

表16 （续2）

地区别	合计	1人户	2人户	3人户	4人户	5人户	6人户	7人户	8人及以上户
宜阳县	103 178	4 335	8 089	13 622	17 940	19 559	16 190	11 552	11 891
许昌地区	1 640 434	108 894	139 157	220 355	289 559	301 578	241 397	167 972	171 522
许昌市	53 103	6 219	7 210	10 600	10 172	8 950	5 286	2 613	2 053
漯河市	38 203	5 810	4 716	7 180	7 189	6 011	3 708	2 009	1 580
长葛县	102 723	5 405	7 430	13 444	18 007	18 529	15 308	11 079	13 521
禹县	195 072	12 943	17 163	26 926	34 667	36 325	29 382	19 518	18 148
鄢陵县	97 401	4 883	7 174	11 553	16 460	19 394	14 504	10 735	12 698
许昌县	132 950	6 013	9 276	15 532	24 003	26 077	19 778	15 106	17 165
郏县	94 118	6 390	8 201	12 322	15 338	16 027	14 150	10 568	11 122
临颍县	106 260	5 611	8 574	13 024	19 230	20 762	15 913	11 092	12 054
襄城县	137 888	7 919	11 212	18 760	24 979	26 127	20 718	14 215	13 958
宝丰县	87 809	6 284	7 561	12 688	14 963	14 740	13 065	9 224	9 284
郾城县	151 009	7 437	11 401	18 224	28 276	30 129	24 402	16 005	15 135
叶县	141 038	9 943	11 969	18 805	23 963	24 618	21 173	15 213	15 354
鲁山县	138 676	10 789	11 805	17 524	22 639	23 806	20 476	15 250	16 387
舞阳县	105 619	6 818	9 472	14 750	19 380	19 883	15 884	10 432	9 000
铁山县	58 565	6 430	5 993	9 023	10 293	10 200	7 650	4 913	4 063
周口地区	1 627 878	83 065	141 666	210 105	278 449	321 646	261 089	173 824	158 034
周口市	46 223	5 599	5 143	7 744	8 219	7 551	5 477	3 416	3 074
扶沟县	117 235	7 221	10 152	16 533	20 559	22 697	17 257	11 887	10 929
西华县	134 856	6 923	12 173	18 157	23 234	24 514	20 561	14 525	14 769
商水县	182 555	8 544	15 611	23 049	30 977	34 450	28 668	20 438	20 818
太康县	214 971	11 405	21 894	29 836	36 000	42 464	34 055	21 431	17 886
鹿邑县	172 176	8 389	14 172	20 423	28 421	34 428	29 901	19 683	16 759
郸城县	193 904	9 268	16 541	23 524	30 923	38 918	32 337	22 126	20 267
淮阳县	209 780	10 691	18 828	26 602	34 912	41 023	33 876	23 030	20 818
沈丘县	187 227	9 076	15 491	23 801	34 485	39 262	30 679	18 837	15 596
项城县	168 951	5 949	11 661	20 436	30 719	36 339	28 278	18 451	17 118
驻马店地区	1 302 642	71 967	102 647	146 021	207 783	248 589	213 202	157 301	155 132
驻马店市	35 270	5 776	4 727	6 700	6 811	5 129	3 223	1 598	1 306
确山县	116 725	6 970	10 034	14 485	18 493	20 479	18 120	13 934	14 210
遂平县	148 226	11 618	13 016	17 605	22 062	24 971	21 995	17 240	19 709
泌阳县	100 776	5 214	7 587	10 556	17 146	19 729	16 954	11 945	11 645
西平县	140 374	7 272	10 534	16 761	24 571	25 625	22 351	16 183	17 077
上蔡县	202 343	8 712	14 691	20 986	31 744	38 954	34 248	26 017	26 991
汝南县	138 677	6 802	10 656	15 212	23 024	27 964	22 903	16 469	15 647
平舆县	144 545	5 796	10 321	14 530	22 267	29 706	25 506	18 853	17 566
新蔡县	158 923	7 483	11 823	15 856	23 895	33 249	28 392	20 468	17 757
正阳县	116 783	6 324	9 258	13 320	17 770	22 783	19 510	14 594	13 224
南阳地区	1 790 704	148 678	160 729	234 925	301 668	318 937	260 569	181 635	183 563
南阳市	66 132	9 758	10 880	14 243	12 665	9 146	5 090	2 585	1 765

表16 （续完）

地区别	合计	1人户	2人户	3人户	4人户	5人户	6人户	7人户	8人及以上户
南召县	103 794	10 820	9 837	13 424	16 230	16 989	14 143	10 380	11 971
方城县	168 854	15 600	15 207	20 775	26 402	28 132	24 074	18 195	20 469
西峡县	78 866	6 648	6 821	10 734	13 754	14 387	11 411	7 546	7 565
南阳县	195 665	13 944	16 058	25 079	34 612	37 218	28 432	19 834	20 488
镇平县	163 505	12 384	15 247	22 031	29 269	31 282	24 766	15 105	13 421
内乡县	119 400	11 710	11 163	16 199	20 737	21 206	17 431	11 150	9 804
淅川县	123 685	8 532	10 492	15 448	20 369	22 317	18 922	13 860	13 745
社旗县	104 060	9 055	8 622	11 531	15 895	18 508	15 568	11 615	13 266
唐河县	214 646	17 998	18 401	26 933	36 381	37 720	32 206	22 475	22 532
邓县	251 242	14 779	19 493	31 295	41 978	47 924	39 891	28 145	27 737
新野县	130 176	10 588	11 699	17 849	22 810	23 564	19 131	12 905	11 630
桐柏县	70 679	6 862	6 809	9 384	10 566	10 544	9 504	7 840	9 170
信阳地区	1 266 305	78 907	102 925	153 069	212 450	249 540	205 757	143 192	120 465
信阳市	50 557	3 991	6 085	10 550	10 307	8 928	5 550	2 964	2 182
息县	136 615	5 653	9 525	14 106	21 182	28 809	24 695	17 276	15 368
淮滨县	97 183	4 457	6 680	11 378	16 145	19 822	17 086	12 141	9 474
信阳县	182 991	13 529	16 861	25 210	31 130	32 208	26 074	19 492	18 487
潢川县	125 809	6 098	9 238	15 014	23 710	28 521	21 648	12 759	8 821
光山县	128 364	7 971	10 014	14 696	21 109	24 751	21 247	15 377	13 199
固始县	258 687	19 671	21 825	28 183	42 994	52 968	43 182	28 844	21 020
商城县	111 742	6 909	8 199	11 763	18 620	21 791	18 962	13 749	11 749
罗山县	118 731	7 480	10 241	15 898	18 600	21 439	18 465	13 856	12 752
新县	55 626	3 148	4 257	6 271	8 652	10 303	8 848	6 734	7 413

表17

湖北省家庭户的规模

地区别	合计	1人户	2人户	3人户	4人户	5人户	6人户	7人户	8人及以上户
全省	10 089 556	623 778	992 858	1 598 354	1 941 161	1 907 035	1 412 992	884 241	729 136
武汉市	995 810	89 275	134 911	220 140	221 595	165 592	91 702	43 682	28 913
武汉市区	788 877	72 413	113 046	187 973	182 174	128 133	64 170	26 401	14 567
汉阳县	101 203	8 739	11 389	17 302	21 154	19 034	12 040	6 694	4 851
武昌县	105 703	8 123	10 476	14 865	18 267	18 425	15 492	10 587	9 495
黄石市	227 635	14 685	21 455	38 601	43 244	40 445	31 054	19 601	18 549
黄石市区	90 024	4 883	9 890	22 424	21 819	15 656	8 689	3 988	2 675
大冶县	137 611	9 802	11 565	16 177	21 425	24 790	22 365	15 613	15 874
十堰市	65 581	3 511	7 832	16 299	16 104	10 480	5 646	2 985	27 24
沙市市	60 133	4 674	9 068	17 377	15 724	7 806	3 170	1 250	1 064
宜昌市	86 129	6 874	16 542	24 337	19 411	10 991	4 916	1 870	1 188
襄樊市	66 672	5 194	14 354	18 561	14 429	8 252	3 783	1 323	776
黄冈地区	1601 604	124 210	146 859	231 140	310 809	315 677	227 800	136 428	108 681
鄂城市	25 706	1 936	3 112	5 831	5 867	4 361	2 575	1 184	840
黄冈县	127 048	10 025	13 229	21 847	27 738	24 794	15 518	8 066	5 831
新州县	167 741	14 320	15 356	24 050	34 098	35 520	22 835	12 719	8 843
红安县	114 816	9 762	10 484	15 219	20 583	21 616	16 582	10 812	9 758
麻城县	205 563	16 967	18 528	26 853	36 226	38 465	30 971	10 858	17 895
罗田县	102 705	7 194	8 505	15 190	20 547	19 567	14 290	8 894	8 318
英山县	77 962	5 669	7 069	12 515	15 891	14 742	10 313	6 201	5 562
浠水县	179 779	13 805	14 107	22 656	35 017	37 917	28 098	15 929	12 250
蕲春县	164 704	12 315	16 248	24 225	32 066	33 082	23 669	13 636	9 463
广济县	122 439	8 707	11 575	18 504	24 092	24 880	17 748	10 015	6 918
黄梅县	161 079	10 708	14 372	22 384	29 642	31 752	24 567	15 811	11 843
鄂城县	152 062	12 802	14 274	21 866	29 042	28 981	20 634	13 303	11 160
孝感地区	1 164 946	68 946	104 471	156 024	208 162	233 261	180 072	115 536	98 474
孝感县	235 926	13 641	20 753	29 988	41 425	46 618	36 296	24 493	22 711
黄陂县	195 761	14 887	17 806	26 061	38 536	40 252	28 290	16 785	13 144
大悟县	100 856	7 332	8 835	11 865	15 676	18 159	16 766	10 951	11 272
应山县	146 238	11 200	13 989	18 392	23 037	25 522	23 006	16 253	14 839
安陆县	97 869	3 717	7 285	12 454	15 999	19 461	18 331	10 773	9 849
云梦县	95 614	3 806	8 563	14 072	17 709	20 684	14 954	9 185	6 641

表17 （续1）

地区别	合计	1人户	2人户	3人户	4人户	5人户	6人户	7人户	8人及以上户
应城县	109 801	4 658	9 835	16 124	20 644	23 444	16 418	10 615	8 063
汉川县	182 881	9 705	17 405	27 068	35 135	39 121	26 011	16 481	11 955
咸宁地区	544 433	29 515	48 800	72 256	91 198	99 950	83 935	59 772	58 907
咸宁县	82 663	7 162	9 969	12 954	15 193	14 436	10 923	6 701	5 326
嘉鱼县	58 129	3 561	5 397	8 030	9 842	10 562	8 896	6 296	5 545
蒲圻县	74 893	3 981	7 580	10 930	12 476	12 244	10 558	8 065	9 059
通城县	74 630	2 872	6 415	9 396	12 921	16 325	12 394	7 745	6 292
崇阳县	64 760	2 419	4 444	7 539	10 255	11 957	10 276	8 207	9 663
通山县	63 291	3 513	5 984	8 985	11 150	11 325	9 649	6 451	6 234
阳新县	126 236	6 007	9 011	14 422	19 361	23 101	21 239	16 307	16 788
荆州地区	2 171 525	78 327	182 753	312 301	407 593	435 294	342 560	224 814	187 883
荆门市	23 364	773	3 467	5 253	5 741	3 956	2 124	1 109	641
江陵县	174 395	5 302	13 714	26 027	36 110	36 172	27 750	17 038	11 742
松滋县	174 342	7 975	16 715	27 624	36 128	33 587	24 808	15 598	11 907
公安县	191 744	8 177	17 031	28 934	38 225	41 041	30 617	17 096	10 623
石首县	108 827	5 056	10 678	15 338	18 349	20 831	17 977	11 753	8 845
监利县	231 391	7 300	18 875	31 980	40 573	48 872	37 012	25 511	21 268
洪湖县	148 012	5 542	13 832	22 055	25 051	27 636	23 932	16 340	13 624
沔阳县	246 798	8 676	22 873	36 451	45 868	52 741	37 519	24 353	18 317
天门县	280 679	10 238	22 105	42 050	54 979	54 710	43 945	29 249	23 403
潜江县	157 282	5 288	12 911	23 119	30 302	32 245	24 393	15 435	13 588
荆门县	164 043	4 700	10 989	20 440	30 806	33 032	27 911	18 967	17 198
钟祥县	162 436	6 071	10 972	19 702	28 185	30 405	26 513	18 665	21 923
京山县	108 212	3 229	8 591	13 328	17 276	19 525	18 059	13 700	14 504
襄阳地区	1 124 819	72 534	102 431	172 018	208 196	206 295	161 966	108 279	93 100
随州市	28 290	2 048	4 439	5 981	5 823	4 356	2 667	1 686	1 290
老河口市	23 898	4 147	3 992	4 781	4 365	3 117	1 859	937	700
襄阳县	240 782	11 605	20 474	39 681	45 309	44 640	35 047	23 990	20 036
枣阳县	176 603	13 012	16 099	25 261	30 643	31 992	26 128	17 902	15 566
随县	234 628	18 195	21 096	31 983	41 887	42 960	34 505	23 796	20 206
宜城县	90 134	4 150	7 781	15 148	17 583	16 434	12 919	8 402	7 717
南漳县	104 903	4 952	8 047	14 887	19 379	20 492	16 464	10 832	9 850
光化县	60 892	3 863	5 190	8 892	11 130	11 231	9 088	6 133	5 365
谷城县	108 008	8 114	10 484	17 085	20 261	19 725	14 631	9 494	8 214
保康县	56 681	2 448	4 829	8 319	11 816	11 348	8 658	5 107	4 156

表17 （续完）

地区别	合计	1人户	2人户	3人户	4人户	5人户	6人户	7人户	8人及以上户
郧阳地区	569 448	40 080	55 876	85 735	104 716	102 293	79 096	52 239	49 413
均县	86 132	7 464	8 922	14 055	15 401	14 806	11 320	7 399	6 765
郧县	115 719	8 462	10 727	17 939	21 540	20 476	16 341	10 805	9 429
郧西县	97 586	7 034	9 395	13 834	17 859	18 234	14 326	9 268	7 636
竹山县	91 280	5 474	8 647	13 520	17 146	16 850	12 491	8 269	8 883
竹溪县	73 512	5 133	7 603	11 091	13 876	13 559	10 043	6 320	5 887
房县	93 004	5 900	9 378	13 530	16 690	16 258	12 909	8 985	9 354
神农架林区	12 215	613	1 204	1 766	2 204	2 110	1 666	1 193	1 459
宜昌地区	703 677	40 632	76 738	128 055	140 908	131 445	92 687	54 825	38 387
宜昌县	120 866	6 422	11 907	22 121	22 983	22 327	16 576	10 467	8 063
宜都县	81 793	4 595	9 489	14 845	15 679	14 733	10 764	6 679	5 008
枝江县	101 274	5 158	10 350	18 147	20 497	20 005	14 002	7 984	5 221
当阳县	93 559	4 605	9 547	16 673	18 573	18 057	12 742	7 802	5 560
远安县	43 379	2 658	5 340	7 891	8 221	7 502	5 641	3 514	2 612
兴山县	38 960	2 615	4 648	6 855	7 933	7 274	4 877	2 854	1 904
秭归县	93 343	6 436	11 207	18 928	19 388	17 187	10 995	5 835	3 367
长阳县	86 897	5 649	9 148	14 016	17 619	16 137	11 929	7 214	5 185
五峰县	43 606	2 494	5 102	8 578	10 015	8 223	5 161	2 566	1 467
恩施地区	707 244	45 231	70 768	105 510	139 072	139 254	104 605	61 637	41 077
恩施市	21 874	1 691	2 902	4 957	5 196	3 536	2 056	991	545
恩施县	120 941	8 307	11 888	16 653	22 547	23 417	18 586	11 638	7 905
建始县	96 676	4 462	9 239	14 504	20 234	19 309	14 055	8 635	6 238
巴东县	98 376	5 997	10 208	16 549	20 523	18 746	13 730	7 447	5 176
利川县	144 715	9 674	14 054	19 091	25 870	28 399	23 291	14 466	9 870
宣恩县	62 692	3 542	5 957	8 180	11 925	13 043	9 601	5 977	3 837
咸丰县	67 554	5 666	6 847	9 777	12 903	13 596	10 164	5 336	3 265
来凤土家族自治县	52 940	3 918	5 295	7 750	10 655	10 817	7 912	4 198	2 395
鹤峰土家族自治县	41 476	2 064	4 378	7 419	9 219	8 391	5 210	2 949	1 846

表18

湖南省家庭户的规模

地区别	合计	1人户	2人户	3人户	4人户	5人户	6人户	7人户	8人及以上户
全省	12 279 122	1 064 085	1 381 460	1 939 020	2 473 778	2 455 852	1 607 349	843 984	513 594
长沙市	601 553	58 191	78 952	122 628	139 227	111 254	55 012	22 877	13 412
长沙市区	271 129	25 154	45 853	74 378	65 522	37 122	14 927	5 316	2 857
长沙县	173 468	17 896	17 038	25 538	38 973	38 029	21 314	9 154	5 526
望城县	156 956	15 141	16 061	22 712	34 732	36 103	18 771	8 407	5 026
株洲市	210 762	15 691	24 449	43 651	49 488	41 017	21 984	9 496	4 986
株洲市区	90 632	5 933	12 053	25 024	23 845	15 129	5 919	1 870	859
株洲县	120 130	9 758	12 369	18 627	25 643	25 888	16 065	7 626	4 127
邵阳市	96 742	11 342	14 567	20 450	20 873	16 119	8 485	3 480	1 426
湘潭市	113 515	1 0443	14 920	26 625	28 764	19 568	8 453	3 155	1 587
衡阳市	126 850	14 210	20 853	30 832	27 947	18 678	8 853	3 561	1 916
湘潭地区	1 146 560	89 886	112 043	169 318	243 839	241 321	151 285	80 505	58 363
湘潭县	253 161	21 779	26 102	41 192	59 284	55 050	29 583	13 060	7 111
湘乡县	184 260	17 344	20 406	29 283	41 132	39 387	22 328	9 675	4 705
醴陵县	175 486	12 262	15 628	24 291	34 594	36 575	24 862	14 902	12 372
浏阳县	255 298	23 373	25 373	34 072	46 813	50 524	35 589	21 324	18 230
攸县	149 548	8 500	14 655	24 102	38 088	34 034	17 883	8 035	4 251
茶陵县	96 288	4 233	6 869	12 212	18 244	19 611	15 998	10 292	8 829
酃县	32 519	2 395	3 010	4 166	5 684	6 140	5 042	3 217	2 865
岳阳地区	941 917	83 044	103 780	131 590	171 556	189 933	134 830	75 947	51 237
岳阳市	217 400	19 640	27 018	34 266	41 080	41 128	28 573	15 994	9 701
平江县	192 937	19 168	21 720	25 476	32 642	37 575	27 295	16 265	12 796
湘阴县	129 099	11 158	12 740	16 813	24 029	29 418	19 558	9 647	5 736
汨罗县	140 574	13 424	14 773	19 753	29 407	30 956	18 606	8 527	5 128
临湘县	112 180	6 879	10 732	16 566	20 191	21 842	17 065	10 849	8 056
华容县	149 727	12 775	16 797	18 716	24 207	29 014	23 733	14 665	9 820
益阳地区	1 133 279	105 787	133 483	168 025	219 821	227 099	150 166	81 005	47 893
益阳市	39 753	5 874	11 264	10 543	6 849	3 348	1 275	436	164
益阳县	193 391	14 150	21 210	27 511	37 182	39 594	27 800	16 157	9 787
南县	139 090	12 738	14 556	18 310	23 458	27 493	21 399	12 726	8 410
沅江县	137 048	13 514	15 434	18 910	22 789	25 200	20 477	12 466	8 168
宁乡县	276 185	27 661	30 381	40 557	59 414	59 617	34 850	16 160	7 745
桃江县	163 392	13 510	19 186	25 657	34 703	33 896	20 535	10 272	5 633
安化县	184 420	18 340	21 452	26 537	35 536	37 591	23 830	12 788	7 986
常德地区	1 386 658	142 974	171 012	220 967	288 735	269 273	171 616	87 434	44 547
常德市	51 967	7 824	11 198	13 680	10 568	5 593	2 104	707	293

表18 （续1）

地区别	合计	1人户	2人户	3人户	4人户	5人户	6人户	7人户	8人及以上户
津市市	20 853	3 899	5 677	4 706	3 263	1 898	891	364	155
常德县	210 504	17 472	22 608	34 279	46 829	43 390	27 252	12 722	5 952
安乡县	110 335	7 597	12 152	15 896	20 730	23 473	16 508	9 044	4 935
汉寿县	157 903	14 603	17 363	21 103	29 403	32 700	23 036	12 712	6 983
澧县	225 053	19 182	26 425	37 639	46 662	45 741	28 582	14 279	6 543
临澧县	91 164	6 911	10 673	14 159	19 351	18 518	11 865	6 319	3 368
桃源县	220 258	21 854	27 926	36 264	48 253	42 528	25 250	12 262	5 921
石门县	149 991	13 138	18 040	24 818	30 890	27 975	18 386	10 362	6 332
慈利县	148 630	12 494	18 950	26 523	32 786	27 457	17 742	8 663	4 015
涟源地区	1,135 800	109 369	129 641	178 847	234 005	231 746	145 790	69 790	36 612
娄底市	20 897	1 450	2 938	5 146	5 163	3 793	1 655	558	194
冷水江市	55 055	4 914	7 195	9 921	11 524	10 112	6 462	3 073	1 854
涟源县	245 510	24 432	28 642	39 574	52 799	48 876	30 813	13 875	6 499
双峰县	182 238	20 091	19 359	26 600	37 877	39 474	23 529	10 311	4 997
邵东县	250 602	25 910	29 963	42 089	53 072	51 016	29 762	12 984	5 806
新化县	230 919	17 948	23 789	31 580	43 202	48 224	33 566	19 671	12 139
新邵县	150 579	14 624	17 755	23 937	30 368	30 251	20 003	9 318	4 323
邵阳地区	901 715	78 326	106 975	144 081	178 988	185 333	119 810	58 162	30 040
邵阳县	187 532	20 111	24 584	29 191	36 498	37 491	23 841	11 130	4 686
隆回县	212 250	20 647	26 174	33 240	39 281	40 777	28 919	15 231	7 981
武冈县	139 273	10 934	15 864	21 758	29 845	30 361	18 649	8 087	3 775
洞口县	151 527	11 025	18 014	27 955	32 126	32 036	18 310	8 103	3 958
新宁县	113 930	10 845	14 222	18 978	24 104	23 461	13 865	5 965	2 490
绥宁县	55 879	2 686	4 791	7 574	9 534	12 336	9 232	5 530	4 196
城步苗族自治县	41 324	2 078	3 326	5 385	7 600	8 871	6 994	4 116	2 954
衡阳地区	1 190 893	111 934	131 469	189 933	246 965	238 270	152 608	77 860	41 854
衡阳县	231 637	24 511	24 425	35 971	46 329	45 653	30 475	15 870	8 403
衡南县	204 671	18 464	21 971	32 597	42 966	39 459	26 728	14 507	7 979
衡山县	84 230	6 559	8 353	13 106	18 943	18 792	10 482	5 024	2 971
衡东县	128 629	9 948	13 259	21 805	28 717	26 655	16 306	7 856	4 083
常宁县	157 573	12 859	17 891	24 338	31 709	31 851	21 106	11 182	6 637
祁东县	193 505	20 309	23 478	32 006	39 498	38 033	23 560	11 335	5 286
祁阳县	190 648	19 284	22 092	30 100	38 803	37 827	23 951	12 086	6 495
郴州地区	1 016 525	82 568	108 721	148 186	189 376	202 573	142 532	83 212	59 357
郴州市	36 561	3 625	6 443	8 467	7 771	5 672	2 798	1 139	646
郴县	66 810	4 782	6 539	9 950	12 174	12 326	9 539	6 309	5 191
桂阳县	139 056	11 356	15 060	20 350	25 264	28 022	20 356	11 647	7 001
永兴县	113 377	8 967	11 995	16 410	21 176	22 523	16 390	9 693	6 223
宜章县	87 941	6 544	7 786	10 540	14 128	15 886	12 685	9 368	11 004
资兴县	64 410	5 544	6 686	9 312	11 918	13 534	9 111	4 916	5 389
嘉禾县	61 678	4 205	6 889	9 397	12 583	13 351	8 882	4 389	1 982

表18 （续完）

地区别	合计	1人户	2人户	3人户	4人户	5人户	6人户	7人户	8人及以上户
临武县	56 831	4 902	5 765	7 716	10 227	11 013	8 332	4 827	3 149
汝城县	65 010	5 986	6 329	8 211	10 913	12 773	9 575	5 962	5 261
桂东县	30 682	2 820	3 050	3 921	5 762	5 817	4 481	2 724	2 107
耒阳县	226 000	20 344	26 294	34 530	44 300	45 806	30 065	15 825	8 836
安仁县	68 169	3 493	5 885	9 382	13 160	14 950	10 318	6 413	4 568
零陵地区	831 276	72 952	89 754	122 894	156 767	165 546	120 716	62 969	39 678
永州市	17 268	3 661	4 016	3 259	2 600	1 830	1 035	518	349
零陵县	164 101	12 858	16 941	23 239	31 039	34 201	24 722	13 228	7 873
东安县	109 148	8 325	11 077	16 711	20 832	21 739	16 468	8 590	5 406
道县	122 851	12 250	13 781	18 928	23 639	23 860	17 449	8 527	4 417
宁远县	141 467	12 288	14 585	20 694	28 257	29 637	20 695	10 023	5 288
江永县	52 079	5 174	5 683	7 020	8 196	8 721	7 913	5 140	4 232
江华瑶族自治县	64 200	5 944	5 874	7 412	9 785	11 364	10 424	6 815	6 582
蓝山县	61 622	3 730	6 566	9 919	11 970	13 400	9 510	4 615	2 412
新田县	71 988	6 853	8 593	12 695	15 954	15 746	8 231	2 875	1 041
双牌县	26 552	1 869	2 638	3 517	4 495	5 048	4 269	2 638	2 078
怀化地区	854 990	56 932	82 848	124 929	163 437	178 786	125 512	73 202	49 344
怀化市	19 764	1 156	2 757	5 290	4 662	3 381	1 514	660	344
洪江市	16 603	1 832	2 385	3 524	3 626	2 723	1 471	665	377
黔阳县	82 081	5 495	8 643	12 634	16 857	16 870	11 364	6 153	4 065
沅陵县	116 128	8 968	11 143	15 318	20 125	23 843	17 898	11 233	7 600
辰溪县	86 676	5 572	8 516	12 736	16 114	17 699	12 668	7 935	5 436
溆浦县	159 087	10 280	15 901	22 971	32 041	34 772	22 196	12 610	8 316
麻阳县	61 534	3 716	5 656	9 565	11 994	12 601	9 363	5 287	3 352
新晃侗族自治县	48 014	3 544	4 960	6 781	9 555	10 504	7 024	3 518	2 128
芷江县	66 593	5 281	6 785	10 273	13 156	13 676	9 078	5 093	3 251
怀化县	66 238	3 910	6 123	9 844	12 407	14 138	9 957	6 079	3 780
会同县	59 586	3 394	4 524	7 186	10 292	13 305	10 404	6 189	4 292
靖县	38 216	2 355	3 345	4 788	6 191	7 230	6 249	4 303	3 755
通道侗族自治县	34 470	1 429	2 110	4 019	6 417	8 044	6 326	3 477	2 648
湘西土家族苗族自治州	90 087	38 436	57 993	87 964	113 990	119 336	89 697	51 329	31 342
吉首县	38 752	2 878	4 410	6 514	7 990	7 620	5 181	2 610	1 549
泸溪县	44 950	2 607	4 052	6 957	9 023	9 003	6 721	3 975	2 612
凤凰县	58 752	3 700	4 850	7 138	9 782	11 840	10 145	6 388	4 909
花垣县	43 975	3 209	3 750	5 553	7 955	8 887	7 401	4 291	2 929
保靖县	49 591	3 719	4 364	6 587	9 041	10 342	8 121	4 667	2 750
古丈县	22 393	1 965	2 078	3 023	4 124	4 403	3 357	2 156	1 287
永顺县	81 561	5 203	8 235	11 778	15 339	16 422	12 506	7 458	4 620
大庸县	78 876	5 398	8 894	13 846	16 723	15 652	10 362	5 378	2 623
桑植县	82 191	4 434	8 520	12 904	16 661	16 649	11 642	6 993	4 088
龙山县	89 046	5 323	8 840	13 664	17 352	18 518	13 961	7 413	3 975

表19

广东省家庭户的规模

地区别	合计	1人户	2人户	3人户	4人户	5人户	6人户	7人户	8人及以上户
全省	11 882 131	1 047 123	989 209	1 430 453	1 959 548	2 127 297	1 749 640	1 210 801	1 368 060
广州市	1,292 508	172 954	141 186	199 149	239 191	211,455	151 339	91 899	85 335
广州市区	770 997	114 169	95 860	134 510	153 524	121,803	76 097	40 571	34 458
花县	93 486	11 272	9 786	13 320	17 397	16,826	12 260	6 899	5 726
从化县	73 302	7 309	5 943	7 743	10 359	11,427	11 009	8 867	10 645
新丰县	34 577	1 919	2 154	3 351	4 957	6,500	6 073	4 361	5 262
龙门县	47 448	3 731	3 582	4 577	6 758	8,402	7 944	5 825	6 629
增城县	115 985	11 632	9 559	13 051	18 159	20,075	17 556	12 956	12 997
番禺县	156 713	22 922	14 302	22 597	28 037	26,417	20 400	12 420	9 618
韶关市	129 201	8 493	11 245	20 300	24 062	22 616	17 022	11 151	14 312
韶关市区	71 613	5 997	7 723	14 759	16 217	13 037	7 327	3 368	3 185
曲江县	57 588	2 496	3 522	5 541	7 845	9 579	9 695	7 783	11 127
深圳市	81 535	11 644	9 900	12 006	15 355	14 233	9 537	5 098	3 762
深圳市区	25 274	3 340	3 480	4 508	5 501	4 223	2 418	1 113	691
宝安县	56 261	8 304	6 420	7 498	9 854	10 010	7 119	3 985	3 071
珠海市	28 201	2 678	2 703	4 078	5 297	5 465	3 700	2 167	2 113
海南行政区	761 456	63 219	77 971	98 455	131 308	135 859	104 281	71 196	79 167
海口市	50 920	4 365	5 853	8 060	9 790	8 863	6 241	3 838	3 910
琼山县	102 533	10 545	10 735	12 892	16 659	17 825	13 918	10 081	9 883
文昌县	102 647	12 710	10 340	12 989	18 490	19 093	13 690	7 915	7 420
琼海县	79 767	7 589	8 107	10 605	15 095	14 851	10 741	6 393	6 386
万宁县	81 470	3 600	7 523	10 753	15 500	16 691	12 199	7 736	7 468
定安县	50 982	4 368	5 963	6 756	8 422	8 948	7 179	4 714	4 632
屯昌县	43 905	2 926	4 809	6 592	8 453	7 805	5 751	3 744	3 825
澄迈县	78 367	6 327	8 863	10 147	13 129	13 898	11 419	7 699	6 885
临高县	62 212	6 303	7 138	7 012	8 395	9 266	8 235	7 008	8 855
儋县	108 648	4 486	8 640	12 649	17 375	18 619	14 908	12 068	19 903
海南行政区黎族苗族自治州	344 051	11 667	24 749	42 232	59 049	59 488	48 631	38 376	59 859
崖县	52 327	1 696	3 918	6 305	8 603	8 432	7 077	5 909	10 387
东方县	47 584	1 889	3 377	5 274	7 465	7 844	6 692	5 677	9 366
乐东县	66 609	2 681	4 486	7 268	9 739	10 625	9 693	8 706	13 411
琼中县	36 490	1 158	2 708	5 536	7 756	6 604	4 753	3 285	4 690
保亭县	37 111	781	3 067	5 138	7 536	7 079	4 815	3 301	5 394
陵水县	46 385	2 023	3 688	5 462	7 578	8 759	7 374	5 128	6 373
白沙县	26 908	813	1 631	3 870	5 257	4 494	3 549	2 766	4 528
昌江县	30 637	626	1 874	3 379	5 115	5 651	4 678	3 604	5 710
汕头地区	1 983 046	111 641	126 933	209 162	320 278	387 849	325 860	227 956	273 367

表19　　（续1）

地区别	合计	1人户	2人户	3人户	4人户	5人户	6人户	7人户	8人及以上户
汕头市	150 955	10 352	12 407	22 467	29 014	29 384	21 570	12 844	12 917
潮州市	35 548	2 917	3 377	5 798	7 780	7 001	4 428	2 353	1 894
潮安县	194 113	12 246	12 236	20 689	34 210	40 483	32 686	20 007	21 556
澄海县	124 536	9 149	7 825	12 706	21 471	27 053	20 551	12 362	13 419
饶平县	136 316	5 472	8 153	14 322	22 047	27 216	22 895	16 988	19 223
南澳县	11 182	455	577	1 141	2 062	2 251	1 917	1 174	1 335
潮阳县	288 231	13 168	14 271	23 720	38 518	52 456	50 275	38 999	56 824
揭阳县	257 604	12 804	17 835	31 959	53 504	56 420	39 739	23 649	21 694
揭西县	110 358	5 599	6 739	10 848	18 142	22 006	18 013	12 631	16 380
普宁县	211 651	12 549	13 281	19 299	29 330	40 566	35 882	26 337	34 407
惠来县	126 172	6 124	7 800	13 270	18 412	22 987	21 990	16 803	18 786
陆丰县	192 384	9 896	11 563	18 399	26 436	35 818	32 423	25 756	32 093
海丰县	143 996	10 910	10 869	14 544	19 352	23 938	23 491	18 053	22 839
梅县地区	710 929	46 634	50 257	74 536	113 917	137 379	116 753	79 173	92 280
梅州市	21 579	2 023	2 981	4 189	4 587	3 684	2 081	989	1 045
梅县	121 602	9 914	9 729	15 064	24 317	25 280	17 772	9 954	9 572
大埔县	83 703	6 112	5 848	8 540	13 209	16 629	14 262	9 378	9 725
丰顺县	91 055	4 937	5 527	8 563	12 744	16 595	15 851	11 750	15 088
五华县	144 225	7 072	7 896	11 739	17 857	24 383	25 178	20 501	29 599
兴宁县	171 934	11 904	12 524	18 023	27 896	35 020	28 725	18 559	19 283
平远县	37 771	2 064	2 430	3 630	5 590	7 372	6 753	4 673	5 259
蕉岭县	39 060	2 608	3 322	4 788	7 717	8 416	6 131	3 369	2 709
惠阳地区	1,020 756	76 288	73 295	106 861	154 902	183 929	165 986	119 871	139 624
惠州市	34 713	2 986	3 304	5 220	6 813	6 709	4 629	2 655	2 397
惠阳县	80 422	6 777	6 386	7 800	10 712	13 388	13 116	9 959	12 284
紫金县	93 136	3 702	4 298	6 516	10 484	15 062	16 797	14 437	21 840
和平县	69 194	2 894	4 373	7 217	10 178	13 502	12 270	8 997	9 763
连平县	51 423	2 682	3 082	4 646	7 136	9 312	9 627	6 898	8 040
河源县	99 361	4 445	5 625	8 933	13 668	19 004	18 857	13 877	14 952
博罗县	112 863	6117	7 150	10 814	16 160	19 988	18 907	14 926	18 801
东莞县	266 218	34 562	25 039	36 347	51 706	49 803	34 926	19 157	14 678
惠东县	91 622	5 903	5 720	7 404	10 493	14 398	15 305	13 313	19 086
龙川县	121 804	6 220	8 318	11 964	17 552	22 763	21 552	15 652	17 783
韶关地区	846 937	53 070	59 734	88 527	124 119	146 395	134 441	103 322	137 329
始兴县	35 428	1 815	2 414	3 674	5 030	5 973	5 826	4 616	6 380
南雄县	66 424	2 840	3 577	5 712	8 849	11 194	11 440	9 307	13 505
仁化县	27 817	1 710	2 097	3 254	4 107	4 691	4 201	3 266	4 491
乐昌县	72 342	3 8 62	5 385	9 047	11 840	12 412	10 609	7 952	11 235
连县	82 550	5 110	6 354	9 672	12 958	15 215	13 408	9 260	10 573
阳山县	74 431	4 438	5 021	7 284	10 503	13 097	12 709	9 243	12 136
英德县	142 184	7 486	9 148	13 631	18 319	22 037	21 981	19 299	30 283
清远县	173 029	13 765	13 117	18 202	27 577	31 733	26 720	19 369	22 546
佛冈县	45 496	3 928	3 655	4 640	6 444	8 177	7 319	5 345	5 988
翁源县	55 045	3 098	3 971	5 441	7 748	10 041	9 318	7 078	8 350

表19 （续完）

地区别	合计	1人户	2人户	3人户	4人户	5人户	6人户	7人户	8人及以上户
连山壮族瑶族自治县	18 798	2 618	1 401	2 036	2 548	2 947	2 649	2 112	2 487
连南瑶族自治县	25 027	1 410	2 017	3 270	4 397	4 453	3 713	2 626	3 141
乳源瑶族自治县	28 066	990	1 577	2 664	3 799	4 525	4 548	3 849	6 214
佛山地区	1 570 573	213 402	152 763	226 373	292 915	279 136	196 980	113 132	95 872
佛山市	74 990	12 458	8 886	14 309	16 627	11 495	6 575	2 887	1 753
江门市	52 509	7 689	5 386	9 025	10 866	8 852	5 369	2 770	2 552
三水县	68 375	12 130	7 304	9 567	11 632	11 420	8 265	4 701	3 356
南海县	213 816	38 863	23 851	38 138	41 971	32 969	20 661	10 624	6 139
顺德县	180 344	27 949	16 482	24 274	30 910	30 129	22 471	14 025	14 104
中山县	222 134	27 049	18 945	27 840	38 877	41 158	30 856	19 213	18 196
斗门县	49 702	3 954	5 693	8 173	9 364	8 822	6 279	3 849	3 568
新会县	183 008	23 723	17 880	26 256	36 237	33 873	22 777	12 563	9 699
台山县	208 823	24 538	19 089	27 307	39 426	41 059	29 253	15 512	12 639
恩平县	75 231	6 531	6 442	9 179	12 592	14 467	11 769	7 571	6 730
开平县	130 939	15 425	12 805	18 608	25 089	24 907	17 132	9 527	7 446
鹤山县	65 861	7 478	5 928	8 480	11 884	12 144	9 094	5 598	5 255
高明县	44 791	5 615	4 072	5 217	7 440	7 841	6 479	4 292	3 835
肇庆地区	993 536	107 048	85 328	113 899	155 793	172 986	149 852	103 200	105 430
肇庆市	37 395	3 749	3 731	7 452	8 947	6 679	3 664	1 738	1 435
高要县	151 829	19 566	13 443	18 369	25 839	27 677	21 713	13 586	11 636
四会县	71 419	8 013	6 802	9 365	12 652	13 072	10 084	6 190	5 241
广宁县	85 825	6 883	6 970	9 420	13 114	15 741	14 006	9 676	10 015
怀集县	111 070	7 086	7 611	10 394	14 980	18 571	18 820	14 634	18 974
封开县	68 586	5 352	5 255	6 855	9 591	11 991	11 567	8 571	9 404
德庆县	59 250	5 948	5 045	6 378	8 679	9 712	9 152	6 825	7 511
云浮县	86 863	9 477	7 881	9 621	13 333	14 623	12 557	9 404	9 967
新兴县	77 554	10 160	7 272	9 158	12 308	13 644	11 466	7 508	6 038
郁南县	78 292	9 080	6 692	8 079	11 480	31 561	11 982	8 193	9 225
罗定县	165 453	21 734	14 626	18 808	24 870	27 715	24 841	16 875	15 984
湛江地区	2,119 402	168 385	173 145	234 875	323 362	370 507	325 258	244 260	279 610
湛江市	184 602	17 256	18 903	28 914	34 890	32 079	22 493	15 580	14 487
茂名市	82 932	6 643	7 155	11 419	15 960	16 255	11 376	7 088	7 036
阳江县	215 008	14 744	16 505	21 455	30 199	36 797	34 332	27 008	33 968
阳春县	149 457	8 612	10 226	14 593	20 726	25 022	24 543	19 832	25 903
信宜县	160 715	13 068	12 328	15 302	22 214	28 213	26 302	19 039	24 249
高州县	224 103	20 288	19 019	24 759	36 357	43 844	35 500	22 114	22 222
电白县	202 293	15 574	15 157	19 601	27 112	33 390	32 331	25 958	33 170
吴川县	123 198	12 479	10 197	12 465	17 352	19 469	18 583	15 302	17 351
化州县	182 491	14 128	14 774	20 213	28 418	33 143	27 576	20 788	23 451
廉江县	194 498	15 744	15 603	20 772	29 293	33 406	30 062	23 288	26 330
遂溪县	121 132	10 639	9 427	12 966	18 137	20 333	19 009	14 842	15 779
海康县	188 274	14 505	17 286	22 266	28 265	31 660	27 851	22 561	23 880
徐闻县	90 699	4 705	6 565	10 150	14 439	16 899	15 300	10 860	11 784

表20 广西壮族自治区家庭户的规模

地区别	合计	1人户	2人户	3人户	4人户	5人户	6人户	7人户	8人及以上户
全区	6 897 157	460 415	531 814	763 704	1 008 339	1 153 607	1 065 309	850 785	1 063 184
南宁市	185 052	16 655	24 853	37 694	36 851	28 333	17 878	10 958	11 830
柳州市	132 658	13 205	14 620	26 952	29 507	22 540	12 804	6 589	6 441
桂林市	141 084	9 405	15 109	26 140	27 104	21 823	15 679	11 110	14 714
桂林市区	93 951	6 690	11 896	21 474	20 623	13 998	8 035	4 654	6 581
阳朔县	47 133	2 715	3 213	4 666	6 481	7 825	7 644	6 456	8 133
梧州市	60 809	7 313	7 624	12 154	12 077	9 454	5 765	3 368	3 054
南宁地区	1 085 122	52 292	73 835	107 258	153 573	193 738	184 533	147 260	172 633
凭祥市	14 181	543	950	1 608	2 135	2 567	2 273	1 783	2 322
邕宁县	132 831	7 433	9 866	12 905	17 358	21 587	20 685	17 777	25 220
横县	166 351	12 641	14 103	16 869	23 128	30 175	27 574	20 618	21 243
宾阳县	135 883	8 380	10 407	13 924	18 278	22 868	22 178	18 446	21 402
上林县	68 514	2 666	4 677	6 791	9 752	13 202	13 013	9 681	8 732
武鸣县	104 452	4 314	7 110	11 467	17 138	20 990	18 163	12 861	12 409
隆安县	55 376	2 127	3 365	4 966	7 376	9 265	9 397	7 966	10 914
马山县	82 043	2 445	4 587	8 011	11 726	14 473	14 408	11 899	14 494
扶绥县	63 917	3 017	4 816	7 078	9 535	11 001	9 945	8 464	10 061
崇左县	49 197	2 243	3 200	4 651	6 449	7 730	7 653	6 969	10 302
大新县	54 044	1 316	2 348	4 483	7 910	10 366	10 273	8 117	9 231
天等县	62 586	2 178	3 030	5 512	9 524	12 397	12 229	8 829	8 887
宁明县	55 098	1 790	3 175	5 285	7 451	9 661	9 511	8 126	10 099
龙州县	40 649	1 199	2 201	3 708	5 813	7 456	7 231	5 724	7 317
柳州地区	704 365	30 011	43 893	69 888	99 170	119 692	115 068	97 389	129 254
合山市	17 518	312	1 065	2 189	3 173	3 258	2 774	2 182	2 565
柳江县	69 243	2 672	4 125	6 498	9 344	10 751	10 653	9 816	15 354
柳城县	63 477	3 608	4 152	6 756	9 019	10 487	10 020	8 415	11 020
鹿寨县	72 660	3 475	4 872	7 645	10 374	11 946	11 117	9 303	13 928
象州县	59 749	2 936	3 989	5 365	7 738	10 169	10 136	8 490	10 926
武宣县	52 842	2 509	3 489	4 755	6 368	7 947	7 888	7 580	12 306
来宾县	120 819	3 519	6 834	11 405	15 816	18 945	18 732	17 655	27 913
融安县	51 398	2 987	3 909	5 713	8 053	9 397	8 417	6 192	6 730
三江侗族自治县	53 243	2 497	3 268	5 447	8 192	10 249	9 878	7 363	6 349
融水苗族自治县	69 680	3 321	3 922	6 781	9 791	12 362	11 990	10 070	11 443
金秀瑶族自治县	10 583	516	684	1 062	1 513	1 792	1 871	1 407	1 738
忻城县	63 153	1 659	3 584	6 272	9 789	12 389	11 592	8 916	8 952

表20

（续1）

地区别	合计	1人户	2人户	3人户	4人户	5人户	6人户	7人户	8人及以上户
桂林地区	668 820	46 676	56 662	82 802	111 245	125 373	102 654	71 922	71 486
临桂县	66 311	3 842	4 517	5 927	8 505	11 573	11 593	9 198	11 156
灵川县	56 755	3 121	4 275	6 704	9 915	11 576	9 321	6 007	5 836
全州县	145 009	12 055	14 949	21 805	25 655	25 895	19 733	13 810	11 107
兴安县	66 660	4 817	6 198	9 202	12 631	13 309	9 813	6 058	4 632
永福县	43 415	2 792	3 157	4 528	6 025	7 366	7 025	5 726	6 796
灌阳县	57 006	6 939	6 154	8 510	11 276	11 405	7 157	3 649	1 916
龙胜各族自治县	30 804	1 347	2 115	3 864	6 287	7 127	4 955	2 868	2 241
资源县	30 384	1 558	2 809	4 219	5 572	6 292	4 830	3 004	2 100
平乐县	63 354	3 459	4 516	6 478	8 765	10 307	10 129	8 375	11 325
荔浦县	62 301	3 152	4 216	6 316	9 472	12 091	10 757	7 956	8 341
恭城县	46 821	3 594	3 756	5 249	7 142	8 432	7 341	5 271	6 036
梧州地区	639 885	51 624	51 258	61 287	77 113	94 469	96 902	84 538	122 694
岑溪县	104 663	8 768	8 395	9 795	12 485	15 394	15 723	13 653	20 450
苍梧县	97 370	10 311	7 970	8 425	10 927	13 831	14 504	12 900	18 502
藤县	124 845	13 023	11 100	11 394	13 220	16 026	16 967	16 332	26 783
昭平县	54 083	3 432	3 822	4 708	6 649	8 654	8 794	7 432	10 592
蒙山县	30 647	2 210	2 325	3 041	4 001	4 763	5 098	4 262	4 947
贺县	117 498	6 976	8 507	11 559	14 388	17 720	18 374	15 842	24 132
钟山县	66 667	3 951	5 189	7 211	8 596	10 281	10 275	8 876	12 288
富川县	44 112	2 953	3 950	5 154	6 847	7 800	7 167	5 241	5 000
玉林地区	1 364 033	111 393	100 109	127 877	176 682	214 236	210 190	177 611	245 935
玉林县	217 908	15 555	16 280	22 721	31 602	37 319	34 947	27 077	32 407
贵县	207 910	12 238	14 354	19 714	25 696	31 823	33 033	29 028	42 024
桂平县	210 442	17 671	14 389	17 075	23 149	29 034	30 768	29 312	49 044
平南县	167 779	14 652	12 001	14 811	21 278	26 328	26 027	22 176	30 506
容县	105 006	10 771	8 251	9 504	13 389	15 993	16 009	13 040	18 049
北流县	156 839	15 304	12 420	14 501	20 360	25 097	23 700	19 578	25 879
陆川县	113 132	10 606	8 733	11 117	15 921	18 745	16 907	13 793	17 310
博白县	185 017	14 596	13 681	18 434	25 287	29 897	28 799	23 607	30 716
百色地区	542 117	20 387	29 484	50 834	76 107	95 346	94 524	76 235	99 200
百色县	45 277	2 092	3 320	5 843	7 112	7 453	6 745	5 550	7 162
田阳县	55 435	2 144	3 202	5 139	8 251	10 334	10 249	7 646	8 470
田东县	57 976	2 444	3 303	5 520	8 143	9 764	9 838	8 383	10 581
平果县	68 405	2 153	4 273	7 426	10 455	12 910	12 277	9 401	9 510
德保县	59 418	2 139	3 334	5 980	9 089	11 604	10 904	7 946	8 422
靖西县	91 273	3 111	4 843	7 870	13 052	17 261	17 399	13 339	14 398

表20 （续完）

地区别	合计	1人户	2人户	3人户	4人户	5人户	6人户	7人户	8人及以上户
那坡县	28 030	604	1 071	2 044	3 300	4 621	4 856	4 322	7 212
凌云县	25 192	854	1 423	2 356	3 512	4 156	4 251	3 571	5 066
乐业县	18 016	735	1 012	1 506	2 104	2 735	2 679	2 627	4 618
田林县	28 572	670	1 119	1 946	3 121	4 411	4 848	4 446	8 011
隆林各族自治县	46 822	1 002	2 018	4 109	6 218	7 716	7 869	6 741	11 149
西林县	17 701	2 439	566	1 095	1 747	2 381	2 609	2 263	4 601
河池地区	573 977	24 809	39 491	65 244	88 375	100 384	95 106	74 771	85 797
河池县	48 782	2 092	4 431	7 461	9 178	8 316	7 083	5 079	5 142
宜山县	89 637	3 377	6 144	10 854	14 270	16 503	15 455	11 491	11 543
罗城县	52 537	2 023	3 232	5 200	7 594	9 170	9 364	7 574	8 380
环江县	49 549	1 784	3 275	5 605	7 498	8 305	8 058	6 881	8 143
南丹县	43 856	4 113	2 985	4 559	6 315	7 013	6 472	5 274	7 125
天峨县	19 021	604	886	1 636	2 392	2 905	3 003	2 696	4 899
凤山县	25 826	1 065	1 672	2 527	3 634	4 349	4 167	3 609	4 803
东兰县	44 632	1 542	2 463	4 652	6 922	8 240	8 007	6 184	6 622
巴马瑶族自治县	42 739	1 203	2 266	4 263	6 212	7 393	7 306	6 123	7 973
都安瑶族自治县	157 398	7 006	12 137	18 487	24 360	28 190	26 191	19 860	21 167
钦州地区	799 235	76 645	74 876	95 574	120 535	128 219	114 206	89 034	100 146
北海市	38 085	4 464	4 482	6 500	7 418	6 519	4 225	2 310	2 167
上思县	34 014	2 103	2 989	4 151	5 464	6 462	5 242	3 842	3 761
防城各族自治县	77 745	5 473	6 609	9 825	12 706	12 977	11 066	8 757	10 332
钦州县	174 345	17 115	16 480	20 987	26 367	28 566	25 139	18 833	20 858
灵山县	184 620	17 406	16 688	20 105	25 793	28 966	26 740	22 535	26 387
合浦县	176 380	18 099	17 618	21 951	27 153	27 353	24 874	19 103	20 229
浦北县	114 046	11 985	10 010	12 055	15 634	17 376	16 920	13 654	16 412

表21

四川省家庭户的规模

地区别	合计	1人户	2人户	3人户	4人户	5人户	6人户	7人户	8人及以上户
全省	22 746 217	1 901 365	2 377 491	3 894 143	4 659 528	4 245 820	2 944 235	1 637 627	1 086 008
成都市	979 460	101 564	128 756	209 301	211 713	155 938	93 752	47 632	30 804
成都市区	626 543	70 013	92 745	149 242	140 615	91 582	47 395	21 365	13 586
金堂县	174 612	17 198	18 615	27 408	33 166	31 993	23 673	13 732	8 827
双流县	178 305	14 353	17 396	32 651	37 932	32 363	22 684	12 535	8 391
重庆市	1 575 622	149 142	203 721	332 521	341 186	265 957	162 275	78 428	42 392
重庆市区	666 649	67 284	102 790	161 469	148 536	101 407	51 140	21 737	12 286
长寿县	185 181	14 615	19 103	30 344	39 517	35 002	25 423	13 770	7 407
巴县	298 060	30 341	35 565	64 122	66 511	52 298	30 426	12 829	5 968
綦江县	193 451	13 617	20 551	35 145	40 575	35 159	25 124	14 328	8 952
江北县	232 281	23 285	25 712	41 441	46 047	42 091	30 162	15 764	7 779
自贡市	394 082	38 184	40 129	64 621	83 806	75 547	50 578	25 391	15 826
自贡市区	211 533	21 168	24 622	39 408	47 166	39 099	23 076	10 475	6 519
荣县	182 549	17 016	15 507	25 213	36 640	36 448	27 502	14 916	9 307
渡口市	156 544	9 055	15 198	29 687	33 566	28 479	18 588	11 335	10 636
渡口市区	96 564	4 989	10 023	21 775	23 218	17 222	9 688	5 049	4 600
米易县	34 972	2 278	3 012	4 767	6 015	6 475	5 206	3 672	3 547
盐边县	25 008	1 788	2 163	3 145	4 333	4 782	3 694	2 614	2 489
永川地区	1 719 324	170 174	188 492	313 660	347 265	306 530	211 873	112 723	68 607
江津县	333 802	39 090	39 320	63 310	62 855	54 104	38 925	22 073	14 125
合川县	343 715	35 218	38 643	68 136	69 679	61 012	40 707	19 851	10 469
潼南县	179 819	14 350	17 487	29 532	39 835	36 394	23 933	11 523	6 765
铜梁县	176 573	16 351	18 341	31 464	36 910	32 698	22 888	11 647	6 274
永川县	215 284	19 639	24 099	40 630	43 867	37 648	25 897	14 301	9 203
大足县	178 993	16 065	18 351	29 678	36 522	33 447	23 156	13 111	8 663
荣昌县	160 249	15 557	17 627	27 243	31 587	28 870	19 913	11 459	7 993
璧山县	130 889	13 904	14 624	23 667	26 010	22 357	16 454	8 758	5 115
万县地区	1 735 886	137 891	180 162	293 199	357 803	329 707	230 890	130 352	75 882
万县市	68 715	7 179	9 357	15 013	16 122	11 486	5 993	2 374	1 191
万县	270 704	18 983	26 330	45 147	58 548	52 644	37 901	20 510	10 641
开县	306 117	29 953	32 464	51 224	63 300	58 227	39 720	20 765	10 464
忠县	212 244	14 936	22 900	38 940	46 130	40 755	27 993	14 249	6 341
梁平县	178 773	13 545	18 493	33 580	33 815	31 927	24 125	14 880	8 408
云阳县	252 183	20 862	26 262	39 720	51 534	49 503	34 723	19 242	10 337
奉节县	191 177	14 085	20 054	30 952	38 479	36 623	25 005	15 537	10 442
巫山县	111 207	9 402	11 375	17 084	21 037	20 014	14 777	9 980	7 538
巫溪县	99 837	6 280	9 261	15 359	20 079	19 434	14 067	8 608	6 749
城口县	44 929	2 666	3 666	6 180	8 759	9 094	6 586	4 207	3 771
涪陵地区	1 275 026	93 487	116 943	184 177	256 654	254 563	193 583	110 912	64 707

表21 （续1）

地区别	合计	1人户	2人户	3人户	4人户	5人户	6人户	7人户	8人及以上户
涪陵县	206 163	15 107	17 590	29 213	42 596	40 657	32 377	18 627	9 996
垫江县	172 384	12 192	16 977	26 415	34 861	35 286	25 727	14 050	6 876
南川县	126 842	6 648	9 852	20 510	26 149	24 453	18 424	11 843	8 963
丰都县	156 164	11 028	14 057	22 110	32 223	32 078	24 508	13 279	6 881
石柱县	92 888	5 683	8 421	14 846	19 892	18 747	14 073	7 462	3 764
武隆县	77 051	4 666	6 401	10 255	15 571	15 661	12 488	7 325	4 684
彭水县	110 598	7 117	9 560	14 086	21 262	23 354	17 913	10 617	6 689
黔江县	83 831	6 211	7 678	11 684	16 412	16 549	12 560	7 494	5 243
酉阳县	140 319	13 327	15 476	20 224	26 622	26 374	19 787	11 668	6 841
秀山县	108 786	11 508	10 931	14 834	21 066	21 404	15 726	8 547	4 770
内江地区	1 856 847	200 786	190 398	286 740	368 751	350 640	245 107	133 711	80 714
内江市	68 672	6 696	10 465	15 755	15 748	10 640	5 616	2 456	1 286
内江县	196 868	21 979	18 864	28 332	37 133	36 577	27 965	16 148	9 870
资中县	265 920	35 607	27 420	34 842	48 466	48 100	36 629	21 430	13 426
资阳县	218 963	25 885	22 071	34 610	43 722	40 157	28 520	15 308	8 690
简阳县	307 301	37 321	30 771	48 024	59 683	57 419	14 101	21 369	12 613
威远县	149 633	14 142	14 930	23 529	29 825	29 281	20 547	10 886	6 493
隆昌县	154 905	16 713	17 090	23 943	31 885	29 107	19 281	10 093	6 793
安岳县	303 808	24 423	29 184	48 136	63 311	61 266	41 095	22 617	13 776
乐至县	190 777	18 020	19 603	29 569	38 978	38 083	25 353	13 404	7 767
宜宾地区	2 058 091	184 990	192 444	303 317	387 560	373 149	285 852	180 651	150 128
宜宾市	57 594	5 404	8 138	11 631	12 824	9 521	5 337	2 694	2 045
泸州市	73 824	7 705	10 562	17 272	16 296	11 391	6 149	2 779	1 670
泸县	319 047	30 477	29 609	53 235	65 781	60 472	42 678	22 165	14 630
富顺县	243 925	26 088	24 158	37 009	49 640	46 754	32 387	16 804	11 085
合江县	179 477	16 380	18 126	31 125	33 358	31 788	23 907	14 346	10 447
纳溪县	98 960	8 153	8 350	14 434	18 877	17 538	14 157	9 609	7 842
叙永县	149 847	13 662	12 574	17 802	24 117	25 563	21 642	16 551	17 936
古蔺县	140 101	11 192	12 602	16 363	23 072	25 797	21 815	15 623	13 637
宜宾县	223 978	19 334	18 916	30 066	41 274	40 203	32 760	22 392	19 033
南溪县	107 425	9 380	9 483	15 072	21 330	20 074	15 082	9 572	7 432
江安县	95 329	8 433	8 781	13 860	17 985	16 649	13 107	8 989	7 525
长宁县	76 918	6 532	6 235	9 334	13 287	13 905	11 995	8 287	7 343
高县	98 530	8 027	8 659	12 913	17 329	17 912	14 982	10 016	8 692
筠连县	60 103	4 427	4 749	6 715	9 702	11 044	9 501	6 888	7 077
珙县	60 363	3 982	5 420	7 591	10 518	11 558	9 208	6 113	5 973
兴文县	27 058	2 170	2 199	3 165	4 364	4 698	4 256	2 990	3 216
屏山县	45 612	3 644	3 883	5 730	7 806	8 282	6 889	4 833	4 545
乐山地区	1 339 191	107 503	131 473	214 805	255 674	240 586	186 383	115 661	87 106
乐山市	218 659	21 051	27 840	42 114	43 182	35 278	24 564	14 495	10 135
仁寿县	304 483	25 314	27 298	43 236	60 059	58 364	45 235	27 194	17 783
眉山县	157 811	11 384	15 025	27 055	30 679	29 588	22 486	13 157	8 437
犍为县	108 696	8 405	10 026	15 905	19 091	18 300	15 396	11 149	10 424

表21 （续2）

地区别	合计	1人户	2人户	3人户	4人户	5人户	6人户	7人户	8人及以上户
井研县	89 370	8 234	8 248	13 919	17 940	16 533	12 631	7 120	4 745
峨眉县	80 278	5 772	8 843	14 436	15 823	13 775	10 284	6 571	4 774
夹江县	72 352	5 296	6 910	12 565	14 312	13 541	10 210	5 862	3 656
洪雅县	63 790	3 882	5 133	8 854	11 615	11 917	10 331	6 519	5 539
彭山县	65 513	5 042	6 777	13 104	13 435	12 383	8 151	4 182	2 439
沐川县	44 597	3 370	3 504	4 962	6 591	7 442	7 004	5 508	6 216
青神县	42 490	3 980	4 400	7 183	8 189	7 472	5 896	3 314	2 056
丹棱县	29 318	1 426	2 137	4 192	5 508	5 685	4 693	3 014	2 663
峨边县	22 457	1 304	2 063	2 867	3 542	3 784	3 531	2 730	2 636
马边县	29 139	2 584	2 601	3 084	3 848	4 565	4 368	3 630	4 459
金口河工农区	10 238	459	668	1 329	1 860	1 959	1 603	1 216	1 144
温江地区	1 256 440	110 403	133 635	273 122	254 131	216 969	144 945	74 541	48 694
温江县	58 525	4 437	6 445	13 414	12 568	10 337	6 581	3 021	1 722
郫县	97 177	9 151	10 765	22 349	19 728	16 659	10 723	4 928	2 874
新都县	118 704	9 882	13 041	27 725	24 082	20 362	13 116	6 431	4 065
广汉县	123 548	11 718	13 514	29 297	25 589	21 544	13 085	5 665	3 136
什邡县	98 319	10 651	11 893	24 041	20 386	16 830	9 327	3 499	1 692
彭县	170 718	14 610	19 182	40 203	36 502	30 147	17 843	7 850	4 381
灌县	113 348	10 413	12 703	23 444	22 665	19 067	12 843	7 176	5 037
崇庆县	138 622	13 277	14 594	28 696	28 266	24 580	16 183	7 987	5 039
大邑县	100 839	8 275	10 048	19 387	19 674	17 694	13 072	7 582	5 107
邛崃县	126 853	9 487	11 141	23 168	22 979	21 178	17 884	11 730	9 286
蒲江县	49 347	3 230	3 950	8 467	9 558	8 599	7 129	4 620	3 744
新津县	60 440	5 222	6 359	12 931	12 134	9 972	7 159	4 052	2 611
绵阳地区	2 781 735	212 795	283 503	473 325	588 271	546 471	363 502	192 636	121 232
绵阳市	182 986	16 316	20 401	35 578	39 507	34 082	21 381	9 994	5 727
德阳县	170 098	17 115	19 814	36 942	36 308	30 564	18 282	7 585	3 488
绵竹县	120 901	14 099	13 499	28 102	24 529	21 330	12 348	4 832	2 162
安县	108 480	10 424	11 004	20 805	21 080	20 820	14 217	6 696	3 434
江油县	173 304	12 083	17 907	32 886	37 316	33 775	21 634	11 039	6 664
梓潼县	81 370	4 336	7 304	12 606	16 434	16 505	12 298	6 978	4 909
剑阁县	127 508	5 709	12 669	20 582	26 475	26 183	18 621	10 605	6 664
广元县	157 112	7 760	14 063	25 002	29 976	28 396	21 941	15 886	14 088
旺苍县	78 542	3 595	7 345	12 005	14 137	14 415	11 860	8 187	6 998
青川县	40 684	2 563	3 582	5 554	7 089	7 290	6 236	4 348	4 022
平武县	37 356	2 588	3 345	5 094	6 741	7 168	5 782	3 563	3 075
北川县	30 235	2 018	2 335	3 744	5 280	5 768	4 945	3 251	2 894
遂宁县	264 951	19 261	26 528	43 101	62 344	55 328	33 117	15 962	9 310
三台县	311 331	25 568	31 512	50 525	66 305	62 745	41 370	21 178	12 128
中江县	297 568	25 663	31 068	46 279	59 689	55 604	39 535	23 803	15 927
蓬溪县	255 189	19 087	26 356	40 175	59 142	54 681	33 085	15 183	7 480
射洪县	211 431	16 344	21 644	33 012	49 306	44 520	27 236	12 932	6 437
盐亭县	132 689	8 266	13 127	21 333	26 613	27 297	19 614	10 614	5 825

表21 （续3）

地区别	合计	1人户	2人户	3人户	4人户	5人户	6人户	7人户	8人及以上户
南充地区	2 339 226	166 056	237 810	405 195	527 163	475 822	300 433	150 616	76 131
南充市	53 547	5 418	9 314	13 740	11 651	7 358	3 723	1 533	810
南充县	308 941	25 867	32 212	51 397	69 182	62 293	38 084	19 477	10 429
南部县	258 356	15 133	24 742	38 402	54 954	55 392	3 7311	20 969	11 453
岳池县	227 015	16 966	22 271	39 130	51 214	44 791	29 676	15 347	7 620
营山县	184 109	12 676	18 409	32 139	44 172	39 103	22 906	10 202	4 502
广安县	241 960	18 003	23 977	39 919	52 106	48 262	33 547	17 341	8 805
蓬安县	138 056	10 620	13 757	25 727	30 291	26 699	17 650	8 923	4 389
仪陇县	196 083	11 364	19 537	33 443	46 821	42 455	24 632	11 971	5 860
武胜县	163 580	11 641	17 440	29 362	37 817	33 206	20 561	9 289	4 264
西充县	150 941	16 499	17 093	24 537	34 699	30 601	17 653	7 325	2 534
阆中县	193 488	12 610	19 471	38 188	42 853	38 555	23 910	11 706	6 195
苍溪县	157 599	4 497	12 388	28 122	36 576	34 503	22 503	12 096	6 914
华云工农区	65 551	4 762	7 199	11 089	14 827	12 604	8 277	4 437	2 356
达县地区	2 055 542	126 462	208 046	343 700	442 155	417 147	283 086	150 091	84 855
达县市	41 591	2 493	6 715	10 129	9 684	6 750	3 501	1 536	783
达县	276 761	15 962	27 618	48 361	61 470	55 887	37 745	19 580	10 138
宣汉县	223 447	13 447	22 410	33 979	46 911	47 336	31 987	17 338	10 039
开江县	112 349	10 235	12 545	19 080	24 539	20 070	13 968	7 671	4 241
万源县	84 058	4 604	8 227	13 034	16 227	16 193	12 245	7 954	5 574
通江县	121 813	3 932	9 409	17 279	23 775	25 438	19 960	12 646	9 374
南江县	108 699	4 428	9 241	16 084	21 395	22 153	17 013	10 742	7 643
巴中县	241 444	12 117	23 537	42 080	57 885	53 449	30 867	14 538	6 971
平昌县	159 360	6 655	16 226	25 856	33 788	31 565	24 212	13 098	7 960
大竹县	221 370	17 793	24 267	42 810	46 051	43 288	27 948	13 158	6 055
渠县	274 375	20 769	28 066	43 950	62 602	58 492	36 577	16 478	7 441
邻水县	176 587	13 231	18 410	28 955	35 144	33 826	25 052	14 161	7 808
白沙工农区	13 688	796	1 375	2 103	2 684	2 700	2 011	1 191	828
雅安地区	273 303	20 584	26 197	38 457	49 708	49 257	39 759	26 982	22 359
雅安县	59 764	5 019	6 669	10 181	11 919	10 351	7 186	4 687	3 752
名山县	47 711	2 966	3 769	6 216	8 517	8 950	7 584	5 234	4 475
荥经县	25 912	2 317	2 609	3 665	4 302	4 588	3 989	2 600	1 842
汉源县	63 326	4 651	5 818	8 729	11 784	11 173	9 381	6 413	5 377
石棉县	21 900	1 344	2 742	3 662	4 451	3 833	2 771	1 644	1 453
天全县	25 857	2 339	2 107	2 862	4 140	4 747	4 016	2 947	2 699
芦山县	19 521	1 433	1 727	2 099	3 181	3 831	3 212	2 277	1 761
宝兴县	9 312	515	756	1 043	1 414	1 784	1 620	1 180	1 000
阿坝藏族自治州	137 420	10 587	14 751	18 266	20 973	21 672	19 248	14 515	17 408
汶川县	15 382	978	1 749	2 062	2 336	2 360	2 147	1 661	2 089
理县	7 827	505	830	1 026	1 143	1 248	1 180	910	985
茂汶羌族自治县	13 793	778	937	1 243	1 763	2 067	2 209	1 940	2 856
松潘县	11 287	951	1 170	1 389	1 541	1 724	1 652	1 281	1 579
南坪县	9 531	972	977	1 199	1 365	1 449	1 343	992	1 234
金川县	12 715	843	1 302	1 590	1 879	2 182	2 010	1 447	1 462

表21 （续完）

地区别	合计	1人户	2人户	3人户	4人户	5人户	6人户	7人户	8人及以上户
小金县	12 388	830	1 032	1 316	1 694	1 837	1 853	1 597	2 229
黑水县	12 019	783	1 551	1 901	2 129	2 225	1 740	1 036	654
马尔康县	11 559	920	1 671	2 024	2 220	1 848	1 298	837	741
壤塘县	5 855	776	790	907	951	873	638	408	512
阿坝县	9 045	907	975	1 242	1 407	1 350	1 135	859	1 170
若尔盖县	10 178	748	981	1 390	1 589	1 637	1 411	1 096	1 326
红原县	5 841	596	786	977	956	872	632	451	571
甘孜藏族自治州	1 48 517	13 639	16 503	19 789	21 645	21 203	18 360	14 684	22 694
康定县	16 492	1 469	1 955	2 413	2 708	2 427	1 865	1 446	2 209
泸定县	12 665	855	1 264	1 603	2 021	2 044	1 861	1 366	1 651
丹巴县	10 175	581	949	1 242	1 510	1 651	1 393	1 143	1 706
九龙县	7 201	468	644	837	951	1 063	1 011	864	1 363
雅江县	5 770	227	507	615	767	820	843	661	1 330
道孚县	7 913	822	945	1 115	1 073	1 104	902	747	1 205
炉霍县	6 872	726	924	1 075	995	949	813	580	810
甘孜县	11 100	1 461	1 374	1 659	1 515	1 478	1 214	955	1 444
新龙县	6 745	602	835	895	912	897	819	635	1 150
德格县	10 875	1 398	1 230	1 541	1 462	1 468	1 181	945	1 650
白玉县	6 887	668	742	897	1 001	982	825	694	1 078
石渠县	12 102	1 563	1 619	1 734	1 809	1 566	1 267	1 043	1 501
色达县	6 997	977	1 047	1 118	1 079	911	730	512	623
理塘县	8 003	646	879	1 040	1 211	1 046	1 078	890	1 213
巴塘县	8 434	624	842	997	1 271	1 313	1 138	911	1 338
乡城县	3 908	216	276	383	502	568	564	505	894
稻城县	4 039	274	325	409	535	527	522	474	973
得荣县	2 339	62	146	216	323	389	334	313	556
凉山彝族自治州	663 961	48 063	69 330	90 261	111 504	116 183	96 021	66 766	65 833
西昌市	33 563	2 731	6 412	7 328	7 242	4 781	2 657	1 401	1 011
西昌县	54 083	4 292	4 950	6 850	9 785	9 990	7 752	5 428	5 036
木里藏族自治县	17 623	908	1 610	2 085	2 409	2 713	2 526	1 948	3 424
盐源县	46 813	2 986	4 586	5 622	6 706	7 437	7 102	5 578	6 796
德昌县	29 629	2 267	2 631	3 640	5 000	5 407	4 542	3 025	3 117
会理县	72 547	3 826	5 567	8 500	12 785	15 295	12 504	7 462	6 608
会东县	56 315	2 608	3 888	5 860	8 655	10 978	9 973	7 362	6 991
宁南县	27 525	1 381	2 099	3 400	4 669	5 293	4 658	3 181	2 844
普格县	23 643	1 743	2 783	3 508	3 911	3 974	3 288	2 337	2 099
布拖县	26 922	2 381	3 430	4 220	4 841	4 543	3 481	2 241	1 785
金阳县	24 416	2 119	2 900	3 676	4 190	4 057	3 281	2 273	1 920
昭觉县	44 118	4 311	6 157	7 238	7 760	7 255	5 396	3 436	2 565
喜德县	24 396	1 926	3 076	3 655	4 226	4 163	3 346	2 227	1 777
冕宁县	51 167	3 877	5 488	7 022	8 648	9 041	7 323	5 130	4 638
越西县	39 048	3 346	4 058	5 256	6 401	6 610	5 645	4 067	3 665
甘洛县	26 767	1 876	2 457	3 355	3 931	4 239	3 940	3 037	3 932
美姑县	29 739	2 875	3 746	4 365	4 835	4 824	3 788	2 723	2 583
雷波县	35 647	2 610	3 492	4 681	5 510	5 583	4 819	3 910	5 042

表22　　贵州省家庭户的规模

地区别	合计	1人户	2人户	3人户	4人户	5人户	6人户	7人户	8人及以上户
全省	5 659 311	350 525	470 666	674 362	916 011	1 029 166	883 681	659 962	674 938
贵阳市	280 770	18 915	29 780	49 394	60 174	51 118	33 426	19 468	18 495
六盘水市	404 743	25 101	36 405	49 247	62 093	70 302	60 731	48 066	52 798
遵义地区	1 108 931	64 527	87 663	129 258	192 372	214 980	177 518	127 295	115 318
遵义市	75 340	6 211	10 967	15 891	16 419	12 230	6 973	3 652	2 997
遵义县	225 513	11 804	16 179	24 860	39 050	45 493	37 432	26 902	23 793
桐梓县	99 965	6 153	7 060	10 039	15 895	18 324	15 990	12 681	13 823
绥阳县	78 469	4 916	6 210	8 785	13 076	15 883	12 898	8 903	7 798
正安县	93 111	4 211	6 678	10 168	16 712	19 170	15 766	11 197	9 209
道真县	51 512	1 744	3 276	5 331	8 537	10 659	9 337	6 626	6 002
务川县	64 357	3 684	5 382	7 362	10 329	13 011	11 135	7 648	5 806
凤冈县	60 733	2 741	4 322	6 387	9 875	12 214	10 616	7 789	6 789
湄潭县	73 747	5 269	5 923	7 966	12 137	13 963	12 146	8 833	7 510
余庆县	44 511	1 660	3 078	4 808	7 758	8 912	7 581	5 629	5 085
仁怀县	85 194	4 969	6 357	8 923	14 180	15 440	13 322	10 422	11 581
赤水县	53 744	4 369	4 805	7 299	10 067	9 811	7 932	5 290	4 171
习水县	102 735	6 796	7 426	11 439	18 337	19 870	16 390	11 723	10 754
铜仁地区	618 776	43 863	59 825	80 855	106 311	118 348	95 181	63 577	50 816
铜仁县	52 934	3 749	4 995	7 356	9 519	9 915	7 689	5 108	4 603
江口县	35 141	2 205	2 899	4 273	5 647	6 303	5 690	4 088	4 036
玉屏县	23 246	1 894	2 312	3 284	4 340	4 430	3 187	2 101	1 698
石阡县	59 468	3 227	4 798	7 428	10 071	11 415	9 424	6 771	6 334
思南县	107 571	7 561	10 668	15 416	20 808	21 910	16 189	9 494	5 525
印江县	70 308	5 938	7 190	9 182	11 797	13 694	10 545	6 850	5 112
德江县	70 492	4 436	6 857	8 622	11 592	13 559	11 472	7 853	6 101
沿河县	88 849	7 562	10 336	11 801	14 470	16 421	13 323	8 823	6 113
松桃苗族自治县	97 787	6 668	8 543	11 638	15 693	18 053	15 643	11 175	10 374
万山特区	12 980	623	1 227	1 855	2 374	2 648	2 019	1 314	920
黔西南布依族苗族自治州	411 394	21 144	29 905	46 470	60 402	71 280	66 987	53 479	61 727
兴义县	95 301	4 893	6 651	11 009	14 089	17 000	15 807	12 198	13 654
兴仁县	62 635	3 466	5 249	7 310	9 247	10 615	9 388	8 051	9 309
普安县	39 673	2 574	3 164	4 421	5 528	6 428	6 374	5 155	6 029
晴隆县	40 463	2 262	3 637	5 000	5 990	6 844	6 199	5 008	5 523

表22 （续1）

地区别	合计	1人户	2人户	3人户	4人户	5人户	6人户	7人户	8人及以上户
贞丰县	49 830	3 124	3 999	5 992	7 774	8 692	8 018	6 085	6 146
望谟县	36 688	948	1 278	2 837	4 997	6 892	6 947	5 641	7 148
册亨县	27 036	744	1 301	2 458	3 634	4 504	4 644	3 890	5 861
安龙县	59 768	3 133	4 626	7 443	9 143	10 305	9 610	7 451	8 057
毕节地区	1 024 219	69 896	92 581	109 611	145 975	171 682	156 655	129 928	147 891
毕节县	180 685	12 600	16 633	18 958	26 246	31 711	27 786	22 202	24 549
大方县	141 100	11 796	13 959	14 747	18 702	22 318	20 620	17 630	21 328
黔西县	123 348	9 142	11 527	13 414	16 858	19 695	18 286	15 838	18 588
金沙县	90 166	6 553	6 834	8 446	12 592	14 808	13 941	12 041	14 951
织金县	142 562	10 485	14 585	16 563	19 251	22 703	20 649	17 398	20 928
纳雍县	113 186	8 114	11 425	12 101	15 737	19 090	17 047	14 089	15 583
威宁彝族回族苗族自治县	145 239	7 146	11 189	15 634	22 005	24 880	23 438	19 605	21 342
赫章县	87 933	4 060	6 429	9 748	14 584	16 477	14 888	11 125	10 622
安顺地区	603 262	34 406	48 362	73 770	97 129	105 949	91 744	71 611	80 291
安顺市	47 856	4 947	5 097	8 242	10 299	8 537	5 238	2 966	2 530
安顺县	74 191	3 387	5 681	8 779	12 071	13 693	11 826	9 434	9 320
开阳县	64 416	2 998	4 744	7 518	10 096	12 168	10 811	8 108	7 973
息烽县	39 277	2 262	2 977	4 486	6 392	6 851	5 955	4 781	5 573
修文县	48 840	2 441	3 921	6 054	7 806	8 393	7 301	5 670	7 254
清镇县	70 325	4 055	5 814	8 485	10 649	11 558	10 163	8 489	11 112
平坝县	52 054	3 040	3 982	6 719	9 076	9 102	7 456	5 915	6 764
普定县	61 924	4 037	5 851	7 305	9 162	10 853	9 725	7 515	7 476
关岭布依族苗族自治县	47 275	2 457	3 730	5 634	7 103	8 098	7 543	6 132	6 578
镇宁布依族苗族自治县	52 188	3 171	3 882	6 142	7 993	8 953	8 062	6 333	7 652
紫云苗族布依族自治县	44 916	1 611	2 683	4 406	6 482	7 743	7 664	6 268	8 059
黔东南苗族侗族自治州	631 624	36 655	44 203	68 864	100 865	121 049	108 679	77 905	73 404
凯里县	63 128	3 567	5 421	9 081	11 995	11 958	9 535	6 303	5 268
黄平县	54 370	3 466	3 827	5 720	8 524	10 319	9 645	7 045	5 824
施秉县	23 133	1 838	1 369	2 330	3 470	4 089	3 931	3 084	3 022
三穗县	30 883	1 958	2 491	3 627	4 749	5 958	5 175	3 734	3 191
镇远县	37 492	2 162	2 923	4 093	5 236	6 570	6 136	4 894	5 478
岑巩县	32 044	1 960	2 639	3 766	4 865	5 629	5 024	3 937	4 224
天柱县	60 102	3 087	4 368	6 769	9 393	11 332	10 425	7 740	6 988
锦屏县	31 919	1 707	2 223	3 565	5 038	5 883	5 446	3 987	4 070
剑河县	29 560	1 538	1 836	2 845	4 257	5 653	5 360	3 990	4 081
台江县	23 160	1 126	1 252	1 972	3 089	4 064	4 334	3 426	3 897
黎平县	72 830	3 641	4 580	7 753	12 766	15 498	12 915	8 392	7 285

表22 （续完）

地区别	合计	1人户	2人户	3人户	4人户	5人户	6人户	7人户	8人及以上户
榕江县	43 853	1 997	2 815	4 436	7 030	8 555	7 695	5 602	5 723
从江县	47 006	2 328	3 122	4 783	7 970	9 974	8 444	5 508	4 877
雷山县	22 637	1 942	1 464	2 165	3 442	4 292	3 959	2 799	2 574
麻江县	34 662	3 016	2 157	3 292	5 029	6 468	6 194	4 405	4 101
丹寨县	24 845	1 322	1 716	2 667	4 012	4 807	4 461	3 059	2 801
黔南布依族苗族自治州	575 592	36 018	41 942	66 893	90 690	104 458	92 760	68 633	74 198
都匀市	23 658	3 054	3 341	5 129	5 318	3 783	1 942	768	323
都匀县	56 626	2 976	4 000	7 943	11 296	11 971	9 229	5 369	3 842
荔波县	24 247	1 542	1 497	2 286	3 485	4 360	4 226	3 300	3 551
贵定县	45 793	3 641	3 694	5 540	7 173	8 096	6 998	5 126	5 525
福泉县	43 778	3 061	3 557	5 051	6 271	7 064	6 765	5 431	6 578
瓮安县	64 880	3 353	5 339	7 569	9 411	11 174	10 580	8 375	9 079
独山县	52 854	3 734	3 816	6 073	8 916	10 863	9 041	5 737	4 674
平塘县	45 306	1 873	2 593	4 500	7 095	8 772	8 264	6 236	5 973
罗甸县	43 407	1 266	2 007	3 940	5 848	7 665	7 771	6 608	8 302
长顺县	34 021	1 115	2 125	3 576	4 829	5 834	5 490	4 729	6 323
龙里县	33 535	3 613	2 497	3 695	4 845	5 945	5 153	3 840	3 947
惠水县	61 655	3 653	3 990	6 422	9 051	10 688	9 900	7 841	10 110
三都水族自治县	45 832	3 137	3 486	5 169	7 152	8 243	7 401	5 273	5 971

表23

云南省家庭户的规模

地区别	合计	1人户	2人户	3人户	4人户	5人户	6人户	7人户	8人及以上户
全省	6 095 741	290 878	462 346	713 892	968 487	1 061 904	950 122	734 895	913 217
昆明市	461 445	47 661	68 764	93 911	96 886	72 010	42 400	22 775	17 038
昆明市区	341 698	38 980	57 962	77 652	75 778	49 672	23 902	10 536	7 216
呈贡县	25 311	1 815	2 470	3 821	4 780	4 655	3 624	2 434	1 712
晋宁县	44 812	3 732	4 434	6 456	7 414	7 932	6 901	4 594	3 349
安宁县	26 277	1 956	2 349	3 478	5 071	5 282	3 855	2 296	1 990
富民县	23 347	1 178	1 549	2 504	3 843	4 469	4 118	2 915	2 771
东川市	46 203	2 133	4 328	6 607	8 196	8 119	6 568	4 879	5 373
昭通地区	691 203	36 558	55 997	78 270	100 770	114 549	106 768	89 342	108 949
昭通市	24 022	2 181	2 902	3 686	4 128	4 034	3 154	2 032	1 905
昭通县	76 238	3 919	6 331	8 304	10 035	11 997	12 157	10 898	12 597
鲁甸县	46 455	2 823	4 181	5 350	6 534	7 226	6 668	5 947	7 726
巧家县	79 786	3 804	6 570	9 266	11 704	13 213	12 740	10 535	11 954
盐津县	48 899	2 369	3 292	4 924	6 643	7 775	7 544	6 559	9 793
大关县	36 369	1 796	2 685	4 143	5 387	6 168	5 740	4 639	5 811
永善县	63 532	3 614	5 192	7 183	9 528	10 789	9 916	8 152	9 158
绥江县	22 621	1 297	1 782	2 443	3 483	3 789	3 615	2 902	3 310
镇雄县	159 964	7 636	12 549	17 963	23 164	26 620	24 079	20 942	27 011
彝良县	71 495	3 626	5 861	8 447	11 065	12 341	11 270	8 843	10 042
威信县	47 966	2 691	3 456	4 674	6 826	8 310	7 891	6 364	7 754
水富县	13 856	802	1 196	1 887	2 273	2 287	1 994	1 529	1 888
曲靖地区	1 023 875	49 615	81 031	116 887	156 283	172 970	162 046	131 064	153 979
曲靖县	75 698	3 489	6 755	9 934	12 548	13 590	11 832	8 546	9 004
沾益县	57 589	1 737	4 342	6 539	8 500	9 785	9 799	7 882	9 005
马龙县	28 287	706	1 612	2 726	3 827	4 473	4 733	4 127	6 083
宣威县	202 984	14 719	19 576	24 675	30 360	31 204	28 677	24 798	28 975
富源县	89 205	3 626	7 130	10 282	13 235	14 216	13 613	12 001	15 102
罗平县	71 613	2 369	4 642	7 577	10 099	11 455	11 224	10 117	14 130
师宗县	45 407	1 375	2 852	4 549	6 376	7 122	7 260	6 499	9 374
陆良县	82 359	3 898	5 253	7 927	11 928	14 699	14 221	11 168	13 265
宜良县	68 714	3 995	5 904	8 996	11 500	12 307	11 305	7 514	7 193
路南彝族自治县	34 032	1 431	2 287	3 609	5 168	6 113	5 808	4 517	5 099
寻甸回族彝族自治县	75 771	2 776	4 665	7 323	11 282	13 534	13 214	10 617	12 360
嵩明县	53 091	2 392	3 804	6 029	10 026	10 276	8 836	5 774	5 504
会泽县	139 125	7 102	12 209	16 721	21 434	23 746	21 524	17 504	18 885

表23 （续1）

地区别	合计	1人户	2人户	3人户	4人户	5人户	6人户	7人户	8人及以上户
楚雄彝族自治州	473 200	15 817	30 241	50 289	80 429	96 299	83 841	57 309	58 975
楚雄县	67 072	1 964	4 936	7 982	11 515	13 510	11 039	7 505	8 621
双柏县	24 700	883	1 421	2 140	3 618	4 876	4 668	3 302	3 792
牟定县	33 046	878	1 815	3 266	5 733	6 580	6 043	4 392	4 699
南华县	37 165	1 201	2 216	4 010	6 890	7 718	6 515	4 345	4 270
姚安县	33 627	980	1 809	3 573	6 565	7 614	6 159	3 679	3 158
大姚县	49 202	1 731	3 295	5 343	8 575	10 556	8 765	5 950	5 347
永仁县	17 518	752	1 156	1 880	3 055	3 789	2 980	1 943	1 963
元谋县	31 337	1 005	1 833	3 178	5 321	6 498	5 657	3 835	4 010
武定县	40 603	1 294	2 280	4 103	6 948	8 332	7 542	5 128	4 976
禄劝县	17 678	2 318	4 252	7 087	11 616	14 436	13 438	9 562	8 969
禄丰县	67 252	2 811	5 228	7 727	10 953	12 390	11 035	7 938	9 170
玉溪地区	328 255	24 291	28 205	41 377	56 660	59 803	50 437	34 737	32 745
玉溪县	62 013	5 605	6 575	10 227	12 662	11 484	7 985	4 537	2 938
江川县	43 184	4 499	4 010	5 477	7 091	7 634	6 640	4 379	3 454
澄江县	24 050	1 625	1 990	2 679	3 970	4 270	3 884	2 908	2 724
通海县	46 222	5 315	4 506	6 320	8 618	8 554	6 338	3 720	2 851
华宁县	30 571	1 719	2 252	3 206	4 310	5 215	4 996	4 004	4 869
易门县	29 078	1 442	2 538	3 695	4 936	5 415	4 663	3 246	3 413
峨山彝族自治县	24 664	1 734	2 233	3 063	4 381	4 654	4 143	2 584	1 872
新平彝族傣族自治县	38 357	1 108	1 814	3 317	5 678	6 993	6 927	5 613	6 907
元江哈尼族彝族傣族自治县	30 116	1 244	2 287	3 393	5 014	5 584	4 861	3 746	3 987
红河哈尼族彝族自治州	597 690	30 313	45 899	72 183	94 006	99 653	90 664	71 168	93 804
个旧市	68 031	5 355	9 560	13 012	13 113	10 674	7 133	4 448	4 736
开远市	40 195	2 266	4 135	6 919	7 723	6 542	4 954	3 470	4 636
蒙自县	45 918	2 242	3 564	5 635	7 063	7 757	6 906	5 434	7 317
屏边苗族自治县	20 380	444	1 118	1 861	2 601	2 910	3 060	3 010	5 376
建水县	83 554	6 189	7 165	10 600	14 449	15 159	12 610	8 713	8 669
石屏县	48 900	3 855	3 972	5 729	7 602	8 371	7 429	5 565	6 377
弥勒县	71 622	2 994	4 781	7 801	10 693	11 719	11 713	9 671	12 250
泸西县	50 377	1 874	3 192	5 038	7 465	8 718	8 570	7 259	8 261
元阳县	52 406	1 722	2 643	4 696	7 283	8 793	9 037	7 607	10 625
红河县	39 541	1 914	2 463	4 407	6 654	6 984	6 413	4 886	5 820
金平县	39 748	727	1 471	3 071	4 671	6 000	6 461	5 882	11 465
绿春县	24 654	350	850	1 831	3 098	3 815	4 380	3 881	6 449
河口瑶族自治县	12 364	381	985	1 583	2 041	2 211	1 998	1 342	1 823
文山壮族苗族自治州	443 380	11 246	21 220	39 751	60 709	74 100	75 077	64 621	96 656

表23 （续2）

地区别	合计	1人户	2人户	3人户	4人户	5人户	6人户	7人户	8人及以上户
文山县	56 223	1 801	3 554	6 185	8 949	9 720	9 213	7 385	9 416
砚山县	56 976	1 480	2 855	5 434	8 133	10 033	9 736	8 187	11 112
西畴县	37 076	1 160	2 002	3 483	5 357	6 339	6 667	5 309	6 759
麻栗坡县	39 175	1 153	1 926	3 374	5 155	6 495	6 661	5 845	8 566
马关县	51 847	1 376	2 629	5 176	7 512	8 845	9 046	7 430	9 833
丘北县	53 680	1 128	2 359	4 165	6 329	8 131	8 895	8 469	14 204
广南县	96 557	2 174	4 131	8 346	13 121	16 211	16 270	14 146	22 158
富宁县	51 846	968	1 764	3 588	6 153	8 326	8 589	7 850	14 608
思茅地区	352 341	12 707	21 369	35 882	52 038	59 792	57 105	46 281	67 167
思茅县	21 835	813	1 621	2 908	4 091	3 942	3 053	2 236	3 171
普洱县	31 674	1 370	1 979	3 176	4 740	5 776	5 380	4 100	5 153
墨江哈尼族自治县	54 536	2 046	2 917	4 623	6 693	8 240	8 436	7 878	13 703
景东县	55 796	2 302	3 369	5 570	8 287	9 709	9 210	7 256	10 093
景谷县	43 522	1 630	2 440	3 967	5 699	6 739	7 058	6 121	9 868
镇沅县	32 610	1 413	2 022	3 027	4 394	5 181	5 139	4 382	7 052
江城哈尼族彝族自治县	12 525	345	583	1 025	1 626	2 004	2 062	1 824	3 056
孟连傣族拉祜族佤族自治县	15 385	480	1 021	1 947	2 890	2 958	2 359	1 690	2 040
澜沧拉祜族佤族自治县	71 627	1 763	4 323	8 027	11 467	12 876	12 144	9 282	11 745
西盟佤族治自县	12 831	545	1 094	1 612	2 151	2 367	2 264	1 512	1 286
西双版纳傣族自治州	120 089	3 108	7 664	14 939	22 198	23 642	18 735	12 851	16 952
景洪县	52 400	970	3 501	7 277	10 948	10 847	8 214	4 970	5 673
勐海县	41 665	1 018	2 246	4 441	6 623	7 693	6 623	5 152	7 869
勐腊县	26 024	1 120	1 917	3 221	4 627	5 102	3 898	2 729	3 410
大理白族自治州	496 477	19 754	30 605	51 858	78 369	91 116	81 969	63 469	79 337
下关市	26 095	1 697	3 220	5 222	6 213	5 133	2 598	1 125	887
大理县	50 508	2 578	3 346	5 911	9 063	10 040	8 238	5 341	5 991
漾濞县	14 409	620	920	1 400	2 074	2 474	2 329	1 953	2 639
祥云县	65 804	2 024	3 633	6 652	10 732	11 775	10 707	8 805	11 476
宾川县	47 231	1 425	2 383	4 148	6 493	8 730	8 385	6 845	8 822
弥渡县	48 154	2 159	3 104	4 792	7 644	8 639	8 135	6 200	7 481
南涧彝族自治县	33 545	1 070	1 886	3 412	5 273	6 251	5 669	4 593	5 391
巍山彝族回族自治县	45 404	1 734	2 763	4 604	6 890	8 876	7 673	5 852	7 012
永平县	25 555	1 111	1 499	2 414	3 783	4 487	4 318	3 415	4 528
云龙县	30 849	1 551	2 140	3 230	4 561	5 412	4 980	3 977	4 998
洱源县	46 778	1 443	2 546	4 645	6 921	8 172	8 075	6 517	8 459
剑川县	23 466	792	1 181	2 048	3 387	4 277	4 119	3 346	4 316
鹤庆县	38 679	1 550	1 984	3 380	5 335	6 850	6 743	5 500	7 337

表23 （续完）

地区别	合计	1人户	2人户	3人户	4人户	5人户	6人户	7人户	8人及以上户
保山地区	337 901	11 814	20 078	33 860	51 609	61 819	56 446	43 905	58 370
保山县	123 319	4 671	8 330	13 864	20 929	23 304	19 811	14 557	17 853
施甸县	45 488	1 378	2 401	4 159	6 645	8 283	7 851	6 237	8 534
腾冲县	83 915	3 149	5 043	8 405	12 202	15 333	13 859	11 110	14 814
龙陵县	37 346	1 269	2 078	3 281	4 908	6 320	6 365	5 087	8 038
昌宁县	47 833	1 347	2 226	4 151	6 925	8 579	8 560	6 914	9 131
德宏傣族景颇族自治州	128 757	4 805	8 481	13 351	18 354	20 537	19 183	15 864	28 182
潞西县	39 544	1 193	2 337	3 760	5 410	5 848	5 771	4 984	10 241
梁河县	20 901	775	1 439	2 129	2 908	3 393	3 276	2 821	4 160
盈江县	32 464	1 516	2 142	3 032	4 095	4 877	4 918	4 182	7 702
陇川县	21 225	668	1 303	2 209	3 206	3 590	3 177	2 573	4 499
瑞丽县	13 057	589	1 103	1 959	2 402	2 516	1 817	1 192	1 479
畹町镇	1 566	64	157	262	333	313	224	112	101
丽江地区	171 751	7 051	11 986	19 699	28 769	33 207	28 354	20 474	22 211
丽江纳西族自治县	55 058	1 894	3 466	6 599	10 334	11 265	9 478	6 110	5 912
永胜县	60 111	2 490	3 649	6 501	9 794	11 836	9 997	7 551	8 293
华坪县	24 529	1 210	1 616	2 872	4 192	4 734	4 029	2 900	3 066
宁蒗彝族自治县	32 053	1 457	3 255	3 817	4 449	5 372	4 850	3 913	4 940
怒江傈僳族自治州	70 250	2 734	5 914	9 277	11 686	12 807	10 890	8 227	8 715
泸水县	17 972	769	1 634	2 469	2 844	2 986	2 696	2 030	2 544
碧江县	10 014	524	1 031	1 455	1 697	1 753	1 435	1 089	1 030
福贡县	9 067	289	854	1 292	1 639	1 634	1 377	1 050	932
贡山独龙族怒族自治县	5 616	194	515	828	944	961	811	664	699
兰坪县	27 581	958	1 880	3 233	4 562	5 473	4 571	3 394	3 510
迪庆藏族自治州	50 491	2 266	3 577	5 696	7 661	8 934	8 167	6 209	7 981
中甸县	18 585	698	1 459	2 227	2 758	3 129	2 945	2 262	3 107
德钦县	9 701	473	580	964	1 250	1 937	1 674	1 125	1 428
维西县	22 205	1 095	1 538	2 505	3 383	3 868	3 548	2 822	3 446
临沧地区	302 433	9 005	16 987	30 055	43 864	52 547	51 472	41 720	56 783
临沧县	41 937	1 763	2 922	4 917	6 755	7 683	7 107	5 214	5 576
凤庆县	61 644	1 714	3 004	5 671	9 143	11 462	11 068	8 739	10 843
云县	57 982	2 014	3 248	5 474	8 219	9 931	9 744	8 141	11 211
永德县	44 034	859	1 983	3 750	5 632	7 280	7 755	6 675	10 100
镇康县	19 155	288	740	1 457	2 363	3 002	3 272	3 039	4 994
双江县	23 534	913	1 641	2 678	3 664	4 091	3 863	3 050	3 634
耿马傣族佤族自治县	31 758	920	2 007	3 337	4 545	5 213	5 031	4 103	6 602
沧源佤族自治县	22 389	534	1 442	2 771	3 543	3 885	3 632	2 759	3 823

表24　西藏自治区家庭户的规模

地区别	合计	1人户	2人户	3人户	4人户	5人户	6人户	7人户	8人及以上户
全区	316 753	32 471	33 884	38 422	39 598	40 815	37 558	32 185	61 820
拉萨市	48 993	6 009	5 634	6 184	6 354	6 450	5 808	4 685	7 869
拉萨市区	9 683	2 422	1 821	1 511	1 180	1 045	681	539	484
林周县	1 997	196	176	220	226	258	263	234	424
当雄县	4 761	356	450	576	559	624	614	503	1 079
尼木县	4 110	325	431	471	480	517	517	389	980
曲水县	4 676	512	474	504	634	642	599	523	788
堆龙德庆县	5 980	563	597	708	841	844	793	624	1 010
达孜县	3 756	273	308	479	503	575	564	428	626
墨竹工卡县	6 067	514	527	676	784	848	782	691	1 245
工布江达县	3 324	300	310	413	450	490	410	343	608
林芝县	2 658	316	308	360	410	367	348	248	301
米林县	1 981	232	232	266	287	240	237	163	324
昌都地区	80 301	7 008	7 457	8 635	9 490	10 203	9 656	8 803	19 049
昌都县	10 062	1 003	966	1 200	1 305	1 401	1 146	1 073	1 968
江达县	9 337	809	860	1 036	1 119	1 274	1 135	992	2 112
贡觉县	6 295	634	577	627	689	730	776	626	1 636
类乌齐县	4 743	435	463	498	513	540	543	509	1 242
丁青县	7 175	560	614	787	781	779	798	822	2 034
察雅县	8 244	1 051	891	836	917	926	933	854	1 836
八宿县	5 191	424	536	604	639	717	631	558	1 082
左贡县	5 667	364	473	573	745	759	752	676	1 325
芒康县	9 698	560	725	853	991	1 216	1 225	1 217	2 911
波密县	2 934	324	285	362	379	380	342	324	538
察隅县	1 648	90	139	162	191	226	196	181	463
洛隆县	5 119	430	529	584	630	638	625	539	1 144
边坝县	4 188	324	399	513	591	617	554	432	758
山南地区	50 388	5 846	5 802	6 709	6 768	6 879	6 054	4 851	7 469
乃东县	6 780	827	776	984	986	968	848	607	784
扎囊县	5 752	656	599	657	672	782	715	575	1 096
贡嘎县	6 879	718	661	785	829	981	892	789	1 314
桑日县	2 449	271	302	305	350	316	277	243	385
穷结县	2 969	379	341	393	359	450	364	247	436
曲松县	2 393	287	299	320	345	301	271	238	332
措美县	2 236	203	244	325	349	355	284	220	256
洛扎县	2 998	309	372	409	426	439	355	281	407
加查县	2 801	385	323	376	373	368	318	261	397

表24 （续完）

地区别	合计	1人户	2人户	3人户	4人户	5人户	6人户	7人户	8人及以上户
朗县	2 200	321	224	317	313	282	233	202	288
隆子县	5 373	789	734	776	723	690	568	444	649
错那县	2 664	306	348	419	379	349	305	208	350
浪卡子县	4 894	395	559	643	664	688	624	546	775
日喀则地区	80 540	7 932	8 468	8 917	9 103	9 642	9 366	8 443	18 669
日喀则县	10 309	1 189	1 182	1 084	1 102	1 143	1 119	964	2 526
南木林县	9 517	985	1 002	1 051	1 126	1 149	1 131	976	2 097
江孜县	8 126	629	703	841	885	942	974	941	2 211
定日县	6 631	693	716	765	770	800	805	756	1 326
萨迦县	5 762	445	540	603	598	684	688	616	1 588
拉孜县	6 259	688	715	680	729	808	715	636	1 288
昂仁县	5 458	569	631	698	659	629	673	609	990
谢通门县	5 996	786	697	755	718	738	644	559	1 099
白朗县	4 966	363	435	397	443	551	526	558	1 663
仁布县	4 223	355	425	400	421	524	464	462	1 172
康马县	2 554	141	181	264	319	328	347	320	654
定结县	2 012	144	185	218	205	239	247	238	536
仲巴县	1 339	131	218	228	222	173	141	105	121
亚东县	1 631	181	195	217	245	221	197	132	243
吉隆县	1 615	215	185	195	168	211	204	146	291
聂拉木县	1 601	168	162	199	185	194	182	172	339
萨嘎县	1 416	128	185	209	183	184	162	140	225
岗巴县	1 125	92	111	113	125	124	147	113	300
那曲地区	46 021	4 461	5 121	6 298	6 326	6 268	5 537	4 457	7 553
那曲县	8 903	796	1 013	1 305	1 347	1 313	1 160	790	1 179
嘉黎县	3 140	265	331	405	432	445	388	335	539
比如县	6 090	690	704	846	794	821	707	566	962
聂荣县	3 939	264	435	574	603	606	542	432	483
安多县	4 397	325	519	671	644	664	507	441	626
申扎县	6 461	819	736	857	834	784	724	609	1 098
索县	4 342	550	427	523	469	492	464	412	1 005
班戈县	4 612	484	586	664	654	624	534	409	657
巴青县	4 137	268	370	453	549	519	511	463	1 004
阿里地区	10 510	1 215	1 402	1 679	1 557	1 373	1 137	936	1 211
普兰县	1 225	121	143	155	155	151	125	133	242
札达县	772	84	95	99	120	106	87	79	102
噶尔县	1 383	107	239	281	259	167	133	86	111
日土县	972	112	116	137	138	131	117	94	127
革吉县	1 838	173	257	326	269	263	210	156	184
改则县	2 506	361	297	374	376	345	269	226	258
措勤县	1 814	257	255	307	240	210	196	162	187

表25 陕西省家庭户的规模

地区别	合计	1人户	2人户	3人户	4人户	5人户	6人户	7人户	8人及以上户
全省	6 103 778	380 905	585 525	999 658	1 232 132	1 163 736	844 949	492 127	404 746
西安市	672 093	54 539	89 402	142 324	157 786	118 680	63 580	28 221	17 561
西安市区	508 589	46 530	75 722	113 169	120 589	86 000	41 078	16 338	9 163
长安县	163 504	8 009	13 630	29 155	37 197	32 680	22 502	11 883	8 398
铜川市	115 937	5 922	10 656	18 416	21 832	21 133	16 853	10 978	10 147
铜川市区	68 239	3 554	5 920	11 826	13 254	12 441	9 600	5 892	4 752
耀县	47 698	2 368	3 736	6 590	8 578	8 692	7 253	5 086	5 395
宝鸡市	673 063	30 551	49 704	103 472	138 757	185 970	101 220	58 358	55 031
宝鸡市区	76 409	5 113	10 777	20 118	18 287	12 325	5 868	2 422	1 499
宝鸡县	124 638	4 625	8 426	18 497	25 436	25 597	19 740	11 422	10 895
凤翔县	84 277	3 095	4 509	11 110	17 713	19 075	14 148	7 868	6 761
岐山县	80 567	3 385	5 790	13 672	17 833	16 608	11 629	6 292	5 358
扶风县	75 452	2 339	4 022	9 680	15 842	16 141	12 665	7 640	7 123
武功县	73 811	2 241	4 780	9 796	14 641	15 328	12 304	7 463	7 258
眉县	49 867	2 351	3 313	7 008	10 113	10 333	8 148	4 706	3 890
陇县	38 984	2 052	2 344	4 427	6 877	7 776	6 594	4 109	4 805
千阳县	22 669	1 249	1 515	2 871	4 276	4 943	3 721	2 028	2 046
麟游县	13 962	1 045	872	1 410	2 120	2 503	2 326	1 631	2 055
凤县	23 752	2 232	2 672	3 907	4 336	3 960	2 812	1 835	1 998
太白县	8 675	826	679	976	1 283	1 381	1 245	942	1 343
渭南地区	1 113 064	44 926	89 779	178 266	234 795	226 062	167 523	98 656	73 057
蓝田县	113 976	6 620	9 496	17 052	23 559	22 905	17 055	9 955	7 334
临潼县	136 564	5 022	11 372	23 745	30 256	27 511	19 691	11 300	7 667
渭南县	140 142	5 808	12 504	24 502	30 282	27 530	19 646	11 339	8 231
华县	63 410	3 338	6 061	11 461	13 638	12 517	8 639	4 586	3 170
华阴县	39 152	1 609	4 454	8 334	8 851	7 540	4 562	2 359	1 443
潼关县	23 060	1 054	2 037	3 569	4 464	4 639	3 619	2 159	1 519
大荔县	112 828	5 302	9 436	18 271	23 988	23 516	16 442	9 306	6 567
蒲城县	122 438	3 870	8 000	17 803	25 627	25 353	20 132	12 173	9 470
澄城县	64 617	2 153	4 753	9 607	14 004	13 962	10 298	5 797	4 043
白水县	41 412	1 486	2 876	5 558	7 697	8 251	6 914	4 565	4 065
韩城县	58 515	2 795	5 708	9 285	11 240	10 981	8 405	5 443	4 658
合阳县	73 735	2 849	4 755	10 238	15 227	15 871	12 138	7 291	5 386
富平县	21 215	3 020	8 347	18 541	25 962	25 475	19 982	12 383	9 504
咸阳地区	904 018	37 405	67 564	138 052	190 818	187 087	139 491	79 397	64 264

表25 （续1）

地区别	合计	1人户	2人户	3人户	4人户	5人户	6人户	7人户	8人及以上户
咸阳市	100 603	5 126	11 394	20 601	23 645	18 934	11 600	5 649	3 604
兴平县	90 494	3 178	6 269	14 038	19 688	19 739	14 366	7 884	5 332
周至县	95 715	2 987	4 968	10 640	17 704	20 459	17 471	11 159	10 327
户县	94 361	4 708	7 306	14 093	20 035	19 276	14 232	8 001	6 710
三原县	65 683	3 268	5 929	11 557	14 503	12 303	8 884	5 183	4 056
泾阳县	80 753	2 858	5 788	13 143	17 899	16 718	12 423	6 885	5 039
高陵县	39 483	1 577	3 296	7 470	9 005	7 919	5 448	2 980	1 788
乾县	86 158	2 741	5 335	11 435	17 720	19 153	14 503	8 321	6 950
礼泉县	76 328	2 522	5 419	12 224	17 396	17 356	11 764	6 063	3 584
永寿县	28 443	1 387	1 938	3 516	5 217	5 702	4 796	3 049	2 838
彬县	46 863	2 188	3 078	5 738	8 746	9 384	7 809	4 710	5 210
长武县	28 031	1 244	1 870	4 046	5 544	5 691	4 565	2 474	2 597
旬邑县	41 075	1 945	2 808	5 508	7 989	8 175	6 573	4 158	3 919
淳化县	30 028	1 676	2 166	4 043	5 727	6 218	5 007	2 881	2 310
汉中地区	731 519	55 352	75 536	125 990	139 895	129 382	95 677	58 655	51 032
汉中市	92 225	9 843	13 620	20 476	18 406	13 919	8 655	4 474	2 832
南郑县	110 964	7 149	10 599	19 890	21 813	20 650	15 510	8 798	6 555
城固县	103 870	9 283	10 939	19 240	21 520	18 490	12 523	6 923	4 952
洋县	86 502	6 350	7 990	13 103	17 101	16 477	12 060	7 158	6 263
西乡县	80 864	6 259	7 613	12 159	14 645	13 967	10 955	7 568	7 698
勉县	86 027	6 390	9 501	17 224	16 319	14 612	10 585	6 319	5 077
宁强县	62 455	2 887	5 188	8 257	10 983	11 968	10 030	6 933	6 209
略阳县	37 416	2 151	3 521	5 770	6 551	6 376	5 059	3 528	4 460
镇巴县	54 625	2 911	4 658	7 672	10 100	10 434	8 207	5 460	5 183
留坝县	9 313	1 086	1 086	1 280	1 399	1 420	1 186	843	1 013
佛坪县	7 258	1 043	821	919	1 058	1 069	907	651	790
安康地区	544 856	44 600	53 549	79 376	93 974	92 567	74 102	51 121	55 567
安康县	155 284	15 082	16 975	22 809	25 335	25 026	19 859	14 118	16 080
汉阴县	54 369	3 965	5 082	8 792	10 135	9 294	7 263	4 892	4 946
石泉县	35 237	2 943	3 632	5 138	5 696	5 656	4 669	3 362	4 141
宁陕县	15 623	2 189	1 944	2 167	2 308	2 292	1 867	1 320	1 536
紫阳县	66 829	5 292	5 998	8 816	12 027	12 488	9 740	6 261	6 207
岚皋县	32 773	2 223	2 780	4 284	5 434	5 754	4 657	3 426	4 215
平利县	48 248	3 930	4 779	7 282	8 456	8 108	6 560	4 490	4 643
镇坪县	11 735	779	1 028	1 650	2 127	2 082	1 728	1 051	1 290
旬阳县	86 325	5 787	8 061	13 369	15 830	15 117	12 181	8 181	7 799
白河县	38 433	2 410	3 270	5 069	6 626	6 750	5 578	4 020	4 710
商洛地区	454 525	38 328	45 929	68 248	82 982	84 569	66 359	40 030	28 080

表25 （续完）

地区别	合计	1人户	2人户	3人户	4人户	5人户	6人户	7人户	8人及以上户
商县	100 710	10 121	10 762	14 947	18 662	19 024	14 594	8 095	4 505
洛南县	86 094	5 590	8 395	14 147	17 568	16 686	12 361	6 911	4 436
丹凤县	56 552	5 047	5 831	8 659	10 333	10 133	8 209	4 916	3 424
商南县	41 791	2 809	3 566	5 499	7 016	7 768	6 658	4 470	4 005
山阳县	82 002	6 726	8 740	12 307	14 574	15 366	12 101	7 454	4 734
镇安县	56 825	4 875	5 661	8 375	9 710	9 995	7 946	5 403	4 860
柞水县	30 551	3 160	2 974	4 314	5 119	5 597	4 490	2 781	2 116
延安地区	342 910	26 701	38 173	54 014	62 497	61 181	47 215	28 876	24 253
延安市	54 980	7 737	8 922	9 532	9 685	8 231	5 560	3 116	2 377
延长县	26 658	1 429	3 230	4 762	4 874	4 845	3 650	2 213	1 655
延川县	27 365	1 329	3 526	4 653	4 731	4 824	4 055	2 500	1 747
子长县	38 037	2 255	5 013	6 916	7 320	7 055	4 993	2 830	1 655
安塞县	25 202	1 167	2 465	3 539	4 855	4 853	3 994	2 346	1 983
志丹县	17 386	677	1 179	2 464	3 141	3 316	2 688	1 793	2 128
吴旗县	17 972	635	1 191	2 509	3 574	3 642	2 740	1 748	1 933
甘泉县	12 842	1 201	1 271	2 031	2 446	2 150	1 652	1 077	1 014
富县	24 899	2 054	2 388	3 876	4 578	4 421	3 460	2 115	2 007
洛川县	29 885	1 238	2 188	3 989	5 678	6 104	5 019	3 162	2 507
宜川县	20 804	1 686	2 398	3 489	3 661	3 691	2 887	1 735	1 257
黄龙县	12 623	2 335	1 340	1 769	2 053	2 046	1 408	942	730
黄陵县	16 864	945	1 470	2 497	3 189	3 197	2 589	1 588	1 389
宜君县	17 393	2 013	1 592	2 168	2 712	2 806	2 520	1 711	1 871
榆林地区	551 793	42 581	65 233	91 500	108 796	107 165	72 929	37 835	25 754
榆林县	65 173	5 167	7 080	10 744	12 742	12 658	8 525	4 875	3 382
神木县	60 072	5 364	7 670	9 635	11 654	11 620	7 832	3 831	2 466
府谷县	37 563	2 932	4 881	6 190	7 160	7 244	5 051	2 512	1 593
横山县	48 155	2 320	4 981	7 655	9 616	9 854	6 724	3 858	3 147
靖边县	38 873	1 301	3 080	5 997	7 983	8 448	5 667	3 387	3 010
定边县	43 823	1 599	2 678	5 784	7 863	9 102	7 424	4 636	4 737
绥德县	65 398	7 145	9 245	12 228	13 469	11 758	7 313	2 974	1 266
米脂县	39 379	3 555	5 193	6 733	8 020	7 595	4 810	2 315	1 158
佳县	46 347	4 565	5 746	7 487	8 950	8 403	6 303	3 141	1 152
吴堡县	15 923	1 793	2 413	2 991	3 036	2 768	1 717	779	426
清涧县	39 737	3 110	5 550	7 353	7 720	7 502	5 038	2 411	1 053
子洲县	51 350	3 730	6 716	8 703	10 583	10 213	6 525	3 116	1 764

表26

甘肃省家庭户的规模

地区别	合计	1人户	2人户	3人户	4人户	5人户	6人户	7人户	8人及以上户
全省	3 730 948	137 399	232 378	463 449	669 159	761 685	640 060	407 795	419 023
兰州市	490 470	25 847	45 180	89 113	100 605	94 637	66 914	36 344	31 830
兰州市区	311 703	21 508	36 086	69 132	69 095	56 394	33 654	15 194	10 640
永登县	77 073	1 686	3 853	8 948	14 265	16 688	14 391	8 817	8 425
皋兰县	33 457	632	1 557	3 766	5 866	7 353	6 206	3 965	4 112
榆中县	68 237	2 021	3 684	7 267	11 379	14 202	12 663	8 368	8 653
嘉峪关市	16 681	787	1 774	4 066	4 094	3 105	1 757	710	388
金昌市	61 055	1 664	4 436	9 403	12 704	12 930	10 237	5 649	4 032
金昌市区	22 153	543	1 821	4 196	5 312	4 973	3 197	1 397	714
永昌县	38 902	1 121	2 615	5 207	7 392	7 957	7 040	4 252	3 318
酒泉地区	157 263	8 097	13 067	27 365	32 916	31 863	22 961	11 943	9 051
玉门市	39 031	1 586	4 122	9 501	9 454	7 343	4 212	1 801	1 012
酒泉县	57 076	3 779	4 640	8 789	11 470	11 691	8 696	4 484	3 527
敦煌县	20 291	828	1 402	2 944	3 779	4 336	3 325	1 920	1 757
金塔县	22 296	979	1 397	2 934	4 515	4 807	3 907	2 145	1 612
肃北蒙古族自治县	1 838	131	177	248	322	294	278	203	185
阿克塞哈萨克族自治县	1 343	51	109	257	263	243	178	115	127
安西县	15 388	743	1 220	2 692	3 113	3 149	2 365	1 275	831
张掖地区	201 197	9 050	12 598	23 811	38 421	44 873	35 331	19 804	17 309
张掖县	77 581	4 484	5 608	9 884	14 828	17 244	13 065	6 744	5 724
肃南裕固族自治县	6 001	202	349	597	841	1 122	1 145	814	931
民乐县	35 945	868	1 811	3 435	6 264	8 199	7 157	4 343	3 868
临泽县	22 856	1 116	1 324	2 620	4 431	4 886	3 969	2 354	2 156
高台县	25 185	1 147	1 390	2 754	4 859	5 859	4 528	2 485	2 163
山丹县	33 629	1 233	2 116	4 521	7 198	7 563	5 467	3 064	2 467
武威地区	300 882	9 540	14 913	32 193	49 974	59 455	55 139	38 019	41 649
武威县	140 366	5 513	7 222	15 337	23 365	27 288	25 016	17 063	19 562
民勤县	47 161	1 827	2 902	5 991	8 204	9 454	8 419	5 527	4 837
古浪县	51 672	930	2 039	4 941	8 667	10 265	10 132	7 181	7 517
景泰县	30 188	576	1 439	3 210	4 900	6 204	5 446	3 745	4 668
天祝藏族自治县	31 495	694	1 311	2 714	4 838	6 244	6 126	4 503	5 065

表26 （续1）

地区别	合计	1人户	2人户	3人户	4人户	5人户	6人户	7人户	8人及以上户
定西地区	478 721	12 115	21 230	47 126	77 949	97 879	90 626	62 510	69 286
定西县	67 673	2 076	3 398	7 104	10 893	13 673	12 757	8 584	9 188
靖远县	73 863	942	3 139	7 673	11 116	13 668	13 233	9 920	14 172
会宁县	73 116	950	2 190	6 183	11 685	15 039	14 154	10 394	12 521
通渭县	60 825	1 739	2 265	4 618	8 618	12 400	12 601	8 890	9 694
陇西县	70 069	2 449	3 833	7 703	11 356	13 995	12 845	8 919	8 969
渭源县	53 220	1 741	2 530	5 230	9 312	11 613	10 183	6 428	6 183
临洮县	79 955	2 218	3 875	8 615	14 969	17 491	14 853	9 375	8 559
天水地区	679 111	26 893	40 704	73 567	110 591	137 365	122 881	81 907	85 203
天水市	41 526	3 500	4 218	7 549	8 490	7 366	5 126	2 797	2 480
张家川回族自治县	38 249	892	1 685	3 400	5 850	8 010	7 392	5 179	5 841
天水县	133 420	4 926	8 297	14 594	20 613	26 228	24 241	16 681	17 840
清水县	45 465	1 725	2 394	4 529	7 668	9 406	8 267	5 591	5 885
徽县	36 806	2 191	2 762	4 627	6 470	6 973	5 872	3 817	4 094
两当县	9 581	758	899	1 332	1 580	1 699	1 369	907	1 037
礼县	75 254	2 696	4 197	8 064	12 575	15 990	13 870	9 182	8 680
西和县	54 862	2 318	3 285	5 921	9 176	11 212	9 791	6 482	6 677
武山县	60 736	2 002	3 747	6 399	9 389	13 042	11 727	7 591	6 839
甘谷县	77 014	2 532	3 843	7 022	11 747	15 742	15 042	10 249	10 837
秦安县	79 063	2 445	3 865	7 027	12 103	15 662	15 139	10 350	12 472
漳县	27 135	908	1 512	3 103	4 930	6 035	5 045	3 081	2 521
武都地区	323 139	14 068	22 776	38 494	56 963	68 518	56 446	35 520	30 354
武都县	85 431	4 205	6 582	10 432	15 045	17 780	14 889	9 192	7 306
岷县	68 649	1 959	3 504	6 757	11 554	16 306	13 540	8 154	6 875
宕昌县	47 026	1 534	2 414	4 854	8 764	10 997	8 815	5 405	4 243
成县	42 051	2 334	3 415	5 759	7 811	8 377	6 621	4 090	3 644
康县	37 909	2 040	3 172	5 150	6 491	7 004	5 981	4 060	4 011
文县	42 073	1 999	3 689	5 542	7 298	8 054	6 600	4 619	4 275
平凉地区	319 538	10 291	16 797	33 496	54 758	66 660	57 571	37 197	42 768
平凉县	67 232	2 190	4 560	8 781	12 544	13 590	10 994	7 052	7 521
泾川县	53 437	2 029	3 094	6 437	10 708	12 231	9 132	5 066	4 740
灵台县	36 969	2 017	2 189	3 740	5 837	7 061	6 530	4 396	5 199
崇信县	13 589	444	686	1 252	2 277	2 747	2 503	1 649	2 031
华亭县	26 967	1 010	1 922	3 669	4 859	5 208	4 105	2 862	3 332
庄浪县	56 368	1 196	2 020	4 397	8 546	11 830	11 023	7 452	9 904
静宁县	64 976	1 405	2 326	5 220	9 987	13 993	13 284	8 720	10 041

表26

（续完）

地区别	合计	1人户	2人户	3人户	4人户	5人户	6人户	7人户	8人及以上户
庆阳地区	357 976	9 878	21 492	49 532	72 512	74 995	58 597	35 426	35 544
庆阳县	86 486	2 392	6 125	14 037	19 151	17 892	12 740	7 263	6 886
环县	44 181	956	2 059	4 694	8 120	9 100	7 590	5 073	6 319
华池县	17 869	441	1 006	2 570	3 622	3 747	2 811	1 713	1 959
合水县	24 184	670	1 408	3 345	4 812	4 929	4 061	2 549	2 410
正宁县	33 222	1 029	2 068	4 443	6 285	6 958	5 807	3 481	3 151
宁县	76 436	2 139	4 312	10 148	15 087	16 307	13 220	7 857	7 366
镇原县	75 598	2 251	4 514	10 025	15 435	16 062	12 368	7 490	7 453
临夏回族自治州	248 993	4 878	11 093	24 322	41 803	51 316	45 380	31 553	38 648
临夏县	79 320	1 984	3 869	8 807	14 685	17 354	13 938	8 734	9 949
康乐县	30 201	498	1 081	2 682	5 180	6 325	5 631	4 000	4 804
永靖县	29 575	649	1 691	3 163	4 763	5 690	5 275	3 776	4 568
广河县	21 952	294	819	1 815	3 244	4 179	4 040	3 094	4 467
和政县	25 357	439	978	2 308	4 384	5 398	4 774	3 239	3 837
东乡族自治县	31 865	503	1 497	2 682	4 109	5 692	5 913	4 865	6 604
积石山保安族东乡族撒拉族自治县	30 723	511	1 158	2 865	5 438	6 678	5 809	3 845	4 419
甘南藏族自治州	95 922	4 291	6 318	10 961	15 869	18 089	16 220	11 213	12 961
临潭县	22 606	666	1 196	2 435	4 194	4 980	4 067	2 593	2 425
卓尼县	13 741	373	618	1 239	2 192	2 667	2 577	1 741	2 334
舟曲县	18 995	625	1 136	1 980	3 210	3 859	3 497	2 433	2 255
迭部县	8 140	294	707	1 102	1 333	1 400	1 262	941	1 101
玛曲县	5 007	336	493	706	797	720	698	536	721
碌曲县	4 615	321	422	698	801	756	701	416	500
夏河县	22 818	1 676	1 746	2 801	3 342	3 707	3 418	2 553	3 575

表27

青海省家庭户的规模

地区别	合计	1人户	2人户	3人户	4人户	5人户	6人户	7人户	8人及以上户
全省	718 473	39 612	51 024	86 252	113 285	126 155	113 379	81 170	107 596
西宁市	183 145	10 346	15 919	28 172	35 589	35 514	26 634	14 917	16 054
西宁市区	121 819	8 340	13 188	22 740	26 676	23 179	14 985	7 108	5 603
大通县	57 721	1 897	2 367	4 897	8 209	11 462	10 971	7 563	10 355
青海矿区	3 605	109	364	535	704	873	678	246	96
海东地区	291 210	8 015	12 778	24 776	38 815	51 599	53 550	42 605	69 072
平安县	14 665	320	846	1 396	2 175	2 633	2 644	2 002	2 646
民和县	47 997	1 000	1 839	3 931	6 010	8 267	8 802	7 391	10 757
乐都县	45 831	1 300	2 301	4 456	6 692	8 352	8 474	6 463	7 793
湟中县	66 212	1 565	2 514	4 957	8 790	12 196	12 686	10 065	13 439
湟源县	21 501	968	1 066	2 008	2 998	4 210	4 330	2 864	3 057
互助土族自治县	50 056	995	1 772	3 723	6 356	8 891	9 503	7 366	11 450
化隆回族自治县	29 741	973	1 455	2 726	3 723	4 587	4 777	4 422	7 078
循化撒拉族自治县	15 207	894	982	1 579	2 071	2 463	2 334	2 032	2 852
海北藏族自治州	39 561	3 165	2 569	4 158	5 510	6 555	6 093	4 654	6 857
门源回族自治县	22 218	1 882	1 137	1 972	2 846	3 756	3 670	2 834	4 121
祈连县	6 364	366	410	683	891	1 027	904	755	1 328
海晏县	3 187	420	146	242	366	450	503	415	645
刚察县	7 792	497	876	1 261	1 407	1 322	1 016	650	763
黄南藏族自治州	24 904	2 386	1 770	3 304	3 668	3 578	3 442	2 776	3 980
同仁县	11 459	1 163	874	1 567	1 684	1 705	1 632	1 223	1 611
尖扎县	6 231	313	396	699	892	906	908	808	1 309
泽库县	7 214	910	500	1 038	1 092	967	902	745	1 060
直辖行政单位 河南蒙古族自治县	4 173	574	340	477	616	571	562	453	580
海南藏族自治州	59 491	3 879	4 716	7 819	9 746	10 074	8 523	6 210	8 524
共和县	20 784	1 856	2 247	3 159	3 648	3 265	2 495	1 656	2 458
同德县	6 318	384	297	676	946	1 089	928	783	1 215
贵德县	14 836	773	1 008	1 803	2 440	2 780	2 506	1 691	1 835
兴海县	7 384	270	480	990	1 072	1 185	1 042	919	1 426
贵南县	10 169	596	584	1 191	1 640	1 755	1 552	1 161	1 590

表27 （续完）

地区别	合计	1人户	2人户	3人户	4人户	5人户	6人户	7人户	8人及以上户
果洛藏族自治州	22 558	3 681	2 375	3 108	3 081	2 989	2 409	1 848	3 067
玛沁县	5 086	746	508	702	720	739	576	420	675
班玛县	3 425	339	392	530	496	490	404	292	482
甘德县	4 371	769	473	608	587	526	423	355	630
达日县	4 287	640	478	584	607	523	496	355	604
久治县	3 296	666	313	450	406	435	332	268	426
玛多县	2 093	521	211	234	265	276	178	158	250
玉树藏族自治州	40 627	5 378	4 427	5 339	5 378	5 289	4 706	3 842	6 268
玉树县	11 935	1 752	1 490	1 735	1 566	1 544	1 247	1 012	1 589
杂多县	5 124	503	555	589	686	642	620	539	990
称多县	6 707	749	693	896	909	912	875	670	1 003
治多县	3 625	532	372	479	515	532	451	325	419
囊谦县	9 617	1 338	944	1 153	1 158	1 162	1 048	980	1 834
曲麻莱县	3 619	504	373	487	544	497	465	316	433
海西蒙古族藏族哈萨克族自治州	52 804	2 188	6 130	9 099	10 882	9 986	7 460	3 865	3 194
格尔木市	12 251	969	1 205	1 960	2 597	2 532	1 867	742	379
大柴旦（地区）	4 052	101	456	630	751	895	710	359	150
冷湖地区	3 690	101	533	961	1 150	713	191	32	9
茫崖（地区）	4 071	37	578	902	991	713	497	258	95
乌兰县	14 907	600	1 807	2 553	2 952	2 717	2 134	1 179	965
都兰县	11 135	290	1 332	1 669	1 970	1 969	1 649	1 017	1 239
天峻县	2 698	90	219	424	471	447	412	278	357

表28

宁夏回族自治区家庭户的规模

地区别	合计	1人户	2人户	3人户	4人户	5人户	6人户	7人户	8人及以上户
全区	736 854	41 624	51 369	89 980	118 210	128 007	119 086	87 555	101 023
银川市	146 373	10 958	13 203	23 496	30 223	27 950	20 883	11 543	8 117
银川市区	83 527	6 956	8 729	16 015	19 202	15 623	9 806	4 588	2 608
永宁县	30 738	2 031	2 073	3 467	5 379	6 042	5 367	3 451	2 928
贺兰县	32 108	1 971	2 401	4 014	5 642	6 285	5 710	3 504	2 581
石咀山市	114 123	11 271	10 136	16 110	21 008	20 671	16 793	10 468	7 666
石咀山市区	64 375	8 046	6 293	9 845	12 567	11 520	8 332	4 699	3 073
平罗县	46 020	3 003	3 539	5 783	7 769	8 495	7 864	5 335	4 232
陶乐县	3 728	222	304	482	672	656	597	434	361
银南地区	254 531	14 759	17 596	29 526	39 482	44 577	43 555	32 125	32 911
吴忠县	43 551	4 555	3 017	5 104	7 097	7 850	6 811	4 676	4 441
青铜峡县	35 902	1 845	2 402	4 272	6 082	6 812	6 554	4 409	3 526
中卫县	46 561	1 983	3 181	5 287	7 440	8 575	8 396	6 195	5 504
中宁县	34 825	1 910	2 716	4 139	5 622	6 338	6 165	4 301	3 634
灵武县	35 409	1 786	2 658	4 670	5 946	6 485	5 942	4 085	3 837
盐池县	21 259	905	1 099	1 960	2 797	3 526	4 240	3 141	3 591
同心县	37 024	1 775	2 523	4 094	4 498	4 991	5 447	5 318	8 378
固原地区	221 827	4 636	10 434	20 848	27 497	34 809	37 855	33 419	52 329
固原县	91 541	2 199	4 553	9 203	11 556	14 071	15 286	13 413	21 260
海原县	39 655	581	1 917	3 970	5 074	6 055	6 325	5 955	9 778
西吉县	49 541	732	2 026	4 255	5 801	7 396	8 311	7 711	13 309
隆德县	27 545	801	1 265	2 272	3 305	5 099	5 537	4 281	4 985
泾源县	13 545	323	673	1 148	1 761	2 188	2 396	2 059	2 997

表29　新疆维吾尔自治区家庭户的规模

地区别	合计	1人户	2人户	3人户	4人户	5人户	6人户	7人户	8人及以上户
全区	2 926 972	279 713	339 212	485 867	522 301	489 465	358 174	222 822	229 418
乌鲁木齐市	247 102	14 126	28 559	46 139	52 880	50 129	31 294	13 922	10 053
乌鲁木齐市区	212 639	10 252	25 320	41 614	47 654	44 692	26 822	10 619	5 666
乌鲁木齐县	34 463	3 874	3 239	4 525	5 226	5 437	4 472	3 303	4 387
克拉玛依市	33 487	513	3 508	7 477	7 442	6 422	4 881	2 198	1 046
石河子市	116 139	2 233	14 685	21 440	26 111	26 787	16 325	5 981	2 577
吐鲁番地区	85 122	7 993	7 583	12 130	13 981	14 039	11 528	8 171	9 697
吐鲁番县	37 448	2 396	3 465	5 812	6 510	6 520	5 029	3 549	4 167
鄯善县	29 767	3 627	2 803	4 178	4 879	4 697	3 912	2 718	2 953
托克逊县	17 907	1 970	1 315	2 140	2 592	2 822	2 587	1 904	2 577
哈密地区	80 660	8 375	7 135	11 118	13 393	14 392	11 615	7 394	7 238
哈密市	21 817	2 305	2 368	4 045	4 282	4 039	2 796	1 330	652
哈密县	35 780	3 587	3 290	4 584	5 830	6 376	5 322	3 468	3 323
巴里坤哈萨克自治县	19 584	2 001	1 237	2 082	2 804	3 417	3 000	2 229	2 814
伊吾县	3 479	482	240	407	477	560	497	367	449
昌吉回族自治州	240 439	29 633	18 988	28 059	37 865	40 749	34 117	23 784	27 244
昌吉县	45 999	5 078	4 646	6 744	8 486	8 399	5 987	3 474	3 185
米泉县	27 926	2 806	2 392	3 506	4 674	4 982	4 039	2 613	2 914
呼图壁县	34 403	4 415	2 790	4 085	5 359	5 785	4 826	3 397	3 746
玛纳斯县	29 549	4 649	2 061	2 966	4 347	4 756	4 368	3 029	3 373
奇台县	40 430	4 859	2 807	4 034	6 083	6 737	5 946	4 471	5 493
阜康县	23 205	2 619	1 810	3 017	4 045	4 216	3 276	2 034	2 188
吉木萨尔县	23 479	2 996	1 550	2 262	3 086	3 566	3 432	2 828	3 759
木垒哈萨克自治县	15 448	2 211	932	1 445	1 785	2 308	2 243	1 938	2 586
伊犁哈萨克自治州	361 237	29 933	31 231	47 894	59 138	61 642	51 245	35 839	44 315
伊宁市	48 058	5 584	4 660	6 734	7 774	7 409	5 911	4 250	5 736
奎屯市	46 941	961	5 866	8 389	10 231	10 754	6 935	2 631	1 174
伊宁县	56 821	5 199	4 277	6 755	8 398	8 563	7 880	6 430	9 319
察布查尔锡伯自治县	27 025	2 506	1 980	3 167	4 148	4 640	4 100	2 974	3 510

表29 （续1）

地区别	合计	1人户	2人户	3人户	4人户	5人户	6人户	7人户	8人及以上户
霍城县	55 430	4 648	5 010	7 011	8 616	9 164	8 004	5 802	7 175
巩留县	21 375	2 110	1 398	2 281	3 085	3 366	3 120	2 499	3 516
新源县	42 576	3 376	3 583	5 860	7 019	7 321	6 184	4 277	4 956
昭苏县	22 371	1 608	1 537	2 753	3 612	3 911	3 409	2 542	2 994
特克斯县	19 238	1 932	1 479	2 409	3 039	3 013	2 556	2 041	2 769
尼勒克县	21 402	2 009	1 441	2 530	3 216	3 501	3 146	2 393	3 166
塔城地区	138 893	14 663	10 743	16 746	20 547	22 609	20 242	14 422	18 921
塔城县	24 769	2 762	2 150	3 324	3 886	3 902	3 707	2 430	2 608
额敏县	29 933	2 330	2 475	3 727	4 927	5 426	4 578	2 884	3 586
乌苏县	29 009	3 294	2 495	3 835	4 460	4 631	3 763	2 846	3 685
沙湾县	27 652	2 210	1 781	2 772	3 494	4 558	4 563	3 500	4 774
托里县	11 107	1 045	619	1 159	1 526	1 719	1 543	1 281	2 215
裕民县	9 038	1 907	654	1 082	1 228	1 325	1 130	756	956
和布克赛尔蒙古自治县	7 385	1 115	569	847	1 026	1 048	958	725	1 097
阿勒泰地区	90 072	6 043	6 186	11 405	14 517	16 326	13 394	9 389	12 812
阿勒泰县	32 767	1 303	2 605	4 619	6 043	6 623	5 149	2 916	3 509
布尔津县	8 545	570	513	1 000	1 096	1 398	1 212	1 090	1 666
富蕴县	14 712	1 367	878	1 737	2 183	2 473	2 189	1 646	2 239
福海县	10 539	545	742	1 451	1 937	2 033	1 500	1 008	1 323
哈巴河县	10 305	610	559	1 088	1 495	1 823	1 605	1 275	1 850
青河县	7 132	667	396	751	929	1 063	1 002	883	1 441
吉木乃县	6 072	981	493	759	834	913	737	571	784
博尔塔拉蒙古自治州	62 293	6 822	5 037	8 129	9 859	11 013	9 068	5 688	5 677
博乐县	28 152	2 807	2 355	3 783	4 719	5 377	4 171	2 468	2 472
精河县	19 827	2 404	1 674	2 780	3 189	3 382	2 798	1 788	1 812
温泉县	13 314	1 611	1 008	1 566	1 951	2 254	2 099	1 432	1 393
巴音郭楞蒙古自治州	171 739	17 376	19 480	29 368	33 278	29 883	20 024	11 364	10 966
库尔勒市	27 232	1 728	3 080	5 201	6 248	5 545	3 079	1 344	1 007
库尔勒县	16 676	905	1 988	3 241	3 631	3 034	1 974	1 001	902
轮台县	16 205	2 240	1 867	2 529	2 555	2 396	1 948	1 325	1 345
尉犁县	17 426	1 584	2 236	3 307	3 846	3 286	1 796	797	574
若羌县	5 773	939	798	945	1 007	848	640	325	271
且末县	8 798	1 149	1 101	1 631	1 527	1 255	897	639	599
焉耆回族自治县	26 885	2 924	2 803	4 352	5 267	4 583	3 098	1 793	2 065
和静县	32 417	3 769	3 183	4 824	5 751	5 762	4 131	2 579	2 418

表29 （续完）

地区别	合计	1人户	2人户	3人户	4人户	5人户	6人户	7人户	8人及以上户
和硕县	11 966	1 403	1 683	2 187	2 052	1 827	1 389	755	670
博湖县	8 361	735	141	1 151	1 394	1 347	1 072	806	1 115
阿克苏地区	343 581	32 957	40 003	59 727	64 261	56 237	39 614	25 560	25 222
阿克苏县	81 063	8 653	11 647	16 138	17 645	12 936	7 111	3 748	3 185
温宿县	37 240	3 765	4 376	6 231	7 010	5 909	4 341	2 800	2 808
库车县	65 919	5 274	6 351	10 187	11 610	11 352	8 845	6 060	6 240
沙雅县	33 667	4 196	3 765	5 432	5 426	5 150	3 908	2 744	3 046
新和县	23 161	1 667	2 193	3 793	4 011	4 079	3 078	2 153	2 187
拜城县	34 231	3 764	3 851	5 896	5 789	5 637	4 131	2 681	2 482
乌什县	31 566	2 371	3 804	5 669	5 986	5 203	3 689	2 453	2 391
阿瓦提县	30 130	2 304	3 389	5 373	5 649	4 934	3 688	2 396	2 397
柯坪县	6 604	963	627	1 008	1 135	1 037	823	525	486
克孜勒苏柯尔克孜自治州	63 120	4 093	6 395	10 041	11 311	10 964	8 295	6 033	5 988
阿图什县	26 766	1 174	2 425	4 045	4 769	4 873	3 824	2 796	2 860
阿克陶县	24 361	1 747	2 888	4 240	4 428	4 103	2 879	2 118	1 958
阿合奇县	5 231	820	433	757	871	800	646	433	470
乌恰县	6 762	352	649	999	1 242	1 188	946	686	700
喀什地区	590 236	65 053	89 407	115 867	105 885	86 833	58 315	35 972	32 904
喀什市	62 811	6 808	7 775	10 803	11 301	9 902	7 042	4 533	4 647
疏附县	40 605	3 246	5 490	7 435	7 543	6 545	4 727	2 963	2 656
疏勒县	53 647	5 700	8 252	11 151	10 080	8 102	5 188	2 953	2 221
英吉沙县	37 796	3 501	5 597	7 340	6 901	5 844	4 026	2 468	2 119
泽普县	30 064	4 162	5 043	6 134	5 212	3 942	2 624	1 540	1 407
莎车县	121 035	17 970	20 526	23 969	20 621	16 096	10 441	6 157	5 255
叶城县	64 873	6 707	9 875	13 050	11 913	9 490	6 294	3 893	3 651
麦盖提县	37 435	5 007	5 534	7 148	6 575	5 503	3 389	2 118	2 161
岳普湖县	23 915	2 276	3 817	50 88	4 261	3 626	2 333	1 445	1 069
伽师县	53 510	4 483	7 760	10 940	9 909	8 290	5 770	3 552	2 806
巴楚县	61 251	5 012	9 489	12 466	11 176	9 043	6 069	3 955	4 041
塔什库尔干塔吉克自治县	3 294	181	249	343	393	450	412	395	871
和田地区	303 852	39 900	50 272	60 327	51 833	41 440	28 217	17 105	14 758
和田县	73 420	9 160	12 792	14 611	12 535	9 927	6 789	4 036	3 570
墨玉县	76 915	11 420	13 839	15 543	13 032	9 789	6 548	3 837	2 907
皮山县	41 216	5 724	6 327	7 920	6 763	5 594	3 947	2 525	2 416
洛浦县	44 023	5 563	7 028	8 659	7 755	6 286	4 136	2 515	2 081
策勒县	25 658	3 180	4 117	5 054	4 314	3 624	2 456	1 521	1 392
于田县	36 808	4 011	5 407	7 605	6 571	5 347	3 684	2 248	1 935
民丰县	5 812	842	762	935	863	873	657	423	457

二、1982年各省、自治区、直辖市家庭户的类别

表30

北京市家庭户的类别

地区别	合计	一对夫妇户	二代户	三代以上户	一代户和其他亲属及非亲属	二代户和其他亲属及非亲属	三代以上户和其他亲属及非亲属	单身户
全市	2 337 261	174 440	1 448 929	370 224	37 128	48 403	20 280	237 857
市辖区	1 432 006	110 873	871 134	235 108	27 609	33 281	13 609	140 392
东城区	172 754	12 561	93 944	35 111	4 516	5 503	2 625	18 494
西城区	203 713	15 950	112 339	39 899	5 138	6 162	3 025	21 200
崇文区	117 474	8 575	65 784	22 772	2 807	2 869	1 166	13 501
宣武区	145 582	11 114	81 996	29 041	3 150	3 595	1 457	15 229
朝阳区	261 565	21 447	167 196	36 362	3 549	5 011	1 820	26 180
丰台区	143 495	9 964	97 378	21 281	1 568	2 064	675	10 565
石景山区	56 304	4 982	36 631	8 222	662	845	315	4 647
海淀区	251 043	19 505	160 112	33 243	5 373	6 073	2 208	24 529
门头沟区	61 509	4 838	41 746	7 680	771	845	234	5 395
燕山区	18 567	1 937	14 008	1 497	75	314	84	652
县	95 255	63 567	577 795	135 116	9 519	15 122	6 671	97 465
昌平县	99 059	8 121	62 655	13 377	1 320	1 324	354	11 908
顺义县	123 510	8 967	75 376	19 640	1 202	1 582	832	15 911
通县	138 281	9 832	88 222	20 889	1 294	2 061	1 015	14 968
大兴县	98 066	5 941	60 239	20 173	1 012	1 757	1 094	7 850
房山县	148 661	9 610	99 379	19 613	1 728	2 694	893	14 744
平谷县	83 728	6 272	53 727	12 436	596	1 245	650	8 802
怀柔县	56 746	3 857	35 500	8 431	788	1 178	551	6 441
密云县	94 163	6 211	62 070	12 803	730	2 067	886	9 391
延庆县	63 041	4 756	40 627	7 749	849	1 214	396	7 450

表31

天津市家庭户的类别

地区别	合计	一对夫妇户	二代户	三代以上户	一代户和其他亲属及非亲属	二代户和其他亲属及非亲属	三代以上户和其他亲属及非亲属	单身户
全市	1 914 039	123 666	1 258 093	277 174	25 369	36 546	13 641	179 550
市辖区	1 307 765	85 044	863 320	181 761	20 201	20 896	6 365	130 178
和平区	137 725	7 956	79 407	28 869	3 259	3 377	1 234	13 623
河东区	125 623	7 810	80 381	19 388	2 266	2 247	682	12 849
河西区	132 118	8 114	83 568	21 479	2 484	2 580	833	13 060
南开区	138 186	8 507	86 348	22 876	2 769	2 337	766	14 583
河北区	150 923	9 092	95 472	25 068	2 916	2 624	879	14 872
红桥区	141 660	9 210	90 056	20 994	2 689	2 191	609	15 911
塘沽区	94 340	7 459	67 593	8 776	892	1 153	273	8 194
汉沽区	40 084	3 879	28 291	2 862	444	624	97	3 887
大港区	58 194	3 726	42 709	4 789	389	985	271	5 325
东郊区	65 348	4 488	47 738	6 058	465	655	159	5 785
西郊区	72 454	4 510	51 920	6 822	621	649	193	7 739
南郊区	80 936	5 498	59 205	6 862	526	760	182	7 903
北郊区	70 174	4 795	50 632	6 918	481	714	187	6 447
县	606 274	38 622	394 773	95 413	5 168	15 650	7 276	49 372
宁河县	67 664	4 234	46 336	8 264	666	1 672	679	5 813
武清县	166 680	9 708	107 746	25 745	1 450	4 571	2 004	15 456
静海县	102 150	6 653	67 557	13 114	1 101	2 741	976	10 008
宝坻县	119 255	8 372	74 716	22 612	905	3 135	1 774	7 741
蓟县	150 525	9 655	98 418	25 678	1 046	3 531	1 843	10 354

表32

河北省家庭户的类别

地区别	合计	一对夫妇户	二代户	三代以上户	一代户和其他亲亲及非亲属	一代户和其他亲属及非亲属	三代以上户和其他亲属及非亲属	单身户
全省	12 317 209	726 203	7 963 098	1 952 575	143 056	324 158	149 715	1 058 404
石家庄市	264 494	19 144	172 928	35 129	3 375	4 322	1 526	28 070
唐山市	347 185	25 719	234 949	34 198	6 051	6 200	1 522	38 546
邯郸地区	1 410 667	78 489	897 946	232 835	19 212	35 963	16 926	129 296
邯郸市	199 921	11 304	131 913	21 341	4 554	4 145	1 010	25 654
大名县	114 491	6 104	66 643	26 273	1 619	3 368	2 415	8 069
魏县	120 529	5 703	77 352	24 932	942	3 797	2 141	5 662
曲周县	64 862	3 966	37 207	14 718	954	1 966	1 285	4 766
丘县	35 892	2 994	22 153	6 765	337	585	331	2 727
鸡泽县	37 580	1 874	22 243	8 461	600	1 163	714	2 525
肥乡县	52 947	3 110	32 588	10 642	545	1 633	848	3 581
广平县	40 098	2 369	24 313	8 513	436	1 204	657	2 606
成安县	62 264	4 486	39 712	11 094	490	1 274	592	4 616
临漳县	92 361	4 175	58 002	18 612	1 193	2 436	1 620	6 323
磁县	107 682	5 018	67 787	19 701	1 618	2 812	1 360	9 386
武安县	140 425	7 503	95 933	13 916	1 954	2 820	667	17 632
涉县	86 156	5 221	57 560	7 224	1 383	1 375	323	13 070
永年县	142 123	7 923	91 540	20 938	1 646	4 578	1 709	13 789
邯郸县	63 479	3 223	42 586	10 386	496	1 544	635	4 609
馆陶县	49 857	3 516	30 414	9 319	445	1 263	619	4 281
邢台地区	1 121 521	59 897	694 693	211 545	14 025	32 524	16 587	92 250
邢台市	74 293	4 177	51 167	7 278	1 852	1 194	321	8 304
邢台县	85 145	4 227	54 923	15 079	864	1 852	841	7 359
沙河县	79 644	4 350	54 044	10 072	916	1 853	570	7 839
临城县	33 917	2 025	22 338	5 921	280	811	392	2 150
内丘县	43 258	2 334	27 831	9 064	310	835	543	2 341
柏乡县	30 883	1 382	18 533	6 694	324	1 151	681	2 118
隆尧县	80 154	3 840	48 639	17 382	839	2 390	1 520	5 544
任县	49 199	2 654	29 272	11 651	412	1 413	963	2 834
南和县	47 433	1 797	28 676	10 769	533	1 931	1 219	2 508
宁晋县	124 765	6 368	75 530	23 795	1 680	4 405	1 965	11 373
南宫县	88 669	4 459	51 056	18 731	1 430	2 886	1 598	8 509
巨鹿县	58 810	2 939	35 623	11 584	645	1 456	885	5 678
新河县	32 228	1 753	20 173	4 976	415	972	402	3 537
广宗县	43 347	2 553	27 057	8 839	415	1 144	613	2 726
平乡县	41 572	1 823	23 628	10 059	510	1 681	1 143	2 728
威县	97 264	7 081	59 196	18 070	1 105	2 771	1 113	7 928
清河县	56 668	3 005	34 003	11 517	660	1 904	955	4 624
临西县	54 272	3 130	33 004	10 064	835	2 226	863	4 150
石家庄地区	1 363 081	81 676	867 179	228 605	15 678	32 250	15 261	122 432

表32 （续1）

地区别	计 计	一对夫妇户	二代户	三代以上户	一代户和其他亲属及非亲属	二代户和其他亲属及非非	三代以上户和其他亲属及非亲属	单身户
束鹿县	133 131	9 318	79 577	23 257	1 346	2 570	1 366	15 697
晋县	101 009	9 605	66 618	12 470	801	1 551	497	9 467
深泽县	50 834	3 623	33 189	7 612	480	985	400	4 545
无极县	91 967	5 818	62 870	13 306	673	1 386	552	7 362
藁城县	135 815	8 307	88 987	24 029	1 074	3 187	1 467	8 764
赵县	98 448	5 500	62 102	17 238	1 509	2 145	955	8 999
栾城县	61 634	2 599	36 453	13 891	925	1 999	1 320	4 447
正定县	108 678	6 598	70 147	18 181	923	2 448	1 299	9 082
新乐县	73 421	3 552	48 335	12 890	963	1 677	855	5 149
高邑县	30 092	1 388	19 518	6 287	220	703	421	1 555
元氏县	63 906	2 734	39 222	13 418	1 041	1 890	1 090	4 511
赞皇县	41 065	2 565	28 232	5 407	420	992	318	3 131
井陉县	69 411	3 085	41 462	11 532	1 075	2 799	1 182	8 276
获鹿县	64 215	3 791	38 280	12 662	677	1 581	959	6 265
平山县	101 979	5 777	61 591	17 803	1 516	5 823	1 290	11 179
灵寿县	58 453	3 302	37 833	8 411	1 030	1 510	637	5 730
行唐县	79 023	4 114	52 763	10 211	1 005	2 004	653	8 273
保定地区	1 887 513	100 697	1 206 872	321 726	25 843	54 094	25 362	152 919
保定市	133 729	10 584	88 594	11 792	2 000	1 947	424	18 388
易县	105 217	5 045	66 934	17 459	1 382	3 288	1 514	9 595
满城县	78 364	3 675	50 254	14 383	899	2 468	1 105	5 580
徐水县	96 128	4 341	60 416	18 414	1 402	3 757	1 909	5 889
涞源县	57 882	4 166	39 721	4 403	1 064	1 143	220	7 165
定兴县	90 947	4 309	55 936	18 675	1 047	3 553	1 747	5 680
完县	59 676	3 140	39 925	8 915	601	1 301	560	5 234
唐县	96 108	4 971	63 935	13 531	1 085	2 010	824	9 752
望都县	46 711	2 404	30 767	8 151	427	1 291	588	3 083
涞水县	65 467	4 080	44 599	9 558	592	1 416	602	4 620
涿县	94 433	4 806	57 966	17 472	1 905	3 552	1 692	7 040
清苑县	119 469	6 004	76 242	23 167	1 220	3 955	1 907	6 974
高阳县	57 303	3 315	36 261	10 578	631	1 423	612	4 483
安新县	74 011	5 123	51 443	9 838	520	1 603	595	4 889
雄县	57 190	3 375	37 023	10 797	424	1 574	766	3 231
容城县	41 382	2 302	25 179	8 517	403	1 368	723	2 890
新城县	80 526	3 808	48 687	19 027	924	2 694	1 598	3 788
曲阳县	90 009	3 790	60 674	12 648	1 311	2 460	915	8 211
阜平县	44 785	2 420	30 246	4 672	1 015	927	303	5 202
定县	195 548	7 833	117 299	38 870	4 820	6 659	3 652	16 415
安国县	75 306	4 095	45 110	15 162	916	2 107	1 195	6 721
博野县	45 076	2 386	29 240	8 659	455	1 177	581	2 578
蠡县	82 246	4 725	50 421	17 038	800	2 421	1 330	5 511
张家口地区	1 039 332	78 436	730 450	65 985	12 827	15 258	2 412	133 964
张家口市	167 984	15 650	114 695	12 560	1 873	2 079	355	20 772

表32

（续2）

地区别	合计	一对夫妇户	二代户	三代以上户	一代户和其他亲属及非亲属	二代户和其他亲属及非亲属	三代以上户和其他亲属及非亲属	单身户
张北县	92 417	7 412	68 375	4 479	954	1 195	140	9 862
康保县	69 257	6 053	51 335	2 848	710	698	74	7 539
沽源县	52 054	3 742	38 885	3 980	486	815	164	3 982
尚义县	44 364	3 931	33 471	1 898	379	397	48	4 240
蔚县	112 780	6 441	74 394	7 031	2 097	1 923	243	20 651
阳原县	64 526	4 366	45 119	3 242	795	946	95	9 963
怀安县	59 430	4 198	42 872	2 696	775	555	49	8 285
万全县	49 443	4 041	34 769	3 130	468	641	92	6 302
怀来县	72 498	5 686	50 105	4 900	976	1 104	182	9 545
涿鹿县	79 450	5 054	54 150	5 816	1 254	1 584	278	11 314
宣化县	78 549	5 304	55 515	3 888	986	1 469	143	11 244
赤城县	66 515	4 384	45 113	7 559	689	1 357	462	6 951
崇礼县	30 065	2 174	21 652	1 958	385	495	87	3 314
承德地区	785 943	35 908	521 194	120 167	8 334	28 318	14 895	57 127
承德市	82 361	6 325	55 492	6 749	961	1 127	342	11 365
青龙县	101 713	4 861	67 888	16 836	910	3 571	1 880	5 767
宽城县	44 453	2 128	29 838	6 677	485	1 886	927	2 512
兴隆县	64 070	3 052	42 317	10 103	636	2 208	1 156	4 598
平泉县	85 441	3 256	57 236	13 771	877	3 388	1 888	5 025
承德县	95 859	3 787	63 748	15 566	904	3 754	1 983	6 117
滦平县	63 567	2 692	42 899	9 716	650	2 152	999	4 459
丰宁县	73 008	3 204	47 733	12 222	872	2 624	1 355	4 998
隆化县	79 980	3 264	51 956	12 608	843	2 984	1 625	6 700
围场县	95 491	3 339	62 087	15 919	1 196	4 624	2 740	5 586
唐山地区	1 514 679	102 672	1 014 961	212 202	13 706	38 412	15 136	117 590
秦皇岛市	122 922	10 766	77 764	8 602	922	1 057	240	13 571
丰润县	143 502	8 036	94 160	23 185	1 623	4 447	1 704	10 347
丰南县	136 855	9 922	92 320	17 078	1 660	3 457	1 346	11 072
滦县	108 994	7 226	73 933	14 850	1 037	2 943	986	8 019
滦南县	122 499	10 415	81 728	17 543	868	3 011	1 110	7 824
乐亭县	115 145	9 303	75 987	15 369	865	2 299	848	10 474
昌黎县	121 275	8 482	81 914	15 632	966	2 673	962	10 646
抚宁县	117 964	8 042	82 167	14 775	756	2 202	919	9 103
卢龙县	85 447	5 259	58 293	12 252	704	2 308	881	5 750
迁安县	122 584	7 019	83 046	17 955	1 126	3 886	1 425	8 127
迁西县	73 662	3 923	48 920	10 361	925	2 582	1 103	5 848
遵化县	132 627	7 261	88 449	20 166	1 226	3 825	1 636	10 064
玉田县	121 203	7 018	76 280	24 434	1 028	3 722	1 976	6 745
廊坊地区	629 854	36 061	399 571	124 390	4 720	17 349	9 407	38 356
廊坊市	39 214	2 863	26 141	5 400	340	1 002	444	3 024
三河县	70 607	3 849	42 091	16 679	473	1 648	1 247	4 620

表32 （续完）

地区别	合计	一对夫妇户	二代户	三代以上户	一代户和其他亲属及非亲属	二代户和其他亲属及非亲属	三代以上户和其他亲属及非亲属	单身户
大厂回族自治县	22 333	1 163	12 770	4 562	126	434	378	2 900
香河县	57 791	3 223	34 719	12 528	452	1 493	968	4 408
安次县	66 701	3 090	42 877	13 466	493	2 293	1 154	3 328
永清县	62 378	2 870	38 294	14 385	529	2 205	1 264	2 831
固安县	67 746	3 725	40 313	16 390	529	2 114	1 302	3 373
霸县	92 627	5 481	61 479	15 946	647	2 377	1 068	5 629
文安县	80 089	5 845	54 983	12 070	525	1 686	641	4 339
大城县	70 368	3 952	45 904	12 964	606	2 097	941	3 904
沧州地区	1 156 396	66 670	748 286	201 934	11 178	36 032	16 787	75 509
沧州市	62 011	4 406	41 907	6 867	734	1 333	455	6 309
沧县	115 513	6 098	74 399	21 439	1 073	4 034	2 020	6 450
河间县	130 608	7 324	84 135	25 274	1 204	3 852	1 814	7 005
肃宁县	56 745	2 745	33 989	12 973	694	1 889	1 029	3 426
献县	94 484	4 761	60 569	17 564	984	3 373	1 596	5 637
交河县	96 339	4 486	52 057	15 447	1 016	3 447	1 678	8 208
吴桥县	56 058	3 421	34 693	11 479	476	1 442	840	3 707
东光县	67 584	4 200	44 042	9 984	652	2 239	877	5 590
南皮县	65 776	3 414	43 172	11 368	617	2 405	1 100	3 700
盐山县	69 744	4 027	45 234	12 938	532	2 316	1 074	3 623
黄骅县	85 325	5 950	57 965	13 486	419	1 845	839	4 821
孟村回族自治县	29 968	1 760	19 301	5 459	203	1 062	575	1 608
青县	67 013	3 354	42 589	11 754	731	2 689	1 303	4 593
任丘县	123 108	8 514	80 308	19 621	1 581	3 146	1 144	8 794
海兴县	36 120	2 210	23 926	6 281	262	960	443	2 038
衡水地区	796 544	40 834	474 069	163 859	8 107	23 436	13 894	72 345
衡水市	24 567	1 458	15 533	2 437	164	309	107	4 509
衡水县	41 423	2 471	24 067	8 486	401	951	585	4 462
冀县	79 885	4 259	45 481	16 272	920	2 515	1 531	8 907
枣强县	73 255	3 870	41 923	16 842	753	2 252	1 640	5 975
武邑县	63 248	2 774	37 762	12 701	839	2 057	1 002	6 113
深县	116 031	6 028	64 695	26 281	1 253	3 273	2 090	12 411
武强县	38 614	1 719	23 305	8 401	378	1 313	768	2 730
饶阳县	54 980	2 937	32 703	12 521	492	1 506	885	3 936
安平县	63 009	3 804	38 550	12 784	689	1 628	877	4 677
故城县	82 896	4 168	50 326	18 035	675	2 325	1 441	5 926
景县	96 699	4 395	59 747	17 959	841	3 160	2 068	8 529
阜城县	61 937	2 951	39 977	11 090	702	2 147	900	4 170

表33

山西省家庭户的类别

地区别	合计	一对夫妇户	二代户	三代以上户	一代户和其他亲属及非亲属	二代户和其他亲属及非亲属	三代以上户和其他亲属及非亲属	单身户
全省	5 891 455	341 651	3 852 906	860 465	80 740	111 447	45 101	599 145
太原市	496 534	20 646	327 342	72 783	7 511	8 754	3 112	56 386
太原市区	389 213	14 341	256 249	59 069	6 080	7 100	2 597	43 777
清徐县	54 754	2 776	37 026	7 742	657	629	245	5 679
阳曲县	33 069	2 150	20 609	4 012	522	609	162	5 005
娄烦县	19 498	1 379	13 458	1 960	252	416	108	1 925
大同市	225 061	11 681	164 056	17 864	2 922	3 533	739	24 266
阳泉市	103 866	4 052	66 167	13 015	1 761	2 162	739	15 970
长治市	94 095	3 903	63 674	12 570	1 475	2 331	714	9 248
雁北地区	577 849	39 346	394 692	44 613	13 371	10 086	2 050	73 691
阳高县	60 122	4 478	41 811	3 259	1 497	904	119	8 054
天镇县	40 984	2 735	30 099	2 223	624	572	54	4 677
广灵县	36 641	2 148	24 172	2 408	1 182	820	132	5 779
灵丘县	47 814	3 215	33 204	2 611	1 294	898	113	6 479
浑源县	67 453	4 057	46 005	5 195	2 156	1 160	240	8 640
应县	59 010	4 170	39 826	5 531	1 255	937	260	7 031
山阴县	45 215	3 463	29 761	4 773	838	842	233	5 305
朔县	56 514	2 303	36 498	5 830	2 038	1 153	337	7 355
平鲁县	32 775	3 249	22 766	3 367	462	827	225	2 879
左云县	25 825	1 753	17 176	1 804	365	396	67	4 264
右玉县	22 286	1 552	15 881	1 562	398	440	76	2 377
大同县	36 937	2 585	26 060	2 591	500	589	82	4 530
怀仁县	46 273	3 638	31 433	3 459	762	548	112	6 321
忻县地区	652 407	48 062	440 581	53 487	9 615	10 068	1 965	88 629
忻县	107 329	7 866	72 869	6 343	1 580	1 329	146	17 196
定襄县	53 356	4 048	36 211	3 522	741	592	90	8 152
五台县	76 792	5 930	52 618	7 083	896	1 188	253	8 824
原平县	107 980	7 522	71 683	9 645	1 457	1 531	294	15 848
代县	49 456	3 264	32 797	3 910	725	726	121	7 913
繁峙县	51 355	3 170	34 573	4 601	1 247	1 287	250	6 227
宁武县	32 829	2 169	21 863	3 163	599	674	168	1 193
静乐县	31 716	2 069	21 753	2 936	499	827	174	3 458
神池县	21 405	1 631	14 345	2 230	385	399	101	2 314
五寨县	23 331	1 734	16 042	1 911	358	289	68	2 929
岢岚县	17 680	1 375	11 661	1 657	220	281	67	2 419
河曲县	31 552	2 955	21 278	2 598	350	306	78	3 987
保德县	25 360	2 392	17 319	2 397	281	382	121	2 468
偏关县	22 266	1 937	15 569	1 491	277	257	34	2 701

表33 （续1）

地区别	合计	一对夫妇户	二代户	三代以上户	一代户和其他亲属及非亲属	二代户和其他亲属及非亲属	三代以上户和其他亲属及非亲属	单身户
吕梁地区	601 901	44 427	403 444	69 136	7 139	10 411	3 169	64 175
汾阳县	69 026	4 355	45 377	9 550	862	1 483	518	6 881
文水县	65 155	3 746	44 090	7 230	758	1 200	296	7 835
交城县	47 598	2 435	32 258	5 865	555	972	271	5 242
孝义县	66 748	4 730	43 647	9 122	816	1 006	375	7 052
兴县	47 198	4 033	32 899	4 604	458	1 126	293	3 785
临县	106 360	8 548	73 069	9 408	1 157	1 432	378	12 368
柳林县	48 771	4 092	31 600	6 593	675	655	263	4 893
石楼县	17 960	1 935	12 007	1 949	192	184	55	1 638
岚县	28 403	1 933	20 006	2 894	312	772	176	2 310
方山县	26 059	2 388	17 280	2 292	361	348	77	3 313
离石县	33 860	2 659	22 738	3 770	437	479	158	3 619
中阳县	24 189	2 113	16 137	2 653	227	352	104	2 603
交口县	20 574	1 460	12 336	3 206	329	402	205	2 636
晋中地区	768 491	46 140	500 011	82 885	12 506	17 281	4 154	105 514
榆次市	63 590	3 402	42 875	7 363	947	1 362	348	7 293
榆社县	27 962	1 949	19 217	2 130	428	660	110	3 468
左权县	35 882	2 040	23 789	3 901	740	926	224	4 262
和顺县	29 545	1 764	18 891	3 907	570	932	247	3 234
昔阳县	59 651	3 875	39 923	5 104	944	1 754	276	7 775
平定县	75 740	3 763	46 992	8 989	1 625	3 124	761	10 486
盂县	64 458	3 933	40 346	7 492	1 168	1 952	521	9 046
寿阳县	57 620	3 474	32 376	7 330	1 131	1 178	311	11 820
榆次县	31 970	1 595	21 054	3 952	466	587	202	4 114
太谷县	55 485	3 309	38 070	6 141	722	892	251	6 100
祁县	51 700	3 055	34 461	5 549	636	719	170	7 110
平遥县	97 746	6 185	64 127	9 721	1 540	1 460	325	14 388
介休县	68 366	4 148	46 726	6 369	974	1 252	272	8 625
灵石县	48 776	3 648	31 164	4 937	615	483	136	7 793
晋东南地区	939 821	50 260	595 459	165 078	13 473	21 582	9 878	84 091
长治县	63 121	2 671	40 959	12 887	555	1 588	831	3 630
潞城县	37 048	1 382	22 226	8 307	467	960	520	3 186
屯留县	45 976	2 100	29 037	8 611	616	1 525	731	3 356
长子县	68 370	3 051	43 007	13 614	964	1 567	820	5 347
沁水县	49 593	3 738	31 283	8 656	502	982	481	3 951
阳城县	92 370	7 186	61 149	13 207	758	1 337	537	8 196
晋城县	136 626	7 361	84 603	23 177	4 182	2 646	1 171	13 486
高平县	92 325	3 466	57 315	20 960	785	2 819	1 542	5 438
陵川县	52 799	2 249	31 709	11 408	650	1 451	747	4 585
壶关县	57 225	2 666	38 065	9 758	654	1 319	504	4 259
平顺县	38 095	1 976	25 566	5 064	503	808	265	3 913
黎城县	36 972	2 161	24 394	4 067	582	638	184	4 946
武乡县	48 526	3 368	31 300	5 204	673	1 021	262	6 698

表33 （续完）

地区别	合计	一对夫妇户	二代户	三代以上户	一代户和其他亲属及非亲属	二代户和其他亲属及非亲属	三代以上户和其他亲属及非亲属	单身户
襄垣县	49 159	2 945	28 780	9 598	592	1 353	659	5 232
沁县	37 380	2 002	23 975	5 546	538	759	281	4 279
沁源县	34 236	1 938	22 091	5 014	452	809	343	3 589
临汾地区	654 118	36 081	424 177	125 874	6 301	12 532	7 244	41 909
临汾市	40 990	2 044	28 296	6 070	444	654	324	3 158
侯马市	31 277	1 491	21 229	5 760	386	456	275	1 680
曲沃县	36 402	1 519	21 952	9 248	374	666	456	2 187
冀城县	56 330	2 773	34 414	12 583	401	1 148	738	4 273
襄汾县	81 886	4 022	50 925	19 388	806	1 257	997	4 491
临汾县	66 298	3 687	41 740	14 432	497	1 312	894	3 736
洪洞县	114 826	6 609	76 845	20 757	825	2 584	1 364	5 842
霍县	40 275	2 477	28 094	6 567	329	542	280	1 986
古县	17 021	923	10 702	2 668	228	435	197	1 868
安泽县	16 851	829	10 230	2 324	309	454	168	2 537
浮山县	25 553	1 294	16 183	5 415	227	539	285	1 610
吉县	17 999	1 385	12 032	2 507	212	335	140	1 388
乡宁县	31 780	1 921	20 675	5 848	208	684	432	2 012
蒲县	15 903	834	10 584	2 709	196	371	186	1 023
大宁县	11 441	990	7 489	1 590	212	145	66	949
永和县	11 059	921	7 052	1 746	203	189	84	864
隰县	17 154	1 057	11 309	2 676	260	347	164	1 341
汾西县	21 073	1 305	14 426	3 586	184	414	194	964
运城地区	777 312	37 053	473 303	202 980	4 666	12 707	11 337	35 266
运城县	85 683	3 841	51 750	21 892	644	1 096	1 051	5 409
永济县	66 143	2 959	39 469	18 552	346	1 117	1 140	2 560
芮城县	61 618	3 358	38 127	15 734	263	933	928	2 275
临猗县	91 733	3 772	51 335	28 436	630	1 514	1 637	4 409
万荣县	74 975	4 512	43 594	20 771	305	976	970	3 847
新绛县	50 767	2 158	30 750	13 875	247	841	728	2 168
稷山县	51 637	2 367	31 738	13 997	224	690	645	1 976
河津县	48 226	2 710	30 883	11 075	317	841	678	1 722
闻喜县	63 373	2 935	39 599	16 079	336	1 140	993	2 291
夏县	55 199	2 320	33 005	15 964	247	873	973	1 817
绛县	46 869	2 147	30 577	9 795	369	1 032	595	2 354
平陆县	40 905	2 221	24 895	9 627	233	832	648	2 449
垣曲县	40 184	1 753	27 581	7 183	505	822	351	1 989

表34　　内蒙古自治区家庭户的类别

地区别	合计	一对夫妇户	二代户	三代以上户	一代户和其他亲属及非亲属	二代户和其他亲属及非亲属	三代以上户和其他亲属及非亲属	单身户
全区	4 187 564	218 049	2 882 586	478 385	46 359	163 543	68 555	330 087
呼和浩特市	298 215	20 383	204 013	29 529	3 377	6 456	1 645	32 812
呼和浩特市区	181 397	12 120	126 777	17 083	2 241	4 678	1 014	17 484
土默特左旗	75 568	5 153	49 118	8 982	788	1 155	463	9 909
托克托县	41 250	3 110	28 118	3 464	348	623	168	5 419
包头市	375 639	22 766	267 107	36 235	3 990	8 675	1 872	34 994
包头市区	247 253	14 088	179 382	25 954	2 667	6 575	1 418	17 169
土默特右旗	74 865	5 226	51 849	5 688	708	1 007	208	10 179
固阳县	53 521	3 452	35 876	4 593	615	1 093	246	7 646
乌海市	55 395	2 153	40 075	4 180	691	3 078	579	4 639
呼伦贝尔盟	467 609	22 246	307 538	57 814	7 674	35 898	12 549	23 890
海拉尔市	36 693	2 338	23 175	4 641	812	2 862	789	2 076
满洲里市	24 155	1 872	17 571	2 033	297	1 179	221	982
布特哈旗	75 553	3 444	51 438	11 376	823	3 813	1 916	2 743
阿荣旗	58 974	2 556	39 260	8 477	780	3 302	1 637	2 962
莫力达瓦达斡尔族自治旗	53 149	2 167	33 806	6 780	830	3 938	1 820	3 808
喜桂图旗	80 745	4 379	53 856	8 834	1 584	6 059	1 547	4 486
额尔古纳右旗	13 104	547	8 973	1 253	195	1 241	327	568
额尔古纳左旗	31 441	1 150	20 927	3 424	427	3 431	916	1 166
鄂伦春自治旗	54 010	2 376	35 579	6 305	856	4 962	1 668	2 264
鄂温克族自治旗	17 870	685	10 266	1 890	636	2 617	805	971
新巴尔虎右旗	6 061	180	3 316	830	121	727	273	614
新巴尔虎左旗	7 577	234	4 395	1 038	152	880	309	569
陈巴尔虎旗	8 277	318	4 976	933	161	887	321	681
兴安盟	252 561	9 978	166 999	36 794	2 401	16 205	10 096	10 088
乌兰浩特市	36 778	2 408	24 876	4 411	504	2 220	716	1 643
科尔沁右翼前旗	69 726	2 205	46 674	10 643	292	4 192	2 638	2 782
科尔沁右翼中旗	32 303	797	19 237	5 014	390	3 051	2 237	1 577
扎赉特旗	58 447	2 262	38 476	8 915	386	3 879	3 053	1 476
突泉县	55 307	2 306	37 736	7 811	529	2 863	1 452	2 610
哲里木盟	474 390	18 636	319 160	64 966	4 577	25 187	14 384	27 480
通辽市	52 973	4 334	37 110	5 152	618	1 774	464	3 521
通辽县	73 097	3 094	50 714	10 306	643	3 211	1 463	3 666
科尔沁左翼中旗	81 222	2 690	50 876	11 285	940	5 766	3 636	6 029
科尔沁左翼后旗	66 088	2 051	44 158	9 050	625	4 112	2 319	3 773
开鲁县	62 718	2 080	43 612	8 814	478	2 482	1 617	3 635
库伦旗	26 376	736	18 053	4 008	212	1 433	841	1 093
奈曼旗	65 971	2 016	44 524	10 260	599	3 638	2 500	2 434
扎鲁特旗	45 945	1 635	30 113	6 091	462	2 771	1 544	3 329

表34 （续1）

地区别	合计	一对夫妇户	二代户	三代以上户	一代户和其他亲属及非亲属	二代户和其他亲属及非亲属	三代以上户和其他亲属及非亲属	单身户
昭乌达盟	755 780	31 068	522 074	113 194	6 782	30 609	16 747	35 306
赤峰市	67 011	4 555	48 058	7 610	787	1 502	470	4 029
阿鲁科尔沁旗	49 894	1 851	34 371	7 193	549	2 281	1 208	2 441
巴林左旗	63 039	2 353	44 496	9 375	472	2 585	1 454	2 30[illegible]
巴林右旗	28 271	1 083	19 044	4 431	297	1 407	769	1 24[illegible]
林西县	48 476	2 089	33 456	6 642	398	2 070	991	2 830
克什克腾旗	47 882	2 144	32 521	6 911	514	2 132	1 078	2 582
翁牛特旗	80 714	2 850	54 854	13 684	529	3 308	2 227	3 262
赤峰县	100 418	3 926	69 393	15 520	748	4 174	2 522	4 135
喀喇沁旗	73 004	2 598	50 359	11 135	685	3 019	1 646	3 562
宁城县	97 802	3 737	66 054	16 196	947	4 204	2 220	4 444
敖汉旗	99 269	3 882	69 468	14 497	856	3 927	2 162	4 477
锡林郭勒盟	174 885	8 845	117 287	17 511	2 450	8 412	2 599	17 781
二连浩特市	1 556	89	1 243	77	13	60	8	66
阿巴哈纳尔旗	21 487	1 058	14 441	1 791	351	1 458	322	2 066
阿巴嘎旗	8 234	312	5 018	950	165	668	191	930
苏尼特左旗	5 994	219	3 550	692	96	473	151	813
苏尼特右旗	13 468	685	9 332	1 251	167	437	127	1 469
东乌珠穆沁旗	10 532	319	5 889	1 219	250	1 310	493	1 052
西乌珠穆沁旗	12 106	343	7 213	1 510	202	1 095	449	1 294
太仆寺旗	47 396	3 274	34 717	3 462	511	895	185	4 352
镶黄旗	5 802	221	3 621	661	97	367	95	740
正镶白旗	14 542	804	10 026	1 308	186	402	138	1 678
正蓝旗	14 394	552	9 615	1 880	163	614	222	1 348
多伦县	19 374	969	12 622	2 710	249	633	218	1 973
乌兰察布盟	764 694	51 334	550 605	45 779	9 565	13 589	2 223	91 599
集宁市	39 241	2 824	28 887	2 550	395	665	102	3 818
武川县	40 750	2 460	27 573	3 279	623	851	175	5 789
和林格尔县	42 514	2 823	28 833	3 909	595	955	253	5 146
清水河县	27 010	2 205	19 406	2 015	331	377	81	2 595
卓资县	58 864	3 397	41 401	3 799	916	1 195	165	7 991
化德县	36 346	2 578	27 451	2 020	404	678	98	3 117
商都县	77 567	6 015	58 680	3 192	829	912	92	7 847
兴和县	65 713	4 496	50 338	3 354	632	1 085	120	5 688
丰镇县	73 117	4 664	52 688	3 991	896	1 107	147	9 624
凉城县	60 473	3 347	41 011	3 380	1 036	1 280	184	10 235
察哈尔右翼前旗	66 444	4 376	49 017	3 225	604	969	107	8 146
察哈尔右翼中旗	55 171	4 081	39 579	2 949	758	959	116	6 729
察哈尔右翼后旗	48 580	3 324	36 282	2 078	487	656	72	5 681
达尔罕茂明安联合旗	26 374	1 632	17 686	2 029	351	664	170	3 842
四子王旗	46 530	3 112	31 773	4 009	708	1 236	341	5 351
伊克昭盟	241 815	15 740	163 870	33 106	1 855	4 484	2 173	20 587

表34 （续完）

地区别	合计	一对夫妇户	二代户	三代以上户	一代户和其他亲属及非亲属	二代户和其他亲属及非亲属	三代以上户和其他亲属及非亲属	单身户
东胜县	24 250	1 755	16 932	2 744	180	550	170	1 919
达拉特旗	62 542	4 205	43 780	7 410	459	879	390	5 419
准格尔旗	51 110	3 524	33 677	7 000	488	973	496	4 952
鄂托克前旗	10 608	372	7 085	2 092	64	211	175	609
鄂托克旗	21 503	1 233	14 188	2 980	151	415	218	2 318
杭锦旗	27 239	1 682	18 701	3 744	179	613	259	2 061
乌审旗	17 316	880	11 283	3 059	129	300	168	1 497
伊金霍洛旗	27 247	2 089	18 224	4 077	205	543	297	1 812
巴彦淖尔盟	293 209	13 635	203 674	35 235	2 624	9 902	3 315	24 824
临河县	72 972	3 431	51 426	8 647	627	3 127	959	4 755
五原县	49 667	2 521	34 735	5 990	387	1 323	511	4 200
磴口县	20 823	974	14 650	2 238	191	655	212	1 903
乌拉特前旗	63 663	3 111	44 143	7 245	508	1 533	451	6 672
乌拉特中旗	24 163	1 026	16 513	2 968	272	783	258	2 343
乌拉特后旗	8 676	303	5 432	791	167	564	140	1 279
杭锦后旗	53 245	2 269	36 775	7 356	472	1 917	784	3 672
阿拉善盟	33 372	1 265	20 184	4 042	373	1 048	373	6 087
阿拉善左旗	24 722	921	15 142	3 056	268	761	280	4 294
阿拉善右旗	5 092	197	2 961	610	36	143	58	1 087
额济纳旗	3 558	147	2 081	376	69	144	35	706

表35 辽宁省家庭户的类别

地区别	合计	一对夫妇户	二代户	三代以上户	一代户和其他亲属及非亲属	二代户和其他亲属及非亲属	三代以上户和其他亲属及非亲属	单身户
全省	8 535 937	540 674	5 895 411	1 123 486	86 253	217 717	81 073	591 323
沈阳市	1 274 170	85 258	858 369	185 187	15 892	28 642	9 905	90 917
沈阳市区	1 000 591	64 461	667 116	154 468	14 235	22 954	7 974	69 383
新民县	153 782	10 973	106 110	19 350	905	3 334	1 346	11 764
辽中县	119 797	9 824	85 143	11 369	752	2 354	585	9 770
大连市	1 154 256	79 049	796 069	144 453	11 902	26 741	9 605	76 437
大连市区	390 021	30 227	266 660	47 532	5 717	8 207	2 453	29 225
金县	159 601	13 230	116 338	11 686	1 000	2 040	436	14 871
新金县	183 553	11 727	128 675	21 617	1 622	4 818	1 544	13 550
复县	221 860	14 646	151 562	28 045	1 954	5 437	1 980	18 236
长海县	17 480	1 136	12 135	2 659	115	288	123	1 024
庄河县	181 741	8 083	120 699	32 914	1 494	5 951	3 069	9 531
鞍山市	600 702	41 186	415 373	85 397	6 012	15 079	5 059	32 596
鞍山市区	284 108	18 627	192 902	45 954	3 683	8 068	2 818	12 056
台安县	83 587	5 852	58 552	10 004	503	1 862	498	6 316
海城县	233 007	16 707	163 919	29 439	1 826	5 149	1 743	14 224
抚顺市	495 878	29 313	333 631	68 584	6 541	14 543	5 398	37 868
抚顺市区	289 393	18 360	193 981	42 494	4 528	8 111	2 910	19 009
抚顺县	53 799	3 456	37 153	6 765	481	1 307	438	4 199
新宾县	71 415	3 170	47 955	9 729	625	2 361	1 066	6 509
清原县	81 271	4 327	54 542	9 596	907	2 764	984	8 151
本溪市	324 297	21 753	222 767	44 064	3 859	9 420	3 632	18 802
本溪市区	188 316	15 633	131 124	23 548	2 548	5 141	1 487	8 835
本溪县	71 774	3 401	49 019	10 295	603	1 805	865	5 786
桓仁县	64 207	2 719	42 624	10 221	708	2 474	1 280	4 181
丹东市	593 654	29 895	406 154	89 419	5 623	18 219	9 069	35 275
丹东市区	139 903	10 814	97 590	15 945	1 882	2 969	848	9 855
凤城县	133 177	6 306	92 400	19 079	1 018	4 220	1 973	8 181
岫岩县	102 393	3 938	68 399	17 550	932	4 177	2 125	5 272
东沟县	128 338	5 665	88 048	21 142	1 120	3 571	1 878	6 914
宽甸县	89 843	3 172	59 717	15 703	671	3 282	2 245	5 053
锦州市	1 100 523	75 622	757 511	142 301	9 663	24 442	8 393	82 591
锦州市区	147 573	12 760	101 643	18 566	1 662	2 813	796	9 333
锦西县	187 844	13 339	130 424	22 167	1 911	3 532	1 214	15 257
兴城县	113 006	7 047	79 335	14 120	923	2 782	933	7 866
绥中县	130 282	8 337	91 233	17 114	1 055	2 934	904	8 705
锦县	150 435	9 916	1 03 253	19 954	1 083	3 555	1 352	11 322
北镇县	120 325	8 184	84 137	14 667	882	2 400	723	9 332

表35 （续完）

地区别	合计	一对夫妇户	二代户	三代以上户	一代户和其他亲属及非亲属	二代户和其他亲属及非亲属	三代以上户和其他亲属及非亲属	单身户
黑山县	149 364	10 041	99 565	20 976	1 186	3 796	1 545	12 255
义县	101 694	5 998	67 921	14 737	961	2 630	926	8 521
营口市	664 864	42 758	459 557	77 388	6 646	16 365	5 721	56 429
营口市区	108 419	8 097	77 626	9 672	1 202	1 686	403	9 733
营口县	144 821	9 767	101 654	17 761	1 196	3 110	1 256	10 077
盘山县	101 697	6 217	69 657	11 415	1 121	2 927	907	9 453
大洼县	112 684	6 596	77 712	11 014	1 167	3 627	1 096	11 472
盖县	197 243	12 081	132 908	27 526	1 960	5 015	2 059	15 694
阜新市	380 999	20 034	273 370	48 318	3 003	11 475	4 531	20 268
阜新市区	149 041	9 689	110 099	17 480	1 318	3 385	1 068	6 002
阜新蒙古族自治县	147 703	6 083	103 676	20 011	1 124	5 372	2 350	9 087
彰武县	84 255	4 262	59 595	10 827	561	2 718	1 113	5 179
辽阳市	397 289	32 075	285 665	38 610	3 073	7 082	1 942	28 842
辽阳市区	114 926	10 100	82 906	11 209	1 153	1 955	516	7 087
辽阳县	165 122	12 859	117 942	16 609	1 092	3 089	945	12 586
灯塔县	117 241	9 116	84 817	10 792	828	2 038	481	9 169
铁岭地区	796 644	46 770	552 158	98 910	7 275	21 243	7 664	62 624
铁岭市	55 226	4 392	38 590	4 976	843	1 681	348	4 396
铁法市	33 985	1 809	25 097	3 553	483	942	258	1 843
铁岭县	95 358	6 326	66 747	11 333	652	2 203	725	7 372
开原县	150 412	9 907	105 679	16 809	1 207	3 524	1 253	12 033
西丰县	78 910	4 269	53 105	10 455	933	2 884	1 023	6 241
昌图县	216 040	11 265	147 634	27 929	2 066	5 310	2 111	19 725
康平县	66 439	3 155	45 998	10 085	402	1 962	946	3 891
法库县	100 274	5 647	69 308	13 770	689	2 737	1 000	7 123
朝阳地区	752 661	36 961	534 787	100 855	6 764	24 466	10 154	38 674
朝阳市	49 978	4 269	36 237	4 957	474	1 125	305	2 611
朝阳县	148 135	6 862	105 328	21 004	1 281	4 851	1 751	7 058
建平县	106 028	4 784	75 372	14 244	821	3 416	1 632	5 759
凌源县	117 910	5 530	83 282	16 588	995	4 275	2 000	5 240
喀喇沁左翼蒙古族自治县	80 191	3 365	56 635	11 255	747	2 686	1 161	4 342
建昌县	114 154	5 185	78 812	17 353	1 036	3 956	1 913	5 899
北票县	136 265	6 966	99 121	15 454	1 410	4 157	1 392	7 765

表36 吉林省家庭户的类别

地区别	合计	一对夫妇户	二代户	三代以上户	一代户和其他亲属及非亲属	二代户和其他亲属及非亲属	三代以上户和其他亲属及非亲属	单身户
全省	5 073 551	269 036	3 431 828	694 313	56 999	179 210	79 013	363 152
长春市	1 280 497	66 551	859 917	196 589	14 423	41 056	19 325	82 636
长春市区	423 797	25 733	277 033	63 855	7 716	14 136	3 927	31 397
榆树县	236 548	10 918	161 403	37 457	1 827	7 502	4 809	12 632
农安县	200 855	8 981	138 129	32 936	1 178	6 236	3 934	9 461
九台县	170 473	8 504	113 075	24 855	1 606	5 607	2 548	14 278
德惠县	160 542	7 905	110 163	25 146	1 270	5 008	2 784	8 266
双阳县	88 282	4 510	60 114	12 340	826	2 567	1 323	3 602
吉林市	903 012	46 108	600 785	126 854	11 290	31 924	13 539	72 512
吉林市区	251 697	15 383	173 779	39 347	3 474	7 468	2 481	11 765
永吉县	167 575	7 938	109 663	23 195	1 955	6 387	3 169	15 268
舒兰县	142 150	6 328	92 272	20 626	1 522	4 843	2 551	14 008
磐石县	123 480	5 856	82 008	16 596	1 534	4 544	1 892	11 050
蛟河县	119 410	6 211	80 206	14 579	1 391	4 204	1 617	11 202
桦甸县	96 700	4 392	62 857	12 511	1 414	4 478	1 829	9 219
四平地区	901 028	52 865	616 899	114 218	9 548	28 968	11 809	66 721
四平市	84 748	6 471	60 259	9 740	1 294	2 208	529	4 247
辽源市	181 109	10 355	121 674	21 505	2 499	6 173	2 029	16 874
怀德县	199 761	11 668	137 594	27 137	1 686	5 295	2 691	13 690
梨树县	170 683	10 067	117 675	21 510	1 461	5 268	2 329	12 373
伊通县	99 199	5 362	67 450	12 979	1 018	3 503	1 416	7 471
东丰县	87 729	4 766	58 591	11 385	971	3 623	1 518	6 875
双辽县	77 799	4 176	53 656	9 962	619	2 898	1 297	5 191
通化地区	729 540	37 192	485 815	91 944	9 857	28 456	11 050	65 226
通化市	86 469	5 722	59 203	10 044	1 384	2 747	795	6 574
浑江市	157 384	8 344	104 172	17 752	2 605	6 261	1 937	16 313
海龙县	118 496	6 066	80 721	15 314	1 459	4 396	1 881	8 659
通化县	55 294	2 397	34 906	8 045	618	2 649	1 322	5 357
柳河县	75 795	3 403	49 233	11 110	945	3 063	1 421	6 620
辉南县	85 891	4 382	57 226	10 432	1 047	3 250	1 290	8 264
集安县	44 121	1 932	28 405	7 379	407	1 667	918	3 413
抚松县	61 191	2 911	42 820	6 540	706	2 405	728	5 081
靖宇县	27 915	1 322	18 191	3 277	404	1 247	465	3 009
长白朝鲜族自治县	16 984	713	10 938	2 051	282	771	293	1 936
白城地区	832 102	45 018	579 679	107 963	7 326	29 890	15 258	46 968
白城市	65 285	5 072	45 357	6 534	999	2 135	703	4 485
扶余县	194 840	9 333	135 254	27 473	1 659	6 362	3 596	11 163
洮安县	105 015	5 297	72 867	13 040	1 001	3 885	1 738	7 187
长岭县	98 966	5 135	69 161	14 012	700	3 688	2 270	4 000
前郭尔罗斯蒙古族自治县	113 919	5 778	78 861	14 362	896	4 711	2 332	6 979

表36　　（续完）

地区别	合计	一对夫妇户	二代户	三代以上户	一代户和其他亲属及非亲属	二代户和其他亲属及非亲属	三代以上户和其他亲属及非亲属	单身户
大安县	81 665	4 824	57 350	10 713	693	2 779	1 415	3 891
镇赉县	60 976	3 427	42 947	7 457	509	2 241	1 202	3 193
通榆县	63 487	3 581	44 910	7 845	468	2 433	1 096	3 154
乾安县	47 949	2 571	32 972	6 527	401	1 656	906	2 916
延边朝鲜族自治州	427 372	21 302	288 733	56 745	4 555	18 916	8 032	29 089
延吉市	42 140	2 171	28 517	5 806	466	2 209	758	2 213
图们市	21 664	1 068	14 370	3 316	235	1 216	509	950
延吉县	73 305	3 415	49 073	10 693	696	3 368	1 694	4 366
敦化县	102 493	6 205	70 169	11 069	1 292	3 862	1 185	8 711
和龙县	54 365	2 329	36 858	7 628	521	2 424	1 221	3 384
汪清县	59 159	2 922	40 260	7 628	543	2 395	1 095	4 316
珲春县	33 307	1 499	22 236	4 874	312	1 415	704	2 267
安图县	40 939	1 693	27 250	5 731	490	2 027	866	2 882

表37

黑龙江省家庭户的类别

地区别	合计	一对夫妇户	二代户	三代以上户	一代户和其他亲属及非亲属	二代户和其他亲属及非亲属	三代以上户和其他亲属及非亲属	单身户
全省	7 145 239	404 330	4 926 298	951 755	74 307	300 125	127 097	361 327
哈尔滨市	605 782	32 616	404 523	105 308	9 945	15 859	5 009	32 522
齐齐哈尔市	288 971	22 729	202 030	35 891	3 839	8 320	2 635	13 527
鸡西市	171 285	11 270	121 761	20 376	1 608	6 049	1 577	8 644
鹤岗市	131 598	9 254	87 125	12 033	2 413	8 855	1 961	9 947
双鸭山市	83 871	5 256	59 729	9 877	994	3 959	1 162	2 894
大庆市	164 898	10 919	123 854	17 769	679	5 340	2 298	4 039
伊春市	263 951	17 658	185 257	31 023	2 759	12 970	3 669	10 615
伊春市区	174 617	12 668	122 311	20 237	1 877	8 470	2 312	6 742
铁力县	75 340	4 304	52 822	9 259	777	3 835	1 129	3 214
嘉荫县	13 994	686	10 124	1 527	105	665	228	659
松花江地区	1 175 209	57 652	799 735	165 374	11 313	47 080	23 673	70 382
阿城县	125 986	6 754	87 128	17 388	1 169	4 658	2 159	6 730
宾县	124 144	5 280	84 560	19 221	1 007	4 677	2 569	6 830
呼兰县	131 581	7 095	93 280	16 684	981	4 397	2 282	6 862
双城县	147 164	7 186	102 080	21 194	1 162	5 436	2 860	7 246
五常县	185 803	9 136	123 063	27 598	1 956	8 078	4 343	11 629
巴彦县	132 188	5 592	89 714	21 155	1 014	4 951	3 298	6 444
木兰县	55 008	2 735	37 008	7 541	591	2 306	1 120	3 707
通河县	50 498	2 755	35 402	5 626	533	1 958	659	3 565
尚志县	128 140	6 280	84 243	15 762	1 801	6 177	2 259	11 618
方正县	41 600	2 073	28 340	5 998	476	1 906	937	1 870
延寿县	53 097	2 766	34 917	7 197	623	2 526	1 187	3 881
嫩江地区	949 231	50 699	658 262	123 387	8 417	39 730	19 176	49 560
龙江县	117 900	6 035	82 267	15 622	994	4 842	2 225	5 914
讷河县	148 770	7 974	102 484	18 265	1 575	6 622	3 006	7 844
依安县	99 129	4 729	68 651	13 890	890	4 081	2 100	4 788
泰来县	65 075	3 615	45 005	8 787	429	2 828	1 471	2 940
甘南县	80 966	4 742	56 160	9 469	892	3 679	1 405	4 519
杜尔伯特蒙古族自治县	45 225	2 009	31 002	5 997	370	2 384	1 249	2 214

表37 （续1）

地区别	合计	一对夫妇户	二代户	三代以上户	一代户和其他亲属及非亲属	二代户和其他亲属及非亲属	三代以上户和其他亲属及非亲属	单身户
富裕县	58 960	3 020	40 802	6 971	554	2 629	1 178	3 806
林甸县	47 811	2 352	33 007	6 389	345	2 240	1 117	2 360
克山县	103 708	6 002	72 494	12 931	901	3 737	1 736	5 907
克东县	59 946	3 759	41 478	6 956	577	2 226	950	4 000
拜泉县	121 741	6 462	84 912	17 110	889	4 462	2 738	5 168
绥化地区	1 216 150	58 287	838 653	180 663	9 472	48 601	29 490	50 984
海伦县	167 297	7 959	116 001	24 213	1 299	6 136	3 614	8 075
肇东县	156 788	7 211	109 043	22 321	1 487	5 979	2 890	7 857
绥化县	155 026	8 763	107 180	23 473	1 162	5 500	3 337	5 611
望奎县	99 074	4 449	66 933	15 051	758	4 604	3 197	4 082
兰西县	90 618	3 988	62 701	14 242	684	3 504	2 466	3 033
青冈县	88 921	3 719	60 354	14 078	697	4 051	2 634	3 388
安达县	90 811	4 447	62 421	13 045	786	3 405	1 846	4 861
肇源县	85 653	3 779	58 953	12 870	577	3 808	2 349	3 317
肇州县	76 923	3 488	53 467	11 876	443	3 166	2 288	2 195
庆安县	72 379	3 580	50 195	10 726	577	2 707	1 608	2 986
明水县	68 725	3 348	46 542	9 902	480	3 157	1 976	3 320
绥棱县	63 935	3 556	44 863	8 866	522	2 584	1 285	2 259
合江地区	943 687	58 611	650 463	114 156	10 525	49 236	18 093	42 603
佳木斯市	124 465	10 589	84 842	15 846	1 664	4 537	1 618	5 369
七台河市	55 570	3 705	37 339	5 906	1 023	3 737	1 295	2 565
富锦县	83 685	5 348	56 037	9 814	1 594	5 989	1 949	2 954
桦南县	89 235	4 352	62 811	11 802	784	3 686	1 639	4 161
依兰县	78 804	3 990	54 191	9 365	968	4 049	1 484	4 757
勃利县	74 775	4 099	50 397	10 768	706	3 414	1 578	3 813
集贤县	88 520	5 212	63 287	11 683	573	3 550	1 591	2 624
桦川县	48 746	2 886	34 381	5 931	387	1 907	866	2 388
宝清县	90 026	5 307	63 514	10 486	763	5 236	1 805	2 915
汤原县	72 663	4 011	49 882	8 323	732	2 948	1 152	5 615
绥滨县	36 861	2 267	26 130	4 334	324	1 850	673	1 283
萝北县	42 327	2 489	29 248	4 507	447	3 032	904	1 700
同江县	23 991	1 756	15 999	2 393	237	2 058	659	889
饶河县	25 328	2 035	16 834	2 230	218	2 254	532	1 225
抚远县	8 691	565	5 571	768	105	989	348	345
牡丹江地区	733 102	44 018	506 952	90 284	7 305	29 797	10 729	44 017
牡丹江市	142 516	10 016	96 799	17 584	2 102	5 745	1 667	8 603
绥芬河市	4 623	297	3 105	547	48	180	56	390
宁安县	91 648	5 348	63 562	10 415	772	3 421	1 211	6 918
海林县	94 229	5 420	64 821	11 129	1 064	4 240	1 431	6 124
穆棱县	61 354	3 009	43 063	8 045	523	2 499	883	3 331
东宁县	39 423	2 348	27 634	4 927	342	1 188	388	2 596
林口县	89 279	4 678	60 571	12 318	856	3 978	1 706	5 172

表37 （续完）

地区别	合计	一对夫妇户	二代户	三代以上户	一代户和其他亲属及非亲属	二代户和其他亲属及非亲属	三代以上户和其他亲属及非亲属	单身户
鸡东县	61 364	3 432	43 300	7 680	452	2 491	1 089	2 920
密山县	87 366	5 001	60 258	10 964	722	3 857	1 516	5 048
虎林县	61 300	4 469	43 839	6 673	424	2 198	782	2 915
黑河地区	333 593	20 621	229 486	37 178	3 860	17 890	5 989	18 569
黑河市	15 420	885	10 481	2 115	171	594	254	820
北安县	97 438	6 134	67 678	10 955	1 221	4 544	1 495	5 401
嫩江县	99 586	6 022	69 006	11 270	1 176	5 731	1 949	4 432
德都县	71 721	4 466	49 450	7 832	703	4 518	1 514	3 238
爱辉县	16 651	928	11 235	1 808	164	696	255	1 565
逊克县	18 188	1 202	12 373	1 823	208	825	273	1 484
孙吴县	14 589	984	9 263	1 365	217	882	249	1 629
大兴安岭地区	83 911	4 740	58 468	8 436	1 178	6 429	1 636	3 024
加格达奇区	22 548	1 174	15 707	2 631	278	1 509	500	749
松岭区	6 498	328	4 757	491	77	528	91	226
新林区	11 473	606	8 566	1 147	108	647	133	266
呼中区	10 317	539	7 123	1 005	145	944	250	311
呼玛县	9 021	593	5 794	1 026	145	598	143	722
塔河县	14 276	819	10 434	1 362	132	887	239	403
漠河县	9 778	681	6 087	774	293	1 316	280	347

表38

上海市家庭户的类别

地区别	合计	一对夫妇户	二代户	三代以上户	一代户和其他亲属及非亲属	二代户和其他亲属及非亲属	三代以上户和其他亲属及非亲属	单身户
全市	3 127 065	188 344	1 866 632	642 075	43 636	42 664	22 291	321 423
市辖区	1 626 857	81 256	904 985	408 691	34 275	33 124	17 086	147 440
黄浦区	165 878	8 664	89 169	42 108	3 773	3 295	1 686	17 183
南市区	192 148	10 590	101 088	49 490	4 336	3 518	1 647	21 479
卢湾区	135 643	6 930	69 368	35 361	3 715	3 267	1 849	15 153
徐汇区	128 058	6 422	72 368	31 273	2 795	3 279	1 944	9 977
长宁区	101 848	4 914	59 824	24 310	1 905	2 004	1 029	7 862
静安区	138 081	6 620	71 868	37 498	3 485	3 422	2 270	12 918
普陀区	139 149	6 513	82 229	34 498	2 380	2 697	1 198	9 634
闸北区	166 860	8 232	94 524	39 326	3 636	3 200	1 288	16 654
虹口区	203 678	9 624	111 865	52 083	4 388	4 097	2 116	19 505
杨浦区	196 079	8 551	114 249	50 935	3 269	3 570	1 755	13 750
吴淞区	40 539	2 637	25 778	8 393	470	543	222	2 496
闵行区	18 896	1 559	12 655	3 416	123	232	82	829
县	1 500 208	107 088	961 647	233 384	9 361	9 540	5 205	173 983
上海县	149 285	6 468	93 283	36 769	942	1 267	606	9 950
嘉定县	138 205	8 519	80 618	33 329	816	989	768	13 166
宝山县	106 683	4 949	64 553	26 496	1 121	965	597	8 002
川沙县	178 305	8 111	109 019	39 927	1 867	1 479	594	17 308
南汇县	198 133	19 257	140 693	6 945	1 105	522	90	29 521
奉贤县	144 122	12 576	100 215	9 782	524	591	213	20 221
松江县	125 931	6 538	76 634	27 316	888	1 195	836	12 574
金山县	125 248	7 338	79 812	25 646	499	1 024	811	10 118
青浦县	120 157	8 962	76 053	17 641	523	1 036	597	15 345
崇明县	214 139	24 370	140 767	9 533	1 126	472	93	37 778

表39

江苏省家庭户的类别

地区别	合计	一对夫妇户	二代户	三代以上户	一代户和其他亲属及非亲属	二代户和其他亲属及非亲属	三代以上户和其他亲属及非亲属	单身户
全省	15 066 423	857 646	9 776 562	2 232 032	128 538	271 490	136 430	1 663 725
南京市	947 634	54 810	608 602	144 026	12 485	15 679	7 000	105 032
南京市区	557 779	35 773	356 828	82 375	9 745	9 450	2 962	60 646
江宁县	180 235	8 439	118 472	27 096	1 095	2 573	1 504	21 056
江浦县	65 265	3 075	41 505	9 580	446	884	555	9 220
六合县	144 355	7 523	91 797	24 975	1 199	2 772	1 979	14 110
无锡市	232 090	15 582	140 627	35 436	5 860	3 892	1 224	29 469
徐州市	189 540	11 633	132 126	20 097	3 190	2 660	601	19 233
常州市	134 739	9 914	77 702	20 209	4 059	3 810	1 120	17 925
苏州市	188 241	11 392	113 141	32 085	4 121	3 285	1 042	23 175
南通市	94 845	6 414	49 846	19 482	2 710	2 396	934	13 063
连云港市	105 937	7 800	72 671	8 266	1 578	1 354	277	13 991
徐州地区	1 744 086	89 451	1 193 680	241 359	12 128	46 582	18 354	142 532
丰县	182 660	10 492	121 790	30 129	936	4 914	2 582	11 817
沛县	195 663	10 740	133 972	26 375	1 402	5 237	2 271	15 666
铜山县	330 631	16 411	228 798	40 311	2 356	8 491	3 033	31 231
睢宁县	212 365	8 091	136 418	40 246	1 888	7 693	3 492	14 537
邳县	257 310	10 130	175 742	41 434	2 170	8 762	3 396	15 676
新沂县	172 026	8 078	115 744	24 777	1 130	3 652	1 642	17 003
东海县	201 675	12 642	142 405	22 110	1 052	3 411	1 137	18 918
赣榆县	191 756	12 867	138 811	15 977	1 194	4 422	801	17 684
淮阴地区	2 046 116	84 773	1 353 144	359 745	15 668	57 124	33 226	142 436
清江市	59 047	3 021	38 687	7 603	739	1 082	391	7 524
淮阴县	160 681	5 097	100 808	31 227	1 549	6 039	3 782	12 179
灌云县	189 625	11 364	138 186	18 964	1 409	3 407	1 155	15 140
灌南县	118 169	6 376	84 921	15 713	878	2 149	939	7 193
沭阳县	268 296	10 834	183 254	46 762	1 829	6 820	3 562	15 235
宿迁县	199 252	7 406	126 311	36 678	1 945	8 146	3 914	14 852
泗阳县	182 900	6 132	116 748	39 092	1 227	6 436	4 259	9 006
涟水县	175 644	7 875	115 934	34 227	1 168	3 971	2 514	9 975

表39

（续1）

地区别	合计	一对夫妇户	二代户	三代以上户	一代户和其他亲属及非亲属	二代户和其他亲属及非亲属	三代以上户和其他亲属及非亲属	单身户
泗洪县	180 857	6 462	117 003	36 200	1 322	5 881	3 554	10 435
淮安县	250 858	9 078	162 384	44 066	1 930	6 971	4 603	21 826
洪泽县	87 569	3 531	56 928	15 771	698	2 031	1 539	7 071
盱眙县	96 693	3 651	65 036	18 075	543	2 757	1 823	4 808
金湖县	76 505	3 946	46 944	15 367	431	1 434	1 191	7 192
盐城地区	1 702 329	98 948	1 174 218	212 189	11 919	30 861	12 331	161 863
响水县	104 274	6 564	75 775	11 477	673	1 887	677	7 221
滨海县	215 814	12 306	157 147	22 576	1 825	3 577	1 252	17 131
阜宁县	218 577	9 416	149 839	29 684	1 917	5 804	2 252	19 665
射阳县	220 196	14 422	162 039	21 845	1 192	3 454	1 115	16 129
建湖县	176 953	8 654	120 066	23 468	1 443	3 729	1 501	18 092
盐城县	293 451	16 335	200 122	38 059	2 092	5 768	2 357	28 718
大丰县	181 304	13 527	124 305	20 229	879	2 318	1 011	19 035
东台县	291 760	17 724	184 925	44 851	1 898	4 324	2 166	35 872
扬州地区	2 215 964	104 249	1 357 684	370 225	22 467	45 950	28 403	286 986
扬州市	89 785	6 238	51 702	9 714	2 768	2 090	523	16 750
泰州市	52 796	4 289	29 506	5 349	1 215	852	230	11 355
兴化县	377 888	19 966	253 349	40 003	2 260	6 115	2 313	53 882
高邮县	196 250	8 506	120 859	36 603	1 525	3 873	2 805	22 079
宝应县	211 394	9 732	139 650	31 285	1 508	4 002	2 490	22 727
靖江县	147 256	5 800	93 092	28 209	1 271	2 903	2 010	13 971
泰兴县	311 437	13 573	176 544	68 437	3 641	10 955	7 785	30 502
江都县	262 518	10 980	156 593	48 994	2 314	4 271	2 980	36 386
邗江县	154 386	5 493	88 824	33 179	1 267	2 544	2 024	21 055
泰县	284 107	13 970	169 571	46 787	2 847	5 880	3 600	41 452
仪征县	128 147	5 702	77 994	21 665	1 851	2 465	1 643	16 827
南通地区	1 895 624	150 473	1 203 745	249 557	9 804	18 214	11 665	252 166
海安县	243 317	14 268	145 211	46 403	1 486	3 859	2 569	29 521
如皋县	325 027	18 046	185 219	80 873	2 082	6 419	5 032	27 356
如东县	297 114	24 579	173 125	51 098	1 400	3 046	2 322	41 544
南通县	420 849	32 868	272 045	45 753	2 026	2 607	1 182	64 368
海门县	281 490	24 695	194 888	17 239	1 447	1 573	422	41 226
启东县	327 827	36 017	233 257	8 191	1 363	710	138	48 151
镇江地区	1 751 999	88 824	1 135 240	245 825	14 369	25 690	12 221	229 830
镇江市	95 954	6 289	58 742	11 157	2 859	1 960	497	14 450
丹徒县	130 863	5 516	84 390	22 570	946	1 355	747	15 339

表39 （续完）

地区别	合计	一对夫妇户	二代户	三代以上户	一代户和其他亲属及非亲属	二代户和其他亲属及非亲属	三代以上户和其他亲属及非亲属	单身户
武进县	341 070	18 462	217 905	54 542	2 080	5 856	3 452	38 773
丹阳县	201 200	9 490	129 015	30 956	1 370	2 379	1 447	26 543
句容县	133 759	6 518	89 140	19 971	881	1 989	1 110	14 150
金坛县	133 116	6 806	89 519	15 319	1 128	1 922	684	17 738
溧水县	90 936	4 230	61 158	11 218	658	1 346	576	11 750
高淳县	105 161	5 040	64 552	13 449	946	1 820	644	18 710
溧阳县	178 165	9 448	116 683	21 493	1 169	2 747	1 078	25 547
宜兴县	269 992	13 972	178 031	35 039	1 804	3 698	1 672	35 776
扬中县	71 783	3 053	46 105	10 111	528	618	314	11 054
苏州地区	1 817 279	123 383	1 164 136	273 531	8 180	13 993	8 032	226 024
江阴县	267 897	17 095	179 523	35 255	1 587	3 481	1 371	29 585
无锡县	274 805	15 372	175 356	44 575	1 682	2 440	1 183	34 197
沙洲县	215 804	16 336	149 711	18 699	999	1 219	453	28 387
常熟县	294 065	25 141	186 838	34 904	1 024	1 458	743	43 957
太仓县	127 346	13 935	68 275	25 794	397	560	466	17 919
昆山县	145 229	8 414	94 059	22 733	596	1 054	663	17 710
吴县	305 372	19 225	203 897	45 042	920	1 999	1 399	32 890
吴江县	186 761	7 865	106 477	46 529	975	1 782	1 754	21 379

表40

浙江省家庭户的类别

地区别	合计	一对夫妇户	二代户	三代以上户	一代户和其他亲属及非亲属	二代户和其他亲属及非亲属	三代以上户和其他亲属及非亲属	单身户
全省	9 558 560	512 552	6 178 775	1 412 189	76 489	166 691	78 002	1 133 862
杭州市	1 282 632	62 426	817 214	229 999	11 745	26 858	12 835	121 555
杭州市区	308 123	16 617	192 497	57 563	4 592	6 204	2 367	28 283
萧山县	262 314	12 889	168 685	42 911	1 747	4 926	2 653	28 503
桐庐县	84 932	4 030	57 707	12 232	643	2 020	708	7 592
富阳县	124 729	5 366	81 200	20 829	1 079	2 950	1 216	12 089
临安县	115 106	6 511	76 438	16 842	876	2 128	810	11 501
余杭县	184 298	6 259	102 075	50 393	1 418	4 855	3 569	15 729
建德县	108 106	5 770	74 202	13 521	798	2 166	730	10 919
淳安县	95 024	4 984	64 410	15 708	592	1 609	782	6 939
宁波市	284 779	19 889	187 023	25 605	3 049	3 594	777	44 842
宁波市区	142 570	9 847	91 878	13 429	2 239	2 202	407	22 568
镇海县	142 209	10 042	95 145	12 176	810	1 392	370	22 274
温州市	1 315 868	66 048	849 172	219 803	13 002	34 479	17 475	115 889
温州市区	120 502	4 251	78 255	23 632	1 760	3 399	1 683	7 522
瓯海县	101 651	3 666	62 318	22 484	954	3 939	2 405	5 885
洞头县	24 592	1 337	16 528	3 097	188	778	237	2 427
乐清县	199 181	10 912	130 484	26 325	1 783	6 047	2 631	20 999
永嘉县	159 683	11 114	108 914	17 201	1 627	2 705	1 179	16 943
瑞安县	209 463	7 903	131 825	43 292	2 133	7 175	4 130	13 005
平阳县	151 375	8 418	100 193	24 742	1 400	3 225	1 545	11 852
苍南县	198 575	9 911	127 688	38 624	1 482	4 507	2 413	13 950
文成县	78 431	4 434	50 071	8 964	918	1 150	488	12 406
泰顺县	72 415	4 102	42 896	11 442	757	1 554	764	10 900
嘉兴地区	1 277 230	50 597	720 162	325 753	9 238	23 724	18 213	129 543
湖州市	233 421	8 880	112 130	78 972	1 956	3 865	3 971	23 647
嘉兴市	173 834	6 880	105 343	35 361	1 414	2 804	1 637	20 395
嘉善县	96 391	4 526	61 877	14 524	682	1 042	523	13 217
平湖县	109 626	4 510	65 314	24 356	749	2 489	1 476	10 732
海宁县	137 107	5 125	73 758	41 232	793	2 502	2 371	11 326
海盐县	78 327	3 159	46 721	18 658	398	1 121	945	7 325
桐乡县	134 253	4 197	66 098	45 924	1 049	3 157	3 168	10 660
德清县	86 314	3 007	42 112	28 305	588	1 861	1 921	8 520
长兴县	131 129	5 758	83 311	23 709	974	2 816	1 366	13 195
安吉县	96 828	4 555	63 498	14 712	635	2 067	835	10 526
宁波地区	1 039 113	66 180	702 058	89 975	6 091	14 822	3 553	156 434

表40 （续1）

地区别	合计	一对夫妇户	二代户	三代以上户	一代户和其他亲属及非亲属	二代户和其他亲属及非亲属	三代以上户和其他亲属及非亲属	单身户
慈溪县	252 797	18 220	172 656	18 204	1 165	2 508	569	39 475
余姚县	207 639	11 795	136 411	25 055	1 001	2 936	1 015	29 426
奉化县	122 230	7 365	83 672	10 191	724	2 028	385	17 865
象山县	122 941	7 067	84 046	9 823	830	2 343	564	18 268
宁海县	130 412	7 522	89 687	11 280	900	2 119	592	18 312
鄞县	203 094	14 211	135 586	15 422	1 471	2 888	428	33 088
绍兴地区	995 087	51 517	641 322	136 442	7 473	15 125	6 139	137 069
绍兴市	283 118	11 739	175 929	44 699	2 486	5 168	2 056	41 041
上虞县	180 000	9 130	116 958	25 844	965	2 715	1 221	23 167
嵊县	189 638	12 984	125 052	18 303	1 362	2 106	640	29 191
新昌县	107 391	6 818	73 106	8 988	916	1 066	268	16 229
诸暨县	234 940	10 846	150 277	38 608	1 744	4 070	1 954	27 441
金华地区	1 478 909	79 525	987 537	175 286	12 376	23 817	8 831	191 537
金华市	208 534	11 841	139 795	22 455	1 637	2 850	992	28 964
衢州市	228 301	10 556	154 135	30 019	2 215	5 177	1 779	24 420
兰溪县	146 999	6 511	93 574	19 359	1 629	3 460	1 248	21 218
永康县	116 318	7 140	77 675	11 739	865	758	277	17 864
武义县	77 572	4 975	51 362	8 136	549	718	296	11 536
东阳县	226 733	14 193	154 517	24 269	1 451	1 905	735	29 663
义乌县	145 491	8 495	94 932	15 707	1 183	2 055	750	22 369
浦江县	83 735	4 807	56 652	8 033	612	1 401	410	11 820
常山县	61 599	2 590	41 535	9 013	637	1 576	607	5 641
江山县	114 124	4 467	74 960	17 754	1 064	2 638	1 287	11 954
开化县	69 503	3 950	48 400	8 802	534	1 279	450	6 088
丽水地区	512 340	27 759	331 585	68 898	4 515	7 121	3 580	68 882
丽水县	73 862	4 647	47 247	9 187	496	722	307	11 256
青田县	98 840	5 383	67 327	10 279	1 030	1 221	506	13 094
云和县	55 839	2 563	33 414	11 505	458	980	698	6 221
龙泉县	54 832	2 346	33 099	10 154	486	1 142	564	7 041
庆元县	34 799	1 064	21 313	7 073	395	903	638	3 413
缙云县	96 560	6 563	66 533	6 434	846	543	142	15 499
遂昌县	48 874	2 478	30 649	8 059	393	920	457	5 918
松阳县	48 734	2 715	32 003	6 207	411	690	268	6 440
台州地区	1 127 641	73 001	774 098	116 893	7 248	14 353	5 531	136 517
椒江市	37 422	2 329	25 206	4 299	270	443	146	4 729

表40 （续完）

地区别	合计	一对夫妇户	二代户	三代以上户	一代户和其他亲属及非亲属	二代户和其他亲属以非亲属	三代以上户和其他亲属及非亲属	单身户
临海县	231 042	14 910	161 906	25 147	1 319	3 016	1 301	23 443
黄岩县	249 803	17 678	169 439	24 812	1 362	2 759	1 013	32 740
温岭县	245 847	17 771	166 324	24 583	1 260	2 655	1 081	32 173
仙居县	94 979	5 580	67 988	7 874	938	1 249	265	11 085
天台县	116 499	5 428	78 941	11 644	1 181	1 496	510	17 299
三门县	71 677	4 225	50 899	8 417	426	1 380	591	5 739
玉环县	80 372	5 080	53 395	10 117	492	1 355	624	9 309
舟山地区	244 961	15 610	168 604	23 535	1 752	2 798	1 068	31 594
定海县	86 380	5 136	58 024	9 124	748	1 056	406	11 886
普陀县	77 620	4 859	54 105	8 854	423	881	432	8 066
岱山县	59 981	4 346	41 372	3 419	469	551	124	9 700
嵊泗县	20 980	1 269	15 103	2 138	112	310	106	1 942

表41 安徽省家庭户的类别

地区别	合计	一对夫妇户	二代户	三代以上户	一代户和其他亲属及非亲属	二代以上户和其他亲属及非亲属	单身户	其他户
全省	10 470 792	406 058	6 842 709	1 806 819	95 292	310 056	183 031	826 827
合肥市	355 262	13 739	230 018	53 639	4 875	10 140	5 644	37 207
合肥市区	198 069	9 677	132 298	26 591	2 534	4 212	1 509	21 248
长丰县	157 193	4 062	97 720	27 048	3 341	5 928	4 135	15 959
芜湖市	218 922	10 259	146 265	32 679	2 343	5 010	2 288	20 078
芜湖市区	114 593	6 554	77 777	15 295	1 388	1 972	578	11 029
芜湖县	104 329	3 705	68 488	17 384	955	3 038	1 710	9 049
蚌埠市	131 077	6 065	85 838	20 046	1 398	2 405	1 027	14 298
淮南市	326 127	11 707	212 344	50 800	4 047	10 344	5 087	31 798
淮南市区	216 949	7 568	141 699	33 720	2 869	6 786	2 901	21 406
凤台县	109 178	4 139	70 645	17 080	1 178	3 558	2 186	10 392
马鞍山市	84 946	3 873	57 689	11 348	1 305	1 958	670	8 103
淮北市	263 472	9 796	172 880	47 648	3 482	8 223	3 645	17 798
淮北市区	89 419	4 437	59 219	10 750	2 268	3 787	1 007	7 951
濉溪县	174 053	5 359	113 661	36 898	1 214	4 436	2 638	9 847
铜陵市	108 320	4 472	76 251	15 777	979	3 191	1 295	6 355
铜陵市区	42 201	2 122	31 327	5 188	487	1 094	328	1 655
铜陵县	66 119	2 350	44 924	10 589	492	2 097	967	4 700
安庆市	96 895	4 340	65 023	14 129	904	1 907	998	9 594
阜阳地区	2 139 016	93 236	1 449 896	372 771	13 649	53 255	31 862	124 347
阜阳市	37 756	1 850	24 498	5 885	301	1 257	471	3 494
阜阳县	233 200	10 537	161 508	37 409	1 381	5 166	2 662	14 537
临泉县	269 167	11 423	187 018	48 316	1 227	5 458	3 474	12 251
太和县	237 279	11 166	162 027	41 963	1 291	4 868	2 733	13 231
涡阳县	199 783	8 981	129 981	38 394	1 387	6 167	3 960	10 913
蒙城县	171 628	6 040	110 073	35 476	1 301	5 170	3 686	9 882
亳县	225 265	11 033	151 962	41 531	1 017	3 577	2 295	13 850
阜南县	211 927	7 951	150 048	33 511	1 153	4 575	2 625	12 064
颍上县	228 793	9 711	157 682	32 271	2 484	8 291	4 363	13 991
界首县	116 808	5 910	81 637	18 213	509	2 038	1 059	7 442
利辛县	207 410	8 634	133 462	39 802	1 598	6 688	4 534	12 692
宿县地区	1 239 849	49 763	784 467	248 510	10 629	37 504	23 892	85 084

表41 （续1）

地区别	合计	一对夫妇户	二代户	三代以上户	一代户和其他亲属及非亲属	二代以上户和其他亲属及非亲属	单身身	其他户
宿州市	44 522	1 594	26 992	6 103	1 493	1 661	465	6 214
砀山县	139 353	9 668	88 376	28 116	848	2 636	1 904	7 805
萧县	201 763	12 541	134 935	32 534	1 264	4 762	2 376	13 351
宿县	197 179	6 809	128 796	35 833	1 379	4 590	2 744	17 028
灵璧县	154 551	4 337	93 638	38 156	1 157	5 216	3 803	8 244
泗县	122 194	3 312	74 276	31 715	733	3 695	2 964	5 499
怀远县	187 680	5 779	115 895	36 461	1 973	7 896	5 007	14 669
五河县	102 041	3 298	66 411	20 219	770	3 257	2 144	5 942
固镇县	90 566	2 425	55 148	19 373	1 012	3 791	2 485	6 332
滁县地区	720 891	24 925	467 925	123 599	5 447	19 558	12 241	67 196
天长县	110 944	4 126	71 190	22 419	691	2 335	1 577	8 606
来安县	86 877	3 767	60 013	13 894	464	1 994	1 188	5 557
滁县	77 859	3 138	51 416	11 975	647	2 047	1 169	7 467
全椒县	81 142	2 617	51 921	14 922	589	2 320	1 926	6 847
定远县	141 253	3 665	91 099	24 227	1 335	4 170	2 519	14 238
凤阳县	115 769	3 687	71 970	19 022	1 028	3 534	2 129	14 399
嘉山县	107 047	3 925	70 316	17 140	693	3 158	1 733	10 082
六安地区	1 370 324	51 837	888 640	202 984	16 508	47 330	25 287	136 738
六安市	36 844	1 660	25 011	3 815	642	822	279	4 615
六安县	281 482	12 128	184 149	39 106	3 123	8 317	4 190	30 469
寿县	222 883	7 108	142 886	32 870	3 240	8 998	4 962	22 819
霍丘县	268 875	11 403	182 717	37 483	2 773	8 512	4 067	21 920
肥西县	181 790	6 210	119 164	24 320	2 769	5 701	2 822	20 804
舒城县	190 552	7 088	125 742	26 587	2 097	6 889	3 457	18 692
金寨县	118 339	3 799	68 275	22 851	1 213	5 116	4 022	13 063
霍山县	69 559	2 441	40 696	15 952	651	2 975	2 488	4 356
宣城地区	847 701	31 948	556 230	141 984	6 744	23 545	12 864	74 386
宣城县	156 381	6 121	104 560	24 839	1 018	3 765	2 035	14 043
郎溪县	63 699	3 009	43 514	8 808	460	1 392	625	5 891
广德县	95 177	3 328	63 679	15 190	757	2 704	1 434	8 085
宁国县	76 143	3 301	50 529	12 738	528	2 168	1 233	5 646
当涂县	132 560	4 389	84 035	25 048	1 098	3 763	2 649	11 578
繁昌县	89 293	3 248	59 142	13 640	829	2 792	1 264	8 378
南陵县	104 122	3 883	69 674	16 775	833	2 782	1 275	8 900
青阳县	54 319	2 013	34 633	10 368	496	1 900	1 006	3 903
泾县	76 007	2 656	46 464	14 578	725	2 279	1 343	7 962
巢湖地区	1 031 056	36 285	684 698	164 759	10 445	32 482	19 450	82 937
肥东县	187 017	5 362	121 730	35 519	1 819	5 677	12 199	12 711
庐江县	215 090	7 060	143 706	30 637	2 937	10 055	15 838	15 857
无为县	262 292	9 333	180 051	37 275	2 468	7 719	21 047	21 399
巢县	158 842	6 465	103 936	25 402	1 667	4 090	14 445	14 837

表41 （续完）

地区别	合计	一对夫妇户	二代户	三代以上户	一代户和其他亲属及非亲属	二代户和其他亲属及非亲属	单身户	其他户
含山县	79 786	2 990	52 551	13 193	746	2 312	1 648	6 346
和县	128 029	5 075	82 724	22 733	808	2 629	2 273	11 787
徽州地区	396 022	19 456	253 641	68 970	2 803	6 869	4 416	39 867
屯溪市	24 359	1 434	16 222	3 446	194	346	142	2 575
绩溪县	41 027	3 222	26 980	6 580	252	409	218	3 366
旌德县	33 074	2 388	20 381	5 833	230	727	423	3 092
歙县	133 988	6 276	88 141	21 365	836	1 693	957	14 720
休宁县	55 620	1 726	35 588	11 249	342	940	757	5 018
黟县	20 960	843	13 019	3 754	175	298	207	2 664
祁门县	35 847	1 629	22 982	6 604	257	645	395	3 335
太平县	29 100	1 259	17 349	5 575	279	820	549	3 269
石台县	22 047	679	12 979	4 564	238	991	768	1 828
安庆地区	1 140 912	34 357	710 904	237 176	9 734	46 335	31 365	71 041
怀宁县	132 363	3 800	81 917	30 384	884	4 009	3 371	7 998
桐城县	146 778	4 403	94 448	26 431	1 330	5 277	3 606	11 283
枞阳县	166 476	5 592	110 889	27 853	1 338	8 226	4 303	8 275
潜山县	100 671	2 706	61 839	22 569	938	4 013	2 769	5 837
太湖县	97 560	2 758	55 017	23 436	1 090	4 494	3 552	7 213
宿松县	128 967	3 937	82 940	23 889	1 059	4 992	3 176	8 974
望江县	99 571	2 688	62 488	22 710	694	3 594	2 022	5 375
岳西县	69 444	1 691	38 028	17 932	886	3 881	3 431	3 595
东至县	94 258	3 070	56 787	21 032	760	3 302	2 189	7 118
贵池县	104 824	3 712	66 551	20 940	755	4 547	2 946	5 373

表42 福建省家庭户的类别

地区别	合计	一对夫妇户	二代户	三代以上户	一代户和其他亲属及非亲属	二代户和其他亲属及非亲属	三代以上户和其他亲属及非亲属	单身户
全省	5 142 142	139 789	3 080 339	1 199 198	67 050	144 804	115 897	395 065
福州市	386 563	13 567	223 527	81 417	8 257	10 464	5 417	43 914
福州市区	275 958	10 560	161 442	55 257	6 382	7 090	2 907	32 320
闽侯县	110 605	3 007	62 085	26 160	1 875	3 374	2 510	11 594
厦门市	197 867	4 952	121 380	47 376	2 399	4 502	3 587	13 671
厦门市区	112 436	3 030	70 572	24 547	1 800	2 401	1 109	8 977
同安县	85 431	1 922	50 808	22 829	599	2 101	2 478	4 694
建阳地区	515 959	15 115	319 078	110 485	5 954	14 599	10 164	40 564
南平市	80 116	2 315	49 336	17 476	1 023	2 465	1 568	5 933
顺昌县	41 993	1 144	25 775	9 771	421	1 031	828	3 023
建阳县	60 088	1 800	36 163	13 100	762	1 849	1 176	5 238
建瓯县	86 873	2 095	53 038	20 359	985	2 496	1 821	6 079
浦城县	77 368	3 026	49 136	14 528	801	1 700	954	7 223
邵武县	51 652	1 562	33 469	10 291	549	1 153	804	3 824
崇安县	36 189	1 007	21 828	7 628	535	1 081	622	3 488
光泽县	26 108	716	15 612	6 008	329	844	565	2 034
松溪县	25 812	874	17 296	4 524	237	595	345	1 941
政和县	29 760	576	17 425	6 800	312	1 385	1 481	1 781
宁德地区	699 745	18 614	396 806	152 885	10 294	25 918	17 263	77 965
宁德县	67 042	1 216	34 220	16 352	1 654	2 553	1 904	9 143
连江县	106 306	2 962	67 651	21 059	1 258	3 461	1 769	8 146
罗源县	43 579	1 219	25 512	10 082	488	1 356	804	4 118
福鼎县	99 095	3 694	58 449	19 418	1 110	3 036	1 776	11 612
霞浦县	88 939	2 600	50 093	19 522	1 187	3 349	2 008	10 180
福安县	107 486	2 428	58 302	21 281	1 973	4 587	2 808	16 107
古田县	70 827	1 858	39 730	18 027	957	2 447	1 921	5 887
屏南县	28 122	549	14 870	7 525	458	1 210	1 051	2 459
寿宁县	39 491	946	22 026	9 096	529	1 560	1 428	3 906
周宁县	30 208	564	15 859	7 255	441	1 421	1 212	3 456
柘荣县	18 650	578	10 094	3 268	239	938	582	2 951
莆田地区	887 187	28 575	538 983	209 714	10 121	22 396	19 821	57 877
闽清县	52 279	1 671	31 074	11 753	722	1 455	1 036	4 568
永泰县	59 098	1 848	34 741	13 330	774	1 393	1 063	5 949
长乐县	124 574	4 599	79 551	18 220	2 315	4 409	1 989	13 491
福清县	182 632	7 512	119 836	34 598	1 471	3 261	2 735	13 219
平潭县	55 387	2 377	40 425	6 993	658	1 181	485	3 268
莆田县	263 191	5 987	136 316	93 309	2 303	6 339	9 263	9 674
仙游县	150 026	4 581	97 040	31 211	1 878	4 358	3 250	7 708
晋江地区	924 923	25 467	578 908	205 835	14 149	20 580	17 408	62 576

表42 （续完）

地区别	合计	一对夫妇户	二代户	三代以上户	一代户和其他亲属及非亲属	二代户和其他亲属及非亲属	三代以上户和其他亲属及非亲属	单身户
泉州市	83 495	2 087	50 983	20 623	1 044	1 517	1 041	6 200
惠安县	181 630	5 720	113 622	42 281	3 032	3 478	3 576	9 921
晋江县	197 298	4 975	124 594	41 034	2 989	4 459	3 055	16 192
南安县	198 964	4 951	119 782	49 729	3 154	4 506	4 558	12 284
安溪县	133 700	3 574	82 566	30 579	2 073	3 998	3 531	7 379
永春县	84 749	2 629	56 485	14 541	1 257	1 609	1 071	7 157
德化县	45 087	1 531	30 876	7 048	600	1 013	576	3 443
龙溪地区	692 618	14 537	422 840	165 196	7 865	21 495	17 530	43 155
漳州市	63 987	1 770	40 226	13 384	919	1 369	876	5 443
龙海县	144 858	3 647	92 587	31 181	1 282	3 657	2 680	9 824
云霄县	61 423	1 043	37 260	14 405	753	2 097	1 676	4 189
漳浦县	117 138	2 970	76 653	24 447	1 146	3 444	2 646	5 832
诏安县	88 829	1 841	53 593	20 888	1 299	2 627	2 007	6 574
长泰县	28 190	476	16 308	8 726	206	711	750	1 013
东山县	29 493	405	15 414	9 793	489	671	763	1 958
南靖县	52 982	831	30 478	15 201	432	1 656	1 792	2 592
平和县	80 732	1 130	45 187	20 680	1 146	4 584	3 653	4 352
华安县	24 986	424	15 134	6 491	193	679	687	1 378
龙岩地区	420 113	8 781	236 071	117 048	3 578	12 406	13 781	28 448
龙岩市	74 048	2 689	47 266	14 674	767	1 274	882	6 496
长汀县	65 423	796	32 696	22 422	517	2 253	3 155	3 584
永定县	68 301	992	39 015	19 358	543	2 087	2 225	4 081
上杭县	39 893	981	34 748	23 186	513	2 608	3 391	4 466
武平县	51 750	863	27 887	15 881	371	1 781	2 033	2 934
漳平县	41 174	1 308	26 323	8 731	346	872	685	2 909
连城县	49 524	1 152	28 136	12 796	521	1 531	1 410	3 978
三明地区	417 167	10 181	242 746	109 542	4 433	12 444	10 926	26 895
三明市	44 475	2 033	29 084	6 305	667	949	398	5 039
明溪县	18 240	393	9 805	5 700	169	585	518	1 070
永安县	52 443	1 661	32 881	11 333	496	1 269	1 001	3 802
清流县	22 971	552	13 040	6 732	171	668	650	1 158
宁化县	52 923	1 038	28 915	16 752	410	1 695	1 812	2 301
大田县	51 326	1 095	30 547	12 978	669	1 640	1 341	3 056
尤溪县	64 987	1 139	36 589	18 008	799	2 222	1 918	4 312
沙县	41 638	969	24 313	10 972	467	1 230	942	2 745
将乐县	24 309	391	13 022	7 849	207	758	868	1 214
泰宁县	20 693	384	11 767	5 964	214	669	683	1 012
建宁县	23 162	526	12 783	6 949	164	759	795	1 186

表43

江西省家庭户的类别

地区别	合计	一对夫妇户	二代户	三代以上户	一代户和其他亲属及非亲属	二代户和其他亲属及非亲属	三代以上户和其他亲属及非亲属	单身户
全省	6 493 092	234 773	4 002 392	1 417 492	71 277	169 666	121 626	475 866
南昌市	510 988	18 031	320 124	102 165	6 150	15 536	9 214	39 768
南昌地区	238 198	9 626	152 667	42 704	3 504	7 178	2 846	19 673
南昌县	173 495	4 654	101 908	41 217	1 862	5 803	4 820	13 231
新建县	99 295	3 751	65 549	18 244	784	2 555	1 548	6 864
景德镇市	120 848	5 402	76 931	16 893	1 724	2 308	890	16 700
萍乡市	231 927	6 520	142 537	53 782	2 997	7 390	5 013	13 688
九江市	87 157	4 017	56 452	12 053	983	2 081	898	10 673
赣州地区	1 172 960	33 852	683 934	321 007	10 422	33 585	30 885	59 275
赣州市	68 099	2 148	41 017	14 924	754	1 668	1 186	6 402
赣县	76 071	1 729	42 948	20 535	826	3 215	2 837	3 981
南康县	116 543	3 071	68 982	31 295	1 190	3 620	2 979	5 406
信丰县	91 143	2 117	55 223	26 096	403	2 181	2 217	2 906
大余县	41 353	1 204	26 086	9 603	365	1 094	829	2 172
上犹县	43 036	1 251	24 049	11 973	431	1 531	1 312	2 489
崇义县	29 421	1 014	16 445	7 884	292	1 022	813	1 951
安远县	43 366	916	24 914	13 443	244	1 138	1 251	1 460
龙南县	41 242	873	22 837	13 128	386	963	1 162	1 893
定南县	26 687	451	14 080	9 608	200	477	613	1 258
全南县	28 388	684	17 142	7 917	181	698	689	1 077
宁都县	108 939	5 618	69 648	23 309	854	2 021	1 480	6 009
于都县	114 701	2 531	64 591	33 950	1 171	3 719	3 645	5 094
兴国县	97 069	3 326	53 967	27 612	865	3 233	2 915	5 151
瑞金县	79 555	2 396	47 425	21 280	700	2 345	2 085	3 324
会昌县	56 496	1 387	31 992	16 267	578	1 866	1 914	2 492
寻乌县	38 439	1 068	20 684	12 115	332	929	1 252	2 059
石城县	39 951	1 065	23 237	11 357	375	1 140	1 087	1 690
广昌县	32 461	1 003	18 667	8 711	275	725	619	2 461
宜春地区	1 047 523	49 457	655 530	195 417	15 360	23 690	15 403	92 666
宜春市	31 341	1 314	21 208	5 381	247	632	360	2 199
丰城县	184 691	5 597	105 071	45 195	6 123	5 425	4 865	12 415
高安县	128 873	6 911	84 467	22 011	1 173	2 581	1 421	10 309
清江县	88 420	3 478	54 706	18 133	1 190	2 313	1 618	6 982
新余县	117 178	5 970	84 376	15 878	899	1 932	981	7 142
宜春县	112 328	5 371	69 679	11 959	1 562	3 140	1 937	8 680
奉新县	50 604	2 898	29 219	9 446	443	893	520	7 185
万载县	77 701	3 666	45 659	16 941	1 000	1 980	1 191	7 264
上高县	60 245	3 305	38 674	8 937	444	1 009	518	7 358
宜丰县	53 902	3 197	33 699	7 505	598	928	419	7 556

表43 （续1）

地区别	合计	一对夫妇户	二代户	三代以上户	一代户和其他亲属及非亲属	二代户和其他亲属及非亲属	三代以上户和其他亲属及非亲属	单身户
分宜县	53 039	3 134	36 287	6 653	586	934	442	5 003
安义县	37 150	1 727	23 747	6 766	602	739	387	3 182
靖安县	25 293	1 325	14 584	5 234	257	603	360	2 930
铜鼓县	26 758	1 564	14 154	5 378	236	581	384	4 461
上饶地区	1 293 972	46 330	832 945	262 353	13 019	30 955	19 205	89 165
上饶市	31 552	1 328	21 025	5 098	350	635	269	2 847
鹰潭市	21 760	921	14 798	3 108	204	410	206	2 113
上饶县	127 332	4 249	82 552	27 105	1 210	2 970	1 841	7 405
广丰县	116 257	3 984	77 591	19 348	1 734	2 819	1 276	9 505
玉山县	93 635	3 414	63 473	15 000	1 047	1 902	825	7 974
铅山县	67 392	2 370	41 548	14 590	619	1 327	829	6 109
横峰县	30 886	1 283	20 736	6 027	194	449	269	1 928
弋阳县	58 509	2 436	38 095	11 183	417	1 191	643	4 544
贵溪县	86 139	2 696	54 442	18 135	754	2 191	1 399	6 522
余江县	58 833	2 303	39 580	10 544	522	1 139	597	4 148
余干县	121 084	4 170	76 680	27 350	1 611	2 957	2 368	5 948
波阳县	191 731	5 253	118 137	48 074	1 600	6 388	4 703	7 576
万年县	57 213	2 705	37 943	11 401	394	1 317	782	2 671
乐平县	120 004	5 229	76 803	23 693	1 440	3 121	1 914	7 804
德兴县	55 263	2 396	36 786	7 634	436	978	429	6 604
婺源县	56 382	1 593	32 756	14 063	487	1 161	855	5 467
吉安地区	731 215	27 221	438 311	170 494	9 294	19 844	15 435	50 616
吉安市	38 859	1 529	24 311	6 555	347	757	370	4 990
吉安县	97 224	3 649	58 491	23 418	878	2 421	2 036	6 331
吉水县	75 752	3 316	46 735	15 909	1 099	2 287	1 664	4 742
峡江县	26 268	1 351	17 692	4 218	182	558	324	1 943
新干县	48 181	2 160	31 118	7 898	1 170	1 058	678	4 099
永丰县	58 440	2 724	35 245	12 910	1 046	1 639	1 023	3 853
泰和县	74 134	2 294	42 110	19 400	1 038	2 086	1 818	5 388
遂川县	78 043	2 690	41 695	20 537	1 206	2 975	2 310	6 630
万安县	40 017	1 409	21 820	10 662	824	1 413	1 176	2 713
安福县	60 036	2 084	36 444	14 831	478	1 486	1 235	3 478
永新县	73 859	1 978	45 773	19 187	515	1 728	1 759	2 919
莲花县	38 639	1 354	24 580	9 232	263	890	588	1 732
宁冈县	12 516	418	7 099	3 441	130	283	237	908
井冈山县	9 247	265	5 198	2 296	118	263	217	890
抚州地区	658 595	21 447	411 382	138 419	6 008	16 486	11 272	53 581
抚州市	35 566	1 282	21 842	6 324	409	924	453	4 332
临川县	122 900	4 117	78 471	24 838	1 315	3 144	1 978	9 037
南城县	48 819	1 440	31 207	9 368	443	1 474	806	4 081
黎川县	38 261	873	23 207	7 992	372	1 077	808	3 932
南丰县	41 542	1 137	25 993	8 819	334	1 052	704	3 503

表43　　（续完）

地区别	合计	一对夫妇户	二代户	三代以上户	一代户和其他亲属及非亲属	二代户和其他亲属及非亲属	三代以上户和其他亲属及非亲属	单身户
崇仁县	47 348	1 718	29 199	9 813	461	1 147	694	4 316
乐安县	53 345	2 117	33 939	11 180	368	1 067	784	3 890
宜黄县	36 303	1 422	22 535	6 927	362	903	471	3 683
金溪县	43 693	1 526	27 377	8 546	451	1 194	686	3 913
资溪县	18 851	573	11 042	3 755	165	409	241	2 666
进贤县	109 042	3 285	64 736	27 370	984	2 875	2 650	7 142
东乡县	62 925	1 957	41 834	13 487	344	1 220	997	3 086
九江地区	637 907	22 496	384 246	144 909	5 320	17 791	13 411	49 734
九江县	50 039	1 726	31 099	10 890	349	1 570	1 396	3 009
瑞昌县	62 250	2 003	37 871	15 214	500	2 106	1 703	2 853
武宁县	61 978	2 301	34 611	15 979	578	2 004	1 596	4 909
修水县	125 852	5 132	68 434	35 668	1 020	3 226	2 529	9 843
永修县	64 774	2 545	42 077	11 116	501	1 535	796	6 204
德安县	29 142	1 054	17 635	6 113	231	822	580	2 707
星子县	34 542	1 447	22 023	7 344	278	784	702	1 964
都昌县	107 773	3 408	66 323	22 324	1 034	2 244	1 730	10 710
湖口县	47 548	1 519	29 320	9 716	401	1 335	935	4 322
彭泽县	54 009	1 361	34 853	10 545	428	2 165	1 444	3 213

表44

山东省家庭户的类别

地区别	合计	一对夫妇户	二代户	三代以上户	一代户和其他亲属及非亲属	二代户和其他亲属及非亲属	三代以上户和其他亲属及非亲属	单身户
全省	17 335 083	1 080 602	11 636 336	2 535 049	129 282	406 105	166 264	1 381 445
济南市	797 670	44 861	498 903	143 332	8 115	17 123	9 315	76 021
济南市区	340 572	20 516	211 489	55 108	4 943	5 501	1 874	41 141
历城县	139 260	7 192	88 036	27 399	911	3 112	2 086	10 524
章丘县	205 736	10 731	126 500	42 396	1 415	5 428	3 944	15 322
长清县	112 102	6 422	72 878	18 429	846	3 082	1 411	9 034
青岛市	1 010 879	53 103	662 792	165 076	11 206	25 189	9 226	84 287
青岛市区	296 222	14 986	181 455	57 508	5 861	6 074	2 081	28 257
崂山县	162 820	10 417	114 665	18 017	872	2 309	915	15 625
即墨县	222 911	11 329	150 739	33 639	1 804	6 623	2 260	16 517
胶南县	179 522	9 235	117 397	30 955	1 473	5 842	2 164	12 456
胶县	149 404	7 136	98 536	24 957	1 196	4 341	1 806	11 432
淄博市	546 722	39 533	386 637	53 702	3 148	6 508	2 401	54 793
枣庄市	610 120	25 947	425 182	69 411	5 878	18 025	5 410	60 267
枣庄市区	274 160	11 884	193 899	30 261	2 554	6 425	1 736	27 401
滕县	335 960	14 063	231 283	39 150	3 324	11 600	3 674	32 866
烟台地区	2 279 672	198 184	1 586 857	222 141	12 611	35 553	8 832	215 494
烟台市	105 151	11 205	73 710	8 500	738	961	185	9 852
威海市	59 615	6 652	42 175	3 738	266	337	82	6 365
福山县	75 603	7 299	53 222	5 797	319	1 083	205	7 678
蓬莱县	126 767	11 672	88 168	11 192	616	1 696	364	13 059
黄县	143 092	10 894	98 034	15 633	780	1 843	548	15 360
招远县	139 632	9 914	94 937	15 490	943	2 248	637	15 463
掖县	212 676	14 795	132 918	36 229	1 437	3 390	1 462	22 445
莱西县	157 502	9 782	107 283	22 391	1 164	3 652	1 263	11 967
莱阳县	193 162	14 045	134 491	24 061	1 147	4 661	1 322	13 435
栖霞县	163 671	13 837	118 222	12 782	826	2 748	530	14 726
海阳县	175 020	15 165	125 539	16 109	969	3 382	637	13 219
乳山县	159 066	13 315	114 581	14 081	810	3 179	566	12 534
牟平县	146 686	12 732	104 628	12 971	704	2 332	464	12 855
文登县	199 582	21 148	141 994	12 443	874	2 185	339	20 599
荣成县	212 663	24 823	150 476	9 460	925	1 719	176	25 084
长岛县	9 784	906	6 479	1 264	93	137	52	853
潍坊地区	2 065 892	110 558	1 362 027	348 066	15 524	56 562	23 281	149 874
潍坊市	89 594	5 983	61 829	11 423	678	1 272	561	7 848
益都县	177 125	8 309	121 370	26 055	1 332	4 368	1 690	14 001
安丘县	218 456	8 963	145 364	36 939	1 886	7 864	3 059	14 381
寿光县	210 377	11 779	139 471	32 826	1 441	5 372	1 999	17 489

表44 （续1）

地区别	合计	一对夫妇户	二代户	三代以上户	一代户和其他亲属及非亲属	二代户和其他亲属及非亲属	三代以上户和其他亲属及非亲属	单身户
临朐县	177 284	11 085	126 335	19 319	1 257	4 982	1 235	13 071
昌乐县	115 316	4 671	77 561	19 577	921	3 729	1 631	7 226
昌邑县	152 816	9 845	92 402	30 677	1 073	3 559	1 856	13 404
高密县	171 957	9 061	107 727	36 502	1 066	4 308	2 369	10 924
诸城县	209 598	7 724	138 587	40 664	1 659	7 122	3 140	10 702
五莲县	117 560	7 630	83 506	12 215	936	3 623	731	8 919
平度县	283 127	17 445	179 077	53 077	2 103	6 812	3 056	21 557
潍县	142 682	8 063	88 798	28 792	1 172	3 551	1 954	10 352
惠民地区	1 216 060	75 093	781 113	226 887	7 528	24 355	14 410	86 674
惠民县	126 893	9 214	73 537	31 477	761	2 653	2 155	7 096
滨县	99 597	7 122	61 928	18 761	790	1 844	1 025	8 127
阳信县	85 751	5 485	53 108	16 617	668	2 237	1 262	6 374
无棣县	87 479	6 309	58 701	13 239	575	2 098	920	5 637
沾化县	101 254	8 241	69 682	12 164	475	1 366	453	8 873
利津县	66 099	3 373	44 029	11 893	429	1 432	640	4 303
广饶县	116 575	7 003	76 635	19 057	728	2 606	1 051	9 495
博兴县	111 942	6 151	72 535	19 939	817	2 189	1 130	9 181
桓台县	102 993	4 684	64 684	20 654	595	1 986	1 559	8 831
邹平县	140 216	7 564	85 466	32 009	889	3 178	2 476	8 634
高青县	79 274	4 414	47 474	19 841	370	1 451	1 245	4 479
垦利县	97 987	5 533	73 334	11 236	431	1 315	494	5 644
德州地区	1 250 119	79 718	773 979	253 352	9 581	31 951	18 210	83 328
德州市	64 697	4 531	44 038	7 205	576	1 324	448	6 575
陵县	119 009	7 004	76 764	22 932	837	2 841	1 440	7 191
平原县	92 711	6 169	58 078	19 022	544	1 924	1 219	5 755
夏津县	103 651	9 823	65 856	15 835	843	2 200	679	8 415
武城县	72 723	5 573	45 193	14 179	445	1 581	748	5 004
齐河县	131 922	7 829	75 775	30 603	1 068	3 633	2 659	10 355
禹城县	92 059	5 071	56 768	19 953	664	2 177	1 333	6 093
乐陵县	117 327	7 597	73 517	22 639	973	3 544	1 707	7 350
临邑县	90 375	4 916	54 904	21 099	711	2 510	1 674	4 513
商河县	114 354	6 413	66 950	27 641	962	3 485	2 366	6 537
济阳县	101 706	5 829	58 060	26 449	688	2 933	2 234	5 561
宁津县	94 019	5 292	60 155	17 876	777	2 285	1 114	6 520
庆云县	55 566	3 671	37 921	7 919	493	1 514	589	3 459
聊城地区	1 007 245	68 582	636 988	181 485	7 900	26 024	12 765	73 501
聊城县	155 246	10 368	100 240	25 301	1 189	3 908	1 829	12 411
阳谷县	132 822	7 781	84 470	25 872	893	3 986	2 352	7 468
莘县	159 245	9 587	100 742	29 560	1 382	5 307	2 673	9 994
茌平县	108 458	7 727	65 800	21 948	811	2 794	1 455	7 923
东阿县	80 781	4 977	47 638	18 800	641	2 186	1 340	5 199
冠县	137 609	11 125	89 735	20 919	1 000	2 655	1 017	11 158

表44　　（续2）

地区别	合计	一对夫妇户	二代户	三代以上户	一代户和其他亲属及非亲属	二代户和其他亲属及非亲属	三代以上户和其他亲属及非亲属	单身户
高唐县	96 458	7 415	58 358	18 755	819	1 942	911	8 258
临清县	136 626	9 602	90 005	20 330	1 165	3 246	1 188	11 090
泰安地区	1 313 627	70 964	899 519	183 503	10 722	39 133	15 419	94 367
泰安市	295 158	15 511	200 766	41 913	2 394	7 964	3 054	23 556
莱芜县	247 870	19 734	177 915	21 387	1 684	6 227	1 336	19 587
新泰县	220 194	12 399	162 999	19 846	1 790	5 063	1 173	16 924
宁阳县	150 909	5 418	97 236	26 445	1 680	7 043	3 186	9 901
肥城县	182 847	7 181	120 781	32 234	1 605	6 708	3 062	11 276
东平县	107 039	4 210	66 038	24 410	789	3 757	2 534	5 301
平阴县	78 899	4 538	50 130	14 685	576	1 967	982	6 021
新汶县	30 711	1 973	23 654	2 583	204	404	92	1 801
济宁地区	1 231 768	55 959	817 814	192 887	11 986	42 262	17 594	93 266
济宁市	54 014	2 795	35 449	6 316	580	819	222	7 833
济宁县	113 812	5 281	77 812	18 329	745	3 304	1 580	6 761
兖州县	109 655	4 796	70 204	17 846	1 216	4 101	1 997	9 495
曲阜县	116 242	4 660	75 854	18 951	1 306	5 706	2 199	7 566
泗水县	114 063	5 617	80 753	12 392	1 212	4 009	973	9 107
邹县	186 815	8 335	126 357	25 039	2 236	7 342	2 255	15 251
微山县	108 283	4 271	74 636	13 833	1 062	3 660	1 243	9 578
鱼台县	69 878	2 801	44 616	14 693	460	1 896	1 162	4 250
金乡县	101 276	4 855	65 194	19 709	564	2 661	1 623	6 670
嘉祥县	140 711	8 099	93 818	21 585	1 564	4 061	1 412	10 172
汶上县	117 019	4 449	73 121	24 194	1 041	4 703	2 928	6 583
临沂地区	2 447 503	165 028	1 798 238	203 426	15 509	48 763	9 841	206 698
临沂县	297 644	19 456	215 222	26 882	1 915	5 743	1 216	27 210
郯城县	165 914	7 482	114 293	27 671	869	3 975	1 762	9 862
苍山县	210 787	12 077	153 964	23 849	1 132	4 468	1 241	13 956
莒南县	206 412	16 730	155 807	9 175	1 317	3 551	306	19 526
日照县	218 933	13 530	157 447	22 426	1 461	5 443	1 296	17 330
莒县	219 960	16 123	163 855	13 122	1 445	4 140	549	20 726
沂水县	233 384	18 310	174 423	13 496	1 408	4 047	499	21 201
沂源县	130 689	10 924	99 109	5 701	776	1 568	143	12 468
蒙阴县	106 653	7 769	79 589	6 839	637	2 251	276	9 292
平邑县	188 186	11 108	138 752	15 494	1 632	5 265	903	15 032
费县	169 467	11 568	122 050	16 435	1 031	5 265	781	13 804
沂南县	178 892	12 457	134 143	12 067	1 139	3 798	447	16 036
临沭县	120 582	7 494	89 584	10 269	647	2 603	422	10 255
						1 911		

表44 （续完）

地区别	合计	一对夫妇户	二代户	三代以上户	一代户和其他亲属及非亲属	二代户和其他亲属及非亲属	三代以上户和其他亲属及非亲属	单身户
菏泽地区	1 577 806	93 072	1 006 287	291 781	9 574	34 657	19 560	102 875
菏泽县	203 921	13 165	132 508	37 768	1 231	3 608	2 047	13 594
曹县	230 512	13 205	147 563	45 374	1 468	4 993	2 939	14 970
定陶县	101 097	5 843	62 661	21 295	604	2 028	1 411	7 255
成武县	100 853	4 956	62 839	21 688	661	2 449	1 474	6 786
单县	189 053	10 821	123 284	35 422	965	4 128	2 639	11 794
巨野县	145 529	9 584	97 791	22 238	797	3 244	1 367	10 508
梁山县	150 073	8 950	96 584	27 731	1 085	4 255	2 302	9 166
郓城县	191 993	12 631	121 307	35 221	1 324	4 555	2 623	14 332
鄄城县	131 164	7 958	88 707	22 698	704	2 543	1 293	7 261
东明县	113 611	5 959	73 043	22 346	735	2 854	1 465	7 209

表45

河南省家庭户的类别

地区别	合计	一对夫妇户	二代户	三代以上户	一代户和其他亲属及非亲属	二代户和其他亲属及非亲属	三代以上户和其他亲属及非亲属	单身户
全省	15 304 584	649 629	9 639 888	3 082 881	150 079	493 388	307 711	981 008
郑州市	415 563	16 851	257 948	88 913	4 372	11 213	6 691	29 575
郑州市区	302 865	12 279	192 991	60 918	3 257	8 069	4 170	21 181
荥阳县	112 698	4 572	64 957	27 995	1 115	3 144	2 521	8 394
开封市	140 748	6 347	89 673	25 741	1 596	3 079	1 202	13 110
洛阳市	215 802	7 953	144 924	35 253	2 136	4 442	1 881	19 213
平顶山市	88 884	3 829	58 635	13 638	1 093	3 327	1 236	7 126
安阳市	115 594	4 983	78 383	14 467	1 747	2 568	873	12 573
鹤壁市	63 564	2 664	43 220	9 006	820	2 029	624	5 201
新乡市	115 698	5 105	75 275	18 006	1 421	2 463	953	12 475
焦作市	99 194	3 430	63 884	17 571	1 281	3 124	1 035	8 869
安阳地区	1 589 062	83 726	998 173	312 135	14 096	43 701	26 174	111 057
林县	196 569	12 959	133 762	24 793	1 524	3 801	1 655	18 075
安阳县	211 704	10 161	140 816	31 432	2 017	4 992	2 502	19 784
汤阴县	74 312	3 270	45 625	15 126	785	2 641	1 527	5 338
淇县	42 086	1 770	28 068	7 284	395	1 200	554	2 815
浚县	109 369	4 839	68 156	23 458	1 053	2 992	1 693	7 178
濮阳县	214 440	11 989	133 371	43 587	1 685	6 664	3 886	13 258
滑县	192 311	10 276	115 413	43 132	1 934	5 183	3 462	12 911
清丰县	108 829	5 935	59 838	28 695	1 132	3 397	2 647	7 185
南乐县	74 549	3 817	41 790	18 989	775	2 415	1 909	4 854
内黄县	116 466	5 925	71 231	25 690	993	3 355	2 089	7 183
长垣县	118 282	5 187	74 243	26 435	871	3 215	2 368	5 963
范县	75 358	4 376	49 325	14 033	518	2 149	1 120	3 837
台前县	54 787	3 222	36 535	9 481	414	1 697	762	2 676
新乡地区	1 130 135	45 248	672 159	286 171	9 025	27 045	22 052	68 435
沁阳县	72 467	2 366	40 723	21 447	447	1 592	1 530	4 362
博爱县	67 821	2 043	38 786	18 828	478	1 385	1 324	4 977
济源县	106 545	4 273	68 830	23 380	844	2 255	1 585	5 378
孟县	59 416	1 874	31 585	18 449	494	1 176	1 026	4 812
温县	65 030	2 197	35 636	19 626	414	1 318	1 374	4 465
武陟县	97 768	3 591	53 266	28 290	719	2 826	3 092	5 984
修武县	45 461	1 808	27 088	11 885	295	961	853	2 571
获嘉县	58 345	2 327	32 623	17 088	391	1 270	1 468	3 178
新乡县	68 318	3 347	40 244	18 048	431	1 167	1 123	3 958

表45 （续1）

地区别	合计	一对夫妇户	二代户	三代以上户	一代户和其他亲属及非亲属	二代户和其他亲属及非亲属	三代以上户和其他亲属及非亲属	单身户
辉县	132 365	5 768	83 806	27 178	1 512	3 844	2 087	8 170
汲县	81 113	3 768	52 755	14 843	807	1 889	1 085	5 966
原阳县	94 495	4 129	56 465	23 651	782	2 357	1 836	5 275
延津县	71 739	3 364	43 210	17 455	612	1 698	1 299	4 101
封丘县	109 252	4 393	67 142	26 003	799	3 307	2 370	5 238
商丘地区	1 266 825	76 035	839 178	230 297	6 530	27 483	15 370	71 932
商丘市	40 752	2 220	25 581	7 247	329	875	313	4 187
虞城县	174 227	10 700	114 938	31 081	977	4 301	2 207	10 023
商丘县	180 682	9 401	116 462	37 374	933	4 307	2 934	9 271
民权县	123 974	7 100	82 396	21 851	692	3 152	1 773	7 010
宁陵县	89 448	5 432	59 233	16 808	406	2 104	1 302	4 163
睢县	127 599	9 127	84 572	21 976	564	2 747	1 481	7 132
夏邑县	176 061	12 342	117 979	29 841	802	3 271	1 598	10 228
柘城县	146 405	8 649	98 339	26 097	778	2 909	1 509	8 124
永城县	207 677	11 064	139 678	38 022	1 049	3 817	2 253	11 794
开封地区	1 124 929	46 580	688 615	257 995	9 024	37 630	25 949	59 136
杞县	162 316	8 825	103 415	33 585	1 009	4 271	2 775	8 436
通许县	87 994	4 113	55 509	18 907	667	2 450	1 553	4 795
尉氏县	130 025	5 009	75 888	32 736	1 179	4 948	3 584	6 681
开封县	110 981	4 505	70 692	22 907	1 004	3 750	2 178	5 945
中牟县	97 422	3 375	58 214	23 476	893	4 544	3 114	3 806
新郑县	95 150	3 476	56 037	23 161	814	3 505	2 619	5 538
巩县	124 877	5 000	74 529	30 864	869	3 436	2 607	7 572
登封县	91 864	3 332	55 870	23 026	691	2 838	2 261	3 846
密县	115 298	4 413	67 551	28 156	1 078	3 883	2 882	7 335
兰考县	109 002	4 532	70 910	21 177	820	4 005	2 376	5 182
洛阳地区	1 310 623	51 233	846 686	265 652	11 557	40 058	24 642	70 795
三门峡市	32 250	1 604	21 553	4 833	259	612	296	3 093
义马市	12 665	416	9 245	1 751	117	282	98	756
偃师县	138 477	5 028	84 419	34 233	859	3 733	2 960	7 245
孟津县	80 326	3 088	49 346	19 086	619	1 966	1 540	4 681
新安县	88 669	3 585	60 888	15 508	726	2 520	1 267	4 175
渑池县	55 713	2 058	36 834	10 715	496	1 830	1 083	2 697
陕县	61 826	3 104	40 179	12 505	411	1 669	1 044	2 914
灵宝县	120 338	5 167	73 499	29 590	820	3 248	2 696	5 318
伊川县	108 444	3 723	71 837	22 021	757	3 549	2 085	4 472
汝阳县	68 897	2 644	45 322	11 933	780	2 199	1 226	4 793
嵩县	90 976	3 255	61 355	16 076	1 056	2 585	1 222	5 427
洛宁县	79 026	2 690	53 249	14 227	899	2 779	1 407	3 775
卢氏县	69 359	3 048	43 047	13 739	728	2 331	1 661	4 805
栾川县	52 516	1 883	32 853	10 930	512	2 142	1 339	2 857
临汝县	147 963	6 472	94 993	27 731	1 661	5 063	2 591	9 452

表45 （续2）

地区别	合计	一对夫妇户	二代户	三代以上户	一代户和其他亲属及非亲属	二代户和其他亲属及非亲属	三代以上户和其他亲属及非亲属	单身户
宜阳县	103 178	3 468	68 067	20 774	857	3 550	2 127	4 335
许昌地区	1 640 434	61 648	990 527	359 827	16 834	61 843	40 861	108 894
许昌市	53 103	3 014	32 777	8 643	523	1 373	554	6 219
漯河市	38 203	1 817	22 617	6 371	474	771	343	5 810
长葛县	102 723	3 360	58 205	27 872	861	3 744	3 276	5 405
禹县	195 072	7 253	117 926	43 449	2 123	6 846	4 532	12 943
鄢陵县	97 401	3 926	56 349	24 597	778	3 821	3 047	4 883
许昌县	132 950	4 328	78 082	34 549	1 068	4 914	3 996	6 013
郏县	94 118	3 683	58 820	19 328	918	3 107	1 872	6 390
临颍县	106 260	4 235	62 543	26 232	911	3 789	2 939	5 611
襄城县	137 888	5 573	89 536	26 348	1 034	4 659	2 819	7 919
宝丰县	87 809	3 249	56 602	16 041	920	3 150	1 563	6 284
郾城县	151 009	5 828	91 437	35 872	1 119	5 275	4 041	7 437
叶县	141 038	4 895	84 717	28 411	1 921	7 122	4 029	9 943
鲁山县	138 676	4 247	84 720	56 253	2 249	6 810	3 608	10 789
舞阳县	105 619	4 023	62 342	24 725	951	3 949	2 811	6 818
铁山县	58 565	2 217	33 854	11 136	984	2 513	1 431	6 430
周口地区	1 627 878	82 916	1 055 850	335 130	9 216	37 712	23 989	83 065
周口市	46 223	2 163	29 513	6 893	557	1 080	418	5 599
扶沟县	117 235	5 860	71 896	26 817	653	2 892	1 896	7 221
西华县	134 856	7 132	87 372	27 766	733	3 091	1 839	6 923
商水县	182 555	8 748	117 994	38 207	979	4 966	3 117	8 544
太康县	214 971	14 623	139 689	41 600	1 037	4 186	2 431	11 405
鹿邑县	172 176	8 036	113 366	35 972	872	3 471	2 070	8 389
郸城县	193 904	9 962	126 565	39 350	996	4 793	2 970	9 268
淮阳县	209 780	10 898	135 989	42 888	1 155	5 038	3 121	10 691
沈丘县	187 227	8 682	122 571	38 087	1 507	4 307	2 997	9 076
项城县	168 951	6 812	110 895	37 550	727	3 888	3 130	5 949
驻马店地区	1 302 642	47 180	812 581	276 556	11 405	47 960	34 993	71 967
驻马店市	35 270	1 617	21 154	4 580	560	1 153	430	5 776
确山县	116 725	4 981	74 684	22 438	1 038	3 908	2 706	69 70
泌阳县	148 226	4 596	87 101	25 574	3 021	10 674	5 642	11 618
遂平县	100 776	2 980	58 679	25 009	1 118	4 180	3 596	5 214
西平县	140 374	4 939	81 748	34 814	1 101	5 714	4 786	7 272
上蔡县	202 343	7 348	125 802	46 689	1 239	6 654	5 899	8 712
汝南县	138 677	4 722	86 493	31 248	986	4 646	3 780	6 802
平舆县	144 545	5 077	94 418	30 835	735	4 223	3 461	5 796
新蔡县	158 923	6 426	105 502	32 770	703	3 457	2 582	7 483
正阳县	116 783	4 494	77 000	22 599	904	3 351	2 111	6 324
南阳地区	1 790 704	55 002	1 063 785	324 258	37 995	102 619	58 367	148 678
南阳市	66 132	2 738	42 653	7 528	1 159	1 669	627	9 758

表45　　　　（续完）

地区别	合计	一对夫妇户	二代户	三代以上户	一代户和其他亲属及非亲属	二代户和其他亲属及非亲属	三代以上户和其他亲属及非亲属	单身户
南召县	103 794	3 097	59 895	17 167	2 495	6 665	3 655	10 820
方城县	168 854	4 486	94 261	30 307	5 427	12 271	6 502	15 600
西峡县	78 866	2 447	44 685	16 498	1 602	4 266	2 720	6 648
南阳县	195 665	5 613	114 549	37 296	3 515	12 865	7 883	13 944
镇平县	163 505	5 216	95 109	33 139	3 756	8 664	5 237	12 384
内乡县	119 400	3 547	69 248	22 025	3 303	6 264	3 303	11 710
浙川县	123 685	4 248	80 593	21 882	1 593	4 433	2 404	8 532
社旗县	104 060	2 549	58 474	18 414	2 766	8 051	4 751	9 055
唐河县	214 646	6 140	126 790	36 963	4 240	14 253	8 262	17 998
邓县	251 242	7 737	155 567	47 974	3 604	13 790	7 791	14 779
新野县	130 176	4 370	76 673	25 178	3 213	6 346	3 808	10 588
桐柏县	70 679	2 814	45 288	9 887	1 322	3 082	1 424	6 862
信阳地区	1 266 305	48 899	860 392	212 265	9 931	35 092	20 819	78 907
信阳市	50 557	2 744	34 338	7 124	594	1 313	453	3 991
息县	136 615	4 968	93 360	25 965	705	3 448	2 516	5 653
淮滨县	97 183	3 370	68 470	16 540	436	2 414	1 496	4 457
信阳县	182 991	8 866	123 509	27 876	1 677	4 931	2 603	13 529
潢川县	125 809	4 411	85 919	22 723	819	3 502	2 337	6 098
光山县	128 364	3 822	85 494	23 565	1 125	3 999	2 388	7 971
固始县	258 687	10 533	182 260	35 022	1 914	6 243	3 044	19 671
商城县	111 742	3 522	74 081	20 534	1 026	3 441	2 229	6 909
罗山县	118 731	4 880	78 047	21 637	1 014	3 509	2 164	7 480
新县	55 626	1 783	34 914	11 279	621	2 292	1 589	3 148

表46

湖北省家庭户的类别

地区别	合计	一对夫妇户	二代户	三代以上户	一代户和其他亲属及非亲属	二代户和其他亲属及非亲属	三代以上户和其他亲属及非亲属	单身户
全省	10 089 556	462 617	6 241 516	2 069 457	95 561	342 286	253 341	623 778
武汉市	995 810	55 179	622 905	172 560	18 405	26 083	11 403	89 275
武汉市区	788 877	44 616	492 790	136 702	16 521	19 228	6 607	72 413
汉阳县	101 203	5 525	61 978	18 524	831	2 984	2 622	8 739
武昌县	105 730	5 038	68 137	17 334	1 053	3 871	2 174	8 123
黄石市	227 635	9 924	143 284	44 936	3 205	7 284	4 317	14 685
黄石市区	90 024	4 588	61 132	14 219	1 728	2 617	857	4 883
大冶县	137 611	5 336	82 152	30 717	1 477	4 667	3 460	9 802
十堰市	65 581	3 856	46 653	8 630	793	1 461	722	3 511
沙市市	60 133	4 408	37 924	10 113	961	1 399	654	4 674
宜昌市	86 129	4 982	58 099	12 685	1 138	1 659	692	6 874
襄樊市	66 672	3 505	47 295	8 262	1 004	1 087	325	5 194
黄冈地区	1 602 604	61 637	986 648	296 764	17 269	69 516	45 560	124 210
鄂城市	25 706	1 334	17 630	3 702	262	530	312	1 936
黄冈县	127 048	4 969	78 446	21 008	1 607	6 891	4 102	10 025
新洲县	167 741	6 567	101 307	32 630	1 688	6 627	4 602	14 320
红安县	114 816	3 971	70 659	19 113	1 678	6 100	3 533	9 762
麻城县	205 763	8 089	122 354	41 078	2 397	8 895	5 983	16 967
罗田县	102 505	3 198	60 331	20 446	1 337	5 896	4 103	7 194
英山县	77 962	2 412	45 529	15 866	1 237	4 224	3 025	5 669
浠水县	179 779	5 262	108 622	34 459	2 007	9 077	6 547	13 805
蕲春县	164 704	6 554	101 132	30 630	1 690	7 238	5 145	12 315
广济县	122 439	5 875	78 459	22 531	965	3 827	2 075	8 707
黄梅县	161 079	6 824	105 363	28 934	1 095	5 273	2 882	10 708
鄂城县	152 062	6 582	96 816	26 367	1 306	4 938	3 251	12 802
孝感地区	1164 946	51 792	745 121	216 081	9 771	43 413	29 822	68 946
孝感县	235 926	10 757	150 312	44 012	1 782	8 939	6 483	13 641
黄陂县	195 761	7 042	121 797	34 478	2 323	9 207	6 027	14 887
大悟县	100 856	3 659	61 366	18 549	1 393	5 307	3 250	7 332
应山县	146 238	7 481	91 758	26 708	1 210	4 729	3 152	11 200
安陆县	97 869	3 600	61 541	22 383	497	3 208	2 923	3 717
云梦县	95 614	4 253	63 897	18 203	461	2 964	2 030	3 806

表46 （续1）

地区别	合计	一对夫妇户	二代户	三代以上户	一代户和其他亲属及非亲属	二代户和其他亲属及非亲属	三代以上户和其他亲属及非亲属	单身户
应城县	109 801	5 217	73 080	19 573	667	3 964	2 642	4 658
汉川县	182 881	9 783	121 370	32 175	1 438	5 095	3 315	9 705
咸宁地区	544 333	24 552	337 951	115 927	5 475	17 705	13 208	29 515
咸宁县	82 664	4 996	25 979	12 332	1 227	2 630	1 338	7 162
嘉鱼县	58 129	3 087	36 685	10 642	408	2 336	1 410	3 561
蒲圻县	74 893	4 030	46 412	15 058	650	2 719	2 043	3 981
通城县	74 360	3 179	47 446	17 142	497	1 790	1 434	2 872
崇阳县	64 760	2 001	38 060	17 317	808	2 061	2 094	2 419
通山县	63 291	3 055	39 847	13 317	523	1 863	1 173	3 513
阳新县	126 236	4 204	76 522	30 119	1 362	4 306	3 716	6 007
荆州地区	2 171 525	94 293	1 289 553	556 096	11 485	68 976	72 795	78 327
荆门市	23 364	1 380	15 333	4 508	191	693	486	773
江陵县	174 395	6 577	100 825	48 206	788	5 628	7 069	5 302
松滋县	174 342	8 390	99 681	48 962	784	4 236	4 314	7 975
公安县	191 744	8 941	117 270	44 377	1 095	7 192	4 692	8 177
石首县	108 827	4 819	69 625	21 517	1 155	4 215	2 440	5 056
监利县	231 391	11 597	146 764	52 273	1 148	6 520	5 789	7 300
洪湖县	148 012	7 800	96 856	28 952	911	4 473	3 478	5 542
沔阳县	246 798	11 982	158 967	55 397	1 013	5 745	5 018	8 676
天门县	280 679	13 137	166 896	73 206	1 390	8 036	7 776	10 238
潜江县	157 282	6 102	94 736	41 074	681	4 185	5 216	5 288
荆门县	164 043	5 938	85 249	52 108	752	6 537	8 759	7 400
钟祥县	162 436	4 007	78 406	53 774	896	7 101	12 181	6 071
京山县	108 212	3 623	58 945	31 742	681	4 415	5 577	3 229
襄阳地区	1 124 819	48 071	688 102	241 558	10 072	36 000	28 482	72 534
随州市	28 290	1 177	19 717	4 243	197	584	324	2 048
老河口市	23 898	949	13 833	2 779	1 406	538	246	4 147
襄阳县	240 782	11 042	153 751	52 280	1 397	5 790	4 917	11 065
枣阳县	176 603	8 456	108 115	35 623	1 603	5 927	3 867	13 012
随县	234 628	10 375	143 031	46 770	1 981	8 290	5 986	18 195
宜城县	90 134	3 676	51 266	25 167	501	2 461	2 913	4 150
南漳县	104 903	3 460	59 305	28 439	851	3 873	4 023	4 952
光化县	60 892	2 542	38 064	11 472	700	2 674	1 577	3 863
谷城县	108 008	4 338	67 021	21 170	1 054	3 715	2 596	8 114
保康县	56 681	2 056	33 999	13 615	382	2 148	2 033	2 448

表46 （续完）

地区别	合计	一对夫妇户	二代户	三代以上户	一代户和其他亲属及非亲属	二代户和其他亲属及非亲属	三代以上户和其他亲属及非亲属	单身户
郧阳地区	569 448	25 084	354 530	99 376	7 433	25 147	17 798	40 080
均县	86 132	3 641	54 460	14 507	1 139	3 028	1 893	7 464
郧县	115 719	4 911	74 463	20 335	1 287	3 718	2 543	8 462
郧西县	97 586	3 615	63 921	15 045	1 199	4 438	2 334	7 034
竹山县	91 280	4 184	55 293	16 602	1 234	4 839	3 654	5 474
竹溪县	73 512	3 932	44 707	12 000	1 015	3 913	2 812	5 133
房县	93 004	4 256	55 012	18 056	1 409	4 470	3 901	5 900
神农架林区	12 215	545	6 674	2 831	150	741	661	613
宜昌地区	703 677	39 422	416 505	167 857	3 787	19 112	16 362	40 632
宜昌县	120 866	5 996	71 366	29 878	767	3 398	3 039	6 422
宜都县	81 793	4 175	44 589	23 105	453	2 392	2 484	4 595
枝江县	101 274	6 023	55 266	29 084	283	2 503	2 957	5 158
当阳县	93 559	5 162	54 571	24 879	355	1 936	2 051	4 605
远安县	43 379	2 457	27 046	9 492	226	801	699	2 658
兴山县	38 960	2 141	23 326	8 252	369	1 356	901	2 615
秭归县	93 343	5 965	62 355	14 107	567	2 572	1 341	6 436
长阳县	86 897	4 838	50 752	19 852	534	3 068	2 204	5 649
五峰县	43 606	2 665	27 234	9 208	233	1 086	686	2 494
恩施地区	707 244	35 912	466 946	118 612	5 763	23 489	11 201	45 321
恩施市	21 874	1 231	15 115	3 013	164	466	194	1 691
恩施县	120 941	6 268	77 961	20 753	889	4 666	2 097	8 307
建始县	96 676	4 785	60 821	20 893	628	3 206	1 881	4 462
巴东县	98 376	5 500	61 937	18 172	825	3 929	2 016	5 997
利川县	144 715	7 629	100 415	19 379	1 323	4 381	1 914	9 674
宣恩县	62 692	3 150	41 606	11 025	474	1 925	970	3 542
咸丰县	67 554	3 166	45 162	9 769	626	2 207	958	5 666
来凤土家族自治县	52 940	2 194	36 149	8 114	525	1 430	610	3 918
鹤峰土家族自治县	41 476	1989	27 780	7 494	309	1 279	561	2 064

表47 湖南省家庭户的类别

地区别	合计	一对夫妇户	二代户	三代以上户	一代户和其他亲属及非亲属	二代户和其他亲属及非亲属	三代以上户和其他亲属及非亲属	单身户
全省	12 279 122	679 283	8 249 655	1 771 918	124 788	267 358	122 035	1 064 085
长沙市	601 553	33 763	389 101	88 655	7 172	16 801	7 870	58 191
长沙市区	271 129	19 302	176 408	38 241	4 502	5 645	1 877	25 154
长沙县	173 468	7 408	109 820	27 654	1 234	6 008	3 448	17 896
望城县	156 956	7 053	102 873	22 760	1 436	5 148	2 545	15 141
株洲市	210 762	12 344	145 745	29 884	1 653	3 766	1 679	15 691
株洲市区	90 632	6 419	64 858	10 512	872	1 541	497	5 933
株洲县	120 130	5 925	80 887	19 372	781	2 225	1 182	9 758
邵阳市	96 742	6 525	68 105	8 252	866	1 309	343	11 342
湘潭市	113 515	5 660	77 042	15 570	1 272	2 641	887	10 443
衡阳市	126 850	8 149	82 437	16 981	1 779	2 425	869	14 210
湘潭地区	1 146 560	49 533	720 877	230 457	8 722	28 942	18 143	89 886
湘潭县	253 161	10 935	167 548	40 628	2 213	6 823	3 235	21 779
湘乡县	184 260	9 780	123 012	26 764	1 229	4 248	1 883	17 344
醴陵县	175 486	5 309	104 378	43 114	1 607	5 228	3 588	12 262
浏阳县	255 298	11 097	143 657	61 055	2 251	8 030	5 835	23 373
攸县	149 548	8 087	102 106	26 790	642	2 126	1 297	8 500
茶陵县	96 288	3 040	61 601	23 449	534	1 770	1 661	4 233
酃县	32 519	1 285	18 575	8 657	246	717	644	2 395
岳阳地区	941 917	52 673	609 013	148 267	8 883	27 120	12 917	83 044
岳阳市	217 400	14 339	147 037	27 385	2 128	4 982	1 889	19 640
平江县	192 937	9 718	113 027	41 399	2 435	4 473	2 717	19 168
湘阴县	129 099	5 520	83 653	18 790	1 225	5 946	2 807	11 158
汨罗县	140 574	6 988	91 911	21 074	1 078	3 966	2 133	13 424
临湘县	112 180	6 553	76 158	18 042	601	2 522	1 425	6 879
华容县	149 727	9 555	97 227	21 577	1 416	5 231	1 946	12 775
益阳地区	1 133 279	66 115	756 892	157 990	11 137	25 612	9 746	105 787
益阳市	39 753	3 454	24 655	4 652	459	499	160	5 874
益阳县	193 391	11 918	132 835	27 438	1 625	3 975	1 450	14 150
南县	139 090	7 877	91 186	19 861	1 133	4 527	1 768	12 738
沅江县	137 048	7 391	90 625	18 670	1 457	3 934	1 457	13 514
宁乡县	276 185	14 160	187 535	36 105	2 760	5 889	2 075	27 661
桃江县	163 392	10 213	108 718	24 972	1 400	3 244	1 335	13 510
安化县	184 420	11 102	121 338	26 292	2 303	3 544	1 501	18 340

表47 （续1）

地区别	合计	一对夫妇户	二代户	三代以上户	一代户和其他亲属及非亲属	二代户和其他亲属及非亲属	三代以上户和其他亲属及非亲属	单身户
常德地区	1 386 658	84 123	893 760	216 211	17 251	35 694	14 645	124 974
常德市	51 967	3 969	32 530	6 148	510	760	226	7 824
津市市	20 853	1 759	12 033	2 545	207	297	113	3 899
常德县	210 504	10 675	136 622	35 029	1 896	6 235	2 575	17 472
安乡县	110 335	6 047	72 107	17 406	1 233	4 251	1 694	7 597
汉寿县	157 903	8 240	102 021	22 831	3 050	5 114	2 044	14 603
澧县	225 053	14 220	143 243	36 871	3 749	5 452	2 336	19 182
临澧县	91 164	5 960	58 628	15 914	809	2 024	918	6 911
桃源县	220 258	12 980	139 999	36 307	1 450	5 392	2 276	21 854
石门县	149 991	9 196	94 689	24 717	3 054	3 610	1 587	13 138
慈利县	148 630	11 077	101 888	18 443	1 293	2 559	876	12 494
涟源地区	1 135 800	65 833	805 304	121 428	9 277	18 708	5 881	109 369
娄底市	20 897	1 438	15 148	2 169	184	395	113	1 450
冷水江市	55 055	3 003	39 688	5 825	487	856	282	4 914
涟源县	245 510	14 188	171 932	27 897	1 594	4 245	1 222	24 432
双峰县	182 238	9 108	125 632	22 061	1 242	2 932	1 172	20 091
邵东县	250 602	16 520	182 580	19 621	1 936	3 288	747	25 910
新化县	230 919	11 467	160 642	30 920	2 672	5 358	1 912	17 948
新邵县	150 579	10 109	109 682	12 935	1 162	1 634	433	14 624
邵阳地区	901 715	66 418	651 029	85 108	6 621	10 236	3 977	78 326
邵阳县	187 532	15 882	137 993	10 795	1 348	1 151	252	20 111
隆回县	212 250	16 589	156 330	14 368	1 740	2 118	458	20 647
武冈县	139 273	9 897	101 139	14 359	891	1 494	559	10 934
洞口县	151 527	10 769	109 734	16 212	1 327	1 813	647	11 025
新宁县	113 930	9 110	80 805	10 580	719	1 424	447	10 845
绥宁县	55 879	2 563	37 133	10 950	329	1 262	956	2 686
城步苗族自治县	41 324	1 608	27 895	7 844	267	974	658	2 078
衡阳地区	1 190 893	65 964	815 902	146 916	16 645	24 172	9 360	111 934
衡阳县	231 637	12 094	157 863	27 324	2 182	5 499	2 164	24 511
衡南县	204 671	12 005	140 992	25 466	1 763	4 337	1 644	18 464
衡山县	84 230	4 045	57 921	12 346	782	1 711	866	6 559
衡东县	128 629	6 646	89 504	17 845	1 419	2 286	981	9 948
常宁县	157 573	8 955	105 466	20 687	2 985	4 892	1 729	12 859
祁东县	193 505	12 380	136 489	18 310	3 062	2 261	694	20 309
郴阳县	190 648	9 839	127 667	24 938	4 452	3 186	1 282	19 284
郴州地区	1 016 525	56 985	701 214	136 799	9 218	20 535	9 206	82 568
郴州市	36 561	2 183	25 156	4 327	362	659	249	3 625
郴县	66 810	3 375	46 176	9 629	541	1 538	769	4 782
桂阳县	139 056	8 134	98 449	16 357	1 220	2 505	1 035	11 356
永兴县	113 377	6 408	78 860	14 651	1 149	2 386	956	8 967
宜章县	87 941	4 098	57 563	15 721	732	1929	1 354	6 544

表47 （续完）

地区别	合计	一对夫妇户	二代户	三代以上户	一代户和其他亲属及非亲属	二代户和其他亲属及非亲属	三代以上户和其他亲属及非亲属	单身户
资兴县	64 410	2 675	42 809	10 593	641	1 370	778	5 544
嘉禾县	61 678	4 257	45 638	6 331	429	626	192	4 205
临武县	56 831	3 125	38 610	7 768	511	1 337	578	4 902
汝城县	65 010	2 838	41 321	10 815	819	2 091	1 140	5 986
桂东县	30 682	1 438	20 034	4 915	324	786	365	2 820
耒阳县	226 000	15 107	159 647	23 727	1 951	4 066	1 158	20 344
安仁县	68 169	3 347	46 951	11 965	539	1 242	632	3 493
零陵地区	831 276	38 936	555 957	120 730	13 210	19 917	9 574	72 952
永州市	17 268	454	7 835	2 474	2 301	274	269	3 661
零陵县	164 101	7 389	107 926	28 699	1 655	3 561	2 013	12 858
东安县	109 148	5 542	75 120	16 364	801	2 079	917	8 325
道县	122 851	6 306	84 316	14 523	2 011	2 527	918	12 250
宁远县	141 467	6 355	100 095	15 892	1 653	3 933	1 251	12 288
江永县	52 079	2 602	33 293	8 017	1 261	1 097	635	5 174
江华瑶族自治县	64 200	1 784	35 464	14 632	1 779	2 633	1 964	5 944
蓝山县	61 622	3 209	43 221	8 589	605	1 597	671	3 730
新田县	71 988	4 355	51 866	6 354	816	1 362	382	6 853
双牌县	26 552	940	16 821	5 186	328	854	554	1 869
怀化地区	854 990	40 404	582 005	141 252	6 557	17 617	10 223	56 932
怀化市	19 764	1 217	14 427	2 321	110	378	155	1 156
洪江市	16 603	1 046	10 344	2 706	186	344	145	1 832
黔阳县	82 081	4 270	56 832	12 854	564	1 408	658	5 495
沅陵县	116 128	5 048	74 461	22 423	837	2 757	1 634	8 968
辰溪县	86 676	4 010	61 205	12 894	669	1 611	715	5 572
溆浦县	159 087	8 773	113 926	20 793	1 350	2 741	1 224	10 280
麻阳县	61 534	2 738	43 274	9 251	487	1 349	719	3 716
新晃侗族自治县	48 014	2 300	27 830	11 940	451	1 116	833	3 544
芷江县	66 593	3 263	54 640	9 895	481	1 404	629	5 281
怀化县	66 238	3 565	48 311	8 777	360	849	466	3 910
会同县	59 586	2 220	40 211	11 347	416	1 167	831	3 394
靖县	38 216	1 327	24 413	7 933	425	1 019	744	2 355
通道侗族自治县	34 470	627	21 131	8 118	221	1 474	1 470	1 429
湘西土家族苗族自治州	590 087	25 858	395 272	107 418	4 525	11 863	6 715	38 436
吉首县	38 752	1 632	25 622	7 043	365	754	458	2 878
泸溪县	44 950	1 647	30 206	8 735	306	941	508	2 607
凤凰县	58 752	2 106	38 085	11 959	476	1 360	1 066	3 700
花垣县	43 975	1 523	27 691	9 630	357	925	640	3 209
保靖县	39 591	1 687	31 978	9 970	413	1 110	714	3 719
古丈县	22 393	675	15 164	3 683	188	453	265	1 965
永顺县	81 561	3 801	54 818	15 033	587	1 370	749	5 203
大庸县	78 876	4 308	55 298	11 232	554	1 466	620	5 398
桑植县	82 191	4 324	56 199	14 386	599	1 535	714	4 434
龙山县	89 046	4 155	60 211	15 747	680	1 949	981	5 323

表48 **广东省家庭户的类别**

地区别	合计	一对夫妇户	二代户	三代以上户	一代户和其他亲属及非亲属	二代户和其他亲属及非亲属	三代以上户和其他亲属及非亲属	单身户
全省	11 882 131	314 490	7 025 075	2 672 707	168 854	374 028	279 854	1 047 123
广州市	1 292 508	43 316	757 403	228 039	34 521	38 579	17 696	172 954
广州市区	770 997	28 960	435 265	127 005	28 165	27 465	9 968	114 169
花县	93 486	3 117	58 157	17 993	1 272	1 054	621	11 272
从化县	73 302	2 089	44 104	15 977	689	1 749	1 385	7 309
新丰县	34 577	478	18 777	10 712	305	1 134	1 252	1 919
龙门县	47 448	894	25 593	13 866	464	1 443	1 457	3 731
增城县	115 985	3 499	74 157	20 218	1 146	3 312	2 021	11 632
番禺县	156 713	4 279	101 350	22 268	2 480	2 422	992	22 922
韶关市	129 201	3 607	77 482	29 534	1 505	4 247	4 333	8 493
韶关市区	71 613	2 477	46 448	12 552	1 121	2 051	967	5 997
曲江县	57 588	1 130	31 034	16 982	384	2 196	3 366	2 496
深圳市	81 535	3 413	44 031	17 435	1 469	2 189	1 354	11 644
深圳市区	25 274	1 233	14 285	4 017	736	1 206	457	3 340
宝安县	56 261	2 180	29 746	13 418	733	983	897	8 304
珠海市	28 201	895	16 528	6 108	381	1 035	576	2 678
海南行政区	761 456	29 268	458 174	165 073	9 830	22 559	13 333	63 219
海口市	50 920	1 013	31 548	9 496	1 275	2 325	898	4 365
琼山县	102 538	3 823	59 863	22 368	1 336	2 745	1 858	10 545
文昌县	102 647	3 245	54 996	27 963	933	1 551	1 249	12 710
琼海县	79 767	2 896	44 870	20 362	875	1 832	1 343	7 589
万宁县	81 470	2 990	53 812	16 579	659	2 159	1 671	3 600
定安县	50 982	2 227	30 751	10 622	754	1 433	827	4 368
屯昌县	43 905	1 953	28 723	7 170	590	1 749	794	2 926
澄迈县	78 367	4 083	48 682	13 335	1 321	3 240	1 379	6 327
临高县	62 212	3 609	37 156	11 995	950	1 561	638	6 303
儋县	108 648	3 429	67 773	25 183	1 137	3 964	2 676	4 486
海南行政区黎族苗族自治州	344 051	10 852	231 137	63 749	3 648	15 107	7 891	11 667
崖县	52 327	1 232	34 357	10 982	575	2 150	1 335	1 696
东方县	47 584	1 399	32 436	8 822	512	1 631	895	1 889
乐东县	66 609	2 159	43 802	13 567	535	2 540	1 325	2 681
琼中县	36 490	1 508	25 196	4 868	480	2 319	961	1 158
保亭县	37 111	1 623	25 481	5 604	559	2 194	869	781
陵水县	46 385	1 294	30 475	9 561	392	1 486	1 154	2 023
白沙县	26 908	887	18 333	4 214	335	1 642	684	813
昌江县	30 637	750	21 057	6 131	260	1 145	668	626
汕头地区	1 983 046	30 736	1 126 913	516 029	26 065	92 453	79 209	111 641
汕头市	150 955	3 556	90 569	35 054	3 084	5 298	3 042	10 352

地区别	合计	一对夫妇户	二代户	三代以上户	一代户和其他亲属及非亲属	二代户和其他亲属及非亲属	三代以上户和其他亲属及非亲属	单身户
潮州市	35 548	997	21 198	8 795	533	718	390	2 917
潮安县	194 113	2 867	107 337	55 105	2 110	7 896	6 552	12 246
澄海县	124 536	1 716	64 498	38 517	1 802	4 893	3 961	9 149
饶平县	136 316	1 809	77 478	38 481	1 483	5 671	5 922	5 472
南澳县	11 182	133	6 432	3 150	123	470	419	455
潮阳县	288 231	3 458	158 887	82 871	2 847	13 325	13 675	13 168
揭阳县	257 604	5 002	159 667	55 572	2 946	12 666	8 947	12 804
揭西县	110 358	1 449	60 555	30 429	1 395	5 323	5 608	5 599
普宁县	211 651	2 339	121 638	52 995	3 548	9 351	9 231	12 549
惠来县	126 172	2 614	78 354	28 470	1 272	5 587	3 751	6 124
陆丰县	192 384	2 753	108 357	47 677	2 590	11 857	9 254	9 896
海丰县	143 996	2 043	71 943	38 913	2 332	9 398	8 457	10 910
梅县地区	710 929	12 216	394 304	222 683	5 570	13 577	15 945	46 634
梅州市	21 579	423	12 218	5 659	429	452	375	2 023
梅县	121 602	2 208	65 610	39 356	945	1 740	1 829	9 914
大埔县	83 703	1 335	45 975	26 019	662	1 601	1 999	6 112
丰顺县	91 055	1 470	51 957	25 753	781	2 788	3 369	4 937
五华县	144 225	2 115	77 965	48 995	985	3 135	3 958	7 072
兴宁县	171 934	3 254	99 023	51 271	1 268	2 517	2 697	11 904
平远县	37 771	605	19 191	14 034	201	696	980	2 064
蕉岭县	39 060	806	22 365	11 596	299	648	738	2 608
惠阳地区	1 020 756	23 990	577 961	276 713	8 306	27 302	30 196	76 288
惠州市	34 713	1 011	20 380	7 903	539	1 204	690	2 986
惠阳县	80 422	1 788	41 738	24 095	775	2 424	2 825	6 777
紫金县	93 136	1 137	45 586	34 078	566	3 131	4 936	3 702
和平县	69 194	1 553	40 466	20 286	420	1 556	2 019	2 894
连平县	51 423	697	27 955	16 419	323	1 632	1 715	2 682
河源县	99 361	1 670	52 599	33 464	589	3 023	3 571	4 445
博罗县	112 863	2 629	65 510	30 929	812	3 300	3 566	6 117
东莞县	266 218	9 193	169 007	43 277	2 474	4 443	3 262	34 562
惠东县	91 622	1 499	44 479	29 492	944	4 174	5 131	5 903
龙川县	121 804	2 813	70 241	36 770	864	2 415	2 481	6 220
韶关地区	846 937	18 889	471 310	227 264	8 956	33 676	33 772	53 070
始兴县	35 728	657	19 903	10 829	243	1 036	1 245	1 815
南雄县	66 424	1 023	33 885	21 924	578	2 731	3 443	2 840
仁化县	27 817	712	16 563	7 085	273	734	740	1 710
乐昌县	72 342	2 285	44 527	16 768	569	2 345	1 986	3 862
连县	82 550	1 867	47 636	18 852	974	4 272	3 839	5 110
阳山县	74 431	1 162	38 134	21 432	1 094	4 108	4 063	4 438
英德县	142 184	2 749	77 029	40 228	1 398	6 270	7 024	7 486
清远县	173 029	4 562	93 692	46 268	2 232	6 530	5 980	13 765
佛冈县	45 496	970	25 917	11 294	530	1 572	1 285	3 928
翁源县	55 045	968	32 370	15 258	495	1 507	1 349	3 098

表48 （续完）

地区别	合计	一对夫妇户	二代户	三代以上户	一代户和其他亲属及非亲属	二代户和其他亲属及非亲属	三代以上户和其他亲属及非亲属	单身户
连山壮族瑶族自治县	18 798	427	10 083	4 181	167	714	608	2 618
连南瑶族自治县	25 027	934	16 537	4 633	175	639	699	1 410
乳源瑶族自治县	28 066	573	15 034	8 512	228	1 218	1 511	990
佛山地区	1 570 573	44 695	938 906	301 534	24 245	31 335	16 456	213 402
佛山市	74 990	2 790	44 864	10 521	1 916	1 918	523	12 458
江门市	52 509	1 625	30 441	10 045	1 082	1 152	475	7 689
三水县	68 375	2 523	40 603	11 372	673	746	328	12 130
南海县	213 816	7 936	135 418	25 600	2 558	2 527	914	38 863
顺德县	180 344	3 764	102 638	34 452	4 404	5 040	2 097	27 949
中山县	222 134	4 599	132 240	44 635	4 229	5 867	3 515	27 049
斗门县	49 702	1 696	31 947	9 603	598	1 176	728	3 954
新会县	183 008	5 553	112 863	34 566	2 672	2 339	1 292	23 723
台山县	208 823	5 775	122 489	47 810	2 607	3 737	1 867	24 538
恩平县	75 281	1 836	44 980	17 519	1 038	2 148	1 229	6 531
开平县	130 939	3 589	77 302	30 218	1 286	1 913	1 206	15 425
鹤山县	65 861	1 649	36 794	16 252	787	1 613	1 288	7 478
高明县	44 791	1 360	26 327	8 941	395	1 159	994	5 615
肇庆地区	993 536	29 532	583 566	209 989	13 928	28 604	20 869	107 048
肇庆市	37 395	1 289	22 433	6 778	817	1 655	674	3 749
高要县	151 829	5 281	90 536	29 232	1 507	3 059	2 648	19 566
四会县	71 419	2 200	39 271	18 013	729	1 710	1 483	8 013
广宁县	85 825	1 991	46 948	22 872	1 278	3 174	2 679	6 883
怀集县	111 070	2 743	63 118	27 147	1 623	4 869	4 484	7 086
封开县	68 586	2 091	38 824	16 784	219	2 495	2 128	5 352
德庆县	59 250	1 607	34 627	12 303	1 022	2 307	1 436	5 948
云浮县	86 863	2 748	52 145	17 511	1 141	2 349	1 492	9 477
新兴县	77 554	2 419	45 523	15 763	810	1 670	1 209	10 160
郁南县	78 292	2 087	44 974	17 348	1 501	2 113	1 189	9 080
罗定县	165 453	5 076	105 167	25 238	2 588	3 203	1 447	21 734
湛江地区	2 119 402	63 081	1 347 360	408 557	30 430	63 365	38 224	168 385
湛江市	184 602	6 639	125 909	25 391	2 759	4 883	1 765	17 256
茂名市	82 932	2 438	54 041	14 986	1 513	2 388	923	6 643
阳江县	215 008	5 524	127 007	51 597	2 942	7 420	5 774	14 744
阳春县	149 457	4 085	92 277	35 796	1 402	3 932	3 353	8 612
信宜县	160 715	4 812	97 866	36 096	2 466	4 095	2 312	13 068
高州县	224 103	7 275	141 905	42 217	3 334	5 840	3 244	20 288
电白县	202 293	4 907	124 232	42 065	3 214	7 022	5 279	15 574
吴川县	123 198	2 954	78 355	19 728	2 364	5 161	2 157	12 479
化州县	182 491	5 193	116 631	33 451	3 023	6 317	3 748	14 128
廉江县	194 498	5 539	118 440	40 041	3 031	6 827	4 876	15 744
遂溪县	121 132	3 623	81 135	19 370	1 425	3 227	1 713	10 639
海康县	188 274	6 983	127 673	30 150	2 333	4 567	2 063	14 505
徐闻县	90 699	3 109	61 889	17 669	624	1 686	1 017	4 705

表49　　广西壮族自治区家庭户的类别

地　区　别	合　计	一对夫妇户	二代户	三代以上户	一代户和其他亲属及非亲属	二代户和其他亲属及非亲属	单身户	其他户
全　区	6 897 157	203 369	4 168 896	1 507 185	77 967	258 675	220 650	460 415
南宁市	185 052	10 230	118 187	29 912	2 661	5 050	2 357	16 655
柳州市	132 658	9 376	82 625	23 241	1 695	3 877	1 639	13 205
桂林市	141 084	5 645	84 265	32 127	1 765	4 614	3 263	9 405
桂林市区	93 951	4 636	57 358	20 475	1 329	2 339	1 124	6 690
阳朔县	47 133	1 009	26 907	11 652	436	2 275	2 139	2 715
梧州市	60 809	3 500	37 309	10 319	929	1 062	377	7 313
南宁地区	1 085 122	29 387	662 798	248 038	9 093	42 039	41 475	52 292
凭祥市	14 181	335	8 834	3 524	114	358	473	543
邕宁县	132 831	4 468	79 433	28 849	1 358	6 002	5 288	7 433
横县	166 351	6 658	106 463	29 663	1 618	5 842	3 466	12 641
宾阳县	135 883	4 570	88 803	25 083	1 114	4 714	3 219	8 380
上林县	68 514	1 426	42 770	16 522	503	2 566	2 061	2 666
武鸣县	104 452	2 671	65 296	24 158	709	4 101	3 203	4 314
隆安县	55 376	1 208	31 131	14 728	497	2 758	2 927	2 127
马山县	82 043	1 774	49 710	20 350	574	3 611	3 579	2 445
扶绥县	63 917	1 844	42 549	12 598	561	1 857	1 491	3 017
崇左县	49 197	1 037	29 503	12 316	407	1 688	2 003	2 243
大新县	54 044	694	27 319	17 471	348	2 329	4 567	1 316
天等县	62 586	973	34 652	17 204	597	2 975	4 007	2 178
宁明县	55 098	1 056	35 224	13 045	402	1 674	1 907	1 790
龙州县	50 649	673	21 111	12 527	291	1 564	3 284	1 199
柳州地区	704 365	14 436	427 579	172 981	5 417	27 986	25 955	30 011
合山市	17 518	446	11 916	3 716	91	590	447	312
柳江县	69 243	1 297	41 102	17 873	534	2 887	2 878	2 672
柳城县	63 477	1 293	36 998	16 448	383	2 505	2 242	3 608
鹿寨县	72 660	1 514	42 479	18 517	664	3 118	2 893	3 475
象州县	59 749	1 349	33 873	16 235	439	2 385	2 532	2 936
武宣县	52 842	1 014	32 642	12 275	525	2 079	1 798	2 509
来宾县	120 819	2 318	76 105	27 754	870	5 476	4 777	3 519
融安县	51 398	1 262	30 737	12 396	447	1 999	1 570	2 987
三江侗族自治县	53 243	1 181	34 766	11 216	369	1 717	1 497	2 497
融水苗族自治县	69 680	1 402	42 137	16 682	518	2 781	2 839	3 321
金秀瑶族自治县	10 583	255	5 906	3 030	85	356	435	516
忻城县	63 153	1 105	38 918	16 839	492	2 093	2 047	1 659
桂林地区	668 820	24 099	414 909	139 985	5 894	20 423	16 834	46 676
临桂县	66 311	1 640	36 100	19 312	560	2 274	2 583	3 842
灵川县	56 755	1 348	31 202	16 328	444	2 175	2 137	3 121

表49 （续1）

地区别	合计	一对夫妇户	二代户	三代以上户	一代户和其他亲属及非亲属	二代户和其他亲属及非亲属	单身户	其他户
全州县	145 009	8 204	102 177	18 720	1 076	1 890	887	12 055
兴安县	66 660	2 859	44 468	12 016	489	1 200	811	4 817
永福县	43 415	914	24 410	11 488	363	1 766	1 682	2 792
灌阳县	57 006	3 262	38 577	6 236	546	1 081	365	6 939
龙胜各族自治县	30 804	666	17 769	8 798	181	916	1 127	1 347
资源县	30 384	1 552	21 117	5 286	194	406	271	1 558
平乐县	63 354	1 557	36 812	15 279	698	2 997	2 552	3 459
荔浦县	62 301	1 048	34 944	16 948	578	3 041	2 590	3 152
恭城县	46 821	1 049	27 333	9 574	765	2 677	1 829	3 594
梧州地区	539 885	16 504	358 099	152 341	10 437	28 340	22 540	51 624
岑溪县	104 663	2 847	60 293	23 408	2 005	4 296	3 046	8 768
苍梧县	97 370	2 480	52 636	22 270	2 041	4 503	3 129	10 311
藤县	124 845	2 822	69 383	26 533	2 882	6 259	3 943	13 023
昭平县	54 083	1 175	28 084	14 705	813	3 061	2 813	3 432
蒙山县	30 647	607	17 181	7 765	356	1 398	1 130	2 210
贺县	117 498	2 836	63 375	33 715	1 063	4 461	5 072	6 976
钟山县	66 667	1 920	38 067	15 979	861	3 256	2 633	3 951
富川县	44 112	1 817	29 080	7 966	416	1 106	774	2 953
玉林地区	1 364 033	36 120	817 725	285 262	19 829	54 203	39 501	111 393
玉林县	217 908	6 288	135 890	43 243	2 651	8 281	6 000	15 555
贵县	207 910	5 183	121 709	51 251	1 747	8 166	7 616	12 238
桂平县	210 442	4 592	121 701	47 624	3 199	8 619	7 036	17 671
平南县	167 779	4 090	98 282	35 949	2 942	7 242	4 622	14 652
容县	105 006	2 626	60 177	21 820	2 024	4 662	2 926	10 771
北流县	156 839	4 277	94 190	28 016	3 177	7 384	4 491	15 304
陆川县	113 132	2 965	71 040	20 901	1 665	3 584	2 371	10 606
博白县	185 017	6 099	114 736	36 458	2 424	6 265	4 439	14 596
百色地区	542 117	10 112	301 888	144 363	4 668	26 937	33 762	20 387
百色县	45 277	1 022	25 620	11 630	506	1 870	2 537	2 092
田阳县	55 435	807	29 737	16 073	548	2 673	3 453	2 144
田东县	57 976	1 064	33 138	15 112	527	2 788	2 903	2 444
平果县	68 405	1 662	42 094	17 038	421	2 562	2 475	2 153
德保县	59 418	1 035	32 641	14 905	693	3 833	4 172	2 139
靖西县	91 273	1 671	50 537	25 140	766	4 465	5 583	3 111
那坡县	28 030	336	14 898	7 766	238	1 693	2 495	604
凌云县	25 192	703	14 534	6 719	162	968	1 252	854
乐业县	18 016	400	10 089	4 801	132	865	994	735
田林县	28 572	328	13 795	9 270	206	1 507	2 796	670
隆林各族自治县	46 822	883	26 868	11 110	378	2 888	3 693	1 002
西林县	17 701	201	7 937	4 799	91	825	1 409	2 439
河池地区	573 977	14 700	343 955	140 553	4 723	23 220	22 017	24 809

表49　　（续完）

地区别	合计	一对夫妇户	二代户	三代以上户	一代户和其他亲属及非亲属	二代户和其他亲属及非亲属	单身户	其他户
河池县	48 782	1 705	31 340	10 603	304	1 485	1 253	2 092
宜山县	89 637	2 137	52 912	24 039	584	3 143	3 445	3 377
罗城县	52 537	784	29 862	14 885	381	2 100	2 502	2 023
环江县	49 549	986	31 321	11 699	334	1 890	1 535	1 784
南丹县	43 856	1 198	25 901	8 608	332	1 926	1 778	4 113
天峨县	19 021	354	10 413	5 258	115	978	1 299	604
凤山男	25 826	735	15 000	6 658	234	962	1 172	1 065
东兰县	44 632	1 000	26 415	11 722	333	1 677	1 943	1 542
巴马瑶族自治县	42 739	966	25 427	10 815	386	1 911	2 031	1 203
都安瑶族自治县	157 398	4 835	95 364	36 266	1 720	7 148	5 059	7 006
钦州地区	799 235	32 260	519 557	128 063	10 856	20 924	10 930	76 645
北海市	38 085	1 562	23 919	6 501	539	782	318	4 464
上思县	34 014	1 165	21 266	7 491	348	989	652	2 103
防城各族自治县	77 745	3 125	52 059	13 379	874	1 817	1 018	5 473
钦州县	174 345	7 406	112 814	27 957	2 224	4 419	2 410	17 115
灵山县	184 620	6 557	121 913	27 040	2 934	5 882	2 888	17 406
合浦县	176 380	8 214	117 039	25 776	2 063	3 428	1 761	18 099
浦北县	114 046	4 231	70 547	19 919	1 874	3 607	1 883	11 985

表50

四川省家庭户的类别

地区别	合计	一对夫妇户	二代户	三代以上户	一代户和其他亲属及非亲属	二代户和其他亲属及非亲属	三代以上户和其他亲属及非亲属	单身户
全省	22 746 217	944 735	15 191 793	3 694 454	212 441	519 394	282 035	1 901 365
成都市	979 460	45 647	630 644	159 986	12 791	19 665	9 163	101 564
成都市区	626 543	32 389	395 490	101 383	9 852	12 280	5 136	70 013
金堂县	174 612	7 110	117 717	24 369	1 602	4 610	2 006	17 198
双流县	178 305	6 148	117 437	34 234	1 337	2 775	2 021	14 353
重庆市	1 575 622	72 949	1 027 779	264 591	17 404	30 757	13 000	149 142
重庆市区	666 649	38 737	406 846	126 609	8 894	13 132	5 147	67 284
长寿县	185 181	8 821	131 256	26 538	1 290	1 821	840	14 615
巴县	298 060	11 217	199 852	44 838	3 011	6 162	2 639	30 341
綦江县	193 451	6 280	128 838	34 515	1 877	5 511	2 813	13 617
江北县	232 281	7 894	160 987	32 091	2 332	4 131	1 561	23 285
自贡市	394 082	12 939	252 815	72 665	4 607	8 475	4 397	38 184
自贡市区	211 533	8 241	134 834	38 098	2 786	4 595	1 811	21 168
荣县	182 549	4 698	117 981	34 567	1 821	3 880	2 586	17 016
渡口市	156 544	5 728	104 017	26 245	1 636	5 387	4 476	9 055
渡口市区	96 564	3 984	67 213	14 149	1 056	2 872	2 301	4 989
米易县	34 972	873	21 321	7 370	322	1 475	1 333	2 278
盐边县	25 008	871	15 483	4 726	258	1 040	842	1 788
永川地区	1 719 324	64 949	1 169 432	241 071	17 523	39 553	16 622	170 174
江津县	333 802	11 863	220 548	45 776	4 087	9 132	3 306	39 090
合川县	343 715	13 555	238 462	41 587	3 746	8 322	2 825	35 218
潼南县	179 819	7 748	125 679	25 224	1 368	3 713	1 737	14 350
铜梁县	176 573	6 115	120 722	26 049	1 721	3 828	1 787	16 351
永川县	215 284	8 876	146 670	31 213	2 043	4 709	2 134	19 639
大足县	178 993	7 442	121 532	26 971	1 440	3 626	1 917	16 065
荣昌县	160 249	5 046	107 681	25 152	1 672	3 373	1 768	15 557
璧山县	130 889	4 304	88 138	19 099	1 446	2 850	1 148	13 904
万县地区	1 735 886	84 111	1 213 839	226 647	15 707	40 589	17 102	137 891
万县市	68 715	3 467	45 066	10 798	812	998	395	7 179
万县	270 704	12 012	192 975	38 133	2 295	4 349	1 957	18 983
开县	306 117	13 761	216 091	32 740	3 237	7 668	2 667	29 953
忠县	212 244	12 408	152 193	28 459	1 183	2 144	921	14 936
梁平县	178 773	8 813	127 766	24 183	1 242	2 280	944	13 545
云阳县	252 183	11 665	177 955	30 662	2 496	6 251	2 292	20 862
奉节县	191 177	10 126	132 353	23 932	1 960	6 357	2 364	14 085
巫山县	111 207	5 859	75 627	14 936	916	3 218	1 249	9 402
巫溪县	99 837	4 394	65 695	15 033	1 028	4 746	2 661	6 280
城口县	44 929	1 606	28 118	7 771	538	2 578	1 652	2 666
涪陵地区	1 275 026	52 493	882 494	200 788	9 117	23 200	13 447	93 487

表50 （续1）

地区别	合计	一对夫妇户	二代户	三代以上户	一代户和其他亲属及非亲属	二代户和其他亲属及非亲属	三代以上户和其他亲属及非亲属	单身户
涪陵县	206 163	6 064	145 614	33 496	1 207	2 852	1 823	15 107
垫江县	172 384	8 899	124 454	22 951	986	1 954	948	12 192
南川县	126 842	3 447	87 140	24 234	868	2 546	1 959	6 648
丰都县	156 164	6 829	109 802	24 038	919	2 419	1 129	11 028
石柱县	92 888	4 490	67 843	12 328	519	1 318	707	5 683
武隆县	77 051	2 497	51 880	14 475	550	1 767	1 216	4 666
彭水县	110 598	4 350	74 220	18 745	1 055	3 282	1 829	7 117
黔江县	83 831	3 729	53 752	15 147	723	2 647	1 622	6 211
酉阳县	140 319	7 793	95 146	19 129	1 221	2 515	1 188	13 327
秀山县	108 786	4 395	72 643	16 245	1 069	1 900	1 026	11 508
内江地区	1 856 847	67 664	1 229 427	282 838	16 645	40 261	19 226	200 786
内江市	68 672	3 648	46 240	9 986	708	1 034	360	6 696
内江县	196 868	6 432	132 774	27 909	1 653	4 171	1 950	21 979
资中县	265 920	8 278	174 628	36 618	2 650	5 833	2 306	35 607
资阳县	218 963	8 202	143 602	33 135	1 933	4 275	1 931	25 885
简阳县	307 301	10 813	198 988	46 880	2 842	6 957	3 500	37 321
威远县	149 633	4 418	97 361	25 915	1 402	4 208	2 187	14 142
隆昌县	154 905	4 796	103 919	22 577	1 694	3 597	1 609	16 713
安岳县	303 808	13 393	105 093	49 095	2 134	6 231	3 439	24 423
乐至县	190 777	7 684	126 822	30 723	1 629	3 955	1 944	18 020
宜宾地区	2 058 091	62 393	1 328 198	364 912	21 952	58 887	36 759	184 990
宜宾市	57 594	2 509	35 879	11 069	971	1 183	579	5 404
泸州市	73 824	3 354	46 456	13 396	865	1 408	640	7 705
泸县	319 047	9 205	215 176	48 571	3 462	8 246	3 910	30 477
富顺县	243 925	7 445	161 407	35 596	2 643	7 223	3 523	26 088
合江县	179 477	6 049	120 087	27 403	1 968	5 228	2 362	16 380
纳溪县	98 960	2 548	65 862	17 084	1 021	2 639	1 653	8 153
叙永县	149 847	4 098	90 889	29 794	1 960	5 147	4 297	13 662
古蔺县	140 101	5 753	87 928	27 839	995	3 582	2 812	11 192
宜宾县	223 978	6 287	143 234	42 769	2 258	5 975	4 121	19 334
南溪县	107 425	2 941	70 400	19 003	1 035	2 897	1 769	9 380
江安县	95 329	2 422	62 276	15 976	1 194	3 282	1 746	8 433
长宁县	76 918	1 562	46 956	15 959	855	2 870	2 184	6 532
高县	98 530	2 927	62 145	20 035	922	2 655	1 819	8 027
筠连县	60 103	1 740	36 834	12 916	571	1 977	1 638	4 427
珙县	60 363	1 667	37 953	12 921	479	1 812	1 549	3 982
兴文县	27 058	615	15 926	5 734	301	1 248	1 064	2 170
屏山县	45 612	1 271	28 790	8 847	452	1 515	1 093	3 644
乐山地区	1 339 191	47 277	860 259	267 218	10 214	27 191	19 529	107 503
乐山市	218 659	9 144	139 032	40 779	1 956	4 125	2 572	21 051
仁寿县	304 483	10 373	198 916	55 411	2 594	7 259	4 616	25 314
眉山县	157 811	5 834	102 793	32 939	737	2 244	1 880	11 384
犍为县	108 696	3 024	68 423	22 947	1 102	2 851	1 944	8 405

表50 （续2）

地区别	合计	一对夫妇户	二代户	三代以上户	一代户和其他亲属及非亲属	二代户和其他亲属及非亲属	三代以上户和其他亲属及非亲属	单身户
井研县	89 370	2 651	56 489	17 297	871	2 266	1 562	8 234
峨眉县	80 278	3 650	53 586	14 743	514	1 215	798	5 772
夹江县	72 352	2 865	46 915	15 113	366	934	863	5 296
洪雅县	63 790	1 972	39 578	15 932	302	1 005	1 119	3 882
彭山县	65 513	2 165	41 076	14 744	407	1 148	931	5 042
沐川县	44 597	1 065	27 170	9 598	479	1 657	1 258	3 370
青神县	42 490	1 551	26 956	8 738	250	587	428	3 980
丹棱县	29 318	855	17 691	8 086	117	487	656	1 426
峨边县	22 457	837	15 236	4 025	182	526	347	1 304
马边县	29 139	1 039	19 299	4 902	274	686	355	2 584
金口河工农区	10 238	252	7 099	1 964	63	201	200	459
温江地区	1 256 440	46 690	820 426	230 759	10 025	23 289	14 848	110 403
温江县	58 525	2 397	38 746	11 112	348	871	614	4 437
郫县	97 177	3 753	64 927	16 420	666	1 396	864	9 151
新都县	118 704	4 851	79 643	19 731	817	2 362	1 418	9 882
广汉县	123 548	4 957	84 166	18 834	812	1 994	1 067	11 718
什邡县	98 319	4 710	67 693	12 335	626	1 509	795	10 651
彭县	170 718	7 131	114 609	28 155	1 247	3 138	1 828	14 610
灌县	113 348	3 887	70 388	22 922	1 430	2 615	1 693	10 413
崇庆县	138 622	5 117	87 576	27 392	1 179	2 476	1 605	13 277
大邑县	100 839	3 024	63 828	21 409	909	2 038	1 356	8 275
邛崃县	126 853	3 389	78 117	29 118	1 268	3 141	2 333	9 487
蒲江县	49 347	1 452	31 303	11 648	263	744	657	3 280
新津县	60 440	2 022	39 430	11 683	460	1 005	618	5 222
绵阳地区	2 781 735	118 313	1 833 062	480 695	24 922	71 940	40 008	212 795
绵阳市	182 986	8 251	121 692	28 284	1 649	4 294	2 500	16 316
德阳县	170 098	8 724	116 642	21 778	1 229	3 120	1 490	17 115
绵竹县	120 901	5 408	81 348	15 292	1 080	2 456	1 218	14 099
安县	108 480	3 822	74 470	14 101	1 206	2 917	1 540	10 424
江油县	173 304	7 738	116 333	29 356	1 302	3 909	2 583	12 083
梓潼县	81 370	3 349	51 831	18 114	457	1 786	1 497	4 336
剑阁县	127 508	7 264	83 661	25 984	801	2 585	1 504	5 709
广元县	157 112	6 735	97 396	38 415	1 013	3 110	2 683	7 760
旺苍县	78 542	3 736	51 716	16 302	428	1 557	1 208	3 595
青川县	40 684	1 587	23 770	10 443	245	1 040	1 036	2 563
平武县	37 356	1 340	22 746	8 578	257	992	855	2 588
北川县	30 235	797	18 972	6 196	231	1 083	938	2 018
遂宁县	264 951	10 950	175 638	46 621	2 472	6 468	3 541	19 261
三台县	311 331	12 096	203 270	52 734	3 386	9 537	4 740	25 568
中江县	297 568	12 354	195 829	46 326	3 275	9 770	4 351	25 663
蓬溪县	255 189	10 008	169 171	42 525	2 637	7 988	3 773	19 087
射洪县	211 431	7 999	141 391	34 220	2 396	6 223	2 858	16 344
盐亭县	132 689	6 155	87 186	25 426	858	3 105	1 693	8 266

表50 （续3）

地区别	合计	一对夫妇户	二代户	三代以上户	一代户和其他亲属及非亲属	二代户和其他亲属及非亲属	三代以上户和其他亲属及非亲属	单身户
南充地区	2 339 226	108 584	1 630 986	343 772	17 517	49 276	23 035	166 056
南充市	53 547	2 998	34 315	8 634	702	1 055	425	5 418
南充县	308 941	13 216	214 547	41 351	2 994	7 664	3 302	25 867
南部县	258 356	12 379	180 117	40 814	1 762	5 511	2 640	15 133
岳池县	227 015	9 269	160 611	31 311	1 881	4 879	2 098	16 966
营山县	184 109	8 927	129 595	27 877	1 021	2 704	1 309	12 676
广安县	241 960	9 307	170 569	33 163	2 336	6 220	2 362	18 003
蓬安县	138 056	5 648	95 049	21 192	1 034	2 927	1 586	10 620
仪陇县	196 083	10 568	135 657	30 910	1 168	4 225	2 191	11 364
武胜县	163 580	7 216	118 402	20 126	1 348	3 515	1 332	11 641
西充县	150 941	8 994	107 063	15 180	996	1 652	557	16 499
阆中县	193 488	10 577	132 628	31 043	1 016	3 533	2 081	12 610
苍溪县	157 599	6 633	105 280	33 677	748	4 174	2 590	4 497
华云工农区	65 551	2 852	47 153	8 494	511	1 217	562	4 762
达县地区	2 055 542	107 650	1 440 222	311 266	12 422	37 641	19 879	126 462
达县市	41 591	2 285	30 370	5 458	331	451	203	2 493
达县	276 761	15 391	199 786	37 449	1 618	4 451	2 104	15 962
宣汉县	223 447	12 237	157 312	33 374	1 293	3 839	1 945	13 447
开江县	112 349	5 557	79 510	12 928	1 131	2 084	904	10 235
万源县	84 058	3 571	55 856	15 421	580	2 493	1 533	4 604
通江县	121 813	5 060	78 090	29 105	512	2 727	2 387	3 932
南江县	108 699	4 837	72 371	22 428	546	2 372	1 717	4 428
巴中县	241 444	14 062	164 447	41 919	1 053	4 885	2 961	12 117
平昌县	159 360	10 614	111 368	26 066	656	2 562	1 439	6 655
大竹县	221 370	11 752	157 835	27 964	1 387	3 238	1 401	17 793
渠县	274 375	11 787	195 850	36 026	2 070	5 730	2 143	20 769
邻水县	176 587	9 900	127 682	21 142	1 159	2 492	981	13 231
白沙工农区	13 688	957	9 745	1 986	86	317	161	796
雅安地区	273 303	9 384	173 058	58 710	1 936	5 165	4 466	20 584
雅安县	59 764	2 408	37 971	12 012	502	1 111	741	5 019
名山县	47 711	1 401	29 184	12 327	206	760	867	2 966
荥经县	25 912	949	17 369	4 653	157	284	183	2 317
汉源县	63 326	2 424	41 168	12 546	426	1 152	959	4 651
石棉县	21 900	1 023	14 863	3 804	161	399	306	1 344
天全县	25 857	525	14 943	6 239	224	798	789	2 339
芦山县	19 521	470	12 104	4 577	169	396	372	1 433
宝兴县	9 312	184	5 456	2 552	91	265	249	515
阿坝藏族自治州	137 420	4 426	76 285	29 634	3 257	7 242	5 989	10 587
汶川县	15 382	462	9 314	3 496	155	476	501	978
理县	7 827	251	4 587	1 776	79	286	343	505
茂汶羌族自治县	13 793	286	7 613	3 755	107	495	759	778
松潘县	11 287	401	6 093	2 509	171	575	587	951
南坪县	9 531	355	5 111	2 290	121	347	335	972
金川县	12 715	352	7 682	2 599	320	551	368	843

表50 （续完）

地区别	合计	一对夫妇户	二代户	三代以上户	一代户和其他亲属及非亲属	二代户和其他亲属及非亲属	三代以上户和其他亲属及非亲属	单身户
小金县	12 388	313	7 685	2 570	184	436	370	830
黑水县	12 019	518	7 659	2 312	202	351	194	783
马尔康县	11 559	523	6 756	1 941	328	631	460	920
壤塘县	5 855	236	2 611	1 008	468	513	243	776
阿坝县	9 045	232	3 724	1 985	488	1 021	688	907
若尔盖县	10 178	263	4 361	2 419	397	1 111	879	748
红原县	5 841	234	3 089	974	237	449	262	596
甘孜藏族自治州	148 517	4 698	75 287	28 635	6 774	11 735	7 749	13 639
康定县	16 492	558	9 094	3 311	527	924	609	1 469
泸定县	12 665	474	7 872	2 841	84	289	250	855
丹巴县	10 175	271	5 306	2 534	252	654	577	581
九龙县	7 201	258	4 490	1 234	95	382	274	468
雅江县	5 770	138	2 742	1 392	194	532	545	227
道孚县	7 913	311	3 912	1 360	393	689	426	822
炉霍县	6 872	234	3 590	1 095	523	480	224	726
甘孜县	11 100	340	5 364	1 665	806	993	471	1 461
新龙县	6 745	222	2 923	1 173	329	782	714	602
德格县	10 875	253	5 170	1 870	812	984	388	1 398
白玉县	6 887	142	3 094	1 179	464	847	493	668
石渠县	12 102	593	6 191	1 838	637	925	355	1 563
色达县	6 997	323	3 353	1 048	465	622	209	977
理塘县	8 003	179	3 716	1 405	665	861	531	646
巴塘县	8 434	184	4 066	1 993	296	774	497	624
乡城县	3 908	81	1 666	1 061	89	335	460	216
稻城县	4 039	100	1 796	1 082	72	344	371	274
得荣县	2 339	37	942	554	71	318	355	62
凉山彝族自治州	663 961	28 840	443 563	104 022	7 992	19 141	12 340	48 063
西昌市	33 563	1 904	22 989	4 813	352	511	263	2 731
西昌县	54 083	1 724	32 900	11 817	574	1 641	1 135	4 292
木里藏族自治县	17 623	577	9 933	3 058	453	1 443	1 251	908
盐源县	46 813	2 074	30 256	7 191	838	2 234	1 234	2 986
德昌县	29 629	873	18 761	5 853	278	953	644	2 267
会理县	72 547	1 698	44 594	16 888	446	2 443	2 652	3 826
会东县	56 315	1 371	35 394	12 012	417	2 416	2 097	2 608
宁南县	27 525	819	17 212	6 273	182	929	729	1 381
普格县	23 643	1 488	17 150	2 406	243	452	161	1 743
布拖县	26 922	1 845	19 230	2 318	435	601	112	2 381
金阳县	24 416	1 390	17 265	2 505	359	585	193	2 119
昭觉县	44 118	3 031	32 282	2 759	818	817	100	4 311
喜德县	24 396	1 535	18 194	1 898	356	401	86	1 926
冕宁县	51 167	2 351	33 822	9 099	429	950	639	3 877
越西县	39 048	1 865	28 801	3 884	476	507	169	3 346
甘洛县	26 767	1 077	19 006	3 709	313	511	275	1 876
美姑县	29 739	1 677	21 496	2 131	569	888	103	2 875
雷波县	35 647	1 541	24 278	5 408	454	859	497	2 610

表51

贵州省家庭户的类别

地区别	合计	一对夫妇户	二代户	三代以上户	一代户和其他亲属及非亲属	二代户和其他亲属及非亲属	三代以上户和其他亲属及非亲属	单身户
全省	5 659 311	246 926	3 797 538	975 021	44 953	142 641	101 707	350 525
贵阳市	280 770	11 502	184 138	49 278	4 013	8 721	4 203	18 915
六盘水市	404 743	20 668	283 972	57 198	3 571	9 408	4 825	25 101
遵义地区	1 108 931	42 085	738 030	209 737	9 199	26 077	19 276	64 527
遵义市	75 340	4 521	50 683	10 267	1 032	1 895	731	6 211
遵义县	225 513	7 627	149 787	45 775	1 372	4 947	4 201	11 804
桐梓县	99 965	3 036	65 306	19 715	902	2 669	2 184	6 153
绥阳县	78 469	2 853	50 424	15 588	1 400	1 856	1 432	4 916
正安县	93 111	3 295	61 350	18 841	725	2 678	2 011	4 211
道真县	51 512	1 553	33 537	11 414	412	1 476	1 376	1 744
务川县	64 357	2 957	45 153	10 252	458	1 189	664	3 684
凤冈县	60 733	2 475	43 381	10 044	353	1 088	651	2 741
湄潭县	73 747	3 311	51 389	11 363	440	1 216	759	5 269
余庆县	44 511	1 842	31 563	7 848	214	882	502	1 660
仁怀县	85 194	3 457	53 320	18 745	604	2 176	1 923	4 969
赤水县	53 744	1 632	34 454	10 116	511	1 538	1 124	4 369
习水县	102 735	3 526	67 683	19 769	776	2 467	1 718	6 796
铜仁地区	618 776	34 234	427 939	89 485	4 665	11 949	6 641	43 863
铜仁县	52 934	2 536	34 668	9 231	484	1 363	903	3 749
江口县	35 141	1 563	22 477	6 772	340	1 093	691	2 205
玉屏县	23 246	1 340	14 602	4 116	177	570	547	1 894
石阡县	59 468	2 586	40 118	10 616	481	1 525	915	3 227
思南县	107 571	6 299	77 792	13 049	659	1 558	653	7 561
印江县	70 308	4 091	49 741	8 523	533	1 018	464	5 938
德江县	70 492	4 409	51 176	8 864	384	859	364	4 436
沿河县	88 849	6 482	64 488	8 251	659	1 070	337	7 562
松桃苗族自治县	97 787	4 260	63 554	18 187	852	2 636	1 630	6 668
万山特区	12 980	668	9 323	1 876	96	257	137	623
黔西南布依族苗族自治州	411 394	16 390	261 020	84 237	2 488	12 666	13 449	21 144
兴义县	95 301	3 380	59 677	20 756	543	3 161	2 891	4 893
兴仁县	62 635	3 195	42 590	10 770	339	1 299	976	3 466
普安县	39 673	1 918	26 060	7 543	230	715	633	2 574
晴隆县	40 463	2 204	26 615	7 230	328	971	853	2 262

表51　　　　（续1）

地区别	合计	一对夫妇户	二代户	三代以上户	一代户和其他亲属及非亲属	二代户和其他亲属及非亲属	三代以上户和其他亲属及非亲属	单身户
贞丰县	49 830	2 175	32 248	9 018	316	1 577	1 372	3 124
望谟县	36 688	577	19 681	10 828	168	1 590	2 896	948
册亨县	27 036	568	15 060	6 489	200	1 552	2 423	744
安龙县	59 768	2 373	39 089	11 603	364	1 801	1 405	3 133
毕节地区	1 024 219	57 147	719 972	136 092	7 467	22 067	11 578	69 896
毕节县	180 685	10 428	123 369	28 020	1 089	3 171	2 008	12 600
大方县	141 100	8 653	99 526	16 731	1 059	2 261	1 074	11 796
黔西县	123 348	6 867	85 825	16 665	931	2 628	1 290	9 142
金沙县	90 166	3 415	60 414	15 323	690	2 258	1 513	6 553
织金县	142 562	9 799	104 175	14 049	1 067	2 152	835	10 485
纳雍县	113 186	7 908	81 940	11 672	825	1 952	775	8 114
威宁彝族回族苗族自治县	145 239	6 557	104 606	18 871	1 176	4 750	2 133	7 146
赫章县	87 933	3 520	60 117	14 761	630	2 895	1 950	4 060
安顺地区	603 262	25 828	403 172	110 911	3 909	14 449	10 587	34 406
安顺市	47 856	2 245	31 997	6 822	502	961	382	4 947
安顺县	74 191	3 072	49 066	16 098	266	1 142	1 160	3 387
开阳县	64 416	2 437	42 933	11 596	561	2 429	1 462	2 998
息烽县	39 277	1 379	26 589	6 758	306	1 228	765	2 262
修文县	48 840	1 816	34 829	7 415	284	1 284	771	2 441
清镇县	70 325	2 983	48 222	11 647	573	1 799	1 046	4 055
平坝县	52 054	2 136	35 567	9 482	252	838	739	3 040
普定县	61 924	3 812	42 934	9 509	320	789	523	4 037
关岭布依族苗族自治县	47 275	2 196	30 567	9 378	332	1 293	1 052	2 457
镇宁布依族苗族自治县	52 188	2 219	32 452	11 399	291	1 381	1 275	3 171
紫云苗族布依族自治县	44 916	1 533	28 016	10 817	222	1 305	1 412	1 611
黔东南苗族侗族自治州	631 624	19 890	413 600	119 851	5 739	19 909	15 980	36 655
凯里县	63 128	2 142	42 733	10 746	637	1 803	1 500	3 567
黄平县	54 370	1 675	36 615	9 839	395	1 364	1 016	3 466
施秉县	23 133	662	14 893	4 535	151	605	449	1 838
三穗县	30 883	1 307	20 497	5 750	272	666	433	1 958
镇远县	37 492	1 468	23 758	7 677	446	1 096	885	2 162
岑巩县	32 044	1 527	20 201	6 263	304	1 067	722	1 960
天柱县	60 102	1 965	38 539	31 017	452	1 668	1 374	3 087
锦屏县	31 919	982	21 069	6 061	270	1 025	805	1 707
剑河县	29 560	836	20 154	5 069	294	991	678	1 538
台江县	23 160	519	15 687	4 084	233	803	708	1 126
黎平县	72 830	1 848	46 593	13 862	702	3 294	2 890	3 641

表51 （续完）

地区别	合计	一对夫妇户	二代户	三代以上户	一代户和其他亲属及非亲属	二代户和其他亲属及非亲属	三代以上户和其他亲属及非亲属	单身户
榕江县	43 853	1 335	29 561	8 100	401	1 438	1 021	1 997
从江县	47 006	1 434	30 987	8 809	414	1 622	1 412	2 328
雷山县	22 637	500	14 835	3 765	312	793	490	1 942
麻江县	34 662	899	20 856	7 690	254	946	1 001	3 016
丹寨县	24 845	791	16 622	4 584	202	728	596	1 322
黔南布依族苗族自治州	575 592	19 182	365 695	118 232	3 902	17 395	15 168	36 018
都匀市	23 658	1 298	15 541	2 647	311	642	165	3 054
郏匀县	56 626	1 882	37 561	11 234	317	1 571	1 085	2 976
荔波县	24 247	623	15 216	4 968	185	861	852	1 542
贵定县	45 793	1 519	28 641	9 229	300	1 339	1 124	3 641
福全县	43 778	1 772	29 441	7 551	270	1 013	670	3 061
瓮安县	64 880	3 113	45 770	10 073	383	1 430	758	3 353
独山县	52 854	1 664	33 230	10 851	378	1 649	1 348	3 734
平塘县	45 306	1 119	28 158	11 006	239	1 472	1 439	1 873
罗甸县	43 407	896	25 307	11 585	240	1 740	2 373	1 266
长顺县	34 021	1 020	21 061	8 636	180	921	1 088	1 115
龙里县	33 535	1 045	20 240	6 495	233	1 012	897	3 613
惠水县	61 655	1 488	35 850	15 587	478	2 204	2 395	3 653
三都水族自治县	45 832	1 743	29 679	8 370	388	1 541	974	3 137

表52

云南省家庭户的类别

地区别	合计	一对夫妇户	二代户	三代以上户	一代户和其他亲属及非亲属	二代户和其他亲属及非亲属	三代以上户和其他亲属及非亲属	单身户
全省	6 095 741	206 203	3 769 953	1 386 946	41 059	189 390	211 312	290 878
昆明市	461 445	23 664	290 928	80 015	5 197	8 159	5 821	47 661
昆明市区	341 698	18 851	215 796	53 841	4 586	6 093	3 551	38 980
呈贡县	25 311	1 166	15 824	5 843	86	278	299	1 815
晋宁县	44 812	2 242	29 449	8 272	176	503	438	3 732
安宁县	26 277	695	15 833	6 183	142	686	782	1 956
富民县	23 347	710	14 026	5 876	207	599	751	1 178
东川市	46 203	1 928	31 496	7 265	337	1 784	1 260	2 133
昭通地区	691 203	30 129	456 168	125 645	4 965	21 754	15 984	36 558
昭通市	24 022	1 247	15 469	4 158	230	433	304	2 181
昭通县	76 238	3 907	53 422	11 745	436	1 637	1 172	3 919
鲁甸县	46 455	2 691	32 757	6 086	278	1 220	600	2 823
巧家县	79 786	3 610	53 292	14 101	571	2 631	1 777	3 804
盐津县	48 899	1 373	29 230	11 179	428	2 221	2 099	2 369
大关县	36 369	1 242	22 677	7 506	307	1 653	1 188	1 796
永善县	63 532	2 466	41 502	11 872	548	2 104	1 426	3 614
绥江县	22 621	703	13 886	4 963	205	857	710	1 297
镇雄县	159 964	7 333	107 344	28 994	958	4 641	3 058	7 636
彝良县	71 495	3 142	47 150	12 725	593	2 448	1 811	3 626
威信县	47 966	1 878	30 746	9 505	286	1 434	1 426	2 691
水富县	13 856	537	8 693	2 811	125	475	413	802
曲靖地区	1 023 875	44 634	694 772	180 320	5 367	26 012	23 155	49 615
曲靖县	75 698	3 301	49 175	16 652	338	1 255	1 488	3 489
沾益县	57 589	2 147	36 750	12 861	254	1 932	1 908	1 737
马龙县	28 287	762	17 796	6 562	134	1 041	1 286	706
宣威县	202 984	11 868	153 151	17 659	1 353	2 983	1 251	14 719
富源县	89 205	3 997	63 843	13 065	609	2 459	1 606	3 626
罗平县	71 613	2 728	48 591	13 472	325	2 037	2 091	2 369
师宗县	45 407	1 586	30 122	9 022	266	1 498	1 538	1 375
陆良县	82 359	3 061	56 710	15 286	276	1 425	1 703	3 898
宜良县	68 714	2 373	42 102	15 446	406	2 264	2 128	3 995
路南彝族自治县	34 032	1 147	22 102	7 679	142	753	778	1 431
寻甸回族彝族自治县	75 771	2 375	47 719	17 052	372	2 669	2 808	2 776
嵩明县	53 091	1 789	30 345	14 994	196	1 451	1 924	2 392
会泽县	139 125	7 500	96 366	20 570	696	4 245	2 646	7 102
楚雄彝族自治州	473 200	12 158	271 478	130 001	2 365	17 622	23 759	15 817
楚雄县	67 072	1 775	37 389	18 034	364	3 120	4 426	1 964
双柏县	24 700	489	13 255	6 825	171	1 410	1 667	883
牟定县	33 046	660	18 983	9 985	109	846	1 585	878
南华县	27 164	962	21 589	10 024	180	1 435	1 774	1 201

表52 （续1）

地区别	合计	一对夫妇户	二代户	三代以上户	一代户和其他亲属及非亲属	二代户和其他亲属及非亲属	三代以上户和其他亲属及非亲属	单身户
姚安县	33 627	649	18 081	11 379	126	840	1 572	980
大姚县	49 202	1 129	26 221	15 493	288	1 740	2 600	1 731
永仁县	17 518	383	9 407	5 113	103	775	985	752
元谋县	31 337	707	17 862	9 304	127	904	1 428	1 005
武定县	40 603	1 046	23 704	10 734	218	1 549	2 058	1 294
禄劝县	71 678	2 395	45 034	15 895	354	2 875	2 807	2 318
禄丰县	67 252	1 963	39 953	17 215	325	2 128	2 857	2 811
玉溪地区	328 255	12 251	209 347	68 164	1 663	6 171	6 368	24 291
玉溪县	62 013	2 993	41 273	10 701	224	563	654	5 605
江川县	43 184	2 127	28 970	6 799	144	370	275	4 499
澄江县	24 050	800	15 471	5 214	184	382	374	1 625
通海县	46 222	1 942	28 620	8 873	232	690	550	5 315
华宁县	30 571	915	19 264	6 900	151	857	765	1 719
易门县	29 078	986	18 204	6 148	189	1 033	1 076	1 442
峨山彝族自治县	24 664	724	15 573	5 554	159	479	441	1 734
新平彝族傣族自治县	38 357	827	22 824	10 704	202	1 165	1 527	1 108
元江哈尼族彝族傣族自治县	30 116	937	19 148	7 271	178	632	706	1 244
红河哈尼族彝族自治州	597 690	19 112	371 404	140 676	3 570	14 438	18 177	30 313
个旧市	68 031	3 279	45 836	10 985	623	916	1 037	5 355
开远市	40 195	1 940	25 180	8 670	226	846	1 067	2 266
蒙自县	45 918	1 483	27 024	12 207	258	1 046	1 658	2 242
屏边苗族自治县	20 380	466	12 379	5 042	125	798	1 126	444
建水县	83 554	2 669	53 684	17 728	482	1 498	1 304	6 189
石屏县	48 900	1 441	28 924	12 465	309	984	922	3 855
弥勒县	71 622	2 353	44 591	17 440	339	1 780	2 125	2 994
泸西县	50 377	1 667	33 519	10 938	227	1 079	1 073	1 874
元阳县	52 406	1 168	30 086	14 660	306	1 876	2 588	1 722
红河县	39 541	1 205	25 048	9 019	246	1 085	1 024	1 914
金平县	39 748	666	22 535	11 702	191	1 434	2 493	727
绿春县	24 654	334	14 299	7 372	136	800	1 363	350
河口瑶族自治县	12 364	441	8 299	2 448	102	296	397	381
文山壮族苗族自治州	443 380	9 155	261 796	118 250	2 518	16 223	24 192	11 246
文山县	56 223	1 580	35 053	13 934	348	1 551	1 956	1 801
砚山县	56 976	1 299	34 606	15 250	283	1 639	2 413	1 486
西畴县	37 076	887	22 971	9 510	173	1 008	1 367	1 160
麻栗坡县	39 175	826	23 205	10 193	240	1 517	2 041	1 153
马关县	51 847	1 149	32 133	13 345	232	1 470	2 142	1 376
丘北县	53 680	1 128	33 565	13 258	227	1 805	2 569	1 128
广南县	96 557	1 618	53 728	28 123	607	4 027	6 280	2 174
富宁县	51 846	668	26 535	14 637	408	3 206	5 424	968
思茅地区	352 341	9 570	209 295	86 131	3 023	15 321	16 294	12 707

表52 （续2）

地区别	合计	一对夫妇户	二代户	三代以上户	一代户和其他亲属及非亲属	二代户和其他亲属及非亲属	三代以上户和其他亲属及非亲属	单身户
思茅县	21 835	672	13 632	5 210	130	616	762	813
普洱县	31 674	794	18 869	8 198	215	989	1 239	1 370
墨江哈尼族自治县	54 536	1 217	30 865	15 256	364	2 090	2 698	2 046
景东县	55 796	1 291	32 229	13 422	505	3 087	2 960	2 302
景谷县	43 522	1 023	24 740	11 255	357	2 058	2 459	1 630
镇沅县	32 610	855	17 432	8 767	318	1 815	2 010	1 413
江城哈尼族彝族自治县	12 525	263	6 844	3 755	82	531	705	345
孟连傣族拉祜族佤族自治	15 385	541	9 314	3 180	216	916	738	480
澜沧拉祜族自治县	71 627	2 401	46 657	15 293	629	2 518	2 366	1 763
西盟佤族自治县	12 831	513	8 713	1 795	207	701	357	545
西双版纳傣族自治州	120 089	4 388	70 456	30 151	940	5 438	5 608	3 108
景洪县	52 400	2 030	32 586	11 867	330	2 404	3 213	970
勐海县	41 665	1 241	22 916	12 326	307	1 677	3 180	1 018
勐腊县	26 024	1 117	14 954	5 958	303	1 357	1 215	1 120
大理白族自治州	496 477	11 838	283 103	145 122	2 727	14 012	19 921	19 754
下关市	26 095	1 286	18 098	4 195	145	397	277	1 697
大理县	50 508	1 285	27 352	16 817	234	711	1 531	2 578
漾濞县	14 409	298	8 050	3 929	136	651	725	620
祥云县	65 804	1 799	37 794	20 418	276	1 363	2 130	2 024
宾川县	47 231	1 004	26 883	14 278	193	1 361	2 087	1 425
弥渡县	48 154	1 421	28 620	13 008	211	1 183	1 552	2 159
南涧彝族自治县	33 545	756	20 418	8 558	198	1 223	1 322	1 070
巍山彝族回族自治县	45 404	1 124	26 654	12 445	265	1 449	1 733	1 734
永平县	25 555	452	14 469	7 121	165	1 013	1 224	1 111
云龙县	30 849	650	17 216	8 578	246	1 221	1 387	1 551
洱源县	46 778	873	25 576	14 817	250	1 416	2 403	1 443
剑川县	23 466	323	12 337	7 813	100	686	1 415	792
鹤庆县	38 679	567	19 636	13 145	308	1 338	2 135	1 550
保山地区	337 901	8 051	189 644	95 818	1 952	12 538	18 084	11 814
保山县	123 319	3 836	74 172	31 407	603	3 470	5 160	4 671
施甸县	45 488	1 052	23 431	14 058	235	1 940	3 394	1 378
腾冲县	83 915	1 575	45 138	25 537	596	3 387	4 533	3 149
龙陵县	37 346	834	20 788	10 795	198	1 444	2 018	1 269
昌宁县	47 833	754	26 115	14 021	320	2 297	2 979	1 347
德宏傣族景颇族自治州	128 757	3 320	75 339	33 723	958	4 876	5 736	4 805
潞西县	39 544	915	22 186	11 543	244	1 435	2 028	1 193
梁河县	20 901	633	12 812	5 250	113	620	698	775
盈江县	32 464	672	18 174	8 798	323	1 308	1 673	1 516
陇川县	21 225	536	12 681	5 172	183	1 106	969	668
瑞丽县	13 057	521	8 466	2 626	81	434	340	589
畹町镇	1 566	43	1 020	334	14	63	28	64

表52 （续完）

地区别	合计	一对夫妇户	二代户	三代以上户	一代户和其他亲属及非亲属	二代户和其他亲属及非亲属	三代以上户和其他亲属及非亲属	单身户
丽江地区	171 751	4 681	101 628	42 961	1 536	6 890	7 004	7 051
丽江纳西族自治县	55 058	1 097	31 284	16 161	460	1 950	2 212	1 894
永胜县	60 111	1 341	35 518	15 612	383	2 216	2 551	2 490
华坪县	24 529	478	13 679	6 444	174	1 202	1 342	1 210
宁蒗彝族自治县	32 053	1 765	12 147	4 744	519	1 522	899	1 457
怒江傈僳族自治州	70 250	2 757	46 336	13 684	661	2 194	1 884	2 734
泸水县	17 972	674	11 747	3 628	191	509	454	769
碧江县	10 014	554	6 976	1 513	118	225	104	524
福贡县	9 067	421	6 440	1 535	68	198	116	289
贡山独龙族怒族自治县	5 616	243	3 824	906	71	235	143	194
兰坪县	27 581	865	17 349	6 102	213	1 027	1 067	958
迪庆藏族自治州	50 491	1 224	26 931	12 361	787	3 295	3 627	2 266
中甸县	18 585	493	9 814	4 611	292	1 245	1 432	698
德钦县	9 701	123	4 329	2 486	182	990	1 118	473
维西县	22 205	608	12 788	5 264	313	1 060	1 077	1 095
临沧地区	302 433	7 343	179 832	76 659	2 493	12 663	14 438	9 005
临沧县	41 937	1 287	25 926	9 918	285	1 411	1 347	1 763
凤庆县	61 644	970	33 766	18 032	482	2 986	3 694	1 714
云县	57 982	1 326	34 663	14 198	461	2 507	2 813	2 014
永德县	44 034	879	25 575	12 427	397	1 717	2 180	859
镇康县	19 155	337	11 042	5 193	130	864	1 301	288
双江县	23 534	852	14 900	5 170	180	726	793	913
耿马傣族佤族自治县	31 758	988	19 317	7 298	323	1 433	1 479	920
沧源佤族自治县	22 389	704	14 643	4 423	235	1 019	831	534

表53

西藏自治区家庭户的类别

地区别	合计	一对夫妇户	二代户	三代以上户	一代户和其他亲属及非亲属	二代户和其他亲属及非亲属	三代以上户和其他亲属及非亲属	单身户
全区	316 753	316 753	—	—	—	—	—	—
拉萨市	48 993	48 993	—	—	—	—	—	—
拉萨市区	9 683	9 683	—	—	—	—	—	—
林周县	1 997	1 997	—	—	—	—	—	—
当雄县	4 761	4 761	—	—	—	—	—	—
尼木县	4 110	4 110	—	—	—	—	—	—
曲水县	4 676	4 676	—	—	—	—	—	—
堆龙德庆县	5 980	5 980	—	—	—	—	—	—
达孜县	3 756	3 756	—	—	—	—	—	—
墨竹工卡县	6 067	6 067	—	—	—	—	—	—
工布江达县	3 324	3 324	—	—	—	—	—	—
林芝县	2 658	2 658	—	—	—	—	—	—
米林县	1 981	1 981	—	—	—	—	—	—
昌都地区	80 301	80 301	—	—	—	—	—	—
昌都县	10 062	10 062	—	—	—	—	—	—
江达县	9 337	9 337	—	—	—	—	—	—
贡觉县	6 295	6 295	—	—	—	—	—	—
类乌齐县	4 743	4 743	—	—	—	—	—	—
丁青县	7 175	7 175	—	—	—	—	—	—
察雅县	8 244	8 244	—	—	—	—	—	—
八宿县	5 191	5 191	—	—	—	—	—	—
左贡县	5 667	5 667	—	—	—	—	—	—
芒康县	9 698	9 698	—	—	—	—	—	—
波密县	2 934	2 934	—	—	—	—	—	—
察隅县	1 648	1 648	—	—	—	—	—	—
洛隆县	5 119	5 119	—	—	—	—	—	—
边坝县	4 188	4 188	—	—	—	—	—	—
山南地区	50 388	50 388	—	—	—	—	—	—
乃东县	6 780	6 780	—	—	—	—	—	—
扎囊县	5 752	5 752	—	—	—	—	—	—
贡嘎县	6 879	6 879	—	—	—	—	—	—
桑日县	2 449	2 449	—	—	—	—	—	—
穷结县	2 969	2 969	—	—	—	—	—	—
曲松县	2 393	2 393	—	—	—	—	—	—
措美县	2 236	2 236	—	—	—	—	—	—
洛扎县	2 998	2 998	—	—	—	—	—	—
加查县	2 801	2 801	—	—	—	—	—	—
朗县	2 200	2 200	—	—	—	—	—	—
隆子县	5 373	5 373	—	—	—	—	—	—
错那县	2 664	2 664	—	—	—	—	—	—
浪卡子县	4 894	4 894	—	—	—	—	—	—

表53 （续完）

地区别	合计	一对夫妇户	二代户	三代以上户	一代户和其他亲属及非亲属	二代户和其他亲属及非亲属	三代以上户和其他亲属及非亲属	单身户
日喀则地区	80 540	80 540	—	—	—	—	—	—
日喀则县	10 309	10 309	—	—	—	—	—	—
南木林县	9 517	9 517	—	—	—	—	—	—
江孜县	8 126	8 126	—	—	—	—	—	—
定日县	6 631	6 631	—	—	—	—	—	—
萨迦县	5 762	5 762	—	—	—	—	—	—
拉孜县	6 259	6 259	—	—	—	—	—	—
昂仁县	5 458	5 458	—	—	—	—	—	—
谢通门县	5 996	5 996	—	—	—	—	—	—
白朗县	4 966	4 966	—	—	—	—	—	—
仁布县	4 223	4 223	—	—	—	—	—	—
康马县	2 554	2 554	—	—	—	—	—	—
定结县	2 012	2 012	—	—	—	—	—	—
仲巴县	1 339	1 339	—	—	—	—	—	—
亚东县	1 631	1 631	—	—	—	—	—	—
吉隆县	1 615	1 615	—	—	—	—	—	—
聂拉木县	1 601	1 601	—	—	—	—	—	—
萨嘎县	1 416	1 416	—	—	—	—	—	—
岗巴县	1 125	1 125	—	—	—	—	—	—
那曲地区	46 021	46 021	—	—	—	—	—	—
那曲县	8 903	8 903	—	—	—	—	—	—
嘉黎县	3 140	3 140	—	—	—	—	—	—
比如县	6 090	6 090	—	—	—	—	—	—
聂荣县	3 939	3 939	—	—	—	—	—	—
安多县	4 397	4 397	—	—	—	—	—	—
申扎县	6 461	6 461	—	—	—	—	—	—
索县	4 342	4 342	—	—	—	—	—	—
班戈县	4 612	4 612	—	—	—	—	—	—
巴青县	4 137	4 137	—	—	—	—	—	—
阿里地区	10 510	10 510	—	—	—	—	—	—
普兰县	1 225	1 225	—	—	—	—	—	—
札达县	772	772	—	—	—	—	—	—
噶尔县	1 383	1 383	—	—	—	—	—	—
日土县	972	972	—	—	—	—	—	—
革吉县	1 838	1 838	—	—	—	—	—	—
改则县	2 506	2 506	—	—	—	—	—	—
措勤县	1 814	1 814	—	—	—	—	—	—

表54

陕西省家庭户的类别

地区别	合计	一对夫妇户	二代户	三代以上户	一代户和其他亲属及非亲属	二代户和其他亲属及非亲属	三代以上户和其他亲属及非亲属	单身户
全省	6 103 778	255 862	3 868 221	1 165 820	90 011	194 170	148 789	380 905
西安市	672 093	32 322	442 708	113 561	9 628	12 847	6 488	54 539
西安市区	508 589	26 548	338 009	77 835	8 382	8 413	2 872	46 530
长安县	163 504	5 774	104 699	35 726	1 246	4 434	3 616	8 009
铜川市	115 937	3 411	80 755	18 484	1 275	3 653	2 437	5 922
铜川市区	68 239	1 955	49 805	9 663	776	1 606	880	3 554
耀县	47 698	1 456	30 950	8 821	499	2 047	1 557	2 368
宝鸡市	673 063	19 688	417 643	140 330	6 904	30 099	27 848	30 551
宝鸡市区	76 409	4 659	53 401	10 643	665	1 249	679	5 113
宝鸡县	124 638	3 373	76 746	26 663	779	6 437	6 015	4 625
凤翔县	84 277	1 671	52 103	17 324	969	4 919	4 198	3 093
岐山县	80 567	2 237	50 584	16 200	596	4 197	3 368	3 385
扶风县	75 452	1 732	45 934	17 641	886	3 391	3 529	2 339
武功县	73 811	1 920	46 975	16 449	779	2 743	2 704	2 241
眉县	49 867	1 124	30 916	11 377	664	1 847	1 588	2 351
陇县	38 984	789	21 585	9 106	797	2 181	2 474	2 052
千阳县	22 669	582	13 594	4 973	205	1 048	1 018	1 249
麟游县	13 962	355	7 535	3 295	143	746	843	1 045
凤县	23 752	1 071	13 696	4 645	294	912	902	2 232
太白县	8 675	175	4 574	2 014	127	429	530	826
渭南地区	1 113 064	38 037	706 474	256 139	11 482	30 063	25 943	44 926
蓝田县	113 976	4 237	70 802	24 876	1 498	3 205	2 738	6 620
临潼县	136 564	5 285	91 243	27 742	1 412	3 275	2 585	5 022
渭南县	140 142	4 797	91 101	31 646	1 011	3 106	2 673	5 808
华县	63 410	2 439	39 336	15 354	690	1 155	1 098	3 338
华阴县	39 152	2 008	27 300	6 998	204	603	430	1 609
潼关县	23 060	935	14 449	5 192	196	695	539	1 054
大荔县	112 828	3 848	67 035	28 776	2 659	2 585	2 623	5 302
蒲城县	122 438	3 413	77 717	29 064	1 199	3 772	3 403	3 870
澄城县	64 617	1 843	40 156	16 284	330	2 008	1 843	2 153
白水县	41 412	1 173	25 986	9 237	476	1 704	1 350	1 486
韩城县	58 515	2 380	36 206	14 714	419	1 043	958	2 795
合阳县	73 735	1 976	42 682	20 890	831	2 232	2 275	2 849
富平县	123 215	3 703	82 461	25 366	557	4 680	3 428	3 020
咸阳地区	904 018	27 689	579 295	191 746	12 386	29 838	25 659	37 405
咸阳市	100 603	4 717	69 661	16 825	953	1 978	1 343	5 126
兴平县	90 494	2 683	60 664	18 337	634	2 885	2 113	3 178
周至县	95 715	1 780	58 705	25 875	663	2 915	2 790	2 987
户县	94 361	2 210	54 681	25 168	3 374	2 074	2 146	4 708
三原县	65 683	2 418	43 132	12 347	1 247	1 883	1 388	3 268

表54 （续1）

地区别	合计	一对夫妇户	二代户	三代以上户	一代户和其他亲属及非亲属	二代户和其他亲属及非亲属	三代以上户和其他亲属及非亲属	单身户
泾阳县	80 753	2 713	52 783	17 065	1 185	2 081	2 068	2 858
高陵县	39 483	1 532	26 289	7 796	672	862	755	1 577
乾县	86 158	2 318	54 918	19 488	608	3 106	2 979	2 741
礼泉县	76 328	2 566	51 501	15 301	555	2 221	1 662	2 522
永寿县	28 443	753	17 476	5 991	481	1 308	1 047	1 387
彬县	46 863	1 199	28 453	8 658	747	2 889	2 729	2 188
长武县	28 031	788	16 638	5 443	436	1 789	1 693	1 244
旬邑县	41 075	1 038	25 134	7 777	555	2 540	2 086	1 945
淳化县	30 028	974	19 260	5 675	276	1 307	860	1 676
汉中地区	731 519	31 878	439 524	151 429	11 935	21 911	19 490	55 352
汉中市	92 225	4 585	58 082	14 605	2 327	1 714	1 069	9 843
南郑县	110 964	4 881	72 320	21 014	978	2 718	1 904	7 149
城固县	103 870	4 827	63 649	19 312	1 997	2 697	2 105	9 283
洋县	86 502	3 512	50 081	19 669	1 532	2 870	2 488	6 350
西乡县	80 864	3 517	46 640	17 031	1 655	2 994	2 768	6 259
勉县	86 027	4 371	54 873	15 329	1 427	1 903	1 734	6 390
宁强县	62 455	2 284	35 692	18 082	369	1 421	1 720	2 887
略阳县	37 416	1 365	18 216	10 781	409	1 923	2 571	2 151
镇巴县	54 625	1 806	32 235	11 774	939	2 724	2 236	2 911
留坝县	9 313	387	4 386	2 325	162	497	470	1 086
佛坪县	7 258	343	3 350	1 507	140	450	425	1 043
安康地区	544 856	20 155	308 924	99 032	14 592	34 722	22 831	44 600
安康县	155 284	5 628	85 482	28 105	6 633	8 649	5 705	15 082
汉阴县	54 369	2 200	34 501	8 331	774	2 931	1 667	3 965
石泉县	35 237	1 340	19 387	6 312	975	2 562	1 718	2 943
宁陕县	15 623	817	7 132	3 125	724	853	783	2 189
紫阳县	66 829	1 809	38 402	11 675	1 880	4 803	2 968	5 292
岚皋县	32 773	970	17 316	6 321	787	2 894	2 262	2 223
平利县	48 248	2 230	26 730	8 170	781	3 907	2 500	3 930
镇坪县	11 735	483	6 598	2 133	157	887	698	779
旬阳县	86 325	3 387	50 954	17 412	1 266	4 762	2 847	5 787
白河县	38 433	1 291	22 422	7 448	615	2 564	1 683	2 410
商洛地区	454 525	20 044	286 812	76 543	7 407	16 298	9 093	38 328
商县	100 710	4 294	66 197	14 059	2 128	2 708	1 203	10 121
洛南县	86 094	3 854	55 130	16 921	743	2 365	1 491	5 590
丹凤县	56 552	2 665	36 723	8 714	973	1 641	789	5 047
商南县	41 791	1 548	24 836	8 704	549	2 016	1 329	2 809
山阳县	82 002	4 399	55 128	11 148	1 014	2 579	1 008	6 726
镇安县	56 825	2 199	31 257	11 432	1 240	3 454	2 368	4 875
柞水县	30 551	1 085	17 541	5 565	760	1 535	905	3 160
延安地区	342 910	20 564	221 002	53 695	8 811	6 931	5 206	26 701

表54　　　　（续完）

地区别	合计	一对夫妇户	二代户	三代以上户	一代户和其他亲属及非亲属	二代户和其他亲属及非亲属	三代以上户和其他亲属及非亲属	单身户
延安市	54 980	3 352	31 067	7 081	4 672	610	461	7 737
延长县	26 658	2 253	18 585	3 760	138	314	179	1 429
延川县	27 365	2 664	19 876	3 065	104	234	93	1 329
子长县	38 037	3 331	27 623	3 697	629	360	142	2 255
安塞县	25 202	1 732	16 794	4 597	276	306	330	1 167
志丹县	17 386	735	10 669	4 292	262	338	413	677
吴旗县	17 972	610	11 626	3 873	303	412	513	635
甘泉县	12 842	568	8 184	2 100	428	179	182	1 201
富县	24 899	971	15 760	4 123	704	766	521	2 054
洛川县	29 885	1 095	19 288	5 673	202	1 346	1 043	1 238
宜川县	20 804	1 539	13 469	3 238	316	343	213	1 686
黄龙县	21 623	547	7 055	1 730	208	531	217	2 335
黄陵县	16 864	644	11 354	2 988	119	477	337	945
宜君县	17 393	523	9 652	3 478	450	715	562	2 013
榆林地区	551 793	42 074	385 084	64 861	5 591	7 808	3 794	42 581
榆林县	65 173	4 187	44 697	9 205	553	915	449	5 167
神木县	60 072	5 001	39 930	7 637	777	868	495	5 364
府谷县	37 563	3 209	24 838	5 396	233	627	328	2 932
横山县	48 155	3 343	33 026	7 601	508	837	520	2 320
靖边县	38 873	2 162	27 185	6 819	392	548	466	1 301
定边县	43 823	1 749	29 510	8 997	236	898	834	1 599
绥德县	65 398	5 639	46 869	3 911	972	752	110	7 145
米脂县	39 379	3 343	28 120	3 294	489	459	119	3 555
佳县	46 347	3 460	33 226	3 654	595	680	167	4 565
吴堡县	15 923	1 371	11 364	1 069	118	178	30	1 793
清涧县	39 737	3 832	29 143	2 892	203	474	83	3 110
子洲县	51 350	4 778	37 176	4 386	515	572	193	3 730

表55

甘肃省家庭户的类别

地区别	合计	一对夫妇户	二代户	三代以上户	一代户和其他亲属及非亲属	二代以上户和其他亲属及非亲属	单身户	其他户
全省	3 730 948	95 750	2 320 716	806 134	26 927	170 548	173 474	137 399
兰州市	490 470	17 938	334 205	79 499	4 630	16 469	11 882	25 847
兰州市区	311 703	14 275	220 047	42 615	3 604	7 039	2 615	21 508
永登县	77 073	1 495	50 531	15 015	488	3 948	3 910	1 686
皋兰县	33 457	743	21 613	6 694	130	1 820	1 825	632
榆中县	68 237	1 425	42 014	15 175	408	3 662	3 532	2 021
嘉峪关市	16 681	721	12 852	1 474	190	523	134	787
金昌市	61 055	2 073	45 076	7 811	354	2 700	1 377	1 664
金昌市区	22 153	1 013	17 296	2 091	101	810	299	543
永昌县	38 902	1 060	27 780	5 720	253	1 890	1 078	1 121
酒泉地区	157 263	5 095	111 830	19 308	1 620	7 086	4 227	8 097
玉门市	39 031	1 945	30 745	3 052	265	1 016	422	1 586
酒泉县	57 076	1 409	38 617	7 700	847	2 889	1 835	3 779
敦煌县	20 291	560	14 062	3 156	123	893	669	828
金塔县	22 296	474	14 800	3 520	190	1 392	941	979
肃北蒙古族自治县	1 838	81	1 290	218	24	95	35	131
阿克塞哈萨克族自治县	1 343	69	1 002	114	11	78	18	51
安西县	15 388	557	11 314	1 548	160	759	307	743
张掖地区	201 197	4 246	133 450	31 472	2 124	12 550	8 305	9 050
张掖县	77 581	1 663	51 628	11 549	985	4 465	2 807	4 484
肃南裕固族自治县	6 001	146	4 249	973	45	244	142	202
民乐县	35 945	668	23 470	5 738	353	2 976	1 872	868
临泽县	22 856	374	14 745	3 929	277	1 375	1 040	1 116
高台县	25 185	487	16 237	4 708	205	1 184	1 217	1 147
山丹县	33 629	908	23 121	4 575	259	2 306	1 227	1 233
武威地区	300 882	5 225	196 661	56 308	2 550	17 046	13 552	9 540
武威县	140 366	2 418	91 214	26 210	1 441	7 562	6 008	5 513
民勤县	47 161	962	29 972	9 821	283	2 473	1 823	1 827
古浪县	51 672	797	34 574	8 931	419	3 413	2 608	930
景泰县	30 188	582	19 845	5 422	145	1 853	1 765	576
天祝藏族自治县	31 495	466	21 056	5 924	262	1 745	1 348	694

表55 （续1）

地区别	合计	一对夫妇户	二代户	三代以上户	一代户和其他亲属及非亲属	二代以上户和其他亲属及非亲属	单身户	其他户
定西地区	478 721	8 872	295 234	107 739	2 294	24 912	27 555	12 115
定西县	67 673	1 457	42 767	15 028	320	3 074	2 951	2 076
靖远县	73 863	1 493	46 897	15 252	262	3 699	5 318	942
会宁县	73 116	966	44 658	15 851	245	4 642	5 804	950
通渭县	60 825	824	36 164	14 517	337	3 499	3 745	1 739
陇西县	70 069	1 710	45 175	15 354	360	2 636	2 385	2 449
渭源县	53 220	953	31 463	12 912	323	2 810	3 018	1 741
临洮县	79 955	1 469	48 110	18 825	447	4 552	4 334	2 218
天水地区	679 111	17 164	388 468	175 280	3 869	30 097	37 340	26 893
天水县	41 526	1 724	27 750	6 614	272	1 000	666	3 500
张家川回族自治县	38 249	914	22 865	9 961	194	1 436	1 987	892
天水县	133 420	3 728	75 415	34 955	627	5 906	7 863	4 926
清水县	45 465	978	24 993	11 256	255	2 798	3 460	1 725
徽县	36 806	1 049	18 900	10 954	263	1 467	1 982	2 191
两当县	9 581	434	5 121	2 317	108	412	431	758
礼县	75 254	1 563	39 637	22 995	477	3 359	4 527	2 696
西和县	54 862	1 302	28 222	16 064	391	2 852	3 713	2 318
武山县	60 736	1 655	38 424	13 994	338	2 212	2 111	2 002
甘谷县	77 014	1 628	46 368	19 456	364	3 031	3 635	2 532
秦安县	79 063	1 517	44 552	19 764	456	4 547	5 782	2 445
漳县	27 135	672	16 221	6 950	124	1 077	1 183	908
武都地区	323 139	9 175	187 832	84 399	2 267	12 417	12 981	14 068
武都县	85 431	2 449	51 874	20 017	809	3 336	2 741	4 205
岷县	68 649	1 368	43 213	15 992	336	2 871	2 910	1 959
宕昌县	47 026	889	29 318	11 344	256	1 780	1 905	1 534
成县	42 051	1 412	22 191	12 661	258	1 313	1 882	2 334
康县	37 909	1 260	17 353	13 053	319	1 738	2 146	2 040
文县	42 073	1 797	23 883	11 332	289	1 379	1 397	1 996
平凉地区	319 538	7 043	187 312	74 274	2 374	17 043	21 201	10 291
平凉县	67 232	1 977	43 752	14 052	403	2 205	2 653	2 190
泾川县	53 437	1 492	31 885	12 060	287	2 604	3 080	2 029
灵台县	36 969	959	19 393	9 018	385	2 330	2 867	2 017
崇信县	13 589	302	7 375	3 854	72	593	949	444
华亭县	26 967	725	16 528	5 591	204	1 353	1 556	1 010
庄浪县	56 368	774	30 620	13 967	453	3 919	5 439	1 196
静宁县	64 976	814	37 759	15 732	570	4 039	4 657	1 405

表55 （续完）

地区别	合计	一对夫妇户	二代户	三代以上户	一代户和其他亲属及非亲属	二代以上户和其他亲属及非亲属	单身户	其他户
庆阳地区	357 976	10 825	224 516	81 686	1 559	13 390	16 122	9 878
庆阳县	86 486	3 170	56 157	19 345	328	2 239	2 855	2 392
环县	44 181	1 042	24 733	12 632	142	1 795	2 881	956
华池县	17 869	553	10 978	4 773	57	449	618	441
合水县	24 184	685	16 292	4 875	116	797	749	670
正宁县	33 222	978	21 609	6 310	212	1 579	1 505	1 029
宁县	76 436	2 225	49 772	15 012	372	3 362	3 554	2 139
镇原县	75 598	2 172	44 975	18 739	332	3 169	3 960	2 251
临夏回族自治州	248 993	5 159	151 804	62 803	1 599	10 195	12 555	4 878
临夏县	79 320	1 535	48 983	20 043	511	2 788	3 476	1 984
康乐县	30 201	536	17 636	8 067	154	1 394	1 916	498
永靖县	29 575	655	18 455	6 285	254	1 486	1 791	649
广河县	21 952	502	13 231	5 976	138	792	1 019	294
和政县	25 357	455	15 444	6 521	125	1 024	1 349	439
东乡族自治县	31 865	932	19 947	7 755	224	1 217	1 287	503
积石山保安族东乡族撒拉族自治县	30 723	544	18 108	8 156	193	1 494	1 717	511
甘南藏族自治州	95 922	2 214	51 476	24 081	1 497	6 120	6 243	4 291
临潭县	22 606	458	13 210	5 378	172	1 278	1 444	666
卓尼县	13 741	230	7 054	4 048	141	834	1 061	373
舟曲县	18 995	408	11 497	4 547	131	884	903	625
迭部县	8 140	196	4 207	1 732	225	795	691	294
玛曲县	5 007	166	2 356	996	294	559	300	336
碌曲县	4 615	130	2 275	1 212	120	335	222	321
夏河县	22 818	626	10 877	6 168	414	1 435	1 622	1 676

表56　青海省家庭户的类别

地区别	合计	一对夫妇户	二代户	三代户以上	一代户和其他亲属及非亲属	二代户和其他亲属及非亲属	三代以上户和其他亲属及非亲属	单身户
全省	718 473	20 431	451 634	136 358	9 907	33 991	26 540	39 612
西宁市	183 145	6 519	125 918	28 222	1 990	5 940	4 210	10 346
西宁市区	121 819	5 179	86 777	15 246	1 576	3 534	1 167	8 340
大通县	57 721	1 113	36 119	12 815	376	2 368	3 033	1 897
青海矿区	3 605	227	3 022	161	38	38	10	109
海东地区	291 210	5 227	179 900	67 560	2 280	13 114	15 114	8 015
平安县	14 665	323	9 510	3 247	83	546	636	320
民和县	47 997	844	29 564	11 811	332	2 057	2 389	1 000
乐都县	45 831	1 030	29 160	10 232	315	1 793	2 001	1 300
湟中县	66 212	916	41 745	15 106	375	2 881	3 624	1 565
湟源县	21 501	364	14 030	4 000	149	1 031	959	968
互助土族自治县	50 056	695	28 707	12 434	419	2 889	3 917	995
化隆回族自治县	29 741	646	18 164	6 926	408	1 419	1 205	973
循化撒拉族自治县	15 207	409	9 020	3 804	199	498	383	984
海北藏族自治州	39 561	1 150	24 546	7 198	391	1 745	1 366	3 165
门源回族自治县	22 218	585	13 882	3 970	137	869	893	1 882
祈连县	6 364	161	3 996	1 309	73	279	180	366
海晏县	3 187	66	1 828	641	25	111	96	420
刚察县	7 792	338	4 840	1 278	156	486	197	497
黄南藏族自治州	24 904	412	12 664	6 497	438	1 495	1 012	2 386
同仁县	11 459	212	5 704	3 140	171	605	464	1 163
尖扎县	6 231	111	3 363	1 638	111	392	303	313
泽库县	7 214	89	3 597	1 719	156	498	245	910
直辖行政单位河南蒙古族自治县	4 173	86	1 838	983	188	334	170	574
海南藏族自治州	59 491	1 436	35 045	12 486	1 413	3 382	1 850	3 879
共和县	20 784	714	12 724	3 305	712	1 033	440	1 856
同德县	6 318	75	3 365	1 665	131	452	246	384
贵德县	14 836	272	8 492	3 422	240	866	571	773
兴海县	7 384	128	4 211	1 815	167	533	260	270
贵南县	10 169	247	6 053	2 279	163	498	333	596

表56 （续完）

地区别	合计	一对夫妇户	二代户	三代以上户	一代户和其他亲属及非亲属	二代户和其他亲属及非亲属	三代以上户和其他亲属及非亲属	单身户
果洛藏族自治州	22 558	755	11 159	3 397	1 054	1 873	639	3 681
玛沁县	5 086	153	2 726	846	153	330	132	746
班玛县	3 425	121	1 811	533	197	300	124	339
甘德县	4 371	143	2 112	678	223	341	105	769
达日县	4 287	166	2 100	604	239	419	119	640
久治县	3 296	86	1 401	484	194	348	117	666
玛多县	2 093	86	1 009	252	48	135	42	521
玉树藏族自治州	40 627	1 282	20 901	6 107	1 548	3 814	1 597	5 378
玉树县	11 935	375	6 219	1 679	580	998	332	1 752
杂多县	5 124	184	2 702	626	146	727	236	503
称多县	6 707	249	3 501	1 053	239	646	270	749
治多县	3 625	134	1 914	500	111	289	145	532
囊谦县	9 617	183	4 860	1 749	366	843	458	1 338
曲麻莱县	3 619	157	1 885	500	106	311	156	504
海西蒙古族藏族哈萨克族自治州	52 804	3 564	39 663	3 908	605	2 294	582	2 188
格尔木市	12 251	586	9 400	486	131	611	68	969
大柴旦（地区）	4 052	202	3 462	85	37	149	16	101
冷湖地区	3 690	353	3 061	63	33	77	2	101
茫崖（地区）	4 071	438	3 300	92	47	146	11	37
乌兰县	14 907	1 121	10 943	1 288	149	629	177	600
都兰县	11 135	813	7 927	1 326	127	449	203	290
天峻县	2 698	51	1 570	568	81	233	105	90

表57 宁夏回族自治区家庭户的类别

地区别	合计	一对夫妇户	二代户	三代以上户	一代户和其他亲附及非亲属	二代户和其他亲属及非亲属	三代以上户和其他亲属及非亲属	单身户
全区	736 854	25 616	509 400	116 305	6 017	22 279	15 613	41 624
银川市	146 373	6 470	102 241	20 173	1 440	3 682	1 409	10 958
银川市区	83 527	4 176	58 661	9 949	879	2 228	678	6 956
永宁县	30 738	1 099	20 912	5 416	234	660	386	2 031
贺兰县	32 108	1 195	22 668	4 808	327	794	345	1 971
石咀山市	114 123	4 015	81 153	12 300	1 410	3 030	944	11 271
石咀山市区	64 375	2 039	45 353	5 515	989	1 956	477	8 046
平罗县	46 020	1 841	33 042	6 302	392	997	443	3 003
陶乐县	3 728	135	2 758	483	29	77	24	222
银南地区	254 531	9 737	178 356	42 313	1 743	4 623	3 000	14 759
吴忠县	43 551	1 646	28 963	7 078	275	660	374	4 555
青铜峡县	35 902	1 230	25 393	6 078	248	651	457	1 845
中卫县	46 561	1 823	33 709	7 424	349	773	500	1 983
中宁县	34 825	1 529	24 215	6 062	238	541	330	1 910
灵武县	35 409	1 249	25 491	5 645	248	613	377	1 786
盐池县	21 259	566	14 397	4 503	139	396	353	905
同心县	37 024	1 694	26 188	5 523	246	989	609	1 775
固原地区	221 827	5 394	147 650	41 519	1 424	10 944	10 260	4 636
固原县	91 541	2 377	60 436	17 170	564	4 427	4 368	2 199
海原县	39 655	1 200	28 551	6 700	218	1 315	1 090	581
西吉县	49 541	1 094	32 665	9 332	270	2 736	2 712	732
隆德县	27 545	444	16 934	5 572	255	1 862	1 677	801
泾源县	13 545	279	9 064	2 745	117	604	413	323

表58

新疆维吾尔自治区家庭户的类别

地区别	合计	一对夫妇户	二代户	三代以上户	一代户和其他亲属及非亲属	二代户和其他亲属及非亲属	三代以上户和其他亲属及非亲属	单身户
全区	2 926 972	177 047	1 966 130	312 062	39 911	117 043	35 065	279 714
乌鲁木齐市	247 102	14 119	181 272	22 697	2 660	10 130	2 098	14 126
乌鲁木齐市区	212 639	12 804	157 685	19 141	2 249	8 818	1 690	10 252
乌鲁木齐县	34 463	1 315	23 587	3 556	411	1 312	408	3 874
克拉玛依市	33 487	2 644	27 072	1 835	159	1 112	152	513
石河子市	116 139	8 206	88 087	11 398	742	4 282	1 191	2 233
吐鲁番地区	85 122	3 762	57 353	11 932	996	2 255	831	7 993
吐鲁番县	37 448	1 748	26 085	5 406	433	986	394	2 396
鄯善县	29 767	1 330	19 371	4 053	381	738	267	3 627
托克逊县	17 907	684	11 897	2 473	182	531	170	1 970
哈密地区	80 660	3 082	57 919	7 624	723	2 278	659	8 375
哈密市	21 817	913	15 841	1 844	216	573	125	2 305
哈密县	35 780	1 435	25 748	3 433	349	965	263	3 587
巴里坤哈萨克自治县	19 584	619	13 959	2 037	116	620	232	2 001
伊吾县	3 479	115	2 371	310	42	120	39	482
昌吉回族自治州	240 439	8 535	165 138	23 712	1 831	8 575	3 015	29 633
昌吉县	45 999	2 140	32 127	4 114	400	1 670	470	5 078
米泉县	27 926	1 125	19 912	2 652	191	986	254	2 806
呼图壁县	34 403	1 221	23 608	3 199	329	1 230	401	4 415
玛纳斯县	29 549	916	19 314	2 737	262	1 274	397	4 649
奇台县	40 430	1 223	27 787	4 484	235	1 253	589	4 859
阜康县	23 205	864	16 350	2 214	147	784	227	2 619
吉木萨尔县	23 479	660	15 923	2 604	168	756	372	2 996
木垒哈萨克自治县	15 448	386	10 117	1 708	99	622	305	2 211
伊犁哈萨克自治州	361 237	14 235	242 661	39 846	5 614	22 221	6 727	29 933
伊宁市	48 058	1 696	31 721	5 876	678	1 987	516	5 584
奎屯市	46 941	3 020	35 118	4 831	304	2 086	621	961
伊宁县	56 821	1 928	37 965	6 676	810	3 148	1 095	5 199
察布查尔锡伯自治县	27 025	791	18 038	3 050	356	1 647	637	2 506
霍城县	55 430	2 202	37 448	6 161	651	3 150	1 170	4 648
巩留县	21 375	612	14 105	2 382	328	1 360	478	2 110
新源县	42 576	1 834	27 846	4 260	1 062	3 380	818	3 376
昭苏县	22 371	847	14 508	2 212	653	2 140	493	1 608
特克斯县	19 238	681	11 939	2 141	414	1 622	509	1 932
尼勒克县	21 402	624	13 973	2 257	448	1 701	390	2 009

表58 （续1）

地区别	合计	一对夫妇户	二代户	三代以上户	一代户和其他亲属及非亲属	二代户和其他亲属及非亲属	三代以上户和其他亲属及非亲属	单身户
塔城地区	138 893	4 645	91 842	14 198	2 184	8 747	2 614	14 663
塔城县	24 769	893	16 289	2 428	357	1 609	431	2 762
额敏县	29 933	1 055	20 278	3 160	538	2 034	538	2 330
乌苏县	29 009	1 054	19 026	2 976	404	1 694	561	3 294
沙湾县	27 652	806	19 391	3 169	227	1 319	530	2 210
托里县	11 107	312	7 139	1 138	281	932	260	1 045
裕民县	9 038	309	5 352	597	155	566	152	1 907
和布克赛尔蒙古自治县	7 385	216	4 367	730	222	593	142	1 115
阿勒泰地区	90 072	3 507	62 720	8 819	1 194	5 925	1 864	6 043
阿勒泰县	32 767	1 518	24 358	2 910	320	1 799	559	1 303
布尔津县	8 545	274	5 639	1 049	163	640	210	570
富蕴县	14 712	486	9 597	1 456	214	1 227	365	1 367
福海县	10 539	489	7 618	1 009	96	585	197	545
哈巴河县	10 305	278	7 078	1 153	185	753	248	610
青河县	7 132	261	4 647	765	87	521	184	667
吉木乃县	6 072	201	3 783	477	129	400	101	981
博尔塔拉蒙古自治州	61 293	2 394	40 824	5 435	674	4 126	1 018	6 822
博乐县	28 152	1 066	19 371	2 366	297	1 841	404	2 807
精河县	19 827	800	13 002	1 773	210	1 311	327	2 404
温泉县	13 314	528	8 451	1 296	167	974	287	1 611
巴音郭楞蒙古自治州	171 739	9 603	119 134	15 733	2 198	6 001	1 694	17 376
库尔勒市	27 232	1 484	20 372	2 302	253	907	186	1 728
库尔勒县	16 676	1 283	12 064	1 656	137	511	120	905
轮台县	16 205	799	10 389	1 865	275	493	144	2 240
尉犁县	17 426	1 271	12 146	1 508	229	553	135	1 584
若羌县	5 773	351	3 659	484	95	196	49	939
且末县	8 798	557	5 833	939	99	183	38	1 149
焉耆回族自治县	26 885	1 442	18 827	2 399	225	824	244	2 924
和静县	32 417	1 496	22 085	2 704	359	1 492	512	3 769
和硕县	11 966	529	8 110	958	424	404	138	1 403
博湖县	8 361	391	5 649	918	102	438	128	735
阿克苏地区	343 581	20 707	228 256	39 696	4 938	12 676	4 351	32 957
阿克苏县	81 063	6 008	55 009	6 722	974	2 853	844	8 653
温宿县	37 240	2 161	24 279	4 140	643	1 727	525	3 765
库车县	65 919	3 129	44 792	9 087	819	2 049	769	5 274
沙雅县	33 667	2 057	21 506	4 030	386	1 086	406	4 196
新和县	23 161	1 233	15 775	3 280	263	663	280	1 667
拜城县	34 231	1 923	21 770	4 148	577	1 548	501	3 764
乌什县	31 566	1 934	20 692	3 686	750	1 589	544	2 371
阿瓦提县	30 130	1 974	20 483	3 593	376	1 005	395	2 304
柯坪县	6 604	288	3 950	1 010	150	156	87	963

表58　　　　（续完）

地区别	合计	一对夫妇户	二代户	三代以上户	一代户和其他亲属及非亲属	二代户和其他亲属及非亲属	三代以上户和其他亲属及非亲属	单身户
克孜勒苏柯尔克孜自治州	63 120	3 485	42 381	8 993	935	2 321	912	4 093
阿图什县	26 766	1 287	18 588	4 221	335	836	325	1 174
阿克陶县	24 361	1 626	16 262	3 094	416	898	318	1 747
阿合奇县	5 231	166	3 044	721	76	284	120	820
乌恰县	6 762	406	4 487	957	108	303	149	352
喀什地区	590 236	50 711	372 757	67 148	9 421	19 133	6 012	65 054
喀什市	62 811	3 846	40 371	8 140	813	2 058	775	6 808
疏附县	40 605	3 272	26 724	5 109	635	1 195	424	3 246
疏勒县	53 647	4 640	34 668	6 137	755	1 323	424	5 700
英吉沙县	37 796	3 375	24 228	4 091	706	1 460	435	3 501
泽普县	30 064	2 755	18 221	2 983	531	1 074	337	4 163
莎车县	121 035	10 588	72 677	12 062	2 485	4 083	1 170	17 970
叶城县	64 873	5 437	40 644	7 621	1 298	2 411	755	6 707
麦盖提县	37 435	3 354	23 178	3 883	479	1 222	312	5 007
岳普湖县	23 915	2 537	15 293	2 673	246	672	218	2 276
伽师县	53 510	4 883	35 402	6 680	509	1 206	347	4 483
巴楚县	61 251	5 899	39 595	7 115	869	2 143	618	5 012
塔什库尔干塔吉克自治县	3 294	125	1 756	654	95	286	197	181
和田地区	303 852	27 412	188 714	32 996	5 642	7 261	1 927	39 900
和田县	73 420	6 957	45 178	7 868	1 497	2 142	618	9 160
墨玉县	76 915	7 578	47 192	7 858	1 273	1 284	310	11 420
皮山县	41 216	3 489	25 998	4 052	696	987	270	5 724
洛浦县	44 023	3 465	26 928	5 260	1 042	1 381	384	5 563
策勒县	25 658	2 324	15 968	3 092	422	566	106	3 180
于田县	36 808	3 212	23 617	4 325	639	782	222	4 011
民丰县	5 812	387	3 833	541	73	119	17	842

三、1982年各省、自治区、直辖市人口按年龄分组的婚姻状况

表59　　　　北京市人口按年龄分组的婚姻状况

年龄别(岁)	15岁及以上人口数			未婚			有配偶		
	合计	男	女	小计	男	女	小计	男	女
总计	7 164 517	3 602 449	3 562 068	2 163 065	1 182 993	980 072	4 563 051	2 283 241	2 279 810
15—19	1 050 191	539 156	511 035	1 046 367	538 435	507 932	3 815	720	3 095
20	168 553	85 439	83 114	163 319	84 438	78 881	5 222	998	4 224
21	184 142	92 287	91 855	170 898	88 975	81 923	13 196	3 297	9 899
22	219 392	110 762	108 630	184 568	97 576	86 992	34 740	13 156	21 584
23	197 382	99 859	97 523	140 562	76 373	64 189	56 655	23 410	33 245
24	237 546	120 790	116 756	135 697	78 550	57 147	101 575	42 103	59 472
25	227 128	115 654	111 474	93 934	57 881	36 053	132 821	57 595	75 226
26	219 606	111 011	108 595	60 158	38 562	21 596	158 955	72 199	86 756
27	227 233	114 706	112 527	40 154	26 478	13 676	186 390	87 890	98 500
28	212 584	106 912	105 672	25 354	16 982	8 372	186 387	89 495	96 892
29	186 884	93 879	93 005	17 202	11 524	5 678	168 728	81 871	86 857
30—34	694 603	345 785	348 818	35 080	23 575	11 505	654 088	319 343	334 745
35—39	518 814	253 331	265 483	12 190	9 945	2 245	499 818	239 842	259 976
40—44	554 338	269 008	285 330	9 044	8 157	887	533 570	255 949	277 621
45—49	623 856	322 994	300 862	8 120	7 434	686	592 896	306 899	285 997
50—59	851 709	442 780	408 929	8 774	7 851	923	764 068	410 138	353 930
60—79	734 233	357 165	377 068	10 901	9 626	1 275	458 880	270 424	188 456
80及以上	56 323	20 931	35 392	743	631	112	11 247	7 912	3 335

表59　　　　（续完）

年龄别(岁)	丧偶			离婚		
	小计	男	女	小计	男	女
总计	400 824	114 722	286 102	37 577	21 493	16 084
15—19	2	-	2	7	1	6
20	3	2	1	9	1	8
21	10	3	7	38	12	26
22	17	8	9	67	22	45
23	25	10	15	140	66	74
24	57	31	26	217	106	111
25	86	36	50	287	142	145
26	98	50	48	395	200	195
27	155	67	88	534	271	263
28	219	101	118	624	334	290
29	226	97	129	728	387	341
30—34	1 553	665	888	3 882	2 202	1 680
35—39	2 920	1 127	1 793	3 886	2 417	1 469
40—44	7 506	2 296	5 210	4 218	2 606	1 612
45—49	17 597	5 368	12 229	5 243	3 293	1 950
50—59	69 832	19 658	50 174	9 035	5 133	3 902
60—79	256 405	72 931	183 474	8 047	4 184	3 863
80及以上	44 113	12 272	31 841	220	116	104

表60　　天津市人口按年龄分组的婚姻状况

年龄别（岁）	15岁及以上人口数			未婚			有配偶		
	合计	男	女	小计	男	女	小计	男	女
总计	5 886 651	2 975 837	2 910 814	1 781 526	967 578	813 948	3 737 460	1 883 792	1 853 668
15—19	882 677	449 003	433 674	880 042	448 547	431 495	2 626	452	2 174
20	130 704	65 150	65 554	127 084	64 609	62 475	3 618	540	3 078
21	132 057	65 312	66 745	123 493	63 875	59 618	8 546	1 434	7 112
22	167 269	84 412	82 857	139 202	74 170	65 032	28 035	10 230	17 805
23	166 366	84 032	82 334	115 384	62 818	52 566	50 863	21 153	29 710
24	206 715	104 913	100 802	112 313	63 842	48 471	93 208	40 970	52 238
25	194 358	98 591	96 767	78 772	46 190	32 582	115 345	52 275	63 070
26	187 970	95 130	92 840	52 557	31 556	21 001	135 105	63 412	71 693
27	199 350	101 323	98 027	34 590	21 447	13 143	164 249	79 595	84 654
28	180 441	91 805	88 636	20 322	13 395	6 927	159 557	78 096	81 461
29	164 711	83 634	81 077	14 555	9 454	5 101	149 526	73 823	75 703
30—34	635 934	321 866	314 068	33 694	22 904	10 790	598 077	296 663	301 414
35—39	461 587	231 809	229 778	13 920	11 936	1 984	441 764	216 857	224 907
40—44	392 641	195 238	197 403	9 928	9 118	810	373 110	181 904	191 206
49—49	432 346	219 268	213 078	8 147	7 566	581	404 247	203 810	200 437
50—59	690 683	354 390	336 293	8 573	7 866	707	609 441	321 989	287 452
60—79	616 867	311 190	305 677	8 481	7 842	639	390 643	233 463	157 180
80及以上	44 975	18 771	26 204	469	443	26	9 500	7 126	2374

表60　　（续完）

年龄别（岁）	丧配			离婚		
	小计	男	女	小计	男	女
总计	342 256	107 842	234 414	25 409	16 625	8 784
15—19	8	4	4	1	-	1
20	1	1	-	1	-	1
21	5	1	4	13	2	11
22	8	3	5	24	9	15
23	20	11	9	99	50	49
24	47	25	22	147	76	71
25	53	24	29	188	102	86
26	69	44	25	239	118	121
27	157	77	80	354	204	150
28	169	97	72	393	217	176
29	185	95	90	445	262	183
30—34	1 740	808	932	2 423	1 491	932
35—39	3 411	1 395	2 016	2 492	1 621	871
40—44	6 892	2 396	4 496	2 711	1 820	891
45—49	16 395	5 451	10 944	3 557	2 441	1 116
50—59	65 815	20 011	45 804	6 854	4 524	2 330
60—79	212 409	66 298	146 111	5 334	3 587	1 747
80及以上	34 872	11 101	23 771	134	101	33

表61 **河北省人口按年龄分组的婚姻状况**

年龄别(岁)	15岁及以上人口数			未婚			有配偶		
	合计	男	女	小计	男	女	小计	男	女
总计	36 686 616	18 713 375	17 973 241	9 925 669	5 746 916	4 178 753	23 947 797	11 858 779	12 089 018
15—19	6 374 871	3 191 234	3 183 637	6 262 198	3 165 705	3 096 493	112 239	25 351	86 888
20	654 167	312 845	341 322	563 797	289 872	273 925	90 161	22 895	67 266
21	561 353	272 171	289 182	416 449	224 364	192 085	144 558	47 671	96 887
22	925 069	461 002	464 067	540 045	305 484	234 561	384 124	155 075	229 049
23	868 393	438 044	430 349	364 589	223 345	141 544	502 464	214 282	288 182
24	1 116 527	568 944	547 583	336 195	224 345	111 850	777 912	343 171	434 741
25	1 104 035	564 186	539 849	222 493	164 939	57 554	878 341	397 271	481 070
26	1 056 840	541 498	515 342	150 907	122 523	28 384	902 284	416 626	485 658
27	1 122 309	578 001	544 308	119 977	104 505	15 472	997 415	470 168	527 247
28	1 076 021	552 624	523 397	93 056	85 115	7 941	977 339	463 581	513 758
29	998 496	510 318	488 178	71 902	67 362	4 540	920 503	438 646	481 857
30—34	4 249 422	2 187 915	2 061 507	230 712	222 292	8 420	3 980 698	1 938 358	2 042 340
35—39	2 927 354	1 536 943	1 390 411	142 731	140 832	1 899	2 737 051	1 364 656	1 372 395
40—44	2 418 622	1 295 814	1 122 808	109 530	108 745	785	2 231 659	1 140 354	1 091 305
45—49	2 531 586	1 336 449	1 195 137	95 094	94 455	639	2 285 026	1 158 898	1 126 128
50—59	4 244 679	2 187 184	2 057 495	113 291	112 441	850	3 546 233	1 827 600	1 718 633
60—79	4 168 348	2 061 499	2 106 849	88 345	86 725	1 620	2 420 750	1 393 351	1 027 399
80及以上	288 524	116 704	171 820	4 358	4 167	191	59 040	40 825	18 215

表61 **（续完）**

年龄别(岁)	丧偶			离婚		
	小计	男	女	小计	男	女
总计	2 607 452	932 979	1 674 473	205 698	174 701	30 997
15—19	176	90	86	258	88	170
20	61	25	36	148	53	95
21	100	47	53	246	89	157
22	271	142	129	629	301	328
23	406	213	193	934	504	430
24	725	412	313	1 695	1 016	679
25	983	599	384	2 218	1 377	841
26	1 184	724	460	2 465	1 625	840
27	1 620	1 020	600	3 297	2 308	989
28	1 979	1 251	728	3 647	2 677	970
29	2 360	1 454	906	3 731	2 856	875
30—34	18 655	11 265	7 390	19 357	16 000	3 357
35—39	30 451	16 343	14 108	17 121	15 112	2 009
40—44	57 008	28 032	28 976	20 425	18 683	1 742
45—49	122 286	56 157	66 129	29 180	26 939	2 241
50—59	530 036	198 888	331 148	55 119	48 255	6 864
60—79	1 615 085	545 457	1 069 628	44 168	35 966	8 202
80及以上	224 066	70 860	153 206	1 060	852	208

表62 **山西省人口按年龄分组的婚姻状况**

年龄别（岁）	15岁及以上人口数			未婚			有配偶		
	合计	男	女	小计	男	女	小计	男	女
总计	16 852 924	8 782 869	8 070 055	4 433 203	2 687 355	1 745 848	11 092 659	5 546 754	5 545 905
15—19	2 984 473	1 526 513	1 457 960	2 868 790	1 515 608	1 353 182	115 156	10 781	104 375
20	421 166	206 437	214 729	324 827	191 467	133 360	95 946	14 873	81 073
21	342 414	173 591	168 823	220 216	142 783	77 433	121 652	30 647	91 005
22	472 060	244 346	227 714	241 704	167 967	73 737	229 312	75 972	153 340
23	429 028	223 026	206 002	162 265	119 899	42 366	265 240	102 428	162 812
24	518 277	271 122	247 155	139 720	110 009	29 711	376 156	159 780	216 376
25	506 018	263 972	242 046	95 176	78 609	16 567	407 830	183 581	224 249
26	462 506	242 093	220 413	59 175	51 401	7 774	399 748	188 340	211 408
27	490 956	257 658	233 298	45 202	40 790	4 412	441 280	213 677	227 603
28	460 120	239 865	220 255	32 167	29 793	2 374	422 978	206 454	216 524
29	430 480	224 202	206 278	23 510	22 270	1 240	401 681	197 936	203 745
30—34	1 765 401	925 197	840 204	67 455	65 161	2 294	1 670 739	838 582	832 157
35—39	1 295 364	690 296	605 068	37 510	37 065	445	1 229 571	631 663	597 908
40—44	1 173 254	637 254	536 000	32 348	32 157	191	1 099 460	576 186	523 274
45—49	1 231 573	664 205	567 368	29 683	29 540	143	1 124 538	586 391	538 147
50—59	1 907 056	998 228	908 828	29 569	29 391	178	1 600 049	843 155	756 894
60—79	1 877 869	957 249	920 620	22 876	22 460	416	1 073 111	670 724	402 387
80及以上	84 909	37 615	47 249	1 010	985	25	18 212	15 584	2 628

表62 **（续完）**

年龄别（岁）	丧偶			离婚		
	小计	男	女	小计	男	女
总计	1 160 292	401 596	758 696	166 770	147 164	19 606
15—19	137	50	87	390	74	316
20	79	18	61	314	79	235
21	101	25	76	445	136	309
22	203	69	134	841	338	503
23	293	132	161	1 230	567	663
24	473	227	246	1 928	1 106	822
25	603	340	263	2 409	1 442	967
26	737	394	343	2 846	1 958	888
27	951	538	413	3 523	2 653	870
28	1 163	682	481	3 812	2 936	876
29	1 301	802	499	3 988	3 194	794
30—34	8 191	5 140	3 051	19 016	16 314	2 702
35—39	12 495	7 558	4 937	15 788	14 010	1 778
40—44	24 461	13 317	11 144	16 985	15 594	1 391
45—49	55 020	27 409	27 611	22 332	20 865	1 467
50—59	237 881	88 784	149 097	39 557	36 898	2 659
60—79	751 082	235 594	515 488	30 800	28 471	2 329
80及以上	65 121	20 517	44 604	566	529	37

表63　内蒙古自治区人口按年龄分组的婚姻状况

年龄别(岁)	15岁及以上人口数			未婚			有配偶		
	合计	男	女	小计	男	女	小计	男	女
总计	12 428 367	6 549 162	5 879 205	3 706 168	2 193 120	1 513 048	7 978 778	3 988 588	3 990 190
15—19	2 418 011	1 238 251	1 179 760	2 347 361	1 227 612	1 119 749	70 384	10 563	59 821
20	337 277	168 466	168 811	271 335	155 249	116 086	65 740	13 165	52 575
21	718 860	162 141	156 719	217 977	133 477	84 500	100 523	28 545	71 978
22	400 385	207 308	193 077	219 394	142 303	77 091	180 305	64 682	115 623
23	343 397	178 285	165 112	140 900	96 550	44 350	201 644	81 286	120 358
24	405 247	210 556	194 691	117 307	85 365	31 942	286 589	124 390	162 199
25	388 165	199 035	189 130	75 970	58 167	17 803	310 546	139 840	170 706
26	370 545	190 024	180 521	47 650	38 755	8 895	320 961	150 003	170 958
27	388 273	199 781	188 492	33 353	28 569	4 784	352 618	169 656	182 962
28	368 287	188 699	179 588	22 789	20 267	2 522	342 954	166 667	176 287
29	321 434	164 383	157 051	15 558	14 236	1 322	303 298	148 377	154 921
30—34	1 317 566	683 356	634 210	45 966	43 731	2 235	1 257 132	629 486	627 646
35—39	912 275	466 346	445 929	26 064	25 640	424	869 703	429 913	439 790
40—44	935 419	494 799	440 620	26 898	26 670	228	878 207	449 851	428 356
45—49	877 330	480 258	397 072	26 679	26 483	196	798 572	423 669	374 903
50—59	1 207 374	680 099	527 275	33 575	33 279	296	1 012 249	563 989	448 260
60—79	1 067 888	609 964	457 924	36 116	35 540	576	617 051	386 141	230 910
80及以上	50 634	27 411	23 223	1 276	1 227	49	10 302	8 365	1 937

表63　（续完）

年龄别(岁)	丧偶			离婚		
	小计	男	女	小计	男	女
总计	675 978	311 479	364 499	67 443	55 975	11 468
15—19	74	25	49	192	51	141
20	51	10	41	151	42	109
21	90	31	59	270	88	182
22	176	102	74	510	221	289
23	193	116	77	660	333	327
24	366	228	138	985	573	412
25	500	317	183	1 149	711	438
26	647	426	221	1 287	840	447
27	786	510	276	1 516	1 046	470
28	993	644	349	1 551	1 121	430
29	1 056	675	381	1 522	1 095	427
30—34	7 345	4 776	2 569	7 123	5 363	1 760
35—39	10 905	6 341	4 564	5 603	4 452	1 151
40—44	23 326	12 413	10 913	6 988	5 865	1 123
45—49	43 543	22 511	21 032	8 536	7 595	941
50—59	146 174	68 951	77 223	15 376	13 880	1 496
60—79	400 910	175 770	225 140	13 811	12 513	1 298
80及以上	38 843	17 633	21 210	213	186	27

表64　　辽宁省人口按年龄分组的婚姻状况

年龄别(岁)	15岁及以上人口数			未婚			有配偶		
	合计	男	女	小计	男	女	小计	男	女
总计	25 464 780	12 961 135	12 503 645	7 431 438	4 109 167	3 322 271	16 506 770	8 226 343	8 280 427
15—19	4 684 387	2 349 555	2 334 832	4 638 534	2 341 461	2 297 073	45 674	8 028	37 646
20	420 642	205 360	215 282	383 776	198 604	185 172	36 779	6 729	30 050
21	537 241	264 261	272 980	443 699	242 308	201 391	93 304	21 886	71 418
22	753 769	380 465	373 304	520 395	298 244	222 151	232 838	81 994	150 844
23	687 249	349 754	337 495	361 575	219 023	142 552	324 779	130 306	194 473
24	864 920	440 938	423 982	321 697	208 632	113 065	541 618	231 439	310 179
25	826 425	420 858	405 567	199 430	135 996	63 434	624 907	283 723	341 184
26	793 918	404 567	389 351	120 719	86 271	34 448	670 541	316 879	353 662
27	838 687	427 988	410 699	80 526	60 061	20 465	754 507	365 848	388 659
28	769 611	392 752	376 859	52 101	40 165	11 936	713 310	350 153	363 157
29	686 861	349 435	337 426	35 208	28 084	7 124	647 269	318 769	328 500
30—34	2 819 359	1 428 535	1 390 824	100 086	85 724	14 362	2 692 813	1 326 387	1 366 426
35—39	1 912 844	975 474	937 370	49 454	45 817	3 637	1 833 341	911 461	921 880
40—44	1 787 328	908 527	878 801	36 968	35 048	1 920	1 703 568	849 322	854 246
45—49	1 710 588	870 278	840 310	26 798	25 627	1 171	1 602 458	808 167	794 291
50—59	2 728 113	1 425 952	1 302 161	30 054	28 869	1 185	2 404 056	1 277 201	1 126 855
60—79	2 440 060	1 272 636	1 167 424	28 044	26 965	1 079	1 538 444	904 973	633 471
80及以上	202 778	93 800	108 978	2 374	2 268	106	46 564	33 078	13 486

表64　　（续完）

年龄别(岁)	丧偶			离婚		
	小计	男	女	小计	男	女
总计	1 418 881	547 711	871 170	107 691	77 914	29 777
15—19	50	29	21	129	37	92
20	19	6	13	68	21	47
21	51	13	38	187	54	133
22	127	59	68	409	168	241
23	214	95	119	681	330	351
24	416	224	192	1 189	643	546
25	567	321	246	1 521	818	703
26	735	418	317	1 923	999	924
27	1 024	583	441	2 630	1 496	1 134
28	1 174	671	503	3 026	1 763	1 263
29	1 258	687	571	3 126	1 895	1 231
30—34	9 946	5 533	4 413	16 514	10 891	5 623
35—39	16 640	8 589	8 051	13 409	9 607	3 802
40—44	33 738	14 512	19 226	13 054	9 645	3 409
45—49	67 955	26 236	41 719	13 377	10 248	3 129
50—59	272 642	103 039	169 603	21 361	16 843	4 518
60—79	858 872	328 571	530 301	14 700	12 127	2 573
80及以上	153 453	58 125	95 328	387	329	58

表65 吉林省人口按年龄分组的婚姻状况

年龄别(岁)	15岁及以上人口数			未婚			有配偶		
	合计	男	女	小计	男	女	小计	男	女
总计	15 076 318	7 730 561	7 345 757	4 379 585	2 434 434	1 945 151	9 744 512	4 861 433	4 883 079
15—19	2 891 102	1 451 793	1 439 309	2 829 322	1 439 891	1 389 431	61 450	11 803	49 647
20	360 478	175 903	184 575	305 231	163 540	141 691	55 016	12 297	42 719
21	393 392	194 427	198 965	281 328	159 630	121 698	111 662	34 611	77 051
22	457 657	234 024	223 633	265 989	159 193	106 796	190 987	74 503	116 484
23	396 617	202 334	194 283	170 829	107 135	63 694	224 777	94 659	130 118
24	479 719	245 685	234 034	147 654	98 482	49 172	330 514	146 336	184 178
25	462 073	233 867	228 206	92 454	64 472	27 982	367 769	168 321	199 448
26	449 130	228 377	220 753	57 538	42 062	15 476	389 294	184 958	204 336
27	484 574	248 091	236 483	39 885	30 416	9 469	441 628	215 843	225 785
28	467 096	238 053	229 043	26 579	21 042	5 537	437 072	214 937	222 135
29	420 457	212 812	207 645	18 431	15 037	3 394	398 431	195 583	202 848
30—34	1 762 005	893 674	868 331	51 192	44 118	7 074	1 690 084	836 322	853 762
35—39	1 106 754	553 339	553 415	20 983	19 361	1 622	1 064 560	521 440	543 120
40—44	1 062 875	546 762	516 113	15 638	14 819	819	1 012 492	514 159	498 333
45—49	968 267	500 032	468 235	12 807	12 402	405	897 494	460 610	436 884
50—59	1 491 493	793 231	698 262	19 834	19 447	387	1 268 502	683 625	584 877
60—79	1 330 398	728 314	602 084	21 983	21 529	454	783 318	476 328	306 990
80及以上	92 231	49 838	42 388	1 908	1 858	50	19 462	15 098	4 364

表65 （续完）

年龄别(岁)	丧偶			离婚		
	小计	男	女	小计	男	女
总计	882 831	383 846	498 980	69 390	50 848	18 542
15—19	73	35	38	257	64	193
20	42	13	29	189	53	136
21	80	29	51	322	157	165
22	133	70	63	548	258	290
23	250	131	119	761	409	352
24	359	205	154	1 192	662	530
25	457	262	195	1 393	812	581
26	610	356	254	1 688	1 001	687
27	924	548	376	2 137	1 284	853
28	1 059	603	456	2 386	1 471	915
29	1 170	644	526	2 425	1 548	877
30—34	8 691	5 001	3 690	12 038	8 233	3 805
35—39	12 772	6 409	6 363	8 439	6 129	2 310
40—44	26 599	11 791	14 808	8 146	5 993	2 153
45—49	50 757	21 371	29 386	7 209	5 649	1 560
50—59	191 432	80 482	110 950	11 725	9 677	2 048
60—79	516 804	223 233	293 571	8 293	7 224	1 069
80及以上	70 619	32 663	37 956	242	224	18

表66　黑龙江省人口按年龄分组的婚姻状况

年龄别（岁）	15岁及以上人口数			未婚			有配偶		
	合计	男	女	小计	男	女	小计	男	女
总计	21 269 873	10 911 810	10 358 063	5 999 141	3 331 072	2 668 069	13 978 021	6 986 919	6 991 102
15—19	4 095 438	2 058 157	2 037 281	3 971 622	2 029 408	1 942 214	123 077	28 533	94 544
20	535 201	261 279	273 922	425 835	231 238	194 597	108 842	29 839	79 003
21	565 332	279 817	285 515	374 110	215 015	159 095	190 323	64 384	125 939
22	680 849	349 503	331 346	354 095	217 106	136 989	325 120	131 520	193 600
23	596 062	306 184	289 878	226 815	145 734	81 081	367 361	159 359	208 002
24	695 847	353 928	341 919	183 456	123 764	59 692	509 685	228 534	281 151
25	666 145	335 672	330 473	115 138	80 200	34 938	547 857	253 555	294 302
26	641 432	324 257	317 175	70 383	50 950	19 433	567 421	271 040	296 381
27	690 707	349 993	340 714	48 469	36 131	12 338	637 592	310 912	325 680
28	651 319	330 696	320 623	32 129	24 660	7 469	614 017	302 848	311 169
29	594 251	299 501	294 750	21 786	17 070	4 716	567 149	279 101	288 048
30—34	2 460 100	1 238 273	1 221 827	58 674	47 974	10 700	2 372 391	1 171 896	1 200 495
35—39	1 606 332	797 937	808 395	26 577	24 341	2 236	1 547 571	754 644	792 927
40—44	1 565 501	794 346	771 155	20 218	19 101	1 117	1 491 635	747 677	743 958
45—49	1 424 931	755 263	669 668	17 552	17 005	547	1 320 029	695 865	624 164
50—59	2 014 296	1 107 557	906 739	25 545	25 083	462	1 706 389	952 924	753 465
60—79	1 686 941	916 597	770 344	25 158	24 752	406	961 466	588 464	373 002
80 及以上	99 189	52 850	46 339	1 579	1 540	39	20 096	15 824	4 272

表66　（续完）

年龄别（岁）	丧偶			离婚		
	小计	男	女	小计	男	女
总计	1 194 696	522 432	672 264	98 015	71 387	26 628
15—19	118	51	67	621	165	456
20	83	36	47	441	166	275
21	169	75	94	730	343	387
22	307	160	147	1 327	717	610
23	394	204	190	1 492	887	605
24	686	413	273	2 020	1 217	803
25	834	485	349	2 315	1 432	884
26	1 045	636	409	2 583	1 631	952
27	1 493	908	585	3 153	2 042	1 111
28	1 774	1 045	729	3 399	2 143	1 256
29	1 951	1 141	810	3 365	2 189	1 176
30—34	13 772	8 098	5 674	15 263	10 305	4 958
35—39	20 583	10 738	9 845	11 601	8 214	3 387
40—44	42 543	19 453	23 090	11 105	8 115	2 990
45—49	76 750	34 107	42 643	10 600	8 286	2 314
50—59	265 667	115 751	149 916	15 695	13 799	2 896
60—79	689 248	293 852	395 396	11 069	9 529	1 540
80及以上	77 279	35 279	42 000	235	207	28

表67

上海市人口按年龄分组的婚姻状况

年龄别(岁)	15岁及以上人口数			未婚			有配偶		
	合计	男	女	小计	男	女	小计	男	女
总计	9 705 390	4 803 749	4 901 641	2 965 062	1 651 952	1 313 110	6 028 475	2 991 229	3 037 246
15—19	1 041 664	530 743	510 921	1 039 622	530 183	509 439	2 042	560	1 482
20	216 354	107 824	108 530	212 627	107 384	105 243	3 716	435	3 281
21	237 241	116 922	120 319	224 784	115 289	109 495	12 432	1 628	10 804
22	289 462	145 698	143 764	249 087	132 869	116 218	40 333	12 816	27 517
23	268 789	137 469	131 320	211 131	116 898	94 233	57 576	20 546	37 030
24	372 937	190 788	182 149	253 626	145 018	108 608	119 123	45 682	73 441
25	340 492	174 495	165 997	197 927	117 160	80 767	142 338	57 240	85 098
26	320 701	163 484	157 217	155 998	96 953	59 045	164 409	66 426	97 983
27	339 108	169 970	169 138	120 278	78 626	41 652	218 274	91 127	127 147
28	292 150	148 838	143 312	80 255	55 714	24 541	211 087	92 814	118 273
29	251 387	130 058	121 329	54 518	37 870	16 648	195 842	91 829	104 013
30—34	1 071 784	560 578	511 206	107 225	77 171	30 054	957 147	480 361	476 786
35—39	697 850	355 963	341 887	20 645	15 558	5 087	667 670	336 248	331 422
40—44	548 081	271 304	276 777	8 961	7 291	1 670	526 214	258 975	267 239
45—49	726 509	354 388	372 121	7 348	5 763	1 585	689 324	339 036	350 288
50—59	1 325 590	645 939	679 651	9 967	6 755	3 212	1 186 790	608 605	578 185
60—79	1 257 234	566 939	690 295	10 294	5 087	5 207	812 483	471 255	341 228
80及以上	108 057	32 349	75 708	769	363	406	21 675	15 646	6 029

表67 **（续完）**

年龄别(岁)	丧偶			离婚		
	小计	男	女	小计	男	女
总计	651 211	132 580	518 631	60 642	27 988	32 654
15—19	—	—	—	—	—	—
20	6	4	2	5	1	4
21	6	1	5	19	4	15
22	18	9	9	24	4	20
23	34	13	21	48	12	36
24	63	24	39	125	64	61
25	77	33	44	150	62	88
26	96	31	65	198	74	124
27	165	64	101	391	153	238
28	229	80	149	579	230	349
29	248	83	165	779	276	503
30—34	2 292	817	1 475	5 120	2 229	2 891
35—39	4 038	1 238	2 800	5 497	2 919	2 578
40—44	7 787	2 015	5 772	5 119	3 023	2 096
45—49	21 857	5 077	16 780	7 980	4 512	3 468
50—59	110 316	22 618	87 698	18 517	7 961	10 556
60—79	418 696	84 314	334 382	15 761	6 283	9 478
80及以上	85 283	16 159	69 124	330	181	149

表68 **江苏省人口按年龄分组的婚姻状况**

年龄别（岁）	15岁及以上人口数			未婚			有配偶		
	合计	男	女	小计	男	女	小计	男	女
总计	42 983 561	21 723 751	21 259 810	11 853 792	6 922 044	4 931 748	27 791 692	13 797 356	13 994 336
15—19	7 541 667	3 837 623	3 704 044	7 446 217	3 823 693	3 622 524	95 157	13 783	81 374
20	953 535	470 718	482 817	864 981	454 681	410 300	88 410	15 999	72 411
21	671 070	333 705	337 365	552 019	307 155	244 864	118 858	26 477	92 381
22	802 169	406 180	395 989	560 615	338 264	222 351	241 178	67 755	173 423
23	861 702	444 668	417 034	460 661	308 020	152 641	400 381	136 350	264 031
24	1 237 272	645 049	592 223	477 996	352 696	125 300	757 963	291 671	466 292
25	1 243 800	646 124	597 676	323 660	259 640	64 020	918 268	385 427	532 841
26	1 105 492	570 521	534 971	193 863	165 854	28 009	909 256	403 206	506 050
27	1 351 358	702 895	648 463	159 349	144 533	14 816	1 188 298	556 070	632 228
28	1 156 488	597 410	559 078	100 692	93 283	7 409	1 051 794	501 561	550 233
29	1 153 597	594 663	558 934	77 190	72 485	4 705	1 071 451	519 027	552 424
30—34	4 830 370	2 511 409	2 318 961	217 119	206 113	11 006	4 580 040	2 284 181	2 295 859
35—39	3 602 928	1 909 094	1 693 834	130 477	126 682	3 795	3 421 204	1 752 323	1 668 881
40—44	3 186 796	1 681 667	1 505 129	92 892	90 403	2 489	3 002 052	1 542 061	1 459 991
45—49	3 042 257	1 571 138	1 471 119	62 549	59 783	2 766	2 810 410	1 433 642	1 376 768
50—59	4 987 063	2 510 787	2 476 276	68 251	62 333	5 918	4 262 484	2 224 980	2 037 504
60—79	4 852 634	2 168 255	2 684 379	60 968	52 804	8 164	2 806 920	1 597 113	1 209 807
80及以上	403 363	121 845	281 518	4 293	3 622	671	67 568	45 730	21 838

表68 **（续完）**

年龄别（岁）	丧偶			离婚		
	小计	男	女	小计	男	女
总计	3 145 457	853 684	2 291 773	192 620	150 667	41 953
15—19	114	60	54	179	87	92
20	53	11	42	91	27	64
22	77	29	48	116	44	72
21	164	67	97	212	94	118
23	294	128	166	366	170	196
24	613	288	325	700	394	306
25	973	531	442	899	526	373
26	1 202	701	501	1 171	760	411
27	1 955	1 168	787	1 756	1 124	632
28	2 101	1 246	855	1 901	1 320	581
29	2 712	1 605	1 107	2 244	1 546	698
30—34	20 636	11 748	8 888	12 575	9 367	3 208
35—39	36 444	18 156	18 288	14 803	11 933	2 870
40—44	69 724	29 972	39 752	22 128	19 231	2 897
45—49	137 752	50 204	87 548	31 546	27 509	4 037
50—59	596 692	176 972	419 720	59 636	46 502	13 134
60—79	1 943 219	488 880	1 454 339	41 527	29 458	12 069
80及以上	330 732	71 918	258 814	770	575	195

表69　　浙江省人口按年龄分组的婚姻状况

年龄别(岁)	15岁及以上人口数			未婚			有配偶		
	合计	男	女	小计	男	女	小计	男	女
总计	27 490 134	14 258 920	13 231 214	8 087 270	4 936 575	3 150 695	17 229 003	8 594 319	8 634 684
15—19	4 992 475	2 567 244	2 425 231	4 884 690	2 560 138	2 324 552	107 399	6 998	100 401
20	670 765	337 164	333 601	588 861	330 690	258 171	81 701	6 420	75 281
21	510 906	257 945	252 961	402 994	246 458	156 536	107 648	11 421	96 227
22	690 916	355 205	335 711	470 565	314 734	155 831	219 809	40 302	179 507
23	589 371	304 791	284 580	320 111	235 338	84 773	268 563	69 197	199 366
24	853 114	447 658	405 456	357 168	284 502	72 666	494 646	162 592	332 054
25	808 144	420 993	387 151	241 589	203 786	37 803	564 731	216 309	348 422
26	756 994	392 125	364 869	156 282	136 122	20 160	598 450	254 794	343 656
27	804 443	418 860	385 583	113 711	102 359	11 352	687 569	314 601	372 968
28	762 893	395 617	367 276	75 046	68 769	6 277	683 937	324 391	359 546
29	683 856	352 411	331 445	49 858	46 230	3 628	629 598	303 353	326 245
30—34	3 083 522	1 607 328	1 476 194	130 876	122 669	8 207	2 921 973	1 464 455	1 457 518
35—39	2 096 988	1 119 728	977 260	61 890	59 787	2 103	1 996 201	1 036 173	960 028
40—44	1 688 374	929 627	758 747	53 407	52 542	865	1 579 768	844 834	734 934
45—49	1 942 623	1 054 169	888 454	58 684	57 654	1 030	1 772 053	937 307	834 746
50—59	3 176 437	1 707 305	1 469 132	71 982	69 626	2 356	2 688 275	1 465 961	1 222 314
60—79	3 072 971	1 482 406	1 590 565	46 187	42 203	3 984	1 769 681	1 089 326	680 355
80及以上	305 342	108 344	196 998	3 369	2 968	401	57 001	45 885	11 116

表69　　（续完）

年龄别(岁)	丧偶			离婚		
	小计	男	女	小计	男	女
总计	1 970 823	549 279	1 421 544	203 038	178 747	24 291
15—19	147	51	96	239	57	182
20	60	13	47	143	41	102
21	86	18	68	178	48	130
22	193	37	156	349	132	217
23	248	63	185	449	193	256
24	529	187	342	771	377	394
25	717	281	436	1 107	617	490
26	897	389	508	1 365	820	545
27	1 331	628	708	1 832	1 272	560
28	1 623	820	803	2 287	1 637	650
29	1 844	937	907	2 556	1 891	665
30—34	14 674	7 282	7 392	15 999	12 922	3 077
35—39	22 554	9 815	12 739	16 343	13 953	2 390
40—44	36 764	15 613	21 151	18 435	16 638	1 797
45—49	82 259	31 839	50 420	29 627	27 369	2 258
50—59	352 980	113 647	239 333	63 200	58 071	5 129
60—79	1 210 354	309 401	900 953	46 749	41 476	5 273
80及以上	243 563	58 258	185 305	1 409	1 233	176

表70　安徽省人口按年龄分组的婚姻状况

年龄别（岁）	15岁及以上人口数			未婚			有配偶		
	合计	男	女	小计	男	女	小计	男	女
总计	31 712 887	16 419 996	15 292 891	9 545 661	5 750 967	3 794 694	19 593 007	9 798 315	9 794 692
15—19	6 740 139	3 470 141	3 269 998	6 548 790	3 439 608	3 109 182	190 841	30 327	160 514
20	809 596	403 749	405 847	680 798	377 698	303 100	128 537	25 939	102 598
21	280 414	139 208	141 206	210 043	124 100	85 943	70 196	15 031	55 165
22	310 003	165 722	144 281	210 225	137 350	72 875	99 524	28 243	71 281
23	395 704	219 624	176 080	215 856	157 046	58 810	179 241	62 194	117 047
24	693 081	376 638	316 443	289 397	224 488	64 909	402 218	151 214	251 004
25	791 425	421 890	369 535	235 624	194 457	41 167	553 545	225 886	327 659
26	731 651	381 499	350 152	158 571	136 418	22 153	570 441	243 215	327 226
27	873 093	459 558	413 535	134 604	121 864	12 740	734 280	334 614	399 666
28	853 843	442 734	411 109	96 905	90 650	6 255	752 122	348 535	403 587
29	858 657	441 432	417 225	74 447	71 062	3 385	778 316	365 975	412 341
30—34	3 507 741	1 855 906	1 651 835	225 127	219 140	5 987	3 244 432	1 607 953	1 636 479
35—39	2 741 800	1 495 121	1 246 679	159 139	157 181	1 958	2 527 657	1 297 871	1 229 786
40—44	2 486 142	1 382 210	1 103 932	125 592	124 304	1 288	2 269 820	1 196 426	1 073 394
45—49	2 406 997	1 317 218	1 089 779	75 811	74 745	1 066	2 178 904	1 152 138	1 026 766
50—59	3 862 639	2 043 239	1 819 400	65 363	63 518	1 845	3 235 448	1 745 876	1 489 572
60—79	3 153 593	1 345 314	1 808 279	37 364	35 455	1 909	1 648 545	947 209	701 336
80及以上	216 369	58 793	157 576	2 005	1 883	122	28 940	19 669	9 271

表70　（续完）

年龄别（岁）	丧偶			离婚		
	小计	男	女	小计	男	女
总计	2 372 058	696 506	1 675 552	202 161	174 208	27 953
15—19	198	84	114	310	122	188
20	105	41	64	156	71	85
21	62	23	39	113	54	59
22	102	49	53	152	80	72
23	251	161	90	356	223	133
24	659	400	259	807	536	271
25	1 091	744	347	1 165	803	362
26	1 264	867	397	1 375	999	376
27	2 130	1 537	593	2 079	1 543	536
28	2 534	1 779	755	2 282	1 770	512
29	3 206	2 264	942	2 688	2 131	557
30—34	22 263	15 488	6 775	15 919	13 325	2 594
35—39	35 284	22 505	12 779	19 720	17 564	2 156
40—44	62 481	35 319	27 162	28 249	26 161	2 088
45—49	115 921	56 817	59 104	36 361	33 518	2 843
50—59	502 351	182 939	319 412	59 477	50 906	8 571
60—79	1 437 209	338 575	1 098 634	30 475	24 075	6 400
80及以上	184 947	36 914	148 033	477	327	150

表71　　福建省按年龄分组的婚姻状况

年龄别(岁)	15岁及以上人口数			未婚			有配偶		
	合计	男	女	小计	男	女	小计	男	女
总计	16 428 263	8 441 999	7 986 264	7 666 172	2 858 841	1 807 331	10 411 713	5 184 137	5 227 576
15—19	3 229 140	1 646 503	1 582 637	3 028 768	1 616 175	1 412 593	199 869	30 173	169 696
20	386 216	190 574	195 642	290 664	172 869	117 795	95 318	17 642	77 676
21	280 442	138 626	141 816	184 204	116 701	67 503	95 985	21 834	74 151
22	441 644	227 881	213 763	241 985	169 606	72 379	199 056	58 020	141 036
23	417 184	215 649	201 535	178 047	134 405	43 642	238 322	80 827	157 495
24	551 248	288 401	262 847	180 651	145 194	35 457	369 114	142 417	226 697
25	470 124	242 573	227 551	114 793	95 392	19 401	353 761	146 297	207 464
26	438 918	225 623	213 295	77 574	65 947	11 627	359 498	158 548	200 950
27	494 686	256 245	238 441	61 008	53 317	7 691	431 026	201 327	229 699
28	456 022	234 163	221 859	40 757	36 389	4 368	412 274	195 873	216 401
29	421 410	216 222	205 188	27 982	25 518	2 464	390 134	188 640	201 494
30—34	1 688 440	895 392	793 048	72 434	67 871	4 563	1 595 984	814 760	781 224
35—39	1 205 120	660 017	545 103	36 337	35 218	1 119	1 142 545	608 791	533 754
50—44	1 114 368	616 944	497 424	32 301	31 635	666	1 038 520	560 674	477 846
45—49	1 159 431	622 871	536 560	30 981	30 172	809	1 049 237	554 019	495 218
50—59	1 881 897	988 633	893 264	41 913	39 550	2 363	1 549 127	845 343	703 784
60—79	1 669 454	740 405	929 049	24 551	21 854	2 697	874 004	543 914	330 090
80及以上	122 519	35 277	87 242	1 222	1 028	194	17 939	15 038	2 901

表71　　（续完）

年龄别(岁)	丧偶			离婚		
	小计	男	女	小计	男	女
总计	1 247 491	310 228	937 263	102 887	88 793	14 094
15—19	262	78	184	241	77	164
20	104	29	75	130	34	96
21	122	34	88	131	57	74
22	286	106	180	317	149	168
23	367	159	208	448	258	190
24	728	308	420	755	482	273
25	772	366	406	798	518	280
26	896	447	449	950	681	269
27	1 371	680	691	1 281	921	360
28	1 509	779	730	1 482	1 122	360
29	1 778	882	896	1 516	1 182	334
30—34	11 271	5 557	5 714	8 751	7 204	1 547
35—39	16 497	7 447	9 050	9 741	8 561	1 180
40—44	31 074	13 363	17 711	12 473	11 272	1 201
45—49	62 942	23 892	39 050	16 271	14 788	1 483
50—59	260 724	77 217	183 507	30 133	26 523	3 610
60—79	753 714	159 915	593 799	17 185	14 722	2 463
80及以上	103 074	18 969	84 105	284	242	42

表72　江西省人口按年龄分组的婚姻状况

年龄别(岁)	15岁及以上人口数			未婚			有配偶		
	合计	男	女	小计	男	女	小计	男	女
总计	20 309 403	10 456 303	9 853 100	5 539 249	3 335 754	2 203 495	13 117 401	6 565 514	6 551 887
15—19	3 955 171	2 032 926	1 922 245	3 792 672	2 015 150	1 777 522	161 945	17 650	144 295
20	499 553	246 618	252 935	379 762	227 633	152 129	119 453	18 886	100 567
21	391 189	194 970	196 219	247 300	163 197	84 103	143 408	31 606	111 802
22	511 658	265 638	246 020	263 300	190 118	73 182	247 468	75 116	172 352
23	479 543	248 607	230 936	187 535	144 922	42 613	290 722	102 991	187 731
24	633 601	329 972	303 629	180 933	148 930	32 003	450 389	179 620	270 769
25	576 812	298 356	278 456	114 921	97 920	17 001	459 167	198 656	260 511
26	504 017	259 259	244 758	71 431	62 745	8 686	429 568	194 479	235 089
27	551 644	286 867	264 777	52 101	47 426	4 675	495 557	236 608	258 949
28	552 223	287 491	264 732	38 264	35 448	2 816	509 270	248 666	260 604
29	513 224	266 871	246 353	27 754	25 996	1 758	480 379	237 218	243 161
30—34	2 159 786	1 135 408	1 024 378	27 373	68 901	3 472	2 057 092	1 044 634	1 012 458
35—39	1 538 146	819 994	718 152	34 967	33 955	1 012	1 467 414	762 402	705 012
40—44	1 437 345	780 017	657 328	25 406	24 935	471	1 354 164	720 713	633 451
45—49	1 386 149	741 067	645 082	20 073	19 656	417	1 270 794	673 001	597 793
50—59	2 210 743	1 167 563	1 043 180	18 764	18 054	710	1 868 104	1 022 582	845 522
60—79	2 278 234	1 053 318	1 224 916	11 176	10 314	862	1 291 468	783 815	507 653
80及以上	130 365	41 361	89 004	517	454	63	21 039	16 871	4 168

表72　（续完）

年龄别(岁)	丧偶			离婚		
	小计	男	女	小计	男	女
总计	1 501 665	426 200	1 075 465	151 088	128 835	22 253
15—19	172	58	114	382	69	313
20	109	34	75	229	64	165
21	164	51	113	317	116	201
22	316	141	175	574	263	311
23	405	194	211	881	500	381
24	693	381	312	1 586	1 041	545
25	929	539	390	1 795	1 241	554
26	1 156	675	481	1 862	1 360	502
27	1 541	943	598	2 445	1 890	555
28	1 869	1 136	733	2 820	2 241	579
29	2 012	1 193	819	3 079	2 464	615
30—34	14 095	8 143	5 952	16 226	13 730	2 496
35—39	20 875	10 473	10 402	14 890	13 164	1 726
40—44	40 317	18 569	21 748	17 458	15 800	1 658
45—49	74 324	29 413	44 911	20 958	18 997	1 961
50—59	285 455	93 176	192 279	38 420	33 751	4 669
60—79	948 946	237 440	711 506	26 644	21 749	4 895
80及以上	108 287	23 641	84 646	522	395	127

表73 山东省人口按年龄分组的婚姻状况

年龄别(岁)	15岁及以上人口数			未婚			有配偶		
	合计	男	女	小计	男	女	小计	男	女
总计	51 322 021	25 823 930	25 498 091	14 462 644	8 165 311	6 297 333	32 846 305	16 299 539	16 546 766
15—19	9 228 019	4 640 606	4 587 413	9 134 370	4 614 663	4 519 707	93 457	25 835	67 622
20	1 210 035	585 496	624 539	1 112 644	555 759	556 885	97 223	29 672	67 551
21	777 507	378 301	399 206	651 328	339 830	311 498	125 978	38 389	87 589
22	1 030 230	514 773	515 457	723 642	398 606	325 036	306 087	115 935	190 152
23	1 018 815	520 174	498 641	527 600	314 210	213 390	490 293	205 447	284 846
24	1 553 803	799 277	754 526	545 642	356 814	188 828	1 006 088	441 226	564 862
25	1 496 484	769 136	727 348	340 755	248 451	92 304	1 152 911	518 921	633 990
26	1 444 215	741 476	702 739	217 921	176 733	41 188	1 222 753	562 464	660 289
27	1 546 818	795 246	751 572	163 257	142 340	20 917	1 378 625	649 658	728 967
28	1 403 574	720 508	683 066	112 313	103 420	8 893	1 285 585	613 139	672 446
29	1 360 457	694 662	665 795	86 731	81 991	4 740	1 267 437	608 359	659 078
30—34	5 760 181	2 945 910	2 814 271	266 981	259 092	7 889	5 450 446	2 657 387	2 793 059
35—39	4 183 181	2 178 212	2 004 969	169 744	167 917	1 827	3 949 337	1 970 019	1 979 318
40—44	3 433 974	1 809 930	1 624 044	122 406	121 567	839	3 205 347	1 628 210	1 577 137
45—49	3 573 049	1 851 748	1 721 301	88 370	87 633	737	3 275 070	1 661 230	1 613 840
50—59	5 865 822	2 921 088	2 944 734	102 550	101 467	1 083	4 957 996	2 533 944	2 424 052
60—79	5 973 457	2 793 146	3 180 311	90 543	89 101	1 442	3 491 916	1 979 712	1 512 204
80及以上	462 400	164 241	298 159	5 847	5 717	130	89 756	59 992	29 764

表73 （续完）

年龄别(岁)	丧偶			离婚		
	小计	男	女	小计	男	女
总计	3 805 677	1 194 180	2 611 497	207 395	164 900	42 495
15—19	94	57	37	98	51	47
20	67	26	41	101	39	62
21	90	43	47	111	39	72
22	178	87	91	323	145	178
23	343	189	154	579	328	251
24	836	496	340	1 237	741	496
25	1 159	680	479	1 659	1 084	575
26	1 488	902	586	2 053	1 377	676
27	2 201	1 349	852	2 735	1 899	836
28	2 617	1 684	933	3 059	2 265	794
29	3 176	1 982	1 194	3 113	2 330	783
30—34	25 917	15 556	10 361	16 837	13 875	2 962
35—39	46 255	24 719	21 536	17 845	15 557	2 288
40—44	83 146	39 372	43 774	23 075	20 781	2 294
45—49	178 182	74 930	103 252	31 427	27 955	3 472
50—59	747 740	240 660	507 080	57 536	45 017	12 519
60—79	2 346 308	693 637	1 652 671	44 690	30 696	13 994
80及以上	365 880	97 811	268 069	917	721	196

表74

河南省人口按年龄分组的婚姻状况

年龄别（岁）	15岁及以上人口数			未婚			有配偶		
	合计	男	女	小计	男	女	小计	男	女
总计	48 448 067	24 535 206	23 912 861	13 908 291	8 013 872	5 894 419	30 545 256	15 153 409	15 391 847
15—19	9 375 468	4 729 463	4 646 005	9 220 405	4 684 675	4 535 730	153 872	43 865	110 007
20	1 121 839	548 488	573 351	976 830	504 145	472 685	144 606	44 105	100 501
21	521 962	258 397	263 565	407 807	222 150	185 657	113 851	36 078	77 773
22	878 763	451 460	427 303	579 673	332 396	247 277	298 290	118 597	179 693
23	869 544	449 663	419 881	425 771	265 692	160 079	442 413	183 136	259 277
24	1 311 827	676 293	635 534	448 232	302 531	145 701	860 780	372 026	488 754
25	1 331 585	683 611	647 974	289 060	214 586	74 474	1 038 704	466 559	572 145
26	1 268 884	648 020	620 864	186 644	153 769	32 875	1 077 137	490 902	586 235
27	1 461 254	751 744	709 510	153 707	136 299	17 408	1 300 243	610 437	689 806
28	1 365 665	700 563	665 102	112 622	104 613	8 009	1 244 719	590 103	654 616
29	1 286 999	656 248	630 751	85 438	81 721	3 717	1 192 250	567 907	624 343
30—34	5 419 091	2 806 326	2 612 765	279 093	273 509	5 584	5 082 859	2 492 232	2 590 627
35—39	3 831 527	2 045 876	1 785 651	197 595	196 376	1 219	3 561 390	1 800 782	1 760 608
40—44	3 303 427	1 765 362	1 538 065	164 562	163 927	635	3 026 258	1 532 275	1 493 983
45—49	3 432 735	1 803 453	1 629 282	124 566	124 031	535	3 096 872	1 566 276	1 530 596
50—59	5 592 749	2 891 483	2 701 266	139 990	139 041	949	4 668 217	2 437 535	2 230 682
60—79	5 683 828	2 546 024	3 137 804	112 171	110 438	1 733	3 178 383	1 757 972	1 420 411
80及以上	390 920	122 732	268 188	4 125	3 973	152	64 412	42 622	21 790

表74 （续完）

年龄别（岁）	丧偶			离婚		
	小计	男	女	小计	男	女
总计	3 726 364	1 139 923	2 586 441	268 156	228 002	40 154
15—19	827	722	105	364	201	163
20	200	133	67	203	105	98
21	125	81	44	179	88	91
22	302	187	115	498	280	218
23	522	307	215	838	528	310
24	1 092	672	420	1 723	1 064	659
25	1 482	969	513	2 339	1 497	842
26	2 014	1 272	742	3 089	2 077	1 012
27	3 001	1 973	1 028	4 303	3 035	1 268
28	3 548	2 331	1 217	4 776	3 516	1 260
29	4 274	2 778	1 496	5 037	3 842	1 195
30—34	30 536	19 102	11 434	26 603	21 483	5 120
35—39	46 842	26 692	20 150	25 700	22 026	3 674
40—44	80 874	40 722	40 152	31 733	28 438	3 295
45—49	69 182	75 188	93 994	42 115	37 958	4 157
50—59	714 059	253 848	460 211	70 483	61 059	9 424
60—79	2 346 041	637 535	1 708 506	47 233	40 079	7 154
80及以上	321 443	75 411	246 032	940	726	214

表75 **湖北省人口按年龄分组的婚姻状况**

年龄别（岁）	15岁及以上人口数			未婚			有配偶		
	合计	男	女	小计	男	女	小计	男	女
总计	32 167 089	16 497 797	15 669 292	9 426 079	5 431 186	3 994 893	20 120 220	10 049 063	10 071 157
15—19	6 092 069	3 103 900	2 988 169	5 999 978	3 090 756	2 909 222	91 597	12 908	78 689
20	1 033 248	514 128	519 120	914 202	492 821	421 381	118 693	21 176	97 517
21	473 015	237 570	235 445	382 914	217 591	165 323	89 804	19 855	69 949
22	626 924	320 552	306 372	413 209	255 432	157 777	213 017	64 793	148 224
23	722 891	371 629	351 262	363 335	242 923	120 412	358 292	127 958	230 334
24	991 834	512 615	479 219	355 475	258 240	97 235	633 808	252 762	381 046
25	925 225	477 267	447 958	220 049	171 002	49 047	701 994	304 127	397 867
26	817 423	419 443	397 980	130 357	107 004	23 353	683 545	310 029	373 516
27	901 114	465 195	435 919	97 646	85 039	12 607	798 249	376 455	421 794
28	857 813	441 606	416 207	67 512	60 152	7 360	784 393	377 207	407 186
29	786 423	407 347	379 076	48 797	44 453	4 344	731 149	358 229	372 920
30—34	3 411 346	1 780 900	1 630 446	143 817	132 777	11 040	3 224 924	1 617 490	1 607 434
35—39	2 598 669	1 375 359	1 223 310	82 969	78 429	4 540	2 458 719	1 258 229	1 200 490
40—44	2 244 340	1 200 219	1 044 121	63 170	60 899	2 271	2 095 371	1 086 453	1 008 918
45—49	2 301 927	1 237 777	1 064 150	49 554	47 710	1 844	2 100 913	1 106 320	994 593
50—59	3 569 946	1 894 981	1 674 965	51 659	48 777	2 882	2 996 286	1 609 781	1 386 505
60—79	3 599 855	1 671 081	1 928 774	39 621	35 632	3 989	2 011 262	1 126 408	884 854
80及以上	213 027	66 228	146 799	1 815	1 549	266	28 204	18 883	9 321

表75 **（续完）**

年龄别（岁）	丧偶			离婚		
	小计	男	女	小计	男	女
总计	2 419 259	847 143	1 572 116	201 531	170 405	31 126
15—19	215	125	90	279	111	168
20	131	42	89	222	89	133
21	97	42	55	200	82	118
22	237	112	125	461	215	246
23	453	249	204	811	499	312
24	1 000	604	396	1 551	1 009	542
25	1 272	781	491	1 910	1 357	553
26	1 474	926	548	2 047	1 484	563
27	2 163	1 361	802	3 056	2 340	716
28	2 518	1 572	946	3 390	2 675	715
29	2 805	1 737	1 068	3 672	2 928	744
30—34	20 848	12 685	8 163	21 757	17 948	3 809
35—39	34 843	19 611	15 232	22 138	19 090	3 048
40—44	61 563	31 324	30 239	24 236	21 543	2 693
45—99	121 319	56 601	64 718	30 141	27 146	2 995
50—59	471 425	192 633	278 792	50 576	43 790	6 786
60—79	1 514 498	481 358	1 033 140	34 474	27 683	6 791
80及以上	182 398	45 380	137 018	610	416	194

表76 湖南省人口按年龄分组的婚姻状况

年龄别(岁)	15岁及以上人口数			未婚			有配偶		
	合计	男	女	小计	男	女	小计	男	女
总计	35 680 616	18 585 034	17 095 582	10 098 497	6 122 303	3 976 194	22 717 414	11 340 425	11 376 989
15—19	7 144 393	3 660 742	3 483 651	6 921 429	3 640 564	3 280 865	222 098	19 844	202 254
20	793 831	383 804	410 027	636 266	367 022	269 244	157 225	16 696	140 529
21	399 021	198 617	200 404	279 819	178 999	100 820	118 890	19 524	99 366
22	676 741	550 775	325 966	394 186	280 827	113 359	281 826	69 681	212 145
23	655 712	545 497	310 215	309 395	241 416	67 979	345 139	103 541	241 198
24	984 482	521 778	462 704	357 654	297 833	59 921	624 416	222 635	401 781
25	991 473	554 104	467 369	259 285	226 332	32 953	728 841	295 692	433 149
26	870 965	455 508	415 457	165 079	148 772	16 307	702 013	304 295	397 718
27	962 193	502 771	459 422	127 454	118 272	9 182	829 266	380 749	448 517
28	953 740	496 589	457 151	94 540	89 327	5 213	852 390	402 389	450 001
29	932 440	486 684	445 756	69 830	66 771	3 059	854 688	414 176	440 512
30—34	3 997 782	2 111 794	1 885 988	191 677	185 562	6 115	3 753 762	1 887 007	1 866 755
35—39	2 793 340	1 510 658	1 282 682	94 551	92 649	1 902	2 634 895	1 371 880	1 263 015
40—44	2 583 109	1 475 953	1 207 156	70 734	69 414	1 320	2 507 925	1 338 581	1 170 344
45—49	2 595 192	1 398 429	1 196 763	47 909	46 499	1 410	2 376 199	1 254 246	1 121 953
50—59	4 071 311	2 172 669	1 898 642	43 011	40 292	2 719	3 458 319	1 881 255	1 577 064
60—79	3 925 029	1 898 330	2 026 699	33 530	29 803	3 727	2 228 586	1 328 023	900 563
80及以上	249 862	90 332	159 530	2 148	1 949	199	40 936	31 211	9 725

表76 （续完）

年龄别(岁)	丧偶			离婚		
	小计	男	女	小计	男	女
总计	2 621 605	908 851	1 712 754	243 100	213 455	29 645
15—19	399	177	222	467	157	310
20	130	30	100	210	56	154
21	111	31	80	201	63	138
22	278	103	175	451	164	287
23	444	183	261	734	357	377
24	1 039	519	520	1 373	791	582
25	1 421	799	622	1 926	1 281	645
26	1 702	989	713	2 171	1 452	719
27	2 406	1 560	846	3 067	2 190	877
28	3 017	1 991	1 026	3 793	2 882	911
29	3 633	2 362	1 271	4 289	3 375	914
30—34	26 846	17 639	9 207	25 497	21 586	3 911
35—39	38 250	23 107	15 143	25 644	23 022	2 622
40—44	72 911	39 795	33 116	31 539	29 163	2 376
45—49	133 448	62 570	70 878	37 636	35 114	2 522
50—59	509 221	196 377	312 844	60 760	54 745	6 015
60—79	1 620 612	504 278	1 116 334	42 301	36 226	6 075
80及以上	205 737	56 341	149 396	1 041	831	210

表77 　　　　**广东省人口按年龄分组的婚姻状况**

年龄别(岁)	15岁及以上人口数			未婚			有配偶		
	合计	男	女	小计	男	女	小计	男	女
总计	39 191 080	19 863 500	19 327 580	12 476 708	7 467 393	5 009 315	23 382 646	11 583 795	11 798 851
15—19	7 186 864	3 697 759	3 489 105	7 000 841	3 666 014	3 334 827	185 347	31 547	153 800
20	1 160 463	582 425	578 038	1 001 641	549 723	451 918	158 270	32 539	125 731
21	727 641	363 812	363 829	575 381	327 576	247 805	151 750	36 047	115 703
22	876 914	447 992	428 922	621 225	373 892	247 333	254 836	73 716	181 120
23	1 005 849	516 825	489 024	593 592	382 290	211 302	410 825	133 806	277 019
24	1 216 697	633 029	583 668	587 741	404 430	183 311	626 528	227 293	399 235
25	1 097 252	568 548	528 704	418 137	304 103	114 034	676 242	262 779	413 463
26	1 021 906	526 516	495 390	295 613	226 839	68 774	723 026	297 768	425 258
27	1 113 030	576 180	536 850	235 363	190 706	44 657	873 155	382 796	490 359
28	1 050 609	539 001	511 608	165 716	139 220	26 496	879 511	396 550	482 961
29	944 109	485 249	458 860	112 431	97 980	14 451	826 100	383 853	442 247
30—34	3 979 806	2 112 993	1 866 813	300 979	276 272	24 707	3 640 677	1 813 279	1 827 398
35—39	2 873 633	1 561 374	1 312 259	162 401	157 725	4 676	2 657 819	1 372 251	1 285 568
40—44	2 757 482	1 490 581	1 266 901	139 860	137 352	2 508	2 524 311	1 303 939	1 220 372
49—49	2 879 345	1 509 948	1 369 397	106 881	103 868	3 013	2 598 418	1 330 937	1 267 481
50—59	4 485 624	2 283 589	2 202 035	99 036	91 199	7 837	3 742 562	2 001 218	1 741 344
60—79	4 399 671	1 865 444	2 534 227	55 455	36 703	18 752	2 391 378	1 454 238	937 140
80及以上	414 185	102 235	311 950	4 415	1 501	2 914	61 891	49 239	12 652

表77 　　　　**（续完）**

年龄别(岁)	丧偶			离婚		
	小计	男	女	小计	男	女
总计	3 119 148	640 632	2 478 516	212 578	171 680	40 898
15—19	161	43	118	515	155	360
20	123	28	95	429	135	294
21	115	35	80	395	154	241
22	253	84	169	600	300	300
23	439	174	265	993	555	438
24	824	346	478	1 604	960	644
25	1 063	500	563	1 810	1 166	644
26	1 274	589	685	1 993	1 320	673
27	1 907	868	1 039	2 605	1 810	795
28	2 364	1 057	1 307	3 018	2 174	844
29	2 638	1 227	1 411	2 940	2 189	751
30—34	20 173	9 153	11 020	17 977	14 289	3 688
35—39	33 785	14 643	19 142	19 628	16 755	2 873
40—44	67 478	26 641	40 837	25 833	22 649	3 184
45—49	139 623	45 332	94 291	34 423	29 811	4 612
50—59	584 143	142 725	441 418	59 883	48 447	11 436
60—79	1 915 826	346 380	1 569 446	37 012	28 123	8 889
80及以上	346 959	50 807	296 152	920	688	232

表78　　　　广西壮族自治区人口按年龄分组的婚姻状况

年龄别（岁）	15岁及以上人口数			未婚			有配偶		
	合计	男	女	小计	男	女	小计	男	女
总计	22 782 493	11 763 455	11 019 038	7 043 549	4 188 174	2 855 375	13 854 459	6 916 592	6 937 867
15—19	4 594 707	2 367 902	2 226 805	4 463 455	2 329 948	2 133 507	130 511	37 630	92 881
20	552 307	275 979	276 328	460 194	249 785	210 409	91 727	26 024	65 703
21	370 641	186 344	184 297	270 828	155 434	115 394	99 387	30 710	68 677
22	401 928	208 280	193 648	255 086	157 277	97 809	146 135	50 637	95 498
23	530 119	276 301	253 818	265 933	176 518	89 415	262 815	98 978	163 837
24	677 588	357 090	320 498	274 060	194 524	79 536	401 310	161 270	240 040
25	607 914	320 056	287 858	187 872	142 757	45 115	417 464	175 734	241 730
26	563 000	292 980	270 020	132 657	106 707	25 950	427 295	184 354	242 941
27	608 175	320 402	287 773	108 014	91 358	16 656	496 116	226 351	269 765
28	601 476	315 863	285 613	82 617	72 695	9 922	514 096	240 023	274 073
29	572 157	302 492	269 665	62 262	56 268	5 994	504 718	242 712	262 006
30—43	2 305 334	1 247 114	1 058 220	179 898	169 521	10 377	2 094 264	1 056 599	1 037 665
35—39	1 813 045	975 003	838 042	101 337	98 355	2 982	1 667 069	848 929	818 140
40—44	1 738 876	935 178	803 698	76 051	73 914	2 137	1 589 143	819 578	769 565
45—49	1 637 724	863 480	774 244	48 220	46 228	1 992	1 473 240	759 397	713 843
50—59	2 418 451	1 249 842	1 168 609	41 770	38 267	3 503	2 031 269	1 077 586	953 683
60—79	2 585 062	1 199 820	1 385 242	31 530	27 090	4 440	1 471 239	853 383	617 856
80及以上	203 989	69 329	134 660	1 765	1 528	237	36 661	26 697	9 964

表78　　　　（续完）

年龄别（岁）	丧偶			离婚		
	小计	男	女	小计	男	女
总计	1 739 477	536 779	1 202 698	145 008	121 910	23 098
15—19	192	107	85	549	217	332
20	85	41	44	301	129	172
21	108	43	65	318	157	161
22	172	79	93	535	287	248
23	393	188	205	978	617	361
24	662	328	334	1 556	968	588
25	767	413	354	1 811	1 152	659
26	1 026	549	477	2 022	1 370	652
27	1 454	833	621	2 591	1 860	731
28	1 849	982	867	2 914	2 163	751
29	2 189	1 182	1 007	2 988	2 330	658
30—34	16 112	8 520	7 592	15 060	12 474	2 586
35—39	29 317	14 397	14 920	15 322	13 322	2 000
40—44	54 908	24 864	30 044	18 774	16 822	1 952
45—49	94 334	38 321	56 013	21 930	19 534	2 396
50—59	312 391	105 940	206 451	33 021	28 049	4 972
60—79	1 058 615	299 445	759 170	23 678	19 902	3 776
80及以上	164 903	40 547	124 356	660	557	103

表79　　四川省人口按年龄分组的婚姻状况

年龄别（岁）	15岁及以上人口数			未婚			有配偶		
	合计	男	女	小计	男	女	小计	男	女
总计	65 427 718	33 835 871	31 591 847	18 129 368	11 090 505	7 038 863	41 805 806	20 796 134	21 009 672
15—19	12 609 721	6 443 559	6 166 162	12 353 364	6 407 915	5 945 449	254 607	34 996	219 611
20	1 043 674	511 871	531 803	865 423	493 239	372 184	177 600	18 447	159 153
21	598 205	299 248	298 957	433 545	277 474	156 071	164 138	21 620	142 518
22	868 654	465 425	403 229	538 327	387 498	150 829	329 259	77 500	251 759
23	1 077 661	582 956	494 705	527 012	418 678	108 334	548 837	163 462	385 375
24	1 641 439	887 617	753 822	633 133	536 267	96 866	1 005 175	349 751	655 424
25	1 622 286	872 476	749 810	467 471	414 472	52 999	1 150 871	455 809	695 062
26	1 742 381	924 362	818 019	363 288	332 107	31 181	1 373 438	588 924	784 514
27	1 948 637	1 024 045	924 592	290 817	272 156	18 661	1 649 574	746 815	902 759
28	1 934 132	1 001 198	932 934	219 552	207 938	11 614	1 704 133	786 570	917 563
29	1 929 067	990 853	938 214	171 390	164 316	7 074	1 744 458	817 969	926 489
30—34	7 534 598	3 958 239	3 576 359	485 051	467 109	17 942	6 963 808	3 432 062	3 531 746
35—39	6 158 072	3 285 557	2 872 515	266 904	256 741	10 163	5 764 945	2 946 951	2 817 994
40—44	5 153 381	2 777 262	2 376 119	175 376	167 414	7 962	4 790 528	2 501 532	2 288 996
45—49	4 589 328	2 464 536	2 124 792	113 995	106 524	7 471	4 164 212	2 202 150	1 962 062
50—59	7 622 420	4 037 061	3 585 359	123 621	106 570	17 051	6 331 472	3 456 435	2 875 037
60—79	6 898 490	3 166 196	3 732 294	95 189	69 841	25 348	3 624 811	2 147 511	1 477 300
80及以上	455 572	143 410	312 162	5 910	4 246	1 664	63 940	47 630	16 310

表79　　（续完）

年龄别（岁）	丧偶			离婚		
	小计	男	女	小计	男	女
总计	5 195 155	1 724 068	3 471 087	297 389	225 164	72 225
15—19	476	224	252	1 274	424	850
20	178	45	133	473	140	333
21	127	42	85	395	112	283
22	342	146	196	726	281	445
23	714	302	412	1 098	514	584
24	1 335	679	656	1 796	920	876
25	1 835	1 027	808	2 109	1 168	941
26	2 740	1 649	1 091	2 915	1 682	1 233
27	4 251	2 680	1 571	3 995	2 394	1 601
28	5 431	3 528	1 903	5 016	3 162	1 854
29	7 082	4 563	2 519	6 137	4 005	2 132
30—34	50 211	33 296	16 915	35 528	25 772	9 756
35—39	88 762	52 754	36 008	37 461	29 111	8 350
40—44	150 749	78 319	72 430	36 728	29 997	6 731
45—49	270 734	122 574	148 160	40 387	33 288	7 099
50—59	1 096 130	419 362	676 768	71 197	54 694	16 503
60—79	3 129 600	912 274	2 217 326	48 890	36 570	12 320
80及以上	384 458	90 604	293 854	1 264	930	334

表80 **贵州省人口按年龄分组的婚姻状况**

年龄别(岁)	15岁及以上人口数			未婚			有配偶		
	合计	男	女	小计	男	女	小计	男	女
总计	16 880 078	8 643 308	8 236 770	4 589 805	2 654 079	1 935 726	10 977 412	5 477 765	5 499 647
15—19	3 430 543	1 749 996	1 680 547	3 272 122	1 703 747	1 568 375	157 563	45 837	111 726
20	334 865	168 408	166 457	262 112	146 290	115 822	72 393	21 925	50 468
21	198 740	101 532	97 208	133 904	80 015	53 889	64 502	21 326	43 176
22	290 134	151 385	138 749	159 841	102 710	57 131	129 526	48 194	81 332
23	322 344	167 545	154 799	138 787	95 261	43 526	182 385	71 512	110 873
24	427 018	222 279	204 739	141 211	103 930	37 281	283 725	116 924	166 801
25	426 509	220 333	206 176	101 486	79 652	21 834	322 443	138 903	183 540
26	421 942	216 834	205 108	72 313	60 070	12 243	346 501	154 581	191 920
27	465 357	240 112	225 245	57 954	50 808	7 146	403 504	186 530	216 974
28	458 079	234 351	223 728	42 344	38 472	3 872	411 302	192 780	218 522
29	430 969	221 625	209 344	30 924	28 880	2 044	395 248	189 344	205 904
30—34	1 738 285	902 494	835 791	78 422	74 771	3 651	1 633 938	809 447	824 491
35—39	1 545 560	809 513	736 047	37 894	36 836	1 058	1 471 871	748 690	723 181
40—44	1 436 728	756 892	679 836	22 907	22 265	642	1 358 350	700 354	657 996
45—49	1 240 300	652 798	587 502	12 742	12 131	611	1 150 334	599 112	551 222
50—59	1 754 642	920 653	833 989	11 454	9 970	1 484	1 516 831	815 900	700 931
60—79	1 848 661	866 450	982 211	12 485	7 773	4 712	1 056 625	602 331	454 294
80及以上	109 402	40 108	69 294	903	498	405	20 371	14 075	6 296

表80 （续完）

年龄别(岁)	丧偶			离婚		
	小计	男	女	小计	男	女
总计	1 230 073	448 343	781 730	82 788	63 121	19 667
15—19	203	90	113	655	322	333
20	109	44	65	251	149	102
21	94	49	45	240	142	98
22	252	139	113	515	342	173
23	368	201	167	804	571	233
24	757	475	282	1 325	950	375
25	991	626	365	1 589	1 152	437
26	1 299	826	473	1 829	1 357	472
27	1 678	1 137	541	2 221	1 637	584
28	1 972	1 270	702	2 461	1 829	632
29	2 374	1 589	785	2 423	1 812	611
30—34	14 294	9 349	4 945	11 631	8 927	2 704
35—39	24 358	14 896	9 462	11 437	9 091	2 346
40—44	43 981	24 768	19 213	11 490	9 505	1 985
45—49	67 156	33 327	33 829	10 068	8 228	1 840
50—59	212 086	84 214	127 872	14 271	10 569	3 702
60—79	770 175	249 933	520 242	9 376	6 413	2 963
80及以上	87 926	25 410	62 516	202	125	77

表81 云南省人口按年龄分组的婚姻状况

年龄别（岁）	15岁及以上人口数			未婚			有配偶		
	合计	男	女	小计	男	女	小计	男	女
总计	19 801 346	9 993 502	9 807 844	5 383 782	3 070 280	2 313 502	12 856 773	6 402 601	6 454 172
15—19	4 003 040	2 021 488	1 981 552	3 781 056	1 959 738	1 821 318	218 918	60 541	158 377
20	550 940	272 667	278 273	407 262	232 386	174 876	142 054	39 588	102 466
21	330 207	163 342	166 865	201 147	123 201	77 946	127 697	39 514	88 183
22	433 885	220 391	213 494	217 764	145 051	72 713	214 146	74 374	139 772
23	343 513	173 239	170 274	130 612	91 456	39 156	210 651	80 595	130 056
24	518 240	264 738	253 502	148 256	113 313	34 943	366 412	149 507	216 905
25	506 749	256 988	249 761	101 818	82 676	19 142	400 986	172 196	228 790
26	520 449	265 306	255 143	73 101	62 396	10 705	442 782	200 288	242 494
27	553 237	283 187	270 050	54 964	48 557	6 407	492 841	231 447	261 394
28	519 689	265 076	254 613	37 615	33 717	3 898	476 367	227 993	248 374
29	464 629	237 691	226 938	25 548	23 175	2 373	433 623	211 293	222 330
30—34	1 908 262	986 983	921 279	66 542	58 343	8 199	1 811 014	910 766	900 246
35—39	1 639 181	849 347	789 834	38 380	31 931	6 449	1 560 483	795 016	765 467
40—44	1 528 373	797 691	730 682	28 399	22 594	5 805	1 440 217	744 755	695 462
45—49	1 457 253	758 227	699 026	20 843	15 224	5 619	1 345 439	703 344	642 095
50—59	2 260 060	1 153 464	1 106 596	26 811	15 956	10 855	1 930 212	1 034 193	896 019
60—79	2 145 000	982 158	1 162 842	22 723	10 151	12 572	1 223 493	712 851	510 642
80及以上	118 639	41 519	77 120	941	415	526	19 438	14 338	5 100

表81 （续完）

年龄别（岁）	丧偶			离婚		
	小计	男	女	小计	男	女
总计	1 440 552	444 917	995 635	120 239	75 704	44 535
15—19	336	118	218	2 730	1 091	1 639
20	246	93	153	1 378	600	778
21	286	125	161	1 077	502	575
22	407	186	221	1 568	780	788
23	529	245	284	1 721	943	778
24	1 027	526	501	2 545	1 392	1 153
25	1 314	660	654	2 631	1 456	1 175
26	1 617	858	759	2 949	1 764	1 185
27	2 077	1 132	945	3 355	2 051	1 304
28	2 274	1 196	1 078	3 433	2 170	1 263
29	2 313	1 243	1 070	3 145	1 980	1 165
30—34	15 274	7 854	7 420	15 432	10 018	5 414
35—39	25 620	12 239	13 381	14 698	10 161	4 537
40—44	45 856	20 487	25 369	13 901	9 855	4 046
45—49	77 292	30 200	47 092	13 679	9 459	4 220
50—59	281 119	89 715	191 404	21 918	13 600	8 318
60—79	885 011	251 418	633 593	13 773	7 738	6 035
80及以上	97 954	26 622	71 332	306	144	162

表82　　陕西省人口按年龄分组的婚姻状况

年龄别（岁）	15岁及以上人口数			未婚			有配偶		
	合计	男	女	小计	男	女	小计	男	女
总计	19 348 074	10 026 018	9 322 056	5 403 743	3 175 354	2 228 389	12 532 061	6 250 199	6 281 862
15—19	3 467 018	1 776 711	1 690 307	1 392 033	1 765 815	1 626 218	74 754	10 795	63 959
20	508 852	251 540	257 312	429 755	238 288	191 467	78 915	13 200	65 715
21	429 025	215 940	213 085	313 823	190 426	123 397	114 907	25 423	89 484
22	528 492	270 711	257 781	323 641	209 816	113 825	204 321	60 705	143 616
23	502 029	258 127	243 902	226 709	159 798	66 911	274 483	97 908	176 575
24	576 182	298 725	277 457	191 250	144 769	46 481	383 514	153 192	230 322
25	541 571	279 000	262 571	119 765	96 516	23 249	420 012	181 449	238 563
26	517 108	264 926	252 182	74 797	63 930	10 867	439 858	199 485	240 373
27	557 803	286 064	271 739	55 799	49 615	6 184	498 609	234 203	264 406
28	519 677	263 845	255 832	36 206	32 613	3 593	479 642	228 577	251 065
29	492 825	251 197	241 628	26 784	24 471	2 313	461 742	223 679	238 063
30—34	2 076 624	1 067 475	1 009 149	73 516	67 163	6 353	1 977 530	981 541	995 989
35—39	1 684 219	866 805	817 414	38 453	35 295	3 158	1 612 010	808 511	803 499
40—44	1 489 701	772 060	717 641	25 956	24 288	1 668	1 411 749	717 252	694 497
45—49	1 331 159	700 622	630 537	20 361	19 442	919	1 227 033	639 286	587 747
50—59	1 974 145	1 069 676	904 469	26 676	25 845	831	1 668 631	921 572	747 059
60—79	2 077 733	1 100 613	977 120	27 373	26 467	906	1 191 676	743 137	488 539
80及以上	73 911	31 981	41 930	846	797	49	12 675	10 284	2 391

表82　　（续完）

年龄别（岁）	丧偶			离婚		
	小计	男	女	小计	男	女
总计	1 300 565	507 887	792 678	111 705	92 578	19 127
15—19	111	59	52	120	41	79
20	69	17	52	113	35	78
21	120	41	79	175	50	125
22	192	82	110	338	109	229
23	315	166	149	522	255	267
24	499	286	213	919	478	441
25	637	375	262	1 157	660	497
26	833	496	337	1 620	1 015	605
27	1 209	748	461	2 186	1 498	688
28	1 388	895	493	2 441	1 760	681
29	1 551	993	558	2 748	2 054	694
30—34	10 877	7 017	3 860	14 701	11 754	2 947
35—39	19 859	11 438	8 421	13 897	11 561	2 336
40—44	38 467	18 937	19 530	13 529	11 583	1 946
45—49	70 088	30 000	40 088	13 677	11 894	1 783
50—59	255 591	101 878	153 713	23 247	20 381	2 866
60—79	838 692	313 824	524 868	19 992	17 185	2 807
80及以上	60 067	20 635	39 432	323	265	58

表83　　**甘肃省人口按年龄分组的婚姻状况**

年龄别(岁)	15岁及以上人口数			未婚			有配偶		
	合计	男	女	小计	男	女	小计	男	女
总计	12 462 381	6 477 241	5 985 140	3 397 227	2 024 026	1 373 201	8 164 714	4 094 832	4 069 882
15—19	2 643 878	1 350 067	1 293 811	2 459 526	1 314 311	1 145 215	182 985	35 321	147 664
20	339 142	161 304	177 838	224 753	137 315	87 438	113 674	23 727	89 947
21	197 469	98 616	98 853	112 656	75 872	36 784	84 292	22 505	61 787
22	235 993	125 706	110 287	119 394	85 197	34 197	115 936	40 167	75 769
23	219 465	116 063	103 402	85 872	64 619	21 253	132 703	50 918	81 785
24	314 904	167 613	147 291	92 281	75 113	17 168	221 035	91 494	129 541
25	324 968	170 011	154 957	67 535	58 004	9 531	255 420	110 651	144 769
26	338 805	177 502	161 303	46 729	44 590	5 139	286 714	131 202	155 512
27	332 639	172 599	160 040	34 856	31 826	3 030	294 842	138 698	156 144
28	327 084	169 385	157 699	24 200	22 526	1 674	299 580	144 476	155 104
29	308 079	159 674	148 405	16 986	15 909	1 077	287 490	141 116	146 374
30—34	1 355 807	706 890	648 917	44 720	41 529	3 191	1 290 453	650 198	640 255
35—39	1 186 412	619 347	567 065	22 977	20 996	1 981	1 135 727	579 852	555 875
40—44	1 088 960	581 582	507 378	14 377	12 932	1 445	1 031 296	543 532	487 764
45—49	926 395	494 932	431 463	8 421	7 321	1 100	852 038	456 246	395 792
50—59	1 198 743	648 210	550 533	9 218	7 740	1 478	997 289	566 260	431 029
60—79	1 087 020	542 482	544 538	9 419	8 032	1 387	577 505	363 839	213 666
80及以上	36 618	15 258	21 360	307	194	113	5 735	4 630	1 105

表83　　**（续完）**

年龄别(岁)	丧偶			离婚		
	小计	男	女	小计	男	女
总计	820 867	295 258	525 609	79 573	63 125	16 448
15—19	174	58	116	1 193	377	816
20	108	32	76	607	230	377
21	107	43	64	414	196	218
22	156	80	76	507	262	245
23	195	91	104	695	435	260
24	366	218	148	1 222	788	434
25	504	306	198	1 509	1 050	459
26	656	448	208	1 706	1 262	444
27	860	528	332	2 081	1 547	534
28	1 037	661	376	2 267	1 722	545
29	1 208	785	423	2 395	1 864	531
30—34	8 612	5 445	3 167	12 022	9 718	2 304
35—39	16 243	8 988	7 255	11 465	9 511	1 954
40—44	31 863	15 346	16 517	11 424	9 772	1 652
45—49	55 745	22 641	33 104	10 191	8 724	1 467
50—59	179 845	64 191	115 654	12 391	10 019	2 372
60—79	492 723	1 65 025	327 698	7 373	5 586	1 787
80及以上	30 465	10 372	20 093	111	62	49

表84

青海省人口按年龄分组的婚姻状况

年龄别（岁）	15岁及以上人口数			未婚			有配偶		
	合计	男	女	小计	男	女	小计	男	女
总计	2 315 470	1 197 254	1 118 216	654 583	374 388	280 195	1 495 806	761 894	733 912
15—19	518 350	263 746	254 604	471 559	253 434	218 125	45 423	9 901	35 522
20	63 940	32 266	31 674	40 276	25 675	14 601	23 078	6 393	16 685
21	34 175	17 813	16 362	19 953	12 977	6 976	13 880	4 699	9 181
22	44 435	23 750	20 685	21 854	14 841	7 013	22 059	8 655	13 404
23	48 309	25 438	22 871	17 683	12 568	5 115	29 952	12 559	17 393
24	61 560	32 668	28 892	16 535	12 513	4 022	44 019	19 608	24 411
25	59 638	30 602	29 036	10 785	8 444	2 341	47 740	21 536	26 204
26	61 269	31 974	29 295	7 565	6 019	1 546	52 418	25 166	27 252
27	62 103	31 980	30 123	5 471	4 322	1 149	55 297	26 838	28 459
28	56 845	29 504	27 341	3 676	2 884	792	51 923	25 856	26 067
29	52 402	26 804	25 598	2 585	1 942	643	48 644	24 146	24 498
30—34	236 220	121 045	115 175	7 973	5 268	2 705	222 475	112 240	110 235
35—39	210 042	103 738	106 304	4 955	2 655	2 300	198 573	97 664	100 909
40—44	209 290	111 840	97 450	4 216	2 164	2 052	196 317	105 574	90 743
49—49	184 789	101 859	82 930	4 374	2 197	2 177	167 420	94 094	73 326
50—59	235 461	128 360	107 101	7 399	3 517	3 882	189 733	111 020	78 713
60—79	168 872	81 003	87 869	7 189	2 833	4 356	85 669	55 005	30 664
80及以上	7 770	2 864	4 906	535	135	400	1 186	940	246

表84 （续完）

年龄别（岁）	丧偶			离婚		
	小计	男	女	小计	男	女
总计	134 800	42 784	92 016	30 281	18 188	12 093
15—19	116	47	69	1 252	364	888
20	70	22	48	516	176	340
21	31	13	18	311	124	187
22	60	33	27	462	221	241
23	98	39	59	576	272	304
24	160	87	73	846	460	386
25	186	110	76	927	512	415
26	221	129	92	1 065	660	405
27	264	154	110	1 071	666	405
28	266	152	114	980	612	368
29	294	159	135	879	557	322
30—34	1 976	1 082	894	3 796	2 455	1 341
35—39	3 493	1 612	1 881	3 021	1 807	1 214
40—44	5 972	2 431	3 541	2 785	1 671	1 114
45—49	10 050	3 662	6 388	2 945	1 906	1 039
50—59	32 989	10 154	22 835	5 340	3 669	1 671
60—79	72 606	21 137	51 469	3 408	2 028	1 380
80及以上	5 948	1 761	4 187	101	28	73

表85 宁夏回族自治区人口按年龄分组的婚姻状况

年龄别（岁）	15岁及以上人口数			未婚			有配偶		
	小计	男	女	小计	男	女	小计	男	女
总计	2 288 437	1 186 978	1 101 459	646 385	375 453	270 932	1 518 485	764 065	754 420
15—19	502 965	255 825	247 140	478 283	251 827	226 456	24 580	3 968	20 612
20	61 438	29 988	31 450	41 838	25 995	15 843	19 552	3 977	15 575
21	41 541	21 275	20 266	24 363	16 353	8 010	17 123	4 904	12 219
22	52 028	27 471	24 557	25 853	17 993	7 860	26 095	9 443	16 652
23	47 156	24 343	22 813	17 508	12 909	4 599	29 530	11 381	18 149
24	65 684	34 620	31 064	17 814	14 128	3 686	47 686	20 396	27 290
25	66 362	33 646	32 716	11 552	9 645	1 907	54 484	23 821	30 663
26	69 688	35 827	33 861	7 512	6 568	944	61 762	29 017	32 745
27	69 035	35 577	33 458	4 696	4 170	526	63 864	31 129	32 735
28	65 273	33 530	31 743	2 923	2 646	277	61 818	30 559	31 259
29	58 365	29 950	28 415	1 755	1 615	140	56 108	28 009	28 099
30—34	250 498	128 670	121 828	4 356	4 001	355	243 240	122 817	120 423
35—39	208 127	103 346	104 781	1 945	1 801	144	202 583	99 561	103 022
40—44	184 677	96 840	87 837	1 171	1 112	59	178 265	93 194	85 071
45—49	150 905	80 682	70 223	909	863	46	142 375	76 826	65 549
50—59	197 470	108 394	89 076	1 485	1 449	36	172 563	98 805	73 758
60—79	188 541	102 206	86 335	2 355	2 311	44	114 589	74 287	40 302
80及以上	8 684	4 788	3 896	67	67	—	2 268	1 971	297

表85 （续完）

年龄别（岁）	丧偶			离婚		
	小计	男	女	小计	男	女
总计	113 027	39 554	73 473	10 540	7 906	2 634
15—19	33	15	18	69	15	54
20	15	5	10	33	11	22
21	11	5	6	44	13	31
22	22	10	12	58	25	33
23	39	16	23	79	37	42
24	70	36	34	114	60	54
25	104	48	56	222	132	90
26	139	78	61	275	164	111
27	162	83	79	313	195	118
28	182	109	73	350	216	134
29	182	113	69	320	213	107
30—34	1 215	646	569	1 687	1 206	481
35—39	2 307	1 044	1 263	1 292	940	352
40—44	3 997	1 565	2 432	1 244	969	275
45—49	6 584	2 147	4 437	1 037	846	191
50—59	21 629	6 651	14 978	1 793	1 489	304
60—79	70 012	24 256	45 756	1 585	1 352	233
80及以上	6 324	2 727	3 597	25	23	2

表86　　新疆维吾尔自治区人口按年龄分组的婚姻状况

年龄别（岁）	15岁及以上人口数			未婚			有配偶		
	合计	男	女	小计	男	女	小计	男	女
总计	7 906 073	4 090 820	3 815 253	2 022 231	1 222 154	800 077	5 277 642	2 621 097	2 606 545
15—19	1 490 017	754 952	735 065	1 354 918	740 242	614 676	118 008	12 741	105 267
20	243 881	118 310	125 571	152 337	97 596	54 741	82 399	17 854	64 545
21	155 729	79 350	76 379	96 959	61 680	35 279	53 231	15 443	37 788
22	208 895	105 283	103 612	101 253	68 844	32 409	97 620	31 651	65 969
23	193 229	100 359	92 870	80 062	57 175	22 887	104 204	38 560	65 644
24	224 098	114 412	109 686	69 095	52 043	17 052	144 145	56 282	87 863
25	245 328	118 011	127 317	47 258	37 895	9 363	184 969	72 524	112 445
26	206 743	103 346	103 397	29 224	24 488	4 736	167 448	72 885	94 563
27	196 032	97 581	98 451	17 939	15 623	2 316	169 256	76 705	92 551
28	204 196	100 212	103 984	11 962	10 529	1 433	182 817	83 825	98 992
29	158 416	79 282	79 134	6 866	6 074	792	144 728	68 996	75 732
30—34	821 554	403 621	417 933	19 165	17 070	2 095	765 013	364 336	400 677
35—39	766 213	363 171	403 042	9 842	9 024	818	723 548	336 879	386 669
40—44	736 362	403 354	333 008	6 856	6 321	535	692 838	380 689	312 149
45—49	550 548	301 208	249 340	5 243	4 948	295	504 956	280 662	224 294
50—59	742 354	423 706	318 648	7 244	6 902	342	630 110	381 759	248 351
60—79	672 615	372 775	299 840	5 624	5 354	270	425 462	296 608	128 854
80及以上	89 863	51 887	37 976	384	346	38	36 890	32 698	4 192

表86　　（续完）

年龄别（岁）	丧偶			离婚		
	小计	男	女	小计	男	女
总计	401 515	100 481	301 034	254 685	147 088	107 597
15—19	323	67	256	16 768	1 902	14 866
20	254	75	179	8 891	2 785	6 106
21	177	72	105	5 362	2 155	3 207
22	293	118	175	9 729	4 670	5 059
23	329	144	185	8 634	4 480	4 154
24	432	158	274	10 426	5 929	4 497
25	587	222	365	12 514	7 370	5 144
26	614	272	342	9 457	5 701	3 756
27	715	301	414	8 122	4 952	3 170
28	816	328	488	8 601	5 530	3 071
29	710	268	442	6 112	3 944	2 168
30—34	5 958	1 849	4 109	31 418	20 366	11 052
35—39	9 794	2 495	7 299	23 029	14 773	8 256
40—44	17 359	3 919	13 440	19 309	12 425	6 884
45—49	24 213	5 280	18 933	16 136	10 318	5 818
50—59	77 383	17 424	59 959	27 617	17 621	9 996
60—79	213 461	52 123	161 338	28 068	18 690	9 378
80及以上	48 097	15 366	32 731	4 492	3 477	1 015

四、1982年各省、自治区、直辖市按年龄及活产子女数分组的15—64岁妇女人数

表87　　北京市按年龄及活产子女数分组的15—64岁妇女人数

活产子女数（人）	15—64岁妇女人数合计	15—19岁	20—29岁	30—39岁	40—49岁	50—59岁	60—64岁
总　计	3 281 488	511 035	1 029 151	614 301	586 192	408 929	131 880
0	1 226 752	509 865	653 613	34 885	8 733	12 582	7 074
1	565 301	1 151	313 505	184 410	33 982	22 174	10 079
2	512 458	19	54 440	258 695	152 880	35 229	11 195
3	323 504	—	6 641	93 865	153 719	55 132	14 147
4	240 993	—	838	31 477	116 573	74 218	17 887
5	164 083	—	97	8 423	64 607	72 089	18 867
6	109 720	—	13	2 021	32 658	57 374	17 654
7	64 346	—	2	392	13 995	36 806	13 151
8	38 605	—	—	101	5 929	22 733	9 842
9	18 456	—	2	24	2 023	10 943	5 464
10	10 929	—	—	7	786	6 263	3 873
11	3 477	—	—	1	189	1 917	1 370
12	1 936	—	—	—	78	1 026	832
13	592	—	—	—	27	284	281
14	196	—	—	—	4	91	101
15及以上	140	—	—	—	9	68	63

表88　　天津市按年龄及活产子女数分组的15—64岁妇女人数

活产子女数（人）	15—64岁妇女人数合计	15—19岁	20—29岁	30—39岁	40—49岁	50—59岁	60—64岁
总　计	2 689 613	433 674	854 639	543 846	410 481	336 293	110 680
0	1 037 081	433 052	548 726	32 635	6 502	10 480	5 686
1	428 037	611	246 745	137 031	17 887	17 517	8 246
2	360 534	10	51 057	204 003	77 181	20 241	8 042
3	247 137	1	7 180	101 676	93 988	34 459	9 833
4	203 096	—	831	46 654	89 073	53 028	13 510
5	153 739	—	90	16 033	61 929	60 136	15 551
6	110 037	—	9	4 559	35 701	54 089	15 679
7	69 712	—	—	1 006	17 134	38 826	12 746
8	42 309	—	—	190	7 269	25 048	9 802
9	20 727	—	1	49	2 542	12 529	5 606
10	11 302	—	—	10	935	6 712	3 645
11	3 348	—	—	—	225	1 898	1 225
12	1 814	—	—	—	82	970	762
13	462	—	—	—	21	235	206
14	187	—	—	—	6	85	96
15及以上	91	—	—	—	6	40	45

表89　　河北省按年龄及活产子女数分组的15—64岁妇女人数

活产子女数（人）	15—64岁妇女人数合计	15—19岁	20—29岁	30—39岁	40—49岁	50—59岁	60—64岁
总　计	16 406 477	3 183 637	4 683 577	3 451 918	2 317 945	2 057 495	711 905
0	5 339 756	3 161 812	1 978 154	66 004	31 003	65 474	37 309
1	2 157 087	20 982	1 605 582	330 496	58 263	89 024	52 740
2	2 375 506	786	861 794	1 176 505	163 964	111 331	61 126
3	1 946 819	34	203 368	1 074 993	398 866	188 673	80 885
4	1 576 414	19	303 47	545 633	571 889	319 714	108 812
5	1 194 019	4	3 573	189 565	498 332	389 060	113 485
6	834 125	—	471	53 100	323 371	359 124	98 059
7	486 187	—	111	12 144	160 448	247 125	66 359
8	273 913	—	36	2 706	72 181	153 667	45 323
9	121 159	—	11	485	25 400	72 549	22 714
10	66 160	—	125	158	10 324	40 157	15 396
11	19 656	—	4	23	2 439	12 288	4 902
12	10 306	—	1	10	934	6 251	3 110
13	3 212	—	—	4	256	1 913	1 039
14	1 097	—	—	3	80	652	362
15及以上	1 061	—	—	89	195	493	284

表90　　山西省按年龄及活产子女数分组的15—64岁妇女人数

活产子女数（人）	15—64岁妇女人数合计	15—19岁	20—29岁	30—39岁	40—49岁	50—59岁	60—64岁
总　计	7 440 230	1 457 960	2 186 713	1 445 272	1 103 368	908 828	338 089
0	2 282 477	1 428 357	753 128	20 309	18 710	41 670	20 303
1	817 298	27 710	618 741	63 829	25 501	52 360	29 157
2	984 680	1 823	524 809	284 767	65 554	72 560	35 167
3	922 255	61	223 236	451 169	130 939	78 653	38 197
4	792 851	9	55 079	353 357	223 574	115 787	45 045
5	597 274	—	9 765	172 328	230 072	140 090	45 019
6	419 746	—	1 575	68 425	178 943	132 222	38 581
7	261 444	—	253	21 643	110 693	100 633	28 222
8	169 563	—	39	6 857	64 832	75 451	22 384
9	86 057	—	9	1 805	28 693	42 195	13 355
10	64 513	—	74	566	17 267	34 128	12 478
11	20 128	—	3	112	4 605	11 056	4 352
12	13 001	—	1	41	2 509	7 086	3 364
13	5 125	—	1	12	875	2 853	1 384
14	2 038	—	—	5	332	1 132	569
15及以上	1 780	—	—	47	269	952	512

表91　　内蒙古自治区按年龄及活产子女数分组的15—64岁妇女人数

活产子女数（人）	15—64岁妇女人数合计	15—19岁	20—29岁	30—39岁	40—49岁	50—59岁	60—64岁
总　计	5 576 279	1 179 760	1 773 192	1 080 139	837 692	527 275	178 221
0	1 860 261	1 163 807	657 324	13 601	7 730	11 749	6 050
1	558 736	14 796	457 432	48 838	12 381	16 579	8 710
2	639 174	1 092	377 587	185 642	37 902	25 284	11 667
3	602 378	51	195 190	285 967	79 279	28 560	13 331
4	522 042	9	65 925	263 458	129 301	45 719	17 630
5	409 246	5	15 740	157 980	148 565	65 266	21 690
6	323 603	—	3 227	76 794	143 660	76 511	23 411
7	238 374	—	600	30 484	112 355	74 026	20 909
8	175 387	—	114	11 397	78 473	66 607	18 796
9	105 424	—	25	3 887	43 012	46 013	12 487
10	78 365	—	26	1 454	27 062	37 995	11 828
11	30 727	—	1	390	9 720	15 619	4 997
12	19 129	—	1	169	5 147	10 116	3 696
13	7 656	—	—	54	1 842	4 158	1 602
14	3 349	—	—	8	772	1 804	765
15及以上	2 428	—	—	16	491	1 269	652

表92　　辽宁省按年龄及活产子女数分组的15—64岁妇女人数

活产子女数（人）	15—64岁妇女人数合计	15—19岁	20—29岁	30—39岁	40—49岁	50—59岁	60—64岁
总　计	11 655 959	2 334 832	3 542 945	2 328 194	1 719 111	1 302 161	428 716
0	4 029 111	2 323 272	1 602 675	48 792	15 311	24 490	14 571
1	1 799 475	11 081	1 348 704	336 872	41 469	41 612	19 737
2	1 532 845	442	464 464	827 678	169 164	49 240	21 857
3	1 232 116	24	105 732	653 610	356 356	87 667	28 727
4	946 129	8	18 217	307 505	414 857	162 220	43 322
5	704 299	5	2 716	109 338	320 323	216 180	55 737
6	532 961	—	356	33 225	205 518	229 860	64 002
7	358 396	—	60	8 295	107 659	186 193	56 189
8	245 813	—	13	2 188	53 102	140 989	49 521
9	134 476	—	—	507	21 596	80 645	31 728
10	86 247	—	6	135	9 591	51 617	24 898
11	29 423	—	—	33	2 709	17 534	9 147
12	16 453	—	2	10	1 063	9 344	6 034
13	5 161	—	—	3	240	2 927	1 991
14	1 998	—	—	2	103	1 090	803
15及以上	1 056	—	—	1	50	553	452

表93　　吉林省按年龄及活产子女数分组的15—64岁妇女人数

活产子女数（人）	15—64岁妇女人数合计	15—19岁	20—29岁	30—39岁	40—49岁	50—59岁	60—64岁
总计	6 935 208	1 439 309	2 157 620	1 421 746	984 348	698 262	233 923
0	2 361 265	1 424 481	876 995	26 479	9 266	14 887	9 157
1	892 240	13 924	699 184	122 146	21 974	23 354	11 658
2	890 068	838	404 799	384 432	59 972	26 774	13 253
3	728 106	51	135 333	405 715	131 814	38 970	16 223
4	588 692	8	33 849	278 592	186 463	66 673	23 107
5	448 694	7	6 160	131 069	188 706	93 785	28 967
6	353 311	—	1 018	50 820	158 699	110 872	31 902
7	250 539	—	185	15 941	105 125	101 072	28 216
8	182 262	—	42	4 723	64 875	87 420	25 202
9	106 442	—	18	1 261	31 141	56 896	17 126
10	76 097	—	29	433	16 831	43 569	15 235
11	28 733	—	5	87	5 476	16 984	6 181
12	17 548	—	3	31	2 598	10 431	4 485
13	6 592	—	—	8	877	3 883	1 824
14	2 756	—	—	3	334	1 611	808
15及以上	1 863	—	—	6	197	1 081	579

表94　　黑龙江省按年龄及活产子女数分组的15—64岁妇女人数

活产子女数（人）	15—64岁妇女人数合计	15—19岁	20—29岁	30—39岁	40—49岁	50—59岁	60—64岁
总计	9 839 311	2 037 281	3 126 315	2 030 222	1 440 823	906 739	297 931
0	3 259 230	2 005 689	1 166 321	40 196	14 919	20 624	11 481
1	1 194 739	29 054	931 903	153 524	32 982	31 491	15 785
2	1 288 061	2 415	669 540	476 411	85 572	36 778	17 345
3	1 106 663	97	267 887	573 299	191 363	52 973	21 844
4	905 208	20	72 835	435 553	277 401	89 871	29 528
5	665 885	6	14 524	218 522	275 149	122 117	35 567
6	501 034	—	2 658	89 458	227 851	141 099	38 968
7	342 095	—	498	29 771	150 015	126 890	34 921
8	242 632	—	113	9 602	93 609	107 775	31 533
9	143 147	—	24	2 617	47 500	71 676	21 330
10	105 788	—	10	892	27 417	57 376	20 093
11	40 948	—	1	245	9 399	23 048	8 255
12	26 569	—	1	84	4 892	15 173	6 419
13	10 025	—	—	25	1 704	5 781	2 515
14	4 385	—	—	13	661	2 457	1 254
15及以上	2 902	—	—	10	389	1 610	893

表95　　上海市按年龄及活产子女数分组的15—64岁妇女人数

活产子女数（人）	15—64岁妇女人数合计	15—19岁	20—29岁	30—39岁	40—49岁	50—59岁	60—64岁
总　计	4 390 639	510 921	1 443 075	853 093	648 898	679 651	255 001
0	1 616 183	510 182	969 621	74 003	14 911	29 264	18 202
1	808 422	723	404 763	302 766	39 316	39 249	21 605
2	685 301	15	65 098	369 090	169 799	59 903	21 396
3	629 166	1	3 340	90 310	213 482	98 339	23 694
4	310 283	—	235	14 560	133 433	132 585	29 470
5	216 005	—	15	2 029	54 839	126 636	32 486
6	147 423	—	2	286	17 451	95 239	34 445
7	84 133	—	1	43	4 227	52 312	27 550
8	51 071	—	—	5	1 104	28 112	21 850
9	22 965	—	—	1	223	10 788	11 953
10	12 584	—	—	—	82	4 944	7 558
11	4 074	—	—	—	15	1 395	2 664
12	1 968	—	—	—	6	602	1 360
13	682	—	—	—	7	171	504
14	245	—	—	—	2	74	169
15及以上	134	—	—	—	1	38	95

表96　　江苏省按年龄及活产子女数分组的15—64岁妇女人数

活产子女数（人）	15—64岁妇女人数合计	15—19岁	20—29岁	30—39岁	40—49岁	50—59岁	60—64岁
总　计	19 285 986	3 704 044	5 124 550	4 012 795	2 976 248	2 476 276	992 073
0	5 950 015	3 679 786	2 014 242	67 857	51 617	87 215	49 298
1	2 718 612	23 485	1 985 424	469 801	77 756	103 416	58 730
2	2 911 948	706	905 335	1 528 999	275 560	132 701	68 647
3	2 238 214	48	186 553	1 159 497	597 066	208 275	86 775
4	1 713 387	15	28 526	532 329	713 830	324 905	113 732
5	1 305 387	4	3 755	182 988	578 482	408 322	131 836
6	991 894	—	590	53 928	372 107	425 018	140 251
7	637 337	—	84	13 133	181 552	326 053	116 515
8	422 438	—	26	3 356	83 744	235 245	100 067
9	205 131	—	7	687	28 561	117 623	58 253
10	115 461	—	4	174	11 135	65 892	38 256
11	42 558	—	2	26	3 124	23 836	15 570
12	20 145	—	2	9	1 098	10 806	8 230
13	8 774	—	—	6	434	4 554	3 780
14	2 892	—	—	1	106	1 510	1 275
15及以上	1 843	—	—	4	76	905	858

表97　浙江省按年龄及活产子女数分组的15—64岁妇女人数

活产子女数（人）	15—64岁妇女人数合计	15—19岁	20—29岁	30—39岁	40—49岁	50—59岁	60—64岁
总计	12 001 285	2 425 200	3 448 639	2 453 458	1 647 217	1 469 137	557 634
0	3 806 005	2 391 389	1 272 547	42 102	25 166	47 735	27 066
1	1 314 020	31 326	993 281	171 751	33 667	51 887	32 108
2	1 815 450	2 391	807 163	780 653	122 734	64 892	37 617
3	1 518 518	90	291 242	792 337	280 265	107 047	47 533
4	1 118 778	3	70 042	423 938	381 997	177 944	64 854
5	836 348	1	12 374	165 132	341 930	242 139	74 772
6	643 389	—	1 705	55 805	238 135	267 910	79 834
7	418 665	—	205	16 036	125 063	211 399	65 962
8	275 056	—	57	4 373	61 584	153 158	55 884
9	133 492	—	20	988	23 233	76 912	32 339
10	76 421	—	3	248	9 572	43 767	22 831
11	25 313	—	—	55	2 483	14 131	8 644
12	12 694	—	—	17	963	6 696	5 018
13	4 376	—	—	6	263	2 219	1 888
14	1 572	—	—	1	79	768	724
15及以上	1 188	—	—	16	79	533	560

表98　安徽省按年龄及活产子女数分组的15—64岁妇女人数

活产子女数（人）	15—64岁妇女人数合计	15—19岁	20—29岁	30—39岁	40—49岁	50—59岁	60—64岁
总计	14 031 628	3 269 998	3 145 413	2 898 514	2 193 711	1 819 400	704 592
0	4 400 900	3 207 276	1 040 744	43 555	29 917	50 618	28 790
1	1 104 773	57 896	761 206	131 622	41 528	96 619	42 902
2	1 532 783	4 598	804 562	468 121	91 469	103 655	60 378
3	1 694 325	185	409 695	847 447	202 320	154 466	80 212
4	1 580 361	37	107 207	760 606	384 683	229 240	98 588
5	1 294 365	6	18 772	413 370	486 845	277 627	97 745
6	977 306	—	2 733	165 815	427 777	291 161	89 820
7	627 815	—	396	49 588	268 854	239 096	69 881
8	405 555	—	71	13 950	150 363	184 276	56 895
9	206 645	—	16	3 284	64 717	104 330	34 298
10	124 915	—	6	897	30 589	68 469	24 954
11	43 946	—	3	181	8 962	24 995	9 805
12	22 339	—	1	49	3 623	12 953	5 713
13	9 659	—	1	15	1 345	5 474	2 824
14	3 560	—	—	9	447	2 046	1 058
15及以上	2 381	—	—	5	272	1 375	729

表99　福建省按年龄及活产子女数分组的15—64岁妇女人数

活产子女数（人）	15—64岁妇女人数合计	15—19岁	20—29岁	30—39岁	40—49岁	50—59岁	60—64岁
总计	7 306 873	1 582 637	2 121 937	1 338 151	1 033 984	893 264	336 900
0	2 266 844	1 528 264	651 223	23 024	15 808	30 426	18 099
1	696 281	50 089	503 199	63 135	17 803	36 210	25 845
2	916 087	4 101	562 163	213 715	53 009	50 757	32 342
3	941 356	151	310 317	401 694	115 384	75 446	38 364
4	776 241	29	80 636	348 036	185 209	115 877	46 454
5	603 767	3	12 608	184 635	214 087	145 678	46 756
6	457 414	—	1 555	73 480	188 839	150 189	43 351
7	296 291	—	180	22 607	123 665	117 708	32 131
8	185 056	—	41	6 051	70 547	84 369	24 048
9	89 529	—	11	1 333	30 384	44 302	13 499
10	48 402	—	2	347	13 332	25 755	8 966
11	16 973	—	2	67	3 884	9 421	3 599
12	8 146	—	—	22	1 437	4 643	2 044
13	2 735	—	—	5	403	1 560	767
14	973	—	—	—	110	550	313
15及以上	778	—	—	—	83	373	322

表100　江西省按年龄及活产子女数分组的15—64岁妇女人数

活产子女数（人）	15—64岁妇女人数合计	15—19岁	20—29岁	30—39岁	40—49岁	50—59岁	60—64岁
总计	8 994 171	1 922 245	2 528 815	1 742 530	1 302 410	1 043 180	454 991
0	2 696 907	1 872 093	709 854	25 557	21 417	41 278	26 708
1	730 802	45 672	539 269	56 158	21 067	40 809	27 827
2	998 125	4 225	678 151	190 501	43 090	48 420	33 738
3	970 996	214	416 509	363 574	87 925	63 428	39 346
4	860 910	31	144 694	436 795	139 254	92 824	47 312
5	727 438	10	33 013	335 389	188 782	120 052	50 192
6	629 314	—	6 108	198 740	228 390	143 840	52 236
7	487 396	—	964	87 925	211 391	140 431	46 685
8	372 585	—	196	33 705	166 336	129 673	42 675
9	234 407	—	40	9 973	99 884	92 532	31 978
10	155 669	—	11	3 167	57 615	68 137	26 739
11	64 351	—	4	700	21 317	29 827	12 503
12	38 355	—	1	237	10 359	18 603	9 155
13	5 183	—	1	68	3 447	7 546	4 121
14	6 762	—	—	31	1 354	3 344	2 033
15及以上	4 971	—	—	10	782	2 436	1 743

表101　　山东省按年龄及活产子女数分组的15—64岁妇女人数

活产子女数（人）	15—64岁妇女人数合　计	15—19岁	20—29岁	30—39岁	40—49岁	50—59岁	60—64岁
总　计	23 176 999	4 587 413	6 322 889	4 819 240	3 345 345	2 944 734	1 157 378
0	7 670 793	4 570 109	2 861 992	69 534	37 169	80 642	51 347
1	2 970 768	16 649	2 221 454	466 828	70 447	117 476	77 893
2	3 067 347	607	989 266	1 628 763	198 811	154 204	95 696
3	2 618 201	27	215 469	1 483 103	545 864	251 583	122 155
4	2 243 640	—	30 714	787 087	840 750	426 239	158 850
5	1 772 963	—	3 529	282 564	769 121	544 893	172 856
6	1 286 114	—	383	79 572	501 746	539 096	165 317
7	768 427	—	61	17 284	237 499	389 619	123 964
8	440 921	—	16	3 688	98 430	246 885	91 902
9	195 006	—	5	646	31 293	113 231	49 831
10	94 034	—	—	145	10 739	53 924	29 226
11	29 579	—	—	18	2 385	16 712	10 464
12	13 160	—	—	6	814	7 062	5 278
13	4 200	—	—	1	196	2 202	1 801
14	1 270	—	—	1	54	668	547
15及以上	576	—	—	—	27	298	251

表102　　河南省按年龄及活产子女数分组的15—64岁妇女人数

活产子女数（人）	15—64岁妇女人数合　计	15—19岁	20—29岁	30—39岁	40—49岁	50—59岁	60—64岁
总　计	21 643 572	4 646 005	5 593 835	4 398 416	3 167 347	2 701 266	1 136 703
0	7 152 376	4 615 872	2 333 436	57 570	29 308	67 391	48 799
1	2 210 516	28 677	1 682 856	259 103	49 863	104 858	85 159
2	2 418 240	1 448	1 081 589	934 731	129 411	156 689	114 372
3	2 473 693	8	402 888	1 370 799	316 127	235 415	148 456
4	2 307 879	—	80 449	1 044 094	619 099	378 230	186 007
5	1 904 269	—	10 722	493 848	748 161	473 879	177 659
6	1 414 133	—	1 523	175 447	618 332	473 286	145 545
7	854 477	—	241	47 489	359 142	351 714	95 891
8	497 691	—	62	11 966	181 684	237 257	66 722
9	223 684	—	18	2 510	71 146	116 781	33 229
10	121 517	—	41	642	31 391	67 994	21 449
11	36 321	—	6	140	8 366	20 895	6 914
12	18 321	—	4	43	3 557	10 745	3 972
13	6 597	—	—	11	1 159	3 830	1 597
14	2 353	—	—	6	374	1 444	529
15及以上	1 505	—	—	17	227	858	403

表103　湖北省按年龄及活产子女数分组的15—64岁妇女人数

活产子女数（人）	15—64岁妇女人数合计	15—19岁	20—29岁	30—39岁	40—49岁	50—59岁	60—64岁
总计	14 302 584	2 988 169	3 968 558	2 853 756	2 108 271	1 674 965	708 865
0	4 762 160	2 961 323	1 602 744	53 949	35 316	66 488	42 340
1	1 544 819	25 160	1 172 474	190 457	43 516	68 853	44 359
2	1 720 204	1 466	825 025	657 063	109 572	76 967	50 111
3	1 521 344	122	286 230	838 800	226 910	107 555	61 727
4	1 278 044	63	66 633	612 117	358 693	164 836	75 702
5	1 037 966	35	12 532	310 767	415 482	217 153	81 997
6	833 749	—	2 313	128 307	372 933	246 904	83 292
7	596 801	—	445	42 759	254 156	226 642	72 799
8	437 680	—	102	13 854	156 819	198 881	60 024
9	255 233	—	29	3 870	74 222	129 121	47 991
10	168 793	—	16	1 286	38 026	90 754	38 711
11	69 896	—	10	329	12 736	38 867	17 954
12	42 383	—	4	119	6 173	23 606	12 517
13	20 088	—	1	47	2 464	11 005	6 571
14	8 202	—	—	24	877	4 557	2 744
15及以上	5 222	—	—	8	412	2 776	2 026

表104　湖南省按年龄及活产子女数分组的15—64岁妇女人数

活产子女数（人）	15—64岁妇女人数合计	15—19岁	20—29岁	30—39岁	40—49岁	50—59岁	60—64岁
总计	15 634 091	3 483 651	3 954 471	3 168 670	2 403 919	1 898 642	724 738
0	4 825 256	3 423 178	1 220 887	43 530	35 652	63 884	38 125
1	1 462 277	57 333	1 118 066	146 401	42 059	61 801	36 617
2	1 844 935	3 030	1 042 393	585 300	101 255	72 069	40 888
3	1 888 376	104	445 864	1 038 741	247 674	105 855	50 138
4	1 520 135	6	104 917	769 725	413 791	166 863	64 833
5	1 186 721	—	18 652	375 693	485 666	230 470	76 240
6	965 545	—	3 095	146 587	441 073	287 060	87 730
7	708 421	—	471	44 485	300 134	279 278	84 053
8	533 208	—	96	13 119	184 275	252 577	83 141
9	315 484	—	21	3 450	85 581	166 211	60 221
10	207 586	—	7	1 175	43 114	114 834	48 456
11	86 331	—	1	268	13 542	48 739	23 781
12	51 663	—	1	120	6 473	28 619	16 450
13	21 937	—	—	49	2 249	11 856	7 783
14	9 572	—	—	10	866	5 164	3 532
15及以上	6 644	—	—	17	515	3 362	2 750

表105　　广东省按年龄及活产子女数分组的15—64岁妇女人数

活产子女数（人）	15—64岁妇女人数合计	15—19岁	20—29岁	30—39岁	40—49岁	50—59岁	60—64岁
总　　计	17 314 655	3 489 105	4 974 893	3 179 072	2 636 298	2 202 035	833 252
0	5 917 306	3 435 812	2 248 551	82 279	35 540	68 932	46 192
1	1 623 356	49 556	1 179 055	211 683	44 231	79 845	58 986
2	2 000 239	3 564	940 729	688 653	150 816	130 512	85 965
3	2 100 241	139	447 668	958 181	365 197	218 267	110 789
4	1 893 864	33	131 207	703 202	580 749	346 682	131 991
5	1 530 227	1	23 744	347 230	609 122	422 727	127 403
6	1 080 413	—	3 403	131 432	450 855	392 410	105 313
7	614 895	—	451	40 210	236 955	266 034	71 245
8	323 857	—	70	11 855	106 426	157 645	47 861
9	133 380	—	14	3 123	37 007	69 090	24 146
10	62 135	—	1	939	13 759	33 234	14 202
11	19 159	—	—	198	3 721	10 051	5 189
12	8 689	—	—	65	1 396	4 564	2 664
13	2 503	—	—	18	329	1 339	817
14	791	—	—	4	117	410	260
15及以上	600	—	—	—	78	293	229

表106　　广西壮族自治区按年龄及活产子女数分组的15—64岁妇女人数

活产子女数（人）	15—64岁妇女人数合计	15—19岁	20—29岁	30—39岁	40—49岁	50—59岁	60—64岁
总　　计	9 968 328	2 226 805	2 629 518	1 896 262	1 577 942	1 168 609	469 192
0	3 409 748	2 202 520	1 081 940	43 595	23 761	35 231	22 701
1	824 538	22 529	620 893	94 925	22 701	35 947	27 543
2	952 307	1 594	510 369	274 742	62 575	60 711	42 316
3	1 035 454	118	285 770	436 888	153 020	101 988	57 670
4	1 073 025	30	103 581	466 925	268 950	161 831	71 708
5	951 038	14	22 406	321 264	336 465	199 846	71 043
6	739 949	—	3 779	164 125	310 841	200 566	60 638
7	464 845	—	572	63 370	204 891	152 785	43 227
8	277 059	—	143	22 075	114 246	108 430	32 165
9	128 462	—	34	5 888	48 203	56 397	17 940
10	69 314	—	26	1 841	21 902	33 271	12 274
11	23 155	—	4	438	6 357	11 695	4 661
12	12 885	—	1	142	2 854	6 579	3 309
13	3 941	—	—	30	790	1 948	1 173
14	1 607	—	—	4	263	858	482
15及以上	1 001	—	—	10	123	526	342

表107　　四川省按年龄及活产子女数分组的15—64岁妇女人数

活产子女数（人）	15—64岁妇女人数合计	15—19岁	20—29岁	30—39岁	40—49岁	50—59岁	60—64岁
总　计	28 894 490	6 166 162	6 846 085	6 448 874	4 500 911	3 585 359	1 347 099
0	8 503 507	6 113 214	2 027 135	107 451	78 712	115 085	61 910
1	3 466 198	51 174	2 690 673	493 803	74 370	99 976	56 238
2	3 405 675	1 528	1 515 673	1 460 828	212 479	141 830	73 337
3	3 159 208	135	482 421	1 880 063	465 577	231 201	99 811
4	2 742 860	83	105 903	1 345 978	779 356	371 834	139 706
5	2 332 136	28	19 742	711 257	924 424	504 319	172 366
6	1 910 818	—	3 628	303 373	822 640	588 964	192 213
7	1 346 655	—	657	100 954	548 631	527 674	168 739
8	962 351	—	188	32 344	331 342	445 757	152 720
9	534 598	—	63	9 066	154 296	271 738	99 435
10	306 181	—	31	2 761	71 672	164 398	67 319
11	121 541	—	4	648	23 234	66 872	30 783
12	61 841	—	2	254	9 527	33 807	18 251
13	24 074	—	1	61	3 028	12 993	7 991
14	10 035	—	—	24	1 104	5 403	3 504
15及以上	6 812	—	—	9	519	3 508	2 776

表108　　贵州省按年龄及活产子女数分组的15—64岁妇女人数

活产子女数（人）	15—64岁妇女人数合计	15—19岁	20—29岁	30—39岁	40—49岁	50—59岁	60—64岁
总　计	7 500 149	1 680 547	1 831 553	1 571 838	1 267 338	833 989	314 884
0	2 303 278	1 651 817	586 165	24 500	14 848	16 225	9 723
1	508 832	26 329	389 453	52 609	14 453	16 058	9 930
2	660 720	2 187	403 986	175 536	35 966	26 773	16 272
3	741 201	147	287 286	307 213	75 254	46 278	25 023
4	705 021	42	121 444	353 936	123 296	72 590	33 713
5	643 447	25	33 844	291 820	178 664	98 416	40 678
6	588 233	—	7 438	193 477	224 129	120 242	42 947
7	465 586	—	1 433	99 793	209 337	117 475	37 548
8	377 350	—	352	46 427	174 403	119 707	36 461
9	224 572	—	87	16 595	103 737	80 555	23 598
10	146 170	—	47	6 676	62 903	58 916	17 628
11	63 475	—	9	1 924	25 889	27 050	8 603
12	41 239	—	4	882	14 733	18 860	6 760
13	17 975	—	4	310	5 917	5 469	3 275
14	7 352	—	1	96	2 355	3 459	1 441
15及以上	5 698	—	—	44	1 454	2 916	1 284

表109　　云南省按年龄及活产子女数分组的15—64岁妇女人数

活产子女数（人）	15—64岁妇女人数合计	15—19岁	20—29岁	30—39岁	40—49岁	50—59岁	60—64岁
总　计	8 981 264	1 981 552	2 338 913	1 711 113	1 429 708	1 106 596	413 382
0	2 803 564	1 934 696	749 181	37 166	29 839	34 753	17 929
1	691 332	42 572	511 218	64 224	24 745	31 446	17 127
2	870 428	3 980	539 722	203 667	52 377	45 976	24 706
3	910 832	264	340 880	351 136	113 762	71 212	33 578
4	845 453	35	143 775	380 882	172 501	104 908	43 352
5	741 737	5	42 143	298 329	215 019	135 547	50 694
6	657 439	—	9 623	195 023	238 446	160 069	54 278
7	517 063	—	1 794	103 474	212 108	151 691	47 996
8	407 780	—	415	49 012	169 171	143 915	45 267
9	244 461	—	92	18 243	99 590	96 263	30 273
10	158 752	—	57	7 087	59 752	68 573	23 283
11	66 236	—	8	1 915	23 322	30 327	10 664
12	40 196	—	4	652	12 228	19 186	8 126
13	15 447	—	—	212	4 339	7 450	3 446
14	6 232	—	1	67	1 592	3 104	1 468
15及以上	4 312	—	—	24	917	2 176	1 195

表110　　陕西省按年龄及活产子女数分组的15—64岁妇女人数

活产子女数（人）	15—64岁妇女人数合计	15—19岁	20—29岁	30—39岁	40—49岁	50—59岁	60—64岁
总　计	8 686 710	1 690 307	2 533 489	1 826 563	1 348 178	904 469	383 704
0	2 815 146	1 673 009	1 035 394	33 735	24 077	31 112	17 819
1	958 678	16 269	744 732	113 600	26 802	35 012	22 263
2	1 083 576	912	506 135	417 758	80 271	49 147	29 353
3	1 014 630	71	186 399	545 369	179 593	67 444	35 754
4	867 750	27	48 540	392 324	271 458	108 811	46 590
5	661 211	19	9 972	195 116	267 639	137 271	51 194
6	482 724	—	1 868	84 000	208 455	139 210	49 191
7	308 371	—	311	29 861	130 244	109 341	38 614
8	213 583	—	70	10 382	81 413	88 934	32 784
9	119 304	—	16	2 974	40 168	54 894	21 252
10	84 921	—	43	1 043	23 011	42 730	18 094
11	34 634	—	5	237	8 077	18 047	8 268
12	23 774	—	3	92	4 348	12 659	6 672
13	10 155	—	1	37	1 588	5 469	3 060
14	4 706	—	—	16	640	2 524	1 526
15及以上	3 547	—	—	19	394	1 864	1 270

表111　甘肃省按年龄及活产子女数分组的15—64岁妇女人数

活产子女数（人）	15—64岁妇女人数合计	15—19岁	20—29岁	30—39岁	40—49岁	50—59岁	60—64岁
总　计	5 631 170	1 293 811	1 420 075	1 215 982	938 841	550 533	211 928
0	1 748 600	1 247 232	427 047	21 658	20 051	21 829	10 783
1	547 474	42 956	382 913	57 377	25 109	26 044	13 375
2	634 379	3 460	341 482	192 231	49 464	32 269	15 473
3	649 256	152	189 492	316 778	87 155	38 300	17 379
4	572 692	10	61 686	302 715	135 386	51 601	21 294
5	446 142	1	14 099	186 413	161 354	61 156	23 119
6	345 105	—	2 890	89 361	160 838	67 964	24 052
7	238 419	—	584	32 729	120 330	63 498	21 278
8	180 062	—	135	11 357	85 753	62 285	20 532
9	106 731	—	29	3 436	45 505	43 741	14 020
10	78 750	—	11	1 316	27 479	37 201	12 743
11	35 343	—	5	365	10 529	18 049	6 395
12	25 521	—	1	165	5 887	13 898	5 570
13	12 222	—	1	55	2 351	6 790	3 025
14	5 737	—	—	19	952	3 240	1 526
15及以上	4 737	—	—	7	698	2 668	1 364

表112　青海省按年龄及活产子女数分组的15—64岁妇女人数

活产子女数（人）	15—64岁妇女人数合计	15—19岁	20—29岁	30—39岁	40—49岁	50—59岁	60—64岁
总　计	1 060 371	254 604	261 877	221 479	180 380	107 101	34 930
0	330 552	239 749	69 546	5 152	5 601	7 187	3 317
1	90 561	13 116	53 907	8 888	5 413	6 419	2 818
2	104 982	1 601	57 589	26 432	9 719	6 885	2 756
3	113 123	120	44 763	39 698	18 435	7 362	2 745
4	109 163	14	24 426	47 854	24 969	9 019	2 881
5	86 067	4	8 534	40 044	24 305	10 197	2 983
6	67 460	—	2 372	27 023	23 811	10 926	3 328
7	50 430	—	568	14 654	21 460	10 666	3 082
8	40 114	—	139	7 155	18 525	11 142	3 153
9	26 870	—	24	2 812	12 340	9 261	2 433
10	19 369	—	6	1 185	8 163	7 843	2 172
11	9 355	—	2	383	3 760	4 068	1 142
12	6 934	—	—	130	2 290	3 371	1 143
13	2 879	—	1	48	883	1 444	503
14	1 323	—	—	14	408	683	218
15及以上	1 189	—	—	7	298	628	256

表113　　宁夏回族自治区按年龄及活产子女数分组的15—64岁妇女人数

活产子女数（人）	15—64岁妇女人数合计	15—19岁	20—19岁	30—39岁	40—49岁	50—59岁	60—64岁
总　计	1 044 602	247 140	290 343	226 609	158 060	89 076	33 374
0	330 470	240 579	81 532	2 867	1 928	2 317	1 247
1	87 549	6 186	67 928	6 451	2 565	2 816	1 603
2	97 532	358	62 136	23 366	6 192	3 721	1 759
3	99 796	11	43 812	37 365	12 330	4 273	2 005
4	102 801	5	24 826	51 540	17 854	6 208	2 368
5	82 495	1	7 837	43 531	20 459	7 897	2 770
6	67 119	—	1 850	29 492	22 625	9 689	3 463
7	52 117	—	335	16 505	21 237	10 514	3 526
8	42 869	—	69	8 650	19 197	11 323	3 630
9	30 085	—	14	3 863	13 461	9 650	3 097
10	23 981	—	3	1 880	10 023	8 925	3 150
11	12 137	—	1	650	4 920	4 862	1 704
12	8 203	—	—	276	2 924	3 546	1 457
13	4 023	—	—	112	1 345	1 769	797
14	1 893	—	—	39	566	855	433
15及以上	1 532	—	—	22	434	711	365

表114　　新疆维吾尔自治区按年龄及活产子女数分组的15—64岁妇女人数

活产子女数（人）	15—64岁妇女人数合计	15—19岁	20—29岁	30—39岁	40—49岁	50—59岁	60—64岁
总　计	3 600 316	735 065	1 020 401	820 975	582 348	318 648	122 879
0	1 096 577	701 664	329 368	26 915	16 898	14 299	7 433
1	358 048	28 657	236 369	48 872	20 558	15 910	7 682
2	399 964	4 193	190 304	134 272	41 203	20 914	9 078
3	404 986	477	124 800	165 944	78 386	25 655	9 724
4	366 579	65	77 908	148 321	96 308	32 743	11 234
5	273 354	9	39 151	106 820	79 777	35 628	11 969
6	204 554	—	15 629	78 008	64 285	34 611	12 021
7	151 352	—	4 972	51 277	52 289	31 485	11 329
8	118 219	—	1 407	32 000	44 700	29 467	10 645
9	80 508	—	358	15 503	32 506	23 499	8 642
10	63 238	—	107	8 113	25 539	21 184	8 295
11	33 490	—	22	2 903	13 648	12 190	4 727
12	23 837	—	3	1 269	8 519	9 749	4 297
13	11 732	—	3	490	4 051	4 897	2 291
14	6 842	—	—	187	1 980	3 109	1 566
15及以上	7 036	—	—	81	1 701	3 308	1 946

五、1982年各省、自治区、直辖市按年龄及存活子女数分组的15—64岁妇女人数

表115　　北京市按年龄及存活子女数分组的15—64岁妇女人数

存活子女数（人）	15—64岁妇女人数合计	15—19岁	20—29岁	30—39岁	40—49岁	50—59岁	60—64岁
合　　计	3 281 488	511 035	1 029 151	614 301	586 192	408 929	131 880
0	1 234 957	509 918	656 702	35 704	9 141	14 545	8 947
1	583 755	1 107	314 921	189 541	37 009	26 791	14 386
2	542 203	10	52 562	268 767	163 231	42 147	15 486
3	351 687	—	4 685	89 432	166 995	70 298	20 277
4	264 136	—	267	25 111	121 019	93 450	24 289
5	165 719	—	11	4 918	58 156	80 757	21 877
6	86 570	—	3	726	22 023	49 044	14 774
7	36 059	—	—	89	6 589	21 875	7 506
8	12 052	—	—	10	1 635	7 361	3 046
9	3 364	—	—	2	325	2 088	949
10	791	—	—	1	57	463	270
11	152	—	—	—	10	90	52
12	34	—	—	—	1	16	17
13	8	—	—	—	1	3	4
14	1	—	—	—	—	1	—
15及以上	—	—	—	—	—	—	—

表116　　天津市按年龄及存活子女数分组的15—64岁妇女人数

存活子女数（人）	15—64岁妇女人数合计	15—19岁	20—29岁	30—39岁	40—49岁	50—59岁	60—64岁
合　　计	2 689 613	433 674	854 639	543 846	410 481	336 293	110 680
0	1 042 719	433 078	551 186	33 428	6 746	11 551	6 730
1	440 156	586	247 969	140 808	19 563	20 430	10 800
2	378 096	9	49 318	211 865	82 522	23 891	10 491
3	268 749	1	5 681	101 864	103 374	43 650	14 179
4	225 043	—	460	41 784	96 443	67 377	18 979
5	162 291	—	23	11 365	60 274	71 217	19 412
6	97 912	—	1	2 316	27 838	52 775	14 982
7	48 360	—	—	361	10 079	28 907	9 013
8	18 792	—	—	51	2 856	11 794	4 091
9	5 675	—	1	4	634	3 558	1 478
10	1 457	—	—	—	125	921	411
11	300	—	—	—	22	182	96
12	56	—	—	—	4	34	18
13	7	—	—	—	1	6	—
14	—	—	—	—	—	—	—
15及以上	—	—	—	—	—	—	—

表117　　河北省按年龄及存活子女数分组的15—64岁妇女人数

存活子女数（人）	15—64岁妇女人数合计	15—19岁	20—29岁	30—39岁	40—49岁	50—59岁	60—64岁
合　计	16 406 477	3 183 637	4 683 577	3 451 918	2 317 945	2 057 495	711 905
0	5 391 161	3 162 874	2 006 415	70 003	33 609	74 125	44 135
1	2 259 736	20 191	1 637 106	357 520	68 352	108 112	68 455
2	2 537 929	530	847 512	1 270 435	195 122	143 326	81 004
3	2 121 174	20	172 542	1 097 626	479 716	259 629	111 641
4	1 716 413	18	18 467	489 166	654 785	415 593	138 384
5	1 215 042	4	1 245	135 400	501 328	452 991	124 074
6	701 819	—	122	26 770	257 067	335 092	82 768
7	313 654	—	38	4 247	94 066	174 876	40 427
8	110 111	—	10	565	26 559	67 719	15 258
9	30 280	—	5	65	5 845	19 883	4 482
10	7 182	—	114	34	1 135	4 884	1 015
11	1 300	—	1	2	182	932	183
12	240	—	—	—	35	170	34
13	27	—	—	—	7	16	4
14	6	—	—	—	2	4	—
15及以上	403	—	—	85	134	143	41

表118　　山西省按年龄及存活子女数分组的15—64岁妇女人数

存活子女数（人）	15—64岁妇女人数合计	15—19岁	20—29岁	30—39岁	40—49岁	50—59岁	60—64岁
合　计	7 440 230	1 457 960	2 186 713	1 445 272	1 103 368	908 828	338 089
0	2 323 370	1 429 909	770 172	22 170	21 606	52 230	27 283
1	878 983	26 694	640 590	71 769	30 620	67 744	41 566
2	1 084 370	1 325	537 485	326 216	78 559	92 350	48 435
3	1 043 172	27	200 021	505 841	168 965	112 735	55 583
4	893 435	5	34 426	346 433	283 168	167 807	61 596
5	615 847	—	3 596	129 192	257 768	175 445	49 846
6	350 749	—	320	34 767	156 582	128 199	30 881
7	160 825	—	35	7 222	70 623	68 451	14 494
8	62 383	—	6	1 390	25 460	29 711	5 816
9	19 425	—	1	200	7 366	10 010	1 848
10	5 833	—	60	29	2 050	3 114	580
11	1 297	—	1	2	427	758	109
12	283	—	—	1	84	170	28
13	66	—	—	—	17	42	7
14	15	—	—	—	6	8	1
15及以上	177	—	—	40	67	54	16

表119　　内蒙古自治区按年龄及存活子女数分组的15—64岁妇女人数

存活子女数（人）	15—64岁妇女人数合计	15—19岁	20—29岁	30—39岁	40—49岁	50—59岁	60—64岁
合　计	5 576 279	1 179 760	1 773 192	1 080 139	837 692	527 275	178 221
0	1 881 579	1 164 751	669 973	14 671	8 958	14 966	8 260
1	594 960	14 185	475 866	53 425	15 101	22 770	13 613
2	702 573	794	392 516	212 190	45 135	34 016	17 922
3	690 348	21	183 663	336 865	102 558	44 825	22 416
4	608 964	6	44 064	277 698	179 464	77 737	29 995
5	460 914	3	6 290	127 481	193 607	102 034	31 499
6	313 498	—	722	42 729	147 660	96 724	25 663
7	180 116	—	80	11 325	83 783	68 901	16 027
8	88 804	—	9	2 893	39 076	38 657	8 169
9	36 558	—	1	672	15 072	17 601	3 212
10	12 925	—	7	143	5 292	6 434	1 049
11	3 725	—	—	41	1 434	1 945	305
12	1 019	—	1	4	417	525	72
13	237	—	—	2	112	110	13
14	50	—	—	—	20	25	5
15及以上	9	—	—	—	3	5	1

表120　　辽宁省按年龄及存活子女数分组的15—64岁妇女人数

存活子女数（人）	15—64岁妇女人数合计	15—19岁	20—29岁	30—39岁	40—49岁	50—59岁	60—64岁
合　计	11 655 959	2 334 832	3 542 945	2 328 194	1 719 111	1 302 161	428 716
0	4 056 136	2 323 696	1 618 175	50 704	16 322	28 662	18 577
1	1 864 650	10 795	1 368 655	354 454	47 496	54 114	29 136
2	1 627 362	317	455 442	883 584	190 879	63 957	33 183
3	1 360 884	13	88 674	673 022	418 859	130 682	49 634
4	1 064 245	6	10 951	272 900	470 375	237 787	72 226
5	767 866	5	982	74 700	321 120	289 584	81 475
6	496 674	—	53	15 702	163 564	247 526	69 829
7	259 185	—	10	2 645	63 533	149 524	43 473
8	109 665	—	2	420	20 240	68 179	20 824
9	36 677	—	—	54	5 316	23 708	7 599
10	10 000	—	1	7	1 139	6 622	2 231
11	2 132	—	—	1	224	1 467	440
12	409	—	—	—	38	297	74
13	65	—	—	—	5	47	13
14	6	—	—	—	1	3	2
15及以上	3	—	—	1	—	2	—

表121　吉林省按年龄及存活子女数分组的15—64岁妇女人数

存活子女数（人）	15—64岁妇女人数合计	15—19岁	20—29岁	30—39岁	40—49岁	50—59岁	60—64岁
合　计	6 935 208	1 439 309	2 157 620	1 421 746	984 348	698 262	233 923
0	2 381 894	1 425 108	888 407	28 158	10 315	18 232	11 674
1	939 259	13 578	719 425	131 560	26 058	31 071	17 567
2	957 538	584	406 386	424 817	69 516	35 930	20 305
3	804 347	26	118 754	437 499	160 926	59 499	27 643
4	656 403	11	22 097	266 270	227 507	102 721	37 797
5	492 941	2	2 313	99 666	214 169	134 973	41 818
6	347 376	—	190	27 117	150 824	133 099	36 146
7	203 239	—	28	5 577	78 207	96 151	23 276
8	99 062	—	3	917	32 696	53 997	11 449
9	37 847	—	2	136	10 412	22 783	4 514
10	11 716	—	14	24	2 873	7 445	1 360
11	2 801	—	—	2	653	1 848	298
12	648	—	1	—	164	423	60
13	108	—	—	—	20	73	15
14	17	—	—	—	4	12	1
15及以上	12	—	—	3	4	5	—

表122　黑龙江省按年龄及存活子女数分组的15—64岁妇女人数

存活子女数（人）	15—64岁妇女人数合计	15—19岁	20—29岁	30—39岁	40—49岁	50—59岁	60—64岁
合　计	9 839 311	2 037 281	3 126 315	2 030 222	1 440 823	906 739	297 931
0	3 292 513	2 007 501	1 186 454	42 142	16 392	24 863	15 151
1	1 261 834	28 074	964 138	165 520	39 095	41 876	23 131
2	1 387 972	1 649	682 628	529 362	99 101	49 435	25 797
3	1 224 036	44	241 099	636 421	231 911	79 178	35 383
4	994 412	9	46 563	428 255	335 636	135 426	47 523
5	715 680	4	4 973	169 481	314 871	174 139	52 212
6	481 941	—	403	47 595	218 879	169 525	45 538
7	274 399	—	35	9 443	113 258	121 866	29 797
8	132 778	—	10	1 740	47 994	67 884	15 150
9	51 709	—	1	224	16 408	29 206	5 870
10	16 628	—	1	35	4 770	9 990	1 832
11	4 203	—	—	3	1 176	2 584	440
12	980	—	—	—	259	628	93
13	183	—	—	—	61	110	12
14	39	—	—	—	12	26	1
15及以上	4	—	—	—	—	3	1

表123　　上海市按年龄及存活子女数分组的15—64岁妇女人数

存活子女数（人）	15—64岁妇女人数合计	15—19岁	20—29岁	30—39岁	40—49岁	50—59岁	60—64岁
合　计	4 390 639	510 921	1 443 075	853 093	648 898	679 651	255 001
0	1 630 688	510 204	972 939	75 066	15 532	33 467	23 480
1	839 879	706	407 132	311 522	43 606	47 285	29 628
2	737 077	10	61 632	382 937	190 362	73 709	28 427
3	479 303	1	1 335	76 118	236 166	130 988	34 695
4	334 346	—	37	6 925	119 764	165 014	42 606
5	205 805	—	—	466	35 252	129 381	40 706
6	105 218	—	—	53	7 032	67 491	30 642
7	40 903	—	—	4	1 007	24 050	15 842
8	13 088	—	—	2	150	6 458	6 478
9	3 337	—	—	—	23	1 470	1 844
10	788	—	—	—	3	286	499
11	166	—	—	—	1	45	120
12	33	—	—	—	—	5	28
13	6	—	—	—	—	2	4
14	2	—	—	—	—	—	2
15及以上	—	—	—	—	—	—	—

表124　　江苏省按年龄及存活子女数分组的15—64岁妇女人数

存活子女数（人）	15—64岁妇女人数合计	15—19岁	20—29岁	30—39岁	40—49岁	50—59岁	60—64岁
合　计	19 285 986	3 704 044	5 124 550	4 012 795	2 976 248	2 476 276	992 073
0	6 026 689	3 680 963	2 044 338	72 268	56 518	106 140	66 462
1	2 940 331	22 560	2 051 785	527 656	98 017	145 792	94 521
2	3 323 042	465	879 804	1 730 249	377 800	214 904	119 820
3	2 634 729	43	134 663	1 155 698	813 894	369 713	160 718
4	1 916 268	11	12 873	401 545	802 978	511 188	187 673
5	1 269 626	2	986	101 159	497 114	504 232	166 133
6	714 057	—	90	20 322	226 576	355 351	111 718
7	312 647	—	6	3 348	76 868	177 314	55 111
8	110 335	—	2	485	21 090	67 273	21 485
9	29 895	—	1	55	4 400	18 956	6 483
10	6 852	—	1	8	845	4 432	1 566
11	1 246	—	1	1	131	802	311
12	211	—	—	—	14	143	54
13	41	—	—	—	3	27	11
14	5	—	—	—	—	3	2
15及以上	12	—	—	1	—	6	5

表125 浙江省按年龄及存活子女数分组的15—64岁妇女人数

存活子女数（人）	15—64岁妇女人数合计	15—19岁	20—29岁	30—39岁	40—49岁	50—59岁	60—64岁
合　计	12 001 285	2 425 200	3 448 639	2 453 458	1 647 217	1 469 137	557 634
0	3 857 302	2 392 918	1 289 606	44 380	28 058	61 644	40 696
1	1 415 524	30 348	1 029 715	191 688	41 196	70 131	52 446
2	2 038 705	1 888	826 126	884 339	160 593	101 286	64 473
3	1 745 747	44	251 279	830 665	384 997	190 486	88 276
4	1 260 757	1	45 832	356 962	457 867	295 617	104 478
5	848 500	1	5 617	109 014	321 612	319 840	92 416
6	495 941	—	426	28 675	163 300	239 724	63 816
7	226 485	—	29	6 380	62 608	124 884	32 584
8	82 259	—	8	1 144	20 201	47 767	13 139
9	23 084	—	1	164	5 242	13 679	3 998
10	5 626	—	—	28	1 210	3 348	1 040
11	1 051	—	—	3	248	583	217
12	184	—	—	—	46	99	39
13	34	—	—	—	4	21	9
14	7	—	—	—	—	5	2
15及以上	79	—	—	16	35	23	5

表126 安徽省按年龄及存活子女数分组的15—64岁妇女人数

存活子女数（人）	15—64岁妇女人数合计	15—19岁	20—29岁	30—39岁	40—49岁	50—59岁	60—64岁
合　计	14 031 628	3 269 998	3 145 413	2 898 514	2 193 711	1 819 400	704 592
0	4 459 962	3 210 324	1 057 604	46 767	34 765	67 209	43 293
1	1 262 917	56 278	805 654	148 817	54 564	115 974	81 630
2	1 841 722	3 313	841 179	565 926	125 409	187 584	118 311
3	2 109 993	59	368 236	993 340	318 383	283 991	145 984
4	1 882 805	21	66 046	742 108	563 049	372 473	139 108
5	1 332 553	3	6 254	302 676	566 619	359 898	97 103
6	729 380	—	409	81 233	345 316	251 799	50 623
7	293 309	—	22	15 095	136 410	121 692	20 090
8	91 607	—	6	2 260	38 931	43 947	6 463
9	21 937	—	1	261	8 435	11 699	1 541
10	4 583	—	1	27	1 576	2 602	377
11	694	—	—	3	211	430	50
12	127	—	1	—	33	84	9
13	28	—	—	—	7	15	6
14	1	—	—	—	—	—	1
15及以上	10	—	—	1	3	3	3

表127　　福建省按年龄及存活子女数分组的15—64岁妇女人数

存活子女数（人）	15—64岁妇女人数合计	15—19岁	20—29岁	30—39岁	40—49岁	50—59岁	60—64岁
合　　计	7 306 873	1 582 637	2 121 937	1 338 151	1 033 984	893 264	336 900
0	2 297 213	1 529 969	660 479	24 565	18 002	38 758	25 440
1	747 245	49 154	522 469	68 935	21 694	47 507	37 486
2	986 859	3 393	572 053	237 619	62 798	66 555	44 441
3	1 017 946	93	293 672	431 321	139 765	101 777	51 318
4	831 114	25	65 019	344 037	217 731	148 286	56 016
5	621 314	3	7 564	161 197	233 672	169 591	49 287
6	420 546	—	615	54 147	180 084	149 173	36 527
7	229 901	—	53	13 200	99 139	96 549	20 960
8	103 978	—	10	2 602	42 487	48 984	9 895
9	36 121	—	3	447	13 661	18 292	3 718
10	11 163	—	—	71	3 887	5 901	1 304
11	2 684	—	—	9	845	1 466	364
12	630	—	—	1	180	341	108
13	123	—	—	—	30	69	24
14	30	—	—	—	8	13	9
15及以上	6	—	—	—	1	2	3

表128　　江西省按年龄及存活子女数分组的15—64岁妇女人数

存活子女数（人）	15—64岁妇女人数合计	15—19岁	20—29岁	30—39岁	40—49岁	50—59岁	60—64岁
合　　计	8 994 171	1 922 245	2 528 815	1 742 530	1 302 410	1 043 180	454 991
0	2 768 558	1 874 845	729 300	28 682	26 644	62 611	46 476
1	849 311	44 159	586 649	67 602	28 767	65 968	56 166
2	1 195 930	3 125	732 134	246 744	60 996	86 264	66 667
3	1 179 518	90	374 430	464 861	134 586	128 146	77 405
4	1 050 132	20	92 082	480 493	223 962	175 501	78 074
5	830 570	6	12 848	288 713	278 856	189 379	60 768
6	580 266	—	1 228	121 316	259 387	159 521	38 814
7	324 450	—	124	35 049	169 023	100 993	19 261
8	145 822	—	17	7 645	81 170	49 171	7 819
9	51 002	—	3	1 217	28 692	18 538	2 552
10	14 534	—	—	177	8 100	5 497	760
11	3 236	—	—	25	1 798	1 245	168
12	677	—	—	4	346	282	45
13	127	—	—	2	66	52	7
14	30	—	—	—	14	10	6
15及以上	8	—	—	—	3	2	3

表129　　山东省按年龄及存活子女数分组的15—64岁妇女人数

存活子女数（人）	15—64岁妇女人数合计	15—19岁	20—29岁	30—39岁	40—49岁	50—59岁	60—64岁
合　计	23 176 999	4 587 413	6 322 889	4 819 240	3 345 345	2 944 734	1 157 378
0	7 736 859	4 570 893	2 894 923	73 422	40 476	93 042	64 103
1	3 149 231	16 092	2 275 184	509 824	84 646	152 508	110 977
2	3 326 552	404	958 450	1 772 137	244 263	214 543	136 755
3	2 951 901	24	174 787	1 517 261	701 820	376 462	181 547
4	2 523 995	—	18 147	697 930	987 097	602 103	218 718
5	1 810 526	—	1 278	200 376	751 146	657 339	200 387
6	1 033 953	—	100	41 321	369 920	484 896	137 716
7	444 180	—	18	6 168	125 525	242 744	69 725
8	149 748	—	1	720	32 609	89 356	27 062
9	39 401	—	1	70	6 514	24 728	8 088
10	8 784	—	—	10	1 130	5 768	1 876
11	1 531	—	—	1	170	1 017	343
12	292	—	—	—	26	201	65
13	41	—	—	—	3	24	14
14	4	—	—	—	—	2	2
15及以上	1	—	—	—	—	1	—

表130　　河南省按年龄及存活子女数分组的15—64岁妇女人数

存活子女数（人）	15—64岁妇女人数合计	15—19岁	20—29岁	30—39岁	40—49岁	50—59岁	60—64岁
合　计	21 643 572	4 646 005	5 593 835	4 398 416	3 167 347	2 701 266	1 136 703
0	7 214 772	4 617 576	2 364 201	61 735	32 075	78 188	60 997
1	2 381 404	27 401	1 741 234	288 219	60 901	140 883	122 766
2	2 667 532	1 021	1 075 926	1 048 563	158 089	220 514	163 419
3	2 818 864	7	356 474	1 488 916	416 104	348 359	209 004
4	2 598 098	—	51 421	1 004 757	789 180	523 179	229 561
5	1 987 050	—	4 146	387 684	840 499	573 987	180 734
6	1 197 166	—	360	98 577	546 160	446 946	105 123
7	536 020	—	43	17 390	232 041	241 373	45 173
8	183 198	—	12	2 266	72 061	93 808	15 051
9	47 235	—	2	255	16 463	26 638	3 877
10	10 108	—	14	39	3 170	6 074	811
11	1 685	—	2	3	467	1 065	148
12	305	—	—	—	94	189	22
13	48	—	—	—	17	28	3
14	9	—	—	1	3	3	2
15及以上	78	—	—	11	23	32	12

表131　　湖北省按年龄及存活子女数分组的15—64岁妇女人数

存活子女数（人）	15—64岁妇女人数合计	15—19岁	20—29岁	30—39岁	40—49岁	50—59岁	60—64岁
合　计	14 302 584	2 988 169	3 968 558	2 853 756	2 108 271	1 674 965	708 865
0	4 849 149	2 963 184	1 631 717	58 835	41 543	89 666	64 204
1	1 720 155	23 895	1 232 619	218 571	57 494	105 788	81 788
2	1 999 767	932	833 686	787 025	148 384	132 453	97 287
3	1 875 627	82	231 129	956 769	349 681	214 663	123 303
4	1 575 659	53	35 182	564 735	529 262	315 239	131 188
5	1 143 643	23	3 776	202 863	493 705	338 822	104 454
6	681 626	—	398	52 728	305 082	259 635	63 783
7	309 573	—	41	10 228	129 630	140 669	29 005
8	108 878	—	7	1 706	40 912	56 082	10 171
9	29 766	—	1	257	9 945	16 747	2 815
10	7 076	—	2	34	2 162	4 182	696
11	1 350	—	—	5	387	827	131
12	251	—	—	—	68	152	31
13	51	—	—	—	12	34	5
14	9	—	—	—	2	4	3
15及以上	4	—	—	—	1	2	1

表132　　湖南省按年龄及存活子女数分组的15—64岁妇女人数

存活子女数（人）	15—64岁妇女人数合计	15—19岁	20—29岁	30—39岁	40—49岁	50—59岁	60—64岁
合　计	15 634 091	3 483 651	3 954 471	3 168 670	2 403 919	1 898 642	724 738
0	4 925 620	3 427 235	1 260 632	49 278	42 741	87 329	58 405
1	1 678 876	54 434	1 196 786	181 905	61 192	107 943	76 616
2	2 283 016	1 950	1 073 857	779 871	166 609	160 900	99 829
3	2 467 217	32	368 484	1 238 976	459 363	272 533	127 829
4	1 885 782	—	50 049	660 408	662 419	378 947	133 959
5	1 242 598	—	4 360	204 955	545 149	380 614	107 520
6	693 773	—	286	45 007	301 989	278 446	68 045
7	306 422	—	16	7 107	118 017	147 935	33 347
8	109 815	—	1	1 014	35 738	59 601	13 461
9	31 443	—	—	132	8 567	18 519	4 225
10	7 559	—	—	8	1 753	4 628	1 170
11	1 579	—	—	3	287	1 031	258
12	277	—	—	—	52	171	54
13	40	—	—	—	6	26	8
14	8	—	—	—	—	4	4
15及以上	66	—	—	6	37	15	8

表133　　广东省按年龄及存活子女数分组的15—64岁妇女人数

存活子女数（人）	15—64岁妇女人数合计	15—19岁	20—29岁	30—39岁	40—49岁	50—59岁	60—64岁
合　计	17 314 655	3 489 105	4 974 893	3 179 072	2 636 298	2 202 035	833 252
0	5 965 225	3 437 511	2 265 855	85 445	38 716	80 066	57 632
1	1 728 730	48 511	1 209 623	225 293	52 468	107 112	85 723
2	2 150 900	2 964	942 046	735 120	175 968	176 917	117 885
3	2 295 612	89	426 552	999 372	432 934	293 184	143 481
4	2 049 337	29	112 345	692 050	662 425	430 588	151 900
5	1 550 427	1	16 538	309 481	631 590	466 358	126 459
6	939 920	—	1 762	100 450	398 438	355 810	83 460
7	427 603	—	156	25 267	171 342	188 688	42 150
8	152 420	—	15	5 468	55 432	74 393	17 112
9	41 805	—	1	947	13 471	21 955	5 431
10	10 062	—	—	155	2 865	5 529	1 513
11	1 973	—	—	22	521	1 080	350
12	406	—	—	1	84	233	88
13	82	—	—	1	15	46	20
14	10	—	—	—	3	4	3
15及以上	143	—	—	—	26	72	45

表134　　广西壮族自治区按年龄及存活子女数分组的15—64岁妇女人数

存活子女数（人）	15—64岁妇女人数合计	15—19岁	20—29岁	30—39岁	40—49岁	50—59岁	60—64岁
合　计	9 968 328	2 226 805	2 629 518	1 896 262	1 577 942	1 168 609	469 192
0	3 446 021	2 203 730	1 098 384	46 730	26 227	41 803	29 147
1	902 853	21 705	643 882	106 896	29 919	54 806	45 645
2	1 072 381	1 267	515 150	308 870	83 686	95 680	67 728
3	1 212 820	73	271 107	487 695	208 004	160 206	85 735
4	1 243 494	20	84 895	485 907	352 288	229 626	90 758
5	1 006 507	10	14 238	293 019	385 556	241 478	72 206
6	635 539	—	1 641	120 863	282 661	185 360	45 014
7	299 220	—	167	36 137	140 684	100 768	21 464
8	109 450	—	29	8 443	50 866	41 945	8 167
9	30 690	—	7	1 454	14 015	12 728	2 486
10	7 484	—	15	204	3 238	3 348	679
11	1 483	—	2	35	641	694	111
12	280	—	1	2	126	124	27
13	52	—	—	—	19	18	15
14	16	—	—	—	4	8	4
15及以上	38	—	—	7	8	17	6

表135　四川省按年龄及存活子女数分组的15—64岁妇女人数

存活子女数（人）	15—64岁妇女人数合计	15—19岁	20—29岁	30—39岁	40—49岁	50—59岁	60—64岁
合　计	28 894 490	6 166 162	6 846 085	6 448 874	4 500 911	3 585 359	1 347 099
0	8 683 909	6 117 043	2 098 951	120 999	93 521	157 480	95 915
1	3 976 733	48 113	2 858 373	609 196	115 137	208 864	137 050
2	4 401 440	844	1 526 221	1 947 544	362 760	361 917	202 154
3	4 193 929	77	323 191	2 127 719	891 983	595 736	255 223
4	3 420 891	65	35 436	1 128 677	1 239 570	760 593	256 550
5	2 286 388	20	3 431	394 786	999 698	692 076	196 377
6	1 207 197	—	386	97 607	526 468	463 601	119 135
7	496 760	—	69	18 540	197 037	225 650	55 464
8	168 594	—	12	3 158	57 884	86 512	21 028
9	45 561	—	2	549	13 496	25 245	6 269
10	10 606	—	13	82	2 785	6 175	1 551
11	2 009	—	—	12	470	1 223	304
12	379	—	—	2	83	234	60
13	73	—	—	1	12	44	16
14	9	—	—	1	4	3	1
15及以上	12	—	—	1	3	6	2

表136　贵州省按年龄及存活子女数分组的15—64岁妇女人数

存活子女数（人）	15—64岁妇女人数合计	15—19岁	20—29岁	30—39岁	40—49岁	50—59岁	60—64岁
合　计	7 500 149	1 680 547	1 831 553	1 571 838	1 267 338	833 989	314 884
0	2 351 672	1 654 488	612 438	28 359	17 877	22 805	15 705
1	635 404	24 585	438 232	72 316	25 357	42 392	32 522
2	905 922	1 371	439 230	258 854	69 649	83 218	53 600
3	1 053 231	58	255 875	430 858	166 079	134 187	66 174
4	969 911	28	72 708	398 175	268 111	169 119	61 770
5	753 861	17	11 660	239 280	298 162	161 139	43 603
6	476 828	—	1 263	103 337	230 587	116 681	24 960
7	230 326	—	105	31 768	123 142	64 223	11 088
8	88 635	—	25	7 397	49 325	27 898	3 990
9	26 291	—	2	1 271	14 763	9 131	1 124
10	6 524	—	14	200	3 507	2 542	261
11	1 220	—	—	19	625	508	68
12	255	—	—	3	128	111	13
13	50	—	1	—	20	27	2
14	4	—	—	—	1	3	—
15及以上	15	—	—	1	5	5	4

表137　云南省按年龄及存活子女数分组的15—64岁妇女人数

存活子女数（人）	15—64岁妇女人数合计	15—19岁	20—29岁	30—39岁	40—49岁	50—59岁	60—64岁
合　计	8 981 264	1 981 552	2 338 913	1 711 113	1 429 708	1 106 596	413 382
0	2 877 318	1 939 497	779 643	42 178	36 151	49 745	30 104
1	851 862	39 554	567 493	83 298	40 462	71 545	49 510
2	1 140 624	2 404	584 392	276 236	91 084	117 036	69 472
3	1 226 091	82	304 466	465 583	202 293	173 683	79 984
4	1 103 361	13	86 911	428 284	300 740	213 355	74 058
5	833 954	2	14 218	253 590	310 348	201 466	54 330
6	530 624	—	1 606	112 624	237 364	146 719	32 311
7	265 741	—	152	37 533	131 717	81 128	15 211
8	106 282	—	20	9 516	55 479	35 406	5 861
9	33 722	—	—	1 919	17 962	12 012	1 829
10	9 127	—	12	300	4 780	3 501	534
11	1 996	—	—	37	1 051	778	130
12	441	—	—	11	222	169	39
13	96	—	—	2	47	40	7
14	13	—	—	—	4	8	1
15及以上	12	—	—	2	4	5	1

表138　陕西省按年龄及存活子女数分组的15—64岁妇女人数

存活子女数（人）	15—64岁妇女人数合计	15—19岁	20—29岁	30—39岁	40—49岁	50—59岁	60—64岁
合　计	8 686 710	1 690 307	2 533 489	1 826 563	1 348 178	904 469	383 704
0	2 868 859	1 674 416	1 059 741	37 789	28 786	42 097	26 030
1	1 049 351	15 245	779 935	131 871	34 795	50 710	36 795
2	1 227 355	573	512 170	495 582	102 251	70 790	45 989
3	1 172 315	37	153 302	614 279	240 818	106 587	57 292
4	984 443	24	25 287	371 470	352 922	166 038	68 702
5	684 052	12	2 747	132 014	301 227	184 594	63 458
6	401 610	—	249	35 008	175 728	145 448	45 177
7	188 367	—	29	6 972	74 433	82 529	24 404
8	75 924	—	7	1 357	26 892	37 043	10 625
9	24 732	—	1	179	7 774	13 075	3 706
10	7 390	—	20	34	1 974	4 179	1 183
11	1 781	—	1	2	456	1 058	264
12	413	—	—	1	97	256	59
13	74	—	—	—	12	45	17
14	15	—	—	—	3	10	2
15及以上	29	—	—	8	10	10	1

表139　　甘肃省按年龄及存活子女数分组的15—64岁妇女人数

存活子女数（人）	15—64岁妇女人数合计	15—19岁	20—29岁	30—39岁	40—49岁	50—59岁	60—64岁
合　计	5 631 170	1 293 811	1 420 075	1 215 982	938 841	550 533	211 928
0	1 780 679	1 249 648	438 583	24 199	24 292	28 930	15 027
1	612 734	41 478	404 937	67 559	34 699	41 195	22 866
2	764 067	2 620	363 823	250 071	69 269	51 508	26 777
3	800 615	57	171 983	396 330	135 396	65 860	30 989
4	663 873	7	35 993	302 479	207 002	84 802	33 590
5	460 191	1	4 324	128 585	206 081	90 354	30 846
6	287 241	—	392	37 466	145 933	79 553	23 897
7	151 508	—	32	7 709	73 395	55 278	15 094
8	70 985	—	8	1 333	29 898	31 858	7 888
9	26 925	—	—	217	9 471	13 992	3 245
10	8 958	—	—	28	2 646	5 056	1 228
11	2 545	—	—	5	589	1 586	365
12	675	—	—	—	140	449	86
13	128	—	—	1	23	80	24
14	40	—	—	—	8	27	5
15及以上	6	—	—	—	—	5	1

表140　　青海省按年龄及存活子女数分组的15—64岁妇女人数

存活子女数(人)	15—64岁妇女人数合计	15—19岁	20—29岁	30—39岁	40—49岁	50—59岁	60—64岁
合　计	1 060 371	254 604	261 877	221 479	180 380	107 101	34 930
0	340 857	241 400	73 408	5 902	6 618	9 104	4 425
1	104 446	12 159	60 253	10 810	7 071	9 501	4 652
2	127 522	987	65 377	33 517	12 610	10 418	4 613
3	140 470	49	43 759	54 725	25 208	11 940	4 789
4	127 982	7	15 355	57 282	35 321	15 123	4 894
5	91 950	2	3 132	34 486	34 070	15 923	4 337
6	60 899	—	505	15 843	27 080	14 128	3 343
7	35 699	—	81	6 061	17 321	10 179	2 057
8	18 461	—	6	2 049	9 093	6 183	1 130
9	7 891	—	1	575	3 907	2 976	432
10	2 921	—	—	171	1 444	1 128	178
11	929	—	—	46	464	360	59
12	263	—	—	10	125	108	20
13	63	—	—	1	36	25	1
14	11	—	—	—	7	4	—
15及以上	7	—	—	1	5	1	—

表141　　宁夏回族自治区按年龄及存活子女数分组的15—64岁妇女人数

存活子女数（人）	15—64岁妇女人数合计	15—19岁	20—29岁	30—39岁	40—49岁	50—59岁	60—64岁
合　计	1 044 602	247 140	290 343	226 609	158 060	89 076	33 374
0	335 529	241 052	84 189	3 128	2 251	3 087	1 822
1	95 941	5 837	72 026	7 389	3 446	4 403	2 840
2	110 408	244	66 108	27 413	7 756	5 740	3 147
3	121 320	2	44 924	48 591	16 299	7 558	3 946
4	123 568	5	18 823	62 398	26 024	11 545	4 773
5	96 832	—	3 711	42 601	30 707	14 515	5 298
6	71 042	—	507	21 534	29 107	15 191	4 703
7	45 734	—	44	9 092	21 028	12 126	3 444
8	25 770	—	10	3 252	12 445	8 124	1 939
9	11 564	—	—	954	5 607	4 059	944
10	4 751	—	1	200	2 313	1 883	354
11	1 541	—	—	47	778	602	114
12	450	—	—	9	220	184	37
13	123	—	—	1	64	48	10
14	24	—	—	—	14	8	2
15及以上	5	—	—	—	1	3	1

表142　　新疆维吾尔自治区按年龄及存活子女数分组的15—64岁妇女人数

存活子女数（人）	15—64岁妇女人数合计	15—19岁	20—29岁	30—39岁	40—49岁	50—59岁	60—64岁
合　计	3 600 316	735 065	1 020 401	820 975	582 348	318 648	122 879
0	1 150 998	707 026	356 351	33 819	22 551	20 337	10 914
1	439 477	25 769	270 729	64 699	33 063	29 652	15 565
2	483 542	2 136	204 822	161 919	58 483	38 001	18 181
3	484 413	118	115 662	199 260	103 472	46 373	19 528
4	409 668	15	52 160	166 361	119 866	52 181	19 085
5	272 928	1	16 351	101 073	92 578	47 325	15 600
6	172 754	—	3 645	55 482	66 064	36 479	11 084
7	98 674	—	590	25 008	42 740	23 562	6 774
8	52 113	—	79	9 543	25 236	13 714	3 541
9	22 716	—	11	2 910	11 496	6 662	1 637
10	8 996	—	—	720	4 718	2 890	668
11	2 804	—	1	138	1 441	1 017	207
12	893	—	—	34	460	331	68
13	252	—	—	9	134	95	14
14	67	—	—	—	42	18	7
15及以上	21	—	—	—	4	11	6

六、1982年各省、自治区、直辖市15—64岁妇女活产及存活子女状况

表143—146　　15—64岁妇女活产及存活子女状况

地区	年龄别（岁）	15—64岁妇女人数合计	活产子女总数	存活子女总数	存活子女数占活产子女数%	平均每一妇女活产子女数	平均每一妇女存活子女数
北京市	合计	3 281 488	6 112 200	5 516 994	90.26	1.86	1.68
	15—19	511 035	1 189	1 127	94.79	—	—
	20—24	497 878	50 009	48 679	97.34	0.10	0.10
	25—29	531 273	396 246	386 562	97.56	0.75	0.73
	30—34	348 818	551 549	534 063	96.83	1.58	1.53
	35—39	265 483	615 844	591 429	96.04	2.32	2.23
	40—44	285 330	840 831	798 186	94.93	2.95	2.80
	45—49	300 862	1 120 367	1 036 097	92.48	3.72	3.44
	50—54	235 693	1 060 860	934 808	88.12	4.50	3.97
	55—59	173 236	838 787	695 690	82.94	4.84	4.02
	60—64	131 880	636 518	490 353	77.04	4.83	3.72
天津市	合计	2 689 613	5 326 475	4 860 258	91.25	1.98	1.81
	15—19	433 674	634	607	95.74	—	—
	20—24	398 292	36 593	35 730	97.64	0.09	0.09
	25—29	456 347	337 643	329 888	97.70	0.74	0.72
	30—34	314 068	545 696	528 302	96.81	1.74	1.68
	35—39	229 778	607 607	582 656	95.89	2.64	2.54
	40—44	197 403	659 167	624 655	94.76	3.34	3.16
	45—49	213 078	889 418	824 904	92.75	4.17	3.87
	50—54	188 000	923 019	827 580	89.66	4.91	4.40
	55—59	148 293	765 116	654 246	85.51	5.16	4.41
	60—64	110 680	561 582	451 690	80.43	5.07	4.08
河北省	合计	16 406 477	37 791 168	34 297 364	90.75	2.30	2.09
	15—19	3 183 637	22 752	21 403	94.07	0.01	0.01
	20—24	2 072 503	649 314	624 186	96.13	0.31	0.30
	25—29	2 611 074	3 434 509	3 307 937	96.31	1.32	1.27
	30—34	2 061 507	4 910 963	4 707 884	95.86	2.38	2.28
	35—39	1 390 411	4 561 327	4 314 564	94.59	3.28	3.10
	40—44	1 122 808	4 605 804	4 273 897	92.79	4.10	3.81
	45—49	1 195 137	5 774 978	5 232 151	90.60	4.83	4.38
	50—54	1 108 125	5 764 027	5 077 378	88.09	5.20	4.58
	55—59	949 370	4 758 862	4 043 230	84.96	5.01	4.26
	60—64	711 905	3 308 632	2 694 734	81.45	4.65	3.79
山西省	合计	7 440 230	19 337 283	16 814 939	86.96	2.60	2.26
	15—19	1 457 960	31 580	29 445	93.24	0.02	0.02
	20—24	1 064 423	568 649	537 181	94.47	0.53	0.50
	25—29	1 122 290	2 050 974	1 936 962	94.44	1.83	1.73
	30—34	840 204	2 505 681	2 342 832	93.50	2.98	2.79
	35—39	605 068	2 397 924	2 203 771	91.90	3.96	3.64
	40—44	536 000	2 505 251	2 256 784	90.08	4.67	4.21
	45—49	567 368	2 988 225	2 591 038	86.71	5.27	4.57
	50—54	484 238	2 567 971	2 115 574	82.38	5.30	4.37
	55—59	424 590	2 126 278	1 642 889	77.27	5.01	3.87
	60—64	338 089	1 594 750	1 158 463	72.64	4.72	3.43

表147—150　　15—64岁妇女活产及存活子女状况

地区	年龄别（岁）	15—64岁妇女人数合计	活产子女总数	存活子女总数	存活子女数占活产子女数%	平均每一妇女活产子女数	平均每一妇女存活子女数
内蒙古自治区	合计	5 576 279	15 276 693	13 179 209	86.27	2.74	2.36
	15—19	1 179 760	17 194	15 875	92.33	0.01	0.01
	20—24	878 410	443 369	415 739	93.77	0.50	0.47
	25—29	894 782	1 722 189	1 608 909	93.42	1.92	1.80
	30—34	634 210	2 031 138	1 874 452	92.29	3.20	2.96
	35—39	445 929	1 912 851	1 728 941	90.39	4.29	3.88
	40—44	440 620	2 303 060	2 031 667	88.22	5.23	4.61
	45—49	397 072	2 428 114	2 063 445	84.98	6.12	5.20
	50—54	289 587	1 869 887	1 525 792	81.60	6.46	5.27
	55—59	237 688	1 488 846	1 144 816	76.89	6.26	4.82
	60—64	178 221	1 060 045	769 573	72.60	5.95	4.32
辽宁省	合计	11 655 959	26 245 853	23 429 427	89.27	2.25	2.01
	15—19	2 334 832	12 094	11 517	95.23	0.01	—
	20—24	1 623 043	448 672	434 219	96.78	0.28	0.27
	25—29	1 919 902	2 235 348	2 160 470	96.65	1.16	1.13
	30—34	1 390 824	3 081 143	2 951 252	95.78	2.22	2.12
	35—39	937 370	2 930 027	2 771 210	94.58	3.13	2.96
	40—44	878 801	3 433 427	3 191 229	92.95	3.91	3.63
	45—49	840 310	4 026 181	3 631 970	90.21	4.79	4.32
	50—54	731 125	4 137 776	3 572 269	86.33	5.66	4.89
	55—59	571 036	3 414 394	2 778 105	81.36	5.98	4.87
	60—64	428 716	2 526 791	1 927 186	76.27	5.89	4.50
吉林省	合计	6 935 208	17 185 616	15 155 360	88.19	2.48	2.19
	15—19	1 439 309	15 820	14 878	94.05	0.01	0.01
	20—24	1 035 490	409 057	390 232	95.40	0.40	0.38
	25—29	1 122 130	1 680 202	1 599 710	95.21	1.50	1.43
	30—34	868 331	2 313 548	2 178 916	94.18	2.66	2.51
	35—39	553 415	2 035 870	1 888 808	92.78	3.68	3.41
	40—44	516 113	2 383 860	2 169 271	91.00	4.62	4.20
	45—49	468 235	2 609 075	2 305 411	88.36	5.57	4.92
	50—54	386 420	2 409 579	2 037 470	84.56	6.24	5.27
	55—59	311 842	1 941 593	1 539 447	79.29	6.23	4.94
	60—64	233 923	1 387 003	1 031 217	74.35	5.93	4.41
黑龙江省	合计	9 839 311	24 735 512	21 833 240	88.27	2.51	2.22
	15—19	2 037 281	34 285	31 560	92.05	0.02	0.02
	20—24	1 522 580	766 918	723 196	94.30	0.50	0.47
	25—29	1 603 735	2 692 363	2 543 374	94.47	1.68	1.59
	30—34	1 221 827	3 433 581	3 212 708	93.57	2.81	2.63
	35—39	808 395	3 086 281	2 849 220	92.32	3.82	3.52
	40—44	771 155	3 619 383	3 284 419	90.75	4.69	4.26
	45—49	669 668	3 711 534	3 271 919	88.16	5.54	4.89
	50—54	513 201	3 174 876	2 673 626	84.21	6.19	5.21
	55—59	393 538	2 445 272	1 930 894	78.96	6.21	4.91
	60—64	297 931	1 771 019	1 312 324	74.10	5.94	4.40

表151—154　　15—64岁妇女活产及存活子女状况

地区	年龄别（岁）	15—64岁妇女人数合计	活产子女总数	存活子女总数	存活子女数占活产子女数%	平均每一妇女活产子女数	平均每一妇女存活子女数
上海市	合计	4 390 639	8 085 086	7 180 925	88.82	1.84	1.64
	15—19	510 921	756	729	96.43	—	—
	20—24	686 082	74 011	72 528	98.00	0.11	0.11
	25—29	756 993	472 002	462 021	97.89	0.62	0.61
	30—34	511 206	696 465	677 242	97.24	1.36	1.32
	35—39	341 887	685 862	658 900	96.07	2.01	1.93
	40—44	276 777	726 970	686 522	94.44	2.63	2.48
	45—49	372 121	1 246 643	1 152 311	92.43	3.35	3.10
	50—54	365 995	1 491 221	1 326 728	88.97	4.07	3.62
	55—59	313 656	1 461 850	1 209 531	82.74	4.66	3.86
	60—64	255 001	1 229 306	934 413	76.01	4.82	3.66
江苏省	合计	19 285 986	46 323 902	39 214 002	84.65	2.40	2.03
	15—19	3 704 044	25 121	23 673	94.24	0.01	0.01
	20—24	2 225 428	683 326	654 292	95.75	0.31	0.29
	25—29	2 899 122	3 809 791	3 618 140	94.97	1.31	1.25
	30—34	2 318 961	5 256 401	4 913 747	93.48	2.27	2.12
	35—39	1 693 834	5 244 971	4 803 330	91.58	3.10	2.84
	40—44	1 505 129	5 809 798	5 176 453	89.10	3.86	3.44
	45—49	1 471 119	6 955 728	5 932 278	85.29	4.73	4.03
	50—54	1 328 728	7 026 872	5 694 691	81.04	5.29	4.29
	55—59	1 147 548	6 226 443	4 693 423	75.38	5.43	4.09
	60—64	992 073	5 285 451	3 703 975	70.08	5.33	3.73
浙江省	合计	12 001 285	29 643 485	25 514 962	86.07	2.47	2.13
	15—19	2 425 231	36 638	34 483	94.12	0.02	0.01
	20—24	1 612 309	737 494	704 152	95.48	0.46	0.44
	25—29	1 836 324	3 098 443	2 946 021	95.08	1.69	1.60
	30—34	1 476 194	3 867 536	3 639 907	94.11	2.62	2.47
	35—39	977 260	3 258 587	3 013 328	92.47	3.33	3.08
	40—44	758 747	3 129 001	2 816 889	90.03	4.12	3.71
	45—49	888 454	4 375 035	3 782 929	86.47	4.92	4.26
	50—54	793 137	4 366 296	3 589 005	82.20	5.51	4.53
	55—59	675 995	3 785 227	2 896 463	76.52	5.60	4.28
	60—64	557 634	2 989 228	2 091 785	69.98	5.36	3.75
安徽省	合计	14 031 628	39 622 741	32 885 618	83.00	2.82	2.34
	15—19	3 269 998	67 825	63 180	93.15	0.02	0.02
	20—24	1 183 857	536 549	505 872	94.28	0.45	0.43
	25—29	1 961 556	3 605 554	3 384 989	93.88	1.84	1.73
	30—34	1 651 835	5 097 740	4 726 062	92.71	3.09	2.86
	35—39	1 246 679	5 116 853	4 630 254	90.49	4.10	3.71
	40—44	1 103 932	5 384 024	4 710 033	87.48	4.88	4.27
	45—49	1 089 779	6 130 292	5 068 546	82.68	5.63	4.65
	50—54	932 483	5 345 854	4 125 331	77.17	5.73	4.42
	55—59	886 917	4 769 785	3 358 679	70.42	5.38	3.79
	60—64	704 592	3 568 265	2 312 672	64.81	5.06	3.28

表155—158　　15—64岁妇女活产及存活子女状况

地区	年龄别（岁）	15—64岁妇女人数合计	活产子女总数	存活子女总数	存活子女数占活产子女数%	平均每一妇女活产子女数	平均每一妇女存活子女数
福建省	合计	7 306 873	19 410 908	17 646 149	90.91	2.66	2.42
	15—19	1 582 637	58 875	56 334	95.68	0.04	0.04
	20—24	1 015 603	706 990	681 907	96.45	0.70	0.67
	25—29	1 106 334	2 248 129	2 167 748	96.42	2.03	1.96
	30—34	793 048	2 477 517	2 377 066	95.95	3.12	3.00
	35—39	545 103	2 197 519	2 086 145	94.93	4.03	3.83
	40—44	497 424	2 407 406	2 242 622	93.16	4.84	4.51
	45—49	536 560	2 911 726	2 651 411	91.06	5.43	4.94
	50—54	485 319	2 678 643	2 358 494	88.05	5.52	4.86
	55—59	407 945	2 126 796	1 776 271	83.52	5.21	4.35
	60—64	336 900	1 597 307	1 248 151	78.14	4.74	3.70
江西省	合计	8 994 171	28 094 055	22 702 714	80.81	3.12	2.52
	15—19	1 922 245	54 938	50 789	92.45	0.03	0.03
	20—24	1 229 739	972 202	900 004	92.57	0.79	0.73
	25—29	1 299 076	2 962 233	2 715 173	91.66	2.28	2.09
	30—34	1 024 378	3 697 278	3 328 704	90.03	3.61	3.25
	35—39	718 152	3 465 733	3 039 977	87.72	4.83	4.23
	40—44	657 328	3 812 365	3 240 361	85.00	5.80	4.93
	45—49	645 082	4 150 254	3 357 386	80.90	6.43	5.20
	50—54	533 802	3 389 127	2 539 366	74.93	6.35	4.76
	55—59	509 378	3 042 530	2 029 659	66.71	5.97	3.98
	60—64	454 991	2 547 395	1 501 295	58.93	5.60	3.30
山东省	合计	23 176 999	54 682 553	48 781 072	89.21	2.36	2.10
	15—19	4 587 413	18 038	17 031	94.42	—	—
	20—24	2 792 369	650 395	625 399	96.16	0.23	0.22
	25—29	3 530 520	4 339 397	4 170 767	96.11	1.23	1.18
	30—34	2 814 271	6 678 592	6 384 671	95.60	2.37	2.27
	35—39	2 004 969	6 691 724	6 312 413	94.33	3.34	3.15
	40—44	1 624 044	6 771 203	6 256 428	92.40	4.17	3.85
	45—49	1 721 301	8 432 222	7 557 736	89.63	4.90	4.39
	50—54	1 607 923	8 507 723	7 346 232	86.35	5.29	4.57
	55—59	1 336 811	6 908 820	5 677 478	82.18	5.17	4.25
	60—64	1 157 378	5 684 439	4 433 117	77.99	4.91	3.83
河南省	合计	21 643 572	55 658 940	49 452 112	88.85	2.57	2.28
	15—19	4 646 005	32 335	30 036	92.89	0.01	0.01
	20—24	2 319 634	655 470	626 553	95.59	0.28	0.27
	25—29	3 274 201	4 786 644	4 565 109	95.37	1.46	1.39
	30—34	2 612 765	7 379 098	6 990 682	94.74	2.82	2.68
	35—39	1 785 651	7 019 925	6 553 131	93.35	3.93	3.67
	40—44	1 538 065	7 329 896	6 705 023	91.48	4.77	4.36
	45—49	1 629 282	8 933 961	7 943 588	88.91	5.48	4.88
	50—54	1 389 108	7 709 891	6 602 896	85.64	5.55	4.75
	55—59	1 312 158	6 670 036	5 424 005	81.32	5.08	4.13
	60—64	1 136 703	5 141 684	4 011 089	78.01	4.52	3.53

表159—162　　15—64岁妇女活产及存活子女状况

地区	年龄别（岁）	15—64岁妇女人数合计	活产子女总数	存活子女总数	存活子女数占活产子女数%	平均每一妇女活产子女数	平均每一妇女存活子女数
湖北省	合计	14 302 584	38 253 046	30 852 583	80.65	2.67	2.16
	15—19	2 988 169	28 885	26 332	91.16	0.01	0.01
	20—24	1 891 418	715 880	671 181	93.76	0.38	0.35
	25—29	2 077 140	3 312 927	3 084 565	93.11	1.59	1.49
	30—34	1 630 446	4 537 124	4 150 727	91.48	2.78	2.55
	35—39	1 223 310	4 719 954	4 189 776	88.77	3.86	3.42
	40—44	1 044 121	4 990 387	4 272 236	85.61	4.78	4.09
	45—49	1 064 150	6 049 141	4 898 247	80.97	5.68	4.60
	50—54	842 665	5 094 912	3 834 322	75.26	6.05	4.55
	55—59	832 300	4 885 326	3 330 573	68.18	5.87	4.00
	60—64	708 865	3 918 510	2 394 624	61.11	5.53	3.38
湖南省	合计	15 634 091	44 858 134	34 970 006	77.96	2.87	2.24
	15—19	3 483 651	63 729	58 430	91.69	0.02	0.02
	20—24	1 709 316	932 814	866 774	92.92	0.55	0.51
	25—29	2 245 155	4 143 475	3 807 010	91.88	1.85	1.70
	30—34	1 885 988	5 647 976	5 055 965	89.52	2.99	2.68
	35—39	1 282 682	5 086 747	4 398 345	86.47	3.97	3.43
	40—44	1 207 156	5 824 095	4 820 857	82.77	4.82	3.99
	45—49	1 196 763	6 946 127	5 350 243	77.02	5.80	4.47
	50—54	1 039 605	6 519 400	4 648 055	71.30	6.27	4.47
	55—59	859 037	5 324 988	3 428 217	64.38	6.20	3.99
	60—64	724 738	4 368 783	2 536 110	58.05	6.03	3.50
广东省	合计	17 314 655	42 737 207	39 226 461	91.79	2.47	2.27
	15—19	3 489 105	57 238	54 827	95.79	0.02	0.02
	20—24	2 443 481	1 011 726	979 138	96.78	0.41	0.40
	25—29	2 531 412	4 059 610	3 938 096	97.01	1.60	1.56
	30—34	1 866 813	5 253 671	5 084 869	96.79	2.81	2.72
	35—39	1 312 259	4 964 481	4 758 053	95.84	3.78	3.63
	40—44	1 266 901	5 695 310	5 374 248	94.36	4.50	4.24
	45—49	1 369 397	6 865 571	6 327 471	92.16	5.01	4.62
	50—54	1 189 857	6 142 047	5 476 431	89.16	5.16	4.60
	55—59	1 012 178	4 979 375	4 238 684	85.12	4.92	4.19
	60—64	833 252	3 708 178	2 994 644	80.76	4.45	3.59
广西壮族自治区	合计	9 968 328	27 141 123	23 848 338	87.87	2.72	2.39
	15—19	2 226 805	26 261	24 588	93.63	0.01	0.01
	20—24	1 228 589	543 623	518 009	95.29	0.44	0.42
	25—29	1 400 929	2 510 116	2 391 758	95.28	1.79	1.71
	30—34	1 058 220	3 427 099	3 239 560	94.53	3.24	3.06
	35—39	838 042	3 685 490	3 418 240	92.75	4.40	4.08
	40—44	803 698	4 075 979	3 685 342	90.42	5.07	4.59
	45—49	774 244	4 275 250	3 728 116	87.20	5.52	4.82
	50—54	653 330	3 638 311	3 030 475	83.29	5.57	4.64
	55—59	515 279	2 705 433	2 133 139	78.85	5.25	4.14
	60—64	469 192	2 253 561	1 679 111	74.51	4.80	3.58

表163—166　　　15—64岁妇女活产及存活子女状况

地区	年龄别（岁）	15—64岁妇女人数合计	活产子女总数	存活子女总数	存活子女数占活产子女数%	平均每一妇女活产子女数	平均每一妇女存活子女数
四川省	合计	28 894 490	81 490 629	63 090 225	77.42	2.82	2.18
	15—19	6 166 162	55 101	50 388	91.45	0.01	0.01
	20—24	2 482 516	1 073 614	997 586	92.92	0.43	0.40
	25—29	4 363 569	6 646 778	6 044 739	90.94	1.52	1.39
	30—34	3 576 359	9 596 721	8 473 248	88.29	2.68	2.37
	35—39	2 872 515	11 305 446	9 649 483	85.35	3.94	3.36
	40—44	2 376 119	11 519 716	9 418 412	81.76	4.85	3.96
	45—59	2 124 792	12 081 113	9 211 860	76.25	5.69	4.34
	50—54	1 957 021	11 764 323	8 341 016	70.90	6.01	4.26
	55—59	1 628 338	9 646 030	6 240 840	64.70	5.92	3.83
	60—64	1 347 099	7 801 787	4 662 653	59.76	5.79	3.46
贵州省	合计	7 500 149	25 000 706	18 757 554	75.03	3.33	2.50
	15—19	1 680 547	31 437	27 698	88.11	0.02	0.02
	20—24	761 952	452 119	401 990	88.91	0.59	0.53
	25—29	1 069 601	2 321 101	2 040 143	87.90	2.17	1.91
	30—34	835 791	3 013 804	2 580 772	85.63	3.61	3.09
	35—39	736 047	3 671 119	3 006 202	81.89	4.99	4.08
	40—44	679 836	4 120 799	3 184 733	77.28	6.06	4.68
	45—49	587 502	3 940 078	2 858 246	72.54	6.71	4.87
	50—54	501 590	3 398 464	2 279 909	67.09	6.78	4.55
	55—59	332 399	2 136 320	1 301 490	60.92	6.43	3.92
	60—64	314 884	1 915 465	1 076 371	56.19	6.08	3.42
云南省	合计	8 981 264	28 435 564	21 712 450	76.36	3.17	2.42
	15—19	1 981 552	51 489	44 670	86.76	0.03	0.02
	20—24	1 082 408	698 579	619 361	88.66	0.65	0.57
	25—29	1 256 505	2 775 702	2 460 028	88.63	2.21	1.96
	30—34	921 279	3 308 668	2 872 792	86.83	3.59	3.12
	35—39	789 834	3 786 038	3 176 292	83.89	4.79	4.02
	40—44	730 682	4 147 384	3 320 814	80.07	5.68	4.54
	45—49	699 026	4 347 316	3 277 850	75.40	6.22	4.69
	50—54	627 073	3 973 040	2 746 807	69.14	6.34	4.38
	55—59	479 523	2 925 216	1 826 493	62.44	6.10	3.81
	60—64	413 382	2 422 132	1 367 343	56.45	5.86	3.31
陕西省	合计	8 686 710	22 553 547	19 037 441	84.41	2.60	2.19
	15—19	1 690 307	18 509	16 658	90.00	0.01	0.01
	20—24	1 249 537	479 066	444 078	92.70	0.38	0.36
	25—29	1 283 952	2 095 776	1 936 959	92.42	1.63	1.51
	30—34	1 009 149	2 821 200	2 577 616	91.37	2.80	2.55
	35—39	817 414	3 146 928	2 806 032	89.17	3.85	3.43
	40—44	717 641	3 344 738	2 910 934	87.03	4.66	4.06
	45—49	630 537	3 387 657	2 855 459	84.29	5.37	4.53
	50—54	477 766	2 761 910	2 204 925	79.83	5.78	4.62
	55—59	426 703	2 415 033	1 816 078	75.20	5.66	4.26
	60—64	383 704	2 082 730	1 468 702	70.52	5.43	3.83

表167—170　　　　15—64岁妇女活产及存活子女状况

地区	年龄别（岁）	15—64岁妇女人数合计	活产子女总数	存活子女总数	存活子女数占活产子女数%	平均每一妇女活产子女数	平均每一妇女存活子女数
甘肃省	合计	5 631 170	16 222 480	13 221 359	81.50	2.88	2.35
	15—19	1 293 811	50 377	46 922	93.14	0.04	0.04
	20—24	637 671	391 001	364 092	93.12	0.61	0.57
	25—29	782 404	1 583 250	1 452 672	91.75	2.02	1.86
	30—34	648 917	2 055 013	1 836 626	89.37	3.17	2.83
	35—39	567 065	2 387 377	2 064 630	86.48	4.21	3.64
	40—44	507 378	2 572 242	2 140 798	83.23	5.07	4.22
	45—49	431 463	2 580 555	2 045 854	79.28	5.98	4.74
	50—54	290 569	1 815 203	1 362 549	75.06	6.25	4.69
	55—59	259 964	1 559 654	1 090 166	69.90	6.00	4.19
	60—64	211 928	1 227 808	817 050	66.55	5.79	3.86
青海省	合计	1 060 371	3 281 817	2 630 237	80.15	3.09	2.48
	15—19	254 604	16 754	14 318	85.46	0.07	0.06
	20—24	120 484	108 501	94 616	87.20	0.90	0.79
	25—29	141 393	354 878	308 402	86.90	2.51	2.18
	30—34	115 175	434 743	374 772	86.21	3.77	3.25
	35—39	106 304	503 560	430 221	85.44	4.74	4.05
	40—44	97 450	523 258	437 494	83.61	5.37	4.49
	45—49	82 930	502 953	395 376	78.61	6.06	4.77
	50—54	60 609	374 843	274 519	73.24	6.18	4.53
	55—59	46 492	269 043	180 946	67.26	5.79	3.89
	60—64	34 930	193 284	119 573	61.86	5.53	3.42
宁夏回族自治区	合计	1 044 602	3 361 533	2 787 647	82.93	3.22	2.67
	15—19	247 140	6 960	6 351	91.25	0.03	0.03
	20—24	130 150	87 776	81 224	92.54	0.67	0.62
	25—29	160 193	388 513	355 077	91.39	2.43	2.22
	30—34	121 828	473 764	425 802	89.88	3.89	3.50
	35—39	104 781	543 389	474 871	87.39	5.19	4.53
	40—44	87 837	527 352	446 258	84.62	6.00	5.08
	45—49	70 223	479 047	386 461	80.67	6.82	5.50
	50—54	48 141	340 204	260 854	76.68	7.07	5.42
	55—59	40 935	287 775	202 450	70.35	7.03	4.95
	60—64	33 374	226 753	148 299	65.40	6.79	4.44
新疆维吾尔自治区	合计	3 600 316	10 810 336	8 347 757	77.22	3.00	2.32
	15—19	735 065	38 779	30 460	78.55	0.05	0.04
	20—24	508 118	431 836	342 984	79.42	0.85	0.68
	25—29	512 283	1 211 371	1 001 512	82.68	2.36	1.95
	30—34	417 933	1 518 232	1 275 689	84.02	3.63	3.05
	35—39	403 042	1 785 458	1 501 162	84.08	4.43	3.72
	40—44	333 008	1 711 271	1 389 530	81.20	5.14	4.17
	45—49	249 340	1 427 753	1 085 129	76.00	5.73	4.35
	50—54	185 736	1 123 531	770 503	68.58	6.05	4.15
	55—59	132 912	818 477	518 810	63.39	4.16	3.90
	60—64	122 879	743 628	431 978	58.09	6.05	3.52

七、1981年各省、自治区、直辖市育龄妇女按年龄分组的生育胎次状况

表171—175　　育龄妇女1981年按年龄分组的生育胎次状况

地区	年龄别(岁)	15—49岁育龄妇女人数合计	未　生	生育第1胎	生育第2胎	生育第3胎	生育第4胎	生育第5胎及以上
北京市	总　计	2 740 679	2 585 821	130 230	19 838	3 438	929	423
	15—19	511 035	510 556	473	6	—	—	—
	20—24	497 878	478 265	18 468	1 101	42	2	—
	25—29	531 273	423 221	95 180	11 453	1 214	176	29
	30—34	348 818	324 746	15 189	6 489	1 769	486	139
	35—39	265 483	263 213	814	708	368	217	163
	40—44	285 330	285 004	91	77	42	41	75
	45—49	300 862	300 816	15	4	3	7	17
天津市	总　计	2 242 640	2 103 717	109 070	22 399	5 086	1 462	906
	15—19	433 674	433 433	239	2	—	—	—
	20—24	398 292	383 267	14 371	621	31	2	—
	25—29	456 347	361 573	78 823	14 033	1 725	168	25
	30—34	314 068	288 326	14 620	7 021	2 861	913	327
	35—39	229 778	227 110	878	661	412	319	398
	40—44	197 403	196 979	125	52	54	56	137
	45—49	213 078	213 029	14	9	3	4	19
河北省	总　计	13 637 077	12 397 528	647 597	340 555	157 577	60 480	33 340
	15—19	3 183 637	3 173 841	9 536	255	5	—	—
	20—24	2 072 503	1 810 703	226 469	32 799	2 399	115	18
	25—29	2 611 074	1 932 749	380 185	228 969	59 171	8 912	1 088
	30—34	2 061 507	1 833 682	28 259	73 243	81 526	34 269	10 528
	35—39	1 390 411	1 340 345	2 504	4 627	13 308	15 068	14 559
	40—44	1 122 808	1 113 034	443	544	991	1 886	5 910
	45—49	1 195 137	1 193 174	201	118	177	230	1 237
山西省	总　计	6 193 313	5 692 556	239 587	138 334	67 779	31 198	23 859
	15—19	1 457 960	1 444 822	12 491	631	16	—	—
	20—24	1 064 423	884 292	134 729	39 727	5 171	462	42
	25—29	1 122 290	892 036	86 902	84 062	43 106	13 182	3 002
	30—34	840 204	781 948	4 616	12 513	17 281	13 994	9 852
	35—39	605 068	591 644	457	1 122	1 851	2 956	7 038
	40—44	536 000	531 679	158	206	281	490	3 186
	45—49	567 368	566 135	234	73	73	114	739
内蒙古自治区	总　计	4 870 783	4 438 571	190 681	115 027	58 569	32 503	35 432
	15—19	1 179 760	1 172 349	6 946	449	13	2	1
	20—24	878 410	732 769	104 305	34 487	6 008	761	80
	25—29	894 782	685 558	75 090	69 996	40 446	17 392	6 300
	30—34	634 210	582 250	4 016	9 413	10 947	12 437	15 147
	35—39	445 929	434 081	237	555	973	1 623	8 460
	40—44	440 620	435 601	69	94	139	242	4 475
	45—49	397 072	395 963	18	33	43	46	969

表176—181　　育龄妇女1981年按年龄分组的生育胎次状况

地区	年龄别(岁)	15—49岁育龄妇女人数合计	未生	生育第1胎	生育第2胎	生育第3胎	生育第4胎	生育第5胎及以上
辽宁省	总计	9 925 082	9 284 797	458 727	121 395	37 831	13 364	8 968
	15—19	2 334 832	2 330 140	4 510	180	2	—	—
	20—24	1 623 043	1 459 392	144 675	17 531	1 358	81	6
	25—29	1 919 902	1 520 509	290 715	84 058	19 907	3 932	781
	30—34	1 390 824	1 329 963	16 965	18 154	14 662	7 289	3 791
	35—39	937 370	928 448	1 505	1 275	1 667	1 714	2 761
	40—44	878 801	876 435	316	178	213	307	1 352
	45—49	840 310	839 910	41	19	22	41	277
吉林省	总计	6 003 023	5 618 130	230 982	97 513	33 364	13 250	9 784
	15—19	1 439 309	1 433 482	5 486	327	14	—	—
	20—24	1 035 490	914 576	94 787	23 538	2 364	205	20
	25—29	1 122 130	912 462	121 180	61 370	20 156	5 471	1 491
	30—34	868 331	828 000	8 684	11 403	9 691	6 173	4 380
	35—39	553 415	547 427	645	739	976	1 182	2 446
	40—44	516 113	514 349	129	113	137	193	1 192
	45—49	468 235	467 834	71	23	26	26	255
黑龙江省	总计	8 634 641	8 004 561	339 544	167 440	69 279	29 799	24 018
	15—19	2 037 281	2 023 848	12 458	949	21	5	—
	20—24	1 522 580	1 296 493	161 189	56 194	7 788	811	105
	25—29	1 603 735	1 290 924	152 956	96 487	44 517	14 507	4 344
	30—34	1 221 827	1 159 135	11 846	12 732	15 352	12 127	10 635
	35—39	808 395	797 768	869	898	1 369	2 008	5 483
	40—44	771 155	767 613	176	151	196	308	2 711
	45—49	669 668	668 780	50	29	36	33	740
上海市	总计	3 455 987	3 271 878	160 236	22 185	1 465	178	45
	15—19	510 921	510 634	284	3	—	—	—
	20—24	686 082	650 005	35 314	747	16	—	—
	25—29	756 993	640 285	102 277	13 814	572	44	1
	30—34	511 206	482 646	20 998	6 845	647	62	8
	35—39	341 887	339 751	1 207	693	170	48	18
	40—44	276 777	276 525	135	55	31	15	16
	45—49	372 121	372 032	21	28	29	9	2
江苏省	总计	15 817 637	14 728 818	668 328	279 456	89 824	29 812	21 399
	15—19	3 704 044	3 693 773	10 047	218	6	—	—
	20—24	2 225 428	1 937 369	257 233	28 948	1 763	108	7
	25—29	2 899 122	2 261 208	374 801	206 485	47 907	7 572	1 149
	30—34	2 318 961	2 195 129	23 941	41 084	35 288	16 051	7 468
	35—39	1 693 834	1 673 468	1 805	2 255	4 060	4 883	7 363
	40—44	1 505 129	1 498 447	295	388	651	1 033	4 315
	45—49	1 471 119	1 469 424	206	78	149	165	1 097
浙江省	总计	9 974 519	9 289 053	371 000	182 452	76 194	31 632	24 188
	15—19	2 425 231	2 409 584	14 596	1 017	32	2	—
	20—24	1 612 309	1 360 081	188 709	52 613	10 026	835	45
	25—29	1 836 324	1 491 288	155 716	115 075	52 287	17 532	4 426
	30—34	1 476 194	1 417 645	10 965	12 651	12 472	11 337	11 124
	35—39	977 260	967 479	828	972	1 094	1 604	5 283
	40—44	758 747	755 355	123	100	178	261	2 730
	45—49	888 454	887 621	63	24	105	61	580

表182—187　　育龄妇女1981年按年龄分组的生育胎次状况

地区	年龄别(岁)	15—49岁育龄妇女人数合计	未　生	生育第1胎	生育第2胎	生育第3胎	生育第4胎	生育第5胎及以上
安徽省	总　计	11 507 636	10 592 769	342 296	258 287	161 259	81 910	71 115
	15—19	3 269 998	3 239 142	28 814	1 987	51	3	1
	20—24	1 183 857	1 005 618	125 319	45 106	7 138	621	55
	25—29	1 961 556	1 477 173	172 707	179 376	98 339	27 762	6 199
	30—34	1 651 835	1 493 085	13 594	28 572	49 138	40 735	26 711
	35—39	1 246 679	1 203 432	1 408	2 611	5 582	10 512	23 134
	40—44	1 103 932	1 088 117	324	532	851	1 926	12 182
	45—49	1 089 779	1 086 202	130	103	160	351	2 833
福建省	总　计	6 076 709	5 521 179	227 224	165 424	91 187	40 621	31 074
	15—19	1 582 637	1 556 626	24 270	1 694	41	5	1
	20—24	1 015 603	810 028	129 153	63 000	12 457	916	49
	25—29	1 106 334	863 771	67 249	90 324	61 436	19 550	4 004
	30—34	793 048	733 054	5 863	9 335	15 486	16 638	12 672
	35—39	545 103	531 039	491	863	1 390	2 825	8 495
	40—44	497 424	491 555	122	160	302	582	4 703
	45—49	536 560	535 106	76	48	75	105	1 150
江西省	总　计	7 496 000	6 827 457	241 974	190 025	114 853	56 743	64 948
	15—19	1 922 245	1 896 423	23 756	1 985	78	3	—
	20—24	1 229 739	960 714	151 367	91 897	22 952	2 567	242
	25—29	1 299 076	1 032 302	61 813	86 696	75 222	32 228	10 815
	30—34	1 024 378	951 955	4 442	8 430	14 710	18 567	26 274
	35—39	718 152	697 122	427	822	1 504	2 668	15 609
	40—44	657 328	646 192	99	163	333	620	9 921
	45—46	645 082	642 749	70	32	54	90	2 087
山东省	总　计	19 074 887	17 712 901	823 750	335 941	126 048	46 338	29 909
	15—19	4 587 413	4 579 832	7 363	213	5	—	—
	20—24	2 792 369	2 529 494	235 504	25 381	1 877	107	6
	25—29	3 530 520	2 685 603	546 605	233 623	55 519	8 167	1 003
	30—34	2 814 271	2 612 243	31 202	72 296	60 289	27 546	10 695
	35—39	2 004 969	1 970 869	2 401	3 728	7 385	8 866	11 720
	40—44	1 624 044	1 615 415	512	593	839	1 425	5 260
	45—49	1 721 301	1 719 445	163	107	134	227	1 225
河南省	总　计	17 805 603	16 300 167	668 147	418 972	237 022	105 659	75 636
	15—19	4 646 005	4 632 451	12 984	562	8	—	—
	20—24	2 319 634	2 071 081	204 977	39 233	4 091	233	19
	25—29	3 274 201	2 423 170	419 777	295 616	110 166	22 171	3 301
	30—34	2 612 765	2 314 344	26 697	76 492	107 053	61 585	26 594
	35—39	1 785 651	1 718 686	2 722	5 656	12 409	17 938	28 240
	40—44	1 538 065	1 516 780	722	1 142	2 137	3 223	14 061
	45—49	1 629 282	1 623 655	268	271	1 158	509	3 421
湖北省	总　计	11 918 754	10 980 317	470 368	260 683	112 423	49 472	45 491
	15—19	2 988 169	2 975 675	11 911	556	26	1	—
	20—24	1 891 418	1 620 473	214 804	49 600	6 001	473	67
	25—29	2 077 140	1 576 896	228 940	179 850	69 117	17 804	4 533
	30—34	1 630 446	1 514 054	12 891	28 042	32 873	24 190	18 396
	35—39	1 223 310	1 195 690	1 302	2 128	3 632	5 894	14 664
	40—44	1 044 121	1 035 361	337	397	598	942	6 486
	45—49	1 064 150	1 062 168	183	110	176	168	1 345

表188—193　　　育龄妇女1981年按年龄分组的生育胎次状况

地区	年龄别（岁）	15—49岁育龄妇女人数合计	未　生	生育第1胎	生育第2胎	生育第3胎	生育第4胎	生育第5胎及以上
湖南省	总　计	13 010 711	11 897 666	481 206	343 885	160 122	71 586	56 246
	15—19	3 483 651	3 455 579	26 857	1 181	34	—	—
	20—24	1 709 316	1 369 938	248 346	79 853	10 187	908	84
	25—29	2 245 155	1 680 962	194 229	232 398	102 371	28 551	6 644
	30—34	1 885 988	1 746 754	10 388	28 025	42 662	34 167	23 992
	35—39	1 282 682	1 253 702	955	1 903	3 989	6 454	15 679
	40—44	1 207 156	1 196 708	228	406	707	1 251	7 856
	45—49	1 196 763	1 194 023	203	119	172	255	1 991
广东省	总　计	14 279 368	12 831 563	535 737	404 727	232 072	136 916	138 353
	15—19	3 489 105	3 462 790	24 738	1 527	48	2	—
	20—24	2 443 481	2 097 426	228 170	98 563	17 487	1 690	145
	25—29	2 531 412	1 838 564	252 748	244 693	134 307	49 697	11 403
	30—34	1 866 813	1 602 947	27 354	54 362	69 334	63 973	48 843
	35—39	1 312 259	1 233 052	2 186	4 618	9 085	17 358	45 960
	40—44	1 266 901	1 234 991	416	812	1 484	3 571	25 627
	45—49	1 369 397	1 361 793	125	152	327	625	6 375
广西壮族自治区	总　计	8 330 527	7 354 395	304 638	231 947	161 043	114 969	163 535
	15—19	2 226 805	2 215 600	10 500	663	34	4	4
	20—24	1 228 589	1 040 129	128 398	49 310	9 469	1 122	161
	25—29	1 400 929	964 377	148 034	144 948	93 431	39 392	10 747
	30—34	1 058 220	847 435	15 521	32 899	49 499	56 134	56 732
	35—39	838 042	752 574	1 611	3 370	7 099	14 903	58 485
	40—44	803 698	767 707	374	619	1 265	2 898	30 835
	45—49	774 244	766 573	200	138	246	516	6 571
四川省	总　计	23 962 032	22 218 181	983 962	420 485	166 232	78 071	95 101
	15—19	6 166 162	6 144 736	20 945	462	18	1	—
	20—24	2 482 516	2 037 765	388 251	50 003	5 677	719	101
	25—29	4 363 569	3 376 590	544 679	313 380	96 290	25 645	6 985
	30—34	3 576 359	3 374 336	26 908	52 104	55 414	37 919	29 678
	35—39	2 872 515	2 812 802	2 273	3 711	7 275	11 371	35 083
	40—44	2 376 119	2 352 125	509	699	1 278	2 063	19 445
	45—49	2 124 792	2 119 827	397	126	280	353	3 809
贵州省	总　计	6 351 276	5 574 827	184 451	157 712	144 054	106 843	183 389
	15—19	1 680 547	1 666 625	12 938	935	38	8	3
	20—24	761 952	618 233	88 677	41 701	11 386	1 689	266
	25—29	1 069 601	742 221	75 882	97 811	91 322	45 179	17 186
	30—34	835 791	673 459	5 860	15 133	35 475	46 038	59 826
	35—39	736 047	652 344	712	1 727	4 913	11 784	64 567
	40—44	679 836	641 989	260	322	769	1 822	34 674
	45—49	587 502	579 956	122	83	151	323	6 867
云南省	总　计	7 461 286	6 654 682	228 450	179 352	126 584	89 629	182 589
	15—19	1 981 552	1 959 165	20 471	1 805	100	9	2
	20—24	1 082 408	874 458	123 850	63 478	17 332	2 847	443
	25—29	1 256 505	925 362	78 420	100 733	84 876	46 503	20 611
	30—34	921 279	791 018	4 784	11 373	20 359	31 755	61 990
	35—39	789 834	718 329	669	1 576	3 158	7 005	59 097
	40—44	730 682	694 381	193	316	670	1 307	33 815
	45—49	699 026	691 969	63	71	89	203	6 631

表194—198　　育龄妇女1981年按年龄分组的生育胎次状况

地区	年龄别(岁)	15—49岁育龄妇女人数合计	未　生	生育第1胎	生育第2胎	生育第3胎	生育第4胎	生育第5胎及以上
陕西省	总　计	7 398 537	6 822 886	287 017	150 411	71 719	34 789	31 715
	15—19	1 690 307	1 682 769	7 150	368	18	2	—
	20—24	1 249 537	1 074 545	139 245	31 598	3 715	374	60
	25—29	1 283 952	991 890	133 141	100 897	41 656	12 836	3 532
	30—34	1 009 149	935 449	6 601	15 889	22 943	16 352	11 915
	35—39	817 414	797 666	641	1 363	2 852	4 340	10 552
	40—44	717 641	711 287	143	243	474	768	4 726
	45—49	630 537	629 280	96	53	61	117	930
甘肃省	总　计	4 868 709	4 485 285	166 004	95 881	56 835	31 183	33 521
	15—19	1 293 811	1 271 003	21 328	1 429	50	1	—
	20—24	637 671	514 231	85 765	30 636	6 042	878	119
	25—29	782 404	613 619	55 402	57 080	36 604	14 572	5 127
	30—34	648 917	604 236	2 925	5 707	11 906	11 987	12 156
	35—39	567 065	551 545	417	780	1 809	2 942	9 572
	40—44	507 378	500 850	122	208	351	704	5 143
	45—49	431 463	429 801	45	41	73	99	1 404
青海省	总　计	918 340	818 367	26 760	19 501	15 620	12 321	25 771
	15—19	254 604	247 086	6 731	735	48	3	1
	20—24	120 484	93 643	13 008	9 088	3 779	809	157
	25—29	141 393	106 027	6 362	8 017	9 302	7 273	4 412
	30—34	115 175	99 289	553	1 381	1 967	3 369	8 616
	35—39	106 304	97 798	74	198	394	673	7 167
	40—44	97 450	92 843	21	61	110	156	4 259
	45—49	82 930	81 681	11	21	20	38	1 159
宁夏回族自治区	总　计	922 152	811 159	34 302	22 771	14 476	12 862	26 582
	15—19	247 140	243 886	3 131	122	1	—	—
	20—24	130 150	99 694	20 338	8 248	1 557	282	31
	25—29	160 193	114 037	10 268	12 923	10 912	8 193	3 860
	30—34	121 828	104 353	490	1 326	1 795	3 894	9 970
	35—39	104 781	95 947	45	120	172	416	8 081
	40—44	87 837	83 806	18	22	35	66	3 890
	45—49	70 223	69 436	12	10	4	11	750
新疆维吾尔自治区	总　计	3 158 789	2 788 303	99 686	66 951	48 961	42 493	112 395
	15—19	735 065	720 766	12 367	1 727	187	16	2
	20—24	508 118	409 953	50 157	28 066	13 291	5 021	1 630
	25—29	512 283	376 483	33 462	29 703	26 298	23 246	23 091
	30—34	417 933	351 846	2 810	6 242	7 146	10 756	39 133
	35—39	403 042	367 126	553	940	1 578	2 733	30 112
	40—44	333 008	317 472	207	205	336	571	14 187
	45—49	249 340	244 657	130	68	95	150	4 240

八、1981年各省、自治区、直辖市育龄妇女按文化程度分组的生育胎次状况

表199－203　　育龄妇女1981年按文化程度分组的生育胎次状况

地区	文化程度	15—49岁育龄妇女人数合计	未生	生育第1胎	生育第2胎	生育第3胎	生育第4胎	生育第5胎及以上
北京市	总计	2 504 875	2 358 758	125 875	16 830	2 549	612	251
	大学毕业	95 683	91 661	3 865	152	4	—	1
	大学肄业	39 218	39 094	119	5	—	—	—
	高中	806 946	784 862	20 984	1 043	50	6	1
	初中	1 027 041	937 745	81 272	7 064	771	143	46
	小学	535 987	505 396	19 635	8 566	1 724	463	203
天津市	总计	1 948 400	1 828 509	98 387	16 612	3 414	959	519
	大学毕业	36 629	34 706	1 835	85	3	—	—
	大学肄业	16 221	16 178	43	—	—	—	—
	高中	486 201	472 945	12 429	754	63	6	4
	初中	815 244	754 161	56 265	4 058	566	136	58
	小学	594 105	550 519	27 815	11 715	2 782	817	457
河北省	总计	9 490 754	8 680 098	484 838	204 040	79 508	28 326	13 944
	大学毕业	51 684	47 719	3 411	486	46	16	6
	大学肄业	13 236	13 140	75	16	4	1	—
	高中	1 580 909	1 461 147	100 314	16 457	2 365	452	174
	初中	3 408 929	3 164 365	173 880	50 114	13 837	4 354	2 379
	小学	4 435 996	3 993 727	207 158	136 967	63 256	23 503	11 385
山西省	总计	4 948 784	4 533 238	214 803	113 919	50 759	21 704	14 361
	大学毕业	24 513	22 657	1 413	419	17	5	2
	大学肄业	9 636	9 580	36	14	4	2	—
	高中	763 120	711 008	40 516	9 987	1 295	210	104
	初中	1 883 625	1 727 067	96 413	41 324	12 361	4 165	2 295
	小学	2 267 890	2 062 926	76 425	62 175	37 082	17 322	11 960
内蒙古自治区	总计	3 150 447	2 904 304	130 322	63 673	25 347	13 383	13 418
	大学毕业	20 683	18 893	1 390	364	23	9	4
	大学肄业	7 970	7 923	34	10	2	—	1
	高中	577 851	536 643	32 747	7 097	950	240	174
	初中	1 207 673	1 130 435	48 081	19 909	5 158	2 252	1 838
	小学	1 336 270	1 210 410	48 070	36 293	19 214	10 882	11 401

表204—209　　育龄妇女1981年按文化程度分组的生育胎次状况

地区	文化程度	15—49岁育龄妇女人数合计	未生	生育第1胎	生育第2胎	生育第3胎	生育第4胎	生育第5胎及以上
辽宁省	总计	8 881 968	8 287 001	441 580	106 443	30 640	10 167	6 136
	大学毕业	59 835	56 250	3 473	104	6	2	—
	大学肄业	28 160	28 061	89	6	3	1	—
	高中	1 415 380	1 316 514	89 929	7 701	964	192	80
	初中	3 891 148	3 639 740	215 155	27 689	5 971	1 640	953
	小学	3 487 445	3 246 436	132 934	70 943	23 697	8 332	5 103
吉林省	总计	4 846 172	4 528 736	206 875	74 895	22 318	8 094	5 254
	大学毕业	36 195	33 898	2 108	169	13	5	2
	大学肄业	16 439	16 386	48	5	—	—	—
	高中	1 080 830	1 008 220	64 652	7 033	733	132	60
	初中	1 684 108	1 580 222	74 087	22 824	4 717	1 428	830
	小学	2 028 600	1 890 010	65 980	44 864	16 855	6 529	4 362
黑龙江省	总计	6 707 237	6 230 348	291 235	116 900	41 123	15 994	11 637
	大学毕业	39 604	37 665	1 778	143	13	4	1
	大学肄业	15 723	15 658	59	5	—	1	—
	高中	1 326 465	1 234 435	76 410	13 208	1 876	371	165
	初中	2 597 770	2 425 113	124 600	34 640	8 943	2 766	1 708
	小学	2 727 675	2 517 477	88 388	68 904	30 291	12 852	9 763
上海市	总计	3 092 367	2 917 381	155 093	18 654	1 101	111	27
	大学毕业	66 549	64 252	2 192	101	4	—	—
	大学肄业	32 261	32 100	150	10	1	—	—
	高中	1 092 921	1 057 496	34 303	1 079	41	2	—
	初中	1 227 311	1 128 397	92 026	6 617	239	23	9
	小学	673 325	635 136	26 422	10 847	816	86	18
江苏省	总 总	9 210 641	8 641 093	425 272	108 140	24 442	7 279	4 415
	大学毕业	60 369	57 718	2 380	248	18	2	3
	大学肄业	21 910	21 793	111	5	1	—	—
	高中	1 467 858	1 380 832	75 834	9 726	1 192	215	59
	初中	3 726 270	3 519 514	168 475	30 537	5 473	1 434	837
	小学	3 934 234	3 661 236	178 472	67 624	17 758	5 628	3 516
浙江省	总计	6 540 157	6 124 229	263 642	102 299	31 933	11 060	6 994
	大学毕业	26 264	25 366	789	99	7	2	1
	大学肄业	10 991	10 934	42	8	4	2	1
	高中	758 898	730 648	23 858	3 851	450	64	27
	初中	2 106 345	2 000 123	78 807	21 290	4 473	1 084	568
	小学	3 637 659	3 357 158	160 146	77 051	26 999	9 908	6 397

表210—215　　育龄妇女1981年按文化程度分组的生育胎次状况

地区	文化程度	15—49岁育龄妇女人数合计	未　生	生育第1胎	生育第2胎	生育第3胎	生育第4胎	生育第5胎及以上
安徽省	总　计	4 693 236	4 418 680	153 108	71 104	28 579	12 190	9 575
	大学毕业	31 559	29 452	1 748	327	24	4	4
	大学肄业	10 350	10 289	40	18	3	—	—
	高　中	594 921	548 643	34 760	9 384	1 736	299	99
	初　中	1 833 433	1 747 730	56 261	19 399	6 060	2 251	1 732
	小　学	2 222 973	2 082 566	60 299	41 976	20 756	9 636	7 740
福建省	总　计	2 998 301	2 765 120	122 471	63 972	28 619	11 208	6 911
	大学毕业	21 479	20 673	666	129	9	—	2
	大学肄业	6 966	6 912	44	9	1	—	—
	高　中	448 364	423 782	19 548	4 201	675	118	40
	初　中	774 582	729 145	30 024	10 303	3 325	1 094	691
	小　学	1 746 910	1 584 608	72 189	49 330	24 609	9 996	6 178
江西省	总　计	4 532 851	4 148 674	170 122	110 104	55 634	24 593	23 724
	大学毕业	21 368	20 304	912	122	14	4	12
	大学肄业	8 133	8 090	32	9	1	—	1
	高　中	569 560	528 796	29 089	9 139	1 988	421	127
	初　中	1 155 821	1 076 404	45 502	22 344	7 473	2 335	1 763
	小　学	2 777 969	2 515 080	94 587	78 490	46 158	21 833	21 821
山东省	总　计	10 884 075	10 193 904	504 958	133 554	34 790	10 813	6 056
	大学毕业	42 174	39 432	2 470	254	10	5	3
	大学肄业	15 196	15 149	41	4	2	—	—
	高　中	1 461 582	1 369 934	81 660	8 640	1 072	207	69
	初　中	4 077 908	3 846 423	190 959	32 096	6 062	1 528	840
	小　学	5 287 215	4 922 966	229 828	92 560	27 644	9 073	5 144
河南省	总　计	10 482 994	9 722 454	414 268	198 124	88 860	36 293	22 995
	大学毕业	39 315	36 212	2 669	394	29	8	3
	大学肄业	13 353	13 228	95	25	1	3	1
	高　中	1 674 571	1 569 949	82 611	17 858	3 215	652	286
	初　中	4 360 810	4 075 673	178 466	72 001	23 285	7 193	4 192
	小　学	4 394 945	4 027 392	150 427	107 846	62 330	28 437	18 513
湖北省	总　计	7 635 686	7 061 180	345 940	147 266	49 149	18 334	13 817
	大学毕业	48 264	45 289	2 659	289	18	9	—
	大学肄业	18 667	18 555	86	20	3	—	3
	高　中	1 305 777	1 217 672	75 846	10 790	1 197	202	70
	初　中	2 609 035	2 443 655	117 143	36 427	8 154	2 196	1 460
	小　学	3 653 943	3 336 009	150 206	99 740	39 777	15 927	12 284

表216—221　　育龄妇女1981年按文化程度分组的生育胎次状况

地区	文化程度	15—20岁育龄妇女人数合计	未生	生育第1胎	生育第2胎	生育第3胎	生育第4胎	生育第5胎及以上
湖南省	总计	9 863 165	9 006 366	412 997	262 060	108 312	43 951	29 479
	大学毕业	37 600	34 731	2 220	599	43	4	3
	大学肄业	13 428	13 312	84	26	3	1	2
	高中	1 295 917	1 171 174	94 103	26 077	3 853	556	154
	初中	2 997 319	2 775 824	135 479	61 584	17 024	4 733	2 675
	小学	5 518 901	5 011 325	181 111	173 774	87 389	38 657	26 645
广东省	总计	10 950 027	9 852 833	459 901	321 027	164 691	86 472	65 103
	大学毕业	38 480	36 494	1 668	288	23	4	3
	大学肄业	14 452	14 344	79	22	4	2	1
	高中	1 505 960	1 384 709	79 264	29 977	8 889	2 501	620
	初中	3 170 402	2 904 493	135 079	78 566	32 299	13 043	6 922
	小学	6 220 733	5 512 793	243 811	212 174	123 476	70 922	57 557
广西壮族自治区	总计	6 128 838	5 440 143	256 299	176 516	107 938	70 039	77 903
	大学毕业	21 445	19 590	1 572	249	22	8	4
	大学肄业	6 440	6 348	68	23	—	1	—
	高中	853 307	784 943	49 023	15 301	3 069	724	247
	初中	1 863 911	1 697 690	87 118	48 034	18 805	7 566	4 698
	小学	3 383 735	2 931 572	118 518	112 909	86 042	61 740	72 954
四川省	总计	15 338 855	14 237 835	745 367	241 150	70 551	25 985	17 967
	大学毕业	70 547	67 326	2 974	210	29	6	2
	大学肄业	27 324	27 200	107	9	5	1	2
	高中	1 561 507	1 474 634	80 560	5 765	427	76	45
	初中	4 935 599	4 595 279	274 413	52 811	9 516	2 290	1 290
	小学	8 743 878	8 073 396	387 313	182 355	60 574	23 612	16 628
贵州省	总计	2 339 843	2 158 254	73 015	42 630	26 850	17 057	22 037
	大学毕业	20 834	19 882	777	152	13	5	5
	大学肄业	6 632	6 604	17	8	1	1	1
	高中	291 978	279 463	9 306	2 676	367	84	82
	初中	793 512	747 807	27 394	10 879	3 843	1 724	1 865
	小学	1 226 887	1 104 498	35 521	28 915	22 626	15 243	20 084
云南省	总计	3 091 243	2 862 807	109 383	57 555	26 696	14 570	20 232
	大学毕业	18 315	17 389	788	126	10	2	—
	大学肄业	7 527	7 464	50	9	2	—	2
	高中	337 225	321 425	12 784	2 596	325	57	38
	初中	974 678	912 495	41 112	14 585	4 030	1 299	1 157
	小学	1 753 498	1 604 034	54 649	40 239	22 329	13 212	19 035

表222—226　育龄妇女1981年按文化程度分组的生育胎次状况

地区	文化程度	15—49岁育龄妇女人数合计	未　生	生育第1胎	生育第2胎	生育第3胎	生育第4胎	生育第5胎及以上
陕西省	总　计	4 678 304	4 345 002	203 096	80 679	29 456	11 839	8 232
	大学毕业	40 514	38 147	2 117	234	14	2	—
	大学肄业	14 872	14 820	40	11	1	—	—
	高　中	884 304	827 234	48 577	7 389	884	151	69
	初　中	1 834 525	1 699 493	92 083	32 171	7 410	2 078	1 290
	小　学	1 904 089	1 765 308	60 279	40 874	21 147	9 608	6 873
甘肃省	总　计	1 851 554	1 752 455	69 520	18 863	5 441	2 649	2 626
	大学毕业	18 501	17 513	837	135	14	2	—
	大学肄业	5 269	5 251	16	2	—	—	—
	高　中	410 560	384 909	21 719	3 460	367	65	40
	初　中	661 559	626 811	27 475	5 617	996	348	312
	小　学	755 665	717 971	19 473	9 649	4 064	2 234	2 274
青海省	总　计	371 615	351 183	10 587	5 212	1 751	1 024	1 858
	大学毕业	5 805	5 303	351	135	14	2	—
	大学肄业	1 975	1 967	5	1	—	—	2
	高　中	81 319	77 804	2 574	796	102	16	27
	初　中	156 713	148 463	5 179	2 333	405	128	205
	小　学	125 803	117 646	2 478	1 947	1 230	878	1 624
宁夏回族自治区	总　计	415 618	387 416	15 261	7 182	2 174	1 513	2 072
	大学毕业	4 536	4 117	319	96	4	—	—
	大学肄业	1 742	1 725	8	9	—	—	—
	高　中	74 489	70 069	3 486	856	59	15	4
	初　中	184 291	173 644	6 946	2 879	411	199	212
	小　学	150 560	137 861	4 502	3 342	1 700	1 299	1 856
新疆维吾尔自治区	总　计	2 235 112	1 982 991	77 996	46 065	30 993	27 313	69 754
	大学毕业	15 123	14 012	674	208	82	65	82
	大学肄业	6 914	6 864	10	15	11	1	13
	高　中	376 046	352 472	14 441	4 043	1 340	1 083	2 667
	初　中	818 198	741 366	32 501	15 168	7 530	6 132	15 501
	小　学	1 018 831	868 277	30 370	26 631	22 030	20 032	51 491

九、1981年各省、自治区、直辖市育龄妇女按职业分组的生育胎次状况

表227—230　　育龄妇女1981年按职业分组的生育胎次状况

地区	职　业　别	15—49岁育龄妇女人数合计	未　生	生育第1胎	生育第2胎	生育第3胎	生育第4胎	生育第5胎及以上
北京市	总　　计	2 248 949	2 116 150	116 929	13 341	1 928	448	153
	各类专业、技术人员	352 334	332 250	19 094	917	64	7	2
	国家机关、党群组织、企事业单位负责人	25 854	25 083	737	32	2	—	—
	办事人员和有关人员	79 707	75 070	4 533	102	2	—	—
	商业工作人员	112 521	104 657	7 591	253	18	1	1
	服务性工作人员	193 579	183 974	9 226	350	26	2	1
	农林牧渔劳动者	623 158	582 352	29 101	9 489	1 656	415	145
	生产工人、运输工人和有关人员	855 109	806 300	46 431	2 191	160	23	4
	不便分类的其他劳动者	6 687	6 464	216	7	—	—	—
天津市	总　　计	1 778 875	1 670 093	90 720	13 912	2 906	804	440
	各类专业、技术人员	210 332	197 259	12 459	577	32	5	—
	国家机关、党群组织、企事业单位负责人	16 429	15 827	586	13	3	—	—
	办事人员和有关人员	45 394	42 236	3 082	75	1	—	—
	商业工作人员	74 498	69 218	4 956	283	36	4	1
	服务性工作人员	125 572	119 130	6 085	325	27	3	2
	农林牧渔劳动者	503 459	465 629	24 156	10 044	2 492	729	409
	生产工人、运输工人和有关人员	797 634	755 543	39 102	2 585	313	63	28
	不便分类的其他劳动者	5 557	5 251	294	10	2	—	—
河北省	总　　计	10 418 485	9 482 905	507 428	248 158	114 566	43 344	22 084
	各类专业、技术人员	464 054	425 524	32 641	4 888	779	170	52
	国家机关、党群组织、企事业单位负责人	25 669	24 399	1 058	194	14	4	—
	办事人员和有关人员	76 620	70 468	5 646	462	36	6	2
	商业工作人员	166 927	153 917	11 044	1 654	248	46	18
	服务性工作人员	166 266	156 470	8 771	883	110	23	9
	农林牧渔劳动者	8 389 745	7 600 654	380 394	232 327	111 949	42 623	21 798
	生产工人、运输工人和有关人员	1 116 727	1 039 756	67 258	7 660	1 398	458	197
	不便分类的其他劳动者	12 477	11 717	616	90	32	14	8
山西省	总　　计	5 100 956	4 668 266	209 971	118 418	58 247	26 640	19 414
	各类专业、技术人员	304 235	279 616	17 519	6 090	779	168	63
	国家机关、党群组织、企事业单位负责人	13 105	12 404	489	196	12	3	1
	办事人员和有关人员	49 772	46 023	2 761	905	64	17	2
	商业工作人员	102 745	95 195	5 299	1 911	242	66	32
	服务性工作人员	93 332	88 901	3 241	996	130	34	30
	农林牧渔劳动者	3 980 468	3 624 165	154 700	100 130	56 140	26 131	19 202
	生产工人、运输工人和有关人员	551 780	516 708	25 787	8 124	865	214	82
	不便分类的其他劳动者	5 519	5 254	175	66	15	7	2

表231—235　　育龄妇女1981年按职业分组的生育胎次状况

地区	职业别	15—49岁育龄妇女人数合计	未生	生育第1胎	生育第2胎	生育第3胎	生育第4胎	生育第5胎及以上
内蒙古自治区	总计	3 392 111	3 099 359	142 894	76 627	36 322	18 979	17 930
	各类专业、技术人员	258 262	236 388	15 347	5 305	778	266	178
	国家机关、党群组织、企事业单位负责人	16 592	15 992	369	194	22	11	4
	办事人员和有关人员	54 526	50 390	3 074	904	115	33	10
	商业工作人员	99 436	92 038	5 236	1 724	290	102	46
	服务性工作人员	115 053	108 369	4 619	1 564	305	121	75
	农林牧渔劳动者	2 368 476	2 146 756	92 056	60 137	33 868	18 202	17 457
	生产工人、运输工人和有关人员	471 678	441 737	21 894	6 716	932	242	157
	不便分类的其他劳动者	8 088	7 689	299	83	12	2	3
辽宁省	总计	6 781 299	6 404 669	309 815	45 446	13 397	4 886	3 086
	各类专业、技术人员	672 270	632 502	37 925	1 572	220	40	11
	国家机关、党群组织、企事业单位负责人	61 880	60 252	1 567	51	8	1	1
	办事人员和有关人员	121 883	114 129	7 537	201	13	2	1
	商业工作人员	295 999	277 526	17 619	705	111	24	14
	服务性工作人员	409 252	386 695	21 584	807	116	35	15
	农林牧渔劳动者	3 021 059	2 864 502	98 368	38 155	12 403	4 650	2 981
	生产工人、运输工人和有关人员	2 179 554	2 050 774	124 168	3 906	516	128	62
	不便分类的其他劳动者	19 402	18 289	1 047	49	10	6	1
吉林省	总计	3 231 950	3 055 360	130 503	31 901	8 778	3 299	2 109
	各类专业、技术人员	348 034	325 211	20 218	2 337	211	35	22
	国家机关、党群组织、企事业单位负责人	29 740	28 951	702	72	14	—	1
	办事人员和有关人员	53 050	49 660	3 141	224	16	7	2
	商业工作人员	166 178	156 016	9 002	992	118	29	21
	服务性工作人员	206 845	195 025	10 512	1 136	111	38	23
	农林牧渔劳动者	1 573 778	1 496 356	41 197	23 246	7 907	3 081	1 991
	生产工人、运输工人和有关人员	847 149	797 413	45 327	3 858	397	105	49
	不便分类的其他劳动者	7 176	6 728	404	36	4	4	—
黑龙江省	总计	4 443 183	4 205 581	179 213	39 965	11 081	4 331	3 012
	各类专业、技术人员	556 616	520 686	30 167	4 822	688	172	81
	国家机关、党群组织、企事业单位负责人	40 640	39 697	789	121	18	10	5
	办事人员和有关人员	84 615	79 767	4 294	476	57	16	5
	商业工作人员	253 247	237 611	13 306	1 843	332	98	57
	服务性工作人员	378 943	355 467	20 185	2 654	441	120	76
	农林牧渔劳动者	1 791 433	1 716 033	39 603	21 407	8 244	3 560	2 586
	生产工人、运输工人和有关人员	1 328 333	1 247 580	70 318	8 585	1 294	354	202
	不便分类的其他劳动者	9 356	8 740	551	57	7	1	—
上海市	总计	3 124 003	2 941 122	159 305	21 952	1 413	170	41
	各类专业、技术人员	339 674	324 677	14 245	728	23	1	—
	国家机关、党群组织、企事业单位负责人	30 510	29 655	830	22	3	—	—
	办事人员和有关人员	69 785	66 442	3 245	89	8	1	—
	商业工作人员	127 091	119 379	7 317	373	21	1	—
	服务性工作人员	250 618	238 460	11 445	664	40	4	5
	农林牧渔劳动者	806 236	748 753	42 077	14 217	1 026	134	29
	生产工人、运输工人和有关人员	1 496 547	1 410 384	79 983	5 853	292	28	7
	不便分类的其他劳动者	3 542	3 372	163	6	—	1	—

表236—240　育龄妇女1981年按职业分组的生育胎次状况

地区	职业别	15—49岁育龄妇女人数合计	未生	生育第1胎	生育第2胎	生育第3胎	生育第4胎	生育第5胎及以上
江苏省	总计	14 593 850	13 529 311	656 101	272 566	87 169	28 719	19 984
	各类专业、技术人员	577 563	540 874	31 552	4 320	604	133	80
	国家机关、党群组织、企事业单位负责人	46 387	45 122	1 178	74	11	2	—
	办事人员和有关人员	78 042	73 281	4 518	229	11	3	—
	商业工作人员	237 428	221 163	13 793	1 899	386	116	71
	服务性工作人员	314 023	297 359	14 244	1 975	317	80	48
	农林牧渔劳动者	10 503 750	9 693 703	435 504	244 447	82 975	27 686	19 435
	生产工人、运输工人和有关人员	2 821 183	2 643 103	154 672	19 507	2 858	697	346
	不便分类的其他劳动者	15 474	14 706	640	115	7	2	4
浙江省	总计	7 416 513	6 995 330	270 894	103 356	30 539	10 375	6 019
	各类专业、技术人员	367 718	348 485	15 405	3 201	473	103	51
	国家机关、党群组织、企事业单位负责人	25 869	25 125	668	67	6	3	—
	办事人员和有关人员	40 789	38 858	1 735	185	7	4	—
	商业工作人员	167 391	158 461	6 842	1 522	316	141	109
	服务性工作人员	194 727	187 142	5 844	1 314	266	103	58
	农林牧渔劳动者	4 089 779	3 842 381	147 228	68 582	20 636	6 859	4 093
	生产工人、运输工人和有关人员	2 524 394	2 389 323	92 972	28 419	8 818	3 158	1 704
	不便分类的其他劳动者	5 846	5 555	200	66	17	4	4
安徽省	总计	10 410 242	9 534 516	328 109	247 046	155 023	78 623	66 925
	各类专业、技术人员	314 314	291 031	16 607	5 360	939	238	139
	国家机关、党群组织、企事业单位负责人	19 647	19 065	420	144	14	2	2
	办事人员和有关人员	47 395	44 652	2 377	338	24	3	1
	商业工作人员	182 109	170 989	8 494	2 004	399	118	105
	服务性工作人员	155 315	148 198	5 399	1 341	233	83	61
	农林牧渔劳动者	8 934 725	8 144 690	263 023	230 708	152 144	77 826	66 334
	生产工人、运输工人和有关人员	748 040	707 617	31 469	7 065	1 261	348	280
	不便分类的其他劳动者	8 697	8 274	320	86	9	5	3
福建省	总计	4 226 361	3 853 558	161 061	111 748	57 657	24 724	17 613
	各类专业、技术人员	215 856	203 689	8 943	2 594	452	113	65
	国家机关、党群组织、企事业单位负责人	11 072	10 784	244	38	4	2	—
	办事人员和有关人员	32 992	31 200	1 603	167	15	5	2
	商业工作人员	94 559	89 008	4 033	1 070	293	101	54
	服务性工作人员	86 120	82 251	2 725	823	199	79	43
	农林牧渔劳动者	3 133 672	2 818 542	120 229	99 785	54 454	23 601	17 061
	生产工人、运输工人和有关人员	647 430	613 631	23 141	7 224	2 229	819	386
	不便分类的其他劳动者	4 660	4 453	143	47	11	4	2
江西省	总计	6 192 438	5 609 202	216 312	166 335	99 327	48 381	52 881
	各类专业、技术人员	264 340	245 794	12 682	4 553	866	259	186
	国家机关、党群组织、企事业单位负责人	15 583	15 167	333	67	11	3	2
	办事人员和有关人员	38 868	36 799	1 689	338	36	3	3
	商业工作人员	113 054	105 589	5 299	1 644	346	98	78
	服务性工作人员	139 608	133 285	4 343	1 416	365	124	75
	农林牧渔劳动者	4 967 278	4 456 447	166 812	149 685	95 370	47 087	51 877
	生产工人、运输工人和有关人员	650 624	613 204	25 050	8 593	2 319	806	652
	不便分类的其他劳动者	3 083	2 917	104	39	14	1	8

表241—245 育龄妇女1981年按职业分组的生育胎次状况

地区	职业别	15—49岁育龄妇女人数合计	未生	生育第1胎	生育第2胎	生育第3胎	生育第4胎	生育第5胎及以上
山东省	总计	16 704 745	15 448 339	763 031	306 206	117 242	43 203	26 724
	各类专业、技术人员	546 975	507 439	36 101	2 877	424	97	37
	国家机关、党群组织、企事业单位负责人	36 546	34 923	1 537	75	10	1	—
	办事人员和有关人员	66 157	61 489	4 504	153	9	1	1
	商业工作人员	183 658	171 712	11 095	697	103	33	18
	服务性工作人员	211 758	201 207	9 887	548	77	25	14
	农林牧渔劳动者	13 380 218	12 315 481	589 060	291 136	115 253	42 757	26 531
	生产工人、运输工人和有关人员	2 273 526	2 150 425	110 638	10 694	1 360	286	123
	不便分类的其他劳动者	5 907	5 663	209	26	6	3	—
河南省	总计	16 345 682	14 887 503	651 892	405 025	228 015	101 742	71 505
	各类专业、技术人员	526 522	486 238	31 261	7 103	1 404	379	137
	国家机关、党群组织、企事业单位负责人	23 845	23 414	283	116	25	3	4
	办事人员和有关人员	75 004	70 666	3 819	461	47	10	1
	商业工作人员	209 645	196 678	10 676	1 801	345	84	61
	服务性工作人员	170 604	162 946	6 297	996	230	78	57
	农林牧渔劳动者	14 373 902	13 036 204	553 085	387 677	224 890	100 928	71 118
	生产工人、运输工人和有关人员	957 294	902 907	46 151	6 817	1 046	249	124
	不便分类的其他劳动者	8 866	8 450	320	54	28	11	3
湖北省	总计	10 836 864	9 927 958	458 144	252 499	108 475	47 437	42 351
	各类专业、技术人员	471 755	436 737	28 304	5 737	733	176	68
	国家机关、党群组织、企事业单位负责人	37 118	35 632	1 191	256	34	5	—
	办事人员和有关人员	70 235	65 907	3 849	435	35	5	4
	商业工作人员	191 514	178 919	10 118	2 054	315	67	41
	服务性工作人员	251 620	239 188	9 882	2 025	345	103	77
	农林牧渔劳动者	8 569 423	7 805 447	339 589	230 519	105 371	46 640	41 857
	生产工人、运输工人和有关人员	1 237 337	1 158 601	64 938	11 428	1 630	437	303
	不便分类的其他劳动者	7 862	7 527	273	45	12	4	1
湖南省	总计	11 297 174	10 278 664	446 840	314 710	144 345	63 886	48 729
	各类专业、技术人员	407 103	375 920	22 540	7 381	978	209	75
	国家机关、党群组织、企事业单位负责人	28 387	27 255	900	201	27	4	—
	办事人员和有关人员	63 170	59 530	3 121	461	44	9	5
	商业工作人员	180 936	167 709	10 424	2 230	388	130	55
	服务性工作人员	193 862	183 147	8 433	1 810	327	88	57
	农林牧渔劳动者	9 436 570	8 540 763	354 855	290 433	139 822	62 623	48 074
	生产工人、运输工人和有关人员	981 215	918 686	46 378	12 141	2 745	813	451
	不便分类的其他劳动者	5 931	5 654	189	52	14	10	12
广东省	总计	12 581 931	11 244 507	495 767	371 531	213 772	127 108	129 246
	各类专业、技术人员	460 012	431 428	21 419	5 929	855	249	132
	国家机关、党群组织、企事业单位负责人	31 579	30 567	767	213	26	5	1
	办事人员和有关人员	83 374	78 800	3 975	528	52	15	4
	商业工作人员	273 354	256 528	11 669	3 365	936	481	375
	服务性工作人员	306 670	293 113	9 941	2 705	552	211	148
	农林牧渔劳动者	9 321 287	8 168 824	367 476	328 978	204 732	123 955	127 322
	生产工人、运输工人和有关人员	2 098 763	1 978 733	80 276	29 726	6 592	2 181	1 255
	不便分类的其他劳动者	6 892	6 514	224	87	27	11	9

表246—250　　育龄妇女1981年按职业分组的生育胎次状况

地区	职业别	15—49岁育龄妇女人数合计	未生	生育第1胎	生育第2胎	生育第3胎	生育第4胎	生育第5胎及以上
广西壮族自治区	总计	7 672 775	6 721 807	294 420	224 961	157 391	112 999	161 197
	各类专业、技术人员	203 473	186 844	11 892	4 111	431	126	69
	国家机关、党群组织、企事业单位负责人	13 797	13 152	491	144	9	1	—
	办事人员和有关人员	29 115	27 025	1 668	389	25	6	2
	商业工作人员	106 243	99 183	4 862	1 727	286	104	81
	服务性工作人员	116 255	109 449	4 622	1 740	263	111	70
	农林牧渔劳动者	6 751 885	5 864 891	249 733	209 091	155 256	112 240	160 674
	生产工人、运输工人和有关人员	449 450	418 842	21 073	7 727	1 108	406	294
	不便分类的其他劳动者	2 557	2 421	79	32	13	5	7
四川省	总计	22 384 093	20 662 153	971 923	415 597	164 121	76 980	93 319
	各类专业、技术人员	758 468	705 880	48 341	3 637	427	107	76
	国家机关、党群组织、企事业单位负责人	46 590	44 679	1 663	205	28	7	8
	办事人员和有关人员	120 479	113 798	6 328	313	33	5	2
	商业工作人员	298 979	275 119	22 116	1 429	212	62	41
	服务性工作人员	311 998	293 442	17 095	1 180	174	63	44
	农林牧渔劳动者	19 405 834	17 882 651	786 872	404 143	162 585	76 576	93 007
	生产工人、运输工人和有关人员	1 425 761	1 331 248	88 963	4 616	645	155	134
	不便分类的其他劳动者	15 984	15 336	545	74	17	5	7
贵州省	总计	5 867 415	5 106 238	178 734	153 698	141 727	105 551	181 467
	各类专业、技术人员	180 697	170 510	7 111	2 581	323	94	78
	国家机关、党群组织、企事业单位负责人	12 017	11 560	300	131	19	7	—
	办事人员和有关人员	34 238	32 514	1 436	252	26	7	3
	商业工作人员	74 047	69 923	2 595	1 039	253	119	118
	服务性工作人员	74 003	71 044	1 988	725	138	59	49
	农林牧渔劳动者	5 198 082	4 471 296	154 694	145 850	140 305	104 994	180 943
	生产工人、运输工人和有关人员	291 037	276 208	10 533	3 101	656	266	273
	不便分类的其他劳动者	3 294	3 183	77	19	7	5	3
云南省	总计	7 002 939	6 207 408	225 100	177 061	125 182	88 659	179 529
	各类专业、技术人员	205 501	192 753	9 642	2 625	293	89	99
	国家机关、党群组织、企事业单位负责人	10 858	10 514	248	87	9	—	—
	办事人员和有关人员	33 430	31 757	1 378	268	18	7	2
	商业工作人员	64 127	60 932	2 154	852	126	35	28
	服务性工作人员	101 730	97 444	3 163	912	149	40	22
	农林牧渔劳动者	6 224 967	5 471 766	192 535	169 006	124 097	88 330	179 233
	生产工人、运输工人和有关人员	360 499	340 474	15 937	3 299	486	158	145
	不便分类的其他劳动者	1 827	1 768	43	12	4	—	—
陕西省	总计	6 176 581	5 660 995	264 787	133 625	62 694	29 630	24 850
	各类专业、技术人员	295 598	276 624	15 779	2 692	365	86	52
	国家机关、党群组织、企事业单位负责人	14 088	13 611	397	68	10	2	—
	办事人员和有关人员	45 994	43 166	2 534	262	28	4	—
	商业工作人员	94 868	90 094	3 950	670	108	27	19
	服务性工作人员	114 215	110 105	3 375	590	102	21	22
	农林牧渔劳动者	5 023 984	4 570 017	212 596	125 673	61 623	29 369	24 706
	生产工人、运输工人和有关人员	585 234	554 863	26 088	3 656	456	120	51
	不便分类的其他劳动者	2 600	2 515	68	14	2	1	—

表251—255　　育龄妇女1981年按职业分组的生育胎次状况

地区	职业别	15—49岁育龄妇女人数合计	未生	生育第1胎	生育第2胎	生育第3胎	生育第4胎	生育第5胎及以上
甘肃省	总计	4 378 723	4 010 022	159 791	91 836	54 782	30 086	32 206
	各类专业、技术人员	141 755	132 989	7 272	1 306	130	40	18
	国家机关、党群组织、企事业单位负责人	7 538	7 352	130	52	3	1	—
	办事人员和有关人员	26 764	24 985	1 560	198	15	4	2
	商业工作人员	54 609	52 267	1 875	389	55	11	12
	服务性工作人员	70 838	68 340	2 093	324	37	15	29
	农林牧渔劳动者	3 770 244	3 434 926	131 118	87 781	54 343	29 961	32 115
	生产工人、运输工人和有关人员	303 270	285 582	15 635	1 772	197	54	30
	不便分类的其他劳动者	3 705	3 581	108	14	2	—	—
青海省	总计	775 203	681 208	24 885	17 815	14 756	11 796	24 743
	各类专业、技术人员	48 593	45 214	2 270	903	122	36	48
	国家机关、党群组织、企事业单位负责人	2 104	2 053	27	13	6	3	2
	办事人员和有关人员	8 446	7 824	434	152	20	10	6
	商业工作人员	13 552	12 874	353	209	47	28	41
	服务性工作人员	21 678	20 813	448	271	63	31	52
	农林牧渔劳动者	579 054	496 530	17 853	14 502	14 143	11 566	24 460
	生产工人、运输工人和有关人员	100 434	94 586	3 482	1 757	355	121	133
	不便分类的其他劳动者	1 342	1 314	18	8	—	1	1
宁夏回族自治区	总计	791 208	684 493	32 722	21 863	14 110	12 604	25 416
	各类专业、技术人员	38 975	36 058	1 961	825	67	30	34
	国家机关、党群组织、企事业单位负责人	1 701	1 650	24	20	6	1	—
	办事人员和有关人员	6 963	6 511	313	125	13	1	—
	商业工作人员	13 132	12 443	418	225	26	11	9
	服务性工作人员	19 286	18 399	511	283	42	22	29
	农林牧渔劳动者	635 256	538 928	26 087	18 621	13 818	12 492	25 310
	生产工人、运输工人和有关人员	75 381	70 020	3 388	1 756	137	46	34
	不便分类的其他劳动者	514	484	20	8	1	1	—
新疆维吾尔自治区	总计	2 442 580	2 130 541	86 217	55 863	41 283	36 174	92 502
	各类专业、技术人员	213 658	195 527	9 661	3 858	1 306	1 028	2 278
	国家机关、党群组织、企事业单位负责人	9 336	9 071	102	44	18	24	77
	办事人员和有关人员	28 264	26 366	1 315	369	85	51	78
	商业工作人员	53 903	50 832	1 527	682	280	202	380
	服务性工作人员	85 703	81 398	2 059	936	385	287	638
	农林牧渔劳动者	1 651 219	1 389 525	57 995	44 792	37 678	33 659	87 570
	生产工人、运输工人和有关人员	398 836	376 235	13 517	5 161	1 528	919	1 476
	不便分类的其他劳动者	1 661	1 587	41	21	3	4	5

十、1982年全国分县、

表256

县市名称	人口数	1982年人均工农业总产值(元)	人口密度(人/公里²)	人口性别比	人口年龄中位数(岁)	0—14岁人口占总人口百分比	65及65岁以上人口占总人口百分比	15—49岁育龄妇女占总人口百分比
北京市*								
北京市	5 258 214	3 382	3 838	102.8	28.2	19.0	5.4	30.3
门头沟区	259 386	1 204	195	112.5	26.0	23.6	5.1	27.3
燕山区	80 355	28 475	2 195	122.5	26.7	24.4	2.1	29.0
昌平县	380 019	2 605	266	99.8	25.7	25.8	6.4	27.8
顺义县	472 215	1 286	482	94.7	26.6	25.6	7.3	28.1
通县	534 795	1 710	615	96.8	26.7	26.2	6.9	27.9
大兴县	428 848	1 189	424	101.4	25.2	27.3	5.8	27.4
房山县	610 829	1 021	334	101.9	25.2	28.3	5.2	27.3
平谷县	333 506	732	310	99.1	25.4	28.0	5.9	26.8
怀柔县	234 341	771	92	106.6	25.2	27.0	6.1	26.1
密云县	390 030	643	167	105.5	24.5	27.5	5.2	26.5
延庆县	248 125	837	125	110.3	25.0	28.8	6.5	25.1
天津市								
天津市**	4 607 530	4 242	1 535	102.8	27.4	21.1	5.3	29.5
塘沽区	385 747	4 242	449	113.0	27.0	22.6	3.8	28.7
汉沽区	149 283	4 242	359	107.2	26.0	25.7	3.8	28.9
宁河县	288 299	633	262	101.6	24.0	31.0	4.8	26.7
武清县	710 560	654	451	102.3	25.5	28.9	6.6	25.8
静海县	430 373	764	296	102.8	25.5	31.6	6.0	25.1
宝坻县	542 270	423	374	100.8	25.0	30.5	6.8	25.1
蓟县	650 075	420	448	103.1	25.4	27.9	6.6	25.7
河北省								
石家庄市	1 066 332	3 763	3 312	112.7	27.7	22.5	3.6	28.5
唐山市	1 338 296	2 364	1 228	111.0	26.6	24.8	4.1	27.7
邯郸市	938 082	3 109	2 161	134.4	26.9	24.4	2.6	25.0
大名县	560 173	364	530	98.8	22.5	35.4	6.7	23.5
魏县	598 726	198	704	98.9	21.7	34.9	5.4	23.9
曲周县	297 142	315	439	99.7	24.6	33.6	6.5	23.8
丘县	155 383	495	347	97.5	24.1	33.2	6.4	24.2
鸡泽县	177 019	359	525	101.8	24.2	34.4	5.9	23.3
肥乡县	238 581	400	481	100.1	24.6	34.1	6.0	23.2
广平县	181 905	342	568	98.1	24.3	33.9	6.0	23.8
成安县	268 769	395	554	97.6	24.6	34.4	5.1	24.0
临漳县	424 050	310	570	98.4	23.5	34.6	4.7	23.4
磁县	486 209	326	480	99.3	22.6	35.7	4.5	24.0
武安县	543 174	465	301	102.6	24.4	30.8	4.9	25.9
涉县	323 106	353	217	112.8	24.2	31.8	4.2	24.0
永年县	609 839	407	679	100.3	23.8	34.7	5.3	23.7
邯郸县	278 369	322	519	93.5	22.6	36.6	5.1	24.6
馆陶县	222 627	500	488	97.8	24.1	35.0	6.6	23.4
邢台市	335 799	2 201	2 433	131.1	26.9	25.0	3.0	25.4
邢台县	360 641	386	182	100.5	23.9	31.3	5.6	25.3
沙河县	336 916	471	343	105.3	24.4	30.7	4.9	25.4
临城县	153 884	421	193	101.8	23.2	32.9	5.0	24.9
内丘县	206 918	388	267	102.4	23.7	33.8	4.5	24.6
柏乡县	140 842	625	492	102.1	25.3	32.0	5.4	24.3
隆尧县	377 813	337	504	101.8	23.6	34.5	5.6	23.3
任县	233 560	309	542	100.7	24.0	34.9	5.8	23.5
南和县	233 654	270	566	100.1	23.5	34.8	5.5	23.5
宁晋县	553 744	394	500	104.8	24.7	32.8	6.2	23.3
南宫县	378 397	569	443	96.2	26.1	27.6	7.0	26.1
巨鹿县	271 627	299	430	100.7	23.7	33.5	6.4	23.8
新河县	140 186	372	383	99.9	24.7	32.3	5.9	24.2

* 北京市包括东城区、西城区、宣武区、崇文区、海淀区、朝阳区、丰台区、石景山区。

**天津市包括和平区、河东区、河西区、河北区、南开区、红桥区、东郊区、南郊区、西郊区、大港区。

市17项人口指标

1981年人口出生率（‰）	1981年人口死亡率（‰）	1981年婴儿死亡率（‰）	每万人拥有大学生人数	每万人拥有初中文化程度人数	文盲、半文盲占12及12岁以上人口比重	农林牧渔业人口占在业人口百分比	工业人口占在业人口百分比	在业人口占总人口百分比
16.0	5.0	10	583	2 960	10.2	7.8	50.3	61.6
17.7	6.9	29	73	2 907	16.3	29.5	49.9	55.8
24.9	2.6	13	443	3 582	6.3	0.5	76.9	67.2
17.2	6.9	18	73	3 276	18.7	54.2	30.7	58.2
18.8	7.5	15	36	3 121	22.7	68.5	22.6	57.4
20.3	7.1	11	54	2 996	18.6	57.3	30.6	55.6
19.7	5.9	10	43	2 988	21.9	64.7	23.6	53.0
19.6	6.9	18	67	2 859	20.4	60.1	28.0	55.7
24.2	6.6	20	29	2 297	27.9	67.0	23.5	54.2
19.7	6.7	21	50	2 626	25.3	69.3	17.0	54.8
22.6	6.8	26	44	2 513	24.5	67.3	20.9	51.0
18.4	7.1	36	47	2 142	28.4	63.6	21.9	49.4
17.2	5.9	16	237	3 259	12.7	13.3	57.9	60.0
18.7	5.2	15	191	3 297	12.5	13.3	51.4	59.7
27.0	5.5	18	73	2 886	17.9	21.7	56.8	56.2
26.1	5.8	19	24	2 081	24.5	66.2	20.5	44.7
19.3	6.7	19	21	2 210	21.7	65.4	26.6	51.1
20.1	6.7	16	19	1 694	39.4	57.6	31.6	46.6
21.0	6.5	17	18	2 025	24.7	79.0	13.9	51.4
22.5	5.5	15	22	2 193	28.6	82.8	9.9	56.3
20.1	4.2	11	312	3 008	11.3	13.8	57.9	62.3
23.3	4.6	12	108	3 255	14.5	20.2	59.9	56.5
20.7	3.9	18	152	3 103	15.1	17.9	58.9	63.0
32.6	6.2	15	10	1 451	42.1	92.4	2.3	48.3
29.4	5.4	13	9	1 440	42.5	95.1	1.0	53.7
29.4	6.8	15	11	1 384	42.6	92.4	2.9	55.5
35.8	7.1	20	12	1 499	44.5	90.3	3.9	53.8
35.8	6.4	16	11	1 204	50.4	92.4	2.6	51.3
30.1	5.8	8	10	1 449	42.6	91.6	2.8	47.4
33.1	5.5	14	11	1 455	44.5	91.1	3.1	53.0
33.9	5.7	13	13	1 403	43.0	91.8	3.5	54.5
27.8	6.1	19	10	1 623	39.5	91.9	3.2	50.9
32.3	6.6	19	11	1 851	33.8	83.2	9.7	46.5
19.6	8.0	19	10	1 974	28.6	77.2	13.6	44.5
21.8	8.2	38	20	1 840	32.3	80.6	13.4	57.4
30.8	6.5	15	8	1 408	43.3	87.4	5.5	43.3
33.5	6.5	16	4	1 663	35.3	89.2	5.9	42.8
32.8	6.3	12	14	1 417	42.8	92.2	2.9	55.3
24.5	4.0	14	180	3 031	11.9	16.0	58.7	62.5
26.7	7.3	19	8	2 174	25.9	92.4	4.0	55.5
25.9	6.4	15	33	2 149	30.1	70.5	20.4	56.7
28.9	5.7	18	18	1 856	32.4	87.7	5.3	51.0
32.6	5.9	20	17	1 857	30.1	85.8	8.1	54.3
28.1	6.0	10	14	1 662	40.4	89.5	4.4	52.3
29.0	6.7	16	16	1 560	38.3	92.3	2.8	50.2
34.1	6.0	12	10	1 565	39.0	92.3	3.0	55.0
28.8	5.2	7	9	1 548	42.3	93.6	1.7	47.9
26.5	7.0	10	11	1 570	35.8	91.9	3.1	51.3
20.0	7.3	10	13	2 265	25.0	90.6	4.0	57.6
30.0	6.2	11	13	1 763	33.3	92.7	2.5	53.4
22.5	7.1	21	16	2 306	22.9	87.6	5.1	53.6

表256

县市名称	人口数	1982年人均工农业总产值(元)	人口密度(人/公里²)	人口性别比	人口年龄中位数(岁)	0—14岁人口占总人口百分比	65及65岁以上人口占总人口百分比	15—49岁育龄妇女占总人口百分比
广宗县	203 724	274	397	98.5	23.4	33.5	6.1	24.5
平乡县	202 829	279	500	101.4	24.2	33.8	6.5	23.2
威县	428 713	343	431	99.3	24.8	32.5	6.5	24.0
清河县	252 915	360	505	99.9	25.0	31.8	7.2	24.4
临西县	237 847	509	432	104.7	25.3	30.2	6.6	23.7
束鹿县	505 655	787	532	99.2	27.6	27.0	7.4	26.4
晋县	399 571	644	646	101.5	25.2	29.4	5.9	26.1
深泽县	201 971	506	671	103.6	26.5	29.0	6.5	25.5
无极县	382 154	432	764	101.6	24.6	31.2	5.5	24.7
藁城县	581 414	510	715	101.1	25.0	29.6	5.3	25.5
赵县	417 555	597	619	104.2	25.3	31.7	5.7	23.9
栾城县	277 904	644	700	100.7	25.9	29.5	5.3	25.8
正定县	451 365	477	751	98.1	25.1	30.3	5.0	26.1
新乐县	327 532	331	624	100.7	23.2	33.9	5.0	23.9
高邑县	134 854	637	607	100.4	24.9	30.0	5.1	26.2
元氏县	293 732	422	431	103.3	24.2	31.2	5.3	24.9
赞皇县	174 820	367	210	106.1	23.0	32.1	4.6	24.8
井陉县	288 596	510	209	107.2	25.1	28.6	6.2	25.1
获鹿县	266 026	738	433	103.2	26.1	27.5	6.1	25.8
平山县	416 874	395	160	109.6	25.5	28.3	6.6	24.2
灵寿县	241 180	335	226	103.8	25.0	30.0	5.7	24.9
行唐县	332 368	343	346	101.3	24.3	31.7	5.4	24.5
保定市	502 394	2 464	4 019	113.9	26.8	25.6	3.6	27.5
易县	466 666	231	184	107.8	24.4	31.2	5.8	24.0
满城县	352 446	377	491	103.1	25.2	31.3	6.0	24.6
徐水县	447 462	324	598	103.4	24.6	32.8	6.2	23.7
涞源县	234 720	264	96	112.6	23.2	34.1	4.6	22.4
定兴县	429 748	313	608	104.3	24.6	32.4	6.3	23.2
完县	254 468	250	359	103.5	24.4	31.9	6.1	24.2
唐县	419 085	235	299	104.3	23.4	33.5	5.4	23.8
望都县	204 179	430	546	100.9	24.7	31.4	5.5	25.3
涞水县	281 838	246	171	105.2	24.7	30.8	5.6	24.7
涿县	425 062	453	573	104.7	25.4	30.1	5.9	24.6
清苑县	540 075	329	566	102.2	24.8	32.4	7.0	23.9
高阳县	250 044	519	513	105.2	25.4	30.9	7.8	23.2
安新县	327 578	245	451	101.8	23.1	35.2	6.2	23.4
雄县	261 139	205	498	103.1	24.2	32.3	6.8	23.3
容城县	186 198	326	589	102.1	25.3	31.5	7.4	23.5
新城县	384 075	404	572	103.3	25.4	31.2	6.8	23.9
曲阳县	407 572	188	382	104.5	23.0	35.2	4.8	23.4
阜平县	185 683	250	75	108.4	23.8	33.1	6.0	23.1
定县	892 126	356	700	102.4	24.1	33.1	5.7	23.7
安国县	325 254	341	669	100.0	25.4	32.0	6.8	24.4
博野县	200 413	313	589	100.9	24.8	32.6	6.7	24.1
蠡县	362 825	453	563	101.9	25.5	32.1	7.5	23.3
张家口市	605 906	2 287	1 045	109.5	26.9	23.5	4.2	28.9
张北县	359 382	379	86	111.7	23.0	31.8	3.8	24.9
康保县	263 354	371	79	111.7	23.2	31.6	3.7	25.3
沽源县	210 420	371	58	109.4	22.5	32.7	3.6	25.4
尚义县	173 953	382	66	111.0	22.9	33.2	3.7	24.5
蔚县	406 021	323	127	123.4	25.1	31.1	5.7	21.6
阳原县	240 494	291	131	116.5	23.3	32.2	5.5	22.2
怀安县	224 664	369	128	115.6	23.6	32.8	4.9	22.7
万全县	179 544	424	154	115.4	25.3	29.5	5.6	24.0
怀来县	278 248	523	155	112.3	24.2	30.0	5.6	24.4
涿鹿县	296 254	556	106	118.6	24.9	29.0	5.1	24.1
宣化县	292 087	451	125	118.2	24.1	31.4	4.8	23.3
赤城县	268 225	391	50	114.4	23.2	31.5	5.6	23.2
崇礼县	113 902	358	48	114.3	23.7	29.5	4.2	25.1
承德市	316 397	1 674	491	113.2	25.1	26.6	2.9	27.7
青龙县	455 785	229	130	107.9	23.7	31.2	4.7	25.1
宽城县	198 961	333	104	109.1	23.0	31.6	4.2	24.6

（续1）

1981年人口出生率（‰）	1981年人口死亡率（‰）	1981年婴儿死亡率（‰）	每万人拥有大学生人数	每万人拥有初中文化程度人数	文盲、半文盲占12及12岁以上人口比重	农林牧渔业人口占在业人口百分比	工业人口占在业人口百分比	在业人口占总人口百分比
30.4	5.8	11	10	1 378	39.4	94.8	0.9	57.7
31.9	6.4	9	11	1 418	45.3	92.9	2.3	53.4
27.2	7.1	15	10	1 608	39.2	94.0	1.6	55.9
27.7	7.4	17	10	1 735	37.9	89.8	4.6	54.5
26.5	8.4	16	11	1 547	39.4	92.1	3.1	57.9
23.3	7.1	16	17	2 184	21.7	81.6	11.3	54.3
24.1	5.8	12	15	2 022	29.6	85.1	8.2	49.9
24.5	6.5	10	21	2 282	26.8	82.6	9.7	52.1
22.6	6.2	16	12	1 845	35.3	92.0	3.4	57.0
24.1	5.7	11	11	1 715	35.6	91.3	3.8	56.5
28.0	5.8	8	10	1 734	37.8	88.1	5.2	52.2
24.7	5.7	11	12	1 981	31.6	84.5	8.9	54.4
26.0	6.6	24	22	2 103	27.7	85.5	7.7	55.0
30.9	5.8	15	13	1 736	35.3	90.7	3.2	50.8
31.4	6.6	18	20	1 990	29.7	86.0	6.4	50.4
24.8	6.0	8	18	2 077	26.4	87.9	5.0	47.6
31.9	6.0	15	17	1 757	32.8	85.5	6.4	44.3
18.9	7.3	17	14	2 228	28.5	84.1	7.9	48.7
22.4	6.4	19	19	2 297	24.9	76.1	14.8	52.5
25.6	8.7	20	15	2 102	34.5	88.0	5.3	48.4
26.0	6.5	17	13	2 030	36.2	90.7	2.9	52.6
28.5	6.8	21	13	1 977	33.2	91.6	2.8	49.5
19.3	3.9	11	253	3 148	10.3	17.1	55.9	59.0
22.6	7.0	28	10	1 812	31.6	88.4	5.0	48.6
25.4	5.4	14	11	1 787	29.2	85.1	7.8	46.2
26.2	5.3	13	15	1 635	33.4	88.4	5.6	46.7
21.1	6.5	43	16	1 555	40.6	80.7	10.2	39.8
22.1	5.2	14	11	1 592	29.4	87.9	6.5	48.7
22.6	6.1	22	13	1 931	26.4	92.7	2.1	52.7
25.7	5.4	15	12	1 641	35.0	92.3	2.9	49.6
31.4	5.7	22	15	1 914	31.1	88.6	5.1	56.4
22.8	5.6	24	14	1 867	28.3	86.3	8.0	55.6
24.0	5.2	8	65	1 838	24.6	77.5	13.9	53.6
24.0	5.0	13	7	1 780	31.5	93.3	2.7	53.2
24.4	5.9	10	12	1 825	26.3	86.4	7.7	53.9
23.7	5.1	11	7	1 141	42.2	92.4	2.8	52.6
27.7	5.5	14	10	1 441	32.2	90.3	4.3	49.9
26.6	5.8	16	10	1 580	33.6	91.7	3.4	50.9
24.5	5.5	15	13	1 778	30.2	88.1	5.5	55.3
29.8	5.4	13	10	1 519	39.0	90.5	4.5	44.8
25.5	5.7	25	13	1 981	33.7	88.2	3.5	40.1
25.5	5.8	17	12	1 767	32.2	91.2	3.5	52.1
24.7	6.2	15	15	2 142	28.0	90.9	3.8	52.4
25.4	6.0	19	13	1 963	27.7	93.1	1.9	54.3
26.3	5.5	10	9	1 673	26.1	93.2	2.3	55.7
18.9	4.8	16	153	3 061	13.7	12.4	57.6	57.3
19.3	6.3	45	19	1 506	36.7	88.6	4.0	53.7
20.8	6.7	45	16	1 479	39.2	91.6	2.5	58.4
17.9	5.8	43	17	1 417	38.3	90.8	1.9	51.6
22.4	5.9	41	20	1 433	35.3	88.7	4.5	54.3
15.5	7.8	33	16	1 577	27.0	84.2	9.4	58.1
17.4	6.7	20	18	1 887	27.7	82.0	10.3	50.4
20.5	6.9	37	22	1 829	24.9	77.8	11.2	45.5
17.9	6.3	27	20	1 839	30.1	83.5	7.2	43.4
17.1	6.9	40	27	1 788	25.6	72.1	16.4	44.7
19.5	7.8	35	23	1 480	27.6	79.2	11.8	43.2
17.9	6.2	39	16	1 739	28.0	85.2	7.9	45.4
20.6	7.2	42	17	1 341	38.7	85.9	5.7	45.0
21.9	5.6	37	26	1 515	35.8	86.4	5.7	52.2
20.5	4.2	18	152	3 005	13.7	18.1	52.1	56.5
20.0	6.6	36	16	1 715	26.8	88.3	5.0	42.2
24.1	6.9	43	23	1 783	29.7	83.8	8.2	41.7

表256

县市名称	人口数	1982年人均工农业总产值(元)	人口密度(人/公里²)	人口性别比	人口年龄中位数(岁)	0—14岁人口占总人口百分比	65及65岁以上人口占总人口百分比	15—49岁育龄妇女占总人口百分比
兴隆县	276 598	535	89	109.6	23.3	29.8	4.6	24.9
平泉县	401 548	340	123	106.1	22.6	32.1	3.9	25.3
承德县	445 285	376	110	108.4	22.7	31.5	4.0	24.9
滦平县	290 642	333	90	109.0	22.0	31.9	4.2	24.5
丰宁县	337 028	373	38	107.5	22.1	32.9	4.5	24.5
隆化县	366 428	353	67	108.2	21.1	33.8	4.0	24.1
围场县	464 568	305	51	109.5	20.6	34.3	3.2	24.5
秦皇岛市	403 701	1 660	1 035	109.1	27.1	24.1	4.8	28.2
丰润县	595 327	516	490	104.2	25.8	28.4	6.6	25.1
丰南县	567 389	680	437	107.2	25.1	30.0	6.0	24.9
滦县	469 491	345	470	105.4	23.5	31.5	5.8	24.6
滦南县	508 343	608	236	102.3	24.9	30.3	7.3	24.3
乐亭县	453 977	623	347	102.0	26.6	27.2	8.1	25.2
昌黎县	484 858	422	410	104.6	25.4	28.8	6.9	24.8
抚宁县	478 657	405	278	102.5	24.8	30.2	6.0	25.7
卢龙县	363 003	363	384	104.8	25.1	28.6	6.2	25.5
迁安县	537 186	409	445	106.4	24.4	29.8	5.6	25.3
迁西县	316 658	385	220	109.3	24.4	29.1	5.6	25.0
遵化县	564 567	487	374	103.8	24.6	30.5	5.8	24.9
玉田县	540 980	485	464	103.0	25.6	29.8	7.1	24.4
廊坊市	171 972	720	886	114.5	26.9	25.5	4.2	27.1
三河县	316 990	592	493	101.4	26.2	27.6	7.5	25.2
大厂回族自治县	87 396	778	514	98.9	27.0	25.8	7.7	26.4
香河县	250 488	499	573	100.4	26.5	26.5	8.0	25.9
安次县	317 090	583	412	106.2	25.1	28.9	6.3	25.4
永清县	304 052	596	398	103.6	24.6	30.9	6.4	24.6
固安县	311 968	694	437	103.3	25.5	28.3	6.9	25.4
霸县	408 841	648	496	101.7	25.2	29.2	6.1	26.2
文安县	348 045	518	339	102.9	25.1	30.7	6.3	25.3
大城县	323 052	492	363	102.6	24.5	30.4	6.7	25.1
沧州市	266 386	2 344	1 366	112.4	25.7	28.2	4.0	26.5
沧县	534 937	396	350	101.1	23.7	34.0	6.4	23.7
河间县	601 422	347	452	103.9	24.1	32.8	6.3	23.5
肃宁县	256 611	414	489	101.2	25.4	30.4	7.2	24.3
献县	430 852	299	367	102.0	23.6	33.4	6.2	23.6
交河县	428 429	670	444	100.9	23.0	34.6	5.6	24.0
吴桥县	242 477	680	419	98.7	25.9	30.6	6.6	24.7
东光县	286 311	597	403	101.2	25.0	32.2	6.0	24.3
南皮县	298 806	478	357	102.5	24.7	32.2	6.0	24.2
盐山县	322 547	239	405	103.2	24.1	32.6	6.2	23.9
黄骅县	374 641	798	173	99.7	24.7	32.9	6.2	24.9
孟村回族自治县	139 807	447	364	100.4	23.7	33.4	6.4	24.0
青县	304 093	710	308	103.3	25.1	30.3	6.3	25.2
任丘县	543 271	384	531	108.0	25.2	29.8	6.4	24.4
海兴县	162 702	317	188	100.0	24.1	33.6	6.2	24.4
衡水市	102 879	184	1 409	132.4	27.9	25.3	3.0	25.3
衡水县	169 289	616	322	95.3	25.7	31.5	7.7	24.5
冀县	323 148	737	352	96.6	26.6	28.6	7.6	25.2
枣强县	326 618	447	365	95.7	25.1	33.6	7.5	23.5
武邑县	275 942	430	336	99.9	24.9	33.8	6.4	23.1
深县	488 357	344	393	100.3	26.4	29.0	8.3	24.4
武强县	173 714	361	385	98.9	24.8	31.0	6.9	25.0
饶阳县	235 959	420	412	100.2	26.6	28.2	8.4	24.9
安平县	256 954	362	521	101.6	26.7	27.6	8.1	25.0
故城县	370 992	499	394	98.0	25.1	32.9	6.6	24.2
景县	427 398	358	361	98.9	24.3	33.7	6.4	23.9
阜城县	278 828	500	400	98.5	23.8	34.1	5.8	23.9
山西省								
太原市	1 774 713	3 413	583	115.7	25.1	25.8	3.4	26.9
清徐县	233 393	571	385	100.7	23.2	32.6	5.6	25.0
阳曲县	129 472	346	63	112.9	23.3	32.8	6.3	22.1

（续2）

1981年人口出生率（‰）	1981年人口死亡率（‰）	1981年婴儿死亡率（‰）	每万人拥有大学生人数	每万人拥有初中文化程度人数	文盲、半文盲占12及12岁以上人口比重	农林牧渔业人口占在业人口百分比	工业人口占在业人口百分比	在业人口占总人口百分比
21.2	6.6	35	24	1 867	30.1	81.2	8.6	47.6
20.5	6.3	29	20	1 957	27.8	85.9	6.9	52.7
21.6	6.5	35	19	1 851	28.9	82.3	10.2	46.6
19.5	6.4	34	19	1 797	30.3	85.1	7.6	53.6
20.0	6.3	43	19	1 563	31.9	89.6	3.1	56.6
22.2	7.2	45	19	1 560	35.2	85.8	5.5	44.6
22.3	7.2	42	15	1 644	32.2	87.8	4.8	52.6
21.9	4.8	10	143	3 291	12.7	22.6	44.9	58.4
20.3	6.0	16	16	1 853	24.7	83.1	9.2	52.4
21.7	5.6	17	19	1 807	25.9	75.3	14.7	41.1
20.7	5.3	17	16	1 662	28.6	84.1	7.4	47.3
22.6	6.1	15	11	1 797	27.5	89.8	3.7	52.3
20.9	6.5	16	16	1 937	18.7	87.2	6.1	46.9
23.1	5.5	14	21	2 036	21.3	85.1	6.6	53.1
21.3	5.9	20	16	1 897	21.5	84.9	7.9	56.6
20.7	6.3	22	11	2 047	24.7	86.5	6.3	44.0
22.1	6.2	26	18	1 963	28.5	77.1	13.6	52.4
23.3	6.2	23	23	2 021	26.4	76.1	14.8	44.5
20.7	6.0	18	13	2 033	25.2	83.9	8.7	46.5
24.6	5.4	16	11	1 835	27.5	88.6	5.6	51.4
18.5	4.8	6	140	2 646	15.2	41.8	29.2	59.1
19.3	5.6	12	50	1 950	26.8	74.9	16.3	53.1
19.0	6.1	13	27	2 140	24.7	69.8	20.0	55.3
19.0	5.6	13	21	2 104	26.3	83.2	10.4	55.4
18.5	4.8	16	15	2 045	23.7	76.9	18.0	52.9
23.9	5.7	13	14	1 743	29.6	83.5	10.1	54.1
24.4	6.1	17	28	1 866	30.6	81.3	10.7	55.9
24.1	5.7	15	17	1 678	33.1	71.7	20.7	57.2
23.6	5.9	12	13	1 549	40.4	80.6	13.4	54.3
23.6	6.2	13	13	1 808	36.5	82.8	10.9	52.5
22.3	3.8	12	164	2 776	15.6	18.1	48.5	54.5
23.7	6.4	19	5	1 431	35.8	86.5	9.0	47.6
25.9	5.6	11	11	1 719	35.3	90.0	5.1	53.5
23.8	6.4	13	13	2 065	25.9	88.3	5.4	53.2
25.0	6.5	16	9	1 769	35.0	91.1	3.3	51.7
23.9	5.9	14	17	1 860	28.2	79.4	12.0	52.0
20.7	7.0	20	13	1 931	26.7	89.3	4.2	56.7
19.9	7.0	18	9	1 610	37.5	85.0	7.9	53.6
22.8	6.7	20	9	1 592	41.4	82.6	10.2	47.6
20.4	6.1	25	12	1 411	43.9	89.6	5.0	52.7
24.8	6.0	22	14	1 737	32.3	71.5	19.6	45.1
25.9	5.7	21	16	1 536	40.6	82.4	10.2	53.4
20.5	6.3	17	15	1 668	33.0	69.3	21.0	45.5
26.0	5.9	19	51	2 097	32.4	72.1	17.0	54.8
25.1	5.9	17	14	1 556	38.6	77.9	14.8	49.5
24.2	6.0	17	260	2 725	9.7	19.9	42.3	60.2
24.2	6.0	14	6	1 756	25.4	89.1	6.0	53.0
19.9	8.4	21	13	2 008	20.7	87.5	6.0	55.6
26.1	6.4	13	11	1 714	25.4	89.7	4.6	51.8
22.2	5.9	11	10	1 843	27.8	90.4	4.1	52.8
24.3	7.5	21	14	1 937	22.1	89.6	4.4	53.7
23.3	6.9	23	15	1 901	22.6	87.6	5.9	55.8
20.3	6.7	12	16	2 067	20.5	90.2	4.1	54.9
25.8	6.7	22	14	2 085	23.1	90.7	3.6	54.2
25.2	6.5	16	10	1 762	27.6	87.8	6.2	52.7
24.8	5.9	18	10	1 842	27.2	92.3	2.5	53.2
22.8	6.0	21	12	1 845	30.4	90.8	3.5	51.3
17.0	4.9	18	234	3 043	12.3	18.5	56.3	56.7
17.9	6.2	16	18	2 571	18.5	83.6	8.7	53.8
17.3	8.1	43	16	1 942	31.8	85.0	6.0	49.7

表256

县市名称	人口数	1982年人均工农业总产值(元)	人口密度(人/公里²)	人口性别比	人口年龄中位数(岁)	0—14岁人口占总人口百分比	65及65岁以上人口占总人口百分比	15—49岁育龄妇女占总人口百分比
娄烦县	82 022	269	63	118.7	21.5	36.0	5.5	20.6
大同市	967 608	1 892	467	116.9	23.5	30.5	3.0	25.7
阳泉市	466 558	1 968	705	128.8	25.4	28.3	3.2	23.8
长治市	436 154	1 931	1 298	117.6	23.7	31.1	2.6	25.0
阳高县	236 124	362	139	111.3	21.8	34.9	5.6	21.6
天镇县	170 379	386	104	111.0	19.7	38.0	4.4	21.4
广灵县	142 382	367	118	121.5	22.8	33.9	4.8	21.5
灵丘县	186 144	322	68	111.8	22.5	34.2	4.7	22.6
浑源县	280 562	472	143	108.9	21.2	35.9	5.3	21.9
应县	235 308	404	141	117.1	22.5	34.3	6.1	21.6
山阴县	177 006	516	107	116.6	23.1	34.4	6.5	21.6
朔县	238 996	1 167	133	115.9	22.4	34.1	5.7	21.9
平鲁县	140 014	446	61	115.8	21.8	35.5	5.5	20.9
左云县	96 273	1 065	73	115.3	23.1	33.4	5.4	22.8
右玉县	89 740	565	45	115.0	23.2	34.3	5.3	22.0
大同县	147 423	446	100	114.1	21.6	35.1	5.4	22.0
怀仁县	181 850	898	148	118.2	23.1	33.3	5.8	22.9
忻县	381 704	620	193	111.9	24.6	29.9	6.4	23.2
定襄县	184 830	752	219	107.8	25.3	29.6	7.2	23.7
五台县	293 660	283	103	106.6	23.8	33.1	7.4	22.3
原平县	403 715	703	157	118.9	25.3	30.2	7.2	21.4
代县	175 666	364	101	119.4	25.1	30.8	7.2	21.7
繁峙县	199 132	244	84	120.1	23.3	34.5	5.8	21.0
宁武县	134 003	508	70	125.4	22.8	34.9	5.2	20.4
静乐县	130 377	227	64	124.0	21.4	36.0	5.1	20.0
神池县	83 699	519	56	119.7	23.3	34.1	5.5	20.9
五寨县	88 755	480	64	118.7	23.3	33.6	5.5	21.7
岢岚县	70 636	428	36	118.4	21.3	36.5	5.1	20.3
河曲县	117 598	346	116	114.0	23.6	33.8	6.9	21.6
保德县	108 149	507	84	108.6	20.2	38.5	6.0	20.8
偏关县	84 605	530	51	118.9	23.2	33.9	5.9	21.1
汾阳县	303 046	556	228	104.9	21.6	35.0	5.9	22.9
文水县	267 601	389	176	103.6	22.3	35.3	5.4	22.9
交城县	203 330	412	176	102.1	21.4	36.0	5.2	23.3
孝义县	299 632	445	317	111.5	22.9	34.0	5.5	22.4
兴县	201 985	369	70	110.7	20.1	36.9	4.7	21.6
临县	433 897	244	133	106.8	20.1	38.4	4.8	21.5
柳林县	208 575	234	163	105.1	20.1	37.6	5.3	21.9
石楼县	76 054	195	44	108.2	20.1	38.9	4.0	21.9
岚县	124 480	288	82	114.1	20.3	37.2	4.4	21.1
方山县	103 178	229	62	111.6	20.4	37.0	4.6	21.3
离石县	143 714	345	108	110.8	21.1	34.6	4.7	23.0
东阳县	100 278	334	70	109.3	20.4	37.2	4.8	21.8
交口县	88 562	374	71	114.8	22.2	35.4	5.7	21.3
榆次市	268 194	1 878	688	108.4	24.2	30.0	3.8	26.4
榆社县	119 200	312	70	108.1	20.1	37.9	5.2	21.4
左权县	146 749	367	72	107.8	22.3	34.7	4.6	23.5
和顺县	124 917	395	57	109.7	22.1	35.3	5.1	22.7
昔阳县	234 240	473	124	108.6	23.1	33.7	5.5	22.8
平定县	304 522	641	219	103.8	23.5	34.4	5.1	23.7
盂县	250 462	684	99	109.9	23.9	32.8	6.6	22.3
寿阳县	213 487	516	99	114.5	24.1	33.3	7.3	20.8
榆次县	134 234	594	147	108.8	22.8	33.9	5.1	23.6
太谷县	241 169	1 080	230	105.0	22.4	33.8	4.7	24.7
祁县	211 360	535	245	105.6	23.0	35.3	5.6	22.9
平遥县	402 710	352	373	102.9	21.2	36.0	6.7	22.3
介休县	292 398	1 488	415	104.9	21.3	35.5	5.2	23.6
灵石县	202 155	417	168	107.3	20.5	36.8	5.0	22.3
长治县	280 151	397	576	98.1	22.5	35.8	4.4	24.4
潞城县	165 193	367	268	106.4	22.6	35.9	4.5	22.8

（续3）

1981年人口出生率（‰）	1981年人口死亡率（‰）	1981年婴儿死亡率（‰）	每万人拥有大学生人数	每万人拥有初中文化程度人数	文盲、半文盲占12及12岁以上人口比重	农林牧渔业人口占在业人口百分比	工业人口占在业人口百分比	在业人口占总人口百分比
21.1	7.8	74	14	1 462	42.6	87.0	4.5	50.0
22.4	4.5	19	78	2 696	18.2	25.3	51.3	53.0
18.4	6.6	23	61	2 781	17.0	17.2	61.2	52.6
19.8	4.6	28	118	2 740	15.4	28.2	52.9	54.4
20.5	6.0	20	12	1 899	22.6	86.1	5.7	50.0
21.4	5.9	27	14	1 829	33.1	86.6	5.3	49.8
19.1	8.0	28	16	1 584	32.6	88.7	4.4	55.1
21.4	7.0	38	15	1 662	39.3	84.8	5.6	50.4
21.4	7.3	34	14	1 563	36.9	85.6	7.4	51.3
22.4	7.3	34	13	1 802	30.4	88.9	4.2	54.4
23.8	7.0	31	17	1 918	32.9	80.7	9.5	46.0
24.4	6.4	25	31	1 859	31.7	77.1	13.8	52.1
24.4	7.3	33	13	1 621	38.9	85.3	6.9	51.6
20.8	7.4	43	18	1 806	33.2	72.6	16.5	50.4
23.9	8.3	64	21	1 582	39.8	84.0	5.5	53.7
23.7	6.1	26	14	1 970	32.4	82.6	8.6	44.0
26.3	6.4	33	21	2 034	27.5	68.1	12.3	46.9
17.6	7.0	35	50	2 148	29.4	70.7	14.9	52.3
18.2	7.8	63	19	2 269	24.7	76.7	14.2	49.4
18.3	7.4	23	15	1 929	24.3	87.9	5.4	53.8
16.5	7.3	24	26	2 026	25.1	76.9	14.5	53.0
19.5	8.5	56	23	1 903	30.5	81.2	10.0	51.6
22.6	5.9	18	12	1 352	31.0	89.7	3.5	53.0
22.2	6.9	47	29	1 816	33.1	70.0	18.8	51.7
23.5	7.4	72	12	1 371	43.3	87.9	4.3	51.7
21.2	7.3	34	20	1 566	34.2	87.2	4.0	53.2
20.7	7.7	70	26	1 825	31.4	83.9	4.9	52.9
20.7	7.4	55	21	1 492	36.4	85.0	4.2	53.1
23.8	9.5	128	18	1 580	37.3	79.8	11.2	53.4
25.8	7.0	54	16	1 466	41.1	83.8	6.6	49.5
24.1	9.6	140	19	1 501	41.7	74.5	15.5	53.3
15.3	5.9	15	21	1 945	21.6	83.6	7.5	50.1
18.9	5.5	12	15	2 272	26.3	84.3	7.2	44.3
20.5	5.7	16	17	2 176	23.5	78.1	12.2	43.4
20.1	5.9	17	27	2 324	20.6	61.5	28.0	43.9
25.0	5.9	38	10	1 574	34.8	87.2	5.1	50.4
19.6	6.1	33	8	1 632	30.9	92.2	2.4	52.3
21.5	7.1	42	10	1 581	37.7	87.0	5.0	50.1
27.7	6.3	27	14	1 343	39.7	83.9	3.5	38.3
22.0	5.7	28	12	1 555	38.5	90.3	2.7	51.6
19.2	6.2	36	11	1 629	33.9	89.0	3.2	52.0
28.5	6.0	37	74	2 183	25.7	65.4	12.8	40.6
21.2	6.3	23	12	1 653	35.4	82.1	9.1	50.3
23.2	6.8	42	23	1 920	28.9	71.9	17.1	49.1
16.8	4.4	15	122	2 620	15.0	33.5	43.7	52.3
26.5	8.3	60	11	2 010	30.9	83.3	6.0	43.4
22.3	8.2	49	12	1 927	30.9	86.7	5.8	55.0
20.4	7.4	33	11	1 695	29.1	81.5	9.0	51.0
20.8	8.3	51	11	2 133	26.7	79.7	12.2	51.1
20.7	8.4	43	8	1 831	28.7	71.6	19.6	42.7
18.6	8.1	35	8	1 785	33.9	73.9	16.6	45.4
17.9	9.0	59	11	1 711	29.3	79.5	10.6	53.3
19.0	6.4	25	17	2 080	25.9	81.0	9.7	46.2
18.4	5.0	21	73	2 206	21.5	64.9	21.0	46.9
19.0	6.5	26	34	2 461	22.2	74.4	14.0	47.2
20.1	7.0	16	17	2 254	24.9	81.9	10.3	48.6
18.9	5.9	20	27	2 052	24.0	71.0	19.4	52.6
24.3	6.0	36	19	2 201	23.0	64.1	25.3	48.4
18.4	6.8	21	11	1 926	28.0	77.0	15.2	48.2
11.0	4.5	42	19	1 867	27.7	78.4	12.8	49.3

表256

县市名称	人口数	1982年人均工农业总产值(元)	人口密度(人/公里²)	人口性别比	人口年龄中位数(岁)	0—14岁人口占总人口百分比	65及65岁以上人口占总人口百分比	15—49岁育龄妇女占总人口百分比
屯留县	209 222	286	176	106.2	21.1	36.8	4.4	22.2
长子县	296 258	304	232	102.3	22.3	35.4	4.5	23.2
沁水县	202 394	358	103	106.0	24.8	32.4	4.8	23.3
阳城县	359 514	510	187	102.5	25.0	31.0	4.5	25.2
晋城县	591 313	809	272	106.5	24.4	33.3	4.8	23.4
高平县	402 554	556	281	98.7	24.8	33.0	5.0	24.8
陵川县	229 586	306	137	104.7	23.2	35.3	5.0	22.1
壶关县	243 485	274	243	102.5	21.8	35.9	4.8	22.8
平顺县	156 990	214	103	107.8	21.6	36.5	4.4	22.3
黎城县	142 389	393	126	113.9	23.1	34.3	4.6	22.4
武乡县	196 846	363	121	111.2	22.5	36.5	6.3	20.6
襄垣县	210 973	456	182	110.4	23.6	34.3	5.5	21.9
沁县	158 545	364	121	106.1	22.1	35.5	5.8	21.6
沁源县	149 480	447	58	110.3	23.2	34.5	5.5	22.1
临汾市	190 626	1 481	1 371	115.4	25.0	29.2	3.2	25.9
侯马市	148 577	1 234	542	105.8	23.5	32.1	3.6	25.9
曲沃县	173 766	529	406	99.7	21.8	33.7	4.9	25.1
翼城县	251 368	451	271	101.4	23.0	33.7	4.7	24.3
襄汾县	385 160	515	372	99.6	22.2	34.7	5.3	24.6
临汾县	301 294	458	259	98.3	21.9	35.6	5.4	23.7
洪洞县	528 393	370	352	100.0	21.5	35.7	4.6	24.0
霍县	196 616	1 373	257	114.4	21.7	35.1	3.3	23.0
古县	73 104	361	60	109.9	21.6	35.8	4.2	21.9
安泽县	70 886	457	36	111.4	21.5	36.2	4.0	21.7
浮山县	116 771	232	127	107.1	22.4	34.1	4.7	23.0
吉县	79 425	312	45	108.7	20.2	37.7	4.2	22.3
乡宁县	151 888	496	75	108.1	20.5	36.8	4.4	22.2
蒲县	77 780	382	52	111.2	20.1	38.1	4.1	21.4
大宁县	50 985	285	53	110.1	20.5	37.4	4.1	21.9
永和县	48 209	267	40	106.4	20.3	37.6	4.2	22.3
隰县	78 972	310	56	107.9	20.1	38.2	4.2	22.4
汾西县	103 305	347	119	106.7	19.6	39.2	4.2	21.9
运城县	414 644	749	347	104.4	23.3	32.5	5.4	24.4
永济县	331 909	764	292	103.8	23.3	32.4	5.8	24.3
芮城县	292 893	427	250	99.4	22.4	34.6	5.4	24.2
临猗县	432 589	553	319	98.7	23.4	32.9	6.4	24.8
万荣县	338 718	358	326	99.0	23.3	33.2	6.6	24.1
新绛县	243 098	601	405	98.6	23.1	32.1	5.2	25.7
稷山县	246 611	399	360	98.7	23.2	32.8	5.6	25.1
河津县	229 321	417	375	103.5	22.9	34.7	5.7	23.6
闻喜县	301 617	521	258	101.3	23.1	32.0	4.6	25.1
夏县	268 877	420	197	100.7	23.3	32.6	5.2	24.9
绛县	217 433	510	179	103.2	23.1	33.0	4.0	25.1
平陆县	192 481	424	165	103.5	23.1	33.0	5.4	23.9
垣曲县	191 262	791	118	112.1	23.8	31.4	3.4	24.0
内蒙古自治区								
呼和浩特市	742 114	1 309	366	110.7	25.2	27.1	4.1	27.7
土默特左旗	299 953	367	109	119.1	24.1	32.2	6.2	22.9
托克托县	158 402	296	114	115.2	23.5	33.8	5.7	22.7
包头市	1 070 481	2 183	460	106.7	23.8	29.7	3.1	28.2
土默特右旗	294 916	320	124	116.7	22.9	33.8	5.2	22.8
固阳县	210 268	229	40	117.7	22.4	34.1	4.8	22.8
乌海市	249 617	1 026	160	109.8	20.2	36.9	1.6	25.9
海拉尔市	163 551	1 052	119	103.6	23.5	29.1	3.8	28.1
满洲里市	107 876	1 007	103	105.9	22.8	30.9	2.9	27.5
布特哈旗	384 338	760	23	107.1	19.7	38.4	3.3	23.4
阿荣旗	290 187	515	21	109.6	19.4	40.0	3.1	22.1
莫力达瓦达斡尔族自治旗	258 881	422	24	110.3	19.1	41.0	2.6	21.9
喜桂图旗	386 514	776	14	104.6	20.3	34.6	2.8	26.2
额尔古纳右旗	63 855	1 158	2	106.8	20.4	35.8	2.6	25.9
额尔古纳左旗	165 588	1 005	8	107.8	19.2	37.6	2.1	25.0

（续4）

1981年人口出生率（‰）	1981年人口死亡率（‰）	1981年婴儿死亡率（‰）	每万人拥有大学生人数	每万人拥有初中文化程度人数	文盲、半文盲占12及12岁以上人口比重	农林牧渔业人口占在业人口百分比	工业人口占在业人口百分比	在业人口占总人口百分比
23.9	7.4	34	10	1 822	32.1	87.8	4.1	47.5
20.8	8.4	45	10	1 875	31.9	86.4	6.9	51.1
19.1	8.2	26	20	2 253	24.6	83.3	8.1	54.0
18.1	10.2	49	14	2 553	22.9	79.3	13.5	55.0
23.0	7.7	21	28	2 222	21.8	72.0	18.8	51.0
18.2	7.7	31	12	1 962	28.2	80.1	12.8	51.0
16.1	9.8	49	7	1 928	26.0	84.0	8.6	50.1
16.9	7.9	29	9	1 839	24.7	87.3	6.3	51.9
21.4	8.7	36	11	1 800	22.9	90.1	2.5	53.2
17.7	8.6	40	13	2 087	26.3	84.2	7.7	54.0
17.8	8.6	54	11	1 623	30.2	87.0	5.0	51.5
18.9	9.0	32	20	2 150	25.0	74.9	13.2	47.3
17.8	8.7	37	19	1 935	27.4	85.3	4.9	50.1
17.6	8.6	59	22	1 943	28.8	79.3	11.8	53.8
18.8	2.9	15	198	2 934	11.2	29.1	39.1	55.3
20.8	4.2	18	98	3 017	13.8	55.1	32.2	55.2
18.5	5.8	17	24	2 489	22.4	86.8	4.6	53.4
19.3	7.2	37	21	2 558	22.0	84.6	7.8	49.8
21.0	5.6	15	17	2 182	19.2	89.6	4.9	54.9
20.8	6.7	28	14	2 128	22.5	89.6	4.8	52.8
22.7	5.7	24	18	1 965	23.4	88.5	6.2	51.5
23.8	5.3	23	42	2 721	19.7	61.3	29.4	51.2
20.7	8.5	44	16	1 910	29.3	84.2	6.0	53.9
25.0	7.5	35	12	1 522	36.4	83.4	5.4	54.6
19.3	6.3	17	22	2 558	19.4	85.0	6.6	53.3
24.3	5.9	15	15	1 775	28.6	83.1	5.8	51.7
25.5	6.0	26	13	1 925	31.0	82.3	9.4	52.5
27.9	4.9	27	19	2 051	26.5	75.8	12.8	51.2
23.8	5.7	28	18	1 933	29.0	76.8	9.9	51.3
23.1	6.2	31	20	1 626	33.1	86.0	2.5	52.6
24.5	4.9	22	23	1 982	28.2	83.7	4.8	51.6
27.7	5.9	30	14	2 468	20.6	85.4	6.5	52.3
20.1	5.6	19	82	2 366	17.9	71.0	14.0	53.0
19.6	5.9	17	46	2 320	19.7	83.2	10.0	53.6
23.1	5.7	16	17	2 385	19.6	88.3	4.8	53.5
19.1	6.5	18	16	2 394	17.5	89.8	3.9	52.3
21.9	6.1	17	19	2 152	19.4	91.5	2.6	51.8
23.4	6.3	19	23	2 524	19.4	84.9	8.6	56.4
21.9	6.4	11	17	2 161	19.4	90.6	3.2	54.0
24.3	5.7	12	19	1 919	26.1	86.1	7.2	49.5
22.6	6.0	27	28	2 308	19.5	82.5	9.5	55.0
24.1	5.4	18	21	2 346	23.2	89.1	3.6	53.8
23.8	5.7	17	40	2 587	20.6	80.3	13.0	56.7
21.2	6.5	23	15	2 654	21.3	86.5	5.7	54.4
20.6	6.4	23	51	2 969	18.7	66.4	22.5	56.6
17.2	4.9	22	290	2 876	16.7	27.0	40.8	55.3
21.1	7.8	36	19	1 690	41.7	84.2	7.4	46.6
24.8	8.3	34	22	1 570	45.0	87.0	3.6	47.9
14.1	3.9	15	142	3 270	12.4	15.1	58.6	53.0
23.4	7.5	44	15	1 715	42.0	83.0	9.2	52.7
18.6	7.8	54	13	1 606	42.2	84.1	6.8	50.9
21.8	2.8	15	73	3 049	17.1	10.0	61.9	42.8
18.6	3.9	9	124	3 343	13.5	13.1	42.9	49.3
16.1	3.7	14	52	3 120	15.3	5.0	58.8	46.1
25.5	4.6	22	25	1 764	27.0	61.2	17.5	34.8
33.4	5.1	27	8	1 453	30.9	82.8	5.0	34.5
37.1	8.2	60	7	1 528	30.9	80.7	4.9	32.5
15.5	2.8	13	45	3 323	16.0	17.1	47.4	38.8
18.8	3.7	19	25	3 208	16.0	40.3	34.0	41.2
16.2	2.7	9	30	3 455	16.1	8.9	49.0	39.1

表256

县市名称	人口数	1982年人均工农业总产值(元)	人口密度(人/公里²)	人口性别比	人口年龄中位数(岁)	0—14岁人口占总人口百分比	65及65岁以上人口占总人口百分比	15—49岁育龄妇女占总人口百分比
鄂伦春自治旗	273 897	649	8	106.9	19.6	38.1	2.5	24.6
鄂温克族自治旗新	91 309	534	5	112.8	21.2	35.3	2.8	24.9
新巴尔虎右旗	29 846	616	1	105.6	19.9	38.8	3.5	23.2
新巴尔虎左旗	37 428	531	2	102.1	19.4	39.6	3.5	23.4
陈巴尔虎旗	40 446	902	2	104.8	20.4	36.1	3.0	25.1
乌兰浩特市	172 542	767	225	102.8	21.2	34.7	3.3	26.2
科尔沁右翼前旗	381 535	299	14	106.1	19.2	39.1	3.2	23.4
科尔沁右翼中旗	189 915	329	16	105.3	18.6	41.3	3.0	22.9
扎赉特旗	340 459	299	30	111.8	18.7	41.1	3.2	21.4
突泉县	280 916	282	60	105.7	19.6	38.4	3.6	23.2
通辽市	225 432	898	624	103.9	23.6	29.1	3.8	28.3
通辽县	368 304	409	107	105.2	20.4	35.1	4.1	24.7
科尔沁左翼中旗	429 280	298	46	106.2	19.3	39.5	3.6	23.1
科尔沁左翼后旗	348 695	415	31	105.9	19.1	39.6	3.4	23.0
开鲁县	323 308	348	72	102.7	19.6	38.7	3.3	24.1
库伦旗	144 542	312	31	106.0	19.7	38.2	3.4	23.3
奈曼旗	354 757	331	43	105.4	19.8	38.6	3.4	23.5
扎鲁特旗	242 270	391	14	107.4	18.6	41.4	2.9	22.5
赤峰市	297 929	1 663	955	106.1	23.4	30.0	2.6	28.7
阿鲁科尔沁旗	246 281	361	18	105.6	20.4	36.3	3.5	24.3
巴林左旗	309 763	316	49	105.5	20.3	36.1	3.3	24.7
巴林右旗	143 230	377	15	104.0	20.0	38.2	3.1	24.0
林西县	218 526	359	54	106.2	22.1	32.7	3.5	26.1
克什克腾旗	221 994	481	12	106.0	21.7	34.5	3.3	25.5
翁牛特旗	402 408	365	34	104.3	20.3	36.7	3.3	24.6
赤峰县	496 650	362	74	103.9	20.1	36.7	3.1	24.6
喀喇沁旗	355 327	331	111	105.0	20.3	36.0	3.3	24.7
宁城县	489 720	337	115	105.9	21.1	34.9	3.7	24.3
敖汉旗	493 715	242	59	106.1	20.3	35.6	3.4	24.4
二连浩特市	7 246	263	17	115.2	22.6	30.3	1.0	28.4
阿巴哈纳尔旗	99 198	759	6	108.3	20.3	36.0	2.3	25.4
阿巴嘎旗	37 337	582	1	105.7	19.5	40.2	2.7	22.8
苏尼特左旗	27 206	680	1	103.2	19.0	41.3	2.5	22.8
苏尼特右旗	60 358	517	3	106.7	19.7	38.2	2.4	24.2
东乌珠穆沁旗	53 047	823	1	109.4	19.2	40.5	2.2	22.9
西乌珠穆沁旗	60 542	678	3	104.0	18.1	42.6	2.2	22.6
大仆寺旗	207 459	363	61	108.9	20.2	36.8	3.3	23.8
镶黄旗	26 056	557	5	103.3	18.7	41.4	2.5	23.1
正镶白旗	65 717	428	11	109.2	19.1	39.6	3.1	22.6
正蓝旗	70 129	476	7	105.0	19.1	39.8	2.9	23.5
多伦县	88 103	421	23	109.1	20.0	37.7	3.4	23.7
集宁市	156 800	764	1 265	103.4	23.4	27.7	3.2	29.3
武川县	163 493	296	34	123.7	23.3	33.0	5.2	22.2
和林格尔县	169 238	265	50	117.7	23.4	34.3	5.3	21.6
清水河县	112 045	349	39	116.4	22.3	35.3	5.1	21.7
卓资县	231 635	288	75	123.2	23.6	31.7	4.5	22.4
化德县	153 587	345	61	110.8	20.5	36.1	3.1	23.7
商都县	324 258	316	75	112.5	20.4	36.1	3.5	22.8
兴和县	281 590	299	82	112.8	20.3	36.8	3.6	22.2
丰镇县	286 862	323	103	116.2	23.1	32.2	4.4	22.8
凉城县	229 008	303	92	123.6	23.7	31.7	4.8	21.6
察哈尔右翼前旗	267 168	304	95	113.7	22.1	34.0	4.1	23.3
察哈尔右翼中旗	220 301	304	47	119.6	22.5	34.7	4.2	22.4
察哈尔右翼后旗	203 169	264	52	112.0	20.2	37.0	3.4	22.9
达尔罕茂明安联合旗	104 510	431	6	116.9	22.2	35.4	4.3	22.9
四子王旗	194 740	389	8	118.7	22.1	35.7	4.5	22.1
东胜县	107 744	1 069	49	111.1	21.6	34.0	4.2	24.6
达拉特旗	271 911	361	33	113.3	21.5	36.1	4.8	22.4
准格尔旗	216 198	418	28	120.5	23.1	34.8	6.0	20.9
鄂托克前旗	55 870	438	4	104.2	18.2	42.5	3.8	21.8

（续5）

1981年人口出生率（‰）	1981年人口死亡率（‰）	1981年婴儿死亡率（‰）	每万人拥有大学生人数	每万人拥有初中文化程度人数	文盲、半文盲占12及12岁以上人口比重	农林牧渔业人口占在业人口百分比	工业人口占在业人口百分比	在业人口占总人口百分比
20.6	2.9	12	30	3 005	11.0	30.4	37.2	37.9
27.0	4.1	20	53	2 757	15.8	24.2	43.7	40.3
29.4	8.6	75	34	1 989	22.1	52.9	10.7	36.6
27.7	7.8	58	30	2 069	20.6	60.0	11.5	37.2
21.8	3.8	15	35	2 631	17.2	53.3	18.0	40.7
27.8	4.6	26	71	2 251	16.4	27.7	37.6	42.9
29.2	5.9	34	10	1 638	29.7	78.6	10.6	34.9
33.0	7.3	59	18	1 477	33.1	71.1	8.2	32.9
29.8	5.9	40	16	1 394	32.3	79.4	5.7	31.7
26.6	5.4	38	16	1 309	25.3	80.1	5.5	35.4
18.7	3.9	16	165	2 142	14.1	20.9	37.1	49.2
21.5	5.5	30	11	1 686	28.1	86.0	5.8	44.0
27.7	3.4	39	14	1 500	24.2	81.0	5.4	32.9
27.9	5.5	36	14	1 514	30.3	81.2	5.4	33.9
26.1	5.3	30	14	1 659	26.0	85.4	5.7	43.6
27.3	6.4	39	18	1 543	30.3	81.6	4.5	38.3
26.3	6.0	42	13	1 575	31.8	89.5	2.3	46.6
31.6	5.4	35	28	1 610	30.2	76.1	12.6	44.8
20.4	3.8	14	138	2 688	14.3	13.1	54.4	52.7
28.5	5.6	32	18	1 785	28.9	88.2	3.2	48.7
28.6	5.9	37	13	1 543	30.8	90.4	2.6	53.6
26.7	5.8	34	28	1 545	26.6	83.8	4.7	48.5
23.1	6.1	40	16	0	34.8	87.5	3.9	54.4
23.3	7.0	45	16	0	38.8	85.5	3.7	50.4
26.8	6.2	39	14	1 438	36.4	87.4	5.1	48.5
24.0	6.1	37	11	1 676	33.6	87.1	7.2	51.3
26.0	7.1	43	10	1 692	32.4	82.7	10.9	50.2
23.4	7.5	42	12	1 760	34.8	87.2	6.7	54.1
23.7	6.0	41	11	1 588	35.5	90.9	2.5	50.4
14.7	2.5	41	163	2 654	12.3	6.0	18.6	50.2
18.5	3.8	38	124	2 690	18.1	25.7	36.8	40.7
24.0	7.8	88	28	1 700	30.4	55.8	16.0	39.6
29.8	7.5	91	31	1 650	28.7	57.8	10.4	37.6
25.0	5.3	48	45	2 133	27.0	50.4	18.0	43.8
27.8	7.7	75	30	1 781	30.4	55.9	16.5	38.2
28.2	7.3	46	28	1 706	30.0	61.5	13.7	37.4
21.7	6.0	38	18	1 576	41.7	83.4	6.5	46.1
23.5	6.6	52	44	1 691	26.2	66.6	7.4	42.9
21.2	7.6	59	22	1 517	38.8	85.4	2.5	48.7
22.0	6.0	39	24	1 857	30.9	79.4	5.1	43.7
30.7	6.1	25	17	1 656	37.8	83.6	4.9	49.1
16.6	3.7	19	154	3 202	14.3	11.7	41.3	50.0
16.0	8.3	14	14	1 601	41.1	85.5	5.6	52.3
24.7	8.4	65	15	1 346	47.7	86.8	4.9	49.6
31.1	8.9	103	15	1 437	43.6	82.2	8.0	52.5
18.7	7.5	34	15	1 744	38.3	88.2	4.7	57.0
20.6	6.3	36	14	1 444	41.4	89.6	3.2	52.8
18.9	6.7	47	8	1 518	40.9	89.5	4.3	51.5
20.1	6.2	39	8	1 397	45.8	88.8	5.2	52.7
18.3	6.8	28	13	1 598	39.8	83.2	8.5	54.3
16.8	7.6	51	11	1 603	42.7	89.9	3.5	54.9
17.8	6.1	27	11	1 673	40.0	89.2	5.0	56.6
19.0	8.3	85	12	1 539	40.0	87.5	4.7	51.2
23.2	6.6	38	13	1 599	37.5	87.8	4.0	54.6
18.7	6.7	61	21	1 698	38.2	79.8	6.1	46.7
19.8	7.8	65	14	1 576	39.8	85.5	5.2	50.3
24.1	5.4	40	106	2 176	30.6	54.4	19.3	50.9
24.8	5.9	50	13	1 528	45.5	90.6	3.1	52.1
27.3	7.5	61	11	1 276	51.2	82.2	9.7	47.1
25.5	6.0	62	4	974	53.2	88.9	3.4	44.0

表256

县市名称	人口数	1982年人均工农业总产值(元)	人口密度(人/公里²)	人口性别比	人口年龄中位数(岁)	0—14岁人口占总人口百分比	65及65岁以上人口占总人口百分比	15—49岁育龄妇女占总人口百分比
鄂托克旗	95 574	642	5	111.1	20.2	38.4	4.0	22.5
杭锦旗	126 193	468	7	112.9	20.4	37.5	4.3	22.0
乌审旗	81 040	353	7	105.1	19.5	39.8	4.1	22.7
伊金霍洛旗	121 883	317	21	112.3	21.8	35.5	5.2	22.0
临河县	344 441	530	154	108.0	20.1	36.4	3.5	24.3
五原县	227 724	613	86	110.2	20.2	36.6	4.3	23.1
磴口县	94 703	493	28	108.2	20.3	36.0	3.2	25.0
乌拉特前旗	283 706	598	38	111.3	20.3	36.8	3.7	23.4
乌拉特中旗	110 434	548	5	111.5	20.0	38.2	3.6	23.0
乌拉特后旗	38 856	488	2	113.1	20.6	37.9	2.3	23.6
杭锦后旗	254 509	584	145	107.8	20.0	36.3	3.9	23.7
阿拉善左旗	110 362	732	1	106.8	19.5	38.9	3.4	23.3
阿拉善右旗	21 362	1 152	0.3	104.6	19.4	38.9	2.8	23.3
额济纳旗	14 004	666	0.1	105.5	21.0	35.0	2.6	25.8
辽宁省								
沈阳市	4 003 405	2 699	1 098	102.7	26.5	22.4	4.5	29.8
新民县	640 296	490	192	104.1	23.3	33.2	6.0	24.2
辽中县	471 535	564	291	104.3	23.6	31.7	5.8	24.8
大连市	1 478 978	4 187	1 475	103.6	27.6	19.7	5.1	30.2
金县	582 264	1 654	4 091	102.1	26.7	26.4	5.6	27.8
新金县	771 207	643	278	103.5	24.6	30.2	5.3	25.9
复县	944 323	984	264	104.5	24.5	30.0	5.4	25.9
长海县	72 113	1 832	460	98.8	25.6	27.9	6.2	27.3
庄河县	836 842	566	229	102.7	23.8	31.1	5.2	25.5
鞍山市	1 214 571	5 131	2 022	103.4	25.7	22.7	3.8	30.4
台安县	345 753	575	253	102.9	23.4	31.8	5.6	24.6
海城县	956 511	872	360	105.2	24.4	31.0	5.7	25.4
抚顺市	1 192 814	3 865	1 767	103.1	25.5	23.1	4.1	30.1
抚顺县	218 430	633	80	104.2	23.9	31.3	5.8	25.1
新宾县	305 029	590	69	105.2	22.7	32.8	4.4	25.0
清原县	343 872	634	88	106.3	22.1	33.6	4.2	24.7
本溪市	792 401	2 724	600	105.2	25.3	23.6	3.6	29.8
本溪县	310 963	817	88	102.9	23.3	30.6	4.7	26.3
桓仁县	298 876	692	84	105.0	22.0	33.7	4.1	24.8
丹东市	537 745	3 615	1 001	101.7	26.4	23.3	4.8	29.7
凤城县	586 251	695	101	104.9	23.4	31.0	4.8	25.4
岫岩县	467 871	601	105	106.4	23.3	31.7	5.0	24.3
东沟县	580 625	699	237	103.2	24.2	30.6	4.8	26.2
宽甸县	428 298	591	69	107.5	23.0	32.3	4.3	24.9
锦州市	575 299	4 887	1 518	103.3	26.3	23.0	4.5	29.7
锦西县	759 668	1 261	340	104.3	24.7	29.0	5.0	26.7
兴城县	472 513	704	220	104.1	23.9	30.3	5.8	25.3
绥中县	542 284	430	188	105.7	24.4	30.2	6.0	25.0
锦县	611 948	597	211	103.9	24.7	30.1	6.3	25.5
北镇县	492 360	510	276	105.4	25.0	29.4	6.3	25.3
黑山县	599 091	631	263	104.3	25.5	28.3	6.5	25.7
义县	414 746	369	173	104.4	24.8	31.0	6.1	24.6
营口市	419 640	4 034	818	104.7	25.5	25.3	4.4	29.2
营口县	609 334	864	379	106.7	23.9	31.5	5.4	25.3
盘山县	415 994	1 186	212	107.1	24.5	30.1	4.5	26.0
大洼县	468 884	1 841	347	110.8	24.1	31.9	3.2	26.3
盖县	829 864	866	264	103.5	23.7	31.8	5.8	25.1
阜新市	644 200	1 550	1 385	102.5	24.3	25.9	3.2	29.8
阜新蒙古族自治县	675 740	354	108	104.2	23.0	33.3	4.5	25.1
彰武县	374 354	481	103	103.3	23.6	32.6	4.6	25.5

（续6）

1981年人口出生率（‰）	1981年人口死亡率（‰）	1981年婴儿死亡率（‰）	每万人拥有大学生人数	每万人拥有初中文化程度人数	文盲、半文盲占12及12岁以上人口比重	农林牧渔业人口占在业人口百分比	工业人口占在业人口百分比	在业人口占总人口百分比
22.5	6.8	70	20	1 430	44.0	76.9	9.2	48.6
24.7	7.3	89	14	1 343	44.6	85.8	4.7	48.9
29.7	6.9	67	18	1 214	48.2	86.3	2.8	49.6
28.6	8.1	109	11	1 250	53.0	89.5	2.9	54.0
22.9	4.5	20	49	2 139	31.0	74.2	7.7	50.3
23.7	4.1	10	17	1 809	37.1	85.4	4.1	51.3
18.6	4.3	30	43	2 360	27.2	63.5	19.6	49.8
20.1	4.5	22	24	1 890	34.5	78.3	10.0	49.0
21.8	5.6	32	20	1 702	40.6	78.8	6.1	47.1
27.9	4.3	27	45	2 378	23.9	42.8	32.0	44.2
21.9	4.9	16	15	2 109	35.5	85.0	5.3	50.5
21.0	5.5	45	64	1 987	27.5	49.6	23.7	43.2
20.8	6.3	67	78	1 580	30.0	55.0	17.8	45.5
21.9	4.7	57	92	2 029	24.0	45.8	16.9	47.1
17.9	5.3	16	201	4 005	10.5	16.0	58.7	58.7
20.6	5.6	15	17	2 186	18.4	72.4	14.5	40.3
23.2	5.9	19	16	2 302	16.9	74.0	15.4	43.4
15.6	4.9	13	38	3 898	10.9	11.8	59.4	61.8
14.1	4.6	17	40	2 504	13.8	51.3	36.1	56.4
16.9	5.8	20	20	2 029	20.2	57.9	29.2	42.8
16.6	5.4	11	27	2 271	17.9	56.0	31.1	45.9
17.7	4.9	13	37	2 535	21.3	56.6	20.4	47.8
20.4	5.3	20	12	1 906	27.4	65.3	23.4	39.4
17.2	4.1	9	157	4 227	10.3	8.4	67.3	59.7
18.1	5.6	18	20	2 184	21.4	74.6	13.0	43.1
19.1	5.2	13	22	2 559	14.8	62.1	25.0	46.3
15.9	5.5	15	132	3 743	12.4	8.0	69.2	55.7
17.6	6.4	21	13	2 454	18.1	70.1	21.5	46.4
22.5	6.0	22	24	2 117	20.3	67.7	17.2	43.8
23.0	6.1	22	25	2 035	22.2	59.9	24.2	40.9
16.8	4.4	13	112	4 190	11.7	10.5	65.0	55.5
16.2	5.3	23	29	2 430	17.9	51.7	33.1	44.1
18.5	5.6	21	27	1 997	21.1	63.1	22.2	39.6
18.1	5.2	13	136	3 934	12.3	10.5	64.2	58.7
17.3	5.6	24	25	2 321	18.1	60.1	25.4	47.2
19.6	5.6	19	18	2 167	20.5	65.9	21.2	41.7
18.6	5.5	17	16	2 097	19.3	64.5	23.3	43.5
20.0	5.4	22	23	2 183	21.7	62.1	23.3	41.9
20.9	4.6	10	193	3 666	10.6	13.6	56.1	56.8
19.9	5.2	14	58	2 901	15.8	43.6	42.4	48.7
18.5	5.1	13	30	2 361	19.7	70.3	17.5	46.8
17.5	5.7	18	18	2 249	19.2	78.4	11.5	51.3
19.4	5.9	10	14	2 167	18.3	72.9	16.7	43.0
19.1	5.8	12	22	2 270	18.7	70.4	16.5	49.3
18.7	5.8	11	24	2 537	20.3	68.4	17.1	45.9
20.9	6.5	18	21	2 217	18.9	76.9	12.2	49.8
16.2	4.4	12	112	4 041	11.3	11.8	63.6	59.0
18.3	4.5	15	24	2 329	16.7	60.1	26.1	47.8
17.7	4.2	14	44	2 733	19.0	60.1	22.4	48.7
19.6	3.4	13	65	2 839	16.1	49.7	35.1	49.9
17.6	5.2	16	27	2 386	15.7	64.2	21.7	46.0
18.3	4.3	16	109	2 750	12.4	9.4	66.8	51.1
21.9	6.0	29	16	2 227	21.1	83.8	7.6	51.1
21.9	5.5	28	25	2 413	20.4	74.7	11.4	46.3

表256

县市名称	人口数	1982年人均工农业总产值(元)	人口密度(人/公里²)	人口性别比	人口年龄中位数(岁)	0—14岁人口占总人口百分比	65及65岁以上人口占总人口百分比	15—49岁育龄妇女占总人口百分比
辽阳市	448 807	4 040	1 631	102.6	25.6	26.0	4.2	29.5
辽阳县	670 618	512	216	104.5	23.4	32.1	5.5	25.1
灯塔县	470 745	552	349	104.2	23.2	33.2	5.6	24.6
铁岭市	210 754	1 481	1 225	103.8	25.3	27.3	3.8	29.0
铁法市	146 367	471	651	107.5	22.6	33.3	3.2	26.1
铁岭县	398 804	642	174	104.5	23.1	33.5	5.3	24.3
开原县	618 251	1 438	188	104.9	23.1	31.8	4.5	25.4
西丰县	334 705	509	125	107.9	23.2	31.9	4.3	24.9
昌图县	931 984	566	227	105.1	21.7	34.2	4.7	24.2
康平县	309 319	460	145	107.9	23.0	32.0	4.7	24.4
法库县	428 960	481	206	104.8	23.1	33.1	5.6	24.2
朝阳市	213 606	2 314	1 310	105.1	24.9	29.1	2.9	28.7
朝阳县	691 378	292	150	103.7	22.2	34.3	4.3	24.3
建平县	491 099	490	101	102.1	21.6	34.0	3.5	25.7
凌源县	561 908	643	172	106.1	22.3	32.4	3.5	25.7
喀喇沁左翼蒙古族自治县	372 393	325	117	102.4	22.4	33.2	4.0	25.5
建昌县	532 902	355	237	105.4	22.2	33.7	4.2	24.4
北票县	602 202	537	132	104.0	23.1	30.3	3.8	26.7
吉林省								
长春市	1 757 083	2 204	1 574	103.9	25.5	25.6	4.3	28.9
榆树县	1 110 466	426	261	103.9	20.5	36.9	4.1	23.7
农安县	971 917	488	180	103.7	21.3	34.7	4.2	24.9
九台县	761 050	443	245	104.3	21.8	34.7	4.3	24.4
德惠县	760 985	467	242	102.9	21.5	35.1	4.5	24.5
双阳县	383 268	482	192	106.4	22.3	34.7	4.4	24.0
吉林市	1 079 332	3 131	899	103.4	25.2	26.0	4.1	29.2
永吉县	739 046	494	147	107.0	21.8	34.9	4.0	24.1
舒兰县	636 047	437	138	107.1	21.3	35.0	3.7	24.4
磐石县	539 115	515	136	108.2	21.6	34.6	3.8	24.4
蛟河县	518 263	532	86	106.7	21.8	34.2	3.8	25.0
桦甸县	435 421	542	70	108.9	21.2	35.3	3.6	24.4
四平市	344 388	2 199	931	101.8	24.9	27.8	4.0	28.7
辽源市	759 587	1 053	289	105.1	22.3	32.2	3.7	26.0
怀德县	867 968	740	209	104.8	23.2	31.7	4.6	25.6
梨树县	740 044	622	180	105.1	22.0	34.1	4.3	24.6
伊通县	431 856	505	173	106.7	21.8	35.0	4.0	24.1
东丰县	384 337	628	155	108.8	21.6	34.2	4.0	24.2
双辽县	353 167	524	117	103.9	21.3	34.2	4.2	25.0
通化市	354 842	1 478	309	103.2	23.9	30.3	3.8	27.8
浑江市	684 297	951	120	107.0	21.7	33.3	3.6	25.7
海龙县	519 234	537	246	105.9	22.1	34.0	3.7	25.0
通化县	250 400	662	83	109.0	21.3	35.0	4.1	23.6
柳河县	345 853	604	102	108.6	21.2	35.7	3.8	23.8
辉南县	369 516	755	170	108.2	21.9	35.5	3.6	24.4
集安县	208 107	760	65	105.7	21.6	34.7	4.2	24.3
抚松县	280 496	790	43	106.2	19.9	37.3	3.2	24.3
靖宇县	126 473	481	41	107.8	20.0	38.2	3.5	23.1
长白朝鲜族自治县	76 048	700	27	107.9	21.2	35.2	3.4	24.5
白城市	266 420	981	345	103.0	23.5	29.6	3.7	28.2
扶余县	885 399	428	160	103.0	21.5	34.9	3.9	25.2
洮安县	496 816	566	80	104.8	20.1	36.1	4.0	24.3
长岭县	486 696	494	92	104.1	19.7	38.0	3.4	23.7
前郭尔罗斯蒙古族自治县	540 983	1 269	88	105.1	20.1	36.7	3.4	24.6
大安县	388 918	533	80	103.0	20.1	35.9	3.8	24.8

（续7）

1981年人口出生率（‰）	1981年人口死亡率（‰）	1981年婴儿死亡率（‰）	每万人拥有大学生人数	每万人拥有初中文化程度人数	文盲、半文盲占12及12岁以上人口比重	农林牧渔业人口占在业人口百分比	工业人口占在业人口百分比	在业人口占总人口百分比
17.3	4.2	13	165	4 100	8.4	14.0	61.3	57.2
16.9	5.4	25	17	2 471	15.0	69.6	21.9	50.6
16.3	5.3	19	15	2 346	13.5	65.9	24.8	45.8
19.8	4.4	14	163	2 933	9.7	13.4	50.2	54.3
18.6	5.4	9	53	2 616	12.7	23.7	60.0	53.1
17.8	5.3	22	8	1 886	18.5	78.2	12.4	39.7
19.5	5.6	21	31	2 100	17.0	64.0	22.5	45.7
19.1	5.8	16	20	1 745	21.4	69.2	17.2	41.0
20.1	5.2	23	14	1 934	22.8	73.6	12.9	40.1
18.5	5.3	26	22	2 083	21.5	72.3	12.7	36.2
19.3	5.4	23	18	1 962	21.4	71.2	14.6	37.6
18.3	3.3	13	192	2 639	11.0	17.2	54.7	55.1
19.5	5.8	20	13	1 692	24.9	82.5	11.5	48.2
19.6	6.2	33	19	1 844	27.6	76.8	12.7	52.5
18.5	6.3	35	31	1 882	22.8	68.5	21.7	48.3
19.2	7.2	34	23	1 905	24.0	79.9	10.7	49.9
21.2	7.1	39	21	1 689	26.9	82.8	9.6	50.7
18.7	5.4	25	28	2 215	21.6	64.7	23.5	49.3
17.4	5.3	16	300	2 892	12.2	12.9	55.7	52.6
16.4	5.9	27	12	1 543	30.1	85.4	5.9	44.0
18.6	4.7	13	14	1 753	25.0	73.1	13.5	32.8
16.4	6.1	27	23	1 916	20.9	71.2	16.7	38.2
18.4	5.3	20	18	1 780	22.2	71.7	15.2	36.2
15.4	6.0	26	19	1 735	32.7	79.0	9.8	43.2
17.5	5.4	17	191	2 976	12.4	15.6	58.4	54.2
14.7	6.0	25	22	2 012	23.6	79.9	10.7	44.2
15.5	6.2	18	28	1 913	24.5	68.3	19.7	39.9
19.0	5.8	21	30	1 829	26.5	65.6	20.9	40.7
19.1	4.8	16	37	2 050	24.9	59.6	25.8	41.5
20.3	5.5	19	35	1 790	26.9	60.5	25.8	44.6
18.5	5.4	18	137	2 709	13.2	15.0	55.2	51.8
16.4	5.8	14	47	2 352	20.4	40.9	40.6	40.5
18.8	5.3	14	31	1 976	24.0	69.7	17.3	39.3
14.9	5.0	9	19	1 788	27.9	74.5	12.3	36.3
17.7	5.7	20	19	1 527	31.6	81.6	7.2	39.4
15.7	6.1	13	23	1 663	24.5	71.9	15.5	39.2
16.5	4.8	13	25	1 900	20.8	66.7	13.5	37.7
14.2	4.8	16	112	2 607	14.8	13.3	57.3	47.6
14.9	4.6	10	41	2 230	21.7	30.1	51.4	40.1
18.8	5.4	12	32	1 979	21.1	60.3	19.8	41.9
16.1	7.1	22	18	1 775	25.1	72.2	15.5	38.6
19.6	6.0	18	24	1 796	24.5	70.5	15.2	39.2
18.3	6.0	19	42	2 045	23.3	57.4	26.9	45.2
16.9	6.0	24	29	1 808	22.8	66.6	16.7	41.4
19.8	4.5	16	31	2 142	23.5	43.9	39.3	37.6
24.9	5.2	19	31	1 780	27.5	54.9	25.7	36.0
19.6	5.3	30	42	1 997	20.7	63.1	15.8	43.8
19.1	4.3	16	124	2 581	13.9	23.9	38.6	46.9
18.1	5.2	17	20	1 737	24.2	74.0	14.3	40.0
17.8	4.8	25	20	1 730	22.4	70.1	16.8	36.9
19.2	4.2	18	15	1 545	27.3	79.1	5.7	32.3
18.4	4.2	19	28	1 633	27.0	68.2	17.7	33.5
17.1	3.6	9	25	1 859	21.7	65.1	16.4	35.3

表256

县市名称	人口数	1982年人均工农业总产值(元)	人口密度(人/公里²)	人口性别比	人口年龄中位数(岁)	0—14岁人口占总人口百分比	65及65岁以上人口占总人口百分比	15—49岁育龄妇女占总人口百分比
镇赉县	297 147	530	53	111.5	20.5	35.0	3.6	23.7
通榆县	312 878	470	37	104.9	19.6	38.1	3.6	23.7
乾安县	224 653	438	65	104.2	20.2	36.7	3.5	24.7
延吉市	175 957	1 471	1 035	100.6	25.5	25.3	4.1	29.6
图们市	93 197	1 838	174	99.2	25.6	25.3	4.0	29.6
延吉县	314 672	1 017	75	99.9	24.7	28.3	4.5	27.3
敦化县	449 028	835	39	108.0	22.1	33.3	3.6	25.3
和龙县	241 605	755	49	100.4	23.2	30.1	3.9	26.9
汪清县	264 476	745	31	103.0	22.3	33.1	3.7	25.7
珲春县	146 672	680	28	102.5	24.1	29.0	4.4	26.8
安图县	185 901	877	25	105.8	22.6	32.8	3.6	25.7
黑龙江省								
哈尔滨市	2 542 832	2 205	1 518	101.4	25.9	24.4	4.3	29.8
齐齐哈尔市	1 224 113	1 887	281	103.2	24.1	28.0	3.7	28.9
鸡西市	766 731	934	349	103.6	21.3	32.9	3.4	26.5
鹤岗市	576 159	1 096	127	105.7	21.4	31.9	2.7	26.9
双鸭山市	397 523	858	281	103.6	20.2	33.9	2.9	26.4
大庆市	764 045	9 961	151	106.2	22.0	35.6	2.5	26.6
伊春市	803 888	1 099	41	102.5	21.7	31.5	2.9	27.7
铁力县	355 821	654	55	103.5	20.1	35.6	2.8	25.8
嘉荫县	65 276	648	10	106.0	20.5	37.3	2.9	24.8
阿城县	567 136	1 030	207	105.3	21.8	34.8	3.6	25.1
宾县	584 607	364	152	103.5	19.9	38.0	3.6	23.7
呼兰县	598 465	453	229	102.0	20.2	37.1	3.8	24.7
双城县	684 380	577	221	103.8	21.2	36.1	4.2	24.0
五常县	858 417	473	114	105.1	20.3	37.2	3.7	23.6
巴彦县	643 564	418	206	102.3	19.7	38.5	3.5	24.1
木兰县	249 407	330	78	107.9	20.1	38.2	3.1	23.3
通河县	225 135	585	40	106.2	20.3	36.5	3.2	24.5
尚志县	559 210	565	63	109.4	21.6	36.1	3.5	23.9
方正县	195 739	476	66	107.8	20.1	38.1	3.2	23.4
延寿县	238 445	396	76	109.9	20.4	37.0	3.3	23.2
龙江县	556 179	466	93	105.7	19.8	38.0	3.6	23.4
讷河县	688 017	611	103	106.2	20.1	38.4	3.3	23.6
依安县	476 462	504	130	106.5	19.8	38.6	3.5	23.5
泰来县	317 972	467	81	110.7	21.4	35.2	3.9	23.5
甘南县	363 854	647	76	106.8	20.3	37.1	3.2	24.3
杜尔伯特蒙古族自治县	218 740	448	36	105.0	20.1	36.3	3.5	24.5
富裕县	264 109	525	66	107.2	21.1	36.1	3.2	24.6
林甸县	228 728	567	65	106.2	20.0	37.8	3.2	23.7
克山县	470 009	646	148	106.3	20.2	37.6	3.3	24.2
克东县	269 537	526	128	108.0	19.9	38.8	3.1	23.4
拜泉县	581 309	411	162	105.1	19.6	38.8	3.3	23.5
海伦县	804 774	433	172	103.4	19.5	39.3	3.3	23.8
肇东县	748 797	559	173	103.1	20.0	37.6	3.3	24.6
绥化县	716 045	572	261	102.7	21.7	34.5	3.7	25.8
望奎县	478 787	409	206	103.0	20.1	37.4	3.5	24.3
兰西县	457 116	508	184	103.0	19.4	39.7	3.3	23.4
青冈县	445 819	362	167	103.5	19.7	38.2	3.4	23.9
安达县	431 372	638	117	104.4	20.3	36.4	3.3	24.8
肇源县	426 672	434	104	106.1	20.3	36.2	3.7	24.0
肇州县	381 898	530	156	103.4	19.9	37.9	3.5	24.2
庆安县	349 582	362	64	104.2	20.0	38.2	3.3	24.0
明水县	330 738	405	144	105.4	19.7	38.4	3.4	23.5
绥棱县	302 216	585	71	105.0	19.9	37.5	3.0	24.6
佳木斯市	529 834	2 249	704	102.8	23.8	29.2	3.5	28.3
七台河市	259 859	663	315	112.9	21.0	37.3	2.5	23.9
富锦县	395 585	708	48	106.7	20.3	37.7	3.4	23.7
桦南县	424 080	371	95	105.6	19.6	39.0	3.2	23.2

（续8）

1981年人口出生率（‰）	1981年人口死亡率（‰）	1981年婴儿死亡率（‰）	每万人拥有大学生人数	每万人拥有初中文化程度人数	文盲、半文盲占12及12岁以上人口比重	农林牧渔业人口占在业人口百分比	工业人口占在业人口百分比	在业人口占总人口百分比
16.8	4.5	20	27	1 868	21.6	69.3	13.9	34.8
18.9	4.3	16	22	1 632	21.7	77.9	7.9	43.5
19.8	4.1	12	21	1 766	24.4	73.1	9.3	42.5
19.7	5.4	10	332	2 899	8.7	15.8	52.0	54.4
19.4	6.4	26	163	2 860	9.3	21.7	46.6	53.8
18.7	6.3	20	90	3 002	12.4	61.8	23.8	52.4
21.3	5.6	18	37	2 352	20.7	56.1	31.8	48.6
18.3	5.9	19	69	3 036	14.0	55.5	31.4	49.5
21.2	5.0	19	49	2 641	16.7	63.9	24.8	50.5
19.8	6.9	25	67	2 851	13.1	63.3	20.9	52.4
22.8	5.6	14	51	2 469	20.3	61.9	24.2	48.1
16.6	5.5	18	264	3 495	11.3	9.7	59.0	54.4
17.6	5.0	17	131	3 059	13.4	16.1	57.1	49.7
16.5	4.2	23	50	2 836	17.3	16.4	60.0	41.8
18.7	3.7	17	41	3 116	17.6	11.3	70.6	42.3
16.3	3.7	18	50	2 985	18.0	14.4	66.5	39.6
16.5	3.1	22	97	2 626	15.1	27.6	46.7	48.2
13.9	4.7	30	48	3 431	16.6	15.9	56.2	46.3
20.6	4.2	26	29	2 711	20.0	21.9	64.8	40.3
19.6	4.7	32	27	2 353	20.5	58.9	21.6	41.1
19.5	5.4	29	31	2 245	21.4	58.1	28.6	43.4
21.4	5.7	38	13	1 575	29.1	80.4	10.1	40.9
22.0	5.5	39	22	1 762	23.4	68.6	17.8	38.3
20.1	5.2	32	16	1 767	20.1	70.5	15.5	35.2
20.5	5.5	34	19	1 756	26.9	74.4	13.4	41.1
21.3	5.2	37	10	1 518	30.0	80.1	8.9	40.5
23.9	6.2	31	15	1 592	29.2	71.5	11.8	34.6
21.4	4.7	29	26	2 324	23.4	49.5	34.9	36.0
23.5	5.5	38	20	1 981	24.5	58.0	23.9	38.1
22.8	5.3	29	23	1 953	26.0	53.4	26.0	35.9
24.7	5.7	30	21	1 707	25.6	69.9	15.4	37.9
21.4	5.1	35	10	1 686	24.8	80.2	9.0	41.6
21.9	5.6	39	11	1 611	27.8	73.3	11.7	34.0
23.3	5.7	42	12	1 453	31.2	73.1	12.0	32.3
21.7	4.8	31	28	1 917	24.1	68.7	14.3	35.0
25.5	4.6	41	15	2 085	25.9	79.0	8.6	36.3
20.1	4.7	40	19	1 858	22.0	73.4	11.0	35.8
23.0	4.6	27	26	1 909	26.4	67.7	16.8	36.8
22.8	4.8	37	14	1 662	28.3	69.5	13.6	31.6
22.4	5.1	36	20	1 651	29.3	72.9	12.3	34.5
24.4	6.1	46	13	1 656	32.4	74.5	10.3	34.9
21.1	5.4	40	10	1 385	33.7	80.2	7.4	35.0
19.9	5.6	34	13	1 518	29.9	77.8	9.3	33.8
21.1	5.1	36	14	1 565	26.7	67.9	19.1	36.1
19.7	4.7	29	35	1 899	22.9	61.7	20.0	40.0
20.8	5.4	40	11	1 239	30.9	77.4	10.1	33.5
21.7	4.3	41	9	1 428	35.0	76.3	11.9	33.9
17.0	5.0	41	10	1 516	30.8	76.3	10.1	32.1
20.2	4.9	32	37	1 974	25.3	59.1	22.8	38.9
20.2	4.7	41	14	1 646	26.6	80.6	8.6	42.8
22.4	4.1	29	13	1 558	27.2	73.3	13.7	33.7
17.7	4.6	36	13	1 547	28.2	75.1	11.1	34.4
20.0	5.0	39	11	1 467	34.0	74.2	11.5	33.6
19.4	4.8	40	21	2 041	27.7	58.5	28.2	36.2
17.6	5.0	15	136	3 273	14.0	13.9	53.5	50.7
28.4	3.5	23	33	2 582	17.4	15.9	66.1	39.0
23.4	4.9	36	24	1 887	21.8	66.4	15.6	37.3
19.8	4.7	36	18	1 905	24.4	63.3	20.9	33.6

表256

县市名称	人口数	1982年人均工农业总产值(元)	人口密度(人/公里²)	人口性别比	人口年龄中位数(岁)	0—14岁人口占总人口百分比	65及65岁以上人口占总人口百分比	15—49岁育龄妇女占总人口百分比
依兰县	362 581	480	78	107.0	20.0	37.9	3.2	23.5
勃利县	342 612	556	77	106.1	21.2	35.6	3.8	24.1
集贤县	411 188	621	101	104.9	20.6	35.7	3.4	25.0
桦川县	222 589	442	82	106.1	20.1	37.5	3.2	23.7
宝清县	421 907	737	39	106.3	21.1	34.9	3.0	25.4
汤原县	320 491	502	80	107.4	21.2	36.3	3.4	24.1
绥滨县	171 312	629	51	104.8	20.4	36.1	2.9	25.2
萝北县	195 580	1 073	29	106.1	21.8	32.4	3.0	26.8
同江县	111 626	1 067	18	110.4	21.8	34.6	2.6	25.8
饶河县	111 153	1 188	17	109.3	22.8	32.1	2.6	26.9
抚远县	40 024	718	6	112.9	22.5	33.9	2.5	25.8
牡丹江市	580 984	2 746	432	103.3	24.6	28.3	3.9	28.5
绥芬河市	19 842	499	47	105.7	22.8	32.7	3.8	26.2
宁安县	401 128	696	53	104.9	21.4	35.1	3.8	24.7
海林县	423 478	664	43	105.2	21.0	35.0	3.3	25.1
穆棱县	285 103	572	45	104.9	20.4	36.6	3.6	24.4
东宁县	177 532	737	23	104.0	21.4	34.6	3.8	25.2
林口县	411 149	428	57	107.6	20.5	36.5	3.5	23.8
鸡东县	281 080	515	87	106.0	20.5	36.0	3.4	24.5
密山县	390 193	875	50	104.7	21.7	34.2	3.5	25.5
虎林县	272 021	1 100	29	105.5	22.6	31.3	2.9	27.7
黑河市	66 163	517	95	102.7	25.1	28.4	4.0	28.6
北安县	439 146	843	70	106.9	21.2	35.7	3.0	25.0
嫩江县	450 404	926	29	107.5	21.1	37.0	2.8	24.6
德都县	333 634	742	34	111.4	21.2	36.0	2.7	24.2
爱辉县	70 618	1 148	5	107.1	22.7	34.1	3.3	25.7
逊克县	78 155	916	5	110.7	22.6	33.7	2.8	25.7
孙吴县	58 554	1 188	13	111.9	23.2	33.1	2.8	25.6
呼玛县	144 302	1 528	5	108.5	23.6	32.9	3.3	26.1
塔河县	69 450	1 296	5	106.4	20.1	39.0	2.0	25.4
漠河县	47 705	1 658	3	116.8	21.6	33.7	1.8	26.5
上海市								
上海市	6 320 829	7 001	28 357	102.8	31.2	13.8	8.1	28.4
上海县	587 652	4 706	1 300	96.3	27.8	20.7	6.5	29.4
嘉定县	521 255	4 571	1 064	96.7	28.4	22.2	7.0	28.4
宝山县	436 277	4 333	1 054	97.7	27.8	21.5	6.9	28.6
川沙县	663 675	2 425	1 410	87.6	27.8	22.9	7.7	29.7
南汇县	657 504	2 086	980	93.2	26.2	25.6	6.4	28.5
奉贤县	507 451	1 790	812	94.8	26.2	24.7	5.7	29.5
松江县	478 249	2 368	802	98.2	27.5	24.6	6.0	27.7
金山县	498 292	4 116	830	100.6	27.3	24.8	5.7	27.9
青浦县	433 035	1 949	639	99.7	27.5	23.5	5.7	27.9
崇明县	755 481	1 859	793	95.2	27.1	21.3	7.9	29.8
江苏省								
南京市	2 134 198	3 395	2 499	108.7	27.9	20.8	5.2	28.1
江宁县	725 688	729	426	102.7	25.1	30.3	4.5	25.3
江浦县	262 724	759	356	102.3	24.3	31.4	4.4	24.9
六合县	611 596	678	429	103.3	24.7	30.9	4.6	24.4
无锡市	812 610	6 246	2 047	105.4	28.7	21.4	6.2	27.6
徐州市	779 289	3 113	4 531	118.6	26.4	24.2	4.0	26.0
常州市	500 737	7 837	5 058	106.4	28.8	20.7	5.8	28.2
苏州市	673 308	5 186	4 987	104.2	29.3	19.4	7.0	27.9
南通市	389 988	6 024	1 598	107.9	29.3	21.1	6.5	27.5
连云港市	395 730	2 261	560	101.8	25.2	29.0	4.5	27.2
丰县	834 568	479	577	100.8	23.5	34.7	6.1	22.7
沛县	869 778	465	645	103.4	23.6	43.3	5.5	22.9

* 上海市包括黄浦区、南市区、卢湾区、徐汇区、长宁区、闸北区、静安区、虹口区、杨浦区、普陀区、吴淞区、闵行区。

（续9）

1981年人口出生率（‰）	1981年人口死亡率（‰）	1981年婴儿死亡率（‰）	每万人拥有大学生人数	每万人拥有初中文化程度人数	文盲、半文盲占12及12岁以上人口比重	农林牧渔业人口占在业人口百分比	工业人口占在业人口百分比	在业人口占总人口百分比
19.3	6.2	46	20	1 820	23.4	66.7	17.9	34.7
18.6	5.1	28	18	2 154	22.2	66.0	18.9	37.2
16.7	4.4	25	27	2 173	23.2	74.8	10.8	39.1
20.8	5.8	42	16	1 934	23.8	72.8	13.2	36.6
20.7	4.1	25	19	2 177	21.1	81.8	9.3	43.2
20.9	5.2	38	23	2 141	23.2	63.0	19.1	37.0
22.0	5.2	27	21	2 265	20.5	79.0	7.6	40.4
16.4	4.0	36	38	2 814	19.6	70.0	17.2	45.9
22.2	4.3	31	23	2 307	19.1	79.8	6.4	43.6
19.1	3.8	31	27	2 761	17.4	77.9	10.4	46.6
25.4	4.4	32	26	2 771	17.4	67.7	10.3	44.9
17.1	4.5	18	132	3 058	12.8	14.3	57.1	53.2
20.4	4.0	18	64	2 293	18.0	25.2	27.1	41.6
20.0	4.7	29	33	2 194	20.4	63.0	22.7	40.2
20.7	4.7	27	28	2 486	20.3	45.1	41.9	41.3
26.5	5.0	29	20	2 098	26.3	61.6	23.6	39.8
17.6	5.2	33	24	2 244	21.2	53.9	29.3	43.2
23.9	4.8	28	16	1 815	23.0	63.0	20.1	36.9
20.9	5.6	33	17	2 242	19.4	57.8	26.8	39.4
19.5	4.9	33	41	2 165	19.7	60.7	20.1	40.9
16.1	3.7	26	34	2 683	15.7	58.5	28.4	47.3
14.4	4.2	15	162	2 763	11.8	15.8	35.5	50.8
17.3	5.2	40	37	2 126	22.1	47.5	27.6	39.6
20.8	5.1	41	23	2 141	22.6	64.6	16.5	38.3
18.8	5.4	49	22	2 114	22.7	61.7	19.0	38.8
22.5	5.7	35	17	2 516	18.7	72.6	14.1	44.6
23.1	5.8	38	33	2 442	18.4	63.3	15.3	45.1
24.1	5.5	54	34	2 291	21.7	59.9	16.2	42.9
27.7	7.4	20	39	2 497	3.9	49.0	23.4	43.8
15.2	3.4	17	48	3 212	13.4	17.7	55.0	44.0
22.0	2.4	14	35	3 833	10.0	8.6	65.4	50.9
12.6	6.7	12	397	3 036	11.2	0.9	64.6	59.9
21.0	6.0	16	108	2 771	18.6	42.7	41.3	64.4
20.3	6.4	12	112	2 721	20.8	49.1	37.8	65.5
19.3	6.2	14	140	2 821	19.4	41.8	42.1	63.7
20.9	6.6	14	50	3 282	19.5	43.4	44.4	63.0
22.2	5.9	20	28	2 502	23.7	49.1	40.9	65.7
21.0	5.1	18	33	2 288	26.0	54.3	36.2	66.7
19.2	6.2	21	43	2 077	29.3	57.8	30.5	66.4
23.9	6.2	24	76	2 087	27.6	54.6	33.4	68.7
19.9	6.0	15	32	2 098	28.8	61.6	28.4	69.1
14.9	6.5	19	34	2 461	23.7	58.8	33.7	66.8
15.9	5.7	18	384	3 029	14.4	11.6	57.2	59.5
23.8	6.0	25	17	1 792	37.7	72.1	20.6	55.5
21.3	6.2	29	32	1 753	40.5	73.2	16.6	55.7
20.0	6.0	26	22	1 674	42.3	68.3	22.4	53.9
17.5	6.1	13	235	3 277	12.8	7.8	68.0	61.9
19.2	4.7	14	177	3 155	16.2	7.5	64.0	60.9
16.1	5.7	19	234	3 320	11.1	6.0	70.1	63.6
16.7	7.0	17	259	2 871	16.0	7.7	64.8	62.5
16.0	5.3	13	213	2 651	21.6	16.0	60.1	64.7
23.0	5.0	16	120	2 618	24.9	29.2	46.1	54.3
20.7	4.8	20	18	1 658	44.1	88.6	5.6	50.6
25.4	4.5	15	25	1 862	40.9	83.4	10.5	52.8

表256

县市名称	人口数	1982年人均工农业总产值(元)	人口密度(人/公里²)	人口性别比	人口年龄中位数(岁)	0—14岁人口占总人口百分比	65及65岁以上人口占总人口百分比	15—49岁育龄妇女占总人口百分比
铜山县	1 414 460	544	494	101.3	23.1	34.4	5.5	23.3
睢宁县	981 917	503	556	105.7	23.7	33.2	5.6	22.1
邳县	1 187 526	426	571	103.8	23.2	32.8	5.3	23.5
新沂县	741 600	615	469	101.8	22.6	33.6	5.3	23.3
东海县	842 393	591	375	103.2	23.3	34.3	5.4	23.2
赣榆县	894 893	608	568	102.6	23.9	31.8	5.5	24.6
清江市	246 617	4 021	2 652	110.3	25.3	26.3	4.1	27.3
淮阴县	762 864	430	554	104.1	22.3	34.2	5.0	22.8
灌云县	837 297	418	424	103.2	21.4	35.2	4.2	24.0
灌南县	543 878	377	522	102.9	21.1	36.0	4.4	23.3
沭阳县	1 293 659	368	563	102.4	20.6	35.4	5.0	23.1
宿迁县	919 499	615	526	104.6	23.1	34.0	5.4	22.2
泗阳县	926 439	472	616	102.7	20.5	36.7	5.0	22.0
涟水县	836 262	536	501	101.5	21.6	35.9	5.1	22.8
泗洪县	899 521	450	333	107.1	20.9	35.5	4.8	21.8
淮安县	1 117 697	499	664	103.7	23.0	34.0	4.3	23.6
洪泽县	400 004	528	172	103.4	21.6	34.8	4.0	23.8
盱眙县	461 752	624	256	104.1	22.2	33.1	3.7	24.4
金湖县	325 769	816	249	102.2	24.9	31.3	4.4	24.7
响水县	448 776	461	329	102.8	22.6	34.3	4.2	24.1
滨海县	922 804	425	491	104.7	22.1	35.4	4.1	23.6
卓宁县	964 473	545	668	103.9	22.1	35.3	4.3	23.3
射阳县	928 763	651	332	103.1	23.0	31.9	4.0	25.6
建湖县	726 285	707	637	102.6	24.4	32.7	4.6	24.6
盐城县	1 204 573	722	697	104.4	24.5	31.3	4.6	25.0
大丰县	715 515	876	302	103.7	25.0	27.2	5.0	27.0
东台县	1 111 211	833	490	102.7	26.4	25.1	6.1	26.6
扬州市	304 959	3 263	4 551	110.2	28.0	21.6	5.6	27.7
泰州市	161 549	4 518	4 751	105.4	29.2	21.5	6.6	27.6
兴化县	1 410 559	708	589	105.3	25.7	29.7	5.1	24.6
高邮县	798 455	789	406	103.2	25.9	30.7	4.6	24.3
宝应县	850 017	580	584	102.7	25.8	32.2	4.0	24.2
靖江县	607 903	1 254	903	100.6	26.1	28.3	5.5	25.2
泰兴县	1 355 344	800	945	102.5	25.5	30.9	5.8	23.1
江都县	1 027 341	812	771	100.4	26.4	30.0	5.3	24.5
邗江县	605 157	862	734	98.7	26.3	28.1	5.7	25.8
泰县	1 090 934	653	867	105.1	26.5	29.2	5.6	23.8
仪征县	518 992	802	570	106.7	25.4	29.9	4.2	24.3
海安县	931 005	715	825	101.8	28.1	24.7	6.8	26.0
如皋县	1 370 526	760	875	102.7	27.5	25.6	6.7	25.0
如东县	1 084 264	892	580	103.1	29.1	21.7	7.8	26.7
南通县	1 487 388	889	840	99.9	28.1	23.2	7.3	26.8
海门县	977 750	733	890	97.6	27.5	24.1	7.8	26.7
启东县	1 102 168	827	755	97.5	26.9	23.0	7.2	28.2
镇江市	346 024	3 308	2 908	116.7	28.1	21.3	5.3	26.6
丹徒县	504 505	762	541	95.9	25.5	28.3	5.5	26.3
武进县	1 295 209	1 287	737	101.9	27.5	26.1	6.6	26.2
丹阳县	754 735	1 305	724	99.6	26.2	27.1	5.6	26.2
句容县	547 956	680	291	106.9	25.0	29.1	4.5	24.9
金坛县	502 100	874	514	106.6	25.8	25.5	5.6	26.2
溧水县	365 296	789	336	111.2	26.1	30.8	4.5	24.1
高淳县	391 622	716	508	114.5	26.3	28.4	6.0	23.0
溧阳县	701 623	841	456	111.2	25.4	28.0	5.7	24.5
宜兴县	1 001 438	1 126	491	105.2	27.0	26.2	6.0	25.8
扬中县	257 911	1 213	777	96.8	26.4	26.4	5.7	26.9
江阴县	1 009 615	1 624	1 030	107.2	27.0	27.1	6.4	25.7
无锡县	1 010 079	1 688	818	99.7	28.2	26.4	7.0	26.2
沙洲县	768 072	1 668	840	101.4	27.6	25.3	6.7	26.8
常熟县	990 581	1 814	767	97.0	28.7	24.0	7.1	27.0
太仓县	434 093	1 959	528	97.4	30.6	21.2	8.5	26.8

（续10）

1981年人口出生率（‰）	1981年人口死亡率（‰）	1981年婴儿死亡率（‰）	每万人拥有大学生人数	每万人拥有初中文化程度人数	文盲、半文盲占12及12岁以上人口比重	农林牧渔业人口占在业人口百分比	工业人口占在业人口百分比	在业人口占总人口百分比
24.9	6.2	29	10	1 686	41.0	83.0	11.5	51.4
21.0	5.8	25	13	1 626	47.4	86.8	7.5	54.2
20.9	5.1	23	12	1 491	49.6	90.3	4.4	54.8
20.2	6.0	29	15	1 543	50.2	80.6	11.1	49.4
24.5	5.2	29	13	1 532	49.1	88.5	5.7	50.7
18.7	5.7	32	12	1 559	51.0	85.7	8.4	51.9
18.3	4.9	20	178	2 650	21.6	16.2	51.1	57.3
21.6	5.8	23	15	1 766	42.3	84.8	8.5	49.9
24.3	4.9	14	14	1 485	46.0	85.6	7.0	50.7
26.1	5.3	19	14	1 556	45.4	87.4	6.0	50.6
23.4	4.3	13	11	1 546	45.4	90.1	4.0	50.0
22.4	5.5	20	13	1 501	47.2	82.5	11.0	51.2
26.0	6.0	21	13	1 630	45.2	86.3	8.0	48.8
18.4	5.3	25	18	1 885	36.8	84.6	8.5	49.3
21.1	5.1	25	12	1 328	52.3	90.6	3.9	50.4
20.7	7.1	32	13	1 514	45.8	85.5	8.0	51.5
17.1	5.4	35	19	1 511	48.8	79.5	10.7	50.7
21.6	5.7	26	20	1 597	49.5	84.8	7.4	54.0
16.2	6.0	34	22	1 668	43.0	75.7	14.7	54.1
27.0	5.4	27	18	1 544	43.0	80.1	12.0	51.8
27.0	5.9	35	14	1 724	37.9	83.9	8.5	51.8
26.3	6.7	36	17	1 697	34.4	85.4	7.8	51.7
22.4	6.2	35	17	1 777	35.3	82.5	10.2	54.1
22.4	6.7	35	21	1 798	33.7	72.8	17.9	52.4
19.3	6.7	43	36	1 831	35.8	65.6	23.4	53.6
15.8	6.1	36	21	2 105	32.9	76.7	15.4	58.8
16.0	6.7	26	18	2 095	36.7	76.5	16.4	60.9
15.8	6.1	20	272	2 737	15.5	7.5	62.5	61.3
15.0	6.1	19	146	2 736	21.5	12.8	64.6	63.2
14.8	5.8	33	10	1 481	46.8	74.4	15.8	56.6
11.8	6.1	33	14	1 602	41.3	73.9	16.3	55.7
15.0	6.7	47	11	1 553	44.2	74.4	16.6	53.2
14.9	6.1	18	23	2 343	24.1	57.6	33.5	60.5
14.4	6.8	31	18	1 964	30.7	64.1	28.3	53.6
15.1	6.1	26	18	1 807	36.2	56.1	35.4	55.4
15.5	6.3	19	11	1 989	35.2	59.0	33.1	57.2
16.0	5.9	28	14	1 722	40.0	70.5	21.6	57.9
16.7	5.6	20	36	1 924	36.9	64.6	26.4	57.8
15.5	6.5	25	19	1 992	33.7	75.1	18.2	61.8
14.0	6.9	28	17	1 807	37.7	72.5	21.4	60.2
11.9	6.9	28	16	1 885	38.1	78.4	15.4	65.8
13.7	6.3	27	17	2 117	32.1	65.2	29.0	68.1
14.3	6.7	26	19	2 529	26.8	70.9	23.2	67.3
13.1	6.3	27	20	2 256	23.3	70.4	23.8	71.2
17.4	6.0	15	244	3 181	14.1	7.0	62.8	61.8
18.9	6.7	21	15	2 532	25.8	60.0	31.7	57.5
15.6	7.2	26	20	2 768	19.1	66.1	27.8	60.2
16.3	6.9	22	25	2 497	21.9	60.4	30.5	58.4
19.5	5.8	23	21	2 022	34.9	76.1	16.3	56.5
16.1	6.4	24	24	2 446	26.3	72.5	19.6	62.9
18.5	6.2	35	18	1 546	46.2	75.1	17.3	54.6
13.8	6.5	37	19	1 271	51.1	78.3	13.9	55.8
17.3	5.7	17	29	2 313	26.3	74.8	17.2	57.5
16.1	6.4	24	27	2 618	26.7	64.7	26.8	61.3
16.5	6.7	26	26	2 131	27.2	52.8	38.2	61.5
17.0	7.4	79	28	2 470	21.2	56.0	35.7	61.3
18.2	7.0	21	25	2 670	19.2	55.4	37.3	58.7
14.3	6.0	28	27	2 305	28.6	63.4	29.2	66.0
16.5	7.2	32	27	1 740	30.5	54.2	37.7	68.7
14.0	7.5	18	39	2 065	31.7	60.9	30.9	72.8

表256

县市名称	人口数	1982年人均工农业总产值(元)	人口密度(人/公里²)	人口性别比	人口年龄中位数(岁)	0—14岁人口占总人口百分比	65及65岁以上人口占总人口百分比	15—49岁育龄妇女占总人口百分比
昆山县	533 294	1 361	575	101.1	27.5	24.6	5.1	27.3
吴县	1 149 221	1 032	352	101.2	26.8	25.6	5.4	26.9
吴江县	726 767	1 573	592	103.8	28.2	25.0	6.5	25.7
浙江省								
杭州市	1 191 582	4 335	2 771	107.0	28.5	18.3	6.2	28.9
萧山县	1 061 145	1 189	738	103.1	26.1	24.9	5.9	27.5
桐庐县	348 267	964	191	106.8	25.1	27.7	5.3	25.7
富阳县	541 270	746	310	107.4	23.7	30.2	5.7	24.0
临安县	456 511	825	146	107.7	25.3	25.3	5.5	26.6
余杭县	804 973	1 127	596	107.4	26.6	23.3	6.0	27.1
建德县	436 423	1 147	188	110.5	25.6	26.2	5.4	25.9
淳安县	420 297	568	99	108.2	23.7	29.8	5.4	24.0
宁波市	688 230	4 085	1 967	102.1	28.5	20.5	6.6	28.7
镇海县	488 445	1 688	636	103.3	26.8	23.7	6.3	27.6
温州市	508 611	1 700	3 260	103.8	25.4	27.8	5.7	26.7
瓯海县	481 280	460	736	106.5	21.5	35.1	5.3	23.1
洞头县	112 468	533	1 125	109.0	20.2	37.0	4.9	22.2
乐清县	879 525	409	749	108.0	20.5	35.8	5.1	22.7
永嘉县	723 784	283	269	109.5	20.0	38.9	5.2	21.0
瑞安县	992 889	461	730	108.6	20.6	35.6	4.8	22.8
平阳县	675 467	369	641	115.0	21.1	36.0	5.4	21.2
苍南县	933 310	296	740	115.7	19.7	39.4	4.8	20.0
文成县	325 722	211	259	123.3	20.1	38.5	5.4	18.8
泰顺县	295 272	246	174	123.4	20.4	37.8	5.6	18.5
湖州市	945 616	1 527	630	111.5	29.0	20.9	7.6	26.0
嘉兴市	670 041	825	693	104.3	27.6	22.2	5.7	27.6
嘉善县	347 923	652	690	104.4	28.0	22.2	5.8	27.3
平湖县	444 072	645	825	101.0	27.0	23.6	5.9	27.4
海宁县	583 760	580	857	101.5	27.1	24.3	6.6	26.8
海盐县	321 761	1 024	640	99.5	26.1	24.8	5.3	27.4
桐乡县	591 196	880	819	110.3	27.7	24.1	6.9	25.5
德清县	371 707	956	393	109.4	27.1	23.2	7.1	26.2
长兴县	560 652	582	404	113.6	25.2	29.4	5.1	24.3
安吉县	402 959	685	224	109.5	24.9	29.0	5.2	25.0
慈溪县	888 870	490	770	103.8	25.8	25.5	5.8	27.0
余姚县	754 700	547	581	104.2	26.3	25.7	5.8	26.6
奉化县	448 799	542	374	105.9	25.4	28.5	5.3	25.4
象山县	470 529	446	428	108.3	23.8	29.9	5.3	24.9
宁海县	528 975	603	277	108.9	22.7	33.7	5.3	23.1
鄞县	693 072	615	533	100.8	26.1	25.3	5.8	27.3
绍兴市	1 107 175	1 449	736	103.8	26.6	25.1	6.7	26.0
上虞县	698 289	1 832	596	104.0	25.6	27.0	5.7	25.9
嵊县	693 725	1 075	379	112.2	25.6	27.8	6.3	24.5
新昌县	400 356	1 075	334	110.7	25.2	28.0	6.3	24.2
诸暨县	952 571	1 330	421	107.8	25.4	27.6	6.5	24.8
金华市	842 904	1 147	378	111.1	25.2	29.7	5.6	24.1
衢州市	971 783	1 123	282	112.8	24.8	29.8	5.4	23.9
兰溪县	587 637	1 092	449	111.2	25.0	29.2	5.9	23.5
永康县	455 705	751	436	103.8	23.2	33.3	6.5	22.9
武义县	300 753	740	192	111.2	24.6	29.5	5.9	23.6
东阳县	895 807	1 005	305	102.5	23.5	32.2	6.3	23.6
义乌县	568 385	1 082	502	107.4	25.0	30.7	6.2	23.6
浦江县	335 764	846	373	105.1	23.1	32.6	5.7	23.4
常山县	285 991	680	262	112.0	21.2	35.4	4.6	21.9
江山县	512 977	592	454	111.4	23.0	33.1	5.7	22.2
开化县	308 495	1 279	139	111.9	22.2	33.5	4.9	22.7
丽水县	290 075	691	180	110.1	24.7	29.0	6.2	24.1
青田县	447 989	279	180	110.3	19.5	39.3	5.0	20.3

（续11）

1981年人口出生率（‰）	1981年人口死亡率（‰）	1981年婴儿死亡率（‰）	每万人拥有大学生人数	每万人拥有初中文化程度人数	文盲、半文盲占12及12岁以上人口比重	农林牧渔业人口占在业人口百分比	工业人口占在业人口百分比	在业人口占总人口百分比
20.0	5.8	20	32	2 092	34.8	69.6	21.8	67.4
21.3	6.2	28	22	1 865	31.6	65.2	28.4	65.8
18.3	7.2	27	20	1 774	40.3	63.7	28.0	64.7
12.0	5.7	14	332	3 123	13.7	14.4	55.8	64.3
13.0	5.7	22	19	1 677	31.6	64.2	28.4	63.7
16.3	6.5	31	23	1 941	24.4	68.8	22.8	55.3
17.4	6.3	22	22	1 779	23.6	69.5	21.8	49.7
17.0	6.7	31	28	2 164	23.5	73.6	18.8	60.7
14.6	6.2	20	22	1 735	30.3	68.5	24.1	64.9
17.2	6.4	40	30	1 809	30.7	70.1	20.8	52.6
14.8	7.0	29	21	1 663	35.9	81.4	12.3	57.5
14.8	6.2	18	144	3 021	14.9	14.6	57.5	61.5
15.8	6.3	24	46	2 444	17.9	50.4	39.2	60.8
18.2	4.9	13	102	2 790	16.1	11.3	63.7	49.8
24.8	5.0	15	4	1 370	34.7	49.5	42.7	44.0
22.2	6.0	43	15	1 467	36.5	49.8	35.3	45.1
25.1	5.1	26	12	1 476	34.8	48.2	40.9	38.1
28.1	5.1	17	8	1 091	42.4	64.3	27.5	35.0
21.5	5.0	18	11	1 151	43.6	53.3	36.4	40.3
23.4	5.1	23	12	1 104	41.5	66.2	22.0	36.6
27.6	5.2	25	5	826	50.1	60.2	29.0	36.6
26.6	6.0	36	12	1 193	39.1	59.4	30.5	37.3
23.0	6.1	35	10	881	42.8	67.0	21.9	34.6
15.8	7.5	19	32	1 901	36.0	68.8	22.0	65.7
15.2	6.1	15	41	2 018	30.5	65.0	24.8	68.2
15.2	6.4	17	21	2 084	34.5	73.3	17.3	69.3
13.7	6.5	24	18	1 928	31.6	77.0	16.2	70.4
17.2	6.6	20	18	1 893	29.8	67.6	25.0	66.3
17.8	6.1	17	19	1 973	36.6	73.1	20.3	68.4
15.7	7.5	35	14	1 463	38.4	74.0	19.0	63.3
18.3	7.2	21	18	1 680	35.2	74.0	17.6	63.2
17.0	5.8	22	25	1 819	32.8	67.3	22.5	57.5
16.3	6.1	31	21	1 870	29.5	76.1	15.1	61.6
16.2	5.9	22	13	1 792	26.0	52.4	40.6	63.3
17.2	6.2	23	17	1 891	24.8	61.1	31.1	61.6
18.6	6.3	22	20	1 739	20.0	58.5	32.7	52.8
20.0	6.1	34	17	1 567	34.3	59.9	28.7	44.2
21.6	6.0	31	17	1 574	29.3	64.6	26.8	45.3
15.6	6.6	30	12	1 914	21.7	46.1	46.6	59.8
13.6	6.5	26	26	1 805	35.0	58.3	33.3	61.5
15.7	6.6	30	14	1 874	29.3	75.2	17.9	63.4
15.4	7.6	49	17	2 104	18.8	77.1	16.1	56.7
18.5	7.9	34	21	2 024	26.2	72.5	20.3	56.0
11.6	6.5	28	18	2 503	17.6	72.0	21.2	55.3
16.7	6.6	31	48	1 880	29.0	73.1	16.4	54.1
17.9	6.2	28	35	1 762	31.9	76.5	15.8	57.9
17.0	7.4	42	20	1 663	37.7	73.9	18.0	51.3
20.1	6.8	23	21	2 198	27.1	70.0	23.0	56.0
18.1	6.9	34	21	2 024	27.3	81.9	11.3	56.5
18.8	7.2	30	20	2 140	26.4	73.1	21.3	54.6
20.3	6.8	22	24	2 109	28.4	78.0	14.5	54.2
21.1	6.9	31	21	2 013	25.4	66.6	25.3	41.8
21.3	7.0	42	19	1 404	41.6	78.6	13.3	47.1
16.0	6.4	43	23	1 747	30.8	79.8	12.9	53.3
19.7	6.7	43	16	1 282	44.0	77.5	14.2	46.6
17.8	6.1	22	58	1 870	31.4	68.3	18.2	50.0
24.2	6.1	26	11	1 267	41.0	72.1	17.9	36.1

表256

县市名称	人口数	1982年人均工农业总产值(元)	人口密度(人/公里²)	人口性别比	人口年龄中位数(岁)	0—14岁人口占总人口百分比	65及65岁以上人口占总人口百分比	15—49岁育龄妇女占总人口百分比
云和县	259 849	366	93	117.2	20.5	36.4	5.0	19.9
龙泉县	243 960	566	67	113.7	21.5	34.7	5.4	21.3
庆元县	167 684	399	89	111.1	19.3	39.8	4.1	20.3
缙云县	387 949	349	268	108.1	21.7	35.4	5.9	22.0
遂昌县	211 343	659	83	115.4	24.2	30.9	6.0	22.2
松阳县	208 168	448	148	111.6	22.3	34.4	5.4	21.2
椒江市	154 559	1 247	1 680	105.7	24.6	29.0	6.0	25.6
临海县	1 023 962	462	474	107.0	22.1	33.7	5.3	23.6
黄岩县	990 948	590	704	106.0	24.6	29.8	6.3	24.6
温岭县	968 533	437	1 159	106.3	23.7	30.0	6.0	24.7
仙居县	395 139	491	219	110.4	23.0	32.9	5.3	23.0
天台县	471 761	382	331	107.4	22.9	33.8	5.2	23.0
三门县	335 003	425	322	107.9	20.1	36.3	4.6	22.9
玉环县	334 747	571	982	107.1	22.7	32.5	5.5	24.2
定海县	317 550	736	640	102.9	25.5	26.0	5.5	26.8
普陀县	299 023	1 345	787	104.2	25.2	26.2	5.2	27.1
岱山县	206 624	705	813	101.0	25.2	26.0	5.2	27.6
嵊泗县	81 310	861	1 129	101.0	25.2	25.8	4.8	28.2
安徽省								
合肥市	821 812	2 426	1 889	115.4	26.6	25.5	3.7	26.5
长丰县	758 080	373	316	112.9	19.6	38.2	3.7	20.2
芜湖市	456 219	3 517	3 740	109.7	27.3	22.7	4.9	27.2
芜湖县	489 499	361	505	109.4	19.8	37.1	3.5	21.6
蚌埠市	558 676	2 950	1 407	107.6	25.4	28.2	4.5	25.7
淮南市	1 025 077	1 318	881	114.1	23.1	32.0	3.5	24.2
凤台县	501 875	366	541	115.3	20.5	36.2	4.4	20.8
马鞍山市	350 511	3 053	1 261	113.3	26.4	25.7	3.1	27.4
淮北市	442 878	1 743	4 064	135.9	25.3	29.8	3.1	21.9
濉溪县	894 791	345	377	100.7	18.6	40.0	4.1	21.0
铜陵市	202 578	2 386	2 701	124.5	26.6	24.3	2.9	26.3
铜陵县	318 709	339	354	106.2	20.0	36.1	3.9	22.4
安庆市	418 772	2 596	967	106.1	25.1	30.1	4.6	24.9
阜阳市	169 889	1 970	3 398	105.3	24.3	30.6	4.4	25.5
阜阳县	1 120 756	230	642	102.6	19.7	38.5	4.5	21.0
临泉县	1 371 827	170	755	100.7	18.8	39.8	4.2	21.6
太和县	1 150 773	231	632	101.5	19.8	38.2	4.7	21.5
涡阳县	993 430	314	471	105.1	19.4	40.0	4.7	19.9
蒙城县	868 574	345	411	105.4	19.4	39.7	4.0	20.4
亳县	1 066 480	295	479	101.0	19.8	38.3	4.3	21.7
阜南县	1 089 142	224	599	102.7	18.3	40.7	3.6	20.9
颍上县	1 091 836	198	587	110.8	20.1	37.3	4.7	20.8
界首县	541 622	284	813	100.9	20.1	36.7	4.7	22.5
利辛县	1 025 472	239	526	106.0	19.6	39.4	4.8	19.8
宿州市	193 251	580	1 858	105.9	22.3	33.1	3.9	24.8
砀山县	653 457	343	536	100.4	23.2	37.7	5.8	21.6
萧县	937 106	344	463	103.2	20.3	37.9	5.7	20.9
宿县	962 862	434	345	102.8	19.2	39.3	4.5	20.4
灵璧县	786 051	343	383	105.6	20.1	37.9	4.7	20.3
泗县	639 708	382	358	103.8	19.8	38.7	4.9	20.7
怀远县	943 114	405	399	110.9	19.7	39.1	4.1	20.4
五河县	518 371	460	328	106.9	20.0	37.2	4.4	21.3
固镇县	461 428	483	302	107.1	19.7	38.8	4.1	20.4

（续12）

1981年人口出生率（‰）	1981年人口死亡率（‰）	1981年婴儿死亡率（‰）	每万人拥有大学生人数	每万人拥有初中文化程度人数	文盲、半文盲占12及12岁以上人口比重	农林牧渔业人口占在业人口百分比	工业人口占在业人口百分比	在业人口占总人口百分比
20.6	6.5	37	26	1 302	34.7	73.7	14.4	38.7
14.7	5.9	28	23	1 376	33.7	71.7	16.2	43.7
21.0	6.4	32	15	1 165	38.7	72.3	15.4	37.1
21.3	6.6	29	22	2 057	36.3	72.7	19.3	41.4
15.4	7.8	41	24	1 459	33.9	78.7	12.6	47.7
15.0	7.6	41	16	1 522	32.3	84.5	8.6	49.0
15.9	5.5	37	45	1 940	32.3	28.3	50.2	54.9
18.3	5.8	43	23	1 410	39.2	54.3	37.4	45.2
16.4	5.9	57	15	1 504	36.6	44.3	48.4	58.5
16.1	6.1	60	13	1 376	33.0	50.6	42.8	57.8
16.0	6.3	35	20	1 891	32.3	77.4	16.8	55.9
22.2	7.5	38	18	1 880	28.0	80.0	14.5	52.9
20.0	5.6	38	15	1 204	46.3	65.8	25.9	38.8
20.1	6.3	45	13	1 122	52.2	48.4	38.4	43.8
17.0	6.7	31	38	1 844	29.5	52.7	32.6	54.9
19.0	6.2	27	31	2 168	24.5	54.1	28.3	51.8
17.3	6.8	27	17	1 738	28.1	57.4	28.6	52.8
20.9	6.5	31	24	1 958	26.5	48.2	32.6	49.3
15.4	4.4	24	337	2 654	15.5	18.9	51.0	59.3
18.8	4.8	20	11	1 327	36.3	90.5	4.2	53.3
13.8	5.6	23	204	2 771	18.3	10.5	58.0	60.0
18.4	5.9	34	15	1 231	52.6	79.1	12.6	51.3
17.2	5.7	32	143	2 436	24.9	27.2	46.6	56.3
18.0	4.6	21	79	2 242	30.3	38.6	47.6	53.6
23.1	4.8	24	14	1 313	53.0	88.5	5.5	52.4
14.2	3.9	18	213	2 656	21.4	17.3	61.0	59.9
17.6	3.1	13	95	2 700	25.6	29.0	60.7	58.3
16.9	3.3	14	11	1 371	47.4	91.3	3.2	49.1
12.3	4.3	21	150	2 655	19.4	18.8	60.2	58.7
20.2	6.6	39	16	1 336	50.4	79.0	11.3	48.1
13.2	6.2	33	123	2 203	25.6	36.9	39.8	55.0
16.1	3.3	10	168	2 676	22.2	19.1	41.3	51.2
21.4	4.1	19	6	1 364	50.8	95.6	0.7	50.4
15.0	3.0	10	8	1 168	54.3	95.2	0.8	50.4
22.8	3.7	13	9	1 366	49.3	94.9	1.0	51.2
23.6	4.3	18	8	1 112	58.9	92.3	1.9	50.2
22.2	4.5	21	9	1 235	54.4	92.4	1.6	50.7
21.7	4.6	22	9	1 338	52.5	92.2	2.3	53.3
19.5	3.7	15	8	1 199	54.2	94.7	0.7	50.5
24.1	4.4	14	8	1 231	53.9	93.6	1.4	49.4
23.0	4.1	16	15	1 496	46.0	91.8	2.7	51.2
24.4	4.6	20	8	1 142	57.2	95.2	0.8	50.4
20.1	3.0	11	136	2 579	20.5	37.0	31.4	52.2
23.2	3.9	8	17	1 533	46.3	92.5	2.5	52.2
19.6	3.7	12	11	1 399	47.1	93.0	2.1	51.1
17.3	3.9	13	5	1 455	44.6	94.7	1.2	51.1
18.9	4.9	23	9	1 278	54.0	93.5	1.7	52.3
18.0	5.0	26	10	1 103	57.7	93.6	1.6	50.4
22.0	4.6	28	10	1 227	52.2	91.2	2.8	49.4
18.8	4.3	27	14	1 250	56.6	90.2	3.3	52.2
17.7	3.7	19	15	1 390	48.8	89.5	2.9	49.6

表256

县市名称	人口数	1982年人均工农业总产值(元)	人口密度(人/公里²)	人口性别比	人口年龄中位数(岁)	0—14岁人口占总人口百分比	65及65岁以上人口占总人口百分比	15—49岁育龄妇女占总人口百分比
天长县	514 491	690	291	104.0	20.4	34.4	3.6	23.0
来安县	406 433	488	274	104.8	20.4	34.3	3.7	23.3
滁县	349 923	1 011	253	106.4	21.3	33.1	3.6	23.9
全椒县	371 769	621	243	108.1	21.0	32.7	3.7	23.5
定远县	694 758	444	240	111.2	18.8	39.3	3.2	20.6
凤阳县	543 623	487	283	110.3	20.0	37.6	3.9	20.9
嘉山县	516 122	406	219	106.8	19.7	37.9	4.0	21.5
六安市	145 586	1 451	1 693	107.8	25.6	28.5	4.1	26.5
六安县	1 256 007	365	356	113.2	20.0	35.5	3.6	22.0
寿县	1 036 685	404	346	114.4	19.9	37.9	3.7	20.6
霍丘县	1 274 280	432	340	111.8	19.5	38.4	3.4	21.1
肥西县	808 663	409	373	111.8	19.9	36.7	2.9	21.9
舒城县	847 918	418	364	109.8	20.3	33.5	3.5	22.9
金寨县	564 284	522	148	112.7	20.6	34.5	4.2	22.7
霍山县	342 576	446	168	109.6	23.1	32.4	4.3	23.3
宣城县	728 296	400	288	111.1	20.3	35.3	3.9	21.8
郎溪县	306 286	295	277	113.4	19.7	37.9	3.8	20.8
广德县	451 763	345	209	110.4	19.9	36.9	4.0	21.7
宁国县	344 403	217	141	112.2	25.0	31.1	4.5	23.4
当涂县	602 352	337	416	109.6	22.3	33.7	4.2	22.7
繁昌县	407 243	260	463	109.7	20.0	35.5	3.6	22.4
南陵县	475 347	305	376	110.5	20.1	36.3	3.9	21.7
青阳县	257 535	364	218	109.1	21.2	33.3	4.7	22.5
泾县	335 828	216	163	113.2	24.5	32.3	4.7	21.9
肥东县	939 063	441	390	109.4	19.5	37.9	3.9	21.4
庐江县	1 032 408	356	438	114.0	20.1	34.7	3.2	21.8
无为县	1 218 798	1 143	505	107.2	19.4	36.8	3.1	22.3
巢县	708 925	278	355	108.2	24.6	33.2	4.2	22.9
含山县	370 203	313	356	106.7	20.0	35.8	3.9	22.2
和县	570 830	279	401	107.5	20.2	34.7	3.9	22.6
屯溪市	99 794	410	832	110.1	27.0	26.4	5.2	25.7
绩溪县	176 419	300	157	107.3	25.3	29.7	5.0	24.4
旌德县	144 551	234	160	113.6	25.1	30.2	4.2	23.9
歙县	576 215	319	205	102.5	23.6	32.6	5.4	23.1
休宁县	253 405	395	114	105.9	24.2	31.9	4.8	23.7
黟县	88 859	325	105	105.3	25.1	31.3	5.6	22.6
祁门县	168 352	398	75	107.2	21.3	34.8	4.8	22.0
太平县	129 678	372	87	110.9	25.5	29.9	5.4	23.2
石台县	103 825	551	68	110.0	24.3	32.0	5.1	22.0
怀宁县	663 377	392	393	103.8	19.7	37.3	4.1	21.6
桐城县	692 888	368	376	104.1	19.6	37.2	3.7	22.0
枞阳县	849 951	381	472	106.3	19.2	38.6	3.7	21.5
潜山县	493 743	461	288	107.2	20.3	35.1	4.0	22.0
太湖县	478 560	402	241	107.3	20.4	35.0	4.2	21.4
宿松县	647 853	324	279	105.4	19.1	39.0	3.9	20.9
望江县	492 878	343	404	104.0	19.4	39.0	3.7	21.3
岳西县	359 003	490	148	110.1	21.1	34.5	4.0	21.9
东至县	469 730	422	156	106.7	20.2	36.5	4.6	21.6
贵池县	529 833	417	217	107.1	20.2	35.5	4.0	22.2
福建省								
福州市	1 129 251	1 715	1 043	105.0	27.0	24.2	6.2	26.7
闽侯县	531 437	339	250	110.2	22.5	35.5	4.7	22.2
厦门市	510 656	2 251	930	104.1	25.5	24.6	5.1	26.9
同安县	455 329	422	488	98.5	21.4	35.2	4.2	24.0
南平市	405 175	1 268	153	111.2	21.7	34.3	4.1	23.5
顺昌县	214 127	696	108	108.3	20.4	35.0	3.9	23.7

（续13）

1981年人口出生率（‰）	1981年人口死亡率（‰）	1981年婴儿死亡率（‰）	每万人拥有大学生人数	每万人拥有初中文化程度人数	文盲、半文盲占12及12岁以上人口比重	农林牧渔业人口占在业人口百分比	工业人口占在业人口百分比	在业人口占总人口百分比
11.4	5.6	29	14	1 245	49.1	83.2	8.8	56.2
15.1	5.3	30	16	1 435	48.5	88.5	5.1	55.0
14.8	4.5	22	67	1 819	36.2	66.9	18.0	55.1
15.1	5.1	38	18	1 472	47.7	81.3	9.6	56.2
15.2	4.2	27	13	1 256	52.1	89.9	3.7	50.8
19.1	4.4	18	19	1 212	51.3	88.3	4.7	52.5
17.4	5.2	35	16	1 314	51.0	86.2	5.4	50.7
14.4	4.3	27	171	2 627	21.1	20.5	46.6	56.0
17.1	5.7	34	5	1 223	47.8	91.4	4.2	54.6
20.7	5.2	28	10	1 179	56.1	90.7	2.9	52.5
18.9	4.7	24	8	1 271	49.8	92.2	2.1	51.9
22.9	5.3	28	10	1 428	45.4	87.4	6.2	54.1
16.7	5.5	46	14	1 254	48.5	85.4	8.6	54.3
17.3	7.0	48	14	1 275	44.4	89.2	4.2	52.3
13.4	6.7	50	31	1 417	40.2	79.6	12.7	52.0
15.2	5.2	38	23	1 414	45.4	81.6	9.7	51.7
17.9	5.3	35	23	1 353	44.6	82.4	8.1	51.5
16.7	5.4	43	15	1 523	36.3	79.7	11.5	47.7
17.8	6.1	43	34	1 672	34.4	76.8	13.6	55.5
19.3	6.2	31	16	1 301	51.1	78.9	13.7	54.7
15.0	6.1	30	19	1 371	46.1	74.1	17.1	51.7
19.4	6.2	29	13	1 212	45.7	84.0	7.9	53.2
17.3	7.7	47	22	1 325	42.4	81.8	10.1	54.5
17.9	7.3	50	20	1 470	40.3	76.7	13.3	51.5
19.2	4.7	28	15	1 511	42.6	84.2	10.2	52.2
18.9	6.4	36	16	1 416	51.0	89.1	5.4	52.2
17.7	5.6	39	9	1 209	49.6	84.5	7.6	47.4
18.8	5.5	40	37	1 567	40.0	78.0	12.9	56.3
19.9	5.4	33	13	1 261	52.8	80.5	11.5	55.0
17.6	5.4	37	11	1 278	54.4	81.6	10.8	56.2
15.1	5.6	26	193	2 312	17.6	33.0	42.2	58.8
20.8	6.4	22	53	2 037	23.2	70.7	20.4	58.8
19.0	6.6	27	51	1 701	38.8	73.4	18.3	57.0
16.4	7.3	33	27	1 713	30.3	84.9	8.9	59.0
18.1	6.7	40	32	1 485	33.6	81.4	11.1	58.9
16.8	7.6	36	50	1 752	28.8	74.7	15.1	56.4
18.7	7.2	46	31	1 402	33.1	74.3	15.7	55.3
13.0	7.0	35	31	1 453	38.1	75.7	13.0	55.2
14.2	7.5	45	36	1 314	39.4	81.8	8.1	54.3
18.9	6.9	49	12	1 152	43.5	82.3	12.0	50.2
17.3	7.4	58	13	1 359	39.9	80.4	13.0	47.7
18.5	7.0	46	10	1 107	53.4	88.1	5.8	51.9
17.5	7.9	77	13	1 109	43.8	86.5	8.0	49.9
21.0	8.1	66	13	1 060	48.7	85.5	8.7	53.9
19.6	6.5	44	13	1 197	45.4	85.7	7.6	49.1
20.6	7.3	57	11	866	51.6	86.2	7.6	51.1
21.0	9.6	87	26	1 149	42.8	85.3	8.6	53.5
18.5	8.4	69	20	1 109	37.9	82.8	9.7	52.9
15.8	6.2	37	36	1 287	45.1	78.7	13.0	51.8
15.7	6.2	12	288	2 231	16.3	15.1	52.7	53.3
23.2	6.1	13	26	1 317	27.2	67.4	23.1	44.4
17.2	5.8	11	235	2 122	21.0	33.0	41.1	56.7
26.5	6.0	14	27	1 088	44.0	80.9	10.1	50.9
15.6	5.4	17	84	1 513	29.3	45.1	36.9	41.2
18.6	5.6	18	39	1 619	27.4	59.6	24.2	44.1

表256

县市名称	人口数	1982年人均工农业总产值(元)	人口密度(人/公里²)	人口性别比	人口年龄中位数(岁)	0—14岁人口占总人口百分比	65及65岁以上人口占总人口百分比	15—49岁育龄妇女占总人口百分比
建阳县	297 179	754	88	112.7	20.4	35.8	4.0	22.2
建瓯县	437 534	559	103	108.5	20.2	36.1	4.4	22.8
浦城县	364 038	461	108	111.0	20.1	36.3	4.6	21.4
邵武县	258 352	912	91	109.7	20.4	35.4	3.7	23.3
崇安县	180 681	581	65	115.8	20.1	36.8	4.0	21.3
光泽县	135 956	658	61	112.1	20.1	36.8	3.7	21.9
松溪县	128 376	529	123	108.7	19.5	38.2	4.0	22.0
政和县	163 997	458	94	115.5	19.2	39.9	3.7	20.7
宁德县	317 826	370	234	118.6	20.2	37.3	5.1	19.7
连江县	521 311	305	470	106.4	20.0	37.9	4.1	22.0
罗源县	208 026	265	203	112.3	20.4	37.1	4.7	20.9
福鼎县	431 505	453	295	121.6	21.6	35.7	5.2	20.0
霞浦县	406 606	461	275	121.5	22.3	35.5	5.2	20.3
福安县	477 642	416	275	121.6	22.5	35.7	5.1	19.8
古田县	349 724	437	148	114.8	20.0	37.9	5.0	21.0
屏南县	144 326	326	10	118.0	20.0	38.4	5.0	20.5
寿宁县	195 197	281	137	116.4	19.8	39.2	4.5	19.6
周宁县	145 192	326	139	122.7	21.4	36.2	5.0	20.1
柘荣县	77 590	351	140	128.9	21.0	37.2	4.9	18.6
闽清县	249 543	513	169	109.0	20.1	37.4	4.5	21.8
永泰县	286 071	303	128	110.5	19.7	39.3	4.2	20.3
长乐县	553 036	366	843	110.9	20.0	38.4	3.8	22.4
福清县	904 260	327	596	104.7	20.0	38.4	4.2	21.9
平潭县	274 561	298	742	105.7	19.5	38.9	4.1	22.0
莆田县	1 485 131	287	755	94.2	21.3	35.9	4.5	23.9
仙游县	768 790	394	424	102.4	19.7	39.0	3.5	22.1
泉州市	410 229	992	775	101.0	23.4	32.4	4.8	24.2
惠安县	936 228	244	1 009	96.6	19.4	39.7	4.3	22.5
晋江县	989 908	407	1 234	102.1	20.0	37.6	4.4	22.8
南安县	1 067 665	286	538	100.4	19.9	38.5	3.9	22.6
安溪县	750 912	209	256	102.9	18.4	41.4	3.3	21.3
永春县	425 577	324	290	106.2	19.5	38.9	3.6	21.9
德化县	236 032	358	106	107.7	17.6	43.0	3.2	20.5
漳州市	295 385	1 496	1 116	106.2	24.2	29.6	4.8	24.8
龙海县	711 635	583	523	101.9	22.7	33.4	4.5	24.3
云霄县	332 858	468	324	102.9	19.4	39.5	4.3	21.4
漳浦县	634 306	327	326	101.2	18.8	41.0	3.8	21.6
诏安县	460 800	308	369	100.4	20.1	37.6	4.6	22.0
长泰县	153 354	705	171	100.9	21.0	33.8	4.0	24.2
东山县	159 610	569	824	98.2	21.2	36.3	5.4	22.3
南靖县	288 385	589	148	104.0	20.3	35.7	4.4	22.7
平和县	447 138	387	193	105.5	20.1	37.6	4.1	21.6
华安县	140 093	606	108	104.1	19.4	38.5	3.8	22.0
龙岩市	356 245	944	133	110.9	23.3	32.7	4.6	23.1
长汀县	376 212	386	121	103.0	19.0	40.5	4.5	20.3
永定县	376 716	401	169	105.8	18.7	40.5	4.5	20.6
上杭县	376 482	373	132	100.5	19.9	37.7	5.0	21.3
武平县	288 968	360	110	102.6	18.5	40.6	4.7	20.2
漳平县	223 970	513	75	110.1	19.1	39.6	4.0	21.0
连城县	258 469	441	99	105.9	20.1	38.2	5.3	20.7
三明市	204 307	3 235	185	119.1	24.3	28.9	2.9	25.9
明溪县	100 021	724	59	109.0	20.2	36.7	3.8	22.3
永安县	265 063	1 570	90	117.9	22.7	33.9	3.8	22.3
清流县	126 342	544	69	108.1	20.3	36.7	4.3	21.6
宁化县	289 801	456	122	105.1	20.0	37.3	4.1	22.1
大田县	271 891	384	122	109.9	18.1	41.7	3.7	20.4
龙溪县	322 450	494	95	113.9	20.1	36.9	4.5	21.4

（续14）

1981年人口出生率（‰）	1981年人口死亡率（‰）	1981年婴儿死亡率（‰）	每万人拥有大学生人数	每万人拥有初中文化程度人数	文盲、半文盲占12及12岁以上人口比重	农林牧渔业人口占在业人口百分比	工业人口占在业人口百分比	在业人口占总人口百分比
18.7	6.1	19	47	1 304	34.5	67.8	17.1	44.0
17.3	5.8	17	25	1 203	33.5	73.9	13.7	41.5
16.6	6.5	29	23	1 308	33.6	74.9	13.0	39.1
17.6	5.6	27	45	1 637	24.5	62.0	20.8	49.5
23.4	6.4	20	28	1 249	32.1	70.4	15.8	40.9
19.7	6.3	25	30	1 338	27.9	68.6	18.3	51.3
15.6	5.4	20	24	1 258	32.1	70.4	13.4	36.3
20.2	6.0	13	22	934	42.6	74.0	12.7	32.3
21.5	6.0	16	43	789	50.5	68.5	14.4	35.6
22.3	5.7	13	16	974	43.2	64.1	22.3	38.8
21.0	6.4	18	22	734	46.9	76.1	11.2	35.3
19.5	7.1	29	13	742	58.9	71.4	15.2	38.5
21.9	6.7	17	15	760	53.7	76.9	10.1	35.5
22.5	6.1	13	26	809	47.9	71.1	14.4	38.0
23.8	6.8	16	25	1 224	29.6	70.9	14.8	30.8
28.6	7.2	16	19	902	40.2	79.0	8.0	31.2
23.0	6.1	22	16	775	48.6	77.2	10.3	30.0
25.2	5.8	16	16	831	50.2	78.9	8.9	33.3
24.5	7.6	49	16	696	54.7	71.2	13.4	36.3
22.9	6.0	12	31	1 585	24.3	74.1	14.8	46.1
20.4	6.4	16	22	1 091	39.1	75.3	14.5	42.1
26.4	5.3	9	19	1 140	31.0	56.9	30.5	34.2
26.0	4.5	11	29	1 126	43.8	81.2	11.3	46.9
18.7	5.1	13	24	1 245	39.3	77.3	12.8	48.3
19.1	5.2	13	31	1 388	37.0	81.1	12.0	51.6
19.8	5.6	15	24	1 152	36.8	85.0	8.4	49.5
20.4	5.8	16	127	1 790	27.5	52.3	28.2	54.1
25.3	5.4	20	21	900	43.4	62.2	29.5	50.9
22.8	4.9	10	20	1 209	31.0	67.9	20.4	43.3
25.3	5.4	14	20	1 201	35.5	80.0	13.5	49.8
26.9	6.0	29	15	874	49.5	86.2	8.0	44.9
21.1	5.9	22	36	1 397	26.5	77.9	13.3	42.2
27.8	6.5	25	28	1 077	34.8	77.4	12.9	38.8
18.8	5.5	16	129	1 998	28.5	44.6	32.6	52.2
21.6	6.0	20	20	1 187	42.2	81.2	10.0	47.3
19.9	6.1	19	23	972	49.5	81.5	8.9	43.7
31.0	5.4	20	13	893	51.3	85.2	7.1	45.5
23.2	6.0	19	15	924	48.4	85.7	7.1	51.2
22.9	6.3	21	30	1 342	45.2	82.2	8.8	52.5
17.6	6.3	22	19	989	47.3	63.9	23.0	46.8
18.6	6.0	30	21	1 357	39.6	82.4	8.6	47.3
26.6	6.6	24	18	1 324	40.9	87.4	5.0	46.1
20.1	6.1	26	31	1 213	41.7	79.6	8.4	44.6
23.4	5.6	17	122	2 128	21.9	55.7	28.3	48.9
24.0	6.2	27	27	1 056	47.0	80.2	11.7	47.2
29.6	5.6	22	31	1 635	25.0	82.0	9.8	48.7
21.2	6.4	29	29	1 230	39.6	83.6	8.3	50.5
26.5	6.0	26	24	1 440	33.6	86.1	6.5	48.4
28.0	6.0	25	39	1 304	25.3	71.4	15.5	42.5
27.9	7.2	34	30	1 319	39.1	77.0	12.9	43.4
14.5	3.7	12	244	2 266	17.0	20.0	55.5	53.8
22.8	6.0	34	48	1 330	30.3	70.0	17.6	49.3
18.0	5.7	23	81	1 640	27.5	74.6	33.4	46.7
22.5	7.0	34	36	1 149	40.7	75.7	13.2	45.1
22.4	7.3	42	23	981	45.8	81.1	10.5	44.4
23.8	6.1	36	22	904	52.3	80.4	10.2	35.5
23.0	7.2	32	21	1 174	34.1	79.3	10.6	39.0

表256

县市名称	人口数	1982年人均工农业总产值(元)	人口密度(人/公里²)	人口性别比	人口年龄中位数(岁)	0—14岁人口占总人口百分比	65及65岁以上人口占总人口百分比	15—49岁育龄妇女占总人口百分比
沙县	214 249	981	114	108.9	19.9	37.6	4.6	22.1
将乐县	136 617	667	61	107.6	20.1	37.2	3.9	22.5
泰宁县	114 227	925	75	109.7	20.1	37.5	3.7	22.1
建宁县	122 347	505	70	105.1	20.1	36.5	3.9	22.7
江西省								
南昌市	1 061 497	2 113	1 869	108.7	25.2	27.7	4.7	26.3
南昌县	903 506	488	479	104.8	19.5	39.1	4.4	21.5
新建县	519 260	519	222	110.9	19.2	40.3	3.9	20.2
景德镇市	506 955	1 211	167	112.4	23.2	31.5	4.2	23.9
萍乡市	1 224 749	588	443	107.6	20.1	37.7	4.6	22.4
九江市	364 687	1 938	657	107.1	25.3	30.1	4.5	25.4
赣州市	328 928	1 197	686	109.2	24.8	30.3	5.6	24.3
赣县	428 133	339	143	103.2	19.3	39.6	4.7	21.5
南康县	629 644	358	341	97.8	19.3	39.1	5.0	22.2
信丰县	510 833	333	178	100.7	18.8	40.1	4.7	21.5
大余县	229 531	520	168	107.2	19.8	37.6	4.5	21.9
上犹县	235 576	368	152	104.8	19.7	39.1	5.3	21.0
崇义县	165 820	377	75	111.1	20.2	37.8	5.5	20.6
安远县	254 704	330	107	101.1	18.1	42.5	4.4	20.9
龙南县	235 565	300	144	98.9	19.6	38.7	5.3	21.8
定南县	152 838	325	116	100.5	19.1	39.7	5.2	21.2
全南县	156 190	566	103	102.3	19.6	38.2	4.4	21.9
宁都县	565 754	305	140	105.0	18.7	41.4	4.6	20.5
于都县	651 655	285	225	103.3	18.6	41.4	4.4	20.6
兴国县	553 179	267	166	106.1	19.7	39.5	5.0	20.6
瑞金县	448 648	305	183	104.7	18.4	41.6	4.4	20.2
会昌县	319 552	310	117	103.9	18.4	42.0	4.4	19.9
寻乌县	220 495	294	95	101.9	18.1	42.3	5.1	20.0
石城县	220 570	334	139	103.9	19.0	40.8	4.3	20.7
广昌县	167 543	427	104	103.9	18.9	40.4	4.2	21.1
宜春市	157 252	796	798	108.6	22.7	34.1	4.5	24.3
丰城县	987 895	457	347	104.5	19.6	39.0	4.5	21.3
高安县	624 561	524	256	108.9	20.5	36.9	5.0	21.2
清江县	442 058	490	343	104.8	19.9	37.8	4.7	21.7
新余县	569 394	1 194	321	109.1	20.1	37.1	3.7	22.6
宜春县	578 270	364	248	107.9	19.6	39.3	5.5	20.9
奉新县	231 394	592	141	107.8	20.0	38.7	5.6	19.7
万载县	389 415	572	227	106.7	19.7	39.3	5.5	20.9
上高县	272 260	654	202	108.4	21.4	34.4	5.4	22.6
宜丰县	238 926	734	123	110.4	20.4	37.1	5.2	20.9
分宜县	259 049	699	187	109.4	19.8	38.7	4.5	21.6
安义县	185 054	450	282	107.3	19.2	39.7	4.5	20.5
靖安县	117 327	577	85	110.3	21.3	35.9	5.5	20.5
铜鼓县	115 298	642	75	114.4	21.2	37.2	6.7	20.3
上饶市	136 924	1 161	2 107	105.1	24.5	28.5	4.7	26.6
鹰潭市	102 477	935	748	111.9	22.8	34.2	3.5	23.5
上饶县	671 971	268	270	109.5	18.8	41.0	4.5	20.5
广丰县	586 138	261	425	109.3	19.1	39.5	4.6	20.7
玉山县	454 404	360	264	111.2	20.2	37.8	4.7	21.1
铅山县	338 952	327	156	110.8	19.4	39.7	4.3	21.0
横峰县	155 436	384	237	109.6	19.5	39.5	4.2	21.7
弋阳县	287 857	492	181	108.7	19.4	39.5	3.9	21.7
贵溪县	440 229	307	178	108.4	19.3	39.7	3.7	21.2
余江县	278 304	361	297	106.9	19.7	38.6	4.0	21.8
余干县	641 719	272	275	105.4	18.7	41.5	4.0	20.8
波阳县	1 062 395	313	238	109.5	18.6	41.4	3.9	20.1
万年县	279 490	484	246	109.0	19.8	38.8	4.1	21.5
乐平县	616 281	574	312	108.7	19.1	40.5	3.8	21.3
德兴县	256 268	1 128	123	112.7	20.3	37.0	3.5	22.5
婺源县	284 513	477	97	107.0	20.4	36.9	4.9	21.3

（续15）

1981年人口出生率（‰）	1981年人口死亡率（‰）	1981年婴儿死亡率（‰）	每万人拥有大学生人数	每万人拥有初中文化程度人数	文盲、半文盲占12及12岁以上人口比重	农林牧渔业人口占在业人口百分比	工业人口占在业人口百分比	在业人口占总人口百分比
18.6	6.0	25	42	1 233	34.7	64.8	20.0	38.1
24.5	6.5	39	29	1 063	33.9	71.1	16.0	43.5
22.5	6.5	37	49	1 221	22.2	67.9	17.6	46.6
19.8	7.9	48	29	1 037	37.5	80.4	9.3	48.7
12.5	4.8	22	295	2 605	14.5	13.0	56.2	53.5
16.6	5.7	21	17	1 288	35.6	79.7	12.3	47.7
21.9	5.4	21	23	1 366	38.5	83.8	9.0	45.3
15.2	5.8	39	96	2 036	23.2	31.3	48.2	51.9
21.1	6.3	50	24	1 843	13.8	63.0	27.3	46.6
16.3	5.2	20	164	2 377	16.5	26.8	46.0	54.2
13.9	5.1	17	163	2 078	18.1	39.1	37.7	51.6
19.0	6.2	33	12	1 122	33.5	87.0	7.1	48.3
17.6	5.8	28	14	1 408	28.4	84.8	8.9	48.3
15.2	5.9	38	13	1 304	33.0	85.3	8.6	49.9
16.9	4.6	23	29	1 629	24.0	72.3	19.3	49.1
22.3	7.2	45	17	1 235	33.1	84.8	8.0	50.4
18.9	6.6	37	27	1 280	29.4	77.9	13.7	50.6
26.9	6.0	36	12	976	46.6	87.5	5.7	47.7
22.2	5.9	25	25	1 799	24.3	84.9	7.4	49.5
22.0	6.3	37	18	1 629	24.8	86.6	5.8	49.3
20.4	5.1	26	22	1 780	22.6	77.8	13.3	48.1
23.0	6.7	42	13	1 125	44.4	85.5	7.2	40.3
24.3	7.4	36	13	1 132	37.4	85.5	8.8	47.0
24.6	7.6	43	14	1 174	36.8	89.0	5.4	48.9
24.2	5.8	29	15	1 533	34.6	86.3	7.1	45.9
24.5	6.3	43	10	998	41.5	86.5	6.5	47.8
28.7	6.4	30	15	1 168	36.5	90.3	2.4	45.6
21.5	6.4	36	16	1 236	37.7	83.1	8.1	37.2
19.5	6.9	41	18	1 036	36.1	79.6	10.0	44.9
14.1	4.8	48	158	2 035	15.3	37.0	34.5	49.5
17.3	6.0	27	14	1 251	34.0	79.0	14.0	49.1
19.2	7.5	52	19	1 525	30.0	81.0	12.8	51.8
17.9	6.5	39	25	1 754	23.0	80.0	9.0	49.7
12.8	5.4	48	35	1 551	24.4	71.7	20.9	52.3
18.6	7.9	66	6	1 144	28.8	84.4	10.4	43.6
25.2	8.0	56	18	1 664	22.8	79.9	10.4	47.0
24.1	9.3	82	15	1 200	26.8	76.9	16.0	47.8
16.8	7.0	57	25	1 478	34.7	75.4	14.8	50.6
21.6	7.6	67	28	1 595	26.7	71.6	18.3	49.3
20.7	6.3	43	30	1 286	34.2	76.3	15.3	48.7
21.1	6.4	47	16	1 639	26.5	81.0	10.1	46.8
18.3	8.1	55	28	1 702	24.5	71.8	16.4	49.2
23.9	10.7	56	41	1 331	23.9	62.8	23.9	42.7
12.4	4.7	25	196	2 459	13.6	11.7	45.3	50.2
19.2	4.8	22	76	1 838	22.0	30.7	40.3	46.3
22.3	6.4	55	11	946	38.9	74.4	18.6	33.8
16.3	5.8	36	8	1 157	32.7	73.9	17.8	31.0
19.5	7.0	59	14	1 319	31.8	78.0	14.0	44.7
20.5	7.2	49	19	989	51.9	73.4	16.9	42.9
20.7	6.7	62	17	1 174	35.1	76.4	14.3	49.0
20.4	5.8	40	22	912	46.3	76.8	13.4	42.2
20.4	6.3	36	26	1 163	35.9	73.0	17.8	43.6
20.9	6.5	41	18	1 268	36.7	80.6	10.1	46.8
22.5	6.1	33	10	1 009	42.3	90.5	3.1	46.9
21.7	6.6	39	10	934	43.7	85.0	7.2	43.0
22.6	8.0	69	15	985	41.4	80.3	11.9	48.9
23.4	6.9	46	26	932	48.9	68.7	22.5	38.7
20.8	5.7	41	52	1 276	43.6	62.6	27.7	43.9
21.0	8.1	48	10	969	42.1	82.6	9.5	50.9

表256

县市名称	人口数	1982年人均工农业总产值(元)	人口密度(人/公里²)	人口性别比	人口年龄中位数(岁)	0—14岁人口占总人口百分比	65及65岁以上人口占总人口百分比	15—49岁育龄妇女占总人口百分比
吉安市	174 207	1 205	1 310	107.2	24.1	31.6	5.4	24.3
吉安县	526 399	406	171	101.9	18.9	40.8	4.8	21.0
吉水县	406 272	389	148	103.7	18.6	41.6	4.6	20.8
峡江县	134 546	528	105	105.7	18.8	41.1	4.0	21.1
新干县	246 301	496	197	103.6	18.5	41.8	3.8	21.1
永丰县	312 317	391	116	105.7	18.3	42.1	4.6	20.5
泰和县	413 213	401	155	102.6	18.7	41.4	4.7	20.6
遂川县	419 387	290	135	107.4	19.7	39.6	5.6	20.4
万安县	223 629	423	109	102.8	19.2	40.4	5.1	20.6
安福县	321 999	548	115	106.0	19.6	38.8	4.7	21.5
永新县	394 645	281	180	103.8	19.8	39.2	5.1	21.3
莲花县	195 615	354	184	103.3	20.7	37.0	5.3	22.1
宁冈县	68 655	338	113	102.9	18.6	41.4	5.0	20.9
井冈山县	47 648	683	72	110.4	19.7	38.5	5.4	21.6
抚州市	161 506	1 737	1 233	106.8	21.3	35.3	4.3	23.5
临川县	614 559	357	309	105.6	18.1	42.3	3.9	20.2
南城县	241 638	487	142	102.9	18.7	40.5	3.8	21.5
黎川县	191 855	485	111	105.9	18.5	40.3	3.5	21.3
南丰县	214 562	607	112	103.0	17.7	42.5	3.7	21.0
崇仁县	239 339	575	157	106.8	18.2	42.2	3.8	20.3
乐安县	283 104	513	117	108.0	18.2	41.6	4.0	20.3
宜黄县	173 816	504	89	108.4	19.1	39.4	3.6	21.2
金溪县	216 672	418	160	105.8	18.2	42.2	3.5	20.5
资溪县	88 254	571	71	108.3	19.6	38.1	3.7	21.8
进贤县	574 568	431	294	104.7	18.7	40.9	4.5	20.5
东乡县	320 288	518	254	107.1	18.9	40.5	3.5	21.1
九江县	261 101	517	322	106.0	19.6	38.3	4.1	21.8
瑞昌县	329 410	440	231	108.8	19.7	38.8	4.4	21.4
武宁县	304 514	386	87	108.1	20.2	37.4	5.2	20.9
修水县	624 430	298	139	111.2	20.1	38.5	5.6	20.5
永修县	313 946	623	154	107.8	19.5	38.5	4.0	21.5
德安县	143 411	851	155	107.3	19.9	38.2	3.9	21.9
星子县	181 179	333	252	106.4	18.9	40.2	4.2	21.2
都昌县	528 200	350	266	105.9	19.1	40.6	4.0	20.6
湖口县	218 399	511	326	104.8	20.5	37.6	4.0	21.8
彭泽县	278 534	528	181	105.0	19.2	39.4	3.2	21.8
山东省								
济南市	1 338 107	3 210	2 770	106.4	27.3	21.5	4.8	28.6
历城县	616 576	408	435	100.4	24.9	29.4	5.7	25.7
章丘县	903 138	475	525	96.7	25.3	30.6	5.7	25.5
长清县	487 245	444	399	101.3	24.2	30.1	5.7	25.1
青岛市	1 173 872	5 109	4 803	103.3	27.7	20.3	5.8	28.4
崂山县	653 911	618	762	99.1	25.3	29.7	5.6	26.9
即墨县	965 157	552	544	102.1	24.8	31.3	5.8	24.5
胶南县	778 558	637	390	104.3	25.2	30.8	5.9	24.1
胶县	656 096	674	504	103.6	25.5	30.6	5.9	24.4
淄博市	2 231 519	2 053	755	103.6	25.1	28.5	4.8	26.5
枣庄市	1 238 257	1 004	524	106.2	22.6	33.7	4.9	23.7
滕县	1 484 247	607	678	106.9	23.6	31.9	5.2	24.1
烟台市	384 336	3 540	3 882	108.3	27.1	22.3	5.7	28.0
威海市	210 415	2 186	525	99.9	26.6	25.4	6.6	28.2
福山县	281 455	772	413	99.0	25.5	27.3	6.5	27.2
蓬莱县	470 462	863	388	98.7	26.1	27.0	7.1	26.8
黄县	543 194	899	616	99.3	26.4	26.5	6.7	26.8
招远县	537 088	1 004	377	99.5	25.6	27.5	6.8	25.9
掖县	833 896	860	463	101.9	27.6	25.9	9.2	25.0
莱西县	646 857	601	404	103.6	25.1	27.9	6.4	25.1
莱阳县	810 208	742	476	103.1	24.6	28.8	6.0	25.5
栖霞县	637 097	755	314	102.5	25.2	27.8	5.8	26.3
海阳县	680 325	606	376	101.9	25.2	27.5	6.3	26.2

1981年人口出生率（‰）	1981年人口死亡率（‰）	1981年婴儿死亡率（‰）	每万人拥有大学生人数	每万人拥有初中文化程度人数	文盲、半文盲占12及12岁以上人口比重	农林牧渔业人口占在业人口百分比	工业人口占在业人口百分比	在业人口占总人口百分比
14.7	5.7	35	165	2 172	14.7	25.1	43.4	50.2
21.8	6.9	52	21	1 027	27.1	85.1	9.2	47.1
22.5	7.9	82	14	910	35.8	87.0	6.4	47.9
18.2	5.9	44	30	1 147	31.7	82.5	7.8	47.5
20.0	6.9	51	18	1 052	36.2	85.1	7.6	47.4
22.0	8.1	70	12	825	49.1	85.5	7.1	44.2
25.6	7.4	36	23	1 182	21.7	85.7	7.2	46.0
25.6	8.7	49	12	908	32.7	87.7	6.0	48.6
20.9	6.2	32	19	1 161	26.6	83.1	8.1	46.0
21.8	6.1	41	27	1 217	28.2	76.7	15.1	47.7
21.9	6.1	35	24	1 002	35.3	87.2	6.2	47.5
22.9	8.0	60	18	1 182	34.5	81.0	11.9	48.6
29.9	6.4	36	26	1 050	34.0	81.7	8.0	47.4
21.0	7.4	39	67	1 350	25.2	73.1	10.8	47.8
14.5	4.4	21	154	2 218	17.0	31.5	40.8	47.2
20.9	5.7	31	12	1 108	28.7	82.5	11.4	47.2
18.2	6.3	28	19	1 026	33.5	77.9	12.5	46.6
19.0	6.3	52	15	964	29.5	77.5	12.1	44.6
21.1	5.8	22	16	848	40.5	80.7	9.7	45.8
18.9	5.6	37	25	1 166	26.4	78.3	13.2	46.6
20.6	5.4	45	28	1 154	37.9	70.6	18.6	41.5
18.5	7.0	29	24	1 100	39.1	79.1	11.5	48.8
24.9	6.6	38	19	1 210	29.8	82.0	8.6	44.8
19.7	6.2	38	28	1 375	29.7	73.1	13.2	48.2
23.0	5.8	29	16	1 231	30.6	81.1	11.3	46.5
22.7	6.3	42	27	1 259	33.6	81.1	11.8	48.9
22.1	6.6	49	19	1 307	36.3	78.3	13.2	47.9
22.6	7.1	53	46	1 264	34.1	73.6	18.5	49.6
22.1	7.6	56	13	1 509	26.7	82.5	8.5	51.0
23.1	10.0	76	10	1 075	28.0	82.6	10.3	49.1
20.3	6.1	37	31	1 600	28.7	78.5	12.4	48.7
18.7	6.6	48	44	1 467	30.1	69.8	19.3	49.0
23.7	6.1	32	17	1 012	43.5	76.8	13.8	48.1
26.0	8.5	47	9	1 012	38.7	78.8	14.4	49.3
17.7	7.1	42	23	1 161	38.6	71.3	19.1	50.7
23.6	6.6	44	19	1 118	41.0	77.5	12.8	47.4
16.0	5.6	17	262	2 571	13.4	14.5	54.7	61.7
21.0	7.2	21	11	2 038	30.2	86.0	8.9	52.9
15.9	7.1	24	10	1 852	31.2	77.8	15.7	52.7
16.6	7.8	22	11	1 934	32.1	87.9	6.2	56.3
17.0	5.5	13	189	3 687	13.3	7.2	64.0	62.5
18.6	5.5	15	17	2 269	23.9	65.2	25.9	54.4
20.6	6.2	21	9	2 009	24.6	81.1	12.5	50.3
17.1	6.6	35	7	1 592	41.4	80.2	13.3	50.8
17.8	6.1	18	15	1 886	33.2	79.6	13.5	52.4
20.1	6.0	13	53	2 349	23.1	52.8	35.6	53.0
20.8	4.6	11	25	163	42.1	69.4	20.5	53.5
19.1	6.0	16	12	1 565	41.1	84.4	9.7	54.9
18.8	5.7	8	132	2 846	10.9	26.1	48.2	61.0
19.1	5.9	12	39	2 805	14.4	51.3	37.4	61.0
18.2	6.7	23	17	2 245	16.3	80.7	12.2	53.1
16.8	7.2	19	19	2 286	16.8	83.7	9.9	55.3
19.8	7.1	15	20	2 472	17.4	78.5	14.7	57.8
17.8	7.4	29	15	2 522	23.1	83.4	10.8	54.2
15.0	7.7	17	13	2 404	21.4	72.9	20.5	58.8
19.4	6.1	21	14	2 405	27.4	86.7	7.7	53.3
20.3	6.0	18	22	2 420	24.7	84.8	8.5	50.1
19.1	6.7	25	12	2 378	22.7	88.6	6.4	57.4
15.3	7.2	23	10	2 268	23.5	56.5	38.0	59.5

表256

县市名称	人口数	1982年人均工农业总产值(元)	人口密度(人/公里²)	人口性别比	人口年龄中位数(岁)	0—14岁人口占总人口百分比	65及65岁以上人口占总人口百分比	15—49岁育龄妇女占总人口百分比
乳山县	608 113	739	378	103.1	25.7	26.7	6.4	26.2
牟平县	546 806	823	301	101.7	26.2	26.5	6.8	26.6
文登县	687 127	820	368	103.6	27.4	24.0	7.0	26.7
荣成县	714 871	1 141	450	102.3	27.3	24.5	7.0	26.7
长岛县	36 966	1 630	860	95.6	26.2	26.0	7.0	28.5
潍坊市	371 992	4 662	3 916	110.8	26.3	24.8	4.5	26.9
益都县	763 522	919	487	102.3	25.3	28.9	5.2	25.9
安丘县	959 628	675	475	102.0	24.9	30.2	5.5	25.1
寿光县	896 142	665	412	101.2	25.2	30.2	6.0	24.6
临朐县	743 020	558	388	102.2	24.0	30.8	4.6	26.4
昌乐县	509 560	613	483	103.0	24.5	30.8	5.2	24.6
昌邑县	629 571	892	370	99.7	26.6	26.9	7.7	25.3
高密县	772 589	716	488	101.5	25.7	31.4	6.1	24.2
诸城县	945 519	811	434	103.5	24.7	30.8	5.6	24.6
五莲县	471 543	591	315	106.2	25.0	29.2	5.2	25.2
平度县	1 221 999	656	385	103.4	25.0	30.1	7.2	23.4
潍县	615 568	634	424	102.1	25.5	28.9	6.7	24.4
惠民县	556 108	560	403	99.3	26.2	30.3	6.0	24.7
滨县	431 899	831	495	104.9	26.0	30.7	4.8	25.0
阳信县	380 421	397	469	101.9	24.9	33.7	5.9	22.8
无棣县	380 963	318	224	103.5	24.4	31.9	6.2	23.9
沾化县	422 757	570	195	103.1	24.8	33.2	5.6	23.7
利津县	289 477	274	191	101.3	25.2	33.4	5.2	24.1
广饶县	502 202	602	325	101.2	25.6	32.6	5.9	23.9
博兴县	483 644	408	445	101.1	25.1	32.8	5.7	23.7
桓台县	441 410	585	872	98.3	25.1	31.4	5.9	24.9
邹平县	638 521	496	512	98.6	25.0	31.5	5.7	24.5
高青县	353 231	408	382	100.6	25.4	32.0	5.7	23.8
垦利县	452 498	205	182	108.2	25.4	34.3	3.4	25.0
德州市	260 724	2 022	1 704	108.8	25.5	27.4	3.9	27.0
陵县	536 442	725	360	100.6	23.8	34.2	5.6	23.3
平原县	405 814	761	345	100.7	25.6	33.2	5.7	23.5
夏津县	420 549	496	480	102.4	25.3	33.5	5.6	23.4
武城县	311 711	767	421	99.6	25.1	32.6	6.1	24.0
齐河县	589 898	564	367	101.3	25.2	32.8	6.3	22.3
禹城县	416 085	650	423	101.3	24.7	33.2	5.7	23.4
乐陵县	517 516	528	454	103.5	24.2	33.7	5.8	23.2
临邑县	426 983	519	426	101.6	24.2	34.7	5.2	23.1
商河县	518 294	537	436	100.5	25.2	34.4	5.4	23.0
济阳县	461 901	529	416	99.8	25.7	31.5	6.0	23.4
宁津县	405 710	636	495	100.3	25.0	31.7	6.0	24.7
庆云县	242 311	497	482	104.7	23.1	33.5	5.4	23.5
聊城县	678 606	852	539	102.2	24.8	31.0	5.8	24.9
阳谷县	604 377	626	606	101.3	24.3	32.8	6.4	23.4
莘县	736 627	465	533	102.5	23.8	33.9	6.6	22.7
茌平县	471 586	622	422	102.2	25.1	32.9	6.6	22.9
东阿县	363 811	573	458	100.4	25.0	31.7	6.9	23.2
冠县	595 699	585	506	100.4	23.6	33.7	6.2	24.1
高唐县	398 970	897	413	102.3	26.2	32.1	5.9	23.7
临清县	570 325	906	597	102.2	24.5	31.4	5.3	25.0
泰安市	1 269 876	588	604	102.2	24.4	30.5	5.0	25.2
莱芜县	1 020 966	694	483	106.1	24.6	29.6	4.5	25.6
新泰县	957 372	408	509	102.8	21.6	33.6	4.1	25.0
宁阳县	705 417	490	624	104.1	22.9	32.9	4.1	24.3
肥城县	842 639	664	657	104.0	24.6	30.2	4.7	25.1
东平县	503 603	445	537	98.3	24.6	29.5	5.7	25.4
平阴县	348 309	575	449	98.3	24.4	30.3	6.0	25.4
新汶县	154 911	2 075	1 597	135.7	24.9	26.5	2.7	23.7
济宁市	211 232	3 872	5 709	107.4	25.8	25.5	4.3	27.7
济宁县	523 162	502	577	100.9	23.3	33.1	5.0	24.6

（续17）

1981年人口出生率（‰）	1981年人口死亡率（‰）	1981年婴儿死亡率（‰）	每万人拥有大学生人数	每万人拥有初中文化程度人数	文盲、半文盲占12及12岁以上人口比重	农林牧渔业人口占在业人口百分比	工业人口占在业人口百分比	在业人口占总人口百分比
17.6	6.0	20	12	2 435	22.7	49.1	43.1	51.5
17.7	7.0	18	12	2 363	18.4	85.0	9.6	55.9
18.7	6.3	16	14	2 508	19.0	86.1	8.2	55.7
16.5	6.3	16	12	2 561	17.3	86.7	7.7	54.0
15.4	7.2	25	32	2 481	20.0	67.6	17.1	54.7
18.9	5.3	11	128	2 677	15.0	24.1	52.5	58.8
15.6	5.7	10	17	2 050	28.7	83.9	9.1	56.1
16.7	6.0	16	8	1 790	36.4	84.8	9.4	52.1
17.0	6.5	11	10	1 983	28.8	84.1	9.9	52.1
22.9	5.8	13	10	1 934	31.3	86.5	7.4	53.8
19.5	6.4	16	12	1 881	32.7	87.2	6.2	52.0
17.0	7.8	9	11	2 104	27.4	80.9	12.5	53.3
16.6	6.3	16	10	1 737	32.6	81.9	10.8	51.5
13.6	6.2	19	8	1 586	41.1	81.8	11.4	51.0
16.8	7.0	32	10	1 388	49.8	87.1	6.6	50.6
15.2	6.8	20	9	1 818	32.0	86.6	7.4	51.5
17.9	7.0	13	13	2 047	26.1	83.8	9.3	53.4
19.0	7.7	22	11	1 544	39.0	90.7	4.0	56.1
18.9	7.7	24	59	1 848	33.1	71.7	17.6	55.6
15.6	6.9	21	9	1 403	41.0	92.9	1.8	53.5
17.8	6.8	15	10	1 474	40.1	93.7	2.0	56.4
18.6	6.4	17	20	1 417	42.8	87.0	7.2	49.3
17.0	7.0	15	11	1 657	39.0	90.8	3.1	50.2
19.1	6.9	16	10	1 574	37.3	90.3	3.9	47.8
18.8	6.5	13	10	1 580	38.6	90.4	3.2	50.2
19.2	6.8	27	10	1 899	32.5	82.4	11.1	52.1
17.3	6.8	21	10	1 978	28.7	91.4	3.6	53.8
18.6	7.2	18	11	1 678	35.4	92.2	2.9	53.0
16.4	4.5	10	118	1 958	28.9	53.0	32.0	52.0
16.4	5.7	16	122	2 529	21.0	33.3	40.3	57.8
17.2	6.0	11	9	1 547	34.1	92.5	2.7	54.4
15.8	6.5	23	13	1 695	33.7	90.0	3.5	53.2
22.1	7.8	14	13	1 356	45.2	91.9	2.6	56.2
17.2	7.4	11	12	1 682	35.5	90.9	3.2	54.4
15.9	7.1	20	11	1 594	40.2	91.8	2.7	51.9
15.8	6.8	16	13	1 662	38.2	87.7	5.1	51.8
19.0	6.5	16	9	1 315	45.2	93.6	1.9	54.5
19.3	6.6	17	16	1 486	38.0	88.4	4.2	50.5
17.1	6.5	14	9	1 268	48.8	91.9	3.3	51.5
15.0	7.2	19	9	1 414	41.9	91.8	3.1	54.1
16.6	6.8	13	9	1 952	28.7	91.4	3.1	56.0
18.7	6.2	26	11	1 399	41.9	92.0	2.8	57.7
22.8	7.4	21	49	1 721	36.0	81.5	9.5	57.2
18.0	6.5	19	14	1 466	44.2	91.5	2.7	54.2
22.6	6.4	15	10	1 209	49.6	93.4	2.2	54.6
16.9	7.6	19	13	1 532	44.2	91.7	3.2	53.9
17.7	7.8	13	14	1 733	37.4	88.5	4.5	54.4
26.2	6.5	10	11	1 395	42.2	93.1	2.2	53.6
20.7	7.9	18	14	1 400	43.0	91.3	4.0	56.2
21.2	6.6	16	18	1 541	38.8	82.5	10.7	56.4
16.6	6.0	17	42	1 817	30.4	78.5	11.9	52.7
16.5	5.4	21	26	1 904	35.1	73.2	19.1	51.1
20.0	5.0	16	10	1 384	45.1	84.0	10.2	50.1
17.8	6.7	26	12	1 651	38.9	83.0	9.9	51.9
17.5	6.8	21	19	2 232	28.6	78.4	15.7	53.9
19.0	7.3	31	11	1 709	43.0	88.5	5.3	52.6
17.4	7.7	34	16	1 904	34.5	82.7	10.9	54.6
19.9	4.2	10	55	2 471	27.8	30.3	58.8	59.6
18.3	5.3	11	175	3 011	15.2	11.9	56.8	58.8
25.9	6.1	12	6	1 714	42.8	92.1	3.8	53.9

表256

县市名称	人口数	1982年人均工农业总产值(元)	人口密度(人/公里²)	人口性别比	人口年龄中位数(岁)	0—14岁人口占总人口百分比	65及65岁以上人口占总人口百分比	15—49岁育龄妇女占总人口百分比
兖州县	491 212	731	765	106.2	25.3	29.2	4.7	25.1
曲阜县	518 229	619	635	104.3	25.0	29.3	4.8	25.5
泗水县	490 557	384	437	107.3	23.0	32.9	4.6	23.6
邹县	861 923	590	536	111.0	23.7	31.6	4.6	23.6
微山县	509 831	441	297	106.7	22.0	33.8	5.0	23.3
鱼台县	331 627	517	492	102.2	24.3	32.8	5.9	23.3
金乡县	466 440	542	531	100.4	24.0	32.8	6.3	23.2
嘉祥县	624 893	454	610	105.3	24.3	32.2	5.6	23.2
汶上县	584 303	545	659	102.5	21.0	35.1	4.9	23.0
临沂县	1 303 749	590	747	104.3	23.2	33.8	5.4	23.9
郯城县	768 388	410	592	102.5	22.6	34.0	5.0	23.6
苍山县	926 660	360	510	104.1	22.8	33.3	5.1	23.9
莒南县	841 191	506	482	103.1	23.0	32.4	5.2	24.9
日照县	919 433	476	496	102.9	23.7	31.7	5.3	24.6
莒县	909 621	469	469	103.2	23.4	33.5	5.2	24.1
沂水县	941 855	544	392	104.3	23.1	32.9	4.9	24.4
沂源县	524 913	525	299	103.9	23.1	31.9	4.3	25.8
蒙阴县	442 708	536	277	103.9	23.1	31.7	4.9	26.0
平邑县	808 443	314	442	105.8	21.5	33.5	4.7	24.5
费县	742 571	431	390	105.1	21.2	33.7	5.7	23.9
沂南县	751 439	408	425	103.7	23.4	33.4	5.4	24.1
临沭县	522 004	408	492	104.2	22.3	33.9	5.2	24.1
菏泽县	954 123	597	674	102.5	23.6	34.3	5.6	22.6
曹县	1 093 554	299	555	101.5	22.7	36.0	5.9	21.9
定陶县	471 482	512	559	100.5	24.1	34.2	6.3	22.3
成武县	478 097	367	472	99.3	21.3	36.1	6.3	21.5
单县	895 336	347	544	99.6	21.3	36.0	6.3	21.9
巨野县	657 612	361	526	102.9	21.2	35.6	5.9	21.6
梁山县	699 595	384	527	104.0	23.8	33.1	6.3	22.9
郓城县	866 101	401	528	102.8	24.6	34.3	6.9	21.6
鄄城县	611 243	271	582	103.2	21.4	34.6	5.9	22.3
东明县	548 910	244	425	102.0	20.3	38.0	5.2	20.7
河南省								
郑州市	1 428 316	1 688	1 416	109.5	25.7	25.6	4.7	26.9
荥阳县	540 120	464	590	99.3	23.7	32.2	6.6	24.0
开封市	604 229	2 484	1 726	102.8	25.7	27.2	5.3	26.9
洛阳市	975 764	2 142	2 144	108.3	25.3	28.3	4.0	26.8
平顶山市	475 946	2 557	2 518	133.5	25.5	27.6	3.1	23.6
安阳市	504 297	3 108	2 101	108.6	25.0	29.9	3.8	25.9
鹤壁市	315 870	1 075	705	117.6	23.3	31.9	2.9	24.0
新乡市	508 604	2 411	2 608	109.0	25.3	27.6	3.8	26.8
焦作市	487 641	2 065	1 250	112.9	24.0	30.2	3.6	25.1
林县	814 033	334	409	99.1	23.5	33.9	4.3	24.9
安阳县	959 476	294	643	99.5	20.3	37.1	4.3	23.1
汤阴县	351 564	402	529	97.9	21.7	36.0	4.7	23.0
淇县	200 223	379	345	99.8	20.0	37.8	4.0	23.2
浚县	532 623	367	469	99.5	20.2	37.0	5.2	22.3
濮阳县	995 127	540	574	101.5	24.6	34.5	5.6	22.7
滑县	937 421	293	535	100.3	22.4	37.1	6.0	21.9
清丰县	524 964	368	599	101.4	25.1	33.2	7.2	22.9
南乐县	366 772	336	588	100.2	24.5	33.9	7.1	23.0
内黄县	553 666	291	513	99.9	23.3	35.9	5.8	22.8
长垣县	598 158	299	675	100.5	21.2	37.5	5.7	21.7
范县	367 851	248	701	103.4	20.6	36.8	5.6	21.9
台前县	257 711	146	868	102.5	21.2	35.3	5.6	23.0
沁阳县	353 712	577	573	97.4	24.2	31.5	5.9	24.7
博爱县	345 172	632	808	97.9	23.2	34.3	5.5	23.5
济源县	508 498	640	263	101.0	23.6	32.3	4.8	24.7
孟县	276 182	616	489	95.1	25.3	30.5	6.8	24.9
温县	318 910	621	690	94.3	23.8	33.7	6.8	24.0
武陟县	498 443	445	586	96.5	24.5	35.5	6.2	22.8

（续18）

1981年人口出生率（‰）	1981年人口死亡率（‰）	1981年婴儿死亡率（‰）	每万人拥有大学生人数	每万人拥有初中文化程度人数	文盲、半文盲占12及12岁以上人口比重	农林牧渔业人口占在业人口百分比	工业人口占在业人口百分比	在业人口占总人口百分比
20.2	6.3	20	34	2 029	31.2	73.9	15.3	55.7
18.8	6.7	19	30	1 755	37.6	83.5	8.7	53.2
18.6	5.5	12	11	1 300	48.0	92.7	2.7	53.8
17.7	6.8	37	27	1 602	45.0	80.6	13.1	54.7
24.2	5.5	16	11	1 375	49.1	86.0	6.1	54.5
23.3	5.9	15	13	1 380	50.9	89.6	3.6	53.0
23.4	6.0	16	12	1 551	47.9	89.5	4.6	53.1
16.7	6.7	17	10	1 231	53.2	89.3	4.7	54.2
20.7	6.0	12	9	1 671	41.9	90.2	4.1	49.1
16.2	5.6	21	23	1 459	45.9	78.7	13.1	52.8
19.0	6.2	21	9	1 045	54.3	91.8	3.5	54.7
22.7	5.7	17	6	982	58.8	92.9	2.8	55.3
15.1	5.5	26	6	1 503	45.5	91.4	3.5	56.2
17.0	5.9	32	8	1 493	43.5	83.6	9.1	48.9
17.1	5.3	19	6	1 429	47.8	90.9	3.8	54.7
23.1	5.6	18	12	1 363	47.0	91.0	4.3	54.8
22.3	5.4	21	16	1 412	42.3	85.3	9.0	56.4
18.8	5.2	17	22	1 516	44.2	86.8	7.9	53.7
21.8	5.7	13	7	1 315	51.8	92.5	2.8	53.9
21.5	5.6	23	11	1 383	52.3	92.1	3.1	52.5
18.4	5.6	26	7	1 405	47.3	93.0	2.6	55.2
22.4	6.0	27	7	1 289	51.8	92.7	2.4	55.4
21.8	5.3	14	34	1 309	48.2	85.7	6.8	53.4
26.2	6.1	17	10	1 145	56.4	94.3	1.8	53.7
24.0	6.7	24	13	1 247	52.5	89.6	4.7	54.4
21.2	5.4	17	13	1 261	53.5	91.3	2.9	50.8
24.5	5.2	12	12	1 251	52.8	92.6	2.9	53.0
18.5	5.8	16	11	1 073	56.1	91.9	2.8	52.3
18.4	6.2	25	14	1 374	48.8	89.9	4.6	52.7
19.1	6.2	24	12	1 231	52.0	93.0	2.1	53.9
16.8	6.3	23	11	1 107	55.8	93.0	2.0	53.1
27.6	6.7	13	10	1 195	55.0	92.9	1.8	50.7
15.1	5.2	16	239	2 704	10.8	28.5	42.1	58.0
21.1	8.1	23	19	2 702	21.8	81.5	11.1	52.6
17.8	5.4	16	198	2 785	19.8	22.9	50.1	55.3
15.1	4.7	14	201	3 083	12.5	32.6	46.5	58.8
13.9	4.6	18	97	2 749	20.1	28.1	58.2	60.1
15.3	4.9	21	101	2 902	14.4	28.6	47.9	57.5
15.3	5.0	13	58	2 471	23.8	38.0	48.7	53.3
15.1	4.2	18	175	3 014	17.7	17.9	53.2	55.0
15.2	4.2	15	82	2 936	17.5	25.6	57.6	53.7
17.5	7.4	19	7	2 173	23.0	89.7	5.1	53.3
22.2	7.2	19	8	1 884	24.8	86.2	9.0	52.5
19.6	7.8	18	9	1 971	33.6	83.6	7.5	50.6
20.2	6.2	20	14	2 082	31.6	88.2	4.2	51.9
19.1	7.1	24	8	1 860	38.1	89.0	4.4	49.7
21.2	8.1	22	15	1 354	50.5	89.4	4.2	53.7
26.1	6.7	14	7	1 701	40.4	93.1	2.4	50.7
22.3	9.3	30	11	1 596	45.1	89.2	5.2	55.6
27.4	8.0	18	8	1 631	45.6	91.3	2.7	49.1
25.8	7.2	14	9	1 811	44.1	91.6	2.9	54.0
24.2	6.0	13	8	1 724	35.2	91.5	2.8	50.5
22.9	6.0	18	12	1 352	50.2	91.2	3.5	51.4
23.6	5.8	12	10	1 453	47.2	92.6	1.7	51.7
24.1	6.6	16	16	2 646	26.3	82.0	10.0	53.6
24.9	6.4	11	14	2 528	25.2	78.3	11.5	49.8
21.0	7.2	15	27	2 829	19.8	77.2	14.9	55.6
19.8	7.7	13	16	2 039	21.1	78.3	13.8	53.5
22.7	6.6	12	16	2 632	24.2	81.4	10.8	49.9
23.6	6.6	13	11	2 067	31.3	84.2	7.7	44.8

表256

县市名称	人口数	1982年人均工农业总产值(元)	人口密度(人/公里^2)	人口性别比	人口年龄中位数(岁)	0—14岁人口占总人口百分比	65及65岁以上人口占总人口百分比	15—49岁育龄妇女占总人口百分比
修武县	232 525	565	322	100.1	23.0	35.0	5.6	23.1
获嘉县	298 889	449	629	97.0	24.2	35.4	5.9	23.4
新乡县	340 414	837	589	96.0	24.3	34.6	5.5	24.4
辉县	606 330	631	302	101.7	23.7	31.1	4.7	24.9
汲县	386 789	770	482	101.4	22.1	34.8	4.8	23.8
原阳县	474 711	370	425	102.7	23.6	34.2	6.2	22.4
延津县	363 737	374	387	100.7	21.1	37.2	5.5	21.9
封丘县	557 218	244	504	100.4	21.4	36.6	6.0	22.2
商丘市	183 430	1 591	2 414	106.6	25.7	28.6	4.3	26.0
虞城县	812 654	205	528	102.9	21.4	35.4	5.6	21.5
商丘县	858 867	330	567	101.0	22.4	35.8	5.3	22.1
民权县	598 860	279	499	101.4	22.8	35.3	5.6	22.6
宁陵县	434 524	248	553	100.4	20.2	37.3	5.3	22.0
睢县	579 120	292	620	100.4	23.1	34.6	6.0	22.8
夏邑县	805 900	231	552	102.2	20.4	35.9	5.8	21.6
柘城县	681 375	290	646	101.3	20.2	36.7	5.2	22.1
永城县	995 235	217	536	102.7	20.0	37.4	5.2	20.9
杞县	775 847	293	623	100.5	23.6	35.2	6.3	22.2
通许县	431 674	326	516	100.6	23.2	35.2	6.4	22.4
尉氏县	651 444	348	540	102.9	23.6	33.0	6.5	22.8
开封县	542 897	298	352	103.5	23.8	34.6	6.0	21.9
中牟县	519 724	334	505	103.2	23.2	32.4	5.8	23.4
新郑县	483 445	878	614	102.8	23.8	33.2	6.2	23.1
巩县	615 662	728	666	100.9	24.1	31.3	6.3	24.2
登封县	484 183	400	397	105.1	20.1	36.0	4.9	22.3
密县	578 155	457	585	102.3	21.7	33.3	5.7	23.2
兰考县	541 170	355	514	101.9	24.0	35.4	5.5	22.3
三门峡市	140 408	2 846	759	104.7	24.6	29.4	3.7	27.4
义马市	78 153	2 046	698	153.2	25.6	27.7	2.5	20.8
偃师县	673 264	405	746	96.0	23.7	33.3	6.1	24.4
孟津县	384 943	298	577	96.4	24.2	33.8	6.2	24.2
新安县	440 044	332	424	104.7	21.1	35.1	4.4	23.2
渑池县	280 212	314	197	106.1	21.0	35.5	4.2	23.2
陕县	301 649	471	171	107.2	23.6	32.3	4.4	24.4
灵宝县	588 170	403	195	105.6	23.3	33.3	4.4	24.1
伊川县	559 866	241	568	103.5	20.1	36.8	4.7	22.4
汝阳县	333 091	205	245	107.5	23.0	33.8	4.9	22.5
嵩县	440 452	172	154	106.4	22.4	33.1	4.6	23.0
洛宁县	383 084	211	155	105.6	21.3	35.2	3.5	23.3
卢氏县	322 658	219	81	109.2	22.5	33.7	4.6	22.9
栾川县	254 718	302	117	107.7	22.1	33.5	4.8	23.0
临汝县	717 447	402	448	106.9	24.5	34.0	5.3	22.6
宜阳县	528 287	262	318	103.9	20.2	36.4	4.5	22.8
许昌市	227 676	3 473	2 448	110.3	25.7	26.6	4.5	26.5
漯河市	152 104	1 715	3 307	101.0	25.6	26.1	5.4	27.5
长葛县	525 803	467	856	100.7	23.4	33.0	6.4	23.5
禹县	949 560	419	637	105.8	23.6	33.3	5.7	22.7
鄢陵县	498 493	360	580	101.1	22.2	35.7	6.3	22.4
许昌县	680 520	246	671	99.6	22.3	35.3	6.1	22.8
郏县	466 600	213	618	105.0	20.3	35.7	5.8	22.0
临颍县	530 732	429	686	101.2	24.1	33.9	6.5	22.8
襄城县	669 742	296	747	101.6	22.1	34.9	5.5	23.4
宝羊县	428 294	317	437	105.9	21.2	35.0	5.7	22.5
郾城县	751 125	383	778	99.3	23.4	33.8	6.2	23.1
叶县	684 683	301	475	105.1	23.7	34.7	6.1	22.1
鲁山县	695 296	309	258	110.4	20.6	35.5	5.6	21.5
舞阳县	765 381	209	986	105.8	24.7	32.2	6.8	22.6
周口市	206 568	963	1 497	102.6	23.6	32.2	4.6	25.2
扶沟县	563 034	407	480	100.0	23.1	35.2	6.4	22.6
西华县	670 079	329	578	102.4	21.3	36.3	5.6	22.1
商水县	911 290	274	748	101.2	21.4	36.7	5.4	22.1
太康县	1 021 558	214	599	101.0	20.1	38.7	5.5	21.3
鹿邑县	855 970	247	722	102.2	19.9	38.2	4.8	21.5

（续19）

1981年人口出生率（‰）	1981年人口死亡率（‰）	1981年婴儿死亡率（‰）	每万人拥有大学生人数	每万人拥有初中文化程度人数	文盲、半文盲占12及12岁以上人口比重	农林牧渔业人口占在业人口百分比	工业人口占在业人口百分比	在业人口占总人口百分比
25.1	6.6	20	15	2 145	28.6	78.6	12.8	49.8
18.7	6.3	11	15	2 097	28.2	84.9	7.3	47.9
21.6	6.4	14	14	2 169	25.3	83.9	10.1	50.8
24.3	6.8	16	13	2 166	28.3	84.1	8.8	54.8
20.8	6.3	17	28	2 086	29.8	76.9	14.5	51.6
18.9	5.1	12	10	1 672	40.3	91.0	3.1	49.6
23.3	5.4	11	12	1 599	39.1	90.1	4.2	51.0
24.7	6.1	25	9	1 761	37.0	94.0	1.6	51.5
14.7	4.1	19	142	2 844	21.2	28.4	36.6	57.4
19.4	5.0	9	9	1 518	50.3	94.3	1.7	57.3
19.3	5.3	14	9	1 700	47.5	92.5	2.9	55.9
23.1	6.3	20	13	1 671	47.6	92.7	2.0	54.1
20.1	4.9	15	12	1 589	45.1	93.7	1.7	55.0
20.1	5.9	22	12	1 875	42.2	93.9	1.5	57.1
17.3	5.0	13	9	1 620	51.3	94.7	1.6	58.0
20.5	4.3	13	9	1 602	49.4	94.4	1.3	56.2
17.5	4.9	10	8	1 431	52.2	94.0	1.8	54.3
23.2	5.4	14	9	1 741	44.2	93.9	1.9	54.7
24.2	5.8	19	14	1 961	40.3	93.1	1.9	54.0
19.4	7.1	26	11	1 851	44.4	92.3	2.2	53.5
21.4	5.5	22	11	1 650	43.2	93.1	2.2	55.5
18.0	5.6	25	16	1 763	42.3	89.8	4.5	54.4
18.7	6.5	31	14	2 373	28.8	86.1	6.9	54.2
21.0	6.8	23	15	2 784	22.0	76.3	16.2	54.2
19.4	6.5	31	10	1 814	32.4	88.0	5.2	53.8
16.6	6.9	22	9	2 410	27.8	85.6	7.9	54.2
21.7	5.7	17	12	1 466	48.2	91.9	2.3	53.8
15.3	6.0	32	106	2 735	14.7	40.5	42.7	58.2
14.7	4.3	24	53	2 839	17.7	32.3	60.8	61.6
20.2	6.7	119	15	2 582	22.3	88.2	6.0	53.6
18.6	7.0	20	16	2 605	19.8	88.1	5.7	55.4
19.3	6.9	18	17	2 249	22.9	87.3	6.5	54.7
16.8	6.9	24	23	2 110	25.4	82.0	9.9	54.5
15.6	7.3	22	19	2 482	22.9	82.9	9.0	56.2
16.6	7.4	21	26	2 136	26.1	86.7	6.9	55.5
22.3	6.2	20	11	1 841	32.8	90.9	3.7	53.1
19.9	7.0	31	13	1 682	40.6	91.0	3.1	55.1
15.1	6.8	28	11	1 812	37.3	93.2	1.7	56.5
20.4	7.7	22	16	1 006	24.4	91.4	3.1	58.3
18.3	7.6	29	11	1 535	37.4	92.4	1.3	56.3
19.1	7.2	29	13	1 850	35.8	89.0	3.8	53.1
19.3	6.3	16	11	1 920	38.0	87.3	7.1	55.6
19.0	6.8	18	15	1 971	29.6	89.1	6.1	55.3
16.6	4.7	19	141	3 094	14.3	26.7	39.0	58.0
15.4	5.5	22	62	3 087	19.8	29.8	40.6	58.1
18.8	6.2	28	11	2 226	31.3	84.8	8.4	53.9
18.1	6.3	38	9	2 147	32.6	84.6	9.3	54.4
24.0	6.6	24	10	1 811	42.2	92.4	2.1	51.6
22.4	5.4	22	5	2 232	29.1	94.7	1.6	53.2
20.4	5.7	23	10	1 920	36.9	92.1	2.2	52.6
24.0	5.6	17	10	2 227	34.4	90.2	3.5	53.9
22.9	5.5	18	6	2 141	34.8	92.7	1.8	55.1
17.7	6.0	22	10	2 080	34.8	86.2	5.8	52.8
21.8	5.6	20	9	2 211	34.1	93.0	2.2	54.4
19.1	6.3	27	9	1 961	36.8	92.5	2.0	53.4
22.1	6.2	19	12	1 828	35.7	89.1	4.4	52.5
20.2	6.6	16	18	2 556	26.6	91.8	2.3	55.1
23.5	4.9	14	81	2 355	26.9	41.4	31.3	52.8
23.7	7.3	32	9	2 088	39.6	93.1	2.0	52.8
22.6	5.6	23	11	1 915	41.0	92.0	1.9	53.3
23.4	5.4	22	5	1 493	49.2	94.1	1.6	52.5
24.9	4.9	14	8	1 750	46.3	94.1	1.7	51.5
27.0	5.2	22	6	1 392	51.5	93.4	2.0	54.2

表256

县市名称	人口数	1982年人均工农业总产值(元)	人口密度(人/公里²)	人口性别比	人口年龄中位数(岁)	0—14岁人口占总人口百分比	65及65岁以上人口占总人口百分比	15—49岁育龄妇女占总人口百分比
郸城县	964 696	283	665	103.0	20.1	37.2	5.2	21.6
淮阳县	1 030 203	257	720	102.0	20.2	37.0	5.5	21.7
沈丘县	911 008	315	905	101.6	20.4	36.3	5.2	22.4
项城县	852 742	288	770	101.2	20.5	36.3	5.1	23.0
驻马店市	141 973	1 765	1 868	106.7	25.1	30.0	3.8	26.5
确山县	587 129	240	273	104.3	20.1	36.7	4.7	21.9
泌阳县	742 828	220	279	115.1	21.1	36.1	6.0	20.5
遂平县	516 405	274	403	102.8	20.6	35.5	5.3	21.9
西平县	713 950	338	708	100.8	23.3	33.7	6.5	22.5
上蔡县	1 057 377	187	712	100.0	20.2	37.9	5.3	21.6
汝南县	704 539	269	487	100.0	20.3	37.2	5.0	22.0
平舆县	753 422	166	568	100.0	19.1	40.1	4.7	21.3
新蔡县	816 063	179	541	99.2	18.8	40.0	4.6	21.4
正阳县	590 895	295	328	101.9	19.3	38.5	4.0	21.5
南阳市	271 872	1 675	1 789	111.7	25.3	29.2	4.5	26.2
南召县	513 516	501	181	119.1	21.2	36.2	5.5	20.2
方城县	826 534	326	333	113.4	22.7	35.3	6.2	20.9
西峡县	377 625	325	110	112.4	23.3	33.1	5.2	21.8
南阳县	966 910	340	532	109.4	22.2	36.1	6.0	22.0
镇平县	774 273	287	495	114.7	23.0	35.0	6.0	21.1
内乡县	554 511	316	225	111.6	23.5	34.2	5.7	21.3
淅川县	610 697	246	247	106.6	19.9	37.8	4.6	21.4
社旗县	525 796	331	467	111.5	22.6	35.8	6.0	21.3
唐河县	1 050 269	302	456	111.0	22.8	35.5	5.6	21.4
邓县	1 255 083	348	424	108.9	20.2	37.5	5.2	21.6
新野县	620 637	364	584	108.4	22.2	35.5	5.7	22.3
桐柏县	354 381	282	181	112.3	20.2	37.0	4.7	21.8
信阳市	220 467	1 287	1 312	103.8	24.6	28.3	4.1	27.4
息县	705 762	267	426	102.4	18.6	40.1	3.2	21.4
淮滨县	491 134	260	408	101.7	18.8	38.9	3.3	22.2
信阳县	872 857	350	275	106.7	20.3	35.8	4.0	23.0
潢川县	612 555	374	368	104.1	20.0	35.9	3.1	23.6
光山县	640 431	286	321	109.2	19.7	36.2	3.4	22.8
固始县	1 236 529	234	415	107.8	19.3	38.0	3.2	21.9
商城县	561 963	226	250	108.5	19.5	37.1	3.5	22.5
罗山县	589 986	310	291	109.6	20.3	35.2	4.0	22.9
新县	288 529	334	179	114.1	20.7	34.5	4.2	23.0
湖北省								
武汉市	3 251 591	3 400	2 582	106.2	27.1	22.4	5.4	28.1
汉阳县	444 989	722	342	98.5	24.6	32.5	6.0	24.2
武昌县	507 613	610	281	103.5	20.8	35.0	4.2	23.7
黄石市	431 583	4 121	2 785	123.1	26.8	25.5	3.2	26.0
大冶县	693 510	503	427	102.4	19.6	38.4	4.7	22.1
十堰市	301 375	5 626	241	114.5	25.3	31.5	3.2	25.3
沙市市	243 791	5 768	1 904	99.5	26.8	24.2	5.1	29.9
宜昌市	363 579	3 077	2 203	114.4	27.4	24.7	4.5	27.1
襄樊市	316 007	3 871	2 847	110.5	26.4	26.4	3.6	28.3
鄂城市	121 371	2 099	2 020	118.0	25.8	29.9	3.6	24.8
黄冈县	565 480	550	451	108.9	25.2	29.0	5.0	25.0
新洲县	763 918	533	537	103.8	24.4	31.7	4.9	24.2
红安县	546 476	417	304	108.9	23.3	32.0	4.5	24.0
麻城县	977 505	418	261	107.3	22.7	33.6	4.3	23.5
罗田县	485 776	387	230	110.2	24.1	30.3	4.4	24.5
英山县	358 239	336	234	111.2	25.0	28.0	4.7	24.1
浠水县	850 306	466	425	107.0	22.1	33.3	4.2	23.5
蕲春县	753 968	406	310	106.7	21.1	34.1	4.3	22.7
广济县	558 905	592	466	106.8	21.4	33.9	4.9	22.7
黄梅县	762 021	467	465	105.7	21.2	34.9	4.8	23.0

（续20）

1981年人口出生率（‰）	1981年人口死亡率（‰）	1981年婴儿死亡率（‰）	每万人拥有大学生人数	每万人拥有初中文化程度人数	文盲、半文盲占12及12岁以上人口比重	农林牧渔业人口占在业人口百分比	工业人口占在业人口百分比	在业人口占总人口百分比
27.2	5.0	16	6	1 488	52.7	94.2	1.8	53.8
25.8	5.0	12	7	1 518	49.5	93.4	2.2	52.6
27.1	4.8	11	6	1 606	48.4	92.6	2.6	53.8
25.9	4.2	10	7	1 759	82.8	92.9	2.3	52.5
19.0	4.2	9	173	2 844	47.2	24.0	40.2	55.5
19.0	6.2	47	10	1 716	41.5	91.0	3.4	53.2
22.2	6.0	19	9	1 472	47.8	90.5	3.3	50.3
18.9	5.3	21	10	2 061	33.7	91.3	3.0	51.3
17.6	6.0	19	9	2 072	32.8	92.9	2.1	52.7
20.9	5.3	15	6	1 550	46.7	94.5	1.4	50.7
17.6	5.3	26	9	1 597	41.8	91.8	2.5	50.9
18.3	4.6	21	8	1 427	46.5	94.6	0.9	49.8
19.4	4.9	18	6	1 240	50.2	94.0	1.4	51.3
19.4	5.1	33	9	1 467	47.5	92.3	2.4	52.1
17.5	5.1	20	143	2 891	16.1	29.3	37.5	56.4
20.6	6.4	17	25	1 631	39.6	82.4	10.0	47.5
18.5	6.3	12	8	1 642	41.8	92.3	2.6	54.1
19.3	8.0	45	11	1 701	35.5	88.8	3.7	54.4
27.0	6.2	13	12	1 854	35.8	91.7	3.9	52.4
26.6	6.1	18	17	1 898	32.9	89.7	5.1	54.5
21.1	8.0	44	16	1 856	33.8	89.4	4.2	53.3
26.4	7.9	38	8	1 746	38.2	87.8	5.9	52.4
23.3	5.6	8	8	1 681	41.2	92.2	2.3	53.1
22.5	5.7	13	8	1 744	40.7	91.7	2.5	51.3
25.3	6.1	18	9	1 645	36.4	91.6	2.3	50.1
22.9	7.0	17	9	1 949	35.6	89.8	4.3	53.5
21.0	5.6	18	19	1 696	40.9	84.6	8.0	51.4
15.8	5.2	25	143	2 728	15.6	25.3	33.7	54.6
15.9	5.2	21	7	1 224	52.3	92.5	1.9	51.8
16.3	5.3	18	7	1 281	53.7	91.1	2.4	53.3
18.8	6.4	25	10	1 922	35.4	89.6	4.4	54.2
17.2	7.1	33	12	1 343	51.3	85.4	6.6	54.2
13.3	6.2	26	7	1 560	41.4	91.1	2.7	53.9
18.1	5.8	15	5	1 301	48.9	92.5	2.2	51.5
14.2	6.3	37	8	1 546	41.4	89.6	3.7	52.4
16.6	6.6	32	11	1 781	36.9	89.1	4.3	54.7
17.2	8.0	55	11	1 556	39.1	90.6	2.5	54.6
15.0	6.4	17	309	2 807	12.9	10.5	56.1	59.4
22.8	7.7	31	17	2 263	23.8	66.1	23.1	52.6
24.8	6.9	30	25	1 962	26.8	73.9	16.3	53.4
16.8	4.2	17	189	2 851	14.0	6.3	76.7	60.5
26.4	6.1	20	12	1 584	35.1	76.8	15.2	47.9
16.2	5.1	40	207	2 653	18.6	29.7	51.9	55.6
21.5	6.6	16	152	3 210	14.2	9.1	66.4	63.3
18.0	5.2	18	218	3 163	11.6	10.6	64.3	61.0
18.1	5.3	23	224	3 145	13.4	8.5	60.0	60.9
22.2	5.6	24	106	2 586	17.9	20.0	60.0	59.7
16.0	7.2	28	41	1 879	37.1	74.1	14.8	57.3
18.5	7.6	28	12	1 861	35.6	82.2	10.6	55.4
16.1	8.6	45	13	1 539	41.2	90.5	3.9	55.1
18.8	9.4	61	11	1 357	44.5	90.0	4.8	54.4
17.4	8.7	42	16	1 433	38.4	91.1	3.3	59.2
16.7	9.0	51	13	1 492	34.6	91.4	2.8	58.4
17.3	7.8	41	11	1 268	43.1	89.2	4.9	54.2
16.6	7.4	36	12	1 445	40.6	85.9	7.6	53.1
21.9	7.7	47	15	1 434	38.8	85.0	8.0	54.3
20.8	7.3	38	11	1 422	36.4	87.2	6.6	52.6

表256

县市名称	人口数	1982年人均工农业总产值(元)	人口密度(人/公里²)	人口性别比	人口年龄中位数(岁)	0—14岁人口占总人口百分比	65及65岁以上人口占总人口百分比	15—49岁育龄妇女占总人口百分比
鄂城县	698 644	460	432	99.6	20.5	35.9	4.8	23.6
孝感县	1 156 856	380	522	103.2	20.7	35.3	4.8	23.4
黄陂县	909 266	477	395	104.0	24.3	33.3	5.3	23.5
大悟县	501 177	391	242	112.7	22.3	33.0	4.8	22.6
应山县	708 610	438	265	106.2	20.7	34.4	5.0	23.3
安陆县	500 387	659	372	102.5	20.6	35.4	4.8	23.5
云梦县	462 002	542	776	102.8	20.6	35.0	4.6	24.1
应城县	532 101	747	464	104.8	20.9	34.5	4.6	23.8
汉川县	857 338	534	530	102.3	22.2	34.3	5.3	23.8
咸宁县	379 249	655	263	107.3	21.1	34.8	4.7	23.0
嘉鱼县	284 050	776	327	103.2	20.5	35.9	4.7	23.1
蒲圻县	387 789	1 360	208	104.4	20.1	35.9	4.7	23.6
通城县	371 229	379	325	108.1	20.3	37.3	4.8	21.8
崇阳县	350 112	436	117	105.2	19.6	38.7	4.9	21.3
通山县	308 961	350	127	107.4	19.8	38.5	4.5	20.8
阳新县	669 580	418	243	106.4	18.7	41.0	4.1	20.4
荆门市	112 738	6 687	317	115.2	25.3	29.3	3.9	25.7
江陵县	867 208	691	365	104.7	23.2	32.8	4.7	24.0
松滋县	827 582	483	348	102.9	24.1	32.1	6.0	23.4
公安县	903 481	492	401	103.0	22.2	33.2	4.9	24.1
石首县	532 848	625	380	104.9	20.1	35.9	4.4	23.3
监利县	1 154 573	476	395	102.8	20.3	36.0	4.9	23.3
洪湖县	738 882	626	318	103.6	20.7	34.3	4.8	24.1
沔阳县	1 228 118	600	600	102.7	21.3	33.9	5.3	23.9
天门县	1 372 909	526	560	100.9	23.1	32.2	5.6	24.0
潜江县	805 100	527	403	102.4	20.7	35.0	4.3	24.0
荆门县	862 895	507	204	106.1	22.4	32.4	5.4	23.3
钟祥县	869 336	569	188	102.1	23.2	31.1	5.7	24.4
京山县	579 285	523	148	102.5	20.7	34.0	5.1	23.7
随州市	132 814	1 446	674	106.2	24.4	30.4	3.9	26.1
老河口市	101 438	1 493	2 536	103.6	24.9	30.3	4.7	26.4
襄阳县	1 158 082	413	333	99.9	22.0	34.0	5.3	24.4
枣阳县	863 406	480	264	103.7	23.2	32.9	5.3	23.8
随县	1 109 907	438	165	105.4	22.2	32.8	5.0	23.6
宜城县	445 194	496	211	106.3	24.3	30.0	6.1	24.1
南漳县	543 516	434	130	107.3	23.7	31.4	5.6	23.0
光化县	290 661	442	289	102.3	21.3	33.8	5.3	24.0
谷城县	503 796	420	204	107.7	23.7	32.0	5.4	23.0
保康县	273 052	322	90	109.3	24.1	31.9	5.4	22.7
均县	401 833	1 383	130	110.8	22.2	34.6	4.9	22.3
郧县	547 439	296	143	108.4	21.3	34.4	4.8	22.3
郧西县	458 302	230	129	112.4	20.7	35.9	4.2	21.1
竹山县	439 419	256	123	113.3	22.5	35.1	4.9	21.0
竹溪县	341 581	259	130	111.6	22.3	35.5	5.1	21.2
房县	451 614	254	144	112.8	23.3	35.0	5.8	20.9
神农架林区	64 779	311	20	120.8	24.7	34.5	5.3	20.0
宜昌县	564 402	466	142	106.8	24.2	30.4	6.0	23.6
宜都县	380 356	638	265	103.0	25.6	28.0	7.0	24.5
枝江县	462 529	882	353	99.9	25.1	30.0	6.5	24.6
当阳县	433 882	638	211	101.0	23.5	31.5	6.1	24.5
远安县	200 374	419	114	104.0	23.5	31.8	5.7	24.1
兴山县	173 524	421	84	106.0	24.2	31.2	5.6	23.2
秭归县	395 744	301	173	105.3	24.1	30.7	5.3	24.2
长阳县	399 949	376	162	106.6	24.1	30.5	5.9	23.4
五峰县	188 332	374	75	106.9	24.7	29.4	5.7	24.5
恩施市	98 711	936	588	113.3	24.7	27.8	4.6	25.7
恩施县	559 454	303	133	107.7	20.2	36.5	4.7	21.9
建始县	453 158	325	155	105.7	21.0	35.5	4.8	22.6

（续21）

1981年人口出生率（‰）	1981年人口死亡率（‰）	1981年婴儿死亡率（‰）	每万人拥有大学生人数	每万人拥有初中文化程度人数	文盲、半文盲占12及12岁以上人口比重	农林牧渔业人口占在业人口百分比	工业人口占在业人口百分比	在业人口占总人口百分比
23.2	7.0	27	9	1 672	35.3	80.7	14.4	52.8
21.7	7.1	33	22	1 732	36.0	95.7	6.2	52.9
21.7	7.1	27	12	2 050	31.1	86.0	7.4	53.3
20.1	7.2	36	14	1 579	40.4	90.4	3.2	53.0
22.2	7.5	36	11	1 817	33.9	87.4	4.7	54.4
17.2	7.0	28	16	1 716	35.8	86.7	6.3	54.4
17.6	7.5	40	15	1 763	38.6	85.7	6.9	54.5
20.5	7.2	32	18	1 895	34.1	81.4	10.4	54.0
23.9	7.0	28	12	2 109	30.3	86.0	7.1	53.9
22.6	7.5	40	58	1 936	25.3	73.6	12.7	51.2
21.1	6.7	27	19	1 820	32.4	78.5	12.0	51.8
25.5	6.2	25	33	2 120	24.1	72.7	17.5	51.4
25.7	8.2	46	16	1 416	33.3	88.9	4.1	51.0
28.4	7.3	40	17	1 403	30.0	86.6	4.7	47.1
27.2	8.1	47	17	1 439	34.6	88.0	3.9	49.6
28.3	6.0	26	15	1 334	37.6	86.8	6.3	46.4
18.4	4.3	22	205	2 592	13.7	28.5	48.9	56.9
18.3	6.4	31	40	1 951	27.0	76.7	12.5	51.1
18.9	7.2	23	15	2 029	25.1	85.7	7.8	55.1
21.1	7.8	39	9	1 759	27.9	85.4	6.7	54.3
17.2	6.5	35	11	1 548	29.9	85.4	6.8	52.1
23.0	6.9	35	9	1 485	37.7	85.5	6.4	52.0
19.0	6.3	30	12	1 623	35.6	79.7	10.5	52.1
19.9	6.3	28	9	1 778	32.9	81.3	10.8	51.9
23.3	7.2	14	10	1 849	29.6	85.8	7.3	53.9
18.0	5.9	23	37	1 853	30.0	75.0	13.8	50.6
19.7	6.9	28	12	2 171	22.6	87.9	5.4	51.9
20.3	6.5	27	15	2 040	28.5	83.5	8.2	51.4
20.5	7.2	31	14	2 165	27.0	84.9	6.3	51.1
19.2	5.3	25	90	2 761	21.0	44.6	33.1	57.6
22.6	6.4	19	103	2 653	18.4	26.6	48.9	55.7
19.7	7.4	31	12	2 033	35.6	88.4	4.9	52.8
21.2	7.2	40	11	2 114	28.8	89.4	3.9	52.6
18.8	7.3	39	5	2 130	34.0	90.7	3.3	53.7
16.8	7.1	39	24	2 304	31.0	83.4	8.7	54.1
18.7	7.9	55	22	1 813	31.0	84.6	8.6	56.1
24.5	8.2	41	5	1 854	36.7	91.2	3.4	53.2
20.4	7.8	48	25	2 071	28.9	81.5	10.1	54.5
20.1	8.3	58	13	1 274	37.2	89.8	2.8	49.4
23.4	8.4	46	37	1 882	33.7	74.7	13.1	52.2
21.7	8.2	55	15	1 635	41.4	89.0	4.1	51.0
19.8	8.6	73	10	1 327	43.8	91.4	1.8	51.0
22.5	9.5	85	11	1 084	48.5	91.7	2.4	49.9
20.3	9.9	69	12	1 047	50.6	90.7	2.6	48.0
23.9	9.6	78	13	1 214	41.9	89.9	2.9	50.2
18.1	8.3	64	25	1 237	46.1	73.4	13.3	51.1
17.0	8.5	36	32	1 902	25.5	87.8	5.4	58.1
17.6	8.1	40	41	2 154	22.0	77.7	13.1	58.2
11.1	8.5	31	30	2 323	24.7	82.2	8.7	53.7
17.7	7.8	28	18	2 146	25.8	84.1	7.2	54.3
15.7	8.7	46	84	2 149	21.5	76.4	15.1	56.0
17.9	9.1	51	25	1 892	32.2	86.1	4.8	56.9
16.5	8.9	50	11	1 675	30.6	90.3	3.1	57.5
19.6	9.2	44	13	1 740	27.6	90.4	3.6	58.4
20.1	8.2	40	19	1 525	28.7	90.2	2.9	59.9
15.0	6.0	30	207	2 050	16.2	44.3	26.5	54.3
20.0	8.1	53	7	1 411	30.9	94.7	1.3	53.5
21.7	8.2	55	15	1 306	31.8	93.2	2.1	53.8

表256

县市名称	人口数	1982年人均工农业总产值(元)	人口密度(人/公里²)	人口性别比	人口年龄中位数(岁)	0—14岁人口占总人口百分比	65及65岁以上人口占总人口百分比	15—49岁育龄妇女占总人口百分比
巴东县	441 889	326	151	107.8	23.6	32.1	5.0	23.5
利川县	680 594	254	117	109.7	19.3	38.6	4.3	21.6
宣恩县	293 045	268	117	106.4	20.0	36.7	4.9	22.2
咸丰县	301 437	296	121	111.1	20.4	35.7	4.7	22.2
来凤土家族自治县	237 286	414	106	108.3	20.4	35.5	4.6	22.5
鹤峰土家族自治县	186 040	398	65	107.3	22.4	33.6	5.1	23.3
湖南省								
长沙市	1 076 413	2 270	3 058	110.3	27.0	21.6	5.6	27.3
长沙县	728 851	572	347	108.3	25.1	30.7	5.5	23.8
望城县	665 657	526	459	108.9	24.5	31.1	4.8	23.9
株洲市	385 646	4 532	2 179	116.3	27.1	24.7	3.4	27.8
株洲县	518 336	430	280	105.7	22.8	33.5	4.8	23.4
邵阳市	399 255	1 713	1 154	108.3	24.8	31.0	4.4	25.0
湘潭市	482 959	3 390	1 671	111.5	26.5	24.9	4.3	27.4
衡阳市	527 039	2 770	1 563	110.8	26.3	24.9	4.8	26.8
湘潭县	1 062 107	459	390	106.6	24.7	30.8	5.1	24.1
湘乡县	774 706	653	387	105.9	23.9	33.3	5.0	22.8
醴陵县	822 186	622	386	108.5	23.3	32.8	5.2	22.8
浏阳县	1 162 987	445	252	108.8	23.3	33.0	6.1	22.2
攸县	652 407	469	240	105.2	23.3	32.8	4.9	23.6
茶陵县	487 250	412	207	102.8	20.2	37.1	4.8	22.4
酃县	158 147	462	79	106.6	23.4	34.4	6.7	21.7
岳阳市	980 747	891	294	110.0	21.5	34.9	4.7	22.7
平江县	867 337	353	210	111.0	21.5	35.5	5.7	21.3
湘阴县	579 106	535	256	112.4	23.2	32.9	4.5	22.7
汨罗县	607 217	569	429	108.4	23.3	32.8	4.8	23.5
临湘县	535 144	2 325	253	107.2	20.2	36.6	4.6	22.8
华容县	700 065	511	426	105.8	20.0	36.7	4.7	22.6
益阳市	163 240	2 432	3 710	108.6	27.3	23.2	5.8	27.5
益阳县	872 087	392	490	107.8	20.5	35.1	5.0	22.3
南县	635 339	579	469	106.1	20.3	34.6	4.7	23.1
沅江县	627 148	702	303	107.2	20.2	35.3	4.9	22.5
宁乡县	1 169 369	513	399	108.9	22.3	33.5	4.7	22.7
桃江县	704 943	440	350	109.5	22.5	33.2	5.8	22.7
安化县	816 019	610	277	113.7	21.1	35.7	5.5	21.6
常德市	204 125	4 159	2 806	116.7	28.3	22.1	5.4	26.5
津市市	84 215	2 553	1 002	121.7	27.5	23.3	5.7	24.4
常德县	893 369	592	353	105.6	23.4	30.7	4.7	24.7
安乡县	512 652	527	459	106.0	20.5	34.0	4.5	23.5
汉寿县	705 636	540	341	108.7	20.4	35.3	4.6	22.3
澧县	966 892	524	359	105.6	23.1	33.5	5.0	23.3
临澧县	397 572	609	278	104.7	22.9	34.6	5.0	23.0
桃源县	911 925	602	205	109.5	25.4	30.3	5.7	23.8
石门县	653 477	444	167	108.2	23.3	32.4	5.3	23.0
慈利县	622 152	376	169	106.8	24.1	31.5	5.5	23.0
娄底市	102 180	1 889	1 368	135.8	26.3	26.5	2.8	24.2
冷水江市	255 760	1 365	592	111.7	22.8	34.4	4.2	22.9
涟源县	1 027 457	422	428	106.8	22.7	34.7	5.1	22.7
双峰县	763 734	376	375	104.2	20.3	36.5	4.8	22.0
邵东县	1 025 190	413	604	105.8	20.3	36.0	4.6	22.8
新化县	1 052 565	327	295	106.8	19.7	38.5	4.8	21.8
新邵县	630 704	377	348	107.6	20.4	35.7	4.9	22.2
邵阳县	764 845	297	469	107.1	20.3	37.4	4.7	21.8
隆回县	897 026	297	324	107.2	20.1	37.3	4.5	22.1
武冈县	591 853	304	344	107.8	20.5	35.2	4.8	22.7

（续22）

1981年人口出生率（‰）	1981年人口死亡率（‰）	1981年婴儿死亡率（‰）	每万人拥有大学生人数	每万人拥有初中文化程度人数	文盲、半文盲占12及12岁以上人口比重	农林牧渔业人口占在业人口百分比	工业人口占在业人口百分比	在业人口占总人口百分比
23.6	9.3	59	13	1 475	36.6	93.9	1.1	55.8
23.8	7.6	56	12	1 482	32.8	92.1	2.5	52.5
26.5	8.6	56	15	1 342	38.2	94.3	0.9	52.0
23.7	7.7	49	17	1 660	30.1	93.6	1.5	53.2
25.5	8.0	45	18	1 238	35.7	91.2	2.7	53.2
15.7	6.8	44	20	1 629	31.2	90.6	2.0	53.5
15.0	6.4	15	400	2 829	7.5	11.2	52.5	58.1
19.3	7.0	31	16	1 924	11.5	71.2	23.0	52.5
19.7	6.6	33	10	2 016	13.6	66.1	27.0	54.8
15.8	4.6	22	259	2 497	7.0	10.8	66.7	60.4
19.4	6.5	34	15	1 932	15.5	80.7	13.0	52.3
21.0	3.3	33	132	2 606	14.1	41.5	39.3	54.7
16.6	5.2	25	208	2 882	9.7	17.7	60.7	58.0
18.6	5.7	26	171	2 798	12.5	20.5	52.4	58.6
19.3	6.8	38	11	2 078	15.5	81.8	12.6	53.4
18.3	6.5	41	20	2 004	12.9	81.2	12.2	53.9
19.3	6.9	39	18	1 734	11.1	70.2	22.1	51.8
20.7	7.3	39	19	1 519	18.3	73.5	19.1	43.1
16.5	7.0	59	18	1 468	21.5	84.4	9.1	53.9
23.6	7.0	37	19	1 240	33.6	83.5	10.3	52.6
21.7	8.1	44	25	1 447	25.4	83.5	7.4	52.0
19.6	6.5	31	43	1 968	19.5	73.2	13.9	49.3
20.0	8.2	47	10	1 232	21.9	92.3	2.7	54.7
18.9	7.1	30	12	1 890	19.2	77.3	14.7	53.1
18.6	6.8	25	13	1 823	18.4	77.6	15.0	52.7
22.3	6.7	33	53	1 719	22.5	73.7	17.6	50.4
16.4	7.0	40	12	1 737	26.5	84.1	7.3	51.5
15.8	6.4	23	209	2 717	10.9	8.6	57.0	58.1
19.5	6.3	32	12	1 861	18.8	83.9	9.6	43.6
17.2	6.9	35	16	1 946	19.6	80.4	9.5	50.6
18.3	6.4	32	18	1 947	18.8	83.0	7.0	47.5
16.4	6.3	33	12	1 843	15.7	83.7	10.9	51.6
19.2	6.0	30	15	2 030	19.2	77.7	15.6	55.5
21.3	6.8	38	15	1 274	23.8	84.5	9.2	49.2
15.4	6.6	28	198	2 858	11.7	16.1	54.2	61.6
18.0	7.4	24	111	2 662	16.3	24.5	48.6	56.5
14.0	7.2	27	10	1 962	23.4	90.1	4.4	55.9
15.2	7.6	46	11	1 862	25.9	85.7	5.8	52.3
16.4	6.9	40	11	1 569	26.9	88.0	4.6	51.1
13.7	8.0	46	11	1 556	25.6	90.2	3.9	54.2
16.2	8.8	53	13	1 525	26.9	88.9	4.2	54.4
15.5	8.1	45	13	1 619	27.0	87.9	5.7	56.3
15.8	8.2	60	11	1 416	28.2	89.8	4.6	56.8
17.8	8.3	49	10	1 464	28.5	90.6	0.4	58.8
16.2	3.7	25	198	2 682	7.0	25.4	38.5	58.6
20.5	5.6	32	53	2 016	18.2	52.6	35.4	51.2
23.7	6.8	37	16	1 908	15.6	82.5	12.2	48.8
19.4	6.5	37	10	1 932	17.4	87.8	6.6	50.8
22.8	6.7	43	11	1 869	20.5	85.8	9.0	48.9
23.3	6.6	37	11	1 383	27.1	87.6	6.3	43.6
20.2	7.4	49	13	1 692	23.8	91.3	4.1	51.0
26.2	7.0	53	9	1 719	26.9	90.0	5.2	52.2
24.0	7.6	62	13	1 720	24.3	89.4	6.0	53.0
25.2	7.2	58	13	1 728	26.0	90.4	4.3	52.7

表256

县市名称	人口数	1982年人均工农业总产值(元)	人口密度(人/公里²)	人口性别比	人口年龄中位数(岁)	0—14岁人口占总人口百分比	65及65岁以上人口占总人口百分比	15—49岁育龄妇女占总人口百分比
洞口县	639 825	339	293	106.2	22.1	34.5	5.0	23.3
新宁县	466 131	298	181	107.8	22.7	33.9	5.3	23.0
绥宁县	272 653	378	94	105.8	20.3	35.5	5.0	22.9
城步苗族自治县	201 732	372	77	106.6	20.2	36.0	4.7	22.6
衡阳县	985 664	372	416	109.0	21.3	35.2	4.8	22.0
衡南县	880 513	409	324	107.8	22.7	34.0	5.1	22.5
衡山县	367 357	446	329	107.0	23.8	33.2	4.8	23.5
衡东县	555 901	425	264	108.3	23.6	32.4	4.4	23.5
常宁县	704 444	520	319	109.0	20.4	35.3	4.6	22.1
祁东县	799 382	369	425	108.9	22.7	34.8	5.0	22.5
祁阳县	815 723	348	310	109.2	23.2	34.6	5.1	22.5
郴州市	167 088	2 029	770	118.4	25.8	25.7	3.9	26.2
郴县	321 592	550	159	108.1	21.1	35.2	4.7	22.4
桂阳县	624 127	370	211	104.8	20.0	37.5	4.6	22.0
永兴县	518 760	251	289	107.0	20.2	36.6	4.8	21.9
宜章县	444 183	311	230	106.1	20.0	37.7	4.9	21.8
资兴县	304 948	754	124	113.3	23.1	31.8	4.5	23.2
嘉禾县	269 698	300	349	103.0	20.1	37.0	4.9	22.8
临武县	255 168	361	159	105.8	20.1	36.7	5.0	22.3
汝城县	306 292	382	131	112.1	20.5	36.3	5.6	21.3
桂东县	145 621	240	90	109.8	22.4	33.8	6.2	22.1
耒阳县	990 301	332	418	109.1	20.7	35.4	5.0	22.0
安仁县	323 961	309	219	103.5	20.0	37.6	4.9	22.3
永州市	81 201	1 404	812	114.6	25.1	28.3	4.6	25.0
零陵县	745 447	470	193	107.8	22.2	34.7	5.2	22.6
东安县	489 902	361	224	108.0	21.2	35.0	5.0	22.8
道县	528 332	339	165	117.8	22.3	36.0	4.7	21.4
宁远县	615 850	276	251	110.9	20.1	36.9	4.1	21.8
江永县	242 764	362	128	106.5	20.1	36.5	5.2	22.1
江华瑶族自治县	317 506	343	105	113.4	21.6	35.6	5.3	21.7
蓝山县	277 688	328	162	107.6	20.5	35.6	4.8	23.0
新田县	290 291	303	281	106.5	22.5	33.1	4.4	24.1
双牌县	128 340	662	51	111.4	20.3	35.9	4.9	21.9
怀化市	96 907	495	702	126.6	26.2	27.5	2.8	25.1
洪江市	67 283	2 081	708	103.5	26.2	27.6	6.5	26.4
黔阳县	377 310	580	157	105.9	23.4	32.1	5.2	24.5
沅陵县	550 050	662	96	108.3	20.2	36.3	5.6	21.7
辰溪县	409 110	472	207	106.8	20.2	36.6	5.0	22.5
溆浦县	726 203	379	225	106.0	20.2	37.1	4.8	22.4
麻阳县	283 764	293	181	106.7	22.2	34.8	5.0	22.9
新晃侗族自治县	216 614	453	145	115.3	25.3	30.0	6.8	22.8
芷江县	296 672	458	142	111.1	23.1	32.5	5.1	23.2
怀化县	306 556	391	170	104.8	20.0	36.6	4.5	23.0
会同县	290 653	361	123	103.8	19.9	36.4	4.7	23.3
靖县	193 392	429	88	103.5	20.0	36.7	4.9	23.4
通道侗族自治县	173 401	363	77	105.3	20.1	36.0	4.4	23.7
吉首县	179 777	495	110	110.9	24.1	33.2	4.6	23.0
泸溪县	208 936	378	198	105.7	23.0	34.3	5.0	23.3
凤凰县	286 214	248	165	104.8	20.0	37.9	5.1	22.0
花垣县	208 059	245	188	104.4	20.2	37.2	5.7	21.4
保靖县	229 609	301	121	106.5	20.2	36.3	5.4	21.6
古丈县	104 247	278	80	108.2	20.0	36.6	4.5	21.7
永顺县	377 338	358	113	104.8	20.2	36.6	5.1	21.9
大庸县	344 814	389	154	109.2	24.4	32.8	5.0	23.2
桑植县	374 991	289	96	107.2	20.5	35.7	5.3	22.0

（续23）

1981年人口出生率（‰）	1981年人口死亡率（‰）	1981年婴儿死亡率（‰）	每万人拥有大学生人数	每万人拥有初中文化程度人数	文盲、半文盲占12及12岁以上人口比重	农林牧渔业人口占在业人口百分比	工业人口占在业人口百分比	在业人口占总人口百分比
24.2	6.9	38	13	1 927	24.3	90.0	4.5	53.5
26.4	7.4	50	13	1 697	30.4	91.3	3.4	55.2
22.2	7.5	50	16	1 655	27.4	88.6	4.2	52.6
24.6	8.0	53	21	1 617	26.6	87.0	4.9	52.5
21.0	6.6	45	10	1 717	25.0	89.1	6.2	52.6
23.3	7.7	54	11	1 695	29.3	91.2	4.3	53.4
20.8	6.4	33	19	1 848	18.9	83.7	9.2	52.5
18.3	6.7	48	15	1 764	24.2	89.7	4.7	55.5
26.6	9.0	70	18	1 595	30.1	84.5	9.1	51.1
24.5	7.4	48	13	1 875	25.5	87.3	7.1	52.6
22.9	6.9	43	13	1 887	27.7	89.3	5.1	53.0
17.6	5.0	21	185	2 646	11.5	16.8	48.2	58.5
23.0	7.5	48	21	1 832	24.3	83.6	10.8	53.3
25.2	7.3	45	16	1 366	31.0	89.5	5.6	51.7
27.5	7.2	41	14	1 352	29.8	83.7	10.3	50.1
24.5	6.2	38	16	1 445	28.4	82.5	10.3	48.3
24.3	7.7	53	34	1 905	19.8	69.6	20.5	54.5
25.2	6.6	42	17	1 528	32.2	89.8	5.1	52.5
26.1	6.7	38	20	1 451	29.9	85.7	7.8	55.2
24.7	7.4	40	18	1 212	30.5	87.3	6.4	50.8
21.5	8.2	46	21	1 489	27.6	90.7	2.3	55.0
26.7	7.8	53	17	1 386	28.7	86.5	7.7	52.2
28.3	6.7	34	14	1 369	30.1	91.6	3.0	50.5
21.7	5.8	33	221	2 513	13.2	32.9	30.8	52.4
23.8	6.8	45	18	1 672	27.5	87.4	5.6	53.1
26.8	6.4	30	16	1 901	25.0	91.0	3.1	52.9
30.3	8.2	61	18	1 354	36.8	89.9	4.2	53.8
30.1	7.6	47	13	1 449	25.4	92.3	2.8	52.6
28.1	7.4	55	24	1 236	42.3	89.9	3.8	50.7
31.9	8.2	45	16	1 146	35.1	89.9	4.5	53.0
30.8	8.5	62	21	1 580	28.2	90.4	4.0	52.2
35.0	7.6	45	15	1 661	26.5	91.8	3.1	58.3
28.3	7.0	35	27	1 444	29.0	87.4	4.3	52.0
20.6	4.0	31	212	2 504	11.6	20.0	28.0	58.5
20.5	7.1	19	116	2 604	18.0	17.4	62.0	54.1
19.4	6.7	44	27	1 723	26.3	81.6	10.2	52.3
21.6	6.8	47	23	1 403	35.9	86.6	6.3	51.4
23.6	6.2	44	23	1 350	37.9	78.1	13.7	44.9
20.9	6.4	40	20	1 256	34.8	89.3	4.9	49.0
21.5	6.0	43	16	1 384	35.7	88.2	5.0	48.8
22.0	9.9	66	20	1 444	34.0	89.1	4.7	57.3
19.5	7.6	53	17	1 490	28.1	86.2	6.3	52.2
20.9	6.9	69	13	1 293	37.8	87.6	7.2	50.7
21.6	7.3	64	15	1 587	28.3	90.6	3.4	53.4
24.8	8.0	59	23	1 562	29.2	86.1	5.6	51.5
26.4	7.3	53	17	1 157	35.8	91.1	2.5	54.7
21.1	6.5	48	124	1 323	34.3	69.3	12.3	55.0
20.0	6.6	52	19	1 082	42.0	86.8	5.2	54.2
26.4	8.6	79	19	1 090	43.7	90.3	3.3	51.6
24.4	8.1	57	27	1 328	39.4	89.3	3.9	52.3
20.5	7.5	48	21	1 236	36.1	90.8	3.0	52.2
20.1	5.8	54	28	1 357	34.4	86.8	4.6	52.8
20.2	7.3	57	25	1 230	35.7	89.4	4.4	52.7
19.2	7.5	51	24	1 438	31.9	87.1	5.0	55.0
20.3	7.4	60	16	1 270	35.8	91.8	2.8	53.5

表256

县市名称	人口数	1982年人均工农业总产值(元)	人口密度(人/公里²)	人口性别比	人口年龄中位数(岁)	0—14岁人口占总人口百分比	65及65岁以上人口占总人口百分比	15—49岁育龄妇女占总人口百分比
龙山县	404 834	385	122	105.6	20.5	35.9	5.1	22.3
广东省								
广州市	3 148 281	3 219	2 373	104.8	27.6	21.6	6.0	28.0
花县	431 044	819	452	96.3	23.1	34.4	5.5	24.0
从化县	375 138	450	190	102.0	20.0	37.5	5.3	22.1
新丰县	188 841	346	105	104.7	20.1	36.5	5.1	22.0
龙门县	248 608	525	108	105.3	21.0	34.6	5.7	22.5
增城县	568 488	513	330	103.2	20.7	35.8	4.9	22.9
番禺县	670 333	1 138	712	98.1	24.1	31.2	5.4	25.5
韶关市	344 888	1 664	1 008	116.7	26.5	27.1	3.9	26.3
曲江县	331 126	1 352	107	101.7	20.3	36.0	5.3	22.6
深圳市	113 599	2 909	315	108.6	24.2	29.3	4.8	25.7
宝安县	238 272	723	159	82.7	20.6	38.1	7.1	23.2
珠海市	133 203	1 285	217	99.2	23.8	30.9	5.5	26.0
海口市	266 303	833	1 338	107.7	25.4	27.9	5.3	25.4
琼山县	500 231	300	261	102.8	22.1	34.5	6.8	21.8
文昌县	467 774	306	211	96.6	24.5	32.1	7.3	22.2
琼海县	377 520	391	229	105.1	24.4	31.3	6.8	22.6
万宁县	410 068	283	223	107.2	21.1	35.7	5.2	22.5
定安县	245 941	284	211	107.5	22.5	34.2	6.4	21.8
屯昌县	211 377	231	172	109.9	21.4	35.1	4.7	22.8
澄迈县	373 393	237	194	116.2	21.5	35.9	5.9	20.7
临高县	310 674	260	241	110.8	20.4	38.0	6.8	20.2
儋县	606 314	214	189	104.0	19.5	38.7	4.5	22.0
崖县	297 717	181	159	103.3	19.2	40.6	3.8	22.5
东方县	265 152	193	118	102.4	17.6	44.1	3.6	20.5
乐东县	376 084	240	132	100.2	17.9	42.9	4.1	21.1
琼中县	190 539	239	66	108.9	19.8	37.9	2.7	23.9
保亭县	201 663	243	111	106.3	19.1	39.4	2.7	23.9
陵水县	246 425	215	227	104.7	19.9	37.8	4.6	22.1
白沙县	146 015	225	70	108.4	18.2	41.2	2.3	22.5
昌江县	174 500	815	107	106.0	18.7	40.7	3.5	21.8
汕头市	722 805	1 212	3 193	101.9	25.3	25.8	5.6	26.8
潮州市	164 099	1 299	3 085	102.1	26.7	24.3	6.1	27.3
潮安县	992 676	552	746	102.3	24.2	30.5	5.0	24.6
澄海县	635 113	471	1 784	100.4	23.9	29.9	5.2	25.5
饶平县	742 064	377	459	102.7	22.1	34.5	4.6	22.9
南澳县	58 693	390	570	99.6	23.8	30.2	4.8	25.9
潮阳县	1 663 855	350	1 364	102.0	21.3	35.5	4.7	22.8
揭阳县	1 264 194	436	1 247	107.0	24.1	30.3	4.9	24.1
揭西县	600 720	411	456	111.3	23.8	32.7	5.5	22.3
普宁县	1 168 694	238	737	107.9	21.4	35.0	4.5	22.3
惠来县	679 082	295	554	104.4	20.3	37.9	4.9	21.4
陆丰县	1 052 509	332	429	114.5	20.6	37.2	5.2	20.5
海丰县	757 571	233	376	112.7	22.3	35.8	6.5	20.4
梅州市	109 647	1 270	2 109	118.2	26.6	25.1	5.2	24.9
梅县	591 391	442	201	100.6	23.2	32.2	6.1	22.9
大埔县	433 854	277	177	104.4	20.6	36.0	5.5	21.2
丰顺县	504 294	291	186	105.1	20.3	37.3	5.0	21.8
五华县	841 059	240	265	103.2	18.6	40.7	5.2	20.5
兴宁县	891 973	400	433	102.3	20.2	37.2	5.5	21.4
平远县	209 226	387	154	102.1	20.1	37.3	5.8	21.3
蕉岭县	193 010	411	203	105.7	22.9	33.2	5.9	22.4
惠州市	166 543	1 222	397	103.2	25.0	28.7	5.8	25.2
惠阳县	422 626	404	194	95.4	20.5	36.0	6.4	22.2
紫金县	562 727	276	160	104.2	19.3	39.1	5.6	20.9
和平县	374 526	248	165	102.2	18.8	40.1	4.8	21.2

（续24）

1981年人口出生率（‰）	1981年人口死亡率（‰）	1981年婴儿死亡率（‰）	每万人拥有大学生人数	每万人拥有初中文化程度人数	文盲、半文盲占12及12岁以上人口比重	农林牧渔业人口占在业人口百分比	工业人口占在业人口百分比	在业人口占总人口百分比
23.1	7.2	46	18	1 313	38.9	88.9	5.0	52.7
13.8	5.4	11	270	2 349	9.1	17.0	46.4	59.3
26.8	5.8	15	20	2 026	16.0	62.3	26.3	50.6
31.0	5.4	19	19	1 845	17.0	81.7	8.1	51.1
31.5	6.8	27	21	1 891	20.4	86.1	4.7	50.5
29.2	5.7	19	23	1 946	20.0	81.1	7.2	53.0
28.6	5.0	10	13	1 623	16.8	85.4	5.9	54.7
19.0	5.8	13	18	1 566	19.3	64.1	22.4	56.5
16.2	4.3	17	160	2 638	10.9	10.6	65.5	56.5
22.9	5.3	26	32	1 644	24.4	76.3	8.2	47.2
26.1	4.0	8	194	2 592	11.8	23.0	28.9	57.8
26.2	5.4	13	20	1 870	25.6	77.8	10.9	45.7
18.4	5.2	17	75	2 141	15.3	50.5	17.5	53.4
18.1	4.6	10	145	2 644	16.5	25.5	34.1	52.3
26.3	5.4	13	31	1 600	26.7	83.8	7.0	49.9
23.3	5.9	18	24	1 960	21.1	86.7	3.7	52.7
25.8	6.3	28	28	2 106	19.5	84.1	5.9	53.0
31.1	4.7	15	18	1 711	24.4	85.9	5.0	49.9
31.4	5.9	20	19	1 776	22.8	85.0	5.7	51.5
34.6	6.1	35	20	1 656	26.5	82.5	7.1	52.6
31.8	5.0	20	15	1 650	27.8	88.9	3.0	49.3
30.4	4.9	14	16	1 281	38.3	83.0	5.7	48.5
29.9	4.0	21	23	1 348	38.9	81.7	6.9	48.7
32.6	4.3	21	24	1 753	26.7	78.9	7.3	44.9
38.1	5.6	27	18	1 105	45.8	84.4	4.1	45.8
34.9	4.6	29	19	1 364	33.6	85.0	6.9	45.3
29.7	5.3	42	27	1 765	23.8	85.4	5.6	51.1
31.8	4.7	35	66	1 779	21.8	80.7	5.9	48.1
31.8	5.5	25	17	1 628	27.8	83.7	5.1	47.3
36.7	6.3	51	25	1 473	28.1	88.1	3.8	49.1
31.5	4.9	36	36	1 440	36.2	64.8	23.4	46.9
17.8	4.9	7	88	2 017	19.0	27.5	41.7	51.6
15.8	5.4	9	92	2 446	12.4	8.6	62.8	59.4
19.0	5.4	13	9	1 351	22.2	52.3	40.6	54.8
22.8	5.8	15	14	1 285	26.9	68.3	21.8	50.5
25.8	5.5	12	10	1 091	36.3	77.7	12.6	52.1
25.9	6.5	14	29	1 150	36.5	57.2	23.7	44.0
25.9	5.3	12	8	976	27.3	69.0	24.5	49.2
20.3	5.7	7	13	1 531	15.5	63.1	28.7	46.2
28.2	5.5	7	15	1 782	17.5	82.9	8.8	53.4
25.5	5.1	9	11	1 375	20.2	84.3	9.3	46.5
31.5	5.4	11	11	843	45.6	83.2	8.3	45.6
29.8	5.3	11	8	846	47.5	77.7	11.8	40.3
32.4	5.0	7	11	1 133	38.9	76.8	8.7	41.2
18.6	4.2	12	256	3 006	7.7	18.1	38.4	58.2
24.1	5.4	18	26	2 605	14.7	80.4	11.6	53.8
27.4	5.6	27	21	2 131	17.0	78.6	12.3	52.5
35.0	5.4	13	18	1 639	18.4	85.5	6.4	51.6
34.6	5.7	22	16	1 603	20.3	90.1	3.8	48.2
29.1	5.9	19	26	2 456	17.3	79.6	12.3	50.3
25.7	6.0	22	35	1 854	20.6	81.7	9.1	51.2
25.5	5.6	20	48	2 361	16.7	74.3	14.6	54.1
18.1	4.6	10	141	2 600	13.6	34.1	25.7	52.8
29.1	5.6	12	11	1 953	20.9	87.6	4.4	49.7
32.6	5.6	20	14	1 800	22.2	88.4	4.0	48.9
33.0	7.4	36	13	1 578	21.1	90.6	2.3	49.2

表256

县市名称	人口数	1982年人均工农业总产值(元)	人口密度(人/公里²)	人口性别比	人口年龄中位数(岁)	0—14岁人口占总人口百分比	65及65岁以上人口占总人口百分比	15—49岁育龄妇女占总人口百分比
连平县	287 166	289	128	104.1	19.9	37.6	5.0	21.7
河源县	550 558	457	126	104.8	19.6	37.9	5.3	21.3
博罗县	620 412	432	215	101.0	20.1	37.9	5.1	22.3
东莞县	1 152 606	1 015	482	93.7	24.0	32.0	5.6	25.5
惠东县	520 633	323	154	104.3	20.4	36.1	6.1	21.4
龙川县	659 356	338	216	102.5	19.3	39.1	5.3	21.0
始兴县	202 326	606	105	98.0	19.6	37.1	4.7	22.6
南雄县	396 662	464	173	97.7	19.2	38.9	4.9	21.7
仁化县	151 550	509	95	105.5	19.8	37.5	4.9	22.3
乐昌县	415 805	658	169	116.7	22.6	34.2	4.6	21.9
连县	426 165	434	161	105.1	21.4	34.5	5.2	33.5
阳山县	405 893	420	123	105.8	20.5	34.8	5.3	22.3
英德县	818 728	429	146	104.8	20.0	36.6	5.1	21.8
清远县	893 763	422	251	102.1	21.5	34.7	6.1	22.3
佛冈县	233 110	444	181	103.7	21.1	34.4	6.1	22.0
翁源县	297 420	402	138	102.6	19.8	36.8	5.0	21.7
连山壮族瑶族自治县	89 505	538	81	111.6	20.4	35.9	5.2	22.3
连南瑶族自治县	127 643	385	106	105.3	19.5	38.8	4.1	22.6
乳源瑶族自治县	164 745	555	78	103.1	19.5	39.1	5.1	21.7
佛山市	285 540	4 260	3 885	100.0	27.9	23.2	7.2	28.2
江门市	216 097	4 082	1 688	99.6	27.5	23.7	6.5	28.1
三水县	294 142	851	350	95.5	24.5	30.9	7.2	24.2
南海县	820 157	1 695	735	94.3	26.1	29.4	7.3	26.3
顺德县	807 860	1 712	1 036	96.1	25.4	29.8	6.5	26.3
中山县	1 022 246	1 233	627	99.5	24.7	30.5	5.7	25.3
斗门县	240 929	1 055	416	106.7	24.4	31.2	5.2	24.1
新会县	803 831	948	504	97.1	25.2	29.9	6.5	25.1
台山县	934 068	609	327	105.5	25.5	29.1	7.1	23.4
恩平县	376 733	664	226	112.2	24.2	31.5	5.9	22.3
开平县	587 080	757	369	97.2	25.5	28.7	7.0	24.9
鹤山县	308 364	633	352	100.4	25.3	29.2	7.3	24.0
高明县	214 184	550	195	99.4	23.8	31.8	6.3	23.5
肇庆市	169 799	1 348	880	109.3	27.1	24.7	5.1	27.2
高要县	696 903	573	271	95.0	23.3	33.2	6.1	24.0
四会县	335 780	689	278	97.2	23.9	32.1	6.5	23.6
广宁县	441 277	418	185	104.5	22.8	34.3	5.8	22.4
怀集县	616 921	302	173	103.0	19.5	38.6	4.8	21.7
封开县	357 608	482	133	101.6	20.6	34.5	5.6	22.9
德庆县	296 208	534	148	103.4	21.4	33.5	5.5	22.8
云浮县	426 152	486	221	105.5	21.5	34.4	6.1	21.8
新兴县	358 483	454	237	96.9	23.4	33.4	6.3	22.8
郁南县	384 248	525	197	109.1	22.2	33.4	5.7	22.6
罗定县	773 110	426	336	109.5	20.5	35.8	5.2	21.9
湛江市	867 217	755	710	111.6	23.4	33.0	5.0	23.3
茂名市	409 744	3 402	944	110.5	22.7	34.2	4.4	23.1
阳江县	1 155 159	442	317	111.4	20.4	36.9	5.3	20.8
阳春县	821 320	436	205	108.2	19.6	38.2	4.7	21.0
信宜县	843 320	365	274	108.8	20.0	36.8	5.0	21.2
高州县	1 090 176	388	329	111.1	21.3	34.0	4.8	22.1
电白县	1 084 999	290	522	114.0	20.3	38.1	4.8	20.7
吴川县	621 062	347	740	112.1	21.4	36.2	4.9	21.8
化州县	923 053	346	397	111.9	20.4	37.1	4.6	21.7
廉江县	997 829	371	369	112.9	22.3	35.4	5.4	21.8
遂溪县	611 546	497	312	110.4	20.7	37.2	5.4	21.4
海康县	955 230	315	276	109.3	20.3	37.9	4.9	21.2
徐闻县	474 732	532	274	107.0	20.2	37.3	5.1	22.4
广西壮族自治区								
南宁市	862 732	1 721	481	109.4	25.2	28.1	4.9	25.8
柳州市	585 369	3 214	1 088	110.2	26.3	26.9	4.7	26.6
桂林市	429 976	1 904	749	108.1	26.5	26.9	5.1	26.6

（续25）

1981年人口出生率（‰）	1981年人口死亡率（‰）	1981年婴儿死亡率（‰）	每万人拥有大学生人数	每万人拥有初中文化程度人数	文盲、半文盲占12及12岁以上人口比重	农林牧渔业人口占在业人口百分比	工业人口占在业人口百分比	在业人口占总人口百分比
31.2	6.9	30	18	1 651	25.0	88.1	4.8	50.2
25.9	6.6	33	17	1 970	21.8	86.1	4.9	49.5
27.4	5.1	15	14	1 858	20.0	85.2	5.6	49.4
23.1	4.9	8	17	1 779	17.2	67.9	21.4	55.7
28.5	5.8	15	13	1 549	28.7	80.4	8.8	49.2
34.1	6.3	29	18	1 881	17.5	89.4	3.5	49.7
26.6	6.1	28	26	1 647	23.2	79.2	10.0	47.6
24.1	7.2	42	15	1 254	35.7	84.6	6.9	47.0
24.4	5.5	28	44	1 716	24.9	62.9	24.6	48.6
23.1	5.9	36	39	1 596	28.8	62.2	27.6	52.3
25.3	6.3	22	22	1 692	22.7	81.3	10.4	51.6
29.9	6.8	29	14	1 249	28.2	87.4	5.1	52.6
26.1	6.0	30	17	1 350	28.6	85.0	6.8	49.3
23.0	5.5	20	11	1 602	24.8	82.9	7.6	49.9
27.2	6.1	20	15	1 847	18.6	87.1	4.9	52.8
22.4	6.9	37	17	1 752	22.9	85.2	6.4	49.4
26.4	6.3	24	39	1 755	20.2	82.1	5.3	50.3
21.6	6.7	47	39	1 515	27.6	79.5	9.1	50.3
28.7	7.3	46	27	1 186	32.9	79.9	9.0	47.0
13.7	5.6	8	123	2 365	13.6	11.8	59.3	61.7
14.3	5.6	11	103	2 370	12.1	24.1	49.9	58.2
16.5	6.2	21	25	1 990	18.1	69.6	15.7	52.2
21.2	6.1	11	18	1 631	16.8	58.9	31.0	57.9
19.3	6.2	12	17	1 759	17.4	55.6	30.5	57.7
21.3	5.7	8	19	1 743	17.6	67.4	19.9	53.9
22.2	4.8	14	22	1 762	20.6	74.2	11.0	52.3
18.2	5.6	11	15	1 702	17.5	65.5	22.3	53.1
16.7	5.7	10	17	1 867	13.6	77.3	12.7	52.2
19.5	5.7	9	16	2 092	18.6	78.7	11.0	54.5
17.3	5.7	8	18	2 140	15.8	76.8	12.6	55.2
19.3	6.2	13	19	2 051	16.1	83.1	8.5	55.2
22.6	5.7	9	12	2 072	16.3	85.3	4.6	52.1
14.2	4.4	13	195	2 475	12.8	19.4	38.6	59.3
20.0	6.1	14	8	1 404	21.9	81.8	10.7	52.5
22.1	6.3	22	22	1 815	16.9	74.4	14.3	52.4
27.2	6.6	22	11	1 642	18.7	85.1	6.0	52.4
31.2	7.1	22	11	1 211	24.9	88.6	4.3	48.2
21.3	6.7	25	15	1 543	20.4	88.6	4.6	52.9
21.7	6.8	23	19	1 757	19.8	82.7	7.4	52.2
23.7	6.1	16	18	1 538	22.5	85.5	6.6	53.6
23.2	5.9	10	18	1 712	18.0	86.2	5.4	52.5
26.5	7.0	24	18	1 859	19.8	83.6	6.9	53.0
28.3	7.0	25	12	1 894	17.8	85.2	8.0	53.4
25.9	4.3	15	86	1 850	23.3	60.8	19.0	54.5
24.0	5.1	13	51	2 022	20.8	65.6	21.0	55.1
23.0	4.1	10	13	1 461	27.6	85.2	6.9	49.9
26.6	4.7	13	13	1 477	24.4	87.1	6.1	52.1
25.0	7.0	23	9	1 605	24.2	91.8	3.1	53.1
22.6	5.5	20	13	1 743	25.6	91.5	3.4	56.4
31.2	4.8	15	8	1 133	39.7	86.2	7.6	53.1
27.3	4.8	14	10	1 689	29.0	79.7	12.4	49.9
27.9	5.6	28	11	1 983	24.4	89.6	4.2	53.0
29.1	4.8	15	9	1 878	2.7	87.7	6.2	53.6
28.0	4.7	15	13	1 683	26.7	87.5	5.6	52.8
27.3	4.8	22	9	1 226	39.2	89.5	4.1	50.4
27.9	4.5	21	14	1 435	28.6	86.8	4.5	50.7
24.2	4.8	14	247	2 423	10.7	31.8	37.7	54.7
19.1	4.4	14	169	2 923	10.3	11.7	61.6	56.5
25.9	5.6	12	259	2 397	15.4	24.3	46.8	56.5

表256

县市名称	人口数	1982年人均工农业总产值(元)	人口密度(人/公里²)	人口性别比	人口年龄中位数(岁)	0—14岁人口占总人口百分比	65及65岁以上人口占总人口百分比	15—49岁育龄妇女占总人口百分比
阳朔县	255 075	290	179	105.1	19.9	36.7	5.1	22.3
梧州市	251 152	2 120	837	104.9	26.6	27.0	6.0	25.9
凭祥市	78 300	256	120	100.3	19.2	39.4	4.4	22.6
邕宁县	731 203	449	157	107.8	19.5	39.1	4.9	21.3
横县	842 721	355	244	106.5	20.2	36.7	5.5	21.7
宾阳县	728 667	402	315	104.3	19.6	38.0	5.0	21.7
上林县	365 209	249	196	102.3	19.7	37.8	5.6	21.5
武鸣县	544 857	458	161	101.8	20.3	36.0	5.5	22.6
隆安县	314 745	310	139	100.3	19.4	38.3	5.1	22.0
马山县	461 628	184	173	103.1	18.9	40.4	4.9	20.9
扶绥县	348 528	347	123	106.0	19.6	38.8	4.9	21.1
崇左县	278 968	316	96	101.4	18.3	41.4	4.7	21.0
大新县	312 170	291	113	99.4	20.1	37.3	5.2	22.7
天等县	344 238	259	159	99.9	19.7	37.9	5.0	22.7
宁明县	311 470	348	84	101.9	18.2	41.7	4.2	21.3
龙州县	232 764	299	100	100.3	20.2	36.2	5.4	23.4
合山市	101 696	811	291	118.8	21.5	36.3	3.6	21.5
柳江县	406 005	341	191	106.0	19.7	38.1	4.6	21.6
柳城县	346 437	466	157	104.9	19.9	37.9	5.4	21.9
鹿寨县	413 011	534	115	109.3	20.0	37.5	4.7	21.7
象州县	331 955	331	158	103.7	19.2	38.7	5.0	21.1
武宣县	305 362	289	179	106.2	18.9	39.9	5.0	20.7
来宾县	706 874	296	160	103.2	18.3	41.8	4.4	20.6
融安县	265 727	360	92	106.7	20.2	36.6	5.2	22.1
三江侗族自治县	279 928	230	115	105.2	18.6	40.6	4.1	21.3
融水苗族自治县	380 952	307	82	103.6	18.6	40.4	4.8	21.2
金秀瑶族自治县	58 298	291	28	110.3	19.2	38.6	4.7	21.2
忻城县	345 122	280	136	102.2	19.2	39.2	4.9	21.3
临桂县	362 014	331	165	102.8	19.9	37.1	5.3	22.0
灵川县	286 868	346	125	104.7	24.3	32.1	5.7	23.7
全州县	660 580	351	164	112.9	20.3	35.9	5.0	22.3
兴安县	310 521	464	132	108.7	23.3	33.0	5.0	23.7
永福县	231 419	424	83	105.5	19.8	37.1	5.2	21.7
灌阳县	234 175	327	128	115.2	23.5	33.0	5.1	23.0
龙胜各族自治县	150 808	309	59	107.3	22.4	34.3	4.9	23.0
资源县	145 060	322	74	108.1	19.8	37.3	4.6	21.8
平乐县	344 919	381	180	104.9	20.2	35.6	5.0	22.9
荔浦县	328 217	407	187	105.0	21.1	34.5	5.2	22.9
恭城县	237 678	493	111	111.3	23.1	34.4	4.7	22.9
岑溪县	568 257	318	205	108.3	19.5	38.3	5.6	20.6
苍梧县	518 134	319	121	107.4	19.5	37.5	5.2	20.8
藤县	672 312	336	170	114.3	19.8	37.1	5.7	19.8
昭平县	301 511	403	94	111.4	19.8	37.2	5.7	20.5
蒙山县	163 839	437	130	108.3	19.8	36.3	5.3	21.4
贺县	662 090	424	129	105.7	20.0	37.3	5.7	21.8
钟山县	367 173	345	197	109.5	20.3	36.2	5.2	21.8
富川县	221 113	406	142	106.9	20.0	36.9	5.2	22.3
玉林县	1 148 346	553	420	110.9	20.3	36.3	4.8	22.2
贵县	1 163 990	421	330	104.7	19.5	39.1	5.5	21.2
桂平县	1 191 638	342	293	109.1	19.2	39.4	5.1	20.7
平南县	903 294	343	302	113.8	20.0	37.2	5.2	21.5
容县	551 281	396	244	110.0	20.2	36.6	5.4	21.0
北流县	819 020	359	333	112.0	20.0	37.1	5.0	21.1
陆川县	582 564	313	375	110.4	19.1	40.4	4.6	20.7
博白县	975 820	328	255	112.7	19.4	39.3	5.0	21.1
百色县	254 474	431	68	104.2	20.4	36.4	4.2	22.8
田阳县	307 336	404	128	97.8	19.4	38.6	4.7	22.2
田东县	328 451	290	117	98.2	18.7	41.3	4.6	21.5
平果县	367 275	233	148	99.0	18.9	40.2	5.0	21.7

（续26）

1981年人口出生率（‰）	1981年人口死亡率（‰）	1981年婴儿死亡率（‰）	每万人拥有大学生人数	每万人拥有初中文化程度人数	文盲、半文盲占12及12岁以上人口比重	农林牧渔业人口占在业人口百分比	工业人口占在业人口百分比	在业人口占总人口百分比
25.9	5.6	25	16	1 626	24.8	89.6	3.2	49.7
16.7	5.6	11	134	2 516	11.8	17.6	46.9	56.0
37.2	9.4	50	27	1 455	23.4	80.1	5.3	49.2
21.6	3.8	28	14	1 674	16.6	90.4	3.7	50.4
25.9	5.1	35	10	1 619	16.8	90.8	3.4	53.6
26.3	4.7	25	17	1 656	18.0	88.9	5.1	50.7
26.7	5.7	29	12	1 782	19.5	93.2	1.7	50.0
25.6	5.2	20	19	1 872	17.3	90.8	3.5	51.1
26.8	6.0	35	12	1 573	24.6	91.8	2.3	51.0
28.6	5.6	26	14	1 208	31.4	89.5	5.6	49.6
28.0	4.9	15	19	1 953	19.7	86.5	7.5	50.6
30.0	4.9	33	15	1 354	28.5	88.8	3.0	47.9
24.5	5.5	31	17	1 471	29.3	90.9	3.6	52.4
27.0	6.3	27	11	1 642	28.5	94.6	1.0	53.3
27.8	4.6	39	14	1 262	26.6	88.7	3.1	46.6
22.5	6.2	39	23	1 466	28.8	86.4	4.2	51.8
24.5	3.7	22	36	2 278	18.7	55.3	35.5	50.8
27.5	5.3	20	15	1 926	26.2	91.0	3.8	49.6
25.8	4.6	16	16	1 931	23.1	87.5	6.0	49.2
24.7	4.7	22	22	1 771	22.8	84.5	8.2	47.5
24.1	5.1	27	13	1 556	22.5	89.0	3.5	47.3
28.5	5.0	20	13	2 095	18.5	90.6	3.1	48.1
24.5	3.7	19	15	1 583	29.0	90.4	3.6	46.7
23.5	5.2	29	20	1 592	22.9	85.5	6.0	51.8
27.1	6.9	47	12	867	49.5	91.7	2.0	51.1
27.7	6.9	48	18	916	46.7	88.5	4.2	49.5
25.1	6.8	41	28	1 261	26.2	85.2	3.5	50.1
25.4	6.2	33	11	1 374	31.8	93.5	2.1	51.4
24.9	5.0	26	15	1 351	31.7	92.1	2.9	50.9
23.0	4.7	21	24	1 810	26.4	87.9	6.0	54.1
26.9	5.7	31	12	1 789	26.9	90.2	3.7	57.0
25.1	5.6	27	27	1 699	24.6	87.8	5.3	55.1
25.0	5.7	34	16	1 353	28.6	88.1	4.4	49.6
25.9	5.9	23	16	1 589	29.9	90.6	3.3	48.4
22.0	6.6	46	22	1 494	27.8	89.9	3.2	53.4
26.0	5.6	38	24	1 409	29.3	89.1	4.2	54.3
23.6	4.8	24	13	1 495	22.5	87.2	5.3	51.3
22.5	5.2	25	16	1 706	16.7	88.5	4.8	51.3
24.3	5.7	28	25	1 545	22.1	85.3	7.6	52.5
27.9	5.9	22	14	1 550	18.5	92.0	2.5	50.4
26.8	6.3	24	13	1 361	17.3	90.8	2.6	51.7
26.9	5.4	22	11	1 659	20.7	90.4	2.7	50.8
26.5	5.5	20	15	1 214	23.9	89.4	3.8	51.2
24.0	6.0	27	22	1 778	18.1	89.1	3.2	50.7
27.2	5.5	24	18	1 217	28.0	86.6	6.8	49.5
23.9	4.7	25	24	1 192	28.4	84.7	9.3	48.8
25.9	4.5	30	19	1 096	42.5	91.8	2.7	53.6
26.1	4.6	24	28	1 815	17.7	84.5	7.3	52.0
29.7	4.1	16	12	1 565	18.9	88.9	4.3	49.4
27.5	4.9	16	10	1 458	18.1	90.3	3.4	49.9
22.8	4.7	19	10	1 686	16.1	89.1	4.0	50.4
25.1	6.3	30	14	2 018	12.6	89.7	3.7	53.6
26.0	5.7	30	11	1 850	16.6	91.3	3.3	54.2
31.4	4.3	13	14	1 842	18.4	91.4	2.8	50.3
32.5	4.6	13	10	1 502	24.7	92.5	2.6	51.7
24.8	6.6	45	83	1 518	28.9	68.7	15.8	50.0
26.4	6.7	33	19	1 267	31.3	86.9	6.3	50.0
30.8	6.0	37	21	1 342	29.7	87.0	6.0	48.8
32.3	6.3	28	14	1 337	33.2	92.3	2.1	49.9

表256

县市名称	人口数	1982年人均工农业总产值(元)	人口密度(人/公里²)	人口性别比	人口年龄中位数(岁)	0—14岁人口占总人口百分比	65及65岁以上人口占总人口百分比	15—49岁育龄妇女占总人口百分比
德保县	322 897	212	126	104.7	20.4	36.8	5.5	21.6
靖西县	510 152	234	153	101.7	19.8	38.6	5.4	21.4
那坡县	175 577	217	79	102.3	18.2	41.9	4.2	20.7
凌云县	144 952	181	71	100.0	18.5	41.2	4.8	21.3
乐业县	108 281	279	41	100.8	17.6	43.6	5.1	20.3
田林县	181 351	282	33	99.3	18.3	41.4	3.9	21.6
隆林各族自治县	281 105	260	80	100.4	18.2	42.3	3.4	21.5
西林县	100 139	263	33	100.3	17.4	44.0	3.3	20.8
河池县	249 934	597	107	107.2	20.1	38.3	4.6	22.1
宜山县	478 043	496	138	103.5	20.1	37.1	5.2	22.4
罗城县	294 530	216	111	105.9	19.6	38.4	5.1	21.3
环江县	279 177	324	61	108.7	18.6	40.9	4.6	20.4
南丹县	231 347	307	59	108.0	19.1	40.1	4.6	20.8
天峨县	115 883	230	36	101.8	17.9	42.9	5.4	20.7
凤山县	144 689	201	83	99.1	18.2	42.6	6.0	20.8
东兰县	242 663	202	101	100.3	19.3	40.8	6.0	21.6
巴马瑶族自治县	242 632	205	100	99.3	18.5	41.8	5.3	21.6
都安瑶族自治县	815 829	154	126	102.8	19.3	39.2	5.4	21.0
北海市	168 441	1 202	622	105.7	25.1	29.2	6.1	25.2
上思县	170 248	418	60	119.3	20.5	36.8	5.7	20.8
防城各族自治县	394 683	334	128	113.8	19.9	38.8	5.2	21.0
钦州县	846 262	409	186	119.5	20.7	37.4	5.3	20.7
灵山县	923 228	378	260	114.9	19.8	38.5	5.3	20.4
合浦县	847 476	505	277	113.8	20.7	37.0	6.0	20.9
浦北县	570 616	368	227	116.5	20.4	36.4	5.7	21.1
四川省								
成都市	2 466 515	2 297	1 758	106.4	27.7	25.4	5.4	26.9
金堂县	756 607	328	537	109.0	22.5	35.8	4.7	21.5
双流县	780 589	467	745	102.3	24.3	35.4	4.5	24.0
重庆市	2 634 492	2 881	1 732	106.6	28.2	22.1	5.8	27.5
长寿县	819 332	314	568	104.5	22.4	34.9	4.5	23.1
巴县	1 178 277	425	928	108.9	26.2	28.7	5.6	24.8
綦江县	864 541	311	432	109.6	24.9	31.9	5.6	23.2
江北县	976 910	390	451	106.8	24.0	32.6	4.9	23.2
自贡市	875 337	1 102	1 283	105.2	25.8	29.0	5.0	25.5
荣县	817 686	399	422	105.6	20.2	36.9	4.3	22.0
渡口市	517 557	2 290	233	141.5	28.2	29.0	2.5	22.3
米易县	174 239	324	83	103.9	19.7	38.3	4.6	22.0
盐边县	123 356	283	45	105.1	19.8	39.0	4.8	21.5
江津县	1 374 293	382	515	112.7	25.4	31.2	5.4	23.0
合川县	1 405 315	435	601	109.4	24.8	32.0	4.6	23.3
潼南县	772 951	319	501	106.1	22.8	35.3	4.8	22.6
铜梁县	746 930	400	542	107.1	23.8	33.7	4.5	22.9
永川县	924 301	453	592	109.7	24.3	32.1	5.1	23.4
大足县	776 690	348	590	107.9	24.2	35.4	4.7	22.2
荣昌县	700 315	331	689	107.6	23.9	33.8	4.4	23.1
璧山县	545 876	377	763	109.6	24.9	31.7	5.0	23.1
万县市	269 758	1 197	1 097	103.8	26.5	27.6	5.5	25.7
万县	1 186 717	254	371	106.9	22.4	35.0	4.3	22.8
开县	1 286 112	315	323	109.8	20.5	36.1	3.7	22.1
忠县	903 528	275	430	103.1	22.7	34.4	5.2	22.9
梁平县	780 449	290	413	105.3	20.3	35.1	4.2	23.2
云阳县	1 093 597	234	301	108.8	20.2	37.3	4.1	21.8
奉节县	848 775	288	210	111.0	20.3	37.1	4.0	21.8
巫山县	496 419	246	164	111.2	19.9	37.9	4.1	21.2
巫溪县	457 848	266	114	111.0	21.1	36.1	4.2	22.0
城口县	215 431	273	64	111.4	20.4	37.8	4.4	21.2

（续27）

1981年人口出生率（‰）	1981年人口死亡率（‰）	1981年婴儿死亡率（‰）	每万人拥有大学生人数	每万人拥有初中文化程度人数	文盲、半文盲占12及12岁以上人口比重	农林牧渔业人口占在业人口百分比	工业人口占在业人口百分比	在业人口占总人口百分比
27.1	8.5	45	15	1 204	34.1	93.5	1.9	53.0
26.9	7.2	27	12	1 055	36.0	93.3	1.6	51.2
32.7	9.5	59	16	760	50.0	91.0	1.7	48.6
34.0	9.0	65	15	776	53.5	92.7	1.2	48.3
37.2	9.4	59	20	838	57.1	91.4	1.5	46.4
36.0	9.0	65	17	805	52.7	92.1	1.2	47.3
41.7	12.3	92	12	532	65.4	93.8	1.9	50.0
42.4	9.9	76	18	686	54.1	90.5	2.0	46.5
28.8	7.2	47	73	1 749	23.0	66.4	17.2	51.1
28.7	6.6	38	36	1 557	27.9	83.8	9.2	51.9
28.5	5.2	32	18	1 205	33.4	85.7	7.8	50.6
30.5	7.0	46	23	1 305	32.2	82.4	11.3	49.9
34.0	10.1	76	34	1 132	42.3	78.5	13.5	48.5
34.8	10.0	82	17	775	52.0	90.0	2.1	45.5
38.7	8.6	58	18	992	46.6	91.6	1.7	46.0
35.4	9.7	58	16	964	48.2	93.2	1.5	48.6
36.8	10.2	70	14	760	55.5	92.9	1.5	48.0
31.8	9.0	55	9	1 182	32.1	94.9	1.0	51.7
23.3	5.1	14	60	2 337	21.7	48.3	23.8	52.8
27.2	6.2	29	22	1 573	21.9	86.9	4.3	50.2
31.2	4.8	31	16	1 326	25.9	85.1	5.1	51.4
30.9	4.8	23	19	1 422	25.4	87.8	4.8	53.8
29.6	5.2	30	9	1 658	21.8	92.3	2.6	53.2
28.4	4.1	15	15	1 527	23.9	86.0	7.0	53.4
25.9	5.0	22	10	1 604	17.7	90.3	3.9	54.9
17.3	6.3	28	276	2 437	16.8	33.4	42.2	58.9
19.0	7.8	51	13	1 386	34.4	89.6	5.0	53.9
20.8	6.1	47	26	1 684	20.6	83.1	9.8	53.7
17.6	6.3	17	182	2 881	13.5	21.2	53.7	58.2
19.0	6.4	31	28	2 068	23.4	82.9	11.7	56.2
18.2	6.6	24	22	2 156	19.1	86.4	8.1	60.2
17.6	6.8	38	21	1 639	27.5	79.4	13.7	55.3
14.9	6.0	26	12	1 706	18.3	88.6	6.5	58.0
18.5	6.1	21	82	2 415	23.7	56.9	29.5	55.8
16.7	5.7	39	10	1 594	29.9	87.4	6.7	52.5
15.9	5.0	23	135	2 164	22.3	27.4	52.2	61.7
18.7	6.7	38	23	1 261	45.8	83.6	6.5	49.7
20.7	7.2	34	18	1 038	55.8	86.0	6.2	52.0
15.8	6.4	37	19	1 639	25.9	85.5	7.8	56.7
16.3	6.1	35	13	1 436	30.1	87.5	7.0	57.9
17.6	6.8	42	7	1 202	33.8	90.9	4.4	53.6
16.8	5.8	24	11	1 532	27.6	90.8	4.1	57.6
17.2	6.7	39	38	1 756	25.3	81.3	10.0	55.9
20.2	6.0	39	9	1 367	32.8	88.6	5.6	54.1
19.5	6.4	37	21	1 671	27.7	81.9	11.1	54.2
16.2	5.9	24	15	2 135	22.5	87.6	6.6	56.6
16.5	6.8	24	110	2 527	19.0	48.5	28.0	57.4
16.9	7.8	53	14	1 398	28.2	91.3	4.5	57.2
15.3	7.3	38	7	1 265	29.0	91.9	3.3	53.9
21.0	8.5	55	9	1 438	32.3	90.3	5.1	58.5
13.6	7.3	49	11	1 537	27.3	90.4	4.4	56.3
17.6	7.7	60	6	1 063	35.0	90.8	4.1	52.4
16.8	8.9	66	8	1 127	40.5	90.7	3.9	54.6
15.0	7.1	59	8	975	41.5	92.1	2.6	53.4
20.3	9.0	72	7	963	43.4	91.7	2.8	53.9
20.8	9.2	66	12	1 028	45.6	90.7	2.2	51.2

表256

县市名称	人口数	1982年人均工农业总产值(元)	人口密度(人/公里²)	人口性别比	人口年龄中位数(岁)	0—14岁人口占总人口百分比	65及65岁以上人口占总人口百分比	15—49岁育龄妇女占总人口百分比
涪陵县	961 622	400	341	104.9	19.5	36.5	3.7	22.3
垫江县	767 545	310	510	105.4	19.9	36.6	4.4	22.3
南川县	600 353	393	232	103.8	20.1	36.8	4.2	23.0
丰都县	703 595	302	241	102.9	19.8	36.0	4.7	22.1
石柱县	417 091	240	144	102.1	19.8	36.2	4.1	22.9
武隆县	362 834	296	121	107.2	20.1	36.6	4.6	21.7
彭水县	517 770	277	180	107.2	19.6	38.3	4.5	21.5
黔江县	384 709	253	156	109.2	21.0	37.0	4.7	21.4
酉阳县	611 487	226	119	108.4	20.2	37.5	5.2	20.9
秀山县	473 087	234	192	108.0	21.2	35.9	5.0	21.5
内江市	278 591	1 374	2 265	105.7	26.1	27.0	5.1	26.2
内江县	850 638	364	598	105.5	20.0	36.9	4.7	21.8
资中县	1 137 429	432	596	109.2	20.2	37.0	4.5	20.8
资阳县	921 763	531	509	107.1	23.1	35.3	4.7	21.8
简阳县	1 290 344	482	597	107.6	24.1	35.7	4.7	21.7
威远县	657 906	446	513	108.3	23.5	34.6	4.8	22.4
隆昌县	662 585	359	762	107.0	23.8	33.7	4.5	22.9
安岳县	1 324 758	328	482	106.4	22.7	36.5	5.2	21.6
乐至县	814 501	368	622	105.6	23.0	36.2	5.0	21.4
宜宾市	245 064	1 574	2 269	106.5	27.1	26.6	5.2	25.8
泸州市	303 403	2 221	2 107	107.8	27.4	24.7	5.3	26.8
泸县	1 371 115	355	667	106.8	24.0	32.9	4.1	23.7
富顺县	1 045 260	354	670	106.3	23.5	34.5	4.3	22.9
合江县	783 324	326	322	107.5	23.1	34.5	4.7	22.7
纳溪县	455 586	350	352	105.5	19.8	37.7	4.0	22.1
叙永县	737 685	273	248	106.8	19.6	37.0	4.9	21.5
古蔺县	674 898	229	182	105.3	19.7	38.8	5.5	20.7
宜宾县	1 049 411	283	309	105.5	19.5	38.5	4.3	21.7
南溪县	492 191	342	462	104.2	20.2	37.3	4.0	22.6
江安县	436 980	258	479	107.1	20.3	36.4	4.2	22.2
长宁县	369 120	286	410	106.0	20.1	36.8	4.4	22.0
高县	465 466	266	388	105.1	20.1	37.3	5.0	21.6
筠连县	300 256	284	214	105.7	19.6	38.1	4.8	21.8
珙县	311 428	413	287	116.5	23.1	35.1	4.4	21.3
兴文县	138 100	278	184	112.7	21.3	35.0	4.8	21.4
屏山县	219 812	272	144	106.1	19.5	38.3	4.3	21.4
乐山市	954 384	663	487	104.6	25.0	31.9	5.6	24.1
仁寿县	1 378 180	355	548	106.1	20.2	37.8	4.6	21.1
眉山县	707 759	571	525	100.6	22.1	34.8	4.9	23.9
犍为县	520 746	413	384	104.5	20.3	35.6	5.0	22.8
井研县	393 306	372	457	105.8	24.6	35.3	5.2	22.0
峨眉县	372 787	734	300	108.8	23.4	32.9	4.8	23.3
夹江县	324 242	365	435	100.9	23.9	33.9	5.0	23.8
洪雅县	307 929	394	158	101.3	21.2	34.5	4.9	23.1
彭山县	279 019	418	575	101.9	25.6	31.4	5.8	24.4
沐川县	229 862	306	177	110.8	19.5	37.6	4.6	20.8
青神县	184 742	380	462	101.6	24.0	33.1	5.9	23.5
丹棱县	143 489	395	315	101.0	21.3	34.6	5.2	23.2
峨边县	120 161	454	126	113.7	19.0	39.3	3.7	20.2
马边县	148 781	271	63	105.4	17.3	43.9	3.9	19.5
金口河工农区	54 488	243	99	111.5	19.3	38.5	3.5	21.4
温江县	241 962	660	861	98.8	25.5	31.2	4.9	26.1
郫县	392 994	576	910	97.9	25.4	30.7	4.9	26.5
新都县	487 822	685	1 002	99.7	25.3	30.6	4.9	26.4
广汉县	493 292	759	940	100.9	25.3	30.0	4.9	26.4
什邡县	380 522	1 097	511	106.6	26.6	27.8	4.7	26.3
彭县	692 336	537	491	104.1	25.9	28.4	5.1	26.2
灌县	490 678	642	383	104.5	25.5	30.5	5.5	24.6
崇庆县	577 259	546	545	103.2	26.0	29.5	5.5	24.9
大邑县	445 962	525	293	105.1	25.7	31.8	4.5	23.9
邛崃县	584 096	538	500	102.4	23.6	34.1	4.7	23.0
蒲江县	229 620	468	415	99.7	21.1	35.4	4.5	23.8

（续28）

1981年人口出生率（‰）	1981年人口死亡率（‰）	1981年婴儿死亡率（‰）	每万人拥有大学生人数	每万人拥有初中文化程度人数	文盲、半文盲占12及12岁以上人口比重	农林牧渔业人口占在业人口百分比	工业人口占在业人口百分比	在业人口占总人口百分比
13.3	5.1	39	33	1 700	27.9	82.0	9.9	54.9
19.0	6.9	49	9	1 588	34.8	90.8	4.3	55.3
17.6	6.2	43	20	1 668	25.9	84.7	9.7	54.4
16.9	7.0	48	9	1 509	31.6	90.1	4.4	56.9
22.2	7.1	50	9	1 339	41.8	92.2	2.3	56.6
16.9	7.2	63	12	1 294	36.8	89.8	4.9	55.3
23.3	8.1	53	7	1 111	44.2	93.3	1.9	52.6
24.1	7.8	44	9	1 324	37.1	93.5	1.8	55.3
24.4	7.5	41	8	1 233	38.2	94.1	1.3	53.5
26.0	7.8	40	8	1 401	35.7	91.5	3.3	54.7
17.4	6.0	19	172	2 659	18.0	33.9	37.1	55.0
16.4	6.2	34	5	1 672	30.2	91.4	4.3	51.5
18.8	6.4	33	16	1 653	29.5	87.4	6.3	50.8
18.1	6.6	36	21	1 701	29.3	87.3	6.5	52.0
14.9	6.5	47	18	1 618	27.6	87.9	5.8	52.9
14.0	6.4	39	16	1 805	30.8	80.8	12.4	52.2
21.7	6.7	35	18	1 678	29.6	83.2	9.7	53.8
19.3	6.1	40	6	1 307	35.7	93.7	2.2	52.8
15.9	6.6	48	8	1 427	34.5	93.4	1.8	52.4
15.3	5.7	14	178	2 544	15.5	22.1	48.3	54.9
18.7	5.7	17	172	2 808	17.4	24.9	48.6	56.4
17.6	6.3	26	4	1 430	32.5	91.2	4.5	57.3
19.9	7.0	38	16	1 449	32.5	87.3	6.1	53.9
15.7	6.4	41	9	1 560	32.7	90.5	3.5	56.8
18.9	6.4	42	5	1 221	30.1	93.8	2.4	54.0
20.8	7.0	33	9	1 226	32.6	87.0	5.7	51.2
25.8	8.4	43	5	998	42.7	92.7	2.2	51.3
20.7	6.9	45	7	1 277	30.6	92.0	2.7	53.3
22.9	7.0	39	19	1 374	31.8	86.5	7.6	53.3
19.8	6.5	35	15	1 468	27.6	87.7	5.5	52.9
22.8	7.1	49	8	1 291	34.5	90.1	3.6	53.3
19.4	6.9	34	9	1 192	35.4	90.7	3.0	52.8
22.2	7.4	51	10	1 071	42.3	87.5	5.4	49.4
20.8	6.9	45	24	1 299	33.6	75.8	17.4	52.9
19.0	6.8	48	15	1 273	36.5	84.3	7.9	49.8
24.3	7.6	52	10	1 168	37.4	89.3	2.5	53.8
17.1	6.1	45	59	2 018	21.1	64.5	23.4	54.9
19.1	6.5	51	9	1 521	30.6	91.7	3.0	50.7
18.8	6.3	45	26	1 835	22.6	86.4	6.8	53.8
17.9	6.5	33	12	1 542	30.5	84.1	8.2	52.8
19.0	6.6	46	11	1 601	29.5	90.5	3.5	54.7
18.1	5.6	28	81	1 902	22.3	70.2	18.1	55.2
16.0	5.5	44	62	1 911	23.3	79.4	10.9	55.4
17.2	6.4	33	12	1 580	28.9	90.8	3.1	55.3
17.9	7.1	49	17	1 856	26.1	86.3	6.2	66.4
19.8	6.7	48	10	1 160	38.9	90.4	2.9	53.0
18.3	6.3	42	33	1 720	23.3	85.2	7.6	55.1
19.4	6.3	41	15	1 704	25.7	90.8	2.5	55.1
23.8	5.8	30	23	1 299	43.6	76.4	12.7	52.2
31.0	7.8	49	12	757	54.6	89.2	2.7	48.6
15.7	4.6	19	97	1 499	34.0	64.9	26.3	51.2
15.9	5.8	40	57	1 941	20.6	79.1	8.3	56.6
14.7	6.5	48	33	2 053	19.1	84.7	6.8	55.8
16.8	6.0	30	20	2 008	19.9	82.8	9.2	56.3
19.1	6.1	25	18	1 972	28.1	77.9	13.9	57.3
15.0	6.4	36	21	1 798	31.5	76.2	15.9	62.3
16.5	6.6	35	31	1 802	27.2	81.8	11.3	59.4
14.7	5.9	33	50	1 990	21.2	75.1	15.4	56.0
14.9	6.1	46	19	1 890	21.8	84.8	8.3	57.5
14.2	5.6	42	31	1 793	22.9	83.2	8.7	56.0
14.2	5.9	32	13	1 824	21.4	87.1	5.8	54.1
17.7	5.4	30	15	2 098	20.1	87.6	4.9	53.2

表256

县市名称	人口数	1982年人均工农业总产值(元)	人口密度(人/公里²)	人口性别比	人口年龄中位数(岁)	0—14岁人口占总人口百分比	65及65岁以上人口占总人口百分比	15—49岁育龄妇女占总人口百分比
新津县	256 186	491	749	99.5	24.9	32.7	5.1	24.9
绵阳市	776 162	594	512	109.5	24.7	31.3	4.4	24.2
德阳县	685 900	592	581	109.2	25.2	30.3	4.7	24.8
绵竹县	473 431	626	384	108.9	26.3	28.4	4.7	25.4
安县	454 992	399	324	108.6	24.0	32.7	4.2	24.0
江油县	768 606	483	285	110.1	24.3	32.9	4.0	23.8
梓潼县	381 906	368	265	105.8	22.9	35.4	4.3	22.4
剑阁县	582 301	282	206	104.9	20.6	36.3	4.4	22.1
广元县	780 785	317	157	108.9	22.5	34.9	4.5	22.4
旺苍县	397 246	268	158	112.1	21.1	36.2	4.3	21.9
青川县	199 984	272	68	106.8	20.5	37.1	4.5	21.6
平武县	184 718	320	31	113.4	22.1	35.7	4.5	21.3
北川县	150 099	315	69	110.6	20.1	36.6	4.4	21.7
遂宁县	1 139 341	445	557	104.7	23.7	34.7	5.1	22.5
三台县	1 340 553	351	559	106.5	22.7	35.3	4.9	21.9
中江县	1 297 840	327	629	107.7	21.4	36.1	5.0	21.4
蓬溪县	1 089 032	376	552	107.0	24.3	34.5	5.1	21.7
射洪县	905 963	376	609	104.1	22.9	34.4	4.8	22.3
盐亭县	593 243	325	324	103.5	21.2	35.6	4.9	21.6
南充市	220 531	1 261	976	110.0	26.6	25.2	4.6	26.1
南充县	1 314 702	341	545	106.9	23.3	35.6	4.6	22.2
南部县	1 163 282	249	484	105.6	19.6	38.8	4.3	21.0
岳池县	970 715	258	522	106.1	23.4	34.6	4.3	23.0
营山县	775 781	281	613	103.7	23.3	34.9	4.5	22.5
广安县	1 049 714	271	625	106.9	22.3	33.6	4.2	23.0
蓬安县	587 534	343	839	107.8	24.7	34.9	4.4	22.6
仪陇县	844 810	255	1 035	106.7	23.2	36.5	4.6	22.4
武胜县	688 418	296	702	105.2	23.6	33.3	4.6	23.5
西充县	604 269	326	548	104.0	22.9	35.9	5.0	21.7
阆中县	822 995	363	426	104.0	24.0	33.4	4.9	23.6
苍溪县	723 125	280	301	102.9	22.1	35.0	4.4	23.7
华云工农区	301 503	311	1 723	119.2	24.4	33.1	3.8	22.2
达县市	189 118	1 616	1 139	116.6	26.0	28.8	3.4	25.2
达县	1 211 380	348	420	104.9	22.1	35.3	4.3	23.0
宣汉县	1 001 641	313	286	106.0	19.9	38.0	4.3	21.6
开江县	473 197	274	459	111.1	21.4	35.8	4.0	22.3
万源县	394 067	393	118	109.1	20.5	37.1	4.7	21.8
通江县	598 113	259	134	103.3	20.0	38.4	4.9	21.8
南江县	521 335	277	152	106.4	20.3	37.6	4.6	22.2
巴中县	1 044 166	387	408	104.7	24.4	35.1	5.1	23.3
平昌县	724 722	314	301	102.8	20.4	37.5	4.8	22.5
大竹县	928 461	468	464	107.5	22.2	33.7	4.4	23.0
渠县	1 175 199	333	693	106.8	21.3	35.6	4.1	21.8
邻水县	775 864	309	407	105.2	19.5	37.2	4.4	22.1
白沙工农区	65 784	395	119	113.2	20.3	37.8	3.6	21.6
雅安县	270 075	627	255	105.0	24.2	33.3	4.7	23.4
名山县	233 950	393	382	102.1	20.2	35.7	4.7	22.8
荥经县	121 239	502	69	102.7	19.1	37.1	4.4	22.3
汉源县	299 739	306	137	102.0	19.5	37.5	4.9	21.9
石棉县	111 058	645	42	121.9	24.8	32.5	4.3	22.0
天全县	128 872	441	54	107.3	19.4	37.7	4.5	21.3
芦山县	99 888	408	74	110.6	20.3	36.8	4.2	20.8
宝兴县	48 475	405	16	107.8	20.2	35.9	4.4	21.5
汶川县	84 976	357	21	117.8	22.2	35.6	4.2	20.7
理县	42 262	393	10	115.6	22.7	36.2	4.5	20.7
茂汶羌族自治县	79 208	368	20	105.5	18.4	42.5	4.2	20.3
松潘县	60 633	403	7	116.2	23.1	37.5	4.7	19.8
南坪县	49 430	349	9	118.5	21.5	37.8	5.0	19.9
金川县	69 461	345	13	119.0	23.4	36.0	4.9	20.5
小金县	68 345	345	12	110.5	19.5	40.1	4.4	20.6
黑水县	58 119	374	14	114.6	23.7	37.8	3.9	20.4

（续29）

1981年人口出生率（‰）	1981年人口死亡率（‰）	1981年婴儿死亡率（‰）	每万人拥有大学生人数	每万人拥有初中文化程度人数	文盲、半文盲占12及12岁以上人口比重	农林牧渔业人口占在业人口百分比	工业人口占在业人口百分比	在业人口占总人口百分比
16.2	6.7	56	24	1 974	21.2	82.5	8.5	54.7
12.7	7.0	40	76	1 652	33.8	75.8	12.8	57.1
15.7	6.5	27	48	1 706	30.8	77.3	16.2	58.9
13.8	6.9	36	28	1 458	39.1	81.9	11.8	61.4
12.3	6.8	42	20	1 269	37.0	89.4	4.3	58.9
15.5	6.6	37	45	1 490	36.6	77.7	14.4	57.7
14.2	7.5	45	44	1 369	37.2	86.1	4.3	54.8
15.3	8.8	58	21	1 351	36.2	92.4	1.6	54.7
12.2	7.2	47	39	1 426	39.8	77.7	13.5	53.1
11.5	6.7	51	24	1 408	36.0	78.7	13.3	52.1
13.7	7.6	37	29	1 255	42.7	86.7	6.0	51.8
16.2	7.6	42	43	1 260	42.5	80.8	11.6	56.4
15.6	7.1	55	13	1 139	42.9	88.9	3.3	55.0
18.3	7.1	37	12	1 416	33.0	87.8	6.5	53.5
14.0	8.7	63	7	1 431	34.4	92.5	3.1	55.1
16.5	8.5	53	5	1 230	35.6	94.5	1.6	53.8
17.0	7.9	43	7	1 510	32.9	90.9	4.1	54.1
14.4	7.3	40	8	1 558	33.5	89.6	5.0	53.1
10.3	7.2	52	8	1 678	30.6	91.5	3.3	54.1
17.9	5.6	24	200	2 508	17.2	31.4	40.3	57.4
19.2	6.6	46	8	1 383	29.8	92.5	3.6	55.2
14.1	6.6	46	6	1 123	42.8	91.0	4.1	52.2
17.5	7.2	60	7	1 297	34.6	92.2	3.1	55.2
17.9	7.5	49	6	1 353	34.5	92.2	3.2	56.0
15.5	7.1	44	9	1 334	32.8	92.5	2.6	56.4
15.4	7.3	48	9	1 444	34.3	91.2	3.5	55.5
19.3	7.6	64	6	1 120	41.8	92.4	3.1	55.0
17.6	6.7	55	8	1 298	34.2	93.7	2.4	56.9
15.5	7.1	49	8	1 629	27.8	91.8	3.5	54.9
16.2	7.2	47	10	1 498	34.7	89.8	5.0	56.8
18.6	7.0	45	6	1 250	39.4	93.0	1.8	55.7
19.3	5.6	37	45	1 450	34.7	70.7	24.2	56.5
16.5	4.4	20	196	2 541	14.7	27.7	46.7	58.6
15.5	7.4	53	9	1 547	29.3	91.0	5.0	56.6
18.5	7.7	51	8	1 208	33.0	93.0	2.0	54.0
16.1	8.1	62	12	1 341	33.9	92.4	2.9	56.7
15.1	7.9	62	14	1 194	39.0	87.1	5.5	52.7
16.0	6.6	38	8	1 201	39.2	92.5	2.0	51.0
14.4	6.9	47	11	1 230	37.8	92.0	2.6	53.8
16.9	7.5	56	8	1 136	42.8	93.0	2.3	55.6
18.0	6.8	46	6	1 190	38.0	92.2	2.7	53.7
14.0	8.0	44	12	1 635	33.5	88.9	5.9	57.4
15.8	6.7	40	9	1 301	37.0	90.9	3.9	54.9
19.7	7.4	38	9	1 478	34.1	92.5	3.0	55.2
18.1	7.7	50	23	1 258	34.6	72.5	20.5	51.9
15.5	5.4	29	109	1 923	22.9	65.6	19.1	53.3
19.7	6.2	32	22	1 936	23.3	91.3	3.6	53.5
14.8	5.3	29	21	1 781	28.2	83.1	8.6	52.4
23.7	7.6	46	16	1 370	37.9	91.6	2.3	52.1
23.4	8.2	33	47	1 754	32.0	60.9	31.7	55.2
17.9	6.1	30	19	1 696	25.8	82.5	8.4	49.3
19.8	5.6	25	26	1 662	29.2	87.6	4.5	49.7
16.9	6.1	41	30	1 489	35.7	84.6	6.4	51.7
24.8	7.0	46	60	1 540	32.3	64.5	20.5	51.6
24.3	8.2	50	36	1 530	36.7	69.7	15.3	52.6
34.8	9.4	46	21	1 026	50.6	85.1	4.2	43.5
32.4	10.3	71	26	1 107	51.7	70.8	20.1	51.3
28.2	8.8	46	33	1 166	52.0	70.4	19.3	51.9
20.7	7.4	59	27	1 432	39.5	67.9	23.2	51.5
25.8	9.4	78	17	1 139	42.4	81.0	10.8	49.3
29.9	12.8	89	22	855	58.8	71.1	21.1	54.4

表256

县市名称	人口数	1982年人均工农业总产值(元)	人口密度(人/公里²)	人口性别比	人口年龄中位数(岁)	0—14岁人口占总人口百分比	65及65岁以上人口占总人口百分比	15—49岁育龄妇女占总人口百分比
马尔康县	60 922	325	10	127.4	26.9	29.7	4.0	22.2
壤塘县	28 165	387	4	111.5	26.3	33.6	6.1	20.1
阿坝县	43 735	510	4	96.2	23.3	37.8	6.6	20.5
若尔盖县	53 050	722	5	103.5	22.5	38.0	5.9	20.0
红原县	27 029	927	3	101.8	20.4	38.9	4.4	21.3
康定县	86 131	460	8	110.1	22.6	35.0	4.5	22.8
泸定县	64 218	325	33	103.7	19.5	40.1	5.3	21.6
丹巴县	57 944	337	14	111.3	22.4	37.0	5.0	20.9
九龙县	38 687	237	6	104.1	17.8	43.5	4.6	20.1
雅江县	34 512	321	5	105.4	20.5	38.5	4.1	21.5
道孚县	41 733	426	11	110.4	22.4	37.0	4.2	20.8
炉霍县	33 869	464	7	111.3	23.3	35.3	4.0	21.4
甘孜县	51 314	421	7	96.0	22.1	37.8	4.4	22.5
新龙县	37 415	338	4	111.4	25.8	33.0	5.9	20.6
德格县	52 006	419	7	97.9	20.5	39.6	5.3	20.8
白玉县	34 717	336	4	96.5	23.5	37.6	5.2	21.8
石渠县	54 755	493	3	97.9	19.2	42.1	5.2	19.9
色达县	30 726	577	3	101.4	22.7	36.5	5.3	21.0
理塘县	40 767	432	3	93.7	21.7	38.6	4.2	22.4
巴塘县	43 727	303	7	94.0	22.2	38.2	4.7	22.7
乡城县	22 725	370	4	96.3	21.1	38.3	3.6	22.4
稻城县	23 075	336	4	97.2	20.6	37.6	4.3	22.6
得荣县	14 052	236	8	100.3	23.2	35.2	5.6	21.9
西昌市	149 560	461	864	115.9	26.5	29.5	4.2	24.4
西昌县	257 002	314	103	101.1	20.3	38.5	5.3	21.8
木里藏族自治县	101 396	280	8	108.8	20.2	38.9	3.9	21.0
盐源县	243 251	284	28	104.3	18.4	42.0	4.2	20.6
德昌县	145 539	318	66	104.3	19.2	40.2	4.7	21.3
会理县	367 825	378	75	105.1	20.2	36.9	4.5	21.7
会东县	297 773	285	136	108.4	19.0	40.1	4.6	20.6
宁南县	139 019	400	82	102.4	19.5	38.6	4.9	22.0
普格县	115 292	306	60	111.0	18.2	42.8	3.4	19.6
布拖县	119 510	272	70	102.3	18.0	42.9	3.2	20.9
金阳县	110 199	226	73	104.2	18.0	43.2	3.9	20.6
昭觉县	189 771	257	72	102.1	18.1	42.9	3.1	21.3
喜德县	111 041	267	48	102.2	17.3	44.7	2.9	20.6
冕宁县	244 811	322	56	102.9	19.5	39.6	4.8	21.2
越西县	189 223	272	69	104.4	17.3	44.5	3.3	20.3
甘洛县	136 974	279	65	103.1	17.0	45.1	3.4	20.0
美姑县	135 095	242	62	101.9	17.3	44.6	3.2	20.4
雷波县	185 379	256	67	111.8	18.2	43.0	4.0	18.9
贵州省								
贵阳市	1 319 432	1 417	664	108.3	25.0	29.8	5.0	25.4
水城特区	796 638	156	201	111.0	17.6	44.2	3.7	19.5
盘县特区	818 390	263	203	106.8	17.9	43.1	4.2	20.5
六枝特区	474 524	779	288	107.0	18.3	42.1	4.5	20.3
遵义市	341 963	1 178	1 129	113.6	25.6	30.2	3.9	25.8
遵义县	1 139 764	479	226	103.6	18.7	40.5	4.6	21.6
桐梓县	520 772	244	163	105.8	18.2	42.1	4.7	20.5
绥阳县	390 304	355	152	106.4	19.1	40.0	4.9	21.3
正安县	467 464	242	184	106.8	18.7	41.1	4.5	20.9
道真县	271 277	249	119	106.7	18.6	41.4	4.4	21.0
务川县	316 453	243	114	106.4	17.8	42.9	4.5	20.3
凤冈县	309 872	247	164	103.1	17.8	42.3	4.1	21.3
湄潭县	363 060	311	195	103.5	18.3	41.1	4.3	21.3
余庆县	229 195	319	140	103.2	18.2	41.2	4.4	21.9
仁怀县	438 258	236	244	103.9	18.6	41.1	5.3	20.6
赤水县	255 917	893	141	105.0	20.0	37.4	4.7	22.0
习水县	507 375	216	163	104.1	18.7	40.6	4.5	20.8
铜仁县	255 527	368	164	111.0	21.0	34.9	5.5	22.9

（续30）

1981年人口出生率（‰）	1981年人口死亡率（‰）	1981年婴儿死亡率（‰）	每万人拥有大学生人数	每万人拥有初中文化程度人数	文盲、半文盲占12及12岁以上人口比重	农林牧渔业人口占在业人口百分比	工业人口占在业人口百分比	在业人口占总人口百分比
17.4	9.1	96	106	1 555	37.3	45.7	33.9	57.8
28.5	10.0	95		823	57.6	69.5	18.3	55.8
34.6	14.0	156	43	667	64.1	84.8	4.1	48.0
34.0	12.4	113	31	754	54.9	77.6	12.3	51.2
32.5	8.8	108	54	1 080	47.4	69.7	8.7	48.7
			71					
26.0	8.9	76	109	1 288	45.1	62.3	11.6	50.4
18.8	9.7	78	31	1 437	34.1	82.2	7.3	48.9
26.7	9.6	76	37	1 169	45.8	68.4	24.7	51.6
37.8	12.4	82	20	564	68.3	89.9	0.6	48.1
27.6	13.8	128	24	565	71.5	76.2	13.6	50.7
29.9	12.2	84	31	907	59.8	71.3	16.7	50.4
29.4	11.3	119	25	700	59.9	70.2	18.6	53.6
32.0	12.6	96	21	459	69.6	87.8	1.8	50.6
30.3	13.1	132	24	730	66.5	70.3	22.4	55.7
33.2	10.9	87	15	352	75.7	89.9	0.9	48.6
31.9	15.1	155	26	300	77.9	89.0	3.4	52.8
38.2	15.2	123	14	298	80.9	91.4	0.5	44.9
31.7	12.4	171	23	520	72.8	81.3	8.9	54.0
33.5	16.8	159	19	391	79.3	87.7	1.4	49.4
29.3	11.4	116	24	526	73.5	87.1	2.0	52.8
30.9	13.8	147	26	474	76.5	86.0	2.7	54.6
32.3	17.1	166	21	402	77.4	86.8	1.5	54.9
29.0	8.0	60	32	596	66.0	86.0	1.2	56.5
16.9	4.5	22	201	2 480	17.6	34.8	29.7	55.8
26.4	8.6	42	11	1 383	43.6	94.5	1.0	52.3
28.3	11.0	100	17	634	68.5	79.8	12.6	52.4
36.0	8.9	57	15	671	66.9	91.8	2.8	49.6
25.4	8.9	49	21	1 209	45.8	86.9	4.4	51.0
18.8	6.5	49	23	1 035	49.6	83.4	10.3	53.2
25.0	7.0	57	14	677	61.4	91.5	4.1	50.8
23.5	8.0	60	18	1 041	47.8	89.3	3.6	51.2
41.6	15.1	120	26	683	63.2	90.4	2.4	49.2
48.6	19.6	154	15	381	72.9	91.9	2.2	51.7
43.1	21.4	143	12	386	73.9	93.0	1.0	51.0
47.9	21.3	149	23	279	66.2	90.5	2.3	52.4
44.8	16.4	109	16	528	63.7	89.3	2.5	50.9
28.4	10.3	64	24	1 107	54.1	87.3	6.0	51.9
41.9	12.2	78	18	765	57.7	86.5	5.5	49.1
40.7	11.0	68	17	719	64.8	89.1	2.6	48.9
46.2	18.0	111	10	221	79.0	92.9	1.5	51.1
41.1	14.3	83	16	722	55.9	89.3	4.5	48.8
17.1	6.3	30	226	2 484	20.1	31.3	41.7	54.1
28.4	8.3	53	31	864	61.7	77.1	16.0	47.4
29.2	8.0	57	13	1 114	55.6	86.6	9.2	49.2
33.4	9.3	61	25	1 058	52.0	80.9	12.5	48.2
16.2	4.7	32	235	2 808	15.5	26.5	50.8	54.6
23.7	8.0	58	11	1 384	35.8	90.3	4.6	48.2
27.4	9.2	64	8	1 136	44.0	90.7	3.1	46.9
26.5	8.2	61	9	1 121	44.4	94.2	1.0	50.1
26.1	9.1	67	7	939	51.0	94.7	0.8	50.0
22.4	8.5	75	10	1 171	45.2	93.8	0.9	48.9
26.1	8.3	52	9	963	53.2	92.9	2.2	49.7
19.3	7.8	60	9	1 136	48.9	93.9	1.0	48.8
21.3	7.8	60	11	1 460	32.7	91.9	2.2	48.4
18.7	7.3	61	11	1 171	42.6	92.4	1.7	48.6
25.5	9.2	57	7	1 077	45.7	93.3	2.1	47.6
15.1	7.2	47	31	1 646	31.1	79.3	9.7	51.6
16.0	7.6	52	7	1 123	44.9	92.8	2.0	49.2
21.9	8.4	52	57	1 597	35.9	73.7	11.6	46.9

表256

县市名称	人口数	1982年人均工农业总产值(元)	人口密度(人/公里²)	人口性别比	人口年中位数(岁)	0—14岁人口占总人口百分比	65及65岁以上人口占总人口百分比	15—49岁育龄妇女占总人口百分比
江口县	174 487	270	95	110.5	19.6	38.7	6.0	21.2
玉屏县	106 674	329	216	110.5	22.1	35.5	6.3	22.8
石阡县	295 148	229	137	104.0	19.1	93.9	4.7	21.7
思南县	484 200	218	217	103.7	19.4	39.4	4.7	22.0
印江县	322 218	183	165	106.2	19.0	40.7	4.9	20.8
德江县	337 497	197	162	103.0	17.8	43.3	4.8	20.6
沿河县	402 859	171	163	103.4	18.3	42.5	4.7	20.6
松桃苗族自治县	480 424	215	170	109.4	19.3	40.3	5.5	20.1
万山特区	63 366	562	164	109.7	20.2	34.9	4.6	23.4
兴义县	500 296	209	176	102.6	19.4	39.1	5.0	21.6
兴仁县	322 456	136	179	101.3	17.9	42.8	4.8	20.4
普安县	208 756	198	146	103.5	18.1	42.7	5.1	20.1
晴隆县	207 732	236	157	104.5	18.6	41.6	5.1	20.6
贞丰县	250 323	185	166	101.5	19.1	39.8	4.9	21.4
望谟县	212 646	284	71	99.8	18.8	40.8	4.2	22.0
册亨县	157 564	262	61	100.6	18.4	41.5	4.2	21.3
安龙县	306 564	142	133	100.8	19.1	39.8	4.8	21.4
毕节县	916 214	202	268	102.4	17.4	44.1	5.3	19.6
大方县	710 796	182	200	104.0	16.8	45.6	5.0	18.7
黔西县	625 580	219	249	105.0	17.3	44.3	4.9	19.5
金沙县	473 868	245	187	104.6	17.3	43.8	4.5	19.8
织金县	713 618	135	194	104.2	16.6	46.3	4.4	19.0
纳雍县	565 111	148	232	103.7	16.5	46.5	4.6	18.8
威宁彝族回族苗族自治县	760 785	184	119	108.9	17.3	44.2	4.9	20.0
赫章县	450 978	184	139	104.4	17.9	42.8	4.6	20.6
安顺市	207 883	996	1 029	101.7	23.7	33.2	5.0	25.0
安顺县	386 207	285	288	103.5	19.1	40.0	5.1	21.1
开阳县	335 144	351	165	107.7	18.8	39.9	4.3	21.5
息烽县	205 910	363	191	107.5	18.5	41.2	4.4	20.8
修文县	257 023	284	238	106.5	18.3	41.6	4.1	21.4
清镇县	373 602	842	248	107.0	18.6	41.5	4.5	21.0
平坝县	267 567	1 027	271	104.9	19.3	40.0	4.7	21.7
普定县	306 664	147	255	102.5	17.8	43.2	5.2	19.8
关岭布依族苗族自治县	243 211	235	165	102.7	18.6	41.4	5.2	20.7
镇宁布依族苗族自治县	268 218	195	152	100.9	19.0	41.2	5.4	20.9
紫云苗族布依族自治县	246 887	178	108	103.3	18.4	41.9	4.6	20.7
凯里县	317 503	550	245	111.2	20.0	38.1	4.1	22.4
黄平县	275 463	151	166	104.7	18.5	40.7	4.9	21.4
施秉县	117 770	188	76	104.5	18.2	41.2	4.9	21.5
三穗县	153 790	157	148	106.2	18.7	40.4	4.8	21.3
镇远县	198 005	431	105	105.1	18.7	40.3	5.5	21.7
岑巩县	162 570	172	110	109.4	19.5	38.6	6.0	21.6
天柱县	308 261	143	131	105.3	18.9	40.0	4.9	21.3
锦屏县	165 205	200	104	103.5	18.8	40.0	4.3	22.1
剑河县	157 320	357	77	106.9	17.4	43.4	3.7	20.7
台江县	128 239	651	106	104.9	16.7	45.8	3.8	20.2
黎平县	368 630	160	83	106.0	19.2	39.6	3.8	22.3
榕江县	230 426	395	70	106.0	18.3	41.4	4.0	21.5
从江县	239 146	277	71	103.3	18.4	41.4	3.9	21.1
雷山县	113 409	383	98	111.6	18.4	41.2	3.7	21.0
麻江县	174 047	142	142	103.9	18.7	40.8	4.7	21.4
丹寨县	128 109	290	136	107.5	18.4	41.3	3.9	21.1
都匀市	97 620	1 422	1 479	108.8	25.5	26.7	4.0	27.6
都匀县	274 920	333	121	104.7	20.4	36.3	4.5	23.5

（续31）

1981年人口出生率（‰）	1981年人口死亡率（‰）	1981年婴儿死亡率（‰）	每万人拥有大学生人数	每万人拥有初中文化程度人数	文盲、半文盲占12及12岁以上人口比重	农林牧渔业人口占在业人口百分比	工业人口占在业人口百分比	在业人口占总人口百分比
29.1	9.1	47	14	987	47.7	92.7	1.7	47.6
22.5	8.2	74	22	1 857	29.0	83.5	5.2	51.0
28.3	10.6	70	9	1 061	48.6	93.4	1.7	50.6
24.1	9.1	66	9	1 211	47.0	93.3	1.8	51.4
30.4	9.2	54	9	1 162	47.2	94.3	1.1	50.2
31.3	7.4	38	9	1 116	52.4	93.8	1.4	47.7
33.9	6.9	33	8	1 059	54.2	94.5	0.8	50.3
33.3	9.2	46	8	1 027	47.7	94.5	1.3	49.3
18.4	8.4	75	47	1 686	34.9	67.5	25.4	46.6
27.6	7.8	59	26	963	47.3	89.7	3.2	50.2
32.2	9.0	51	12	991	52.6	93.5	1.7	48.1
32.8	9.8	59	13	853	56.5	92.3	3.0	48.1
35.0	9.6	56	15	912	58.0	91.4	3.7	49.0
31.4	12.4	98	12	853	58.7	93.1	2.0	51.2
34.0	12.6	117	9	519	68.9	94.9	0.6	48.2
37.6	13.2	102	14	602	65.3	93.3	0.9	48.4
31.8	9.6	72	14	1 042	48.1	93.4	1.9	50.4
29.3	7.7	53	19	1 065	50.2	90.5	3.0	45.4
31.7	7.2	37	9	865	56.4	93.8	1.9	45.5
29.8	8.0	37	11	817	56.2	92.1	2.8	46.6
24.0	7.7	46	8	1 048	43.7	91.5	2.3	45.3
36.6	8.8	34	7	736	60.6	94.4	1.5	45.8
31.3	8.6	46	6	729	64.9	95.0	1.2	45.0
24.1	7.2	54	6	529	72.3	95.6	0.9	48.5
24.5	8.8	74	9	664	65.9	93.0	2 8	47.2
18.4	6.9	47	71	2 343	23.5	35.5	38.7	52.8
27.7	8.5	64	20	1 163	47.8	88.9	7.0	49.7
33.4	8.0	55	17	1 218	37.8	87.7	7.5	49.1
24.6	6.9	47	37	1 270	35.1	82.9	9.6	47.5
25.6	6.9	45	44	1 530	33.4	76.8	15.9	47.0
31.5	8.0	51	41	1 395	37.9	78.3	16.2	48.6
24.4	6.6	45	67	1 456	39.1	78.1	14.9	49.1
32.2	9.2	65	11	998	52.1	93.8	1.4	47.5
36.0	11.1	72	11	882	56.0	92.9	1.9	50.1
37.9	11.6	90	18	886	56.9	90.9	4.0	50.3
39.0	11.3	82	8	679	64.4	94.1	1.2	49.8
26.5	7.6	66	104	1 483	38.5	68.1	17.9	51.9
29.8	8.1	52	10	970	47.9	92.8	2.2	49.6
35.5	9.6	70	14	1 070	44.0	91.8	1.9	49.1
29.1	8.9	70	10	1 263	35.8	92.5	1.7	49.9
29.1	10.8	87	16	1 136	42.3	87.8	4.1	47.9
24.4	9.8	77	11	1 186	46.2	92.2	1.9	45.6
31.7	9.0	64	12	1 389	36.3	93.2	1.6	48.6
29.7	9.2	79	13	1 127	42.2	90.0	3.3	50.7
27.8	8.7	75	12	791	52.6	92.5	1.7	48.7
36.1	11.0	103	13	739	61.3	92.2	1.6	46.5
28.6	9.6	86	8	729	55.2	93.8	1.5	51.9
31.5	7.8	60	11	742	56.6	92.6	1.8	51.1
27.6	7.9	70	10	341	75.9	94.5	1.4	52.4
28.5	10.4	98	13	776	57.8	92.6	1.2	51.4
30.2	10.3	77	11	992	48.0	93.0	1.6	50.0
31.3	8.4	65	15	878	56.4	90.9	4.0	50.3
12.5	5.1	26	244	2 934	12.6	12.3	48.4	55.4
22.0	9.1	72	65	1 376	37.2	85.0	9.8	54.0

表256

县市名称	人口数	1982年人均工农业总产值(元)	人口密度(人/公里²)	人口性别比	人口年龄中位数(岁)	0—14岁人口占总人口百分比	65及65岁以上人口占总人口百分比	15—49岁育龄妇女占总人口百分比
荔波县	127 489	276	52	101.7	17.8	42.8	4.2	20.6
贵定县	228 862	734	140	104.9	19.7	39.0	5.2	21.7
福全县	225 961	331	134	106.7	17.8	42.9	4.7	20.1
瓮安县	337 976	393	172	106.5	17.9	42.6	4.2	20.8
独山县	258 184	249	105	102.3	19.6	37.5	4.7	22.3
平塘县	240 350	205	85	102.9	18.8	40.1	4.9	21.6
罗甸县	247 908	148	83	101.5	18.0	42.7	4.4	21.0
长顺县	189 488	229	121	104.5	18.7	41.1	5.4	20.3
龙里县	161 964	316	106	105.9	19.3	39.4	5.3	21.3
惠水县	327 833	276	133	103.4	19.7	39.4	5.6	21.3
三都水族自治县	231 836	162	97	103.1	18.1	42.6	4.4	20.7
云南省								
昆明市	1 425 779	2 159	651	111.7	27.3	26.4	1.8	25.9
呈贡县	116 699	469	216	94.0	21.3	34.6	6.7	23.7
晋宁县	207 570	800	149	96.6	20.2	35.4	6.1	23.0
安宁县	125 671	2 841	96	98.9	21.3	34.6	5.9	23.7
富民县	119 719	340	116	99.1	20.0	37.0	6.1	22.6
东川市	240 213	501	143	110.7	19.7	38.6	4.6	21.5
昭通市	115 897	978	783	104.5	20.5	35.3	5.6	22.5
昭通县	403 331	222	193	102.5	17.3	44.0	4.5	20.2
鲁甸县	241 549	227	159	106.1	17.0	44.9	4.3	19.4
巧家县	416 437	154	128	106.0	17.4	43.8	4.5	19.5
盐津县	271 101	185	129	104.9	17.9	42.9	4.3	19.9
大关县	192 473	191	107	105.6	17.7	43.3	3.9	19.9
永善县	328 974	178	116	104.6	17.8	43.2	4.4	19.8
绥江县	118 435	285	134	104.1	18.7	40.7	4.6	20.4
镇雄县	847 326	197	224	104.1	17.0	45.3	4.6	19.2
彝良县	367 865	192	128	105.2	17.8	43.3	4.1	20.2
威信县	257 448	300	182	102.8	18.2	42.2	4.6	20.6
水富县	70 522	2 369	221	105.6	19.0	40.7	3.9	20.7
曲靖县	400 752	961	278	104.5	20.1	37.6	5.0	22.5
沾益县	318 796	485	110	104.7	19.5	39.3	5.1	21.7
马龙县	167 793	350	96	106.7	18.6	41.2	4.1	21.3
宣威县	1 027 960	405	164	107.0	17.6	43.7	4.3	20.2
富源县	482 853	268	144	107.1	17.5	44.2	4.0	20.1
罗平县	402 363	270	129	104.2	17.7	43.3	4.3	20.5
师宗县	259 162	298	91	104.3	17.6	43.8	4.1	20.2
陆良县	448 819	355	214	100.8	17.7	43.2	4.2	20.8
宜良县	342 350	431	182	100.5	21.3	34.4	6.1	23.3
路南彝族自治县	182 947	267	103	101.0	18.8	39.6	5.0	21.5
寻甸回族彝族自治县	416 758	230	105	104.6	18.4	41.2	5.2	20.6
嵩明县	272 846	294	189	101.9	21.5	34.2	6.5	22.6
会泽县	710 381	349	117	106.2	18.6	40.7	5.1	20.7
楚雄县	364 051	416	81	104.2	20.3	35.1	4.2	23.2
双柏县	138 042	274	34	104.6	19.8	36.6	4.5	22.2
牟定县	182 094	340	122	99.0	19.4	38.4	4.4	22.3
南华县	196 824	708	84	101.8	19.9	37.5	4.1	22.6
姚安县	176 281	347	98	99.7	20.6	34.3	5.2	23.0
大姚县	258 736	356	62	101.1	20.6	35.1	5.2	22.8
永仁县	91 379	566	42	102.1	20.6	36.6	4.8	22.4
元谋县	168 823	316	94	100.5	19.8	37.7	5.0	22.2
武定县	217 072	282	65	101.3	19.6	38.2	4.8	22.0
禄劝县	382 203	193	87	102.9	18.6	40.4	4.7	21.2
禄丰县	362 942	372	100	105.4	20.2	36.9	4.9	21.8
玉溪县	276 413	1 691	275	97.0	22.9	34.8	5.3	24.2
江川县	199 958	353	235	95.4	19.7	37.2	5.8	22.5
澄江县	121 155	359	157	97.9	19.6	37.2	5.3	22.4
通海县	203 429	454	282	92.4	21.1	35.2	6.5	23.5
华宁县	163 866	342	125	102.9	19.3	39.0	5.3	21.2
易门县	154 624	614	98	109.1	20.4	34.0	4.2	22.6

（续32）

1981年人口出生率（‰）	1981年人口死亡率（‰）	1981年婴儿死亡率（‰）	每万人拥有大学生人数	每万人拥有初中文化程度人数	文盲、半文盲占12及12岁以上人口比重（%）	农林牧渔业人口占在业人口百分比	工业人口占在业人口百分比	在业人口占总人口百分比
31.7	10.1	84	15	867	56.0	92.2	1.6	49.1
29.8	9.2	59	31	1 355	39.1	81.4	9.7	48.5
35.5	9.4	59	16	1 398	36.0	89.7	3.4	47.9
37.0	7.7	45	13	1 277	37.9	89.8	4.4	48.0
26.1	8.1	58	15	1 252	44.1	89.2	3.6	53.4
26.0	9.1	68	10	813	52.9	95.1	0.8	49.0
35.7	10.3	80	9	665	64.2	94.4	1.1	47.2
35.9	11.0	72	12	950	56.2	93.7	1.6	49.4
24.1	8.7	71	17	1 123	42.3	90.4	3.2	49.8
30.8	11.3	88	22	905	59.1	89.1	5.7	49.2
37.6	9.8	66	12	691	59.4	94.2	1.2	49.7
12.0	4.8	19	277	2 331	16.2	26.3	48.7	59.3
10.6	6.8	40	10	1 403	31.6	90.1	4.4	57.1
10.9	6.3	38	7	1 483	38.6	92.6	2.1	55.8
13.8	6.5	37	16	1 453	36.3	87.8	4.1	53.6
11.5	6.5	47	9	1 400	36.4	90.9	3.1	53.4
22.7	7.4	56	44	1 344	47.0	68.5	20.4	50.2
27.1	8.6	64	99	1 691	36.3	43.9	26.5	47.7
27.1	8.6	71	2	722	64.6	96.7	0.7	48.5
34.3	11.0	91	5	617	64.8	95.7	0.7	48.9
34.8	11.1	74	4	596	63.5	95.7	0.9	50.0
35.1	12.4	91	4	568	56.9	93.0	1.9	47.5
37.4	11.6	82	5	557	63.0	93.6	1.3	48.2
30.5	9.3	58	5	651	59.3	94.7	1.0	48.3
20.5	9.0	62	9	1 019	38.9	88.1	4.1	49.6
33.6	10.9	60	3	508	64.4	94.7	1.7	45.5
33.5	11.6	84	5	480	62.7	94.0	2.2	49.0
24.0	8.8	71	6	590	59.2	93.2	2.1	44.8
26.5	9.5	71	42	1 088	39.9	82.7	9.2	50.8
17.3	6.5	58	47	1 374	43.9	74.1	14.7	50.8
22.0	7.3	64	19	1 052	52.7	38.1	11.1	50.5
17.9	7.0	69	41	1 069	51.9	82.7	11.6	47.2
28.3	6.9	66	8	980	50.9	88.2	7.7	49.3
30.1	7.6	67	7	875	56.7	90.4	5.7	47.7
31.5	8.3	78	8	907	55.1	90.4	5.3	48.2
27.8	8.3	82	4	724	60.6	91.0	4.6	47.0
20.2	6.4	71	10	956	54.9	90.1	5.6	46.8
15.6	6.8	42	11	1 506	33.0	88.7	4.1	54.0
19.6	6.0	44	8	1 281	41.2	92.1	2.2	51.5
20.2	7.3	59	8	858	54.4	93.6	2.1	49.8
17.3	7.0	48	15	1 498	37.0	88.8	5.5	52.9
25.5	8.8	90	8	744	59.0	92.6	3.9	51.3
17.3	7.2	60	36	1 061	43.3	81.7	8.7	54.0
18.3	7.8	49	6	674	52.0	92.5	2.2	55.1
17.8	7.5	47	11	1 138	37.0	90.3	5.0	51.3
21.9	8.5	57	7	813	48.7	91.6	3.4	54.1
16.4	8.9	55	7	1 167	41.4	93.0	2.3	53.8
20.9	8.8	79	11	1 138	39.4	90.0	5.4	54.7
23.9	8.8	76	8	990	40.4	90.8	2.6	54.4
23.0	7.4	60	6	1 229	38.6	90.4	2.9	50.8
24.6	8.9	74	8	967	48.8	92.7	2.4	52.6
22.1	7.6	67	4	724	56.8	25.2	1.0	51.5
19.1	7.1	55	22	1 159	39.5	79.9	10.9	52.0
14.4	5.6	27	37	1 418	34.5	71.7	19.0	56.4
14.8	5.7	32	9	1 300	46.0	89.4	5.7	52.6
14.9	6.2	39	21	1 251	44.6	88.3	6.1	54.5
17.7	6.7	36	12	1 249	38.6	86.8	7.6	53.6
20.9	6.7	48	10	983	44.3	91.1	3.6	52.8
14.0	5.6	30	30	1 162	32.7	74.6	19.9	55.6

表256

县市名称	人口数	1982年人均工农业总产值(元)	人口密度(人/公里²)	人口性别比	人口年龄中位数(岁)	0—14岁人口占总人口百分比	65及65岁以上人口占总人口百分比	15—49岁育龄妇女占总人口百分比
峨山彝族自治县	121 844	166	62	99.8	19.9	36.7	4.2	22.3
新平彝族傣族自治县	220 834	309	52	101.5	18.4	40.7	3.3	21.5
元江哈尼族彝族傣族自治县	160 102	404	56	101.7	18.7	10.0	4.0	21.4
个旧市	327 929	1 336	205	108.5	23.8	31.2	4.0	24.8
开远市	204 916	1 039	102	107.3	22.8	33.8	4.4	23.8
蒙自县	218 458	552	112	100.5	20.2	37.3	4.7	22.8
屏边苗族自治县	125 633	185	66	105.9	18.2	41.6	3.4	20.2
建水县	408 883	299	104	99.1	20.0	37.6	5.3	22.4
石屏县	245 690	236	80	95.2	19.5	38.7	5.6	22.0
弥勒县	293 260	419	98	100.7	19.1	39.4	4.7	21.8
泸西县	278 489	297	166	103.7	18.7	40.3	4.3	21.3
元阳县	301 442	159	132	103.0	17.7	42.7	3.5	20.5
红河县	208 348	152	102	101.8	18.2	41.9	3.4	20.8
金平县	253 218	213	69	101.9	17.1	44.3	3.1	20.5
绿春县	157 648	167	50	105.0	17.6	42.9	3.1	20.8
河口瑶族自治县	67 627	451	52	104.8	19.5	37.6	2.8	23.9
文山县	311 082	275	102	101.7	19.0	40.5	4.3	21.4
砚山县	327 139	195	84	100.4	18.3	42.1	4.1	21.1
西畴县	208 793	202	135	103.2	18.2	41.4	4.5	20.0
麻栗坡县	231 089	226	96	102.6	17.9	42.1	3.9	20.1
马关县	299 179	208	109	103.5	18.7	40.8	4.2	20.5
丘北县	331 017	224	64	101.5	17.0	45.1	3.8	19.9
广南县	575 330	189	72	100.3	18.0	42.7	3.9	20.7
富宁县	328 950	189	60	100.8	17.9	42.9	3.5	21.0
思茅县	117 877	479	29	104.0	20.3	37.2	3.7	23.1
普洱县	173 606	357	50	103.9	19.5	38.2	4.5	21.7
墨江哈尼族自治县	325 869	206	60	104.0	18.0	42.7	4.1	20.1
景东县	310 933	233	69	104.3	19.4	39.2	4.1	21.5
景谷县	254 914	305	33	103.6	19.2	39.6	4.2	21.0
镇沅县	187 239	202	44	105.8	19.5	39.0	4.7	20.8
江城哈尼族彝族自治县	77 497	204	22	104.7	18.8	40.8	3.9	21.3
孟连傣族拉祜族佤族自治县	81 150	236	41	101.4	19.2	39.4	3.0	23.9
澜沧拉祜族自治县	392 631	183	45	101.9	18.4	41.3	3.3	21.9
西盟佤族自治县	64 784	223	47	100.3	18.1	42.0	4.8	24.0
景洪县	275 056	611	39	101.6	20.7	34.9	3.3	25.1
勐海县	235 104	342	43	99.6	19.9	37.2	3.8	23.7
勐腊县	136 287	379	19	103.6	20.6	35.5	2.9	24.9
下关市	119 877	1 782	465	113.0	25.7	29.0	3.5	26.0
大理县	259 111	363	214	94.4	20.5	36.2	5.1	24.0
漾濞县	80 824	263	41	103.7	18.6	40.8	4.4	20.7
祥云县	367 355	231	147	99.5	18.8	39.8	5.1	21.6
宾川县	270 279	201	103	99.4	18.7	40.6	4.7	21.5
弥渡县	260 157	231	166	100.3	19.2	39.2	4.8	21.8
南涧彝族自治县	183 548	206	102	101.4	18.4	40.8	4.1	20.9
巍山彝族回族自治县	245 431	196	108	100.3	18.8	39.7	4.3	21.6
永平县	142 156	232	49	101.9	18.6	40.4	4.3	21.2
云龙县	165 736	218	35	101.1	19.1	39.8	5.3	20.8
洱源县	262 881	338	89	98.4	18.9	40.5	4.4	21.7
剑川县	134 947	272	58	96.3	19.0	39.4	4.7	22.3
鹤庆县	221 220	311	92	99.1	18.0	39.9	4.5	21.9
保山县	659 300	383	132	100.3	20.7	35.4	4.8	23.4
施甸县	260 733	272	130	100.9	22.0	35.0	5.4	22.6
腾冲县	470 311	305	80	103.0	21.4	35.8	5.5	22.4
龙陵县	219 497	251	76	102.7	20.7	36.6	5.3	22.2
昌宁县	279 016	360	72	103.3	20.1	36.4	4.4	22.6
潞西县	242 639	418	81	100.6	19.9	38.3	4.5	23.0
梁河县	119 519	341	103	103.7	19.8	38.7	4.8	21.7
盈江县	190 247	352	43	98.1	19.0	40.7	4.2	22.3
陇川县	123 177	500	64	97.6	18.7	41.1	3.7	22.6

（续33）

1981年人口出生率（‰）	1981年人口死亡率（‰）	1981年婴儿死亡率（‰）	每万人拥有大学生人数	每万人拥有初中文化程度人数	文盲、半文盲占12及12岁以上人口比重（%）	农林牧渔业人口占在业人口百分比	工业人口占在业人口百分比	在业人口占总人口百分比
16.2	6.2	46	15	1 268	37.6	88.3	5.0	53.5
21.5	7.6	71	8	669	56.0	92.9	2.0	51.1
19.4	7.2	62	12	873	54.0	91.4	2.9	50.6
20.2	6.5	43	69	2 323	24.3	37.6	47.0	55.4
22.1	6.1	33	49	1 786	34.8	60.7	21.8	54.9
27.2	7.9	54	26	1 385	41.6	81.5	9.3	52.6
35.6	11.2	77	9	784	55.4	88.6	4.8	51.5
24.8	7.3	53	11	1 297	37.8	86.7	6.9	51.1
24.2	7.9	59	9	1 312	38.0	90.4	3.2	50.7
22.7	7.2	53	9	1 453	40.4	89.0	5.6	52.5
22.3	6.4	51	9	1 063	52.2	90.3	4.8	49.9
39.1	14.1	92	4	386	76.5	94.8	1.1	50.4
32.0	11.0	70	5	509	72.4	94.1	1.4	49.9
45.2	13.6	92	4	417	75.7	94.2	1.1	49.2
32.0	11.0	72	8	469	76.0	90.3	4.0	50.4
42.2	7.3	76	18	1 502	40.4	84.8	2.3	50.0
29.1	7.6	57	28	1 045	45.8	86.3	4.5	50.9
32.5	9.1	62	7	782	56.6	94.3	1.6	50.5
30.7	8.1	58	6	943	43.7	94.9	0.9	50.2
31.4	8.8	52	6	725	57.7	93.7	1.1	49.1
33.9	9.7	66	6	995	48.4	90.9	4.0	50.9
36.0	9.2	75	7	747	59.5	93.3	2.3	47.4
38.5	12.8	100	4	535	63.8	95.7	0.8	48.8
37.7	11.8	80	4	531	69.9	94.6	0.8	47.8
23.0	5.9	37	62	1 427	35.7	67.3	11.2	52.3
23.0	5.9	43	11	1 279	38.7	86.3	6.5	52.4
35.4	11.2	80	5	739	53.6	93.5	2.0	49.7
27.0	10.0	63	7	790	50.5	93.9	1.6	52.1
30.4	9.7	69	5	679	59.9	91.8	3.1	52.1
27.7	11.0	68	5	644	59.4	93.2	2.0	51.4
29.6	7.9	64	9	964	50.7	83.8	6.8	50.9
38.1	12.4	95	9	521	72.1	91.2	2.1	54.5
38.7	15.1	129	5	433	76.8	93.9	2.3	53.5
41.8	16.5	111	7	466	68.4	89.9	3.4	53.9
24.1	6.1	56	26	1 268	45.0	85.4	4.6	53.6
32.2	14.2	143	9	652	56.8	90.7	3.5	53.5
28.9	7.8	86	15	1 149	44.1	87.1	3.2	53.3
12.2	4.7	50	158	2 396	16.6	22.4	51.5	57.5
17.1	7.8	48	14	1 548	34.9	85.1	9.2	53.4
23.1	9.4	72	15	1 166	43.6	85.8	5.3	49.6
14.8	7.1	53	5	852	53.1	94.0	1.7	49.1
23.8	6.6	41	9	1 286	38.0	94.0	1.3	47.3
17.1	9.3	60	6	1 330	37.9	93.1	1.8	51.6
28.7	9.9	66	6	888	44.6	93.8	1.6	51.3
22.7	8.2	57	8	1 105	41.5	92.7	2.3	51.3
25.0	8.6	73	9	1 076	42.1	90.6	3.1	49.1
30.2	11.0	74	7	1 079	46.8	92.2	2.5	50.4
23.3	8.8	60	10	1 198	40.9	92.7	2.6	47.4
21.6	8.0	54	11	1 563	36.3	89.4	4.5	47.4
23.2	8.5	62	9	1 088	43.1	92.1	3.0	47.8
15.5	6.8	55	15	1 030	48.8	89.3	4.5	52.1
18.0	6.9	51	7	1 009	48.4	93.3	2.1	51.5
22.4	8.9	62	11	1 252	37.8	89.5	4.5	48.6
23.5	9.2	95	6	870	52.6	92.1	2.7	51.7
19.8	8.4	57	8	973	42.5	92.5	2.9	52.8
27.7	7.8	68	31	780	53.9	83.2	6.4	49.9
26.7	8.4	61	12	1 065	41.5	89.7	3.3	50.8
33.8	10.5	79	11	746	55.4	90.4	2.8	50.0
30.6	10.6	84	15	896	54.6	86.4	4.8	47.8

表256

县市名称	人口数	1982年人均工农业总产值(元)	人口密度(人/公里²)	人口性别比	人口年龄中位数(岁)	0—14岁人口占总人口百分比	65及65岁以上人口占总人口百分比	15—49岁育龄妇女占总人口百分比
瑞丽县	66 505	588	73	97.8	19.7	37.0	3.8	24.8
畹町镇	7 776	545	75	98.5	21.3	34.6	4.2	25.9
丽江纳西族自治县	291 940	380	38	102.6	20.6	35.8	5.4	22.6
永胜县	320 551	189	63	98.9	19.2	39.4	4.2	22.4
华坪县	128 572	316	57	101.6	20.1	73.3	5.1	22.3
宁蒗彝族自治县	168 734	308	27	100.0	17.0	44.9	3.7	20.4
泸水县	96 334	241	41	105.6	18.7	41.3	3.8	21.0
碧江县	49 647	131	31	103.0	17.5	44.2	3.9	20.2
福贡县	45 943	165	25	102.3	17.5	44.6	3.6	20.9
贡山独龙族怒族自治县	29 000	147	6	100.7	18.8	41.9	4.2	21.9
兰坪县	145 625	274	33	101.0	18.4	41.9	4.2	20.9
中甸县	105 626	541	9	103.7	20.5	37.8	4.7	22.1
德钦县	52 757	313	7	97.1	23.5	34.7	4.9	23.5
维西县	118 228	282	25	98.7	18.3	41.9	4.3	21.1
临沧县	224 017	283	84	103.4	19.7	38.2	4.2	21.7
凤庆县	349 620	261	101	101.6	19.7	37.8	4.1	22.3
云县	330 110	204	88	103.9	18.6	40.7	3.6	20.9
永德县	264 268	211	80	102.0	18.6	40.9	4.3	21.2
镇康县	119 779	275	45	101.7	18.4	41.5	4.0	21.5
双江县	126 140	271	55	101.5	19.2	39.1	3.7	22.0
耿马傣族佤族自治县	182 831	331	48	101.2	18.7	40.7	3.7	22.2
沧源佤族自治县	124 207	216	49	102.5	18.7	41.1	3.1	22.7
西藏自治区								
拉萨市	105 866	687	155	114.2	24.9	30.0	2.5	26.1
林周县	42 488	104	10	92.9	19.8	38.8	4.4	22.9
当雄县	27 661	462	3	97.1	21.1	38.2	6.0	21.4
尼木县	22 978	178	7	91.0	21.0	36.4	4.1	24.4
曲水县	24 697	401	15	94.2	20.7	36.5	3.9	24.3
堆龙德庆县	35 596	207	14	99.2	21.0	35.9	2.8	24.4
达孜县	20 838	420	16	99.5	20.3	37.7	3.0	23.3
墨竹工卡县	32 878	312	6	93.9	20.1	38.6	3.8	22.8
工布江达县	18 762	345	1	99.2	21.6	36.7	4.3	23.0
林芝县	29 291	1 019	3	103.8	23.5	32.4	3.3	26.2
米林县	12 891	531	1	95.0	22.8	34.2	5.1	24.3
墨脱县	7 642	188	0.2	100.3	22.3	35.0	4.9	23.5
昌都县	69 360	403	7	102.6	22.4	36.9	4.7	22.5
江达县	52 506	255	4	94.7	21.0	38.5	6.0	21.5
贡觉县	35 914	255	6	94.8	24.6	34.3	6.2	23.4
类乌齐县	27 546	274	5	98.8	20.4	38.7	6.7	20.7
丁青县	24 585	264	4	96.1	21.2	37.2	5.6	22.1
察雅县	43 733	255	5	91.8	23.4	34.1	6.3	23.3
八宿县	28 986	255	2	94.2	22.7	35.6	5.2	23.1
左贡县	32 779	256	3	93.9	21.4	36.1	4.6	23.3
芒康县	60 340	255	5	94.3	22.6	35.2	5.2	23.8
波密县	24 915	308	2	103.2	24.1	33.5	4.7	23.3
察隅县	12 544	265	0.7	95.2	21.4	36.2	4.2	23.2
洛隆县	28 643	207	4	92.4	21.2	36.8	5.4	22.7
边坝县	22 192	252	3	92.9	21.6	35.3	5.1	23.5
乃东县	38 847	438	18	103.4	22.9	33.0	3.8	24.4
扎囊县	29 888	390	14	96.7	21.3	36.4	3.9	23.3
贡嘎县	36 213	292	16	96.0	20.1	38.7	4.0	23.1
桑日县	12 152	373	6	92.2	21.3	36.6	3.8	24.2
穷结县	14 472	297	14	94.3	21.5	36.1	4.3	24.4
曲松县	11 882	396	6	100.9	20.8	37.5	3.7	23.0
措美县	10 857	396	2	98.2	21.7	36.5	4.0	23.7
洛扎县	14 628	348	4	93.3	21.0	37.4	4.5	23.4
加查县	13 740	396	3	92.9	21.2	37.0	4.7	23.4
朗县	10 920	401	1	96.6	21.3	37.3	4.7	22.8

（续34）

1981年人口出生率（‰）	1981年人口死亡率（‰）	1981年婴儿死亡率（‰）	每万人拥有大学生人数	每万人拥有初中文化程度人数	文盲、半文盲占12及12岁以上人口比重	农林牧渔业人口占在业人口百分比	工业人口占在业人口百分比	在业人口占总人口百分比
24.3	7.2	73	33	1 189	44.9	81.4	5.9	52.2
22.0	6.9	75	58	1 713	30.0	64.6	9.4	52.7
17.9	8.0	66	27	1 436	38.1	83.2	8.1	54.0
22.4	8.7	66	9	1 020	48.6	92.6	2.9	50.8
25.6	8.5	65	12	974	48.4	88.8	5.2	50.7
35.2	10.4	94	11	502	70.7	91.2	3.2	47.0
38.9	12.3	82	30	682	62.0	86.1	2.5	50.4
45.6	11.9	94	20	674	69.2	90.8	1.2	50.7
44.0	21.9	141	12	605	72.9	90.9	1.2	50.9
38.5	13.9	75	19	737	60.9	86.8	2.3	51.5
29.9	9.2	68	10	724	63.3	92.8	2.6	50.5
29.4	10.8	109	30	823	52.4	79.8	9.3	53.2
24.6	12.8	99	20	733	67.0	89.0	2.4	57.0
35.0	12.5	100	12	735	56.3	92.9	1.3	50.9
25.7	8.4	66	27	1 014	50.5	83.6	6.5	51.5
27.4	10.0	70	7	849	49.6	93.2	2.8	53.3
33.0	10.5	75	7	643	59.9	93.8	2.0	51.3
30.5	9.5	77	6	525	67.8	94.7	1.4	50.9
29.6	9.6	96	8	451	71.3	92.7	1.5	48.9
32.9	11.8	98	12	655	62.2	91.9	2.7	53.4
35.7	11.5	113	10	696	65.4	90.2	2.3	50.6
39.5	16.9	129	13	730	58.8	89.7	3.4	52.3
18.6	4.7		266	1 946	26.8	13.0	35.6	55.6
32.0	10.9		14	114	72.0	89.6	3.2	43.4
39.7	10.6		3	102	8..6	90.6	2.0	51.3
34.5	11.0		8	116	81.4	94.0	0.7	56.5
29.1	9.3		18	249	77.3	92.7	0.5	57.0
29.7	8.8		72	503	66.6	80.7	13.7	55.9
31.1	9.3		22	281	66.7	86.8	4.9	54.0
36.3	13.1		9	145	79.5	94.7	0.2	54.4
31.4	10.6		22	310	64.5	89.9	1.8	53.4
23.9	6.8		143	1 349	42.7	55.9	21.2	55.8
24.6	7.4		30	468	63.0	83.9	2.6	55.9
21.5	8.2		0	65	85.0	81.6	6.1	54.8
30.1	9.7		65	668	66.5	69.4	9.8	49.8
30.6	13.7		7	203	83.6	93.8	1.1	49.0
29.2	12.3		4	368	86.4	96.6	0.3	65.0
32.0	11.2		8	219	75.9	92.6	0.9	52.0
28.4	8.1		5	164	82.5	95.2	0.4	53.4
26.8	11.4		8	207	84.9	96.0	0.4	57.7
32.4	15.1		9	158	81.4	93.3	0.4	57.0
30.9	9.5		7	123	87.9	94.1	0.4	57.4
27.7	13.3		6	104	88.7	95.2	0.6	56.5
24.4	9.3		76	768	55.6	67.5	8.5	53.7
24.3	8.6		18	277	62.2	80.6	2.7	53.9
35.4	12.2		10	206	80.1	94.1	0.5	55.4
34.2	16.3		13	203	80.5	94.5	0.5	58.7
25.2	6.6		102	749	50.3	75.7	7.5	57.9
31.2	8.9		13	330	69.1	94.9	0.2	54.9
36.6	8.4		6	192	64.8	95.4	0.4	55.6
32.9	10.5		16	277	70.7	93.3	0.1	56.1
28.0	6.3		12	213	64.0	92.2	0.4	56.6
32.1	7.3		19	243	56.3	87.1	2.8	57.9
32.3	11.1		17	224	72.7	90.7	0.8	56.2
39.1	14.4		12	220	65.2	90.6	1.7	54.9
32.5	9.1		17	279	62.8	90.5	1.1	51.8
35.1	11.5		18	320	76.7	88.0	0.6	54.0

表256

县市名称	人口数	1982年人均工农业总产值(元)	人口密度(人/公里²)	人口性别比	人口年龄中位数(岁)	0—14岁人口占总人口百分比	65及65岁以上人口占总人口百分比	15—49岁育龄妇女占总人口百分比
隆子县	24 799	461	4	96.0	21.1	36.4	4.3	23.9
错那县	12 712	312	0.4	93.7	20.9	36.0	4.4	24.1
浪卡子县	25 260	678	3	97.0	20.6	37.8	4.2	22.8
日喀则县	65 769	270	18	102.1	21.0	36.3	3.9	22.6
南木林县	50 621	314	6	92.8	20.7	37.0	4.7	23.7
江孜县	49 221	396	13	94.2	19.5	39.2	3.7	23.2
定日县	34 615	272	2	97.4	20.5	37.8	4.8	22.9
萨迦县	33 633	466	5	97.5	20.0	38.6	4.2	22.6
拉孜县	33 271	343	8	95.3	20.8	36.3	4.4	23.7
昂仁县	27 844	479	1	96.5	20.8	36.9	5.3	22.2
谢通门县	29 947	350	2	95.2	21.8	36.0	4.3	23.9
白朗县	30 965	341	13	100.1	19.8	39.0	4.0	22.4
仁布县	24 564	272	11	95.7	19.3	38.1	5.2	22.3
康马县	15 259	321	3	97.5	19.3	40.8	3.5	22.5
定结县	12 317	257	2	102.0	19.5	40.1	3.9	21.9
仲巴县	6 172	477	0.3	115.0	22.2	38.9	6.3	20.8
亚东县	9 541	397	2	97.3	21.5	35.9	4.7	24.6
吉隆县	8 481	258	1	100.8	19.7	39.5	4.9	21.0
聂拉木县	9 435	216	1	102.0	20.7	37.7	4.6	21.7
萨嘎县	7 845	470	1	99.3	20.7	38.8	5.2	21.4
岗巴县	6 722	357	2	97.3	19.5	39.9	2.6	23.6
那曲县	51 558	673	3	102.9	22.0	37.5	4.3	22.2
嘉黎县	16 678	403	1	98.5	21.3	38.2	5.6	21.5
比如县	30 622	278	3	94.1	21.5	38.5	6.5	21.5
聂荣县	19 541	494	2	93.8	20.3	40.0	4.6	21.5
安多县	24 691	684	1	99.7	21.1	39.2	4.8	21.4
申扎县	32 579	512	0.2	98.1	22.2	36.8	6.1	21.7
索县	23 240	271	4	97.1	21.9	36.3	6.7	21.6
班戈县	22 583	675	0.2	92.3	21.2	38.2	5.8	22.1
巴青县	24 102	327	2	96.2	18.9	42.2	5.4	20.4
普兰县	6 351	469	1	94.8	22.7	34.8	6.1	23.4
札达县	3 836	394	0.2	93.9	21.0	37.0	4.4	23.5
噶尔县	7 186	486	0.4	118.4	23.2	30.2	3.5	23.3
日土县	4 704	457	0.1	99.8	21.0	36.5	4.0	22.0
革吉县	8 213	419	0.2	101.8	20.9	38.0	5.0	22.0
改则县	11 013	428	0.1	95.5	20.4	39.3	4.7	22.9
措勤县	7 965	429	0.3	98.5	24.0	34.9	7.0	21.9
陕西省								
西安市	2 196 556	2 257	2 500	110.0	25.8	24.5	3.9	28.1
长安县	746 901	396	476	99.3	23.8	33.2	5.0	25.9
铜川市	377 704	1 063	625	127.3	23.7	29.7	2.4	24.0
耀县	249 445	486	154	110.0	21.8	34.7	3.4	24.2
宝鸡市	338 754	2 607	909	115.5	27.3	24.6	3.7	27.6
宝鸡县	626 929	532	196	107.9	23.2	32.5	4.4	25.6
凤翔县	422 967	381	357	104.6	22.4	34.0	4.3	25.7
岐山县	387 086	706	434	104.9	23.5	32.2	4.7	26.4
扶风县	387 516	445	500	104.0	21.5	35.4	4.6	25.4
武功县	388 394	470	833	105.3	21.3	35.0	4.6	25.2
眉县	248 377	450	286	109.6	23.0	33.0	4.7	25.2
陇县	206 114	348	85	108.3	21.5	34.8	3.4	24.8
千阳县	113 261	344	118	111.3	22.2	34.7	3.8	24.2
麟游县	74 830	298	47	115.3	20.7	36.3	3.6	22.5
凤县	117 247	512	37	120.7	25.5	31.0	4.2	23.4
太白县	46 938	360	17	120.9	22.4	35.0	5.0	21.6
蓝田县	534 859	206	270	102.6	23.3	33.5	5.2	24.4
临潼县	645 490	541	588	99.5	23.0	34.0	4.7	25.8
渭南县	662 616	568	556	100.0	23.0	31.6	5.2	26.0
华县	297 447	708	263	104.4	24.5	29.6	4.9	25.6
华阴县	180 523	988	222	108.9	24.6	31.6	4.2	25.5

（续35）

1981年人口出生率（‰）	1981年人口死亡率（‰）	1981年婴儿死亡率（‰）	每万人拥有大学生人数	每万人拥有初中文化程度人数	文盲、半文盲占12及12岁以上人口比重	农林牧渔业人口占在业人口百分比	工业人口占在业人口百分比	在业人口占总人口百分比
34.3	8.4		10	179	78.5	91.8	0.4	56.2
30.9	7.5		15	277	60.6	91.5	0.8	57.8
36.9	14.6		7	229	71.9	93.5	1.0	53.3
29.8	8.3		51	479	66.8	73.6	9.4	52.8
35.0	8.0		5	74	88.6	97.3	0.1	54.5
36.5	7.1		17	176	77.8	90.2	3.3	51.8
23.5	5.1		5	79	85.7	96.2	0.2	59.9
31.3	9.3		7	112	85.8	96.2	0.1	54.2
30.4	7.4		9	201	84.6	93.6	1.9	58.5
30.3	8.5		4	107	78.2	95.8	0.2	58.0
34.9	11.7		8	86	81.0	94.9	1.4	57.9
34.1	7.1		9	57	89.0	96.3	0.4	54.6
36.6	7.7		9	151	80.0	95.2	0.3	54.9
35.6	7.9		11	175	73.0	91.5	1.0	53.1
24.6	8.3		9	291	65.4	90.9	0.2	56.7
37.1	8.1		19	88	72.5	87.8	0.4	54.0
29.9	6.3		44	594	58.1	71.5	10.3	51.8
33.4	13.5		39	158	76.2	90.1	1.4	57.8
31.6	7.6		45	229	74.5	83.3	1.2	55.5
37.0	9.4		31	152	82.5	84.7	0.4	53.5
36.3	9.3		22	189	82.2	89.5	0	54.3
33.2	13.7		62	445	68.7	70.9	5.2	50.6
34.9	15.4		2	144	85.2	89.4	0.7	51.9
34.9	10.0		16	144	82.2	91.6	1.6	52.1
33.3	14.2		12	128	88.1	93.8	0.2	53.3
38.9	14.4		26	134	81.2	80.2	7.9	52.2
33.8	11.0		18	132	82.0	91.4	0.3	53.2
34.2	11.1		10	170	80.7	94.1	0	53.5
32.9	14.1		13	159	82.5	92.7	0	55.6
35.9	8.8		15	241	79.0	90.9	0.5	47.6
30.1	7.8		6	320	64.5	89.7	0.9	57.8
24.8	11.7		41	345	64.4	84.0	0.3	55.0
24.8	10.0		141	896	60.0	52.8	8.8	62.7
32.7	10.3		13	259	71.7	88.2	0.2	58.0
38.8	15.5		7	181	86.8	92.5	0	58.2
43.3	10.2		22	107	87.1	94.1	0	56.3
31.1	17.2		9	113	90.1	92.7	0	58.1
14.9	5.0	22	369	2 898	10.5	20.8	50.8	58.2
22.9	7.9	28	49	2 885	20.6	79.9	11.8	53.0
13.7	4.9	37	79	2 416	20.7	25.2	53.6	53.1
18.4	6.1	19	40	2 073	30.1	73.1	17.0	51.1
12.2	4.9	19	232	2 640	13.6	18.5	55.3	60.6
17.9	7.6	26	42	1 708	34.7	79.5	13.7	53.6
18.7	6.5	12	15	1 821	33.1	88.0	6.2	48.9
17.2	6.8	22	37	2 229	27.9	74.1	18.7	50.0
22.7	6.5	20	14	2 193	29.7	78.5	5.9	48.1
23.0	6.3	14	81	1 908	32.5	82.4	8.0	49.2
21.4	7.1	27	32	1 981	33.7	83.6	7.3	51.6
20.1	9.0	55	15	1 114	50.1	89.5	3.5	53.7
18.7	8.1	38	21	1 526	39.4	86.5	4.9	52.6
21.4	8.8	41	21	1 294	45.6	87.6	3.3	53.1
15.0	8.0	30	138	1 829	32.8	55.5	24.0	54.9
20.2	8.3	40	42	1 494	39.0	73.8	13.5	52.5
20.2	7.9	31	29	2 271	28.3	89.1	5.1	55.2
20.7	6.1	24	46	2 315	21.0	81.9	10.8	53.6
16.1	6.5	23	51	2 606	20.2	81.0	9.5	55.5
18.8	7.9	23	57	2 700	20.2	78.4	13.0	58.1
19.5	6.1	24	86	2 551	21.9	64.3	24.7	57.2

表256

县市名称	人口数	1982年人均工农业总产值(元)	人口密度(人/公里²)	人口性别比	人口年龄中位数(岁)	0—14岁人口占总人口百分比	65及65岁以上人口占总人口百分比	15—49岁育龄妇女占总人口百分比
潼关县	111 599	364	213	104.5	23.1	32.1	4.5	25.3
大荔县	536 116	566	303	98.4	23.7	31.7	5.3	26.7
蒲城县	613 690	374	345	100.9	22.6	33.2	4.9	25.9
澄城县	321 305	396	286	105.0	23.4	32.3	4.8	25.2
白水县	215 926	335	233	105.5	21.6	34.9	4.3	24.2
韩城县	300 504	961	185	111.4	23.4	32.5	4.2	24.1
合阳县	363 571	315	294	100.4	22.8	32.9	4.9	25.6
富平县	615 394	406	500	101.2	22.1	33.7	4.4	26.0
咸阳市	497 424	2 355	909	105.7	24.4	30.2	3.6	27.7
兴平县	441 492	580	909	102.9	22.9	35.0	4.5	25.3
周至县	502 674	288	169	105.8	21.2	35.7	5.0	24.3
户县	469 556	799	399	102.2	23.4	32.0	4.7	26.5
三原县	311 046	580	556	101.5	23.2	32.4	4.3	26.7
泾阳县	388 902	516	500	100.2	22.6	34.4	4.2	26.2
高陵县	181 863	485	625	98.6	23.5	33.1	4.4	26.9
礼泉县	432 035	367	435	104.8	21.7	35.3	4.7	24.8
乾县	358 535	350	357	101.0	22.6	34.6	4.6	25.7
永寿县	145 569	364	164	110.0	20.4	36.8	3.5	23.5
彬县	241 836	325	200	110.3	20.2	36.6	3.2	23.9
长武县	140 353	272	238	108.7	20.5	35.7	3.6	24.4
旬邑县	206 968	243	122	100.8	20.5	36.0	3.4	23.8
淳化县	147 841	281	154	108.8	21.1	34.9	3.6	24.1
汉中市	396 793	794	714	107.1	25.2	29.4	5.0	25.9
南郑县	503 093	330	177	107.7	23.4	32.5	5.1	24.1
城固县	452 213	249	199	107.4	24.2	33.0	5.3	23.8
洋县	406 266	457	127	110.5	24.1	33.6	5.7	22.7
西乡县	385 999	239	128	110.2	22.4	35.1	5.1	22.4
勉县	393 299	353	164	108.0	24.1	31.0	5.3	24.4
宁强县	312 854	277	96	107.9	22.7	33.9	5.4	22.1
略阳县	191 790	502	68	116.4	26.3	30.9	5.5	22.0
镇巴县	267 762	181	78	112.6	22.7	35.3	5.3	21.5
留坝县	44 587	259	23	122.5	25.5	31.5	7.2	20.8
佛坪县	33 828	311	26	122.7	25.1	33.7	6.8	19.8
安康县	765 894	256	208	113.7	22.4	34.6	4.6	22.4
汉阴县	252 455	228	189	115.3	22.7	34.1	4.7	22.6
石泉县	172 022	524	113	114.1	22.7	34.5	5.3	21.6
宁陕县	72 045	252	20	120.6	24.5	34.2	6.4	19.9
紫阳县	321 338	173	145	117.8	23.0	34.1	4.9	21.1
岚皋县	165 006	217	90	115.2	24.0	34.0	5.4	20.9
平利县	224 806	286	85	114.6	24.2	34.2	5.9	20.8
镇坪县	56 938	244	41	113.9	22.6	36.8	5.9	20.4
旬阳县	407 662	251	115	111.3	22.8	34.0	4.7	21.7
白河县	192 693	253	133	113.9	21.5	36.1	4.8	20.1
商县	451 816	307	169	112.2	22.0	34.4	4.7	22.3
洛南县	391 205	327	154	108.3	22.3	33.4	4.5	23.1
丹凤县	253 693	211	104	109.1	20.4	36.8	4.7	21.7
商南县	203 506	242	88	110.1	20.3	36.6	4.9	21.4
山阳县	367 645	255	104	112.8	20.2	37.0	4.4	21.4
镇安县	263 939	258	76	116.1	22.5	35.0	5.4	20.3
柞水县	139 068	232	60	118.1	22.6	34.3	4.9	20.8
延安市	250 846	487	70	109.0	21.9	33.8	3.8	24.7
延长县	119 774	261	52	105.6	20.4	36.6	4.0	23.4
延川县	124 740	441	64	103.9	20.1	37.4	4.2	23.2
子长县	168 984	184	70	104.4	20.2	37.3	4.2	23.1
安塞县	121 597	237	41	107.2	19.5	39.2	3.8	22.5
志丹县	90 185	253	24	107.1	20.1	38.5	3.4	23.1
吴旗县	92 289	149	25	111.6	20.6	36.2	3.4	23.6
甘泉县	60 667	272	27	110.4	20.2	37.7	3.4	23.1
富县	121 521	337	29	111.6	21.2	35.9	3.4	23.3
洛川县	149 609	294	79	107.3	20.0	37.1	3.5	23.3

（续36）

1981年人口出生率（‰）	1981年人口死亡率（‰）	1981年婴儿死亡率（‰）	每万人拥有大学生人数	每万人拥有初中文化程度人数	文盲、半文盲占12及12岁以上人口比重	农林牧渔业人口占在业人口百分比	工业人口占在业人口百分比	在业人口占总人口百分比
17.4	7.4	38	30	2 415	24.1	79.3	9.9	55.5
22.6	6.8	35	20	2 065	29.6	87.2	5.9	54.0
17.3	6.1	27	26	2 294	25.2	84.6	8.2	53.1
19.1	6.9	36	26	2 175	28.3	78.8	12.7	53.8
19.7	6.1	33	20	2 232	30.0	80.9	11.4	51.6
18.9	6.9	29	47	2 689	22.1	68.2	21.1	54.0
17.9	7.5	26	15	2 086	26.7	86.3	6.3	54.5
19.1	5.7	23	23	2 378	22.2	85.3	7.7	51.7
19.8	4.8	24	194	2 565	15.4	46.3	37.6	57.3
20.6	5.8	16	63	2 125	29.2	75.3	18.1	51.6
22.1	6.9	20	17	1 598	37.0	90.9	3.2	51.1
21.2	6.7	28	53	2 303	24.2	79.0	12.9	54.6
20.6	5.7	22	47	2 650	19.9	80.2	10.9	54.6
24.2	6.0	26	25	2 392	22.1	86.2	6.5	52.9
21.8	6.1	32	35	2 522	19.3	84.8	6.9	55.1
21.2	5.8	11	16	1 667	36.1	89.3	4.8	47.5
22.1	5.7	18	17	2 013	29.5	90.2	3.1	51.0
19.2	6.4	18	17	1 470	43.7	86.9	4.5	49.1
18.7	7.2	34	14	1 367	48.7	88.4	5.1	51.2
18.3	7.3	26	18	1 685	40.4	90.9	2.2	51.6
18.4	7.1	36	13	1 301	47.6	89.9	3.6	49.9
18.2	7.1	37	17	1 897	34.1	87.8	3.9	49.8
18.0	6.5	31	110	2 591	23.0	58.0	24.5	56.1
17.6	7.7	54	35	1 709	39.1	87.8	6.6	56.7
18.7	8.6	51	39	1 880	36.9	84.5	8.4	52.7
20.3	9.2	81	27	1 927	35.6	83.4	9.3	48.4
22.2	10.1	81	18	1 314	49.6	88.1	4.1	48.9
16.7	8.2	66	45	1 908	39.2	77.4	12.5	53.4
15.5	9.1	69	13	1 051	55.1	87.4	4.6	49.0
17.2	9.5	58	19	1 271	49.6	68.7	18.6	48.8
22.6	10.1	101	9	828	56.1	92.5	1.7	52.6
17.8	11.1	74	10	1 303	45.8	78.0	7.7	48.6
24.1	11.6	79	35	1 118	48.6	76.0	9.0	46.0
21.1	8.7	62	31	1 365	44.3	79.2	9.7	47.8
25.1	9.7	88	12	1 109	50.6	88.5	3.5	44.3
23.3	9.9	69	24	1 248	47.5	84.0	5.2	42.7
22.1	10.9	67	25	1 098	51.6	82.1	5.7	48.2
26.6	19.4	72	9	854	58.2	89.3	3.2	48.7
22.9	11.1	79	11	754	59.8	88.4	2.9	42.7
20.7	9.9	63	11	901	58.1	90.1	2.5	45.7
25.4	9.7	49	22	816	56.2	86.9	2.6	44.9
21.1	9.6	74	10	1 017	52.0	90.6	2.9	49.2
23.3	9.0	67	9	878	57.7	89.9	2.7	47.5
19.8	7.7	42	39	1 738	35.6	87.0	4.7	52.1
17.5	9.0	61	30	1 681	37.7	87.0	6.4	55.7
22.8	8.7	43	17	1 623	39.5	90.8	2.2	50.5
23.2	9.1	63	19	1 466	40.1	89.9	2.2	48.6
22.8	8.2	66	12	1 241	45.3	92.0	1.6	50.1
19.5	9.8	74	16	992	52.0	91.1	1.9	50.2
19.5	10.0	87	25	1 250	47.7	88.3	3.1	49.9
28.0	5.2	23	77	1 909	37.3	67.7	15.8	51.1
24.1	6.1	31	13	1 674	42.2	88.5	4.1	49.8
23.8	5.0	22	16	1 638	41.5	88.9	3.6	50.5
28.4	5.6	36	11	1 643	44.8	88.0	5.5	50.3
31.2	5.7	38	11	1 081	58.2	91.8	1.3	48.0
30.6	5.9	50	12	1 022	58.7	90.9	1.8	51.6
26.0	5.2	40	14	1 284	49.0	88.0	5.0	52.0
28.2	5.3	22	19	1 446	46.1	82.0	7.3	43.3
22.2	6.1	51	26	1 755	37.0	80.8	7.4	49.2
22.8	6.0	33	17	1 651	33.3	87.4	2.8	48.0

表256

县市名称	人口数	1982年人均工农业总产值(元)	人口密度(人/公里²)	人口性别比	人口年龄中位数(岁)	0—14岁人口占总人口百分比	65及65岁以上人口占总人口百分比	15—49岁育龄妇女占总人口百分比
宜川县	93 860	248	32	106.4	21.2	35.6	4.5	23.3
黄龙县	51 973	368	22	120.3	22.8	34.3	3.7	21.6
黄陵县	85 113	540	37	113.7	21.7	35.1	3.9	22.9
宜君县	84 620	326	57	113.8	21.4	35.8	4.2	22.0
榆林县	290 451	417	41	106.3	21.4	36.0	4.7	23.3
神木县	255 501	293	33	111.1	22.1	34.8	5.1	22.3
府谷县	160 682	321	50	113.3	23.2	34.3	6.3	21.4
横山县	223 080	245	55	105.4	20.6	36.0	4.5	23.8
靖边县	188 134	233	37	104.7	20.2	37.3	3.7	24.2
定边县	222 594	248	32	107.5	20.0	37.9	3.7	23.8
绥德县	260 076	173	139	107.7	22.4	32.0	5.0	24.1
米脂县	164 089	275	135	104.7	21.6	34.4	5.4	23.9
佳县	194 931	270	91	107.3	20.6	35.7	4.4	22.7
吴堡县	63 274	238	147	107.1	22.2	33.2	5.3	22.9
清涧县	162 791	146	86	106.5	21.4	34.3	4.3	23.3
子洲县	217 620	173	106	104.9	20.4	36.3	4.8	23.1
甘肃省								
兰州市	1 416 371	3 082	667	115.3	25.5	26.1	2.9	27.8
永登县	413 058	744	73	104.3	20.1	35.8	3.1	25.2
皋兰县	179 849	229	53	102.1	20.1	36.6	4.1	24.7
榆中县	367 044	247	113	105.5	20.0	36.5	4.2	23.6
嘉峪关市	81 378	1 709	65	132.7	26.1	28.9	1.4	24.8
金昌市	111 477	2 420	57	122.9	24.2	31.4	1.9	24.7
永昌县	200 963	522	37	106.8	19.6	36.4	2.8	24.4
玉门市	184 777	4 296	14	118.0	23.5	30.3	1.5	26.5
酒泉县	267 041	575	97	104.4	20.3	34.7	2.6	25.3
敦煌县	102 343	637	3	105.2	20.3	33.8	2.5	26.0
金塔县	109 667	604	6	106.8	20.3	35.0	2.8	24.1
肃北蒙古族自治县	9 516	694	0.1	112.1	19.8	38.5	2.2	22.7
阿克塞哈萨克族自治县	6 827	705	0.2	120.7	20.6	37.8	1.4	23.7
安西县	73 403	531	3	111.5	21.6	31.6	1.9	26.2
张掖县	381 955	521	102	108.4	20.3	35.2	2.7	24.3
肃南裕固族自治县	33 816	749	2	105.0	18.2	40.5	2.1	23.0
民乐县	191 127	281	65	109.8	19.7	36.2	2.9	23.6
临泽县	115 853	390	42	105.9	19.8	36.4	2.7	23.5
高台县	127 210	467	29	104.6	19.8	36.4	2.8	23.6
山丹县	169 267	484	34	106.9	20.1	36.0	2.6	24.9
武威县	763 719	410	144	103.6	19.2	37.7	3.0	24.5
民勤县	241 510	339	15	100.9	19.5	36.9	3.8	23.6
古浪县	287 269	159	57	104.2	18.9	38.3	2.9	24.4
景泰县	169 858	266	31	101.2	19.3	38.3	3.3	25.1
天祝藏族自治县	184 410	274	28	113.4	19.5	37.0	2.6	22.9
定西县	370 278	224	101	106.5	19.3	37.3	3.6	23.2
靖远县	452 395	300	60	111.6	19.3	39.5	3.2	22.7
会宁县	422 492	114	75	103.6	19.1	37.2	3.2	24.3
通渭县	344 854	121	119	105.0	18.2	40.0	3.4	21.7
陇西县	377 457	307	157	106.6	18.8	93.0	3.5	22.3
渭源县	281 544	137	136	106.8	19.8	36.9	3.8	22.5
临洮县	419 415	157	146	105.5	20.4	35.4	4.3	23.9
天水市	186 460	1 117	150	107.5	23.3	32.3	3.5	25.5
张家川回族自治县	214 657	119	166	104.9	18.7	39.9	3.6	22.1
天水县	719 740	408	156	107.9	20.0	38.0	4.0	22.2
清水县	243 392	171	123	107.5	20.3	36.4	3.3	23.0
徽县	187 312	294	69	109.9	23.6	33.9	4.9	21.9
两当县	47 251	265	34	117.1	24.2	34.1	4.5	21.3
礼县	396 112	149	93	107.0	19.6	39.2	3.8	20.9
西和县	286 332	147	155	106.6	19.6	38.4	4.1	20.8
武山县	322 127	210	160	107.8	18.6	40.1	3.8	21.1

（续37）

1981年人口出生率（‰）	1981年人口死亡率（‰）	1981年婴儿死亡率（‰）	每万人拥有大学生人数	每万人拥有初中文化程度人数	文盲、半文盲占12及12岁以上人口比重	农林牧渔业人口占在业人口百分比	工业人口占在业人口百分比	在业人口占总人口百分比
17.3	5.7	35	16	1 795	37.5	88.2	2.4	51.3
22.8	6.3	47	30	1 618	40.6	82.9	4.1	53.2
17.6	6.0	28	33	2 111	30.7	73.5	13.0	47.0
18.3	6.8	34	19	1 638	37.7	85.1	5.8	52.9
26.2	6.8	50	45	1 475	44.2	78.0	10.9	49.9
26.4	7.7	55	10	1 269	52.4	90.3	3.9	53.5
29.6	7.9	61	12	1 303	51.5	89.1	3.9	54.1
27.4	7.0	66	9	1 219	49.0	91.7	2.8	52.7
31.0	4.9	32	11	1 239	52.2	90.3	3.1	50.6
23.9	5.0	34	12	1 204	48.2	88.8	3.6	47.3
20.4	6.5	42	25	2 000	38.8	88.5	3.2	54.3
24.5	7.5	70	17	1 850	40.9	85.4	6.5	48.0
26.9	7.7	59	11	1 477	45.0	88.1	3.4	40.2
22.7	7.2	36	22	2 131	33.7	85.8	4.2	52.7
21.8	6.0	27	13	1 663	40.4	88.2	2.5	40.3
31.3	7.2	72	12	1 661	44.0	90.4	2.2	39.9
12.8	3.6	20	288	2 548	13.3	16.7	55.7	58.1
19.0	6.0	41	22	1 497	39.7	85.7	8.7	54.9
20.6	5.2	23	13	1 660	32.6	88.0	5.5	51.8
19.1	5.4	29	13	1 495	34.4	89.6	4.8	52.5
16.8	3.5	14	127	2 454	17.1	20.5	59.0	58.5
16.2	4.5	30	99	2 360	21.5	34.3	51.5	56.1
16.8	4.8	34	23	1 387	41.7	80.9	8.9	51.6
13.5	4.0	29	113	2 421	17.5	40.9	43.1	55.3
17.5	5.6	30	44	1 627	34.5	76.1	10.2	51.1
20.2	5.1	18	35	1 850	30.4	78.2	5.9	52.9
17.0	5.3	28	16	1 268	39.7	88.7	2.9	51.5
24.1	7.8	59	109	1 406	26.8	60.8	7.7	47.6
28.9	6.1	87	70	1 841	24.2	49.4	22.7	48.9
16.6	5.3	22	40	1 987	27.2	68.2	8.2	54.9
19.3	6.4	41	42	1 573	38.1	78.4	9.5	52.1
18.5	4.9	45	48	1 235	37.4	79.4	3.4	46.0
19.4	6.8	66	9	897	54.5	94.9	4.8	54.6
19.1	5.9	23	18	1 048	52.6	91.8	1.7	53.8
19.3	6.7	44	16	1 240	43.8	88.9	4.0	50.5
17.6	6.0	58	28	1 507	38.9	82.2	9.9	52.2
19.9	5.5	34	33	1 326	41.8	83.2	7.0	51.3
15.4	6.2	43	13	1 469	37.3	91.8	1.8	48.6
19.3	5.1	35	9	1 087	49.9	94.4	0.9	52.8
23.3	4.7	24	30	1 476	33.9	89.2	5.0	50.8
19.3	5.9	51	19	996	52.5	86.6	5.5	53.6
19.9	5.0	36	29	1 281	45.0	86.0	5.4	53.8
24.9	4.3	17	29	1 410	38.1	76.5	17.0	50.1
22.5	5.3	35	9	1 131	49.8	94.3	1.4	53.4
18.1	5.0	27	8	909	55.2	94.1	1.6	51.3
18.1	4.7	23	26	1 042	53.9	85.3	7.4	52.4
18.5	6.2	42	13	906	55.7	94.9	1.0	54.2
20.0	5.4	24	22	1 235	44.0	94.0	1.7	54.4
16.5	4.4	11	199	2 111	23.6	33.6	45.1	52.8
21.7	5.2	25	8	667	70.6	94.5	1.0	52.3
22.9	6.0	12	30	1 061	49.5	84.3	8.6	49.6
18.7	5.9	14	12	850	60.4	94.2	1.0	56.5
20.0	8.3	38	24	1 118	49.7	86.7	6.7	53.1
20.8	9.9	60	24	1 036	49.7	81.0	6.2	54.1
24.3	6.9	26	12	727	67.2	93.7	1.9	51.1
23.3	5.4	30	8	743	64.1	92.6	2.0	49.6
27.2	4.8	24	19	895	57.8	91.0	4.5	52.1

表256

县市名称	人口数	1982年人均工农业总产值(元)	人口密度(人/公里²)	人口性别比	人口年龄中位数(岁)	0—14岁人口占总人口百分比	65及65岁以上人口占总人口百分比	15—49岁育龄妇女占总人口百分比
甘谷县	422 744	289	269	103.7	18.7	39.8	4.5	21.9
秦安县	441 533	172	275	103.9	19.5	37.4	4.4	22.5
漳县	139 065	202	64	105.2	19.6	38.0	3.5	22.1
武都县	423 546	134	90	108.5	19.4	39.1	4.2	20.6
岷县	358 280	118	100	105.6	18.9	39.8	3.2	21.9
宕昌县	240 710	137	73	105.6	18.6	39.8	3.2	21.6
成县	204 697	249	120	107.0	23.2	34.7	4.9	21.8
康县	186 477	196	64	109.4	24.0	35.4	5.2	20.5
文县	209 482	525	39	107.6	20.0	38.1	5.4	20.9
平凉县	351 307	392	183	106.1	20.1	36.8	3.5	24.3
泾川县	268 578	204	182	108.2	20.3	35.1	3.5	24.5
灵台县	197 760	244	99	110.9	20.2	36.2	3.7	23.2
崇信县	75 833	242	89	107.6	20.3	35.4	3.3	24.0
华亭县	147 089	557	125	116.1	22.2	33.7	3.3	23.7
庄浪县	325 768	112	214	104.7	18.9	39.0	3.7	22.4
静宁县	368 808	137	127	104.0	19.1	37.4	3.6	23.2
庆阳县	441 732	595	120	112.2	21.3	34.2	3.0	24.8
环县	241 056	155	26	109.1	20.1	36.5	3.5	23.9
华池县	93 596	189	24	110.2	21.0	33.3	3.2	25.1
合水县	123 894	278	42	107.3	19.7	37.6	3.0	24.1
正宁县	168 933	243	124	108.5	19.9	37.2	3.3	24.2
宁县	390 837	252	148	105.8	20.1	36.6	3.4	24.7
镇原县	382 634	198	109	105.8	20.1	36.3	3.4	24.2
临夏县	423 227	232	321	103.1	19.8	36.9	3.8	24.1
康乐县	169 811	173	172	103.4	19.9	37.1	3.7	24.0
永靖县	167 449	3 118	88	109.4	19.7	37.0	3.5	23.4
广河县	129 054	135	243	101.0	18.7	38.4	3.7	23.6
和政县	141 518	153	147	106.1	19.2	37.4	3.6	23.3
东乡族自治县	187 310	92	123	104.1	18.4	40.9	3.6	22.0
积石山保安族东乡撒拉族自治县	169 483	124	189	106.4	19.8	36.3	3.7	23.5
临潭县	119 671	132	85	105.2	19.8	38.1	3.5	22.8
卓尼县	78 993	243	15	102.2	19.1	40.2	3.8	21.7
舟曲县	101 582	291	39	103.7	18.8	39.7	3.8	21.7
迭部县	45 574	593	9	110.8	24.1	36.5	3.9	21.1
玛曲县	25 560	748	3	99.8	18.7	41.8	4.6	19.8
碌曲县	22 492	453	4	93.5	19.6	39.7	4.9	21.5
夏河县	121 582	379	14	100.0	20.2	37.3	4.9	22.3
青海省								
西宁市	589 967	1 306	1 632	108.4	22.5	32.2	2.1	26.9
大通县	336 327	579	112	82.7	18.0	41.6	2.4	21.8
平安县	85 630	545	114	100.6	17.6	43.1	2.5	22.7
民和县	287 389	236	161	104.3	17.6	42.8	2.9	21.8
乐都县	259 672	285	92	104.6	18.0	42.0	2.9	22.3
湟中县	393 885	347	162	104.4	17.4	43.1	2.6	21.3
湟源县	119 369	345	75	108.8	18.6	39.1	2.5	22.5
互助土族自治县	305 779	165	92	105.0	17.8	42.4	2.8	21.4
化隆回族自治县	175 746	249	64	104.0	17.1	44.4	3.0	20.7
循化撒拉族自治县	83 613	232	48	99.3	16.7	46.0	3.7	20.0
门源回族自治县	124 761	481	18	111.0	18.5	39.7	2.2	22.6
祁连县	36 405	574	2	104.7	17.0	45.5	2.7	20.4
海晏县	17 535	495	8	107.7	17.7	42.9	2.3	21.7
刚察县	40 990	774	3	123.5	20.3	38.2	2.5	20.2
同仁县	57 219	335	17	95.2	18.0	42.7	5.0	20.3
尖扎县	35 234	275	21	99.4	17.4	43.8	4.1	20.2
泽库县	34 330	475	5	99.7	16.8	46.1	4.7	18.3

（续38）

1981年人口出生率（‰）	1981年人口死亡率（‰）	1981年婴儿死亡率（‰）	每万人拥有大学生人数	每万人拥有初中文化程度人数	文盲、半文盲占12及12岁以上人口比重	农林牧渔业人口占在业人口百分比	工业人口占在业人口百分比	在业人口占总人口百分比
24.3	4.9	18	15	917	54.8	92.5	3.0	47.4
19.5	4.8	13	20	1 050	54.4	91.0	4.1	50.2
20.8	5.2	26	12	914	61.5	94.0	0.8	54.2
20.1	6.8	37	20	689	67.6	91.7	2.3	52.4
26.5	6.4	35	11	602	73.4	94.8	1.0	52.6
20.4	5.9	33	8	428	76.5	95.2	1.0	52.9
22.0	8.7	35	23	971	54.8	90.8	3.7	53.3
21.6	9.8	57	13	605	66.2	93.9	1.1	51.2
21.2	7.2	33	23	911	59.1	88.9	5.4	53.0
18.0	5.3	33	51	1 330	42.5	73.7	14.2	50.7
14.9	6.6	39	16	1 312	43.2	91.7	2.9	55.1
18.4	7.7	31	12	1 227	45.8	93.2	1.5	53.2
29.3	7.4	37	16	1 107	51.2	90.1	3.5	54.1
16.9	5.5	39	43	1 306	46.9	71.7	21.5	56.4
18.1	4.8	29	7	720	63.9	95.2	1.0	51.9
17.0	4.8	29	8	887	58.8	94.2	1.4	53.2
21.1	5.4	29	49	1 498	39.4	77.1	13.0	55.3
23.1	5.7	29	9	863	56.2	93.3	1.6	53.8
23.7	5.2	34	17	1 137	51.0	87.8	4.8	56.9
20.5	5.4	30	15	1 212	48.2	89.7	3.6	53.0
19.0	6.5	39	12	1 130	54.2	92.7	1.1	49.6
20.8	5.7	20	12	1 247	47.5	93.7	1.6	52.8
19.2	6.0	21	8	1 152	49.4	95.0	0.9	53.9
21.2	6.8	75	27	1 003	58.9	85.3	6.5	51.6
26.1	7.2	69	12	667	69.2	95.8	0.7	54.8
15.1	5.9	62	37	1 061	50.7	84.9	9.3	53.8
29.9	7.7	88	9	344	78.9	94.7	0.9	50.2
22.7	8.5	94	9	639	72.3	95.3	0.7	54.1
28.9	7.2	64	7	305	84.9	96.7	0.4	51.0
20.8	7.5	70	7	496	76.3	97.1	0.1	53.8
19.5	6.8	56	13	616	68.9	92.8	1.6	52.7
28.8	8.0	72	25	670	67.2	88.8	2.7	50.6
23.1	6.6	21	14	653	72.1	89.7	5.1	50.5
28.3	8.6	76	47	981	62.3	78.1	8.3	54.3
34.3	15.6	171	54	566	68.0	83.6	2.2	48.1
36.2	14.0	164	55	614	52.5	80.2	2.1	49.4
28.4	8.4	79	68	840	60.4	68.9	10.1	47.9
13.5	3.3	30	247	2 938	14.3	11.9	55.4	50.9
27.0	8.3	90	33	1 151	54.8	79.8	14.1	49.1
28.7	6.9	77	37	1 428	46.4	79.0	11.3	47.6
29.1	8.0	82	17	866	64.0	92.4	2.6	47.1
25.3	7.1	62	38	1 386	46.4	85.7	7.7	47.8
24.1	7.2	70	14	1 215	49.8	92.4	2.7	47.5
22.7	6.9	71	35	1 630	38.4	80.2	8.5	48.5
32.9	9.8	96	15	915	58.4	91.9	3.0	47.1
39.2	10.4	96	20	588	75.0	92.9	1.7	46.8
40.2	9.0	94	26	609	68.7	90.9	1.7	45.0
22.0	5.8	75	34	1 046	54.2	84.0	8.3	47.8
34.1	9.1	105	37	890	56.7	77.3	10.1	42.2
27.5	8.0	92	37	1 157	44.1	77.1	4.2	45.9
29.3	10.3	117	51	1 393	45.9	70.3	18.2	49.9
28.9	6.9	64	55	871	50.2	75.8	8.7	45.1
33.4	7.8	76	29	707	58.6	82.4	5.5	46.6
36.9	10.4	102	13	370	73.1	89.3	0.9	44.4

表256

县市名称	人口数	1982年人均工农业总产值(元)	人口密度(人/公里²)	人口性别比	人口年龄中位数(岁)	0—14岁人口占总人口百分比	65及65岁以上人口占总人口百分比	15—49岁育龄妇女占总人口百比分
河南蒙古族自治县	20 581	631	3	99.1	16.9	45.8	1.9	19.1
共和县	119 136	516	7	124.0	20.4	36.5	2.2	21.7
同德县	34 787	745	5	100.0	16.2	47.4	3.7	19.1
贵德县	76 036	340	21	102.0	18.9	39.8	3.7	21.9
兴海县	40 800	418	3	101.0	16.4	46.8	3.7	19.1
贵南县	54 241	495	8	104.3	17.4	44.4	3.2	20.4
玛沁县	24 750	731	2	102.2	17.6	43.8	3.1	20.5
班玛县	16 757	603	3	97.8	18.5	42.4	4.5	19.8
甘德县	19 367	378	3	95.4	17.9	44.2	4.3	19.6
达日县	19 445	621	1	98.2	17.9	44.2	3.5	20.0
久治县	14 435	642	2	96.2	18.3	43.2	4.8	20.2
玛多县	8 954	1 264	0.4	111.9	18.6	42.7	2.3	19.7
玉树县	54 463	406	4	91.9	17.9	43.9	3.9	20.8
杂多县	26 432	616	1	95.6	16.9	45.6	3.4	20.0
称多县	32 130	499	2	92.0	17.3	45.0	3.7	20.0
治多县	16 275	982	0.2	90.4	17.4	45.2	3.3	21.6
囊谦县	47 264	315	4	91.6	17.0	45.6	4.6	19.4
曲麻莱县	16 346	566	0.3	95.5	17.0	45.9	3.1	20.7
格尔木市	57 202	246	0.5	120.6	19.3	39.3	0.7	25.4
乌兰县	76 083	797	2	120.9	20.5	35.8	1.8	23.0
都兰县	60 985	592	1	122.7	20.1	37.4	2.2	21.1
天峻县	13 926	620	1	99.8	18.0	42.5	3.3	21.4
大柴旦(地区)	21 793	476	0.6	118.8	19.2	36.9	0.2	26.6
冷湖(地区)	17 156	3 806	1.1	121.4	23.4	30.4	0.2	29.4
茫崖(地区)	22 501	620	0.6	153.8	23.4	30.3	0.2	24.3
宁夏回族自治区								
银川市	363 509	1 200	249	105.5	23.5	30.5	3.4	27.3
永宁县	152 787	591	110	102.0	19.2	39.7	4.0	23.4
贺兰县	157 233	539	96	103.4	19.4	38.6	4.0	23.7
石咀山市	304 228	1 458	224	121.1	21.3	34.4	1.9	23.9
平罗县	229 959	528	79	107.3	19.2	39.0	3.8	22.8
陶乐县	19 001	466	18	106.9	18.6	41.0	2.9	22.8
吴忠县	211 052	663	190	102.8	18.5	41.9	3.8	22.4
青铜峡县	184 966	1 342	76	105.0	19.0	40.5	3.5	22.8
中卫县	245 445	383	42	102.0	17.7	42.5	3.8	22.3
中宁县	177 681	349	63	102.9	18.7	40.9	4.3	22.5
灵武县	188 154	606	37	106.2	18.6	42.0	3.2	22.5
盐池县	119 235	796	14	103.7	17.4	44.6	3.0	22.0
同心县	208 863	118	25	104.7	16.2	46.7	3.1	20.8
固原县	546 403	169	62	107.3	16.9	45.2	2.7	20.7
海原县	239 777	70	35	103.8	16.3	46.1	2.6	21.2
西吉县	307 365	96	71	105.6	16.3	46.6	2.6	20.4
隆德县	159 925	175	88	108.4	18.4	40.3	3.3	21.7
泾源县	79 993	138	104	107.5	16.4	46.3	3.3	19.6
新疆维吾尔自治区								
乌鲁木齐市	956 843	1 231	80	105.2	23.2	31.5	2.2	28.1
乌鲁木齐县	164 406	424	16	104.8	19.0	40.3	2.9	23.7
克拉玛依市	168 868	6 541	22	119.3	22.2	31.8	1.1	26.6
石河子市	549 410	574	194	103.8	20.3	36.3	2.7	25.4
吐鲁番县	186 032	580	12	105.0	19.4	39.0	3.4	23.4
鄯善县	135 507	350	3	105.2	19.1	39.8	3.6	22.7
托克逊县	88 144	445	6	104.7	17.7	42.7	3.7	21.7
哈密市	94 878	554	1 790	105.6	22.5	31.5	2.1	27.7
哈密县	167 550	734	2	105.5	18.4	41.2	2.9	23.0

（续39）

1981年人口出生率（‰）	1981年人口死亡率（‰）	1981年婴儿死亡率（‰）	每万人拥有大学生人数	每万人拥有初中文化程度人数	文盲、半文盲占12及12岁以上人口比重	农林牧渔业人口占在业人口百分比	工业人口占在业人口百分比	在业人口占总人口百分比
37.0	7.0	143	29	537	65.4	84.0	2.5	43.3
27.6	5.7	61	87	1 719	36.9	55.0	28.3	48.7
37.5	7.2	61	20	552	58.6	86.5	2.7	40.8
23.0	7.4	60	18	980	56.1	89.8	2.8	48.3
36.6	9.7	81	19	510	68.3	88.9	1.6	42.1
33.1	7.1	66	32	853	57.3	91.0	1.5	39.9
36.2	12.6	143	80	895	57.0	67.2	9.8	41.9
37.5	13.7	159	30	664	65.7	78.8	9.0	46.8
36.3	19.2	216	23	347	77.2	88.5	2.0	42.5
41.8	25.5	244	24	365	76.8	84.7	2.9	45.1
40.8	18.0	215	36	532	66.7	82.7	1.4	42.6
45.0	17.0	166	55	968	56.4	67.3	5.0	46.7
34.6	16.0	100	50	548	67.7	80.9	4.2	44.6
40.1	9.9	104	18	337	70.7	89.8	1.6	44.7
35.3	13.5	165	15	312	75.0	89.1	1.1	44.1
39.2	11.5	127	18	401	72.2	88.4	1.0	46.4
36.5	8.5	91	9	255	79.0	94.2	0.6	46.3
42.0	12.3	127	20	355	75.8	85.7	1.8	43.1
13.9	2.1	47	124	3 055	24.2	27.6	30.9	45.1
19.8	6.2	66	93	2 205	25.6	63.1	14.8	46.8
21.6	6.6	77	55	1 716	34.5	84.3	6.8	48.8
28.9	9.5	122	45	906	50.6	71.3	6.1	43.3
13.0	2.2	319	81	3 189	12.5	9.5	33.6	47.2
17.0	1.3	193	219	3 604	5.9	0	28.3	59.0
29.0	2.5	206	141	3 630	10.0	1.6	39.5	61.6
16.4	3.7	21	243	2 888	17.2	29.9	38.9	52.9
22.3	4.7	26	45	1 542	40.6	87.1	5.2	46.8
22.1	5.2	34	37	1 599	37.5	86.1	7.2	50.1
17.9	3.7	22	87	2 918	19.0	29.7	56.5	48.8
23.8	5.5	44	31	1 716	14.0	82.4	10.7	49.0
22.8	5.3	31	45	1 541	39.5	82.0	4.4	47.8
25.5	5.1	39	51	1 661	39.9	71.1	17.6	45.0
23.6	5.4	33	35	1 720	39.3	76.1	15.4	47.9
22.4	5.6	31	29	1 845	35.8	79.9	9.5	43.7
24.8	5.8	29	25	2 113	34.4	85.8	5.8	46.1
27.9	4.6	42	37	1 652	40.4	70.2	22.1	45.0
32.0	6.7	53	17	1 171	43.7	83.2	5.8	41.4
40.6	6.7	60	13	852	55.8	91.3	2.1	44.5
40.2	8.1	75	23	904	56.6	88.9	3.8	44.9
45.4	8.0	75	13	691	62.0	92.4	1.3	44.7
45.1	8.2	74	10	684	67.6	93.4	1.3	45.6
28.1	7.8	83	17	1 029	59.2	91.2	1.8	48.9
37.5	8.8	66	13	577	71.7	90.6	1.8	46.1
12.8	3.0	25	245	2 902	12.3	4.5	56.6	51.5
24.3	4.6	34	15	1 975	28.2	73.7	17.9	44.9
22.6	3.1	28	94	3 449	8.6	1.1	70.3	54.1
9.2	3.0	21	56	2 780	19.7	75.0	16.7	45.8
31.9	8.7	79	27	1 641	25.0	71.6	11.1	51.1
31.5	8.2	79	18	1 593	26.0	82.3	6.0	52.9
26.6	6.3	57	17	1 692	23.7	79.9	8.9	47.6
12.1	2.1	19	132	2 934	13.5	14.0	30.8	47.9
20.2	4.4	49	21	2 067	25.4	69.8	25.8	44.3

表256

县市名称	人口数	1982年人均工农业总产值(元)	人口密度(人/公里²)	人口性别比	人口年龄中位数(岁)	0—14岁人口占总人口百分比	65及65岁以上人口占总人口百分比	15—49岁育龄妇女占总人口百分比
巴里坤哈萨克自治县	98 622	458	3	104.1	17.8	42.3	2.6	22.9
伊吾县	16 527	373	1	109.7	17.6	43.4	2.6	21.9
昌吉县	209 679	570	26	107.2	20.0	37.3	2.7	24.7
米泉县	132 985	987	42	104.7	18.4	41.5	2.6	23.3
呼图壁县	162 071	771	18	104.5	18.4	41.3	2.6	23.3
玛纳斯县	136 834	1 527	13	104.8	18.4	41.8	2.7	23.1
奇台县	198 750	498	11	104.4	18.2	41.6	2.8	23.1
阜康县	108 381	606	13	106.8	19.2	39.9	2.6	23.5
吉木萨尔县	117 588	423	15	104.8	18.1	41.8	3.2	22.6
木垒哈萨克自治县	77 299	322	6	104.5	17.7	43.0	2.8	22.3
伊宁市	225 027	1 253	2 027	104.2	19.6	38.3	3.4	24.1
奎屯市	223 968	217	204	104.8	19.7	36.9	2.5	24.9
伊宁县	288 540	325	58	106.7	17.1	44.8	3.1	20.9
察布查尔锡伯自治县	134 555	476	30	106.2	17.5	43.3	2.7	22.0
霍城县	275 075	537	52	105.9	17.8	42.8	2.8	22.2
巩留县	108 788	413	26	106.6	16.4	46.6	2.7	20.5
新源县	208 243	468	31	108.1	17.4	44.4	2.6	21.3
昭苏县	113 130	451	10	105.8	16.7	45.8	2.3	21.3
特克斯县	93 806	378	12	107.9	17.0	45.6	2.5	20.9
尼勒克县	107 117	366	10	107.5	16.8	45.9	2.5	20.8
塔城县	118 089	459	30	104.4	18.4	41.0	2.5	23.5
额敏县	149 095	476	16	104.9	17.8	42.9	2.4	22.7
乌苏县	139 701	1 693	10	109.1	18.5	42.3	2.6	22.2
沙湾县	146 813	1 809	11	105.0	17.4	44.0	2.6	22.2
托里县	58 636	379	3	106.0	17.1	44.9	2.5	21.3
裕民县	39 594	590	6	109.3	17.4	44.5	1.7	21.9
和布克赛尔蒙古自治县	35 384	866	1	108.1	17.4	44.1	2.8	21.0
阿勒泰县	169 163	473	15	105.7	18.0	41.9	2.2	23.2
布尔津县	46 495	396	5	107.0	16.8	46.2	3.0	20.2
富蕴县	74 853	521	2	105.4	17.3	44.0	2.3	22.2
福海县	55 220	518	2	109.8	17.8	43.0	2.1	21.9
哈巴河县	55 867	449	7	105.9	16.1	47.3	2.8	20.2
青河县	38 215	505	3	106.3	15.6	48.5	2.3	19.6
吉木乃县	28 046	475	4	107.9	17.3	44.4	2.6	21.3
博乐县	133 320	495	18	107.0	18.1	42.3	2.1	23.0
精河县	90 689	473	8	107.7	18.2	42.4	2.3	22.5
温泉县	63 008	548	10	107.0	17.3	44.3	2.2	21.8
库尔勒市	121 991	288	144	104.7	21.1	35.3	2.5	26.4
库尔勒县	74 279	2 035	12	106.2	20.4	37.6	4.0	23.5
轮台县	69 143	299	5	108.8	19.4	39.8	5.2	21.3
尉犁县	72 430	777	1	108.5	20.6	36.7	3.7	23.6
若羌县	23 435	847	0.1	112.9	19.7	39.2	3.1	23.0
且末县	37 156	422	0.3	111.0	19.2	41.3	4.3	21.1
焉耆回族自治县	120 031	359	67	108.4	19.7	38.2	3.3	23.5
和静县	145 003	597	4	107.3	18.6	41.2	2.4	23.1
和硕县	50 322	506	4	100.0	18.5	41.6	2.6	24.5
博湖县	41 603	473	12	107.5	17.8	43.5	2.6	21.6
阿克苏县	332 750	762	18	108.6	22.0	35.9	3.4	24.3
温宿县	161 918	401	11	106.1	19.2	40.4	4.7	21.7
库车县	304 633	381	21	106.6	19.4	40.0	4.5	21.9
沙雅县	146 477	344	5	110.3	19.1	41.4	5.0	20.4
新和县	106 593	316	21	105.6	19.3	39.6	5.2	21.7
拜城县	147 381	358	147	105.8	19.7	39.4	4.7	22.2
乌什县	138 771	339	16	106.0	19.8	38.7	4.6	22.7
阿瓦提县	134 094	423	10	107.1	19.2	40.7	4.3	21.5
柯坪县	27 846	175	3	106.1	19.2	41.5	5.7	20.6
阿图什县	142 488	182	9	104.9	18.1	43.4	3.9	20.8

（续40）

1981年人口出生率（‰）	1981年人口死亡率（‰）	1981年婴儿死亡率（‰）	每万人拥有大学生人数	每万人拥有初中文化程度人数	文盲、半文盲占12及12岁以上人口比重	农林牧渔业人口占在业人口百分比	工业人口占在业人口百分比	在业人口占总人口百分比
24.8	4.7	43	17	1 735	32.3	83.5	6.4	42.5
28.8	6.1	68	36	1 633	26.9	78.0	3.8	42.5
17.2	3.7	30	70	2 427	23.3	63.3	18.5	46.3
20.7	4.1	27	26	2 103	28.9	74.6	15.3	44.1
18.3	3.6	28	23	2 260	26.4	83.4	7.5	42.2
19.3	4.7	44	24	2 140	27.0	81.3	6.5	42.1
20.2	4.4	40	22	2 158	27.6	79.9	8.2	42.6
20.4	4.3	47	24	2 112	28.3	63.3	26.6	44.8
19.7	3.9	27	12	1 796	33.2	83.8	5.7	41.9
21.6	4.5	48	13	1 880	28.3	80.1	4.6	40.5
25.1	6.3	76	108	2 135	20.2	28.3	37.5	38.6
10.4	3.2	31	41	2 706	20.1	82.3	10.8	45.6
34.9	8.7	91	14	1 341	31.8	84.5	8.2	42.1
27.0	6.3	71	32	2 029	20.7	72.7	15.9	36.2
27.0	5.9	77	17	1 816	32.3	87.7	4.3	41.1
33.9	7.1	82	19	1 591	28.6	81.8	7.0	36.9
32.5	6.5	78	21	1 825	21.8	82.3	8.7	37.2
34.6	7.9	100	25	1 942	19.5	80.9	7.1	35.7
40.8	7.4	73	20	1 467	27.6	80.8	6.7	36.4
36.0	7.1	70	21	1 621	24.3	79.3	6.5	35.1
20.6	5.1	72	65	2 220	20.9	66.9	12.3	41.3
24.0	5.3	62	27	2 103	20.1	73.3	13.9	37.6
28.2	4.5	45	22	2 012	28.1	70.1	13.8	40.9
24.2	4.6	49	15	1 815	30.4	80.8	7.6	41.7
34.1	7.9	76	29	1 778	15.6	67.4	12.1	31.8
29.7	6.5	81	33	2 115	21.6	78.7	4.2	40.0
31.0	7.9	84	32	1 957	18.0	63.7	11.4	35.8
22.2	4.0	50	54	2 462	15.5	61.0	21.9	40.2
36.9	7.2	75	28	2 026	19.1	69.0	10.9	37.3
30.2	6.0	68	32	2 023	18.7	53.5	33.5	41.5
27.5	4.8	43	29	2 272	19.2	76.0	12.5	40.8
35.5	6.8	58	20	1 891	21.1	76.9	6.7	33.4
41.5	7.4	67	24	1 577	22.5	76.7	7.7	39.6
31.0	6.4	54	32	2 419	16.9	67.2	11.1	37.8
25.1	4.7	61	54	2 013	21.7	72.4	10.7	42.9
31.3	5.8	55	24	2 071	25.2	82.5	6.7	43.2
29.3	6.2	75	25	1 872	40.3	82.0	6.5	42.1
17.4	4.6	51	104	2 514	16.1	18.7	51.7	46.1
23.0	5.9	58	25	2 120	24.7	95.4	1.2	47.5
33.6	9.5	93	20	1 226	37.2	83.2	5.8	48.3
20.9	4.9	49	31	2 149	28.4	87.6	5.1	45.2
28.7	6.3	61	35	2 093	27.7	77.6	6.5	46.0
40.3	10.7	83	23	1 362	44.0	69.8	17.1	48.9
21.9	5.1	61	34	2 105	29.9	64.5	23.0	42.9
24.1	5.5	73	26	2 015	29.3	71.1	20.1	44.1
21.6	3.4	40	35	2 242	23.9	67.2	18.0	42.3
29.9	5.3	51	29	1 746	37.9	85.3	3.7	42.7
22.4	6.2	75	59	2 109	28.5	71.2	15.7	49.4
31.3	10.0	103	22	1 450	36.4	86.2	5.4	45.9
33.7	9.4	104	18	1 112	32.4	79.4	9.6	49.2
42.3	10.9	111	13	1 022	44.5	86.1	5.5	48.2
37.6	11.3	143	13	1 010	40.1	87.9	3.7	51.2
37.6	11.6	116	14	1 059	48.7	85.4	7.0	50.7
34.8	12.9	111	15	1 107	41.6	89.3	3.7	51.5
35.6	10.1	88	18	1 381	36.2	90.0	3.2	49.2
45.7	15.2	131	19	1 509	31.9	84.9	3.0	47.8
39.3	12.6	147	42	1 137	34.4	83.3	2.9	45.6

表256

县市名称	人口数	1982年人均工农业总产值(元)	人口密度(人/公里²)	人口性别比	人口年龄中位数(岁)	0—14岁人口占总人口百分比	65及65岁以上人口占总人口百分比	15—49岁育龄妇女占总人口百分比
阿克陶县	108 532	279	5	104.0	18.6	43.2	5.3	20.6
阿合奇县	22 456	263	2	101.3	18.1	43.5	3.9	20.8
乌恰县	32 839	370	2	104.2	17.8	44.3	3.2	21.1
喀什市	274 128	360	2 741	105.2	20.6	37.5	4.0	23.7
疏附县	173 150	411	48	107.2	19.6	40.0	5.5	21.4
疏勒县	209 915	252	95	104.5	22.0	38.7	6.2	22.0
英吉沙县	153 587	259	45	105.0	20.7	38.9	5.8	21.9
泽普县	117 197	403	117	108.1	23.1	36.2	4.5	23.2
莎车县	450 857	379	55	104.7	22.9	36.2	5.5	23.1
叶城县	262 818	328	9	106.1	21.0	38.1	4.6	22.5
麦盖提县	145 559	513	17	105.7	20.8	39.1	4.8	22.4
岳普湖县	94 150	358	31	106.6	22.7	37.7	6.7	21.8
伽师县	218 442	207	31	106.4	21.2	40.0	6.2	20.9
巴楚县	256 936	328	11	108.7	91.4	41.4	5.2	21.0
塔什库尔干塔吉克自治县	20 153	167	0.4	106.6	18.5	43.6	5.5	20.6
和田县	283 381	379	7	105.5	20.6	39.3	6.3	22.3
墨玉县	279 133	414	11	104.6	20.1	40.6	6.0	21.9
皮山县	159 647	263	4	105.1	19.7	39.4	5.0	21.9
洛浦县	169 023	338	12	105.0	20.4	40.2	7.6	20.9
策勒县	99 728	299	3	104.3	19.5	40.8	6.2	20.6
于田县	146 701	283	4	107.6	19.6	41.5	5.5	20.8
民丰县	24 051	291	0.5	105.9	17.6	44.2	4.2	20.7

（续完）

1981年人口出生率（‰）	1981年人口死亡率（‰）	1981年婴儿死亡率（‰）	每万人拥有大学生人数	每万人拥有初中文化程度人数	文盲、半文盲占12及12岁以上人口比重	农林牧渔业人口占在业人口百分比	工业人口占在业人口百分比	在业人口占总人口百分比
41.8	10.9	107	8	722	43.4	91.2	1.7	50.5
46.5	15.7	217	46	1 178	32.2	79.4	3.1	41.1
45.4	11.2	154	35	1 389	32.4	63.2	18.3	41.8
31.5	11.7	144	85	1 598	35.0	59.3	18.6	47.5
41.6	15.9	179	15	966	46.3	92.2	2.3	53.1
36.4	13.9	150	15	1 026	40.6	91.6	2.5	53.1
47.1	20.1	214	12	852	41.6	90.3	2.9	50.7
42.3	14.6	136	24	1 388	39.3	79.2	9.3	53.2
43.2	21.4	228	13	926	47.9	89.0	4.8	55.5
46.4	16.5	166	12	1 218	41.4	83.9	6.8	53.0
37.6	10.1	129	20	1 250	43.2	86.8	4.8	48.9
41.6	17.0	198	16	1 009	41.9	92.0	1.3	54.2
42.6	17.9	205	10	670	51.4	94.1	1.1	53.3
39.5	12.1	142	21	989	46.7	87.7	4.9	46.3
46.4	9.2	87	33	1 093	44.0	77.8	1.3	45.8
36.7	11.6	107	39	926	43.5	81.1	8.3	54.2
40.9	13.4	130	8	522	55.0	95.0	0.9	56.0
42.3	15.9	169	13	867	42.3	90.9	3.0	54.0
38.7	13.5	125	9	850	44.8	90.9	3.6	54.9
42.8	12.1	108	16	1 147	41.4	88.8	4.1	50.5
41.3	12.7	119	11	792	47.0	91.7	2.5	53.7
41.1	9.4	107	30	1 312	38.8	77.9	6.4	46.2

第Ⅳ部分

人口统计

一、户数、人口数

表1　　全国历年户数、人口数　　（位单：万户、万人）

年份	户数	人口数		
		合计	男	女
1949		54 167	28 145	26 022
1950		55 196	28 669	26 527
1951		56 300	29 231	27 069
1952		57 482	29 833	27 649
1953	13 579	58 796	30 468	28 328
1954	13 553	60 266	31 242	29 024
1955	13 754	61 465	31 809	29 656
1956	14 048	62 828	32 536	30 292
1957	14 431	64 653	33 469	31 184
1958	14 420	65 994	34 195	31 799
1959	14 661	67 207	34 890	32 317
1960	14 699	66 207	34 283	31 924
1961	15 307	65 859	33 880	31 979
1962	15 533	67 295	34 517	32 778
1963	15 637	69 172	35 533	33 639
1964	15 759	70 499	36 142	34 357
1965	15 953	72 538	37 128	35 410
1966	16 098	74 542	38 189	36 353
1967	16 341	76 368	39 115	37 253
1968	16 671	78 534	40 226	38 308
1969	17 072	80 671	41 289	39 382
1970	17 515	82 992	42 686	40 306
1971	17 962	85 229	43 819	41 410
1972	18 221	87 177	44 813	42 364
1973	18 555	89 211	45 876	43 335
1974	18 906	90 859	46 727	44 123
1975	18 311	92 420	47 564	44 856
1976	19 787	93 717	48 257	45 460
1977	20 235	94 974	48 908	46 066
1978	20 648	96 259	49 567	46 692
1979	20 986	97 542	50 192	47 350
1980	21 396	98 705	50 785	47 920
1981	22 056	100 072	51 519	48 553
1982	21 953	101 541	52 310	49 231
1983	23 001	102 495	52 865	49 630
1984	23 476	103 475	53 422	50 053
1985	2 4112	104 532	54 011	50 521
1986	24 927	105 721	54 605	51 116

注：本表各年人口包括大陆29个省、自治区、直辖市和现役军人数字。

表2

各省、自治区、直辖市部分年份户数、人口数

（单位：万户、万人）

地区	1957		1965		1970		1975		1980		1985	
	户数	人口数	户数	人口数	户数	人口数	户数	人口数	户数	人口数	户数	人口数
全国总计	14 428	64 653	15 957	72 538	17 515	82 992	19 311	92 420	21 396	98 705	24 112	104 532
华北区												
北京市	86	401	157	776	169	771	188	823	223	886	274	960
天津市	68	323	86	435	95	423	157	700	180	751	217	808
河北省	929	4 150	954	4 289	1 039	4 774	1 079	4 913	1 207	5 168	13 30	5 547
山西省	398	1 596	442	1 872	492	2 111	533	2 340	581	2 476	632	2 626
内蒙古自治区	198	920	268	1 296	175	744	196	853	403	1 877	462	2 007
东北区												
辽宁省	470	2 410	548	2 808	678	3 389	737	3 622	792	3 487	951	3 686
吉林省	247	1 255	318	1 639	399	2 131	458	2 371	480	2 211	546	2 298
黑龙江省	299	1 486	415	2 134	513		620	3 183	680	3 204	772	3 311
华东区												
上海市	147	690	242	1 094	253	1 072	272	1 077	305	1 146	353	1 217
江苏省	1 062	4 523	1 110	4 624	1 215	5 252	1 316	5 636	1 472	5 938	1 640	6 214
浙江省	617	2 528	667	2 957	742	3 316	827	361	923	3 827	1 081	4 030
安徽省	775	3 356	786	3 286	873	3 940	953	4 493	1 051	4 893	1 174	5 156
福建省	339	1 465	365	1 760	407	2 047	450	2 310	499	2 518	572	2 713
江西省	462	1 860	490	2 209	544	2 584	582	2 969	645	3 270	699	3 460
山东省	1 203	5 403	1 289	5 711	1 395	6 441	1 510	6 972	1 672	7 296	1 864	7 695
中南区												
河南省	1 079	4 867	1 144	5 240	1 229	5 991	1 342	6 758	1 480	7 286	1 675	7 713
湖北省	719	3 078	763	3 505	833	4 027	887	4 408	975	4 684	1 119	4 931
湖南省	883	3 622	934	3 901	996	4 481	1 092	4 991	1 198	5 281	1 335	5 623
广东省	901	3 796	937	4 231	1 018	4 811	1 083	5 355	1 180	5 780	1 333	6 253
广西壮族自治区	430	1 939	538	2 445	574	2 817	618	3 201	676	3 538	757	3 873
西南区												
四川省	1 542	7 216	1 652	7 137	1 783	8 342	2 079	9 467	2 212	9 820	2 453	10 188
贵州省	359	1 689	398	1 821	452	2 180	506	2 531	553	2 777	614	2 968
云南省	395	1 910	446	2 160	495	2 509	538	2 884	591	3 173	667	3 406
西藏自治区	27	127	28	136	27	145	34	70	34	185	35	199
西北区												
陕西省	369	1 813	432	2 144	472	2 427	525	2 690	585	2 832	677	3 002
甘肃省	262	1 461	268	1 346	296	1 588	330	1 807	362	1 918	410	2 041
青海省	36	205	45	230	57	283	59	338	68	377	79	407
宁夏回族自治区			44	227	54	285	64	338	70	374	81	415
新疆维吾尔自治区	126	564	191	789	240	976	276	1 155	299	1 283	310	1 361
其他人数				336		450		450		450		424

表3　　各省、自治区、直辖市1986年户数、人口数　　（位单：万户、万人）

地区	户数	人口数			平均每户人数（人）
		合计	男	女	
全国总计	24 927	105 721	54 605	51 116	4.23
华北区					
北京市	285	975	498	477	3.43
天津市	222	819	417	402	3.69
河北省	1 384	5 617	2 888	2 729	4.06
山西省	648	2 655	1 393	1 262	4.10
内蒙古自治区	474	2 029	1 059	970	4.28
东北区					
辽宁省	977	3 726	1 904	1 822	3.81
吉林省	558	2 315	1 186	1 129	4.15
黑龙江省	789	3 332	1 706	1 626	4.22
华东区					
上海市	365	1 232	619	613	3.38
江苏省	1 681	6 270	3 199	3 071	3.73
浙江省	1 122	4 070	2 112	1 958	3.63
安徽省	1 237	5 217	2 714	2 503	4.22
福建省	590	2 749	1 421	1 328	4.66
江西省	727	3 509	1 816	1 693	4.83
山东省	1 900	7 776	3 967	3 809	4.09
中南区					
河南省	1 723	7 808	4 006	3 802	4.53
湖北省	1 162	4 989	2 573	2 416	4.29
湖南省	1 407	5 696	2 967	2 729	4.05
广东省	1 373	6 346	3 269	3 077	4.62
广西壮族自治区	783	3 946	2 044	1 902	5.04
西南区					
四川省	2 560	10 320	5 339	4 981	4.03
贵州省	635	3 008	1 542	1 466	4.74
云南省	691	3 456	1 755	1 701	5.00
西藏自治区	36	203	99	104	5.57
西北区					
陕西省	698	3 042	1 588	1 454	4.36
甘肃省	420	2 071	1 071	1 000	4.93
青海省	81	413	211	202	5.08
宁夏回族自治区	84	424	219	205	5.05
新疆维吾尔自治区	315	1 384	709	675	4.39
部队		324	314	10	

表4　　台湾、香港、澳门历年人口数　　(位单：万人)

年份	台湾	香港澳门
1949	739	186
1950	755	236
1951	787	202
1952	813	213
1953	844	224
1954	875	237
1955	908	249
1956	939	262
1957	969	274
1958	1 004	285
1959	1 043	297
1960	1 079	208
1961	1 115	318
1962	1 151	341
1963	1 188	359
1964	1 226	387
1965	1 263	369
1966	1 299	373
1967	1 330	383
1968	1 365	392
1969	1 433	399
1970	1 468	409
1971	1 499	405
1972	1 529	408
1973	1 556	416
1974	1 585	425
1975	1 615	437
1976	1 651	444
1977	1 681	451
1978	1 714	472
1979	1 748	490
1980	1 781	514
1981	1 814	526
1982	1 846	538
1983	1 873	520
1984	1 899	536
1985	1 923	586
1986	1 945	610

二、城乡人口

表5　**全国历年城乡人口数**　（单位：万人）

年份	总人口数	市镇人口		乡村人口	
		人口数	%	人口数	%
1949	54 167	5 765	10.6	48 402	89.4
1950	55 196	6 169	11.2	49 027	88.8
1951	56 300	6 632	11.8	49 668	88.2
1952	57 482	7 163	12.5	50 319	87.5
1953	58 796	7 826	13.3	50 970	86.7
1954	60 266	8 249	13.7	52 017	86.3
1955	61 465	8 285	13.5	53 180	86.5
1956	62 828	9 185	14.6	53 643	85.4
1957	64 653	9 949	15.4	54 704	84.6
1958	65 994	10 721	16.2	55 273	83.8
1959	67 207	12 371	18.4	54 836	81.6
1960	66 207	13 073	19.7	53 134	80.3
1961	65 859	12 707	19.3	53 152	80.7
1962	67 295	11 659	17.3	55 636	82.7
1963	69 172	11 646	16.8	57 526	83.2
1964	70 499	12 950	18.4	57 549	81.6
1965	72 538	13 045	18.0	59 493	82.0
1966	74 542	13 313	17.9	61 229	82.1
1967	76 368	13 548	17.7	62 820	82.3
1968	78 534	13 838	17.6	64 896	82.4
1969	80 671	14 117	17.5	66 554	82.5
1970	82 992	14 424	17.4	68 568	82.6
1971	85 229	14 711	17.3	70 518	82.7
1972	87 177	14 935	17.1	72 242	82.9
1973	89 211	15 345	17.2	73 866	82.8
1974	90 859	15 595	17.2	75 264	82.8
1975	92 420	16 030	17.3	76 390	82.7
1976	93 717	16 341	17.4	77 376	82.6
1977	94 974	16 669	17.6	78 305	82.4
1978	96 259	17 245	17.9	79 014	82.1
1979	97 542	18 495	19.0	79 047	81.0
1980	98 705	19 140	19.4	79 565	80.6
1981	100 072	20 171	20.2	79 901	79.8
1982	101 541	21 154	20.8	80 387	79.2
1983	102 495	24 126	23.5	78 369	76.5
1984	103 475	33 006	31.9	70 469	68.1
1985	104 532	38 244	36.6	66 288	63.4
1986	105 721	43 753	41.4	61 968	58.6

表6　　全国历年农业、非农业人口数　　（位单：万人）

年份	总人口数	非农业人口		农业人口	
		人口数	%	人口数	%
1949	54 167	9 441	17.4	44 726	82.6
1950	55 196	9 137	16.6	46 059	83.4
1951	56 300	8 674	15.4	47 626	84.6
1952	57 482	8 291	14.4	49 191	85.6
1953	58 796	8 729	14.8	50 067	85.2
1954	60 266	9 229	15.3	51 037	84.7
1955	61 465	9 335	15.2	52 130	84.8
1956	62 828	10 002	15.9	52 826	84.1
1957	64 653	10 618	16.4	54 035	83.6
1958	65 994	12 210	18.5	53 784	81.5
1959	67 207	13 567	20.2	53 640	79.8
1960	66 207	13 731	20.7	52 476	79.3
1961	65 859	12 415	18.9	53 444	81.1
1962	67 295	11 271	16.7	56 024	83.3
1963	69 172	11 584	16.7	57 588	83.3
1964	70 499	11 677	16.6	58 822	83.4
1965	72 538	12 122	16.7	60 416	83.3
1966	74 542	12 340	16.6	62 202	83.4
1967	76 368	12 637	16.5	63 731	83.5
1968	78 534	12 554	16.0	65 980	84.0
1969	80 671	12 403	15.4	68 262	84.6
1970	82 992	12 660	15.3	70 332	84.7
1971	85 229	13 350	15.7	71 879	84.3
1972	87 177	13 632	15.6	73 545	84.4
1973	89 211	13 992	15.7	75 219	84.3
1974	90 859	14 079	15.5	76 780	84.5
1975	92 420	14 278	15.4	78 142	84.6
1976	93 717	14 517	15.5	79 200	84.5
1977	94 974	14 674	15.5	80 280	84.5
1978	96 259	15 230	15.8	81 029	84.2
1979	97 542	16 186	16.6	81 356	83.4
1980	98 705	16 800	17.0	81 905	83.0
1981	100 072	17 413	17.4	82 659	82.6
1982	101 541	17 910	17.6	83 631	82.4
1983	102 495	18 378	17.9	84 117	82.1
1984	103 475	19 686	19.0	83 789	81.0
1985	104 532	21 054	20.1	83 478	79.7
1986	105 721	20 903	19.8	84 818	80.2

表7　各省、自治区、直辖市部分年份市镇人口数　（单位：万人）

地区	1957		1965		1970		1975		1980		1985	
	市镇人口数	其中：非农业人口	市镇人口数	其中：非农业人口	市镇人口数	其中：非农业人口	市镇人口数	其中：非农业人口	市镇人口数	其中：非农业人口	市镇人口数	其中：非农业人口
全国总计	9 949		13 045	10 170	14 424	10 525	16 055	11 621	1 9140	13 863	38 244	17 971
华北区												
北京市	342		505	432	470	387	511	423	572	487	640	549
天津市	284		435	343	423	306	469	340	512	388	565	434
河北省	489		441	297	495	321	560	380	671	649	1 749	657
山西省	261		307	222	352	246	438	281	503	337	1 483	490
内蒙古自治区	179		330	368	227	174	264	214	535	433	870	522
东北区												
辽宁省	864		1 132	945	1 312	950	1 321	958	1 419	1 139	2 482	1 425
吉林省	372		579	463	697	503	767	572	854	639	1 422	786
黑龙江省	540		827	704	1020	847	1 161	941	1 233	993	1 929	1 183
华东区												
上海市	634		698	689	643	580	614	604	667	659	749	736
江苏省	648		688	556	663	504	741	559	902	717	1 596	970
浙江省	362		423	298	477	294	494	321	569	381	1 534	599
安徽省	292		388	310	432	331	523	378	663	452	975	569
福建省	277		357	235	399	243	439	257	498	300	1 163	385
江西省	235		372	250	391	257	491	305	614	377	965	490
山东省	480		662	373	817	412	895	449	1 030	545	4 088	896
中南区												
河南省	472		576	355	641	380	793	443	895	558	1 440	730
湖北省	421		485	409	520	418	638	497	786	612	1 883	886
湖南省	320		406	331	445	355	532	405	671	499	1 724	672
广东省	506		717	542	773	544	876	598	1 069	733	1 877	1 067
广西壮族自治区	199		241	183	273	198	315	229	388	292	1 483	385
西南区												
四川省	749		864	664	946	701	1 038	776	1 336	902	2 599	1 164
贵州省	203		225	175	282	207	298	212	543	258	875	307
云南省	193		260	178	337	216	335	213	396	260	901	327
西藏自治区	16		11	11	14	6	15	12	24	18	21	18
西北区												
陕西省	265		334	241	402	284	435	296	522	349	1 167	480
甘肃省	207		213	162	218	163	267	187	290	214	771	285
青海省	41		43	34	65	53	63	53	75	64	138	94
宁夏回族自治区	—		41	29	68	45	70	48	80	55	146	74
新疆维吾尔自治区	98		149	135	172	150	242	220	373	283	585	367
其他人数			336	336	450	450	450	450	450	450	424	424

表8　　各省、自治区、直辖市1986年市镇人口数　　（单位：万人）

地区	总人口数	市镇人口		市镇非农业人口	
		人口数	占总人口%	人口数	占总人口%
全国总计	105 721	43 753	41.4	18 515	17.6
华北区					
北京市	975	655	67.1	564	57.8
天津市	819	579	70.8	439	53.7
河北省	5 617	2 013	35.8	699	12.4
山西省	2 655	1 511	56.9	516	19.4
内蒙古自治区	2 029	927	45.7	541	26.7
东北区					
辽宁省	3 726	2 571	69.0	1 448	38.9
吉林省	2 315	1 470	63.5	813	35.1
黑龙江省	3 332	2 038	61.2	1 205	36.2
华东区					
上海市	1 232	780	63.3	752	61.0
江苏省	6 270	2 059	32.8	959	15.3
浙江省	4 070	1 779	43.7	589	14.5
安徽省	5 217	1 526	29.3	647	12.4
福建省	2 749	1 203	43.7	396	14.4
江西省	3 509	1 029	29.3	510	14.5
山东省	7 776	4 450	57.2	893	11.5
中南区					
河南省	7 808	1 674	21.4	762	9.8
湖北省	4 989	2 358	47.2	939	18.8
湖南省	5 696	1 879	33.0	701	12.3
广东省	6 346	3 743	59.0	1 208	19.0
广西壮族自治区	3 946	1 507	38.2	396	10.0
西南区					
四川省	10 320	2 823	27.4	1 204	11.7
贵州省	3 008	904	30.1	314	10.4
云南省	3 456	1 000	28.9	336	9.7
西藏自治区	203	25	12.5	17	8.4
西北区					
陕西省	3 042	1 203	39.5	493	16.2
甘肃省	2 071	814	39.3	302	14.6
青海省	413	141	33.9	96	23.3
宁夏回族自治区	424	170	40.0	84	19.7
新疆维吾尔自治区	1 384	598	43.2	368	26.6
部队	324	324		324	

表9　　　　**全国历年市数、人口数**

年　份	市　　数 （个）	户　　数 （万户）	人　口　数 （万人）	其中：非农业 人口数（万人）
1953	166	1 074	5 249	4 353
1954	165	1 168	5 768	—
1955	163	1 229	5 884	—
1956	175	1 313	6 343	—
1957	177	1 435	6 902	—
1958	175	1 498	7 358	—
1959	183	1 567	7 925	—
1960	—	—	—	—
1961	208	1 683	8 299	7 032
1962	198	1 596	7 695	6 529
1963	174	1 558	7 621	6 609
1964	169	1 832	9 317	6 944
1965	171	1 799	9 252	7 087
1966	175	—	9 394	7 164
1967	175	—	9 544	7 221
1968	175	—	9 587	7 214
1969	175	—	9 530	7 058
1970	176	—	9 848	7 113
1971	180	2 044	10 047	7 331
1972	181	2 109	10 364	7 535
1973	181	2 173	10 609	7 690
1974	181	2 228	10 775	7 749
1975	184	2 344	11 105	7 852
1976	187	2 436	11 301	7 956
1977	189	2 528	11 515	8 055
1978	191	2 629	11 929	8 445
1979	203	2 865	12 940	9 037
1980	217	3 020	13 447	9 448
1981	229	3 330	14 332	9 828
1982	239	3 551	14 940	10 136
1983	271	4 311	17 895	10 752
1984	295	4 752	19 559	11 461
1985	324	5 342	21 611	12 250
1986	347	5 912	23 059	12 228

表10　　各省、自治区、直辖市1986年市数、人口数

地区	市数(个)	户数(万户)	人口数(万人)			其中：非农业人口(万人)	非农业人口占%
			合计	男	女		
全国总计	347	5 912	23 059	11 930	11 129	12 228	53.0
华北区							
北京市	1	175	597	307	290	522	87.5
天津市	1	156	546	279	267	424	77.7
河北省	17	277	1 046	548	498	526	50.2
山西省	10	158	653	348	305	346	53.0
蒙内古自治区	16	135	545	282	263	353	64.8
东北区							
辽宁省	18	467	1 690	863	827	1 186	70.1
吉林省	12	192	741	379	362	488	65.8
黑龙江省	17	300	1 157	590	567	802	69.3
华东区							
上海市	1	206	710	363	347	699	98.4
江苏省	15	332	1 117	577	540	649	58.1
浙江省	14	259	894	462	432	321	35.9
安徽省	16	196	773	407	366	388	50.2
福建省	10	105	437	227	210	217	49.6
江西省	12	133	590	308	282	282	47.8
山东省	22	528	2 069	1 061	1 008	613	29.7
中南区							
河南省	18	223	907	474	433	515	56.7
湖北省	20	392	1 628	841	787	630	38.7
湖南省	20	221	860	451	409	406	47.2
广东省	17	296	1 217	625	592	622	51.1
广西壮族自治区	11	122	548	289	259	223	40.7
西南区							
四川省	19	405	1 572	815	757	704	44.8
贵州省	6	109	496	258	238	187	37.7
云南省	11	122	548	282	266	198	36.2
西藏自治区	2	3	18	9	9	11	62.8
西北区							
陕西省	8	136	552	290	262	307	55.5
甘肃省	12	120	536	280	256	223	41.7
青海省	2	16	68	35	33	57	85.0
宁夏回族自治区	4	27	117	61	56	62	53.2
新疆维吾尔自治区	15	101	427	219	208	267	62.4

表11

全国1986年辖县市数、人口数

（单位：人）

市名	人口数	市辖区人口数	市辖区人口中非农业人口	
			人口数	%
北京市	9 751 240	5 968 007	5 222 662	87.51
天津市	8 187 687	5 459 176	4 244 065	77.74
上海市	12 323 316	7 101 601	6 987 253	98.39
河北省				
石家庄市	2 563 231	1 186 786	958 457	80.76
唐山市	6 154 719	1 409 848	958 633	68.00
秦皇岛市	2 312 424	448 371	320 202	71.41
邯郸市	1 881 884	1 014 364	767 562	75.67
邢台市	752 308	360 774	270 426	74.96
保定市	1 507 540	548 231	441 456	80.52
张家口市	929 345	629 194	499 354	79.36
承德市	803 296	337 376	234 724	69.57
沧州市	1 195 093	302 601	202 480	66.91
山西省				
太原市	2 393 095	1 928 641	1 439 792	74.65
阳泉市	1 084 221	516 380	327 117	63.35
长治市	2 731 886	473 649	285 138	60.20
晋城市	1 824 402	620 548	107 906	17.39
内蒙古自治区				
呼和浩特市	1 285 921	809 566	586 290	72.42
包头市	1 645 939	1 118 707	912 953	81.61
赤峰市	3 876 490	896 092	300 864	33.58
辽宁省				
沈阳市	5 411 193	4 285 029	3 335 059	77.83
大连市	4 915 809	1 682 134	1 421 881	84.53
鞍山市	2 632 618	1 298 412	1 121 889	86.40
抚顺市	2 128 513	1 269 925	1 126 369	88.70
本溪市	1 452 428	838 954	710 290	84.66
丹东市	2 705 415	594 150	479 513	80.71
锦州市	4 645 877	788 614	625 854	79.36
营口市	1 960 904	505 140	378 885	75.01
阜新市	1 751 498	689 830	593 578	86.05
辽阳市	1 666 583	589 051	450 265	76.44
盘锦市	951 273	365 140	245 852	67.33
铁岭市	3 456 070	288 925	220 045	76.16
朝阳市	3 582 186	328 397	187 522	57.10
吉林省				
长春市	5 950 875	1 909 029	1 511 537	79.18
吉林市	3 964 703	1 169 216	940 493	80.44
四平市	2 824 292	365 409	287 294	78.62
辽源市	1 151 782	378 203	320 270	84.68
通化市	2 094 419	372 693	295 954	79.41
浑江市	1 181 862	693 592	453 792	65.43
黑龙江省				
哈尔滨市	3 860 736	2 668 465	2 289 896	85.81
齐齐哈尔市	5 691 029	1 301 359	997 749	76.67
鸡西市	1 082 812	816 594	643 217	78.77
伊春市	1 269 416	829 687	765 107	92.22
佳木斯市	3 742 788	571 258	437 627	76.61
七台河市	673 787	326 634	173 095	52.99
牡丹江市	3 054 892	634 643	513 050	80.84
江苏省				
南京市	4 716 105	2 288 904	1 918 836	83.83
无锡市	3 954 559	860 761	724 589	84.18
徐州市	7 154 092	840 824	738 393	87.82
常州市	3 097 377	537 958	462 479	85.97
苏州市	5 403 685	722 405	634 815	87.88
南通市	7 490 732	419 608	292 634	69.74
连云港市	3 052 683	471 752	294 046	62.33

表11 **续1** （单位：人）

市名	人口数	市辖区人口数	市辖区人口中非农业人口	
			人口数	%
淮阴市	9 131 414	390 596	197 278	50.51
盐城市	7 306 482	1 264 546	193 017	15.26
扬州市	8 912 156	399 861	267 955	67.01
镇江市	2 479 749	421 960	328 529	77.86
浙江省				
杭州市	5 495 290	1 270 701	1 025 933	80.74
宁波市	4 918 919	1 032 851	507 738	49.16
温州市	6 362 065	535 698	375 645	70.12
嘉兴市	3 041 504	696 608	204 350	29.34
湖州市	2 354 715	973 856	212 160	21.79
绍兴市	3 982 395	257 997	163 546	63.39
金华市	4 092 211	268 739	124 817	46.45
衢州市	2 231 476	210 818	99 544	47.22
安徽省				
合肥市	3 530 159	901 822	645 207	71.54
芜湖市	2 188 022	509 383	403 457	79.21
蚌埠市	2 631 579	622 580	410 289	65.90
淮南市	1 634 766	1 091 274	633 539	58.05
马鞍山市	971 014	374 836	269 810	71.98
淮北市	1 392 423	461 555	275 361	59.66
铜陵市	563 485	238 079	200 353	84.15
福建省				
福州市	4 947 578	1 205 040	805 546	66.85
厦门市	1 045 410	558 395	351 138	62.88
莆田市	2 407 220	272 286	72 940	26.79
三明市	2 242 940	217 130	147 451	67.91
泉州市	5 223 639	444 121	161 425	36.35
漳州市	3 863 447	318 194	165 292	51.95
江西省				
南昌市	3 409 351	1 192 402	941 171	78.93
景德镇市	1 231 752	580 694	308 750	53.17
九江市	3 775 340	389 512	257 833	66.19
新余市	898 414	621 870	137 943	22.18
鹰潭市	889 872	119 851	66 782	55.72
山东省				
济南市	3 881 267	1 464 325	1 188 457	81.16
青岛市	6 330 969	1 273 035	1 176 578	92.42
淄博市	2 784 270	2 329 478	252 493	32.30
枣庄市	2 851 048	1 612 170	270 935	16.81
东营市	1 463 083	539 695	193 587	35.87
烟台市	8 288 495	734 020	354 844	48.34
潍坊市	7 965 532	1 055 365	317 600	30.09
济宁市	5 915 316	777 567	220 330	28.34
泰安市	5 832 114	1 339 844	206 987	15.45
河南省				
郑州市	4 914 901	1 610 527	1024 433	63.61
开封市	3 775 955	635 987	464 746	73.07
洛阳市	5 232 504	1 063 475	668 726	62.88
平顶山市	4 606 074	842 580	380 834	45.20
安阳市	4 322 750	549 547	363 151	66.08
鹤壁市	1 088 326	325 858	173 701	53.31
新乡市	4 367 279	546 790	419 656	76.75
焦作市	3 145 271	518 528	344 651	66.47
濮阳市	2 774 498	1 124 811	153 634	13.66
许昌市	3 031 933	254 134	176 702	69.53
漯河市	2 034 006	163 573	103 681	36.39
三门峡市	1 769 226	156 627	84 419	53.90
湖北省				
武汉市	6 199 553	3 492 557	3 023 892	86.58

表11

续2 （单位：人）

市名	人口数	市辖区人口数	市辖区人口中非农业人口	
			人口数	%
黄石市	1 207 330	460 049	410 522	89.23
襄樊市	5 982 302	441 584	333 946	75.62
湖南省				
长沙市	5 127 298	1 192 667	1 000 823	83.91
株洲市	3 218 531	512 817	358 131	69.84
湘潭市	2 473 141	616 414	400 853	65.03
衡阳市	6 104 663	616 108	431 480	70.03
邵阳市	6 269 083	475 320	220 611	46.41
岳阳市	4 429 985	422 059	254 056	60.19
广东省				
广州市	7 235 621	3 359 183	2 649 861	78.88
韶关市	4 408 508	371 955	315 735	84.89
深圳市	514 467	257 353	215 615	83.78
珠海市	425 877	165 148	99 930	60.51
汕头市	9 306 893	774 119	500 154	64.61
佛山市	3 659 879	322 566	254 204	78.81
江门市	5 427 405	240 315	177 237	73.75
湛江市	4 868 335	947 241	351 612	37.12
茂名市	4 650 454	449 646	140 107	31.16
广西壮族自治区				
南宁市	2 346 191	962 922	627 899	65.21
柳州市	1 459 284	655 126	539 187	82.30
桂林市	1 129 564	467 963	332 226	70.99
梧州市	817 061	267 454	199 830	74.72
四川省				
成都市	8 747 328	2 642 458	1 572 279	59.50
重庆市	14 274 562	2 832 339	2 128 191	75.14
自贡市	2 844 234	924 187	368 406	39 86
渡口市	847 694	545 913	371 917	68.13
泸州市	4 204 033	369 253	242 486	65.67
德阳市	3 432 516	768 186	177 334	23.08
绵阳市	4 759 666	858 954	234 465	27.30
广元市	2 768 154	818 526	164 247	20.07
遂宁市	3 256 006	1 195 068	125 383	10.49
内江市	8 199 071	310 202	197 657	63.72
乐山市	6 306 922	1 039 476	324 198	31.19
贵州省*				
云南省				
昆明市	3 363 325	1 515 987	1 111 487	73.32
西藏自治区				
拉萨市	327 910	107 725	94 813	88.01
陕西省				
西安市	5 639 673	2 386 864	1 776 761	74.44
铜川市	742 985	403 719	280 718	69.53
宝鸡市	3 093 113	367 054	291 676	79.46
咸阳市	3 973 052	661 569	294 693	44.54
甘肃省				
兰州市	2 334 035	1 390 956	1 096 660	78.84
金昌市	352 811	141 577	96 894	68.44
天水市	2 720 299	964 890	219 076	22.70
白银市	1 313 152	325 047	179 387	55.19
青海省				
西宁市	972 828	613 480	518 816	84.57
宁夏回族自治区				
银川市	736 300	411 827	291 638	70.82
石咀山市	586 386	326 290	237 763	72.87
新疆维吾尔自治区				
乌鲁木齐市	1 203 043	1 037 698	958 196	92.34

*贵州省无辖县市。

表12　　　　　　　　　　全国历年镇数、人口数

年　份	镇　数（个）	人口数（万人）	其中：非农业人口（万人）	非农业人口占%
1953		3 372		
1954		2 481		
1955		2 401		
1956		2 842		
1957		3 047		
1958		3 363		
1959		4 446		
1960				
1961	4 429	4 408	3 517	79.79
1962	4 219	3 964	3 210	80.98
1963	4 032	4 025	3 326	82.63
1964	2 877	3 633	2 941	80.95
1965	2 902	3 793	3 083	81.28
1966		3 919	3 137	80.05
1967		4 004	3 388	84.62
1968		4 251	3 258	76.64
1969		4 587	3 343	72.88
1970		4 576	3 412	74.56
1971		4 664	3 364	72.13
1972		4 571	3 539	77.42
1973		4 736	3 662	77.32
1974		4 820	3 710	76.97
1975		4 925	3 769	76.53
1976		5 040	3 836	76.11
1977		5 154	3 890	75.48
1978	2 850	5 316	4 039	75.98
1979		5 555	4 275	76.96
1980	2 874	5 693	4 415	77.55
1981	2 845	5 839	4 492	76.93
1982	2 819	6 214	4 579	73.69
1983	2 781	6 231	4 483	71.95
1984	6 211	13 447	5 228	38.88
1985	7 511	1 6633	5 721	34.39
1986	8 464	20 369	5 963	29.27

表13　　各省、自治区、直辖市1986年镇数、人口数

地区	镇数（个）	户数（万户）	人口数（万人）	其中：非农业人口（万人）	非农业人口占%
全国总计	8 464	4 899	20 369	5 963	29.3
华北区					
北京市	14	18	58	42	71.9
天津市	13	9	33	15	44.6
河北省	471	241	967	173	17.9
山西省	447	210	859	170	19.8
内蒙古自治区	201	93	382	188	49.2
东北区					
辽宁省	327	233	880	262	29.8
吉林省	247	184	730	325	44.4
黑龙江省	288	212	881	403	45.8
华东区					
上海市	33	21	70	54	76.6
江苏省	271	275	942	310	32.9
浙江省	473	250	885	268	30.2
安徽省	373	193	754	259	34.4
福建省	192	165	766	179	23.4
江西省	182	99	439	228	51.9
山东省	597	566	2 381	280	11.8
中南区					
河南省	204	174	767	247	32.2
湖北省	438	178	728	309	42.4
湖南省	505	254	1 019	295	28.9
广东省	782	536	2 526	586	23.2
广西壮族自治区	244	193	959	173	18.1
西南区					
四川省	639	329	1 250	499	39.9
贵州省	316	94	408	127	31.1
云南省	515	95	452	138	30.5
西藏自治区	8	1	7	6	77.8
西北区					
陕西省	347	149	651	186	28.5
甘肃省	147	58	278	79	28.6
青海省	35	15	73	39	53.3
宁夏回族自治区	35	11	53	22	40.9
新疆维吾尔自治区	120	43	171	101	59.4

三、人口自然变动

表14　　全国历年人口自然变动　　（‰）

年度	出生率			死亡率			自然增长率		
	全国	市	县	全国	市	县	全国	市	县
1949	36.00			20.00			16.00		
1950	37.00			18.00			19.00		
1951	37.80			17.80			20.00		
1952	37.00			17.00			20.00		
1953	37.00			14.00			23.00		
1954	39.97	42.45	37.51	13.18	8.07	13.71	24.79	34.38	23.80
1955	32.60	40.67	31.74	12.28	9.30	12.60	20.32	31.37	19.14
1956	31.90	37.87	31.24	11.40	7.43	11.84	20.50	30.44	19.40
1957	34.03	44.48	32.81	10.80	8.47	11 07	23.23	36.01	21.74
1958	29.22	33.55	28.41	11.98	9.22	12.50	17.24	24.33	15.91
1959	24.78	29.43	23.78	14.59	10.92	14.61	10.19	18.51	9.17
1960	20.86	28.03	19.35	25.43	13.77	28.58	—4.57	14.26	—9.23
1961	18.02	21.63	16.99	14.24	11.39	14.58	3.78	10.24	2.14
1962	37.01	35.46	37.27	10.02	8.28	10.32	26.99	27.18	26.95
1963	43.37	44.05	43.19	10.04	7.13	10.49	33.33	37.37	32.70
1964	39.14	32.17	40.27	11.50	7.27	12.17	27.64	24.90	28.10
1965	37.88	26.59	39.53	9.50	5.69	10.06	28.38	20.90	29.47
1966	35.05	20.85	36.71	8.83	5.59	9.47	26.22	15.26	27.24
1967	33.96			8.43			25.53		
1968	35.59			8.21			27.38		
1969	34.11			8.03			26.08		
1970	33.43			7.60			25.83		
1971	30.65	21.30	31.86	7.32	5.35	7.57	23.33	15.95	24.29
1972	29.77	19.30	31.19	7.61	5.29	7.93	22.16	14 01	23.26
1973	27.93	17.35	29.36	7.04	4.96	7.33	20.89	12.39	22.03
1974	24.82	14.50	26.23	7.34	5.24	7.63	17.48	9.26	18.60
1975	23.01	14.71	24.17	7.32	5.39	7.59	15.69	9.32	16.58
1976	19.91	13.12	20.85	7.25	6.60	7.35	12.66	6.52	13.50
1977	18.93	13.38	19.70	6.87	5.51	7.06	12.06	7.87	12.64
1978	18.25	13.56	18.91	6.25	5.12	6.42	12.00	8.44	12.49
1979	17.82	13.67	18.43	6.21	5.07	6.39	11.61	8.60	12.04
1980	18.21	14.17	18.82	6.34	5.48	6.47	11.87	8.69	12.35
1981	20.91	16.45	21.55	6.36	5.14	6.53	14.55	11.31	15.02
1982	21.09	18.24	21.97	6.60	5.28	7.00	14.49	12.96	14.97
1983	18.62	15.99	19.89	7.08	5.92	7.69	11.54	10.07	12.20
1984	17.50	15.00	17.90	6.69	5.86	6.73	10.81	9.14	11.17
1985	17.80	14.02	19.17	6.57	5.96	6.66	11.23	8.06	12.51
1986	20.77	17.39	21.94	6.69	5.75	6.74	14.08	11.64	15.20

表15　　各省、自治区、直辖市部分年份人口出生率　　(‰)

地　区	1957	1965	1970	1975	1980	1985
全国总计	34.03	37.88	33.43	23.01	18.21	17.80
华北区						
北京市	44.25	23.10	20.68	9.94	15.58	14.43
天津市	45.21		19.29	13.94	13.45	14.53
河北省	30.39	31.80	26.76	15.57	19.64	13.40
山西省	33.07	34.00	31.11	23.22	17.50	14.16
内蒙古自治区	37.17	38.00	28.92	22.19	18.51	13.80
东北区						
辽宁省	41.60	36.20	27.40	16.36	15.84	11.85
吉林省	34.64	40.50	33.17	20.48	17.85	11.93
黑龙江省	36.43	40.40	34.81	21.97	23.57	10.74
华东区						
上海市	46.00	17.00	13.83	9.43	12.57	12.74
江苏省	34.01	36.90	30.69	17.86	14.69	10.84
浙江省	34.62	36.50	26.16	19.49	15.10	12.11
安徽省	29.51	41.80	37.19	22.13	15.52	12.75
福建省	37.90	41.10	33.62	28.83	18.65	17.49
江西省	38.15	38.90	31.56	33.98	16.01	14.28
山东省	35.59	35.50	33.91	21.56	15.29	11.75
中南区						
河南省	33.48	36.10	31.59	22.75	17.25	11.51
湖北省	34.21	35.50	29.92	19.93	16.52	13.20
湖南省	33.28	42.30	37.22	25.04	16.19	14.44
广东省	34.73	36.30	29.64	21.03	20.72	15.68
广西壮族自治区	32.98	42.40	31.14	27.53	22.87	19.46
西南区						
四川省	30.63	42.40	52.70	29.14	11.93	12.79
贵州省	34.27	50.00	43.10	37.52	21.00	17.30
云南省	36.02	44.10	28.51	29.54	17.83	16.79
西藏自治区			19.44	22.35	22.35	23.32
西北区						
陕西省	32.00	34.70	26.76	21.70	16.15	16.09
甘肃省	34.06	45.30	39.46	20.96	16.51	14.32
青海省	32.18	48.70	39.93	31.59	22.26	14.21
宁夏回族自治区		48.10	40.36	36.34	27.37	17.09
新疆维吾尔自治区	28.00	41.70	36.67	33.10	21.83	19.80

表16　　各省、自治区、直辖市部分年份人口死亡率　　（‰）

地区	1957	1965	1970	1975	1980	1985
全国总计	10.80	9.50	7.60	7.32	6.34	6.57
华北区						
北京市	8.10	6.70	6.37	6.53	6.30	5.50
天津市	8.13	—	6.35	6.59	6.03	5.78
河北省	11.60	8.40	6.48	7.22	7.27	5.69
山西省	12.61	10.40	8.13	7.85	6.73	5.98
内蒙古自治区	10.69	9.60	5.81	5.68	5.46	4.46
东北区						
辽宁省	9.38	7.10	5.14	6.16	5.60	5.27
吉林省	9.23	9.70	6.33	6.74	6.20	5.34
黑龙江省	10.38	8.00	5.80	5.43	7.24	4.29
华东区						
上海市	6.06	5.70	4.99	6.01	6.49	6.69
江苏省	9.99	9.50	6.85	6.46	6.57	5.87
浙江省	9.24	8.10	5.97	6.31	6.29	6.05
安徽省	9.03	7.20	6.44	5.68	4.73	5.16
福建省	8.92	7.30	6.02	6.54	6.54	5.38
江西省	11.42	9.40	7.74	8.01	5.30	5.54
山东省	11.98	10.20	7.34	7.53	6.61	5.90
中南区						
河南省	11.74	8.50	7.43	7.66	5.22	6.22
湖北省	9.56	10.00	7.70	7.88	7.09	6.69
湖南省	10.35	11.20	10.16	8.34	6.87	6.46
广东省	8.55	6.80	5.89	6.06	5.41	5.01
广西壮族自治区	11.94	9.00	6.76	6.77	5.88	5.05
西南区						
四川省	11.82	11.50	12.60	8.86	6.81	6.67
贵州省	12.29	15.20	10.78	10.53	7.04	7.51
云南省	16.00	13.00	8.15	8.68	7.42	6.56
西藏自治区			7.64	9.05	8.20	10.13
西北区						
陕西省	10.25	13.00	6.28	8.16	7.23	5.99
甘肃省	11.07	12.30	7.94	7.42	5.53	4.99
青海省	10.40	9.10	7.56	8.24	6.09	4.58
宁夏回族自治区	—	9.30	6.43	7.74	5.67	3.77
新疆维吾尔自治区	14.06	11.10	8.23	8.74	7.70	6.39

表17　　各省、自治区、直辖市部分年份人口自然增长率　　（‰）

地　区	1957	1965	1970	1975	1980	1985
全国总计	23.23	28.38	25.83	15.69	11.87	11.23
华北区						
北京市	36.15	16.40	14.31	3.41	9.28	8.93
天津市	37.08	—	12.94	7.35	7.42	8.75
河北省	18.79	23.40	20.28	8.35	12.37	7.71
山西省	20.46	23.60	22.98	15.37	10.77	8.18
内蒙古自治区	26.48	28.40	23.11	16.51	13.05	9.34
东北区						
辽宁省	32.22	29.10	22.26	10.20	10.24	6.58
吉林省	25.41	30.80	26.84	13.74	11.65	6.59
黑龙江省	26.05	32.40	29.01	16.54	16.33	6.45
华东区						
上海市	39.94	11.30	8.86	3.43	6.08	6.05
江苏省	24.02	27.40	23.84	11.40	8.12	4.97
浙江省	25.38	28.40	20.19	13.18	8.81	6.06
安徽省	20.48	34.60	30.75	16.45	10.97	7.59
福建省	28.98	33.80	27.40	22.29	12.11	12.11
江西省	26.73	29.50	23.82	25.97	10.71	8.74
山东省	23.61	25.30	26.57	14.03	8.68	5.85
中南区						
河南省	21.74	27.60	24.16	15.09	12.03	5.29
湖北省	24.65	25.10	22.22	12.05	9.43	6.51
湖南省	22.93	31.10	27.06	16.70	9.32	7.90
广东省	26.18	29.15	23.75	14.97	15.31	10.67
广西壮族自治区	21.04	33.40	24.38	20.76	16.99	14.41
西南区						
四川省	18.81	30.90	40.10	20.28	5.12	6.12
贵州省	21.98	34.80	32.32	26.99	13.96	9.79
云南省	20.02	31.10	20.36	20.86	10.41	10.23
西藏自治区	—	—	11.80	13.30	14.15	13.19
西北区						
陕西省	21.75	21.70	20.48	13.54	8.92	10.10
甘肃省	22.99	33.00	31.52	13.54	10.98	9.33
青海省	21.78	39.60	32.37	23.71	16.17	9.63
宁夏回族自治区	—	38.80	33.93	28.60	21.70	13.32
新疆维吾尔自治区	13.94	30.60	28.44	24.36	14.13	13.41

第Ⅴ部分

计划生育

1986年中国计划生育状况分析

李宏规

1986年是我国第七个五年计划的第一年，我们继续坚持实行计划生育这项基本国策，在党中央、国务院的正确领导下，取得了新的成绩。

一、计划生育事业继续发展

1986年的计划生育工作总的来说形势是好的，工作是抓得紧的，工作质量有所提高，成绩是主要的。

（一）党中央、国务院更加重视计划生育工作，进一步加强了对计划生育工作的领导。1986年，中共中央政治局和书记处曾三次专门讨论计划生育工作，做出重要决定；3月初，万里副总理在全国计划生育先进集体、先进个人表彰大会上代表党中央、国务院发表重要讲话；3月下旬，全国人大六届四次会议通过的“七五”计划中明确提出了今后五年控制人口的任务和主要措施；5月，中共中央发出文件，批转国家计划生育委员会党组《关于“六五”期间计划生育工作情况和“七五”期间工作意见的报告》；12月初，根据中央书记处的建议，国务院召开了有省、自治区、直辖市人民政府主管领导干部参加的全国计划生育工作会议，赵紫阳总理、万里副总理等到会作了重要讲话。在上述文件、会议决定和讲话中，中共中央、国务院和全国人大重申了关于计划生育工作的指导思想、方针、政策，正确分析了形势，充分肯定了成绩，提出了统一思想，稳定政策，加强基层，做好优生优育等项工作，解决了工作中面临的一些主要问题。中央正确的指导方针，对于统一各级领导、计划生育工作干部和广大人民群众的思想认识，使计划生育工作始终按照既能有效地控制人口，又能密切党群关系，促进安定团结，促进社会主义四化建设的要求，健康地向前发展起了关键的作用。

（二）表彰先进，总结经验，推动计划生育工作发展。3月召开的全国计划生育先进集体、先进个人表彰大会表彰了全国16 000个先进集体和先进个人，国务院授予31个单位为全国计划生育红旗单位，并颁发了锦旗和奖章，这在我国计划生育史上是第一次。31个红旗单位是：北京市城区、天津市公用局、河北省张家口地区、山西省高平县、内蒙古自治区林西县、辽宁省金县、吉林省双阳县、黑龙江省大庆市、上海市纺织工业局、浙江省嘉善县、江苏省如东县、安徽省天长县、福建省厦门市鼓浪屿区、江西省上高县、山东省烟台市、河南省商丘县、湖北省黄冈县、湖南省常德地区、广东省开平县、广西壮族自治区龙胜各族自治县、四川省什邡县、贵州省平塘县、云南省玉溪市、陕西省勉县、甘肃省酒泉地区、青海省湟中县、宁夏回族自治区同心县下流水乡、新疆维吾尔自治区乌鲁木齐市、中国人民解放军北京军区、中共中央党校、中华人民共和国外交部。1986年各地表彰了一批先进集体和先进个人，宣传和总结了他们的模范事迹和工作经验，推动计划生育工作沿着中央指出的方向继续前进。根据中共中央十二届六中全会精神召开的全国计划生育社会主义精神文明建设经验交流会，进一步总结和推广了各地把计划生育纳入社会主义精神文明建设的经验，从理论和实践的结合上把计划生育工作提高到一个新的认识水平，黑龙江省克山县根据育龄妇女在青春期、新婚期、孕产期、育儿期和中老年期的不同特点，有针对性地进行基础知识教育，提高了群众实行计划生育的自觉性。河北省南宫市把计划生育当作一项社会系统工程，广泛开展“六治”活动，即发展生产治“穷”，移风易俗治“旧”，普及优生科学知识治“愚”，普及法律知识治“盲“，发展社会福利事业治“忧”，加强妇幼保健治“病”。通过综合治理和多种形式的服务劳动，有力地推动了计划生育工作。河北省获鹿县军民之间相互学习，密切配合，把计划生育作为共建精神文明的一项重要内容，收到了较好的效果。

1986年，响应和继续响应国家号召自愿终生只生育一个孩子的夫妇达到3 050万对，占已婚育龄夫妇总数的15.2%。同1985年比较，领取独生子女证的夫妇增加了100万对。

（三）抓紧基层工作，做好各项服务。1986年第一次召开了全国基层计划生育工作经验交流会。通过交流经验和研讨工作，明确了基层计划生育工作的地位、作用、范围、任务和主要工作方法。在试点县制订和试行了基层计划生育管理办法。各地为基层健全计划生育机构，配备工作干部，建立健全工作制度，以及从财力、物力、技术上支持基层，做了大量工作。又有一批基层计划生育服务站建立起来，原有的服务站得到充实加强。避孕药具供应有所改善，节育技术工作有所加强。为了帮助广大计划生育干部尤其是在基层工作的干部提高理论水平和工作能力，1986年组织编写了《计划生育手册》、包括17个分册的《人口知识丛书》和《农村人口问题解答》等，开辟了人口学专业高等教育自学考试渠道，参加学习的有13 000多人。在计划生育基层工作中，各地特别注意抓了对后进地区的指导和帮助，一批原来后进的地区和单位改变面貌，跨进计划生育先进行列。

1986年我国共生产避孕药原料药7 026.67公斤，短效药237 847.14万片（粒），速效药7 534.70万片（粒），长效药7 697.08万片(支)，外用药28 378.89万片（支、粒、张）。已有20个省、自治区、直辖市和计划单列市实行了避孕药具“经费包干、计价调拨”的管理办法。32个省、自治区、直辖市和计划单列市，249个地、市，1 900多个县、区建立了避孕药具管理服务机构，乡、村基层组织建设也有所加强，已配备专（兼）职药具发放人员120多万人，从省到村的药具发放网络正在形成。

1986年全国已采取避孕措施的育龄夫妇达到14 500万对，占已婚育龄夫妇总数的72.8%。在避孕的夫妇中，使用宫内节育器的5 880万，占避孕总数的40.3%；输卵管结扎的5 280万，占36.2%；输精管结扎的1 700万，占11.6%；使用药具的1 585万，占10.9%；使用其他方法避孕的144万，占1.0%。

（四）加强国际合作交流，宣传我国的计划生育政策。1984年以来，美国极少数人对我国的人口政策和计划生育工作进行了歪曲和攻击，引起国外一些不了解情况的人的误解。1985年美国又以不支持中国的所谓“强迫人工流产”为借口，削减和取消向联合国人口基金的捐款，并向人口基金施加压力，企图以改变其同中国合作的内容作为恢复捐款的条件。针对美国政府对中国内政的粗暴干涉，邓小平明确指出：“外国少数人骂我们的人口政策，他们的真正用心是要中国永远处于不发达状态”，“美国国会干涉我们内政，说中国节制人口不合乎人道主义。那些人居心不良，希望中国不实行计划生育，这是想让中国永远处于贫困状况”。我们根据党中央关于这个问题的一贯方针，公开批驳和揭露了美国极少数人的攻击，坚持了原则，宣传了我国在经济持续稳定发展的同时，人口发展速度不断下降的事实，充分显示了我国社会主义制度的优越性。在排除干扰的同时，我们继续加强了同国际组织、第三世界国家及其他友好国家的合作与交流，开展了多边和双边的合作，并取得了新的成绩。中国同人口基金第二周期（1985—1989年）的合作项目执行一年来，共请进顾问、专家44人，举办各种专业培训班26期，参加培训的计划生育干部和专业人员计500余人，派往国外进修的专业人员45人，并购进了一批计算机、视听设备、办公现代化设备和图书等，加快了计划生育部门的业务建设。

（五）部分地完成了1986年度人口计划。

1986年我国国民经济和社会发展计划规定：人口年末到达数为105 840万人，人口自然增长率为11.8‰；1986年9月在制订1987年计划时，将上述两项人口计划指标调整为105 900万人和13.0‰。

根据公安部门的经常性人口统计，29个省、自治区、直辖市的年末总人口为105 822万人。

又根据国家统计局对全国29个省、自治区、直辖市的413个县（市）近50万人口抽样调查结果，1986年全国人口出生率为20.77‰，死亡率为6.69‰，自然增长率为14.08‰。

从上可见，1986年末总人口执行结果低于计划数，自然增长率执行结果高于计划数。由于两种计划指标的结果是从两个渠道获得，近几年根据抽样调查推算的总人口数均高于经常性人口统计得到的总人口数。比如：1984年抽样调查推算的人口数为103 604万，经常性统计得到的人口数为103 475万，差129万；1985年抽样调查推算的人口数为104 639万，经常性统计得到的人口数为104 532万，差107万；1986年抽样调查推算的人口数为106 008万，经常性统计得到的人口数为105 822万，差186万。因此，1986年人口计划是部分地完成了。

二、人口生育开始回升

国家统计局的抽样调查结果，公安部门的户口登记资料和计划生育部门的出生统计年报都证明1986年人口生育开始回升，出生人数、增长人数、人口出生率和自然增长率虽然都低于1982年，但都高于1983—1985年，是近四年中最高的一年（表1）：

表1　1982—1985年全国人口出生和增长变动

	1982	1983	1984	1985	1986	资料来源
出生人数（万人）	1 798	1 473	1 368	1 393	1 598	计划生育部门年报
净增人数（万人）	1 469	954	980	1 057	1 290	公安部门统计
人口出生率（‰）	20.09	18.62	17.50	17.80	20.77	国家统计局抽样调查
自然增长率（‰）	14.55	11.54	10.81	11.23	14.08	国家统计局抽样调查

根据计划生育部门的年报统计，1986年全国出生人数比1985年增加205万，增加幅度为

14.8%。28个省、自治区、直辖市中（西藏自治区报表数不全，未进行比较），1986年出生人数比1985年增加的26个，减少的2个（表2）。北京市减少9.3%，福建省减少2.5%。增加最多的是四川、河南，其次是辽宁、江苏、浙江、山东、黑龙江，其余19个省、自治区、直辖市都有不同程度的增加，但都低于全国平均水平。从上述情况可见，1986年全国出生人数增加主要是几个人口大省增加造成的。四川、河南、山东、江苏、浙江、辽宁、黑龙江7省人口共计42 836万（1985年年底数），占全国人口总数的41.0%。1986年7省出生人数共计655万，占全国1986年出生总人数的41.0%。7省1986年出生人数比1985年增加147万，占全国1986年出生人口增加总数的71.7%。

1986年人口生育回升的原因是多方面的，主要是：

（一）育龄人数增加。1962—1975年是我国第二次生育高峰期，在那次生育高峰前期出生的人已经达到结婚生育年龄，受人口再生产周期规律的影响，我国人口开始进入新的生育高峰期。这是1986年出生人口回升的客观基础和主要原因。根据第三次全国人口普查资料推算（年中数，未扣除1982年以来的死亡数），1986年15—49岁育龄妇女人数为28 200万，比1985年的27 300万增加900万；生育高峰年龄段20—29岁妇女人数为9 600万，比1985年的9 220万增加380万；刚刚进入结婚生育年龄段20—24岁的妇女1986年为5 845万，比1985年的5 132万增加713万。

（二）结婚人数增加。据统计，1983年初婚妇女人数为787万，1984年为797万，增加10万；1985年为878万，递增81万；1986年为934万，又递增56万。连续三年初婚人数增加是1986年出生人数回升的一个直接原因。根据1‰人口生育率抽样调查，83.39%的初婚妇女在结婚后头三年内开始生育，其中当年生的占11.16%，第二年生的占57.17%，第三年生的占15.06%。结婚人数增加的原因除了进入结婚年龄的人数增加这个客观因素以外，还有两个因工作放松、管理不严的主观因素。一个是近几年不到法定婚龄结婚的人数逐渐增多，据一些地方的典型调查，农村这种早婚的占结婚总人数的15%左右。另一个是近几年来关于晚婚的宣传和管理工作削弱，晚婚人数减少，平均初婚年龄提前。据报表统计，全国平均的妇女晚婚率从1980年的87.5%下降到1986年的54.1%，抽样调查的晚婚率已降到40%左右。女性平均初婚年龄已由1981年的22.8岁降到21岁左右。

（三）照顾困难户生两个孩子的数量有所增加。1984年以后，辽宁、吉林、黑龙江、浙江、江西、山东、广西、贵州、陕西9个省、自治区在全省（区）农村或者部分农村，或者在试点上照顾只有一个女孩的夫妇再生一个孩子；四川、湖南、安徽、福建、河北省有的山区也实行了这个办法；这些省的平原地区和其他省、区、市也增加了一些照顾生两个孩子的条款，所以计划内出生人数也有一定数量的增加。

（四）工作放松的影响。一些地方在推广照顾农村困难户生两个孩子的试点经验时，由于干部、群众思想认识不够统一，未能控制住人口增长的局势，对如何应付人口生育高峰到来以及由于农村经济体制改革出现的新形势而产生的计划生育工作中的新问题，思想准备不足，措施不力，致使计划外出生数和计划内出生数同时增长。另外，由于对近年来日益增加的流动人口的生育缺乏有效的管理，流动人口中计划外生育的现象相当普遍。有的地方流动人口只占总人口的3%，出生人数却占当地出生总数的10%；在超计划出生人数中，发生在流动人口中的占一半左右。多年来计划生育工作的后进面一直较大，全国平均超过30%，各地的计划外生育，尤其是多孩生育主要发生在后进地区。

1986年同1985年比较，出生婴儿的孩次构成中，多孩比例下降，一孩、二孩比例有所上升（表2）。

表2 1985、1986年出生婴儿孩次构成(%)

	一孩	二孩	多孩	合 计
1985	50.2	30.1	19.7	100.0
1986	51.2	31.5	17.3	100.0

一般说来，一孩的增减主要反映育龄人数和初婚人数的变化，二孩的增减既反映工作是不是抓紧抓好，又反映照顾生育二孩数量的变化，多孩的增减主要反映工作情况。根据1986年出生人口中孩次构成变化的分析，我们可以了解各种因素对1986年出生人口回升的影响程度。虽然各省情况不同，甚至差别可能很大，但就全国平均来说，1986年多出生的人口中，育龄妇女人数增加的影响约占40%，放松工作（包括同控制生育有关的各项工作）的影响约占40%，照顾困难户生两个孩子的影响约占20%。

三、工作要继续抓紧

从对1986年计划生育状况的分析看，继续控制人口的形势是严峻的。之所以形势严峻，一方面是因为1986年已经开始进入新的生育高峰期，另一方面我们的工作中还有不少薄弱环节，计划外生育的比例还比较大，影响生育率下降。根据第三次全国人口普查资料推算，1987年全国15—49岁妇女人数为29 000万，比1986年增加800万；生育高峰年龄段20—29岁妇女人数1987年为9 800万，比1986年增加200万；刚进入结婚生育年龄段20—24岁妇女人数1987年为6 156万，比1986年增加311万。从育龄妇女人数增加以及前两年结婚人数增加的情况分析，1987年人口出生有将在1986年回升的基础上呈继续回升的趋势。据有关方面测算，因年龄结构变化，1987年将比1986年多出生100万人左右。为了使今后几年的出生人数不致回升太多，减轻人口增长给经济和社会发展带来的困难，我们要进一步认真贯彻中央、国务院制定的方针政策，更加严格地控制人口的增长，继续把工作抓紧抓好。

（作者工作单位：国家计划生育委员会）

中国已婚育龄妇女避孕状况及影响因素的分析

刘小治

随着计划生育工作的不断深入，避孕科学知识的不断普及，避孕在我国有计划控制人口增长的过程中，发挥了越来越重要的作用。本文将对我国已婚育龄妇女的避孕状况及影响我国已婚育龄妇女避孕水平的因素作一分析。

一、我国已婚育龄妇女的避孕状况

避孕是实行计划生育的前提条件，避孕率直接影响着生育率。

1982年全国1‰人口生育率抽样调查和1984年在1‰原样本点上的追踪调查的结果表明，随着计划生育工作的发展，我国已婚育龄妇女的避孕率呈提高趋势（见表1）。

表1　　1982年与1984年已婚育龄妇女分年龄组避孕率的对比

年份＼年龄组	15—19岁	20—24岁	25—29岁	30—34岁	35—39岁	40—44岁	45—49岁	15—49岁
1982年	10.0	30.5	68.2	87.5	89.0	82.0	52.9	69.7
1984年	51.4	63.9	81.2	92.1	93.2	90.7	82.1	83.5

1984年与1982年相比，我国已婚育龄妇女的避孕率提高了13.8%。在各年龄组避孕率普遍提高的同时，以15—19岁组、20—24岁组和45—49岁组提高的幅度最大。

通过分析避孕率，不仅可以掌握我国已婚育龄妇女避孕水平的总体情况，且还可了解群众的接受程度和计划生育工作的进度。越来越多的已婚育龄妇女争取了避孕措施，对我国人口自然增长率的下降，具有重要的意义。

已婚育龄妇女综合避孕措施构成是一项重要的分析指标，它不仅能清楚地描绘出已婚育龄妇女落实各种避孕措施的情况，而且还能深刻反映出计划生育政策的执行情况和已婚育龄妇女生育意愿等问题。

表2　　1982年与1984年1‰调查已婚妇女综合避孕措施构成的对比

年份＼避孕措施		输卵管结扎	输精管结扎	宫内节育器	口服药	避孕针、套、外用药等	其它	合计
1982年	人数	30 566	11 930	60 317	9 755	3 255	4 386	119 983
	%	25.5	9.9	50.1	8.1	2.7	3.7	100
1984年	人数	55 595	18 402	60 983	7 056	2 214	3 522	147 775
	%	37.5	12.5	41.3	4.8	1.5	2.4	100

1984年与1982年相比，在1‰调查的815个样本点上，不仅采取避孕措施的已婚育龄妇女人数增加了，而且综合避孕措施构成也发生了如下变化：一是采取输卵管和输精管结扎的比例，由1982年的36.4%上升到51.2%；二是采取其它避孕措施的比例呈下降趋势。从绝对数上看，采取输卵管和输精管结扎的人数增加了31 401人；使用宫内节育器的增加了3 671人；采取其它短效避孕措施的人数则减少了。

我国已婚育龄妇女避孕率的提高，表明了更多的已婚育龄妇女响应党和国家的号召，主动落实了避孕措施，实施有计划的生育。在综合避孕措施构成中，输卵管和输精管结扎的比例增大，表明了更多的人提前结束了自己的生育期，这对抑制多胎生育有着重要作用。我国已婚育龄妇女平均生育水平的下降，就是由高胎次向低胎次转化的结果。上述分析表明，我国计划生育工作在原有基础上，又取得了新进展。

二、影响我国已婚育龄妇女避孕状况的几个因素

由于一些相关因素的影响，我国已婚育龄妇女避孕水平的发展并不平衡，还有一些问题需要解决。深入分析影响我国已婚育龄妇女避孕状况的因素，对加强分类指导，进一步提高已婚育龄妇女的避孕水平和避孕质量，对完成到本世纪末把我国人口控制在12亿左右的战略目标，有着重要意义。

（一）计划生育政策的影响

人口问题历来为社会、经济、文化、教育、卫生、传统等因素所制约。在我国人口自然增长率下降的过程中，计划生育政策起了主要作用。有关生育的政策规定，对我国已婚育龄妇女的避孕水平和采取何种避孕措施，有着积极的促进作用。

从卫生部《卫生统计提要》公布的1971—1985年全国节育手术的数字中，可以清楚看出计划生育政策的深刻影响（见表3）。

表3 1971—1985年全国节育手术情况

年份	放置宫内节育器人次数	取出宫内节育器人次数	输精管结扎人数	输卵管结扎人数
总计	182 691 497	31 124 771	24 993 383	59 051 848
1971	6 172 889	…	1 223 480	1 744 644
1972	9 220 297	853 625	1 715 822	2 087 160
1973	13 949 569	1 126 756	1 933 210	2 955 617
1974	12 579 886	1 352 787	1 445 251	2 275 741
1975	16 743 693	1 702 213	2 652 653	3 286 042
1976	11 626 510	1 812 590	1 495 540	2 707 849
1977	12 074 313	1 941 880	2 616 876	2 776 448
1978	10 962 517	2 087 420	767 542	2 511 413
1979	13 472 392	2 288 670	1 673 947	5 289 518
1980	11 491 871	2 403 408	1 363 508	3 842 006
1981	10 344 537	1 513 376	649 476	1 555 971
1982	14 069 161	2 056 671	1 230 967	3 925 927
1983	17 756 736	5 323 354	4 359 261	16 398 378
1984	11 751 146	4 383 129	1 293 286	5 417 163
1985	9 576 980	2 278 892	575 564	2 283 971

自70年代初期提出的“晚、稀、少”的计划生育政策后，我国的节育手术量开始逐步上升，在1975年形成了第一个高潮。当年节育手术量达24 384 601人次，其中输卵管和输精管结扎的比例占24.4%。1979年普遍宣传一对夫妇最好只生育一个孩子，推动了已婚育龄妇女落实避孕措施的工作，形成了第二个高潮，当年的节育手术量达22 724 527人次，其中输卵管和输精管结扎的比例占30.6%。1982年后，当时重点抓的限制多胎生育的工作，全面促进了现有不同孩次的已婚育龄妇女采取避孕措施，在1983年形成了第三个高潮。当年节育手术量大幅度上升，达43 736 529人次，其中输卵管和输精管结扎的比例占47.5%，输卵管和输精管结扎比例的增加，使更多的有生育能力的已婚妇女提前退出了生育期，对于加强对已婚育龄妇女的管理和减少计划生育工作的难度起到了很好的作用。

从1973—1984年，每年放置宫内节育器的均在1 000万人次以上。而取出宫内节育器的人次，每年均在100万以上。取出宫内节育器主要有这样几个原因：一是部分已婚妇女退出了生育期；二是取出宫内节育器再生育；三是改用其它避孕措施，1983年取出宫内节育器的达530多万人次，其中大部份妇女改用了绝育措施。从中不难看出计划生育政策对已婚育龄妇女采取何种避孕措施的影响。

1985年与1984年相比，采用宫内节育器的人数减少了2 174 166人，输卵管和输精管结扎人数减少了3 850 914人。这是由于同年采取短效避孕措施的人数增加了（见表4）。

表4　1984年与1985年已婚妇女采取短效避孕措施人数对比（人）

年份 \ 避孕措施		口服及注射药	避孕套	外用药	其它	合计
1984年	全国	7 034 503	3 213 332	764 606	1 482 404	12 494 845
	农村	3 699 457	871 375	287 903	540 878	5 399 613
1985年	全国	8 766 023	4 465 908	999 527	1 517 679	15 749 155
	农村	4 528 458	1 285 110	402 320	571 625	6 787 513

资料来源：1984年与1985年中国人口资料手册计划生育工作部份

按表4的数字计算，1985年全国已婚育龄妇女采取短效避孕措施的人数比例比1984年提高了25.9%。农村已婚育龄妇女采取短效避孕措施的比例提高了26.8%。

（二）城乡差别的影响

目前我国城乡之间的差别仍较为明显，同样在计划生育工作中，我国城乡之间也存在着差异。

表5　1982年与1984年1‰抽样调查分项避孕率的对比　（%）

年份 \ 避孕措施		输卵管结扎	输精管结扎	宫内节育器	口服药	外用药	避孕套	其它	总计
1982年	城镇	15.0	2.1	29.0	13.5	0.7	7.1	6.5	74.1
	农村	18.2	7.8	36.0	4.2	0.1	0.3	2.2	68.9
1984年	城镇	20.6	3.6	44.6	8.6	0.5	5.1	4.7	87.7
	农村	33.7	11.9	32.3	3.0	0.04	0.3	1.4	82.6

从表5中可以看出，我国城镇和农村已婚育龄妇女的避孕状况有以下两点差别：一是城镇已婚育龄妇女的避孕率高于农村地区，这是由于我国城镇地区的计划生育工作取得了巨大进展，城镇妇女的生育观念发生了巨大变化，基本做到了一对夫妇只生育一个孩子，已婚有孩尚有生育能力的育龄妇女基本上都采取了行之有效的避孕措施；二是在城镇已婚育龄妇女的综合避孕措施构成中，采取短效避孕措施的比例高于农村地区。这是由于城镇已婚育龄妇女文化教育水平较高，加上避孕药具供应渠道畅通，采取短效避孕措施同样能达到长期避孕的目的。因此城镇地区已婚育龄妇女在避孕措施的选择上，比农村地区具有更大灵活性。

（三）地区差别的影响

在一些客观因素的作用下，在我国的计划生育工作中，不仅城乡之间有差别，地区与地区之间也有差别（见表6）。

表6 1982年1‰调查四省已婚妇女综合避孕措施构成和避孕对比（%）

地区 \ 避免措施	输卵管结扎	输精管结扎	宫内节育器	口服药	避孕针、套、外用药等	其它	合计	避孕率
江苏省	27.8	5.8	54.7	8.8	2.0	1.6	100	78.6
河北省	11.6	1.2	66.2	13.2	2.6	5.3	100	71.6
陕西省	17.2	0.8	70.1	6.4	2.1	3.4	100	73.3
贵州省	12.6	0.5	51.7	4.7	1.4	2.3	100	56.9

四省避孕率和综合避孕措施构成的差异，引起了生育率的差异。据1982年1‰抽样调查数据计算，1981年江苏省总和生育率为1.9；陕西省为2.4；河北省为3.0；贵州省为4.3。从上述情况来看，江苏省已婚育龄妇女的避孕率和综合避孕措施构成情况更符合我国的实际情况，因此它在控制人口增长的过程中，发挥了重要的作用。

与1982年1‰抽样调查数据相比，1985年国家统计局在两省一市进行的深入的生育力抽样调查表明，1984年河北省已婚育龄妇女避孕率为75.6%，比1982年提高了4%。陕西省已婚育龄妇女避孕率为69%，比1982年下降了4.3%。但从两省1984年的总和生育率来看，都低于1981年水平，河北省为2.31，陕西省为2.37。河北省妇女平均生育水平的下降，可以说是避孕率提高所致。而陕西省已婚妇女避孕率下降，为何也出现了生育率略有下降的情况呢？请看表7。

表7 两省已婚妇女分项避孕率对比 （%）

地区 \ 避孕措施	输卵管结扎	输精管结扎	宫内节育器	口服药	避孕套	避孕针	其它	合计
河北省	36.7	3.4	29.9	3.5	1.1	0.2	0.8	75.6
陕西省	24.9	3.1	36.6	1.4	1.4	0.1	1.5	69.0

表7表明，1984年两省已婚育龄妇女采取输卵管和输精管结扎的比例，均比1982年有大幅度提高，这是导致陕西省已婚妇女避孕水平下降，而生育水平也同时下降的一个重要原因。它说明尽管避孕水平有所下降，但通过提高避孕率的有效率，仍可能达到降低生育水平的目的。

（四）孩次构成的影响

毋须置疑，我国计划生育政策同相当一部份，尤其是农村已婚妇女的生育意愿有着一定差距。1982年1‰抽样调查数据表明，已婚妇女的现有孩次，对她们所采取避孕措施有着重大影响（见表8）。

从表8中可以看出，随着孩次的提高，已婚妇女的避孕率也在提高。在现有三孩上达到最

表8 1982年1‰全国已婚有孩妇女分孩次避孕率对比

孩次	一孩	二孩	三孩	四孩	五孩	六孩及以上
已婚有孩妇女数	33 000	36 801	33 587	23 976	14 255	11 803
已采取避孕措施人数	21 956	30 696	28 192	20 064	11 116	7 965
%	66.5	83.4	86.5	83.4	78.0	67.5

高值，现有五孩及以上的已婚育龄妇女避孕开始下降是正常的，它主要是由这批已婚育龄妇女的年龄结构所决定的。因为其中有一部分妇女已接近或将要退出育龄期和随年龄偏高所出现的绝经等现象造成的。

如果从通过避孕而达到不再生育的角度分析，最难以测定的则是现有一孩的已婚妇女的避孕率。尽管现有一孩的避孕率最低，但因其中还包括了一些符合政策规定可以生二胎，而尚需一定时间间隔和现有一孩仍想生第二胎，正持观望态度而采取临时避孕措施的已婚妇女，由此可以推断，终身只要一孩的已婚妇女数，要低于现有一孩而采取避孕措施的已婚妇女数。虽然现有二孩及以上的已婚妇女的避孕率已达到80%以上，但仍不能掉以轻心。事实证明，在我国的多胎生育中，有相当一部分是曾采取过避孕措施的已婚妇女。

现存孩次不仅对已婚妇女的避孕水平有着重大影响，而且对她们避孕措施的选择，也有着重大影响（见表9）。

表9　1982年1‰调查已婚妇女采取避孕措施与孩次的关系　（%）

孩次 / 避孕措施	一孩	二孩	三孩	四孩	五孩	六孩及以上	合计
输卵管结扎	1.9	22.8	33.5	23.5	11.4	6.9	100
输精管结扎	1.4	25.1	29.8	24.3	13.7	8.7	100
宫内节育器	24.4	27.2	19.2	13.8	8.5	6.9	100
口服药	37.3	28.6	16.2	9.8	4.5	3.6	100
避孕针、套、外用药等	43.8	28.6	15.8	7.0	3.2	1.6	100
其　它	33.5	23.5	17.2	11.1	1.8	7.2	100

从表9可以看出，我国已婚育龄妇女采取的各种避孕措施，在不同孩次上的构成情况是有一定规律的。

采取输卵管和输精管结扎措施的在现有三孩已婚妇女群上达到峰值。使用宫内节育器措施的是在现有二孩的已婚妇女群上达到峰值。而选择其它短效避孕措施的则是在现有一孩的已婚妇女群上达到峰值。

（五）孩子性别的影响

由于传统观念和其它一些客观因素的影响，在我国特别是在农村地区，对孩子的需求不仅表现在数量上，而且还表现在性别上。

从表10可以看出，只有男孩的分孩次避孕率均高于只有女孩的，它表明在动员已婚妇女落实避孕措施时，只有男孩的已婚妇女的工作比只有女孩的已婚妇女的工作要好做一些。另外，现有二男及以上并有女孩的已婚妇女的避孕率均高于同孩次只有男孩的已婚妇女的避孕率。这表明在男孩数量一定时，还是希望儿女双全。

从现在起到本世纪末，把我国人口控制在12亿左右是一项艰巨的任务。我国已婚妇女的避孕状况如何，将直接影响到这个战略目标的实现。我国已婚育龄妇女的避孕状况，除受上述分析的因素影响外，还和各地的经济、文化、教育、卫生、职业等条件的影响，有着一定内在联系。应当指出的是，国家、集体、个人在长远利益上的一致性，是我国开展计划生育工作的保证。没有广大人民群众的支持，我们不可能取得今天这样的成就。

由于我国城乡和各地之间的情况千差万别，因而在宣传和动员已婚育龄妇女落实避孕措

表10 1982年1‰调查按子女数性别的综合避孕措施构成和避孕率

避孕措施	输卵管结扎	输精管结扎	宫内节育器	口服药	避孕针、套、外用药等	其它	合计	避孕率
一　男	3.0	0.9	69.2	15.2	5.7	6.0	100	69.3
二　男	26.5	9.2	50.6	7.8	2.9	3.0	100	85.9
三　男	39.3	13.7	37.9	5.6	1.9	2.1	100	87.8
四　男	35.4	16.2	40.6	4.7	0.7	2.3	100	83.5
五　男	27.4	14.2	50.1	2.9	1.1	4.5	100	77.3
一　女	2.3	0.6	63.6	18.5	7.6	7.4	100	63.1
二　女	15.2	7.3	57.5	11.6	3.9	4.5	100	75.2
三　女	23.6	12.4	49.4	7.9	3.0	3.6	100	80.0
四　女	25.1	14.4	49.1	7.0	1.5	3.0	100	77.2
五　女	22.8	17.4	50.3	4.7	1.7	3.0	100	69.5
一男一女	22.8	7.8	53.5	9.0	2.8	3.1	100	84.7
一男二女	34.9	12.3	42.5	5.9	1.8	2.6	100	86.3
一男三女	34.1	13.8	42.5	5.6	1.5	2.6	100	83.4
一男四女	29.8	13.5	48.2	4.6	1.2	2.8	100	79.0
一女二男	39.0	12.5	39.1	5.2	1.5	2.7	100	88.9
一女三男	37.8	13.7	40.9	4.1	1.0	2.5	100	84.5
一女四男	32.0	16.3	44.9	3.4	0.6	2.8	100	78.3
二男二女	36.9	15.0	40.5	4.4	1.0	2.5	100	84.2
二男三女	32.8	14.3	28.2	4.1	1.0	3.0	100	79.2
三男二女	31.4	14.9	45.8	3.7	0.8	3.3	100	77.9

施时，不仅要着眼于避孕率的提高，而且还要着眼于避孕率的有效率，同时对已婚育龄妇女的综合避孕措施构成也应给予高度重视。这样才能在加强分类指导的前提下，围绕人口有计划增长这个中心环节，针对各地的实际情况，采取行之有效的办法，贯彻国家指导与群众自愿相结合的方针，这样做，将有利于减少计划生育工作难度，把计划生育工作真正落实到实处。

（作者工作单位：中国人口情报中心）

中国避孕药具的生产和供应

张克俭　肖振禹

一

避孕药品、避孕工具是实行计划生育、控制人口增长，实行人口发展计划化的物资保障。我国党和政府一向重视避孕药具的科研、生产、供应工作。解放以来，避孕药具的生产从无到有，从小到大，从品种单调到多样化发展，基本上满足了计划生育工作开展的需要。

特别是党的十一届三中全会以来，中央提出：用最好的原料、最好的工厂、最好的工人生产避孕药具。在国务院的重视下，各有关部门密切配合，各有关科研、生产、供应单位的积极努力，取得了显著成绩，为迅速降低我国人口出生率做出了贡献。

我国是世界上使用避孕药具人数最多的国家，据统计到1986年，使用各种避孕药具（不包括宫内节育器）节育的人数约1 600万人，占整个节育人数的11%左右。工业生产潜力可以达到4 000多万人份。随着我国计划生育工作的深入发展，提倡避孕为主的方针，推广采取综合节育措施，今后用避孕药具节育的人数还将会增加。特别是今后一二十年内，由于人口年龄构成轻，新进入育龄人群的妇女较多，属于初育、少子女的夫妇比重较大，加之人们文化和经济水平的提高，对避孕药具的科研和生产将提出新的任务和要求，避孕药具在各种节育措施中的地位也将发生变化。

经过多年的宣传教育，广大群众基本上能自觉实行计划生育，并响应党和政府提倡的一对夫妇只生育一个孩子号召，在整个育龄期他们不仅要求得到安全、简便的节育措施，而且希望很方便地满足对避孕药具的需要，利于健康、幸福。多少年来，承担避孕药具发放供应的单位和工作人员，千方百计，想方设法做好组织供应工作，以便不断方便广大育龄夫妇的要求。国家为方便育龄夫妇使用避孕药具节育，曾经通过低价销售，免费发放，送货上门等多种形式做好供应工作。最近几年，随着经济体制的改革，对避孕药具供应单位又实行经济包干的方法，进一步方便了群众，加强了管理，提高了使用效益。使避孕药具供应工作创出了一条具有中国特色的道路。

二

新中国诞生时，只能手工作坊式的生产一些避孕套。1955年在广州第一橡胶厂引进了一套进口生产避孕套设备，开始成批生产，其年产量为4 000万个。1963年制定了避孕套质量部颁标准。随后，我国自力更生发展生产，于1973年又在青岛、上海、桂林、沈阳、大连、天津等地建立了7个生产厂，10条生产线，年产量为6亿个。阴道隔膜50年代中期仅在上海生产，年产5万个左右。宫内节育器在50年代开始生产，而且只能生产单一的不锈钢金属节育环，目前发展到几十家，生产10多个品种和规格，已形成年产4 000多万个的生产能力。1962年以前，我国仅能生产处用避孕栓和避孕膏，年产量为40万人份。

我国是从1955年开始研究口服避孕药的，到1963年合成口服甾体激素女用避孕药，有复方炔诺酮，甲地孕酮、氯地孕酮等口服避孕药，经过几年实验和临床研究，1967年经国家鉴定，开始在全国推广使用。但是由于这些口服避孕药每月要服22天，还不够简便，又积极研制速效和长期避孕药。1969—1970年先后研制出复方18甲口服避孕药、53号速效避孕片、天津速效药片和长效避孕药针剂与片剂，从1971年起开始陆续推广使用。

与此同时，一些外用避孕药品，也有较大发展。1973年南京、天津、上海等地的避孕药具生产厂和科研工作者协作研制出外用避孕药膜，1981年开始在全国广泛使用。这种受欢迎的外用避孕药膜，目前已形成年产300多万人份的生产能力。

广大科研和生产工作者，为了千百万育龄夫妇的健康、幸福，本着科学的态度和自我牺牲的精神，承受着各种异性和毒性反应，研究了关于药物的避孕效果、作用原理、副作用、安全性，包括内分泌、代谢、凝血、遗传及其它对重要器官和机能的影响。通过大量的临床和实验工作，不断地改革了避孕药品的剂量和剂型，使避孕药品尽快达到安全、有效、方便的要求。

党的十一届三中全会以后，由于党中央和国务院领导的重视，避孕药具的科研、生产有了更大的发展。目前以推广使用的口服、注射、外用避孕药具共18种，几十个规格，已形成的年产量为3 000多万人份，大大超过了需求量，这些避孕药具的有效率都在98%以上。避孕药具的包装也起了较大变化，正向方便使用、易于保存、美观卫生方向发展。相比而言，可以说我国的避孕药具质量好、规格全、数量足、价格低。世界上具有这些特点的国家目前还不多。

避孕套的生产在原有的基础上，更新了设备，发展到14条生产线，年生产能力为12亿个。在扩大生产规模和增加生产数量的同时，还注重了产品质量的提高。从50年代到70年代生产避孕套一直选用滑石粉做隔离剂，纸袋包装，既不卫生，也不便于保管和使用。一些科研单位和避孕套生产厂开始研究改换隔离剂和改进包装的办法。1981年天津、沈阳等乳胶厂开始试产硅油透明避孕套，1983年所有的生产厂全部转产为新产品。包装也基本上做到单个产品密闭包装。同时，国家定点向避孕套生产厂供应优质乳胶，使提高产品质量有了根本保证。

宫内节育器目前有几十个生产厂，主要生产单圈不锈钢金属节育环、V型节育器、T型节育器、麻花环、宫内环、硅橡胶环、节育花、T型铜节育器等品种，其年产量约1 500万只。

当然，我国避孕药具的科研和生产还需进一步加强。如口服药品副作用较大，外用药品不够方便，节育环脱落率偏高，因包装久而造成浪费，以及生产单位由于劳动保护不够而影响生产工人身体健康等。但总的来讲，我国避孕药具的科研生产在短时期内有如此之大的发展，是相当可观的，我国目前23个避孕药具生产厂所生产的避孕药具的数量和质量基本满足了我国目前计划生育工作的需要。

三

我国避孕药具的供应工作的发展是随着避孕药具的科研和生产的不断发展，以及计划生育工作开展的需要而发展起来的，供应办法经历了一个由保本销售、低价亏本销售到免费供应的过程。

50年代和60年代供应避孕药具主要是靠医药零售商店低价出售。1970年初，在“四五”规划起草小组会议上，根据各省、直辖市、自治区所反映的各地计划生育药具缺乏，不能保障供给，并建议避孕药具免费供应。会后，财政部于同年3月向国务院业务组写了关于避孕药具列专用款问题的报告，并建议从1970年起在全国实行避孕药具免费供应。报告于4月被批准，5月20日财政部、卫生部联合向各地发出关于口服避孕药实行免费供应的通知，财政部增拨避孕药具专款，部分口服避孕药开始在全国实行免费供应。1973年底，国务院负责同志在中南海接见在京参加全国计划生育工作汇报会的全体代表时，传达了毛泽东同志关于避孕药、避孕工具不要钱还不行，还要送货上门，不然群众不好意思去拿的指示，要求在全国实行免费发放避孕药具。会后国务院计划生育领导小组、卫生部、商业部、燃料化学工业部于1974年元月联合发出“关于全国实行免费供应避孕药和避孕工具的紧急通知”，决定全国自1974年1月20日起，对15个群众能自己使用的药具实行免费供应并组织送货上门。当时的管理体制是财政部根据计划生育部门的需要计划拨专款，工业部门按需要组织生产，商业部负责供应。

全国实行避孕药具免费供应发放以来，在各级党和政府的关心领导下，在各级计划生育、卫生、商业、化工及供销等部门的密切配合和通力协作下，把做好避孕药具的生产、供应、发放视为一项光荣的政治任务，做了大量的工作，为实行计划生育，控制人口增长发挥了重大作用。

为做好避孕药具的生产、供应及发放的管理工作，国家逐步建立健全了一套有组织、有计划的管理制度。在组织分工上国家医药管理局负责避孕药、宫内节育器的生产、收购、调拨工作。化工部负责避孕套的生产。各级计划生育部门设有专门机构和人员负责这项工作。目前全国初步形成了一支专业化队伍，使避孕药具工作在组织上、业务上落到实处。

在计划管理上，有比较完整的计划管理制度。地方根据本地区使用避孕用具的人数和药具的库存情况，每年向国家报送一次避孕药具的需要计划。国家根据各地的计划需要，每年定期召开一次避孕药具工作会议，通过会议交流避孕药具生产、供应、发放的工作经验；研究解决工作中存在的问题；协调安排下达避孕药具生产、收购、分配计划；签定避孕药具供应合同。各省、自治区、直辖市也定期召开药具会议，把国家下达的计划向地、市进行分配，并交流工作经验。

避孕药具的供应渠道，70年代前，药具生产、收购、调拨计划由国家计划生育部门和医药、商业部门共同商定，商业部门组织收购管理，按照国家下达的分配计划，将药具调运到各地医药二级站（或地市级医药公司），二级站按计划定期送到县级医药公司，县级医药公司再按计划送到计划生育部门和医药商店，县级以下由公社卫生院或计划生育专职干部负责按各村用药人数定期发给赤脚医生或计划生育专干，然后由他们送到使用者手里。城市由区对所属街道、居委会逐级下发，同时各级医药商店设避孕药具专柜免费发放。80年代开始，国家计划生育委员会、国家医药管理总局为贯彻中央关于“改革、调整、整顿、提高”的八字方计，对避孕药具的管理体制进行了改革，对部分省市实行经费包干，计价调拨，以计划发放为主，零星发放为辅的方法。目前已有20个省、自治区、直辖市实行包干供应，渠道是由省、地、县三级设立管理部门，有专人负责供应发放管理工作，各级医药商店仍设专柜免费发放，目前有的地区试行低价销售，以免浪费。

对避孕药具的供应和发放，掌握了以下几个原则：

满足需要，保证供应的原则。根据广大育龄夫妇的现实要求和随着计划生育事业发展的实际需要来制订计划，安排生产，尽量提供群众需要的产品，不仅数量上满足，而且在品种、规格、型号及包装上满足他们的要求，以达到节育的目的。

方便群众的原则。方便群众是指群众可以较方便领取到符合于自己要求的避孕药具，而且在心理上不会有什么不好意思。目前避孕药具供应渠道主要有二种方式：一是通过计划生育部门实行有计划的发放；二是各级医药商店设专柜发放。由于免费发放，其形式又比较复杂，有些地区、部门重视不够，管理不善，可能有脱销或品种不对路现象，造成群众领取不方便，甚至花钱买不到的现象。为解决这个问题，近二年来在一些大城市采取计划免费发放，商业发放收费的办法。

防止浪费的原则。免费发放避孕药具始终贯彻社会效益和经济效益相统一的原则，既满足群众要求，又要做到物尽其用，防止积压和浪费。多年来，各级计划生育、医药部门做了大量的工作，但仍有一些浪费现象。这种浪费的根本原因是由于避孕药具的免费供应，没把供应的好坏与本部门的物质利益直接联系起来，因而未能充分调动经营工作者的积极性。免费供应往往造成不珍惜药品，为此，近几年逐步实行对药具实行收购，调拨计价的办法，改变了过去统收统调的现象，基本上杜绝了浪费现象。

为了更好的方便群众，保障供应，加强管理，减少浪费，提高药具的使用效益，国家计划生育委员会和国家医药管理总局自1982年底，先后在河北、吉林、浙江、湖南、广东、山西、黑龙江、江苏、福建、山东、河南、湖北、四川、天津、内蒙古、辽宁、安徽、陕西、重庆、武汉等20个省、自治区、直辖市及计划生育单列市实行避孕药具经费包干，计价调拨的管理办法，这项改革，主要表现在三个方面：一是由过去的中国医药总公司统一付收付购，向各省无价调拨，免费向群众发放改为避孕药具经费包干到省，药具调拨计价，免费向群众发放。包干使各级计划生育部门和医药供应部门都增加了避孕药具的价值观念，从根本上加强了管理，克服了国家统收统调的弊病。二是进一步健全了管理药具的组织机构，从省到村逐级建立避孕药具服务网。省、地、县三级计划生育部门建立了避孕药具管理站，负责避孕药具的计划、专区以下的避孕药具发放管理等工作，乡（镇）、村级及机关、部队、企事业单位都有专门人员负责，村以下也有兼职的避孕药具发放员，为群众送药具上门，克服了过去无人管理，制度不健全，责任不明的问题。三是减少了调拨周转环节，渠道畅通，计划落实、方便群众、保证供应。由于改革，加强了计划生育部门管理避孕药具的能力，地（市）级建立了药具仓库，配备了运输车辆，医药二级站把各种药具可以直接调拨到地（市）级计划生育药具管理站，由计划生育部门向县及县以下发放。另外，各地根根下达的包干经费指标和实际需要制订计划，由于计划来自基层，依据可靠，群众需要什么，药具人员就能供应什么。

实行包干，计价调拨提高了经济效益，据我们抽查河北省包干三年的情况看，1982年购买药具支出430万元，1983年为400万元，比1982年下降6.9%，1984年为370万元，比1983年下降7.5%，比1982年下降13.95%。1981年底，由医药部门交接的药具库存，全省不足60万元，包干后的1982年底库存增加到172万元，比1981年增加1.8倍，1983年库存增加到344万元，比1982年增加一倍，1984年库存增加到405万元。

改革避孕药具管理体制的多年实践证明，避孕药具的管理工作只有改革才有出路，改变国家统收统调的供应制度，完善责任制，由过去的单纯行政管理，转化为管理服务型，依靠严密的组织和科学管理制度，才能使药具为控制人口增长发挥更大作用。

（作者工作单位：张克俭　国家计划生育委员会
肖振禹　中国人口情报中心）

中日两国关于生育率与生活水平关系的合作研究报告

陈胜利

为了加强中、日两国在人口和计划生育方面的合作研究，国家计划生育委员会与日本国际协力事业团，于1984年、1985年先后两次签署了生育率和生活水平关系合作研究的备忘录。按照备忘录安排，在国家计划生育委员会领导下，中方在吉林省进行两次实地调查。中日双方专家两次互访，交流研究成果。中、日双方严格履行了协议的各项条文，认真地进行了一系列合作研究工作。现将两次合作报告如下：

一、合作研究过程

第一次合作调查，在吉林省吉林市郊区欢喜乡远达村和永吉县万昌乡裕华村进行。1984年3月中旬，日方专家在吉林省调查地点进行了实地考察。双方专家共同制定了农村人口生育率及生活水平调查表、填表说明、询问提纲和年龄对照表。为保证调查质量，吉林省计生委从吉林市各县（市区）选拔了工作认真、作风严谨、有实际工作经验的调查员，进行了短期培训。调查的时点定为1983年12月31日24时，实地调查从1984年4月23日开始，至4月30日结束。调查是在春耕大忙时节进行的，调查员进点后，经过说明情况、赶赴田间地头，得到群众的积极支持与配合，现场调查按计划顺利完成。被调查总人口为5 074人，调查中无一人拒绝回答。1984年5月中上旬，吉林省计生委组织了手工汇总，并写出分析报告。1984年6月中下旬，中方专家组访问日本，与日方专家合作研究了此次调查结果。双方根据中方分析报告，写出《生育率和生活水平关系中日合作调查研究报告书》，用中、日、英三种文字出版。

第二次合作调查，在吉林省全省范围内进行。1985年5月20日，接受日本国际协力事业团的建议，国家计生委邀请日方3人工作组来华，商谈第二次生育率和生活水平关系合作调查研究计划，签订了备忘录。1985年7月8日至23日，日方专家组8人赴吉林省实地考察。双方专家就调查表格、调查方法及一些具体事项进行了商谈。这次调查按分层、系统、整群的方法，以1.3‰的比例，随机抽取150个村民小组和5个城市居民委员会，是一次规模较大的抽样调查。吉林省在全省范围内选拔了635名调查员，他们有较高的文化水平，有较丰富的调查经验。吉林省计生委于1985年9月10日～16日，在梨树县举办了调查员培训班。通过培训和试点，调查员能够熟练掌握调查询问提纲和调查表，能够准确计算年龄并严守调查的各项要求，提高了调查水平的技巧，保证了调查质量。各地在调查活动中，通过建立岗位责任制、组织巡回检查组等措施，对各样本点进行现场调查情况的检查和指导，充分调动了调查员和工作人员的积极性。经过对现场调查的质量复查，证明调查的质量较高。汇总采用手工方式。汇总前制定出详细的汇总程序并确定具体的汇总方法，特别强调了汇总工作的严肃性和严密性。对检查中发现的问题，决不允许就表找平，随意修改。必须在原始表格中找出发生差错的原因，并及时修正。汇总后对全部资料进行逻辑关系审查，确定无误后进行资料分析工作。这次调查规模较大、内容丰富，能较好地反映吉林省人口变动情况。中方专家写出40余万字的调查报告，全面分析了这次调查结果。1985年11月21日～12月20日，中方专家组访问日本，就调查结果进行了共同研究。双方专家在合作分析的基础上，写出《中日两国关于生育率和生活水平关系的合作研究报告》。经过双方共同努力，两次的合作都取得圆满成功，中日双方都表示对这项合作进展满意。

二、合作研究主要成果

中方两次调查获取一批人口构成、婚姻、生育、避孕、终止妊娠、独生子女、家庭、经济等多方面的资料，为研究我国生育转变特点、完善人口政策和加强计划生育科学管理提供了准确数据。日方为两次合作提供了日本人口、农业、国土、通产等多方面的调查资料，主要有《1984年人口统计资料》、《日本人口结婚和生育》、《1985年农业调查结果》、《第三次全国综合开发计划》、《转换期的人才开发》等。以上资料，对我们了解日本的人口与经济发展，编制中国21世纪人口经济长远发展规划，会有很大帮助。

调查结果表明：吉林省人口年龄构成属年轻型。1985年全省人口年龄中位数为22.3岁，平均年龄为27.3岁。人口年龄金字塔的塔底收缩，15岁构成比最高，它与日本1960年人口年龄金字塔相似。吉林省1985年少年人口、劳动力人口、老年人口构成比接近日本1960年的数字（见表1）。

表1　人口年龄构成比较　（%）

	吉林省（1985年）	日本（1960年）
0～14岁	29.1	30.2
15～64岁	67.2	64.1
65岁及以上	3.8	5.7

1960年以后，日本人口再生产在更替水平上下波动，近年低于更替水平，致使现在日本人口金字塔接近于静止型的“钟形”形状。吉林省人口构成，能否在21世纪初期接近理想的静止状态，形成一个“钟形”的年龄金字塔，关键是在本世纪末以前，能否有效地控制人口过快增长，将人口再生产速度稳定在更替水平以下。

第二次世界大战以后，日本曾出现很短的“婴儿热”，以后生育率发生了惊人的下降，从1949年开始，在8年的时间中，日本总和生育率从4.0下降到2.0。吉林省在恢复计划生育机构后，从1973年到1981年，也经过8年时间，总和生育率从4.1下降到2.0。吉林省与日本几乎以相同的速度完成了生育率由高向低的转变，只是两者相隔十几年时间。这样迅速的、极相似的生育率转变，在世界人口史中是绝无仅有的。日本的这种生育率转变为日本的经济起飞创造了条件。日本在第二次世界大战以后，由于生育率下降，总抚养指数随之大幅度下降，（见表2）。从50年代开始，日本总抚养指数稳步下降到45%，社会人口负担很轻，有较多的资金用于社会经济发展，这是战后日本出现经济奇迹的重要基础。

表2　总抚养指数比较　（%）

年份	吉林省	日本
1950		67.7
1960		55.9
1970	78.5	45.1
1980	65.0	48.4
1990	45.6	43.1
2000	47.8	49.9
2010	39.8	58.2
2020	45.5	62.3

目前，我国正面临四个现代化建设的关键时期。经过十几年的计划生育工作，吉林省生育率迅速下降到更替水平以下，总抚养系数随之出现与日本50年代以后相仿的变化。如果吉林省今后总和生育率维持在2.0左右，总抚养系数可以从1970年的78.5%下降到1990年的45.6%，并可望在此水平上持续30年之久。这样低的抚养水平世界实不多见。除日本以外，各国只有瑞典的总抚养指数曾降到45%，而且持续时间不长。只要

坚持做好计划生育工作，我们可以赢得30多年的人口低抚养时期，为社会经济发展提供最有力的条件。吉林省如此，中国的其它省也如此。如果能充分利用这一有利因素，必将加速中国四化建设的进程。

吉林省妇女平均生育间隔短于日本妇女（见表3）。

表3 平均生育间隔比较 （岁）

	初婚～第一胎	第一胎～第二胎	第二胎～第三胎	第三胎～第四胎	第四胎～第五胎
吉林省（1975～1985）	1.35	2.45	2.84	2.82	2.93
日本（1982）	1.73	2.95	3.37	2.89	4.15

表3数据反映，第三胎以下的平均生育间隔，吉林省妇女较日本妇女短0.4～0.5年。第三胎以上平均生育间隔，两省基本相同。日本妇女第四胎至第五胎间隔时间为4.15年，存在样本过小带来的偏差。该间隔如与1977年调查结果平均计算，为3.09年，与吉林省妇女间隔大致相等。第三胎以下平均生育间隔出现差异的主要原因是：日本妇女在生育期间使用避孕措施较普遍，因而把胎次间隔拉长了半年左右。我国的计划生育提倡多年，一、二胎间隔时间还没有达到日本水平，虽然可推广各种避孕方法促其延长，但是很难把一、二胎间隔时间推迟到四年以上，更不要说七、八年。企图把一、二胎间隔延长到四年以上来降低生育率的方法是不切合实际的。

吉林省妇女平均初婚年龄低于日本妇女（见表4）。

表4 平均初婚年龄的比较 （岁）

	60年代	70年代	80年代
吉林省	19.56	21.90	22.37
日本	23.80	24.37	24.91

两者平均初婚年龄都随时间推移而升高。吉林省妇女平均初婚年龄始终低于日本妇女。形成两者差异的原因，除经济、文化水平因素影响以外，婚姻风俗不同也是重要影响因素。表4数据反映，两者平均初婚年龄的差距在逐渐缩小。60年代相差4.24岁，80年代相差2.54岁，差距缩小近50%。吉林省妇女平均初婚年龄的升高，主要是妇女文化水平、经济地位提高，以及计划生育工作的影响结果。

两次合作研究，吉林省第一次揭示出妇女婚后经历时间生育率。如果把40～70年代结婚的妇女，各年代结婚人数做为一个队列，她们婚后各年生育率可见表5。40年代以来，初婚与初育的间隔时间在缩短。以70年代和40年代为例，70年代结婚妇女在婚后的头一年生育率上升到0.326，第二年上升到0.482，升高速度较快，分别较40年代高119%及39%。原因是40年代妇女过早进入婚育期（16岁左右），生理上还不完全成熟，婚后要经历一段时间才能生育。70年代我国实行提倡晚婚、晚育的生育政策，平均初婚年龄提高到21岁以上，此时妇女身体发育比较成熟，怀孕和生育的机会增多，初婚初育间隔时间自然要缩短。

各年代初婚妇女婚后经历时间生育率第二个差别是：40年代生育率在0.2以上时间延续了20年，50年代延续了14年，60年代缩短到8年，70年代只有4年。这种婚后生育水平的下降，是文化水平提高、经济生活改善、计划生育工作的结果。尤其在70年代，计划生育明显降低了婚后生育水平。

表5　　初婚后经历时间生育率（吉林省）

间隔＼年代	40年代	50年代	60年代	70年代
0	0.149	0.206	0.238	0.326
1	0.347	0.431	0.472	0.482
2	0.257	0.305	0.361	0.298
3	0.309	0.325	0.375	0.291
4	0.303	0.283	0.332	0.210
5	0.281	0.275	0.297	0.156
6	0.277	0.267	0.292	0.116
7	0.283	0.279	0.231	0.075
8	0.289	0.246	0.210	0.055
9	0.259	0.265	0.167	0.034
10	0.233	0.271	0.141	0.012
11	0.213	0.256	0.120	0.008
12	0.213	0.215	0.061	0.007
13	0.273	0.213	0.039	0.005
14	0.249	0.163	0.033	0.002
15	0.225	0.173	0.020	
16	0.255	0.110	0.016	
17	0.225	0.108	0.007	
18	0.199	0.073	0.009	
19	0.201	0.083	0.004	
20	0.179	0.056	0.000	
21	0.173	0.036	0.001	
22	0.137	0.020	0.001	
23	0.081	0.010	0.000	
24及以上	0.203	0.010	0.001	
计	5.826	4.694	3.484	2.085

如果把婚后经历时间生育率按年数累计，绘出曲线（见图1），可以发现一种有趣现象：40年代初婚妇女，婚后一般较少受现代避孕方法的影响，其生育呈自然状态。我们可以把这条曲线做为基线。50年代、60年代、70年代的三条曲线都有一段与它接近，且平行增长。但是到了一定时间，分别为15年、9年、4年，三条曲线与基线交叉分离。交叉分离以后的生育率，可以认为是现代避孕方法控制的结果。交叉分离以前的接近且平行时间，反映各年代初婚妇女的婚后生育状态基本是自然状态，很少受计划生育或避孕方法的影响：目前的计划生育工作，主要是对初婚四年后起明显作用，对婚后初期尚

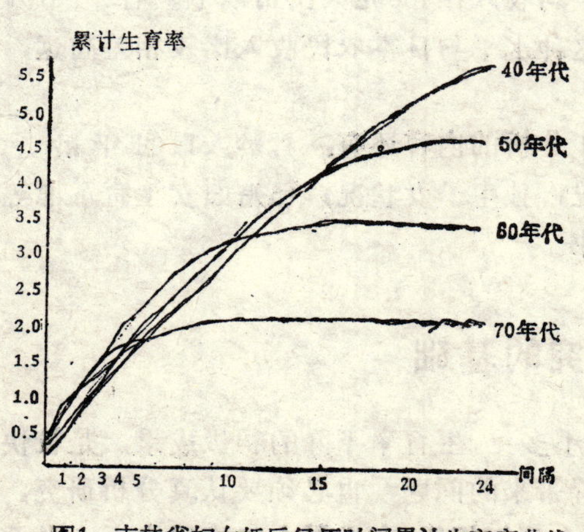

图1　吉林省妇女婚后经历时间累计生育率曲线

未起明显作用。四个年代初婚妇女婚后25年以上累计生育率差别很大。50年代比40年代减少1.132，可近似的看成是文化、经济发展导致的差别。60年代比50年代减少了1.210，其中一半是计划生育工作的结果，另一半是文化、经济发展结果。70年代比60年代减少1.399，是计划生育与部分计划生育的差别。70年代与40年代比较，减少3.741，这是计划生育与自然生育的巨大差别。

两次合作调查表明：吉林省1971年恢复计划生育机构以来，计划生育的作用逐年深入，总和生育率出现逐年下降的趋势（见表6）。

表6　　1972年以来总和生育率变化

	1972	1973	1974	1975	1976	1977	1978	1979	1980	1981	1982	1983	1984
吉林省	5.0	4.1	3.2	2.9	2.6	2.2	2.9	2.6	2.0	2.0	1.9	1.6	1.5
城　市	3.6	2.5	1.9	1.6	1.5	1.5	2.2	1.4	1.4	1.3	1.5	1.4	1.2
农　村	5.4	4.7	3.6	3.3	2.9	2.4	3.2	3.0	2.3	2.3	2.0	1.6	1.5

1984年全省总和生育率仅为1972年的30%，城市为33%，农村为27.8%。1972年以来，城市与农村总和生育率同步下降，计划生育工作基本均衡发展。1974年城市总和生育率已经下降到更替水平以下。那时计划生育只有“晚、稀、少”的一般性号召，没有经济、行政措施干预。在1979年，尚没有提倡一对夫妇只生一个孩子，城市总和生育率已经下降到1.4，已有相当部分群众自觉只生育一个孩子。因此，1984年全省总和生育率在1.5左右，不能单纯认为是行政、经济干预的效果。应该认识到，社会文化、经济发展对降低生育水平也起了一定的作用。吉林省农村总和生育率，1982年下降到更替水平以下，1984年在1.5左右。十几年来吉林省总和生育率的变化，清楚地说明提倡一对夫妇只生一个孩子的生育政策是成功的，已经取得了巨大的成效。

两次调查结果表明：当前吉林省农村的家庭结构，以两代人的核心家庭占主要地位。两代人的核心家庭已占77.4%，三代人的直系亲属家庭占16.1%。两者合计达93.5%。1980年以来，农村和城市的生活水平发生了深刻的变化，表现为住宅面积扩大、储蓄额增加、总收入提高等许多方面。1984年农民家庭收入分别是1954年、1964年和1980年的4.38倍、3.11倍和2.78倍。据不完全统计，1984年吉林省农民的人均收入在456元人民币以上。有95.37%的农民认为现在的生活较1980年有所提高。当然，这种水平与日本农民收入比较相差尚远，农村还需进一步提高劳动生产率，增加农民收入。

中日合作两次吉林省调查的成果很丰富。初步分析的内容还有：育龄人口的年龄、文化、职业构成；人口再生产诸指标分析；避孕状况；独生子女状况；已婚妇女生育意愿等，可详见《吉林省生育率和生活水平关系研究》一书。

三、进一步合作研究的基础

近十几年我国生育率迅速下降过程，在世界实不多见，生育率下降的积极成果，是较快地控制了人口增长，意义是巨大的。生育率迅速下降带来的问题，也必须要认真分析研究，找出对策。日本50年代生育率下降的速度，与我国近十几年相似。在世界人口发展史上，是两个少见的、相仿的生育率迅速下降的国家。因此，日本生育率下降后的人口问题，值得我们很好借鉴。如日本是世界进入高龄化社会速度最快的国家，为解决高龄化带来的一系列问题，日本政府及有关部门、学术界展开了广泛的研究。日本第三次全国综合开发计划，把高龄化问题及其对策列为重要内容。我国进入高龄化社会的时间要比日本晚20年左右，但高龄化的速度将快于日本。我们未来可能碰到的人口问题，在日本社会几乎都可以找到，因此应该很好地研究日本人口问题。

日本对中国的人口问题也很感兴趣，我国是世界人口最多的国家。近十几年我国计划生育工作取得举世瞩目的巨大成果。各国人口学者普遍希望在中国找到感兴趣的研究课题，取得重要的研究成果。日本著名人口学家黑田俊夫先生盛赞我国计划生育取得的成就，对中国的人口研究有很高热情。因此，双方对合作研究中日两国的人口都有积极性，愿意在前二次合作的基础上进行新的合作研究。

双方认为未来合作研究的范围是广泛的。如人口高龄化、人口迁移、人口城市化、人口与环境等课题，双方都表示有兴趣。经过两次中日合作，我们积累了完整的家庭、人口资料，培训了一批有较高水平的统计调查人员，建立了有较强处理数据能力的计算机系统。可以相信，经过双方努力，下一次中日合作研究，必将取得更丰硕的成果。

（作者工作单位：吉林省计划生育委员会）

1986年计划生育国际交流及合作

陈泉根

一、国际会议

国际计生联五大地区执委会和理事会

应国际计划生育联合会（总部在英国伦敦）的邀请，中国计划生育协会派观察员出席了1986年1月10日至11日在香港举行的地区执委会和6月19日至22日在南朝鲜汉城举行的地区理事会（按国际计划生育联合会地区章程规定，各地区每年召开地区理事会一次，地区执委会二次）。会议主要讨论了国际计划生育联合会的政策，地区各计划生育协会所开展的工作及财政预算等。中国计划生育协会在地区理事会上提交了加入亚太地区的申请，各国与会代表一致同意欢迎中国加入亚太地区并向中央理事会建议接受中国的申请。

国际计划生育联合会会员大会

国际计生联会员大会（三年一次）于1986年11月10日至14日在日本东京举行。有104个来自世界各地的协会代表参加了会议。中国计划生育协会副会长周伯萍同志等3人出席了会议。会上讨论了秘书长的工作报告及今后三年的工作计划，同时对国际计生联工作重点转移的政策、计划生育和妇幼保健等问题进行了讨论。会议选举了印度计划生育协会的瓦地亚女士继续任会长。大会接受了中国计划生育协会加入亚太地区的申请，并表彰了在计划生育领域内工作开展得比较突出的协会及个人。大会最后通过了《东京宣言》。

第13届亚洲寄生虫控制与计划生育会议

1986年11月11日至20日，中国计划生育协会副会长于旺等四人出席了由日本家族计划国际协力财团，亚洲、日本寄生虫控制组织，联合国人口基金及国际计划生育联合会主办的第13届亚洲寄生虫控制与计划生育会议（地点：日本东京）。参加会议的有70名代表，他们分别来自亚洲、拉丁美洲、非洲的15个国家，以及儿童基金、世界卫生组织等10余个国际组织。会上，各国交流了在妇幼保健、计划生育和寄生虫控制三结合项目工作中所取得的成就及经验。中国的三结合项目工作受到了与会国家的好评。国际计生联和日本家族计划国际协力财团对中国的结合项目成果给予高度评价，并表示将宣传中国的经验。

全球卫生咨询会议

美国佐治亚州亚特兰大埃默里大学卡特中心于1986年4月27日至5月1日在美国亚特兰大市举行了全球卫生咨询会议。会议分为六个专题小组：吸烟、酗酒、暴力与损害、生殖卫生问题、传染病及营养不良、环境及职业危险。人口及计划生育划分在环境及职业危险专题组内。参加会议的有来自世界各国的147名代表。中国卫生部长崔月犁和中国计生协副会长季宗权等人应邀出席了会议，并在小组会上作了专题发言。

美国人口理事会皮下埋植避孕剂研讨会

美人口理事会于1986年10月30日至31日在新加坡召开了皮下埋植避孕剂研讨会，近300名代表出席了会议。中国北京妇产医院副院长顾素娟等3人参加了会议。美国生物研究中心欧文、希文先生在会上介绍了皮下埋植剂的试用情况，中国、印度、泰国和印度尼西亚介绍了使用“皮下埋植”的经验。

世界志愿绝育联盟手术避孕安全性委员会会议

1986年10月22日至25日，世界志愿绝育联盟在新加坡召开了志愿手术避孕现状会议和手术避孕安全性委员会会议。中国、巴西、印度、土耳其、尼日利亚、英国、美国等36个国家和国际计生联、世界卫生组织、世界志愿绝育联盟、美国志愿结扎协会等7个国际组织的代表出席了会议。会议主要讨论了绝育手术安全性等问题。中国湖南省计划生育委员会副主任张友明医生等2人出席了会议。

二、互访与双边合作

1986年1月10日至30日，应国际计划生育联合会的邀请及安排，以中国计划生育协会副会长周伯萍为团长的中国计划生育代表团一行7人访问了荷兰和英国。在荷兰访问期间，代表团参观了荷兰国际人口研究中心、国际统计协会研究中心、欧加农药厂等。在英国，代表团访问了英国计划生育协会和国际计划生育联合会总部。就中国计生协与国际计生联对今后在计划生育领域内的合作问题与国际计生联秘书长维拉孔先生交换了意见。

6月25日至7月13日，国家计划生育委员会副主任常崇煊率中国计划生育代表团一行6人访问了德意志联邦共和国、瑞典和丹麦。在联邦德国，常崇煊副主任与联邦德国政府有关部门负责人就避孕药具的生产合作问题进行了会谈，并同先灵公司签署了合作生产避孕药具意向书。同瑞典方面就中瑞双方在人口统计和研究方面的合作交换了意见。在访问丹麦期间，双方初步交换了今后在专业人员培训方面进行合作的愿望。

1986年9月19日至10月15日，国家计划生育委员会副主任彭玉同志率中国计划生育代表团一行6人访问了卢旺达、贝宁和巴西。在访问卢旺达期间，代表团同卢旺达人口局局长戈当斯夫就当前世界人口问题交换了意见，并对今后两国在人口研究及计划生育领域内进行合作举行了会谈。卢旺达革命发展运动中央委员会总书记、外交部长及卫生部长分别会见了代表团。同时代表团还参观了医院和人口研究单位。在贝宁访问期间，代表团参观了贝宁计划生育协会及其下属基层单位。代表团在巴西参观了巴西家庭福利协会、医院、诊疗所、儿童课外活动站等。巴西社会福利部长会见了代表团，并就中巴今后在计划生育方面的合作和交流交换了意见。

1986年4月20日至28日，应国家计划生育委员会王伟主任的邀请，日本国会参议员、日本高龄化研究中心理事长安孙子腾吉先生率团（一行7人）访问了北京、上海和浙江。代表团主要来华考察中国人口老龄化问题，并就人口老龄化问题的合作研究与国家计生委举行了会谈。在京期间，全国人大常委会副委员长周谷城会见了安孙子腾吉先生一行。

1986年10月21日至11月1日，应国家计划生育委员会的邀请，日本福岛县知事松平勇雄先生率团（19人）访问了北京、上海、山东、西安，考察了我国的计划生育工作及经济发展情况。并就福岛县向我国计划生育提供援助一事与国家计生委进行了会谈。在京期间，中华人民共和国副主席乌兰夫会见了松平勇雄一行。

1986年11月20日至11月24日，应国家计划生育委员会的邀请，巴基斯坦人口福利局总秘书长伊克巴尔先生（副部级）及助手一人访问了北京和天津。这次来访，主要总结和评估中巴近几年来在计划生育领域进行合作的成果，并签订了中巴1987至1991年在计划生育宣传教育、技术研究等领域继续进展合作的议定书。

（作者工作单位：国家计划生育委员会）

中国计划生育协会工作综述

高志荣

中国计划生育协会（简称中国计生协）是一个具有广泛代表性的群众组织，成立于1980年5月29日。中国计生协的宗旨是：团结热心于计划生育工作的各界人士，为计划生育服务，为控制我国人口数量，提高人口素质，促进社会主义现代化建设做贡献。

一、中国计生协成立后，在各级政府的支持下在国际交往、国内工作两方面都取得了一定成绩，并在实际工作中不断总结，充分发挥民间组织的特点，协助政府做好群众性的计划生育工作。

在国际交往方面：1980年6月协会刚刚成立就接待了以山地一寿理事长为首的日本家族计划国际协力财团友好访华团。1981年9月在东京双方签订了“合作会谈纪要”互派考察团进行人口、计划生育、妇幼保健等工作的考察与交流。1983年签定了在我国山东泰安市、江苏太仓县进行“计划生育、妇幼保健、控制寄生虫”的三结合项目，经过三年实施取得成功。1986年又新开辟了四个点继续合作开展“三结合”项目。

1981年3月我协会接待了以胡赛因会长为首的国际计生联访华团。双方愿意合作在北京互换了函件，确定合作项目并向我协会提供活动经费。经我协会申请1982年被批准为国际计生联准会员，1983年11月在国际计生联第三次代表大会上我协会被接纳为正式会员。1986年在东京召开的第四次代表大会上又一致通过我协会参加国际计生联“亚大”地区组织。几年来，国际计生联在设备、培训经费、参加国际会议、考察等各方面都给予我们积极的支持和友好的帮助。通过国际间的交往，我协会加强了与国际民间组织、各国计划生育协会、友好人事往来，广交了朋友，增进了友谊，交流了信息，有利于我协会借鉴各国的经验，促进我们自己的工作。

在国内方面：首先，加强了中国计生协自身的组织建设。1986年3月中旬在京召开了第一次全国代表大会。会议修改并通过了《中国计划生育协会章程》。选举产生了中国计生协第二届理事会。目前，协会有理事108名，为了充分体现协会是群众性团体，第二届理事会更具有广泛的代表性。在理事中除来自社会科学、自然科学、文艺、新闻、出版、军队及有关群众团体等各行各界热心于计划生育的志愿者和从事多年计划生育工作的专业者外，还有来自最基层的计划生育先进工作者、劳动模范、独生子女家长的代表，也有来自宗教界的人士。第二届理事会由一名会长、六名副会长、一名司库（由副会长兼）、一名秘书长组成领导机构，十五位常务理事组成常务理事会（名单附后）。协会设办公室并根据其主要任务还分别成立了人口理论和政策、宣传教育、外事、科研、财务研究五个专业组，负责研究探讨如何发挥协会的特点进行各项工作，做好政府的参谋与助手。

二、加强对地方协会的指导，全国已初步形成群众性计划生育工作网络。

全国已有27个省、自治区、直辖市和8个计划单列市先后成立了计划生育协会。据不完全统计全国有各级理事66 213人，团体会员单位1 490个，建立“会员之家”和“会员联系户”17 064个，发展会员584 000余人（1986年12月数字）。从以上数字可以看出，这支群众性计划生育队伍已初具规模并仍在继续发展壮大。随着工作的深入发展各级协会逐步设立了专兼职干部，不断建立和完善自身的组织机构，以利于更好的发挥协会群众组织的作用。

三、各级计生协虽然成立时间不长，但结合本地实际情况创造出了许多基层工作的好经验，使协会工作向前迈出了可喜的步伐。他们的经验是：

（一）把协会工作的重点放到基层，使协会成为真正的育龄人群的群众团体。应当主要吸收育龄夫妇中的积极分子，因为他们对育龄夫妇的情况最熟悉，最了解，他们是生活在广大育龄夫妇中最现实的榜样；吸收老党员、老干部、老模范、老长辈、老离休等“五老”，他们是群众中最受尊敬的人，他们的情况熟，有威信，以身作则说话算数，并愿为计划生育发挥自己的余热；吸收各行各业热爱计划生育的积极分子，特别是各界知名人士，他们能从自己的角度结合本职工作对计划生育实行综合治理，同时他们也是广大群众最信赖的人。从而使协会真正具有广泛的群众代表性，是群众自己的组织。正象有的领导深有感触地说：“过去苦于计划生育工作难度大，是因为靠少数人做多数人的工作；现在成立了协会，调动了各个方面的人士是多数人做少数人的工作，变成了千斤担子众人挑了。”

（二）一定要走一条国家指导和群众自愿相结合的中国式的计划生育道路。各级协会要当好政府计划生育部门的助手和参谋。

河北省计生协认真遵照我国的人口政策并结合协会工作的特点，主要进行两个方面的活动：

一是控制人口数量方面的活动，要严格控制人口过快的增长。具体开展十六项活动：（1）会员带头模范执行中央制定的计划生育政策；（2）表彰一孩家庭树立光荣感；（3）组织独生子女运动会、智力竞赛开发儿童智力；（4）实行对独生子女进行免费体检，增强一孩家长的安全感；(5)建议解决独生子女保险费，使政策落实；(6)建议对独生子女和育龄家庭实行优惠照顾；（7）为独生子女家庭办好事；（8）帮助搞好抚幼敬老，为独生子女户夫妇解除后顾之忧；（9）建议安排工作时优先照顾独生子女户；（10）帮助独生子女家庭致富；（11）提倡晚婚晚育；（12）保证照顾应当生二胎的得到落实；（13）有针对性的做好计划外怀孕的育龄夫妇的工作，启发他们自愿采取补救措施；（14）改变那些计划生育后进地区的面貌；（15）对有关控制人口问题进行调查研究；（16）协助研究流动人口计划生育工作。

二是提高人口素质方面的活动，主要是优生优育。具体也开展十六项活动：（1）对已出生的病残儿童进行调查；（2）搞好优生优育宣传；（3）举办优生优育咨询；（4）推动优生优育科研工作；（5）协助对未婚青年进行青春期教育；(6)帮助普及婚前检查；（7）举办新婚夫妇学习班；（8）举办孕妇学习班；（9）推动产前检查；（10）推动接生的培训；（11）协助建立新生儿随访制度；（12）推动幼儿教育；（13）推动幼儿保健；（14）举办奶奶、爷爷、姥姥、老爷、妈妈、保姆等人的学习班；（15）协助组织治疗不孕证；（16）开展“婚、孕、生、育、养一条龙的服务活动。总之，以上各项活动的开展，总的目的就是充分发挥协会这一群众性的组织，动员方方面面的力量，以“服务”为主，达到使广大群众了解和掌握党和国家制定的计划生育政策；了解、掌握和运用有关的科普知识；实行群众自己教育自己、自己管理自己、使自己真正成为生育的主人。各级计划生育协会就是实现这一目标的桥梁。

中国计划生育协会会长副会长名单

会　长：王首道

副会长：周伯萍、季宗权、吴阶平、林佳楣（女）、于旺、刘铮

司　库：于旺（兼）

秘书长：赵茂峰

中国计划生育协会常务理事会名单

（按姓氏笔划为序）

于旺、王连城、王首道、刘铮、严仁英（女）、吴阶平、李晓东、周伯萍、季宗权、林佳楣（女）、赵茂峰、顾素娟、陆宁、董玉昌、魏绍杰

（作者工作单位：中国计划生育协会）

第Ⅵ部分

调 查 报 告

中国24万女职工素质调查分析

汪林仙

1986年3月至5月，全国总工会组织了一万多名工会干部对我国职工队伍进行了调查。这是全总对我国职工状况进行的第一次内容全面、规模空前的调查。

这次调查，采取了定点和随机抽样相结合的方式，涉及到29个省、市、自治区519个企事业单位80多万职工。调查点按不同地区、产业、所有制性质和不同规模、不同管理水平的企事业的一定比例确定①。全总在调查工作全面铺开之前，对各级工会派出的调查员进行了逐级培训。调查员均按全总统一制作的“职工状况调查征询问卷”向职工进行调查。职工采取无记名方式填报问卷。被调查征询的职工77万人，收回有效问卷647 112份，其中女职工答卷 246 929份，占答卷总数的38.16%。此百分比接近1986年全国女职工占职工总数的百分比（36.6%）②。

为了进一步了解女职工的一些特殊情况和变化，在此同时，全国总工会女工工作委员会要求部分省、市、自治区总工会女工工作部门，按统一的“女职工状况调查提纲”连同“女职工状况调查征询问卷”采取随机抽样和无记名方式进行调查。

本文运用全总对64万职工(女职工占24万)的调查数据和15个省、市、自治区③对26 32名（后面统称两万多名）女职工的调查数据和材料，着重对我国女职工的文化技术素质和思想道德素质进行分析。

一、全国女职工概况

解放30多年来，中国女职工队伍无论在数量还是质量上均发生了可喜的变化。

全国女职工已由1949年的60多万，占当时职工总数的7.5%，增加到4 688万（1986年底数），占职工总数的36.6%，人数是解放初期的78倍。

从分布看，工业越发达的地区，女职工占的比例越大。在全国，女职工超过百万的省市已有21个，其中上海、江苏、山东、湖北、广东、四川、辽宁、黑龙江八省市的女职工均已超过两百万④。京、津、沪、辽、浙的女职工已占本省、市职工总数的40%以上。⑤

① 调查结果：全民所有制职工有574 873人，集体69 931人，合资2 308人。

② 《人民日报》1987年3月8日“我国女职工人数1986年末已达4 688万人，较1978年增加50%之多。同时她们在全体职工中所占比重，也从32.9%提高到36.6%，其中全民所有制单位女职工有3 057万人，居多数”。

③ 15个省、市、自治区包括：北京、天津、上海、江西、湖北、福建、贵州、吉林、黑龙江、河北、陕西、甘肃、山东、广东、广西。

④ 1985年《中国统计年鉴》

⑤ 1987年3月8日《人民日报》

从行业看，女职工已遍布各行各业。国民经济的各大部类中，均有女职工。纺织、缝纫、饮食、服务、卫生等行业的女职工，已超过本行业职工的半数①，且大部分在生产第一线。女工程师、教授、研究员、飞行员、医生、经济管理人员、文艺工作者等各类专业技术人员的人数，已达400多万①。

过去女性很少涉足的职业，如法官、律师等，近年来正迅速增长。女法官现已达2万多，占法官总数的14%。

对64万职工的调查表明，目前已形成了一支以中老年职工为骨干，以青年职工为主体的职工队伍，在这支队伍中，女职工队伍比男职工队伍更年轻（见图1）。

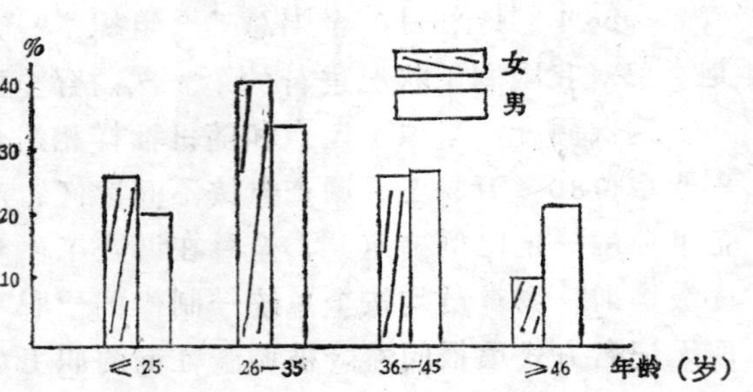

图1 64万男女职工年龄比较

从社会地位看，女职工的地位正在提高。一批又一批的女职工正在走向各级重要岗位。目前全国人民代表大会的女代表从1954年的147名，占代表总数的11.9%，上升到1985年(六届人大代表)的632名，占代表总数的21.2%。上海市的女干部从1949年的1 249人，占整个干部数的4.8%；增加到1985年的326 140人，占整个干部队伍的33.7%，是解放初期的261倍。全市处级女干部已由1958年的541人增加到1985年的1 856人；局级女干部由1958年的37人增加到1985年的211人，占整个局级干部数的8.1%。尤其是改革、开放以来，一批又一批的女能人脱颖而出，正在各级领导岗位发挥作用。例如，拥有12万职工的首都钢铁公司，干部队伍中女干部占30%，超过了女职工占整个职工的百分比（26%）。1978年底只有中层（科级）以上的女干部142人，占同级干部总数的5.31%；到1986年6月底中层以上的女干部已达311人，占同级干部总数的8.91%，短短的7年中层以上的女干部已增加了一倍多。改革前局级领导全是男性，现在9个正副经理（局级干部）中，有两位女性，且总经理是女性。武汉市江岸区自改革以来，已有74名女职工被民主选举为厂长、经理，占当选总数的43%。广州市1983年至1985年有48位女职工被提拔为厂长。云南省1983年到1985年，司局级干部中女干部的百分比已由原来的6.7%增加到11.1%；全省市长中女市长的百分比由原来的0.6%增加到20%。

这些变化表明，我国女职工队伍正随着社会主义现代化建设的深入发展而迅速壮大；女职工在改革和四化建设中，在社会主义物质文明和精神文明建设中正起着举足轻重的作用。这些变化和作用，显然与她们自身素质的提高，自强不息的精神，拼搏努力分不开的。

① 此处取用1984年《中国统计年鉴》数，1985年《中国统计年鉴》在此项未分男女。

② 1987年3月8日《人民日报》

二、女职工的文化技术素质

50年代初，全国只有专业技术人员42.5万人①，女专业技术人员更是少得可怜，就连女初中生，在企事业也是屈指可数的。现在则大为改变，女自然科学技术人员已达239.6万②。女职工的平均文化水平已高于男职工。

据对64万职工的调查，24万女职工中，具有初中、高中、中专文化程度的占81.41%，在40万男职工中具有同等文化程度的占72.97%。可见，具有中等文化程度的百分比，女职工比男职工高；而小学和识字不多的百分比，女职工比男职工低。现在已形成了一支具备中等文化程度为主体的女职工队伍。这表明，解放30多年来女职工的文化素质正在迅速提高，认为女职工比男职工文化素质低的旧观念应该改变（见表1）。当然，具备高知识程度的女职工的百分比仍不如男职工高。

表1　男女职工的学历比较　（%）

职工数	识字不多	小学	初中	高中、中专	大专、大学
24万女职工	1.99	9.71	44.57	36.84	6.92
40万男职工	2.71	12.95	42.06	30.92	11.38

调查表明，女职工由于文化素质的提高，技术素质也正在迅速提高。

24万女职工中，从事专业技术工作的已占11.82%，只比在40万男职工中从事同等工作的（13.6%）少1.78%。

由于女职工文化技术素质的提高，女职工的业务能力、组织领导能力和管理能力也正在逐渐提高，女职工担任领导和一般干部职务的百分比正在与男职工担任领导和一般干部的百分比拉近距离。调查表明，24万女职工中担任干部职务的占女职工总数的13.84%，比40万男职工中从事同类工作的少4.98%。

调查同时表明，不同层次文化程度的女职工和女专业技术人员，在各行各业的分布状况不尽相同。与现代化生产紧密相联的行业，如铁路、民航、邮电、国防、煤矿地质、水电、教育系统的女职工的知识结构较高。在这些系统的女职工中，具备高中、中专文化程度的百分比均已超过40%；具备大专和大学本科文化程度的百分比大多超过7%，其中教育系统的百分比最高，女大专学生已占本系统女职工总数的35.02%（见表2）。

从表2可看出，全民所有制企事业女职工文化程度较合资企业和集体企事业高。

由于不同文化程度的女职工在各行各业分布的区别，女专业技术人员在各行各业所占的百分比也不同。在教育、铁路、煤矿地质、国防系统的女专业技术人员占女职工的百分比均在15%以上，其中教育（占47.18%）和铁路（占35.54%）系统女专业技术人员的百分比遥遥领先于其它行业。女专业技术人员占本系统女职工百分比最少的是财贸（占3.82%），其次是轻工系统（占5.31%）和纺织系统（占5.41%）。

同样，在全民所有制企事业，女专业技术人员占女职工的百分比（占13.03%）高于合资企事业（占6.51%）、集体所有制企事业（占4.68%）。

调查表明，不同年龄组女职工文化程度的高低，与她们成长期所处国家政治形势的稳

---

① 指在全民所有制单位的数。

② 1984年数。

表2　　女职工文化程度比较　　（%）

		调查人数（人）	初中（%）	高中中专（%）	大专大学（%）			调查人数（%）	初中（%）	高中（%）	大专大学（%）
按单位所属产业工会分	铁路	7201	34.60	46.93	13.38	按单位所属产业工会分	轻工	32369	49.14	30.30	3.15
	海员	6706	49.11	33.27	4.69		纺织	37876	49.04	34.69	2.90
	民航	422	28.91	61.62	6.88		建筑	14862	46.42	34.55	4.28
	邮电	3484	39.87	46.42	8.01		农林	5775	46.52	34.78	4.00
	机械冶金	48030	44.39	36.50	7.76		财贸	25566	49.29	35.55	2.13
	国防	20264	40.67	41.06	10.29		教育	10441	16.04	45.10	35.02
	煤矿地质	7037	44.20	41.39	5.32	按单位所有制分	全民	210716	43.23	38.73	7.73
	石化	20998	45.06	38.75	7.70		集体	35060	52.49	25.57	2.09
	水电	5898	38.66	45.58	8.74		合资	1153	48.66	34.09	5.56

定，经济建设发展的速度，教育事业的兴衰，有着密切的联系。

目前25岁以下的青年是幸运的一代，她们在求学阶段，处于党的十一届三中全会以后。党的工作重点的转移，知识分子政策的落实，高考制度的恢复，为她们创造了良好的学习环境。她们中具有高中和中专以上文化程度的百分比比任何年龄组都高（占57.38%）。而36——45岁年龄组具有同类文化程度（占37.90%）比46岁以上年龄组（占41.86%）还低（见表3）。

表3　24万女职工不同年龄层次学历比较　（%）

年　龄	初　中	高中、中专	大专、大学
25岁以下	40.88	52.90	4.48
26—35岁	53.06	33.54	5.53
36—45岁	41.73	29.50	8.40
46岁及以上	27.75	26.85	15.01

从目前我国职工参加电视大学，职工业余大学等各类文化技术学习的情况，可以看出，在25岁以下的青年女职工中具有大专和大学学历的人数正在增长，且增长速度比较快。

虽然，目前女职工的文化技术素质比解放以来任何一个时期都高，但是她们并不满足于现有水平。

改革、开放、搞活加速了科学技术的发展。设备的更新、产品的换代、管理的科学化、劳动制度的改革、人才的流动等，这些变化加剧了女职工求知的紧迫感。她们认识到，不学习，不进取，就难以适应四化建设的需要，就有可能被淘汰。因此，女职工的求知欲正在不断增强。

据对24万女职工的调查，目前有37.57%的女职工正在参加文化学习。其中有26.26%的女职工正在克服种种困难，坚持读书自学，有5.07%的女职工参加大专以上的学习，5.57%的女职工参加中学文化学习。在“你参加技术、专业学习的情况是什么”一栏中，有34.46%

的女职工回答正在参加各类专业技术业务学习，其中有17.16%的女职工自己在攻读专业书。在求知奋进中，青年女职工表现得最为活跃。在参加文化技术学习的人员中，25岁以下的青年和团员的百分比居首位（见表4）。

表4 24万女职工参加文化技术专业学习情况

调查对象		调查人数	参加文化学习情况 %			参加技术、专业学习情况 %			
			大专以上	中小学	读书自学	企业办的技术业务训练班	班组日常技术业务学习	自己攻读专业书	参加社会的技术专业班
按职务分	工人	183 603	2.64	7.31	22.29	5.71	8.25	10.09	2.67
	干部	34 157	13.10	4.47	34.15	7.14	6.38	30.41	6.61
	专业技术人员	29 169	11.01	1.68	42.06	5.15	7.53	46.15	5.40
按年龄分	25岁以下	63 485	6.62	8.96	35.51	5.95	6.18	18.52	4.42
	26—35岁	96 996	4.78	7.39	24.79	6.52	7.70	15.06	3.81
	36—45岁	61 844	4.74	3.39	21.32	5.38	9.28	17.46	2.97
	46岁以上	24 604	3.09	1.92	20.64	4.08	9.74	21.19	1.61
按文化程度分	小学	23 965	0.54	6.01	12.11	3.75	10.26	5.19	0.98
	初中	110 037	1.88	8.46	21.17	6.18	8.50	10.20	2.73
	高中 中专	90 953	88.3	4.79	34.63	6.31	7.14	22.36	5.16
	大专 大学	17 082	15.62	0.56	39.96	4.83	5.08	54.85	4.42
按参加党派分	中共党员	28 886	10.07	4.25	31.83	6.72	9.86	27.98	4.53
	共青团员	80 921	7.09	7.58	34.15	6.67	7.22	19.62	4.66
	民主党派	715	7.70	7.14	31.89	6.58	8.12	29.52	2.94
	没参加	136 407	2.81	5.87	20.38	5.17	7.90	13.34	2.67

从表4中可以看出，25岁以下的青年女职工较注重于文化学习；46岁以上的女职工则侧重于专业技术学习。

调查表明专业技术人员和知识结构越高的女职工，越注重学习。具有大专和大学文化程度的女职工，参加大专以上文化学习（占15.62%）和坚持读书自学（占39.96%），以及自己攻读专业书的（占54.85%）的百分比均比其它文化程度的高。50年代和60年代初进厂的老女职工也不甘落后，在努力学习专业技术知识，自己攻读专业书的百分比位于各年龄组之首（占21.19%）。

从以上数据可以看出，文化基础和精力是自学的重要条件，职务要求是自学的动因之一。

据统计① 普通高等学校的女学生和女研究生占整个学生的百分比正在逐年提高。1985年普通高等学校的女学生已占整个学生的29.98%，比1980年（占23.44%）提高了6.54%；1985年的女研究生已达16 000多人，占研究生总数的18.6%，比1980年提高了6.8%。根据我国女职工大部分来自应届大学毕业生和历届城镇的初、高中毕业生这一特点，以及企事业在招生中实际存在的对女性的要求高于男性这一现象（这一现象也反映出，实际上的男女平

① 中国教育工会提供

等需要一个很长的过程）。随着我国教育的普及与提高，女职工的文化技术素质将不断提高，且具有较高文化程度，掌握较先进科学技术女性的比例还将不断增大。

从全国总工会历年对全国已成立工会组织的企事业单位职工①参加各种文化技术学习的统计数也可看出，在参加文化技术和专业知识学习的1 900多万职工中，女职工已占学习人数的近三分之一。这个数接近全国女职工占职工总数的百分比。

综上所述，无论从女职工的现有文化技术水平看，还是从女职工的来源看，中国女职工的文化技术素质将不断提高，这是必然的趋势。中国的女职工已是四化建设中一支不可缺少的重要力量。全中国人民，以至全世界人民都将对中国女职工刮目相看。

三、女职工的思想道德素质

思想，是客观存在反映在人的意识中经过思维活动而产生的结果。道德，是调整人们之间及个人和社会之间关系的行为规范的总和。社会主义精神文明建设的根本任务之一，就是不断提高整个中华民族的思想道德素质。那么在解放38年后的今天，我国女职工的思想道德素质发生了什么变化呢？

调查表明，由于女职工文化技术素质的提高，工作领域的拓宽，经济政治地位的变化，尤其是改革开放对女职工的影响，女职工的思想道德素质有了明显的变化和提高，女职工在理想的追求上和婚姻、恋爱、家庭观方面发生的变化是可喜的。

（一）对理想的追求

据对24万女职工的问卷调查，有50.44％的女职工表示自己的最高理想是“实现共产主义，四个现代化，使国家强大”；有33.36％的女职工表示最高理想是“使本厂有名气（占1.79％），当个好工人、好干部（占12.35％），个人有个好职业（10.19％），好好工作多赚钱（占6.81％），个人有名有利生活舒适（占2.22％）；”有13.93％的女职工最高理想是“有一个幸福的小家庭；”只有0.65％的人表示“找一个漂亮的爱人”。由此可见，女职工中有一半以上的人有较高的理想和抱负。

从问卷中，还可以看出不同职务，不同年龄，不同文化程度的女职工对理想的追求有较大的差别。

1. 从女职工担任职务的工作性质看。最高理想是“实现共产主义，四个现代化，使国家强大”的，专业技术人员（占70.43％）＞干部（占66.24％）＞工人（占44.33％）。在回答“您认为在职工中进行理想、纪律教育是什么”一题中，认为“有必要，有必要但要讲究方法”的，女专业技术人员占的百分比（占93.75％）与女干部占的百分比（占94.00％）相仿。由此可见，那些认为专业技术人员只会钻研业务，不关心国家大事，无远大理想的旧观念应彻底改变。

2. 从文化结构层次看。文化程度的高低与对理想追求的高低成正比。回答最高理想是“实现共产主义，四个现代化，使国家强大”的，具有大专和大学以上学历的（占72.55％）高于具有高中、中专学历的（占50.40％），更高于初中学历的（占46.97％）。

3. 从年龄结构看。中老年女职工绝大多数将实现共产主义，四个现代化和国家强大作

① 已成立工会组织企事业单位的职工数1986年已达9 900多万人。

为自己的最高理想。46岁以上的（占72.62%）＞36—45岁（占59.14%）＞26—35岁（占46.66%）＞25岁以下（占39.15%）。从中可以看出，女职工在工人阶级队伍里经党的多年教育和受工人阶级先进思想影响的时间越长，个人对理想的追求也就越高。

最高理想希望“个人有个好职业”的25岁以下的青年女职工占18.29%，居各年龄组之首。而45岁以上的女职工只有2.57%；最高理想是“个人有名有利生活舒适”的，25岁以下的女职工占4.38%，而45岁以上的只有0.72%。由此看出，对青年女职工加强理想和纪律教育，加强树立正确人生观的教育是很有必要的。

4．从参加党派看。广大共产党员仍把“实现共产主义，四个现代化，使国家强大”作为最高理想（占81.70%），远远高于参加民主党派（占54.43%）、未参加党派的群众（占47.48%）以及共青团员（占44.25%）。进一步分解，在共产党员女职工中，有56.89%的人表示最高理想是“实现共产主义”；在参加民主党派的女职工中，有19.45%的人表示最高理想是“使国家强大”，这是参加民主党派女职工中回答各种理想最高的一项。

对24万女职工的问卷表明，她们中已有11.29%的人是中共党员，有64.56%的人有入党的愿望；有80.07%的人有争当先进的愿望。总之80年代的女职工是奋发向上的一代，是有远大理想和抱负的一代。她们正在努力工作，刻苦学习，克服种种困难为社会多做贡献，她们要以自己对社会的奉献，来赢得社会的支持和重视，来争得事实上的男女平等。

据对吉林、辽宁、山西、河南、陕西、江苏、安徽、福建、广西、青海、四川、上海、天津、湖北等14个省市自治区不完全统计，近几年来，女职工提合理化建议和提案94万多条，其中有近50万条已被采纳。例如：1985年上海市总工会、市妇联、团市委、市创造协会和市计协联合发起组织了“女职工创造发明，献计献策，为社会主义添砖加瓦”活动，仅一年，全市就有54万女职工参加了这项活动（占全市女职工总数的26%）。一年来，全市女职工共献计献策11.4万多条，已实现的建议项目经济效益达3.2亿元。又如：武汉市1986年举行的百工种竞赛活动中，有34名女职工被评为市级技术标兵，占标兵总数的35.4%；有224名被评为市级技术能手，占能手总数的35.2%。

（二）女职工在恋爱、婚姻、家庭观念上的变化及问题

女职工的婚姻、恋爱、家庭观在改革、开放的新形势下有些什么变化，这是人们较为关心的社会问题之一。同样，通过对女职工婚恋观的分析，可以透视出当代女职工或叫城市职业妇女的道德水准，以及妇女对男子的希望与要求，妇女对社会的期望。

1．择偶观的转变

过去受封建残余思想的影响，妇女择偶时很注重对方的门第、财产、地位等。在“文化大革命”中受极“左”思想影响，许多职工择偶标准以政治条件为前题。改革以来，对内搞活、对外开放政策的实行，生活方式的变化，以及女职工对人生价值的新认识和对依附观念的摒弃，使女职工的择偶观也有了新的变化。越来越多的女职工在选择对象时，与过去相比更注重对方的事业心和实际能力。

据对15个省、市、自治区两万多女职工的调查，在回答“你心目中理想的丈夫是什么样的人”时，有23.70%的人认为“理想的丈夫是事业上的强者”；有54.68%的人认为“是工作上能干，会体贴人的男性”。还有5.31%的人说：“是性格有特色的男性”。只有3.01%的人希望丈夫“有文凭”。

2．女职工心目中理想的妻子

过去，较多的女职工为有政治上的翻身，经济上的独立而高兴、自豪、满足，也有不少女职工对自已能做个贤妻良母式的女性而感到欣慰。现在则不同了，更多的女职工在不断完善自己，追求自身的社会价值。据对两万多女职工的调查，参加工作的目的“为经济独立”的只占21.39%，“为吃好穿好玩好”的占5.16%，更多的则是“为祖国早日实现四化”（占50.28%），“为个人有所成就”的占13.14%。

女职工心目中理想妻子的形象也在不断变化。两万多女职工在回答“你是个或打算做个什么样的妻子”一题中，有67.95%的女职工表示，希望自己成为一个“一切为了事业或事业、生活二者兼顾”的妻子（见表5）。

表5 你是个（或打算做一个）什么样的妻子（%）

1、一切为了事业	11.74
2、生活、事业二者兼顾	56.21
3、在家我说了算	2.77
4、牺牲自己保丈夫孩子	8.77
5、工作上过得去，生活上过得好	16.89

这些表明女职工已不再满足经济独立和只做贤妻良母，更要做事业上的强者。女职工要显示自身的社会价值，要追求更高层次的自我完善。对天津市棉纺三厂、百货大楼、电机厂和血研所的一千名①女职工进行调查表明，在知识结构较高的单位，女职工愿做贤妻型的呈减少趋势，而愿做事业和生活二者兼顾型的呈增加趋势（见图2）。

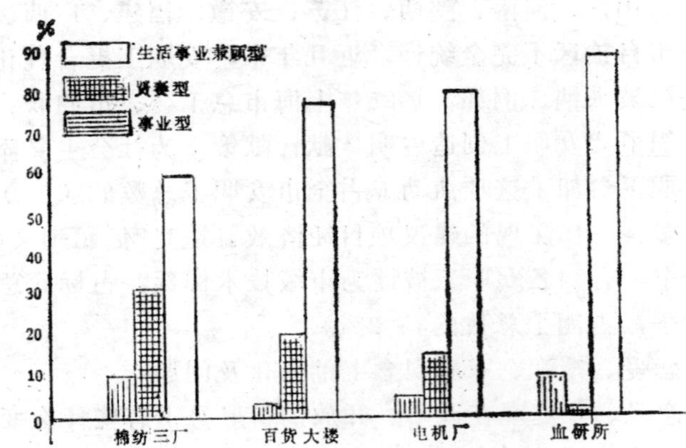

图2 天津市四个单位千名女职工对“你最佩服什么样的女性”的回答

注：图中各类人数所占百分比均为本企业所调查人数与本企业此类人数之比。

图2说明文化素质的高低影响着女职工向更高层次自我完善的程度。

从全国21个省、市、自治区总工会女工工作部门对本地区女职工的调查看，无论哪个地区、哪个行业的女职工，愿做事业生活兼顾型的都占绝对多数。这说明，解放30多年来，广大女职工在两个素质提高的过程中，已经由依附型向自主型转变，由生活型或贤妻良母型向生活事业二者兼顾型或事业型转变。

3．家庭幸福观的变化

爱情，是男女之间一种特有的美妙的情感；婚姻，是爱情的升华；家庭，是婚姻的实体表现。一个幸福美满的家庭，可以给人以温暖和力量，可以给家庭每个成员以工作学习持久

① 被调查的1 000名女职工分布在：天津棉纺三厂一个班次（甲班）500人；天津电机厂一个班次200人；天津百货大楼一个商业部即纺织品部200人；天津血研所一个研究室100人。全部被调查人员均属自然状态分布。

的推动力。什么样的家庭是最幸福的呢？

对两万多女职工的调查表明，80年代女职工衡量家庭是否幸福的标准，不再仅仅是温暖、和睦、经济宽裕。越来越多的女职工认为“家庭成员在事业上有成就和精神生活充实”的家庭是最幸福的。天津市棉纺三厂等四个单位千名女职工中有16.8%的人选择了这一内容（见表6）。

表6 天津4单位女职工对“你认为什么样的家庭最幸福”的回答

单位：人

1、家庭成员身体健康	358
2、家庭物质条件丰富	28
3、成员中有社会地位	25
4、成员在事业上有成就精神生活充实	168
5、夫妻和睦	263
6、和谐安乐	150
7、未表态	8

长春电影制片厂拍摄的影片《女人的力量》的副导演赵实同志的答卷具有一定的代表性。她说：“温暖、和睦、向上、纯洁的家庭是最幸福的。夫妻间应志同道合，有共同语言；互相信任，互相敬重，互相爱护，互相支持，互相促进；夫妻间的专业、爱好、成就可有不同，但理想、道德、志向却应是一致的。共同语言包括在家庭生活中，精神生活、物质生活、性生活、教育子女等方面的共同认识，也包括对社会的种种看法”。蚌埠市服装公司一女工说：“我认为最幸福的家庭不是经济条件的优越，家俱的多少，而是取决于生活有没有精神支柱，有没有充实的生活内容。如果有，这就是一个幸福的家庭”。她的看法，能代表新一代女职工对幸福家庭的理解。

与50年代和60年代相比，现在的家庭更重视对孩子的培养教育。对孩子的养育已由过去的温饱型或营养型，逐步转为营养智力型。许多工人家庭非常重视对孩子的智力投资。每位父母亲都希望自己的孩子成为一个有健康体魄，有良好的道德修养，有多方面兴趣爱好，有知识、有才干的新型的接班人。这些变化，与人民生活水平的提高，广大职工自觉响应国家的计划生育号召，有着密切的关系。据对24万女职工的调查，现在家庭生活水平与1979年相比，“提高很多或有所提高”的占84.99%。家庭人均月收入达50元以上的已有40.86%，比1979年同类收入水平的家庭增加了32.19%。

由于广大职工群众响应国家计划生育的号召，目前，女职工中已有59.68%的家庭是三口或四口之家。其中26—35岁年龄组女职工的家庭已有64.00%是三口之家，6.81%是两口之家。多数女职工可以腾出更多的精力从事工作与学习。她们不用象50年代和60年代的女职工那样，将精力财力分散用在多个孩子身上，可以集中力量养育好一个或两个孩子。

4．女职工在恋爱、婚姻、家庭中出现的新问题

调查表明，在恋爱婚姻问题上，绝大多数女职工是慎重的，婚后家庭生活是稳定的。但是，也有部分女职工对恋爱婚姻的态度不够严肃。有的未婚同居，有的草率结婚、离婚，有的充当第三者，产生了许多不良的后果。

据对两万多女职工的调查，传统的贞洁观正在发生变化。在回答“你对未婚同居的看法”一题中，认为未婚同居是“伤风败俗”的占19.36%；认为“不应该”的占58.54%；认为“如果两人关系确定无所谓”的占7.02%；认为“不必太认真和只要两人都同意没什么不可以”的占4.54%。

据对两万多女职工调查，对于插入夫妻正常生活，影响夫妻感情，直至使夫妻闹离婚的

第三者，绝大多数女职工持反对态度。有19.00%的女职工对第三者插足表示“深恶痛绝”，她们主张对第三者不仅要从道义上进行谴责，而且应该从法律上给予惩罚；有49.91%的人认为“不道德”；有13.08%的人认为应该“具体问题具体分析”；有5.38%的人认为“第三者是检验双方感情的试金石”，经得起考验就一起生活，反之也不勉强，一个不和睦家庭的解体可能是两个幸福家庭的开始；还有1.44%的人认为“只要有感情无所谓”。

女职工是否有正确的恋爱观，能否正确对待和处理婚姻家庭问题，不仅关系着她们的成长、家庭的和睦，还关系着社会的安定团结。因此，必须重视女职工在恋爱婚姻方面出现的新问题。要加强对女职工的思想政治工作，教育她们自尊、自爱、自重、自强，帮助她们努力提高自己的素养，培育高尚的情操，树立正确的婚恋观。

近年来在一些家庭中，婆媳、姑嫂关系紧张的现象有所增多。分析原因，主要是：一方面，忽视了对青年人的社会主义伦理道德的教育，有些青年人缺乏必要的修养；另一方面，也有一些老人对青年人缺乏理解，提出了一些过高的要求。

综上所述，80年代的女职工队伍，在文化技术素质和思想道德素质方面发生的变化是可喜的。80年代女职工队伍，是一支有知识、有文化、有一定道德素养的、积极进取、奋发向上的队伍；是一支大有潜力可挖的队伍；是一支充满希望和前途的队伍。在改革、开放、搞活的历史潮流中，广大女职工正以顽强的毅力，克服种种困难，自强、自立。时代也将通过改革塑造出新一代更为完美更臻完善的新女性。

四、影响女职工素质提高的因素

我国女职工的素质虽有较大提高，但是与社会主义现代化建设的要求还有很大差距，就是与男职工相比，许多方面也存在不少差距。例如：女职工中受过高等教育的大学生、研究生的百分比不如男职工高；高级女科技人员明显少于男性；部分女职工虽然与男职工一样，具有同等学历，但实际工作能力，分析问题和解决问题的能力常常不如男职工强。调查表明，影响女职工素质进一步提高的因素是多方面的。除了历史的原因和男女之间的生理差别的原因之外，还有以下几方面因素：

（一）家务劳动过重

繁重的家务劳动，仍是女职工最大的烦恼。

据对24万女职工的调查，有37.78%的女职工业余时间主要用于搞家务，比男职工（占18.53%）高19.25%。

据对两万多女职工调查，有18.75%的女职工想当先进，但由于家务太重，心有余而力不足。有30.00%的女职工因家务劳动占去了较多的业余时间，想学习没时间。目前，在双职工家庭中，虽然丈夫和妻子共同分担家务劳动，但一般女职工从事家务的时间远远超过男职工。对15个省、市、自治区两万多女职工的调查表明，每天从事两小时以上家务劳动的妻子人数呈上升趋势，丈夫呈下降趋势①。在这15个省、市、自治区中，从事三小时以上家务劳

① 北京市对11个系统50个区、县局11 000名女职工调查，其中已婚6 326人；福建省对四个系统1 200名女职工调查，其中已婚675人；吉林省对吉林、长春两市科、教、文、卫、财贸、工交16个单位1 000名女职工调查，其中已婚675人；甘肃省对五个省辖市的工矿企业1 000名女职工调查，其中已婚838人。

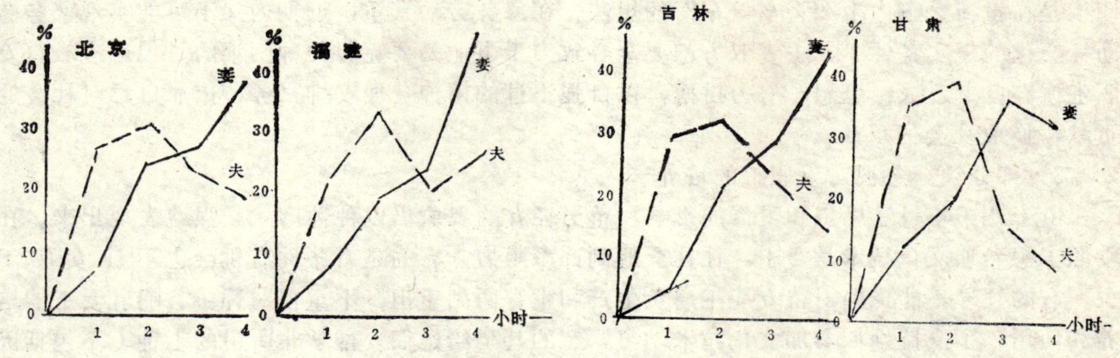

图3 妻子和丈夫每天从事家务劳动的时间

动的百分比，妻子人数比丈夫高20%以上的有12个省、市。其中黑龙江省妻子人数比丈夫高41.60%，河北省妻子人数比丈夫高34.10%。图（3）是具有代表性的四个省市妻子和丈夫从事家务劳动人数和时间的对比图。

对于家务劳动最感烦恼的是女知识分子。对24万女职工的调查，具有大学文凭的女职工中有37.52%的人业余时间主要用于搞家务；专业技术人员中有40.56%的人业余时间大部分用于操持家务。国家科委人才研究所1985年对本所1 400多名女科技人员调查发现有将近半数的女科技人员必需照顾老人，有15%的人必需承担全部家务。这些女科技人员的家庭有86.7%是双知识分子。在家务和事业这一对矛盾中，约有18%的人为了确保工作不顾家；约有5%的人打算以家庭为主①。

通过调查，也反映出女职工中的先进层，一方面要拼力工作、努力学习，另一方面要从事繁重的家务劳动。她们说："我们妇女要取得同样的劳动成果，付出的精力要比男同志多得多。我们不希望更多的表扬，只希望更多人的理解，希望社会切切实实地帮助我们解决一些实际困难，尽速发展第三产业，让我们从繁重的家务劳动中解脱出来，全力投入改革"。

2．部分女职工本身存在自卑、依赖、无所作为的思想

部分女职工存在着自卑依赖和无所作为的思想，反映的形式是多种多样的，主要表现在：

一是业余时间安排不当。据对24万女职工的调查表明，女职工在业余时间安排读书学习的百分比小于男职工(男占28.26%，女占10.13%)。当然这里也有女职工家务劳动重的因素。

二是学习目的不甚明确。部分女职工往往把学习作为一种消遣。在回答"您最爱读的书是什么"时，24万女职工只有27.02%的人回答是"马列主义毛泽东思想理论著作、专业技术书籍、历史书籍"而男职工作此回答的有52.43%；表示"最爱看文学艺术作品"的女职工有44.64%，男职工只占24.43%。同样，在读文艺作品的人中，女职工与男职工也有较大的区别。在回答"您最爱读的文艺作品"一题时24万女职工中最爱读爱情小说的占12.05%，40万男职工中只有5.58%的人。以上百分比表明部分女职工即使在学习，目的也不甚明确。

三是甘愿"丢卒保车"自我牺牲。对两万多名女职工调查，丈夫不支持妻子当先进的只有0.42%，不支持妻子参加学习的只有0.84%；而妻子自己不想当先进，但支持丈夫当先进

① 《妇女工作》1986年11期

的却有3.96%。还有8.77%的女职工，打算或正在做一个牺牲自己保丈夫的妻子。有13.38%的女职工表示，她们的理想是“使丈夫出成绩，孩子考上重点学校”。诚然，有相当一部分女职工是在重荷之下产生“舍卒保车”的想法。在家务劳动繁重，近期内又不可能实现家务劳动社会化的现实条件下，夫妻双方都要全心致力于事业是要克服种种困难的。但还应教育女职工摒弃自卑、依赖思想，努力拼搏，以自强不息的精神合理安排家务，依靠自己对社会的贡献，换取社会的承认。

3．部分领导忽视对女职工的培养

由于几千年封建思想和习俗的影响，重男轻女的现象仍以种种形式顽强地表现出来。在女职工想参加文化技术学习上，往往会遇到许多阻力。有的是有条件有机会也不让女职工去。有的领导不能正确对待女职工肩负生产和生育两副重担，不重视对怀孕、哺乳女工的培养和使用，不支持她们参加文化技术学习。有的甚至给她们安排学非所用的工种（不包括因加强女职工四期保护的合理的调动）。这些都是影响女职工知识更新，技术提高的因素。

有的领导在调资、升级和提拔上对怀孕、哺乳和有较小孩子的女职工常常给以冷遇。有的领导甚至在招工、提干时，只要一听说是女的，无论女职工本身素质多高，能力多强一概不考虑。这些都使女职工的上进积极性受到了挫伤。据对两万多女职工的调查，有7.40%的女职工说，影响她们学习积极性的原因是“领导不支持”。有6.86%的女职工说，她们有强烈的入党入团愿望，但男女不平等，不大可能。

调查表明，有的单位组织职工学文化技术，不能照顾到女职工的特殊性，有的没有给创造一定的学习环境和条件。据对24万女职工的调查，有37.26%的女职工想参加专业技术学习，苦于没有组织，比40万男职工的百分比（占30.83%）高6.43%。

可见社会的重视，领导的支持，是保证女职工两个素质提高的重要因素。

五、提高女职工素质的几点建议

（一）加强对女职工的思想政治工作

首先，要引导女职工积极学习党的各项方针政策，加深对改革的理解程度和承受能力，积极支持改革，自觉投身改革，树立与改革开放相适应的新观念。

其次，要加强对女职工自尊、自爱、自重、自强的教育，启发女职工用自己对社会多做贡献来提高自己的社会地位，摒弃自卑、依赖和无所作为的思想，鼓励她们人人争当有理想、有道德、有纪律、有文化的新女性。自觉地抵制形形色色的资产阶级思想和资本主义的伦理道德观念，树立社会主义的思想道德观念。

（二）宣传女职工对社会的贡献，提高女职工的社会地位

女职工肩负着物质生产和人类生产的双重任务，这两种生产对于整个人类社会的发展缺一不可。由于种种原因，人们往往更注重于物质资料生产，而忽视人类自身生产的价值，把女职工怀孕、生育、哺乳看成“私事”，甚至歧视排斥她们，这是很不公正的。各级领导机关和新闻、宣传部门应更多一些宣传女职工的先进事迹和成就。

（三）解除女职工的后顾之忧，为她们创造良好的学习条件

繁重的家务劳动仍是影响女职工素质提高的一个重要因素。在社会生产力尚不发达，家务劳动社会化还不能完全实现的情况下，按照传统分工，大部分女职工还要承担繁重的家务

劳动。据对24万女职工的调查，在回答“您认为基层工会应当主要抓些什么工作”一题中，有25.11%的女职工首先希望工会“开展文化技术培训，提高职工素质”；有43.74%的女职工希望工会把“抓好生活福利工作”作为工会的第二项重要工作。为此，各级工会应切切实实地帮助职工，尤其是女职工解除后顾之忧，应协助和督促行政办好学校、托儿所、幼儿园、食堂，解决做衣难、买菜难等等，支持地方政府办好第三产业。

各级教育部门，在举办成人教育的同时，要考虑到女职工的特点，在时间的安排，办班的地点等等方面，尽量给女职工，尤其是孩子妈妈创造方便条件。各地还可举办一些适合女职工需要的文化技术、业务知识、道德修养、优生优育等等学习班，以提高女职工各方面的素养。

（作者工作单位：中华全国总工会女工工作委员会）

中国四个地区三个民族的妇女婚姻生育调查概况

肖振禹　刘小治

中国人口情报中心与新疆维吾尔自治区、乌鲁木齐市计生委合作，以1984年7月1日为调查时点，分别对和田地区墨玉县和乌鲁木齐市（含县、团场）维吾尔族（简称维族）妇女的婚姻、生育、避孕情况进行了调查，调查对象为15—69岁妇女，共调查墨玉县38 249人，乌鲁木齐市4 153人。与云南和贵州省计生委合作，以1985年12月31日为调查时点，分别对云南西双版纳、德宏两州的傣族妇女和贵州境内的仡佬族妇女的婚姻、生育、避孕状况进行了调查。调查对象为15—64岁妇女，共调查傣族妇女5 479人，仡佬族妇女7 255人。这三个民族在本区、省内的人口数量分别占全国该民族人口的99.9%、95.1%和99.6%，因此对这三个民族妇女的调查，大体可以说明该民族妇女婚姻、生育和避孕的一般状况。

一、人口发展概况

在我国55个少数民族中，到第三次全国人口普查时，人口总数量维族占第3位，傣族占第18位，仡佬族占第35位。全国解放前，少数民族政治上受压迫，经济、文化十分落后，人民生活贫困，疾病流行，人口发展缓慢、停滞，有的民族人口日趋减少。新中国成立以后，少数民族和广大汉族人民群众一样获得了新生，党和政府针对不同民族的情况和特点，采取不同的方式和政策，积极帮助少数民族在进行民主改革和社会主义改造的同时，发展经济、文化事业，派遣大批干部、医务人员、教员和各种技术人员，支援各项建设事业。使少数民族在政治上彻底翻了身，生活有了根本改善，人口生育水平也有了显著提高。1953—1982年维、傣、仡佬三个民族的人口发展与汉族比较如表1所示：

表1　　　　　　　　**四个民族人口增长情况**　　　　　　（万人）

人　口	维　族	傣　族	仡佬族	汉　族
1953年总人口	364.01	47.90	—	54 528
占全国人口　%	0.63	0.08	—	93.92
1964年总人口	399.60	53.50	2.70	65 130
占全国人口　%	0.58	0.08	…	94.22
1964:1953±%	+9.78	+11.69	—	+19.4
1982年总人口	596.35	83.95	5.42	93 670.35
占全国人口　%	0.59	0.08	…	93.3
1982:1964±%	+49.08	+58.86	+100.36	+43.82
1982:1953±%	+63.65	+75.37	—	+71.8

资料来源：根据《中国人口资料手册》1984年版166页计算

特别是1964年以后，由于汉族地区逐渐开展计划生育，使少数民族人口发展更快于汉族。1964—1982年人口年均增长率维族为2.3%，傣族为2.5%，仡佬族为3.9%，汉族为2.0%。

近20年来，由于维、傣、仡佬三个民族人口发展的较快，使人口年龄构成年轻化，0—19岁组人口均超过50%，40岁以上人口比重比汉族低。1982年我国少数民族年龄中位数为19.4岁，比全国年龄中位数低3.5岁，这表明少数民族育龄人群占总人口比重要大于汉族，即便在生育率水平相同情况下，未来少数民族人口发展也要快于汉族。

表2　　　　　**1982年人口年龄构成**　　　　　（岁）

民　族	0—14	15—19	20—29	30—39	40以上	合　计
维　族	40.3	10.4	15.9	11.3	22.1	100
傣　族	37.4	13.4	16.3	10.1	22.8	100
仡佬族	45.5	11.6	12.6	9.5	20.8	100
汉　族	33.6	12.5	16.6	12.8	24.5	100

资料来源：根据《中国人口资料手册》1985年版第200页计算

表3　　　　　**调查时点分民族高龄妇女年龄构成**

年龄组	墨玉维族		乌市维族		云南傣族		贵州仡佬族		全　国	
	人数	%	人数	%	人数	%	人数	%	人数	%
15—	4 714	14.70	884	23.97	1 144	24.08	2 136	33.70	62 436	24.77
20—	6 520	20.32	753	20.42	1 103	23.21	1 105	17.43	36 662	14.54
25—	6 521	20.32	591	16.02	853	17.95	536	8.46	45 915	18.21
30—	5 169	16.11	462	12.53	526	11.07	788	12.43	35 088	13.92
35—	3 761	11.72	332	9.00	481	10.12	648	10.23	26 064	10.34
40—	3232	10.07	374	10.14	354	7.45	626	9.88	22 826	9.05
45—	2 168	6.76	292	7.92	291	6.12	499	7.87	23 103	9,17
合计	32 085	100	3688	100	4 752	100	6 338	100	252 094	100

注：表3中各民族育龄妇女人数为调查时点数，全国人数为1982年全国1‰人口生育率抽样调查数。

二、妇女婚姻状况

妇女婚姻的各种构成，受着一定社会、经济、文化、风俗和宗教等因素的影响。掌握和了解妇女婚姻状况及其特点，对研究提高民族身体素质、探索生育规律、预测未来人口具有十分重要意义。

（一）妇女婚姻现状

调查时点维、傣、仡佬被调查到的15岁以上妇女的婚姻构成情况如表4所示。

表4　　妇女婚姻现状构成　　（%）

民族	未婚	初婚	离婚	再婚	丧偶	合计
墨玉维族	2.9	29.4	6.6	58.4	2.6	100
乌市维族	36.0	45.4	3.2	12.0	3.4	100
傣族	23.9	60.5	2.3	11.4	1.9	100
仡佬族	38.3	57.9	0.2	2.1	1.5	100
汉族（农村）	24.8	65.7	0.2	5.1	4.2	100

注：汉族（农村）为1982年全国1‰人口生育率抽样调查15—67岁妇女数

从表4可以看出，不同民族的婚姻构成有较大的差别，这种差别与民族文化、居住地点和风俗、宗教等有一定关系。再婚和离婚比率以墨玉县维族为最高，以仡佬族为最低。初婚比率以傣族为最高。从婚姻的稳定性来看，以仡族为最稳定，其余不及汉族。

（二）妇女婚姻状况的年龄构成

婚姻状况的构成与年龄构成关系十分密切，表现为未婚比例随着年龄的增长而下降，初婚随着年龄变化而变化，除墨玉县维族外，初婚比例最高为30岁组。但各民族的比例有较大差别，这主要受婚龄、婚姻关系稳定程度所制约。贵州仡佬族平均初婚年龄较高，婚姻关系较稳定，20—49岁妇女90%都处于初婚状况，其他民族都没有这样高比重。妇女的再婚、离婚、丧偶等婚姻状况多数发生在20岁以后。调查时点分民族分年龄组妇女婚姻状况构成分布如表5、6、7、8。

表5　　墨玉县维族妇女婚姻状况按龄构成

年龄组	未婚		初婚		再婚		离婚		丧偶		合计	
	人数	%	人数	%	人数	%	人数	%	人数	%	人数	%
15—19	1019	21.0	2087	43.1	1302	26.9	427	8.8	13	0.2	4848	100
20—24	39	0.6	2306	35.4	3708	56.9	446	6.8	16	0.2	6515	100
25—29	20	0.3	1814	27.8	4314	66.2	346	5.3	26	0.4	6520	100
30—34	13	0.3	1453	28.2	3385	65.7	254	4.9	51	1.0	5156	100
35—39	11	0.3	1031	27.4	2475	65.8	187	5.0	57	1.5	3761	100
40—44	3	0.1	834	25.9	2084	64.7	190	5.9	111	3.5	3222	100
45—49	2	0.1	565	26.1	1375	63.5	141	6.5	83	3.8	2166	100
50—60	1	0	875	20.0	2750	62.8	361	8.2	390	8.9	4377	100
61＋	1	0.1	296	17.6	960	57.0	167	9.9	260	15.4	1684	100
15—69	1109	2.9	11261	29.4	22353	58.4	2509	6.6	1007	2.6	38249	100

表6　乌市维族妇女婚姻状况按龄构成

年龄组	未婚		初婚		再婚		离婚		丧偶		合计	
	人数	%	人数	%	人数	%	人数	%	人数	%	人数	%
15—19	856	96.7	28	3.2	0	0.0	1	0.1	0	0.0	885	100
20—24	521	69.2	210	27.9	7	0.9	14	1.9	1	0.1	753	100
25—29	110	18.6	402	68.0	40	6.8	34	5.8	5	0.8	591	100
30—34	7	1.5	356	77.1	70	15.3	26	5.6	3	0.6	462	100
35—39	2	0.6	241	72.6	72	21.7	14	4.2	3	0.9	332	100
40—44	1	0.3	238	63.7	97	25.9	21	5.6	17	4.5	375	100
45—49	0	0.0	170	58.2	86	29.5	12	4.1	24	8.2	292	100
50—60	0	0.0	190	52.3	97	26.7	11	3.0	65	17.9	363	100
61+	0	0.0	47	47.0	29	29.0	2	2.0	22	22.0	100	100
15—69	1 497	36.0	1 883	45.4	498	12.0	135	3.3	140	3.4	4 153	100

表7　云南傣族妇女婚姻状况按龄构成

年龄组	未婚		初婚		再婚		离婚		丧偶		合计	
	人数	%	人数	%	人数	%	人数	%	人数	%	人数	%
15—19	953	83.3	178	15.6	5	0.4	8	0.7	0	0.0	1 144	100
20—24	281	25.5	765	69.4	36	3.3	21	1.9	0	0.0	1 103	100
25—29	56	6.6	690	80.9	80	9.4	23	2.7	4	0.4	853	100
30—34	7	1.3	424	80.6	70	13.3	23	4.4	2	0.4	526	100
35—39	1	0.2	365	75.9	100	20.8	9	1.9	6	1.2	481	100
40—44	3	0.8	261	73.7	66	18.6	16	4.5	8	2.3	354	100
45—49	2	0.7	192	66.0	80	27.5	10	3.4	7	2.4	291	100
50—60	0	0	369	61.4	162	27.0	13	2.2	57	9.5	601	100
61+	5	4.0	71	56.3	27	21.4	3	2.4	20	15.9	126	100
15—64	1 308	23.9	3 315	60.5	626	11.4	126	2.3	104	1.9	5 479	100

表8　贵州仡佬族妇女婚姻状况按龄构成

年龄组	未婚		初婚		再婚		离婚		丧偶		合计	
	人数	%	人数	%	人数	%	人数	%	人数	%	人数	%
15—19	2 059	96.3	77	3.6	0	0.0	1	0.0	0	0.0	2 137	100
20—24	670	60.6	435	39.4	0	0.0	0	0.0	0	0.0	1 105	100
25—29	23	4.3	506	94.4	4	0.7	4	0.0	3	0.6	536	100
30—34	1	0.1	774	98.2	6	0.8	4	0.5	3	0.4	788	100
35—39	2	0.3	621	95.8	16	2.5	0	0.0	9	1.4	648	100
40—44	0	0	588	93.9	22	3.5	0	0.0	16	2.6	626	100
45—49	5	1.0	447	89.6	28	5.6	4	0.8	15	3.0	499	100
50—60	3	0.4	648	85.3	60	7.9	4	0.5	45	5.9	760	100
61+	15	9.6	106	67.9	13	8.3	1	0.6	21	13.5	156	100
15—64	2 778	38.3	4 202	57.9	149	2.1	14	0.2	112	1.5	7 255	100

从上表可以看出：

未婚状况。相同年龄组，不同地区的不同民族受多种因素影响，未婚者构成的比例有着显著差异。15—19岁组，乌市维族和仡族95%以上者都属未婚，而墨玉维族仅有21%。20—24岁组乌市维族和仡族未婚者仍占50%以上。40—50岁组差别不大。50岁以上组的差异可能是由于调查人数较少，数据本身偶然波动因素造成的。

初婚状况。在资料处理时，将妇女第一次结婚（包括法律婚姻和事实婚姻）都列入初婚对象考察。考察这一指标时，主要是请被调查对象回顾初婚时的年龄，其结果如表9所示。从初婚年龄的分布来看，少数民族早婚现象比较普遍，妇女在20岁以前结婚的，墨玉维族占96.5%，乌市维族占70.5%，傣族占61.5%，仡佬族占47.8%，都高出全国农村平均21%左右的水平。

分年度考察妇女的当年初婚者平均年龄，会更能说明问题。表10是在资料后期处理时，分民族计算出的解放以来各年度妇女平均初婚年龄。

表9　妇女初婚按龄构成

年　龄	墨玉维族	乌市维族	傣族	仡佬族
≥14	64.0	18.3	1.9	3.4
15—19	32.5	52.2	59.6	44.4
20—24	1.0	24.0	35.3	46.3
25—29	0.3	4.8	2.8	4.8
30—34	0.2	0.6	0.2	0.9
≤35	1.8	0.1	—	0.2
合　计	100	100	100	100

表10　妇女平均初婚年龄

时　间	墨玉维族	乌市维族	傣　族	仡佬族
1948	15.2	15.6	19.0	19.3
1950	14.8	16.6	19.4	18.7
1955	14.5	16.7	19.6	19.4
1960	15.1	17.2	18.4	20.1
1965	14.9	19.6	18.6	20.0
1970	14.8	18.7	19.0	20.0
1973	15.0	19.2	18.7	20.5
1976	15.3	20.5	18.6	21.3
1979	15.9	21.2	19.1	21.6
1980	16.0	21.4	19.0	21.6
1982	16.3	22.0	19.4	21.3
1984	17.0	22.8	19.9	20.7

通过表10可以看出，解放三十多年来，随着民族经济和文化的发展，妇女的平均初婚年龄都有不同程度的提高，其中乌市维族最为明显。

离婚和再婚状况。离婚和再婚从不同侧面反映了妇女婚姻的稳定程度。在本次调查的已婚妇女中，离婚和再婚比例最高的是墨玉维族占67%，最低的为仡佬族占3.6%。已婚妇女离婚和再婚状况按龄分布如表11。

离婚和再婚比例的高低，虽然主要受民族居住地的经济、文化、风俗等多因素影响。但是，初婚年龄也不同程度地影响着婚姻关系的稳定程度。妇女早婚，由于她们的身体和思想等诸方面还不够成熟，比较容易造成婚姻关系破裂。离婚率的增高，必然引起再婚率高。相反，晚婚会促进婚姻关系稳定，有利家庭和睦，社会安定。

其它婚姻状况。近亲结婚在一些少数民族地区比较多，这主要是由于少数民族人口少，同民族相对居住集中，又多聚居在边远地区和山区，经济、交通、文化都不够发达，加之一些旧的传统风俗影响，近亲结婚比汉族高。在这次调查中，属于近亲联姻的已婚妇女，傣族占4.9%，仡族占14.0%，维族极少。在近亲结婚中，主要是姨表、姑表为最多。

表11　　　　已婚妇女离婚再婚状况按龄分布　　　　（%）

年龄组	离婚				再婚			
	墨玉维族	乌市维族	傣　族	仡佬族	墨玉维族	乌市维族	傣　族	仡佬族
14—	9.7	—	—	…	15.2		—	—
15—19	11.2	3.4	4.2	—	34.4		2.6	…
20—24	6.9	6.0	2.6	—	57.3	3.0	4.4	—
25—29	5.3	7.0	2.9	—	66.4	8.3	10.0	0.8
30—34	4.9	5.7	4.4	0.5	65.8	15.4	13.5	0.8
35—39	5.0	4.2	1.9	—	66.0	21.8	20.8	2.5
40—44	5.9	5.6	4.6	—	64.8	25.9	18.8	3.5
45—49	6.5	4.1	3.5	0.8	63.5	29.5	27.7	5.7
50　+	8.7	2,8	2.2	0.6	61.3	27.2	26.2	8.1
合　计	6.8	5.1	3.0	0.3	60.2	18.8	15.0	3.3

有些民族由于居住较边远，加之风俗习惯，所以往往是先结婚，而后向地方有关部门办理结婚登记手续。像云南傣族，未婚青年在节日里或盛会场合盛行“串布少”（找未婚女子谈情说爱），在已婚妇女中，有近60%的人先结婚而后向政府登记。贵州仡族已婚妇女中有近36%的人也是后办理结婚登记手续，这与该民族旧的“背褶亲”或“背带亲”的婚姻风俗有关。

联姻方式和婚后定居状况。傣族长期实行父权制的一夫一妻小家庭，青年可以自由谈恋爱，所以早婚和包办婚姻状况并不严重，婚后基本上都另立门户或居住男家。仡佬族由于受解放前封建习惯的姑表或姨表联姻影响，包办婚姻相对比傣族要多些，婚后另立门户不如傣族多，多数居住男家。联姻方式构成及婚后定居情况构成见表12、13。

表12　　　　联姻方式构成

民族	自由恋爱		包办婚姻		合　计	
	人数	%	人数	%	人数	%
傣　族	2 975	89.9	333	10.1	3 308	100
仡佬族	3 133	78.1	879	21.9	4 012	100

表13　　　　婚后定居形式构成

民　族	另立门户	住男家	住女家	暂住	%
傣　族	71.2	23.5	4.5	0.8	100
仡佬族	42.3	51.6	1.5	0.1	100

三、生育状况

我国各少数民族妇女生育水平既有共性，又有个性。共性是，解放以来妇女生育水平迅速提高，当达到一定峰值后，呈缓慢下降趋势；个性是，在不同的时期，由于受一些相关因素的影响，其生育水平变化速度存在一定差别。因此，正确了解不同民族妇女的生育历史和现状水平，对因民族制宜地制定民族人口政策和编制人口发展计划，具有重要意义。

（一）总和生育率

总和生育率可以概括地描述某年育龄妇女的生育平均速度。由于它不受育龄妇女年龄构成的影响，可以用来比较同一民族不同时期，或同一时期不同民族间的妇女生育水平。这次调查的四个地区三个民族几个年份的总和生育率变化的情况如表14所示。

表14　　　　60年代以来总和生育率变化

年　份	墨玉维族	乌市维族	傣　族	仡佬族	年　份	墨玉维族	乌市维族	傣　族	仡佬族
1964—1969	6.23	4.98	7.58	7.09	1978	4.83	2.85	3.59	5.39
1970	6.17	4.89	7.11	7.70	1979	4.71	2.88	3.35	5.08
1971	5.44	4.51	4.60	7.13	1980	5.03	2.46	3.00	4.72
1972	6.38	4.84	5.54	7.23	1981	5.04	2.72	2.94	5.23
1973	5.53	4.84	4.89	7.32	1982	5.29	2.56	2.76	4.92
1974	5.98	4.13	5.23	8.61	1983	5.39	2.80	2.79	3.75
1975	5.55	4.10	4.18	6.77	1984	—	—	2.86	3.51
1976	5.87	3.29	4.43	7.59	1985	—	—	3.09	3.84
1977	4.98	2.86	3.43	5.51					

这四个地区的少数民族总和生育率，在60年代，以傣族为最高7.58，其次为仡佬族7.09，墨玉维族为6.23，乌市维族为4.98。到1983年，以傣族为最低2.79，乌市维族为2.80，仡佬族为3.75，墨玉维族为5.39。10多年间，傣族妇女的生育水平下降幅度最大，由60年代的7.58下降到1985年的3.09，下降了4.49。乌市维族由60年代的4.98下降到1983年的2.80，下降了2.18。仡佬族由六十年代的7.09下降到1985年的3.84，下降了3.27。墨玉维族由60年代的6.23下降到1983年的5.39，下降了0.84。由此看来，墨玉维族妇女生育水平较慢。如果用1981年的总和生育率水平与全国当时的总和生育率2.63来比较，都高于全国水平，其中墨玉维族和仡佬族将近高出一倍。

（二）年龄别生育率

妇女年龄别生育率，更能较详尽地描绘出各民族间妇女生育水平的差异和变化情况。表15是几个主要年份不同民族妇女年龄别生育率变化的情况。

表15—1　　　　墨玉维族育龄妇女年龄别生育率

年　份	15—19	20—24	25—29	30—34	35—39	40—44	45—49	TFR
1964—1969	.99	1.34	1.21	1.02	.75	.58	.34	6.23
1970	1.16	1.39	1.21	1.04	.71	.43	.23	6.17
1971	1.01	1.32	1.10	.93	.54	.37	.16	5.44
1972	1.13	1.45	1.35	1.09	.73	.41	.21	6.38
1973	1.00	1.33	1.13	.92	.66	.33	.16	5.53
1974	1.09	1.14	1.35	1.00	.66	.32	.16	5.98
1975	.96	1.36	1.22	.94	.66	.26	.17	5.55
1976	1.03	1.43	1.31	.99	.73	.26	.12	5.87
1977	.75	1.200	1.13	.92	.63	.24	.11	4.98
1978	.67	1.25	1.15	.92	.55	.24	.05	4.83
1979	.64	1.24	1.10	.88	.56	.24	.06	4.71
1980	.66	1.30	1.18	.97	.60	.25	.06	5.03
1981	.64	1.32	1.20	1.02	.53	.26	.07	5.04
1982	.62	1.40	1.25	1.01	.65	.29	.06	5.29
1983	,71	1.40	1.29	1.03	.65	.25	.05	5.39

表15—2　　乌市维族育龄妇女年龄别生育率

年 份	15—19	20—24	25—29	30—34	35—39	40—44	45—49	TFR
1964—1969	.47	1.26	1.12	.97	.68	.29	.19	4.98
1970	.54	1.45	1.11	.80	.51	.34	.14	4.89
1971	.47	1.23	1.03	.87	.51	.24	.16	4.51
1972	.29	1.27	1.33	1.02	.58	.25	.10	4.84
1973	.32	1.10	1.46	1.01	.56	.26	.13	4.84
1974	.19	.98	1.33	.83	.43	.30	.08	4.13
1975	.25	1.04	1.07	.95	.44	.17	.17	4.10
1976	.15	.92	.90	.67	.35	.24	.06	3.29
1977	.14	.84	.73	.61	.40	.12	.03	2.86
1978	.06	.78	.93	.57	.40	.12	.06	2.85
1979	.05	.65	.95	.65	.32	.17	.09	2.88
1980	.05	.66	.79	.58	.27	.07	.04	2.46
1981	.08	.68	.98	.56	.33	.06	.04	2.73
1982	.08	.68	.98	.56	.33	.06	.04	2.73
1983	.04	.66	1.01	.56	.15	.90	.04	3.36

表15—3　　云南傣族育龄妇女年龄别生育率

年 份	15—19	20—24	25—29	30—34	35—39	40—44	45—49	TFR
1964—1969	.36	1.71	1.71	1.47	1.34	.82	.17	7.58
1970	.45	1.90	1.48	1.43	1.03	.70	.12	7.11
1971	.33	1.37	1.21	.69	.63	.31	.06	4.60
1972	.43	1.68	1.53	.92	.46	.45	.05	5.54
1973	.32	1.55	1.28	.87	.49	.32	.07	4.89
1974	.36	1.68	1.70	.78	.38	.21	.11	5.23
1975	.32	1.39	1.05	.64	.50	.17	.11	4.18
1976	.31	1.56	1.25	.63	.34	.23	.10	4.43
1977	.28	1.26	.90	.37	.31	.26	.05	3.43
1978	.23	1.45	1.00	.49	.26	.12	.05	3.59
1979	.21	1.39	.99	.47	.22	.05	.03	3.35
1980	.24	1.30	.94	.38	.01	.07	.05	3.00
1981	.28	1.35	.82	.29	.16	.04	.00	2.94
1982	.30	1.38	.75	.27	.03	.03	.00	2.76
1983	.28	1.29	.94	.17	.07	.03	.00	2.79
1984	.35	1.19	.95	.26	.10	.01	.00	2.86
1985	.30	1.44	.96	.27	.10	.00	.02	3.09

表15—4　　贵州仡佬族育龄妇女年龄别生育率

年份	15—19	20—24	25—29	30—34	35—39	40—44	45—49	TFR
1964—1969	.15	1.29	1.63	1.49	1.31	.84	.37	7.09
1970	.13	1.31	1.85	1.69	1.58	.85	.27	7.70
1971	.12	1.34	1.66	1.66	1.22	.77	.36	7.13
1972	.12	1.35	1.86	1.45	1.46	.73	.26	7.23
1973	.14	1.12	1.77	1.76	1.34	.94	.26	7.32
1974	.21	1.47	1.98	1.92	1.67	1.08	.29	8.61
1975	.10	1.21	1.69	1.57	1.25	.80	.14	6.77
1976	.15	1.48	1.79	1.65	1.48	.87	.17	7.59
1977	.11	1.11	1.47	1.22	.87	.64	.08	5.51
1978	.04	1.04	1.59	1.05	.95	.59	.12	5.39
1979	.04	1.18	1.51	1.07	.67	.46	.13	5.08
1980	.05	1.11	1.52	.09	.59	.43	.12	4.72
1981	.07	1.42	1.61	1.04	.66	.36	.08	5.23
1982	.06	1.37	1.56	.96	.61	.28	.09	4.92
1983	.03	.78	1.36	.81	.49	.22	.06	3.75
1984	.03	.76	1.36	.69	.38	.26	.03	3.51
1985	.06	.82	1.50	.74	.39	.26	.07	3.84

从年龄别生育率可以明显看出，妇女生育水平较高的民族，主要是由于低年龄组和高年龄组妇女生育水平较高所造成。1970年这四个地区的少数民族妇女90%生育年龄区间，都为15—39岁，而到1983年，发生了较大变化。从15—19岁低年龄组生育率情况来看，1983年比1970年虽然都有所下降，但下降的幅度差异较大，墨玉维族由1.16下降到0.71，乌市维族由0.54下降到0.04，云南傣族由0.52下降到0.04，贵州仡佬族由0.17下降到0.05，其中下降最多的为乌市维族。低年龄组生育水平下降，表示着早婚早育的人数相对减少。40—49岁高龄组妇女，1983年到1970年，墨玉维族由0.66下降到0.3，乌市维族由0.48下降到0.13，云南傣族族0.82下降到0.03，贵州仡族由1.12下降到0.28，以仡佬族和傣族下降最多。高年龄组生育率水平的降低，表明高胎次生育减少。年龄别生育率的集中趋势说明妇女生育水平在下降。

考察育龄妇女20—29岁旺盛生育年龄段生育率占同批妇女总和生育率的不同时期水平，可以明显反映出生育集中的趋势，见表16。这一年龄段生育率占总和生育率水平比重上升越高，说明生育率趋集中趋势，相对生育率就下降得较快些，总和生育率也将随之下降。墨玉维族1970年至1983年，总和生育率由6.17下降到5.39，下降12.6%，20—29岁年龄段生育率占总和生育率由42.14%升高到49.91%，上升18.4%。傣族1970年至1983年，总和生育率由

表16　　20—29岁妇女生育率占总和生育率比例　　（%）

年份	墨玉维族	乌市维族	傣族	仡佬族
1970	42.14	52.35	47.95	42.17
1974	46.15	55.93	62.88	41.32
1978	49.69	60.00	66.66	50.56
1983	49.91	64.29	76.79	58.99

7.11下降到2.79，下降60.8%，20—29岁年龄段生育率占总和生育率由47.95％上升到76.79%，上升60.1%。

（三）孩次构成情况

已婚妇女现存子女数，可以客观地反映出历史妇女生育水平。本次调查到的已婚妇女按现存子女数计算的构成比状况如表17。

表17　　已婚育龄妇女现存子女数构成　　（%）

民族	无孩	一孩	二孩	三孩	四孩	五孩	合计
墨玉维族	21.34	17.20	16.14	14.16	11.38	19.79	100
乌市维族	10.65	17.27	19.00	16.59	14.79	21.71	100
傣族	8.63	14.17	26.32	19.80	12.16	18.92	100
仡佬族	6.79	9.14	15.88	21.00	18.05	29.04	100

现存子女数构成，它受着育龄妇女的年龄构成、社会因素及死亡率的影响，因此不能如实反映出当前的生育水平。较好地反映当年生育水平的指标，除妇女一般生育率、总和生育率和年龄别生育率外，就是当年出生的婴儿孩次比例构成。表18是分民族几个主要年份当年出生婴儿的孩次构成情况。

表18—1　　墨玉维族已婚妇女分孩次出生构成　　（%）

年份	一孩	二孩	三孩	四孩	五孩及以上	合计
1964	27.9	16.4	12.8	12.2	30.7	100
1967	25.3	20.0	14.0	11.0	29.8	100
1970	25.0	19.8	16.8	10.8	27.6	100
1973	21.6	21.2	17.0	12.9	27.3	100
1976	19.5	18.9	17.8	13.5	30.3	100
1979	18.7	17.1	17.2	14.0	33.0	100
1983	19.3	17.0	14.8	13.3	35.6	100

表18—2　　乌市维族已婚妇女分孩次出生构成　　（%）

年份	一孩	二孩	三孩	四孩	五孩及以上	合计
1964	23.2	19.9	16.5	13.8	26.6	100
1967	25.8	20.9	20.5	12.3	20.5	100
1970	29.0	19.5	17.4	13.1	21.0	100
1973	18.0	20.0	21.1	16.3	24.6	100
1976	24.2	19.2	17.7	12.3	26.5	100
1979	24.7	19.2	20.0	14.1	22.0	100
1983	36.6	28.4	12.0	10.1	12.9	100

表18—3　　傣族已婚妇女分孩次出生构成　　（%）

年份	一孩	二孩	三孩	四孩	五孩及以上	合计
1964	14.7	15.4	13.6	16.2	40.1	100
1967	14.8	12.9	17.7	13.1	41.5	100
1970	21.4	16.8	15.8	13.4	32.6	100
1973	26.0	21.2	14.7	10.6	27.5	100
1976	25.6	27.6	15.7	10.5	20.6	100
1979	32.9	26.0	22.1	9.4	9.6	100
1983	37.9	36.1	15.3	7.9	2.8	100
1985	37.8	33.6	18.6	6.6	3.5	100

表18—4　　仡佬族已婚育龄妇女分孩次出生构成　　（%）

年份	一孩	二孩	三孩	四孩	五孩及以上	合计
1964	30.2	22.8	14.0	10.0	23.0	100
1967	22.2	18.8	18.2	13.8	27.0	100
1970	16.4	17.2	20.6	15.1	30.7	100
1973	17.0	15.9	15.7	16.9	34.4	100
1976	15.9	17.8	15.8	13.8	36.8	100
1979	18.1	18.1	19.6	14.8	29.5	100
1983	17.9	21.0	21.3	15.4	24.4	100
1985	22.2	23.0	20.0	13.6	21.2	100

从表18中可以明显地看出，妇女生育水平的下降，主要是多胎生育的减少，如傣族和乌市维族，1979年以前，三孩及三孩以上生育占总生育比重都在50%以上，到1983年，分别下降到26%和35%。最明显的是五孩及五孩以上生育的减少。在这些少数民族中（除城市外）妇女生育一、二、三孩都是符合计划生育政策要求的，虽然婚龄的提高生育会受一些影响，但长期观察并没有影响，因此从生育孩子的绝对数来看，没有减少，只不过由于多胎下降而使所占出生人数的比重升高。

四、避孕状况

采取各种避孕措施，是节制生育的重要技术保证。随着社会、经济、文化和科学技术的发展，及受汉族地区广泛开展计划生育工作的影响，少数民族中的一些群众也逐渐地接受了计划生育的宣传，有了节制生育的要求。特别是广大少数民族妇女，更加迫切要求有计划地生育子女，希望从家务和子女的束缚中解放出来，参加社会活动。在这次时点调查的育龄妇女中，采取各种节育措施的育龄妇女比重分别为：墨玉维族为1.5%，乌市维族为63.5%，傣族为62.3%，仡佬族为62.6%（在计算中，其中夫妇有一方采取了节育措施计入了女方，下同）。

在采取节育措施的已婚育龄夫妇中，由于接受避孕科学知识的程度不同，以及风俗习惯不同，采取各种避孕方法所占的比例构成也有较大差异，见表19。

表19　　已婚育龄妇女分民族采用各种避孕措施构成

民族	输卵管结扎		输精管结扎		宫内节育器		口服避孕药		其它		合计	
	人数	%	人数	%	人数	%	人数	%	人数	%	人数	%
墨玉维族	121	31.3	13	3.4	64	16.5	133	34.4	56	14.4	387	100
乌市维族	134	9.6	—	—	564	40.5	232	16.7	462	33.2	1 392	100
傣族	1 423	66.2	13	0.6	538	25.0	158	7.4	16	0.8	2 148	100
仡佬族	618	27.6	913	40.7	668	29.8	38	1.7	5	0.2	2 422	100

傣族以采取输卵管结扎术者为最多。仡佬族以采取输精管结扎术者为最多。乌市维族妇女具有城市的特点，在调查到的育龄妇女中，有80%为城市居民，由于职业和文化程度的影响，使用宫内节育器和其它综合性避孕措施者较多，所以在避孕方法的选择上有综合性特点。

影响育龄妇女采取避孕措施人数的多少，主要取决于接受计划生育宣传程度；而育龄夫妇接受计划生育采取何种避孕措施，影响的因素较多，如对避孕科学知识了解的程度、身体素质、居住条件、措施有效率、使用习惯、提供技术服务和避孕药具方便程度以及子女多少等等。少数民族育龄夫妇和汉族一样，他（她）们子女多少对选择避孕措施有相当大的倾向性。当然与育龄夫妇的年龄也有相应关系，少子女夫妇一般说来年龄轻一些。在这次调查中，现有一孩者，采取结扎措施的比例相当低，主要是宫内节育器。二孩以上者，采用结扎术者比例有所增高。相反，五孩以上者，结扎术比例相应下降，这主要是与育龄夫妇年龄较大，快退出生育年龄有关。同样，二、三、四孩夫妇节育率最高，五孩以后节育率开始下降。详见表20。

表20　　已婚育龄妇女分民族分孩次避孕状况及措施构成（%）

民族	孩次	未避孕	输卵管结扎	输精管结扎	宫内节育器	口服避孕药	其它	合计
墨玉维族	一孩	50.1	2.0	—	18.1	7.1	22.7	100
	二孩	29.2	2.0	—	30.8	11.7	26.3	100
	三孩	24.4	7.3	—	35.2	12.2	20.9	100
	四孩	16.8	10.9	—	37.0	14.9	20.4	100
	五孩+	23.9	13.1	—	24.4	13.9	24.7	100
傣族	一孩	84.4	9.7	0.2	1.8	3.2	0.7	100
	二孩	23.1	59.5	0.3	12.2	4.6	0.3	100
	三孩	14.1	58.1	0.7	21.3	5.4	0.4	100
	四孩	12.6	48.0	0.7	31.3	6.4	1.0	100
	五孩+	28.7	29.6	0.3	33.8	7.3	0.3	100
仡佬族	一孩	89.6	1.4	1.8	6.6	0.6	—	100
	二孩	45.6	7.3	20.1	26.1	0.8	—	100
	三孩	18.8	24.2	34.0	22.7	0.2	—	100
	四孩	17.0	25.8	37.5	19.1	0.5	—	100
	五孩+	23.8	22.9	30.1	22.2	0.7	0.3	100

从这次调查来看，已采取避孕措施的育龄夫妇，与年龄别有较大关系，基本上形成一个规律，即施行结扎手术者，多数发生在30—44岁年龄组；宫内节育器的采用，基本上是25—39岁年龄组内使用；口服避孕药集中25—39岁年龄组内使用；其它避孕措施多数在30岁组以前和40岁组以后。另外，由于经济和文化的影响，采用"其它"节育措施绝对数差别很大，在统计计算上，可能造成比例数的偶然波动。

表21　　分民族按龄已婚育龄妇女采取避孕措施分布

民族	年龄组	输卵管结扎		输精管结扎		宫内节育器		口服避孕药		其它	
		人数	%	人数	%	人数	%	人数	%	人数	%
墨玉维族	15—19	—	—	—	—	3	4.7	11	8.33	2	3.6
	20—24	7	5.8	—	—	7	10.9	15	11.3	12	21.4
	25—29	12	9.9	2	15.4	15	23.4	24	18.1	12	21.4
	30—34	27	22.3	6	46.1	15	23.4	40	30.0	14	25.0
	35—39	29	24.0	2	15.4	12	18.8	40	30.0	9	16.1
	40—44	31	25.6	3	23.1	10	15.6	12	9.0	4	7.1
	45—49	15	12.4	—	—	2	3.1	6	4.5	3	5.4
	合　计	121	100.0	13	100.0	64	100.0	133	100.0	56	100.0
乌市维族	15—19	—	—	—	—	1	0.2	2	0.9	4	0.9
	20—24	—	—	—	—	30	5.3	18	7.8	37	8.0
	25—29	8	6.0	—	—	128	22.7	56	24.1	93	20.1
	30—34	22	16.4	—	—	167	29.6	69	29.7	78	16.9
	35—39	34	25.4	—	—	117	20.7	44	19.0	64	13.9
	40—44	41	30.6	—	—	92	16.3	33	14.2	98	21.2
	45—49	29	21.6	—	—	29	5.1	10	4.3	88	46.2
	合　计	134	100.0	—	—	564	100.0	232	100.0	462	100.0
傣族	15—19	9	0.6	—	—	1	0.2	2	1.3	—	—
	20—24	208	14.6	—	—	23	4.3	25	15.8	2	12.5
	25—29	372	26.1	1	7.7	110	20.4	48	30.4	4	25.0
	30—34	269	18.9	2	15.4	134	24.9	33	20.9	3	18.8
	35—39	262	18.4	4	30.8	126	23.4	32	20.3	4	25.0
	40—44	167	11.7	2	15.3	102	19.0	14	8.9	1	6.2
	45—49	136	9.6	4	30.8	42	7.8	4	2.5	2	12.5
	合　计	1423	100.0	13	100.0	538	100.0	158	100.0	16	100.0
仡佬族	15—19	1	0.2	—	—	1	0.2	—	—	—	—
	20—24	4	0.6	5	0.6	39	5.8	3	7.9	—	—
	25—29	52	8.4	63	6.9	109	16.3	23	60.5	—	—
	30—34	170	27.5	256	28.0	159	23.8	6	15.7	1	20.0
	35—39	174	28.2	251	27.5	109	16.3	2	5.3	—	—
	40—44	156	25.2	219	24.0	141	21.1	2	5.3	3	60.0
	45—49	61	9.9	119	13.0	110	16.5	2	5.3	1	20.0
	合　计	618	100.0	913	100.0	668	100.0	38	100.0	5	100.0

五、小　结

新中国建立以来，各少数民族人口得到了较迅速的发展，少数民族地区宣传计划生育工作时间不如汉族地区早，程度也不够深，因此少数民族人口年龄构成要比汉族构成轻。1982年少数民族0—14岁年龄组人口占总人口的40%，而全国为33.45%，与70年代全国水平相仿。人口年龄构成轻，预示未来人口有较强的生育力。特别是少数民族地区，还没有明确生育政策具体要求，平均初婚年龄低于汉族，总和生育率在4左右，照这样水平发展下去，大约25年总人口将翻一番。由于少数民族居住比较分散，经济、文化、交通等条件不如沿海和内地一些地区，加之考虑尊重少数民族的生活风俗习惯，和宗教信仰等等原因，这样，就在宣传计划生育和进行节育技术服务、发送避孕药具上都会遇到许多困难，各民族间的生育率水平差异将会较长时期存在。

为使少数民族人口发展与社会经济发展相适应，不断提高民族科学、文化、健康素质和生活水平，应尽早从民族人口自身发展规律入手，按客观规律办事，对少数民族人口数量发展目标制定出规划，这将有利于民族的繁荣昌盛和兴旺发达。

（作者工作单位：中国人口情报中心）

武汉市区流动人口状况调查报告

黄红云　陈贤寿

由于武汉的特殊地理位置和现代经济文化的发展，使得武汉城区吸收的流动人口位于华中地区之首。近几年来，随着改革和开放，市区流动人口数量激增。现在武汉市区究竟有多少流动人口？他们的构成及活动规律有什么特点？对城市经济发展和市民日常生活有哪些影响？如何加强对流动人口的管理等等，这些问题是研究商品经济发展与人口关系所急需掌握的，同时也是探讨城市精神文明建设的重要内容之一。为此，在市政府领导下，我们对全市7个城区的流动人口进行了两次大规模的调查。

流动人口是指在本市无固定户口、为满足某种社会经济生活需要而进行短期迁移的人口群体。我们的调查对象既包括常住流动人口，即各种临时工、季节工以及借调、外援、驻本地办事机构工作人员等等，又包括临时流动人口，即前来参观学习、旅游探亲及路过短时停留的人口。调查采取两种方法：对全市区停留一天以上的流动人口进行普查登记，得出流动人口总量数据；对不同类型的流动人口，按5%的比例进行抽样调查，得出了流动人口结构和特点的有关数据。第一次调查的标准时间为1986年7月25日，调查的范围为7个城区。第二次调查的标准时间为1986年10月27日，但调查的范围只选择了硚口区。

一、武汉市区流动人口的现状及特点

（一）流动人口增长迅速，多数来自临近省份和省内地市

近年来，随着国民经济的迅速发展，改革和开放的不断深入，武汉与全国各地的联系日益加强。作为华中地区经济、文化、科技、旅游、医疗卫生的中心城市，武汉市区的流动人口数量随之激增。据资料记载，流动人口最高日，1983年不足20万人次，1984年增加到35万人次，1985年又增加到50万人次。1986年的上升速度更快了。根据1986年7月25日在7城区内的调查，当天达到65万人次，是1983年的3倍多。10月27日对硚口区的抽样调查表明，武汉市的秋季是流动人口活动的旺季，流动人口高达81万人次，是1983年的4倍多，相当于一个中等偏上的城市人口。考虑到统计和调查中的误差，我们认为1986年武汉市的流动人口取70万的数值是较为合理的。

调查表明，武汉市区的流动人口来自全国各地，以省内和临近的省份居多数。调查表明，流动人口中来自省外的占25.3%，其中以湖南、广东、四川、河南、安徽等省的为多数。来自省内地、市、县的占47%。来自市属郊县的占27.7%，其中黄陂县的占14.2%，汉阳县的占5.5%，新州县的占3.8%；郊区的占2.8%，武昌县的占1.4%。

从流动人口来源地分布情况来看，在武汉市的流动人口中，国外及港澳台的不多，国内的边远地区的也不多，其辐射范围主要在华中地区。

调查表明，1986年7月25日从公路、铁路、码头、机场等交通口进入武汉市区的过往性人口为28万人次，占流动人口总数的42.7%。在过往性人口中，由公路进出的居多，占52.7%，铁路进出的占32.5%，由长江航运进出的占12.4%，由机场进出的占0.33%。

流动人口是一个瞬息万变的人口群体，难以精确地调查和掌握，少数可能重复或遗漏。此外不同季节，一周中的不同日，一日中的不同时刻都对流动人口活动有影响，因此这次调查所得的数据只能是相对准确。

（二）流动人口结构复杂，以从事经济活动的人口为主体

不同类型的流动人口，在城市内的活动规律也不相同。

表1　流动人口来武汉目的构成

类　型	百分比	备　注	类　型	百分比	备　注
建筑工程队	27.4	劳动性流动人口	集贸市场商贩	9.4	商贩性流动人口
临时居民（临时工、保姆）	18.6				
搬运工	12.3		生意手艺人	5.6	
承包土地	1.7				
出差人员	10.3	公务性流动人口	走亲访友	8.6	探访性流动人口
外地驻武汉办事人员	2.3		求医治病	0.9	
学习进修人员	2.2		旅游	0.4	

从上表看出，劳务性、商贩性这两部分流动人口在全市流动人口中占75%，他们以从事经济活动为目的，构成了流动人口的主体。这个数字从另一侧面说明，武汉已显示出中心城

市的作用。

（三）流动人口分布不均，武昌区居全市之首

表2 流动人口在市内分布情况

地区	百分比	备注
武昌区	23.46	以旅客、出差、进修学习人员为主。
江岸区	17.77	以生意人、手艺人为主。
江汉区	16.94	以临时居民和旅客为主。
硚口区	16.11	以经商和就医的人为主。
汉阳区	13.64	以建筑工程队为主。
青山区	8.79	以搬运工为主。
洪山区	3.30	以转承包土地人员为主。

造成上述状况的主要原因是各区的区划范围、土地和建成区面积，人口密度、城市基础设施，大专院校、科研、企事业单位以及商业网点和贸易市场的分布情况各不相同，所以流动人口在武汉分布不均，各个区相对地集中了某一个类型或几个类型的流动人口。

（四）流动人口年龄构成轻，人口文化素质低

在全部调查对象中，15岁以下的和60岁以上的人口占12.5%，20岁至49岁之间的人口为74%。流动人口的平均年龄为30.6岁，年龄中位数为28.54岁。

在调查对象中，除了少数旅客、学习进修人员的文化素质较高以外，大部分是初中文化程度以下，来武汉务工经商或当保姆的农村青年。这类人员占流动人口的66%。他们当中，具有初中文化水平的占36%，小学文化水平的占18%，文盲或半文盲占12%。流动人口的文化素质低下，对城市经济发展是不利的。随着现代科学技术的日益发展，这种低文化素质与经济发展高要求之间的矛盾日益显露，这种现象应引起全社会的关注。

（五）育龄妇女的平均生育水平偏高，农民多胎居首位

全部调查对象中，女性人数占总数的31.39%。育龄妇女人数占女性总数的80.3%。在已生育的妇女中，生一胎的占42.22%，生二胎的占34.72%，生三胎及三胎以上的占23.11%。

育龄妇女生育率的高低与年龄有关。生育一胎的多为处在23—29岁之间的育龄妇女，占育龄妇女总数的21.15%，她们的生育率占28.52%。生二胎或多胎的妇女一般都在30岁以上。

育龄妇女生育率高低与文化程度有关。

表3 育龄妇女生育状况与文化程度的关系

总数	大学肄业或在校（%）	高中（%）	初中（%）	小学（%）	不识字或识字较少（%）
746	4.29	16.09	34.72	25.87	19.03
一胎数 315	6.35	25.71	43.17	20.32	4.4
二胎数 259	3.86	10.81	35.52	30.89	18.92
三胎数 172	1.16	6.40	18.02	28.49	45.93

表3表明，育龄妇女生育率的高低与文化程度成反比，文化程度高的，生育率低，反之则高。

育龄妇女生育率的高低与职业有关。调查发现，多胎生育比重最高的是农民，占多胎生育总数的48.84%，其次是工人，占9.30%，再次是个体专业户，占7.55%。

上述调查表明，流动人口中超计划生育的现象是明显的，这种状况对宏观范围内控制人

口数量增长是不利的，应该引起有关部门的重视。

（六）居住时间长的比例大，并有永久性迁移的趋势

滞留时间的长短是观察流动人口活动规律的重要参数。调查表明，流动人口来武汉目的不同，停留时间也不同。其中在武汉居住半年以上的流动人口占总数的65.28%，居住一月至半年以内的占7.03%，一周以内的占27.67%。在居住半年以上的这部分人中多数是投亲寄养、从事建筑运输、手工业和个体经商等人口，以及当保姆和转承包土地的农民。他们所从事的活动一般都是城市的服务行业，比较稳定。这些人力图永久居住武汉。

总结以上各部分内容，流动人口现象及特点可归纳为“五个字”和“三个为主”。即流动人口增长速度表现为“快”，其结构表现为“杂”，在市区的分布表现为“广”，年龄构成表现为“轻”，文化程度表现为“低”。流动人口中以男性为主，以从事经济活动的为主，以居住时间在半年以上的人口为主。

二、武汉市区流动人口迅速增加的原因

流动人口的形成和发展有其深刻的社会经济原因。武汉流动人口迅速增加的原因主要表现为以下几点：

（一）农村经济体制改革，形成了巨大动力，为农业剩余劳动力流向城市提供了前提条件。

调查表明，从湖北省各县和市属郊县流入武汉市区的农民达20多万。武汉市周围各县今后将有几百万农业人口要转化为非农业人口，其中仅武昌县就有二三十万人，他们随时都可能流入到武汉城区来。大批农村剩余劳动力流向武汉市区，是武汉市流动人口迅速增加的重要原因。

党的十一届三中全会以后，由于大力发展农村商品生产和商品交换，使商品经济本身所蕴涵着的巨大动力和社会主义上层建筑对经济发展的推动作用达到协调一致，使农村剩余劳力的转移以多种多样的灵活形式发展起来了。其中转移到城市的主要有这样几种：一是安家落户式转移，即携带家眷来到城市，摆摊设店经商、或转承包土地、种植蔬菜等。二是流动式转移，即在城乡之间从事长途贩运，贩买贩卖，往返于各类市、镇城乡之间。三是候鸟式转移，如承包建筑工程，劳务出口等形式的转移。目前武汉市区集聚的流动人口中的农民，一般都属于以上情况的转移。

（二）城市经济体制改革，形成巨大拉力，为人口流动创造了可能和必要的条件。

武汉市之所以能吸引巨大的流动人口群体，就是因为它是大城市，并且是特大中心城市。恩格斯在《英国工人阶级状况》中指出“城市愈大，搬到里面就愈有利，因为这里有铁路，有运河、有公路；……这里有顾客云集的市场和交易所，这里跟原料市场和成品销售市场有直接的联系”。以上就是城市吸引流动人口的原因。武汉市近几年流动人口增长迅速，除了城市本身的功能以外，更重要原因是改革和开放形成的巨大吸引力。具体表现在以下方面：

1. 武汉的市场由封闭型向开放型转化。党的十一届三中全会以后，从历史条件和地理位置上考虑，武汉市打破了封闭的格局，初步建立了内地商流、物流、人流、技术流、资金流、信息流畅通的社会主义商品大市场，使城市经济发展起来了。流动人口流向武汉市，是

这个市场吸引的结果。

2. 城乡通开、互为依托、协调发展、共同繁荣的横向经济联合的战略决策加快了流动人口增长。近年来，武汉从“内联九省、外通江海”的实际出发，围绕发挥城市功能，促进城乡经济发展这个主题，逐步确立了城乡通开、互为依托、协调发展、共同繁荣的战略决策，在横向联合上大做文章。实践证明，横向经济联合的发展，促进了中心城市多功能的发挥，并带来了流动人口的增加。

至1986年，武汉与全国20多个省市自治区签订联合协作项目近 2 000项，引进各种人才几千人，并从西德、日本、美国、加拿大、英国等国家或地区聘请一批专家来武汉工作。目前，外地在武汉经商办店的有1 088家。如汉正街小商品市场，外地客商平均每天有30 000人次，这里经营来自全国27个省市的30 000多个品种，年营业额达5亿3千多万元。

3. 武汉作为华中地区的经济中心、文化中心、科技与医疗中心的功能进一步发挥，使流动人口规模越来越大。目前，各种驻武汉办事机构中，住宿的流动人口有上万人，占市流动人口总数的2.77%。以学习进修、学术交流为目的的流动人口有8 000多人，占流动人口的2.03%。目前在我市医院里住院的外地病人日平均为3 500人，占流动人口的0.58%。武汉作为历史文化名城，吸引了大量中外游客，他们占流动人口的0.44%。

（三）武汉与外省市人际间的联系，也是流动人口迅速增加的重要原因。

据统计，近几年平均每年有3万人通过升学、毕业分配、工作调动等渠道进入武汉，成为市区的常住人口，由此形成了武汉与全国各地的社会联系网。调查表明，来汉探亲访友的流动人口占总数的11.69%。

三、流动人口对城市经济发展与城市建设的影响

特大中心城市流动人口不断增长，既是生产力发展、城市功能多样化的反映，又促进了城市本身的建设。可以说，城市若没有流动人口，就不会繁荣。城市流动人口的增长是商品经济发达的最直接的标志。武汉市区流动人口增长对经济发展和市民日常生活的积极影响，主要有以下几个方面的表现：

（一）进一步沟通了武汉与全国各地的联系，有利于思想、技术、信息的交流，从而促进了城市功能的发挥。

（二）活跃了城乡统一的市场体系，尤其是活跃了劳务市场。武汉市从农村聘请的几十万农民进城，补充了市区泥瓦工、木工、油漆工、修理工、清洁工、保姆等行业的劳动力需求的不足，对于物质文明和精神文明建设作出了很大贡献。

（三）大量流动人口来武汉，为武汉市民提供了必不可少的生活必需品，活跃了商品市场。

外地人为武汉市民带来了大量的生活消费品，最典型的是集贸市场的供应。现在活跃在市区的集贸市场的农民日平均35 000人，其中自产自销的农民占72.3%。这些流动人口的自销自运活动，给市场增添了繁荣，弥补了商业网点的不足。几年前，武汉市平均26 400人才有一个菜场。现在平均13 700人就有一个菜场，缓解了蔬菜供应难的问题。现在集贸市场的农副产品成交额相当于国营菜场销售量的1.34倍，人平均年经营额达一万多元。全年政府从集贸市场收税达1 427万元。

（四）外地客商来武汉，促进了武汉市旅游业的迅速发展。1983年全市仅有旅店445家，床位约4.7万张。现在已增加到1 300多家，床位有13万余张。目前武汉市已形成了纵横交错的五个层次的旅游网络。

特大中心城市流动人口激增，既有有利的一面，也有不利的一面。武汉的人口密度1984年已上升到每平方公里15 400人，比北京等城市同期的密度要高。现在若加上流动人口来计算人口密度，实际人口密度要更高。因此，大量流动人口来武汉，对市区的城市建设，交通治安管理、人民生活的安排造成一定压力。这种消极影响主要有以下几种表现：

1.对城市交通管理的压力。

武汉不是传统的以方形或圆形向外辐射延伸的城市，而是由汉口、汉阳、武昌3个旧城区组合而成的城市。新工厂和住宅区分别向不同方向的郊区延伸，新市区的面积已超过旧市区10倍左右，这种兼有集中型和分散性的城市布局，无法建设大环城线。道路不是单一走向或纵横走向，而往往是多处走向，货流客流、车流与与人流、过境流与市内流难于区分。这些给流动人口的正常活动，对市内交通管理都带来压力。

2.市内通讯邮政事业不能适应流动人口激增的需要。

流动人口来武汉，加剧了市内通讯邮政落后与人们需要不相适应的矛盾。全市现有市内电话97 886部，每百人拥有量为2.87部。上海、北京等地已达每百人5部以上，美国、日本、法国等已达每百人100—150部。全市现有公用电话448部，长途电话交换机1 418路端，电路885条。市内电话接通率为51.57%，长途电话接通率为77.39%。全市邮政局所140处，服务半径为0.13公里，预测到2000年也难以达到邮政部关于城区邮政服务半径0.5公里的标准。由于邮电这种基础部门发展相对迟缓和调节不力，给人口在市内的流动造成阻滞，不仅减弱了其他部门吸收流动人口的能力，同时给武汉市常住人口的日常生活也带来了不便。

3.流动人口的发展与人口管理手段不适应。

在流动人口构成及活动不断发生变化的情况下，流动人口的管理方式也应更新。调查发现，临时户口对流动人口的约束力已经减弱，寄住在居民家中的流动人口，申报暂住户口为数不多。这种变化直接影响管理部门对人口特征的掌握，使决策失去了科学性。

4.流动人口中极少数违法分子流窜作案，对社会治安管理增加了复杂性和困难。

据公安部门提供的资料表明，流动人口犯罪在全市各种犯罪中所占的比例已由1983年的10%以下上升到1986年的30%。在犯罪的流动人口中，约有40%的人是惯犯。他们居无定所、行无定踪、隐姓埋名、城乡流窜。

四、对流动人口的管理对策

以上分析表明，流动人口形成的原因、活动规律、给城市发展带来的影响，都与常住人口不尽相同，所以采取的管理方法也应有所不同。随着商品经济的发展，流动人口的活动规律不断发生变化，因此确定正确的方针和政策，因势利导，加强管理，使流动人口发展与城市建设相协调是非常重要的。具体应采取的措施如下：

（一）加强领导、全面规划，加强对流动人口的调查研究。市政府应责成有关部门或成立专门机构，对流动人口的活动规律做比较科学的追踪调查，做科学分析，为制定正确决策提供科学依据。

（二）从便于流动人口活动出发，加快城市基础设施的建设。在城市规划与建设，特别是旧城改造中应充分考虑流动人口活动的需求，建设各种适合流动人口活动的场所，并开辟这些场所与其他商业区、游览区的公共交通线路，为流动人口的正常活动创造便利条件。市政府应尤其加强对旅社、地下室、招待所、车站、码头、集贸市场等流动人口活动频繁地方的建设与管理。

（三）按行业归口，统一管理。针对流动人口组织松散或无组织约束状态，市政府应制定统一管理章程，明确一个统一的归口部门，其他有关部门定期或不定期地向这个归口部门汇报有关流动人口的变化情况。避免对流动人口似乎都在管实际无人管的状况。

（四）从宏观上对流动人口实行疏导方针。一方面为流动人口提供流而不滞地加入城市经济活动的途径，同时也要采取一定的调节。要从有益于发挥武汉市作为中心城市作用的原则出发，临时注册的厂、店关闭或转移，应注销各种证件，否则会助长流动人口向永久性迁移方向发展，加大城区常住人口的规模。对各种类型的流动人口都应提供来去方便的条件，象加速资金周转那样，加快他们的流动。

（作者工作单位：黄红云 武汉市社会科学院，陈贤寿 武汉市统计局）

关于1981—1985年武汉市农村劳动力资源的调查报告

徐迎建　　陈贤胜

为了掌握武汉市农村劳动力资源发展变化的特征、规律及其趋势，并制定相应对策以促进其合理发展，我们于1986年下半年运用采访法，对武汉市6个城区、3个郊区及4个县农业人口中的劳动力资源在1981—1985年期间的发展变化状况进行了普查，并据此作了分析。

现将这次调查分析的结果报告如下。

一、农村劳动力资源发展变化的特点及趋势

1981—1985年是我国农村经济社会激剧变革时期，武汉市郊县的农村产业结构得到较大调整，因此引起农村劳动力资源发生一系列变化。

（一）农业人口比重逐渐下降。

随着我国社会经济的较快发展和劳动生产率的不断提高，人口城市化进程明显加快，农业人口比重不断下降。武汉市同全国一样，非农业人口增长速度较快，农业人口比重逐渐下降，由1980年末的50.41%下降到1985年末的44.27%，共下降6.14%；农业人口数由1980年末的285.92万人下降到1985年末的269.32万人，共减少16.60万人，平均每年减少3.32万人，年递增率为－1.19%（见表1）。武汉市农业人口比重在今后相当长时期内仍将不断下降，

同时，随着计划生育工作各项措施的不断完善，农业人口的绝对数也会逐渐减少。

表1　武汉市部分年份农业人口比较

年份	年末全市人口数（万人）	年末农业人口	
		人数（万人）	占全市人口比重（%）
1980	567.23	285.92	50.41
1981	577.90	287.42	49.74
1982	586.97	289.55	49.33
1983	594.40	285.45	48.02
1984	600.59	274.90	45.77
1985	608.40	269.32	44.27

（二）农村劳动力规模缓慢增长。

中国共产党十一届三中全会以后，党的农业政策作了较大调整，农业生产经营形式出现了重大改革，这一方面使农业生产的领域得到扩大，另一方面也激发了广大农民的生产积极性，因而使大批原来主要从事家务劳动的人口走出家门，参加力所能及的社会劳动，农村劳动力的规模缓慢增长。1980年末，武汉市的农村劳动力为121.46万人，以后逐年增加，到1985年末达到129.05万人，共增加7.59万人，平均每年增加1.52万人，年递增率为1.22%；农村劳动力占农业人口的比重也由1980年的42.48%上升到1985年的47.92%(见表2)。但是，我们也应认识到，目前农村劳动力规模增长的现象只是暂时的，今后，随着农业人口的减少以及农村经济由剧烈变革走向稳定发展时期，农村劳动力人口的增长速度逐步减慢，以至出现负增长，这是必然趋势。

表2　武汉市农村劳动力与全部农业人口比较

年份	年末农业人口数（万人）	年末农村劳动力	
		人数（万人）	占农业人口比重（%）
1980	285.92	121.46	42.48
1981	287.42	122.47	42.61
1982	289.55	123.58	42.68
1983	285.45	126.94	44.47
1984	274.90	128.68	46.81
1985	269.32	129.05	47.92

（三）劳动力年龄构成略趋年轻化。

如果把全部农村劳动力人口划分为19岁以下、20—49岁和50岁以上三个年龄组进行比较，则可看出在“六五”期间，武汉市农村劳动力年龄构成略呈现年轻化的趋势，50岁以上年龄组人数减少，比重下降；19岁以下年龄组人数稍有增加，比重略有提高；20—49岁年龄组人数增加较多，由1981年的78.04万人增加到1985年的84.47万人，共增加6.43万人，基本接近同期全部劳动力增加人数，比重也由1981年的63.72%上升到1985年的65.46%(见表3)。

表3　武汉市不同年龄组农村劳动力比较　（岁）

年份	农村劳动力人数（万人）			占全部农村劳动力的比重（%）		
	19岁以下	20—49岁	50岁以上	19岁以下	20—49岁	50岁以上
1981	18.12	78.04	26.30	14.80	63.72	21.48
1982	18.23	79.34	26.00	14.75	64.20	21.04
1983	18.52	82.02	26.41	14.59	64.61	20.80
1984	19.18	83.92	25.58	14.90	65.22	19.88
1985	19.16	84.47	25.41	14.85	65.46	19.69

（四）劳动力文化教育水平有所提高。

农村商品经济的发展对劳动力的受教育程度提出了更高的要求，从而促进广大农民学文化和科学技术的积极性，以提高自己的文化教育水平，使之适应商品经济发展的要求；同时，由于“义务教育法”的颁布及实施，使农村少年完成九年制义务教育的比重日益提高。武汉市农村劳动力的文化教育水平在“六五”期间有所提高，具有初中及初中以上文化程度的人数逐年增加，占全部农村劳动力的比重也不断上升。与此同时，具有小学文化程度的人口比重逐渐下降，由1981年的38.62%下降到1985年的37.60%，文盲人口比重下降的速度更快一些，由1981年的20.22%下降到1985年的15.43%（见表4）。今后，随着我国社会经济的进一步发展，劳动力文化教育水平提高的速度将会更快。

表4　武汉市不同文化程度人口占农村劳动力的比较表

年份	占全部农村劳动力的比重（%）				
	大学	高中	初中	小学	文盲
1981	0.01	8.42	32.73	38.62	20.22
1982	0.01	8.87	33.80	38.33	18.99
1983	0.01	9.05	34.88	38.44	17.63
1984	0.01	9.74	36.19	37.97	16.09
1985	0.01	10.09	36.87	37.60	15.43

（五）劳动力行业分布发生显著变化。

农村经济体制改革的深入发展，使得随着农业劳动生产率的提高而产生的大量农业剩余劳动力能够从过去单一的农业经济中游离出来，实现由种植业向非种植业的转移，因而使农村劳动力的行业分布发生显著变化。1981年，武汉市农村劳动力中从事种植业的人口有96万人，比重高达78.39%，而从事非种植业的人口还不足1/4，到1985年，从事种植业的人口比重下降到62.44%，下降了15.95%，人口减少到80.57万人，减少了15.43万人。这批农村劳动力从种植业中退出后，迅速转向非种植业，引起非种植业人口的增加，其中，人数增加得最多的是乡镇工业，由1981年的9.72万人增加到1985年的17.12万人，增加了7.40万人，增长了76.13%，占全部农业人口的比重也由7.94%提高到13.27%；增长速度最快的是商业，由1981年的1.60万人增加到1985年的4.63万人，增加了3.03万人，增长了189.38%（见表5）。随着农村经济的发展，这种由种植业向非种植业转移的趋势将会持续相当长一段时间。

表5　武汉市农村劳动力人口在不同行业的分布

年份	占全部农村劳动力的比重（%）						
	种殖业	养殖业	商业	运输业	建筑业	工业	其它
1981	78.39	2.72	1.31	1.23	3.41	7.94	4.99
1982	75.16	3.00	1.73	1.41	4.27	8.91	5.52
1983	71.64	3.28	2.30	1.58	4.86	10.08	6.26
1984	66.62	3.71	2.98	1.83	6.09	11.70	7.08
1985	62.44	4.21	3.59	2.08	6.99	13.27	7.42

农村劳动力由种植业移向非种植业的过程在不同年龄组人口，不同文化程度人口中表现也不尽相同。

不同年龄组人口，转移速度不同。19岁以下年龄组人口由种植业向非种植业转移的速度最快，1985年，从事种植业的人口比重比1981年下降了17.08%；20—49岁年龄组人口比重下降的速度次之，为16.75%；50岁以上年龄组人口比重下降的速度最慢，只有13.63%。这表明，农村劳动力由种植业向非种植业转移的速度随劳动力年龄的增高而呈递减趋势。

不同文化程度人口，转移速度不同。高中及高中以上人口由种植业向非种植业转移的速度最快，1985年，从事种植业的人口比重比1981年下降了27.83%；其次是具有初中文化程度的人口，比重下降了25.96%；小学文化程度人口比重下降了16.63%；文盲人口比重下降得最慢，只有8.18%。这表明，农村劳动力由种植业向非种植业转移的速度随劳动力文化程度的增高而呈递增趋势。

二、武汉市郊县农村经济的新面貌

“六五”时期，武汉市郊县农村产业结构得到较大调整，劳动力资源也发生了一系列变化，进而使农村经济由传统生产方式向商品化方向转变，由单一经营方式向综合经营方向转变，呈现出欣欣向荣的新面貌。

（一）农业生产全面持续增长。

1985年同1980年相比，粮食产量增长了34.49%，达到32.48亿斤；棉花增长了38.27%，达到89.56万担；油料增长了234.30%，达到99.71万担。1985年，鲜鱼产量为1.11亿斤，牛奶产量为0.59亿斤，禽蛋产量为0.62亿斤，均创历史最高水平；蔬菜、水果及其他副食品生产也有较大程度的增长。

（二）农村社会总产值发展速度较快。

农村社会总产值在逐年增长的基础上，1985年达到36亿元，比1980年的15亿元增长了140%，年递增率为19.14%，成为历史上最高水平的年份。

（三）农村产品结构得到较大调整。

1980年，武汉市农村工业产值占工农业总产值的比重为51.97%，1985年提高到66.50%，接近2/3，农村工业已成为农村经济的重要支柱。在农业产值中，林、牧、副、渔多种经营所占比重由1980年的19.80%上升到1985年的2.70%，上升幅度也很大。

（四）农民生活水平有相当程度的提高。

农民人均纯收入1980年为214元，1985年提高到493元，增加了279元，年递增率为18.16%；农民人均储蓄的增长速度也很快，1985年达到123元。

（五）城乡市场进一步活跃。

由于农业生产连年大丰收，人民日常生活所需要的蔬菜、猪肉、鲜鱼、禽蛋及各种副食品的来源十分丰富，这就使得城乡市场进一步活跃。1985年，武汉市城乡集贸市场达到286个，全年成交量为8.76亿斤，成交额为3.58亿元；农副产品批发市场23个，全年成交量为1,11亿斤，成交额为0.48亿元。

三、农村劳动力资源发展变化过程中应注意的几个问题

“六五”时期，武汉市郊县农村劳动力资源的发展变化在促进城乡经济社会的发展过程中发挥了重要作用，但也出现了一些值得注意的问题。

（一）劳动力文化素质的整体水平偏低。

虽然“六五”时期，武汉市郊县农村劳动力的文化教育水平有所提高，但整体素质仍然偏低。1985年末，农村劳动力中的文盲人口占有相当比重，达到15.43%，只具有小学文化程度的人口所占比重最大，为37.60%，而具有初中及初中以上的文化程度的人口还不到全部农村劳动力人口的一半，具有大专文化程度的更是凤毛麟角，每万名农村劳动力中才有一名农业科技人员，绝大部分乡镇企业中没有受过一定训练的工程技术和管理人员，这对农村劳动生产率的提高是极为不利的。特别需要指出的是，1985年末，在19岁以下年龄组劳动力中，文盲人口仍占有一定比重，达到2.87%，只具有小学文化程度的人口数量呈上升趋势，由1981年末的5.93万人上升到1985年末的6.11万人，青少年人口是未来农村的主要劳动力，而他们的文化程度偏低，必然降低整个农村劳动力乃至全民族的文化素质，这种状况难以适应商品经济发展的需要，必须引起我们的高度重视。

（二）农业生产机械化程度下降。

农村实行以家庭承包为基础的联产承包责任制以后，农业生产的组织规模迅速缩小，生产方式发生了很大变化，一家一户的作业形式不利于大型农业机械的使用，而中小农机具的使用又受到资金和生产能力的限制而发展不快，因而农业生产机械化程度有所下降。1981年，武汉市郊县原有机耕面积203.40万亩，以后以较快速度减少，1985年只有94.83万亩。在此期间，尽管适宜家庭使用的小型半机械化农具有所增加，但全市农业机械总值仍由1981年的2.41亿元下降到1985年的2.25亿元，减少了0.16亿元。这种趋势是不利于农业生产力的提高，也不利于农业人口的转移的。

（三）农村劳动力各行业间的转移具有一定的盲目性。

随着党在农村的各项经济政策的贯彻落实，农村产业构成得到调整，农村劳动力的行业构成也发生了显著变化。但是，由于目前缺乏良好的劳动力市场的指导机制，加之还有许多方面的关系尚需进一步理顺。因此，农村劳动力在各行业间的转移往往带有一定的盲目性。1985年，武汉市郊县的耕地面积比1980年减少了14.45万亩，但仍有6万余亩土地无人耕种，不得不将这些土地再转包给外地劳动力，与此同时，本地从事种植业的劳动力仍在以较快的速度向其他行业转移，这将进一步造成耕地面积的不正常过剩。

（四）乡镇企业的发展水平还较低。

武汉市郊县乡镇企业在“六五”期间发展较快，为沟通城乡关系，发展农村经济，吸收农业剩余劳动力作出了一定贡献。但也要看到，武汉市的乡镇企业的发展水平还是很低的，同温州地区、苏南地区乡镇企业的发展水平相比较，相差很远，这主要表现在乡镇企业的基础薄弱，再生能力不强，经不起严峻的市场竞争的考验，一部分乡镇企业长期亏损，还有少量乡镇企业已处于濒临破产的困境中，这些都直接影响农村经济的更快发展，也减缓农业剩余劳动力转移的速度。

（五）给城市诸方面造成较大压力。

目前，我国广大农村的生产力水平还很低，生活条件同城市相比还有一段距离，吸收消化农村剩余劳动力的能力不强，因而每年有大量农村人口流向城市，“六五”期间，武汉市郊县就有近10万人口迁入城区。同时，随着城市市场的开放，大批郊县农民进城务工经商，近几年，大约有12万郊县农民长期驻留市区，这在相当程度上促进了城市和农村经济的发展，加强了城乡间的联系。但是，由于我国生产力水平不高，城市的负担能力有限，城市人口增长速度过快，必然使城市长期超负荷运转，加之城市人口管理制度有待健全，大量农民盲目地、以较快速度流入城市，无疑在诸如劳动就业、交通运输、市场管理、市容卫生、社会治安等方面，给城市造成较大压力。

四、促进农村劳动力资源正常发展变化的途径

随着我国经济社会的不断发展，武汉市郊县农村劳动力资源也将继续发生一系列变化，并对经济社会产生相当程度的影响。为了使这一变化过程能同武汉市经济社会的发展相协调，应根据武汉市的具体情况，选择合理途径，采取有效措施，促进农村劳动力资源的正常发展。

（一）制定科学合理的农村产业政策。

为了使农村经济得到振兴，必须确定合理的农村产业结构，而产业结构的最终形成对农村劳动力资源的发展变化过程又起着决定性作用，因此必须制定科学合理的农村产业政策，通过国家的经济计划、经济方法和经济措施发挥作用，使农村产业结构最终形成，进而促进农村劳动力资源的合理发展变化。

（二）促进乡镇企业及农村第三产业的发展。

农村现代化的集中表现为城市化，这意味着要逐渐改变农村种植业为主的自然经济状况，使农村成为农、工、商经济的综合体，种植业的主导地位让位于乡镇工业及第三产业。武汉市郊县乡镇工业及第三产业的发展，首先应面向武汉这个大市场，充分发挥农村自然资源和劳动力资源的优势，发展建材、食品加工及具有一定规模的机械加工业；同时，也应利用武汉这个大市场，积极吸引人才，吸收新技术，以增强自己的经济实力，并通过武汉将产品流向国内外大市场。

（三）发展农村科学文化教育事业。

文化教育水平是影响农村经济发展的重要因素，因此应大力发展农村科学文化教育事业。应采取有效措施，普及九年制义务教育，彻底杜绝新文盲的产生；办好农村职业中学，培养更多的有知识、有技术的新型农民；积极举办各种培训班，提高现有劳动力的文化科学技术水平；每年有计划分配和支持一定数量的合格大专毕业生到农村工作，使之成为振兴农村经济的骨干力量；在抓好农村“星火计划”的过程中，组织和鼓励专家、学者和技术人员下乡，为发展农村经济传知识、献良策、攻难关。

（四）发展郊县小城镇建设。

小城镇一般是本区域政治、经济、文化中心，是城市与农村间经济活动的最直接纽带和桥梁，发展小城镇有利于我国社会主义建设，对大城市的发展和农村的现代化都可起积极作用。目前，武汉市郊县共有11个县辖镇，46个区乡辖镇和3 000多个村镇，初步形成了城镇网，今后应制定一整套有利于郊县小城镇发展的措施，解决小城镇建设资金的渠道，为小城镇培养更多专业技术及管理人员，使小城镇的经济社会发展逐渐同步于市区的发展，在吸收

农村剩余劳动力过程中发挥更大作用。

（五）加强大城市人口管理。

随着社会生产力的稳定发展，农业人口将逐步转化为非农业人口，城镇人口比重将不断提高，城市化水平将进一步发展，这是不以人们意志为转移的客观规律，也是社会进步的重要标志。我国是实行有计划的商品经济的社会主义国家，城市化过程既不能走人口盲目向大城市聚集，使大城市规模急剧膨胀的道路，也不能走单纯依据大量减少农业用地，使农民完全就地转化的道路，而应该依据我国国情，城乡并举，工农结合，走出一条新路子来。为此，大城市应建立科学的人口管理体系，以加强人口管理，使农村剩余劳动力合理地流入城市，并发挥最大效用

（作者工作单位：徐迎健 武汉市经济研究所

陈贤胜 武汉市人民政府政研室）

第 Ⅶ 部 分

中国人口与世界人口对比

一、人口发展情况

表1 **人口面积和人口密度（一）**

	人口①（百万人）					面积（千平方公里）	1984年人口密度（人/平方公里）
	1970年	1975年	1980年	1983年	1984年		
世界总计	3 683	4 076	4 453	4 685	4 763	135 837	35
亚洲	2 095	2 357	2 591	2 731	2 777	27 576	101
东亚	984	1 102	1 183	1 225	1 239	11 756	105
其中：中国②	830	924	987	1 025	1 035	约9 600	108
南亚	1 111	1 255	1 408	1 506	1 539	15 820	97
中南亚	750	846	949	1 014	1 036	6 785	153
东南亚	288	324	362	385	393	4 493	87
西南亚	74	85	98	107	110	4 542	24
欧洲	701	727	750	762	766	27 339	28
西欧	148	152	154	154	154	995	155
南欧	128	134	139	141	142	1 315	108
东欧	103	106	110	112	112	990	113
北欧	80	82	82	82	82	1 636	50
苏联	242	253	265	273	276	22 402	12
非洲	357	410	476	521	537	30 330	18
西非	106	123	144	158	163	6 142	27
东非	101	117	137	150	155	6 349	24
北非	83	94	108	118	121	8 525	14
中非	42	48	55	59	61	6 613	9
南非	26	29	33	35	36	2 701	13
大洋洲	19.3	21.2	23.0	24.1	24.5	8 510	3
其中：澳大利亚和新西兰	15.4	16.7	17.9	18.6	18.8	7 956	2
美洲	510	560	614	647	658	42 082	16
北美洲	227	239	252	259	261	21 515	12
拉丁美洲	284	322	362	388	397	20 566	19
南美洲	191	214	240	257	263	17 832	15
中美洲	68	80	92	100	103	2 496	41
加勒比海地区	25	28	30	31	31	238	130

注：①年中数。由于四舍五入的原因，表中分项之和不完全等于总计。②年末数。不包括台湾省和港、澳地区。

资料来源：联合国《人口年鉴》1984年；中国国家统计局《中国统计年鉴》1986年。

表2

人口、面积和人口密度（二）

国家或地区	年中人口数 （百万人）						面积（平方公里）	1985年人口密度（人/平方公里）
	1970年	1980年	1982年	1983年	1984年	1985年		
亚洲								
中国 ①	829.92	987.05	1 015.41	1 024.95	1 034.75	1 045.32	约9 600 000	109
阿富汗	14.87	15.95	16.79	17.22	17.67	18.14	652 300	28
巴林	0.22	0.35	0.37	0.38	0.40	0.42	622	675
孟加拉国	68.12	88.68	92.59	94.65	96.73	98.66	143 998	685
不丹 ②	1.05	1.28	1.33	1.36	1.39	1.42	46 000	31
文莱	0.13	0.19	0.20	0.21	0.22	0.22	5 765	38
缅甸	27.03	33.64	35.91	36.75	37.61	37.15③	676 581	55
塞浦路斯	0.60	0.63	0.64	0.65	0.66	0.67	9 251	72
柬埔寨	6.94	6.40	6.61	6.82	7.06	7.28	181 035	40
民主也门	1.44	1.97	2.09	2.16	2.23	2.29	336 869	7
东帝汶 ④	0.60	0.58	0.60③	0.62	0.64	0.66	18 899	35
印度 ⑤	534.96	656.94	709.87	723.79	737.63	743.32	2 974 700	250
印度尼西亚	117.88	146.36	153.04	156.45	159.89	163.39	1 904 569	86
伊朗	28.66	38.35	40.78	42.07	43.41	44.21	1 648 000	27
伊拉克	9.44	13.24	14.11	14.82	15.36	15.90	438 446	36
以色列	2.97	3.87	4.03	4.11	4.16	4.23	14 000⑥	302
日本	103.40	116.81	118.45	119.26	120.02	120.75	377 748	320
约旦	2.30	2.92	3.13	3.25	3.38	3.51	96 188	36
朝鲜	46.13	56.15	58.28	59.37	60.48	61.59	222 209	277
其中：南朝鲜	32.24	38.12	39.33	39.95	40.58	41.21	98 992	416
科威特	0.75	1.37	1.50	1.56	1.64	1.71	17 818	96
老挝	2.96	3.68	3.83	3.92	4.02	4.12	236 800	17
黎巴嫩	2.47	2.67	2.64	2.64	2.64	2.67	10 400	257
马来西亚	10.39	13.70	14.46	14.82	15.19	15.56	329 589	47
马尔代夫	0.12	0.15	0.16	0.17	0.17	0.18	298	604
蒙古	1.25	1.66	1.75	1.80	1.84	1.89③	1 566 500	1
尼泊尔	11.49	14.01	15.38③	15.74	16.11	16.63	147 181	113
阿曼	0.65	0.98	1.09	1.14	1.19	2.00	300 000	7
巴基斯坦	60.61	82.58	87.76	90.48	93.29	96.18	796 098	121
巴勒斯坦 ⑦	…	…	…	…	…	…	27 090	…
菲律宾	36.85	48.32	50.74	51.96	53.17	54.38	299 700	181
卡塔尔	0.11	0.23	0.26	0.28	0.29	0.31	11 000	28
沙特阿拉伯	5.75	9.37	10.23	10.66	11.09	11.54	2 149 690	5
锡金 ⑧	0.14	0.24	0.25	0.25	0.26	0.26	7 100	37
新加坡	2.07	12.41	2.47	2.50	2.52	2.56	618	4 142
斯里兰卡	12.52	4.75	15.19	15.42	15.60	15.84	65 610	241
叙利亚	6.26	8.70	9.30	9.61	9.93	10.27	185 180	55
泰国	36.37	46.46③	48.49	49.46	50.40	51.30	514 000	100
土耳其	35.32	44.44	46.31	47.28	48.27	49.27	780 576	63
阿拉伯联合酋长国	0.22	0.98	1.14	1.21	1.27	1.33	85 470	16
越南	42.73	54.18	56.40	57.47	58.57	59.71	329 556	181
也门	4.84	5.98	6.31	6.48	6.66	6.85	195 000	35
欧洲								
阿尔巴尼亚	2.14	2.67	2.78	2.84	2.90	2.96	28 748	103
安道尔	0.02	0.04	0.04	0.04	0.04	0.04	465	66
奥地利	7.47	7.55	7.57	7.55	7.55	7.56	83 853	90
比利时	9.66	9.85	9.86	9.86	9.86	9.90	30 519	324
保加利亚	8.49	8.86	8.92	8.94	8.96	8.96	110 912	81
捷克斯洛伐克	14.33	15.31	15.37	15.41	15.46	15.50	127 896	121
丹麦 ⑨	4.93	5.12	5.12	5.11	5.11	5.11	43 080	119
法罗群岛（丹）	0.04	0.043	0.044	0.045	0.045	0.05	1 399	36
芬兰	4.61	4.78	4.82	4.86	4.88	4.91	337 032	15

表2 （续1）

国家或地区	年中人口数（百万人）						面积	1985年人口密度（人/平方公里）
	1970年	1980年	1982年	1983年	1984年	1985年	（平方公里）	
法国	50.77	53.88	54.48	54.73	54.95	55.17	551 602	100
民主德国	17.06	16.74	16.70	16.70	16.67	16.64	108 333	154
联邦德国⑩	60.71	61.56	61.64	61.42	61.18	61.02	248 212	245
直布罗陀（英占）	0.03	0.03	0.029	0.029	0.028	0.03	6	5 000
希腊	8.79	9.64	9.79	9.85	9.90	9.93	131 990	75
匈牙利	10.34	10.71	10.71	10.69	10.67	10.64	93 033	114
冰岛	0.20	0.23	0.23	0.24	0.24	0.24	103 106	2
爱尔兰	2.95	3.40	3.48	3.51	3.54	3.55	70 282	51
意大利	53.82	56.43	56.64	56.84	57.00	57.13	301 263	190
列支敦士登	0.02	0.026	0.026	0.026	0.027	0.03	160	188
卢森堡	0.34	0.36	0.37	0.37	0.37	0.37	2 586	143
马耳他	0.33	0.36	0.36	0.38	0.38	0.38	316	1 203
摩纳哥	0.02	0.03	0.03	0.03	0.03	0.03	1.9	15 789
荷兰	13.03	14.14	14.31	14.36	14.42	14.48	41 548	349
挪威	3.88	4.09	4.11	4.13	4.14	4.15	386 974⑪	11
波兰	32.53	35.58	36.23	36.57	36.91	37.20	312 683	119
葡萄牙	8.87	9.77	9.93	10.01	10.09	10.23	92 072	111
罗马尼亚	20.25	22.22	22.48	22.55	22.62	23.02	237 500	97
圣马力诺	0.02	0.02	0.02	0.02	0.02	0.02	61	328
西班牙	33.75	37.54	37.96	38.17	38.39	38.60	504 750	76
瑞典	8.04	8.31	8.33	8.33	8.34	8.35	449 964	19
瑞士	6.27	6.32	6.39	6.42	6.44	6.37	41 293	154
苏联	242.77	265.54	270.04	272.54	275.07	278.62	22 402 200	12
英国	55.63	56.31	56.34	56.38	56.49	56.62	244 100	232
南斯拉夫	20.37	22.30	22.63	22.80	22.96	23.12	255 804	90
非洲								
阿尔及利亚	13.75	18.67	19.86	20.52	21.05	21.72	2 381 741	9
安哥拉	5.59	7.72	8.14	8.34	8.54	8.75	1 246 700	7
贝宁	2.72	3.42③	3.62	3.72	3.83	3.93	112 622	35
博茨瓦纳	0.58	0.82	0.98③	1.01	1.05	1.09	582 000	2
布基纳法索	5.38	6.15	6.31	6.41	6.53	6.64	274 200	24
布隆迪	3.54	4.12	4.31	4.42	4.54	4.72	27 834	170
喀麦隆	6.75	8.50	9.28	9.57	9.87	10.19	475 000	21
佛得角	0.27	0.30	0.31	0.31	0.32	0.33	4 033	82
中非	1.82	2.31	2.41	2.46	2.52	2.61	622 984	4
乍得	3.64	4.48	4.68	4.79	4.90	5.02	1 284 000	4
科摩罗	0.27	0.38	0.41	0.42	0.43	0.44	2 235	197
刚果	1.20	1.53	1.61	1.65	1.70	1.74	324 000	5
科特迪瓦	5.55	8.17	8.80	9.30	9.46	9.81	322 463	30
吉布提	0.16	0.31	0.37③	0.38	0.41	0.43	23 000	19
埃及	33.05	42.13	44.52	45.92	47.19	48.50	1 00 000	48
赤道几内亚	0.29	0.35	0.37	0.38	0.38	0.39	28 051	14
埃塞俄比亚	30.62	38.52	40.40	41.39	42.44	43.35	1 223 600	35
加蓬	0.95	1.06	1.10	1.11	1.13	1.15	267 667	4
冈比亚	0.46	0.60③	0.64	0.62③	0.63	0.64	10 367	62
加纳	8.61	11.54	12.24	12.70	13.15	13.59	239 000	57
几内亚	4.39	5.41	5.66	5.79	5.93	6.07	245 857	25
几内亚比绍	0.53	0.81	0.85	0.86	0.88	0.89	36 125	25
肯尼亚	11.25	16.67	18.04	18.77	19.54	20.33	582 646	35
莱索托	1.06	1.34	1.41	1.44	1.47	1.53	30 344	50
利比里亚	1.32	1.85	1.98	2.04	2.11	2.19	111 370	20
利比亚	1.99	2.97	3.33	3.47	3.62	3.60③	1 759 540	2
马达加斯加	6.72	8.70	9.20	9.40	9.73	9.98	627 000	16

表2 (续2)

国家或地区	年中人口数 (百万人)						面积	1985年人口密度(人/平方公里)
	1970年	1980年	1982年	1983年	1984年	1985年	(平方公里)	
马拉维	4.61	6.05	6.41	6.62	6.84	7.06	118 485	60
马里	5.69	7.10	7.51	7.74	7.97	8.21	1 240 192	7
毛里塔尼亚	1.25	1.63	1.73	1.78	1.83	1.89	1 185 000	2
毛里求斯	0.81	0.93	0.95	0.96	0.98	0.99	2 040	485
摩洛哥	15.31	20.05	20.36③	20.88	21.41	21.94	458 730	48
莫桑比克	8.14	12.12	12.91	13.26	13.60	13.96	799 380	17
纳米比亚(西南非洲)⑫	1.04	1.35	1.43	1.47	1.51	1.55	824 292	2
尼日尔	4.02	5.31	5.61	5.77	5.94	6.11	1 267 000	5
尼日利亚	57.22	80.56	86.13	89.02	92.04	95.20	923 768	103
留尼汪岛(法)	0.45	0.51	0.52	0.53	0.54	0.53	2 510	211
卢旺达	3.69	5.16	5.55	5.76	5.87	6.07	26 338	230
圣多美和普林西比	0.07	0.09	0.09	0.09	0.09	0.11	996	110
塞内加尔	4.39	5.70	5.99	6.32	6.40	6.44	196 192	33
塞舌尔	0.05	0.06	0.06	0.06	0.06	0.07	444	158
塞拉利昂	2.84	3.30	3.41	3.47	3.54	3.60	72 326	50
索马里	2.79	4.02	4.29	4.42	4.54	4.65	637 657	7
南非⑬	22.46	28.61	30.04	30.80	31.59	32.39	1 221 037	27
苏丹	13.86	18.68	19.80	20.36	20.95	21.55	2 505 813	9
斯威士兰	0.42	0.55	0.59	0.61	0.63	0.65	17 363	37
多哥	1.96	2.55	2.75	2.79	2.87	2.96	56 600	52
突尼斯	5.13	6.39	6.73	6.84	7.03	7.26	164 150	44
乌干达	9.81	13.11③	14.00	14.47	14.96	15.48	238 461	65
坦桑尼亚	13.27	18.58	19.78	20.41	21.06	21.73	945 087	23
西撒哈拉⑭	0.08	0.13	0.14	0.15	0.15	0.15	266 000	0.56
扎伊尔	21.64	26.38	27.40③	28.16	29.67	30.36	2 344 885	13
赞比亚	4.25	5.83	6.03	6.24	6.45	6.67	752 617	9
津巴布韦	5.31	7.10	7.48	7.74	7.98	8.38	390 759	21
大洋洲								
美属萨摩亚	0.03	0.03	0.03	0.03	0.04	0.04	197	203
澳大利亚	12.51	14.70	15.18	15.38	15.56	15.75	7 682 300	2
库克群岛(新)	0.02	0.02	0.02	0.02	0.02	0.02	240	83
斐济	0.52	0.63	0.66	0.68	0.69	0.70	18 333	38
法属玻利尼西亚	0.11	0.15	0.16	0.17	0.17	0.16	4 000	40
关岛(美)	0.09	0.11	0.11	0.12	0.12	0.11③	541	203
基里巴斯⑮	0.05	0.06	0.06	0.06	0.06	0.06	684	88
密克罗尼西亚(美托管)	0.10	0.13	0.14	0.14	0.15	0.15	1 833	82
瑙鲁	0.007	0.007	0.007	0.008	0.008	…	22	364⑯
新喀里多尼亚(法)	0.11	0.14	0.14	0.15	0.15	0.15	19 103	8
新西兰	2.81	3.11	3.16	3.20	3.23	3.25	268 103	12
纽埃岛(新)	0.005	0.003	0.003	0.003	0.003	…	258	12⑯
巴布亚新几内亚	2.42	3.00	3.09	3.19	3.43	3.33③	461 693	7
所罗门群岛	0.16	0.23	0.24	0.25	0.26	0.27	29 785	9
托克劳群岛(新)	0.002	0.002	0.002	0.002	0.002	…	12	167⑯
汤加	0.09	0.09	0.09	0.10	0.10	0.10	697	143
图瓦卢	…	0.007	0.007	0.008	0.008	…	26	308⑯
瓦努阿图	0.08	0.10	0.12	0.12	0.13	0.14	11 880	12
瓦利斯群岛和凯科斯群岛(法)	0.01	0.01	0.01	0.01	0.01	…	153	65⑯
西萨摩亚	0.14	0.16	0.16	0.16	0.16	0.16	2 947	54
北美洲								
百慕大群岛(英)	0.05	0.05	0.05	0.05	0.06	0.06	53	1 132

表2 （续完）

国家或地区	年中人口数 （百万人）						面积	1985年人口密度（人/平方公里）
	1970年	1980年	1982年	1983年	1984年	1985年	（平方公里）	
加拿大	21.30	24.04	24.63	24.88	25.13	25.37	9 976 139	3
格陵兰岛（丹）	0.05	0.05	0.05	0.05	0.05	0.05	2 175 600	0.023
圣皮埃尔岛和密克隆岛（法）	0.006	0.006	0.006	0.006	0.006	…	242	25⑯
美国	205.05	227.74	232.35	234.54	236.68	239.28	9 372 614	26
拉丁美州								
安提瓜和巴布达	0.07	0.08	0.08	0.08	0.08	0.08	442	181
阿根廷	23.96	28.24	29.16	29.63	30.10	30.56	2 776 889	11
巴哈马	0.17	0.21	0.22	0.22	0.23	0.23	13 935	17
巴巴多斯	0.24	0.25	0.25	0.25	0.25	0.25	431	580
伯利兹	0.12	0.15	0.15	0.16	0.16	0.17	22 965	6
玻利维亚	4.93	5.60	5.92	6.08	6.25	6.43	1 098 581	7
巴西	92.52	121.29③	126.81	129.66	132.58	135.56	8 511 965	16
英属维尔京群岛	0.01	0.012	0.012	0.013	0.013	…	153	85⑯
开曼群岛（英）	0.01	0.017	0.018	0.019	0.019	…	259	73⑯
智利	9.37	11.10	11.49	11.68	11.88	12.07	741 767	16
哥伦比亚	20.53	25.89	26.97	27.50	28.06	28.62	1 141 748	25
哥斯达黎加	1.73	2.25	2.32	2.44③	2.42③	2.49	51 100	49
古巴	8.55	9.72	9.80	9.90	9.99	10.09	110 860	91
多米尼加联邦	0.07	0.07	0.07	0.08	0.08	0.08	751	107
多米尼加共和国	4.06	5.44	5.74	5.96	6.10	6.24	48 442	129
厄瓜多尔	6.05	8.12	8.61	8.86	9.11	9.38	283 561	33
萨尔瓦多	3.53	4.51	4.66	4.72	4.78	4.82	21 156	228
法属圭亚那	0.05	0.07	0.07	0.08	0.08	0.08	90 000	0.889
格林纳达	0.09	0.11	0.11	0.11	0.11	0.11	344	320
瓜德罗普岛（法）	0.32	0.33	0.33	0.33	0.33	0.33	1 780	185
危地马拉	5.25	6.92	7.32	7.52	7.74	7.96	108 889	73
圭亚那	0.71	0.87	0.90	0.92	0.94	0.79③	214 969	4
海地	4.24	5.01	5.05③	5.12	5.18	5.27③	27 750	190
洪都拉斯	2.64	3.69	3.96	4.09	4.23	4.37	112 088	39
牙买加	1.87	2.13	2.20	2.27	2.30	2.34	10 991	213
马尔维纳斯群岛（福克兰群岛，阿、英争议）	0.002	0.002	0.002	0.002	0.002	…	12 173	0.164⑯
马提尼克岛（法）	0.33	0.33	0.33	0.33	0.33	0.33	1 100	300
墨西哥	51.18	69.39	73.12	74.98	76.79	78.52	1 972 547	40
蒙特塞拉特岛（英）	0.01	0.01	0.01	0.01	0.01	0.01	102	98
荷属安的列斯群岛	0.21	0.247	0.253	0.256	0.260	…	993	262⑯
尼加拉瓜	1.83	2.73	2.96	3.06	3.16	3.27	130 000	25
巴拿马⑰	1.49	1.96	2.04	2.09	2.13	2.18	77 082	28
巴拉圭	2.29	3.17	3.37	3.47	3.28③	3.68③	406 752	9
秘鲁	13.19	17.30	18.23	18.71	19.20	19.70	285 215	15
波多黎各岛（美）	2.72	3.21	3.26	3.27	3.27	3.45③	8 897	388
圣克里斯托弗和尼维斯	0.05	0.04	0.04	0.04	0.05	0.05	269	186
圣卢西亚	0.10	0.12	0.13	0.13	0.13	0.13	616	211
圣文森特和格林纳丁斯	0.09	0.10	0.10	0.11	0.11	0.10	389	257
苏里南⑱	0.37	0.35	0.36	0.37	0.37	0.37	163 265	2
特立尼达和多巴哥	0.96	1.08	1.13	1.15	1.17	1.18	5 130	230
特克斯群岛和凯科斯群岛（英）	0.006	0.007	0.008	0.008	0.008	…	430	19⑯
美属维尔京群岛	0.07	0.098	0.102	0.104	0.103	…	344	299⑱
乌拉圭	2.81	2.91	2.95	2.97	2.99	3.01	176 215	17
委内瑞拉	10.60	15.02	15.94	16.39	16.85	17.32	912 050	19

注：① 年末数。不包括台湾省和港澳地区。② 1949年8月8日，印度和不丹签定"永久和平和友好条约"，规定不丹对外关系接受印度的"指导"。③ 数字和以前年份不可比。④ 1975年11月28日宣告独立。1976年7月15日印度尼西亚通过一项"特别法案"，把东帝汶并为印度尼西亚的一个"省"。⑤ 不包括印度控制下的查谟、克什米尔等地和锡金。⑥ 根据1947年联合国关于巴勒斯坦"分治"决议的规定，以色列面积为14000平方公里。⑦ 目前整个巴勒斯坦地区被以色列占领。⑧ 原为印度的"保护国"，1975年4月23日被进一步并为印度的一个"邦"。⑨ 不包括格陵兰岛和法罗群岛。⑩ 包括西柏林。⑪ 包括斯瓦巴德群岛等。⑫ 前南非委任统治地，现被南非非法吞并。⑬ 在白人种族主义者统治下。⑭ 原称西属撒哈拉。1976年2月27日波利萨里奥阵线宣布"阿拉伯撒哈拉民主共和国"诞生。⑮ 原称吉尔伯特群岛。⑯ 1934年数字。⑰ 包括巴美共管的巴拿马运河区。⑱ 苏里南的面积中有近20000平方公里的地区同圭亚那有争议。

资料来源：联合国《人口年鉴》1934年；联合国《统计月报》1987年1月；中国国家统计局《中国统计年鉴》1986年。

表3 **人口发展速度和年平均增长速度** 单位：%

国家或地区	发展速度 (1980年=100)					1981—1985年年平均增长速度
	1970年	1982年	1983年	1984年	1985年	
亚　洲						
中　国	84.1	102.9	103.8	104.8	105.9	1.2
阿富汗	93.2	105.3	108.0	110.8	113.7	2.6
巴　林	62.9	105.7	108.6	114.3	120.0	3.7
孟加拉国	76.8	104.4	106.7	109.1	111.3	2.2
不　丹	82.0	103.9	106.3	108.6	110.9	2.1
文　莱	68.4	105.3	110.5	115.8	115.8	3.0
缅　甸	80.4	106.7	109.2	111.8	…	2.8①
塞浦路斯	95.2	101.6	103.2	104.8	106.3	1.2
柬埔寨	108.4	103.3	106.6	110.3	113.8	2.6
民主也门	73.1	106.1	109.6	113.2	116.2	3.1
东帝汶	103.4	103.4	106.9	110.3	113.8	2.6
印　度	81.4	…	102.0②	103.9②	104.7②	1.6③
印度尼西亚	80.5	104.6	106.9	109.2	111.6	2.2
伊　朗	74.7	106.3	109.7	113.2	115.3	2.9
伊拉克	71.3	106.6	111.9	116.0	120.1	3.7
以色列	76.7	104.1	106.2	107.5	109.3	1.8
日　本	88.5	101.4	102.1	102.7	103.4	0.7
约　旦	78.8	107.2	111.3	115.8	120.2	3.7
朝　鲜	82.2	103.8	105.7	107.7	109.7	1.9
其中：南朝鲜	84.6	103.2	104.8	106.5	108.1	1.6
科威特	54.7	109.5	113.9	119.7	124.8	4.5
老　挝	80.4	104.1	106.5	109.2	112.0	2.3
黎巴嫩	92.5	98.9	98.9	98.9	100.0	0
马来西亚	75.8	105.5	108.2	110.9	113.6	2.6
马尔代夫	80.0	106.7	113.3	113.3	120.0	3.7
蒙　古	75.0	105.4	108.4	110.8	113.9	2.6
尼泊尔	82.0	…	102.3②	104.7②	108.1②	2.6③
阿　曼	66.3	111.2	116.3	121.4	…	5.0①
巴基斯坦	73.4	106.3	109.6	113.0	116.5	3.1
菲律宾	76.3	105.0	107.5	110.0	112.5	2.4
卡塔尔	47.8	113.0	121.7	126.1	134.8	6.1
沙特阿拉伯	61.4	109.2	113.8	118.4	123.2	4.3
新加坡	85.9	102.5	103.7	104.6	106.2	1.2
斯里兰卡	84.9	103.0	104.5	105.8	107.4	1.4
叙利亚	72.0	106.9	110.5	114.1	118.0	3.4
泰　国	…	104.4	106.5	108.5	110.4	2.0
土耳其	79.5	104.2	106.4	108.6	110.9	2.1
阿拉伯联合酋长国	22.4	116.3	123.5	129.6	135.7	6.3
越　南	78.9	104.1	106.1	108.1	110.2	2.0
也　门	80.1	105.5	108.4	111.4	114.5	2.8
欧　洲						
阿尔巴尼亚	80.1	104.1	106.4	108.6	110.9	2.1
奥地利	98.9	100.3	100.0	100.0	100.1	0.03
比利时	98.1	100.1	100.1	100.1	100.5	0.1
保加利亚	95.8	100.7	100.9	101.1	101.1	0.22
捷克斯洛伐克	93.6	100.4	100.7	101.0	101.2	0.25
丹　麦	96.3	100.0	99.8	99.8	99.8	—0.04
芬　兰	96.4	100.8	101.7	102.1	102.7	0.54
法　国	94.2	101.1	101.6	102.0	102.4	0.47
民主德国	101.9	99.8	99.8	99.6	99.4	—0.14
联邦德国	98.6	100.1	99.8	99.4	99.1	—0.18
希　腊	91.2	101.6	102.2	102.7	103.0	0.60
匈牙利	96.5	100.0	99.8	99.6	99.3	—0.13

表3 （续1）

国家或地区	发展速度（1980年=100）					1981—1985年年平均增长速度
	1970年	1982年	1983年	1984年	1985年	
冰岛	87.0	100.0	104.3	104.3	104.3	0.85
爱尔兰	86.8	102.4	103.2	104.1	104.4	0.87
意大利	95.4	100.4	100.7	101.0	101.2	0.25
卢森堡	94.4	102.8	102.8	102.8	102.8	0.55
马耳他	91.7	100.0	105.6	105.6	105.6	1.09
荷兰	92.1	101.2	101.6	102.0	102.4	0.48
挪威	94.9	100.5	101.0	101.2	101.5	0.29
波兰	91.4	101.8	102.8	103.7	104.6	0.89
葡萄牙	90.8	101.6	102.5	103.3	104.7	0.92
罗马尼亚	91.1	101.2	101.5	101.8	103.6	0.71
西班牙	89.9	101.1	101.7	102.3	102.8	0.56
瑞典	96.8	100.2	100.2	100.4	100.5	0.10
瑞士	99.2	101.1	101.6	101.9	100.8	0.16
苏联	91.4	101.7	102.6	103.6	104.9	0.97
英国	98.8	100.1	100.1	100.3	100.6	0.11
南斯拉夫	91.3	101.5	102.2	102.9	103.7	0.72
非　洲						
阿尔及利亚	73.6	106.4	109.9	112.7	116.3	3.1
安哥拉	72.4	105.4	108.0	110.6	113.3	2.5
贝宁	…	105.8	108.8	112.0	114.9	2.8
博茨瓦纳	70.7	…	103.1②	107.1②	111.2	3.6③
布基纳法索	87.5	102.6	104.2	106.2	108.0	1.5
布隆迪	85.9	104.6	107.3	110.2	114.6	2.8
喀麦隆	79.4	109.2	112.6	116.1	120.0	3.7
佛得角	90.0	103.3	103.3	106.7	110.0	1.9
中非	78.8	104.3	106.5	109.1	113.0	2.5
乍得	81.3	104.5	106.9	109.4	112.1	2.3
科摩罗	71.1	107.9	110.5	113.2	115.8	3.0
刚果	78.4	105.2	107.8	111.1	113.7	2.6
科特迪瓦	67.9	107.7	113.8	115.8	120.1	3.7
吉布提	51.6	…	102.7②	110.8②	116.2	5.1③
埃及	78.4	105.7	109.0	112.0	115.1	2.9
赤道几内亚	82.9	105.7	108.6	108.6	111.4	2.2
埃塞俄比亚	79.5	104.9	107.5	110.2	112.5	2.4
加蓬	89.6	103.8	104.7	106.6	108.5	1.6
冈比亚	76.7	106.7	…	101.6④	103.2④	1.6⑤
加纳	…	106.1	110.1	114.0	117.8	3.3
几内亚	81.1	104.6	107.0	109.6	112.2	2.3
几内亚比绍	65.4	104.9	106.2	108.6	109.9	1.9
肯尼亚	67.5	108.2	112.6	117.2	122.0	4.0
莱索托	79.1	105.2	107.5	109.7	114.2	2.7
利比里亚	71.4	107.0	110.3	114.1	118.4	3.4
利比亚	67.0	112.1	116.8	121.9	…	5.0①
马达加斯加	77.2	105.7	108.0	111.8	114.7	2.8
马拉维	76.2	106.0	109.4	113.1	116.7	3.1
马里	80.1	105.8	109.0	112.3	115.6	2.9
毛里塔尼亚	76.7	106.1	109.2	112.3	116.0	3.0
毛里求斯	87.1	102.2	103.2	105.4	106.5	1.3
摩洛哥	76.4	…	102.6②	105.2②	107.8②	2.5③
莫桑比克	67.2	106.5	109.4	112.2	115.2	2.9
纳米比亚(西南非洲)	77.0	105.9	108.9	111.9	114.8	2.8
尼日尔	75.7	105.6	108.7	111.9	115.1	2.9
尼日利亚	71.0	106.9	110.5	114.3	118.2	3.4
留尼汪岛(法)	88.2	102.0	103.9	105.9	103.9	0.8

表3 （续完）

国家或地区	发展速度（1980年＝100）					1981—1985年年平均增长速度
	1970年	1982年	1983年	1984年	1985年	
卢旺达	71.5	107.6	111.6	113.8	117.6	3.3
塞内加尔	77.0	105.1	110.9	112.3	113.0	2.5
塞拉利昂	86.1	103.3	105.2	107.3	109.1	1.8
索马里	69.4	106.7	109.9	112.9	115.7	3.0
南非	78.5	105.0	107.7	110.4	113.2	2.5
苏丹	74.2	106.0	109.0	112.2	115.4	2.9
斯威士兰	76.4	107.3	110.9	114.5	118.2	3.4
多哥	76.9	107.8	109.4	112.5	116.1	3.0
突尼斯	80.3	105.3	107.0	110.0	113.6	2.6
乌干达	…	106.8	110.4	114.1	118.1	3.4
坦桑尼亚	71.4	106.5	109.8	113.3	117.0	3.2
西撒哈拉	38.5	107.7	115.4	115.4	115.4	2.9
扎伊尔	82.0	…	102.8②	108.3②	110.8②	3.5③
赞比亚	72.9	103.4	107.0	110.6	114.4	2.7
津巴布韦	74.8	105.4	109.0	112.4	118.0	3.4
大洋洲						
澳大利亚	85.1	103.3	104.6	105.9	107.1	1.4
斐济	82.5	104.8	107.9	109.5	111.1	2.1
法属玻利尼西亚	73.3	106.7	113.3	113.3	106.7	1.3
关岛(美)	81.8	100.0	109.1	109.1	…	2.2①
新西兰	90.4	101.6	102.9	103.9	104.5	0.9
巴布亚新几内亚	80.7	103.0	106.3	114.3	…	3.4①
所罗门群岛	69.6	104.3	108.7	113.0	117.4	3.3
北美洲						
加拿大	88.6	102.5	103.5	104.5	105.5	1.1
美国	90.0	102.0	103.0	103.9	105.1	1.0
拉丁美洲						
阿根廷	84.8	103.3	104.9	106.6	108.2	1.6
巴哈马	81.0	104.8	104.8	109.5	109.5	1.8
伯利兹	80.0	100.0	106.7	106.7	113.3	2.5
玻利维亚	88.0	105.7	108.6	111.6	114.8	2.8
巴西	…	104.6	106.9	109.3	111.8	2.2
智利	84.4	103.5	105.2	107.0	108.7	1.7
哥伦比亚	79.3	104.2	106.2	108.4	110.5	2.0
哥斯达黎加	76.9	103.1	…	…	102.9⑥	2.9⑦
古巴	88.0	100.8	101.9	102.8	103.8	0.8
多米尼加共和国	74.6	105.5	109.6	112.1	114.7	2.8
厄瓜多尔	74.5	106.0	109.1	112.2	115.5	2.9
萨尔瓦多	78.3	103.3	104.7	106.0	106.9	1.3
危地马拉	75.9	105.8	108.7	111.8	115.0	2.9
圭亚那	81.6	103.4	105.7	108.1	…	2.0①
海地	84.6	…	101.4②	102.6②	…	1.3⑧
洪都拉斯	71.5	107.3	110.8	114.6	118.4	3.4
牙买加	87.8	103.3	106.6	108.0	109.9	1.9
墨西哥	73.8	105.4	108.1	110.7	113.2	2.5
尼加拉瓜	67.0	108.4	112.1	115.8	119.8	3.7
巴拿马	76.0	104.1	106.6	108.7	111.2	2.2
巴拉圭	72.2	106.3	109.5	…	…	3.1⑨
秘鲁	76.2	105.4	108.2	111.0	113.9	2.6
波多黎各岛(美)	84.7	101.6	101.9	101.9	…	0.4①
特立尼达和多巴哥	88.9	104.6	106.5	108.3	109.3	1.8
乌拉圭	96.6	101.4	102.1	102.7	103.4	0.7
委内瑞拉	70.6	106.1	109.1	112.2	115.3	2.9

注：① 为1981—1984年年平均增长速度。② 1983年＝100的发展速度。③ 为1983—1985年年平均增长速度。④ 1983年＝100的发展速度。⑤ 为1984—1985年年平均增长速度。⑥ 1984年＝100的发展速度。⑦ 为1985年年增长速度。⑧ 为1983—1984年年平均增长速度。⑨ 为1981—1983年年平均增长速度。

资料来源：根据前表计算。

表4　　人口出生率、死亡率和自然增长率　　单位：%

国家或地区	年份①	出生率	死亡率	自然增长率
亚洲				
中国	1986	20.8	6.7	14.1
阿富汗	1979	48.1	22.3	25.8
巴林	1982	30.5	…	…
孟加拉国	1984	41.0	15.0	26.0
不丹	1984	43.0	21.0	22.0
文莱	1985	29.8	3.5	26.3
缅甸	1984	30.0	11.0	19.0
塞浦路斯	1984	20.6	8.0	12.6
柬埔寨	1980—1985	45.5	19.6	25.9
民主也门	1984	46.0	18.0	28.0
东帝汶	1972	17.8	12.5	5.3
印度	1984	33.0	12.0	21.0
印度尼西亚	1984	33.0	12.0	21.0
伊朗	1984	41.0	9.0	32.0
伊拉克	1984	45.0	10.0	35.0
以色列	1985	23.4	6.6	16.8
日本	1984	12.5	6.2	6.3
约旦	1984	46.0	8.0	38.0
朝鲜民主主义人民共和国	1984	30.0	6.0	24.0
南朝鲜	1984	20.0	6.0	14.0
科威特	1984	35.0	3.0	32.0
老挝	1984	42.0	19.0	23.0
黎巴嫩	1980—1985	29.3	8.8	20.5
马来西亚	1984	30.0	6.0	24.0
马尔代夫	1984	47.8	9.5	38.3
蒙古	1984	35.0	8.0	27.0
尼泊尔	1984	43.0	18.0	25.0
阿曼	1984	45.0	14.0	31.0
巴基斯坦	1984	42.0	15.0	27.0
菲律宾	1984	33.0	8.0	25.0
卡塔尔	1984	29.6	2.2	27.4
沙特阿拉伯	1984	43.0	9.0	34.0
新加坡	1985	16.6	5.2	11.4
斯里兰卡	1984	26.0	6.0	20.0
叙利亚	1984	45.0	8.0	37.0
泰国	1984	26.0	8.0	18.0
土耳其	1984	30.0	9.0	21.0
阿拉伯联合酋长国	1984	30.0	3.0	27.0
越南	1984	35.0	8.0	27.0
也门	1984	48.0	21.0	27.0
欧洲				
阿尔巴尼亚	1984	26.0	6.0	20.0
安道尔	1981	14.8	4.1	10.7
奥地利	1985	11.5	11.8	—0.3
比利时	1985	11.5	11.2	0.3
保加利亚	1984	14.0	11.0	3.0
捷克斯洛伐克	1985	14.5	11.8	2.7
丹麦	1985	10.6	11.4	—0.8
法罗群岛（丹）	1985	16.2	7.2	9.0
芬兰	1985	12.8	9.8	3.0
法国	1985	14.1	10.1	4.0
民主德国	1985	13.7	13.5	0.2
联邦德国	1985	9.6	11.5	—1.9

表4 （续1）

国家或地区	年份①	出生率	死亡率	自然增长率
直布罗陀（英）	1984	17.9	9.4	8.5
希腊	1985	11.7	9.3	2.4
匈牙利	1985	12.2	13.9	—1.7
冰岛	1985	15.9	7.1	8.8
爱尔兰	1985	17.5	9.0	8.5
意大利	1985	10.1	9.5	0.6
列支敦士登	1983	13.2	5.7	7.5
卢森堡	1985	11.1	10.8	0.3
马耳他	1985	14.2	7.4	6.8
摩纳哥	1983	19.6	16.6	3.0
荷兰	1985	12.3	8.5	3.8
挪威	1985	12.4	10.6	1.8
波兰	1985	18.2	10.3	7.9
葡萄牙	1984	14.2	9.6	4.6
罗马尼亚	1984	15.5	10.3	5.2
圣马力诺	1984	10.0	7.0	3.0
西班牙	1983	12.5	7.8	4.7
瑞典	1985	11.8	11.3	0.5
瑞士	1984	11.6	9.1	2.5
苏联	1984	19.6	10.8	8.8
英国	1985	13.3	11.8	1.5
南斯拉夫	1985	15.9	9.1	6.8
非洲				
阿尔及利亚	1984	42.0	11.0	31.0
安哥拉	1984	47.0	22.0	25.0
贝宁	1984	49.0	17.0	32.0
博茨瓦纳	1984	46.0	12.0	34.0
布基纳法索	1984	47.0	21.0	26.0
布隆迪	1984	47.0	19.0	28.0
喀麦隆	1984	47.0	14.0	33.0
佛得角	1982	34.8	7.6	27.2
中非	1984	34.0	17.0	17.0
乍得	1984	43.0	21.0	22.0
科摩罗	1980—1985	46.3	15.9	30.4
刚果	1984	45.0	12.0	33.0
吉布提	1970	42.0	7.6	34.4
埃及	1984	36.0	10.0	26.0
赤道几内亚	1980—1985	42.5	21.0	21.5
埃塞俄比亚	1984	41.0	24.0	17.0
加蓬	1980—1985	34.6	18.1	16.5
冈比亚	1980—1985	48.4	29.0	19.4
加纳	1984	46.0	14.0	32.0
几内亚	1984	47.0	26.0	21.0
几内亚比绍	1981	10.5	1.9	8.6
科特迪瓦	1984	45.0	14.0	31.0
肯尼亚	1984	53.0	13.0	40.0
莱索托	1984	41.0	14.0	27.0
利比里亚	1984	49.0	17.0	32.0
利比亚	1984	46.0	11.0	35.0
马达加斯加	1984	47.0	15.0	32.0
马拉维	1984	54.0	22.0	32.0
马里	1984	48.0	20.0	28.0
毛里塔尼亚	1984	45.0	19.0	26.0
毛里求斯	1985	18.8	6.8	12.0
摩洛哥	1984	36.0	11.0	25.0

表4

（续2）

国家或地区	年份①	出生率	死亡率	自然增长率
莫桑比克	1984	45.0	18.0	27.0
纳米比亚(西南非洲)	1980—1985	45.1	17.3	27.8
尼日尔	1984	51.0	22.0	29.0
尼日利亚	1984	50.0	16.0	34.0
留尼汪岛(法)	1985	24.7	5.7	19.0
卢旺达	1984	52.0	19.0	33.0
圣赫勒拿岛和阿森松岛等(英)	1984	14.8	7.8	7.0
圣多美和普林西比	1985	36.3	8.8	27.5
塞内加尔	1984	46.0	19.0	27.0
塞舌尔	1984	26.9	7.5	19.4
塞拉利昂	1984	49.0	26.0	23.0
索马里	1984	49.0	20.0	29.0
南非	1984	38.0	13.0	25.0
苏丹	1984	45.0	17.0	28.0
斯威士兰	1980—1985	47.5	17.2	30.3
多哥	1984	49.0	16.0	33.0
突尼斯	1984	32.0	9.0	23.0
乌干达	1984	50.0	16.0	34.0
坦桑尼亚	1984	50.0	16.0	34.0
西撒哈拉	1972	20.9	4.5	16.4
扎伊尔	1984	45.0	15.0	30.0
赞比亚	1984	48.0	15.0	33.0
津巴布韦	1984	47.0	12.0	35.0
大洋洲				
美属萨摩亚	1983	34.4	4.2	30.2
澳大利亚	1985	15.7	7.5	8.0
圣诞岛(澳)	1983	5.3	…	…
可可斯群岛（澳）	1981	12.6	1.8	10.8
库克群岛（新）	1985	21.0	4.5	16.5
斐济	1984	28.4	4.6	23.8
法属玻利尼西亚	1983	31.8	5.9	25.9
关岛（美）	1983	28.7	4.2	24.5
基里巴斯和图瓦卢②	1971	21.9	6.5	15.4
瑙鲁	1975	22.6	5.1	17.5
新喀里多尼亚（法）	1983	25.2	5.6	19.6
新西兰	1985	15.6	8.4	7.2
纽埃岛（新）	1985	30.3	5.4	24.9
诺福克岛（澳）	1981	10.8	7.6	3.2
密克罗尼西亚（美托管）	1979	31.5	4.7	26.8
巴布亚新几内亚	1985	33.3	12.3	21.0
西萨摩亚	1980	17.0	3.1	13.9
所罗门群岛	1969	36.1	13.0	23.1
托克劳群岛（新）	1983	21.9	5.0	16.9
汤加	1985	28.9	3.5	25.4
瓦努阿图	1966	45.0	20.0	25.0
瓦利斯群岛和富图纳群岛（法）	1978	41.1	10.6	30.5
北美洲				
百慕大群岛(英)	1984	15.1	7.1	8.0
加拿大	1985	14.9	7.0	7.9
格陵兰岛（丹）	1985	21.6	8.4	13.2
圣皮埃尔岛和密克隆岛（法）	1981	18.2	8.3	9.9
美国	1985	15.7	8.7	7.0

表4 （续完）

国家或地区	年份①	出生率	死亡率	自然增长率
拉丁美洲				
安提瓜和巴布达	1983	15.0	5.2	9.8
阿根廷	1984	24.0	9.0	15.0
巴哈马	1984	22.2	5.0	17.2
巴巴多斯	1984	16.7	7.8	8.9
伯利兹	1985	40.1	4.0	36.1
玻利维亚	1984	43.0	15.0	28.0
巴西	1984	19.3	6.3	13.0
英属维尔京群岛	1984	21.0	5.6	15.4
开曼群岛（英）	1985	18.4	6.2	12.2
智利	1984	22.3	6.3	16.0
哥伦比亚	1984	28.0	7.0	21.0
哥斯达黎加	1984	32.7	4.5	28.2
古巴	1985	18.0	6.4	11.6
多米尼加联邦	1978	21.4	5.3	16.1
多米尼加共国	1984	33.0	7.0	26.0
厄瓜多尔	1984	22.6	5.7	16.9
萨尔瓦多	1984	29.8	6.0	23.8
马尔维纳斯群岛(福克兰群岛，阿、英争议)	1981	15.0	5.0	10.0
格林纳达	1979	24.5	6.8	17.7
瓜德罗普岛（法）	1983	20.4	6.7	13.7
危地马拉	1983	38.3	7.2	31.1
法属圭亚那	1983	29.9	6.2	23.7
圭亚那	1978	28.3	7.3	21.0
海地	1984	32.0	12.0	20.0
洪都拉斯	1984	43.0	10.0	33.0
牙买加	1984	23.5	5.4	18.1
马提尼克岛（法）	1984	17.5	6.3	11.2
墨西哥	1984	33.0	7.0	26.0
蒙特塞拉特岛（英）	1982	22.3	9.8	12.5
荷属安的列斯群岛	1981	18.4	5.1	13.3
尼加拉瓜	1984	43.0	10.0	33.0
巴拿马	1984	26.6	3.9	22.7
巴拉圭	1984	31.0	7.0	24.0
秘鲁	1985	35.5	10.0	25.5
波多黎各岛（美）	1983	20.1	6.5	13.6
圣克里斯托弗和尼维斯	1984	24.2	10.5	13.7
圣卢西亚	1984	30.1	5.5	24.6
圣文森特和格林纳丁斯	1983	32.3	7.6	24.7
苏里南	1980	28.0	7.9	20.1
特立尼达和多巴哥	1984	26.0	7.0	19.0
特克斯群岛和凯科斯群岛（英）	1982	25.5	3.6	21.9
美属维尔京群岛	1978	26.9	5.3	21.6
乌拉圭	1984	18.0	9.0	9.0
委内瑞拉	1984	32.0	5.0	27.0

注：① 1980—1985年所列数为联合国估计数。② 包括康登岛和恩特布里岛（美）。

资料来源：联合国《人口年鉴》1984年；联合国《统计月报》1987年1月；联合国《人口和生命统计报告》1986年4月1日；世界银行《世界发展报告》1986年；日本《人口统计资料集》1985年；中国国家统计局《关于1986年国民经济和社会发展的统计公报》1987年2月21日。

表5 **人口出生时平均预期寿命** 单位：岁

国家或地区	年份①	平均预期寿命 男	平均预期寿命 女
亚洲			
中国②	1982	68.0	
阿富汗	1980—1985	36.6	37.3
巴林	1981	65.9	68.9
孟加拉国	1981	55.3	54.4
不丹	1980—1985	46.6	45.1
文莱	1981	70.13	72.69
缅甸	1980—1985	53.4	56.7
塞浦路斯	1979—1981	72.26	75.99
柬埔寨	1980—1985	42.0	44.9
民主也门	1980—1985	45.5	47.5
东帝汶	1980—1985	39.2	40.7
印度	1961—1970	46.4	44.7
印度尼西亚	1960	47.5	47.5
伊朗	1976	55.75	55.04
伊拉克	1980—1985	57.2	60.9
以色列	1983	72.52	75.92
日本	1983	74.20	79.78
约旦	1959—1983	52.6	52.0
朝鲜民主主义人民共和国③	1980—1985	62.7	66.6
南朝鲜	1978—1979	62.70	69.07
科威特	1970	66.4	71.5
老挝	1980—1985	48.3	51.2
黎巴嫩	1980—1985	63.1	67.0
马来西亚			
马来亚	1979	67.17	72.49
沙巴	1970	48.79	45.43
沙捞越	1970	51.15	52.69
马尔代夫	1982	53.44	49.51
蒙古	1980—1985	62.7	66.6
尼泊尔	1980—1985	46.6	45.1
阿曼	1980—1985	48.5	51.0
巴基斯坦	1976—1978	59.04	59.20
菲律宾	1980—1985	62.8	66.3
卡塔尔	1980—1985	68.2	73.2
沙特阿拉伯	1980—1985	54.5	57.6
新加坡	1980	68.7	74.0
斯里兰卡	1967	64.8	66.9
叙利亚	1981	63.77	64.70
泰国	1974—1975	57.63	63.56
土耳其	1966	53.7	
阿拉伯联合酋长国	1980—1985	68.2	73.2
越南	1980—1985	56.7	61.1
也门	1980—1985	43.0	45.0
欧洲			
阿尔巴尼亚	1965—1966	64.9	67.0
奥地利	1983	69.51	76.83
比利时	1972—1976	68.60	75.08
保加利亚	1978—1980	68.35	73.55
捷克斯洛伐克	1982	67.14	74.44
丹麦	1982—1983	71.5	77.5
法罗群岛（丹）	1976—1980	73.4	78.7
芬兰	1983	70.16	77.98
法国	1981	70.41	78.47
民主德国	1983	69.46	75.42
联邦德国	1981—1983	70.46	77.09
希腊	1970	70.13	73.64
匈牙利	1983	65.59	79.49
冰岛	1981—1982	73.91	79.45
爱尔兰	1978—1980	69.47	74.95
意大利	1974—1977	69.69	75.91

表5 (续1)

国家或地区	年份①	平均预期寿命	
		男	女
卢森堡	1976—1978	68.0	75.1
马耳他	1983	70.38	73.82
荷兰	1982—1983	72.75	79.48
挪威	1982—1983	72.69	79.54
波兰	1983	67.04	75.16
葡萄牙	1975	65.09	72.86
罗马尼亚	1976—1978	67.42	72.18
西班牙	1975	70.41	76.21
瑞典	1983	73.62	79.61
瑞士	1981—1982	72.70	79.60
苏联	1971—1972	64.0	74.0
英国	1968—1970	67.8	73.8
英格兰和威尔士	1981—1983	71.34	77.35
北爱尔兰	1983	69.25	75.65
苏格兰	1981—1983	69.31	75.47
南斯拉夫	1980—1981	67.69	73.23
非洲			
阿尔及利亚	1982	58.51	61.38
安哥拉	1980—1985	40.4	43.6
贝宁	1980—1985	40.9	44.1
博茨瓦纳	1980—1981	52.71	59.31
布基纳法索	1960—1961	32.1	31.1
布隆迪	1970—1971	40.0	43.0
喀麦隆	1980—1985	46.4	49.7
佛得角	1979—1981	58.95	61.04
中非	1959—1960	33.0	36.0
乍得	1963—1964	29.0	35.0
科摩罗	1980—1985	48.3	51.7
刚果	1980—1985	45.0	48.1
埃及	1960	51.6	53.8
赤道几内亚	1980—1985	42.4	45.6
埃塞俄比亚	1980—1985	41.3	44.5
加蓬	1960—1961	25.0	45.0
冈比亚	1980—1985	33.5	36.5
加纳	1980—1985	50.3	53.7
几内亚	1980—1985	38.7	41.8
几内亚比绍	1980—1985	41.4	44.6
科特迪瓦	1980—1985	45.4	48.7
肯尼亚	1969	46.9	51.2
莱索托	1980—1985	47.7	51.0
利比里亚	1971	45.8	44.0
利比亚	1980—1985	56.4	59.5
马达加斯加	1966	37.5	38.3
马拉维	1977	38.16	41.16
马里	1976	46.91	49.66
毛里塔尼亚	1980—1985	42.4	45.6
毛里求斯	1971—1973	60.68	65.31
摩洛哥	1980—1985	56.4	59.5
莫桑比克	1980—1985	47.8	51.1
纳米比亚（西南非洲）	1980—1985	47.0	49.5
尼日尔	1980—1985	40.9	44.1
尼日利亚	1965—1966	37.2	36.7
留尼汪岛（法）	1963—1967	55.8	62.4
卢旺达	1978	45.1	47.7
塞内加尔	1980—1985	41.7	44.9
塞舌尔	1978—1982	66.16	73.46
塞拉利昂	1980—1985	32.5	35.5
索马里	1980—1985	41.3	44.5
南非	1980—1985	51.8	55.2
苏丹	1980—1985	46.6	49.0
斯威士兰	1980—1985	45.3	51.9
多哥	1961	31.6	38.5
突尼斯	1980—1985	60.1	61.1
乌干达	1980—1985	50.3	53.8

表5 （续完）

国家或地区	年份①	平均预期寿命 男	平均预期寿命 女
坦桑尼亚	1980—1985	49.3	52.7
扎伊尔	1980—1985	48.3	51.7
赞比亚	1980—1985	49.6	53.1
津巴布韦	1980—1985	53.5	57.9
大洋洲			
美属萨摩亚	1969—1971	65.0	69.1
澳大利亚	1983	72.09	78.72
斐济	1980—1985	70.50	74.60
基里巴斯和图瓦卢	1958—1962	56.9	59.0
新西兰	1983	70.81	76.92
巴布亚新几内亚	1980—1985	53.5	53.0
西萨摩亚	1976	61.0	64.3
北美洲			
百慕大群岛（英）	1980	68.81	76.28
加拿大	1980—1982	71.87	78.94
格陵兰岛（丹）	1976	59.7	67.3
美国	1983	71.0	78.3
拉丁美洲			
安提瓜和巴布达	1959—1961	60.48	64.32
阿根廷	1975	65.43	72.12
巴哈马	1969—1971	64.0	69.3
巴巴多斯	1970—1980	67.15	72.46
伯利兹	1944—1948	44.99	48.97
玻利维亚	1980—1985	48.6	53.0
巴西	1960—1970	57.61	61.10
英属维尔京群岛	1946	49.53	54.76
智利	1975—1980	61.30	67.60
哥伦比亚	1980—1985	61.40	66.00
哥斯达黎加	1972—1974	66.26	70.49
古巴	1977—1978	71.45	74.91
多米尼加联邦	1958—1962	56.97	59.18
多米尼加共和国	1959—1961	57.15	58.59
厄瓜多尔	1974—1979	59.51	61.83
萨尔瓦多	1960—1961	56.56	60.42
格林纳达	1959—1979	60.14	65.60
瓜德罗普岛（法）	1975—1979	66.4	72.4
危地马拉	1972—1973	53.74	55.53
圭亚那	1959—1961	59.03	63.01
海地	1980—1985	51.2	54.4
洪都拉斯	1973—1975	53.38	56.93
牙买加	1959—1961	62.65	66.63
马提尼克岛（法）	1975—1979	67.00	73.50
墨西哥	1979	62.10	66.00
蒙特塞拉特岛（英）	1946	49.53	54.76
荷属安的列斯群岛	1966—1970	58.9	65.7
尼加拉瓜	1980—1985	58.7	61.0
巴拿马	1980—1985	69.20	72.85
巴拉圭	1980—1985	62.8	67.5
秘鲁	1960—1965	52.59	55.48
波多黎各岛（美）	1981—1983	70.53	77.39
圣克里斯托弗和尼维斯	1959—1961	57.97	61.90
圣卢西亚	1983	67.20	75.30
圣文森特和格林纳丁斯	1959—1961	58.46	59.67
苏里南	1963	62.5	66.7
特立尼达和多巴哥	1970	64.08	68.11
乌拉圭	1974—1976	65.66	72.41
委内瑞拉	1975—1980	64.85	70.70

注：① 1980年—1985年所列数字为联合国估计数。② 人口普查数字。③不包括南朝鲜地区数。

资料来源：联合国《人口年鉴》1982、1983、1984年；中国国家统计局《中国统计年鉴》1986年。

二、人口构成情况

表6　　人口性别构成（1985年）

	人口（百万人）			对总计的%		
	总计	男	女	总计	男	女
世界总计	4 842	2 432	2 410	100	50.2	49.8
亚　洲	2 824	1 441	1 383	100	51.0	49.0
东　亚	1 252	636	616	100	50.8	49.2
其中：中国①	1 008	519	489	100	51.5	48.5
南　亚	1 571	805	767	100	51.2	48.8
中南亚	1 058	547	511	100	51.7	48.3
东南亚	401	200	201	100	49.9	50.1
西南亚	113	58	55	100	51.3	48.7
欧　洲	770	371	399	100	48.2	51.8
西　欧	154	75	79	100	48.7	51.3
南　欧	143	70	73	100	49.0	51.0
东　欧	113	55	58	100	48.7	51.3
北　欧	82	40	42	100	48.8	51.2
苏　联	278	131	147	100	47.1	52.9
非　洲	553	275	279	100	49.7	50.3
西　非	168	83	85	100	49.4	50.6
东　非	161	79	81	100	49.1	50.9
北　非	125	63	62	100	50.4	49.6
中　非	63	31	32	100	49.2	50.8
南　非	37	18	19	100	48.6	51.4
大洋洲	24.8	12.5	12.3	100	50.4	49.6
其中：澳大利亚和新西兰	19.0	9.5	9.5	100	50.0	50.0
美　洲	670	332	338	100	49.6	50.4
北美洲	263	129	135	100	49.0	51.0
拉丁美洲	406	203	203	100	50.0	50.0
南　美	269	135	135	100	50.0	50.0
中　美	106	53	53	100	50.0	50.0
加勒比海	32	16	16	100	50.0	50.0

注：①人口普查数字。

资料来源：联合国《人口年鉴》1984年；中国国家统计局《中国统计年鉴》1986年。

表7　　人口年龄构成①

	人口（百万人）				对总计的%			
	总计	0—14岁	15—64岁	65岁以上	总计	0—14岁	15—64岁	65岁以上
世界总计	4 842	1 632	2 933	277	100	34	60	6
亚洲	2 824	989	1 711	124	100	35	61	4
东亚	1 252	374	808	70	100	30	64	6
其中：中国②	1 008	337	622	49	100	33	62	5
南亚	1 572	615	903	54	100	39	58	3
中南亚	1 058	414	608	36	100	39	58	3
东南亚	401	155	232	14	100	39	58	3
西南亚	113	46	63	4	100	41	56	3
欧洲	770	172	512	86	100	22	67	11
西欧	154	28	106	20	100	18	69	13
南欧	143	32	94	16	100	22	66	11
东欧	113	27	74	12	100	24	65	11
北欧	82	16	54	12	100	19	66	15
苏联	278	69	184	26	100	25	66	9
非洲	553	251	285	17	100	45	52	3
西非	168	79	85	4	100	47	51	2
东非	161	76	80	4	100	47	50	2
北非	125	54	67	5	100	43	53	4
中非	63	28	33	2	100	44	52	3
南非	37	15	20	1	100	41	54	3
大洋洲	24.8	7.1	15.7	2.0	100	29	63	8
其中：澳大利亚和新西兰	19.0	4.6	12.5	1.8	100	24	66	9
美洲	670	212	410	48	100	32	61	7
北美洲	263	58	176	30	100	22	61	11
拉丁美洲	406	154	233	18	100	38	57	4
南美	269	99	158	13	100	37	59	4
中美	106	45	57	4	100	42	54	4
加勒比海	32	11	19	2	100	34	59	6

注：①由于四舍五入的原因，表中数字之和不完全等于总计。②1982年人口普查数字。

资料来源：联合国《人口年鉴》1984年；中国国家统计局《中国统计年鉴》1986年。

表8

人口性别和年龄构成

国家或地区	时间	人口数（千人）	性别构成（%）		年龄构成（%）		
			男	女	0—14岁	15—64岁	65岁以上
亚洲							
中国	1982.7.1	1 008 152	51.5	48.5	33.4	61.7	4.9
阿富汗	1979.6.23—24	13 051	51.4	48.6	44.6	52.9	2.5
巴林	1981.4.1	351	58.4	41.6	32.9	64.9	2.2
孟加拉国	1981.7.1	90 457	51.5	48.5	45.8	51.3	2.9
文莱①	1983.7.1	214	53.4	46.6	38.1	58.9	2.9
缅甸	1984.7.1	37 614	49.7	50.3	39.0	56.9	14.1
塞浦路斯	1983.7.1	649	49.8	50.2	25.0	64.3	0.7
民主也门	1977.7.1	1 797	49.5	50.5	49.4	47.0	3.6
印度②	1981.7.1	676 218	51.7	48.3	39.1	57.4	3.5
印度尼西亚	1984.12.31	161 632	49.8	50.2	39.5	57.2	3.3
伊朗	1984.7.1	43 414	51.7	48.3	43.4	53.1	3.5
伊拉克③	1977.10.17	12 000	51.5	48.5	48.9	46.8	4.0
以色列	1983.6.4	4 038	49.8	50.2	32.6	58.5	8.9
日本	1983.10.1	119 483	49.2	50.8	22.5	67.7	9.8
约旦	1983.12.31	2 495	52.3	47.7	50.7	46.5	2.8
南朝鲜	1984.7.1	40 578	50.5	49.5	31.6	64.4	4.0
科威特	1984.7.1	1 787	59.6	40.4	39.1	59.7	1.2
黎巴嫩	1970.11.15	2 126	50.8	49.2	42.6	52.3	5.0
马来西亚							
马来亚	1979.7.1	11 029	50.2	49.8	39.0	57.4	3.6
沙捞越	1980.6.10	1 235	50.2	49.8	41.6	54.9	3.5
马尔代夫④	1977.12.31	143	52.7	47.3	44.6	52.6	2.3
尼泊尔	1981.6.22	15 023	51.2	48.8	41.4	55.3	3.3
巴基斯坦	1981.3.1	84 254	52.5	47.5	44.5	51.3	4.2
菲律宾	1983.7.1	52 055	50.2	49.8	41.0	55.6	3.4
卡塔尔	1981.10.31	245	63.6	36.4	32.4	66.5	1.1
新加坡	1984.6.30	2 529	51.0	49.0	24.7	70.2	5.1
斯里兰卡	1983.7.1	15 416	51.0	49.0	35.3	60.4	4.3
叙利亚	1982.6.30	9 295	51.1	48.9	44.0	52.4	3.6
泰国	1984.7.1	50 396	50.3	49.7	37.1	60.4	2.5
土耳其③	1980.10.12	44 737	51.6	48.4	38.5	56.6	4.6
阿拉伯联合酋长国	1977.12.31	862	71.2	28.8	26.3	72.1	1.6
也门⑤	1975.2.1	4 540	47.6	52.4	47.3	48.7	3.8
欧洲							
安道尔	1981.11.21	37	53.7	46.3	22.0	70.9	7.1
奥地利	1983.7.1	7 552	47.3	52.7	15.1	70.5	14.4
比利时	1981.3.1	9 849	48.8	51.2	20.0	65.6	14.4
保加利亚	1982.7.1	8 917	49.8	50.2	22.1	66.4	11.5
捷克斯洛伐克	1982.7.1	15 369	48.7	51.3	24.4	63.9	11.7
丹麦	1983.7.1	5 114	49.3	50.7	19.2	66.0	14.8
法罗群岛（丹）	1983.7.1	45	51.1	48.9	26.2	62.8	10.9
芬兰	1983.7.1	4 856	48.4	51.6	19.6	68.0	12.4
法国	1983.1.1	54 346	49.0	51.0	21.8	65.0	13.2
民主德国	1984.6.30	16 671	47.2	52.8	19.3	67.0	13.7
联邦德国	1982.7.1	61 638	47.8	52.2	16.9	68.1	15.0
希腊	1981.7.1	9 729	49.1	50.9	22.4	64.4	13.2
匈牙利	1983.7.1	10 689	48.4	51.6	21.9	65.7	12.4
冰岛	1983.7.1	237	50.4	49.6	26.7	63.3	10.0
爱尔兰	1983.4.15	3 508	50.3	49.7	30.0	59.4	10.6
意大利	1981.10.25	55 929	48.7	51.3	21.6	65.4	13.0
列支敦士登	1982.12.31	26	49.3	50.7	22.1	69.0	8.9
卢森堡	1981.3.31	365	48.8	51.2	18.5	67.9	13.6
马耳他	1983.12.31	329	48.6	51.4	24.2	66.8	9.0
摩纳哥	1982.3.4	27	46.6	53.4	11.9	65.6	22.5
荷兰	1984.1.1	14 395	49.5	50.5	20.4	67.7	11.9
挪威	1983.7.1	4 128	49.5	50.5	20.9	63.7	15.4
波兰	1983.6.30	36 571	48.7	51.3	25.0	65.4	9.6
葡萄牙	1981.3.16	9 833	48.2	51.8	25.5	63.1	11.4
罗马尼亚	1982.7.1	22 478	49.3	50.7	27.0	63.0	10.0
圣马力诺	1982.12.31	22	49.9	50.1	20.6	68.2	11.2
西班牙	1981.2.28	37 682	49.1	50.9	25.6	63.0	11.3

表8 （续1）

国家或地区	时间	人口数（千人）	性别构成（%） 男	女	年龄构成（%） 0—14岁	15—64岁	65岁以上
瑞典	1983.6.30	8 326	49.4	50.6	18.5	64.7	16.8
瑞士	1982.7.1	6 467	49.1	50.9	18.5	67.8	13.7
英国							
英格兰和威尔士	1983.6.30	49 654	48.7	51.3	19.6	65.3	15.1
北爱尔兰	1982.6.30	1 567	49.0	51.0	26.1	62.0	11.9
苏格兰	1982.6.30	5 167	48.1	51.9	20.7	65.2	14.1
南斯拉夫	1981.6.30	22 471	49.4	50.6	24.6	66.3	9.1
非洲							
阿尔及利亚	1982.7.1	19 857	49.8	50.2	46.1	50.0	3.9
贝宁①	1979.3.20—30	3 331	47.9	52.1	48.8	45.9	5.2
博茨瓦纳	1984.6.30	1 051	47.5	52.5	48.3	48.0	3.7
布基纳法索①	1975.12.1—7	5 638	50.2	49.8	45.3	50.8	3.8
布隆迪	1983.7.1	4 422	48.5	51.5	42.9	52.8	4.3
喀麦隆	1983.7.1	9 165	49.9	50.1	43.1	53.9⑦	3.0
佛得角	1980.6.2	296	45.9	54.1	45.9	48.0	6.1
中非⑥	1975.12.8—22	2 055	48.0	52.0	38.6	48.3	1.8
乍得	1978.7.1	4 308	51.5	48.5	37.4	59.9	2.7⑧
科摩罗⑨	1980.9.15	335	49.9	50.1	47.5	47.8	4.3
埃及①	1976.11.23	36 626	50.9	49.1	39.9	56.5	3.5
埃塞俄比亚	1984.5.9	42 169	49.8	50.2	46.2	49.7	4.1
冈比亚	1980.7.1	601	50.6	49.4	41.9	55.9	2.2
加纳	1970.3.1	8 559	49.6	50.4	46.9	49.5	3.6
几内亚比绍	1979.4.16—30	768	48.2	51.8	44.3	51.0	4.7
科特迪瓦⑩	1975.4.30	6 710	51.8	48.2	44.5	52.8	2.1
肯尼亚	1984.7.1	19 536	49.8	50.2	51.4	46.5	2.1
莱索托⑤	1976.4.12	1 217	48.3	51.7	39.1	53.7	5.2
利比里亚	1977.7.1	1 684	50.5	49.5	40.9	55.4	3.7
利比亚	1973.7.1	2 249	53.0	47.0	48.8	47.3	3.9
马达加斯加	1974—1975	7 604	50.0	50.0	44.4	52.0	3.6
马拉维	1983.7.1	6 618	48.5	51.5	47.4	50.0	2.6
马里	1984.1.1	7 857	49.2	50.8	42.6	53.7	3.7
毛里塔尼亚⑤	1975.7.1	1 318	50.1	49.9	42.2	51.8⑦	5.8
毛里求斯岛	1983.7.1	957	48.9	51.1	32.5	63.0⑦	4.5
摩洛哥	1978.7.1	18 794	50.1	49.9	45.6	51.7	2.7
莫桑比克③	1980.8.1	11 674	48.6	51.4	46.4	48.1	5.2⑧
尼日尔	1974.7.1	4 476	50.0	50.0	43.0	52.2	4.8⑧
留尼汪岛（法）	1982.3.9	516	49.0	51.0	43.4	61.7	4.9
卢旺达⑤	1978.8.15—16	4 800	48.6	51.4	35.6	51.4	2.8
塞内加尔⑤	1976.4.16	4 998	49.5	50.5	43.1	52.7	4.0
塞舌尔	1984.7.1	65	49.8	50.2	36.8	56.8	6.4
塞拉利昂⑤	1974.12.8	2 735	49.7	50.3	40.6	53.9	5.3
南非	1980.5.6	24 886	49.5	50.5	37.7	58.4	3.9
苏丹	1980.7.1	18 681	50.1	49.9	44.9	52.4	2.7
斯威士兰	1983.7.1	605	46.8	53.2	49.1	48.6	2.3
突尼斯	1981.7.1	6 566	50.2	49.8	41.8	53.8	4.4
坦桑尼亚	1984.7.1	21 062	48.9	51.1	47.8	49.0	3.2
扎伊尔	1980.7.1	26 377	49.2	50.8	46.2	51.3	2.5
赞比亚	1977.7.1	5 302	49.2	50.8	46.5	51.0	2.5
津巴布韦	1983.6.30	7 740	39.2	50.8	50.9	47.4	1.7
大洋洲							
美属萨摩亚	1980.4.1	32	50.7	49.3	40.9	56.2	2.9
澳大利亚	1983.6.30	15 379	49.9	50.1	24.4	65.6	10.0
圣诞岛（澳）	1981.6.30	3	66.8	33.2	25.9	73.7	0.4
库克群岛（新）	1981.12.1	18	51.7	48.3	42.7	52.9	4.4
斐济	1983.12.31	677	50.5	49.5	37.0	59.6	3.4
关岛（美）	1980.4.1	106	52.2	47.8	34.9	62.3	2.8
基里巴斯	1978.12.12	56	49.3⑪	50.7⑪	41.1	55.3	3.6
新喀里多尼亚（法）	1983.1.1	147	52.0	48.0	35.6	60.8	3.6
新西兰	1983.7.1	3 226	49.7	50.3	25.6	64.0	10.4
纽埃岛（新）⑫	1979.3.10	3	50.4	49.6	42.6	50.7	5.3
诺福克岛（澳）	1981.6.30	2	49.1	50.9	22.2	68.1	9.7
密克罗尼西亚（美托管）	1980.9.15	116	51.3	48.7	57.3	39.0	3.6

表8 （续完）

国家或地区	时间	人口数（千人）	性别构成（%） 男	女	年龄构成（%） 0—14岁	15—64岁	65岁以上
巴布亚新几内亚	1980.9.22	3 011	52.3	47.7	43.0	55.5	1.5
西萨摩亚⑩	1981.11.3	156	51.9	48.1	44.3	52.1	3.0
所罗门群岛	1978.7.1	213	52.2	47.8	48.4	48.3	3.3
托克劳群岛	1976.10.25	2	47.4	52.6	46.3	46.3	7.4
汤　加⑤	1976.11.30	90	51.1	48.9	44.4	52.2	3.2
瓦努阿图	1979.1.15—16	111	53.2	46.8	45.4	51.7	2.9
北美洲							
百慕大群岛（英）	1984.7.1	56	48.2	51.8	21.6	69.6	8.8
加拿大	1984.7.1	25 128	49.5	50.5	21.7	68.1	10.2
格陵兰岛（丹）	1983.7.1	52	53.8	46.2	25.8	70.6	3.6
圣皮埃尔岛和密克隆岛(法)	1982.3.9	6	49.4	50.6	27.0	64.2	8.8
美　国	1984.7.1	236 158	48.6	51.4	21.9	66.2	11.9
拉丁美洲							
阿根廷	1980.10.22	27 947	49.2	50.8	30.3	61.4	8.2
巴哈马	1980.7.1	210	49.7	50.3	38.1	57.8	4.1
巴巴多斯	1980.5.12	249	47.8	52.2	28.9	61.7	9.4
伯利兹	1980.4.7	120	50.1	49.9	49.3	46.4	4.3
玻利维亚	1982.7.1	5 916	49.4	50.6	43.0	53.7	3.3
巴　西	1983.7.1	129 662	49.9	50.1	37.7	58.3	4.0
英属维尔京群岛	1970.4.7	10	53.1	46.9	39.2	55.6	5.2
开曼群岛（英）	1979.10.8	17	48.6	51.4	29.1	63.9	7.0
智　利	1983.7.1	11 682	49.5	50.5	31.6	62.8	5.6
哥伦比亚	1983.10.24	22 847	49.2	50.8	44.6	52.4	3.0
哥斯达黎加	1982.7.1	2 324	50.1	49.9	36.3	63.7	6.6⑧
古　巴	1983.12.31	9 946	50.4	49.6	27.6	64.3⑦	8.1
多米尼加共和国	1980.7.1	5 431	49.9	50.1	58.7	38.2	3.1
厄瓜多尔	1982.11.28	8 051	49.9	50.1	41.6	54.4	4.0
法属圭亚那③	1982.3.9	73	52.1	47.9	32.6	62.4	4.7
瓜德罗普岛（法）⑨	1982.3.9	327	49.0	51.0	31.1	61.1	7.4
危地马拉	1971.3.23	6 054	49.8	50.2	44.9	52.0	3.1
圭亚那	1984.12.31	774	49.6	50.4	43.7	52.7	3.6
海　地	1984.7.1	5 185	48.5	51.5	38.9	55.0	6.1
洪都拉斯	1981.6.30	3 821	50.1	49.9	47.7	49.5	2.8
牙买加	1981.10.1	2 205	49.6	50.4	50.7⑬	41.7	7.6
马提尼克岛（法）	1972.3.9	327	48.5	51.5	28.3	63.1⑭	8.4
墨西哥	1979.6.30	69 381	50.5	49.5	46.2	50.5	3.3
蒙特塞拉特岛（英）	1972.7.1	12	48.4	51.6	30.5	56.8	12.7
荷属安的列斯群岛	1981.12.31	218	48.8	51.2	38.0	56.6	5.7
尼加拉瓜	1980.7.1	2 733	49.0	51.0	47.9	49.0	3.0
巴拿马	1983.7.1	2 089	51.0	49.0	38.7	57.0	4.3
巴拉圭	1982.7.11	3 035	50.1	49.9	41.1	54.6	4.3
秘鲁⑮	1983.7.1	18 707	50.9	49.1	40.6	54.7	3.6
波多黎各岛（美）	1980.4.1	3 197	48.7	51.3	31.6	60.5	7.9
圣克里斯托弗和尼维斯⑤	1980.5.12	43	48.1	51.9	37.2	53.1	9.5
圣卢西亚	1980.7.1	120	47.2	52.8	49.6	45.1	5.3
苏里南⑮	1980.7.1	355	49.6	50.4	39.3	55.2	4.4
特立尼达和多巴哥⑩	1982.7.1	1 129	49.9	50.1	34.2	59.7	5.5
特克斯群岛和凯科斯群岛(英)	1980.5.12	7	48.3	51.7	41.4	52.2	6.4
美属维尔京群岛	1980.4.1	97	47.8	52.2	36.0	59.4	4.6
乌拉圭	1980.7.1	2 908	49.4	50.6	35.7	53.9	10.4
委内瑞拉	1984.7.1	16 851	50.5	49.5	39.7	56.9	3.4

注：①占人口数0.1%的年龄组不详。②包括印度控制下的查谟、克什米尔等地数字。③占人口数0.3%的年龄组不详。④占人口数0.5%的年龄组不详。⑤占人口数0.2%的年龄组不详。⑥占人口数11.3%的年龄组不详。⑦为15—59岁年龄组占总计的百分比。⑧为60岁及60岁以上的年龄组占总计的百分比。⑨占人口数0.4%的年龄组不详。⑩占人口数0.6%的年龄组不详。⑪1976年7月1日数字。⑫占人口数1.4%年龄组不详。⑬为0—19岁年龄组占总计的百分比。⑭为20—64岁年龄组占总计的百分比。⑮占人口数1.1%的年龄组不详。

资料来源：联合国《人口年鉴》1979、1981、1982、1983、1984年；中国国家统计局《中国统计年鉴》1986年。

表9　**劳动年龄人口占总人口的比重①**　（单位：%）

国家或地区	1965年	1984年
亚洲		
中国②	55	64
孟加拉国	51	53
不丹	55	56
缅甸	57	55
民主也门	52	51
印度	54	56
印度尼西亚	53	56
伊朗	50	52
伊拉克	51	50
以色列	59	59
日本	67	68
约旦	51	48
朝鲜民主主义人民共和国	52	57
南朝鲜	53	64
科威特	60	57
老挝	56	52
马来西亚	50	58
蒙古	54	55
尼泊尔	56	54
巴基斯坦	50	53
菲律宾	52	56
沙特阿拉伯	53	54
新加坡	53	67
斯里兰卡	54	60
叙利亚	46	49
泰国	50	59
土耳其	53	58
越南	…	55
也门	54	51
欧洲		
阿尔巴尼亚	52	59
奥地利	63	66
比利时	63	67
保加利亚	67	66
捷克斯洛伐克	65	64
丹麦	65	66
芬兰	65	67
法国	62	66
民主德国	61	66
联邦德国	65	69
希腊	65	64
匈牙利	66	65
爱尔兰	57	59
意大利	66	67
荷兰	62	68
挪威	63	64
波兰	62	65
葡萄牙	62	64
罗马尼亚	65	65
西班牙	64	64
瑞典	66	65
瑞士	65	67
苏联	62	66
英国	65	65
南斯拉夫	63	67
非洲		
阿尔及利亚	50	49
安哥拉	54	52
贝宁	52	50
博茨瓦纳	50	48
布隆迪	53	52
中非	57	55
乍得	55	56
刚果	55	51
埃及	54	57
埃塞俄比亚	52	51
加纳	52	48
几内亚	55	53
科特迪瓦	54	53
肯尼亚	48	45
莱索托	56	53
利比里亚	51	52
利比亚	53	52
马达加斯加	54	50
马拉维	51	48
马里	53	50
毛里塔尼亚	52	53
毛里求斯	52	62
摩洛哥	50	52
莫桑比克	55	51
尼日尔	51	51
尼日利亚	51	49
卢旺达	51	51
塞内加尔	53	52
塞拉利昂	54	54
索马里	49	52
南非	54	56
苏丹	53	52
多哥	52	50
突尼斯	50	56
乌干达	53	49
喀麦隆	55	50
坦桑尼亚	53	50
扎伊尔	52	51
赞比亚	51	49
津巴布韦	51	45
大洋洲		
澳大利亚	62	66
新西兰	59	65
巴布亚新几内亚	55	54
北美洲		
加拿大	59	68
美国	60	66
拉丁美洲		
阿根廷	63	61
玻利维亚	53	53
巴西	53	58
智利	56	63
哥伦比亚	49	59
哥斯达黎加	49	59
古巴	59	65
多米尼加共和国	48	55
厄瓜多尔	50	53
萨尔瓦多	50	51
危地马拉	50	53
海地	54	55
洪都拉斯	50	50
牙买加	51	56
墨西哥	49	53
尼加拉瓜	48	50
巴拿马	51	57
巴拉圭	50	55
秘鲁	51	56
特立尼达和多巴哥	53	61
乌拉圭	63	63
委内瑞拉	49	55

注：①劳动年龄人口是指15岁到64岁的人口。②为世界银行估计数。

资料来源：世界银行《1986年世界发展报告》。

表10　　**劳动力年平均增长率①**　　（单位：%）

国家或地区	1973—1984年	1980—2000年②
亚洲		
中国③	1.6	2.0
孟加拉国	2.6	2.4
不丹	1.9	2.2
缅甸	1.3	2.0
民主也门	1.8	2.6
印度	2.1	2.1
印度尼西亚	2.3	2.1
伊朗	3.0	3.6
伊拉克	3.1	3.8
以色列	2.3	2.2
日本	1.1	0.7
约旦	1.6	4.7
朝鲜民主主义人民共和国	3.0	2.7
南朝鲜	2.7	1.9
科威特	6.9	3.1
老挝	0.5	2.6
马来西亚	3.2	2.9
蒙古	2.6	3.0
尼泊尔	2.3	2.6
巴基斯坦	3.3	2.9
菲律宾	3.1	2.6
沙特阿拉伯	5.9	3.2
新加坡	2.2	1.1
斯里兰卡	2.1	2.2
叙利亚	3.4	3.9
泰国	3.0	1.9
土耳其	2.0	2.2
越南	…	2.7
也门	2.1	3.2
欧洲		
阿尔巴尼亚	2.4	2.3
奥地利	1.0	0.3
比利时	0.7	0.2
保加利亚	0.1	0.1
捷克斯洛伐克	0.5	0.6
丹麦	0.6	0.3
芬兰	0.5	0.5
法国	1.1	0.7
民主德国	0.7	0.1
联邦德国	0.8	—0.1
希腊	0.9	0.5
匈牙利	0.0	0.0
爱尔兰	1.4	1.5
意大利	0.7	0.3
荷兰	1.4	0.5
挪威	0.7	0.6
波兰	1.2	0.8
葡萄牙	0.9	0.7
罗马尼亚	0.5	0.6
西班牙	1.3	0.8
瑞典	0.4	0.3
瑞士	0.4	0.2
苏联	1.1	0.5
英国	0.5	0.2
南斯拉夫	0.5	0.6
非洲		
阿尔及利亚	3.6	4.1
安哥拉	2.6	2.7
贝宁	2.0	2.4
博茨瓦纳	4.2	2.9
布基纳法索	1.4	1.7
布隆迪	1.7	2.5
中非	1.6	2.4
乍得	2.3	2.3
刚果	1.9	3.7
埃及	2.5	2.5
埃塞俄比亚	2.2	2.5
加纳	1.5	3.5
几内亚	1.2	1.8
科特迪瓦	3.9	3.3
肯尼亚	2.8	3.5
莱索托	1.8	2.3
利比里亚	3.6	2.5
利比亚	4.1	4.1
马达加斯加	2.0	2.9
马拉维	2.5	2.7
马里	1.9	2.4
毛里塔尼亚	2.3	2.1
毛里求斯	2.3	2.1
摩洛哥	2.6	3.1
莫桑比克	1.6	2.4
尼日尔	2.8	3.0
尼日利亚	2.0	3.1
卢旺达	2.8	3.1
塞内加尔	2.2	2.4
塞拉利昂	1.8	1.9
索马里	2.6	2.6
南非	3.0	2.3
苏丹	2.4	2.8
多哥	2.0	2.9
突尼斯	2.9	2.9
乌干达	2.2	3.2
喀麦隆	1.8	3.0
坦桑尼亚	2.6	3.2
扎伊尔	2.3	2.8
赞比亚	2.1	3.1
津巴布韦	1.5	3.4
大洋洲		
澳大利亚	1.7	1.3
新西兰	1.3	1.1
巴布亚新几内亚	2.0	2.1
北美洲		
加拿大	2.0	1.1
美国	1.6	0.9
拉丁美洲		
阿根廷	1.1	1.5
玻利维亚	2.5	2.9
巴西	3.0	2.3
智利	2.5	2.1
哥伦比亚	2.8	2.5
哥斯达黎加	3.8	2.8
古巴	2.2	1.7
多米尼加共和国	3.3	3.0
厄瓜多尔	2.9	3.0
萨尔瓦多	2.9	3.4
危地马拉	2.8	2.9
海地	1.6	2.0
洪都拉斯	3.3	3.4
牙买加	2.3	2.5
墨西哥	3.2	3.2
尼加拉瓜	3.2	3.7
巴拿马	2.6	2.2
巴拉圭	3.3	3.0
秘鲁	2.9	2.9
特立尼达和多巴哥	2.3	2.2
乌拉圭	0.5	0.9
委内瑞拉	3.9	3.4

注：①劳动力是指10岁和10岁以上有经济活动能力的人，包括武装部队和失业者，但不包括家庭妇女、学生和其他无经济活动能力的人口。②为预测数字。③为世界银行估计数。

资料来源：世界银行《1986年世界发展报告》。

表11　　城市人口占总人口的比重及其年平均增长率①

（单位：％）

国家或地区	1984年城市人口占总人口的比重	1973—1984年城市人口年平均增长率
亚洲		
中国②	31.9	7.2
孟加拉国	18	7.7
不丹	4	4.6
缅甸	29	4.0
民主也门	37	3.5
印度	25	4.2
印度尼西亚	25	4.5
伊朗	54	5.0
伊拉克	70	5.5
以色列	90	2.7
日本	76	1.4
约旦	72	4.7
朝鲜民主主义人民共和国	63	4.1
南朝鲜	64	4.6
科威特	93	7.7
老挝	15	5.7
马来西亚	31	3.6
蒙古	55	4.1
尼泊尔	7	8.4
巴基斯坦	29	4.4
菲律宾	39	3.7
沙特阿拉伯	72	7.3
新加坡	100	1.3
斯里兰卡	21	3.5
叙利亚	49	4.3
泰国	18	3.1
土耳其	46	4.0
阿拉伯联合酋长国	79	10.4
越南	20	2.3
也门	19	8.8
欧洲		
阿尔巴尼亚	39	3.2
奥地利	56	0.6
比利时	89	1.2
保加利亚	68	2.1
捷克斯洛伐克	66	1.7
丹麦	86	0.6
芬兰	60	1.9
法国	81	1.2
民主德国	76	0.2
联邦德国	86	0.3
希腊	65	2.5
匈牙利	55	1.4
爱尔兰	57	2.2
意大利	71	1.0
荷兰	76	−1.0
挪威	77	2.7
波兰	60	1.8
葡萄牙	31	2.5
罗马尼亚	52	3.0
西班牙	77	2.0
瑞典	86	0.7
瑞士	60	0.8
苏联	66	−3.0
英国	92	0.2
南斯拉夫	46	2.7
非洲		
阿尔及利亚	47	5.4
安哥拉	24	6.0
贝宁	15	5.0
博茨瓦纳	20	11.3
布基纳法索	11	4.8
布隆迪	2	3.3
中非	45	4.6
乍得	21	6.5
刚果	56	5.4
埃及	23	3.0
埃塞俄比亚	15	6.1
加纳	39	5.3
几内亚	27	6.2
科特迪瓦	46	8.3
肯尼亚	18	7.9
莱索托	13	20.1
利比里亚	39	6.0
利比亚	63	7.9
马达加斯加	21	5.5
马拉维	12	7.3
马里	19	4.5
毛里塔尼亚	26	5.1
摩洛哥	43	4.2
莫桑比克	16	10.2
尼日尔	14	7.1
尼日利亚	30	5.2
卢旺达	5	6.6
塞内加尔	35	3.8
塞拉利昂	24	3.5
索马里	33	5.4
南非	56	3.7
苏丹	21	5.5
多哥	23	6.5
突尼斯	54	3.8
乌干达	7	—0.1
喀麦隆	41	8.2
坦桑尼亚	14	8.6
扎伊尔	39	7.1
赞比亚	48	6.4
津巴布韦	27	6.1
大洋洲		
澳大利亚	86	1.5
新西兰	83	0.9
巴布亚新几内亚	14	6.1
北美新		
加拿大	75	1.2
美国	74	1.3
拉丁美洲		
阿根廷	84	2.1
玻利维亚	43	3.6
巴西	72	4.0
智利	83	2.4
哥伦比亚	67	2.9
哥斯达黎加	45	3.3
古巴	71	1.6
多米尼加共和国	55	4.7
厄瓜多尔	47	3.9
萨尔瓦多	43	3.6
危地马拉	41	4.1
海地	27	4.2
洪都拉斯	39	5.7
牙买加	53	2.7
墨西哥	69	4.0
尼加拉瓜	56	5.2
巴拿马	50	3.1
巴拉圭	41	3.4
秘鲁	68	3.6
乌拉圭	85	0.8
委内瑞拉	85	4.3

注：①城市人口所占比重的估计数是根据联合国和世界银行的数据资料计算得出，城市人口增长率是按世界银行人口估计数字计算得出。由于世界各国对“城市”的定义不同，故在各国之间进行比较时应慎重处理。②中国城市人口为市镇总人口，由于1984年建镇标准有调整，新建镇较多。

资料来源：世界银行《1986年世界发展报告》；中国国家统计局《中国统计年鉴》1985年。

表12　　农业人口和农业人口占总人口的比重①

国家或地区	1965年		1975年		1985年	
	农业人口（千人）	占总人口的%	农业人口（千人）	占总人口的%	农业人口（千人）	占总人口的%
亚洲						
中国	594 930	82.0	763 900	82.7	662 880	63.4
阿富汗	8 303	68.8	9 774	63.6	9 644	58.4
孟加拉国	48 877	83.7	59 830	78.1	71 774	71.0
不丹	899	94.6	1 079	93.2	1 295	91.4
缅甸	15 406	63.7	17 057	56.0	18 540	49.9
塞浦路斯	234	40.2	196	32.2	140	20.9
柬埔寨	4 917	80.1	5 415	76.3	5 263	72.3
民主也门	735	54.4	762	46.1	778	36.4
印度	361 029	72.9	439 080	70.7	521 426	68.7
印度尼西亚	75 514	70.5	83 782	61.8	87 258	52.4
伊朗	11 497	47.7	12 992	39.0	14 285	32.0
伊拉克	3 988	50.0	4 093	37.1	3 732	23.5
以色列	308	12.0	274	7.9	212	4.9
日本	25 679	26.0	16 844	15.1	9 786	8.1
约旦	719	36.6	495	19.0	205	5.8
朝鲜民主主义人民共和国	6 919	57.2	7 574	47.8	7 741	38.0
南朝鲜	15 732	55.1	15 104	42.8	12 610	30.6
科威特	8	1.7	18	1.8	36	2.0
老挝	2 147	81.0	2 651	77.3	3 048	74.0
黎巴嫩	627	29.1	470	17.0	322	12.1
马来西亚	5 490	57.6	5 770	46.9	5 446	35.0
蒙古	581	54.3	633	43.8	686	36.0
尼泊尔	9 722	94.0	12 128	93.3	15 264	92.6
巴基斯坦	34 221	59.8	42 452	56.8	52 634	52.4
菲律宾	18 749	57.7	22 575	53.0	27 233	50.0
沙特阿拉伯	3 247	67.7	4 081	56.3	4 672	40.5
新加坡	105	5.6	51	2.3	27	1.1
斯里兰卡	6 250	56.0	7 389	54.3	8 491	52.4
叙利亚	2 778	52.2	3 056	41.1	2 599	24.7
泰国	25 536	81.7	31 171	75.3	33 775	65.7
土耳其	13 256	74.7	25 927	64.8	25 477	51.7
越南	30 314	79.1	34 601	72.0	37 192	62.3
也门	3 550	79.0	3 830	72.5	4 420	64.5
欧洲						
阿尔巴尼亚	1 285	68.7	1 479	61.0	1 542	50.6
奥地利	1 402	19.3	903	11.9	526	7.0
比利时—卢森堡	642	6.6	398	3.9	228	2.2
保加利亚	3 750	45.7	2 313	25.9	1 117	12.4
捷克斯洛伐克	3 021	21.3	2 236	15.1	1 818	11.7
丹麦	685	14.4	467	9.2	300	5.9
芬兰	1 125	24.6	787	16.7	484	9.9
法国	8 710	17.9	5 847	11.1	3 722	6.7
民主德国	2 564	15.1	1 952	11.6	1 619	9.7
联邦德国	6 356	10.8	4 101	6.6	3 087	5.1
希腊	4 036	47.2	3 310	36.6	2 587	25.9
匈牙利	3 510	34.6	2 529	24.0	1 830	17.2
冰岛	40	20.8	30	13.8	19	7.8
爱尔兰	903	31.4	717	22.4	556	15.4
意大利	12 891	24.8	8 543	15.4	5 427	9.5
马耳他	27	8.4	21	6.1	17	4.4
荷兰	1 069	8.7	841	6.2	720	5.0
挪威	578	15.5	400	10.0	290	7.0
波兰	13 722	43.6	11 473	33.7	8 928	24.0
葡萄牙	3 481	37.7	2 649	28.1	2 350	23.0
罗马尼亚	10 768	56.6	8 416	39.6	5 231	23.0
西班牙	10 551	33.1	7 366	20.8	5 065	13.2
瑞典	952	12.3	638	7.8	439	5.3
瑞士	561	9.4	446	7.0	573	8.8
苏联	77 964	33.8	58 090	22.8	48 654	17.5
英国	1 858	3.4	1 535	2.7	1 426	2.5
南斯拉夫	11 042	56.8	8 769	41.0	5 734	24.8
非洲						
阿尔及利亚	6 847	56.6	6 222	38.8	5 216	24.0
安哥拉	4 099	74.8	4 939	75.8	6 268	71.6
贝宁	2 027	83.0	2 298	75.5	2 581	63.7
博茨瓦纳	487	88.7	589	78.0	665	60.1
布基纳法索	4 149	89.3	4 870	87.5	5 956	85.8
布隆迪	3 023	94.1	3 489	93.1	4 359	92.3

表12 （续完）

国家或地区	1965年		1975年		1985年	
	农业人口（千人）	占总人口的%	农业人口（千人）	占总人口的%	农业人口（千人）	占总人口的%
喀麦隆	5 235	86.3	5 812	76.7	6 036	61.1
中非	1 524	88.1	1 598	77.7	1 696	65.8
乍得	3 073	92.2	3 494	86.7	3 394	78.6
刚果	711	71.6	862	63.8	1 064	61.1
埃及	16 176	55.0	17 725	48.8	19 958	42.5
埃塞俄比亚	23 398	86.2	28 265	82.4	33 440	76.8
加蓬	746	82.4	778	77.6	842	73.2
冈比亚	367	87.6	447	85.3	531	82.6
加纳	4 785	61.5	5 647	57.6	7 487	55.1
肯尼亚	8 097	86.1	11 362	82.9	16 242	78.8
莱索托	882	91.6	1 045	88.0	1 276	83.9
利比里亚	936	78.6	1 201	75.9	1 588	72.5
利比亚	664	35.8	570	23.5	508	14.1
马达加斯加	5 089	85.1	6 258	82.3	7 943	79.3
马拉维	3 656	92.0	4 494	87.0	5 440	78.3
马里	4 615	90.4	5 495	87.3	6 734	83.3
毛里塔尼亚	981	88.9	1 096	77.1	1 115	59.1
摩洛哥	8 168	61.3	8 917	51.5	8 712	39.7
莫桑比克	6 346	87.4	8 307	85.5	11 647	83.4
尼日尔	3 558	95.2	4 324	92.7	5 440	89.0
尼日利亚	35 075	72.1	47 068	69.6	63 484	66.7
卢旺达	3 009	94.2	4 065	93.2	5 603	92.3
塞内加尔	2 888	83.3	3 895	81.6	5 121	79.5
塞拉利昂	2 076	78.5	2 210	72.6	2 390	66.4
索马里	1 919	81.1	2 519	77.5	3 419	73.5
南非	6 478	31.9	6 303	24.7	3 603	11.1
苏丹	10 069	81.5	11 861	74.1	14 637	67.9
坦桑尼亚	10 599	91.5	13 991	88.0	18 574	82.6
多哥	1 271	78.1	1 686	74.9	2 101	71.0
突尼斯	2 275	49.1	2 138	38.1	2 239	31.6
乌干达	7 312	90.9	9 782	87.6	12 976	83.8
扎伊尔	14 379	82.0	16 881	75.4	20 099	67.1
赞比亚	2 845	78.7	3 624	74.9	4 747	71.2
津巴布韦	3 510	79.2	4 669	75.1	6 177	70.4
大洋洲						
澳大利亚	1 091	9.6	1 013	7.3	1 000	6.4
新西兰	348	13.2	356	11.5	358	10.9
北美洲						
加拿大	2 035	10.3	1 476	6.5	1 099	4.3
美国	10 531	5.4	8 344	3.9	7 418	3.1
拉丁美洲						
阿根廷	4 073	18.3	3 780	14.5	3 588	11.7
巴哈马	23	16.5	22	10.8	17	7.4
巴巴多斯	52	22.1	34	13.8	18	7.1
玻利维亚	2 080	54.2	2 410	49.2	2 780	43.6
巴西	40 888	48.5	40 932	37.9	34 186	25.2
智利	2 328	27.2	2 089	20.2	1 691	14.0
哥伦比亚	8 096	44.7	8 516	36.7	9 140	13.8
哥斯达黎加	695	46.9	718	36.5	666	25.6
古巴	2 609	33.4	2 491	26.7	2 102	20.9
多米尼加共和国	2 208	59.2	2 482	50.2	2 574	41.2
厄瓜多尔	2 825	54.7	3 132	44.5	3 089	32.9
萨尔瓦多	1 792	59.6	2 086	50.3	2 095	37.7
危地马拉	2 922	64.0	3 558	59.1	4 346	54.6
圭亚那	2 226	35.0	229	29.4	233	24.4
海地	3 189	77.1	3 721	72.2	4 455	67.7
洪都拉斯	1 558	67.6	1 939	62.7	2 545	58.2
牙买加	655	37.2	656	32.1	709	30.4
墨西哥	21 578	49.6	24 246	40.3	26 036	33.0
尼加拉瓜	975	55.7	1 156	48.0	1 407	43.0
巴拿马	613	46.2	639	36.6	598	27.4
巴拉圭	1 103	54.6	1 358	50.6	1 713	46.5
秘鲁	5 979	52.1	6 962	45.9	7 680	39.0
波多黎各岛（美）	502	19.4	261	8.7	68	2.0
乌拉圭	536	19.9	485	17.1	436	14.5
委内瑞拉	2 657	29.6	2 641	20.9	2 140	12.4

注：①按年末人口计算。

资料来源：联合国粮食及农业组织《生产年鉴》1985年；中国国家统计局《中国统计年鉴》1986年。

三、人均经济发展水平

表13　　国内生产总值和人均国内生产总值（1985）

国家或地区	国内生产总值（百万美元）	人均国内生产总值（美元）	国家或地区	国内生产总值（百万美元）	人均国内生产总值（美元）
亚　洲			荷兰	124 255	8 581
中国①	213 088	204	挪威	57 907	13 954
孟加拉国②	14 208	144	葡萄牙⑦	20 668	2 065
缅甸③④	6 445	171	西班牙③	161 327	4 209
塞浦路斯③	2 242	3 397	瑞典	99 992	11 975
印度③④	187 609	252	瑞士	91 856	14 132
印度尼西亚③	83 742	524	英国	452 227	7 987
伊朗③⑤	166 940	3 846	非州		
日本③	1 254 985	10 457	阿尔及利亚⑦	48 426	2 362
约旦③	3 965	1 173	贝宁⑦	1 011	272
南朝鲜③	83 285	2 052	博茨瓦纳②③	985	938
科威特③④	21 707	13 236	布基纳法索⑦	1 127	176
马来西亚	31 415	2 019	布隆迪	1 097	236
尼泊尔⑥	2 288	138	喀麦隆②③	7 070	747
巴基斯坦②③	29 878	320	刚果③	2 106	1 239
菲律宾	33 487	616	科特迪瓦⑦	6 555	705
沙特阿拉伯⑥	93 653	8 116	埃及②	50 287	1 037
新加坡③	18 158	7 206	埃塞俄比亚⑧	4 783	110
斯里兰卡③	5 999	385	加蓬③	3 331	2 948
叙利亚③	19 140	1 928	冈比亚②⑨	215	336
泰国	38 571	752	加纳③	7 824	595
土耳其③	49 602	1 028	肯尼亚③	5 958	305
阿拉伯联合酋长国	26 287	19 765	莱索托④⑦	388	270
也门②③	3 353	504	利比里亚⑨	835	422
欧　洲			利比亚③	26 756	7 391
奥地利	66 264	8 765	马达加斯加⑨	2 991	325
比利时	80 367	8 118	马拉维	1 081	153
丹麦	57 123	11 179	毛里求斯③	1 028	1 049
芬兰③	51 228	10 498	摩洛哥⑦	13 302	602
法国	511 441	9 270	尼日尔⑦	1 830	317
联邦德国	621 739	10 189	尼日利亚③④	63 449	689
希腊	32 649	3 288	卢旺达⑦	1 504	261
匈牙利③	20 368	1 909	塞内加尔③	2 324	363
冰岛③	2 573	10 723	塞舌尔⑦	147	2 294
爱尔兰③	17 700	5 000	塞拉利昂②③	1 100	311
意大利③	348 385	6 114	南非	54 339	1 678
卢森堡⑦	3 739	10 106	苏丹②⑨	6 629	335
马耳他③	1 001	2 635	斯威士兰②⑧	498	790

表13

（续完）

国家或地区	国内生产总值（百万美元）	人均国内生产总值（美元）	国家或地区	国内生产总值（百万美元）	人均国内生产总值（美元）
坦桑尼亚③	4 948	235	哥伦比亚③	37 976	1 353
多哥③	669	233	哥斯达黎加	3 638	1 399
突尼斯	8 221	1 132	多米尼加联邦⑦	78	977
乌干达③	1 802	121	多米尼加共和国	14 488	2 257
扎伊尔③	2 756	95	厄瓜多尔③	12 884	1 414
赞比亚③	2 638	409	萨尔瓦多	5 606	1 163
津巴布韦⑦	5 917	765	格林纳达⑨	108	978
大洋洲			危地马拉③	9 397	1 214
澳大利亚	155 977	9 903	圭亚那	462	585
斐济⑦	1 124	1 678	海地③⑩	1 821	352
新西兰③④	23 706	7 339	洪都拉斯	3 360	769
所罗门群岛⑦	155	621	牙买加③	2 376	1 033
北美洲			墨西哥	177 476	2 260
加拿大	344 050	13 561	尼加拉瓜⑦	3 561	1 164
美国	3 947 700	16 498	巴拿马③	4 541	2 132
拉丁美洲			巴拉圭	5 808	1 578
安提瓜和巴布达⑨	128	1 601	秘鲁③	16 964	884
阿根廷⑦	64 834	2 188	圣卢西亚⑦	141	1 083
巴哈马⑨	1 449	6 586	圣文森特⑪	72	577
巴巴多斯③	1 145	4 580	苏里南③	1 013	2 646
伯利兹	193	1 132	特立尼达和多巴哥⑨	7 316	6 474
玻利维亚③	8 222	1 316	乌拉圭	5 054	1 679
巴西③	209 172	1 578	委内瑞拉③	49 654	2 947
智利	15 995	1 325			

注：① 为国民收入数字。② 到6月30日止的年度数字。③ 1984年数字。④ 自4月1日起的年度数字。⑤ 自3月21日起的年度数字。⑥ 到7月15日止的年度数字。⑦ 1983年数字。⑧ 到7月7日止的年度数字。⑨ 1982年数字。⑩ 到9月30日止的年度数字。⑪ 1981年数字。

资料来源：联合国国际货币基金组织《国际金融统计年鉴》1986年；联合国《统计月报》1986年1月、1987年1月。

表14　　人均国民收入

国家	按本币计算的人均国民收入				按美元计算的人均国民收入（美元）		
	货币名称	1980年	1983年	1985年	1980年	1983年	1985年
中国	元	367	464	656	246	233	204
保加利亚	列弗	2 315	2 626	2 841	2 723	2 680	2 841
古巴	比索	1 014	1 306	1 382	1 412	1 501	1 518
捷克斯洛伐克	克朗	31 515	32 661	35 632	2 881	2 544	3 148
民主德国①	马克	11 176	12 599	13 990	5 731	4 666	5 481
匈牙利	福林	54 426	69 046	79 164	1 690	1 528	1 672
波兰	兹罗提	55 978	161 991	230 817	1 686	1 705	1 529
罗马尼亚	列伊	22 894①	31 530	32 615③	1 400	2 403	2 664
苏联	卢布	1 741	2 011	2 082	2 673	2 612	2 703
南斯拉夫②	第纳尔	73 543	169 737	265 549④	2 377	1 425	1 254④

注：① 按1980年可比价格计算。② 为物质生产总值。③ 按当年年初价格计算。④ 1984年数字。

资料来源：联合国《统计年鉴》1983/84年，《统计月报》1987年1月、2月；国际货币基金组织《国际金融统计年鉴》1986年；《中国统计年鉴》1986年；《民主德国统计手册》1986年；《罗马尼亚统计年鉴》1979年，1986年；苏联《经济报》1986年第12期。

表15　　人均国民收入指数（1980年＝100）

国家	1981年	1982年	1983年	1984年	1985年	1981—1985年平均增长率（%）
中国	103.5	110.4	120.1	135.1	150.1	8.46
保加利亚	104.7	108.2	112.0	116.7	118.7	3.49
古巴	121.0	126.0	131.5	140.1	144.5	7.64
捷克斯洛伐克	99.8	99.6	101.3	104.9	107.7	1.49
民主德国	105.0	108.2	112.2	119.5	124.7	4.51
匈牙利	103.0	105.0	106.2	108.4	107.8	1.51
蒙古	104.7	112.0	115.3	117.3	120.3	3.76
波兰	87.2	81.5	85.6	89.7	91.8	−1.70
罗马尼亚	101.4	103.8	107.4	114.9	119.7	3.66
苏联	102.2	105.2	109.2	111.0	113.4	2.55
越南	105.7	112.4	119.7	125.8	127.9	5.05

资料来源：根据联合国《人口年鉴》1983年、《统计月报》1987年1月、2月和经互会秘书处《经互会成员国统计年鉴》1986年的资料计算；中国数字是根据《中国统计年鉴》1985年、1986年资料计算。

表16　　人口和国民收入年平均增长速度比较　　单位：%

国家	人口年平均增长速度		国民收入年平均增长速度①	
	1971—1980年	1981—1985年	1971—1980年	1981—1985年
中国	1.75	1.15	5.76	9.8
保加利亚	0.43	0.22	6.97	3.7
古巴	1.29	0.80	…	8.4
捷克斯洛伐克	0.66	0.25	4.61	1.7
民主德国	−0.19	−0.14	4.75	4.4
匈牙利	0.36	−0.13	4.55	1.4
蒙古	2.90	2.60	6.11	6.5
波兰	0.90	0.89	5.39	−0.8
罗马尼亚	0.94	0.71	9.19	4.4
苏联	0.90	0.97	5.0	3.5
南斯拉夫	0.91	0.72	…	0.5

注：① 国民收入增长速度是根据1980年＝100的指数计算的，而中国则根据1952年＝100的指数计算的。

资料来源：联合国《人口年鉴》1982年、1984年，《统计月报》1987年1月；经互会秘书处《经互会成员国统计年鉴》1985年、1986年；《中国统计年鉴》1985年、1986年。

四、人均工业生产水平

表17　　人口与工业生产年平均增长速度比较　　单位：%

国家或地区	人口年平均增长速度		工业生产年平均增长速度	
	1971—1980年	1981—1985年	1971—1980年	1981—1985年
亚洲				
中国	1.75	1.15	9.14	10.67
塞浦路斯	0.49	1.2	4.09	5.94
印度	2.1	1.6①	4.09	6.34
印度尼西亚	2.2	2.2	…	6.34
以色列	2.69	1.8	5.24	7.99
日本	1.23	0.7	4.10	4.10
南朝鲜	1.69	1.6	19.39	10.4
马来西亚	2.8	2.6	8.56	6.5
蒙古	2.9	2.6	8.56	9.3
巴基斯坦	3.14	3.1	9.56	9.5
菲律宾	2.74	2.4	6.16	4.88
新加坡	1.53	1.2	11.72	1.36
叙利亚	3.33	3.4	8.31	11.06
欧洲				
奥地利	0.11	0.03	4.09	1.74
比利时	0.19	0.10	2.26	0.59
保加利亚	0.43	0.22	7.39	4.4
捷克斯洛伐克	0.66	0.25	5.8	2.8
丹麦	0.38	−0.04	2.38	3.9
芬兰	0.37	0.54	4.56	3.01
法国	0.60	0.47	2.90	−0.4
民主德国	−0.19	−0.14	5.7	4.1
联邦德国	0.14	−0.18	2.0	0.8
希腊	0.93	0.60	6.97	1.4
匈牙利	0.36	−0.13	4.80	1.9
爱尔兰	1.42	0.87	4.10	4.9
意大利	0.47	0.25	3.40	−0.7
卢森堡	0.58	0.55	0	3.9
荷兰	0.83	0.48	3.06	0.8
挪威	0.52	0.29	5.60	3.5
波兰	0.90	0.89	7.4	−0.2
葡萄牙	0.97	0.92	6.6	3.4
罗马尼亚	0.94	0.71	11.4	4.0
西班牙	1.01	0.56	5.1	0.8
瑞典	0.33	0.10	0.95	2.1
瑞士	0.81	0.16	1.10	0.6
苏联	0.90	0.97	5.90	3.7
英国	0.12	0.11	0.70	1.5
南斯拉夫	0.91	0.72	7.40	2.7
非洲				
阿尔及利亚	3.11	3.14②	7.30	11.8②
马拉维	2.76	3.10	8.56	4.2
摩洛哥	2.73	1.65③	5.97	1.9③
塞内加尔	2.65	2.5	3.48	3.36
南非	2.45	2.5	0.30	0.79
突尼斯	2.22	2.3④	7.18	3.8④
赞比亚	3.21	2.7	0.51	−2.3
津巴布韦	2.95	3.4	3.48	1.55
大洋洲				
澳大利亚	1.63	1.4	2.10	0.4
斐济	1.94	2.1	…	0.59
北美洲				
加拿大	1.22	1.1	3.5	1.74
美国	1.06	1.0	3.1	2.70
拉丁美洲				
阿根廷	1.66	1.6	2.0	−3.2
巴巴多斯	0.41	0	…	−0.1
巴西	…	2.2	8.8	−0.2
智利	1.71	1.7	1.1	−0.13
厄瓜多尔	2.99	3.0④	9.6	0④
墨西哥	3.08	2.5	7.4	1.4

注：① 1983—1985年平均数。② 1981—1982年平均数。③ 1981—1984年平均数。④ 1981—1983年平均数。
资料来源：联合国《人口年鉴》1982年、1983年，《统计年鉴》1983/84年，《统计月报》1986年12月、1987年1月、2月；经互会秘书处《经互会成员国统计年鉴》1985年、1986年；中国国家统计局《中国统计年鉴》1985年、1986年。

表18　　**人均原煤产量①**　　单位：公斤

国家或地区	1981年	1985年
亚洲		
中国	622	834
缅甸	3	4②
印度	193	210
印度尼西亚	2	9
伊朗	18	19②
日本	150	136
朝鲜民主主义人民共和国	2 489	2 404②
南朝鲜	513	565
蒙古	2 516	2 723②
巴基斯坦	19	23
菲律宾	8	23
泰国	35	100
土耳其	463	790
越南	108	102②
欧洲		
阿尔巴尼亚	586	612②
奥地利	405	408
比利时	623	628
保加利亚	3 284	3 445
捷克斯洛伐克	8 022	8 292
法国	429	308
民主德国	15 934	18 759
联邦德国	3 668	3 434
希腊	2 807	3 623
匈牙利	2 422	2 260
爱尔兰	20	17
意大利	35	33
挪威	100	136
波兰	5 531	6 704
葡萄牙	19	23②
罗马尼亚	1 652	2 023
西班牙	942	1 044
苏联	2 521	2 325
英国	2 265	1 623
南斯拉夫	2 311	3 868
非洲		
摩洛哥	34	29②
莫桑比克	28	29②
南非	4 549	4 449②
扎伊尔	5	4②
赞比亚	87	80
津巴布韦	321	372
大洋洲		
澳大利亚	7 906	1 1143
新西兰	702	743
北美洲		
加拿大	2 058	2 394
美国	3249	3 359
拉丁美洲		
阿根廷	17	13
巴西	46	57
智利	101	102
哥伦比亚	190	217②
委内瑞拉	3	2

注：①　煤产量包括硬煤与褐煤。②　为1984年人均产量。

资料来源：联合国《能源统计年鉴》1984年，《统计月报》1986年12月，1987年1月、2月；中国国家统计局《中国统计年鉴》1985年、1986年。

表19　　　　人均原油产量　　　　单位：公斤

国家或地区	1981年	1985年	国家或地区	1981年	1985年
亚洲			西班牙	33	54
中国	101	119	苏联②	2 274	2 136
巴林	6 671	4 943	英国	1 561	2 162
文莱	41 753	34 532①	南斯拉夫	195	180
缅甸	41	43①	非洲		
印度	22	40	阿尔及利亚	1 919	1 371
印度尼西亚	527	399	安哥拉	902	1 370
伊朗	1 821	2 555	喀麦隆	484	658
伊拉克	3 215	4 441	刚果	2 728	2 731
日本	3	4	埃及	679	915
科威特	39 812	3053	加蓬	7 085	6 699
马来西亚	878	1 435①	利比亚	18 944	14 033
阿曼	15 648	11 940	尼日利亚	851	768
巴基斯坦	6	12	突尼斯	823	780
菲律宾	4	10	扎伊尔	39	42
卡塔尔	83 625	46 452	大洋洲		
沙特阿拉伯	49 943	14 988	澳大利亚	1 230	1 695
叙利亚	947	903	新西兰	132	258
泰国	0	36	北美洲		
土耳其	52	43	加拿大	2 585	2 846
阿拉伯联合酋长国	68 747	41 946	美国	1 834	1 834
欧洲			拉丁美洲		
阿尔巴尼亚	806	1 293①	阿根廷	890	773
奥地利	179	152	玻利维亚	179	142
丹麦	148	573	巴西	86	201
法国	31	48	智利	173	158①
联邦德国	72	67	哥伦比亚	262	318
希腊	20	133	古巴	26	77①
匈牙利	189	189	厄瓜多尔	1 285	1 522
意大利	26	41	墨西哥	1 687	1 817
荷兰	95	257	秘鲁	536	472
挪威	5 719	8 947	特立尼达和多巴哥	8 655	7 729
波兰	9	5	委内瑞拉	7 215	5 091
罗马尼亚	521	466			

注：①　为1984年人均产量。②　包括凝析油。

资料来源：联合国《能源统计年鉴》1984年，《统计月报》1986年12月、1987年1月、2月；中国国家统计局《中国统计年鉴》1985年、1986年。

表20　**人均电力生产量**　单位：度

国家或地区	1981年	1985年
亚洲		
中国	309	393
阿富汗	62	59①
巴林	5 183	5 140①
孟加拉国	36	48
缅甸	40	46
塞浦路斯	1 683	1 970
印度	194	221
印度尼西亚	77	133①
伊朗	630	841①
伊拉克	803	1 202①
以色列	3 812	4 200①
日本	4 957	4 953
约旦	410	682①
朝鲜民主主义人民共和国	1 948	2 208①
南朝鲜	1 139	1 408
科威特	7 228	8 656①
马来西亚	773	783
蒙古	914	1 199
阿曼	1 104	1 408
巴基斯坦	189	249
菲律宾	400	346
卡塔尔	11 550	11 048
沙特阿拉伯	2 557	2 809
新加坡	3 050	3 848
斯里兰卡	125	145①
叙利亚	507	726
泰国	340	449
土耳其	545	635①
阿拉伯联合酋长国	5 858	5 225①
越南	74	99①
也门	37	44①
欧洲		
阿尔巴尼亚	971	1 041①
奥地利	5 606	5 889
比利时	5 138	5 810
保加利亚	4 159	4 645
捷克斯洛伐克	4 798	5 202
丹麦	3 859	5 326
芬兰	8 139	9 634
法国	4 861	5 865
民主德国	6 017	6 841
联邦德国	5 952	6 698
希腊	2 408	2 552
匈牙利	2 261	2 511
爱尔兰	3 060	3 357
意大利	3 166	3 413
卢森堡	2 095	2 141
荷兰	4 495	4 347
挪威	22 628	24 865
波兰	3 203	3 702
葡萄牙	1 407	1 781
罗马尼亚	3 138	3 112
西班牙	2 914	3 236
瑞典	12 361	15 926
瑞士	7 959	8 392
苏联	4 953	5 545
英国	4 911	5 246
南斯拉夫	2 698	3 215
非洲		
阿尔及利亚	423	544①
安哥拉	189	210①
喀麦隆	213	226①
刚果	101	139①
埃及	492	485①
加蓬	495	473①
加纳	451	139①
肯尼亚	101	98①
利比里亚	463	425①
利比亚	1 806	2 008①
马拉维	68	66
摩洛哥	271	309①
莫桑比克	303	143①
尼日利亚	94	93①
塞内加尔	108	106①
南非	3 565	3 849①
苏丹	52	49①
突尼斯	460	493
乌干达	40	44①
坦桑尼亚	43	41①
扎伊尔	163	154①
赞比亚	1 690	1 513
津巴布韦	614	583
大洋洲		
澳大利亚	6 802	7 723
斐济	488	553①
新西兰	7 254	8 319
巴布亚新几内亚	409	476
北美洲		
加拿大	1 6062	1 7596
美国	1 0256	1 0319
拉丁美洲		
阿根廷	1 354	1 357
巴西	1 147	1 325
智利	1 061	1 153
哥伦比亚	915	936
哥斯达黎加	1 037	1 232①
古巴	1 086	1 210
厄瓜多尔	446	469①
墨西哥	1 032	1 084
巴拿马	1 019	1 108①
秘鲁	606	613①
乌拉圭	1 907	1 216①
委内瑞拉	2 425	2 631①

注：①　为1984年数字。

资料来源：联合国《能源统计年鉴》1984年，《统计月报》1986年12月，1987年2月；中国国家统计局《中国统计年鉴》1985年、1986年。

表21　　人均能源生产量（按标准能源计算）①　　单位：公斤

国家或地区	1981年	1984年
亚洲		
中国	632	752
阿富汗	218	222
巴林	21 511	20 763
孟加拉国	20	34
文莱	124 953	108 714
缅甸	79	97
印度	201	237
印度尼西亚	918	832
伊朗	2 924	3 973
伊拉克	4 750	5 587
日本	355	361
朝鲜民主主义人民共和国	786	792
南朝鲜	355	377
科威特	63 831	58 952
马来西亚	1 304	2 534
蒙古	978	1 048
阿曼	27 562	37 843
巴基斯坦	143	154
菲律宾	28	61
卡塔尔	140 808	118 145
沙特阿拉伯	76 347	31 764
斯里兰卡	13	17
叙利亚	1 420	1 436
土耳其	347	366
阿拉伯联合酋长国	112 463	73 932
越南	113	106
欧洲		
阿尔巴尼亚	1 747	2 482
奥地利	1 196	1 106
比利时	740	940
保加利亚	1 902	2 122
捷克斯洛伐克	4 283	4 357
丹麦	216	723
芬兰	783	1 089
法国	1 037	1 136
民主德国	5 170	5 809
联邦德国	2 692	2 489
希腊	583	866
匈牙利	2 045	2 131
爱尔兰	1 058	875
意大利	476	492
荷兰	7 987	6 771
挪威	19 999	25 170
波兰	4 094	4 698
葡萄牙	75	114
罗马尼亚	3 994	4 168
西班牙	605	696
瑞典	1 445	1 760
瑞士	960	903
苏联	7 366	7 749
英国	5 118	5 019
南斯拉夫	1 517	1 515
非洲		
阿尔及利亚	4 449	4 749
安哥拉	1 343	1 789
喀麦隆	754	980
刚果	3 975	5 155
科特迪瓦	91	224
埃及	1 089	1 396
加蓬	10 584	11 009
加纳	63	27
利比亚	29 378	23 501
摩洛哥	48	47
莫桑比克	60	43
尼日利亚	1 324	1 150
南非	3 585	3 391
突尼斯	1 292	1 222
扎伊尔	82	96
赞比亚	280	257
津巴布韦	390	342
大洋洲		
澳大利亚	8 353	9 379
新西兰	2 070	3 033
北美洲		
加拿大	11 212	12 354
美国	8 834	8 679
拉丁美洲		
阿根廷	1 827	1 898
玻利维亚	864	772
巴西	300	473
智利	586	587
哥伦比亚	870	983
哥斯达黎加	122	151
古巴	40	113
多米尼加共和国	18	10
厄瓜多尔	1 893	2 136
萨尔瓦多	34	40
危地马拉	49	54
洪都拉斯	26	26
墨西哥	3 256	3 442
尼加拉瓜	21	20
巴拿马	82	86
秘鲁	936	829
苏里南	286	416
乌拉圭	107	144
委内瑞拉	12 240	10 011

注：① 将硬煤、褐煤、焦炭、原油、天然气及人造气、电力等动力能源(不包括薪柴、木炭等非商业性燃料)均折算成每公斤为7000大卡含热量的标准煤。中国的标准能源中不包括生物能源、太阳能、地热和原子能等的利用。

资料来源：联合国《能源统计年鉴》1984年，《统计月报》1987年1月；中国国家统计局《中国统计年鉴》1985年。

表22　　　　　　　　　**人均钢产量**　　　　　　　单位：公斤

国家或地区	1981年	1985年	国家或地区	1981年	1985年
亚　洲			罗马尼亚	582	599
中　国	36	45	西班牙	344	363
印　度	16	15	瑞　典	457	576
日　本	864	872	苏　联	555	555
南朝鲜	149	118	英　国	277	278
土耳其	34	63	南斯拉夫	105	89
欧　洲			非　洲		
奥地利	671	670	南　非	307	266
比利时	1 257	1 086	大洋洲		
保加利亚	279	327	澳大利亚	533	366
捷克斯洛伐克	999	970	新西兰	73	70
丹　麦	120	103	北美洲		
芬　兰	505	513	加拿大	608	577
法　国	393	345	美　国	476	331
民主德国	448	472	拉丁美洲		
联邦德国	675	664	阿根廷	77	85
匈牙利	671	670	巴　西	68	150
意大利	439	417	智　利	55	57
卢森堡	10 270	10 670	古　巴	35	40
荷　兰	302	381	墨西哥	105	94
挪　威	208	223	委内瑞拉	118	177
波　兰	421	434			

资料来源：联合国《统计年鉴》1983/84年，《统计月报》1986年12月、1987年1月、2月；中国国家统计局《中国统计年鉴》1986年。

表23　　人 均 原 煤 消 费 量①　　单位：公斤

国家或地区	1981年	1984年	国家或地区	1981年	1984年
世界总计	834	866	波　　兰	5 058	5 573
亚　洲			葡 萄 牙	58	67
中　　国②	624	761	罗马尼亚	1 819	2 315
阿 富 汗	9	12	西 班 牙	1 034	1 211
孟加拉国	3	2	瑞　　典	255	433
塞浦路斯	0	79	瑞　　士	89	112
印　　度	178	197	苏　　联	2 436	2 373
印度尼西亚	2	2	英　　国	2 118	1 400
伊　　朗	19	21	南斯拉夫	2 367	3 017
以 色 列	1	635	非　洲		
日　　本	824	875	阿尔及利亚	223	206
朝鲜民主主义人民共和国	2 529	2 516	安 哥 拉	35	56
			埃　　及	30	24
南 朝 鲜	763	814	肯 尼 亚	5	6
马来西亚	8	20	马 拉 维	8	6
蒙　　古	2 517	2 707	摩 洛 哥	33	44
巴基斯坦	18	19	莫桑比克	30	32
菲 律 宾	11	22	尼 日 尔	5	9
泰　　国	125	157	南　　非	3 076	2 857
土 耳 其	352	466	突 尼 斯	4	3
越　　南	91	86	扎 伊 尔	6	5
欧　洲			赞 比 亚	87	78
阿尔巴尼亚	539	569	津巴布韦	300	263
奥 地 利	364	455	大洋洲		
比 利 时	1 568	1 514	澳大利亚	4 575	4 637
保加利亚	4 006	4 271	斐　　济	28	33
捷克斯洛伐克	8 002	8 179	新 西 兰	637	655
丹　　麦	1 619	1 812	北美洲		
芬　　兰	564	768	加 拿 大	1 588	1 938
法　　国	875	744	美　　国	2 887	3 007
民主德国	16 327	19 219	拉丁美洲		
联邦德国	3 638	3 543	阿 根 廷	44	32
希　　腊	2 807	3 321	巴　　西	79	103
匈 牙 利	2 571	2 518	智　　利	151	154
冰　　岛	86	167	哥伦比亚	183	201
爱 尔 兰	376	390	古　　巴	10	11
意 大 利	369	397	墨 西 哥	116	104
卢 森 堡	797	521	秘　　鲁	8	7
荷　　兰	384	685	委内瑞拉	5	24
挪　　威	228	232			

注：①　为硬煤与褐煤之和。②　为联合国估计数。

资料来源：联合国《能源统计年鉴》1984年。

表24 人均原油消费量

单位：公斤

国家或地区	1981年	1984年
世界总计	628	581
亚洲		
中国①	88	90
巴林	35 408	24 403
孟加拉国	15	11
缅甸	38	38
塞浦路斯	803	848
民主也门	1 317	1 549
印度	42	47
印度尼西亚	171	158
伊朗	674	788
伊拉克	651	627
以色列	1 690	1 660
日本	1 670	1 552
约旦	720	767
朝鲜民主主义人民共和国	109	122
南朝鲜	628	688
科威特	10 889	14 292
黎巴嫩	675	287
马来西亚	399	459
阿曼	0	974
巴基斯坦	49	49
菲律宾	194	155
卡塔尔	2 452	9 031
沙特阿拉伯	3 126	3 819
新加坡	15 184	15 344
斯里兰卡	114	107
叙利亚	976	932
泰国	167	157
土耳其	297	364
阿拉伯联合酋长国	2 262	3 929
欧洲		
阿尔巴尼亚	787	1 256
奥地利	1 189	954
比利时	2 966	2 348
保加利亚	1 413	1 394
捷克斯洛伐克	1 194	1 064
丹麦	1 076	1 324
芬兰	2 313	1 981
民主德国	1 363	1 397
联邦德国	1 387	1 175
希腊	1 639	1 278
匈牙利	859	806
爱尔兰	210	333
意大利	1 667	1 370
荷兰	2 828	3 152
挪威	1 685	1 729
波兰	382	371
葡萄牙	804	756
罗马尼亚	1 097	1 091
西班牙	1 246	1 121
瑞典	1 688	1 733
瑞士	512	628
苏联	1 850	1 812
英国	1 277	1 237
南斯拉夫	609	597
非洲		
阿尔及利亚	784	290
安哥拉	164	151
喀麦隆	295	343
埃及	366	428
加蓬	1 216	1 072
加纳	98	80
科特迪瓦	179	174
肯尼亚	149	98
利比里亚	329	311
利比亚	1 824	1 789
马达加斯加	42	26
摩洛哥	200	193
莫桑比克	40	40
尼日利亚	90	80
塞内加尔	117	55
塞拉利昂	63	66
索马里	75	67
南非	447	441
苏丹	59	53
突尼斯	241	226
坦桑尼亚	28	26
扎伊尔	14	14
赞比亚	128	106
大洋洲		
澳大利亚	1 874	1 757
新西兰	861	712
北美洲		
加拿大	3 324	2 588
美国	2 675	2 509
拉丁美洲		
阿根廷	937	813
巴哈马	42 453	25 905
巴巴多斯	766	752
玻利维亚	178	157
巴西	420	417
智利	405	324
哥伦比亚	304	345
哥斯达黎加	209	162
古巴	675	695
多米尼加共和国	262	261
厄瓜多尔	644	763
萨尔瓦多	117	114
危地马拉	113	93
洪都拉斯	59	63
牙买加	355	424
墨西哥	882	811
尼加拉瓜	225	136
巴拿马	860	855
巴拉圭	83	42
秘鲁	434	417
波多黎各岛(美)	2 091	1 465
特立尼达和多巴哥	8 760	4 577
乌拉圭	596	426
委内瑞拉	2 743	2 429

注：① 为联合国估计数。

资料来源：联合国《能源统计年鉴》1984年。

表25　　　　人均电力消费量　　　　单位：度

国家或地区	1981年	1984年	国家或地区	1981年	1984年
世界总计	1 851	1 945	奥地利	5 041	5 408
亚洲	526	597	比利时	5 174	5 468
中国①	313	366	保加利亚	4 458	5 097
阿富汗	70	73	捷克斯洛伐克	4 916	5 204
巴林	4 997	4 966	丹麦	4 930	5 300
孟加拉国	36	44	芬兰	8 061	9 985
不丹	20	26	民主德国	6 128	6 626
文莱	2 129	3 089	联邦德国	6 091	6 218
缅甸	40	45	希腊	2 440	2 770
塞浦路斯	1 667	1 897	匈牙利	3 000	3 390
民主也门	136	136	冰岛	14 349	16 121
印度	186	221	爱尔兰	3 060	3 161
印度尼西亚	75	132	意大利	3 350	3 532
伊朗	623	849	卢森堡	10 142	10 937
伊拉克	802	1 218	马耳他	1 500	1 842
以色列	3 264	3 477	荷兰	4 473	4 584
日本	4 964	5 418	挪威	21 321	23 625
约旦	410	683	波兰	3 177	3 497
朝鲜民主主义人民共和国	1 965	2 292	葡萄牙	1 728	2 032
			罗马尼亚	3 127	3 299
南朝鲜	1 140	1 443	西班牙	2 873	2 957
科威特	7 114	8 336	瑞典	12 097	14 956
黎巴嫩	700	524	瑞士	6 237	6 857
马来西亚	773	904	苏联	4 874	5 325
蒙古	1 149	1 408	英国	4 957	5 043
阿曼	1 117	1 418	南斯拉夫	2 755	3 089
巴基斯坦	178	221	非洲	407	417
菲律宾	400	390	阿尔及利亚	424	538
卡塔尔	10 703	11 770	安哥拉	189	210
沙特阿拉伯	2 603	2 878	贝宁	39	49
新加坡	3 013	3 672	布基纳法索	16	17
斯里兰卡	124	141	布隆迪	36	33
叙利亚	495	650	喀麦隆	218	236
泰国	355	449	中非	29	27
土耳其	579	682	乍得	14	13
阿拉伯联合酋长国	5 853	5 288	科摩罗	25	23
越南	75	99	刚果	101	155
也门	38	46	吉布提	380	418
欧洲			埃及	503	501
阿尔巴尼亚	734	811	赤道几内亚	42	39

表25 （续完）

国家或地区	1981年	1984年	国家或地区	1981年	1984年
埃塞俄比亚	21	21	新西兰	7 122	8 125
加蓬	490	467	巴布亚新几内亚	370	415
冈比亚	67	67			
加纳	415	113	北美洲		
几内亚	101	94			
科特迪瓦	223	202	加拿大	14 638	15 765
肯尼亚	112	125	美国	10 414	10 658
利比里亚	458	423			
利比亚	1 811	2 094	拉丁美洲		
马达加斯加	48	46			
马拉维	69	75	阿根廷	1 354	1 492
马里	14	20	巴哈马	3 594	3 937
毛里塔尼亚	61	56	伯利兹	372	372
毛里求斯	452	441	玻利维亚	294	274
摩洛哥	270	290	巴西	1 144	1 324
莫桑比克	100	112	智利	1 061	1 136
尼日尔	54	63	哥伦比亚	921	989
尼日利亚	93	95	哥斯达黎加	1 005	954
卢旺达	28	52	古巴	1 079	1 233
塞内加尔	108	108	多米尼加共和国	630	657
塞舌尔	761	757	厄瓜多尔	452	486
塞拉利昂	72	79	萨尔瓦多	299	313
索马里	15	14	危地马拉	213	199
南非	3 187	3 385	圭亚那	481	417
苏丹	52	49	海地	55	58
多哥	111	135	洪都拉斯	264	290
突尼斯	461	510	牙买加	1 007	1 048
乌干达	25	29	墨西哥	1 036	1 129
坦桑尼亚	43	40	尼加拉瓜	388	392
扎伊尔	144	139	巴拿马	1 019	1 106
赞比亚	1 178	1 086	巴拉圭	304	361
津巴布韦	988	889	秘鲁	606	613
			波多黎各岛(美)	3 964	3 689
大洋洲			特立尼达和多巴哥	2 146	2 466
			乌拉圭	1 238	1 220
澳大利亚	6 799	7 278	委内瑞拉	2 319	2 487
斐济	495	574			

注：① 为联合国估计数。

资料来源：联合国《能源统计年鉴》1984年。

表26　　人均能源消费量（按标准能源计算）①　　单位：公斤

国家或地区	1981年	1984年	国家或地区	1981年	1984年
世界总计	1 867	1 859	比利时	5 495	4 939
亚洲			保加利亚	5 262	5 523
中国	594	684	捷克斯洛伐克	6 319	6 197
阿富汗	55	69	丹麦	4 675	4 521
巴林	12 369	13 242	芬兰	4 746	5 002
孟加拉国	45	53	民主德国	7 180	7 600
不丹	11	12	联邦德国	5 620	5 564
缅甸	64	78	希腊	2 008	2 243
塞浦路斯	1 866	1 897	匈牙利	3 781	3 790
民主也门	610	857	冰岛	4 953	5 105
印度	212	237	爱尔兰	3 295	3 248
印度尼西亚	252	263	意大利	2 959	3 105
伊朗	1 036	1 328	卢森堡	11 616	11 190
伊拉克	594	535	马耳他	1 409	1 521
以色列	2 252	2 329	荷兰	6 418	5 853
日本	3 582	3 800	挪威	6 173	6 570
约旦	825	999	波兰	4 355	4 494
朝鲜民主主义人民共和国	2 666	2 685	葡萄牙	1 269	1 307
			罗马尼亚	4 544	4 558
南朝鲜	1 446	1 524	西班牙	2 288	2 180
科威特	7 103	2 727	瑞典	4 939	4 703
黎巴嫩	945	854	瑞士	3 686	3 733
马来西亚	850	875	苏联	5 621	5 977
蒙古	1 533	1 629	英国	4 701	4 760
阿曼	5 313	13 486	南斯拉夫	2 255	2 484
巴基斯坦	183	215	非洲		
菲律宾	316	312	阿尔及利亚	769	707
卡塔尔	27 973	21 986	安哥拉	129	120
沙特阿拉伯	3 184	3 640	贝宁	50	44
新加坡	5 640	6 659	布基纳法索	31	29
斯里兰卡	119	120	布隆迪	18	17
叙利亚	1 167	902	喀麦隆	447	465
泰国	348	414	中非	37	38
土耳其	711	865	乍得	22	21
阿拉伯联合酋长国	12 548	7 678	科摩罗	44	41
越南	128	123	刚果	87	92
也门	106	198	吉布提	284	263
欧洲			埃及	556	641
阿尔巴尼亚	1 068	1 283	赤道几内亚	84	91
奥地利	3 981	4 007	埃塞俄比亚	22	20

表26 （续完）

国家或地区	1981年	1984年	国家或地区	1981年	1984年
加蓬	1 117	1 099	新西兰	3 213	3 866
冈比亚	124	129	巴布亚新几内亚	291	285
加纳	139	76			
几内亚	84	80	北美洲		
科特迪瓦	217	205	加拿大	10 058	9 773
肯尼亚	127	95	美国	10 018	9 577
利比里亚	386	360			
利比亚	3 011	3 772	拉丁美洲		
马达加斯加	75	52	阿根廷	1 663	1 718
马拉维	52	43	巴哈马	5 467	3 498
马里	29	30	伯利兹	595	545
毛里塔尼亚	170	159	玻利维亚	412	338
毛里求斯	271	266	巴西	700	656
摩洛哥	302	296	智利	1 006	920
莫桑比克	93	94	哥伦比亚	840	857
尼日尔	54	56	哥斯达黎加	523	452
尼日利亚	228	231	古巴	1 436	1 467
卢旺达	33	34	多米尼加联邦	257	260
塞内加尔	199	169	多米尼加共和国	474	490
塞舌尔	701	635	厄瓜多尔	728	677
塞拉利昂	95	67	萨尔瓦多	186	174
索马里	107	98	危地马拉	226	194
南非	2 885	2 606	圭亚那	926	621
苏丹	86	77	海地	56	53
多哥	65	72	洪都拉斯	218	225
突尼斯	658	671	牙买加	1 537	1 187
乌干达	23	24	墨西哥	1 826	1 714
坦桑尼亚	45	42	尼加拉瓜	359	279
扎伊尔	69	63	巴拿马	763	740
赞比亚	390	339	巴拉圭	225	231
津巴布韦	527	451	秘鲁	697	640
			波多黎各岛(美)	2 821	2 722
大洋洲			特立尼达和多巴哥	6 440	5 311
澳大利亚	6 214	6 128	乌拉圭	878	633
斐济	747	423	委内瑞拉	3 109	3 100

注：① 将硬煤、褐煤、焦炭、原油、天然气及人造气、电力等动力能源(不包括薪柴、木炭等非商业性燃料)均折算成每公斤为7000大卡含热量的标准煤。中国的标准能源中不包括生物能源、太阳能、地热和原子能等的利用。

资料来源：联合国《能源统计年鉴》1984年；中国国家统计局《中国统计年鉴》1985年。

表27　　人均钢消费量　　单位：公斤

国家或地区	1980年	1984年
亚洲		
中国①	43	55
阿富汗	1	2
印度	17	17
印度尼西亚	15	16
伊朗	114	86
伊拉克	159	86
以色列	116	130
日本	629	569
约旦	68	92
朝鲜民主主义人民共和国	328	323
南朝鲜	128	198
科威特	469	438
黎巴嫩	132	210
利比里亚	19	10
利比亚	391	114
马来西亚	95	117
菲律宾	25	12
沙特阿拉伯	323	332
新加坡	847	789
叙利亚	96	69
泰国	41	35
土耳其	76	105
欧洲		
阿尔巴尼亚	72	32
奥地利	358	257
比利时	313	353
保加利亚	315	323
捷克斯洛伐克	729	700
丹麦	344	357
芬兰	444	444
法国	373	276
民主德国	583	536
联邦德国	549	489
希腊	206	149
匈牙利	330	303
爱尔兰	126	139
意大利	463	366
荷兰	328	295
挪威	445	365
波兰	542	416
葡萄牙	132	118
罗马尼亚	545	503
西班牙	239	170
瑞典	498	439
瑞士	428	350
英国	246	255
南斯拉夫	255	217
非洲		
阿尔及利亚	123	89
安哥拉	11	8
刚果	62	36
埃及	49	53
加蓬	67	56
科特迪瓦	27	9
肯尼亚	14	11
摩洛哥	30	37
尼日利亚	24	7
塞内加尔	12	9
突尼斯	104	81
乌干达	24	19
赞比亚	5	2
津巴布韦	113	101
大洋洲		
澳大利亚	414	370
新西兰	259	326
北美洲		
加拿大	538	525
美国	508	479
拉丁美洲		
阿根廷	120	88
巴西	117	70
智利	76	64
哥伦比亚	34	37
哥斯达黎加	62	45
古巴	51	58
厄瓜多尔	38	15
墨西哥	152	113
巴拿马	48	48
秘鲁	54	25
特立尼达和多巴哥	181	267
委内瑞拉	199	173

注：① 为联合国估计数。
资料来源：联合国《统计年鉴》1983/84年。

五、人均农业生产水平

表28 人口、农业生产和谷物总产量年平均增长速度比较（1981—1985年平均数） 单位：%

国家或地区	人口	农业生产	谷物总产量
亚洲			
中国	1.2	5.7①	3.8②
阿富汗	2.6	0.9	0.6
孟加拉国	2.2	1.8	1.6
不丹	2.1	2.3	3.4
缅甸	2.8③	6.1	4.5
塞浦路斯	1.2	1.5	—4.7
民主也门	3.1	0.8	—2.4
印度	1.6④	4.1	3.3
印度尼西亚	2.2	3.6	5.5
伊朗	2.9	2.3	0.9
伊拉克	3.7	3.3	—5.7
以色列	1.8	3.1	—10.1
日本	0.7	—2.4	3.7
约旦	3.7	2.3	—5.7
朝鲜民主主义人民共和国	2.5	3.7	3.4
南朝鲜	1.6	4.7	7.1
老挝	2.3	6.6	6.3
黎巴嫩	0	—0.7	—15.4
马来西亚	2.6	3.8	1.1
蒙古	3.7	2.1	29.8
尼泊尔	2.6	2.6	2.2
巴基斯坦	3.1	3.8	0.9
菲律宾	2.4	0.8	1.6
沙特阿拉伯	4.3	2.9	55.5
斯里兰卡	1.4	0.4	4.8
叙利亚	3.4	2.4	—6.4
泰国	2.0	4.3	3.5
土耳其	2.1	1.9	1.9
越南	2.0	4.6	6.0
也门	2.8	1.8	—6.1
欧洲			
阿尔巴尼亚	2.1	1.5	3.0
奥地利	0.03	0.9	2.8
比利时—卢森堡	0.12	0.1	2.2
保加利亚	0.22	1.6	—1.3
捷克斯洛伐克	0.25	2.8	5.1
丹麦	—0.04	3.8	2.8
芬兰	0.54	2.1	2.2
法国	0.47	1.4	3.0
民主德国	—0.14	0.7	4.1
联邦德国	—0.18	1.2	2.6
希腊	0.60	0.1	—3.8
匈牙利	—0.13	0.1	1.0
爱尔兰	0.87	—1.0	—1.6
意大利	0.25	0.3	0.1
荷兰	0.48	2.8	—2.4
挪威	0.29	2.6	2.4
波兰	0.89	2.7	5.7
葡萄牙	0.92	—1.3	0
罗马尼亚	0.71	1.7	2.6
西班牙	0.56	0.1	2.1
瑞典	0.10	1.1	1.7
瑞士	0.16	1.3	6.1
苏联	0.97	2.2	—0.3
英国	0.11	1.1	2.9
南斯拉夫	0.72	0.1	0.2
非洲			
阿尔及利亚	3.1	3.6	4.4
安哥拉	2.5	—0.7	—5.7
贝宁	2.8	7.7	10.5
博茨瓦纳	3.6④	2.8	—15.3
布基纳法索	1.5	4.2	8.8
布隆迪	2.8	4.0	4.8
喀麦隆	3.7	2.2	4.6
中非	2.5	1.9	4.3
乍得	2.3	1.7	3.1
刚果	2.6	1.3	—5.3
科特迪瓦	3.7	3.6	7.3
埃及	2.9	2.7	2.1
埃塞俄比亚	2.4	0.5	—1.6
加蓬	1.6	0.6	—0.5
冈比亚	1.6⑤	8.1	9.9
加纳	3.3	2.6	—0.6
几内亚	2.3	3.1	9.0
肯尼亚	4.0	5.0	7.1
莱索托	2.7	2.6	—0.4
利比里亚	3.4	1.5	0.7
利比亚	5.0③	3.7	0.7
马达加斯加	2.8	2.1	0.8
马拉维	3.1	3.0	4.1
马里	2.9	2.8	7.1
毛里塔尼亚	3.0	0.6	0
毛里求斯	1.3	5.1	40.4
摩洛哥	2.5④	2.3	1.9
莫桑比克	2.9	—0.7	—2.5
尼日尔	2.9	0.8	1.1
尼日利亚	3.4	2.5	3.9
卢旺达	3.3	1.9	2.7
塞内加尔	2.5	7.7	13.6

表28 （续完）

国家或地区	人口	农业生产	谷物总产量
塞拉利昂	1.8	1.3	—0.3
索马里	3.0	0.4	9.5
南非	2.5	—0.9	—4.5
苏丹	2.9	5.3	11.5
斯威士兰	3.4	2.8	2.2
多哥	3.0	1.3	6.0
突尼斯	2.6	3.3	12.2
乌干达	3.4	6.4	4.3
坦桑尼亚	3.2	1.7	2.6
扎伊尔	3.5④	3.0	4.5
赞比亚	2.7	1.9	—1.4
津巴布韦	3.4	2.1	0.7
大洋洲			
澳大利亚	1.4	3.4	10.2
新西兰	0.9	2.7	13.7
北美洲			
加拿大	1.1	2.4	3.6
美国	1.0	2.2	4.8
拉丁美洲			
阿根廷	1.6	1.6	8.7
玻利维亚	2.8	0.7	8.3
巴西	2.2	4.2	1.5
智利	1.7	3.0	6.1
哥伦比亚	2.0	0.9	0.5
哥斯达黎加	2.9⑥	0.8	1.5
古巴	0.8	3.1	1.7
多米尼加共和国	2.8	2.6	4.0
厄瓜多尔	2.9	2.4	—1.8
萨尔瓦多	1.3	—2.0	0.1
危地马拉	2.9	0.1	3.6
圭亚那	2.0③	—0.1	1.2
海地	1.3⑦	0.4	—6.7
洪都拉斯	3.4	2.2	6.9
牙买加	1.9	3.7	8.6
墨西哥	2.5	1.5	6.3
尼加拉瓜	3.7	2.6	7.7
巴拿马	2.2	2.1	3.8
巴拉圭	3.1⑧	3.6	0.1
秘鲁	2.6	3.2	12.9
波多黎各岛（美）	0.4③	—1.1	0.7
特立尼达和多巴哥	1.8	—2.0	—12.3
乌拉圭	0.7	2.5	8.2
委内瑞拉	2.9	0.2	4.7

注：① 为联合国粮农组织估算数。中国和联合国粮农组织农业生产指数计算口径不同，按中国口径计算的1981—1985速年农业总产值年平均增长速度为11.7%。② 按粮食扣除大豆和薯类后计算。③ 为1981—1984年年平均增长度。④ 为1983—1985年年平均增长速度。⑤ 为1984—1985年年平均增长速度。⑥ 为1985年增长率。⑦ 为1983—1984年年平均增长速度。⑧ 为1931—1983年年平均增长速度。

资料来源：联合国《人口年鉴》1984年；联合国《统计月报》1987年1月；联合国粮食及农业组织《生产年鉴》1985年；中国国家统计局《中国统计年鉴》1986年。

表29 **人均耕地面积①** 单位：公顷/人

国家或地区	1980年	1982年	1984年
亚　洲			
中　国②	0.10	0.10	0.10
阿富汗	0.52	0.47	0.45
孟加拉国	0.10	0.10	0.09
不　丹	0.07	0.07	0.07
文　莱	0.02	0.02	0.01
缅　甸	0.28	0.27	0.26
塞浦路斯	0.58	0.57	0.55
民主也门	0.07	0.07	0.07
印　度	0.25	0.23	0.22
印度尼西亚	0.10	0.09	0.10
伊　朗	0.34	0.35	0.32
伊拉克	0.40	0.37	0.34
以色列	0.08	0.09	0.08
日　本	0.04	0.04	0.04
约　旦	0.12	0.12	0.11
柬埔寨	0.45	0.44	0.41
朝鲜民主主义人民共和国	0.12	0.12	0.11
南朝鲜	0.05	0.05	0.05
老　挝	0.23	0.23	0.22
黎巴嫩	0.08	0.08	0.08
马来西亚	0.07	0.07	0.07
蒙　古	0.71	0.71	0.73
尼泊尔	0.16	0.15	0.14
阿　曼	0.01	0.01	0.01
巴基斯坦	0.24	0.23	0.21
菲律宾	0.16	0.15	0.15
沙特阿拉伯	0.11	0.10	0.10
斯里兰卡	0.07	0.07	0.07
叙利亚	0.60	0.57	0.51
泰　国	0.36	0.35	0.35
土耳其	0.57	0.52	0.51
越　南	0.11	0.11	0.11
也　门	0.21	0.20	0.19
欧　洲			
阿尔巴尼亚	0.22	0.21	0.20
奥地利	0.20	0.20	0.19
比利时—卢森堡	0.08	0.08	0.08
保加利亚	0.43	0.43	0.42
捷克斯洛伐克	0.33	0.33	0.33
丹　麦	0.52	0.51	0.51
芬　兰	0.50	0.49	0.48
法　国	0.32	0.32	0.32
民主德国	0.28	0.28	0.28
联邦德国	0.12	0.12	0.12
希　腊	0.30	0.30	0.30
匈牙利	0.47	0.47	0.47
冰　岛	0.03	0.03	0.03
爱尔兰	0.29	0.28	0.27
意大利	0.17	0.17	0.16
马耳他	0.03	0.03	0.03
荷　兰	0.06	0.06	0.06
挪　威	0.20	0.20	0.21
波　兰	0.41	0.40	0.39
葡萄牙	0.30	0.30	0.29
罗马尼亚	0.44	0.44	0.44
西班牙	0.41	0.41	0.41
瑞　典	0.36	0.36	0.36
瑞　士	0.06	0.06	0.06
苏　联	0.86	0.84	0.83
英　国	0.12	0.12	0.12
南斯拉夫	0.32	0.31	0.31
非　洲			
阿尔及利亚	0.37	0.35	0.32
安哥拉	0.38	0.36	0.35
贝　宁	0.39	0.37	0.36
博茨瓦纳	1.66	1.39	1.30
布基纳法索	0.41	0.42	0.40
布隆迪	0.27	0.26	0.24
喀麦隆	0.70	0.64	0.60
中　非	0.81	0.78	0.75
乍　得	0.70	0.67	0.64
科摩罗	0.20	0.18	0.17
刚　果	0.43	0.41	0.39
埃　及	0.05	0.05	0.05
埃塞俄比亚	0.34	0.33	0.31
加　蓬	0.27	0.26	0.26
冈比亚	0.26	0.25	0.26
加　纳	0.09	0.09	0.09
几内亚	0.28	0.27	0.25
几内亚比绍	0.31	0.30	0.30
肯尼亚	0.11	0.10	0.09
莱索托	0.22	0.21	0.20
利比里亚	0.07	0.06	0.06
利比亚	0.57	0.53	0.49
马达加斯加	0.29	0.27	0.26
马拉维	0.38	0.36	0.34
马　里	0.29	0.27	0.26
毛里塔尼亚	0.12	0.11	0.10
毛里求斯	0.11	0.11	0.10
摩洛哥	0.38	0.38	0.37
莫桑比克	0.24	0.22	0.21
尼日尔	0.67	0.65	0.63
尼日利亚	0.35	0.32	0.31
卢旺达	0.14	0.13	0.12
塞内加尔	0.92	0.87	0.82
索马里	0.26	0.24	0.23
南　非	0.45	0.43	0.41
苏　丹	0.66	0.63	0.59
坦桑尼亚	0.22	0.21	0.20
多　哥	0.53	0.49	0.47
突尼斯	0.50	0.47	0.45
乌干达	0.31	0.30	0.32
扎伊尔	0.22	0.21	0.20
赞比亚	0.87	0.85	0.80
津巴布韦	0.35	0.36	0.33
大洋洲			
澳大利亚	30.0	3.05	30.8
新西兰	0.15	0.15	0.15
北美洲			
加拿大	1.88	1.87	1.85
美　国	0.83	0.81	0.79

表29

（续完）

国家或地区	1980年	1982年	1984年	国家或地区	1980年	1982年	1984年
拉丁美洲				危地马拉	0.18	0.18	0.17
				圭亚那	0.55	0.53	0.51
				海地	0.11	0.11	0.11
阿根廷	0.89	0.89	0.86	洪都拉斯	0.42	0.40	0.37
巴巴多斯	0.13	0.13	0.13	牙买加	0.10	0.09	0.09
玻利维亚	0.58	0.55	0.52	墨西哥	0.33	0.32	0.30
巴西	0.49	0.50	0.48	尼加拉瓜	0.39	0.37	0.35
智利	0.48	0.46	0.45	巴拿马	0.22	0.21	0.21
哥伦比亚	0.16	0.15	0.14	巴拉圭	0.51	0.49	0.50
哥斯达黎加	0.13	0.12	0.12	秘鲁	0.18	0.18	0.17
古巴	0.26	0.26	0.26	波多黎各岛（美）	0.02	0.02	0.02
多米尼亚共和国	0.20	0.19	0.18	乌拉圭	0.48	0.48	0.47
厄瓜多尔	0.19	0.18	0.17	委内瑞拉	0.21	0.19	0.18
萨尔瓦多	0.12	0.12	0.12				

注：① 按可耕地面积计算。② 为粮农组织估计数。

资料来源：联合国粮食及农业组织《生产年鉴》1985年；联合国《人口年鉴》1980年；《统计月报》1987年1月。

表30　　**人均农业生产指数（1979—81年＝100）**　　单位：%

国家或地区	1975年	1980年	1981年	1982年	1983年	1984年	1985年
亚洲①							
中国	91	99	102	111	118	126	123
阿富汗	105	99	101	100	101	101	101
孟加拉国	104	101	98	99	99	97	98
不丹	98	100	100	101	101	102	102
缅甸	91	99	105	112	112	116	119
塞浦路斯	90	105	98	105	88	98	92
印度	100	98	104	100	110	110	108
印度尼西亚	88	100	106	103	109	107	110
伊朗	99	96	106	107	101	98	93
伊拉克	102	101	98	106	100	94	99
以色列	106	98	97	103	110	104	104
日本	120	96	97	97	96	105	104
约旦	75	112	107	102	111	104	107
柬埔寨	117	115	97	101	112	121	122
朝鲜民主主义人民共和国	90	100	100	100	103	105	106
南朝鲜	97	89	97	99	98	102	100
老挝	80	102	108	106	109	119	127
黎巴嫩	74	112	94	119	107	109	109
马来西亚	94	99	102	105	100	103	104
蒙古	123	97	98	101	102	94	94
尼泊尔	112	102	102	93	107	104	103
巴基斯坦	95	99	101	103	100	102	102
菲律宾	93	99	102	102	93	89	92
沙特阿拉伯	144	100	83	104	131	109	198
新加坡	123	92	107	78	72	94	96
斯里兰卡	86	104	95	91	95	82	93
叙利亚	82	107	107	108	105	90	98
泰国	94	98	104	105	109	110	111
土耳其	99	100	100	102	100	98	99
越南	83	102	102	106	108	112	115
也门	111	100	102	101	90	93	96
欧洲							
阿尔巴尼亚	88	100	97	97	101	99	96
奥地利	95	104	99	112	106	110	108
比利时—卢森堡	92	99	103	99	93	103	99
保加利亚	92	96	102	109	98	104	100
捷克斯洛伐克	96	102	102	108	113	118	116
丹麦	90	100	100	110	103	126	119
芬兰	100	103	93	104	116	111	111
法国	90	101	98	104	100	107	106
民主德国	92	98	102	95	98	106	104
联邦德国	92	101	100	109	105	114	109
希腊	100	104	104	106	101	101	102
匈牙利	95	102	101	112	109	116	105
冰岛	102	102	101	96	93	94	95
爱尔兰	107	110	91	96	98	107	100
意大利	94	102	101	99	109	101	103
马耳他	79	105	100	112	111	99	96
荷兰	93	96	107	108	105	112	103
挪威	90	99	103	108	105	113	112
波兰	107	95	95	97	101	103	104
葡萄牙	119	99	87	104	91	97	100
罗马尼亚	83	100	97	104	102	114	106
西班牙	96	106	94	103	94	111	105
瑞典	92	100	103	106	106	116	105
瑞士	88	100	98	108	104	107	106
苏联	101	100	98	103	108	106	106
英国	87	102	101	102	105	114	108
南斯拉夫	96	99	100	108	102	104	96
非洲							
阿尔及利亚	126	107	97	90	92	91	105
安哥拉	147	103	96	94	93	92	88
贝宁	93	98	94	95	96	111	122
博茨瓦纳	129	88	101	97	88	79	81
布基纳法索	107	97	99	97	97	95	111
布隆迪	97	94	108	98	100	94	99
喀麦隆	114	99	100	99	92	97	97
中非	105	101	99	100	95	98	99

表30 （续完）

国家或地区	1975年	1980年	1981年	1982年	1983年	1984年	1985年
乍　得	105	102	93	95	100	86	102
刚　果	101	100	102	102	95	93	94
埃　及	105	100	98	102	101	99	101
埃塞俄比亚	97	99	96	102	94	87	90
加　蓬	95	102	99	101	102	100	98
冈比亚	151	91	118	138	94	102	124
加　纳	132	99	97	94	86	116	99
几内亚	109	96	103	102	98	98	99
肯尼亚	109	99	98	104	97	93	96
莱索托	104	98	96	84	86	83	90
利比里亚	104	101	99	94	97	102	92
利比亚	123	99	93	132	126	120	101
马达加斯加	113	102	101	98	100	99	99
马拉维	95	98	99	102	98	97	97
马　里	94	99	104	105	98	93	100
毛里塔尼亚	91	99	102	94	84	84	85
毛里求斯	89	88	99	114	97	96	103
摩洛哥	96	106	87	107	99	99	107
莫桑比克	118	100	99	95	88	85	84
尼日尔	70	102	98	95	94	74	92
尼日利亚	101	101	100	101	90	95	100
卢旺达	94	97	103	104	108	87	90
塞内加尔	156	85	116	113	83	93	108
塞拉利昂	106	100	99	107	106	93	98
索马里	116	101	99	100	93	90	89
南　非	96	97	108	91	72	78	82
苏　丹	110	98	107	97	97	89	105
斯威士兰	94	105	105	105	105	103	104
坦桑尼亚	95	100	100	92	92	93	91
多　哥	101	101	99	94	90	92	92
突尼斯	118	106	100	88	99	97	115
乌干达	130	98	105	111	113	110	112
扎伊尔	111	101	100	102	102	101	101
赞比亚	126	103	97	91	94	90	95
津巴布韦	114	98	108	93	77	91	112
大洋洲							
澳大利亚	101	93	99	88	109	103	101
新西兰	92	100	104	104	104	102	111
巴布亚新几内亚	102	100	101	99	99	97	99
北美洲							
加拿大	94	99	107	113	106	103	105
美　国	95	95	104	102	86	98	102
拉丁美洲							
阿根廷	94	96	100	104	99	101	96
巴巴多斯	80	108	95	85	80	85	88
玻利维亚	110	99	103	103	76	89	90
巴　西	95	100	105	104	102	102	110
智　利	97	98	105	102	97	100	102
哥伦比亚	91	99	101	96	96	94	92
哥斯达黎加	103	99	98	92	94	101	90
古　巴	83	94	104	107	103	110	110
多米尼加共和国	101	99	97	103	105	104	99
厄瓜多尔	104	101	102	100	84	91	99
萨尔瓦多	109	103	88	80	83	85	80
危地马拉	96	100	101	100	88	84	87
圭亚那	102	95	103	98	89	88	86
海　地	107	98	97	97	96	96	89
洪都拉斯	87	99	103	95	90	91	94
牙买加	99	99	95	91	98	111	110
墨西哥	95	100	103	94	98	93	96
尼加拉瓜	119	83	93	91	83	80	76
巴拿马	99	97	102	96	97	95	96
巴拉圭	87	98	103	99	94	96	105
秘　鲁	114	94	99	100	95	100	98
波多黎各岛（美）	101	98	97	92	90	83	96
乌拉圭	99	96	113	110	112	102	100
委瑞内拉	112	100	97	93	91	86	87

注：① 为联合国粮农组织估计数。

资料来源：联合国粮食及农业组织《统计月报》1986年7/8月。

表31

人均谷物总产量

单位：公斤/人

国家或地区	1983年	1984年	1985年
亚洲			
中国①	340	357	328
阿富汗	267	255	249
孟加拉国	242	240	237
不丹	126	126	126
缅甸	402	405	434
塞浦路斯	146	182	145
民主也门	53	52	50
印度	230	224	221
印度尼西亚	258	272	269
伊朗	222	201	200
伊拉克	123	71	94
以色列	104	41	39
日本	118	133	131
约旦	46	18	37
朝鲜民主主义人民共和国	500	514	515
南朝鲜	217	220	208
老挝	265	339	351
黎巴嫩	10	9	8
马来西亚	124	117	123
蒙古	452	324	472
尼泊尔	274	268	256
巴基斯坦	211	188	185
菲律宾	211	219	218
沙特阿拉伯	93	136	157
斯里兰卡	164	158	170
叙利亚	281	146	275
泰国	474	486	480
土耳其	518	545	538
越南	265	275	270
也门	56	57	85
欧洲			
阿尔巴尼亚	376	380	356
奥地利	673	709	735
比利时—卢森堡	191	245	214
保加利亚	887	1032	795
捷克斯洛伐克	718	775	760
丹麦	1249	1817	1561
芬兰	798	747	745
法国	848	1059	1003
民主德国	603	681	694
联邦德国	375	433	425
希腊	472	587	446
匈牙利	1288	1474	1389
爱尔兰	555	697	533
意大利	318	351	316
荷兰	91	98	78
挪威	260	338	307
波兰	604	661	640
葡萄牙	115	158	141
罗马尼亚	869	1042	1001
西班牙	360	545	542
瑞典	649	827	691
瑞士	140	174	165
苏联	686	591	648
英国	381	471	391
南斯拉夫	758	786	685
非洲			
阿尔及利亚	63	89	141
安哥拉	43	40	38
贝宁	95	126	144
布基纳法索	173	167	238
布隆迪	97	95	96
喀麦隆	100	99	104
中非	45	46	48
乍得	96	64	137
埃及	189	168	185
埃塞俄比亚	134	112	123
加蓬	10	10	10
加纳	24	66	47
几内亚	88	87	97
肯尼亚	138	90	155
莱索托	85	89	127
利比里亚	123	118	115
利比亚	120	76	65
马达加斯加	243	234	232
马拉维	240	236	232
马里	148	127	166
摩洛哥	171	175	222
莫桑比克	43	42	42
尼日尔	303	184	304
尼日利亚	85	98	122
卢旺达	60	50	51
塞内加尔	83	111	194
索马里	81	79	98
南非	205	230	313
苏丹	114	69	230
坦桑尼亚	139	156	167
多哥	104	153	139
突尼斯	140	151	295
乌干达	97	49	87
扎伊尔	36	36	37
赞比亚	152	133	140
津巴布韦	149	199	410
大洋洲			
澳大利亚	2022	1814	1652
新西兰	273	407	438
北美洲			
加拿大	1907	1720	1916
美国	886	1331	1450
拉丁美洲			
阿根廷	1043	1054	942
玻利维亚	81	137	144
巴西	225	247	265
智利	123	178	196
哥伦比亚	122	112	115
哥斯达黎加	175	150	151
古巴	62	65	62
多米尼加共和国	98	103	89
厄瓜多尔	63	85	66
萨尔瓦多	129	153	151
危地马拉	163	156	163
圭亚那	268	333	381
海地	78	81	55
洪都拉斯	135	157	150
墨西哥	299	315	364
尼加拉瓜	158	147	179
巴拿马	131	115	123
巴拉圭	176	206	186
秘鲁	83	113	97
乌拉圭	365	367	436
委内瑞拉	79	85	113

注：① 不包括大豆和薯类。

资料来源：联合国粮食及农业组织《生产年鉴》1985年；联合国《统计月报》1987年1月；中国国家统计局《中国统计年鉴》1986年。

表32　　人均主要农畜产品产量（1985年）　　单位：公斤/人

国家或地区	小麦	玉米	稻谷	牛奶	鸡蛋
亚洲					
中国	82	61	161	…	…
阿富汗	157	44	26	34	0.8
孟加拉国	15	—	222	8	0.5
缅甸	6	11	415	15	1.2
印度	60	9	123	25	1.1
印度尼西亚	—	32	237	1	1.5
伊朗	136	1	25	38	5.0
伊拉克	41	2	7	19	2.8
以色列	26	6	—	200	28.4
日本	7	—	121	61	17.7
约旦	28	—	—	6	7.4
朝鲜人民主主义人民共和国	33	132	275	4	6.1
南朝鲜	0.3	3	191	23	7.6
黎巴嫩	6	—	—	34	19.1
蒙古	366	—	—	118	0.5
尼泊尔	32	46	168	13	1.1
巴基斯坦	121	11	47	25	2.1
菲律宾	—	65	153	0.2	4.1
斯里兰卡	—	2.4	166	13	2.0
叙利亚	167	6	—	56	9.1
泰国	—	91	381	0.7	2.4
土耳其	346	39	5	69	5.6
越南	—	8	261	0.6	1.3
欧洲					
阿尔巴尼亚	179	135	4	117	4.7
奥地利	209	228	—	492	11.5
比利时—卢森堡	117	9	—	397	17.6
保加利亚	391	290	8	239	17.3
捷克斯洛伐克	389	72	—	444	17.7
丹麦	391	—	—	992	15.7
芬兰	96	—	—	646	17.7
法国	526	215	1	598	16.7
民主德国	229	0.1	—	535	20.7
联邦德国	162	20	—	421	12.9
希腊	180	181	11	68	12.6
匈牙利	618	639	3	256	21.7
意大利	149	111	19	193	11.5
荷兰	59	—	—	867	46.6
挪威	40	—	—	489	12.3
波兰	174	2	—	438	1.3
葡萄牙	38	56	14	72	5.9
罗马尼亚	295	599	4	178	16.5
西班牙	138	66	12	168	16.8
瑞典	165	—	—	429	13.9
瑞士	86	25	—	581	6.6
苏联	298	54	9	351	15.5
英国	207	—	—	287	13.6
南斯拉夫	210	428	2	199	10.3
非洲					
阿尔及利亚	76	—	0.1	28	1.4
安哥拉	1	—	3	17	0.5
埃及	39	82	48	20	2.6
埃塞俄比亚	16	32	—	14	1.8
肯尼亚	12	130	2	54	1.5
利比亚	41	0.3	—	19	6.4
摩洛哥	109	13	—	38	3.7
尼日利亚	0.4	32	15	4	2.5
南非	49	233	0.1	80	5.6
苏丹	4	2	0.3	79	1.8
坦桑尼亚	4	96	20	20	2.5
津巴布韦	25	352	0.1	23	1.4

表32 （续完）

国家或地区	小麦	玉米	稻谷	牛奶	鸡蛋
大洋洲					
澳大利亚	1051	20	55	396	11.8
新西兰	118	68	—	2431	16.6
北美洲					
加拿大	942	291	—	323	13.1
美国	276	941	26	271	16.9
拉丁美洲					
阿根廷	278	412	13	183	8.8
玻利维亚	11	86	29	12	4.0
巴西	31	162	67	79	5.8
智利	97	64	13	86	5.7
哥伦比亚	3	31	62	98	5.5
厄瓜多尔	2	27	32	105	5.3
墨西哥	67	191	0.1	88	9.6
巴拉圭	29	136	19	46	7.9
秘鲁	5	36	49	41	4.0
乌拉圭	146	36	141	282	6.3
委内瑞拉	0.1	52	27	88	9.2

资料来源：联合国粮食及农业组织《生产年鉴》1985年；联合国《人口年鉴》1984年；《统计月报》1987年1月；中国国家统计局《中国统计年鉴》1986年。

表33　　**人均肉类产量①**　　单位：公斤/人

国家或地区	1984年	1985年
亚洲		
中国②	15.0	16.9
阿富汗	14	14
孟加拉国	3	3
缅甸	8	8
塞浦路斯	77	76
民主也门	8	8
印度	1.4	1.4
印度尼西亚	3.3	3.4
伊朗	16	16
伊拉克	15	16
以色列	50	48
日本	28	29
约旦	17	16
朝鲜民主主义人民共和国	11	11
南朝鲜	18	16
科威特	44	44
老挝	25	26
黎巴嫩	30	30
马来西亚	17	16
蒙古	127	117
尼泊尔	5	5
卡塔尔	55	52
巴基斯坦	10	11
菲律宾	14	15
沙特阿拉伯	31	34
新加坡	47	48
斯里兰卡	2	2
叙利亚	22	20
泰国	14	14
土耳其	19	18
越南	14	15
也门	11	11
欧洲		
阿尔巴尼亚	26	26
奥地利	103	107
比利时—卢森堡	120	120
保加利亚	79	80
捷克斯洛伐克	95	96
丹麦	274	283
芬兰	65	65
法国	101	100
民主德国	110	109
联邦德国	86	86
希腊	53	53
匈牙利	159	144
爱尔兰	177	179
意大利	66	66
荷兰	154	160
挪威	50	50
波兰	61	68
葡萄牙	45	43
罗马尼亚	82	77
西班牙	69	67
瑞典	67	68
瑞士	74	78
苏联	62	62
英国	57	57
南斯拉夫	72	69
非洲		
阿尔及利亚	10	10
安哥拉	10	10
乍得	9	10
埃及	12	12
埃塞俄比亚	13	13
加纳	11	10
肯尼亚	16	15
利比亚	42	43
马达加斯加	26	26
马里	15	15
摩洛哥	15	15
尼日尔	18	18
尼日利亚	9	9
索马里	41	40
南非	39	38
苏丹	24	26
坦桑尼亚	10	10
突尼斯	15	15
乌干达	11	11
扎伊尔	6	6
赞比亚	13	13
津巴布韦	15	15
大洋洲		
澳大利亚	153	150
新西兰	369	403
北美洲		
加拿大	98	98
美国	108	109
拉丁美洲		
阿根廷	115	119
玻利维亚	28	27
巴西	34	34
智利	30	29
哥伦比亚	32	32
哥斯达黎加	37	30
古巴	34	34
厄瓜多尔	23	26
萨尔瓦多	14	13
危地马拉	18	17
圭亚那	19	24
海地	13	12
洪都拉斯	14	14
牙买加	26	26
墨西哥	22	23
尼加拉瓜	27	26
巴拿马	38	35
巴拉圭	59	57
秘鲁	22	22
波多黎各岛（美）	20	21
乌拉圭	157	143
委内瑞拉	44	43

注：①　包括进口活牲畜屠宰量和禽肉。②　不包括进口活牲畜屠宰量和禽肉。

资料来源：联合国粮食及农业组织《生产年鉴》1985年；中国国家统计局《中国统计年鉴》1986年。

表34　　**平均每个农业劳动力负担的人口数①**　　单位：人

国家或地区	1980年	1685年
亚　洲		
中国②	3.3	2.8
阿富汗	5.5	5.7
孟加拉国	4.7	4.9
不丹	2.4	2.5
缅甸	4.2	4.5
塞浦路斯	8.3	10.3
柬埔寨	2.6	2.8
民主也门	9.4	10.5
印度	3.7	3.8
印度尼西亚	4.7	5.0
伊朗	9.6	10.4
伊拉克	12.3	15.9
以色列	43.1	53.6
日本	18.3	24.5
约旦	44.3	74.8
朝鲜民主主义人民共和国	5.4	5.9
南朝鲜	7.1	8.0
老挝	2.6	2.8
黎巴嫩	25.2	28.7
马来西亚	6.2	7.0
蒙古	5.4	5.9
尼泊尔	2.6	2.6
巴基斯坦	6.2	6.4
菲律宾	5.3	5.5
沙特阿拉伯	7.0	8.4
新加坡	134.2	196.8
斯里兰卡	5.1	5.2
叙利亚	12.4	16.4
泰国	2.8	2.9
土耳其	4.0	4.6
越南	3.2	3.3
也门	5.9	6.3
欧　洲		
阿尔巴尼亚	4.0	4.3
奥地利	24.8	30.7
比利时—卢森堡	85.2	108.8
保加利亚	10.9	16.3
捷克斯洛伐克	14.4	16.2
丹麦	25.9	31.4
芬兰	16.7	21.2
法国	26.6	32.9
民主德国	17.3	18.1
联邦德国	37.7	40.9
希腊	8.5	10.1
匈牙利	11.3	13.4
冰岛	19.0	24.3
爱尔兰	14.5	17.1
意大利	21.6	26.5
马耳他	52.7	63.8
荷兰	46.8	49.8
挪威	24.9	29.0
波兰	6.7	8.1
葡萄牙	8.8	9.7
罗马尼亚	6.6	8.8
西班牙	16.9	20.5
瑞典	35.2	42.2
瑞士	9.0	9.4
苏联	9.7	11.1
英国	80.0	81.5

国家或地区	1980年	1985年
南斯拉夫	6.9	8.9
非　洲		
阿尔及利亚	14.8	18.5
安哥拉	3.1	3.3
贝宁	2.8	3.2
博茨瓦纳	4.1	4.8
布基纳法索	2.1	2.1
布隆迪	1.9	2.0
喀麦隆	3.4	4.1
中非	2.6	3.1
乍得	3.3	3.6
科摩罗	2.5	2.7
刚果	3.8	4.0
埃及	8.1	8.6
埃塞俄比亚	2.7	3.0
加蓬	2.8	3.0
冈比亚	2.4	2.5
加纳	4.8	5.0
几内亚	2.6	2.7
肯尼亚	2.9	3.1
莱索托	2.3	2.5
利比里亚	3.5	3.7
利比亚	21.7	28.4
马达加斯加	2.6	2.8
马拉维	2.6	2.9
马里	3.6	3.7
毛里塔尼亚	4.6	5.4
毛里求斯	10.3	10.7
摩洛哥	7.5	8.3
莫桑比克	2.1	2.2
纳米比亚	7.3	8.2
尼日尔	2.0	2.1
尼日利亚	3.7	3.9
卢旺达	2.1	2.2
塞内加尔	2.7	2.8
塞拉利昂	3.7	4.0
索马里	2.9	3.2
南非	18.4	26.9
苏丹	4.3	4.5
坦桑尼亚	2.3	2.5
多哥	3.1	3.6
突尼斯	9.6	10.1
乌干达	2.5	2.6
扎伊尔	3.5	3.8
赞比亚	4.0	4.2
津巴布韦	3.4	3.7
大洋洲		
澳大利亚	31.6	33.5
斐济	6.6	6.9
新西兰	21.1	20.8
巴布亚新几内亚	2.7	2.9
北美洲		
加拿大	38.5	46.1
美国	59.9	65.6

表34 （续完）

国家或地区	1980年	1985年	国家或地区	1980年	1985年
拉丁美洲					
阿根廷	21.0	23.9	圭亚那	11.1	11.6
巴哈马	26.3	28.8	海地	3.2	3.4
巴巴多斯	20.8	28.1	洪都拉斯	5.7	5.8
玻利维亚	6.9	7.3	牙买加	7.3	7.0
巴西	8.8	10.8	墨西哥	8.5	9.2
智利	18.0	20.5	尼加拉瓜	7.2	7.5
哥伦比亚	9.4	9.8	巴拿马	9.4	10.5
哥斯达黎加	9.5	11.2	巴拉圭	6.2	6.5
古巴	11.5	12.0	秘鲁	8.0	8.7
多米尼加共和国	7.7	8.1	波多黎各岛（美）	82.0	156.9
厄瓜多尔	8.6	10.0	苏里南	16.9	17.9
萨尔瓦多	7.0	8.2	乌拉圭	16.2	17.8
危地马拉	6.2	6.5	委内瑞拉	18.9	23.9

注：① “农业劳动力”是指从事农、林、猎、渔业劳动的人数。② “农业劳动力”按农村集体和个体劳动者计算。

资料来源：联合国粮食及农业组织《生产年鉴》1985年；中国国家统计局《中国统计年鉴》1986年。

表35　平均每万个农业劳动力主要农业机械拥有量①（1984年）

单位：台

国家或地区	拖拉机	谷物联合收割机
亚洲		
中国	31.8	1.3
阿富汗	0.01	—
孟加拉国	1.8	—
缅甸	13.4	0.05
塞浦路斯	1178.9	16.8
柬埔寨	7.0	1.8
民主也门	37.4	0.51
印度	32.5	0.17
印度尼西亚	5.0	—
伊朗	225.1	6.7
伊拉克	1596.9	19.8
以色列	3019.1	65.2
日本	3088.1	1949.5
约旦	277.2	16.3
朝鲜民主主义人民共和国	348.1	—
南朝鲜	21.1	17.2
老挝	5.2	—
黎巴嫩	600.0	18.0
马来西亚	34.5	—
蒙古	357.6	85.9
尼泊尔	0.8	—
巴基斯坦	109.0	0.46
菲律宾	24.0	0.69
沙特阿拉伯	10.1	3.3
斯里兰卡	89.2	0.01
叙利亚	318.9	23.6
泰国	71.7	—
土耳其	571.9	13.9
越南	22.4	—
也门	16.9	—
欧洲		
阿尔巴尼亚	141.3	18.2
奥地利	12713.2	1193.8
比利时一卢森堡	11274.5	882.4
保加利亚	426.0	65.6
捷克斯洛伐克	2101.8	289.4
丹麦	11704.2	3685.4
芬兰	9296.9	1796.9
法国	8936.1	872.7
民主德国	2061.8	209.5
联邦德国	16007.9	1675.7
希腊	1192.1	47.0
匈牙利	833.3	182.8
冰岛	14000.0	16.0
爱尔兰	5882.4	176.5
意大利	6220.8	207.4
马耳他	738.3	16.7
荷兰	7421.9	214.8
挪威	14440.4	1732.6
波兰	1437.3	92.9
葡萄牙	912.6	51.1
罗马尼亚	321.2	82.7
西班牙	3130.8	228.9
瑞典	1258.8	3235.1
瑞士	7231.7	335.7
苏联	1439.8	429.6
英国	11594.8	1223.4
南斯拉夫	1680.6	27.8
非洲		
阿尔及利亚	242.2	23.1
安哥拉	84.2	—
贝宁	1.5	—
博茨瓦纳	59.1	2.3
布隆迪	0.2	—
中非	1.6	0.1
乍得	1.1	0.1
刚果	38.0	2.3
埃及	66.6	3.4
埃塞俄比亚	3.6	0.1
加蓬	33.7	—
冈比亚	161.6	16.6
肯尼亚	12.6	1.0
莱索托	25.4	0.5
利比里亚	6.1	—
利比亚	2866.0	—
马达加斯加	7.4	0.4
马拉维	5.4	—
马里	2.4	0.1
毛里塔尼亚	7.0	—
毛里求斯	33.6	—
摩洛哥	101.1	10.7
莫桑比克	19.1	—
尼日尔	1.1	—
尼日利亚	6.0	—
卢旺达	0.31	—
塞内加尔	2.5	0.8
塞拉利昂	5.5	0.06
索马里	10.1	—
南非	596.2	101.4
苏丹	35.5	2.4
斯威士兰	150.0	—
坦桑尼亚	27.3	—
多哥	3.8	—
突尼斯	413.4	40.5
乌干达	7.3	0.02
扎伊尔	2.3	—
赞比亚	30.0	1.9
津巴布韦	132.9	3.8
大洋洲		
澳大利亚	10000.0	1725.9
新西兰	7614.7	334.9
巴布亚新几内亚	10.8	3.1
北美洲		
加拿大	14757.8	3607.6
美国	23882.1	3461.5
拉丁美洲		
阿根廷	1506.7	337.3
巴哈马	107.1	—
巴巴多斯	341.2	—
玻利维亚	8.0	2.7
巴西	519.7	27.2
智利	519.6	125.6
哥伦比亚	140.7	11.2
哥斯达黎加	218.9	38.1
古巴	1020.1	58.7
多米尼加共和国	38.2	—
厄瓜多尔	61.9	5.3
萨尔瓦多	41.6	4.3
危地马拉	31.5	21.6
圭亚那	571.0	67.3
海地	2.8	—
洪都拉斯	43.8	—
牙买加	198.0	—
墨西哥	213.2	23.4
尼加拉瓜	64.5	—
巴拿马	183.3	25.0
巴拉圭	163.6	—
秘鲁	90.0	—
波多黎各乌（美）	1075.2	—
苏里南	1093.3	86.7
乌拉圭	2701.6	37.1
委内瑞拉	492.5	49.8

注：① 按实物台计算。

资料来源：联合国粮食及农业组织《生产年鉴》1984年、1985年；中国国家统计局《中国统计年鉴》1986年。

六、人均生活水平

表36　　人均食品供应量（1981—1983年平均每人每天供应量）

国家或地区	卡路里（卡）	蛋白质（克）	脂肪（克）
亚洲			
中国①	2 602	61.2	36.6
孟加拉国	1 878	40.3	15.1
缅甸	2 464	65.1	34.5
民主巴门	2 277	66.6	43.0
印度	2 088	50.8	33.8
印度尼西亚	2 401	51.1	35.5
以色列	3 062	103.1	111.3
日本	2 858	92.3	83.3
朝鲜民主主义人民共和国	3 116	85.8	33.5
南朝鲜	2 804	76.5	40.1
科威特	3 288	98.6	107.5
马来西亚	2 557	57.6	55.8
蒙古	2 744	91.9	82.4
尼泊尔	2 008	48.7	27.6
巴基斯坦	2 236	58.6	45.7
菲律宾	2 411	55.0	32.9
沙特阿拉伯	3 048	84.6	92.3
新加坡	2 683	72.7	67.8
斯里兰卡	2 217	42.7	50.0
叙利亚	3 103	85.4	85.6
泰国	2 319	46.2	27.1
土耳其	3 150	84.3	76.7
也门	2 214	67.3	39.7
欧洲			
阿尔巴尼亚	3 486	91.9	168.5
奥地利	3 679	104.6	178.6
保加利亚	3 663	106.8	115.0
捷克斯洛伐克	3 534	99.8	130.8
丹麦	3 564	100.0	174.2
芬兰	3 077	91.9	132.5
法国	3 528	107.9	161.6
民主德国	3 697	104.6	145.1
联邦德国	3 431	91.2	153.4
希腊	3 672	109.0	147.1
匈牙利	3 536	95.0	136.7
冰岛	3 142	123.4	129.6
爱尔兰	3 638	104.6	154.0
意大利	3 542	105.6	139.3
马耳他	2 682	80.5	89.8
荷兰	3 541	95.2	184.8
挪威	3 295	105.8	141.9
波兰	3 301	103.4	105.5
葡萄牙	3 063	84.3	100.9
罗马尼亚	3 341	102.0	96.4
西班牙	3 335	96.8	136.7
瑞典	3 186	94.7	148.2
瑞士	3 492	95.0	162.8
苏联	3 426	100.9	98.1
英国	3 162	86.8	142.6
南斯拉夫	3 621	102.5	107.8
非洲			
阿尔及利亚	2 663	69.7	60.2
贝宁	2 073	47.1	51.4
博茨瓦纳	2 152	67.6	47.4
布基纳法索	2 137	67.2	41.0
布隆迪	2 394	79.2	28.8
中非	2 106	42.7	45.5
刚果	2 470	46.8	50.4
埃及	3 186	81.5	65.2
冈比亚	2 257	57.1	54.8
加纳	1 621	37.4	28.1
几内亚	1 827	39.5	41.7
肯尼亚	2 026	55.5	39.4
莱索托	2 322	68.1	32.1
利比里亚	2 366	43.3	53.0
利比亚	3 678	99.3	125.4
马达加斯加	2 544	58.3	30.8
马拉维	2 423	68.6	39.9
马里	1 889	53.0	35.7
毛里塔尼亚	2 162	69.7	60.4
毛里求斯	2 717	61.9	64.6
摩洛哥	2 706	71.7	52.0
莫桑比克	1 735	30.1	30.6
尼日尔	2 380	71.5	41.6
尼日利亚	2 203	49.3	48.8
卢旺达	2 207	53.6	14.1
塞内加尔	2 390	62.8	73.8
索马里	2 129	67.2	74.1
南非	2 929	77.0	66.8
苏丹	2 246	69.4	70.9
斯威士兰	2 534	61.8	56.7
坦桑尼亚	2 353	52.3	30.8
多哥	2 213	50.4	37.0
突尼斯	2 837	77.3	74.3
乌干达	2 320	51.3	24.5
扎伊尔	2 157	34.4	35.9
赞比亚	2 008	53.5	34.8
津巴布韦	1 890	46.7	44.0
大洋洲			
澳大利亚	3 382	97.0	137.4
新西兰	3 517	110.7	150.0
北美洲			
加拿大	3 421	97.8	156.4
美国	3 647	105.8	167.3
拉丁美洲			
阿根廷	3 195	103.4	112.2
玻利维亚	2 061	54.2	44.3
巴西	2 564	60.6	51.1
智利	2 662	73.1	58.0
哥伦比亚	2 543	56.4	49.7
哥斯达黎加	2 548	60.4	58.6
古巴	2 874	75.7	62.4
多米尼加共和国	2 330	50.4	58.1
厄瓜多尔	2 052	46.9	53.1
危地马拉	2 189	58.1	41.3
圭亚那	2 334	54.8	40.6
海地	1 901	45.4	30.5
洪都拉斯	2 143	52.8	45.3
牙买加	2 536	61.1	63.2
墨西哥	2 966	76.2	74.5
巴拿马	2 536	60.6	59.0
巴拉圭	2 817	78.6	73.8
秘鲁	2 150	58.2	40.6
乌拉圭	2 706	83.5	101.9
委内瑞拉	2 664	73.0	72.8

注：① 为联合国粮农组织估计数。

资料来源：联合国粮食及农业组织《生产年鉴》1985年。

表37 人均主要食品消费量 单位：公斤/人

国　　家	1975年	1980年	1981年	1982年	1983年	1984年	1985年
肉类和肉制品（屠宰重量）							
中　国①	8.7	12.8	12.8	13.8	14.6	15.6	16.9
保加利亚	60.6	64.9	70.9	72.5	73.8	74.5	75.5
匈牙利②	68.5	71.7	73.0	74.5	75.6	75.2	79.0
民主德国	77.8	89.5	90.7	91.0	92.1	94.4	96.2
古　巴②	33.1	36.4	37.9	39.3	40.8	41.7	41.9
波　兰	78.4	82.1	72.3	65.3	65.4	63.6	67.3
苏　联	56.7	57.6	57.4	57.7	59.2	60.7	61.4
捷克斯洛伐克	81.1	85.6	86.6	79.5	83.7	84.8	86.0
鱼类和鱼制品							
中　国③	3.3	3.4	3.6	3.9	4.0	4.4	4.9
保加利亚	5.9	6.5	6.8	6.9	7.1	7.6	7.6
匈牙利④	2.7	2.1	2.3	2.2	2.6	2.5	…
民主德国	8.5	7.4	7.4	7.4	7.3	7.4	7.7
古　巴④	13.1	12.3	14.5	15.6	16.2	16.1	15.3
波　兰	7.2	8.1	7.3	6.0	7.4	7.9	7.8
苏　联	16.8	17.6	18.0	18.1	17.4	17.5	17.7
捷克斯洛伐克④	5.8	5.4	5.0	4.9	5.0	5.0	5.3
奶类和奶制品							
保加利亚	198	234	239	250	260	267	268
匈牙利	127	166	171	174	181	184	187
古　巴	155	158	161	153	151	153	151
波　兰	432	456	444	403	424	426	426
苏　联	316	314	304	300	313	319	323
捷克斯洛伐克	210	228	235	240	242	244	248
蛋（个/人）							
中　国⑤	26	36	39	41	47	63	80
保加利亚	146	204	209	217	231	236	239
匈牙利	274	317	314	307	327	320	320
民主德国	269	289	288	301	302	303	305
古　巴	184	233	237	226	246	250	242
波　兰	209	223	227	200	200	210	220
苏　联	216	239	247	249	256	258	260
捷克斯洛伐克	297	316	321	324	328	337	338
蔬　菜							
保加利亚	127	125	135	142	127	138	130
匈牙利	85	80	77	76	78	77	145⑥
民主德国	90	94	93	96	91	92	104
古　巴	53	52	67	59	53	55	57
波　兰	109	101	118	107	103	116	105
苏　联	89	97	99	100	102	102	102
捷克斯洛伐克	74	66	66	75	71	81	77
植物油							
中　国	1.7	2.3	2.9	3.5	4.0	4.7	5.1
保加利亚	14.1	14.8	14.9	14.9	14.8	15.0	15.3
匈牙利	2.9	4.2	4.4	4.8	5.0	4.9	8.0⑦
民主德国	2.0	1.6	1.6	1.8	1.7	1.8	1.8
古　巴	5.0	5.6	5.7	5.9	5.7	5.7	5.6
波　兰	2.1	2.6	2.8	2.4	2.2	3.0	3.3
苏　联	7.6	8.8	9.1	9.5	9.6	9.5	9.7
捷克斯洛伐克	6.7	7.2	7.3	7.6	7.1	7.3	7.3

表37 （续完）

国家	1975年	1980年	1981年	1982年	1983年	1984年	1985年
糖类和糖制品							
中国⑨	2.3	3.8	4.1	4.4	4.5	4.9	5.6
保加利亚	32.5	34.7	35.1	35.1	35.4	35.7	35.1
匈牙利	39.4	37.9	35.5	38.0	35.6	34.2	34.0
民主德国	36.8	40.6	40.8	41.9	39.2	39.1	39.6
古巴	46.6	50.0	50.8	52.7	52.3	52.7	50.5
波兰	43.2	41.4	33.4	41.7	45.0	45.0	41.3
苏联	40.9	44.4	44.5	44.2	44.3	44.0	42.0
捷克斯洛伐克	38.0	37.5	36.9	39.6	37.8	37.5	38.0
面包（折合成面粉计算）							
中国⑨	191	214	219	225	232	251	254
保加利亚	162	160	159	155	150	146	146
匈牙利	122	115	113	113	111	111	110
民主德国	95	95	95	97	97	100	100
古巴	105	109	108	107	109	112	112
波兰	120	127	121	119	118	116	116
苏联	141	138	137	136	134	133	133
捷克斯洛伐克	108	107	109	110	108	110	109
马铃薯							
保加利亚	23	27	30	30	31	30	32
匈牙利	67	61	59	57	58	59	58
民主德国	142	143	140	145	144	146	143
古巴⑩	49	80	84	73	76	80	78
波兰	173	158	157	155	154	149	143
苏联	120	109	104	106	109	108	104
捷克斯洛伐克	96	76	79	79	79	81	79

注：① 包括猪肉、牛羊肉和禽肉。② 不包括脂肪。匈牙利1985年包括鱼类和鱼制品。③ 为水产品。④ 不包括动物油。⑤ 按1公斤折合16个计算。⑥ 包括水果和草莓。⑦ 包括人造牛油。⑧ 为食糖消费量。⑨ 为粮食消费量。⑩ 包括甜土豆。

资料来源：经互会秘书处《经互会成员国统计年鉴》1986年；中国国家统计局《中国统计年鉴》1986年。

表38　**平均每千人耐用消费品拥有量**　单位：部

国　家	1975年	1980年	1981年	1982年	1983年	1984年	1985年
电冰箱							
中　国	…	0.2	…	…	…	2	4
保加利亚	174	234	246	258	271	279	290
匈牙利	220	287	301	313	318	339	363
民主德国	322	423	445	463	487	512	538
古　巴	23	70	79	87	88	97	108
波　兰	159	272	279	281	291	310	313
苏　联	178	252	262	268	270	274	275
捷克斯洛伐克	260	305	324	341	358	377	407
洗衣机							
中　国	…	0.3	…	…	…	19	29
保加利亚	176	217	226	239	251	263	274
匈牙利	228	297	305	312	314	325	340
民主德国	277	328	341	354	366	377	388
古　巴	9	59	75	91	102	114	126
波　兰	257	301	308	311	323	347	351
苏　联	189	205	205	205	205	205	205
捷克斯洛伐克	363	411	432	450	467	484	509
小汽车							
保加利亚	46	88	94	100	105	110	115
匈牙利	52	91	100	107	115	123	132
民主德国	100	148	156	164	170	179	188
波　兰	19	53	58	59	62	66	66
捷克斯洛伐克	99	139	148	153	156	162	169
电视机							
中　国	…	9	…	…	…	46	67
保加利亚	197	232	241	256	268	276	288
匈牙利	226	344	363	373	372	385	404
民主德国	334	408	422	434	445	451	460
古　巴	53	129	144	163	179	187	196
波　兰	240	297	305	306	316	333	335
苏　联	215	249	262	274	287	289	293
捷克斯洛伐克	305	372	377	384	392	407	429
收音机							
中　国	…	121	…	…	209	216	231
保加利亚	226	271	278	281	285	291	298
匈牙利	240	493	520	534	545	560	577
民主德国	366	383	386	385	389	394	399
古　巴	131	262	289	303	304	306	325
波　兰	320	371	376	381	398	423	429
苏　联	230	250	261	271	280	289	289
捷克斯洛伐克	564	604	613	628	645	662	692

资料来源：经互会秘书处《经互会成员国统计年鉴》1986年；中国国家统计局《中国统计年鉴》1985年、1986年。

七、人均文教发展水平

表39 各级学校学生入学率（1983年）

单位：%

国家或地区	小学入学学生数占本年龄组别人口的百分比①			中学入学学生数占本年龄组别人口的百分比②	高等教育入学学生数占本年龄组别人口的百分比③
	总计	男	女		
亚洲					
中国	104	116	93	35	1
孟加拉国	62	67	55	19	4
不丹	25	32	17	4	0
缅甸	91	…	…	23	5
民主也门	67	97	36	19	…
印度	85	100	68	34	9
印度尼西亚	115	118	112	37	4
伊朗	101	85	88	40	4
伊拉克	106	113	99	53	10
以色列	96	95	97	78	34
日本	100	100	100	94	30
约旦	100	101	98	78	33
南朝鲜	103	104	102	89	24
科威特	95	96	94	83	14
老挝	87	94	80	16	1
马来西亚	99	100	98	49	4
蒙古	106	105	107	86	25
尼泊尔	73	100	43	22	5
巴基斯坦	49	63	33	16	2
菲律宾	114	115	113	63	26
沙特阿拉伯	69	81	56	36	9
新加坡	113	115	111	69	12
斯里兰卡	101	103	99	56	4
叙利亚	105	114	96	56	16
泰国	99	101	97	29	22
土耳其	112	116	107	38	7
阿拉伯联合酋长国	95	94	95	54	6
越南	113	120	105	48	2
也门	65	107	21	9	1
欧洲					
阿尔巴尼亚	101	104	97	67	7
奥大利亚	99	100	98	74	25
比利时	97	96	97	108	28
保加利亚	100	100	100	85	16
捷克斯洛伐克	88	88	89	45	16
丹麦	101	100	101	105	29
芬兰	102	102	101	103	31
法国	108	109	107	89	28
民主德国	95	94	96	88	30
联邦德国	100	100	100	50	30
希腊	105	105	105	82	17
匈牙利	101	101	101	74	15
爱尔兰	97	97	97	93	22
意大利	103	103	102	75	26
荷兰	96	95	97	101	31
挪威	98	98	99	96	28
波兰	101	101	100	75	16
葡萄牙	122	122	123	43	11
罗马尼亚	99	100	99	63	12
西班牙	111	112	110	90	24
瑞典	98	98	99	85	39
瑞士	…	…	…	…	23
苏联	106	…	…	99	21
英国	101	100	101	85	20
南斯拉夫	101	101	101	82	20
非洲					
阿尔及利亚	94	106	82	43	5
贝宁	67	92	43	22	2
博茨瓦纳	96	89	102	21	2
布基纳法索	27	34	20	4	1
布隆迪	45	55	36	4	1
中非	77	98	51	16	1
乍得	38	55	21	6	0
埃及	88	101	76	58	16

表39 （续完）

国家或地区	小学入学学生数占本年龄组别人口的百分比①			中学入学学生数占本年龄组别人口的百分比②	高等教育入学学生数占本年龄组别人口的百分比③
	总计	男	女		
埃塞俄比亚	46	58	34	13	1
加纳	79	89	70	38	2
几内亚	36	49	23	15	3
科特迪瓦	79	93	64	19	3
肯尼亚	100	104	97	19	1
莱索托	110	94	126	19	2
利比里亚	76	95	57	23	2
利比亚	…	…	…	…	11
马达加斯加	…	…	…	…	1
马拉维	63	73	52	5	0
马里	24	30	18	7	1
毛里塔尼亚	37	45	112	51	1
毛里求斯	112	112	29	12	…
摩洛哥	79	97	61	29	6
莫桑比克	79	91	68	6	0
尼日尔	27	34	19	6	1
尼日利亚	98	…	…	…	2
卢旺达	62	64	60	2	0
塞内加亚	53	63	42	12	2
塞拉利昂	45	…	…	14	1
索马里	21	28	15	14	1
苏丹	50	59	42	18	2
多哥	102	124	80	24	2
突尼斯	113	125	102	33	5
乌干达	57	65	49	8	1
喀麦隆	108	117	98	21	2
坦桑尼亚	87	91	84	3	0
赞比亚	94	100	89	17	2
津巴布韦	131	136	127	39	3
大洋洲					
澳大利亚	105	105	104	92	26
新西兰	102	103	101	87	28
巴布亚新几内亚	61	68	55	11	2
北美洲					
加拿大	103	105	102	101	42
美国	100	100	100	…	56
拉丁美洲					
阿根廷	107	107	107	60	25
波利维亚	87	94	81	35	16
巴西	102	106	99	42	11
智利	111	112	110	65	11
哥伦比亚	120	119	122	49	13
哥斯达黎加	102	103	100	44	26
古巴	108	111	105	74	20
多米尼加共和国	109	104	115	45	10
厄瓜多尔	115	117	114	53	35
萨尔瓦多	69	69	69	24	12
危地马拉	73	78	67	16	7
海地	69	74	64	13	1
洪都拉斯	101	101	100	33	10
牙买加	107	106	107	58	6
墨西哥	119	120	117	55	15
尼加拉瓜	100	97	103	43	13
巴拿马	104	106	101	59	22
巴拉圭	103	107	99	36	…
秘鲁	116	120	112	61	22
特立尼达和多巴哥	107	107	108	70	5
乌拉圭	109	110	107	67	21
委内瑞拉	105	106	104	43	22

注：① 小学入学年龄世界各国不尽相同，一般规定为6—11岁。在一些小学教育已经普及的国家里，入学学生总数的比率可能超过100%，因为有的学生高于或低于政府规定的小学学龄。② 中学入学年龄一般定为12—17岁。

③ 高等教育入学学生数由联合国教科文组织提供，入学年龄定为20—24岁。④ 为世界银行估计数。

资料来源：世界银行《1986年世界发展报告》。

表40 平均每万人口中小学教师和学生人数 单位：人

国家或地区	年份	教师	学生
亚洲			
中国	1985	51.4	1279.1
阿富汗	1984	8	309
巴林 ①	1984	72	1 387
孟加拉国	1985	19	904
不丹	1984	8	319
文莱	1984	106	1 562
缅甸	1983	29	1 278
塞浦路斯 ②	1983	34	718
印度 ③	1982	20	1 085
印度尼西亚	1984	71	1 871
伊朗	1984	71	1 461
伊拉克	1983	76	1 821
以色列 ④	1983	103	1 668
日本 ⑤	1984	39	955
约旦	1984	47	1 492
南朝鲜	1984	31	1 242
科威特	1984	58	1 040
老挝	1983	45	1 239
黎巴嫩	1982	…	1 449
马来西亚	1985	59	1 409
蒙古	1984	…	835
尼泊尔	1984	29	1 085
阿曼	1984	46	1 319
巴基斯坦 ⑥	1983	23	709
菲律宾	1984	…	1 654
卡塔尔	1984	99	1 309
沙特阿拉伯	1983	64	1 099
斯里兰卡 ⑦	1984	87	1 382
叙利亚	1984	72	1 938
泰国 ⑧	1983	72	1 470
土耳其	1984	43	1 350
阿拉伯联合酋长国 ⑨	1984	45	1 084
欧洲			
阿尔巴尼亚	1984	94	1 863
奥地利	1984	37	454
比利时⑩	1984	45	766
保加利亚	1984	68	1 196
捷克斯洛伐克	1984	61	1 318
丹麦 ⑪	1984	…	808
芬兰 ⑫	1984	…	767
法国 ⑨	1983	32	778
民主德国 ⑬	1984	101	1 205
联邦德国 ⑭	1983	23	385
希腊	1982	38	909
匈牙利	1984	81	1 206
爱尔兰	1982	43	1 211
意大利	1984	…	686
马耳他	1983	43	894
荷兰	1984	…	759
挪威 ⑪	1984	…	840
波兰 ⑮	1984	79	1 267
葡萄牙	1983	69	1 202
罗马尼亚	1984	66	1 342
西班牙	1983	31	945
瑞典	1984	…	756
瑞士	1984	…	599
苏联 ⑪	1984	88	845
英国 ⑯	1982	43	794
南斯拉夫	1984	27	634
非洲			
阿尔及利亚	1984	53	1 622
安哥拉 ⑯	1982	39	1 448
贝宁	1984	35	1 160
博茨瓦纳	1985	64	2 051
布隆迪	1984	15	756
喀麦隆	1984	33	1 656
中非	1983	17	1 185
乍得	1984	9	122
刚果	1984	44	2 696
埃及 ⑰	1983	37	1 165
埃塞俄比亚	1983	11	603
加蓬	1983	34	1 551
冈比亚	1984	42	1 052
加纳 ①	1984	43	1 114
几内亚	1984	13	485
几内亚比绍	1983	38	872
肯尼亚	1984	63	2 242
莱索托	1983	39	2 011
马达加斯加	1984	44	1 670
马拉维	1984	22	1 315
马里	1982	11	395
毛里求斯	1984	66	1 382
摩洛哥	1984	39	1 064
莫桑比克	1983	16	877
尼日尔	1983	12	453
尼日利亚	1983	40	1 616
卢旺达	1983	24	1 323
塞内加尔	1983	20	844
索马里	1983	21	499
苏丹	1983	23	785
多哥	1984	36	1583
突尼斯	1984	52	1771
乌干达	1982	32	1155
坦桑尼亚 ⑱	1983	42	1741
扎伊尔	1983	40	1653
赞比亚	1983	…	1914
津巴布韦	1984	68	2670
大洋洲			
澳大利亚 ⑲	1984	66	1010
新西兰	1983	…	1084
北美洲			
加拿大 ⑯	1983	57	905
美国 ⑳	1984	60	1 134
拉丁美洲			
阿根廷	1985	75	1 502
玻利维亚	1984	76	1 890
巴西	1983	75	1 894
智利	1984	…	1 722
哥伦比亚	1985	46	1 411
哥斯达黎加	1984	…	1 449
古巴	1984	80	1 176

表40 （续完）

国家或地区	年份	教师	学生	国家或地区	年份	教师	学生
多米尼加共和国	1983	35	1 882	墨西哥	1984	57	1 982
厄瓜多尔	1984	56	1 836	尼加拉瓜	1984	57	1 691
萨尔瓦多	1984	44	1 848	巴拿马	1984	62	1 592
危地马拉	1984	35	1 266	巴拉圭	1984	67	1 705
海地	1983	36	1 529	秘鲁	1985	54	1 884
洪都拉斯	1985	44	1 752	乌拉圭	1983	57	1 179
牙买加	1983	46	1 505	委内瑞拉	1983	61	1 612

注：① 仅指公立学校师生人数。② 不包括土语学校师生人数。③ 不包括附设在中学初级班师生人数。④ 不包括附设在小学提高班人数。⑤ 包括专科教育师生人数。⑥ 包括幼儿教育的师生人数。⑦ 包括普通中等教育师生和公立学校学生人数。⑧ 仅指公立高校教师人数和包括幼儿教育师生人数。⑨ 仅指公立学校教师人数。⑩ 包括专科学校学生人数。⑪ 包括普通中等教育教师人数。⑫ 包括综合性的专科学校师生人数。⑬ 包括普通中等教育和专科教育的教师人数。⑭ 由于采用新的计算方法，同以前年份的数字不可比。⑮ 包括夜校和函授教育教师人数。⑯ 包括幼儿教育的教师人数。⑰ 不包括爱兹哈尔大学附属班师生人数。⑱ 只包括部分职业教育学生人数。⑲ 包括专科教育初级班、提高班和函授班的教师人数。⑳ 包括专科教育的师生人数，并从1980年起，指1—8年级学生人数。

资料来源：联合国教科文组织《统计年鉴》1985年、1986年；联合国《人口年鉴》1980年；《统计月报》1985年11月、1986年11月、1987年1月；中国国家统计局《中国统计年鉴》1986年。

表41　**平均每万人口中中学教师和学生人数①**　单位：人

国家或地区	年份	教师	学生
亚洲			
中国	1985	55	959
阿富汗	1981	…	97
巴林①	1983	48	881
孟加拉国	1985	…	317
不丹	1984	4	42
缅甸	1983	12	336
塞浦路斯②	1983	48	758
印度尼西亚④	1982	31	487
伊朗	1984	48	716
伊拉克	1983	29	721
以色列⑤	1983	86	558
日本⑥	1984	50	884
约旦	1984	51	984
南朝鲜	1984	33	1 163
科威特	1984	…	1 407
马来西亚	1985	38	835
蒙古	1984	…	1489
尼泊尔	1984	11	283
巴基斯坦	1983	17	265
菲律宾	1984	19	625
卡塔尔	1984	80	723
沙特阿拉伯	1983	33	472
新加坡	1984	38	782
土耳其	1983	27	526
欧洲			
阿尔巴尼亚	1984	24	550
奥地利	1984	90	890
保加利亚	1984	29	375
捷克斯洛伐克	1984	21	230
丹麦⑦	1983	…	952
芬兰	1983	77	892
法国⑧	1983	57	955
民主德国⑨	1984	…	261
联邦德国⑩	1983	71	972
希腊	1981	42	800
匈牙利⑪	1984	…	394
冰岛	1984	…	1 135
爱尔兰⑫	1982	61	911
意大利	1984	…	938
卢森堡	1983	…	682
马耳他	1983	53	734
荷兰	1984	…	1 003
挪威	1982	…	928
波兰	1984	38	419
葡萄牙	1983	36	489
罗马尼亚⑬	1984	22	663
西班牙	1983	50	1 077
瑞典	1984	…	715
瑞士	1984	…	669
苏联⑭	1984	…	730
英国	1982	…	940
南斯拉夫	1984	57	1 029
非洲			
阿尔及利亚	1983	…	718
安哥拉	1982	…	5
贝宁	1984	…	315
博茨瓦纳	1984	15	294
布基纳法索	1984	…	67
布隆迪	1983	3	60
喀麦隆	1984	13	333
中非	1982	4	230
乍得	1984	…	93
刚果	1984	32	1 194
埃及⑮	1983	33	697
加蓬	1983	19	326
冈比亚	1984	15	253
加纳	1984	27	571
几内亚	1984	…	171
肯尼亚	1983	11	275
莱索托	1983	12	227
利比里亚	1980	…	295
利比亚	1982	9	1 023
马达加斯加	1983	…	564
马拉维	1984	2	36
马里	1982	…	92
毛里求斯	1984	…	763
摩洛哥	1984	…	528

表41 （续完）

国家或地区	年份	教师	学生	国家或地区	年份	教师	学生
莫桑比克	1983	3	91	美国⑰	1984	44	582
尼日尔	1983	…	82	拉丁美洲			
尼日利亚	1983	11	400	阿根廷	1985	75	589
卢旺达	1983	2	26	巴巴多斯	1984	58	1 148
塞内加尔	1983	8	180	玻利维亚	1984	…	320
索马里	1983	7	143	巴西	1983	14	227
苏丹	1983	10	249	智利	1984	…	536
多哥	1984	…	317	哥伦比亚	1985	34	676
突尼斯	1984	32	596	哥斯达黎加	1984	…	485
乌干达	1982	5	104	古巴	1984	94	1 032
坦桑尼亚⑯	1983	…	40	多米尼加共和国⑱	1983	…	638
扎伊尔	1983	15	764	厄瓜多尔	1983	46	740
赞比亚	1982	…	183	萨尔瓦多	1984	8	178
津巴布韦	1983	13	409	危地马拉	1984	16	226
大洋洲				海地	1983	…	269
				洪都拉斯	1984	15	389
澳大利亚	1984	66	802	牙买加⑲	1983	36	1 028
新西兰	1983	…	1 126	墨西哥	1983	45	809
				尼加拉瓜	1984	19	512
北美洲				巴拿马	1984	45	853
				巴拉圭	1984	…	459
				乌拉圭⑳	1983	…	666
加拿大	1983	52	934	委内瑞拉	1983	34	588

注：① 中学指普通教育、职业教育和师范教育。② 不包括私立普通教育教师人数。③ 包括土语学校师生人数。④ 包括宗教学校师生人数。⑤ 包括附设在小学里的提高班教师人数。⑥ 包括专科教育教师人数。⑦ 普通教育教师人数中包括小学教师，除1975年以外，职业教育包括学徒人数。⑧ 仅指公立学校教师人数。⑨ 普通教育中包括小学教师人数。⑩ 由于采用新的计算方法，同以前年份的数字不可比。⑪ 包括全日制学徒训练人数。⑫指全日制教育教师人数。⑬ 包括夜校和函授教育师生人数。⑭ 包括小学、夜校和函授教育教师人数。⑮ 不包括爱兹哈尔大学附属中学师生人数。⑯ 只包括部分职业教育学生人数。⑰ 指所有专门教育的师生人数，学生系指9—12年级人数。⑱ 不包括私立普通教育学生人数和私立职业教育教师人数。⑲ 不包括私立普通教育和职业教育的教师人数。⑳ 不包括私立职业教育师生人数。

资料来源：联合国教科文组织《统计年鉴》1986年；联合国《人口年鉴》1980年；联合国《统计月报》1985年11月、1987年1月；中国国家统计局《中国统计年鉴》1986年。

表42　　**平均每万人口中大学教师和学生人数**　　单位：人

国家或地区	年份	教师	学生
亚洲			
中国	1985	3	8
阿富汗	1982	1	12
巴林	1984	…	106
孟加拉国	1984	2	45
不丹①	1983	0.1	0.4
塞浦路斯	1984	4	39
印度②	1979	4	82
印度尼西亚	1984	5	61
伊朗③	1984	2	41
伊拉克	1983	5	86
以色列	1984	…	244
日本④	1984	20	200
约旦	1983	7	173
南朝鲜	1984	8	294
科威特	1984	9	134
黎巴嫩	1982	30	277
马来西亚	1984	5	61
蒙古	1981	14	223
尼泊尔⑤	1983	2	31
巴基斯坦⑥	1979	1	20
菲律宾	1981	9	270
卡塔尔	1984	14	159
沙特阿拉伯	1983	9	82
新加坡	1983	13	141
斯里兰卡⑦	1983	4	28
泰国	1983	6	226
土耳其	1984	5	86
欧洲			
阿尔巴尼亚⑧	1984	5	73
奥地利⑨	1984	16	219
比利时⑧	1984	…	249
保加利亚	1984	17	116
捷克斯洛伐克	1984	15	113
丹麦⑨⑩	1983	…	221
法国	1980	…	201
民主德国⑧⑪	1984	25	259
联邦德国	1984	30	246
希腊	1981	12	128
匈牙利⑧	1984	14	94
爱尔兰	1982	14	184
意大利	1984	9	207
卢森堡⑫	1983	9	27
马耳他	1984	4	37
荷兰	1983	…	268
挪威	1983	25	221
波兰⑧	1984	…	124
葡萄牙	1982	13	100
罗马尼亚⑧	1984	6	74
西班牙	1983	12	206
瑞典	1984	…	265
瑞士	1984	…	164
苏联⑧	1984	…	192
英国⑬	1983	…	159
南斯拉夫	1983	11	165
非洲			
阿尔及利亚	1984	…	53
安哥拉	1982	0.4	3
贝宁	1983	…	18
博茨瓦纳	1984	1	17
布基纳法索	1984	…	6
布隆迪	1983	…	5
喀麦隆	1984	0.4	18
中非	1983	2	10
乍得	1984	0.3	3
刚果	1981	2	57
埃及	1983	7	190
埃塞俄比亚	1983	0.3	4
加蓬	1983	6	29
几内亚	1984	3	18
肯尼亚⑭	1983	…	12
莱索托	1984	2	16
马达加斯加	1984	1	39
马拉维	1984	0.6	6
马里	1982	0.7	8
毛里求斯	1984	2	8
摩洛哥⑮	1983	…	61
莫桑比克	1985	0.2	1
尼日尔	1984	0.5	5
尼日利亚	1983	…	20
卢旺达	1983	0.5	3
塞内加尔	1983	…	19
苏丹	1983	0.7	18
突尼斯	1984	7	55
乌干达	1982	0.5	5
扎伊尔	1982	…	12
赞比亚	1983	…	14
津巴布韦	1983	…	23
大洋洲			
澳大利亚⑯	1984	14	230
新西兰	1983	24	265
北美洲			
加拿大	1983	23	479
美国	1984	…	527
拉丁美洲			
阿根廷	1985	23	277
巴哈马	1982	6	141
巴巴多斯	1984	22	209
巴西	1983	9	114
智利	1985	…	163
哥伦比亚⑰	1985	15	136
哥斯达黎加⑱	1984	…	249
古巴	1984	18	212
厄瓜多尔	1984	…	308
萨尔瓦多	1983	6	122
危地马拉	1982	…	65
海地	1983	…	12
洪都拉斯	1984	…	80
墨西哥	1983	13	143
尼加拉瓜	1985	8	89
巴拿马	1984	15	245
巴拉圭	1984	…	101
秘鲁	1980	10	177
乌拉圭	1985	…	257
委内瑞拉	1984	18	226

注：① 不包括师范和职业教育师生人数。② 包括预科学生人数。③ 不包括师范院校教师人数。④ 包括函授教育师生人数。⑤ 仅指公立大学师生人数。⑥ 不包括艺术、科学院校的教师人数。⑦ 仅指全日制院校学生人数。⑧ 包括夜校和函授教育的师生人数。⑨ 仅指全日制学校教师人数。⑩ 由于分类的变化，从1980年后，学生人数与前几年不可比。⑪ 包括高等学校预科和职业训练等学生人数。⑫ 仅指在卢森堡本土各大学入学的人数，而其余大部分学生在奥地利、比利时、法国、联邦德国和瑞士各大学学习。⑬ 指公开大学师生人数。⑭ 包括成人教育的师生人数。⑮ 包括研究生人数。⑯ 不包括半工半读的教师人数。⑰ 仅指在职教师人数。⑱ **仅为**国家高等教育委员会所属各大学师生人数。

资料来源：联合国教科文组织《统计年鉴》1986年；联合国《统计月报》1987年1月；中国国家统计局《中国统计年鉴》1986年。

表43

平均每万人口中科学家、工程师和技术人员数

单位：人

国家或地区	年份	总计	其中：科学家和工程师	其中：技术人员
亚洲				
中国①	1985	7.4	…	…
文莱	1981	342.9	116.5	226.4
印度②	1980	29.7	…	…
印度尼西亚	1980	143.8	13.2	130.6
伊朗	1982	114.2	72.3	41.9
日本③	1982	3127.9	594.9	2533.0
约旦	1977	63.6	42.7	20.9
南朝鲜	1981	523.2	24.3	498.8
科威特④	1980	1327.9	575.1	752.8
马来西亚	1982	…	18.0	…
尼泊尔	1980	7.9	2.6	5.2
菲律宾	1980	…	364.0	…
卡塔尔⑤	1983	544.1	225.1	319.0
新加坡	1980	266.3	158.8	107.5
土耳其⑥	1980	346.1	159.3	186.8
欧洲				
奥地利	1981	…	203.6	…
保加利亚⑦	1983	1042.3	338.7	703.6
捷克斯洛伐克⑧	1980	…	354.5	…
丹麦	1980	632.2	163.1	469.1
芬兰	1982	3354.0	357.3	2996.7
民主德国⑨	1983	927.6	331.1	596.5
联联德国	1980	1360.3	370.0	990.3
匈牙利	1980	1736.8	384.9	1351.9
荷兰	1981	1567.1	242.5	1324.6
挪威	1981	…	237.8	…
波兰⑦	1978	1453.3	307.1	1146.2
西班牙	1981	2419.8	522.9	1896.9
瑞典	1979	2627.8	405.2	2222.6
瑞士⑩	1980	…	544.9	…
苏联⑪	1983	1160.5	494.9	665.6
南斯拉夫	1981	1773.9	178.9	1595.0

国家或地区	年份	总计	其中：科学家和工程师	其中：技术人员
非洲				
喀麦隆⑧	1976	…	15.2	…
刚果	1977	…	…	24.0
埃及⑫	1976	…	127.0	…
肯尼亚	1982	34.5	9.0	25.5
利比亚⑬	1980	177.6	147.3	30.3
马拉维⑭	1977	…	7.2	…
毛里求斯	1983	278.7	75.6	203.1
尼日利亚	1980	16.6	2.7	13.9
卢旺达	1978	3.7	3.7	…
斯威士兰⑮	1977	…	27.7	…
大洋洲				
澳大利亚	1981	1402.8	256.9	1145.9
北美洲				
加拿大	1981	2893.4	509.6	2383.8
美国⑯	1982	…	147.7	…
拉丁美洲				
阿根廷⑰	1980	790.4	189.7	600.7
玻利维亚⑱	1976	…	115.5	…
巴西	1980	365.8	112.3	253.5
古巴	1981	…	143.5	…
圭亚那	1980	21.2	17.4	3.8
海地⑲	1982	63.8	28.1	35.7
巴拿马	1976	110.1	30.9	79.2
秘鲁	1981	95.2	16.4	78.8

注：① 按地方县级以上政府部门所属研究与开发机构和国务院部门所属研究与开发机构，以及中国社会科学院在职人员计算。② 不包括社会科学家和人文科学家人数。③ 指有固定收入的就业人员。④ 科学家和工程师中有63339人，技术人员中有77188人为外籍人员。⑤ 科学家和工程师中有4782人，技术人员中有6032人为外籍人员。⑥ 根据人口调查，按占总人口1%推算出的科学家、工程师和技术人员。⑦ 指在国民经济各部门任职人员。⑧ 指年龄在15岁和15岁以上，并具有大学文化程度的人。⑨ 科学家和工程师指大学毕业生，技术人员指技术学校毕业生。⑩ 指年龄在25岁和25岁以上，具有高等教育程度，并有固定收入的人。⑪ 指受过高中等教育，并在国民经济各部门任职的专家。⑫ 指年龄在25岁和25岁以上，具有大学文化程度的人。⑬ 科学家和工程师中有3212人，技术人员中有5673人为外籍人员。⑭ 年满25岁和25岁以上，并受过高等教育5年以上的人。⑮ 指具有大学文化程度的人，其中972人为外籍人员。⑯ 不包括法律、人文科学和教育部门的人员。⑰ 技术人员中包括部分科学家和工程师人数。⑱ 指年满20岁和20岁以上，并受过4年或4年以上大学教育的人。⑲ 根据1982年人口普查，按占总人口2.5%推算出的科学家、工程师和技术人员，工程师和科学家系指受过大学教育的人，技术人员系指中学毕业后受过技术教育的人。

资料来源：联合国教科文组织《统计年鉴》1985年、1986年；联合国《统计月报》1987年1月；中国国家统计局《中国统计年鉴》1986年。

表44 **每个医生负担的人口数** 单位：人

国家或地区	1965年	1981年
亚洲		
中国	951	804
孟加拉国	…	9 010
不丹	…	18 160
缅甸	11 660	4 660
民主也门	12 870	7 120
印度	4 860	2 610
印度尼西亚	31 820	11 320
伊朗	3 770	2 630
伊拉克	4 970	1 790
以色列	410	400
日本	970	740
约旦	4 670	1 170
南朝鲜	2 740	1 440
科威特	830	600
马来西亚	6 220	3 920
蒙古	710	440
尼泊尔	46 180	30 060
巴基斯坦	3 160	3 320
菲律宾	1 310	2 150
沙特阿拉伯	9 400	1 800
新加坡	1 910	1 100
斯里兰卡	5 750	7 620
叙利亚	4 050	2 160
泰国	7 230	6 770
土耳其	2 860	1 500
阿拉伯联合酋长国	…	720
越南	…	4 310
也门	58 240	7 070
欧洲		
阿尔巴尼亚	2 100	…
奥地利	710	580
比利时	700	380
保加利亚	600	400
捷克斯洛伐克	540	350
丹麦	740	420
芬兰	1 290	460
法国	890	460
民主德国	870	490
联邦德国	680	420
希腊	710	390
匈牙利	630	320
爱尔兰	960	780
意大利	1 850	750
荷兰	720	580
挪威	800	460
波兰	800	550
葡萄牙	1 170	450
罗马尼亚	740	650
西班牙	810	360
瑞典	910	410
瑞士	750	390
苏联	480	260
英国	860	680
南斯拉夫	1 190	670
非洲		
阿尔及利亚	8 400	…
贝宁	28 790	16 980
中非	44 490	23 090
刚果	14 210	…
埃及	2 260	800
埃塞俄比亚	70 190	88 120
加纳	12 040	6 760
利比里亚	12 450	8 550
利比亚	3 970	660
马达加斯加	9 900	9 940
马拉维	46 900	52 960
马里	49 010	25 380
摩洛哥	12 120	11 230
莫桑比克	21 560	33 340
尼日利亚	44 990	10 540
卢旺达	74 170	29 150
塞内加尔	21 130	13 060
塞拉利昂	17 690	17 670
索马里	35 060	15 630
苏丹	23 500	9 070
多哥	24 980	18 550
突尼斯	8 040	3 620
乌干达	11 080	22 180
赞比亚	11 390	7 110
津巴布韦	5 190	6 650
大洋洲		
澳大利亚	720	500
新西兰	820	590
巴布亚新几内亚	12 520	16 070
北美洲		
加拿大	770	510
美国	640	500
拉丁美洲		
玻利维亚	3 310	1 950
巴西	2 180	1 200
智利	2 080	950
古巴	1 150	600
多米尼加共和国	1 720	1 390
萨尔瓦多	4 630	3 220
墨西哥	2 060	1 140
尼加拉瓜	2 490	2 290
巴拿马	2 170	1 010
巴拉圭	1 840	1 310
特立尼达和多巴哥	3 820	1 390
乌拉圭	870	510
委内瑞拉	1 270	930

资料来源：世界银行《1986年世界发展报告》；中国国家统计局《中国统计年鉴》1985年。

表45 **每名护士负担的人口数①** 单位：人

国家或地区	1965年	1981年
亚洲		
中国	3 087	1 906
孟加拉国	…	19 400
不丹	…	7 960
缅甸	11 410	4 890
民主也门	1 850	820
印度	6 500	4 670
印度尼西亚	9 500	…
伊朗	4 170	1 160
伊拉克	2 910	2 250
以色列	300	130
日本	410	210
约旦	1 810	1 170
南朝鲜	2 990	350
科威特	270	180
马来西亚	1 320	1 390
蒙古	310	240
尼泊尔	…	33 430
巴基斯坦	9 900	5 870
菲律宾	1 130	2 590
沙特阿拉伯	6 060	730
新加坡	600	340
斯里兰卡	3 210	1 260
叙利亚	11 760	1 370
泰国	5 020	2 140
土耳其	2 290	1 240
阿拉伯联合酋长国	…	390
越南	…	1 040
也门	…	3 440
欧洲		
阿尔巴尼亚	550	…
奥地利	350	170
比利时	590	130
保加利亚	410	190
捷克斯洛伐克	200	130
丹麦	190	140
芬兰	180	100
法国	…	110
民主德国	…	…
联邦德国	500	170
希腊	600	370
匈牙利	240	140
爱尔兰	170	120
意大利	790	250
荷兰	350	170
挪威	340	70
波兰	410	…
葡萄牙	1 160	…
罗马尼亚	400	280
西班牙	1 220	280
瑞典	310	100
瑞士	270	130
苏联	280	…
英国	200	120
南斯拉夫	850	300
非洲		
阿尔及利亚	11 770	…
贝宁	2 540	1 660
中非	3 000	2 120
刚果	950	…
埃及	2 030	790
埃塞俄比亚	5 970	5 000
加纳	3 710	630
利比里亚	2 300	2 940
利比亚	850	360
马达加斯加	3 620	1 090
马拉维	49 240	2 980
马里	3 200	2 320
摩洛哥	2 290	900
莫桑比克	5 370	5 610
尼日利亚	5 780	2 420
卢旺达	7 450	10 260
塞内加尔	2 640	1 990
塞拉利昂	4 700	2 110
索马里	3 630	2 550
苏丹	3 360	1 440
多哥	4 990	1 640
突尼斯	1 150	950
乌干达	3 130	2 000
赞比亚	5 820	1 660
津巴布韦	990	1 000
大洋洲		
澳大利亚	110	100
新西兰	980	110
巴布亚新几内亚	620	960
北美洲		
加拿大	190	120
美国	310	180
拉丁美洲		
玻利维亚	3 990	…
巴西	1 550	1 140
智利	600	…
古巴	820	…
多米尼加共和国	1 640	1 240
萨尔瓦多	1 300	…
墨西哥	8 250	1 360
尼加拉瓜	1 390	590
巴拿马	680	…
巴拉圭	1 550	650
特立尼达和多巴哥	560	390
乌拉圭	590	…
委内瑞拉	560	…

注：① 护理人员包括护校毕业的护士、未经训练但有实践经验的护士、助理护士。由于各国护理人员的定义不同，故各国之间对比时要慎重。

资料来源：世界银行《1986年世界发展报告》；中国国家统计局《中国统计年鉴》1986年。

第Ⅷ部分

人口机构（部分）

一、科研和教学机构

社会科学院系统

中国社会科学院人口研究所
　　通讯处：北京市建国门内大街5号
　　电话：5137744—3166

天津社会科学院经济研究所
　　通讯处：天津市和平区马场道128号
　　电话：390997

河北省社会科学院经济研究所人口研究室
　　通讯处：石家庄市石邑路（临）14号
　　电话：31390

山西省社会科学院人口学研究所
　　通讯处：太原市南坞城路
　　电话：72679或73628

辽宁省社会科学院经济研究所
　　通讯处：沈阳市皇姑区泰山路3段10号
　　电话：482560

上海市社会科学院社会学与人口学研究所
　　通讯处：上海市淮海中路622弄7号
　　电话：261170—2499

山东省社会科学院人口学研究所
　　通讯处：济南市玉涵路28号
　　电话：25471或25477

河南省社会科学院经济研究所人口研究室
　　通讯处：郑州市文化路35号
　　电话：33286

湖北省社会科学院人口研究室
　　通讯处：武汉市东湖路附50号
　　电话：812892

广东省社会科学院人口研究所
　　通讯处：广州市越秀北路222号
　　电话：34820

广西壮族自治区社会科学院经济研究所人口经济室
　　通讯处：南宁市古城东路
　　电话：20431

四川省社会科学院工业经济研究所
　　通讯处：成都市实业街
　　电话：25212

陕西省社会科学院人口理论研究所
　　通讯处：西安市小寨西路23号
　　电话：51542

高等院校系统

中国人民大学人口理论研究所
　　通讯处：北京市海淀路39号
　　电话：284076

北京大学人口理论研究所
　　通讯处：北京市海淀区篓斗桥
　　电话：282471—4482

北京经济学院人口经济研究所
　　通讯处：北京市朝阳门外红庙
　　电话：593831—270

天津南开大学人口研究所
　　通讯处：天津市八里台
　　电话：331640—264

河北大学人口研究所
　　通讯处：河北省保定市合作路1号
　　电话：22928—251

河北师范大学人口研究所
　　通讯处：河北省石家庄市裕华路1号
　　电话：49941—266

河北教育学院人口理论教研室
　　通讯处：石家庄市新石南路
　　电话：33768

内蒙古大学经济系人口理论研究室

通讯处：呼和浩特市大学路
电话：23241
辽宁大学人口研究所
通讯处：沈阳市皇姑区崇山西路3段4号
电话：62541—321
东北财经大学人口研究所
通讯处：辽宁省大连市黑石礁
电话：91101
吉林大学人口研究所
通讯处：长春市解放大道83号
电话：23189—626
黑龙江大学经济系人口教研室
通讯处：哈尔滨市南岗区学府路24号
电话：62981
黑龙江商学院人口经济规划研究室
通讯处：哈尔滨市通达街50号
电话：45571
复旦大学人口研究所
通讯处：上海市邯郸路220号
电话：484906　电报：8251
华东师范大学人口研究所
通讯处：上海市中山北路3663号
电话：549743
上海医科大学社会医学教研室
通讯处：上海市枫林桥
电话：311900转
哈尔滨医科大学公共卫生系人口研究所
通讯处：哈尔滨市大直街41号
江苏教育学院人口教育教研室
通讯处：南京市草场门
电话：32472
南京大学人口研究所
通讯处：南京市汉口路
电话：33307
南京计划生育管理干部学院
通讯处：南京市4202信箱
电话：46842
浙江医科大学人口研究所
通讯处：杭州市延安北路
电话：22501　电报：1331
杭州大学人口研究中心
通讯处：杭州市天目山路
电话：81224　电报：9600
杭州师范学院人口研究室
通讯处：杭州市文一路
电话：88124
安徽大学人口研究所
通讯处：合肥市合作化路
电话：62655
厦门大学人口研究室
通讯处：厦门市思明南路
电话：25102转
江西省教育学院人口理论教研室
通讯处：南昌市四交路
电话：65710
山东大学人口研究室
通讯处：济南市洪楼
电话：43861
河南大学人口理论研究室
通讯处：开封市明伦街
电话：22461
河南省教育学院人口研究室
通讯处：郑州市纬五路
电话：31470
郑州大学经济系人口研究室
通讯处：郑州市大学路
电话：46455转
河南医科大学人口研究室
通讯处：河南省新乡市
电话：22757转
河南师范大学人口研究室
通讯处：河南省新乡市牧野村
电话：54813
武汉大学人口研究室
通讯处：武汉市珞珈山
电话：75941—296
中山大学人口研究所
通讯处：广州市新港路

电话：446300—698

暨南大学经济学院人口理论研究室

通讯处：广州市石牌

电话：774511

西南财经大学人口研究所

通讯处：成都市光华村

电话：23116

四川大学人口研究所

通讯处：四川省成都市九眼桥

电话：54111—416

四川教育学院人口教研室

通讯处：四川省成都市人民南路

电话：23983转

贵州大学人口研究中心

通讯处：贵阳市花溪区

电话：2219

贵州财经学院人口研究室

通讯处：贵阳市河滨公园侧

电话：24128

西安交通大学人口研究所

通讯处：西安市咸宁路

电话：31011

兰州大学人口研究室

通讯处：兰州市天水路

电话：22991转

其　它

全国人民代表大会科教文卫委员会

通讯处：北京市平安里西黄城根北街2号

电话：396151或660247

国家统计局人口司

通讯处：北京市三里河

电话：668971转

国家计划委员会计划经济研究所人口研究室

通讯处：北京市月坛北小街2号3号楼

电话：890651转

中国老龄问题全国委员会

通讯处：北京市和平里北街5号

电话：4212031转473

全国人口培训中心

通讯处：北京市海淀区39号

中国科学院地理研究所

通讯处：北京市德胜门外北沙滩917大楼

电话：446551—368

湖南省人口研究所

湖南省人口理论培训中心

通讯处：长沙市河西石佳冲

电话：83161—365

广西壮族自治区人口研究所

通讯处：南宁市东葛路18号

电话：22561

云南省人口发展战略研究中心

通讯处：昆明市云南省统计局转

电话：28700

二、计划生育协会、宣传教育、科研（情报）机构

计划生育协会

中国计划生育协会

通讯处：北京市西直门外国务院第二招待所

电话：668971—243

北京计划生育协会

通讯处：北京市朝阳区胜古北里1号

电话：4219966转

天津市计划生育协会

通讯处：天津市营口道20号

电话：397809

河北省计划生育协会

通讯处：石家庄市储煤路14号

电话：25550

山西省计划生育协会

通讯处：太原市新建南路文原巷8号

电话：229056—205

内蒙古自治区计划生育协会

通讯处：呼和浩特市区政府4号楼

电话：23251—2735

辽宁省计划生育协会

通讯处：沈阳市和平区和平大街六段四号

电话：32125或36189

吉林省计划生育协会

通讯处：长春市长江路10号

电话：36624

黑龙江省计划生育协会

通讯处：哈尔滨市南岗区永和街45号

电话：226608

上海市计划生育协会

通讯处：上海市虹桥路1440号

电话：329442

江苏省计划生育协会

通讯处：南宁市锁金村10号

电话：646852

浙江省计划生育协会

通讯处：杭州市教三路

电话：87409

安徽省计划生育协会

通讯处：合肥市安徽省计划生育委员会转

电话：61466—360

福建省计划生育协会

通讯处：福州市五一路高桥大厦9层

电话：555842

江西省计划生育协会

通讯处：南昌市永外正街永和饭店3楼

电话：62557

山东省计划生育协会

通讯处：济南市玉涵路南首

电话：22296

河南省计划生育协会

通讯处：郑州市行政区丰产路

电话：53030

湖北省计划生育协会

通讯处：武汉市中北路18号

电话：711760

湖南省计划生育协会

通讯处：长沙市北站路16号

电话：28782

广东省计划生育协会

通讯处：广州市中山一路水均南街12号

电话：777151

广西壮族自治区计划生育协会

通讯处：南宁市桃源路

电话：22910

四川省计划生育协会

通讯处：成都市人民南路4段15号

电话：52201

贵州省计划生育协会

通讯处：贵阳市省府大院

电话：23943—208

云南省计划生育协会

通讯处：昆明市五华山省府院内

电话：21504

西藏自治区计划生育协会

通讯处：拉萨市自治区计划生育委员会宣教处

电话：23799

陕西省计划生育协会

通讯处：西安市文艺路北口东新村63号

电话：718530

甘肃省计划生育协会

通讯处：兰州市畅家巷

电话：28687

青海省计划生育协会

通讯处：西宁市省政府西1楼

电话：24826

宁夏回族自治区计划生育协会

通讯处：银川市解放西街150号

电话：25857

新疆维吾尔自治区计划生育协会

通讯处：乌鲁木齐市龙泉街66号

电话：27713

计划生育宣传教育机构

北京计划生育宣传教育中心

通讯处：北京市朝阳区和平西街胜古北里1号

电话：4219966转

天津计划生育宣传教育中心

通讯处：天津市和平区营口道20号

电话：397809

河北省计划生育干部培训中心

通讯处：石家庄市新华区储煤路27号

电话：23938

辽宁省计划生育宣传教育中心

通讯处：沈阳市和平区和平大街6段4号

电话：32125

吉林省计划生育培训中心

通讯处：长春市二道河子区

电话：41016

江苏省计划生育宣传教育所

通讯处：南京市锁金村10号

电话：46852

江西省计划生育宣传教育中心

通讯处：南昌市省政府大院

电话：62557

山东省计划生育宣传教育中心

通讯处：济南市青年东路1号

电话：22663

四川省计划生育宣传教育中心

通讯处：成都市人民南路4段15号

电话：52201

四川计划生育管理干部学院

通讯处：成都市人民南路4段15号

新疆维吾尔自治区计划生育宣传教育所

通讯处：乌鲁木齐市龙泉街66号

电话：22927—409

新疆维吾尔自治区计划生育技术指导所

通讯处：乌鲁木齐市新疆维吾尔自治区医学院--附院转

电话：42011—2942

计划生育科研（情报）机构

国家计划委员会科学技术研究所

通讯处：北京市海淀区大慧寺12号

电话：896890

中国人口情报资料中心

通讯处：北京市海淀区大慧寺12号

电话：

天津市人口情报中心

通讯处：天津市和平区营口道20号

电话：397809

河北省计划生育研究所

通讯处：石家庄市机场路14号

电话：27893

辽宁省计划生育科学研究所

通讯处：沈阳市皇姑区泰山路3段8号

电话：64114

辽宁省人口情报中心

通讯处：沈阳市和平大街6段4号

电话：32125

吉林省计划生育科学研究所

通讯处：长春市园东路2号

上海市计划生育科学研究所

通讯处：上海市斜士路2200弄4号

电话：311353

上海市人口情报中心

通讯处：上海市虹桥路1440号

电话：328780

上海市人口情报中心技术咨询委员会

通讯处：上海市虹桥路1440号

电话：329442

江苏省计划生育科学研究所

通讯处：南京市天妃巷123号

电话：22663

山东省计划生育科学研究所

通讯处：济南市玉涵路28号

电话：25554

河南省计划生育科学研究所

通讯处：郑州市经五路北头

广东省人口情报中心

通讯处：广州市东山区水均南街12号

电话：775813或775143

四川省计划生育科学研究所

通讯处：成都市人民南路4段15号

电话：2997

四川省人口情报中心

通讯处：成都市省军区第一招待所4幢206室

云南省计划生育科学研究所

通讯处：昆明市五华山

陕西省人口情报中心

通讯处：西安市莲湖路34号

电话：26161

三、人口学术团体

中国人口学会

通讯处：北京市建国门内大街5号

电话：5137744—3166

北京市人口学会

通讯处：北京市阜城门外车公庄大街6号4号楼

电话：890551—470

天津市人口学会

通讯处：天津市泰安道15号

电话：36275

河北省人口学会

通讯处：石家庄市裕华路河北师范大学内

电话：49941—266

山西省人口学会

通讯处：太原市山西省委党校内

电话：72679或73628

内蒙古自治区人口学会

通讯处：呼和浩特市内蒙古计生委转

电话：23251转2662

辽宁省人口学会

通讯处：沈阳市和平区和平大街6段4号

电话：32616

吉林省人口学会

通讯处：吉林大学人口研究所转

电话：22333转

黑龙江省人口学会

通讯处：哈尔滨市社会街45号

电话：36613

上海市人口学会

通讯处：上海市淮海中路622弄7号

电话：261170—2499

江苏省人口学会

通讯处：南京市中央路42号

电话：48534

浙江省人口学会

通讯处：杭州市省府路省府大楼2号楼

电话：56961转2413

安徽省人口学会

通讯处：合肥市安徽省计生委转

电话：61616转360

福建省人口学会

通讯处：厦门大学人口研究所转

电话：25102

山东省人口学会

通讯处：济南市省文委大院

电话：23921

河南省人口学会

通讯处：郑州市丰收路省计生委转

电话：34526

湖北省人口学会

通讯处：武汉市水果湖张家湾52号

电话：711458

湖南省人口学会

通讯处：长沙市河西石佳冲湖南省党校内

广东省人口学会

通讯处：广州市越秀北路222号

广西壮族自治区人口学会

通讯处：广西壮族自治区党校内

四川省人口学会

通讯处：成都市人民南路4段15号

电话：53418

贵州省人口学会

通讯处：贵阳市八角岩省府大院内

云南省人口学会

通讯处：昆明市五华山省计生委转

陕西省人口学会

通讯处：西安市新城省政府办公楼内

甘肃省人口学会

通讯处：兰州医学院内

青海省人口学会

通讯处：西宁市北大街7号楼213号

宁夏回族自治区人口学会

通讯处：银川市新市区社科院内

电话：7864

新疆维吾尔自治区人口学会

通讯处：乌鲁木齐市龙泉街66号

四、人口专业报刊

《人口研究》

中国人民大学人口理论研究所主办，1977年创办，双月刊，国内外公开发行。

编辑部通讯处：北京市海淀路39号

电话：284076

《人口与经济》

北京经济学院人口经济研究所主办，1980年创办，双月刊，国内外公开发行。

编辑部通讯处：北京市朝阳区红庙

电话：5005511—250

《中国人口报》

国家计划生育委员会主办，国内外公开发行。

通讯处：北京市西直门外北礼士路18号

电话：4219766

《人口动态》

中国人口情报中心主办，1982年12月创办，双月刊，国内公开发行。

编辑部通讯处：北京市大慧寺12号

《Newsletter》

中国人口情报中心主办，1983年创办，双月刊，国外公开发行。

编辑部通讯处：北京市大慧寺12号

《家庭报》

天津市计划生育宣教中心主办，1985年创办，周刊，国内公开发行。

编辑部通讯处：天津市和平区营口道20号

电话：399733

《人口战线》

河北省计划生育委员会，河北省人口学会主办，河北省计划生育协会主办，季刊，国内公开发行。

编辑部通讯处：石家庄市裕华路1号

电话：49941—266

《河北人口报》

河北省计划生育委员会主办，周刊，国内发行。

编辑部通讯处：河北省计划生育委员会转

《山西人口报》

山西省计划生育委员会主办，周刊，国内公开发行。

编辑部通讯处：太原市迎泽大街77号

电话：227338

《新家庭》报

辽宁省计划生育宣传教育中心主办，1985年4月创办，周刊，国内公开发行。

编辑部通讯处：沈阳市和平区和平大街6段4号

电话：32125

《人口学刊》

吉林大学人口研究所主办，吉林省人口学会主办，双月刊，国内公开发行。

编辑部通讯处：长春市解放大路

电话：23189—626

《人口丛刊》

黑龙江省人口学会主办，1979年创办，不定期，国内公开发行。

编辑部通讯处：哈尔滨市承河街45号

电话：36608转

《人口》

复旦大学人口研究所主办，1985年2月创办，季刊，国内公开发行。

编辑部通讯处：上海市邯郸路220号

电话：484906—3053

《人口与优生》

浙江医科大学人口研究所主办，1985年1月创办，季刊，国内公开发行。

编辑部通讯处：杭州市延安路

电话：22501转

《福建人口》

福建省人口学会，厦门大学人口所主办，1981年4月创办，半年刊，国内公开发行。

编辑部通讯处：厦门大学人口研究所

电话：25102转

《湖南人口报》

湖南省计划生育委员会主办，1983年12月创办，半月报，国内公开发行。

编辑部通讯处：长沙市北站路217号

电话：28782

《南方人口》

中山大学人口研究所，广东省人口学会主办，季刊，国内公开发行。

编辑部通讯处：广州市海珠区

电话：446300—698

《人口杂志》

广西、云南、贵州、四川计划生育委员会合办，1985年1月创刊，双月刊，国内公开发行。

编辑部通讯处：成都市人民南路4段15号

电话：53418

《家庭与生活报》

四川省计划生育委员会主办，1980年2月13日创办，旬刊，国内公开发行。

编辑部通讯处：四川省成都市人民南路4段15号

《西北人口》

兰州大学人口理论研究室，甘肃省人口学会，甘肃省计划生育委员会主办，1980年10月创办，季刊，国内公开发行

编辑部通讯处：兰州市天水路

电话：22991—610

《甘南报计划生育版》

甘南藏族自治州计划生育委员会主办，1985年4月创办，季刊，国内公开发行（藏文、汉文）。

编辑部通讯处：甘肃省甘南藏族自治州甘南报社

第 IX 部 分

重要论著索引(部分)

一、专　著

马尔萨斯人口论述评　王声复编著　中国财政经济出版社　1986年2月

中国农村统计年鉴　国家统计局、农业统计司编　中国统计出版社　1986年2月

人口系统工程　王浣尘编著　上海交通大学出版社　1986年3月

中国人口地理（下册）　胡焕庸、张善余著　上海华东师范大学出版社　1986年3月

统计辞典　贾宏宇主编　上海人民出版社　1986年5月

计划生育管理(计划生育干部培训教材）　王明远、王虎森等编著　河北人民出版社　1986年6月

中国移民史略　田方、陈一筠主编　知识出版社　1986年6月

人口学辞典　刘峥主编　人民出版社　1986年6月

西安市人口论文选（第一册）　西安市人口学会编印　1986年6月

人口发展战略研究　西南四省（区）　人口发展战略研讨会编　四川省社会科学院出版社　1986年6月

中国人口结构研究（中国社会主义经济结构研究丛书）　陈玉光、张泽厚编　山西人民出版社、中国社会科学出版社　1986年6月

人口社会学（社会学丛书）　桂世勋著　山东人民出版社　1986年6月

计划生育手册　梁济民主编　科学普及出版社　1986年6月

陕西省志·人口志（中华人民共和国地方志丛书）　曹占泉编著　三秦出版社　1986年6月

西汉人口地理　葛剑雄著　人民出版社　1986年6月

中国人口发展简史（计划生育干部培训教材）　江沨编著　河北人民出版社　1986年7月

中国人口思想史稿　吴申元著　中国社会科学出版社　1986年7月

人口理论（计划生育干部培训教材）　李仰溪等编著　河北人民出版社　1986年7月

人口素质观览（计划生育干部培训教材）　李澍卿编著　河北人民出版社　1986年7月

河北人口史(计划生育干部培训教材）高树林　王铁明等编著　河北人民出版社　1986年7月

我国现代化建设所面临的人口问题　曹景椿主编　辽宁人民出版社　1986年7月

中华人民共和国人口地图（普及版挂图）　国务院人口普查办公室等编制　中国统计出版社　1986年8月

中国八大区人口增长、经济发展的过去与未来（汉英对照）　胡焕庸　上海华东师范大学出版社　1986年8月

天津市人口统计资料汇编　天津市人口普查办公室编　南开大学出版社　1986年9月

人口问题与人口理论　吴斐丹主编　四川人民出版社　1986年10月

中国人口地理简编　胡焕庸编著　重庆出版社　1986年10月

老龄问题　袁缉辉主编　复旦大学出版社　1986年11月

四川人口性别与年龄构成　许改玲编著　四川省社会科学院出版社　1986年12月

人口问题答疑　河南省人口学会、计划生育协会编　河南人民出版社　1986年12月

二、论　文

论　文

马尔萨斯人口论是"伪科学"吗？　文大会　《经济问题探索》　1986年　第8期

马克思对马尔萨斯人口论不是全盘否定吗？——与王声多同志商榷　文大会　《争鸣》　1986年　第4期

为马尔萨斯的"两个公理说"辨析——七论不能全盘否定马氏人口论　王声多　《温州师专学报》（社科）　1986年　第2期

马尔萨斯人口论在中国的流传和论争　王声多　《社会科学研究》　1986年　第6期

有关人口理论和世界人口趋势的研究——赴法、英、泰考察之三　毛况生　《人口探索》　1986年　第1～2期（合刊）

农村的商品生产与人口控制（Commodity Production and Population Control in Rural Areas）　王茂修　《人口研究》（英文版）　1986年　第2期

我国在人口问题上的一场大辨论——为纪念马寅初先生逝世三周年与陈达先生逝世十周年而作　王胜泉　《山东人口》　1986年　第1期

论我国人口发展目标和完善人口政策　申凤珍　刘俊哲　《社会科学评述》　1986年4月

具有深刻历史意义的转变——建国35年来人口发展的回顾与展望　田雪原　《人口学刊》　1986年　第3期

马克思主义的"两种生产"理论在我国的正确运用和发展　关凤瑞等　《社会科学辑刊》　1986年　第2期

对马尔萨斯两个级数论的再认识　刘立钧　《人口学刊》　1986年　第2期

中国生育率迅速下降的理论解释　邬沧萍　《人口研究》　1986年　第1期

关于"两种生产"真正含义的辨析　孙美堂　《东岳论丛》　1986年　第3期

对我国人口发展战略研究方法的探讨　乔晓春　《人口研究》　1986年　第6期

关于建国初期我国人口政策转变的回顾与思考　邹平　《人口研究》　1986年　第6期

人口发展战略和经济发展战略　李希文　《争鸣》　1986年　第3期

两种生产在社会中的作用不能同等看待——与史国藩同志商榷　张纯厚　《思想战线》　1986年　第2期

关于人口发展的几个问题　吴忠观　《人口研究》　1986年　第2期

人口增长与人口转变问题　宋宗成　《西北人口》　1986年　第4期

略论人口发展战略　何承金　《四川大学学报》（哲社版）　1986年　第2期

马尔萨斯研究中的两个问题　陈剑　《云南社会科学》　1986年　第3期

马尔萨斯人口理论的评价与中国人口问题　李荣栋　《山西大学学报》（哲社版）　1986年　第3期

从经济系统的角度看两种生产的相互适应　陈维达　刘家强　《人口研究》 1986年　第5期

对马尔萨斯人口论批判的回顾与反思　杜维钧　《学术交流》 1986年　第6期

改革、开放与人口研究　李稚　《南方人口》 1986年　第1期

陈独秀评马尔萨斯人口论　陈献民　《南方人口》 1986年　第1期

三中全会以来四川的人口理论研究　杨成钢　《财经科学》（四川财经学院学报） 1986年　第5期

关于人口素质的几个理论问题　杨成钢　《人口学刊》 1986年　第5期

提高人口素质是一项系统工程　赵国良　《社会学与社会调查》 1986年　第4期

试论人口规律的一般性和特殊性　卓炯　《南方人口》 1986年　第1期

评马尔萨斯关于中国人口的论述　罗新本　《西南民族学院学报》（社科版） 1986年　历史研究专辑

略谈人口决策　杨德清　《山东人口》 1986年　第1期

关于人口转变理论问题的初步研究　胡伟略　《人口探索》 1986年　第1～2期（合刊）

论人在社会生活中的两重性　侯绍庄　《贵阳人口通讯》 1986年　第1期

马尔萨斯人口原理述评——兼谈盲目自发型人口特征　陶晓勇　《人口理论与调查研究》 1986年　第1期

“新人口论”与“旧人口论”的本质区别　桂世勋　《政治教育》 1986年　第10期

试论我国生育政策的依据及其科学性　徐廷树　《人文杂志》 1986年　第3期

从战略上重视人类自身生产　唐际植　《湘潭师范学院社会科学学报》 1986年　第1期

也谈我国解放后人口增长较快的主要原因　高振民　《西北人口》 1986年　第1期

关于人口社会规定性的一点认识　唐晓冰　《广东社会科学》 1986年　第1期

近年来对马尔萨斯人口论的研究与评价综述　曹力群　《经济理论与经济管理》 1986年　第5期

坚持马克思主义的两种生产理论　商志晓　《山东师大学报》 1986年　第5期

关于人口规律体系问题　曹明国　《人口动态》 1986年　第4期

关于人口规律体系问题——四论人口规律　曹明国　《人口学刊》 1986年　第5期

竺可桢先生对人口问题的论述　龚高法　《人口与经济》 1986年　第4期

自然科学和社会科学相结合的实现途径——评《人口控制论》　景天魁　《光明日报》 1986年11月17日　第3版

浅论完善生育政策　鲁计生　《山东人口》 1986年　第2期

凯恩斯的人口经济理论　彭松建　《北京大学学报》（哲社版） 1986年　第6期

简评马尔萨斯《人口论》　谢晋宁　《人口理论与调查研究》 1986年　第1期

全面理解马克思主义关于两种生产的理论　曾锡　《人口学刊》 1986年　第2期

三重模式转换论　解书森　陈冰　《世界经济》 1986年　第6期

简论斯密对资本主义人口问题的研究——纪念《国民财富的性质和原因的研究》出版210周年　漆光瑛　《财经研究》 1986年　第5期

对我国人口发展战略的几点思考　穆光宗　《人口学刊》 1986年　第5期

新的科技革命与我国人口就业战略对策研究　一工　《河北人口》 1986年　第4期

人口产业结构类型及其变化规律　马淑鸾　张建山　《人口研究》 1986年　第1期

辽宁城镇人口和经济发展制约因素分析　尹文耀　《人口研究》　1986年　第5期
中国人口城镇化的道路　王向明　（人口城镇化与城镇人口问题学术讨论会论文）1986年9月
小城镇的发展　王向明　《中国人口年鉴》　1986年
中国的人口问题与人口政策　王向明　《中国城市手册》
中国的人口政策与工农业的平衡发展　王向明　（国实经济第八次学术讨论会论文）　1986年12月（印度）
北京流动人口与社会经济发展　王树新　《人口学刊》　1986年　第5期
我国人口经济活动率变化的因素分析　王建民　倪新贤　《人口与经济》　1986年　第4期
从资源能源经济和人口谈中华之振兴　王浣尘　《人口》　1986年　第1期
社会经济转变对人口转变的两种作用及后果　孔彬　《人口动态》　1986年　第4期
从我国在业人口的状况看发展第三产业刻不容缓　方新华　《南方人口》　1986年　第3期
调整劳动力结构，大力发展第三产业　冯仁毅　王杰　《人口研究》　1986年　第3期
城市人口与城市社会经济发展的关系　刘大为　《社会学与社会调查》　1986年　第1期
从专业户的人口特征看我国农村经济的转变　成凤皋　《西北人口》　1986年　第1期
厦门人口发展简析——兼论厦门人口增长对经济发展的影响　庄求辉　《人口学刊》　1986年　第3期
中国农村人口——经济结构及其转变研究　伍晓鹰　《中国青年经济论坛》　1986年　第3期
开放与改革对广东人口发展的影响　肖三华　《广东社会科学》　1986年　第4期
天津市人口与经济发展战略目标（上）　张万程　黄良操　《天津人口》　1986年　第2期
论人口结构对城市社会经济发展的影响　杜午禄　《北京社联通讯》　1986年　第4期
广西人口发展战略的几个问题　肖永孜　《广西社会科学》　1986年　第2期
对深圳经济特区人口发展特点的探讨　张仲深　《人口研究》　1986年　第4期
人口发展战略和经济发展战略　李希文　《争鸣》　1986年　第3期
人口发展与国民收入　吴国存　《南开经济研究》　1986年　第5期
农村经济政策对人口发展趋势的影响　李明开　《人口学刊》　1986年　第3期
南京市在业人口结构的调整和预测　张建山　《南京大学学报》（哲社版）　1986年　第2期
试析经济收入对妇女生育率的影响　李荣时　《人口研究》　1986年　第6期
试论台湾经济发展中城乡人口分布变化特征　邵秦　《经济科学》　1986年　第3期
浅谈人口因素对市场商品需求的影响　杜福　《山东人口》　1986年　第2期
论甘肃人口产业结构的调整　苏润余　《人口学刊》　第3期　1986年
控制人口与经济发展　陈家华　《人口》　1986年　第1期
从经济系统的角度看两种生产的相互适应　陈维达等　《人口研究》　1986年　第5期
妇女生育率与经济发展水平的关系　陈智军　《人口与经济》　1986年　第4期
汕头农村劳动力的剩余及其出路　陈家荣　《南方人口》　1986年　第1期
贵州在业人口文化技术构成要适应经济社会发展的需要　吴遵林　蒋德学　《贵州财经学院学报》　1986年　第3期
山区人口素质与经济开发　李澍卿　《河北人口》　1986年　第3期
人口素质再生产与物质资料再生产　李澍卿　《河北经济》　1986年　第2期
台湾省劳动适龄人口初析　周元良　《人口研究》　1986年　第3期

金朝户口问题初探　高树林　《中国史研究》　1986年　第2期
孟轲人口思想浅探　肖麟　《经济科学》　1986年　第2期
清代台湾人口的几个问题　孔立　《厦门大学学报》　1986年　第4期
清代丁税对人口作用我见——兼论清代人口增长原因　方地　《中山大学学报》　1986年　第2期
关于人口发展变化问题　王维志　《哈尔滨史志》　1986年　第2期
清末“移民实边”对蒙古社会的影响　卢明辉　《内蒙古社会科学》　1986年　第5期
略论山西近代人口相对过剩问题　行龙　《山西大学学报》　1986年　第2期
十六世纪以后黑龙江人口史探索　刘含若　谷风　《学习与探索》　1986年　第4期
清朝前期宗室人口状况的初步统计与分析　江桥　《人口研究》　1986年　第1期
近代内蒙古人口及人口问题　沈斌华　《内蒙古大学学报》　1986年　第2期
西汉时期内蒙古人口考论　孟广耀　何天明　《内蒙古社会科学》　1986年　第1期
福建历代人口发展状况初探　郑有国　吕秋心　《福建地方志通讯》　1986年　第1期
西汉大长安地区人口估计　周庄　《人口》　1986年　第1期
山东河北古代人口发展概况　远山　《经济与人口论坛》　1986年　第1期
贵阳市的历史、人口和环境概况　张双成　《贵阳人口通讯》　1986年　第1期
中国人口发展的历史状况及其后果　张云樵　《史学集刊》　1986年　第1期
我国古代人口和田亩的关系　李民立　《人口》　1986年　第4期
魁奈的人口经济思想评述　肖茂盛　《南方人口》　1986年　第2期
明清至民国时期鄱阳湖区人口变动初探　李宗宜　《人口》　1986年　第2期
浙江近代人口发展初探　李南寿　《杭州师院学报》（社科版）　1986年　第1期
浅析清代人口剧增的经济原因及清政府采取减轻人口压力对策的得失　陈家范　吕作飞　《浙江人口通讯》　1986年　第4期
海南岛历代人口资料初析　杨德春　《南方人口》　1986年　第1期
历史人口学在法国　姚蒙　《华东师范大学学报》（哲社）　1986年　第3期
河南地区古代人口统计　郭自成　《河南大学学报》（哲社）　1986年　第3期
台山华侨出国历史原因初探　莫秀萍　《南方人口》　1986年　第3期
论金朝河北人口增长的原因　谢志诚　《河北学刊》　1986年　第2期
天津历史上外国租界地人口（上）　韩俊兴　《天津人口》　1986年　第2期
我国临淄人口与文化特区　蔡秋萍　《人口》　1986年　第1期
中国人口何时突破一亿大关　滕泽之　《山东人口》　1986年　第1期
宋代人口突破一亿大关　滕泽之　《人口研究》　1986年　第6期
中国1985年人口概况　王维志《中国百科年鉴》　1986年
略谈台湾省的人口问题　古运全　李雷　《河北人口》　1986年　第2期
我国城乡人口状况　白建华　《人口研究》　1986年　第2期
中国城市人口概况　田雪原　《中国城市经济社会年鉴》　1986年
广西人口的历史和现状浅析　莫大同　《广西师院学报》（哲社）　1986年　第1期
香港人口发展和一些问题的对策　辜胜阻　孟雄　《南方人口》　1986年　第2期
我国人口生命素质指数比较分析　马淑鸾　《人口研究》　1986年　第3期

江苏省不同经济区域建制镇人口行、职业构成的比较　周启昌　《经济与管理科学》　1986年　第1期

上海就业人口与经济体制改革　杨舒　胡延照　《社会与人口》　1986年　第1期

厦门经济特区流动人口及其对社会经济的影响　林慧勇　《中国经济问题》　1986年　第5期

按人口平均的粮食产量和耕地　侯文若　《人口动态》　1986年　第3期

我国人口年龄结构的转变对经济发展的影响——兼论人口年龄结构与产业革命　姚敏华　《人口动态》　1986年　第1期

北京劳动力人口行业职业分布状况的初步研究　袁方　《北京大学学报》（哲社）　1986年　第3期

试论小城镇建设和乡村城镇化的道路　康文华　《人口与计划生育》　1986年　第2期

试析经济发展如何决定人口发展　高振民　《南方人口》　1986年　第2期

试析本世纪末湖南省人口与经济的协调发展　高振民　《人口》　1986年　第1期

我国农村人口转化的特殊道路　康就升　《人口学刊》　1986年　第5期

小城镇发展的人口经济因素分析与研究　傅文伟　《人口与经济》　1986年　第6期

社会经济因素对中国生育率的影响　蒋正华　《人口研究》　1986年　第3期

从在业人口的状况看发展第三产业的广阔前景　董武珪　《河北大学人口所论文集》　1986年

人口生态和人口经济问题初探　廖世添　廖世桐　《南方人口》　1986年　第4期

国民经济的发展与人口问题　滕茂桐　《安徽人口》　1986年　第1期

魁奈关于人既是生产者又是消费者的人口思想　卜海　《人口学刊》　1986年　第5期

论西南人口的发展特征及战略思想　许改玲　《云南人口通讯》　1986年　第2期

孙中山人口思想辨析——为纪念孙中山先生诞辰120周年而作　刘枫　《人口》　1986年　第4期

评说孔子的人口思想　刘秉衡　《河北人口》　1986年　第4期

关于中国人口思想史研究的几个问题　吴申元　《复旦大学学报》　1986年　第5期

孟柯人口思想评述　张华　《河北人口》　1986年　第4期

洪亮吉对我国人口学思想的推进　李达三　《河北师范大学学报》（社科）　1986年（增刊）

汪士铎人口思想剖析——兼与谢忠梁先生商榷　吴修艺　《人口研究》　1986年　第4期

博太罗的人口思想　杨中新　《人口学刊》　1986年　第4期

早期空想社会主义的人口思想　杨中新　《南方人口》　1986年　第4期

马尔萨斯人口论和洪亮吉人口论不同遭遇的必然性　罗玉玲　《人口》　1986年　第4期

对人口思想道德素质的探讨　赵世利　《河北人口》　1986年　第2期

简析《孙子》中孙子的人口思想　武克洲　《山东人口》　1986年　第1期

汪士铎人口思想基础浅探　武克洲　《山东人口》　1986年　第3期

孙中山人口思想研究　崔林　姚敏华　《人口研究》　1986年　第6期

孙中山人口思想论　崔林等　健康报（计划生育版）　1986年6月20日　第2版

苏轼的人口思想　程绍珉　《郑州大学学报》（哲社）　1986年　第5期

浅谈马歇尔的人口思想　程绍珉　《人口与经济》　1986年　第5期

欲民之众而恶其寡　墨翟人口思想述评　景桓　《山东人口》　1986年　第3期

试论配第的人口思想及其价值　漆光瑛　《人口》　1986年　第1期

寇尔——特拉塞尔模型生育率应用初探　马瀛通　杨书章　王彦祖　《人口动态》　1986年　第3期

递进人口发展模型的提出与总和递进指标体系的确立　马瀛通　王彦祖　杨书章　《人口与经济》　1986年　第2期

标准化与率分解在人口分析中的应用　马瀛通　《人口研究》　1986年　第5期

对寇尔——特拉塞尔模型应用问题的研究　马瀛通　王彦祖　杨书章　《人口与经济》　1986年　第6期

青海省1982年四个海拔梯度地区的男女性简略寿命表　王圻　《青海统计》　1986年　第5期

青海人口性别比统计分析　王圻　《计划生育通讯》　1986年　第2期

我国城镇人口发展与城镇人口统计问题　王维志　《河北人口》　1986年　第3期

中国人口死亡率分析　王维志　《十亿人口的普查》　1986

部分身份人口平均预期寿命　王维志　《中国人口资料手册》　1986年

唐山市人口性别构成浅析　牛清芝　《人口与计划生育》　1986年　第2期

山东省人口性比例的初步分析探讨　王义才　张心侠　《人口》　1986年　第4期

对吉林省部分婴儿死亡率的间接估算　刘云德　《人口学刊》　1986年　第3期

山东省人口再生产数量变化的初步分析　刘书臻　《山东人口》　1986年　第3期

相关分析用于分析长效节育率与出生率的探讨　朱贞明　《河北人口》　1986年　第4期

白城地区千户人口调查分析　曲廷文　《人口学刊》　1986年　第5期

上海市婴儿死亡率探讨　刘明浩　周祖根　《人口》　1986年　第2期

人口性别比浅析　孙栋康　《南京计划生育管理干部学院学报》　1986年　第1期

湖南省解放后人口增长的特点及其原因分析　高振民　《人口探索》　1986年　第1～2期

关于婴儿死亡率计算的几个问题　孙振球　《人口探索》　1986年　第1～2期

解放以来吉林省人口死亡水平概述　曲海波　《人口学刊》　1986年　第5期

婚姻状况、教育程度、职业状况和死亡率的关系　刘铮　《人口研究》　1986年　第5期

地区差别死亡率的分析　刘铮　《人口研究》　1986年　第6期

统计数据失实原因分析　华鲁　《山东人口》　1986年　第2期

中国已婚育龄妇女现存子女状况分析　宋元杰　于国军　《人口丛刊》专辑

年龄别人口材料的准确性和惠普尔指数　陈月新　《人口》　1986年　第3期

浅谈围产期死亡统计　杜亚军　《人口动态》　1986年　第4期

平均期望寿命浅谈　陈光淮　《人口》　1986年　第4期

关于我省未来人口年龄构成的探讨　张仲如　邱春荣　《浙江人口通讯》　1986年　第2期

论人口普查资料分析　李永胜　《南方人口》　1986年　第3期

对中国出生婴儿性别比的估计　李伯华　段纪宪　《人口与经济》　1986年　第4期

对天津市大婚龄人口性别比的探讨　张建伟　《人口与经济》　1986年　第4期

人口和经济主要指标对比　吴宗钫　《世界经济》　1986年　第11期

人口抽样调查中等距样本抽取的若干问题　张志鸿　《人口》　1986年　第1期

浙江山区人口问题初探　李南寿　《浙江人口通讯》　1986年　第1期

计算平均初婚年龄的另一方法——平均单身年龄　杨旭东　《山东人口》　1986年　第3期

人类的平均寿命　林林　《经济日报》　1986年7月27日　第2版

我国女性在业人口状况初析　郑桂珍　陈月新　《人口》　1986年　第3期

广东省人口死亡状况分析　林道善　《中山大学学报》　1986年　第1期

关于生育模式的探讨　费世宏　刘绍辉　《人口研究》　1986年　第1期

初婚表的编制方法及用途　费世宏　《山东人口》　1986年　第2期

香港人口死亡率的分析　贺交生　《南方人口》　1986年　第4期

1981年我国已婚妇女生育率的几个问题　徐莉　《人口研究》　1986年　第2期

中国上海生育率中间变量分析　高尔生　（美国公共卫生1986年年会）　1986年9月30日

计划生育项目对生育率作用的量测　高尔生　《人口信息》　1986年　第3期

一种人口规划方法的探讨　唐敦友　曹富明　《人口》　1986年　第4期

年少期的生存函数模型　黄荣清　《人口与经济》　1986年　第5期

安徽省第三次生育高峰剖析　童静娟　《安徽人口》　1986年　第1期

安徽人口性别比的历史转变　黄德兴　《安徽人口》　1986年　第1期

中间生育率变量的探索　辜胜阻　《人口》　1986年　第2期

已婚生育模型的新探索　翟振武　《人口研究》　1986年　第1期

试用任意人口公式从普查数据中估算生命表指标　翟振武　《人口动态》　1986年　第4期

从公主岭市的人口状况看未来人口发展趋势　冉桂杰　《人口学刊》　1986年　第2期

济南市人口的现状及未来发展趋势　张心侠　《山东人口》　1986年　第2期

四川省人口现状、发展趋势及政策浅议　李慧京　王士连　吴国兰　《人口动态》　1986年　第3期

人口预测中总和生育率参数的确定　周祖根　《人口》　1986年　第3期

人口预测控制和分析方法的研讨　周雄鹏　《山西财经学院学报》　1986年　第3期

上海市区人口迁移预测模型的研究　胡启迪　《人口与经济》　1986年　第1期

榆林地区人口的现状和未来　高万年　《西北人口》　1986年　第3期

我国人口年均期望寿命过去、现在和未来　倪江林　《统计研究》　1986年　第3期

浙江省人口预测　骆克任　《浙江人口通讯》　1986年　第2期

浅析浙江在业人口的行业构成及其发展变化的趋势　鲁本坤　周佑明　《浙江人口通讯》　1986年　第2期

生育模式与人口预测　舒畅　《人口研究》　1986年　第2期

试析我国人口出生率、死亡率在地域上的不平衡原因　方东娜　《人口与计划生育》　1986年　第1期

浅谈发展中国家经济发展水平对生育率的影响　王安　马春华　《河北人口》　1986年　第3期

关键在于转变人们的生育观　王仲坤　《安徽人口》　1986年　第1期

河北省面临生育高峰的初步探讨　王明远　《河北人口》　1986年　第2期

试论社会化水平与人口生育控制　王琳　《人口动态》　1986年　第6期

避孕率和综合避孕措施构成的地区差异——苏、冀、黔三省的比较分析　刘小治　《人口动态》　1986年　第6期

从婚姻生育的调查看新疆维吾尔族开展计划生育的可行性　刘小治　俞惠玲　汪敏莉　《人口动态》　1986年　第1期

论中国式的计划生育道路　刘相如　《河北人口》　1986年　第2期

试论我国现阶段人口计划管理体制　刘银　《西北人口》　1986年　第2期

试析编制人口规划的一种方法　孙新元　《南京计划生育管理干部学院学报》　1986年　第1期

计划生育改革战略方向探索　张书统　《天津人口》　1986年　第2期

初析妇女社会地位的变化及其与生育的关系　吕宏平　《河北人口》　1986年　第4期

计划生育信息的现状与展望　李洁萍　《人口》　1986年　第3期

试论计划生育心理学研究　陈家麟　《人口研究》　1986年　第2期

提高文化素质与计划生育　李澍卿　《人口与计划生育》　1986年　第2期

我国妇女初婚和婴儿出生的时间分布　杨子慧　《人口探索》　1986年　第1～2期

从总和生育率和胎次率的变动看计划生育的成就　杨子慧　《人口研究》　1986年　第1期

必须加强流动人口的计划生育管理　周思维　《人口》　1986年　第4期

从千分之一人口生育率抽样调查看我国计划生育取得的巨大成就　杨清涛　杨子慧　《人口与经济》　1686年　第1期

中国计划生育取得成功的意义　杨德清　《山东人口》　1986年　第2期

计划生育与生育政策　杨德清　《南方人口》　1986年　第3期

农村劳动力的转移与计划生育试探　贾恭惠　《浙江人口通讯》　1986年　第3期

关于控制我国人口生育的对策：兼谈家庭生育计划　尉晨阳　《山东师大学报》（社科）　1986年　第2期

中国人民群众生育意愿的转变　董杰　《中国人口年鉴》　1986年

计划生育信息传播初探　辜胜阻　赵云山　《人口动态》　1986年　第4期

农村经济改革与计划生育　曹景椿　《人口与经济》　1986年　第4期

如何看待中国的独生子女率　翟胜明　《人口学刊》　1986年　第5期

浅谈生活水平和生育率之间的关系　尹奎财　《人口学刊》　1986年　第2期

从独生子女病残儿鉴定看提高人口素质的紧迫性　冯长亮　《人口动态》　1986年　第3期

内蒙古人口素质初探　沙人　《经济·社会》　1986年　第2期

婚姻家庭的发展变化对人口再生产的影响　刘炽光　《南方人口》　1986年　第4期

中学人口教育浅议　陈伟平　《南方人口》　1986年　第4期

发展职工教育是提高劳动力素质的重要途径　陈如凤　陆海根　《社会与人口》　1986年　第2期

城市家庭功能对人口生育率的影响　张宇钟　《人口与计划生育》　1986年　第1期

农村家庭功能对人口生育率增长的作用　张宇钟　《人口学刊》　1686年　第5期

早婚浅探　李延龄　《河北人口》　1986年　第2期

略论中学人口教育的意义　张枫　《南方人口》　1986年　第1期

我国人口的早婚、大龄未婚和终身不婚状况　季咏华　《人口与经济》　1986年　第4期

从农村儿童的理想志愿看家庭教育存在的问题　李荼晶　《天津人口》　1986年　第2期

广州市区家庭教育状况浅析——兼谈我国家庭教育行为机制的基本要素　何颂扬（执笔）　《社会学与社会调查》　1986年　第4期

影响生育率变动的家庭心理学问题　陈家麟　《人口与经济》　1986年　第6期

提高人口素质必须注意早期教育　陈家麟　《西北人口》　1986年　第1期
广东在业人口的文化程度及经济发展的适应性　陈跃　《南方人口》　1986年　第4期
对家庭户进行动态和静态观察的方法初探　陈捷　《人口研究》　1986年　第4期
兰州市家庭的演变及趋势　岳青　《西北人口》　1986年　第3期
从第三次人口普查看我国人口的婚姻现状　岳青　《人口学刊》　1986年　第3期
心理学研究在提高人口素质方面的作用　赵秋　《人口与计划生育》　1986年　第1期
论普及义务教育与提高人口素质　杨舒　《社会与人口》　1986年　第4期
深圳特区人口的家庭状况　杨群生　《南方人口》　1986年　第3期
中学人口教育中的若干理论问题　唐元　《人口研究》　1986年　第6期
青年夫妇家庭角色的性别差异　徐家琪　《社会与人口》　1986年　第2期
简析河北省人口文化素质　贾秀嵩　《人口与计划生育》　1986年　第2期
家庭人口投资与生育意愿　夏海勇　《经济与管理科学》　1986年　第1期
妇女就业与我国城市家庭的变化　薛素珍　《社会与人口》　1986年　第1期
对“青年期”的人口社会学思索　顾晓鸣　《人口》　1986年　第1期
我国婚姻状况的比较分析　顾鉴塘　《安徽人口》　1986年　第1期
我国未婚人口状况的比较分析　顾鉴塘　《人口学刊》　1986年　第4期
试论中国家庭户的数量和规模　顾鉴塘　《人口与经济》　1986年　第6期
大龄未婚青年的状况及原因　曹泽生　《山东人口》　1986年　第3期
试论中学开设人口教育课的必要与可行性　曾昭宣　王绍曾　《人口探索》　1986年　第1～2期
养老与家庭　王冰　徐云鹏　《人口学刊》　1986年　第2期
我国人口老化的对策　么树本　《老年学杂志》　1986年　第3期
充分肯定人口老龄化在社会经济发展中的积性作用　马瀛通　《人口动态》　1986年　第6期
略谈养老的方式　王冰　《老年学杂志》　1986年　第3期
试论建立养老保险制度　王冰　《人口学刊》　1986年　第5期
我国人口老化的现状、发展趋势及其对社会经济的影响　巨兴　《人口与经济》　1986年　第4期
老年社会学研究中的几个问题　王因为　《人口动态》　1986年　第4期
湖南省1982年老年人口分布规律的探讨　王志强　王桂香　《人口探索》　1986年　第1～2期
小城市也面临人口老化问题　王振业　张云芝　《人口与经济》　1986年　第5期
试析我国社会主义制度下的鳏寡老人　叶乃滋　《社会学研究》　1986年　第5期
湖南省人口老化趋势　叶杨宗　杨新民　《人口探索》　1986年　第1～2期
关于老龄化和老年社会保障问题　田雪原　《中国人口年鉴》　1986年
关于老年学和老年学研究的几个问题　田雪原　《老年学和老龄工作》　1986年7月
退休老年人口的爱好心理与家庭教育　孙少强　《天津人口》　1986年　第2期
老年人赡养问题是世界性的社会问题　任立忠　《人口与计划生育》　1986年　第1期
老龄问题的战略地位　刘成果　《黑龙江日报》　1986年12月7日　第3版
老龄化与生育政策的关系　江启龙　《老年学论文集》
计划生育与人口的老龄化——普通规律和中国的现实　邬沧萍　《中国老年》　1986年　第

5期

我国人口转变与人口政策之间的关系　邬沧萍　杜亚军　《南方人口》　1986年　第1期

经济发展与人口老年化　张开敏　陈先淮　《人口与经济》　1986年　第6期

论老龄工作的重大战略意义　张开敏　《人口》　1986年　第3期

从年龄结构看中国人口的老化问题　杜午禄　《社会学与社会调查》　1986年　第1期

试探退休职工工资统筹问题　李立奎　《人口》　1986年　第3期

社会保障与老年人再婚　李合龙　《人口与计划生育》　1986年　第1期

我国百岁老人居住地再探　李守明　《长寿》　1986年　第1期

发展为老年人的社会服务　邱志忠　《人口探索》　1986年　第1～2期

关于老年人口的划分和计算的几个问题　张康清　《社会与人口》　1986年　第1期

也谈我国的人口老化问题　沈瑞林　《河北人口》　1986年　第3期

中国社会养老的现状与趋势　李澍卿　《河北人口》　1986年　第2期

我国人口老化对社会经济发展的影响　武元晋　《长寿》　1986年　第5期

云南老龄人口的现状特征及其发展趋势　陈介荣　李宏国　《云南师范大学学报》　1986年　第2期

北京人口结构老龄化趋势及其社会影响　岩伟　《经济日报》　1986年5月24日　第1版

海南岛百岁老人状况及其长寿奥秘所在　陈印陶　刘炽光　《中山大学学报》　1986年　第1期

我国人口老化问题初探　季咏华　《人口探索》　1986年　第1～2期

必须注意提高老年人的社会地位　郑桂珍　《南方人口》　1986年　第1期

陕西省老龄人口婚居状况分析　林皓　洪援朝　《西北人口》　1986年　第1期

老龄人口婚居状况初探　林皓　洪援朝　《人口研究》　1986年　第2期

当前广东省老龄工作中的几个问题和对策　林道善　《南方人口》　1986年　第1期

老年人的智能与感情　赵兴中　《苏州大学学报》　1986年　第3期

关于老年人口抚养负担问题　南忠吉　《人口动态》　1986年　第1期

对我国的养老保障提点建议　郝建伟　《经济日报》　1986年12月14日　第2版

广西老年人口的现状及发展趋势初探——兼论经济体制改革中的老年人口问题　莫龙　底书贵　《老年学杂志》　1986年　第3期

广西“人口老化”问题的现状、趋势及其对策　莫龙　底书贵　《南方人口》　1986年　第2期

广西老年人口的现状及其特点　莫龙　底书贵　《人口与经济》　1986年　第4期

离休干部“老有所学”初探　徐兵　沈大荪　《社会学与社会调查》　1986年　第1期

长寿与影响长寿的诸因素　徐雅贵　《宁夏大学学报》（社科版）　1986年　第4期

人口老化过程之分析　徐勤　《西北人口》　1986年　第2期

老年的起点　徐勤　《人口学刊》　1986年　第4期

人口政策与老年保健问题　秦淞　《浙江人口通讯》　1986年　第4期

上海市区老龄人口基本状况和意愿的分析　桂世勋　李立奎等　《华东师范大学学报》　1986年　第3期

从战略高度研究和解决老年人问题　袁缉辉　《老年学杂志》　1986年　第3期

老年人价值问题的思考　唐德纯　《安徽人口》　1986年　第1期
人口老龄化及其必要对策　贾藻　《河北人口》　1986年　第2期
我国社会老龄化及其特征的初探　曾尔元　吕维善等　《老年学杂志》　1986年　第4期
关于老年人口问题的几点认识　曹明国　姚峰　《吉林大学社会科学报》　1986年　第3期
关于创建中国老年学的几个问题　曹明国　《人口研究》　1986年　第5期
山东省老年人口的现状分析　曹泽生　《山东人口》　1986年　第2期
我国老年人口浅析　董式珪　《老年学论文集》　1986年　第4期
略论河南省人口老化趋势及对策　程绍珉　《经济与人口论坛》　1986年　第1期
浅谈农村养老与计划生育　翟胜明　《人口动态》　1986年　第3期
闲暇时间与城市老人生活方式　潘穆　《社会与人口》　1986年　第3期
四川省各民族的婚姻状况及其对人口的影响　王端玉　《人口研究》　1986年　第5期
宁夏固原地区回族人口发展情况述略　刘永箴　《固原师专学报》(社科版)　1986年　第3期
对新疆生产建设兵团人口目标的设想　刘科　《新疆农垦经济》　1986年　第3期
中国各民族人口的文化素质状况分析　张天路　《人口学刊》　1986年　第4期
中国少数民族人口与民族繁荣问题　张天路　《人口探索》　第1～2期
中国少数民族人口的发展变化　张天路　《人口动态》　1986年　第1期
中国少数民族的少年儿童状况分析　张天路　《人口》　1986年　第3期
青海省少数民族的人口问题和计划生育　张伟　《西北人口》　1986年　第4期
鄂伦春民族人口的历史变化、现状和特点　宋杰　林盛中　《人口与经济》　1986年　第1期
云南省不同民族妇女生育的差异　张建华　《云南人口通讯》　1986年　第2期
内蒙古自治区鄂伦春族人口素质和社会构成的变化　沈斌华　《人口学刊》　1986年　第4期
浅析我国少数民族妇女的文化素质及职业构成与人口发展的关系　杨一星　《人口研究》　1986年　第3期
吉林省民族人口行业、职业构成分析　姚峰　《人口学刊》　1986年　第5期
鄂伦春族猎民人口与经济发展探讨　高建纲　《内蒙古社会科学》　1986年　第5期
河南省少数民族的人口状况　郭庭柏　《经济与人口论坛》　1986年　第1期
唐代西北少数民族人口研究　崔明德　马晓丽　《西北人口》　1986年　第2期
浙江山区畲族人口初探　韩常先　《人口动态》　1986年　第2期
试论贵州少数民族发展的原因　鲍延英　《贵州人口通讯》　1986年　第1期
我国少数民族人口的若干问题　熊郁　《西北人口》　1986年　第4期
浙西南山区城镇体系与布局战略探讨　王士兰　《浙江人口通讯》1986年　第1期
关于人口分布几个问题的定量分析　王桂新　《山东人口》　1986年　第2期
人口地理学概观　王嗣均　《人文地理学论丛》　1986年1月　人民教育出版社
山区内部承载人口潜力最大的是平原低丘地区　朱宇　《人口》　1986年　第3期
中国人口的地理特征　刘岳　陈为民　《地理知识》　1986年　第3期
影响我国人口分布的主要因素浅析　孙峰华　《山东人口》　1986年　第3期
河北人口分布与水资源的关系浅析　郑树桓　《人口与计划生育》　1986年　第3期
试论我国人口分布与土地资源的关系　贺交生　《南方人口》　1986年　第2期
研究人口应该重视地理环境的作用　胡焕庸　《人口研究》　1986　第2期

试析河北省总人口性别比地理分布　高元祥　《河北人口》　1986年　第4期

人口地理学的一个重大课题——“人口——粮食”平衡关系的研究(一)　夏伟生　《西北人口》　1986年　第4期

新疆人口垂直分布规律初探　原新　《西北人口》　1986年　第1期

关于我国城镇人口和乡村人口、农业人口和非农业人口的划分问题　黄凤岗　《统计》　1986年　第7期

唐代固始向闽越的两次大移民　王启　《中州今古》　1986年　第2期

经济体制改革中的北京市流动人口　王树新　冯立天　《人口与经济》　1986年　第1期

人口迁移是人口基本国策的重要内涵——关于全盘解决我国人口问题的刍议　田方　《动向与线索》　1986年　第9期

黑龙江地区的外国移民　石方　《学习与探索》　1986年　第4期

试析北京市人口迁移的基本规律及特征　石岩　《人口与经济》　1986年　第4期

国内迁移与人口迁移　冯浩华　《人口动态》　1986年　第2期

华侨与华侨人口范畴规定之我见　朱国宏　《南方人口》　1986年　第3期

开发西部与人口西移拓荒　刘德华　《人口学刊》　1986年　第2期

北京市区流动人口问题探讨　杜午禄　《人口与经济》　1986年　第1期

初论科技进步对人口迁移和人口分布类型的影响　陈冰　解书森　《人口》　1986年　第2期

关于人口迁移的对策选择　陈冰　解书森　《人口学刊》　1986年　第2期

人口迁移系统观　陈冰　解书森　《学习与探索》　1986年　第4期

人口迁移与科学技术进步　陈冰　解书森　《社会科学研究》　1986年　第1期

科技进步与人口迁移的交互效应及迁移对策　陈冰等　《人文杂志》　1986年　第4期

对我国流动人口的初步探析　张庆五　《人口与经济》　1986年　第1期

五十年代以来中国国内人口迁移的一般趋势　张庆五　魏津生　《人口动态》　1986年　第4期

阿勒泰地区近年来的人口逆向流动　陈汝国　《西北人口》　1986年　第2期

略论人口素质与人口移动　陈剑　《人口动态》　1986年　第6期

论宁夏南部山区人口转移问题　陈奕　《宁夏社会科学》　1986年　第5期

人口迁移变动的经济效益　李春林等　《中国经济问题》　1986年　第3期

柴达木地区国土开发中的移民问题　郝季秋　《西北人口》　1986年　第1期

中国人迁移美国的趋势和特征　赵景垂　《人口与经济》　1986年　第2期

我国人口流动状况及调整　秦品端　《南方人口》　1986年　第3期

我国农村人口转化与未来城镇发展趋势的总体设想　高振民　《人口》　1986年　第4期

从五十年代有组织的移民垦荒探析移民巩固问题　鹿立　王秀银　《人口研究》　1986年　第4期

城市发展的吸引力与人口动态迁移模型　董玛丽　《发展研究》　1986年　第2期

沈阳市城区人口流动状况探析　韩常森　《人口学刊》　1986年　第4期

农民进镇对人口质量的影响　路遇　《人口动态》　1986年　第1期

我国人口移动的基本方向　蔡瑞德　《中国经济问题》　1986年　第3期

经济改革中辽宁的人口城市化问题　尹文耀　《辽宁大学学报》　1986年　第1期
加快上海郊区城镇化发展之我见　王桂新　《人口研究》　1986年　第2期
上海郊区城镇化水平地区分布模式研究　王桂新　《人口》　1986年　第3期
从“都市首位度”和“四城市指数”的测定看我国城市化特点　王菊芬　《人口》　1986年　第4期
试论我国城镇化的道路（上）　王强　《天津人口》　1986年　第2期
中国城市化的空间战略与组织　王嗣均　《浙江人口通讯》　1986年　第4期
中国近期城市化速度和市镇人口的分配问题　王嗣均　《经济地理》　1986年　第2期
城市化、城镇化与地域单元　邢天河　《人口与计划生育》　1986年　第3期
云南省人口城镇化的步伐问题　李光灿　《云南人口通讯》　1986年　第2期
云南城镇人口发展战略初探　李宏国　彭永岸　《云南师范大学学报》　1986年　第3期
略谈台湾城市人口与城镇化特点　邵秦　《社会学研究》　1986年　第5期
经济开发与城市人口发展战略　李竞能　谢晋宇　《人口学刊》　1986年　第2期
人口城市化与大城市人口控制　李修波　《人口与计划生育》　1986年　第1期
从我国经济发展趋势看城市人口问题　李慧京　《人口动态》　1986年　第2期
优先发展经济与社会效益较高的城市——再论我国现阶段的城市化道路　钟荣魁　《社会与人口》　1986年　第4期
认识我国城镇化过程的隐蔽性　钟逢干　《南方人口》　1986年　第4期
我国城镇化过程中直接和间接人口再分布政策的影响　钟逢干　《南方人口》　1986年　第2期
上海“人口圈”的初探　秦美娇　《人口》　1986年　第3期
战后发展中国人口城市化的特点与评价　梁隆俊　《人口学刊》　1986年　第2期
河南人口城镇化问题的研究　董式珪　貊奇　《河南大学经济所论文选》　1986年
甘肃城镇人口合理布局的初步研究　蔡光柏　《人口学刊》　1986年　第2期
浙江山区人口发展与生态平衡　韦今来　金维杉等　《浙江人口通讯》　1986年　第1期
对人口、环境、资源问题的反思　王寿林　《人口学刊》　1986年　第5期
人口发展与森林资源的平衡问题　王保绪　《西北人口》　1986年　第3期
未来人口与生态关系　朱农　《未来与发展》　1986年　第5期
论人口发展与生态平衡　刘金瑞　《健康报》（计划生育版）　1986年10月24日　第2版
论人口控制与生态平衡　许韵立　翁月艳　《人口学刊》　1986年　第2期
从济南市看人口增长与环境的关系　张月君　李大秋　《山东人口》　1986年　第1期
甘肃人口增长对能源的压力及其对策　张志良　《西北人口》　1986年　第4期
中国人口与生态平衡　张敏才　《人口与经济》　1986年　第1期
从安徽生态环境、人口增长的变化看执行两个“基本国策”的重要性、紧迫性（上）　赵玉贵　《安徽人口》　1986年　第1期
新疆人类——生态问题研究　林丽　原新　《西北人口》　1986年　第3期
生态平衡与人口控制　阎正　《山东人口》　1986年　第2期
人口增长与环境恶化　熊大传　《人民日报》　1986年10月9日　第5版

何谓人口质量　方晓　《北方地理教学》　1986年　第2期
简谈人口质量与社会发展的关系　王瑞多　《牡丹江师院学报》(哲社)　1986年　第4期
提高人口文化素质是一项长期战略任务　沙吉才　《人口杂志》　1986年　第4期
新时期人口思想素质发展的新趋势　沙吉才　《中国人口年鉴》　1986年
优生的遗传基础和改善人口遗传素质　华启洪　《浙江人口通讯》　1986年　第3期
论人的生命概念在人口学研究中的意义　庄国慈　《医学与哲学》　1986年　第8期
优生与人口素质　杨光锐　《安徽人口》　1986年　第1期
人口素质问题刍议　吴进玉　《社会科学》　1986年　第3期
略论人口健康素质转变　陈剑　《人口学刊》　1986年　第3期
性别与人口　吴悦汉　《江西人口研究通讯》　1986年　第2期
只有一个地球——人口问题——人类行为的后果　姚敏华　《人口与优生》　1986年　第3期
试论人口的近亲婚配　秦品端　《山东人口》　1986年　第1期
论人口生育的直接相关因子　秦品端　《人口与计划生育》　1986年　第2期
有效地控制痴、呆、傻人的繁衍，提高人口素质　穆国忱　司保国　《人口学刊》　1986年　第4期
计划生育中的优生问题　戴星翼　《人口》　1986年　第3期

广东著名侨乡台山县人口构成特点及其对生育率的影响　方地　刘炽光等　《南方人口》　1986年　第2期
要重视对首都人口年龄结构的探讨和研究　刘大为　《学习与研究》　1986年　第3期
山西近代人口高性比例及其后果　行龙　《人口研究》　1986年　第5期
贵州人口发展的特点　吕左　张双成　《西北人口》　1986年　第2期
渡口市人口结构初析　孙兰逊　《人口研究》　1986年　第5期
经济特区人口的特点　庄求辉　《人口》　1986年　第1期
论西南人口的发展特征及战略设想　许改玲　《云南人口通讯》　1986年　第2期
澳门人口的增长、分布与构成　陈栋康　《人口与经济》　1986年　第1期
石河子地区人口年龄结构的特点　庞树桂　张珠凤等　《西北人口》　1986年　第3期
深圳经济特区人口变化特点分析　邵秦　《人口与经济》　1986年　第2期
改革开放与人口结构的变动　李稚　《广东社会科学》　1986年　第3期
天津市人口总量的变化及其特点　李竞能　吴国存　《人口理论与调查研究》　1986年　第1期
天津市的人口出生和出生率的特点及其发展趋势　张贵潮　《人口理论与调查研究》　1986年　第1期
澳门人口的基本特点　郑天祥　黄就顺　《南方人口》　1986年　第3期
江苏省盐城人口三大趋势　周俊鸿　《人口》　1986年　第1期
我国生育率转变的特点　林富德　《人口研究》　1986年　第4期
贵阳市人口年龄构成和发展趋势浅析　洪凌玉　《贵阳人口通讯》　1986年　第1期
人口系统的特性、结构与功能　夏凡　《人口学刊》　1986年　第4期

浙江省“六五”期间人口发展的特点　哲仁　《浙江人口通讯》　1986年　第4期
安徽省人口的基本特点　高本华　《安徽人口》　1986年　第1期
甘肃人口的特征、问题与发展　贾忠科　《西北人口》　1986年　第1期
浙江省人口家庭结构分析　韩常先　《人口》　1986年　第2期
吉林省人口年龄构成与人口增长及劳动增长关系的分析　曹铁铮　《吉林财贸学院学报》　1886年　第1期
佛山市人口变动情况初探　黄任华　《南方人口》　1986年4月
西南人口年龄的结构特征及对人口战略的关系　潘绍慧　《云南人口通讯》　1886年　第3期
“六五”期间山东省人口发展的特点　彭勋　张心侠　《山东人口》　1986年　第3期

拉美人口及其城市化　马寿海　《人口与经济》　1986年　第5期
非洲人口的发展　马翠媛　《西北人口》　1986年　第3期
当前世界人口发展中的两大问题　水工　《河北人口》　1986年　第2期
西亚人口的分布和迁移　王一鸣　《人口与经济》　1986年　第5期
印度海外移民问题浅析　王留栓　《人口》　1986年　第2期
日本经济高速增长过程中的人口过疏问题　尹豪　《人口学刊》　1986年　第5期
英国工业革命时期人口的增长和分布的变化　庄解忧　《厦门大学学报》　1986年　第3期
当代世界人口发展的特点　张枫　《南方人口》　1986年　第3期
法国入境移民和人口分析　严正元　《人口》　1986年　第2期
埃及的人口问题和埃及政府的对策　杜幼康　《阿拉伯世界》　1986年　第2期
未来世界人口的居住区域　张金龙　《科学之友》　1986年　第7期
英国工业革命和人口问题相互关系初探　陈紫华　《史学月刊》　1986年　第1期
发展中国家的城市人口问题——联合国“人口与城市未来”会议综述　张敬淦　《人口与经济》　1986年　第6期
世界人口发展的三种趋势　侯文若　《未来与发展》　1986年　第5期
苏联的城市化政策　姬由　孟雄　《南方人口》　1986年　第4期
世界未来人口年龄构成探析　南忠吉　《人口研究》　1986年　第3期
非洲八十年代的大饥荒和人口问题　胡崇庆　《人口》　1986年　第4期
世界人口预测　胡崇庆　《地理教学》　1986年　第3期
肯尼亚的人口与发展计划　封雄　《人民日报》　1986年5月14日　第7版
令法国人不安的低出生率　高书敏　《光明日报》　1986年7月7日　第4版
世界干旱、半干旱地区的人口增长与沙漠化　秦岭　《人口与经济》　1986年　第1期
美国人工流产的政策争议　辜胜祖　杜惠侬　《人口》　1986年　第3期
关于世界人口平均寿命的分析与我国人口平均寿命的增长趋势　徐勤　《人口研究》　1986年　第4期
印度的计划生育　莫惠芳　《人口研究》　1986年　第5期
世界人口城市化进程　盛朗　《人口与经济》　1986年　第6期
西方社会婚姻家庭变迁概观　康就升　《人口动态》　1986年　第3期

联邦德国的人口问题　黎一建　《人口与经济》　1986年　第4期

国际人口迁移的趋势　潘纪一　《人口》　1986年　第1期

加拿大人口发展与特点　蔡光柏　《南方人口》　1986年　第3期

中国城市人口概况　田雪原　《中国城市经济社会年鉴》　1986年

我国的人口问题　田雪原　《中国经济建设的若干理论问题》　1986年4月出版

广西人口的历史和现状浅析　莫大同　《广西师院学报》(哲社版)　1986年　第1期

香港人口发展和一些问题的对策　辜胜阻　孟雄　《南方人口》　1986年　第2期

补　遗

中国人口家庭规模和结构　马侠　《中国人口年鉴》　1985年

中国老年人口问题　么树本　甄令德　王若愚　《中国人口年鉴》　1985年

中国人口的城镇化问题　王向明　《中国人口年鉴》　1985年

中国人口婚姻状况分析　王树新　崔凤垣　《中国人口年鉴》　1985年

中国人口死亡率　王维志　《中国人口年鉴》　1985年

中国人口的在业状况　冯立天　《中国人口年鉴》　1985年

优生优育和提高人口素质　孙念怙　《中国人口年鉴》　1985年

中国人口的消费结构　卢春恒　李慧京　赵玉川　《中国人口年鉴》　1985年

人口和建设具有中国特色的社会主义　田雪原　《中国人口年鉴》　1985年

一九八四年中国人口分析　孙兢新　张庆五　《中国人口年鉴》　1985年

新中国人口发展概况　刘铮　《中国人口年鉴》　1985年

中国人口性别结构　成凤皋　《中国人口年鉴》　1985年

中国的人口政策　李宏规　《中国人口年鉴》　1985年

中国人口发展展望　邬沧萍　《中国人口年鉴》　1985年

中国的劳动力资源和就业　华荫昌　《中国人口年鉴》　1985年

人口与新技术革命　毕大川　《中国人口年鉴》　1985年

中国少数民族人口发展概况　张天路　杨一星　《中国人口年鉴》　1985年

中国人口和自然资源　李仰溪　《中国人口年鉴》　1985年

新中国的人口思想　张纯元　《中国人口年鉴》　1985年

中国人口的健康状况　何昌龄　《中国人口年鉴》　1985年

中国人口与文化事业的发展　张宪辉　金一伟　《中国人口年鉴》　1985年

中国人口与生态环境　张敏才　《中国人口年鉴》　1985年

中国妇女人口　李慕真　《中国人口年鉴》　1985年

中国人口与教育　周贝隆　《中国人口年鉴》　1985年

中国人口与体育事业的发展　郑玉春　王学东　《中国人口年鉴》　1985年

中国人口生育率分析　林富德　《中国人口年鉴》　1985年

中国人口的地区分布　胡焕庸　《中国人口年鉴》　1985年

中国人口的再生产　查瑞传　《中国人口年鉴》　1985年

中国人口的年龄结构　蒋正华　朱楚珠　《中国人口年鉴》　1985年

三、台、港、澳学者在台湾发表的部分论著

老年人行为适应之研究　杨琼珸　〔台〕　弘光护专学报　1977年6月5卷123—132页
台湾人口变动的预测　李文朗　〔台〕　台湾经济预测　1977年6月8卷2期49—71页
我国当前重要社会福利工作　王家铨　〔台〕　劳工研究　1977年10月49卷33—42页
六十五年台湾出生率回升之分析　李栋明　〔台〕　公共卫生　1977年10月4卷3期217—223页
中国旧式婚礼琐谈　少俞　〔台〕　新万象　1977年11月21卷47—51页
谈老年人安养问题专辑　杨乃藩　〔台〕　今日生活　1977年11月134卷14—19页
贫困老人问题的剖析与对策　周建卿　〔台〕　社会安全　1977年11月3卷3期54—78页
论重整孝德与老人的福利关系　谢康　〔台〕　社会安全　1977年11月3卷3期1—4页
对我国老年福利工作的建议　白秀雄　〔台〕　社会安全　1977年11月3卷3期14—17页
论提倡老人教育　黎圣伦　〔台〕　社会安全　1977年11月3卷3期25—27页
人口问题的新面貌　紫松林　〔台〕　法论　1977年11月7卷37—40页
当前人口问题严重而复杂　一介　〔台〕　劳工之友　1977年11月323卷10—12页
人口危机威胁超过核子危机威胁　时代杂志　〔台〕　国际现势　1977年11月1131卷13页
认识家庭计划　黄淑云　〔台〕　健康世界　1977年12月24卷90—91页
从退休谈人力资源之运用　朱文雄　〔台〕　大学杂志　1977年12月112卷39—40页
老人福利座谈会专家意见特辑　社会建设　〔台〕　社会建设　1977年12月32卷3—22页
简介我国的公共救助　劳工月刊　〔台〕　劳工月刊　1977年12月3卷12期3—4页
我国当前社会福利服务之范围与实践　孙文旺　〔台〕　社会建设　1977年12月32卷128—135页
社区发展与老人福利　陈秉璋　詹火生　〔台〕　社区发展季刊　1978年1月3卷79—84页
我国人力发展之规划　严犬秩　〔台〕　辅导月刊　1978年1月14卷3—5期24—30页
如何帮助老人安享余年　黄荣材　〔台〕　健康世界　1978年2月26卷85—88页
对台湾老人问题的一种建议　关锐煊　〔台〕　大学杂志　1978年2月113卷21—23页
略论香港社会福利与保险　昆崙　〔台〕中国地方自治　1978年2月30卷10期11—15页
台湾人口与粮食问题之发展趋势　刘武　〔台〕　财政经济月刊　1978年2月28卷2期9—12页
我国老年福利之设计与研究　白秀雄　〔台〕　实践学报　1978年3月9卷436—476页
台湾少年犯罪与人口结构的变动　李文朗　〔台〕　社会发展季刊　1978年4月4卷21—33页
瑞典老人福利政策之措施　王秋绒　〔台〕　社会发展季刊　1978年4月4卷41—46页
正视当前台湾人口问题　张弦　〔台〕　中国经济评论　1978年4月64卷4—5页
台湾人口增殖与经济发展　林聪藤　〔台〕　中国经济评论　1978年4月64卷6—9页
台湾岛内各地区人口净移动对人口组合的影响　蔡宏进　〔台〕　国立台湾大学农学院研究报告　1978年4月18卷1期144—154页
我国老人福利措施评价研究　白秀雄　〔台〕　民族社会学报　1978年5月16卷307—335页

从社会工作观点谈人口问题　邱创焕　〔台〕　工商月刊　1978年5月26卷5期15—25页
加速降低人口出生率　公健　〔台〕　今日财经　1978年5月198卷22—23页
工业社会中老人的退休问题　关锐煊　〔台〕　社会福利　1978年6月2卷43—50页
老人问题与老人服务　李建兴　〔台〕　社教系刊　1978年6月6卷77—81页
近年来乡村人口向都市迁移所产生的问题　黄大洲　〔台〕　中国论坛　1978年6月6卷5期10—14页
台湾人口移动的若干事实　蔡宏进　〔台〕　中国论坛　1978年6月6卷5期15—18页
人口问题与妇女地位　吕秀连　〔台〕　人与社会　1978年6月6卷2期33—37页
原始婚姻与家庭问题　杜望之　恒毅　〔台〕　1978年7月27卷12期23—26页
美国老年人的生活　林丰雄　〔台〕　公共卫生　1978年7月5卷2期142—144页
台湾的老人问题及其对策　陈拱北　〔台〕　健康世界　1978年7月31卷12—19页
人口压力与女性婚龄压力　一介　〔台〕　劳工之友　1978年7月331卷6—8页
非洲人口问题剖析　郑明杉　〔台〕　问题与研究　1978年9月17卷12期73—81页
美国老人福利措施之研究　陆光　〔台〕　社会建设　1978年10月35卷108—122页
世界人口问题与人口政策　毛树清　〔台〕　明道文艺　1978年10月31卷34—40页
试论汉代婚姻关系中的礼法观念　刘增贵　〔台〕　食货月刊　1978年11月8卷8期381—398页
我国就业服务制度之研究　方翊伦　张博卿　〔台〕　国际劳工评论　1978年11月2卷4期8—22页
美国就业服务制度之研究　马守智　〔台〕　国际劳工评论　1978年11月2卷4期23—35页
从国父中山先生的人口理论析论当前世界各国人口政策的趋向　林碧云　〔台〕　幼狮月刊　1978年11月48卷5期3—9页
台湾省人民家庭生活水准　毕战　〔台〕　中美月刊　1978年12月23卷12期6—7页
青年的创业与就业　连战　〔台〕　新出路　1979年1月14卷7期25—27页
台湾人口成长及其空间集中过程　施添福　〔台〕　国立台湾师范大学地理研究所地理研究报告　1979年1月5卷159—181页
人口问题新面貌——人口分布和人口迁移　柴松林　〔台〕　幼狮月刊　1979年2月49卷2期47—48页
当前青年就业问题及其解决途径　连战　〔台〕　新出路　1979年3月14卷9期8—11页
人口问题新面貌（二）——人口数量的增加　柴松林　〔台〕　幼狮月刊　1979年3月49卷3期62—63页
民国六十六年台湾地区青少幼年人口分析　吴蜀屏　〔台〕　主计月报　1979年3月47卷3期26—29页
开发中国家的人力资源设计　杨清喜　〔台〕　经济论坛　1979年3月3卷5期6—11页
台湾高山族之研究　肖美妮　〔台〕　台湾师专学刊　1979年4月1卷98—105页
台湾的现代化与老年人口问题　谢高桥　〔台〕　国立政治大学学报　1979年5月39卷245—277页
人口快速成长下开发中国家的就业问题　吴惠林　〔台〕　台湾经济金融月刊　1979年5月15卷5期30—37页
台湾地区人口成长中的几个重要问题　孙得雄　〔台〕　健康教育　1979年6月43卷30—38页

香港的人口问题　邓德　〔台〕　中国评论　1979年8—9月549—550卷17—19页

欧洲国家人口日渐减少的问题　〔台〕　大学杂志　1979年11月129卷62—63页

新潮流冲激下看婚姻与家庭的前途　张春兴　〔台〕　中国论坛　1979年12月7卷10期19—24页

人口问题的基本性质　蔡宏进　〔台〕　中国论坛　1979年12月9卷6期34—37页

近十年来台湾五大都市人口变动之研究　陈震东　〔台〕　台南师专学报　1979年12月12卷1—85页

中国家庭与中国文化　李亦园　〔台〕　中国地方自治　1980年1月32卷9期18—20页

高龄化社会及其问题　柴松林　〔台〕　社会发展季刊　1980年4月59卷79—102页

人口问题与社会政策　刘亮　〔台〕　人与社会　1980年4月7卷6期60—64页

殷周妇女生活的几个方面　贾士蘅　〔台〕　大陆杂志　1980年5月60卷5期7—40页

如何推行家庭计划？　朱后穗　〔台〕　大众医学　1980年5月30卷8期331—342页

高龄化社会及其问题　柴松林　〔台〕　社会发展季刊　1980年5月10卷46—49页

老人理论简介　关锐煊　〔台〕　社会发展季刊　1980年5月10卷50—54页

家庭环境的重要与现代父母在家庭中的角色　张惠蓉　〔台〕　文艺复兴　1980年6月113卷57—64页

失业之理论及其原因分析　徐立忠　〔台〕　社会建设　1980年6月40卷77—86页

香港社会的老人问题　宋元　〔台〕　中国评论　1980年6月559卷16—18页

建立新的老人伦理　詹火生　〔台〕　中国论坛　1980年6月10卷5期7—10页

降低人口成长率并实施优生保健　孙得雄　〔台〕　财政经济月刊　1980年6月30卷6期11—12页

正视人口问题之严重性　李国鼎　〔台〕　自由中国之工业　1980年6月53卷6期2—6页

1976年至1980年台湾人口研究参考目录　〔台〕　人口学刊　1980年6月4卷141—155页

台湾妇女劳动力需求之分析与预测　杨振荣　〔台〕　华冈法科学报　1980年7月3卷199—228页

社会与人口（一）　陈哲喜　〔台〕　公共卫生　1980年7月7卷2期151—162页

世界人口问题　邓辛未　〔台〕　问题与研究　1980年7月19卷10期76—89页

人口移动与家庭计划　蔡宏进　〔台〕　台湾经济研究月刊　1980年8月3卷8期14—21页

老人对社会之需求　徐立忠　〔台〕　社区发展季刊　1980年8月11卷29—38页

台湾地区社会发展与人口死亡水准及结构的变迁　蔡宏进　〔台〕　中国论坛　1980年8月10卷9期36—40页

从美国人口调查谈起　乃元　〔台〕　劳工之友　1980年8月356卷9—11页

世界人口发展的新趋势　世界商务周报　〔台〕　国际现势　1980年8月1277卷27页

社会与人口（二）　陈哲喜　〔台〕　公共卫生　1980年10月7期3卷296—308页

人口老化对社会安全之影响　黎伟卿　〔台〕　劳工月刊　1980年11月6卷11期3—7页

老年人口的转向问题　张镜予　〔台〕　社会安全　1980年12月4卷2期12—14页

老年学的新课题　胡鸿增　〔台〕　社会安全　1980年12月4卷2期24—27页

人口老化对社会安全之影响（二）　黎伟卿　〔台〕　劳工月刊　1980年12月6卷12期10—14页

社会与人口（三）陈哲喜　〔台〕　公共卫生　1981年1月7卷429—442页
人口问题专辑　邱创焕等　〔台〕　自由谈　1981年1月32卷1期14—21页
中国历史上人口压力的问题　赵冈　〔台〕　经济论文　1981年3月9卷1期29—56页
美国的老年问题　蔡文辉　〔台〕　中国论坛　1981年4月12卷2期36—41页
美国的家庭问题　蔡文辉　〔台〕　中国论坛　1981年4月12卷1期41—45页
老人学与老人医学　徐立忠　〔台〕　社会建设　1981年4月43卷67—81页
台湾的老人问题和老人福利：现况和对策　肖新煌　〔台〕　中国论坛　1981年4月12卷2期42—48页
人口问题　乃元　〔台〕　劳工之友　1981年4月364卷7—9页
老年人口及其精神障碍　林逸　〔台〕　社会建设　1981年7月44卷28—34页
爆炸性的人口问题　关觉生　〔台〕时兆　1981年8月76卷8期16—18页
社会与人口（四）　陈哲喜　〔台〕　公共卫生　1981年7月8卷2期186—192页
再谈香港老人问题　宋元　〔台〕　中国评论　1981年10月573卷16—18页
台湾地区人口分布与生活素质（上）　李国鼎　〔台〕　自由中国之工业　1981年10月56卷4期1—17页
社会与人口（伍）　陈哲喜　〔台〕　公共卫生　1981年10月8卷3期280—288页
马寅初及其新人口论　邓辛未　〔台〕　中国论坛　1981年10月13卷2期25—28页
人口问题之法律政策　朱柏松　〔台〕　社会科学论丛　1982年9月30卷181—204页
人口学的研究方法及其在历史人口现象研究上的应用　蔡宏进　〔台〕　思与言　1982年11月20卷4期49—56页
台湾地区的老年问题与其对策　汪玉龙　〔台〕　社会福利　1982年12月20卷16—38页
老年人口数量与未来趋势　廖正宏　〔台〕　社会福利　1982年12月20卷44—51页
老人就业服务之需求　徐学陶　〔台〕　社会福利　1982年12月20卷64—72页
老人问题与家庭制度　陈宇嘉　陈宽政　〔台〕　社会福利　1982年12月20卷73—89页
人口教育　金言　〔台〕　劳工之友　1983年4月388卷3—5页
人口现代化：社会经济发展及人口增长　附：历年台湾地区人口数及每年成长率（1905—1976）等六表　谢高桥　〔台〕　人口学刊　1983年5月6卷69—85页
台湾地区人口教育程度在过去二十五年期间之演变　范子华　〔台〕　主计月报　1983年6月55卷6期6—20页
中华民国七十年台湾地区青少幼年统计　张文燕　〔台〕　主计月报　1983年6月55卷6期27—38页
人口问题之相关性与时间性　黄定华　〔台〕　国教世纪　1983年6月18卷12期6—10页
人口压力与生活素质　赵文璋　〔台〕　中国论坛　1983年6月25日16卷6期44—46页
老人日增应有积极对策　王洛　〔台〕　新闻天地　1983年7月9日39卷28期13—15页
人口问题大论战　雪樱　〔台〕　新闻天地　1983年8月27日39卷35期16—20页
人口问题与家庭计划　〔台〕　卫生行政　1983年9月3卷5期9—17页
浅论我国婚姻与家庭制度的演变　朱重圣　〔台〕　文艺复兴　1983年10月146卷22—31页
正视台湾人口问题　李绍盛　〔台〕　今日财经　1983年12月265卷5页
高丽王室的婚姻问题分析　王民信　〔台〕　韩国学报　1983年12月3卷1—27页

台湾之人口老化与家庭结构　陈宇嘉　陈宽政　〔台〕　台湾银行季刊　1983年12月 34 卷4期271—279页

家族与家庭：兼论十九世纪的婚姻节段进化史　李树青　〔台〕东方杂志　1983年12月17卷6期16—22页

人口政策与国家发展　范珍辉　〔台〕中华学报　1984年11卷1期155—164页

人口与优生保健　许子秋　〔台〕　卫生行政　1984年1月4卷1期7—10页

人口与生殖医学　蓝忠孚　〔台〕　临床医学　1984年1月13卷1期1—6页

台湾的人口问题与解决途径　孙得雄　〔台〕　临床医学　1984年1月13卷1期7—13页

人口、人口问题与人口指标　杨志良　〔台〕　临床医学　1984年1月13卷1期14—20页

我们需要一个质量兼顾的人口政策——简介遗传疾病优生途径　武光东　〔台〕　临床医学　1984年1月13卷1期37—40页

人力规划及其预测方法（上）　吴家声　〔台〕　劳工之友　1984年3月399卷6—9页

台湾现阶段人口政策的探析　傅慧淑　〔台〕　中正岭学术研究集刊　1984年3月3卷191—202页

老人的生活和意识　周建卿　〔台〕　社区发展季刊　1984年3月52—59页

论最适人口理论与个人及社会福利　刘铮铮　〔台〕　大陆杂志　1984年3月68卷3期1—16页

从人地关系之对立论人口问题　杨华同　〔台〕　台北市银月刊　1984年4月15卷4期63—71页

近十年来台北市人口成长变动之研究　陈震东　〔台〕　台北文献　1984年4月67卷23—53页

台湾一般连续及回流迁移模式之探讨　附：依性别、年龄别、迁移类型别之人口迁移模式等表　熊瑞梅　〔台〕　东海学报　1984年6月25卷383—398页

正视我们的人口问题　江永盛　〔台〕助产杂志　1984年6月20卷6—10页

从优生保健法谈我国人口问题　吴惠林　〔台〕　中国论坛　1984年6月10日18卷5期28—30页

漫谈人口问题　赖秋吉　〔台〕　今日合库　1984年8月10卷8期98—112页

全人类面临的人口问题　〔台〕　国际现势　1984年8月20日1485卷12—13页

重论土地与人口问题　高信　〔台〕　政治评论　1984年9月42卷8期15—19页

人口迁移与就业　陈宽政　廖正宏　〔台〕　人口学刊　1984年9月7卷107—127页

台湾社会的变迁与老年人问题　黄素　〔台〕社会福利　1984年10月14卷7—10页

人口问题与人口教育　唐振明　〔台〕　国教之声　1984年10月18卷1期16—18页

人口因素对社区的影响　蔡宏进　〔台〕　台北市银月刊　1984年11月15卷11期1—13页

世界人口问题　邓辛未　〔台〕　问题与研究　1984年2月24卷3期88—99页

高雄市人口之分布与结构　陈震东　〔台〕　高雄文献　1985年1月20/21期179—236页

老年人将给法国社会带来活力（上）　赖金男　〔台〕　东方杂志　1985年3月18卷9期43—48页

太平洋盆地社会的人口观察　李斯民　〔台〕　社会研究　1985年6月25卷40—48页

台湾的人口问题　廖晓菁　〔台〕　社会研究　1985年6月25卷49—54页

第 X 部 分

人口活动大事记

1985年12月至1986年1月

为执行我国与联合国人口活动基金签订的“中国人口学人才培训中心项目”（CPR/85/P49）协议，法国巴黎政治经济学院著名人口学家、国际人口学会秘书长G·塔皮诺（G·TAPINOS）教授，来我国访问和讲学。在此期间G·塔皮诺先生访问了北京大学人口研究所、北京经济学院人口经济研究所、中国社会科学院人口研究中心、西安交通大学人口研究所、复旦大学人口研究所等单位。

1986年1月4日

天津市成立计划生育技术指导所。

1986年1月4日

南京《新华日报》发表题为《计划生育也是精神文明》的社论，指出：计划生育最根本的任务，是要改变人们旧的生育观，树立社会主义的生育观。

1986年1月6日

应印度议员人口与发展协会的邀请，以全国人大常委会委员、全国人大教育科学文化卫生委员会副主任委员胡克实为团长的中国人大人口代表团一行8人，赴印度进行友好访问。

1986年1月6日至10日

中共广东省委、省政府在东莞市召开全省计划生育工作会议，部署“七五”期间人口发展规划。

1986年1月7日至10日

福建省第五次人口科学讨论会在泉州市召开。

1986年1月7日至10日

各省、自治区、直辖市人口普查办公室主任、计算站站长工作会议在京召开。这次会议的主要内容是讨论研究进一步开发利用人口普查资料，建立国家级、省级人口数据库问题。

1986年1月11日

江苏省计划生育培训中心在常熟市成立。

1986年1月11日

广东老年学研究会在广州成立。该会将开展老年学及有关老龄问题的系统研究。

1986年1月15日至19日

河南省老年学学术研讨会在郑州市召开。

1986年1月20日至29日

应国际计划生育联合会的邀请，以中国计划生育协会副会长周伯萍为团长的中国计划生育代表团一行6人，对英国进行了访问。

1986年1月21日

应北京经济学院人口经济研究所邀请，联合国国际开发署技术顾问罗依博士对该所进行了访问。

1986年1月24日

全国人口教育经验交流会在北京教育学院举行。与会代表认为：控制人口数量，提高人口质量，要靠几代人的努力，人口教育要成为中学教育的重要组成部分。

1986年1月27日

经贸部、联合国人口活动基金驻华代表处在京就执行中日P54项目举行评审会议。中国老龄问题全国委员会与日本家族计划国际协力财团参加了这次会议。双方都认为中日老龄问题对比研究取得了初步成果。

1986年2月28日

国家统计局关于1985年国民经济和社会发展统计公报第十项报导：据各省、自治区、直辖市413个县（市）的抽样调查，1985年人口出生率为17.8‰，死亡率为6.57‰，自然增长率为11.23‰。按抽样调查资料推算，年末全国总人口为104639万人，比上年末增加1 164万人。

1986年3月1日至4日

由国家计划生育委员会召开的全国计划生育先进集体、先进个人表彰大会在北京举行。党和国家领导人万里、余秋里、郝建秀、薄一波、周谷城、宋平、康克清等出席了大会，来自全国各地的600多位代表出席了会议。会议向计划生育先进单位、先进集体及先进个人发了奖。万里同志在大会上作了重要讲话，传达了中央对计划生育工作的指示精神，强调了计划生育工作作为基本国策的重要地位。大会最后一致通过了《全国计划生育先进集体、先进个人表彰大会倡议书》。

1986年3月5日至7日

全国各省、自治区、直辖市、计划生育委员会主任会议在京召开。会议回顾总结了“六五”期间我国计划生育工作的基本经验，对“七五”期间我国计划生育工作进行了部署。

1986年3月6日

国务院第三次人口普查领导小组会议宣布：世界上规模空前巨大的我国第三次人口普查工作已经胜利完成。通过普查取得的准确、丰富的国情资料，对于从我国实际情况出发指导社会主义现代化建设，更好地制定和执行人口政策，安排好人民的物质和文化生活，具有重大意义和长期有益的作用。这项普查对世界人口情况的研究也是一个重要贡献。

1986年3月6日

云南省人口发展战略研究中心在昆明成立。

1986年3月8日至13日

全国计划生育基层工作经验交流会在北京召开。各地计划生育委员会的领导同志和基层代表150余人参加了会议。会议要求今后的基层计划生育工作应把坚持提高社会效益作为唯一准则，并与社会主义精神文明建设结合起来，用扎扎实实的工作引导亿万群众摆脱旧思想，改变生育观，保证“七五”期间人口计划的完成。

1986年3月12日至27日

国家计划生育委员会派出科技小组访问了巴基斯坦，签定了中巴计划生育科技合作议定书。

1986年3月16日至18日

中国计划生育协会在北京召开第一次全国代表大会，参加这次会议的114位代表分别来自各地计划生育单位和各有关部门。与会代表一致通过了中国计划生育协会申请加入国际计生联东亚、东南亚及大洋州地区组织的决议。

1986年3月25日

《人民日报》报道：我国医学科研工作者发现了182种在世界上首次报告的染色体异常新核型。这一成果将被载入国际权威医学专著《人类染色体异常与变异登记库》，作为全人类共有的遗传科学和妇产科学的重要资料。

1986年3月27日至31日

全军计划生育工作会议在北京召开。

1986年3月28日

国务院人口普查办公室和中国人口学会邀请在京有关部门的专家、学者、就解放以来我国人口的出生率、死亡率的核正方法进行了认真的讨论，并对进一步完善人口出生率、死亡率校正方法提出了建议。座谈中，专家们一致认为，我国人口研究工作应加强横向联系。人口统计部门和科研部门的密切合作，将有助于我国人口研究工作的开展。

1986年4月2日至6日

四川省人口学会在重庆市召开四川省首次人口素质讨论会，与会代表围绕人口素质研究的对象、概念、内容及人口素质的指标体系，提高人口素质的途径与对策进行了广泛的讨论与商榷。

1986年4月2日

《四川日报》报道：经国家教育委员会批准，四川省计划生育管理干部学院从今年起开始面向四川、云南、贵州三省招生，以培养基层计划生育管理干部为主要任务。

1986年4月6日

《经济日报》报道：北京市保险公司决定开办“母婴安康保险”，在东四妇产医院试行。保险公司承担分娩期间因意外事故引起的产妇或婴儿身亡的经济补偿。这种保险在北京市尚属首创。

1986年4月8日至5月17日

中国中学人口教育代表团到菲律宾考察访问。

1986年4月15日至20日

全国老年学学术讨论会在京召开。会议期间成立了我国第一个全国性的以老年生物学、老年医学、老年心理学、老年人口学、老年经济学和老年社会学为主要研究内容的中国老年学学会。会上通过了学会章程，成立了第一届理事会。梅益同志当选为会长。中国老年学学会将联系我国实际，进行老年学学术研究，发展老年科学事业，为党和政府制定解决老龄问题的方针、政策提供科学依据，发挥咨询作用。

1986年4月17日

受国家计划生育委员会委托，上海市隆重召开大会，向全国计划生育工作先进集体、先进个人颁发奖状和荣誉证书。

1986年4月20日

卢嘉锡在全国老年学学会成立大会上提出，上海在全国已率先成为“老年市”。

1986年4月21日

联合国人口活动基金会驻华副代表拉奎安博士和高级项目官员贾文生访问湖南省。

1986年4月23日

《中国人口问题系列著作》（暂定名）编写工作会议在北京召开。该书包括妇女生育率、人口死亡率、老年人口、城市人口、妇女人口、农村人口、少数民族人口、闽粤人口迁移、中国三大城市人口、中国人口就业、人口素质、人口分布、人口性别年龄结构、中国人口思想史、婚姻家庭、人口普查与统计等17个分册。参加编写工作会议的有中国人民大学、北京大学等10多个高校人口学研究机构的专家、教授和有关业务人员。

1986年4月23日

中共中央顾问委员会主任邓小平会见日本前首相、日本国际人口问题议员恳谈会会长福田纠夫时说：“中国对人口的增长实行严格控制，是从我们的切身利益出发的。我们力争在本世纪内把人口控制在12亿。这是中国的重大战略决策。”邓小平说：“国外有些人希望中国不实行计划生育，这是想让中国永远处于贫困状况。我们认为，实行计划生育可以使中国更快地发达起来。”

1986年4月25日至5月1日

中国计划生育协会副会长季宗权等2人应美国前总统、埃摩瑞大学卡特中心主任吉米·卡特邀请，访问美国并出席了在佐治亚州亚特兰大市举行的“过去和现在的危害，全球卫生咨询会议”。会上，季宗权副会长介绍了中国的计划生育情况。

1986年4月28日至30日

应中国计划生育协会邀请，国际计划生育联合会培训主任大卫·米尔斯在石家庄市考察河北省计划生育协会工作情况。

1986年4月29日

由我国卫生部和世界卫生组织联合举行的国际调节新进展学术讨论会在杭州市举行。这次会议是我国与世界卫生组织开展计划生育科技合作以来第六次联合召开的学术交流会议。在这次讨论会上，各国专家回顾和评价已有的各种节育措施的效果及存在的问题，并讨论这个领域中的新进展。11个国家和地区的200名专家和科技工作者参加了会议。

1986年5月5日

华东地区优生学术会议在合肥市召开。

1986年5月6日至9日

湖南省人口学会在祁阳县召开第四次年会及学术讨论会，会议讨论了农村人口转移问题，选举产生了第二届理事会。

1986年5月6日

北京市人口学会、市社科联、市社科院、市计生委、首都发展战略总体部在北京联合召开首都人口发展战略研讨会。会议就人口素质、人口老化、人口控制与人口流动及其对首都社会经济发展的影响，进行了认真的讨论。

1986年5月11日

全国人大常委会委员长彭真打电报给非洲议员人口和发展会议，代表人大常委会和中国人民最热烈地祝贺这次会议的召开。贺电说：“人口问题是当前世界上的一个带有战略意义的重大问题，世界各国，特别是发展中国家更为关注。”

1986年5月11日至13日

国际计划生育联合会东亚、东南亚及大洋洲地区主席坦布、联合主席片桐为精和地区主任巴兰一行3人，在我国计划生育协会副秘书长魏绍杰陪同下，对重庆市进行了友好访问。

1986年5月14日

上海市计划生育协会、上海市人口学会、上海市计划生育科学研究会、上海市人口情报中心技术咨询委员会联合举办“上海人口和计划生育信息发布会”。以信息发布会的方式传递人口和计划生育方面的最新信息，这在全国还是首次。

1986年5月15日

全国人大常委会委员何英在非洲议员人口和发展会议上介绍我国人口政策时指出，人口的增长一定要和经济、社会的发展相适应，与环境和自然生态平衡相协调。

1986年5月19日至6月2日

“人口统计、分析与测算技术讲习班”在杭州举办。参加学习的有来自全国12个省、市、自治区的30多名从事人口科学研究和实际工作的人员。讲习班讲授了人口统计知识、人口分析技术、人口测算技术等方面的最新内容。杭州大学研究人员分别作了有关“人口城市化问题”、“马克思主义再生产理论与两种生产”、“中国人口政策”、“婚姻家庭与人口再生产”、“人口与生态”等专题报告。

1986年5月20日至28日

老龄问题国际讨论会在北京召开。讨论会就人口结构变化，人口老化与社会和经济发展的关系及国家、社会、家庭对老年人的供养等问题进行了探讨。会议认为解决老龄问题关键在于发展生产。全国政协副主席雷洁琼在讲话中指出，对人口老化问题，国家要制定相应的人口政策，并进行经济和社会体制改革加以解决。

1986年5月21日至26日

武汉、广州、大连、沈阳、西安、哈尔滨和重庆7个市计划生育委员会领导和部分计划生育委员会负责人在重庆市举行7个计划单列城市计划生育协作组第二次年会。

1986年5月28日至29日

安徽省第二次计划生育先进集体、先进个人表彰大会在合肥市召开。

1986年6月3日至8日

全国人口性别比研讨会在合肥市召开。国家计划生育委员会主任王伟出席了会议。参加会议的有各省、市、自治区计划生育委员会和部分大专院校、社会科学院人口研究机构的代表共60多人。会议主要内容是研讨我国人口特别比的演变历史、现状和今后趋势，并对局部地区性别偏高的原因作了探讨。这次研讨会对我国人口性别比的研究具有较大的推动作用。

1986年6月9日至7月5日

中国老龄问题全国委员会副主任魏恒仓、组织协调室程上哲、中国社会科学院人口研究所所长田雪原、天津市社会科学院社会学所副所长胡汝泉一行5人赴日，与日本老龄问题专家就“人口老化与家庭”、“人口老化与就业”等课题进行比较研究。

1986年6月26日

公安部首次公布1985年底我国城市人口统计资料：

城市—324个；

总户数—5 351万；

总人口—21 187万。

1986年7月3日

上海老年保健医疗研究会成立。该会是从事老年保健医疗和老年医学研究的学术性群众团体。

1986年7月4日

全国计划生育科技成果奖励表彰大会在北京举行。“六五”期间，我国计划生育科研工作取得21项重要科研成果。国家计划生育委员会对1985年评定的48项部委级计划生育科技进步奖项目进行了表彰。

1986年7月20日至24日

湖南省人口学会和省计划生育委员会联合召开“计划生育与社会综合服务”学术讨论会。

1986年7月23日至27日

全国人口变动情况抽样调查会议在贵阳市召开。

1986年7月14日至31日

江西省教委和江西教育学院组织承办“全国中学人口教育师资讲习班”，讲习班的内容为中学人口教育的监测与评估。国家教委中学司、北方8省（市）的教委、教育学院和部分开展人口教育的试点中学的代表，以及联合国人口活动基金的克鲁兹博士、蒋珍妮女士等58人参加了讲习班。

1986年7月21日至24日

河南省人口学会与省计划生育委员会联合召开河南省第7次人口科学讨论会。会议讨论了经济体制改革形势下如何加强计划生育管理，以及两个文明与计划生育的关系等问题。参加这次会议的代表共62人，提交论文25篇。

1986年7月24日

宁夏回族自治区计划生育协会在银川市成立。

1986年7月27日至31日

国家计划生育委员会在贵州省安顺市召开“全国计划生育政策研讨会”。29个省、市、自治区（除台湾省外）的从事计划生育工作的代表在会上进行了讨论研究。

1986年8月2日至6日

西北五省区优生学术讨论会在乌鲁木齐市举行。

1986年8月3日

联合国人口活动基金官员阿瑟菲和劳埃德先生考察福州市郊区洪山乡计划生育工作。

1986年8月10日至15日

由联合国人口活动基金与我国合作的大学人口培训与研究项目人口死亡研究学术讨论会在哈尔滨市举行。

1986年8月18日

应安徽大学人口研究所的邀请，联合国人口活动基金驻华代表处副代表拉奎安博士一行3人访问该校人口所。

1986年8月19日至9月15日

国家统计局人口统计司在甘肃省兰州市召开“中国第二期深入的生育力调查”抽样技术研讨会。

1986年8月25日至30日

中国城市科学研究会首届年会在天津市召开。

1986年9月6日

广东省人口学会第三届会员大会在广州市召开。

1986年9月8日

西南五省市召开第二次计划生育工作协作会议。

1986年9月10日至12日

中国老年学会副会长、中国人民大学人口研究所副所长邬沧萍教授代表中国老龄问题全国委员会参加由联合国在日本东京召开的“人口结构国际会议”。

1986年9月10日至14日

国际学术会议组委会在北戴河召开人口城镇化与城镇人口问题学术讨论会。

1986年9月12日

为期3天的“世界人口结构和人口老化问题专家讨论会”在东京结束。这次讨论会是联合国委托日本主持召开的。日本、美国、中国、法国、埃及等12个国家的大约30名专家参加了讨论会。与会专家就人口老化现状、老化原因、后果和对策进行了认真的讨论。中国人民大学邬沧萍教授在会上作了题为《老年人对社会的贡献》的报告。

1986年9月14日

《经济日报》消息，北京东方健身长寿中心联合有关民间团体倡议将农历九月初九定为“中国老人节”，并在该月内举办盛大的老年联欢活动。

1986年9月18日

《人民日报》报道，我国人口年龄结构趋向“老年型”。对养老保险问题应高度重视，及早解决。

1986年9月22日至26日

湖北省老龄问题工作会议在武昌市举行。会议强调关心老龄事业，加强老龄工作，推动社会进步。

1986年9月24日

西北五省区人口科学讨论会在乌鲁木齐市举行。

1986年10月16日

中国人口情报网在北京建立。中国人口情报网由中国人口情报中心、各省、自治区、直辖市的人口情报机构及有关大专院校、研究所的情报资料部门组成。

1986年10月16日

亚太地区人口情报网专家工作组会议在北京举行。亚太地区11个国家和国际组织的人口情报学专家参加了会议。

1986年10月16日

全国计划生育精神文明建设经验交流会在江苏省张家港市召开。国家计划生育委员会主任王伟到会讲话。

1986年10月22日

《人民日报》报道：我国人民的生育观念发生了新的变化。2 400万对育龄夫妇只生一个孩子。

1986年10月22日

由亚太经社委员会人口司和中国人民大学人口研究所联合举办的亚太地区死亡率和健康问题讨论会在北京召开。来自亚太地区各国和有关机构的40位代表和专家在会上交流有关死亡率、健康、社会政策、社会发展、经济发展等问题的看法，并向亚太地区各国提出相应的建议。国际人口学会常任理事局理事、中国人民大学人口研究所所长刘铮教授在发言中指出：“我国的人口问题研究已经由以生育率为重点，转到提高人口质量的研究方面”。周谷城、袁宝华、联合国亚太经社委员会人口司司长尼蓬等出席了会议。

1986年10月22日

全球人口情报网顾问委员会会议在北京召开。全球人口情报网网络了105个国家，中国是成员国之一。

1986年10月29日至11月4日

全国哲学社会科学“七五”规划会议在北京举行。“中国老年人口调查和老年社会保障改革研究”、“我国人口老化与社会经济良性运行的相互关系研究”、“人口发展战略比较研究”、“人口城市化模式与发展道路问题研究”、“人口迁移问题调查研究”、“人口素质现代化与社会主义现代化关系问题研究”被列入“七五”期间的重点研究课题。

1986年11月1日至4日

以联合国人口活动基金驻华副代表拉奎安为首的需求考察组对甘肃省兰州市进行考察。

1986年11月3日至6日

中国人口学会和湖北省人口学会在宜昌市联合召开“中国人口发展战略理论讨论会”。来自国家人口科研部门、部队和14个省（区、市）大专院校、科研单位的专家、学者及实际工作者认真讨论了我国人口发展战略问题。专家们认为，我国人口发展战略必须坚持服从我国经济建设的总布局，使人口发展与经济、社会发展相适应；与资源、生态平衡、环境保护相协调。与会者提交近百篇论文，30多位代表在大会上发言。

1986年11月4日至7日

浙江省人口学会在湖州市召开1986年年会。年会以党的十二届六中全会通过的《关于社会主义精神文明建设指导方针的决议》为指导，探讨在经济体制改革新形势下的有关人口问题。会议就有关人口再生产、人口素质、生育政策、农村剩余劳动力转移、人口城市化、城市人口等问题进行了讨论。

1986年11月11日

联合国人口活动基金考察组拉奎安一行对宁夏回族自治区进行考察。

1986年11月14日

应全国人大科教文卫委员会邀请，美国国会众议院人口发展专门小组主席詹姆斯·舒耶一行访华。在此期间与中国社会科学院人口研究中心主任田雪原等进行了座谈。美国大使馆二等秘书陈建思在座。

1986年11月17日至23日

中国社会科学院人口研究中心和四川省社会科学院在四川省成都市联合召开“经济体制改革中人口与就业问题学术讨论会”。与会代表就人口数量控制和提高人口素质、农村剩余劳动力转移和城市化、劳动就业和劳动力素质等问题进行了深入的研究和探讨。出席会议的有中央国家机关和四川省有关部门、社会科学院系统、高等院校、新闻单位和其他有关单位的代表、专家学者、实际工作者共91人，提交论文50余篇。

1986年11月27日

健康报计划生育版由于每周全面深入地向全国报道计划生育方面的消息，获美国人口学会1986年度全球人口新闻报道奖。

1986年11月28日至30日

江西省中学人口教育经验交流会在南昌市举行。会议交流了全省各试点中学开展人口教育的经验，研究了有关问题，并就今后更好地开展和推动江西省中学人口教育作了具体部署。

1986年11月

全国高等教育自学考试指导委员会和国家计划生育委员会批准在福建省开考高等教育自学考试人口学专业。主考学校为中国人民大学和复旦大学。

1986年11月

国家计划生育委员会办公厅副主任李宏规在接受英国《远东卫生》杂志记者戴安娜·史密斯采访时，回答了记者提出的一些有关我国人口生育政策的问题。

1986年11月28日至12月6日

根据我国与加拿大社会科学院人文科学研究理事会学术合作备忘录，中国社会科学院人口研究中心副主任沙吉才等一行4人赴加拿大进行劳动就业和老年人口问题考察。

1986年11月28日至12月6日

应国际经济协会邀请，中国社会科学院人口研究中心研究员王向明赴印度参加国际经济讨论会第8届大会，向大会提交了一篇论文并了解了学术动态，特别是不发达国家在人口经济学领域的理论和实践。

1986年12月1日至5日

国务院在北京召开全国计划生育工作会议。出席会议的有各省、自治区、直辖市主管计划生育工作的领导和计划生育委员会主任，及中央、国务院有关部委、单位的负责同志100多人。赵紫阳总理、万里副总理到会作了重要讲话。这次会议的任务是，通报分析当前的人口形势，统一思想认识，重申政策，讨论完成“七五”期间到本世纪末控制人口增长的措施，以便继续抓好计划生育工作，努力完成“七五”人口规划，争取到本世纪末将我国人口总数控制在12亿左右。

1986年12月13日至21日

应英国剑桥大学人口与社会结构研究所负责人的邀请，中国社会科学院人口研究中心副主任马侠和北京大学人口研究所所长张纯元副教授等赴英进行专题学术访问。

附　　录

“第二次亚太地区人口情报网专家工作组会议”和“全球人口情报网顾问委员会会议”综述

李艳秋

由联合国秘书处人口司、亚太经社会人口司与中国人口情报中心联合举办的“第二次亚太地区人口情报网专家工作组会议”和“全球人口情报网顾问委员会会议”于1986年10月16日至20日和10月22日至25日相继在北京举行。国家计划生育委员会副主任常崇煊在开幕式上讲了话。两个会议的宗旨为：促进各网络成员国机构间人口情报资料的交流，实现资源共享，以此加强地区及全球人口机构的联系和人口情报活动的合作。

亚太地区人口情报网于始建于1984年。目前已有13个成员国，为加强国家级人口情报中心及网络建设，1984年在泰国曼谷召开了第一届亚太地区人口情报网工作会议。

“第二次亚太地区人口情报网专家工作组会议”由亚太经社会人口司司长尼布抗先生主持。出席会议的国际代表、观察员及工作人员共24人。除巴基斯坦外，亚太地区人口情报网12个成员国（按字母顺序排列）阿富汗、孟加拉、中国、印度、印度尼西亚、南朝鲜、马来西亚、尼泊尔、菲律宾、斯里兰卡、泰国、越南均派代表出席了会议。缅甸、联合国秘书处人口司、联合国人口活动基金、世界卫生组织等国家和国际组织派观察员列席了会议。中国出席会议的代表、观察员、业务顾问计24人。他们分别来自国家计划生育委员会，中国人口情报中心、天津、辽宁、上海、广东、四川、陕西等省、市人口情报中心，江苏和哈尔滨人口情报研究所。会议期间，亚太地区人口情报网12个成员国的代表均做了国别报告，总结并交流了经验。中国人口情报中心还就中国人口情报网的建设作了发言。联合国中口活动基金等国际组织的代表也在会上发了言。代表们就如何加强地区及分地区情报网的合作，促进情报成果的利用，实现资源共享及情报工作计算机化等问题分组进行了讨论。会议结束时，亚太经社会人口司司长尼布抗先生向与会代表颁发了证书，并通过大会决议。

全球人口情报网是在联合国的支持下，为促进国家和地区间人口情报活动的合作而建立的国际组织。目前参加该组织的有108个国家和地区的情报单位，图书馆和情报中心。中国人口情报中心于1984年被接纳为该网络正式成员。

“全球人口情报网顾问委员会会议”由联合国秘书处人口司司长查斯特兰德先生主持。全球人口情报网协调股的4位成员及来自亚太经社会人口司情报交换处、菲律宾大学群众宣传研究所，非洲经社会人口司、拉丁美洲人口研究中心，法国国立人口研究所国际合作委员会、国际计划生育联合会（伦敦）、联合国人口活动基金、国际劳工组织（日内瓦）、东南亚国家联盟人口情报网等国际组织的8位全球人口情报网顾问委员出席了会议。参加亚太地区人口情报网专家工作组会议的代表及观察员列席了会议。会议总结了1984年9月至1986年9

月期间取得的工作成绩及存在的问题。为了加强网络建设，顾问委员们还提出了很多好建议，并通过了1987年工作计划，确订了下次会议的时间、地点等。

这两个会议的召开，增进了世界各国，特别是亚太地区各国家间的相互了解，加深了与会代表们对人口情报在控制人口和计划生育工作中的作用。将会引起各国政府重视人口情报机构的建设和人口信息利用，有助于促进地区及全球人口情报的交流，加强各国人口情报机构的联系，为建立更有效的全球范围人口情报网奠定了基础。

（作者工作单位：中国人口情报资料中心）

北京“老龄问题国际讨论会”综述

王若愚　宋玉华

由中国老龄问题全国委员会和美国老年学学会联合发起共同主办的北京“老龄问题国际讨论会”于1986年5月20日至23日在北京举行。参加讨论会的有中国、美国、加拿大、日本、泰国、澳大利亚和香港地区的专家、学者共30余人。联合国人口活动基金驻北京代表处、国际社会保障协会等国际组织的代表应邀出席了大会。中国国家机关、科研单位和群众团体的代表150多人出席了5月20日上午举行的开幕式。“国际讨论会”组织委员会主席、中国老龄问题全国委员会主任于光汉首先致开幕词。讨论会组织委员会副主席、美国老年学会主席劳顿在开幕会上讲了话。全国人大常委会副委员长周谷城出席开幕式并做了重要讲话。中国老年学学会会长梅益在开幕会上也讲了话。会上还宣读了中央军委副主席、中国老龄问题全国委员会名誉主任聂荣臻和全国政协副主席、中国社会学会会长费孝通的贺信。全国政协副主席、著名的女社会学家雷洁琼教授参加了开幕式及讨论会并发表了论文。

在我国首次举办的“老龄问题国际讨论会”上有23位中外专家的论文进行了交流讨论。与会专家一致认为，这些学术论文有极高的学术价值，对世界各国开展老年学研究和解决老龄问题有一定的促进作用。与会专家们充分发扬民主，畅所欲言，着重就以下几个问题进行了深入地探讨和研究：

一、人口老龄化日益严重，应早做运筹，迎接老龄化的挑战

与会专家一致认为，老龄问题是当今世界上重大的社会问题。世界人口年龄结构还在发生变化，人口老龄化已成为世界人口发展的总趋势。据联合国统计，全世界60岁以上的老年人数：1950年为2.1亿，1975年为3.5亿；据预测，2000年将为5.9亿，2025年将为11.2亿。在此期间，世界人口总数将由25亿增加到82亿，增长2.3倍；而老年人口将增长4倍多。可见，老年人口的增长速度大大快于人口增长速度。目前，全世界老年型的国家和地区已达43个。欧洲、北美、大洋洲等地区的发达国家人口老龄化的问题十分突出。有些发展中国家人口老龄化的迹象也已显露。对此，专家们呼吁，应当引起各国政府的高度重视，及早采取对策和措施。中外专家据预测认为，中国人口年龄结构正迅速向老年型过渡。到2000年老年人口将达1.3亿，将成为老年型国家；2025年将达2.8亿；2025年将达3.7亿。可见，不仅中国老年

人口数量之多居世界首位，而且老龄化速度之快在世界人口发展史上也将是少有的。特别是中国的老龄化社会将在小康生活水平实现前夕到来，对此应当引起中国政府的高度重视，早做运筹，积极迎接老龄化的挑战。

与会专家认为，各国都面临着一个共同的问题：即，如何才能保证供养这些日益增多的老年人，安排好他们的晚年生活，如何维护他们的尊严和使他们受到尊敬。建设各国加强友好合作，积极交流解决人口老龄化的有益经验和对策，互相借鉴，把人口老龄化问题解决好。

二、人口老龄化对社会经济发展的影响及其对策

与会专家认为，人口老龄化对社会经济的发展产生广泛而深刻的影响，涉及到社会生产、社会生活、社会关系等各方面，既影响到人类社会的现在，也影响到人类社会的未来。人口老龄化的主要影响，一是将引起劳动人口的老化与更新以及老年劳动力资源的利用，市场需求变化也将引起产业、生产结构和产品门类的调整；二是社会抚养老年人的比重加大，养老金、医疗费、社会福利和社会救济费用日益增多，国家经济负担加重，将引起分配关系、社会保障政策和制度的相应地调整，处理不好就将影响国民经济的发展速度；三是老年人的特殊需要增加，在医疗保健、文化娱乐、衣食住行等各方面都将提出许多新的要求，这就需要相应增加有关设施，加强对老年人的特殊照顾和社会服务；四是在老年人的价值观、人际关系、家庭关系、社会道德风尚、老年权益保障等方面，将引起很大变化，出现许多新的问题，等等。

与会专家认为，现在应该总结并收取人口老龄化较严重的国家的经验教训，要互相学习，借鉴有益的经验，结合各自国家的实际情况，摸索出一条解决好人口老化问题的新路子。专家们认为，从美国、日本、加拿大、澳大利亚、中国、泰国的经验教训看，解决人口老龄化的主要对策和措施有以下几点：一是及早加强对人口老龄化的宣传教育，提高认识，充分认识其战略意义；二是建立老龄工作领导机构，为搞好老龄工作和解决好人口老龄化问题有相应的组织保证；三是建立老年科学研究机构，积极开展老龄问题的科学研究，为解决人口老化问题提供科学的理论依据；四是要及早统筹规划，建立和完善法规，把解决人口老化问题的规划到入社会发展规划；为维护老年人的合法权益应当建立“老人法”、“老人节”，“敬老周”等等；五是要建立和改革社会保障制度，发展老年事业。特别是要及早为老年人筹措必要的养老金、医疗费和社会福利设施；根据老年人的特殊需要，周到地为他们做好家庭和社会服务；六是适当发挥老年人的作用，继续为社会创造财富，同时也为老年人自己服务；七是加强国际联系，交流有益的经验，互相借鉴，增进互助合作。一些中外国专家对中国，坚持国家、集体和家庭三结合的养老方式表示欣赏。并认为，解决中国人口老龄化的根本出路和途径在于：及早统筹安排，综合治理，发展生产，建立坚实的物质基础；同时要做好思想准备、组织准备、立法准备、理论准备；学习别国的有益经验，发挥社会主义制度的优越性，发扬中华民族敬老爱老养老的传统美德，建立适合中国国情的养老制度，创造文明环境，以解决好人口老化问题。

三、老年人口的社会保障和养老方式

与会专家认为，解决人口老龄化的一个重要问题是建立符合本国国情的养老方式和社会保障制度。这对于广大老年人安渡和欢渡晚年具有十分重要的意义。与会国家程度不同的建立

了一些社会保障制度，对保障老年人安渡晚年起到了一定的作用。专家们认为，社会保障要和经济发展及现代化进程相适应。建立老年社会保障，国家政府、社会集体和家庭个人都有责任。认为日本等一些国家在筹备养老金中个人缴纳一定数量的养老储金的方向是对的；第三世界一些国家实行防虞储金（强迫储蓄计划）有明显的社会效果和经济效益。与会外国专家认为，中国面临着迅速增多的老年人，选择什么样的方式赡养这些老年人，对国家的经济发展将具有极为重要的意义。中国现行的养老制度将面临挑战。目前中国的人口政策消弱了养老体系的支柱和家庭的作用。为了达到计划生育和赡养老人的双重目的，公共养老金制度应该建立。养老金制度的建立必须考虑到城乡人民在经济和医疗保健方面的差别，应特别重视维持农村老人收入和为他们提供健康保健服务。中外专家认为，中国以国家、集体、家庭三结合的养老方式是可行的，认为这在中国农村是赡养老人的三根支柱。中国专家特别强调，社会保障问题是经济改革中必然提出和必须予以配套改革的重要方面。应当逐步建立具有中国特色的新的社会主义社会保障制度。在社会保障体系中，社会保险是核心，是改革的重点。社会保险的费用总的方向应是国家、集体、个人三者合理负担。个人缴纳保险金是方向。当前不仅要改革全民所有制的养老金制度，，而且应建立县镇以下小集体和个体劳动者的养老保险制度。对农村的养老金制度也应积极创造条件逐步建立。

四、老年人的地位、价值和作用

与会美国专家指出，在美国一般说来，老年人平均收入不如年轻人多。据1984年统计，贫困老人约占12.4%。相当多的老人感到晚年孤独、空虚。香港专家指出，东亚和东南亚地区国家城市老年人处境困难，大多数老年人已降到从属的经济地位，找不到生活的意义和乐趣。中国专家指出，中国老年人的家庭关系趋向平等化，大多数老年人在家庭和社会上受到尊重。他们是党和国家的宝贵财富。中国老年人参与社会发展有两种基本方式：即直接参与和间接参与。直接参与即老年人仍在原工作岗位上坚持工作，或走上新的工作岗位。而间接参与则主要是从事家务劳动、抚养教育子孙和参加自我服务活动。这里都说明了老年人对社会的发展仍起着应有的作用。

与会专家一致认为，今天的社会文明，物质财富是老一辈辛苦劳动的结晶。他们虽然年老了，但仍是国家的宝贵财富。老年人理应受到社会的尊重。因此，专家们呼吁各国政府及有关组织应当重视和发挥老年人的作用，不应歧视，更不能虐待老年人。也要使老年人认识到自已虽然老了，但仍是社会的一员，使他们对生活仍然充满信心。

专家们认为，中国有着尊老爱幼的光荣传统，老幼共处的和睦家庭生活方式，是西方国家最为仰慕的，应很好的总结和介绍这方面的经验。

五、老年保健和体育活动

与会中国专家指出，近年来中国老年医学的研究取得了进展。研究表明，遗传、优生、环境、微量元素、膳食、劳动、锻炼、心理状态、生活规律是影响寿命的主要因素。对百岁以上长寿老人调查表明，60%的百岁老人都有长寿的家庭史，表明遗传因子起很大作用，环境与社会因素也很重要。几乎所有高龄老人都坚持体力劳动、精神饱满、生活规律、营养合理、睡眠充足。目前老年人的致死主要疾病首先是脑血管病及心血管病，其次是肿瘤及呼吸系统疾病。临床研究认为，研究中草药中起活血化淤的药物治疗缺血性脑血管病及冠状动脉心脏病获得了一些成功。在抗衰老研究方面获得的进步，包括研究抗衰老药物、传统健身运动、膳食营养、精神生活和社会生活。特别是中国经常有1500多万老人参加各项体育锻炼，坚持练气功、打太极拳、按摩，十分有益于延年益寿。

与会的中外专家一致认为，这次讨论会的召开，获得了学术交流互相学习，加强联系，增进友谊共同发展老年科学的良好效果。会议的圆满成功将产生很大很好的国际影响。专家希望，会后进一步加强联系，密切合作，为老龄事业作出新贡献。外国专家表示相信，在不远的将来，中国将会宣布为未来老年人口所制定的新规划和新政策，从而再一次引起世界范围的注意。

（作者工作单位：中国老龄问题委员会）

List of Contents

Chapter Ⅱ General Situation and Comprehensive Reports

Chapter Ⅲ Population Census

Chapter Ⅳ Population Statistics

Chapter Ⅴ Family Planning

Chapler Ⅵ Findings Report

Chapter Ⅶ Comparison of Chinese Population and World's Population

Chapter Ⅷ Population Organization (Part)

Chapter Ⅸ Index of Major Monograph and Works (Part)

Chapter X Major Events of China's Population Activities

Appendix

Illustrations

中 国 人 口 年 鉴
1987

中国社会科学院人口研究所

《中国人口年鉴》编辑部编

经济管理出版社出版

（北京阜外月坛北小街2号）

新华书店北京发行所经销　北京昌平百善印刷厂印刷

开　本：787×1092　1/16　印张：54.5　1318 千字

1988年8月第一版　　1988年8月第一次印刷

印数：00001—2000 册

统一书号：ISBN 7—80025—183—7/F·152

定价：49.00元